Sail
TODAY
Almanac

Editor Brian Goulder
Consultants Basil D'Oliveira & Edward Lee-Elliott

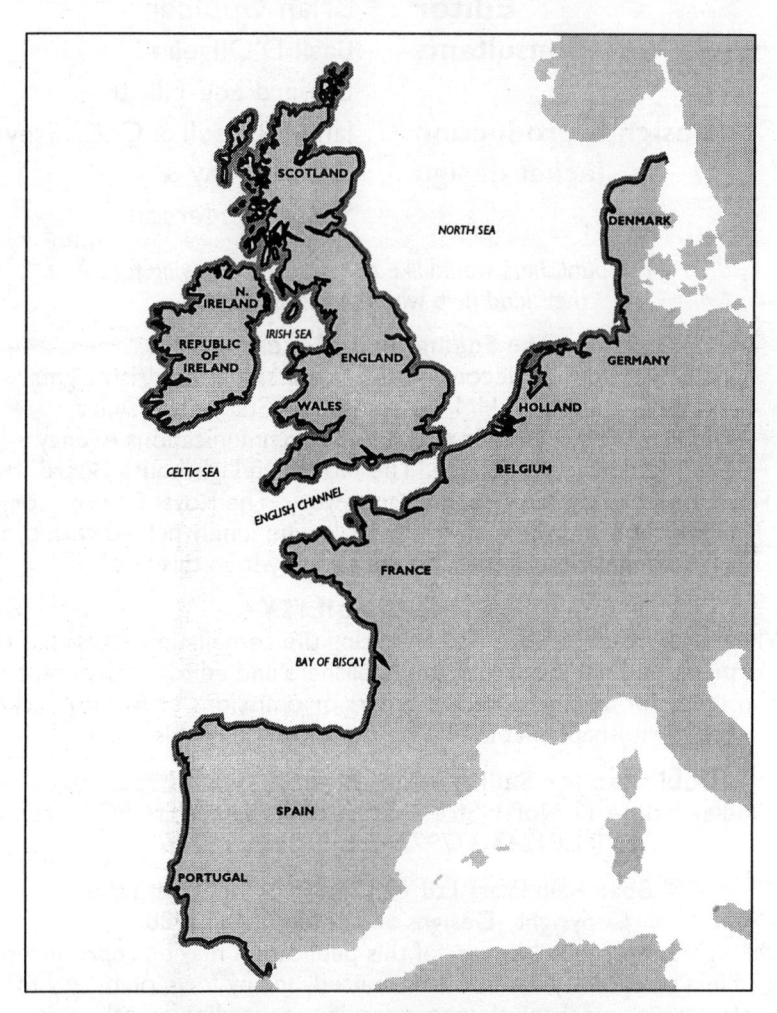

**COVERING THE UK & IRELAND
DENMARK TO GIBRALTAR**

ACKNOWLEDGEMENTS

Sailing TODAY
Almanac

Corrected to Notice to Mariners edition 34, 1997

Editor	Brian Goulder
Consultants	Basil D'Oliveira
	Edward Lee-Elliott
Design & production	Jamie Russell & Chris Stevens
Jacket design	Sailing Today & Slatter-Anderson

The publishers would like to thank the following for their kind help with the compilation of

The Sailing Today Almanac:
The BBC, British Telecom, The Commissioners of Irish Lights, HM Coastguard, HM Customs, HM Stationery Office, The Hydrographic Office, The Radiocommunications Agency. The Meteorological Office, The Northern Lighthouse Board, The Proudman Oceanographic Laboratory, The Royal Observatory, Trinity House and the many individuals who kindly helped with the compilation of the data contained within this book

LEGAL LIABILITY

Whilst every care has been taken during the compilation stage that the information within is correct, the publishers and editors can accept no responsibility for any inaccuracies, errors or omissions or for any accidents or mishaps that may arise from the use of this book.

Published for Sailing Today by Boatswain Press Ltd
Dudley House 12 North Street Emsworth, Hampshire PO10 7DQ
Tel: 01243 377977 Fax: 01243 379136

© Boatswain Press Ltd 1997 in accordance with the Copyright, Designs and Patents Act 1988.
All rights reserved. No part of this publication may be reproduced, stored in a retrieval system, or transmitted, in any form or by any means, electronic, mechanical, photocopying, recording or otherwise, without the prior permission of the copyright owner.
Printed in England by the Bath Press, Avon
ISBN 1-873432-78-X

CONTENTS

PLANNING SECTION
- GMDSS and VHF frequencies 4
- Contents 5
- Standard ports defined positions 6
- Tide tables .... 7 to 150
- Tidal calculation 151
- Tidal curves .... 152 to 177
- Secondary port tidal differences .... 178 to 198
- Tidal stream charts .... 199 to 236
- Area planner key 237
- Area planners with waypoints, principal lights, radiobeacons, ports etc .... 238 to 277
- Sunrise/set, moonrise/set .... 278 to 297
- Marinas .... 298 to 303

POSITION SECTION
- Contents 304
- Principal lights visible 15M & over .... 305 to 321
- Radiobeacons .... 322 to 324
- VHF emergency service .... 325 & 326
- VHF emergency service charts .... 327 & 328
- Distance from dipping light table 329
- Speed, time & distance table 330

COMMUNICATION SECTION
- Contents 331
- HM Coastguard chart 332
- Radio operation .... 333 & 334
- Port and coast radio stations .... 335 to 352
- VTS charts .... 353 to 368

WEATHER SECTION
- Contents 369
- Forecast charts .... 370 to 374
- Broadcast weather forecasts - marine .... 375 to 385
- Radio station ID map 386
- Broadcast weather forecasts - radio stations .... 387 to 399
- Navtex & Marinecall 400
- Weather forecast terms in 5 languages .... 401 & 402

REFERENCE SECTION
- Contents 403
- Common terms in 5 languages .... 404 to 410
- Conversion tables 411
- Commonly used abbreviations .... 412 to 413
- Index .... 414 to 415
- Shapes & sound signals 416

VHF CHANNELS/GMDSS

GMDSS

The Global Maritime Distress and Safety System (GMDSS) is a communications system introduced by the IMO in 1997, with a two year implementation period. It is mandatory that all commercial vessels comply with the GMDSS requirements by the beginning of 1999.

In essence the system makes use of improved communications and satellite hardware to enable faster receipt and transmission of distress and safety communications between ships and shore stations. GMDSS is automated and does not involve Morse code or the need to monitor calling channels.

However, the yachtsman, as a leisure user, is not required to fit a GMDSS communications system. This is as well because this would require a full satellite communication system, the cost and space of which would be prohibitive.

For inshore and coastal use around the UK a VHF set and a Navtex receiver will suffice for the present time. UK Coastguard intend to monitor Ch 16 for the foreseeable future and other yachts will still have their VHF sets. However, after the beginning of 1999, in many parts of Europe you will need GMDSS to call the local Coastguard and all other ships.

How it works
GMDSS utilizes digital technology through Digital Selective Calling(DSC). New radios have this built in to specification MPT1279. This enables the yachtsman to call Coastguard, Coast Radio Stations and other vessels provided you have a Maritime Mobile Service Identity (MMSI). These are available on application or renewal of an installation license.

The first three digits are the country code, which for the UK are 232 & 233. Shore stations all begin with 00.

Under GMDSS all vessels and shore stations maintain a DSC watch on VHF Ch70. This is the digital calling frequency and after calling station normal voice communication is then effected as normal.

Distress
In the event of a distress situation a dedicated button on the set is pressed which automatically transmits a distress message on Ch70. If a GPS set is interfaced with the unit the vessel's position will also be transmitted. The distress message will automatically be re-transmitted until acknowledged by the nearest Coastguard station.

Upon acknowledgment the GMDSS set retunes to Ch16 and the normal distress radio procedures are then followed.

Satellite EPIRBS and Search and Rescue Transponders (SART) are a part of the GMDSS. A SART responds to another vessel's radar up to 5 miles away.

Safety
Marine Safety Information (MSI) broadcasts are also transmitted automatically on GMDSS. Inshore and coastal waters utilise the familiar Navtex system and offshore areas will require an Inmarsat installation.

VHF FREQUENCIES

In the UK certain frequencies are used by marinas, yacht clubs, rescue services etc:

VHF Ch	MHz	Use
0	156.000	UK Coastguard for SAR
M or M1 (or Ch 37)	157.850	Marinas, yacht clubs, etc.
00	160.600	UK Coastguard for SAR
M2	161.425	Private: allocated to yacht clubs, etc.

Distress, safety & calling

Ch	MHz	MHz	Note
75	156.7625	156.7875	Guard-band - do not use
16	156.800	156.800	Distress, safety & calling
76	156.8125	156.8375	Guard-band - do not use
67	156.375	156.375	Small ships safety channel
70	156.525	156.525	Digital selective calling

Intership
Channels listed in order of preference of use
Channels: 06, 08, 10, 13, 09, 72, 73, 69, 67, 77, 15, 17

Port operations - single frequency
Channels listed in order of preference of use
Channels: 12, 14, 11, 13, 09, 68, 71, 74, 10, 67, 69, 73, 17, 15

Port operations - two frequency
Channels listed in order of preference of use
Channels: 20, 22, 18, 19, 21, 05, 07, 02, 03, 01, 04, 78, 82, 79, 81, 80, 60, 63, 66, 62, 65, 64, 61, 84

Ship movements - single frequency
Channels listed in order of preference of use
Channels: 11, 68, 12, 69, 13, 71, 14, 74, 67, 10, 73, 09, 17, 15

Ship movements - two frequency
Channels listed in order of preference of use
Channels: 79, 80, 61, 64, 65, 62, 66, 63, 60, 81, 82, 84, 78, 04, 01, 03, 02, 07, 05, 21, 19, 18, 20, 22

Public correspondence
Channels listed in order of preference of use
Channels: 26, 27, 25, 24, 23, 28, 04, 01, 03, 02, 07, 05, 84, 87, 86, 83, 85, 88, 61, 64, 65, 62, 66, 63, 60, 82, 78, 81

Note - A Ship Radio Licence is required by anyone proposing to install or use a radio transmitter on board his vessel. To obtain a licence you must have a relevant qualification. Most pleasure boat users opt for the minimum (VHF only) qualification. Tuition and examination is organised by the RYA in most areas of the UK. A Callsign is issued together with a licence disc which must be displayed on your vessel's port side. A licence may also be obtained for a transportable VHF handset allowing the operator to transmit from any vessel, but no Callsign is issued. Contact the Radiocommunications Agency and the RYA for further information.

PLANNING SECTION
CONTENTS

Standard ports defined positions 6
Tide Tables:
UK South 7
St Helier, St Mary's, Plymouth, Portland, Poole, Southampton, Portsmouth, Shoreham, Dover
UK East 31
Margate, Sheerness, London Bridge, Walton-on-the-Naze, Harwich, Lowestoft, Immingham, R. Tees, R. Tyne
UK Scotland 55
Leith, Rosyth, Aberdeen, Wick, Lerwick, Ullapool, Oban, Greenock, Liverpool
UK West & Ireland 79
Holyhead, Milford Haven, Swansea, Avonmouth, Dublin, Belfast, Londonderry, Galway, Cobh
North Europe 103
Esbjerg, Helgoland, Cuxhaven, Bremerhaven, Hoek van Holland, Rotterdam, Vlissingen, Antwerpen, Dunkerque
South Europe 127
Calais, Dieppe, Le Havre, Cherbourg, St Malo, Brest, Pointe de Grave, Lisboa, Gibraltar
Tidal calculation 151
Tidal curves 152
Secondary port tidal differences 178
Tidal stream charts 199
Area planner key 237
**Area planners with waypoints, principal
lights, radiobeacons, ports etc** 238
Sunrise/set, moonrise/set 278
Marinas 298

TIDAL NOTES

The tidal data herein is supplied by The Proudman Oceanographic Laboratory whose work is accepted as authoritative. Please note that heights and times of tides can be considerably affected by barometric pressure and prevailing winds.

When there are two low waters, eg Portland, the time shown is for the first. Where there are two high waters, eg Southampton, the time shown is for the first. However, for Rotterdam the low water time shown is the mean of the two low waters.

WAYPOINT WARNING

Always check on an Admiralty chart before navigating between two waypoints to make sure that the track is safe. The tracks shown in dotted lines on the Area Planners pass close to dangers. If a strong wind puts a waypoint on a lee shore it is prudent to create a new waypoint to weather.

Check the actual location of the waypoint, eg No 27 is 1M east of Poole Fairway Buoy, not at the buoy itself. Note that floating marks can shift on the tide up to three times the depth of the water.

TIDES
SMALL CRAFT ALMANAC STANDARD PORTS

Defined positions of height predictions:

Port	Lat	Long
Aberdeen	57°09'N	2°05'W
Antwerpen	51°21'N	4°14'E
Avonmouth	51°31'N	2°43'W
Belfast	54°36'N	5°55'W
Bremerhaven	53°32'N	8°35'E
Brest	48°23'N	4°30'W
Calais	50°58'N	1°51'E
Cherbourg	49°39'N	1°37'W
Cobh	51°50'N	8°18'W
Cuxhaven	53°52'N	8°43'E
Dieppe	49°56'N	1°05'E
Dover	51°07'N	1°19'E
Dublin	53°21'N	6°13'W
Dunkerque	51°03'N	2°22'E
Esbjerg	55°29'N	8°28'E
Galway	53°16'N	9°03'W
Gibraltar	36°08'N	5°21'W
Greenock	55°58'N	4°49'W
Harwich	51°57'N	1°17'E
Helgoland	54°11'N	7°54'E
Hoek van Holland	51°59'N	4°07'E
Holyhead	53°19'N	4°37'W
Immingham	53°38'N	0°11'W
Isles of Scilly	49°55'N	6°19'W
Le Havre	49°29'N	0°06'E
Leith	55°59'N	3°11'W
Lerwick	60°09'N	1°08'W
Lisboa	38°42'N	9°08'W
Liverpool	53°25'N	3°00'W
London Bridge	51°30'N	0°05'W
Londonderry	55°00'N	7°19'W
Lowestoft	52°28'N	1°45'E
Margate	51°24'N	1°23'E
Milford Haven	51°42'N	5°03'W
Oban	56°25'N	5°29'W
Plymouth	50°22'N	4°11'W
Pointe de Grave	45°34'N	1°04'W
Poole	50°42'N	1°59'W
Portland	50°34'N	2°26'W
Portsmouth	50°48'N	1°07'W
River Tees	54°38'N	1°09'W
River Tyne	55°00'N	1°26'W
Rosyth	56°01'N	3°27'W
Rotterdam	51°55'N	4°30'E
St Helier - Jersey	49°11'N	2°07'W
St Malo	48°38'N	2°02'W
Sheerness	51°27'N	0°45'E
Shoreham	50°50'N	0°15'W
Southampton	50°54'N	1°24'W
Swansea	51°37'N	3°55'W
Ullapool	57°54'N	5°09'W
Vlissingen (*Flushing*)	51°27'N	3°36'E
Walton on Naze	51°51'N	1°16'E
Wick	58°26'N	3°05'W

DISTANCE TO HORIZON TABLE

feet	metres	distance NM	feet	metres	distance NM
1	0.31	1.1	41	12.51	7.3
3	0.92	2.0	43	13.12	7.5
5	1.53	2.6	45	13.73	7.7
7	2.14	3.0	47	14.34	7.8
9	2.75	3.4	49	14.95	8.0
11	3.36	3.8	51	15.56	8.2
13	3.97	4.1	53	16.17	8.3
15	4.58	4.4	55	16.78	8.5
17	5.19	4.7	57	17.39	8.6
19	5.80	5.0	59	18.00	8.8
21	6.41	5.2	61	18.61	8.9
23	7.02	5.5	63	19.22	9.1
25	7.63	5.7	65	19.83	9.2
27	8.24	5.9	67	20.44	9.4
29	8.85	6.2	69	21.05	9.5
31	9.46	6.4	71	21.66	9.6
33	10.07	6.6	73	22.27	9.8
35	10.68	6.8	75	22.88	9.9
37	11.29	7.0	77	23.49	10.0
39	11.90	7.1	79	24.10	10.2

TIDE TABLES

SOUTH COAST OF ENGLAND Time Zone UT
St Helier * St Mary's * Plymouth * Portland * Poole * Southampton * Portsmouth * Shoreham * Dover

TIDE TABLES JANUARY 1998

ST HELIER	ST MARY'S, SCILLY	PLYMOUTH	PORTLAND	POOLE	SOUTHAMPTON	PORTSMOUTH	SHOREHAM	DOVER		
Time m	Time m	Time m	Time m	Time m	Time m	Time m	Time m	Time m		
0224 1.5 0803 11.0 1448 1.3 2027 10.8	0017 0.8 0610 5.8 1242 0.7 1831 5.6	0119 0.8 0720 5.6 1343 0.7 1943 5.3	0055 0.2 0824 2.2 1321 0.2 2045 2.0	0549 0.6 1057 2.1 1813 0.5 2350 2.1	0017 4.6 0605 0.6 1226 4.6 1824 0.4	0042 4.7 0603 0.8 1254 4.8 1827 0.7	0033 6.2 0644 0.9 1248 6.3 1909 0.8	0015 6.7 0748 0.9 1233 6.7 2003 0.9	1	TH
0305 1.6 0845 10.9 1530 1.4 2111 10.6	0100 0.9 0654 5.8 1326 0.8 1915 5.5	0200 0.8 0758 5.6 1424 0.8 2022 5.2	0137 0.2 0903 2.1 1405 0.2 2124 1.9	0635 0.7 1209 2.1 1859 0.6	0059 4.6 0649 0.6 1308 4.5 1905 0.5	0128 4.7 0648 0.9 1339 4.7 1911 0.8	0117 6.3 0730 0.9 1334 6.3 1956 0.8	0101 6.7 0827 0.9 1321 6.6 2043 1.0	2	F
0348 1.8 0929 10.6 1614 1.7 2155 10.2	0146 1.0 0739 5.7 1413 0.9 2002 5.3	0240 0.9 0838 5.4 1506 0.9 2103 5.1	0220 0.3 0942 2.0 1450 0.3 2205 1.8	0120 2.1 0722 0.7 1339 2.1 1947 0.6	0143 4.5 0730 0.7 1354 4.4 1947 0.6	0217 4.7 0733 1.0 1427 4.6 1957 0.9	0203 6.3 0818 0.9 1424 6.1 2043 0.8	0148 6.7 0909 1.0 1410 6.4 2127 1.1	3	SA
0433 2.2 1015 10.2 1701 2.2 2242 9.7	0234 1.1 0828 5.5 1503 1.1 2054 5.1	0323 1.1 0921 5.3 1551 1.1 2150 4.9	0304 0.4 1024 1.9 1539 0.3 2249 1.7	0303 2.1 0813 0.8 1521 2.0 2039 0.7	0233 4.4 0816 0.9 1447 4.3 2033 0.8	0309 4.6 0822 1.2 1518 4.5 2047 1.1	0250 6.1 0909 1.0 1513 5.9 2133 0.9	0236 6.5 0956 1.1 1504 6.2 2215 1.3	4	SU
0522 2.7 1105 9.6 1753 2.6 2336 9.2	0327 1.3 0923 5.2 1600 1.3 2153 4.9	0409 1.4 1010 5.1 1642 1.4 2247 4.8	0354 0.5 1110 1.8 1635 0.4 2342 1.6	0503 2.0 0910 0.9 1715 1.9 2139 0.9	0328 4.3 0905 1.1 1547 4.2 2127 1.1	0411 4.5 0917 1.4 1618 4.3 2145 1.3	0340 5.9 1003 1.1 1607 5.6 2229 1.1	0328 6.3 1048 1.3 1602 6.0 2311 1.5	5	M
0620 3.1 1205 9.2 1854 3.0	0429 1.5 1027 5.0 1706 1.5 2303 4.7	0505 1.6 1112 4.9 1742 1.6 2357 4.7	0453 0.6 1206 1.7 1742 0.5	0650 2.0 1018 1.0 1906 1.8 2249 0.9	0433 4.2 1006 1.3 1657 4.0 2234 1.3	0518 4.4 1023 1.5 1730 4.2 2254 1.4	0436 5.7 1106 1.2 1711 5.4 2335 1.2	0427 6.1 1149 1.5 1706 5.8	6	TU
0041 8.9 0729 3.3 1317 8.9 2006 3.1	0541 1.7 1140 4.9 1819 1.6	0612 1.7 1229 4.8 1854 1.6	0045 1.6 0606 0.7 1315 1.6 1854 0.6	0801 1.9 1132 1.0 2017 1.8	0544 4.2 1118 1.4 1815 4.0 2351 1.4	0623 4.4 1137 1.6 1847 4.1	0544 5.5 1220 1.3 1825 5.2	0016 1.7 0533 6.0 1300 1.6 1818 5.7	7	W
0157 8.8 0845 3.2 1436 8.9 2119 3.0	0021 4.7 0656 1.6 1256 4.9 1930 1.6	0116 4.7 0727 1.7 1348 4.8 2006 1.6	0201 1.6 0726 0.7 1434 1.6 2007 0.6	0002 1.0 0836 1.9 1242 1.0 2042 1.8	0657 4.2 1233 1.4 1930 4.1	0008 1.5 0730 4.4 1249 1.5 2000 4.2	0050 1.3 0656 5.4 1335 1.3 1938 5.3	0129 1.8 0646 5.9 1412 1.6 1930 5.8	8	TH
0312 9.1 0958 2.9 1547 9.3 2227 2.6	0133 4.9 0805 1.5 1403 5.0 2033 1.3	0230 4.8 0842 1.6 1501 4.8 2116 1.4	0320 1.7 0842 0.7 1551 1.7 2112 0.5	0110 1.0 0845 1.9 1344 0.9 2045 1.9	0106 1.3 0803 4.3 1342 1.2 2035 4.2	0118 1.5 0832 4.4 1354 1.4 2101 4.3	0202 1.3 0804 5.5 1441 1.2 2043 5.5	0242 1.7 0756 6.0 1524 1.5 2036 6.0	9	F
0416 9.6 1102 2.4 1648 9.7 2326 2.2	0234 5.1 0905 1.2 1500 5.2 2127 1.1	0336 5.0 0951 1.4 1607 5.0 2219 1.2	0429 1.8 0945 0.6 1658 1.7 2206 0.4	0209 0.9 0845 2.0 1439 0.8 2047 1.9	0212 1.2 0858 4.4 1443 1.0 2128 4.4	0220 1.3 0925 4.5 1451 1.2 2152 4.4	0306 1.1 0905 5.7 1539 1.0 2139 5.7	0351 1.5 0857 6.1 1629 1.3 2131 6.2	10	SA
0511 10.1 1157 1.9 1739 10.1	0326 5.3 0957 1.0 1549 5.3 2216 1.0	0436 5.2 1050 1.1 1706 5.1 2314 1.1	0527 1.9 1036 0.5 1755 1.8 2255 0.4	0301 0.8 0849 2.0 1525 0.7 2056 2.0	0310 1.0 0946 4.5 1537 0.7 2216 4.5	0314 1.2 1010 4.6 1539 0.9 2237 4.5	0359 1.0 0957 5.9 1629 0.9 2229 6.0	0451 1.3 0950 6.3 1727 1.2 2218 6.4	11	SU
0018 1.9 0558 10.5 1246 1.6 1826 10.4	0412 5.5 1044 0.9 1633 5.4 2300 0.9	0529 5.3 1141 1.0 1755 5.1	0617 2.0 1122 0.4 1845 1.9 2339 0.3	0347 0.7 0902 2.1 1609 0.6 2116 2.0	0400 0.8 1030 4.5 1622 0.6 2300 4.5	0401 1.0 1052 4.6 1624 0.8 2318 4.6	0447 0.9 1044 6.1 1711 0.8 2314 6.1	0545 1.1 1036 6.4 1817 1.1 2301 6.5	12	M ○
0103 1.6 0641 10.7 1329 1.5 1907 10.5	0454 5.6 1127 0.9 1714 5.5 2339 0.9	0001 0.9 0612 5.3 1225 0.9 1836 5.1	0702 2.1 1205 0.3 1929 1.9	0429 0.7 0925 2.1 1651 0.6 2148 2.0	0444 0.7 1111 4.5 1704 0.5 2340 4.5	0444 1.0 1131 4.6 1706 0.7 2358 4.6	0528 0.9 1125 6.1 1751 0.8 2354 6.2	0631 1.0 1119 6.5 1900 1.0 2341 6.6	13	TU
0142 1.6 0720 10.8 1406 1.6 1945 10.5	0533 5.6 1206 0.9 1752 5.6	0043 0.9 0648 5.3 1305 0.9 1910 5.1	0020 0.2 0742 2.1 1245 0.2 2007 1.9	0509 0.6 0959 2.0 1730 0.5 2232 2.0	0523 0.7 1150 4.4 1741 0.5	0524 0.9 1209 4.6 1745 0.7	0606 1.0 1203 6.1 1827 0.8	0712 0.9 1159 6.5 1936 1.0	14	W
0218 1.6 0756 10.7 1441 1.6 2019 10.3	0017 0.9 0609 5.6 1241 1.0 1828 5.3	0120 0.9 0718 5.3 1339 0.9 1937 5.1	0059 0.2 0815 2.1 1324 0.2 2038 1.9	0549 0.6 1044 2.0 1808 0.6 2329 1.9	0019 4.5 0559 0.8 1226 4.4 1815 0.6	0036 4.5 0603 0.9 1245 4.5 1822 0.8	0031 6.2 0642 1.0 1238 6.1 1902 0.9	0019 6.6 0748 0.9 1236 6.4 2006 1.1	15	TH

● ● Time: UT. For British Summer Time (shaded) March 29th to October 25th ADD ONE HOUR ● ●

PAGE 7

JANUARY 1998 TIDE TABLES

• • Time: UT. For British Summer Time (shaded) March 29th to October 25th ADD ONE HOUR • •

	ST HELIER	ST MARY'S, SCILLY	PLYMOUTH	PORTLAND	POOLE	SOUTHAMPTON	PORTSMOUTH	SHOREHAM	DOVER
	Time m	Time m	Time m	Time m	Time m	Time m	Time m	Time m	Time m
16 F	0250 1.8 0828 10.4 1512 1.8 2051 10.0	0051 1.0 0645 5.5 1315 1.1 1903 5.2	0152 1.1 0743 5.3 1410 1.1 2003 5.0	0135 0.2 0843 2.0 1359 0.2 2105 1.8	0627 0.7 1142 2.0 1845 0.6	0055 4.4 0631 0.9 1301 4.3 1846 0.7	0115 4.5 0640 1.0 1323 4.5 1858 0.9	0105 6.1 0718 1.1 1314 5.9 1937 0.9	0056 6.6 0821 1.0 1312 6.3 2034 1.2
17 SA	0320 2.1 0859 10.1 1541 2.2 2121 9.6	0124 1.2 0719 5.3 1348 1.3 1937 5.0	0221 1.2 0809 5.2 1439 1.3 2030 4.9	0209 0.3 0908 1.9 1431 0.3 2130 1.7	0036 2.0 0703 0.8 1247 1.9 1922 0.7	0130 4.3 0702 1.0 1336 4.2 1915 0.9	0154 4.4 0715 1.1 1400 4.4 1933 1.0	0138 6.0 0754 1.1 1351 5.7 2013 1.0	0132 6.5 0853 1.1 1348 6.2 2102 1.4
18 SU	0350 2.5 0930 9.7 1610 2.6 2151 9.2	0157 1.4 0754 5.1 1421 1.5 2014 4.8	0248 1.4 0838 5.1 1506 1.5 2103 4.8	0237 0.4 0932 1.8 1459 0.4 2157 1.6	0153 1.9 0740 0.9 1359 1.8 1957 0.8	0205 4.2 0732 1.1 1412 4.0 1946 1.1	0234 4.4 0750 1.3 1437 4.2 2007 1.2	0211 5.8 0830 1.2 1428 5.5 2049 1.2	0208 6.3 0925 1.3 1423 5.9 2133 1.5
19 M	0421 2.9 1001 9.1 1641 3.1 2225 8.7	0232 1.6 0831 4.9 1458 1.7 2054 4.6	0316 1.7 0915 5.0 1539 1.7 2144 4.7	0301 0.5 0958 1.6 1523 0.4 2227 1.4	0313 1.8 0816 1.0 1515 1.7 2034 0.9	0244 4.0 0805 1.3 1453 3.9 2022 1.3	0314 4.2 0825 1.5 1515 4.0 2042 1.4	0246 5.6 0909 1.4 1506 5.2 2128 1.4	0244 6.1 1000 1.5 1500 5.7 2208 1.8
20 TU	0455 3.4 1038 8.6 1717 3.6 2306 8.2	0312 1.8 0914 4.6 1544 1.9 2143 4.4	0353 1.9 1000 4.8 1620 1.9 2237 4.5	0326 0.6 1030 1.5 1551 0.5 2308 1.4	0437 1.8 0858 1.1 1642 1.6 2119 1.1	0328 3.9 0847 1.6 1543 3.7 2108 1.6	0357 4.1 0905 1.7 1600 3.9 2126 1.7	0325 5.3 0952 1.6 1550 4.9 2214 1.7	0323 5.8 1039 1.8 1545 5.5 2250 2.0
21 W	0539 3.9 1126 8.1 1806 4.0	0404 2.0 1008 4.4 1642 2.1 2248 4.2	0439 2.1 1058 4.6 1712 2.1 2342 4.4	0403 0.6 1110 1.4 1637 0.6	0611 1.7 0951 1.2 1835 1.5 2223 1.2	0421 3.8 0941 1.8 1643 3.6 2209 1.8	0451 3.9 0957 1.9 1707 3.7 2228 1.9	0415 5.0 1046 1.9 1647 4.6 2312 2.0	0412 5.6 1126 2.0 1642 5.3 2345 2.2
22 TH	0006 7.8 0641 4.2 1236 7.7 1917 4.3	0512 2.2 1119 4.3 1757 2.2	0540 2.3 1208 4.4 1818 2.2	0005 1.3 0505 0.7 1212 1.3 1750 0.6	0737 1.6 1113 1.3 2004 1.5 2346 1.2	0523 3.7 1049 1.9 1756 3.6 2324 1.9	0557 3.8 1118 2.0 1827 3.6 2351 2.0	0518 4.8 1152 2.0 1757 4.5	0514 5.3 1224 2.1 1753 5.2
23 F	0129 7.7 0803 4.2 1400 7.8 2044 4.1	0009 4.2 0630 2.2 1239 4.3 1911 2.0	0051 4.4 0657 2.3 1318 4.4 1936 2.2	0126 1.3 0637 0.8 1339 1.3 1918 0.6	0825 1.6 1225 1.2 2039 1.6	0635 3.8 1206 1.8 1913 3.7	0701 3.8 1231 1.9 1939 3.7	0024 2.0 0632 4.8 1304 1.9 1913 4.7	0053 2.3 0627 5.3 1336 2.1 1908 5.3
24 SA	0248 8.1 0924 3.8 1516 8.2 2159 3.6	0121 4.4 0741 2.0 1347 4.5 2012 1.8	0159 4.5 0815 2.1 1427 4.5 2047 1.9	0253 1.4 0806 0.7 1509 1.4 2032 0.5	0050 1.2 0843 1.7 1320 1.1 2045 1.7	0041 1.8 0740 3.9 1319 1.6 2019 3.8	0057 1.9 0808 3.9 1329 1.7 2049 3.9	0135 1.9 0743 5.0 1409 1.7 2019 5.0	0213 2.2 0736 5.4 1454 1.9 2012 5.5
25 SU	0353 8.7 1031 3.1 1618 8.9 2301 2.9	0218 4.7 0838 1.7 1440 4.8 2104 1.5	0303 4.7 0921 1.8 1533 4.7 2148 1.6	0402 1.6 0911 0.6 1621 1.6 2132 0.4	0142 1.1 0845 1.8 1410 1.0 2046 1.8	0149 1.6 0838 4.1 1420 1.3 2113 4.1	0152 1.7 0907 4.1 1421 1.4 2143 4.2	0237 1.6 0843 5.3 1506 1.4 2115 5.4	0333 1.9 0833 5.7 1603 1.6 2105 5.9
26 M	0447 9.4 1129 2.4 1712 9.6 2355 2.2	0306 5.1 0928 1.3 1527 5.1 2151 1.1	0403 5.0 1018 1.4 1631 4.9 2243 1.3	0500 1.8 1005 0.4 1722 1.7 2224 0.3	0231 0.9 0847 1.9 1456 0.8 2052 1.9	0246 1.3 0925 4.2 1512 1.0 2158 4.3	0243 1.4 0953 4.3 1509 1.1 2224 4.4	0329 1.3 0934 5.7 1556 1.1 2204 5.8	0435 1.5 0921 6.0 1700 1.3 2150 6.2
27 TU	0536 10.1 1221 1.7 1801 10.3	0349 5.4 1015 1.0 1610 5.4 2236 0.9	0455 5.2 1112 1.1 1721 5.1 2335 0.9	0554 2.0 1054 0.3 1818 1.9 2313 0.2	0317 0.8 0854 2.0 1543 0.6 2106 2.0	0335 0.9 1008 4.4 1559 0.7 2242 4.4	0331 1.1 1032 4.5 1557 0.8 2301 4.6	0416 1.0 1020 6.1 1642 0.9 2250 6.1	0527 1.2 1006 6.3 1751 1.1 2233 6.5
28 W ●	0045 1.6 0623 10.7 1309 1.2 1848 10.8	0432 5.7 1100 0.7 1652 5.6 2320 0.6	0542 5.4 1201 0.7 1807 5.3	0644 2.1 1141 0.2 1909 2.0	0403 0.6 0912 2.1 1628 0.5 2133 2.1	0423 0.7 1050 4.5 1645 0.6 2322 4.6	0418 0.8 1112 4.7 1643 0.6 2341 4.7	0501 0.9 1104 6.3 1727 0.7 2335 6.3	0615 1.0 1050 6.6 1836 0.9 2317 6.7
29 TH	0131 1.2 0709 11.2 1356 0.8 1933 11.1	0514 5.9 1144 0.5 1735 5.8	0022 0.6 0624 5.6 1248 0.5 1849 5.4	0000 0.1 0731 2.2 1226 0.1 1955 2.1	0450 0.5 0944 2.2 1713 0.4 2217 2.2	0509 0.5 1131 4.6 1729 0.3	0505 0.6 1154 4.8 1728 0.4	0546 0.8 1150 6.4 1813 0.6	0700 0.8 1134 6.8 1918 0.8
30 F	0215 0.9 0752 11.5 1440 0.6 2016 11.3	0004 0.5 0556 6.1 1228 0.4 1817 5.8	0107 0.4 0706 5.7 1331 0.3 1930 5.5	0045 0.0 0816 2.3 1311 0.0 2038 2.1	0535 0.5 1034 2.2 1758 0.4 2322 2.2	0002 4.7 0554 0.4 1211 4.7 1813 0.4	0024 4.8 0550 0.6 1238 4.9 1812 0.4	0021 6.5 0632 0.7 1237 6.5 1900 0.5	0001 6.9 0741 0.7 1221 6.8 1957 0.7
31 SA	0258 0.7 0835 11.5 1522 0.7 2059 11.2	0048 0.5 0639 6.1 1312 0.4 1900 5.8	0149 0.5 0748 5.8 1414 0.3 2012 5.5	0128 0.0 0857 2.2 1354 0.0 2117 2.1	0621 0.5 1142 2.2 1843 0.4 1855 0.2	0043 4.7 0637 0.3 1254 4.7 1856 0.4	0111 4.8 0634 0.6 1323 4.8 1856 0.4	0107 6.5 0720 0.6 1325 6.5 1946 0.5	0047 7.0 0821 0.6 1309 6.8 2036 0.7

TIDE TABLES

SOUTH COAST OF ENGLAND Time Zone UT
St Helier * St Mary's * Plymouth * Portland * Poole * Southampton * Portsmouth * Shoreham * Dover

TIDE TABLES FEBRUARY 1998

ST HELIER	ST MARY'S, SCILLY	PLYMOUTH	PORTLAND	POOLE	SOUTHAMPTON	PORTSMOUTH	SHOREHAM	DOVER	
Time m	Time m	Time m	Time m	Time m	Time m	Time m	Time m	Time m	
0339 1.0 0918 11.2 1603 1.0 2140 10.8	0131 0.6 0723 5.9 1357 0.6 1945 5.6	0230 0.5 0830 5.7 1455 0.5 2054 5.3	0210 0.1 0936 2.2 1438 0.1 2155 2.0	0046 2.2 0706 0.5 1306 2.1 1928 0.5	0125 4.7 0719 0.4 1337 4.5 1934 0.3	0159 4.8 0718 0.7 1410 4.7 1939 0.6	0151 6.5 0806 0.6 1412 6.4 2030 0.5	0133 6.9 0902 0.6 1357 6.6 2116 0.8	**1 SU**
0421 1.4 1000 10.7 1645 1.5 2222 10.2	0217 0.8 0809 5.7 1443 0.8 2032 5.3	0312 0.7 0913 5.4 1537 0.8 2139 5.1	0252 0.2 1015 2.0 1522 0.2 2233 1.8	0223 2.1 0753 0.6 1445 2.0 2017 0.6	0211 4.6 0759 0.6 1426 4.5 2015 0.6	0249 4.7 0803 0.9 1500 4.6 2026 0.8	0234 6.4 0853 0.6 1457 6.1 2115 0.6	0218 6.8 0945 0.8 1445 6.4 2200 1.0	**2 M**
0504 2.0 1044 10.0 1730 2.2 2309 9.5	0306 1.1 0859 5.3 1534 1.2 2125 5.0	0354 1.1 1000 5.1 1621 1.2 2229 4.9	0336 0.3 1055 1.8 1611 0.3 2316 1.7	0410 2.0 0844 0.8 1635 1.9 2111 0.8	0303 4.5 0842 0.8 1524 4.3 2102 0.9	0343 4.6 0852 1.1 1556 4.4 2118 1.1	0317 6.1 0941 0.8 1543 5.8 2205 0.9	0306 6.6 1030 1.0 1536 6.2 2248 1.3	**3 TU**
0553 2.7 1136 9.3 1822 2.9	0402 1.4 0957 5.0 1634 1.5 2230 4.7	0442 1.4 1053 4.8 1712 1.5 2329 4.7	0425 0.5 1142 1.7 1706 0.5	0556 2.0 0945 0.9 1828 1.8 2216 0.9	0403 4.3 0936 1.1 1631 4.1 2203 1.3	0442 4.4 0951 1.3 1702 4.2 2221 1.4	0406 5.7 1037 1.1 1639 5.4 2305 1.2	0400 6.3 1124 1.4 1635 5.9 2345 1.6	**4 W**
0004 8.9 0654 3.3 1242 8.6 1930 3.4	0511 1.7 1109 4.6 1749 1.7 2352 4.5	0540 1.7 1201 4.6 1816 1.8	0009 1.6 0528 0.6 1242 1.5 1816 0.6	0727 1.9 1058 1.0 1958 1.7 2334 1.0	0513 4.1 1044 1.4 1751 3.9 2321 1.5	0548 4.3 1103 1.5 1820 4.0 2339 1.6	0509 5.3 1147 1.4 1752 5.1	0502 5.9 1228 1.7 1745 5.6	**5 TH**
0118 8.5 0813 3.5 1406 8.4 2051 3.5	0633 1.8 1234 4.5 1909 1.7	0043 4.5 0654 1.9 1323 4.5 1935 1.9	0118 1.5 0651 0.7 1403 1.4 1938 0.6	0825 1.8 1217 1.0 2039 1.7	0632 4.0 1206 1.5 1915 4.0	0701 4.1 1223 1.6 1942 4.0	0022 1.5 0627 5.1 1308 1.5 1915 5.0	0057 1.8 0618 5.7 1346 1.8 1905 5.6	**6 F**
0245 8.5 0937 3.3 1529 8.6 2209 3.1	0116 4.6 0751 1.7 1351 4.6 2020 1.6	0204 4.6 0819 1.8 1445 4.5 2056 1.7	0247 1.5 0822 0.7 1535 1.5 2053 0.6	0050 1.1 0844 1.8 1327 1.0 2045 1.8	0045 1.6 0747 4.1 1324 1.4 2028 4.1	0057 1.6 0813 4.1 1336 1.5 2051 4.1	0143 1.5 0747 5.1 1424 1.5 2030 5.2	0219 1.8 0738 5.7 1507 1.7 2020 5.7	**7 SA**
0400 9.0 1048 2.8 1635 9.2 2312 2.6	0224 4.8 0855 1.4 1451 4.8 2117 1.3	0321 4.8 0935 1.6 1558 4.7 2204 1.5	0409 1.6 0933 0.6 1648 1.6 2151 0.5	0156 1.0 0845 1.8 1424 0.9 2046 1.8	0200 1.4 0850 4.2 1433 1.2 2125 4.2	0206 1.5 0912 4.2 1436 1.3 2142 4.2	0253 1.4 0854 5.3 1527 1.3 2131 5.5	0337 1.6 0848 5.8 1619 1.5 2118 6.0	**8 SU**
0457 9.6 1145 2.2 1727 9.7	0317 5.1 0948 1.2 1539 5.0 2205 1.1	0426 5.0 1036 1.3 1656 4.9 2300 1.2	0510 1.8 1024 0.5 1745 1.7 2239 0.4	0247 0.9 0847 1.9 1511 0.7 2052 1.9	0301 1.2 0940 4.3 1527 0.9 2210 4.4	0300 1.3 0957 4.3 1524 1.1 2224 4.4	0349 1.2 0949 5.6 1617 1.0 2221 5.8	0442 1.3 0942 6.1 1718 1.3 2205 6.2	**9 M**
0004 2.1 0545 10.1 1233 1.8 1812 10.1	0401 5.3 1032 1.0 1621 5.2 2246 0.9	0516 5.2 1126 1.0 1742 5.0 2345 1.0	0601 1.9 1108 0.4 1832 1.8 2321 0.3	0332 0.7 0856 1.9 1553 0.6 2106 2.0	0350 1.0 1021 4.3 1611 0.7 2251 4.4	0346 1.1 1036 4.4 1607 0.8 2302 4.4	0435 1.1 1036 5.9 1658 0.9 2303 6.0	0536 1.1 1027 6.2 1808 1.1 2245 6.4	**10 TU**
0048 1.7 0626 10.4 1313 1.5 1851 10.3	0439 5.4 1111 0.9 1658 5.3 2322 0.9	0557 5.3 1208 0.9 1818 5.1	0645 2.0 1148 0.2 1913 1.9	0412 0.6 0912 2.0 1632 0.5 2130 2.0	0431 0.8 1059 4.4 1648 0.6 2326 4.5	0427 0.9 1112 4.5 1647 0.7 2338 4.5	0515 0.9 1113 6.0 1735 0.8 2339 6.1	0621 1.0 1106 6.4 1848 1.1 2323 6.5	**11 W** ○
0125 1.5 0703 10.6 1348 1.4 1925 10.5	0515 5.5 1145 0.8 1732 5.3 2356 0.8	0024 0.9 0628 5.3 1245 0.8 1847 5.1	0002 0.2 0724 2.1 1227 0.2 1949 1.9	0451 0.6 0939 2.0 1709 0.5 2205 2.0	0505 0.7 1133 4.4 1721 0.5 2359 4.4	0506 0.8 1148 4.5 1724 0.6	0550 0.9 1148 6.1 1809 0.7	0657 0.9 1142 6.4 1920 1.0 2359 6.6	**12 TH**
0158 1.5 0736 10.6 1420 1.4 1957 10.4	0548 5.5 1218 0.8 1804 5.4	0059 0.9 0654 5.3 1317 0.8 1911 5.1	0041 0.1 0757 2.1 1304 0.1 2019 1.9	0527 0.6 1017 2.0 1746 0.5 2252 2.0	0537 0.7 1205 4.4 1752 0.5	0014 4.5 0542 0.8 1224 4.5 1800 0.7	0012 6.2 0623 0.9 1220 6.0 1841 0.7	0730 0.9 1217 6.4 1945 1.0	**13 F**
0228 1.5 0806 10.6 1448 1.5 2026 10.3	0027 0.9 0620 5.5 1248 0.9 1836 5.3	0128 0.9 0718 5.4 1345 0.9 1936 5.2	0117 0.1 0824 2.0 1339 0.1 2045 1.9	0602 0.6 1104 2.0 1820 0.5 2349 2.0	0029 4.4 0606 0.6 1235 4.3 1820 0.6	0051 4.5 0616 0.8 1259 4.4 1833 0.7	0043 6.1 0655 0.8 1252 6.0 1914 0.7	0034 6.6 0759 0.9 1250 6.4 2009 1.0	**14 SA**
0257 1.6 0835 10.4 1515 1.8 2054 10.0	0057 1.0 0651 5.4 1318 1.0 1907 5.2	0154 1.0 0745 5.4 1412 1.0 2004 5.1	0150 0.1 0850 1.9 1409 0.1 2109 1.8	0635 0.7 1159 1.9 1850 0.6	0059 4.4 0633 0.8 1305 4.3 1847 0.7	0127 4.5 0648 0.9 1333 4.4 1902 0.9	0112 6.1 0727 0.9 1325 5.8 1944 0.8	0107 6.6 0828 0.9 1320 6.3 2036 1.1	**15 SU**

● ● Time: UT. For British Summer Time (shaded) March 29th to October 25th ADD ONE HOUR ● ●

FEBRUARY 1998 TIDE TABLES

● ● Time: UT. For British Summer Time (shaded) March 29th to October 25th ADD ONE HOUR ● ●

	ST HELIER	ST MARY'S, SCILLY	PLYMOUTH	PORTLAND	POOLE	SOUTHAMPTON	PORTSMOUTH	SHOREHAM	DOVER
	Time m	Time m	Time m	Time m	Time m	Time m	Time m	Time m	Time m
16 M	0324 1.9 0903 10.0 1541 2.1 2120 9.6	0127 1.1 0722 5.2 1348 1.2 1939 5.0	0221 1.2 0816 5.3 1438 1.2 2037 5.0	0218 0.2 0914 1.8 1432 0.2 2133 1.6	0047 1.9 0704 0.7 1257 1.9 1919 0.7	0128 4.3 0701 0.9 1337 4.2 1913 0.9	0200 4.4 0716 1.1 1405 4.3 1930 1.0	0140 5.9 0759 0.9 1356 5.7 2016 0.9	0138 6.4 0858 1.0 1348 6.1 2106 1.3
17 TU	0351 2.4 0930 9.6 1607 2.6 2148 9.1	0159 1.3 0754 5.0 1420 1.4 2013 4.8	0248 1.4 0851 5.1 1508 1.4 2113 4.8	0237 0.3 0939 1.7 1449 0.3 2159 1.5	0145 1.9 0734 0.8 1359 1.8 1951 0.8	0203 4.2 0729 1.0 1414 4.1 1944 1.1	0230 4.3 0745 1.2 1437 4.2 2001 1.2	0208 5.7 0830 1.1 1427 5.4 2047 1.2	0206 6.3 0930 1.3 1418 6.0 2137 1.5
18 W	0420 2.9 1000 9.0 1635 3.2 2218 8.6	0233 1.5 0830 4.8 1457 1.7 2053 4.6	0321 1.6 0927 4.9 1542 1.7 2153 4.6	0255 0.4 1005 1.5 1509 0.4 2227 1.4	0251 1.8 0810 0.9 1515 1.7 2030 0.9	0241 4.1 0803 1.3 1458 4.0 2022 1.4	0303 4.2 0819 1.3 1515 4.0 2038 1.4	0239 5.4 0905 1.4 1500 5.1 2125 1.5	0235 6.0 1003 1.5 1453 5.8 2212 1.8
19 TH	0454 3.5 1036 8.4 1712 3.7 2300 8.1	0315 1.8 0914 4.5 1544 1.9 2145 4.3	0400 1.9 1009 4.6 1625 2.0 2242 4.4	0322 0.5 1035 1.4 1542 0.4 2306 1.3	0412 1.7 0854 1.0 1654 1.6 2117 1.1	0328 3.9 0849 1.6 1552 3.8 2115 1.7	0344 4.0 0901 1.6 1606 3.8 2124 1.7	0319 5.1 0948 1.7 1546 4.8 2213 1.9	0313 5.8 1040 1.8 1539 5.5 2256 2.0
20 F	0542 4.0 1130 7.8 1809 4.2	0412 2.1 1012 4.2 1651 2.1 2259 4.1	0451 2.1 1105 4.4 1721 2.2 2346 4.3	0408 0.6 1120 1.3 1637 0.5	0551 1.6 0952 1.1 1849 1.5 2232 1.2	0426 3.8 0951 1.8 1701 3.6 2228 1.9	0439 3.8 0958 1.8 1717 3.7 2237 1.9	0415 4.8 1046 1.9 1652 4.6 2323 2.1	0408 5.5 1131 2.1 1645 5.3 2357 2.3
21 SA	0012 7.6 0659 4.2 1257 7.6 1942 4.3	0530 2.2 1137 4.1 1818 2.1	0557 2.3 1218 4.3 1837 2.3	0010 1.3 0524 0.7 1236 1.2 1811 0.6	0737 1.6 1127 1.2 2018 1.5	0538 3.8 1112 1.9 1826 3.6 2356 1.9	0557 3.7 1132 1.9 1848 3.7	0532 4.6 1205 2.0 1819 4.6	0524 5.3 1241 2.2 1809 5.2
22 SU	0154 7.7 0836 4.0 1436 7.9 2120 3.9	0030 4.2 0657 2.0 1306 4.3 1936 1.9	0102 4.3 0726 2.2 1339 4.3 2006 2.1	0148 1.3 0717 0.7 1424 1.3 1957 0.6	0006 1.2 0833 1.6 1244 1.1 2044 1.6	0656 3.8 1238 1.7 1945 3.8	0012 1.9 0719 3.8 1251 1.8 2010 3.8	0046 2.0 0658 4.8 1327 1.8 1943 4.9	0119 2.3 0648 5.3 1406 2.1 1932 5.4
23 M	0319 8.3 1000 3.3 1552 8.6 2234 3.1	0144 4.5 0808 1.7 1412 4.6 2038 1.5	0220 4.5 0848 1.9 1500 4.5 2121 1.8	0323 1.5 0845 0.6 1557 1.4 2110 0.5	0113 1.1 0845 1.7 1342 1.0 2045 1.8	0117 1.7 0804 3.9 1352 1.4 2047 4.0	0121 1.7 0833 4.0 1352 1.5 2115 4.1	0202 1.7 0813 5.2 1436 1.5 2049 5.4	0253 2.0 0801 5.6 1529 1.8 2036 5.8
24 TU	0423 9.2 1105 2.4 1651 9.5 2334 2.2	0240 4.9 0904 1.3 1505 5.0 2130 1.1	0333 4.8 0945 1.4 1607 4.8 2222 1.3	0433 1.7 0945 0.4 1705 1.7 2207 0.3	0209 0.9 0845 1.8 1435 0.8 2047 1.9	0222 1.3 0858 4.1 1450 1.0 2136 4.2	0220 1.4 0928 4.2 1447 1.1 2200 4.4	0304 1.3 0911 5.7 1532 1.1 2143 5.9	0406 1.6 0858 6.0 1634 1.3 2128 6.2
25 W	0516 10.1 1201 1.6 1744 10.3	0328 5.4 0954 0.9 1551 5.4 2217 0.7	0430 5.1 1051 1.0 1700 5.1 2316 0.8	0533 1.9 1037 0.2 1803 1.9 2257 0.1	0259 0.7 0849 2.0 1523 0.6 2057 2.0	0315 0.9 0945 4.3 1539 0.6 2219 4.4	0312 1.0 1011 4.5 1537 0.7 2240 4.6	0355 1.0 1001 6.1 1622 0.6 2231 6.2	0505 1.1 0947 6.3 1730 1.0 2214 6.5
26 TH ●	0027 1.4 0606 10.9 1253 0.9 1831 11.0	0412 5.7 1041 0.5 1634 5.7 2302 0.4	0519 5.5 1143 0.6 1746 5.4	0626 2.1 1125 0.1 1854 2.0 2345 0.0	0347 0.5 0902 2.1 1609 0.4 2118 2.1	0403 0.6 1028 4.5 1625 0.3 2300 4.6	0401 0.7 1052 4.7 1624 0.4 2321 4.8	0444 0.7 1046 6.4 1709 0.5 2318 6.5	0557 0.8 1032 6.6 1820 0.8 2258 6.8
27 F	0115 0.8 0652 11.5 1341 0.4 1917 11.5	0455 6.0 1126 0.2 1716 5.9 2346 0.2	0005 0.5 0604 5.7 1230 0.2 1830 5.6	0715 2.3 1211 -0.1 1941 2.2	0432 0.4 0928 2.2 1654 0.3 2155 2.2	0450 0.3 1110 4.6 1711 0.1 2341 4.7	0447 0.4 1135 4.9 1709 0.2	0530 0.5 1133 6.6 1756 0.4	0645 0.6 1118 6.9 1906 0.6 2342 7.0
28 SA	0201 0.4 0736 11.9 1425 0.1 2000 11.7	0538 6.2 1210 0.1 1759 6.0	0051 0.2 0648 5.9 1315 0.1 1913 5.7	0030 -0.1 0800 2.4 1255 -0.1 2023 2.2	0516 0.3 1011 2.2 1739 0.3 2251 2.2	0535 0.2 1152 4.7 1756 0.0	0005 4.9 0531 0.3 1219 4.9 1753 0.2	0003 6.6 0617 0.4 1221 6.7 1842 0.3	0729 0.4 1203 6.9 1946 0.5

PAGE 10

SOUTH COAST OF ENGLAND Time Zone UT
St Helier * St Mary's * Plymouth * Portland * Poole * Southampton * Portsmouth * Shoreham * Dover

TIDE TABLES MARCH 1998

ST HELIER	ST MARY'S, SCILLY	PLYMOUTH	PORTLAND	POOLE	SOUTHAMPTON	PORTSMOUTH	SHOREHAM	DOVER	
Time m	Time m	Time m	Time m	Time m	Time m	Time m	Time m	Time m	
0244 0.3 0819 11.9 1507 0.2 2042 11.6	0030 0.2 0621 6.2 1253 0.2 1841 5.9	0133 0.1 0732 5.9 1357 0.1 1956 5.6	0112 -0.1 0842 2.4 1339 -0.1 2102 2.2	0601 0.3 1113 2.2 1823 0.3	0021 4.8 0620 0.1 1235 4.8 1839 0.0	0050 4.9 0615 0.3 1305 4.9 1836 0.2	0048 6.7 0704 0.4 1308 6.6 1928 0.3	0028 7.1 0810 0.3 1251 6.9 2025 0.5	**1 SU**
0325 0.5 0901 11.6 1547 0.6 2121 11.2	0113 0.3 0704 6.0 1336 0.4 1924 5.7	0215 0.2 0816 5.8 1438 0.3 2040 5.5	0154 -0.1 0921 2.2 1421 -0.1 2138 2.1	0004 2.2 0644 0.4 1231 2.2 1906 0.4	0104 4.8 0702 0.2 1320 4.7 1919 0.2	0136 4.9 0657 0.4 1351 4.8 1918 0.4	0132 6.6 0749 0.4 1353 6.5 2011 0.4	0113 7.1 0850 0.4 1337 6.8 2103 0.6	**2 M**
0405 1.0 0941 11.0 1626 1.2 2201 10.5	0157 0.5 0748 5.7 1421 0.7 2009 5.4	0256 0.5 0901 5.5 1518 0.7 2124 5.2	0235 0.0 0959 2.1 1503 0.1 2214 1.9	0133 2.1 0729 0.5 1403 2.1 1952 0.5	0149 4.7 0741 0.3 1408 4.5 1958 0.5	0224 4.8 0740 0.6 1439 4.6 2002 0.7	0212 6.5 0833 0.5 1436 6.3 2053 0.6	0157 6.9 0930 0.6 1423 6.6 2143 0.8	**3 TU**
0445 1.7 1023 10.2 1706 2.1 2242 9.7	0244 0.9 0836 5.3 1509 1.1 2100 5.0	0336 0.9 0947 5.2 1600 1.1 2210 4.9	0316 0.2 1036 1.8 1545 0.3 2252 1.7	0311 2.1 0818 0.7 1551 1.9 2044 0.7	0239 4.5 0821 0.7 1503 4.3 2041 0.9	0313 4.6 0827 0.9 1533 4.4 2052 1.0	0252 6.2 0917 0.8 1519 5.9 2138 0.9	0242 6.6 1012 0.9 1512 6.3 2227 1.2	**4 W**
0528 2.5 1110 9.2 1752 2.9 2333 8.9	0337 1.3 0931 4.8 1606 1.5 2201 4.6	0420 1.3 1037 4.8 1645 1.6 2303 4.6	0402 0.4 1118 1.6 1635 0.5 2338 1.6	0457 1.9 0914 0.8 1750 1.8 2146 0.9	0337 4.3 0909 1.1 1609 4.1 2138 1.3	0408 4.4 0921 1.2 1638 4.2 2152 1.4	0337 5.7 1007 1.2 1609 5.4 2236 1.4	0333 6.3 1100 1.3 1607 5.9 2320 1.6	**5 TH**
0624 3.3 1212 8.4 1854 3.6	0445 1.7 1042 4.4 1720 1.8	0512 1.8 1139 4.4 1744 1.9	0459 0.6 1213 1.4 1741 0.6	0646 1.8 1025 1.0 1939 1.7 2306 1.1	0445 4.0 1016 1.4 1730 3.9 2256 1.7	0515 4.1 1030 1.5 1759 3.9 2311 1.7	0436 5.2 1115 1.6 1723 5.0 2353 1.7	0436 5.8 1201 1.7 1715 5.6	**6 F**
0045 8.2 0743 3.9 1341 8.0 2022 3.9	0611 1.8 1214 4.2 1848 1.9	0012 4.4 0624 2.0 1300 4.3 1907 2.1	0041 1.4 0625 0.7 1337 1.3 1911 0.7	0809 1.7 1151 1.1 2034 1.6	0607 3.9 1141 1.6 1900 3.9	0634 3.9 1157 1.7 1924 3.9	0558 4.9 1239 1.8 1853 4.9	0030 1.9 0554 5.5 1321 2.0 1841 5.4	**7 SA**
0221 8.1 0916 3.6 1512 8.2 2149 3.5	0057 4.3 0735 1.8 1336 4.3 2003 1.7	0137 4.4 0758 2.0 1427 4.3 2037 2.0	0215 1.4 0809 0.7 1524 1.4 2034 0.7	0032 1.1 0842 1.6 1307 1.0 2045 1.7	0026 1.8 0732 3.9 1307 1.6 2018 4.0	0039 1.8 0754 3.9 1315 1.6 2037 4.0	0121 1.8 0727 4.8 1402 1.7 2014 5.1	0158 1.9 0724 5.5 1450 1.9 2001 5.6	**8 SU**
0342 8.6 1032 3.0 1619 8.8 2255 2.9	0209 4.6 0841 1.5 1437 4.6 2101 1.4	0302 4.6 0918 1.8 1542 4.6 2146 1.6	0346 1.5 0921 0.6 1636 1.5 2132 0.6	0139 1.0 0845 1.7 1404 0.9 2045 1.8	0146 1.6 0839 4.0 1418 1.3 2114 4.1	0149 1.6 0857 4.0 1415 1.4 2130 4.1	0236 1.7 0841 5.1 1508 1.5 2117 5.4	0323 1.7 0836 5.7 1604 1.6 2100 5.8	**9 M**
0440 9.2 1127 2.4 1709 9.4 2345 2.3	0301 4.8 0931 1.2 1523 4.8 2147 1.2	0406 4.9 1016 1.4 1636 4.8 2239 1.3	0448 1.7 1007 0.5 1727 1.6 2218 0.4	0230 0.9 0846 1.8 1450 0.8 2049 1.9	0247 1.4 0929 4.1 1512 1.1 2158 4.2	0242 1.4 0942 4.1 1503 1.1 2209 4.3	0332 1.4 0938 5.4 1558 1.2 2206 5.7	0428 1.4 0930 5.9 1703 1.3 2147 6.1	**10 TU**
0527 9.8 1212 1.9 1751 9.9	0342 5.1 1012 1.0 1602 5.1 2225 1.0	0454 5.1 1103 1.1 1718 5.0 2322 1.0	0537 1.8 1046 0.3 1811 1.8 2259 0.3	0314 0.8 0851 1.9 1531 0.7 2058 1.9	0334 1.1 1007 4.2 1552 0.8 2234 4.3	0327 1.1 1018 4.3 1545 0.9 2242 4.4	0417 1.1 1022 5.7 1638 0.9 2246 6.0	0520 1.1 1012 6.1 1749 1.2 2226 6.3	**11 W**
0027 1.8 0606 10.2 1251 1.6 1828 10.3	0419 5.3 1048 0.9 1636 5.2 2300 0.8	0531 5.2 1144 0.9 1751 5.2	0620 1.9 1125 0.2 1850 1.9 2339 0.2	0352 0.6 0902 1.9 1609 0.6 2114 2.0	0409 0.9 1041 4.3 1626 0.6 2304 4.4	0406 0.9 1052 4.3 1624 0.7 2315 4.4	0455 0.9 1057 5.9 1713 0.8 2319 6.1	0603 1.0 1048 6.3 1827 1.1 2302 6.5	**12 TH**
0103 1.6 0640 10.4 1324 1.4 1901 10.4	0452 5.4 1120 0.8 1708 5.3 2331 0.8	0000 0.9 0600 5.3 1218 0.8 1818 5.2	0657 2.0 1203 0.1 1924 1.9	0428 0.6 0921 1.9 1645 0.5 2140 2.0	0440 0.7 1112 4.3 1656 0.6 2333 4.4	0443 0.7 1126 4.4 1700 0.6 2350 4.5	0528 0.8 1128 6.0 1746 0.7 2348 6.1	0637 0.9 1121 6.4 1856 1.0 2336 6.6	**13 F** ○
0135 1.4 0712 10.6 1354 1.4 1931 10.5	0524 5.5 1151 0.8 1739 5.3	0033 0.8 0627 5.4 1249 0.8 1843 5.3	0018 0.1 0731 2.1 1239 0.1 1954 2.0	0503 0.6 0951 2.0 1719 0.5 2218 2.0	0510 0.6 1141 4.4 1725 0.5	0518 0.7 1201 4.4 1734 0.6	0559 0.7 1158 6.1 1817 0.7	0706 0.8 1154 6.4 1919 1.0	**14 SA**
0204 1.4 0741 10.6 1422 1.5 1959 10.4	0001 0.8 0554 5.5 1220 0.8 1808 5.4	0101 0.8 0653 5.5 1318 0.8 1911 5.3	0055 0.1 0801 2.0 1314 0.2 2021 1.9	0534 0.6 1032 2.0 1750 0.6 2304 2.0	0001 4.4 0538 0.6 1209 4.4 1753 0.6	0025 4.5 0549 0.8 1236 4.4 1804 0.7	0017 6.1 0629 0.7 1229 6.0 1847 0.7	0010 6.6 0733 0.8 1224 6.4 1944 0.9	**15 SU**

● ● Time: UT. For British Summer Time (shaded) March 29th to October 25th ADD ONE HOUR ● ●

MARCH 1998 TIDE TABLES

•• Time: UT. For British Summer Time (shaded) March 29th to October 25th ADD ONE HOUR ••

	ST HELIER	ST MARY'S, SCILLY	PLYMOUTH	PORTLAND	POOLE	SOUTHAMPTON	PORTSMOUTH	SHOREHAM	DOVER
	Time m	Time m	Time m	Time m	Time m	Time m	Time m	Time m	Time m
16 M	0233 1.4 0809 10.5 1448 1.6 2026 10.3	0030 0.8 0623 5.4 1248 0.9 1838 5.3	0128 0.9 0724 5.4 1345 0.9 1942 5.3	0128 0.1 0828 2.0 1343 0.1 2047 1.9	0603 0.6 1118 1.9 1816 0.6 2350 1.9	0029 4.4 0606 0.6 1237 4.4 1819 0.6	0059 4.5 0617 0.8 1308 4.4 1830 0.8	0044 6.1 0658 0.7 1258 5.9 1916 0.7	0041 6.6 0803 0.9 1251 6.3 2012 0.9
17 TU	0300 1.7 0836 10.2 1514 1.9 2051 10.0	0100 0.9 0652 5.3 1318 1.1 1908 5.1	0156 1.0 0757 5.3 1412 1.1 2015 5.2	0155 0.1 0854 1.9 1405 0.2 2112 1.8	0630 0.7 1206 1.9 1844 0.7	0057 4.4 0632 0.7 1308 4.3 1846 0.8	0128 4.4 0643 0.9 1337 4.3 1857 0.9	0110 6.0 0728 0.8 1326 5.9 1944 0.9	0106 6.4 0833 0.9 1316 6.2 2042 1.1
18 W	0327 2.0 0903 9.8 1539 2.4 2118 9.5	0130 1.1 0724 5.1 1348 1.3 1941 4.9	0225 1.2 0830 5.2 1442 1.3 2048 5.0	0214 0.2 0919 1.7 1419 0.2 2136 1.6	0038 1.9 0700 0.7 1303 1.9 1917 0.7	0129 4.3 0700 0.9 1344 4.2 1915 1.0	0155 4.3 0712 1.0 1408 4.3 1928 1.1	0135 5.8 0756 0.9 1354 5.6 2014 1.1	0130 6.3 0903 1.1 1343 6.1 2112 1.3
19 TH	0354 2.5 0931 9.3 1606 2.9 2145 9.0	0204 1.4 0757 4.8 1423 1.5 2018 4.7	0256 1.4 0902 4.9 1513 1.6 2119 4.8	0230 0.3 0945 1.6 1438 0.3 2200 1.5	0139 1.8 0735 0.8 1415 1.8 1954 0.8	0205 4.2 0733 1.1 1426 4.0 1951 1.3	0227 4.2 0746 1.1 1445 4.1 2004 1.2	0203 5.5 0828 1.2 1426 5.3 2048 1.4	0157 6.1 0933 1.4 1415 6.0 2143 1.5
20 F	0426 3.1 1004 8.7 1639 3.5 2222 8.4	0243 1.6 0838 4.6 1506 1.8 2105 4.4	0331 1.7 0933 4.7 1551 1.9 2154 4.6	0254 0.4 1012 1.4 1507 0.4 2230 1.4	0257 1.8 0817 0.9 1551 1.7 2040 1.0	0250 4.0 0814 1.4 1516 3.9 2041 1.6	0306 4.0 0826 1.3 1533 4.0 2048 1.5	0240 5.2 0907 1.5 1508 5.0 2133 1.8	0233 5.9 1006 1.7 1458 5.8 2222 1.9
21 SA	0509 3.7 1051 8.1 1730 4.0 2323 7.9	0333 1.9 0931 4.3 1604 2.0 2210 4.2	0415 2.0 1015 4.4 1640 2.1 2248 4.4	0335 0.5 1051 1.3 1554 0.4 2321 1.3	0437 1.7 0909 1.0 1746 1.6 2145 1.2	0344 3.9 0912 1.7 1623 3.7 2151 1.9	0357 3.9 0916 1.5 1636 3.8 2151 1.8	0333 4.8 1001 1.8 1610 4.7 2239 2.0	0323 5.6 1051 1.9 1600 5.5 2318 2.1
22 SU	0617 4.1 1212 7.6 1856 4.3	0444 2.0 1049 4.1 1730 2.1 2342 4.2	0515 2.2 1124 4.3 1751 2.3	0442 0.6 1200 1.2 1720 0.6	0633 1.6 1032 1.1 1944 1.6 2330 1.4	0454 3.8 1030 1.8 1748 3.7 2321 1.9	0506 3.7 1037 1.8 1804 3.7 2335 1.9	0447 4.7 1117 2.0 1737 4.7	0439 5.3 1157 2.1 1726 5.3
23 M	0106 7.7 0754 4.0 1400 7.8 2042 4.0	0616 2.0 1227 4.2 1900 1.9	0005 4.4 0644 2.2 1253 4.3 1928 2.2	0051 1.3 0645 0.7 1348 1.3 1929 0.6	0810 1.5 1211 1.1 2038 1.6	0616 3.7 1202 1.7 1913 3.8	0636 3.7 1217 1.7 1935 3.8	0006 2.0 0619 4.7 1247 1.8 1909 5.0	0036 2.2 0612 5.3 1324 2.1 1857 5.4
24 TU	0246 8.2 0927 3.4 1525 8.6 2205 3.2	0108 4.4 0736 1.7 1343 4.5 2009 1.5	0134 4.5 0815 1.9 1427 4.5 2052 1.8	0240 1.5 0822 0.5 1532 1.4 2049 0.5	0049 1.1 0842 1.6 1317 1.0 2045 1.8	0048 1.7 0732 3.9 1320 1.4 2018 4.0	0056 1.7 0800 3.9 1326 1.4 2046 4.1	0131 1.7 0743 5.1 1405 1.4 2023 5.4	0214 2.0 0733 5.5 1454 1.8 2009 5.8
25 W	0356 9.1 1037 2.4 1628 9.5 2309 2.2	0212 4.9 0838 1.2 1449 5.0 2105 1.4	0258 4.8 0928 1.4 1539 4.8 2158 1.3	0403 1.7 0925 0.4 1645 1.7 2148 0.3	0148 0.9 0845 1.8 1413 0.8 2045 1.9	0155 1.3 0831 4.1 1422 1.0 2108 4.3	0158 1.4 0903 4.2 1424 1.1 2136 4.4	0237 1.3 0848 5.6 1506 1.0 2119 5.9	0335 1.5 0836 6.0 1604 1.4 2104 6.2
26 TH	0453 10.1 1136 1.5 1721 10.5	0303 5.3 0930 0.7 1527 5.4 2154 0.6	0402 5.2 1028 0.9 1634 5.2 2254 0.8	0507 1.9 1018 0.2 1742 1.9 2239 0.1	0239 0.7 0846 2.0 1502 0.5 2051 2.1	0251 0.9 0920 4.3 1512 0.6 2152 4.5	0251 1.0 0949 4.5 1515 0.7 2218 4.7	0333 0.8 0938 6.1 1559 0.7 2209 6.3	0436 1.1 0926 6.4 1703 1.0 2151 6.6
27 F	0003 1.3 0543 11.1 1230 0.8 1810 11.2	0349 5.8 1018 0.5 1612 5.7 2240 0.3	0454 5.5 1121 0.5 1722 5.5 2344 0.4	0603 2.1 1106 0.0 1833 2.1 2326 -0.0	0326 0.5 0854 2.1 1549 0.4 2105 2.2	0338 0.5 1004 4.5 1600 0.3 2234 4.7	0340 0.6 1032 4.7 1603 0.4 2300 4.8	0423 0.5 1025 6.4 1648 0.4 2253 6.6	0532 0.7 1012 6.7 1756 0.7 2236 6.9
28 SA ●	0054 0.7 0631 11.7 1319 0.2 1856 11.8	0433 6.1 1104 0.1 1655 6.0 2325 0.1	0541 5.8 1209 0.2 1807 5.7	0653 2.3 1152 -0.1 1920 2.2	0412 0.3 0914 2.2 1633 0.3 2134 2.2	0426 0.2 1048 4.6 1647 0.1 2315 4.8	0427 0.3 1115 4.8 1648 0.1 2343 4.9	0511 0.4 1111 6.6 1735 0.3 2340 6.7	0623 0.5 1057 6.9 1844 0.5 2321 7.1
29 SU	0141 0.2 0716 12.0 1405 -0.0 1939 12.0	0517 6.2 1148 0.0 1737 6.0	0030 0.1 0627 5.9 1254 0.0 1852 5.8	0011 -0.1 0739 2.4 1236 -0.2 2003 2.3	0455 0.3 0950 2.2 1716 0.2 2220 2.2	0513 0.1 1131 4.8 1734 -0.0 2358 4.9	0510 0.2 1200 4.9 1731 0.1	0558 0.3 1159 6.7 1822 0.3	0710 0.3 1144 7.0 1927 0.4
30 M	0225 0.1 0800 12.1 1447 0.1 2021 11.9	0009 0.0 0600 6.2 1232 0.1 1820 5.9	0114 0.0 0713 5.9 1336 0.1 1937 5.7	0054 -0.1 0822 2.4 1319 -0.2 2042 2.3	0539 0.3 1044 2.2 1800 0.3 2324 2.2	0558 0.0 1215 4.8 1818 0.0	0027 5.0 0553 0.2 1245 4.9 1814 0.2	0025 6.7 0644 0.3 1246 6.6 1906 0.3	0006 7.1 0753 0.2 1230 7.0 2008 0.4
31 TU	0307 0.3 0842 11.7 1527 0.5 2100 11.4	0054 0.2 0643 6.0 1315 0.3 1903 5.7	0156 0.1 0800 5.8 1418 0.3 2022 5.6	0136 -0.1 0902 2.3 1400 -0.1 2118 2.2	0622 0.3 1157 2.1 1843 0.4	0041 4.8 0641 0.1 1301 4.7 1859 0.2	0112 4.9 0635 0.3 1332 4.8 1856 0.4	0109 6.6 0727 0.4 1332 6.5 1948 0.4	0051 7.1 0833 0.3 1316 6.8 2047 0.5

PAGE 12

SOUTH COAST OF ENGLAND Time Zone UT
St Helier * St Mary's * Plymouth * Portland * Poole * Southampton * Portsmouth * Shoreham * Dover

TIDE TABLES APRIL 1998

ST HELIER Time m	ST MARY'S, SCILLY Time m	PLYMOUTH Time m	PORTLAND Time m	POOLE Time m	SOUTHAMPTON Time m	PORTSMOUTH Time m	SHOREHAM Time m	DOVER Time m	
0347 0.8 0923 11.0 1605 1.2 2139 10.6	0138 0.5 0728 5.6 1400 0.7 1948 5.4	0237 0.4 0847 5.5 1458 0.7 2107 5.3	0217 0.0 0940 2.1 1441 0.1 2154 2.0	0044 2.1 0706 0.5 1326 2.1 1928 0.5	0127 4.7 0720 0.3 1352 4.5 1940 0.5	0158 4.8 0718 0.5 1420 4.6 1939 0.7	0148 6.5 0809 0.6 1414 6.3 2029 0.7	0135 6.9 0913 0.5 1401 6.6 2127 0.8	1 W
0426 1.6 1003 10.1 1643 2.1 2219 9.8	0224 0.8 0815 5.2 1446 1.1 2038 5.0	0318 0.9 0933 5.1 1539 1.0 2151 5.0	0258 0.2 1018 1.8 1521 0.3 2230 1.8	0215 2.0 0754 0.6 1511 1.9 2019 0.7	0217 4.5 0800 0.6 1447 4.3 2023 0.9	0245 4.6 0804 0.8 1513 4.4 2028 1.1	0227 6.1 0852 0.9 1456 5.9 2114 1.1	0221 6.6 0954 0.9 1448 6.3 2209 1.1	2 TH
0507 2.5 1048 9.1 1726 3.0 2306 8.9	0317 1.3 0909 4.7 1541 1.6 2137 4.5	0400 1.3 1022 4.7 1622 1.7 2240 4.7	0342 0.4 1058 1.6 1607 0.5 2311 1.6	0357 1.9 0848 0.8 1719 1.8 2120 0.9	0314 4.2 0847 1.0 1552 4.1 2118 1.4	0336 4.3 0856 1.1 1620 4.1 2127 1.4	0310 5.6 0940 1.3 1546 5.4 2210 1.5	0312 6.2 1039 1.4 1542 5.9 2259 1.5	3 F
0558 3.3 1148 8.3 1824 3.8	0421 1.7 1018 4.3 1651 1.9	0451 1.8 1119 4.4 1717 2.1 2342 4.4	0438 0.6 1150 1.4 1708 0.7	0556 1.7 0955 1.0 1917 1.7 2239 1.1	0421 3.9 0950 1.4 1710 3.9 2233 1.7	0442 4.0 1001 1.5 1739 3.9 2244 1.7	0408 5.1 1043 1.7 1656 5.0 2325 1.9	0412 5.8 1136 1.8 1648 5.6	4 SA
0015 8.2 0712 3.8 1315 7.8 1948 4.1	0545 1.9 1148 4.1 1819 2.0	0559 2.1 1233 4.2 1839 2.3	0006 1.5 0603 0.7 1313 1.3 1839 0.8	0745 1.6 1121 1.1 2024 1.6	0541 3.7 1113 1.7 1838 3.8	0605 3.8 1126 1.7 1859 3.8	0528 4.8 1205 1.9 1824 4.9	0005 1.9 0531 5.4 1254 2.1 1812 5.4	5 SU
0151 8.0 0845 3.8 1445 8.0 2118 3.8	0029 4.2 0709 1.8 1310 4.2 1936 1.9	0102 4.3 0732 2.1 1358 4.2 2010 2.2	0134 1.4 0748 0.7 1504 1.3 2006 0.8	0008 1.2 0836 1.5 1241 1.1 2044 1.7	0001 1.8 0706 3.7 1240 1.7 1955 3.9	0014 1.8 0728 3.7 1248 1.7 2013 3.9	0052 2.0 0700 4.7 1331 1.9 1947 5.0	0132 2.0 0702 5.3 1422 2.0 1933 5.5	6 M
0314 8.3 1003 3.3 1552 8.6 2226 3.2	0141 4.4 0814 1.6 1411 4.4 2034 1.6	0227 4.5 0849 1.9 1513 4.5 2118 1.8	0311 1.5 0854 0.6 1611 1.4 2105 0.7	0117 1.1 0845 1.6 1339 1.0 2045 1.7	0120 1.7 0816 3.8 1351 1.5 2052 4.0	0125 1.7 0836 3.8 1349 1.5 2108 4.1	0208 1.8 0817 4.9 1436 1.7 2050 5.3	0257 1.7 0815 5.5 1536 1.8 2033 5.7	7 TU
0412 8.9 1058 2.7 1642 9.2 2316 2.6	0233 4.7 0903 1.3 1457 4.7 2119 1.3	0333 4.7 0946 1.5 1605 4.8 2209 1.5	0414 1.6 0938 0.5 1658 1.6 2150 0.5	0207 0.9 0845 1.7 1425 0.8 2046 1.8	0221 1.5 0906 3.9 1443 1.2 2132 4.1	0218 1.4 0922 4.0 1437 1.2 2146 4.2	0305 1.6 0915 5.2 1528 1.4 2139 5.6	0401 1.4 0908 5.8 1633 1.5 2121 6.0	8 W
0458 9.5 1142 2.2 1724 9.7 2357 2.1	0315 4.9 0943 1.1 1535 5.0 2157 1.1	0419 5.0 1032 1.2 1645 5.1 2251 1.2	0502 1.7 1017 0.3 1739 1.7 2232 0.4	0248 0.8 0847 1.8 1506 0.7 2051 1.9	0304 1.2 0944 4.0 1523 1.0 2205 4.2	0301 1.2 0957 4.1 1519 1.0 2218 4.3	0351 1.2 0958 5.5 1610 1.1 2219 5.8	0452 1.2 0949 6.0 1718 1.3 2200 6.2	9 TH
0537 9.9 1220 1.9 1800 10.1	0351 5.1 1018 0.9 1609 5.2 2231 0.9	0456 5.2 1111 1.0 1717 5.2 2328 1.0	0545 1.9 1055 0.2 1818 1.9 2312 0.2	0326 0.7 0853 1.8 1543 0.6 2101 1.9	0339 0.9 1016 4.1 1556 0.8 2235 4.3	0340 1.0 1029 4.2 1557 0.8 2251 4.4	0428 1.0 1032 5.8 1646 0.8 2251 6.0	0533 1.0 1024 6.2 1754 1.1 2236 6.4	10 F
0034 1.8 0612 10.2 1254 1.6 1832 10.3	0424 5.3 1051 0.8 1640 5.3 2303 0.8	0527 5.3 1146 0.9 1745 5.3	0624 2.0 1133 0.1 1853 2.0 2351 0.2	0402 0.6 0907 1.9 1618 0.6 2120 2.0	0410 0.8 1046 4.2 1625 0.7 2303 4.4	0417 0.8 1103 4.3 1633 0.7 2324 4.5	0501 0.8 1104 5.9 1718 0.7 2320 6.0	0607 1.0 1056 6.3 1824 1.0 2311 6.5	11 SA ○
0107 1.6 0643 10.4 1325 1.5 1902 10.4	0456 5.4 1121 0.8 1711 5.4 2334 0.8	0001 0.9 0557 5.4 1218 0.8 1815 5.4	0700 2.0 1210 0.1 1925 2.0	0435 0.6 0930 1.9 1650 0.6 2149 2.0	0439 0.6 1115 4.3 1655 0.6 2332 4.4	0450 0.8 1138 4.4 1705 0.7 2359 4.5	0531 0.7 1133 5.9 1749 0.7 2348 6.0	0637 0.9 1127 6.4 1851 1.0 2343 6.5	12 SU
0138 1.5 0714 10.5 1354 1.5 1931 10.5	0526 5.4 1151 0.8 1741 5.4	0032 0.8 0629 5.5 1248 0.8 1848 5.4	0029 0.1 0733 2.0 1245 0.1 1955 2.0	0505 0.6 1004 1.9 1719 0.6 2225 1.9	0509 0.6 1144 4.4 1725 0.6	0520 0.8 1213 4.4 1734 0.8	0601 0.7 1203 5.9 1819 0.7	0706 0.8 1157 6.4 1919 0.9	13 M
0207 1.5 0743 10.4 1423 1.6 2000 10.4	0005 0.8 0556 5.3 1221 0.9 1811 5.3	0103 0.8 0704 5.4 1318 0.9 1922 5.4	0103 0.1 0804 2.0 1315 0.1 2024 1.9	0533 0.6 1044 1.9 1747 0.6 2305 1.9	0539 0.6 1213 4.4 1754 0.6	0031 4.4 0548 0.8 1245 4.4 1801 0.9	0015 5.9 0630 0.7 1232 5.9 1848 0.8	0012 6.5 0738 0.7 1224 6.4 1951 0.9	14 TU
0236 1.6 0812 10.3 1450 1.9 2027 10.2	0036 0.9 0627 5.2 1252 1.0 1842 5.2	0133 1.0 0739 5.3 1349 1.1 1956 5.3	0131 0.2 0833 1.9 1338 0.2 2050 1.9	0601 0.6 1129 1.9 1816 0.7 2350 1.9	0608 0.6 1246 4.4 1824 0.8	0100 4.4 0615 0.8 1315 4.3 1830 0.9	0042 5.9 0658 0.8 1301 5.8 1916 1.0	0037 6.4 0809 0.9 1250 6.3 2021 1.0	15 W

● ● Time: UT. For British Summer Time (shaded) March 29th to October 25th ADD ONE HOUR ● ●

PAGE 13

APRIL 1998 TIDE TABLES

•• Time: UT. For British Summer Time (shaded) March 29th to October 25th ADD ONE HOUR ••

	ST HELIER	ST MARY'S, SCILLY	PLYMOUTH	PORTLAND	POOLE	SOUTHAMPTON	PORTSMOUTH	SHOREHAM	DOVER
	Time m	Time m	Time m	Time m	Time m	Time m	Time m	Time m	Time m
16 TH	0305 1.9 0842 9.9 1518 2.3 2055 9.8	0108 1.1 0659 5.1 1324 1.2 1916 5.0	0205 1.2 0812 5.1 1420 1.3 2027 5.1	0151 0.2 0901 1.7 1356 0.3 2115 1.7	0633 0.6 1225 1.9 1851 0.7	0101 4.4 0639 0.8 1322 4.2 1855 1.0	0128 4.4 0646 0.9 1348 4.3 1903 1.0	0109 5.8 0729 0.9 1332 5.6 1947 1.2	0102 6.3 0839 1.1 1318 6.2 2052 1.2
17 F	0336 2.3 0912 9.5 1547 2.8 2126 9.3	0142 1.2 0734 4.9 1400 1.4 1955 4.8	0237 1.4 0842 4.9 1451 1.5 2054 4.9	0212 0.3 0929 1.6 1417 0.3 2140 1.6	0049 1.9 0709 0.7 1337 1.8 1930 0.8	0138 4.2 0711 1.0 1404 4.1 1932 1.2	0201 4.3 0721 1.0 1426 4.2 1941 1.2	0140 5.6 0803 1.2 1405 5.4 2024 1.4	0131 6.2 0910 1.3 1352 6.1 2124 1.4
18 SA	0409 2.9 0948 8.9 1623 3.3 2205 8.7	0222 1.5 0816 4.6 1443 1.7 2042 4.6	0312 1.6 0910 4.7 1527 1.8 2127 4.8	0239 0.4 0958 1.5 1448 0.4 2209 1.5	0209 1.8 0752 0.8 1511 1.8 2018 1.0	0223 4.1 0752 1.3 1455 3.9 2023 1.5	0242 4.2 0802 1.1 1513 4.1 2027 1.4	0218 5.3 0843 1.4 1449 5.2 2111 1.7	0209 6.0 0944 1.5 1436 5.9 2203 1.7
19 SU	0454 3.4 1036 8.4 1714 3.8 2303 8.2	0312 1.7 0909 4.4 1539 1.9 2145 4.4	0353 1.8 0950 4.5 1614 2.0 2215 4.6	0319 0.5 1039 1.4 1533 0.6 2257 1.4	0349 1.7 0845 0.9 1708 1.7 2120 1.1	0316 3.9 0847 1.5 1600 3.8 2129 1.8	0332 4.0 0853 1.4 1614 3.9 2127 1.7	0311 5.0 0936 1.7 1549 5.0 2215 1.8	0300 5.7 1029 1.8 1536 5.7 2256 1.9
20 M	0557 3.8 1151 8.0 1831 4.1	0418 1.8 1022 4.2 1659 2.0 2307 4.3	0451 2.0 1053 4.4 1722 2.2 2327 4.5	0427 0.6 1145 1.3 1657 0.7	0548 1.6 1000 1.0 1913 1.6 2259 1.2	0423 3.8 1002 1.7 1720 3.8 2252 1.8	0437 3.8 1006 1.6 1736 3.9 2304 1.8	0421 4.8 1047 1.8 1710 4.9 2336 1.8	0415 5.5 1130 2.0 1658 5.5
21 TU	0035 8.0 0724 3.8 1330 8.1 2009 3.9	0544 1.8 1153 4.3 1827 1.8	0612 2.0 1218 4.4 1855 2.1	0018 1.4 0622 0.6 1321 1.3 1904 0.7	0740 1.6 1140 1.0 2027 1.7	0543 3.8 1127 1.6 1840 3.9	0600 3.8 1145 1.6 1904 4.0	0549 4.9 1213 1.7 1839 5.1	0008 2.0 0546 5.4 1253 2.0 1826 5.5
22 W	0212 8.4 0854 3.2 1454 8.7 2133 3.1	0033 4.5 0705 1.5 1311 4.6 1939 1.4	0055 4.6 0743 1.8 1353 4.6 2021 1.8	0200 1.5 0754 0.5 1501 1.5 2024 0.6	0023 1.1 0836 1.7 1250 0.9 2044 1.8	0016 1.6 0700 3.9 1246 1.3 1946 4.1	0029 1.6 0728 3.9 1257 1.4 2016 4.2	0059 1.6 0714 5.2 1332 1.4 1953 5.5	0139 1.8 0707 5.6 1419 1.8 1939 5.9
23 TH	0325 9.2 1006 2.4 1600 9.6 2239 2.2	0140 4.9 0809 1.1 1412 5.0 2037 1.0	0223 4.9 0857 1.3 1509 4.9 2130 1.3	0328 1.7 0900 0.4 1616 1.7 2124 0.4	0124 0.9 0845 1.8 1347 0.7 2045 2.0	0124 1.2 0801 4.1 1349 0.9 2038 4.3	0133 1.3 0835 4.2 1357 1.1 2110 4.5	0210 1.2 0819 5.6 1437 1.0 2052 6.0	0300 1.5 0811 6.0 1530 1.4 2037 6.3
24 F	0425 10.2 1108 1.6 1654 10.5 2336 1.4	0236 5.3 0904 0.7 1502 5.4 2129 0.6	0331 5.2 1000 0.9 1606 5.3 2227 0.8	0437 1.9 0954 0.2 1715 1.9 2216 0.2	0217 0.7 0845 1.9 1439 0.6 2047 2.1	0220 0.8 0853 4.3 1442 0.6 2122 4.5	0228 1.0 0925 4.4 1451 0.7 2154 4.7	0308 0.8 0913 6.0 1532 0.6 2142 6.3	0405 1.0 0903 6.4 1630 1.0 2127 6.6
25 SA	0518 11.0 1203 0.9 1745 11.2	0324 5.7 0954 0.4 1548 5.7 2217 0.3	0427 5.5 1055 0.5 1656 5.5 2320 0.5	0536 2.1 1043 0.0 1808 2.1 2305 0.1	0305 0.5 0849 2.1 1525 0.4 2056 2.2	0310 0.5 0939 4.5 1532 0.3 2206 4.7	0318 0.6 1010 4.6 1539 0.4 2238 4.8	0401 0.5 1000 6.3 1624 0.4 2229 6.5	0502 0.7 0951 6.7 1726 0.8 2213 6.9
26 SU ●	0029 0.8 0608 11.6 1254 0.4 1832 11.7	0411 6.0 1041 0.2 1633 5.9 2304 0.2	0517 5.7 1145 0.3 1744 5.7	0628 2.3 1130 -0.1 1856 2.3 2351 -0.0	0351 0.4 0903 2.1 1611 0.3 2118 2.2	0359 0.2 1025 4.6 1622 0.2 2250 4.8	0405 0.4 1055 4.8 1626 0.3 2321 4.9	0450 0.3 1048 6.5 1712 0.3 2315 6.6	0556 0.5 1037 6.9 1817 0.6 2259 7.0
27 M	0118 0.4 0655 11.9 1341 0.2 1917 11.9	0456 6.1 1127 0.1 1717 6.0 2350 0.1	0008 0.3 0606 5.8 1231 0.2 1830 5.7	0717 2.3 1215 -0.1 1940 2.3	0434 0.3 0933 2.2 1655 0.3 2156 2.2	0447 0.1 1110 4.7 1710 0.1 2335 4.8	0449 0.2 1141 4.7 1710 0.3	0537 0.3 1136 6.5 1758 0.4	0646 0.4 1124 6.9 1904 0.5 2345 7.1
28 TU	0204 0.3 0740 11.8 1425 0.4 1959 11.8	0540 6.0 1211 0.2 1800 5.9	0053 0.2 0655 5.7 1315 0.3 1918 5.7	0036 -0.0 0802 2.3 1259 -0.1 2021 2.3	0518 0.3 1020 2.2 1739 0.4 2251 2.2	0534 0.0 1156 4.7 1757 0.2	0006 4.9 0533 0.4 1227 4.8 1753 0.3	0001 6.6 0622 0.5 1225 6.5 1842 0.5	0732 0.3 1211 6.9 1948 0.4
29 W	0248 0.5 0823 11.5 1506 0.8 2040 11.3	0036 0.3 0624 5.8 1255 0.5 1845 5.6	0136 0.3 0744 5.6 1357 0.5 2004 5.5	0118 -0.0 0843 2.2 1340 0.0 2059 2.2	0601 0.4 1127 2.1 1823 0.5 2359 2.1	0020 4.7 0620 0.1 1245 4.6 1841 0.2	0050 4.8 0615 0.3 1314 4.7 1836 0.5	0043 6.5 0705 0.5 1311 6.4 1925 0.7	0030 7.0 0815 0.4 1257 6.8 2030 0.5
30 TH	0328 1.0 0905 10.8 1544 1.4 2119 10.6	0121 0.5 0710 5.5 1340 0.8 1930 5.3	0219 0.5 0832 5.4 1439 0.8 2048 5.4	0200 0.1 0923 2.0 1421 0.2 2135 2.0	0645 0.5 1251 2.0 1908 0.6	0107 4.6 0700 0.3 1336 4.5 1922 0.6	0133 4.7 0658 0.5 1402 4.6 1920 0.8	0124 6.3 0747 0.7 1355 6.2 2008 0.9	0116 6.8 0856 0.6 1342 6.6 2111 0.8

SOUTH COAST OF ENGLAND Time Zone UT
St Helier * St Mary's * Plymouth * Portland * Poole * Southampton * Portsmouth * Shoreham * Dover

TIDE TABLES MAY 1998

ST HELIER	ST MARY'S, SCILLY	PLYMOUTH	PORTLAND	POOLE	SOUTHAMPTON	PORTSMOUTH	SHOREHAM	DOVER		
Time m	Time m	Time m	Time m	Time m	Time m	Time m	Time m	Time m		
0408 1.7 0946 10.0 1622 2.2 2159 9.8	0208 0.9 0757 5.1 1426 1.2 2019 5.0	0300 0.9 0918 5.0 1519 1.2 2131 5.1	0242 0.2 1001 1.8 1500 0.4 2209 1.8	0122 2.0 0733 0.6 1433 1.9 1958 0.8	0157 4.4 0742 0.6 1432 4.3 2006 1.0	0218 4.5 0744 0.8 1454 4.4 2008 1.1	0204 6.0 0830 1.0 1438 5.9 2052 1.2	0202 6.5 0937 1.0 1428 6.3 2153 1.1	1	F
0448 2.5 1030 9.1 1703 3.0 2243 9.0	0258 1.3 0850 4.7 1518 1.5 2115 4.6	0343 1.4 1003 4.7 1601 1.7 2214 4.8	0327 0.4 1040 1.6 1543 0.6 2246 1.6	0301 1.8 0825 0.8 1644 1.8 2056 0.9	0252 4.1 0828 1.0 1534 4.0 2059 1.4	0308 4.2 0834 1.1 1601 4.2 2103 1.4	0249 5.6 0916 1.3 1527 5.5 2147 1.6	0251 6.1 1020 1.4 1518 6.0 2239 1.5	2	SA
0536 3.2 1124 8.4 1754 3.7 2343 8.3	0357 1.6 0952 4.3 1621 1.8 2224 4.3	0429 1.8 1053 4.4 1651 2.1 2305 4.5	0419 0.6 1127 1.4 1636 0.7 2333 1.5	0459 1.7 0927 0.9 1842 1.7 2207 1.1	0355 3.8 0925 1.4 1645 3.8 2205 1.7	0409 4.0 0933 1.4 1712 4.0 2212 1.7	0344 5.1 1013 1.7 1629 5.1 2254 1.9	0349 5.7 1111 1.8 1618 5.7 2337 1.8	3	SU
0638 3.8 1238 7.9 1906 4.1	0508 1.8 1109 4.1 1737 2.0 2345 4.2	0529 2.1 1155 4.2 1801 2.3	0531 0.7 1237 1.3 1754 0.8	0704 1.6 1043 1.1 1959 1.6 2332 1.2	0507 3.7 1038 1.6 1803 3.7 2322 1.8	0528 3.7 1048 1.6 1821 3.9 2337 1.8	0454 4.8 1124 1.9 1746 5.0	0501 5.4 1217 2.1 1733 5.4	4	M
0106 8.0 0757 3.9 1402 7.9 2030 4.0	0625 1.9 1227 4.1 1852 1.9	0013 4.4 0651 2.2 1310 4.2 1928 2.3	0039 1.4 0700 0.7 1415 1.3 1921 0.8	0817 1.5 1203 1.1 2037 1.6	0626 3.6 1156 1.7 1916 3.8	0647 3.6 1209 1.7 1932 3.9	0011 2.0 0619 4.6 1244 2.0 1905 5.0	0052 2.0 0626 5.3 1337 2.2 1852 5.5	5	TU
0229 8.1 0914 3.6 1511 8.4 2141 3.6	0057 4.3 0731 1.7 1331 4.3 1954 1.7	0131 4.4 0808 2.0 1424 4.4 2036 2.0	0209 1.4 0809 0.6 1527 1.4 2027 0.7	0044 1.1 0842 1.5 1307 1.0 2045 1.7	0038 1.8 0735 3.6 1305 1.6 2012 3.9	0051 1.7 0757 3.7 1315 1.6 2030 4.0	0127 2.0 0738 4.7 1354 1.8 2010 5.2	0214 1.9 0737 5.4 1451 2.0 1956 5.7	6	W
0332 8.6 1013 3.1 1603 8.9 2235 3.0	0154 4.5 0824 1.5 1421 4.6 2042 1.5	0241 4.6 0906 1.7 1520 4.7 2129 1.7	0321 1.5 0858 0.5 1616 1.6 2115 0.6	0138 1.0 0845 1.6 1356 0.9 2045 1.8	0138 1.6 0829 3.8 1400 1.4 2055 4.0	0147 1.5 0850 3.8 1406 1.4 2113 4.1	0227 1.7 0838 5.0 1449 1.6 2101 5.4	0320 1.6 0833 5.7 1549 1.7 2047 5.9	7	TH
0420 9.1 1100 2.7 1647 9.4 2319 2.6	0240 4.8 0906 1.3 1502 4.8 2122 1.3	0333 4.9 0952 1.4 1602 5.0 2212 1.4	0415 1.6 0939 0.4 1658 1.7 2159 0.5	0221 0.9 0845 1.7 1436 0.8 2046 1.9	0223 1.3 0910 3.9 1442 1.1 2129 4.1	0232 1.3 0930 4.0 1448 1.2 2149 4.3	0313 1.4 0924 5.3 1533 1.3 2143 5.7	0412 1.4 0917 5.9 1635 1.5 2130 6.1	8	F
0501 9.5 1141 2.3 1724 9.8 2358 2.2	0319 5.0 0944 1.1 1538 5.0 2159 1.1	0413 5.1 1033 1.2 1637 5.2 2251 1.2	0502 1.7 1019 0.3 1739 1.8 2241 0.4	0259 0.8 0848 1.8 1514 0.7 2052 1.9	0301 1.1 0944 4.0 1518 1.0 2202 4.2	0312 1.1 1005 4.1 1527 1.0 2224 4.3	0354 1.1 1001 5.5 1612 1.1 2218 5.8	0454 1.2 0954 6.1 1714 1.3 2207 6.3	9	SA
0538 9.8 1218 2.0 1759 10.1	0354 5.1 1018 1.0 1612 5.2 2233 1.0	0450 5.3 1109 1.0 1712 5.4 2327 1.0	0545 1.8 1058 0.2 1817 1.9 2321 0.3	0334 0.7 0857 1.8 1549 0.7 2105 1.9	0334 0.9 1017 4.2 1550 0.8 2231 4.3	0348 1.0 1040 4.2 1603 0.9 2259 4.4	0429 0.9 1034 5.7 1647 0.9 2249 5.9	0530 1.1 1027 6.2 1748 1.1 2242 6.3	10	SU
0035 1.9 0612 10.1 1254 1.8 1832 10.3	0427 5.2 1051 0.9 1644 5.3 2307 0.9	0527 5.4 1145 1.0 1748 5.4	0627 1.9 1136 0.2 1854 2.0	0406 0.7 0915 1.9 1620 0.7 2126 2.0	0407 0.7 1049 4.3 1623 0.7 2302 4.4	0421 0.9 1117 4.3 1635 0.9 2333 4.4	0502 0.8 1106 5.8 1720 0.9 2320 5.9	0606 1.0 1059 6.3 1822 1.0 2313 6.4	11	M ○
0109 1.7 0646 10.2 1327 1.7 1904 10.4	0500 5.3 1124 0.9 1715 5.3 2341 0.9	0003 0.9 0606 5.4 1220 0.9 1826 5.5	0000 0.2 0706 2.0 1213 0.2 1929 2.0	0436 0.6 0942 1.9 1650 0.7 2155 2.0	0441 0.6 1121 4.4 1658 0.7 2333 4.5	0451 0.8 1152 4.4 1705 0.9	0533 0.8 1138 5.8 1752 0.9 2350 5.9	0640 0.9 1129 6.4 1856 1.0 2343 6.4	12	TU
0143 1.6 0719 10.3 1359 1.8 1936 10.4	0532 5.3 1157 1.0 1748 5.3	0039 0.9 0645 5.3 1255 1.0 1903 5.4	0035 0.2 0742 1.9 1246 0.2 2002 2.0	0506 0.6 1019 1.9 1721 0.7 2232 1.9	0515 0.6 1155 4.4 1732 0.7	0005 4.4 0521 0.8 1226 4.4 1736 0.9	0605 0.8 1210 5.8 1822 1.0	0714 0.9 1200 6.4 1930 0.9	13	W
0216 1.7 0752 10.2 1430 1.9 2009 10.3	0015 0.9 0605 5.2 1231 1.0 1822 5.3	0114 1.0 0721 5.2 1330 1.1 1937 5.3	0106 0.2 0815 1.9 1315 0.3 2032 1.9	0540 0.6 1105 1.9 1756 0.7 2318 1.9	0005 4.4 0549 0.6 1229 4.3 1808 0.8	0036 4.4 0554 0.8 1300 4.4 1810 1.0	0019 5.9 0636 0.9 1244 5.8 1856 1.1	0012 6.4 0748 0.9 1231 6.4 2003 1.0	14	TH
0248 1.8 0827 10.0 1502 2.2 2042 10.0	0050 1.0 0640 5.1 1307 1.2 1900 5.2	0149 1.1 0755 5.1 1403 1.2 2008 5.2	0134 0.3 0847 1.8 1342 0.4 2101 1.8	0614 0.6 1204 1.9 1834 0.7	0040 4.4 0623 0.7 1307 4.2 1843 0.9	0108 4.4 0628 0.9 1336 4.3 1847 1.1	0051 5.8 0711 1.0 1318 5.7 1931 1.2	0043 6.3 0820 1.0 1304 6.3 2036 1.1	15	F

● ● Time: UT. For British Summer Time (shaded) March 29th to October 25th ADD ONE HOUR ● ●

PAGE 15

MAY 1998 TIDE TABLES

●●Time: UT. For British Summer Time (shaded) March 29th to October 25th ADD ONE HOUR ●●

	ST HELIER	ST MARY'S, SCILLY	PLYMOUTH	PORTLAND	POOLE	SOUTHAMPTON	PORTSMOUTH	SHOREHAM	DOVER
	Time m	Time m	Time m	Time m	Time m	Time m	Time m	Time m	Time m
16 SA	0323 2.1 0903 9.7 1537 2.6 2118 9.6	0128 1.2 0719 5.0 1347 1.3 1941 5.0	0224 1.3 0826 4.9 1438 1.4 2038 5.1	0202 0.3 0918 1.7 1410 0.4 2130 1.7	0020 1.9 0654 0.7 1318 1.9 1916 0.8	0119 4.3 0659 0.9 1351 4.1 1924 1.1	0145 4.3 0706 0.9 1416 4.3 1927 1.2	0127 5.7 0748 1.1 1358 5.6 2012 1.4	0118 6.2 0853 1.2 1342 6.2 2112 1.3
17 SU	0401 2.5 0943 9.2 1618 3.0 2201 9.1	0211 1.3 0803 4.8 1432 1.5 2030 4.8	0300 1.5 0857 4.8 1515 1.6 2112 4.9	0236 0.4 0953 1.6 1446 0.5 2203 1.6	0139 1.8 0739 0.8 1453 1.8 2006 0.9	0204 4.1 0741 1.1 1442 4.0 2013 1.4	0227 4.2 0749 1.1 1504 4.2 2015 1.4	0210 5.5 0832 1.3 1444 5.5 2101 1.5	0200 6.0 0930 1.4 1428 6.0 2153 1.5
18 M	0448 3.0 1033 8.8 1709 3.4 2258 8.7	0301 1.5 0857 4.6 1527 1.7 2129 4.7	0342 1.6 0937 4.7 1601 1.8 2158 4.8	0321 0.4 1036 1.5 1536 0.6 2250 1.6	0321 1.8 0833 0.9 1646 1.8 2108 1.0	0257 4.0 0834 1.3 1543 4.0 2114 1.5	0318 4.1 0841 1.3 1602 4.1 2115 1.6	0302 5.3 0924 1.4 1541 5.3 2201 1.8	0253 5.8 1015 1.6 1527 5.9 2244 1.7
19 TU	0547 3.3 1139 8.5 1817 3.7	0403 1.7 1003 4.4 1637 1.8 2241 4.6	0436 1.8 1036 4.6 1704 2.0 2303 4.7	0427 0.5 1136 1.4 1654 0.7	0515 1.7 0942 1.0 1848 1.8 2233 1.1	0400 3.9 0939 1.4 1654 3.9 2227 1.6	0418 4.0 0948 1.4 1716 4.1 2238 1.7	0406 5.1 1029 1.5 1651 5.2 2314 1.6	0404 5.7 1114 1.8 1639 5.7 2349 1.7
20 W	0014 8.5 0701 3.3 1301 8.5 1939 3.5	0518 1.6 1121 4.5 1756 1.7 2359 4.7	0548 1.8 1154 4.6 1825 1.9	0000 1.5 0558 0.6 1257 1.4 1834 0.7	0710 1.7 1108 1.0 2010 1.8 2353 1.0	0513 3.8 1056 1.4 1808 4.0 2342 1.5	0533 3.9 1113 1.5 1835 4.1 2359 1.5	0523 5.0 1144 1.5 1809 5.3	0524 5.6 1227 1.8 1757 5.8
21 TH	0138 8.7 0821 3.0 1420 8.9 2059 3.0	0633 1.4 1238 4.7 1908 1.4	0025 4.7 0710 1.6 1321 4.7 1947 1.7	0128 1.5 0722 0.5 1425 1.5 1954 0.6	0823 1.7 1221 0.9 2040 1.9	0628 3.9 1209 1.3 1913 4.2	0656 4.0 1227 1.3 1945 4.3	0032 1.4 0642 5.2 1302 1.3 1921 5.6	0109 1.6 0639 5.8 1346 1.7 1908 6.0
22 F	0252 9.3 0933 2.4 1527 9.6 2207 2.3	0109 5.0 0739 1.1 1342 5.0 2009 1.1	0150 4.9 0824 1.3 1436 5.0 2057 1.3	0253 1.7 0829 0.4 1542 1.7 2057 0.5	0057 0.9 0843 1.8 1321 0.8 2045 2.0	0050 1.2 0733 4.1 1315 1.0 2008 4.3	0105 1.3 0806 4.2 1330 1.1 2042 4.5	0142 1.2 0749 5.5 1409 1.0 2021 5.9	0226 1.4 0743 6.0 1457 1.4 2009 6.3
23 SA	0356 10.0 1037 1.8 1627 10.4 2308 1.7	0208 5.3 0837 1.0 1436 5.3 2104 0.8	0301 5.2 0930 1.0 1537 5.3 2159 0.9	0406 1.8 0927 0.3 1645 1.9 2153 0.3	0153 0.7 0845 1.9 1415 0.6 2045 2.1	0149 0.9 0828 4.3 1412 0.7 2057 4.5	0203 1.0 0902 4.4 1426 0.9 2131 4.7	0244 0.9 0845 5.8 1508 0.7 2115 6.1	0332 1.1 0839 6.3 1558 1.1 2101 6.5
24 SU	0453 10.7 1135 1.3 1719 11.0	0300 5.6 0930 0.6 1526 5.6 2156 0.5	0400 5.4 1027 0.7 1631 5.5 2254 0.7	0509 2.0 1020 0.1 1742 2.1 2244 0.2	0243 0.6 0846 2.0 1505 0.5 2050 2.1	0242 0.6 0917 4.4 1506 0.5 2143 4.6	0255 0.7 0951 4.6 1518 0.6 2216 4.8	0339 0.6 0937 6.1 1601 0.6 2205 6.3	0432 0.9 0930 6.5 1656 0.9 2151 6.7
25 M ●	0004 1.1 0545 11.1 1229 0.9 1809 11.4	0350 5.8 1019 0.4 1613 5.8 2245 0.4	0455 5.5 1121 0.5 1722 5.6 2346 0.5	0605 2.1 1109 0.1 1833 2.2 2333 0.1	0330 0.4 0856 2.1 1552 0.4 2106 2.2	0334 0.3 1005 4.6 1557 0.4 2227 4.7	0344 0.5 1038 4.7 1605 0.5 2301 4.8	0431 0.5 1028 6.3 1651 0.5 2252 6.4	0529 0.7 1018 6.7 1751 0.7 2239 6.9
26 TU	0056 0.8 0635 11.4 1318 0.8 1855 11.5	0437 5.8 1106 0.4 1658 5.8 2333 0.4	0548 5.5 1209 0.5 1812 5.6	0657 2.2 1156 0.0 1919 2.3	0415 0.4 0920 2.1 1636 0.4 2136 2.2	0424 0.2 1054 4.6 1648 0.3 2315 4.7	0430 0.4 1124 4.7 1651 0.5 2345 4.8	0519 0.5 1118 6.3 1738 0.6 2339 6.4	0623 0.6 1107 6.8 1842 0.6 2327 6.9
27 W	0144 0.7 0721 11.4 1403 0.8 1939 11.4	0523 5.8 1153 0.5 1744 5.7	0034 0.5 0639 5.5 1256 0.5 1901 5.6	0019 0.1 0744 2.2 1241 0.1 2002 2.3	0500 0.4 1002 2.1 1721 0.5 2223 2.1	0513 0.2 1142 4.7 1737 0.4	0515 0.4 1211 4.7 1736 0.6	0604 0.6 1207 6.3 1823 0.7	0712 0.5 1155 6.8 1929 0.6
28 TH	0229 0.8 0806 11.1 1445 1.1 2021 11.1	0020 0.5 0609 5.6 1238 0.7 1828 5.6	0119 0.5 0729 5.4 1339 0.7 1947 5.5	0103 0.1 0827 2.1 1323 0.1 2042 2.2	0544 0.4 1102 2.1 1804 0.5 2324 2.1	0001 4.6 0558 0.2 1231 4.6 1822 0.5	0029 4.7 0558 0.5 1258 4.6 1818 0.7	0022 6.3 0646 0.7 1254 6.3 1906 0.9	0015 6.8 0757 0.6 1241 6.7 2013 0.6
29 F	0310 1.2 0848 10.6 1524 1.6 2101 10.6	0106 0.7 0654 5.3 1322 0.9 1914 5.3	0203 0.7 0815 5.2 1421 0.9 2029 5.3	0146 0.2 0908 2.0 1403 0.3 2118 2.1	0628 0.5 1220 2.0 1851 0.6	0048 4.5 0642 0.4 1322 4.4 1905 0.7	0112 4.6 0641 0.6 1345 4.5 1903 0.9	0104 6.2 0728 0.9 1338 6.1 1949 1.1	0100 6.6 0840 0.8 1324 6.6 2055 0.7
30 SA	0350 1.7 0928 10.0 1603 2.2 2139 9.9	0151 0.9 0739 5.0 1406 1.2 2000 5.1	0244 1.0 0857 5.0 1500 1.3 2106 5.1	0228 0.3 0946 1.8 1442 0.4 2151 1.9	0038 2.0 0713 0.6 1353 1.9 1937 0.8	0137 4.3 0723 0.7 1414 4.2 1948 1.0	0155 4.4 0725 0.8 1434 4.4 1948 1.1	0145 5.9 0810 1.1 1420 5.9 2034 1.3	0145 6.4 0920 1.1 1408 6.4 2136 1.1
31 SU	0429 2.4 1009 9.3 1641 2.9 2220 9.2	0237 1.2 0827 4.7 1453 1.5 2049 4.8	0324 1.3 0936 4.7 1539 1.6 2141 4.9	0310 0.4 1022 1.7 1521 0.5 2224 1.7	0209 1.8 0803 0.7 1549 1.8 2031 0.9	0228 4.0 0806 1.0 1510 4.1 2033 1.3	0242 4.2 0812 1.0 1532 4.2 2039 1.4	0229 5.6 0855 1.3 1505 5.6 2122 1.6	0231 6.1 0959 1.4 1454 6.1 2218 1.4

PAGE 16

TIDE TABLES

SOUTH COAST OF ENGLAND Time Zone UT
St Helier * St Mary's * Plymouth * Portland * Poole * Southampton * Portsmouth * Shoreham * Dover

TIDE TABLES JUNE 1998

ST HELIER Time m	ST MARY'S, SCILLY Time m	PLYMOUTH Time m	PORTLAND Time m	POOLE Time m	SOUTHAMPTON Time m	PORTSMOUTH Time m	SHOREHAM Time m	DOVER Time m	
0509 3.0 1054 8.6 1724 3.5 2309 8.6	0326 1.5 0920 4.5 1544 1.7 2145 4.5	0404 1.7 1015 4.5 1620 2.0 2221 4.6	0355 0.5 1101 1.5 1606 0.7 2300 1.6	0355 1.7 0857 0.9 1746 1.7 2130 1.1	0323 3.8 0855 1.3 1609 3.9 2128 1.6	0335 4.0 0904 1.3 1636 4.1 2136 1.6	0319 5.2 0944 1.6 1558 5.3 2219 1.8	0322 5.8 1040 1.7 1546 5.8 2305 1.7	**1 M**
0558 3.5 1151 8.2 1818 3.9	0423 1.8 1021 4.3 1645 1.9 2251 4.3	0451 2.0 1105 4.3 1713 2.2 2317 4.5	0449 0.6 1150 1.4 1703 0.8 2348 1.5	0556 1.6 0959 1.0 1913 1.7 2243 1.1	0423 3.7 0952 1.5 1714 3.7 2231 1.8	0442 3.8 1005 1.6 1736 3.9 2248 1.8	0417 4.9 1043 1.8 1700 5.1 2324 2.0	0423 5.5 1130 2.0 1648 5.6	**2 TU**
0012 8.1 0658 3.8 1302 8.0 1926 4.1	0528 1.9 1131 4.2 1754 2.0	0554 2.2 1209 4.3 1826 2.3	0557 0.7 1256 1.3 1819 0.8	0733 1.5 1114 1.1 2010 1.6	0531 3.5 1059 1.7 1818 3.7 2337 1.8	0553 3.6 1119 1.7 1836 3.9	0527 4.7 1150 1.9 1809 5.0	0001 1.9 0535 5.3 1230 2.2 1800 5.5	**3 W**
0127 8.0 0808 3.8 1414 8.1 2038 3.9	0001 4.3 0635 1.9 1239 4.3 1900 1.9	0026 4.5 0709 2.1 1317 4.4 1940 2.2	0052 1.4 0707 0.6 1413 1.4 1934 0.8	0001 1.1 0825 1.5 1225 1.1 2038 1.7	0638 3.5 1206 1.7 1918 3.8	0007 1.8 0700 3.6 1231 1.7 1936 3.9	0034 2.0 0641 4.6 1300 1.9 1915 5.0	0109 2.0 0648 5.3 1340 2.2 1909 5.5	**4 TH**
0236 8.2 0913 3.6 1514 8.5 2141 3.5	0106 4.4 0734 1.7 1336 4.4 1956 1.7	0136 4.6 0814 1.9 1420 4.6 2039 2.0	0209 1.4 0806 0.6 1518 1.5 2033 0.7	0101 1.1 0843 1.5 1318 1.0 2045 1.7	0039 1.7 0738 3.6 1304 1.6 2008 3.9	0109 1.7 0802 3.7 1327 1.6 2030 4.0	0138 1.9 0746 4.8 1401 1.8 2013 5.2	0218 1.9 0748 5.5 1447 2.0 2006 5.7	**5 F**
0333 8.6 1009 3.2 1603 8.9 2233 3.1	0159 4.6 0824 1.6 1424 4.7 2043 1.5	0236 4.8 0905 1.7 1512 4.9 2128 1.7	0317 1.5 0855 0.5 1610 1.6 2122 0.6	0147 1.0 0845 1.6 1403 0.9 2045 1.8	0132 1.5 0828 3.8 1353 1.4 2048 4.0	0157 1.5 0854 3.8 1414 1.4 2115 4.1	0230 1.7 0839 5.0 1451 1.6 2100 5.4	0318 1.7 0838 5.7 1543 1.8 2054 5.9	**6 SA**
0420 9.0 1057 2.8 1646 9.4 2319 2.6	0244 4.8 0906 1.4 1506 4.9 2125 1.3	0328 5.0 0950 1.5 1557 5.1 2212 1.4	0415 1.6 0939 0.4 1657 1.8 2206 0.5	0227 0.9 0846 1.7 1442 0.9 2047 1.9	0217 1.2 0909 4.0 1436 1.2 2126 4.2	0239 1.3 0937 4.0 1454 1.3 2155 4.3	0317 1.4 0922 5.2 1536 1.4 2142 5.6	0408 1.5 0920 5.9 1630 1.5 2135 6.1	**7 SU**
0502 9.4 1141 2.5 1725 9.7	0324 4.9 0946 1.2 1542 5.1 2204 1.1	0414 5.1 1031 1.3 1639 5.3 2254 1.2	0506 1.7 1021 0.3 1742 1.9 2248 0.4	0302 0.8 0851 1.8 1516 0.8 2054 1.9	0258 1.0 0948 4.1 1517 1.0 2201 4.3	0315 1.2 1018 4.2 1530 1.2 2232 4.3	0357 1.2 1002 5.4 1615 1.2 2219 5.7	0453 1.3 0957 6.1 1715 1.3 2211 6.2	**8 M**
0002 2.2 0542 9.7 1222 2.2 1803 10.1	0400 5.1 1023 1.1 1618 5.2 2242 1.0	0459 5.2 1112 1.1 1722 5.4 2336 1.1	0554 1.8 1103 0.3 1824 2.0 2329 0.3	0335 0.7 0903 1.9 1551 0.8 2109 1.9	0338 0.9 1024 4.2 1555 0.9 2235 4.4	0349 1.0 1056 4.3 1605 1.1 2306 4.4	0434 1.0 1039 5.6 1652 1.1 2253 5.8	0535 1.1 1031 6.2 1756 1.2 2245 6.3	**9 TU**
0043 1.9 0621 10.0 1302 2.0 1840 10.3	0436 5.2 1100 1.0 1654 5.3 2319 1.0	0543 5.3 1154 1.1 1804 5.4	0639 1.9 1142 0.3 1906 2.0	0409 0.7 0925 1.9 1625 0.7 2132 2.0	0416 0.7 1101 4.3 1635 0.8 2311 4.4	0424 0.9 1132 4.3 1640 1.0 2340 4.4	0509 1.0 1116 5.7 1726 1.1 2327 5.9	0615 1.0 1105 6.3 1836 1.1 2318 6.3	**10 W** ○
0122 1.7 0659 10.2 1339 1.9 1918 10.4	0511 5.2 1137 1.0 1730 5.4 2357 0.9	0017 1.0 0625 5.3 1235 1.0 1844 5.4	0008 0.3 0722 1.9 1221 0.2 1944 2.0	0445 0.6 0957 1.9 1703 0.7 2206 2.0	0455 0.6 1138 4.3 1715 0.8 2347 4.4	0500 0.8 1207 4.4 1718 1.0	0543 1.0 1154 5.8 1803 1.1	0654 1.0 1139 6.4 1913 1.0 2353 6.4	**11 TH**
0200 1.7 0738 10.2 1416 1.9 1955 10.4	0548 5.3 1215 1.0 1807 5.4	0057 1.0 0705 5.2 1314 1.0 1920 5.4	0045 0.3 0801 1.9 1258 0.2 2020 2.0	0523 0.6 1042 2.0 1743 0.7 2254 2.0	0533 0.6 1216 4.3 1755 0.8	0015 4.5 0538 0.8 1244 4.4 1757 1.0	0002 6.0 0620 1.0 1232 5.9 1840 1.2	0730 1.0 1217 6.4 1949 1.0	**12 F**
0237 1.7 0817 10.2 1453 2.0 2034 10.3	0036 0.9 0627 5.2 1255 1.1 1847 5.3	0136 1.0 0740 5.1 1352 1.1 1954 5.3	0121 0.3 0838 1.9 1334 0.3 2054 1.9	0603 0.6 1144 2.0 1825 0.7 2359 2.0	0024 4.4 0612 0.6 1255 4.3 1836 0.9	0052 4.5 0617 0.8 1324 4.4 1838 1.0	0040 5.9 0700 1.0 1312 5.9 1921 1.2	0031 6.4 0804 1.0 1257 6.4 2024 1.0	**13 SA**
0316 1.8 0857 10.1 1532 2.2 2115 10.1	0118 1.0 0708 5.1 1337 1.2 1930 5.3	0215 1.1 0814 5.0 1429 1.2 2027 5.2	0158 0.3 0914 1.8 1412 0.4 2129 1.9	0645 0.6 1303 2.0 1909 0.8	0104 4.3 0652 0.7 1340 4.2 1918 1.0 1921 1.1	0133 4.4 0658 0.9 1408 4.4	0122 5.9 0742 1.1 1354 5.9 2006 1.2	0113 6.3 0840 1.1 1339 6.3 2103 1.1	**14 SU**
0357 2.1 0941 9.7 1615 2.5 2200 9.7	0202 1.1 0753 5.0 1424 1.4 2018 5.1	0253 1.2 0849 5.0 1508 1.4 2103 5.1	0238 0.3 0951 1.7 1452 0.4 2206 1.8	0120 1.9 0731 0.7 1439 1.9 1958 0.8	0149 4.2 0734 0.8 1428 4.2 2004 1.1	0217 4.4 0742 1.0 1457 4.3 2008 1.3	0207 5.7 0828 1.1 1441 5.8 2055 1.2	0159 6.2 0920 1.2 1426 6.3 2145 1.2	**15 M**

● ● Time: UT. For British Summer Time (shaded) March 29th to October 25th ADD ONE HOUR ● ●

PAGE 17

JUNE 1998 TIDE TABLES

•• Time: UT. For British Summer Time (shaded) March 29th to October 25th ADD ONE HOUR ••

	ST HELIER	ST MARY'S, SCILLY	PLYMOUTH	PORTLAND	POOLE	SOUTHAMPTON	PORTSMOUTH	SHOREHAM	DOVER
	Time m	Time m	Time m	Time m	Time m	Time m	Time m	Time m	Time m
16 TU	0444 2.4 1030 9.4 1704 2.9 2251 9.3	0251 1.2 0844 4.9 1515 1.4 2113 5.0	0334 1.3 0930 4.9 1553 1.5 2148 5.0	0324 0.4 1034 1.6 1541 0.5 2251 1.7	0257 1.9 0823 0.8 1626 1.9 2056 0.9	0239 4.1 0822 1.0 1523 4.1 2058 1.3	0306 4.3 0832 1.1 1551 4.3 2103 1.4	0257 5.6 0917 1.2 1532 5.7 2149 1.3	0251 6.0 1005 1.4 1519 6.1 2234 1.3
17 W	0537 2.7 1126 9.1 1803 3.1 2354 9.1	0347 1.4 0943 4.7 1617 1.5 2216 4.9	0424 1.5 1023 4.7 1648 1.7 2247 4.9	0422 0.4 1127 1.6 1643 0.6 2349 1.6	0448 1.8 0925 0.8 1820 1.9 2206 1.0	0339 4.0 0917 1.2 1628 4.1 2200 1.4	0403 4.2 0931 1.3 1657 4.3 2211 1.5	0353 5.4 1014 1.3 1632 5.5 2254 1.3	0353 5.9 1058 1.5 1620 6.0 2333 1.5
18 TH	0639 2.9 1232 8.9 1912 3.2	0452 1.4 1051 4.7 1727 1.5 2327 4.8	0527 1.6 1131 4.7 1757 1.8	0533 0.5 1232 1.5 1800 0.6	0639 1.8 1037 0.9 1946 1.9 2322 1.0	0446 3.9 1024 1.3 1736 4.1 2308 1.4	0510 4.1 1042 1.3 1806 4.3 2327 1.5	0457 5.2 1119 1.3 1739 5.5	0500 5.8 1203 1.6 1727 6.0
19 F	0106 9.0 0751 2.9 1345 9.0 2027 3.0	0603 1.4 1205 4.7 1838 1.4	0000 4.9 0638 1.6 1251 4.8 1912 1.7	0100 1.6 0648 0.5 1348 1.6 1918 0.6	0802 1.8 1149 0.9 2030 1.9	0558 4.0 1135 1.3 1843 4.2	0625 4.1 1155 1.3 1912 4.3	0004 1.3 0608 5.2 1233 1.3 1849 5.5	0042 1.5 0609 5.8 1314 1.6 1836 6.0
20 SA	0220 9.2 0903 2.6 1457 9.4 2139 2.6	0039 4.9 0711 1.3 1314 4.9 1944 1.2	0121 4.9 0751 1.4 1406 5.0 2025 1.4	0219 1.6 0757 0.4 1506 1.7 2028 0.6	0029 0.9 0838 1.8 1254 0.8 2044 2.0	0016 1.2 0708 4.1 1244 1.1 1943 4.3	0036 1.3 0737 4.1 1302 1.2 2015 4.4	0116 1.2 0719 5.3 1342 1.2 1954 5.7	0154 1.4 0715 6.0 1425 1.5 1941 6.2
21 SU	0329 9.7 1009 2.2 1600 9.9 2244 2.1	0143 5.1 0813 1.1 1414 5.1 2044 1.0	0234 5.1 0900 1.2 1512 5.2 2132 1.2	0336 1.7 0901 0.4 1616 1.8 2131 0.5	0130 0.8 0845 1.9 1353 0.8 2045 2.0	0121 1.0 0809 4.2 1347 1.0 2036 4.5	0139 1.2 0840 4.3 1403 1.1 2109 4.6	0223 1.0 0822 5.6 1447 1.0 2052 5.8	0303 1.3 0817 6.1 1531 1.3 2040 6.3
22 M	0430 10.1 1111 1.8 1657 10.4 2343 1.6	0241 5.3 0909 0.9 1508 5.4 2139 0.8	0339 5.2 1003 1.0 1611 5.3 2233 1.0	0445 1.8 0959 0.3 1718 2.0 2227 0.4	0224 0.7 0845 2.0 1447 0.7 2047 2.1	0220 0.8 0903 4.4 1446 0.8 2126 4.5	0236 0.9 0935 4.4 1459 0.9 2159 4.6	0321 0.9 0919 5.8 1544 0.9 2146 6.0	0408 1.1 0913 6.3 1633 1.1 2134 6.5
23 TU	0527 10.5 1207 1.5 1750 10.8	0334 5.5 1002 0.7 1557 5.6 2231 0.6	0439 5.3 1100 0.9 1707 5.4 2328 0.8	0546 2.0 1051 0.2 1813 2.1 2318 0.3	0314 0.6 0852 2.0 1536 0.6 2059 2.1	0315 0.6 0955 4.5 1540 0.6 2212 4.6	0327 0.7 1024 4.5 1550 0.8 2245 4.7	0416 0.8 1014 6.0 1635 0.8 2236 6.2	0509 0.9 1006 6.5 1732 0.9 2225 6.6
24 W ●	0037 1.3 0618 10.8 1259 1.3 1837 11.0	0423 5.5 1051 0.7 1645 5.6 2320 0.6	0536 5.3 1153 0.8 1800 5.4	0641 2.0 1140 0.2 1903 2.2	0400 0.5 0911 2.0 1622 0.6 2122 2.1	0407 0.4 1044 4.5 1632 0.6 2259 4.6	0415 0.6 1111 4.6 1637 0.7 2328 4.7	0505 0.8 1105 6.1 1724 0.8 2323 6.2	0606 0.8 1055 6.6 1825 0.8 2314 6.7
25 TH	0127 1.1 0706 10.9 1345 1.2 1922 11.1	0509 5.5 1138 0.7 1730 5.6	0019 0.7 0629 5.3 1240 0.8 1848 5.5	0006 0.2 0730 2.1 1225 0.2 1948 2.2	0445 0.5 0947 2.0 1706 0.6 2202 2.1	0456 0.3 1131 4.5 1721 0.6 2346 4.5	0500 0.5 1157 4.6 1721 0.7	0548 0.8 1154 6.2 1808 0.9	0657 0.8 1141 6.7 1914 0.7
26 F	0212 1.1 0749 10.8 1427 1.4 2003 10.9	0006 0.6 0554 5.4 1222 0.8 1813 5.5	0105 0.7 0715 5.2 1324 0.8 1930 5.4	0051 0.2 0815 2.1 1308 0.2 2028 2.2	0528 0.5 1038 2.0 1749 0.6 2252 2.0	0541 0.4 1219 4.5 1804 0.7	0011 4.6 0543 0.6 1241 4.6 1803 0.8	0007 6.2 0631 0.9 1240 6.2 1850 1.1	0000 6.6 0743 0.8 1224 6.7 1958 0.7
27 SA	0253 1.3 0830 10.5 1506 1.7 2041 10.5	0049 0.8 0636 5.3 1303 0.9 1855 5.4	0147 0.8 0756 5.1 1403 1.0 2006 5.3	0133 0.2 0854 2.0 1347 0.3 2103 2.1	0611 0.5 1144 2.0 1832 0.7 2359 1.9	0031 4.4 0624 0.5 1306 4.4 1846 0.8	0051 4.5 0625 0.6 1324 4.5 1845 0.9	0047 6.1 0711 1.0 1320 6.1 1930 1.2	0044 6.5 0824 0.9 1306 6.6 2039 0.8
28 SU	0330 1.7 0908 10.1 1541 2.1 2118 10.1	0130 0.9 0718 5.1 1344 1.1 1936 5.2	0225 1.0 0830 5.0 1439 1.2 2037 5.2	0212 0.2 0930 1.8 1424 0.3 2134 1.9	0654 0.6 1304 1.9 1916 0.7	0116 4.2 0703 0.7 1351 4.3 1925 1.0	0133 4.4 0706 0.8 1409 4.4 1927 1.1	0128 5.9 0752 1.1 1400 6.0 2012 1.3	0126 6.3 0900 1.1 1346 6.4 2116 1.0
29 M	0406 2.1 0944 9.5 1615 2.6 2153 9.5	0211 1.2 0800 4.9 1424 1.4 2018 4.9	0300 1.3 0901 4.8 1512 1.5 2105 5.0	0251 0.3 1000 1.7 1500 0.4 2202 1.8	0116 1.9 0737 0.7 1439 1.9 2000 0.9	0200 4.1 0740 0.9 1437 4.1 2003 1.2	0215 4.3 0748 1.0 1457 4.3 2010 1.3	0208 5.7 0832 1.2 1440 5.8 2055 1.5	0207 6.1 0933 1.3 1427 6.3 2152 1.3
30 TU	0440 2.7 1021 9.0 1651 3.1 2231 9.0	0251 1.4 0843 4.7 1505 1.6 2103 4.7	0333 1.6 0932 4.7 1545 1.8 2139 4.9	0328 0.4 1030 1.5 1535 0.6 2230 1.6	0247 1.8 0822 0.8 1626 1.8 2049 1.0	0245 3.9 0819 1.1 1524 3.9 2044 1.4	0301 4.1 0831 1.2 1551 4.2 2057 1.5	0250 5.4 0914 1.4 1523 5.5 2141 1.6	0251 5.9 1006 1.6 1512 6.1 2229 1.5

PAGE 18

SOUTH COAST OF ENGLAND Time Zone UT
St Helier * St Mary's * Plymouth * Portland * Poole * Southampton * Portsmouth * Shoreham * Dover

TIDE TABLES JULY 1998

ST HELIER	ST MARY'S, SCILLY	PLYMOUTH	PORTLAND	POOLE	SOUTHAMPTON	PORTSMOUTH	SHOREHAM	DOVER	
Time m	Time m	Time m	Time m	Time m	Time m	Time m	Time m	Time m	
0517 3.2 1103 8.5 1732 3.5 2318 8.4	0335 1.7 0931 4.5 1553 1.8 2155 4.5	0409 1.8 1013 4.6 1624 2.1 2227 4.7	0406 0.5 1106 1.4 1613 0.7 2305 1.5	0431 1.7 0912 0.9 1806 1.7 2145 1.1	0334 3.7 0903 1.4 1617 3.8 2132 1.6	0354 3.9 0919 1.4 1648 4.0 2151 1.7	0337 5.1 1001 1.6 1611 5.3 2234 1.8	0340 5.6 1042 1.8 1603 5.8 2312 1.8	**1 W**
0600 3.6 1156 8.1 1823 3.9	0427 1.8 1029 4.3 1651 2.0 2257 4.3	0454 2.0 1109 4.5 1715 2.2 2330 4.6	0451 0.6 1151 1.3 1705 0.7 2352 1.4	0622 1.6 1013 1.1 1921 1.7 2256 1.2	0430 3.6 0955 1.6 1715 3.7 2230 1.8	0458 3.7 1018 1.7 1742 3.9 2301 1.9	0432 4.8 1055 1.8 1708 5.0 2334 2.0	0437 5.4 1127 2.1 1702 5.6	**2 TH**
0017 8.0 0656 3.9 1303 7.9 1927 4.1	0530 2.0 1137 4.2 1758 2.0	0554 2.2 1215 4.5 1825 2.3	0549 0.6 1253 1.3 1818 0.8	0741 1.5 1125 1.1 2011 1.6	0534 3.5 1057 1.8 1814 3.7 2335 1.8	0601 3.6 1130 1.8 1837 3.9	0534 4.6 1158 2.0 1812 4.9	0003 1.9 0544 5.3 1223 2.2 1809 5.4	**3 F**
0128 7.9 0803 4.0 1414 8.0 2039 4.0	0007 4.3 0636 1.9 1245 4.3 1905 1.9	0039 4.6 0706 2.1 1321 4.6 1939 2.2	0056 1.4 0658 0.6 1409 1.4 1936 0.8	0012 1.2 0827 1.5 1232 1.1 1913 3.8	0641 3.6 1203 1.8 1913 3.8	0018 1.9 0704 3.6 1239 1.8 1935 3.9	0038 2.0 0643 4.5 1305 2.0 1917 4.9	0103 2.0 0652 5.3 1330 2.2 1915 5.5	**4 SA**
0238 8.1 0912 3.8 1516 8.4 2145 3.6	0113 4.4 0737 1.8 1344 4.5 2002 1.8	0145 4.7 0812 2.0 1423 4.7 2040 2.0	0214 1.4 0801 0.6 1519 1.5 2039 0.7	0107 1.1 0843 1.6 1323 1.1 2045 1.7	0039 1.7 0741 3.7 1305 1.7 2005 3.9	0115 1.7 0807 3.7 1332 1.7 2032 4.0	0142 1.9 0747 4.7 1406 1.9 2016 5.0	0211 2.0 0753 5.4 1443 2.0 2012 5.6	**5 SU**
0337 8.4 1013 3.3 1608 8.9 2241 3.0	0208 4.5 0829 1.6 1433 4.7 2051 1.5	0245 4.8 0906 1.8 1518 4.9 2133 1.7	0328 1.5 0856 0.5 1617 1.6 2130 0.6	0150 1.0 0845 1.6 1405 1.0 2045 1.8	0136 1.5 0835 3.9 1400 1.5 2051 4.1	0200 1.6 0906 3.9 1416 1.6 2122 4.1	0237 1.7 0843 4.9 1459 1.7 2106 5.3	0318 1.8 0844 5.7 1548 1.8 2100 5.8	**6 M**
0428 8.9 1106 2.9 1654 9.4 2332 2.5	0254 4.8 0915 1.4 1515 5.0 2136 1.3	0342 4.9 0957 1.6 1609 5.1 2223 1.5	0430 1.6 0945 0.4 1709 1.8 2217 0.5	0229 0.9 0847 1.8 1446 0.9 2048 1.9	0227 1.2 0921 4.0 1448 1.2 2133 4.2	0241 1.4 0954 4.1 1458 1.4 2204 4.3	0325 1.5 0931 5.2 1544 1.5 2150 5.5	0415 1.5 0927 5.9 1643 1.5 2141 6.0	**7 TU**
0515 9.4 1155 2.4 1738 9.9	0335 5.0 0957 1.2 1554 5.2 2218 1.1	0433 5.1 1045 1.4 1657 5.3 2311 1.2	0527 1.7 1033 0.3 1758 1.9 2301 0.4	0308 0.8 0855 1.8 1525 0.8 2057 1.9	0313 1.0 1003 4.2 1534 1.0 2213 4.3	0321 1.2 1035 4.2 1539 1.2 2241 4.4	0407 1.2 1014 5.5 1626 1.3 2230 5.8	0506 1.3 1005 6.1 1732 1.3 2218 6.2	**8 W**
0019 2.1 0600 9.9 1241 2.0 1821 10.3	0415 5.1 1038 1.1 1633 5.4 2300 0.9	0521 5.1 1132 1.2 1742 5.4 2358 1.1	0618 1.8 1118 0.3 1845 2.0 2345 0.3	0346 0.7 0911 1.9 1605 0.7 2115 2.0	0356 0.8 1044 4.3 1617 0.9 2251 4.4	0400 1.0 1110 4.4 1620 1.1 2317 4.5	0447 1.1 1057 5.7 1706 1.2 2308 5.9	0553 1.1 1042 6.3 1817 1.1 2256 6.3	**9 TH** ○
0104 1.7 0643 10.2 1324 1.8 1902 10.6	0453 5.3 1119 0.9 1712 5.5 2341 0.8	0606 5.2 1218 1.0 1824 5.5	0706 1.9 1202 0.2 1930 2.1	0427 0.6 0937 2.0 1647 0.6 2144 2.0	0439 0.6 1123 4.4 1701 0.8 2330 4.4	0442 0.8 1146 4.5 1702 0.9 2354 4.6	0527 1.0 1137 5.9 1746 1.1 2348 6.1	0636 1.0 1121 6.5 1859 1.0 2336 6.5	**10 F**
0148 1.5 0725 10.5 1406 1.6 1944 10.8	0533 5.4 1200 0.9 1752 5.6	0042 0.9 0647 5.3 1300 0.9 1903 5.5	0027 0.2 0751 1.9 1244 0.2 2012 2.1	0509 0.5 1018 2.0 1730 0.6 2230 2.0	0521 0.5 1202 4.4 1745 0.7	0524 0.7 1225 4.6 1745 0.8	0608 1.0 1220 6.0 1828 1.1	0715 1.0 1202 6.6 1938 1.0	**11 SA**
0229 1.3 0808 10.6 1446 1.6 2026 10.8	0023 0.7 0613 5.4 1242 0.8 1833 5.6	0124 0.8 0725 5.3 1342 0.8 1939 5.5	0109 0.2 0832 2.0 1326 0.2 2051 2.1	0552 0.5 1118 2.0 1813 0.6 2334 2.0	0009 4.4 0603 0.5 1242 4.5 1827 0.7	0035 4.6 0606 0.6 1308 4.6 1827 0.8	0030 6.1 0651 1.0 1304 6.1 1912 1.0	0018 6.5 0753 0.9 1245 6.6 2015 0.9	**12 SU**
0310 1.3 0850 10.6 1527 1.6 2108 10.7	0106 0.7 0655 5.4 1326 0.9 1917 5.6	0205 0.8 0802 5.3 1421 0.9 2017 5.5	0151 0.2 0911 1.9 1406 0.2 2129 2.0	0636 0.5 1236 2.1 1859 0.7	0049 4.4 0645 0.5 1324 4.4 1909 0.7	0118 4.6 0649 0.7 1354 4.6 1911 0.9	0115 6.1 0735 0.9 1348 6.1 1959 1.0	0103 6.5 0830 0.9 1330 6.6 2054 0.9	**13 M**
0352 1.5 0933 10.3 1610 1.9 2151 10.4	0150 0.8 0739 5.3 1411 1.0 2003 5.4	0245 0.9 0840 5.2 1500 1.1 2056 5.4	0233 0.2 0948 1.9 1448 0.2 2206 1.9	0053 2.0 0721 0.6 1409 2.0 1946 0.7	0133 4.4 0726 0.6 1409 4.4 1953 0.8	0203 4.5 0732 0.8 1442 4.6 1956 1.0	0201 6.1 0821 0.9 1432 6.0 2046 0.9	0151 6.4 0909 1.0 1415 6.6 2136 0.9	**14 TU**
0436 1.8 1018 10.0 1656 2.3 2239 9.9	0236 0.9 0827 5.1 1500 1.1 2054 5.2	0325 1.1 0922 5.1 1542 1.3 2140 5.2	0318 0.3 1027 1.8 1533 0.3 2248 1.8	0227 2.0 0809 0.7 1557 2.0 2037 0.8	0221 4.3 0809 0.7 1500 4.3 2039 1.0	0251 4.4 0818 0.9 1536 4.5 2045 1.2	0248 5.9 0907 1.0 1519 6.0 2135 1.0	0241 6.3 0953 1.1 1503 6.4 2222 1.1	**15 W**

● ● Time: UT. For British Summer Time (shaded) March 29th to October 25th ADD ONE HOUR ● ●

PAGE 19

JULY 1998 TIDE TABLES

• • Time: UT. For British Summer Time (shaded) March 29th to October 25th ADD ONE HOUR • •

	ST HELIER	ST MARY'S, SCILLY	PLYMOUTH	PORTLAND	POOLE	SOUTHAMPTON	PORTSMOUTH	SHOREHAM	DOVER
	Time m	Time m	Time m	Time m	Time m	Time m	Time m	Time m	Time m
16 TH	0524 2.2 1106 9.6 1747 2.7 2332 9.5	0327 1.1 0920 5.0 1554 1.3 2151 5.0	0410 1.3 1011 4.9 1631 1.5 2233 5.0	0408 0.3 1112 1.7 1624 0.5 2336 1.7	0414 1.9 0903 0.8 1745 2.0 2138 0.9	0315 4.2 0856 0.9 1559 4.3 2132 1.2	0345 4.3 0910 1.1 1635 4.5 2144 1.3	0336 5.7 0957 1.0 1608 5.7 2231 1.4	0335 6.1 1041 1.3 1557 6.3 2315 1.3
17 F	0618 2.7 1203 9.2 1848 3.0	0426 1.3 1022 4.8 1659 1.5 2257 4.8	0503 1.5 1111 4.8 1730 1.7 2339 4.9	0506 0.4 1206 1.6 1727 0.6	0606 1.8 1007 0.9 1916 1.9 2249 0.9	0420 4.1 0955 1.2 1705 4.2 2237 1.3	0448 4.2 1012 1.3 1738 4.4 2254 1.4	0431 5.4 1055 1.2 1709 5.5 2337 1.3	0433 6.0 1138 1.5 1658 6.1
18 SA	0036 9.1 0722 3.0 1312 8.9 2000 3.1	0534 1.5 1135 4.7 1812 1.5	0607 1.6 1224 4.8 1841 1.7	0036 1.6 0615 0.5 1314 1.6 1843 0.7	0739 1.8 1120 0.9 2016 1.9	0533 4.0 1105 1.3 1816 4.2 2349 1.3	0559 4.1 1125 1.4 1844 4.3	0537 5.2 1206 1.4 1818 5.4	0016 1.5 0539 5.8 1245 1.7 1806 6.0
19 SU	0151 8.9 0836 3.0 1429 9.0 2116 2.9	0013 4.8 0647 1.5 1251 4.7 1925 1.4	0058 4.8 0719 1.6 1341 4.8 1957 1.7	0149 1.6 0730 0.5 1433 1.6 2003 0.7	0003 1.0 0831 1.8 1232 0.9 2041 1.9	0649 4.0 1222 1.4 1924 4.3	0009 1.4 0715 4.1 1239 1.4 1952 4.3	0051 1.4 0653 5.1 1321 1.4 1931 5.4	0127 1.5 0650 5.8 1359 1.7 1918 6.0
20 M	0308 9.1 0948 2.7 1541 9.4 2227 2.5	0125 4.8 0755 1.4 1358 4.9 2030 1.2	0215 4.9 0834 1.5 1452 5.0 2112 1.5	0312 1.6 0842 0.5 1554 1.7 2116 0.6	0110 0.9 0845 1.8 1337 0.9 2045 1.9	0102 1.2 0759 4.2 1332 1.2 2025 4.3	0118 1.3 0826 4.2 1346 1.4 2054 4.4	0205 1.3 0804 5.3 1431 1.3 2037 5.5	0242 1.5 0801 5.9 1512 1.5 2026 6.1
21 TU	0416 9.5 1054 2.3 1642 9.9 2330 2.0	0229 5.0 0856 1.2 1456 5.2 2129 1.0	0327 5.0 0944 1.3 1559 5.2 2218 1.2	0429 1.7 0945 0.4 1701 1.8 2217 0.5	0210 0.8 0845 1.9 1434 0.8 2046 2.0	0207 1.0 0857 4.3 1437 1.1 2117 4.4	0221 1.2 0924 4.3 1446 1.2 2145 4.5	0309 1.2 0910 5.5 1533 1.2 2135 5.8	0353 1.4 0903 6.1 1621 1.3 2125 6.3
22 W	0515 10.0 1152 1.9 1736 10.3	0324 5.2 0951 1.0 1547 5.4 2221 0.8	0433 5.1 1045 1.1 1659 5.3 2315 1.0	0534 1.8 1039 0.4 1759 2.0 2307 0.4	0302 0.7 0850 2.0 1525 0.7 2054 2.0	0305 0.8 0949 4.4 1531 0.9 2204 4.5	0315 0.9 1014 4.4 1539 1.0 2230 4.6	0404 1.0 1006 5.8 1626 1.1 2227 6.0	0458 1.2 0957 6.3 1721 1.1 2217 6.4
23 TH ●	0024 1.6 0606 10.3 1244 1.6 1823 10.7	0412 5.3 1039 0.9 1633 5.5 2307 0.7	0530 5.1 1139 1.0 1751 5.4	0630 1.9 1126 0.3 1849 2.1 2353 0.3	0349 0.6 0904 2.0 1609 0.6 2112 2.0	0358 0.6 1036 4.5 1621 0.7 2249 4.5	0403 0.8 1058 4.5 1624 0.9 2312 4.6	0453 0.9 1057 6.0 1712 1.0 2311 6.1	0557 1.1 1043 6.5 1815 0.9 2303 6.5
24 F	0113 1.4 0651 10.6 1329 1.5 1906 10.8	0457 5.4 1124 0.8 1715 5.6 2350 0.7	0006 0.9 0619 5.2 1226 0.9 1834 5.4	0719 2.0 1209 0.2 1934 2.2	0431 0.5 0932 2.0 1652 0.6 2141 2.0	0444 0.5 1122 4.5 1706 0.7 2331 4.4	0446 0.6 1140 4.5 1707 0.8 2351 4.6	0537 0.9 1141 6.1 1754 1.0 2351 6.1	0648 1.0 1126 6.6 1902 0.9 2345 6.5
25 SA	0156 1.3 0732 10.6 1409 1.5 1944 10.8	0537 5.4 1204 0.8 1755 5.5	0050 0.8 0659 5.2 1307 0.9 1910 5.4	0035 0.2 0801 2.0 1250 0.2 2012 2.2	0512 0.5 1013 2.0 1732 0.6 2224 2.0	0526 0.5 1203 4.5 1747 0.7	0527 0.6 1221 4.5 1747 0.8	0616 0.9 1222 6.1 1834 1.1	0730 1.0 1206 6.7 1942 0.8
26 SU	0233 1.4 0809 10.5 1444 1.6 2019 10.6	0029 0.8 0615 5.3 1242 0.9 1833 5.4	0128 0.9 0732 5.1 1343 1.0 1939 5.3	0115 0.2 0838 2.0 1328 0.2 2045 2.1	0552 0.5 1105 2.0 1811 0.6 2319 2.0	0012 4.4 0604 0.5 1243 4.4 1823 0.8	0030 4.5 0606 0.6 1300 4.5 1825 0.9	0029 6.1 0653 1.0 1301 6.1 1911 1.1	0025 6.5 0806 1.0 1244 6.6 2019 0.9
27 M	0307 1.6 0843 10.2 1516 1.8 2052 10.3	0105 0.9 0652 5.2 1317 1.0 1909 5.3	0203 1.0 0759 5.1 1414 1.2 2004 5.3	0153 0.2 0909 1.9 1403 0.2 2113 2.0	0631 0.6 1211 2.0 1851 0.7	0051 4.3 0638 0.6 1321 4.3 1857 0.9	0109 4.4 0644 0.7 1340 4.5 1903 1.0	0107 6.0 0730 1.0 1336 6.0 1947 1.1	0103 6.4 0836 1.1 1321 6.6 2051 1.0
28 TU	0338 1.9 0915 9.9 1547 2.2 2124 9.9	0139 1.1 0728 5.1 1351 1.2 1945 5.1	0232 1.2 0824 5.0 1442 1.4 2031 5.2	0227 0.2 0934 1.8 1436 0.3 2138 1.8	0024 1.9 0709 0.6 1328 1.9 1928 0.8	0127 4.1 0711 0.8 1358 4.2 1928 1.1	0147 4.3 0721 0.9 1421 4.4 1939 1.2	0143 5.8 0806 1.0 1410 5.9 2025 1.2	0139 6.2 0903 1.3 1358 6.4 2122 1.1
29 W	0407 2.4 0945 9.4 1617 2.7 2155 9.4	0213 1.3 0804 4.9 1426 1.4 2022 4.9	0300 1.4 0854 4.9 1509 1.6 2104 5.1	0259 0.3 0959 1.7 1504 0.4 2202 1.7	0139 1.8 0746 0.8 1453 1.9 2006 0.9	0205 4.0 0741 1.0 1437 4.1 2000 1.3	0227 4.2 0756 1.1 1504 4.3 2015 1.4	0219 5.6 0842 1.2 1444 5.7 2103 1.4	0216 6.0 0930 1.4 1435 6.2 2154 1.4
30 TH	0436 2.9 1018 8.9 1649 3.2 2230 8.8	0249 1.5 0844 4.7 1505 1.7 2103 4.6	0329 1.7 0931 4.8 1541 1.9 2146 4.9	0325 0.4 1027 1.5 1528 0.5 2230 1.5	0259 1.7 0824 0.9 1620 1.8 2046 1.0	0246 3.9 0814 1.3 1519 3.9 2038 1.5	0307 4.0 0833 1.3 1548 4.1 2054 1.6	0256 5.3 0920 1.4 1521 5.4 2144 1.6	0254 5.8 1002 1.7 1515 6.0 2230 1.6
31 F	0509 3.4 1056 8.4 1728 3.7 2312 8.2	0331 1.8 0930 4.4 1552 1.9 2154 4.4	0405 1.9 1020 4.6 1623 2.1 2241 4.7	0350 0.5 1100 1.4 1557 0.6 2304 1.4	0427 1.6 0905 1.0 1751 1.7 2136 1.1	0333 3.7 0857 1.5 1610 3.8 2127 1.7	0352 3.9 0912 1.6 1639 4.0 2142 1.8	0337 5.0 1003 1.7 1606 5.1 2233 1.9	0337 5.6 1039 1.9 1600 5.7 2312 1.9

PAGE 20

SOUTH COAST OF ENGLAND Time Zone UT

St Helier * St Mary's * Plymouth * Portland * Poole * Southampton * Portsmouth * Shoreham * Dover

TIDE TABLES   AUGUST 1998

ST HELIER	ST MARY'S, SCILLY	PLYMOUTH	PORTLAND	POOLE	SOUTHAMPTON	PORTSMOUTH	SHOREHAM	DOVER		
Time m	Time m	Time m	Time m	Time m	Time m	Time m	Time m	Time m		
0551 3.9 1148 7.9 1822 4.1	0424 2.0 1030 4.3 1654 2.1 2300 4.2	0453 2.1 1122 4.5 1719 2.3 2348 4.6	0424 0.6 1147 1.3 1645 0.7 2354 1.3	0615 1.5 1001 1.2 1916 1.6 2249 1.2	0431 3.6 0952 1.8 1710 3.7 2230 1.9	0454 3.7 1007 1.8 1738 3.9 2254 2.0	0427 4.6 1057 2.0 1704 4.8 2334 2.1	0431 5.3 1128 2.1 1700 5.4	1	SA
0015 7.8 0653 4.2 1304 7.7 1936 4.2	0533 2.1 1145 4.2 1809 2.1	0555 2.3 1230 4.5 1832 2.4	0524 0.6 1255 1.3 1809 0.8	0749 1.5 1124 1.2 2012 1.6	0540 3.6 1102 1.9 1816 3.8 2345 1.9	0609 3.6 1129 2.0 1839 3.8	0534 4.5 1204 2.2 1815 4.7	0005 2.1 0539 5.2 1230 2.3 1812 5.3	2	SU
0137 7.7 0814 4.2 1427 7.9 2057 4.0	0020 4.2 0648 2.1 1300 4.3 1920 2.0	0058 4.5 0711 2.3 1336 4.6 1951 2.2	0108 1.3 0651 0.7 1422 1.4 1946 0.7	0011 1.2 0832 1.5 1236 1.2 2040 1.6	0655 3.6 1218 1.9 1922 3.9	0017 1.9 0718 3.7 1243 2.0 1944 3.8	0045 2.2 0651 4.5 1317 2.2 1927 4.8	0110 2.2 0656 5.2 1345 2.3 1924 5.4	3	M
0256 8.0 0932 3.8 1533 8.4 2207 3.4	0130 4.3 0751 1.9 1400 4.5 2019 1.7	0206 4.6 0824 2.1 1441 4.8 2058 2.0	0240 1.3 0813 0.6 1539 1.5 2057 0.6	0110 1.1 0845 1.6 1331 1.1 2045 1.7	0057 1.7 0802 3.8 1328 1.7 2019 4.0	0118 1.8 0829 3.8 1340 1.8 2047 4.0	0153 2.0 0801 4.8 1421 2.0 2031 5.1	0227 2.0 0803 5.5 1508 2.0 2024 5.6	4	TU
0359 8.6 1036 3.2 1627 9.1 2306 2.7	0225 4.6 0845 1.6 1448 4.8 2109 1.4	0312 4.7 0925 1.8 1541 5.0 2157 1.7	0400 1.5 0916 0.5 1640 1.7 2151 0.5	0158 1.0 0845 1.7 1419 1.0 2045 1.8	0200 1.4 0857 4.0 1425 1.4 2108 4.2	0208 1.5 0928 4.0 1430 1.6 2136 4.2	0251 1.7 0900 5.1 1515 1.6 2124 5.4	0339 1.8 0857 5.8 1615 1.7 2113 5.9	5	W
0452 9.2 1132 2.6 1716 9.8 2358 2.1	0312 4.9 0933 1.3 1532 5.2 2155 1.1	0410 4.9 1021 1.5 1633 5.2 2250 1.3	0503 1.6 1009 0.4 1734 1.9 2239 0.4	0242 0.9 0849 1.9 1502 0.9 2050 1.9	0252 1.1 0943 4.2 1515 1.1 2151 4.3	0254 1.3 1011 4.3 1515 1.3 2216 4.4	0340 1.4 0950 5.5 1601 1.3 2208 5.8	0439 1.4 0940 6.1 1709 1.3 2154 6.2	6	TH
0541 9.9 1222 2.0 1802 10.4	0354 5.2 1017 1.0 1613 5.5 2239 0.8	0500 5.1 1112 1.2 1720 5.4 2339 1.0	0600 1.8 1057 0.3 1826 2.0 2325 0.3	0325 0.7 0900 2.0 1546 0.7 2103 2.0	0339 0.8 1025 4.3 1600 0.8 2232 4.4	0339 1.0 1047 4.4 1600 1.0 2254 4.6	0425 1.1 1035 5.9 1645 1.1 2249 6.1	0531 1.2 1021 6.4 1758 1.1 2235 6.4	7	F
0048 1.5 0627 10.4 1309 1.5 1847 10.9	0434 5.4 1100 0.8 1654 5.7 2322 0.6	0545 5.3 1200 0.9 1803 5.6	0651 1.9 1143 0.2 1914 2.2	0408 0.5 0920 2.0 1630 0.6 2126 2.1	0422 0.6 1104 4.5 1645 0.6 2311 4.5	0423 0.7 1124 4.6 1645 0.8 2333 4.7	0508 1.0 1118 6.1 1728 1.0 2330 6.3	0619 1.0 1101 6.6 1843 0.9 2317 6.6	8	SA ○
0134 1.1 0711 10.9 1354 1.2 1930 11.2	0515 5.6 1142 0.6 1735 5.8	0026 0.7 0627 5.4 1245 0.7 1843 5.7	0009 0.2 0738 2.0 1227 0.1 1959 2.2	0452 0.4 0953 2.1 1713 0.5 2206 2.1	0507 0.4 1144 4.6 1730 0.5 2351 4.6	0507 0.5 1203 4.7 1728 0.6	0552 0.9 1203 6.3 1814 0.9	0703 0.9 1143 6.7 1926 0.8	9	SU
0218 0.9 0754 11.1 1436 1.0 2012 11.4	0006 0.5 0555 5.7 1226 0.5 1816 5.9	0109 0.5 0706 5.5 1327 0.6 1923 5.8	0053 0.1 0821 2.1 1310 0.1 2040 2.3	0535 0.4 1047 2.1 1757 0.5 2305 2.1	0550 0.3 1223 4.6 1814 0.5	0015 4.8 0550 0.4 1247 4.8 1811 0.6	0015 6.3 0638 0.8 1248 6.4 1859 0.8	0000 6.7 0742 0.8 1227 6.9 2006 0.7	10	M
0300 0.8 0836 11.2 1518 1.1 2055 11.3	0048 0.4 0637 5.7 1309 0.6 1859 5.8	0151 0.5 0747 5.5 1408 0.6 2003 5.8	0136 0.1 0900 2.1 1352 0.1 2119 2.2	0620 0.4 1159 2.1 1841 0.5	0031 4.6 0632 0.3 1303 4.6 1857 0.5	0100 4.8 0633 0.5 1333 4.8 1854 0.7	0101 6.4 0724 0.7 1333 6.6 1946 0.7	0047 6.8 0819 0.8 1311 6.9 2044 0.7	11	TU
0342 0.9 0918 10.9 1559 1.3 2137 10.9	0132 0.5 0720 5.6 1353 0.7 1943 5.7	0231 0.6 0827 5.5 1448 0.8 2046 5.6	0218 0.1 0937 2.0 1433 0.1 2157 2.1	0020 2.1 0703 0.5 1328 2.1 1925 0.6	0114 4.5 0713 0.3 1347 4.6 1938 0.6	0145 4.7 0715 0.6 1421 4.7 1936 0.8	0147 6.3 0808 0.6 1415 6.6 2031 0.7	0133 6.7 0857 0.8 1356 6.8 2124 0.7	12	W
0423 1.4 1000 10.5 1642 1.8 2221 10.3	0217 0.7 0806 5.4 1439 0.9 2031 5.4	0311 0.8 0911 5.3 1528 1.1 2130 5.3	0301 0.2 1015 1.9 1515 0.3 2236 1.9	0151 2.0 0748 0.6 1509 2.1 2014 0.7	0159 4.4 0752 0.5 1436 4.5 2018 0.8	0233 4.6 0758 0.8 1512 4.7 2023 1.0	0231 6.2 0851 0.7 1457 6.2 2116 0.8	0221 6.5 0938 1.0 1442 6.6 2206 1.0	13	TH
0506 2.0 1045 9.9 1728 2.5 2309 9.6	0305 1.0 0856 5.1 1532 1.2 2126 5.1	0353 1.2 0957 5.1 1613 1.4 2221 5.0	0347 0.3 1054 1.8 1601 0.4 2320 1.7	0337 2.0 0838 0.7 1657 2.0 2110 0.9	0253 4.3 0836 0.7 1531 4.3 2108 1.1	0326 4.4 0846 1.0 1608 4.5 2117 1.3	0314 5.9 0937 0.9 1542 5.9 2207 1.1	0311 6.3 1023 1.2 1532 6.4 2255 1.3	14	F
0554 2.7 1136 9.2 1824 3.1	0400 1.3 0954 4.8 1635 1.5 2232 4.7	0441 1.5 1052 4.8 1706 1.7 2324 4.8	0439 0.4 1142 1.6 1658 0.6	0531 1.9 0939 0.9 1839 1.9 2219 1.0	0357 4.1 0931 0.9 1638 4.2 2210 1.4	0427 4.3 0945 1.2 1710 4.4 2224 1.5	0405 5.5 1031 1.3 1639 5.5 2311 1.4	0406 6.0 1115 1.5 1631 6.1 2354 1.6	15	SA

● ● Time: UT. For British Summer Time (shaded) March 29th to October 25th ADD ONE HOUR ● ●

PAGE 21

AUGUST 1998 TIDE TABLES

●●Time: UT. For British Summer Time (shaded) March 29th to October 25th ADD ONE HOUR ●●

	ST HELIER Time m	ST MARY'S, SCILLY Time m	PLYMOUTH Time m	PORTLAND Time m	POOLE Time m	SOUTHAMPTON Time m	PORTSMOUTH Time m	SHOREHAM Time m	DOVER Time m
16 SU	0009 8.9 0656 3.2 1243 8.7 1936 3.4	0509 1.6 1109 4.6 1753 1.6 2354 4.5	0539 1.8 1203 4.7 1814 1.9	0014 1.6 0545 0.6 1245 1.5 1816 0.7	0718 1.8 1053 1.0 1958 1.8 2339 1.0	0513 4.0 1043 1.5 1755 4.1 2328 1.5	0540 4.1 1058 1.6 1820 4.2 2344 1.6	0509 5.1 1141 1.6 1751 5.2	0512 5.8 1221 1.8 1742 5.8
17 M	0129 8.5 0813 3.5 1409 8.6 2100 3.4	0628 1.7 1234 4.6 1913 1.6	0042 4.6 0653 1.9 1322 4.7 1937 1.9	0127 1.5 0708 0.6 1409 1.5 1951 0.7	0826 1.7 1214 1.1 2038 1.8	0638 4.0 1206 1.6 1911 4.1	0702 4.0 1220 1.7 1936 4.2	0028 1.6 0631 5.0 1304 1.7 1913 5.1	0106 1.8 0630 5.7 1340 1.9 1904 5.7
18 TU	0256 8.6 0934 3.2 1529 8.9 2217 2.9	0115 4.6 0743 1.6 1348 4.8 2023 1.4	0205 4.6 0818 1.9 1441 4.8 2100 1.7	0300 1.5 0830 0.6 1538 1.6 2112 0.7	0054 1.0 0844 1.8 1326 1.0 2045 1.8	0050 1.5 0755 4.1 1326 1.5 2019 4.2	0102 1.5 0818 4.1 1335 1.6 2042 4.2	0149 1.6 0754 5.1 1421 1.6 2027 5.3	0228 1.8 0751 5.7 1502 1.7 2021 5.9
19 W	0408 9.1 1044 2.7 1633 9.5 2320 2.3	0222 4.8 0847 1.4 1448 5.0 2121 1.1	0323 4.8 0932 1.6 1553 5.1 2207 1.4	0424 1.6 0934 0.6 1648 1.8 2209 0.6	0159 0.9 0845 1.9 1424 0.9 2045 1.9	0201 1.2 0857 4.3 1432 1.3 2113 4.3	0209 1.4 0918 4.3 1436 1.4 2134 4.4	0258 1.5 0901 5.4 1524 1.4 2129 5.5	0345 1.6 0856 6.0 1614 1.4 2121 6.1
20 TH	0505 9.7 1141 2.2 1724 10.1	0315 5.0 0940 1.1 1536 5.3 2209 0.9	0428 5.0 1033 1.3 1651 5.3 2303 1.1	0526 1.7 1024 0.5 1744 1.9 2254 0.4	0249 0.8 0848 1.9 1512 0.8 2050 2.0	0301 1.0 0947 4.4 1526 1.0 2159 4.4	0302 1.1 1003 4.4 1525 1.1 2216 4.4	0355 1.2 0958 5.7 1616 1.2 2218 5.8	0452 1.3 0946 6.3 1714 1.2 2209 6.3
21 F	0012 1.8 0552 10.1 1229 1.8 1808 10.5	0400 5.2 1025 1.0 1618 5.4 2251 0.8	0521 5.2 1125 1.1 1737 5.4 2350 0.9	0618 1.9 1108 0.3 1832 2.1 2335 0.3	0333 0.6 0858 2.0 1554 0.7 2103 2.0	0350 0.7 1029 4.5 1611 0.8 2239 4.4	0347 0.9 1043 4.5 1609 0.9 2254 4.5	0441 1.1 1044 6.0 1700 1.1 2259 6.0	0548 1.2 1028 6.5 1805 1.0 2250 6.4
22 SA ●	0057 1.5 0633 10.4 1310 1.6 1847 10.7	0440 5.3 1105 0.8 1657 5.5 2329 0.7	0603 5.2 1209 0.9 1815 5.4	0702 2.0 1148 0.2 1914 2.1	0414 0.6 0918 2.0 1633 0.6 2124 2.0	0431 0.6 1108 4.5 1649 0.7 2316 4.4	0429 0.7 1121 4.5 1648 0.8 2330 4.5	0521 0.9 1124 6.1 1738 1.0 2335 6.1	0636 1.1 1107 6.6 1847 0.9 2327 6.5
23 SU	0136 1.4 0711 10.6 1347 1.5 1922 10.8	0516 5.4 1142 0.8 1732 5.5	0030 0.9 0636 5.3 1246 0.9 1844 5.5	0014 0.2 0741 2.0 1227 0.2 1950 2.2	0452 0.5 0947 2.0 1711 0.6 2157 2.0	0507 0.5 1143 4.5 1724 0.7 2351 4.4	0507 0.6 1157 4.5 1726 0.8	0556 0.9 1201 6.2 1813 1.0	0713 1.0 1144 6.7 1923 0.9
24 M	0209 1.4 0744 10.6 1419 1.5 1954 10.7	0003 0.8 0550 5.4 1215 0.9 1806 5.5	0105 0.9 0703 5.3 1318 1.0 1909 5.5	0052 0.1 0814 2.0 1305 0.1 2021 2.1	0529 0.5 1029 2.0 1747 0.6 2241 2.0	0540 0.5 1217 4.4 1756 0.7	0007 4.5 0544 0.6 1234 4.5 1801 0.8	0008 6.1 0631 0.9 1235 6.1 1846 1.0	0003 6.5 0742 1.1 1220 6.7 1954 0.9
25 TU	0239 1.5 0815 10.4 1448 1.7 2024 10.5	0035 0.9 0623 5.3 1247 1.0 1838 5.4	0135 1.0 0726 5.3 1345 1.1 1933 5.4	0127 0.1 0842 1.9 1339 0.2 2047 2.0	0604 0.6 1122 2.0 1822 0.7 2335 1.9	0023 4.3 0610 0.6 1248 4.4 1825 0.8	0043 4.5 0618 0.7 1311 4.5 1835 0.9	0042 6.0 0704 0.9 1306 6.1 1919 1.0	0037 6.5 0806 1.1 1254 6.7 2022 1.0
26 W	0307 1.8 0843 10.2 1516 2.0 2053 10.2	0106 1.0 0655 5.2 1318 1.1 1910 5.2	0202 1.1 0752 5.2 1411 1.3 2003 5.4	0200 0.2 0906 1.8 1410 0.2 2110 1.9	0638 0.6 1224 2.0 1854 0.7	0054 4.3 0639 0.7 1318 4.3 1854 0.9	0119 4.4 0651 0.9 1347 4.5 1906 1.1	0114 5.9 0737 0.9 1335 6.0 1952 1.0	0109 6.4 0831 1.2 1327 6.5 2051 1.1
27 TH	0333 2.1 0911 9.8 1543 2.4 2121 9.7	0136 1.2 0727 5.0 1349 1.3 1943 5.0	0227 1.3 0823 5.2 1436 1.5 2036 5.2	0227 0.3 0928 1.7 1433 0.3 2133 1.7	0036 1.9 0708 0.7 1326 1.9 1924 0.8	0127 4.2 0706 0.9 1351 4.2 1920 1.1	0154 4.3 0720 1.0 1420 4.4 1935 1.2	0146 5.7 0807 1.1 1404 5.8 2024 1.2	0140 6.2 0858 1.3 1357 6.3 2121 1.3
28 F	0359 2.6 0938 9.3 1612 2.9 2149 9.1	0208 1.4 0802 4.8 1424 1.5 2018 4.7	0254 1.6 0859 5.0 1506 1.7 2114 5.0	0245 0.4 0952 1.6 1450 0.4 2158 1.6	0139 1.8 0739 0.8 1427 1.8 1956 0.9	0202 4.0 0734 1.2 1430 4.0 1952 1.3	0227 4.2 0749 1.2 1451 4.2 2006 1.4	0216 5.5 0839 1.3 1434 5.5 2057 1.4	0209 6.0 0928 1.5 1426 6.1 2153 1.5
29 SA	0426 3.2 1007 8.7 1644 3.5 2222 8.5	0244 1.7 0841 4.6 1505 1.8 2100 4.5	0327 1.8 0939 4.8 1544 2.0 2158 4.8	0300 0.4 1019 1.5 1509 0.5 2227 1.4	0251 1.7 0814 1.0 1543 1.7 2036 1.0	0245 3.9 0809 1.5 1515 3.9 2035 1.6	0303 4.0 0823 1.5 1529 4.1 2044 1.6	0249 5.1 0915 1.7 1511 5.1 2138 1.8	0242 5.8 1003 1.8 1501 5.8 2230 1.8
30 SU	0500 3.8 1045 8.1 1729 4.1 2310 7.9	0329 1.9 0930 4.3 1558 2.0 2157 4.2	0407 2.1 1030 4.6 1632 2.3 2255 4.5	0324 0.5 1054 1.4 1545 0.6 2306 1.3	0420 1.6 0857 1.1 1717 1.6 2128 1.2	0338 3.7 0859 1.8 1611 3.8 2135 1.9	0348 3.8 0904 1.7 1619 3.9 2134 1.9	0330 4.8 1001 2.0 1603 4.8 2233 2.1	0326 5.5 1045 2.1 1551 5.5 2318 2.1
31 M	0552 4.3 1149 7.6 1839 4.4	0430 2.2 1039 4.2 1712 2.2 2319 4.0	0501 2.4 1133 4.5 1737 2.5	0407 0.6 1148 1.3 1651 0.7	0623 1.5 1000 2.0 1915 1.6 2300 1.3	0445 3.6 1010 2.0 1721 3.7 2254 2.0	0459 3.7 1006 2.0 1737 3.8 2305 2.0	0431 4.5 1105 2.3 1716 4.6 2345 2.3	0429 5.3 1142 2.3 1706 5.2

TIDE TABLES

SOUTH COAST OF ENGLAND Time Zone UT
St Helier * St Mary's * Plymouth * Portland * Poole * Southampton * Portsmouth * Shoreham * Dover

TIDE TABLES SEPTEMBER 1998

ST HELIER	ST MARY'S, SCILLY	PLYMOUTH	PORTLAND	POOLE	SOUTHAMPTON	PORTSMOUTH	SHOREHAM	DOVER	
Time m	Time m	Time m	Time m	Time m	Time m	Time m	Time m	Time m	
0033 7.5 0717 4.5 1334 7.6 2012 4.3	0554 2.2 1209 4.2 1837 2.1	0007 4.4 0613 2.5 1246 4.5 1902 2.5	0014 1.3 0530 0.7 1318 1.3 1853 0.8	0808 1.5 1149 1.3 2024 1.6	0610 3.6 1137 2.1 1839 3.8	0633 3.7 1155 2.1 1859 3.8	0554 4.5 1225 2.3 1840 4.6	0021 2.3 0554 5.2 1257 2.4 1835 5.2	1 TU
0218 7.7 0854 4.2 1502 8.1 2136 3.7	0050 4.2 0715 2.0 1324 4.4 1948 1.8	0125 4.4 0742 2.4 1401 4.6 2025 2.2	0156 1.3 0735 0.7 1456 1.5 2031 0.7	0030 1.2 0841 1.6 1300 1.2 2044 1.7	0021 1.9 0731 3.7 1259 1.9 1948 3.9	0037 1.9 0751 3.8 1308 2.0 2012 3.9	0107 2.2 0720 4.7 1343 2.1 1957 5.0	0140 2.3 0721 5.3 1427 2.2 1951 5.5	2 W
0333 8.4 1009 3.5 1603 8.9 2241 2.9	0156 4.5 0816 1.7 1420 4.8 2043 1.4	0242 4.6 0857 2.1 1510 4.9 2131 1.8	0333 1.4 0853 0.6 1609 1.7 2130 0.5	0129 1.1 0845 1.7 1354 1.1 2045 1.8	0134 1.6 0833 3.9 1404 1.5 2044 4.1	0138 1.7 0858 4.1 1404 1.7 2109 4.2	0216 1.8 0829 5.2 1445 1.7 2056 5.4	0303 2.0 0826 5.7 1544 1.8 2047 5.9	3 TH
0430 9.2 1109 2.6 1654 9.8 2336 2.0	0247 4.8 0907 1.3 1507 5.2 2132 1.0	0345 4.9 0958 1.6 1607 5.2 2228 1.3	0442 1.6 0948 0.4 1709 1.9 2218 0.4	0218 0.9 0846 1.9 1442 0.9 2047 1.9	0232 1.2 0920 4.2 1457 1.1 2129 4.3	0229 1.3 0945 4.3 1454 1.3 2152 4.4	0312 1.4 0924 5.6 1537 1.3 2144 5.9	0411 1.6 0915 6.1 1643 1.3 2132 6.3	4 F
0521 10.1 1201 1.9 1742 10.6	0331 5.2 0954 0.9 1550 5.6 2217 0.7	0437 5.2 1052 1.2 1655 5.5 2319 0.9	0540 1.8 1037 0.3 1803 2.1 2304 0.2	0304 0.7 0852 2.0 1525 0.7 2054 2.1	0319 0.8 1002 4.4 1542 0.8 2210 4.5	0317 1.0 1023 4.6 1539 0.9 2231 4.6	0402 1.1 1010 6.0 1623 1.0 2227 6.2	0507 1.2 0957 6.5 1735 1.0 2214 6.6	5 SA
0027 1.3 0607 10.8 1250 1.2 1827 11.3	0412 5.6 1038 0.6 1632 5.9 2300 0.4	0522 5.4 1141 0.8 1739 5.7	0632 2.0 1124 0.1 1853 2.3 2349 0.1	0348 0.5 0905 2.1 1609 0.5 2112 2.2	0403 0.5 1041 4.6 1626 0.5 2250 4.6	0402 0.6 1100 4.8 1624 0.6 2312 4.8	0447 0.8 1055 6.3 1708 0.8 2309 6.5	0557 1.0 1038 6.8 1823 0.8 2256 6.8	6 SU ○
0115 0.8 0652 11.3 1336 0.8 1912 11.7	0454 5.8 1121 0.4 1713 6.1 2344 0.2	0006 0.6 0604 5.6 1226 0.5 1821 5.9	0719 2.2 1208 0.0 1939 2.4	0431 0.4 0933 2.2 1653 0.4 2144 2.2	0447 0.3 1120 4.7 1712 0.3 2329 4.7	0446 0.4 1141 4.9 1708 0.5 2354 4.9	0532 0.7 1139 6.5 1754 0.6 2354 6.6	0644 0.8 1120 7.0 1908 0.6 2339 6.9	7 M
0200 0.5 0736 11.6 1420 0.8 1955 11.9	0534 6.0 1205 0.3 1755 6.1	0050 0.3 0645 5.8 1309 0.4 1903 6.0	0033 -0.0 0802 2.2 1251 -0.0 2021 2.4	0515 0.3 1017 2.2 1736 0.4 2236 2.2	0532 0.2 1158 4.8 1756 0.3	0530 0.3 1224 4.9 1751 0.4	0618 0.6 1225 6.6 1840 0.6	0725 0.7 1203 7.1 1949 0.5	8 TU
0244 0.4 0818 11.7 1502 0.7 2038 11.8	0027 0.2 0616 5.9 1248 0.4 1838 6.0	0132 0.3 0728 5.8 1350 0.4 1948 5.9	0115 -0.0 0842 2.2 1332 -0.0 2101 2.3	0558 0.3 1121 2.2 1820 0.4 2345 2.2	0010 4.7 0615 0.1 1239 4.8 1838 0.3	0039 4.9 0612 0.3 1310 4.9 1833 0.5	0041 6.6 0703 0.5 1310 6.6 1926 0.5	0024 7.0 0803 0.7 1247 7.1 2029 0.5	9 W
0324 0.7 0859 11.4 1543 1.0 2119 11.3	0110 0.4 0659 5.8 1333 0.5 1922 5.8	0213 0.4 0812 5.7 1430 0.6 2033 5.7	0157 0.0 0919 2.2 1413 0.1 2140 2.2	0640 0.4 1242 2.2 1903 0.5	0053 4.7 0657 0.2 1322 4.7 1919 0.4	0125 4.8 0653 0.5 1357 4.9 1915 0.7	0127 6.5 0747 0.6 1352 6.5 2010 0.6	0111 6.8 0841 0.7 1331 7.0 2108 0.7	10 TH
0405 1.2 0939 10.8 1624 1.7 2202 10.5	0154 0.7 0743 5.5 1419 0.8 2009 5.4	0253 0.7 0856 5.5 1512 1.0 2119 5.4	0239 0.1 0956 2.0 1454 0.2 2219 2.0	0112 2.1 0725 0.6 1415 2.1 1950 0.7	0141 4.6 0735 0.5 1410 4.6 1959 0.7	0213 4.7 0736 0.7 1445 4.7 2000 0.9	0210 6.3 0830 0.7 1433 6.3 2054 0.8	0157 6.7 0921 0.9 1417 6.7 2149 0.9	11 F
0445 2.0 1021 10.0 1709 2.5 2248 9.6	0242 1.0 0833 5.2 1511 1.2 2103 5.0	0334 1.2 0943 5.2 1555 1.4 2210 5.0	0322 0.3 1034 1.8 1539 0.4 2302 1.7	0257 2.0 0815 0.7 1602 2.0 2043 0.8	0233 4.4 0818 0.8 1506 4.4 2045 1.0	0306 4.5 0824 1.0 1539 4.5 2051 1.2	0252 6.0 0914 1.0 1516 5.9 2143 1.2	0245 6.4 1004 1.2 1507 6.4 2236 1.3	12 SA
0532 2.8 1110 9.2 1802 3.2 2347 8.7	0336 1.3 0930 4.8 1615 1.6 2210 4.6	0419 1.6 1037 4.9 1646 1.8 2314 4.7	0411 0.5 1119 1.7 1634 0.6 2356 1.5	0455 1.9 0913 0.9 1758 1.9 2150 1.0	0338 4.2 0912 1.3 1614 4.1 2148 1.4	0407 4.3 0920 1.3 1643 4.3 2156 1.5	0340 5.6 1007 1.4 1612 5.4 2244 1.6	0340 6.1 1056 1.4 1607 6.0 2333 1.7	13 SU
0631 3.6 1217 8.5 1917 3.8	0446 1.8 1048 4.5 1737 1.8 2339 4.3	0515 2.0 1146 4.7 1754 2.1	0516 0.7 1220 1.5 1800 0.8	0705 1.8 1029 1.1 1942 1.8 2316 1.1	0456 4.0 1026 1.7 1735 4.0 2310 1.6	0529 4.1 1034 1.7 1802 4.1 2321 1.7	0446 5.1 1118 1.8 1727 5.0	0446 5.7 1202 1.9 1722 5.7	14 M
0111 8.2 0754 3.9 1351 8.3 2048 3.7	0612 1.9 1221 4.5 1903 1.7	0033 4.5 0633 2.2 1307 4.6 1925 2.2	0115 1.4 0649 0.8 1348 1.5 1952 0.8	0821 1.7 1159 1.2 2034 1.7	0628 3.9 1156 1.8 1901 3.9	0653 4.0 1205 1.9 1924 4.0	0005 1.8 0613 4.9 1246 1.9 1857 4.9	0049 2.0 0609 5.5 1326 2.0 1856 5.6	15 TU

● ● Time: UT. For British Summer Time (shaded) March 29th to October 25th ADD ONE HOUR ● ●

PAGE 23

SEPTEMBER 1998 TIDE TABLES

●●Time: UT. For British Summer Time (shaded) March 29th to October 25th ADD ONE HOUR ●●

Date	ST HELIER	ST MARY'S, SCILLY	PLYMOUTH	PORTLAND	POOLE	SOUTHAMPTON	PORTSMOUTH	SHOREHAM	DOVER
	Time m	Time m	Time m	Time m	Time m	Time m	Time m	Time m	Time m
16 W	0246 8.3 0921 3.6 1518 8.7 2206 3.2	0106 4.4 0732 1.8 1338 4.6 2012 1.5	0157 4.5 0806 2.1 1430 4.7 2049 1.9	0300 1.4 0820 0.8 1523 1.6 2109 0.7	0039 1.1 0844 1.8 1315 1.1 2045 1.8	0039 1.6 0751 4.0 1319 1.7 2014 4.1	0046 1.7 0812 4.1 1323 1.8 2033 4.1	0131 1.8 0739 5.1 1408 1.8 2016 5.1	0217 2.0 0737 5.6 1452 1.8 2016 5.7
17 TH	0357 8.9 1030 3.0 1619 9.3 2305 2.5	0212 4.6 0835 1.5 1435 4.9 2106 1.2	0316 4.7 0919 1.8 1541 5.0 2152 1.5	0418 1.6 0921 0.7 1630 1.7 2155 0.6	0142 1.0 0845 1.9 1410 1.0 2045 1.9	0155 1.4 0853 4.2 1425 1.4 2108 4.2	0152 1.5 0910 4.3 1421 1.5 2123 4.3	0242 1.6 0848 5.4 1510 1.6 2118 5.4	0335 1.7 0842 5.9 1603 1.4 2114 6.0
18 F	0450 9.6 1124 2.4 1707 9.9 2353 2.0	0301 4.9 0924 1.2 1520 5.2 2151 1.0	0416 5.0 1017 1.5 1633 5.3 2243 1.2	0511 1.7 1005 0.6 1721 1.9 2233 0.4	0231 0.8 0846 1.9 1454 0.8 2047 1.9	0251 1.1 0939 4.4 1515 1.1 2149 4.3	0243 1.3 0951 4.4 1507 1.2 2200 4.4	0337 1.4 0942 5.7 1559 1.3 2205 5.7	0438 1.4 0930 6.2 1659 1.2 2157 6.2
19 SA	0533 10.1 1208 2.0 1748 10.4	0342 5.2 1006 1.0 1559 5.4 2229 0.8	0501 5.2 1104 1.2 1715 5.4 2327 1.0	0556 1.9 1045 0.4 1805 2.0 2309 0.3	0314 0.7 0852 2.0 1534 0.7 2055 2.0	0336 0.8 1016 4.4 1555 0.9 2224 4.3	0327 1.0 1025 4.5 1548 1.0 2235 4.5	0420 1.1 1025 6.0 1639 1.1 2242 5.9	0530 1.2 1009 6.4 1746 1.0 2233 6.4
20 SU ●	0034 1.7 0611 10.4 1247 1.7 1824 10.6	0418 5.3 1042 0.9 1633 5.5 2303 0.8	0537 5.3 1144 1.0 1747 5.5	0636 2.0 1124 0.3 1845 2.1 2346 0.2	0352 0.6 0904 2.0 1611 0.6 2110 2.0	0413 0.7 1048 4.5 1627 0.8 2257 4.4	0406 0.8 1058 4.6 1626 0.8 2309 4.5	0458 0.9 1101 6.1 1715 0.9 2314 6.1	0612 1.1 1045 6.6 1824 1.0 2306 6.5
21 M	0109 1.5 0645 10.6 1320 1.6 1857 10.8	0451 5.4 1115 0.8 1706 5.5 2334 0.8	0003 0.9 0606 5.4 1218 0.9 1814 5.6	0712 2.0 1202 0.2 1919 2.1	0429 0.5 0926 2.0 1647 0.6 2134 2.0	0444 0.6 1119 4.5 1658 0.7 2326 4.4	0444 0.7 1133 4.6 1702 0.8 2343 4.5	0532 0.8 1134 6.2 1747 0.9 2344 6.1	0645 1.1 1120 6.7 1855 1.0 2338 6.5
22 TU	0141 1.5 0716 10.6 1351 1.6 1927 10.8	0523 5.5 1147 0.9 1737 5.5	0036 0.9 0631 5.4 1248 1.0 1839 5.6	0023 0.1 0743 2.1 1239 0.2 1949 2.1	0503 0.5 0957 2.0 1721 0.6 2209 2.0	0513 0.6 1147 4.5 1727 0.7 2355 4.4	0518 0.7 1207 4.6 1736 0.8	0604 0.8 1204 6.2 1818 0.9	0710 1.1 1154 6.7 1923 0.9
23 W	0209 1.6 0745 10.6 1418 1.6 1955 10.6	0004 0.8 0554 5.4 1217 0.9 1808 5.4	0105 1.0 0657 5.5 1316 1.1 1907 5.6	0057 0.1 0811 2.0 1313 0.2 2016 2.0	0536 0.6 1040 2.0 1752 0.7 2254 2.0	0542 0.6 1215 4.5 1755 0.7	0018 4.5 0551 0.8 1242 4.6 1806 0.9	0014 6.0 0634 0.8 1233 6.1 1849 0.9	0009 6.5 0733 1.1 1226 6.7 1951 1.0
24 TH	0236 1.8 0812 10.4 1446 1.9 2023 10.3	0033 1.0 0624 5.3 1247 1.1 1838 5.3	0131 1.1 0726 5.4 1342 1.2 1939 5.5	0128 0.2 0835 2.0 1342 0.2 2041 1.9	0605 0.7 1127 2.0 1820 0.7 2344 1.9	0024 4.4 0609 0.7 1243 4.4 1821 0.8	0052 4.5 0619 0.9 1314 4.5 1833 1.0	0044 5.9 0704 0.9 1300 6.0 1918 0.9	0039 6.5 0800 1.1 1254 6.6 2020 1.1
25 F	0301 2.1 0839 10.1 1513 2.2 2050 9.9	0103 1.1 0654 5.2 1318 1.2 1909 5.1	0157 1.3 0759 5.3 1409 1.4 2013 5.3	0152 0.3 0859 1.9 1403 0.3 2106 1.8	0632 0.7 1215 1.9 1847 0.9	0054 4.3 0634 0.9 1313 4.4 1848 1.0	0124 4.4 0645 1.0 1342 4.4 1900 1.1	0112 5.8 0733 1.1 1327 5.8 1946 1.1	0106 6.3 0830 1.2 1319 6.4 2051 1.3
26 SA	0327 2.5 0904 9.6 1540 2.8 2116 9.3	0133 1.4 0727 5.0 1351 1.5 1942 4.8	0225 1.5 0833 5.1 1439 1.7 2047 5.0	0207 0.4 0922 1.7 1418 0.4 2131 1.6	0036 1.9 0702 0.8 1310 1.9 1919 1.0	0129 4.2 0702 1.1 1349 4.2 1918 1.2	0154 4.3 0714 1.2 1412 4.3 1930 1.3	0139 5.6 0802 1.3 1355 5.6 2018 1.4	0132 6.2 0900 1.5 1345 6.2 2121 1.5
27 SU	0352 3.1 0930 9.0 1612 3.4 2147 8.7	0207 1.6 0803 4.8 1429 1.7 2021 4.6	0256 1.8 0906 4.9 1514 1.9 2120 4.8	0220 0.4 0945 1.6 1437 0.5 2158 1.5	0143 1.8 0737 0.9 1421 1.8 1956 0.9	0209 4.0 0735 1.2 1432 4.0 1957 1.5	0229 4.2 0748 1.4 1448 4.2 2006 1.4	0210 5.3 0837 1.6 1429 5.2 2055 1.7	0201 6.0 0933 1.7 1416 5.9 2155 1.8
28 M	0424 3.7 1003 8.4 1652 4.0 2228 8.1	0248 1.9 0848 4.5 1518 2.0 2112 4.3	0332 2.1 0942 4.7 1557 2.2 2203 4.5	0243 0.5 1012 1.5 1509 0.6 2235 1.4	0309 1.7 0818 1.1 1553 1.7 2043 1.1	0259 3.8 0822 1.8 1524 3.9 2052 1.8	0312 4.0 0827 1.7 1534 4.0 2051 1.7	0248 5.0 0918 2.0 1518 4.9 2145 2.0	0240 5.8 1011 2.0 1500 5.6 2238 2.1
29 TU	0510 4.3 1054 7.8 1756 4.4 2342 7.6	0342 2.1 0949 4.3 1625 2.2 2227 4.1	0419 2.3 1034 4.5 1654 2.4 2309 4.4	0321 0.6 1057 1.4 1606 0.7 2339 1.3	0505 1.6 0914 1.2 1753 1.6 2153 1.2	0403 3.7 0929 2.0 1633 3.7 2209 2.0	0412 3.8 0921 2.0 1640 3.9 2159 2.0	0346 4.7 1019 2.3 1627 4.6 2255 2.2	0336 5.5 1103 2.3 1611 5.3 2339 2.3
30 W	0631 4.7 1239 7.5 1931 4.4	0504 2.3 1118 4.2 1754 2.1	0526 2.5 1148 4.5 1817 2.5	0427 0.8 1221 1.4 1812 0.8	0730 1.6 1058 1.4 1954 1.6 2351 1.2	0528 3.6 1059 2.1 1756 3.7 2343 1.9	0550 3.8 1103 2.2 1815 3.7 2357 2.0	0507 4.6 1142 2.3 1756 4.7	0501 5.2 1215 2.4 1751 5.2

PAGE 24

TIDE TABLES

SOUTH COAST OF ENGLAND Time Zone UT
St Helier * St Mary's * Plymouth * Portland * Poole * Southampton * Portsmouth * Shoreham * Dover

TIDE TABLES   OCTOBER 1998

ST HELIER	ST MARY'S, SCILLY	PLYMOUTH	PORTLAND	POOLE	SOUTHAMPTON	PORTSMOUTH	SHOREHAM	DOVER	
Time m	Time m	Time m	Time m	Time m	Time m	Time m	Time m	Time m	
0139 7.6 0817 4.4 1428 8.0 2103 3.8	0006 4.1 0636 2.1 1245 4.4 1914 1.8	0036 4.3 0659 2.5 1314 4.6 1949 2.3	0123 1.3 0701 0.8 1409 1.5 2006 0.7	0831 1.6 1231 1.3 2038 1.7	0657 3.7 1229 1.9 1915 3.8	0715 3.9 1238 2.0 1938 3.9	0022 2.1 0639 4.8 1306 2.1 1920 5.0	0100 2.4 0638 5.3 1347 2.3 1918 5.4	1 TH
0306 8.3 0940 3.6 1536 8.9 2212 2.9	0124 4.4 0745 1.8 1348 4.8 2015 1.4	0206 4.6 0825 2.2 1435 4.9 2103 1.8	0309 1.4 0830 0.7 1535 1.7 2106 0.5	0059 1.1 0845 1.8 1329 1.1 2045 1.8	0104 1.6 0804 4.0 1338 1.5 2015 4.0	0107 1.7 0826 4.1 1338 1.7 2042 4.2	0140 1.8 0755 5.3 1413 1.6 2026 5.5	0227 2.1 0752 5.7 1510 1.8 2019 5.9	2 F
0406 9.3 1042 2.7 1629 9.9 2310 2.0	0218 4.9 0840 1.3 1439 5.3 2105 1.0	0316 4.9 0932 1.7 1537 5.2 2203 1.3	0420 1.7 0927 0.5 1639 1.9 2155 0.3	0152 0.9 0845 1.9 1419 0.9 2045 2.0	0204 1.2 0853 4.2 1431 1.1 2103 4.3	0202 1.4 0918 4.4 1430 1.3 2128 4.5	0242 1.4 0853 5.8 1509 1.2 2116 6.0	0339 1.6 0846 6.2 1612 1.3 2108 6.3	3 SA
0457 10.3 1136 1.8 1718 10.8	0305 5.3 0928 0.9 1524 5.7 2151 0.6	0410 5.3 1027 1.2 1627 5.6 2255 0.9	0516 1.9 1015 0.3 1734 2.1 2241 0.2	0240 0.7 0847 2.1 1504 0.7 2049 2.1	0254 0.8 0934 4.5 1519 0.7 2145 4.5	0252 1.0 0958 4.7 1517 0.9 2209 4.7	0333 1.0 0941 6.2 1558 0.8 2201 6.3	0437 1.2 0931 6.6 1706 1.0 2151 6.7	4 SU
0003 1.2 0544 11.1 1227 1.1 1805 11.6	0348 5.7 1014 0.5 1608 6.0 2236 0.3	0456 5.6 1118 0.8 1714 5.8 2342 0.5	0607 2.1 1101 0.2 1826 2.3 2326 0.0	0325 0.5 0856 2.2 1548 0.5 2101 2.2	0339 0.5 1014 4.7 1603 0.4 2226 4.6	0339 0.6 1037 4.9 1602 0.6 2251 4.9	0422 0.7 1026 6.5 1645 0.6 2244 6.6	0529 1.0 1013 6.9 1757 0.7 2233 6.9	5 M ○
0052 0.7 0630 11.7 1314 0.6 1851 12.0	0430 6.0 1058 0.3 1651 6.2 2321 0.2	0540 5.8 1203 0.4 1758 6.0	0654 2.3 1145 0.1 1914 2.4	0409 0.4 0916 2.3 1631 0.4 2127 2.3	0423 0.2 1053 4.8 1648 0.2 2307 4.8	0424 0.4 1118 5.0 1646 0.4 2334 5.0	0508 0.5 1112 6.6 1732 0.5 2329 6.7	0617 0.8 1055 7.1 1843 0.6 2317 7.1	6 TU
0139 0.4 0714 12.0 1400 0.4 1935 12.1	0512 6.1 1143 0.2 1733 6.2	0027 0.3 0623 5.9 1248 0.3 1844 6.0	0009 -0.0 0738 2.4 1229 0.0 1958 2.4	0452 0.3 0952 2.3 1714 0.4 2211 2.3	0509 0.1 1134 4.9 1735 0.1 2350 4.8	0507 0.3 1202 5.1 1729 0.4	0555 0.5 1158 6.7 1819 0.4	0701 0.7 1139 7.2 1927 0.5	7 W
0222 0.4 0757 12.0 1443 0.6 2018 11.9	0004 0.2 0554 6.1 1227 0.3 1817 6.1	0111 0.3 0708 5.9 1330 0.3 1930 5.9	0052 -0.0 0819 2.4 1311 0.0 2040 2.3	0535 0.3 1047 2.3 1758 0.4 2315 2.2	0554 0.1 1215 4.9 1819 0.2	0019 5.0 0550 0.3 1247 5.0 1812 0.4	0017 6.7 0640 0.5 1244 6.7 1904 0.5	0002 7.1 0742 0.6 1223 7.2 2009 0.5	8 TH
0304 0.7 0838 11.6 1524 1.0 2100 11.3	0048 0.4 0638 5.9 1313 0.5 1902 5.8	0153 0.4 0754 5.8 1412 0.6 2018 5.7	0134 0.0 0857 2.3 1352 0.1 2121 2.2	0619 0.4 1159 2.2 1841 0.5	0034 4.8 0637 0.2 1300 4.8 1900 0.3	0106 4.9 0632 0.5 1333 4.9 1854 0.6	0104 6.6 0723 0.6 1327 6.6 1947 0.7	0048 6.9 0822 0.7 1308 7.0 2049 0.7	9 F
0345 1.3 0918 10.9 1606 1.7 2143 10.4	0133 0.7 0723 5.6 1400 0.8 1950 5.4	0234 0.8 0840 5.6 1455 0.9 2108 5.3	0215 0.2 0935 2.1 1434 0.3 2200 2.0	0036 2.1 0703 0.6 1324 2.1 1928 0.7	0122 4.6 0718 0.5 1348 4.6 1941 0.6	0154 4.8 0715 0.8 1419 4.7 1939 0.9	0147 6.4 0806 0.8 1407 6.3 2031 0.9	0134 6.7 0903 0.9 1354 6.7 2132 1.0	10 SA
0425 2.1 1000 10.1 1650 2.5 2229 9.5	0221 1.1 0812 5.2 1453 1.2 2044 4.9	0316 1.2 0929 5.2 1539 1.4 2201 4.9	0256 0.4 1013 1.9 1518 0.5 2245 1.7	0217 2.0 0753 0.8 1505 2.0 2021 0.8	0218 4.4 0802 0.9 1444 4.3 2027 1.0	0246 4.6 0803 1.1 1510 4.5 2030 1.2	0231 6.1 0852 1.1 1453 5.9 2120 1.3	0223 6.4 0948 1.2 1445 6.3 2218 1.4	11 SU
0509 3.1 1046 9.2 1742 3.4 2326 8.6	0315 1.5 0911 4.8 1557 1.6 2151 4.5	0401 1.7 1022 4.9 1630 1.8 2303 4.6	0342 0.6 1056 1.7 1614 0.7 2341 1.5	0426 1.9 0850 1.0 1708 1.8 2125 1.0	0322 4.2 0855 1.3 1550 4.0 2127 1.4	0351 4.3 0858 1.5 1614 4.2 2131 1.6	0320 5.6 0945 1.5 1547 5.4 2218 1.6	0316 6.1 1039 1.6 1545 5.9 2315 1.9	12 M
0607 3.8 1151 8.4 1855 3.9	0424 1.9 1027 4.5 1718 1.8 2319 4.3	0456 2.1 1126 4.7 1736 2.2	0442 0.8 1154 1.6 1742 0.8	0653 1.8 1004 1.2 1921 1.7 2247 1.1	0440 4.0 1007 1.7 1711 3.8 2249 1.7	0520 4.1 1009 1.8 1742 4.0 2252 1.8	0425 5.2 1056 1.9 1702 5.0 2337 1.9	0420 5.7 1144 1.9 1701 5.5	13 TU
0050 8.0 0729 4.2 1327 8.1 2025 3.9	0550 2.0 1158 4.4 1842 1.8	0016 4.4 0613 2.4 1244 4.5 1907 2.3	0106 1.4 0618 0.9 1321 1.6 1940 0.8	0812 1.7 1136 1.2 2027 1.7	0610 3.9 1138 1.9 1841 3.8	0638 4.0 1141 2.0 1906 3.9	0550 5.0 1223 2.1 1832 4.8	0030 2.1 0542 5.5 1306 2.0 1839 5.4	14 W
0224 8.2 0857 3.9 1454 8.5 2142 3.4	0045 4.3 0710 1.9 1315 4.6 1951 1.6	0139 4.4 0745 2.3 1407 4.6 2027 2.0	0251 1.5 0757 0.9 1454 1.6 2048 0.7	0014 1.2 0842 1.8 1253 1.2 2044 1.7	0019 1.7 0734 4.0 1301 1.9 1957 3.9	0020 1.8 0754 4.1 1301 1.9 2019 4.0	0103 2.0 0714 5.1 1343 2.0 1954 5.0	0156 2.1 0711 5.6 1431 1.8 1958 5.6	15 TH

● ● Time: UT. For British Summer Time (shaded) March 29th to October 25th   ADD ONE HOUR ● ●

OCTOBER 1998 TIDE TABLES

●●Time: UT. For British Summer Time (shaded) March 29th to October 25th ADD ONE HOUR ●●

	ST HELIER	ST MARY'S, SCILLY	PLYMOUTH	PORTLAND	POOLE	SOUTHAMPTON	PORTSMOUTH	SHOREHAM	DOVER
	Time m	Time m	Time m	Time m	Time m	Time m	Time m	Time m	Time m
16 F	0333 8.7 1006 3.3 1554 9.1 2239 2.8	0150 4.6 0812 1.7 1412 4.8 2042 1.4	0255 4.6 0856 2.0 1516 4.9 2127 1.7	0358 1.6 0857 0.8 1557 1.7 2128 0.6	0118 1.1 0845 1.9 1348 1.1 2045 1.8	0133 1.5 0835 4.1 1405 1.5 2051 4.0	0127 1.7 0854 4.3 1358 1.6 2108 4.1	0215 1.8 0823 5.3 1445 1.7 2056 5.3	0311 1.9 0816 5.8 1539 1.5 2054 5.9
17 SA	0424 9.4 1057 2.7 1641 9.7 2324 2.3	0238 4.8 0900 1.4 1455 5.1 2124 1.1	0351 5.0 0951 1.6 1605 5.2 2215 1.3	0445 1.7 0939 0.7 1645 1.8 2203 0.5	0207 0.9 0845 1.9 1431 0.9 2046 1.9	0230 1.3 0918 4.3 1453 1.2 2130 4.2	0218 1.4 0933 4.4 1443 1.3 2142 4.3	0309 1.5 0915 5.6 1533 1.4 2140 5.6	0411 1.6 0905 6.1 1633 1.3 2136 6.1
18 SU	0506 9.9 1140 2.2 1721 10.1	0318 5.1 0939 1.2 1533 5.3 2201 1.0	0432 5.2 1035 1.3 1643 5.4 2256 1.1	0525 1.9 1017 0.5 1727 1.9 2237 0.3	0249 0.8 0848 2.0 1511 0.8 2050 1.9	0312 1.0 0952 4.3 1529 1.0 2204 4.3	0302 1.2 1004 4.5 1524 1.1 2214 4.4	0352 1.2 0956 5.9 1612 1.1 2217 5.8	0500 1.4 0945 6.4 1717 1.1 2209 6.3
19 M	0003 2.0 0543 10.3 1217 1.9 1756 10.4	0352 5.3 1015 1.0 1607 5.4 2233 0.9	0505 5.4 1113 1.1 1715 5.5 2332 1.0	0602 2.0 1054 0.4 1806 2.0 2313 0.3	0327 0.7 0855 2.0 1547 0.7 2100 2.0	0345 0.8 1023 4.4 1600 0.8 2234 4.3	0341 1.0 1035 4.6 1601 1.0 2247 4.5	0430 1.0 1032 6.1 1647 0.9 2248 5.9	0539 1.3 1020 6.5 1753 1.1 2241 6.4
20 TU ●	0038 1.8 0616 10.5 1251 1.8 1828 10.6	0425 5.4 1048 0.9 1639 5.5 2305 0.9	0533 5.5 1147 1.0 1742 5.6	0636 2.1 1133 0.3 1842 2.1 2350 0.2	0403 0.6 0910 2.0 1621 0.7 2118 2.0	0416 0.7 1052 4.5 1630 0.7 2302 4.4	0418 0.9 1108 4.6 1636 0.9 2321 4.5	0503 0.9 1103 6.1 1719 0.8 2317 6.0	0610 1.2 1054 6.6 1823 1.0 2312 6.5
21 W	0109 1.7 0647 10.2 1321 1.7 1859 10.6	0456 5.5 1118 0.9 1710 5.5 2335 0.9	0003 1.0 0601 5.6 1218 1.0 1812 5.6	0709 2.1 1210 0.3 1915 2.1	0436 0.6 0933 2.1 1653 0.7 2146 2.0	0444 0.7 1119 4.5 1658 0.7 2330 4.4	0451 0.9 1142 4.6 1708 0.9 2356 4.5	0535 0.8 1133 6.1 1749 0.8 2347 6.0	0636 1.2 1127 6.7 1851 1.0 2342 6.5
22 TH	0138 1.7 0716 10.6 1351 1.7 1928 10.6	0527 5.5 1149 1.0 1740 5.4	0033 1.0 0631 5.6 1248 1.0 1845 5.6	0024 0.2 0738 2.1 1245 0.2 1945 2.0	0507 0.7 1006 2.1 1721 0.7 2224 2.0	0513 0.7 1146 4.5 1726 0.7	0522 0.9 1215 4.6 1736 1.0	0605 0.9 1201 6.1 1818 0.8	0703 1.1 1157 6.6 1921 1.0
23 F	0206 1.9 0745 10.5 1419 1.9 1957 10.4	0005 1.0 0557 5.4 1220 1.1 1811 5.3	0103 1.1 0704 5.5 1318 1.2 1920 5.5	0055 0.2 0806 2.0 1315 0.3 2014 1.9	0535 0.7 1044 2.0 1749 0.7 2307 2.0	0000 4.4 0542 0.8 1214 4.5 1755 0.7	0030 4.5 0550 1.0 1245 4.6 1803 1.0	0017 5.9 0634 1.0 1229 6.0 1847 0.9	0011 6.5 0733 1.1 1224 6.5 1952 1.1
24 SA	0233 2.1 0812 10.2 1448 2.2 2025 10.0	0035 1.2 0627 5.3 1252 1.2 1842 5.1	0133 1.2 0738 5.4 1348 1.4 1954 5.3	0119 0.3 0832 2.0 1337 0.5 2042 1.8	0603 0.8 1126 2.0 1819 0.8 2357 1.9	0030 4.4 0609 0.9 1244 4.5 1823 0.9	0101 4.5 0617 1.1 1313 4.5 1832 1.1	0044 5.8 0703 1.1 1256 5.9 1916 1.1	0037 6.4 0805 1.2 1249 6.4 2024 1.2
25 SU	0300 2.5 0839 9.8 1518 2.6 2054 9.5	0106 1.4 0700 5.2 1326 1.4 1916 4.9	0203 1.5 0810 5.2 1420 1.6 2025 5.0	0137 0.4 0857 1.8 1355 0.4 2109 1.7	0635 0.8 1218 1.9 1852 0.8	0104 4.3 0640 1.1 1319 4.3 1855 1.1	0132 4.4 0648 1.2 1344 4.4 1904 1.2	0113 5.7 0733 1.4 1326 5.6 1948 1.3	0104 6.3 0837 1.4 1315 6.2 2055 1.5
26 M	0329 3.0 0907 9.3 1551 3.2 2126 9.0	0141 1.6 0737 5.0 1404 1.6 1956 4.7	0234 1.7 0839 5.0 1454 1.9 2053 4.8	0154 0.5 0920 1.7 1418 0.5 2139 1.5	0101 1.9 0711 0.9 1328 1.9 1931 0.9	0144 4.1 0715 1.3 1401 4.1 1933 1.4	0207 4.3 0723 1.4 1421 4.3 1942 1.4	0145 5.5 0808 1.6 1403 5.4 2027 1.6	0135 6.2 0910 1.7 1348 6.0 2128 1.8
27 TU	0403 3.6 0940 8.8 1631 3.7 2208 8.4	0221 1.8 0821 4.7 1451 1.9 2045 4.4	0308 2.0 0909 4.8 1533 2.1 2127 4.6	0219 0.6 0945 1.6 1451 0.6 2216 1.4	0227 1.8 0754 1.0 1459 1.8 2018 1.0	0232 3.9 0800 1.6 1451 4.0 2025 1.6	0251 4.2 0804 1.6 1507 4.1 2027 1.6	0225 5.2 0852 1.9 1451 5.1 2114 1.8	0213 5.9 0947 1.9 1432 5.7 2209 2.0
28 W	0448 4.1 1030 8.2 1730 4.1 2315 7.9	0314 2.0 0918 4.5 1554 2.0 2153 4.3	0351 2.2 0951 4.6 1625 2.3 2224 4.5	0257 0.7 1024 1.5 1546 0.7 2318 1.3	0418 1.7 0849 1.2 1655 1.7 2123 1.2	0333 3.8 0903 1.9 1555 3.8 2134 1.8	0347 4.0 0857 1.9 1607 3.9 2129 1.8	0319 5.0 0949 2.0 1555 4.9 2219 2.0	0306 5.7 1036 2.1 1538 5.4 2307 2.2
29 TH	0601 4.5 1157 7.9 1855 4.2	0427 2.2 1036 4.4 1716 2.2 2323 4.3	0452 2.4 1057 4.6 1740 2.3 2346 4.4	0358 0.8 1139 1.5 1737 0.8	0638 1.7 1015 1.3 1906 1.6 2306 1.2	0451 3.7 1024 2.0 1714 3.7 2302 1.8	0509 3.9 1020 2.1 1730 3.8 2311 1.9	0434 4.9 1105 2.1 1718 4.8 2340 2.1	0424 5.5 1143 2.3 1713 5.3
30 F	0058 7.8 0739 4.4 1345 8.2 2026 3.8	0556 2.1 1203 4.5 1838 1.8	0619 2.4 1224 4.6 1911 2.2	0055 1.3 0621 0.9 1324 1.5 1930 0.7	0813 1.7 1157 1.2 2025 1.7	0617 3.8 1152 1.9 1836 3.8	0640 4.0 1203 2.0 1901 3.9	0601 5.0 1229 1.9 1843 5.1	0024 2.3 0555 5.5 1309 2.2 1841 5.5
31 SA	0229 8.5 0905 3.7 1500 9.0 2139 3.0	0045 4.5 0711 1.8 1313 4.9 1942 1.4	0123 4.6 0748 2.1 1354 4.9 2029 1.7	0236 1.5 0759 0.8 1456 1.7 2035 0.5	0025 1.1 0841 1.8 1259 1.1 2044 1.8	0025 1.6 0726 4.0 1304 1.7 1941 4.0	0032 1.7 0751 4.2 1307 1.7 2010 4.2	0102 1.9 0718 5.4 1340 1.5 1952 5.5	0149 2.1 0714 5.8 1432 1.8 1948 5.9

PAGE 26

TIDE TABLES

SOUTH COAST OF ENGLAND Time Zone UT
St Helier * St Mary's * Plymouth * Portland * Poole * Southampton * Portsmouth * Shoreham * Dover

TIDE TABLES NOVEMBER 1998

ST HELIER	ST MARY'S, SCILLY	PLYMOUTH	PORTLAND	POOLE	SOUTHAMPTON	PORTSMOUTH	SHOREHAM	DOVER		
Time m	Time m	Time m	Time m	Time m	Time m	Time m	Time m	Time m		
0334 9.4 1012 2.8 1600 9.9 2240 2.1	0147 4.9 0810 1.4 1409 5.3 2037 1.0	0242 4.9 0900 1.7 1503 5.2 2132 1.2	0349 1.7 0900 0.6 1605 1.9 2127 0.3	0122 0.9 0845 2.0 1352 0.9 2045 2.0	0129 1.2 0819 4.2 1400 1.1 2033 4.2	0131 1.4 0848 4.5 1402 1.3 2103 4.5	0209 1.3 0820 5.8 1440 1.1 2045 5.9	0303 1.7 0813 6.2 1538 1.3 2040 6.3	**1**	**SU**
0428 10.3 1108 1.9 1651 10.8 2335 1.3	0238 5.4 0902 0.9 1458 5.7 2126 0.6	0340 5.3 0959 1.2 1559 5.6 2227 0.8	0448 2.0 0951 0.4 1703 2.1 2215 0.2	0213 0.7 0845 2.1 1440 0.7 2046 2.1	0222 0.9 0905 4.5 1449 0.7 2118 4.5	0224 1.0 0933 4.8 1452 0.9 2147 4.7	0304 0.9 0911 6.2 1533 0.7 2133 6.3	0403 1.3 0903 6.6 1634 1.0 2126 6.7	**2**	**M**
0518 11.1 1200 1.2 1741 11.5	0324 5.8 0950 0.6 1545 6.0 2212 0.4	0430 5.6 1051 0.8 1649 5.8 2318 0.5	0539 2.2 1038 0.3 1757 2.2 2301 0.1	0301 0.6 0850 2.2 1525 0.5 2054 2.2	0311 0.5 0947 4.7 1536 0.4 2203 4.6	0314 0.7 1015 4.9 1539 0.6 2230 4.9	0355 0.6 0958 6.5 1622 0.5 2219 6.5	0457 1.0 0947 6.9 1726 0.7 2211 6.9	**3**	**TU**
0026 0.8 0606 11.7 1251 0.7 1829 11.9	0408 6.0 1036 0.4 1630 6.2 2259 0.3	0516 5.8 1140 0.5 1737 5.9	0627 2.3 1124 0.2 1848 2.3 2346 0.0	0346 0.4 0904 2.3 1610 0.4 2114 2.3	0358 0.3 1028 4.8 1624 0.2 2247 4.8	0400 0.5 1057 5.1 1625 0.4 2315 5.0	0444 0.5 1045 6.6 1711 0.4 2307 6.6	0547 0.8 1031 7.1 1816 0.6 2256 7.0	**4**	**W** ○
0115 0.5 0651 12.0 1338 0.6 1915 12.0	0451 6.1 1123 0.3 1714 6.2 2344 0.3	0005 0.4 0603 5.9 1227 0.4 1826 5.9	0713 2.4 1208 0.1 1935 2.4	0431 0.4 0933 2.3 1654 0.4 2152 2.3	0446 0.2 1111 4.9 1712 0.1 2332 4.8	0446 0.4 1141 5.1 1709 0.4	0531 0.5 1132 6.7 1758 0.5 2355 6.6	0634 0.7 1116 7.2 1903 0.6 2342 7.0	**5**	**TH**
0200 0.6 0736 11.9 1423 0.7 2000 11.7	0536 6.1 1209 0.4 1759 6.0	0050 0.4 0650 5.9 1312 0.4 1915 5.8	0030 0.0 0756 2.4 1251 0.1 2019 2.3	0515 0.4 1018 2.3 1739 0.4 2248 2.2	0534 0.2 1154 4.9 1758 0.2	0002 5.0 0530 0.5 1225 5.0 1753 0.5	0616 0.6 1218 6.6 1842 0.6	0720 0.7 1202 7.1 1948 0.6	**6**	**F**
0243 0.9 0818 11.6 1506 1.1 2043 11.2	0030 0.5 0620 5.9 1257 0.6 1845 5.7	0134 0.5 0738 5.8 1357 0.6 2006 5.5	0112 0.1 0836 2.3 1334 0.2 2102 2.1	0559 0.5 1121 2.2 1823 0.5	0019 4.8 0619 0.3 1241 4.7 1841 0.3	0048 4.9 0613 0.6 1310 4.9 1836 0.6	0043 6.5 0701 0.7 1302 6.5 1927 0.8	0029 6.9 0804 0.7 1248 6.9 2032 0.8	**7**	**SA**
0324 1.5 0859 11.0 1549 1.7 2127 10.4	0115 0.8 0706 5.7 1345 0.9 1933 5.3	0217 0.8 0826 5.6 1440 0.9 2056 5.2	0153 0.3 0915 2.2 1417 0.3 2144 1.9	0006 2.1 0645 0.6 1238 2.1 1909 0.6	0110 4.6 0702 0.6 1329 4.5 1923 0.6	0137 4.8 0658 0.9 1355 4.7 1921 0.9	0128 6.4 0745 1.0 1346 6.2 2011 1.0	0116 6.8 0848 0.9 1335 6.7 2116 1.1	**8**	**SU**
0405 2.2 0940 10.1 1633 2.5 2211 9.5	0203 1.2 0756 5.3 1436 1.3 2026 4.9	0300 1.2 0913 5.3 1525 1.3 2147 4.9	0233 0.5 0953 2.0 1502 0.5 2228 1.7	0143 2.0 0734 0.8 1413 2.0 2001 0.8	0204 4.4 0747 0.9 1424 4.3 2009 0.9	0229 4.6 0745 1.2 1444 4.5 2011 1.2	0214 6.1 0832 1.3 1432 5.9 2058 1.3	0203 6.5 0933 1.2 1425 6.3 2202 1.5	**9**	**M**
0448 3.1 1025 9.3 1721 3.3 2303 8.7	0255 1.6 0851 4.9 1536 1.6 2127 4.6	0345 1.7 1001 5.0 1614 1.8 2241 4.6	0317 0.7 1033 1.8 1554 0.7 2321 1.5	0353 1.9 0830 1.0 1608 1.8 2100 1.0	0305 4.2 0839 1.3 1526 4.0 2105 1.3	0334 4.4 0838 1.5 1542 4.2 2107 1.5	0303 5.7 0925 1.6 1525 5.4 2153 1.6	0254 6.2 1023 1.5 1522 5.9 2255 1.9	**10**	**TU**
0541 3.8 1121 8.6 1824 3.8	0357 1.9 0958 4.6 1647 1.9 2243 4.3	0435 2.1 1055 4.7 1712 2.1 2343 4.4	0408 0.8 1122 1.6 1706 0.8	0625 1.8 0936 1.2 1838 1.7 2211 1.1	0416 4.0 0943 1.7 1639 3.8 2216 1.6	0500 4.2 0942 1.8 1709 4.0 2216 1.8	0402 5.4 1030 1.9 1633 5.0 2302 1.8	0351 5.8 1121 1.9 1631 5.5	**11**	**W**
0014 8.1 0651 4.2 1242 8.2 1942 4.0	0513 2.1 1118 4.5 1804 1.9	0542 2.4 1202 4.5 1831 2.3	0036 1.4 0524 1.0 1232 1.5 1844 0.8	0748 1.7 1057 1.2 2007 1.6 2334 1.2	0537 3.8 1101 1.9 1802 3.7 2339 1.7	0608 4.1 1102 2.0 1831 3.8 2339 1.9	0516 5.2 1147 2.0 1755 4.8	0001 2.2 0503 5.6 1235 2.0 1759 5.4	**12**	**TH**
0139 8.1 0812 4.2 1409 8.3 2057 3.7	0005 4.3 0630 2.0 1235 4.5 1912 1.8	0057 4.3 0706 2.4 1319 4.5 1949 2.1	0210 1.4 0703 1.0 1358 1.5 2000 0.7	0832 1.8 1219 1.2 2040 1.6	0655 3.9 1221 1.9 1919 3.7	0718 4.1 1225 2.0 1944 3.9	0021 1.9 0634 5.1 1303 2.0 1914 4.9	0118 2.2 0626 5.5 1353 1.9 1918 5.5	**13**	**F**
0253 8.4 0924 3.7 1515 8.7 2158 3.3	0113 4.5 0735 1.9 1336 4.7 2007 1.6	0212 4.5 0818 2.2 1432 4.7 2050 1.9	0318 1.5 0815 0.9 1507 1.6 2046 0.6	0045 1.1 0844 1.8 1318 1.1 2045 1.7	0053 1.7 0758 4.1 1326 1.8 2019 3.8	0052 1.8 0818 4.2 1327 1.8 2039 4.0	0133 1.8 0741 5.3 1408 1.7 2019 5.1	0230 2.1 0736 5.7 1500 1.7 2018 5.7	**14**	**SA**
0348 9.0 1019 3.2 1606 9.2 2246 2.8	0205 4.7 0826 1.6 1424 4.9 2051 1.4	0311 4.8 0914 1.9 1525 5.0 2139 1.6	0405 1.7 0903 0.8 1557 1.7 2124 0.5	0139 1.0 0845 1.9 1404 1.0 2045 1.8	0151 1.5 0846 4.1 1415 1.5 2102 4.0	0148 1.6 0903 4.3 1415 1.5 2118 4.1	0231 1.6 0836 5.5 1458 1.5 2108 5.3	0330 1.8 0830 6.0 1555 1.5 2103 5.9	**15**	**SU**

● ● Time: UT. For British Summer Time (shaded) March 29th to October 25th ADD ONE HOUR ● ●

PAGE 27

NOVEMBER 1998 TIDE TABLES

• • Time: UT. For British Summer Time (shaded) March 29th to October 25th ADD ONE HOUR • •

	ST HELIER Time m	ST MARY'S, SCILLY Time m	PLYMOUTH Time m	PORTLAND Time m	POOLE Time m	SOUTHAMPTON Time m	PORTSMOUTH Time m	SHOREHAM Time m	DOVER Time m
16 M	0432 9.5 1104 2.7 1648 9.7 2327 2.4	0248 5.0 0908 1.4 1504 5.1 2130 1.2	0354 5.1 0959 1.6 1606 5.2 2220 1.3	0444 1.8 0944 0.6 1642 1.8 2201 0.4	0222 0.9 0846 1.9 1445 0.9 2047 1.9	0236 1.3 0922 4.2 1454 1.2 2137 4.1	0233 1.4 0938 4.4 1457 1.3 2152 4.3	0318 1.4 0920 5.7 1540 1.3 2145 5.6	0419 1.6 0915 6.2 1639 1.3 2141 6.1
17 TU	0511 9.9 1143 2.4 1725 10.0	0324 5.2 0945 1.2 1540 5.3 2204 1.1	0429 5.3 1038 1.3 1640 5.4 2257 1.2	0521 1.9 1024 0.5 1723 1.9 2239 0.3	0300 0.8 0849 2.0 1520 0.8 2053 1.9	0312 1.1 0954 4.3 1528 1.0 2208 4.2	0313 1.2 1011 4.5 1534 1.0 2227 4.4	0358 1.2 0958 5.9 1617 1.0 2219 5.7	0500 1.4 0953 6.4 1717 1.2 2215 6.3
18 W	0003 2.2 0546 10.2 1219 2.1 1800 10.2	0359 5.4 1020 1.1 1614 5.4 2237 1.0	0501 5.4 1113 1.2 1714 5.5 2331 1.3	0557 2.0 1103 0.4 1803 1.9 2315 0.3	0336 0.8 0859 2.0 1554 0.7 2106 2.0	0344 0.9 1022 4.4 1600 0.8 2240 4.4	0350 1.1 1045 4.6 1609 1.1 2302 4.5	0434 1.0 1033 6.0 1651 0.9 2251 5.8	0533 1.3 1028 6.5 1750 1.1 2247 6.4
19 TH ●	0038 2.0 0619 10.4 1254 1.9 1833 10.3	0431 5.5 1053 1.1 1646 5.4 2309 1.0	0534 5.5 1148 1.1 1749 5.5	0633 2.1 1140 0.4 1841 2.0 2351 0.3	0409 0.7 0916 2.0 1627 0.7 2130 2.0	0415 0.8 1051 4.5 1631 0.7 2310 4.4	0424 1.1 1118 4.6 1642 1.0 2338 4.5	0507 1.0 1105 6.0 1722 0.9 2323 5.9	0605 1.2 1101 6.5 1822 1.1 2318 6.5
20 F	0110 1.9 0651 10.5 1326 1.9 1905 10.4	0503 5.5 1126 1.1 1718 5.4 2342 1.1	0005 1.1 0609 5.6 1223 1.1 1827 5.5	0708 2.1 1217 0.3 1918 2.0	0440 0.8 0942 2.0 1656 0.7 2204 2.0	0447 0.8 1121 4.5 1703 0.7 2341 4.4	0455 1.1 1152 4.6 1711 1.0	0538 1.0 1134 6.0 1753 0.9 2354 5.9	0638 1.1 1131 6.5 1855 1.1 2348 6.5
21 SA	0142 2.0 0721 10.5 1359 1.9 1936 10.3	0535 5.5 1159 1.1 1750 5.3	0039 1.1 0645 5.5 1257 1.1 1904 5.4	0025 0.3 0740 2.1 1249 0.3 1951 1.9	0510 0.8 1015 2.0 1726 0.7 2245 2.0	0520 0.8 1152 4.5 1735 0.7	0013 4.5 0525 1.1 1223 4.6 1741 1.0	0608 1.1 1204 6.0 1823 1.0	0712 1.1 1200 6.5 1928 1.1
22 SU	0212 2.1 0752 10.3 1430 2.1 2009 10.0	0014 1.2 0607 5.4 1233 1.2 1824 5.2	0113 1.2 0721 5.4 1333 1.3 1939 5.2	0054 0.3 0811 2.0 1317 0.4 2024 1.8	0543 0.8 1055 2.0 1759 0.7 2335 2.0	0014 4.4 0553 0.9 1223 4.5 1807 0.8	0046 4.5 0557 1.2 1253 4.5 1813 1.0	0025 5.8 0639 1.2 1235 5.9 1855 1.1	0018 6.4 0745 1.2 1228 6.4 2001 1.2
23 M	0243 2.4 0823 10.0 1503 2.4 2042 9.7	0048 1.3 0642 5.3 1309 1.3 1900 5.1	0147 1.4 0753 5.3 1407 1.5 2009 5.0	0120 0.4 0839 1.9 1343 0.4 2055 1.7	0616 0.8 1147 2.0 1835 0.8	0050 4.3 0627 1.0 1259 4.3 1842 0.9	0119 4.5 0630 1.3 1326 4.5 1848 1.1	0058 5.8 0713 1.3 1310 5.8 1931 1.2	0048 6.4 0819 1.3 1300 6.2 2034 1.4
24 TU	0316 2.8 0856 9.7 1539 2.8 2118 9.3	0125 1.5 0721 5.2 1350 1.5 1940 4.9	0220 1.6 0821 5.1 1442 1.6 2037 4.8	0145 0.5 0906 1.8 1412 0.5 2128 1.6	0040 1.9 0656 0.9 1257 1.9 1917 0.9	0129 4.2 0704 1.2 1340 4.2 1921 1.1	0156 4.4 0708 1.4 1405 4.4 1928 1.3	0133 5.7 0751 1.5 1350 5.6 2011 1.4	0122 6.3 0853 1.5 1336 6.1 2109 1.6
25 W	0353 3.2 0934 9.2 1621 3.2 2203 8.8	0206 1.7 0805 5.0 1436 1.7 2029 4.7	0255 1.8 0851 5.0 1520 1.8 2111 4.7	0215 0.6 0935 1.7 1450 0.7 2207 1.5	0203 1.9 0741 1.0 1427 1.8 2005 0.9	0215 4.1 0748 1.4 1427 4.1 2008 1.4	0239 4.3 0751 1.5 1451 4.2 2014 1.4	0214 5.5 0837 1.6 1438 5.4 2059 1.5	0202 6.1 0931 1.7 1421 5.9 2151 1.8
26 TH	0439 3.7 1023 8.7 1715 3.6 2302 8.4	0257 1.9 0858 4.8 1533 1.8 2129 4.5	0336 2.0 0930 4.9 1607 2.0 2200 4.6	0255 0.7 1013 1.6 1543 0.6 2303 1.4	0349 1.8 0835 1.1 1616 1.8 2105 1.0	0310 4.0 0843 1.6 1525 3.9 2106 1.5	0332 4.2 0843 1.7 1546 4.1 2112 1.6	0305 5.4 0930 1.7 1536 5.2 2156 1.6	0252 5.9 1018 1.9 1521 5.7 2243 2.0
27 F	0542 4.0 1133 8.4 1826 3.8	0400 2.0 1005 4.7 1642 1.8 2244 4.5	0430 2.1 1026 4.8 1712 2.0 2310 4.5	0355 0.8 1116 1.6 1708 0.7	0551 1.8 0946 1.2 1817 1.7 2225 1.1	0416 3.9 0951 1.8 1635 3.8 2220 1.6	0439 4.1 0952 1.9 1655 4.1 2230 1.7	0409 5.3 1036 1.7 1646 5.1 2306 1.6	0357 5.7 1117 2.0 1640 5.5 2351 2.1
28 SA	0021 8.3 0702 4.0 1300 8.5 1947 3.6	0518 2.0 1122 4.7 1800 1.7	0544 2.2 1143 4.7 1831 2.0	0023 1.4 0537 0.8 1245 1.6 1845 0.6	0743 1.8 1116 1.2 1957 1.7 2346 1.1	0533 3.9 1108 1.7 1753 3.8 2339 1.5	0603 4.2 1121 1.7 1819 4.0 2352 1.6	0525 5.3 1153 1.6 1803 5.2	0515 5.7 1233 2.0 1800 5.6
29 SU	0145 8.6 0826 3.6 1420 9.0 2103 3.0	0004 4.6 0634 1.8 1236 4.9 1909 1.4	0040 4.6 0708 2.0 1312 4.8 1950 1.7	0152 1.5 0716 0.8 1414 1.6 1957 0.5	0831 1.9 1226 1.1 2037 1.8	0645 4.0 1221 1.5 1905 4.0	0715 4.3 1233 1.6 1934 4.2	0024 1.5 0640 5.5 1306 1.4 1914 5.4	0109 2.0 0632 5.8 1352 1.7 1910 5.9
30 M	0257 9.3 0938 2.9 1527 9.7 2209 2.3	0112 4.9 0739 1.4 1339 5.3 2009 1.1	0203 4.9 0824 1.7 1430 5.1 2058 1.3	0310 1.7 0826 0.7 1529 1.8 2057 0.4	0051 0.9 0844 2.0 1324 0.9 2045 1.9	0049 1.3 0744 4.2 1324 1.2 2004 4.2	0058 1.4 0816 4.5 1333 1.4 2035 4.4	0135 1.4 0744 5.8 1412 1.1 2014 5.8	0224 1.7 0737 6.1 1501 1.4 2009 6.2

PAGE 28

TIDE TABLES

SOUTH COAST OF ENGLAND Time Zone UT
St Helier * St Mary's * Plymouth * Portland * Poole * Southampton * Portsmouth * Shoreham * Dover

TIDE TABLES DECEMBER 1998

ST HELIER	ST MARY'S, SCILLY	PLYMOUTH	PORTLAND	POOLE	SOUTHAMPTON	PORTSMOUTH	SHOREHAM	DOVER	
Time m	Time m	Time m	Time m	Time m	Time m	Time m	Time m	Time m	
0358 10.1 1039 2.1 1625 10.4 2307 1.7	0210 5.3 0836 1.1 1433 5.6 2102 0.8	0309 5.2 0928 1.3 1532 5.4 2159 0.9	0414 1.9 0924 0.5 1633 2.0 2150 0.3	0147 0.8 0845 2.1 1416 0.7 2045 2.1	0149 1.0 0835 4.5 1421 0.8 2055 4.4	0157 1.1 0907 4.7 1427 1.0 2126 4.6	0236 0.9 0841 6.1 1509 0.8 2108 6.1	0327 1.4 0833 6.5 1602 1.1 2102 6.5	**1 TU**
0453 10.8 1136 1.5 1719 11.0	0300 5.6 0928 0.8 1524 5.9 2152 0.6	0404 5.5 1026 0.9 1627 5.6 2253 0.7	0510 2.1 1015 0.4 1732 2.1 2239 0.2	0238 0.6 0847 2.2 1505 0.6 2050 2.1	0243 0.7 0921 4.6 1512 0.6 2143 4.5	0250 0.9 0954 4.9 1518 0.8 2214 4.8	0331 0.7 0932 6.3 1603 0.6 2158 6.3	0425 1.1 0923 6.8 1657 0.9 2151 6.7	**2 W**
0001 1.2 0543 11.3 1229 1.1 1809 11.4	0348 5.9 1018 0.6 1612 6.0 2241 0.5	0456 5.6 1119 0.6 1721 5.6 2345 0.6	0603 2.2 1104 0.3 1826 2.2 2326 0.1	0326 0.5 0856 2.3 1552 0.5 2105 2.2	0336 0.5 1006 4.8 1603 0.3 2231 4.7	0340 0.7 1038 5.0 1606 0.6 2300 4.9	0423 0.6 1022 6.3 1653 0.5 2248 6.4	0519 0.9 1011 6.9 1751 0.7 2239 6.9	**3 TH** ○
0052 0.9 0631 11.6 1319 0.8 1858 11.5	0435 6.0 1108 0.5 1659 6.0 2328 0.5	0546 5.7 1209 0.5 1813 5.6	0651 2.3 1151 0.2 1916 2.2	0413 0.5 0919 2.3 1638 0.4 2139 2.2	0426 0.4 1052 4.8 1652 0.2 2319 4.8	0428 0.6 1123 5.0 1653 0.5 2348 4.9	0512 0.6 1111 6.5 1740 0.6 2339 6.5	0612 0.8 1059 7.0 1843 0.7 2328 6.9	**4 F**
0140 0.9 0717 11.6 1406 0.9 1944 11.4	0521 6.0 1156 0.5 1745 5.9	0033 0.5 0636 5.7 1257 0.5 1906 5.5	0012 0.1 0737 2.4 1236 0.2 2003 2.2	0459 0.5 0957 2.2 1723 0.4 2230 2.2	0516 0.4 1138 4.8 1740 0.1	0514 0.6 1207 5.0 1738 0.5	0558 0.7 1158 6.5 1826 0.7	0701 0.7 1147 7.0 1932 0.7	**5 SA**
0224 1.1 0800 11.4 1451 1.1 2028 11.0	0015 0.6 0606 5.9 1243 0.7 1832 5.6	0119 0.6 0725 5.7 1343 0.6 1955 5.4	0055 0.2 0820 2.3 1320 0.2 2048 2.1	0545 0.6 1052 2.2 1807 0.5 2340 2.1	0007 4.7 0603 0.5 1225 4.7 1826 0.3	0035 4.8 0559 0.7 1251 4.9 1821 0.6	0027 6.4 0643 0.9 1243 6.4 1909 0.8	0015 6.9 0748 0.7 1233 6.8 2018 0.8	**6 SU**
0306 1.3 0842 10.9 1533 1.6 2110 10.4	0100 0.9 0653 5.7 1330 0.9 1918 5.3	0203 0.8 0812 5.5 1427 0.9 2042 5.1	0136 0.3 0900 2.2 1403 0.3 2130 1.9	0630 0.7 1202 2.1 1854 0.6	0057 4.6 0648 0.6 1313 4.5 1908 0.5	0122 4.7 0643 0.9 1335 4.7 1906 0.8	0114 6.3 0728 1.1 1328 6.2 1953 1.0	0100 6.7 0834 0.9 1320 6.6 2102 1.1	**7 M**
0347 2.1 0922 10.3 1615 2.2 2152 9.7	0146 1.1 0739 5.4 1418 1.2 2006 5.0	0245 1.1 0854 5.3 1509 1.2 2124 4.9	0217 0.4 0937 2.0 1446 0.4 2210 1.7	0110 2.0 0717 0.8 1328 2.0 1942 0.7	0149 4.4 0731 0.9 1404 4.3 1950 0.8	0212 4.6 0728 1.1 1421 4.5 1952 1.0	0158 6.1 0814 1.3 1412 5.9 2038 1.2	0145 6.5 0918 1.1 1406 6.3 2145 1.4	**8 TU**
0427 2.8 1003 9.6 1657 2.9 2236 9.0	0233 1.5 0829 5.1 1508 1.5 2058 4.7	0326 1.5 0933 5.0 1552 1.6 2206 4.6	0257 0.6 1012 1.8 1532 0.6 2252 1.6	0259 1.9 0808 0.9 1509 1.8 2034 0.9	0244 4.2 0816 1.2 1458 4.0 2038 1.2	0307 4.4 0817 1.4 1512 4.2 2042 1.3	0243 5.9 0902 1.5 1502 5.6 2127 1.4	0230 6.3 1003 1.4 1457 6.0 2228 1.7	**9 W**
0510 3.4 1049 8.9 1745 3.5 2328 8.4	0324 1.7 0923 4.8 1604 1.8 2157 4.5	0408 1.9 1013 4.8 1639 1.9 2252 4.4	0339 0.7 1048 1.7 1624 0.7 2342 1.4	0517 1.8 0904 1.1 1712 1.7 2133 1.0	0343 4.0 0908 1.5 1558 3.8 2133 1.5	0419 4.2 0911 1.7 1616 4.0 2139 1.6	0333 5.6 0957 1.7 1557 5.2 2223 1.6	0321 6.0 1052 1.7 1554 5.6 2318 2.0	**10 TH**
0603 3.9 1147 8.4 1842 3.9	0423 2.0 1025 4.6 1709 2.0 2306 4.3	0457 2.2 1103 4.6 1736 2.2 2351 4.3	0432 0.9 1133 1.6 1728 0.7	0654 1.8 1010 1.2 1911 1.6 2242 1.1	0447 3.8 1008 1.8 1705 3.6 2238 1.7	0521 4.1 1015 1.9 1734 3.8 2247 1.8	0432 5.3 1059 1.9 1703 4.9 2328 1.8	0419 5.7 1148 1.9 1703 5.4	**11 F**
0035 8.1 0708 4.2 1300 8.1 1951 4.0	0532 2.1 1137 4.4 1817 2.0	0605 2.4 1208 4.5 1849 2.2	0047 1.4 0543 0.9 1233 1.5 1843 0.7	0800 1.7 1128 1.2 2016 1.6 2358 1.2	0557 3.8 1117 1.9 1819 3.6 2349 1.7	0622 4.0 1133 2.0 1845 3.7	0538 5.2 1210 2.0 1817 4.8	0017 2.2 0530 5.6 1254 2.0 1820 5.3	**12 SA**
0151 8.1 0821 4.1 1416 8.2 2059 3.8	0019 4.3 0642 2.1 1246 4.5 1919 1.9	0102 4.3 0721 2.3 1321 4.5 1957 2.1	0202 1.4 0707 0.9 1346 1.5 1948 0.7	0834 1.7 1241 1.2 2041 1.6	0703 3.8 1225 1.8 1925 3.6	0004 1.8 0723 4.0 1248 1.9 1950 3.8	0038 1.9 0646 5.1 1317 1.9 1927 4.8	0124 2.3 0643 5.5 1403 2.0 1928 5.4	**13 SU**
0257 8.4 0927 3.8 1519 8.5 2157 3.4	0121 4.5 0742 1.9 1344 4.6 2012 1.7	0210 4.5 0824 2.1 1428 4.7 2053 1.8	0304 1.5 0815 0.8 1454 1.5 2038 0.6	0101 1.1 0844 1.8 1333 1.1 2045 1.7	0053 1.7 0757 3.9 1323 1.7 2020 3.8	0109 1.7 0819 4.1 1342 1.7 2044 3.9	0143 1.7 0748 5.2 1415 1.7 2024 5.0	0232 2.2 0747 5.7 1504 1.8 2023 5.6	**14 M**
0351 8.9 1022 3.3 1609 9.0 2247 3.0	0212 4.7 0832 1.7 1432 4.8 2056 1.5	0306 4.8 0916 1.8 1521 4.9 2139 1.6	0354 1.6 0906 0.7 1551 1.5 2122 0.5	0150 1.0 0845 1.8 1416 1.0 2045 1.8	0147 1.6 0842 4.0 1412 1.6 2104 3.9	0200 1.6 0906 4.2 1427 1.6 2128 4.1	0238 1.6 0840 5.3 1504 1.5 2110 5.2	0330 1.9 0839 5.9 1556 1.6 2109 5.8	**15 TU**

● ● Time: UT. For British Summer Time (shaded) March 29th to October 25th ADD ONE HOUR ● ●

PAGE 29

DECEMBER 1998 TIDE TABLES

● ● Time: UT. For British Summer Time (shaded) March 29th to October 25th ADD ONE HOUR ● ●

	ST HELIER Time m	ST MARY'S, SCILLY Time m	PLYMOUTH Time m	PORTLAND Time m	POOLE Time m	SOUTHAMPTON Time m	PORTSMOUTH Time m	SHOREHAM Time m	DOVER Time m
16 W	0436 9.3 1108 2.8 1653 9.4 2330 2.6	0256 5.0 0915 1.5 1513 5.0 2136 1.4	0351 5.1 1000 1.6 1606 5.1 2221 1.4	0438 1.8 0951 0.6 1642 1.7 2203 0.4	0231 1.0 0846 1.9 1453 0.9 2049 1.8	0232 1.4 0920 4.2 1454 1.2 2141 4.1	0243 1.5 0945 4.4 1506 1.4 2208 4.2	0324 1.4 0925 5.5 1546 1.2 2151 5.5	0418 1.7 0924 6.1 1639 1.4 2148 6.1
17 TH	0516 9.7 1150 2.4 1733 9.7	0334 5.2 0954 1.3 1551 5.2 2212 1.2	0431 5.3 1041 1.4 1648 5.2 2300 1.2	0521 1.9 1032 0.5 1729 1.8 2244 0.4	0309 0.9 0852 2.0 1528 0.8 2059 1.9	0313 1.2 0955 4.3 1532 0.9 2218 4.3	0322 1.4 1022 4.6 1542 1.2 2246 4.4	0405 1.2 1005 5.7 1624 1.1 2228 5.7	0500 1.5 1002 6.2 1720 1.3 2224 6.2
18 F ●	0009 2.3 0555 10.0 1230 2.1 1810 10.0	0409 5.3 1031 1.2 1625 5.3 2248 1.1	0510 5.4 1121 1.2 1730 5.3 2340 1.1	0603 2.0 1112 0.4 1815 1.9 2324 0.3	0343 0.9 0904 2.0 1602 0.8 2119 2.0	0349 1.0 1028 4.4 1608 0.8 2252 4.4	0357 1.3 1057 4.5 1617 1.1 2323 4.5	0441 1.1 1041 5.9 1659 1.0 2303 5.8	0539 1.3 1036 6.3 1757 1.2 2257 6.3
19 SA	0048 2.1 0629 10.3 1307 1.9 1846 10.1	0443 5.5 1107 1.1 1700 5.3 2323 1.1	0550 5.5 1202 1.1 1811 5.3	0643 2.1 1151 0.4 1857 1.9	0417 0.8 0924 2.0 1636 0.7 2147 2.0	0427 0.9 1101 4.5 1644 0.7 2327 4.4	0432 1.2 1130 4.6 1651 1.0 2357 4.5	0515 1.1 1113 5.9 1733 1.0 2338 5.9	0618 1.2 1109 6.4 1835 1.1 2329 6.4
20 SU	0124 2.0 0703 10.4 1344 1.8 1922 10.2	0518 5.5 1143 1.1 1734 5.3 2359 1.1	0020 1.1 0629 5.5 1242 1.1 1850 5.2	0002 0.3 0721 2.1 1228 0.3 1937 1.9	0451 0.8 0953 2.0 1710 0.7 2225 2.0	0504 0.8 1134 4.5 1721 0.7	0506 1.1 1203 4.6 1725 1.0	0549 1.1 1147 6.0 1806 1.0	0654 1.1 1141 6.4 1911 1.1
21 M	0159 2.0 0739 10.2 1419 1.9 1959 10.2	0553 5.5 1220 1.1 1809 5.3	0058 1.1 0705 5.4 1321 1.1 1925 5.2	0038 0.3 0758 2.1 1303 0.3 2015 1.9	0527 0.8 1032 2.0 1748 0.7 2316 2.0	0002 4.4 0540 0.8 1210 4.5 1757 0.7	0031 4.5 0542 1.1 1236 4.6 1802 0.9	0013 5.9 0622 1.2 1222 6.0 1843 1.0	0003 6.5 0730 1.1 1215 6.4 1945 1.1
22 TU	0233 2.1 0814 10.3 1455 2.0 2036 10.0	0036 1.2 0630 5.5 1258 1.1 1848 5.3	0136 1.2 0738 5.4 1357 1.2 1957 5.1	0112 0.3 0832 2.0 1337 0.3 2050 1.8	0607 0.8 1126 2.1 1827 0.7	0038 4.4 0618 0.9 1245 4.4 1834 0.7	0107 4.5 0621 1.1 1313 4.6 1840 1.0	0049 5.9 0700 1.2 1301 5.9 1922 1.0	0038 6.5 0806 1.2 1251 6.3 2019 1.2
23 W	0309 2.3 0851 10.1 1533 2.2 2115 9.8	0114 1.3 0709 5.4 1339 1.2 1928 5.1	0212 1.3 0809 5.3 1433 1.3 2027 5.0	0146 0.4 0904 1.9 1412 0.4 2125 1.7	0022 2.0 0647 0.8 1235 2.0 1909 0.7	0117 4.3 0656 1.0 1325 4.3 1912 0.8	0146 4.5 0700 1.2 1353 4.5 1921 1.1	0127 5.9 0742 1.2 1342 5.9 2004 1.1	0115 6.4 0841 1.2 1330 6.2 2055 1.3
24 TH	0348 2.6 0932 9.8 1615 2.5 2158 9.4	0156 1.4 0752 5.3 1423 1.4 2014 5.0	0247 1.4 0841 5.2 1512 1.4 2103 4.9	0221 0.4 0938 1.8 1452 0.4 2203 1.6	0143 2.0 0731 0.9 1359 1.9 1955 0.8	0159 4.3 0738 1.1 1409 4.2 1954 1.0	0229 4.5 0742 1.3 1437 4.4 2005 1.2	0208 5.9 0827 1.2 1429 5.7 2049 1.1	0156 6.3 0919 1.4 1415 6.1 2136 1.5
25 F	0433 3.0 1017 9.4 1703 2.9 2248 9.1	0242 1.5 0841 5.1 1513 1.5 2106 4.8	0326 1.6 0918 5.1 1554 1.5 2146 4.8	0302 0.5 1015 1.7 1541 0.5 2250 1.6	0321 1.9 0821 1.0 1541 1.9 2047 0.9	0248 4.2 0824 1.3 1501 4.1 2042 1.2	0318 4.4 0830 1.5 1528 4.3 2055 1.3	0254 5.8 0915 1.3 1518 5.6 2139 1.2	0242 6.2 1003 1.5 1507 5.9 2223 1.6
26 SA	0525 3.3 1112 9.1 1800 3.2 2349 8.8	0337 1.7 0937 5.0 1613 1.6 2209 4.7	0413 1.7 1006 4.9 1648 1.7 2244 4.7	0353 0.6 1106 1.6 1643 0.5 2350 1.5	0510 1.9 0921 1.0 1733 1.8 2152 1.0	0345 4.1 0919 1.4 1601 4.0 2142 1.4	0415 4.3 0928 1.6 1628 4.2 2158 1.5	0347 5.6 1012 1.3 1616 5.4 2238 1.3	0336 6.1 1054 1.6 1611 5.8 2320 1.8
27 SU	0630 3.3 1221 8.9 1909 3.3	0443 1.8 1045 4.9 1722 1.6 2324 4.7	0514 1.9 1112 4.8 1755 1.7	0503 0.7 1212 1.6 1800 0.6	0700 1.9 1036 1.1 1918 1.8 2308 1.1	0452 4.3 1026 1.5 1713 3.9 2253 1.4	0525 4.3 1041 1.7 1740 4.1 2313 1.5	0450 5.5 1119 1.4 1724 5.3 2349 1.3	0440 6.0 1158 1.7 1721 5.7
28 M	0102 8.8 0747 3.5 1339 8.9 2026 3.1	0557 1.7 1159 4.9 1835 1.5	0001 4.6 0628 1.9 1235 4.8 1910 1.6	0104 1.5 0627 0.7 1332 1.6 1917 0.5	0810 1.9 1151 1.0 2023 1.8	0603 4.1 1138 1.5 1830 4.0	0635 4.3 1157 1.6 1857 4.1	0600 5.4 1234 1.3 1838 5.3	0030 1.9 0551 5.9 1312 1.7 1833 5.8
29 TU	0219 9.0 0904 3.1 1454 9.3 2138 2.7	0039 4.8 0709 1.6 1310 5.1 1942 1.3	0126 4.8 0746 1.7 1357 4.9 2024 1.4	0225 1.6 0747 0.7 1454 1.7 2026 0.5	0019 1.0 0840 1.9 1256 0.9 2044 1.9	0009 1.4 0711 4.2 1249 1.4 1939 4.1	0025 1.4 0743 4.4 1304 1.4 2009 4.3	0103 1.2 0711 5.6 1345 1.2 1947 5.5	0144 1.8 0701 6.0 1426 1.5 1940 6.0
30 W	0329 9.6 1014 2.5 1601 9.8 2243 2.2	0145 5.1 0815 1.3 1413 5.3 2042 1.1	0239 5.0 0859 1.4 1508 5.1 2132 1.2	0340 1.8 0856 0.6 1607 1.8 2127 0.4	0121 0.9 0845 2.0 1356 0.8 2045 2.0	0119 1.2 0810 4.4 1354 1.0 2038 4.3	0130 1.3 0844 4.6 1406 1.2 2109 4.4	0213 1.1 0815 5.8 1450 1.0 2049 5.8	0255 1.6 0806 6.2 1533 1.3 2042 6.2
31 TH	0430 10.2 1116 2.0 1701 10.4 2342 1.7	0243 5.4 0913 1.0 1509 5.5 2137 0.9	0342 5.2 1001 1.1 1612 5.2 2233 0.9	0445 1.9 0956 0.5 1712 1.9 2222 0.3	0220 0.8 0845 2.1 1449 0.7 2048 2.1	0222 1.0 0903 4.5 1453 0.7 2132 4.5	0231 1.1 0936 4.7 1502 1.0 2202 4.6	0314 1.0 0914 6.0 1547 0.8 2146 6.0	0400 1.3 0904 6.5 1636 1.1 2138 6.5

PAGE 30

TIDE TABLES

EAST COAST OF ENGLAND Time Zone UT
Margate * Sheerness * London Bridge * Walton-on-the-Naze * Harwich * Lowestoft * Immingham * RiverTees * RiverTyne

TIDE TABLES JANUARY 1998

MARGATE	SHEERNESS	LONDON BRIDGE	WALTON-ON-THE-NAZE	HARWICH	LOWESTOFT	IMMINGHAM	RIVER TEES	RIVER TYNE		
Time m	Time m	Time m	Time m	Time m	Time m	Time m	Time m	Time m		
0121 4.9 0744 0.6 1348 4.9 1957 0.7	0155 5.8 0815 0.5 1419 5.9 2024 0.6	0317 7.4 1006 0.3 1542 7.4 2223 0.5	0100 4.2 0708 0.5 1327 4.2 1920 0.7	0111 4.0 0657 0.3 1336 4.0 1910 0.5	0506 0.5 1108 2.5 1707 0.7 2314 2.6	0133 1.0 0727 7.2 1346 1.1 1938 7.4	0513 5.3 1127 1.0 1724 5.5 2354 0.7	0456 5.1 1109 0.9 1704 5.2 2338 0.7	1	TH
0203 4.9 0829 0.6 1433 4.8 2040 0.8	0236 5.8 0900 0.5 1503 5.8 2105 0.7	0357 7.3 1049 0.4 1625 7.4 2301 0.7	0141 4.2 0752 0.4 1410 4.2 2003 0.7	0151 4.0 0739 0.3 1418 4.0 1952 0.5	0551 0.5 1154 2.4 1749 0.8 2357 2.6	0216 0.9 0812 7.1 1428 1.2 2020 7.3	0558 5.3 1209 1.1 1807 5.4	0541 5.0 1151 1.0 1748 5.2	2	F
0245 4.8 0915 0.6 1519 4.7 2125 1.0	0318 5.7 0944 0.5 1549 5.7 2148 0.8	0439 7.2 1127 0.6 1710 7.2 2336 1.0	0224 4.1 0839 0.4 1457 4.1 2049 0.8	0233 3.9 0824 0.3 1503 3.9 2037 0.6	0638 0.4 1245 2.3 1833 0.8	0300 1.0 0858 6.9 1511 1.4 2104 7.2	0039 0.8 0647 5.2 1255 1.2 1855 5.3	0023 0.7 0629 4.9 1236 1.2 1836 5.1	3	SA
0328 4.7 1003 0.7 1609 4.5 2212 1.1	0403 5.6 1030 0.6 1639 5.5 2233 0.9	0522 6.9 1203 0.8 1759 6.9	0309 4.1 0928 0.5 1547 4.0 2139 0.9	0317 3.9 0911 0.3 1551 3.8 2127 0.7	0042 2.6 0726 0.5 1339 2.3 1922 0.9	0345 1.2 0948 6.7 1556 1.7 2154 7.0	0129 0.9 0740 5.0 1345 1.4 1949 5.1	0112 0.8 0721 4.7 1326 1.3 1929 4.9	4	SU
0417 4.6 1055 0.8 1703 4.4 2306 1.2	0452 5.4 1118 0.7 1733 5.4 2324 1.1	0012 1.2 0610 6.7 1243 1.0 1853 6.6	0400 4.0 1022 0.6 1642 3.9 2236 1.0	0405 3.8 1004 0.4 1645 3.7 2222 0.8	0130 2.5 0818 0.5 1442 2.2 2017 1.0	0433 1.4 1045 6.4 1646 2.0 2250 6.7	0223 1.1 0839 4.8 1442 1.6 2049 4.9	0205 1.0 0818 4.6 1422 1.5 2029 4.7	5	M
0513 4.5 1157 0.8 1806 4.3	0548 5.3 1214 0.8 1836 5.2	0057 1.3 0706 6.5 1335 0.9 1957 6.5	0457 3.9 1124 0.7 1745 3.8 2341 1.1	0500 3.7 1106 0.5 1747 3.6 2328 0.9	0227 2.5 0916 0.6 1552 2.2 2121 1.1	0528 1.6 1151 6.2 1746 2.2 2358 6.5	0324 1.3 0943 4.6 1548 1.8 2157 4.8	0306 1.2 0922 4.4 1528 1.7 2137 4.6	6	TU
0012 1.2 0618 4.4 1309 0.9 1915 4.3	0026 1.2 0654 5.2 1320 0.9 1944 5.1	0158 1.3 0814 6.4 1442 0.9 2108 6.5	0602 3.8 1236 0.7 1856 3.7	0603 3.6 1218 0.6 1855 3.5	0336 2.4 1023 0.7 1702 2.2 2235 1.1	0633 1.9 1305 6.1 1859 2.3	0433 1.4 1052 4.6 1703 1.8 2309 4.7	0417 1.4 1033 4.4 1645 1.7 2252 4.5	7	W
0128 1.2 0730 4.3 1420 0.8 2027 4.3	0138 1.2 0806 5.1 1435 1.0 2055 5.1	0313 1.2 0930 6.4 1558 0.9 2220 6.6	0057 1.1 0716 3.7 1355 0.7 2011 3.7	0043 1.0 0715 3.5 1333 0.6 2008 3.5	0452 2.4 1135 0.8 1806 2.3 2354 1.0	0115 6.4 0748 2.0 1416 6.2 2018 2.2	0547 1.5 1201 4.6 1819 1.7	0533 1.4 1144 4.4 1801 1.6	8	TH
0242 1.1 0842 4.3 1526 0.8 2136 4.4	0255 1.2 0921 5.2 1548 1.0 2203 5.3	0429 1.1 1046 6.5 1715 0.8 2329 6.8	0218 1.0 0833 3.8 1503 0.7 2118 3.9	0158 0.9 0833 3.6 1445 0.6 2120 3.6	0606 2.4 1244 0.8 1904 2.3	0231 6.5 0902 1.9 1521 6.4 2132 2.0	0021 4.8 0655 1.4 1305 4.8 1927 1.5	0006 4.6 0642 1.4 1248 4.6 1909 1.4	9	F
0350 1.0 0954 4.4 1626 0.8 2236 4.5	0410 1.1 1028 5.3 1651 0.9 2303 5.4	0551 0.9 1155 6.6 1834 0.8	0327 0.9 0940 3.9 1600 0.7 2215 4.0	0309 0.9 0945 3.7 1546 0.6 2219 3.8	0108 0.9 0715 2.4 1342 0.8 1954 2.4	0339 6.6 1005 1.7 1617 6.7 2234 1.7	0126 4.9 0754 1.3 1400 5.0 2023 1.3	0111 4.7 0740 1.3 1342 4.8 2006 1.2	10	SA
0449 0.8 1057 4.4 1716 0.8 2325 4.5	0515 0.9 1126 5.5 1743 0.9 2354 5.6	0028 6.9 0705 0.7 1252 6.8 1932 0.8	0423 0.7 1036 4.0 1647 0.7 2305 4.1	0409 0.6 1043 3.8 1636 0.6 2310 3.9	0209 0.8 0815 2.4 1432 0.8 2038 2.5	0438 6.8 1058 1.6 1703 6.9 2327 1.4	0222 5.0 0844 1.2 1449 5.2 2112 1.0	0206 4.8 0830 1.2 1430 4.9 2056 1.0	11	SU
0539 0.7 1148 4.5 1758 0.8	0609 0.7 1216 5.6 1827 0.8	0119 6.9 0759 0.6 1341 6.9 2018 0.8	0511 0.6 1126 4.1 1729 0.7 2348 4.1	0458 0.5 1132 3.9 1718 0.6 2354 3.9	0300 0.7 0906 2.4 1515 0.8 2119 2.6	0527 6.9 1145 1.4 1745 7.1	0312 5.2 0928 1.1 1533 5.3 2155 0.8	0254 4.9 0914 1.1 1512 5.1 2140 0.9	12	M ○
0007 4.6 0623 0.6 1231 4.6 1836 0.8	0039 5.6 0655 0.6 1300 5.7 1906 0.7	0203 7.0 0844 0.4 1424 7.0 2057 0.7	0554 0.5 1209 4.2 1806 0.7	0542 0.4 1215 3.9 1757 0.5	0345 0.6 0954 2.5 1555 0.8 2159 2.6	0014 1.2 0612 7.0 1226 1.4 1823 7.2	0355 5.2 1008 1.1 1612 5.4 2236 0.8	0338 5.0 0954 1.1 1551 5.1 2221 0.8	13	TU
0045 4.7 0703 0.5 1312 4.7 1912 0.8	0119 5.7 0738 0.5 1341 5.7 1942 0.7	0243 7.1 0923 0.4 1504 7.2 2132 0.7	0027 4.2 0635 0.4 1249 4.2 1842 0.7	0034 3.9 0623 0.3 1255 4.0 1834 0.6	0427 0.5 1039 2.4 1632 0.7 2238 2.6	0056 1.1 0652 7.0 1304 1.4 1900 7.2	0435 5.2 1044 1.1 1648 5.4 2313 0.8	0418 5.0 1030 1.1 1628 5.1 2259 0.8	14	W
0121 4.7 0742 0.5 1350 4.7 1948 0.8	0157 5.7 0817 0.5 1418 5.7 2018 0.8	0320 7.2 0958 0.4 1541 7.3 2204 0.7	0104 4.2 0713 0.4 1326 4.1 1917 0.7	0111 3.9 0702 0.3 1332 3.9 1911 0.6	0507 0.5 1121 2.4 1706 0.7 2315 2.6	0135 1.1 0730 6.9 1338 1.5 1935 7.2	0512 5.2 1118 1.2 1723 5.4 2349 0.9	0457 4.9 1104 1.2 1704 5.1 2334 0.9	15	TH

● ● Time UT. For British Summer Time (shaded) March 29th to October 25th ADD ONE HOUR ● ●

PAGE 31

JANUARY 1998 TIDE TABLES

● ● Time UT. For British Summer Time (shaded) March 29th to October 25th ADD ONE HOUR ● ●

	MARGATE	SHEERNESS	LONDON BRIDGE	WALTON-ON THE-NAZE	HARWICH	LOWESTOFT	IMMINGHAM	RIVER TEES	RIVER TYNE
	Time m	Time m	Time m	Time m	Time m	Time m	Time m	Time m	Time m
16 F	0157 4.7 0819 0.5 1426 4.6 2022 0.9	0232 5.6 0851 0.6 1454 5.6 2048 0.9	0354 7.1 1030 0.5 1617 7.2 2233 0.9	0138 4.1 0749 0.5 1401 4.1 1951 0.8	0146 3.9 0739 0.3 1408 3.8 1945 0.6	0545 0.5 1200 2.3 1736 0.9 2350 2.5	0209 1.2 0806 6.8 1409 1.6 2009 7.1	0549 5.1 1152 1.3 1758 5.2	0534 4.8 1136 1.3 1739 5.0
17 SA	0231 4.6 0824 0.7 1500 4.5 2055 1.0	0305 5.5 0921 0.7 1529 5.4 2116 1.0	0428 7.0 1057 0.7 1652 7.0 2300 1.0	0212 4.1 0824 0.5 1436 4.0 2025 0.8	0219 3.8 0814 0.4 1442 3.7 2018 0.7	0621 0.6 1237 2.2 1805 1.0	0242 1.4 0839 6.6 1439 1.8 2042 6.9	0024 1.0 0626 4.9 1226 1.5 1836 5.1	0008 1.0 0611 4.7 1209 1.4 1816 4.8
18 SU	0304 4.5 0929 0.8 1533 4.3 2128 1.2	0337 5.4 0948 0.8 1603 5.3 2145 1.1	0502 6.7 1124 0.8 1727 6.7 2330 1.1	0245 4.0 0858 0.6 1511 3.9 2100 0.9	0251 3.7 0848 0.5 1515 3.6 2051 0.8	0025 2.5 0654 0.7 1314 2.2 1836 1.0	0312 1.6 0912 6.4 1510 2.0 2116 6.6	0100 1.2 0706 4.7 1303 1.7 1915 4.9	0042 1.1 0648 4.5 1242 1.6 1854 4.6
19 M	0339 4.4 1004 1.0 1610 4.2 2206 1.3	0411 5.2 1017 0.9 1639 5.1 2218 1.2	0537 6.5 1154 0.9 1806 6.5	0320 3.9 0934 0.7 1548 3.8 2138 1.0	0324 3.6 0924 0.6 1550 3.5 2129 0.9	0103 2.4 0730 0.8 1354 2.1 1915 1.1	0344 1.9 0948 6.2 1543 2.2 2153 6.3	0139 1.5 0748 4.6 1342 1.9 2000 4.7	0119 1.3 0729 4.3 1320 1.8 1938 4.4
20 TU	0421 4.2 1045 1.1 1654 4.1 2254 1.5	0448 5.0 1054 1.0 1721 4.9 2300 1.4	0003 1.2 0615 6.2 1230 1.0 1848 6.2	0358 3.8 1015 0.8 1629 3.6 2224 1.1	0400 3.5 1006 0.7 1630 3.4 2215 1.1	0147 2.3 0809 0.9 1442 2.1 2003 1.2	0419 2.1 1029 5.9 1622 2.6 2238 6.0	0221 1.7 0836 4.4 1427 2.1 2051 4.5	0201 1.6 0815 4.2 1406 2.0 2028 4.1
21 W	0511 4.0 1137 1.2 1748 3.9 2355 1.6	0531 4.8 1139 1.1 1810 4.7 2353 1.6	0043 1.3 0700 5.9 1313 1.1 1937 5.9	0444 3.6 1106 0.9 1719 3.5 2321 1.2	0443 3.4 1058 0.8 1719 3.3 2315 1.2	0239 2.3 0857 1.0 1539 2.1 2103 1.3	0503 2.4 1122 5.7 1713 2.8 2337 5.8	0310 1.9 0931 4.3 1523 2.3 2151 4.3	0252 1.8 0909 4.0 1506 2.1 2127 4.1
22 TH	0610 3.9 1240 1.3 1852 3.9	0627 4.7 1240 1.4 1912 4.6	0129 1.5 0756 5.6 1405 1.3 2037 5.8	0540 3.5 1210 1.0 1821 3.4	0539 3.2 1203 0.9 1823 3.2	0342 2.2 1001 1.0 1643 2.1 2220 1.3	0603 2.7 1231 5.6 1825 3.0	0409 2.0 1033 4.2 1633 2.4 2258 4.2	0356 1.9 1012 3.9 1622 2.2 2236 4.0
23 F	0106 1.6 0719 3.8 1345 1.3 2001 3.9	0104 1.7 0738 4.6 1400 1.4 2024 4.7	0225 1.7 0905 5.5 1513 1.4 2142 5.8	0032 1.3 0651 3.4 1325 1.0 1936 3.4	0029 1.2 0651 3.1 1313 0.9 1937 3.1	0451 2.2 1115 1.1 1748 2.2 2342 1.2	0056 5.7 0723 2.7 1348 5.7 1951 2.9	0518 2.1 1139 4.3 1752 2.3	0509 1.9 1121 4.0 1745 2.1 2349 4.1
24 SA	0217 1.5 0830 3.9 1447 1.2 2106 4.1	0231 1.6 0854 4.7 1518 1.3 2133 4.9	0343 1.7 1012 5.6 1636 1.3 2245 6.0	0151 1.2 0809 3.4 1435 1.0 2047 3.5	0141 1.1 0811 3.2 1418 0.9 2048 3.3	0558 2.2 1216 1.0 1845 2.2	0214 5.8 0836 2.5 1455 6.0 2103 2.5	0007 4.3 0630 2.0 1242 4.4 1904 2.1	0619 1.8 1226 4.2 1852 1.9
25 SU	0321 1.3 0934 4.1 1545 1.1 2203 4.3	0345 1.4 1003 5.0 1619 1.1 2235 5.2	0505 1.4 1118 6.0 1743 1.0 2348 6.3	0300 1.1 0917 3.6 1532 0.9 2145 3.7	0245 1.0 0920 3.4 1516 0.8 2149 3.5	0045 1.1 0700 2.2 1306 0.9 1933 2.3	0320 6.1 0936 2.1 1551 6.4 2203 2.1	0109 4.5 0731 1.8 1337 4.7 2002 1.7	0054 4.3 0717 1.6 1320 4.4 1945 1.6
26 M	0420 1.1 1030 4.3 1639 0.9 2254 4.5	0446 1.1 1101 5.3 1712 0.9 2327 5.5	0612 1.1 1219 6.4 1845 0.8	0356 0.9 1012 3.8 1619 0.8 2235 3.9	0342 0.8 1018 3.6 1606 0.7 2242 3.7	0139 0.9 0755 2.3 1354 0.8 2015 2.4	0415 6.5 1029 1.8 1638 6.8 2257 1.6	0204 4.7 0823 1.5 1425 5.0 2051 1.3	0146 4.5 0805 1.4 1406 4.7 2032 1.2
27 TU	0513 0.9 1121 4.5 1728 0.8 2341 4.7	0539 0.8 1151 5.6 1800 0.7	0045 6.7 0718 0.8 1312 6.8 1945 0.5	0444 0.7 1100 4.0 1702 0.7 2321 4.0	0431 0.6 1108 3.8 1651 0.6 2330 3.8	0230 0.8 0843 2.4 1439 0.7 2055 2.5	0503 6.8 1118 1.4 1721 7.1 2348 1.2	0252 5.0 0909 1.2 1508 5.3 2136 0.9	0233 4.8 0849 1.1 1447 5.0 2115 0.9
28 W ●	0601 0.6 1208 4.7 1814 0.6	0015 5.7 0630 0.6 1239 5.8 1845 0.6	0135 7.1 0818 0.4 1400 7.2 2040 0.4	0529 0.6 1146 4.1 1743 0.6	0518 0.4 1154 3.9 1734 0.5	0319 0.6 0927 2.4 1525 0.7 2136 2.6	0548 7.0 1206 1.2 1802 7.3	0336 5.3 0951 1.0 1549 5.5 2218 0.6	0316 5.0 0932 0.9 1527 5.2 2159 0.6
29 TH	0024 4.9 0647 0.4 1254 4.9 1858 0.6	0059 5.8 0719 0.4 1323 5.9 1930 0.5	0220 7.4 0910 0.2 1445 7.5 2129 0.3	0004 4.2 0612 0.4 1230 4.3 1825 0.5	0015 4.0 0601 0.2 1239 4.1 1815 0.4	0407 0.4 1011 2.5 1610 0.6 2216 2.7	0036 0.9 0633 7.2 1251 1.0 1842 7.5	0419 5.4 1033 0.8 1630 5.7 2301 0.4	0359 5.2 1014 0.8 1607 5.3 2242 0.4
30 F	0106 5.0 0732 0.3 1339 4.9 1942 0.6	0141 5.9 0806 0.3 1407 6.0 2014 0.5	0303 7.5 0958 0.0 1528 7.7 2214 0.3	0047 4.2 0657 0.3 1314 4.3 1907 0.5	0057 4.0 0644 0.1 1324 4.1 1857 0.3	0453 0.3 1055 2.5 1654 0.6 2257 2.7	0122 0.6 0716 7.3 1334 0.9 1924 7.6	0502 5.5 1115 0.7 1711 5.7 2344 0.3	0442 5.2 1056 0.7 1648 5.4 2326 0.3
31 SA	0149 5.0 0817 0.3 1424 4.8 2026 0.6	0222 5.9 0852 0.2 1451 6.0 2056 0.5	0344 7.6 1042 0.1 1612 7.6 2255 0.5	0129 4.3 0742 0.2 1358 4.3 1951 0.5	0139 4.1 0727 0.0 1406 4.1 1938 0.3	0538 0.2 1139 2.5 1736 0.6 2340 2.7	0206 0.5 0800 7.3 1417 0.9 2006 7.6	0545 5.5 1157 0.8 1754 5.7	0526 5.2 1138 0.7 1733 5.4

PAGE 32

TIDE TABLES

EAST COAST OF ENGLAND Time Zone UT

Margate * Sheerness * London Bridge * Walton-on-the-Naze * Harwich * Lowestoft * Immingham * RiverTees * RiverTyne

TIDE TABLES FEBRUARY 1998

MARGATE	SHEERNESS	LONDON BRIDGE	WALTON-ON-THE-NAZE	HARWICH	LOWESTOFT	IMMINGHAM	RIVER TEES	RIVER TYNE	
Time m	Time m	Time m	Time m	Time m	Time m	Time m	Time m	Time m	
0231 4.9 0902 0.3 1508 4.8 2109 0.8	0304 5.9 0936 0.2 1535 5.9 2136 0.6	0425 7.5 1122 0.3 1656 7.4 2331 0.8	0212 4.3 0827 0.2 1443 4.3 2036 0.6	0221 4.1 0809 0.0 1450 4.1 2021 0.4	0622 0.3 1226 2.4 1819 0.7	0249 0.6 0843 7.2 1458 1.1 2049 7.5	0028 0.4 0632 5.4 1221 0.9 1839 5.6	0009 0.4 0612 5.1 1221 0.9 1819 5.3	**1 SU**
0313 4.8 0947 0.5 1553 4.6 2153 0.9	0347 5.8 1016 0.3 1621 5.7 2217 0.7	0508 7.2 1158 0.5 1742 7.1	0256 4.2 0913 0.3 1530 4.1 2121 0.7	0303 4.0 0855 0.1 1536 3.9 2107 0.5	0024 2.7 0707 0.3 1315 2.3 1903 0.8	0330 0.8 0929 6.9 1539 1.3 2135 7.2	0114 0.6 0721 5.2 1327 1.1 1930 5.3	0055 0.6 0700 4.9 1306 1.1 1909 5.1	**2 M**
0357 4.7 1033 0.6 1640 4.4 2241 1.0	0433 5.7 1057 0.5 1710 5.5 2301 0.9	0004 1.0 0554 6.9 1231 0.8 1832 6.7	0343 4.1 1003 0.4 1620 3.9 2213 0.8	0348 3.9 0944 0.3 1624 3.8 2159 0.7	0112 2.6 0754 0.5 1411 2.2 1954 0.9	0413 1.1 1018 6.6 1624 1.7 2227 6.9	0203 0.8 0814 4.9 1418 1.4 2027 5.0	0143 0.8 0752 4.6 1357 1.3 2006 4.8	**3 TU**
0448 4.6 1126 0.8 1735 4.3 2339 1.1	0525 5.4 1145 0.8 1806 5.2 2355 1.1	0040 1.1 0645 6.7 1309 0.8 1929 6.5	0436 4.0 1058 0.6 1717 3.7 2313 1.0	0439 3.8 1039 0.5 1720 3.6 2300 0.8	0208 2.5 0848 0.6 1517 2.2 2054 1.0	0500 1.6 1115 6.2 1717 2.0 2331 6.5	0259 1.2 0914 4.7 1518 1.6 2132 4.7	0239 1.2 0852 4.4 1458 1.6 2112 4.6	**4 W**
0549 4.4 1233 0.9 1840 4.1	0627 5.2 1244 1.0 1912 5.0	0127 1.2 0746 6.5 1403 1.0 2034 6.4	0537 3.8 1206 0.8 1824 3.6	0539 3.6 1148 0.6 1825 3.4	0318 2.4 0953 0.8 1629 2.1 2209 1.0	0600 2.0 1227 6.0 1826 2.3	0403 1.5 1021 4.5 1632 1.8 2247 4.5	0346 1.5 1002 4.2 1616 1.7 2230 4.4	**5 TH**
0057 1.2 0702 4.2 1351 1.0 1955 4.1	0105 1.2 0740 5.0 1401 1.2 2027 4.9	0235 1.3 0859 6.3 1519 1.2 2147 6.4	0029 1.1 0651 3.6 1330 0.9 1944 3.5	0015 0.9 0651 3.5 1309 0.8 1941 3.4	0441 2.3 1112 0.9 1740 2.2 2342 1.0	0052 6.2 0715 2.3 1346 6.0 1954 2.4	0520 1.7 1135 4.4 1757 1.8	0507 1.7 1118 4.2 1744 1.7 2352 4.3	**6 F**
0221 1.1 0824 4.1 1506 1.0 2114 4.2	0231 1.3 0901 5.0 1524 1.1 2142 5.0	0357 1.2 1020 6.3 1639 1.2 2303 6.5	0200 1.0 0815 3.6 1445 0.9 2059 3.7	0141 0.9 0816 3.4 1430 0.8 2100 3.4	0606 2.3 1231 0.9 1847 2.3	0218 6.1 0839 2.3 1502 6.1 2118 2.2	0006 4.5 0638 1.7 1247 4.5 1915 1.6	0627 1.7 1231 4.4 1900 1.5	**7 SA**
0339 1.0 0948 4.2 1615 1.0 2221 4.3	0357 1.1 1016 5.2 1635 1.1 2247 5.2	0525 1.1 1137 6.5 1804 1.0	0315 0.9 0928 3.8 1545 0.8 2200 3.8	0300 0.8 0933 3.5 1535 0.7 2203 3.6	0103 0.9 0724 2.3 1333 0.9 1941 2.3	0336 6.3 0949 2.1 1603 6.4 2224 1.8	0117 4.6 0743 1.6 1348 4.7 2014 1.4	0104 4.4 0730 1.6 1331 4.6 2000 1.3	**8 SU**
0445 0.8 1053 4.3 1709 0.9 2314 4.4	0507 0.9 1116 5.4 1729 1.0 2340 5.4	0009 6.7 0647 0.7 1239 6.7 1909 0.9	0414 0.7 1026 3.9 1633 0.8 2250 3.9	0402 0.6 1031 3.7 1624 0.7 2254 3.7	0203 0.7 0821 2.3 1421 0.9 2025 2.4	0435 6.5 1044 1.8 1651 6.7 2316 1.5	0215 4.8 0834 1.5 1439 4.9 2102 1.1	0202 4.6 0821 1.4 1421 4.8 2048 1.1	**9 M**
0536 0.6 1142 4.4 1750 0.9 2355 4.5	0600 0.7 1206 5.5 1812 0.9	0103 6.8 0742 0.6 1328 6.9 1957 0.8	0501 0.6 1114 4.0 1713 0.7 2332 4.0	0450 0.4 1119 3.8 1705 0.6 2338 3.8	0251 0.6 0906 2.4 1502 0.9 2104 2.5	0522 6.7 1130 1.6 1730 7.0	0304 4.9 0916 1.3 1521 5.1 2143 0.9	0248 4.7 0903 1.3 1502 4.9 2129 0.9	**10 TU**
0615 0.5 1223 4.5 1822 0.8	0024 5.6 0644 0.6 1247 5.6 1849 0.8	0147 7.0 0827 0.4 1409 7.1 2038 0.7	0541 0.5 1154 4.1 1748 0.7	0530 0.3 1200 3.9 1741 0.6	0332 0.5 0946 2.4 1539 0.8 2142 2.6	0000 1.3 0601 6.8 1209 1.5 1806 7.1	0345 5.0 0953 1.2 1557 5.2 2220 0.8	0327 4.8 0939 1.2 1538 5.0 2206 0.8	**11 W** ○
0030 4.6 0650 0.5 1257 4.6 1853 0.8	0103 5.6 0721 0.5 1324 5.7 1924 0.7	0226 7.1 0906 0.3 1447 7.2 2114 0.7	0009 4.1 0617 0.4 1230 4.1 1821 0.7	0017 3.9 0606 0.3 1237 3.9 1815 0.5	0411 0.5 1023 2.4 1612 0.8 2217 2.6	0039 1.1 0636 6.9 1245 1.4 1840 7.2	0420 5.1 1026 1.2 1630 5.3 2253 0.8	0403 4.9 1012 1.1 1611 5.1 2239 0.8	**12 TH**
0102 4.7 0722 0.5 1330 4.6 1924 0.8	0138 5.7 0757 0.5 1358 5.7 1957 0.7	0300 7.1 0940 0.4 1521 7.2 2145 0.7	0043 4.1 0651 0.4 1304 4.1 1854 0.6	0052 3.9 0641 0.2 1312 3.9 1848 0.5	0447 0.5 1058 2.4 1643 0.8 2251 2.6	0115 1.1 0709 6.9 1317 1.3 1913 7.2	0452 5.1 1057 1.1 1701 5.3 2325 0.8	0436 4.9 1043 1.1 1643 5.1 2309 0.8	**13 F**
0134 4.7 0754 0.5 1400 4.6 1956 0.8	0210 5.7 0828 0.5 1430 5.7 2027 0.7	0333 7.1 1009 0.5 1553 7.2 2214 0.8	0115 4.2 0724 0.4 1336 4.1 1927 0.6	0124 3.9 0715 0.2 1344 3.9 1920 0.5	0521 0.5 1130 2.3 1711 0.8 2324 2.5	0147 1.1 0739 6.9 1347 1.3 1945 7.2	0523 5.0 1127 1.1 1732 5.3 2356 0.8	0509 4.8 1112 1.1 1715 5.0 2340 0.9	**14 SA**
0206 4.7 0826 0.6 1430 4.5 2027 0.9	0241 5.6 0857 0.6 1501 5.6 2054 0.8	0403 7.1 1036 0.6 1624 7.1 2239 0.9	0147 4.2 0757 0.4 1407 4.1 1959 0.7	0155 3.9 0746 0.3 1414 3.8 1951 0.5	0551 0.6 1200 2.3 1737 0.8 2358 2.5	0217 1.2 0809 6.8 1416 1.5 2015 7.0	0554 5.0 1158 1.2 1805 5.2	0541 4.7 1141 1.2 1747 4.9	**15 SU**

● ● Time UT. For British Summer Time (shaded) March 29th to October 25th ADD ONE HOUR ● ●

PAGE 33

FEBRUARY 1998 TIDE TABLES

● ● Time UT. For British Summer Time (shaded) March 29th to October 25th ADD ONE HOUR ● ●

	MARGATE	SHEERNESS	LONDON BRIDGE	WALTON-ON THE-NAZE	HARWICH	LOWESTOFT	IMMINGHAM	RIVER TEES	RIVER TYNE
	Time m	Time m	Time m	Time m	Time m	Time m	Time m	Time m	Time m
16 M	0236 4.6 0857 0.7 1458 4.4 2057 1.0	0310 5.5 0922 0.6 1532 5.4 2121 0.9	0434 6.9 1100 0.7 1656 6.9 2306 0.9	0218 4.1 0828 0.5 1438 4.0 2030 0.7	0224 3.8 0818 0.4 1444 3.7 2021 0.6	0621 0.6 1230 2.2 1807 0.9	0245 1.4 0839 6.7 1444 1.6 2046 6.8	0028 1.0 0628 4.9 1230 1.4 1839 5.0	0010 1.0 0613 4.6 1211 1.3 1821 4.7
17 TU	0307 4.5 0926 0.9 1530 4.3 2128 1.1	0340 5.4 0948 0.8 1603 5.3 2148 1.0	0506 6.7 1128 0.7 1730 6.7 2336 1.0	0249 4.0 0900 0.6 1510 3.9 2103 0.8	0254 3.7 0850 0.5 1515 3.6 2054 0.8	0033 2.4 0651 0.7 1305 2.2 1843 0.9	0312 1.6 0909 6.4 1512 1.9 2117 6.5	0102 1.2 0706 4.7 1305 1.5 1918 4.8	0042 1.2 0648 4.5 1243 1.5 1900 4.6
18 W	0342 4.3 1000 1.0 1609 4.3 2207 1.3	0412 5.2 1017 0.9 1639 5.1 2220 1.2	0541 6.4 1200 0.8 1805 6.5	0323 3.9 0934 0.7 1547 3.7 2139 1.0	0327 3.6 0924 0.6 1551 3.5 2129 0.9	0113 2.4 0724 0.8 1346 2.1 1926 1.0	0340 1.9 0942 6.2 1544 2.1 2152 6.2	0139 1.5 0747 4.5 1344 1.8 2003 4.6	0118 1.4 0728 4.3 1321 1.7 1942 4.3
19 TH	0425 4.2 1042 1.2 1657 4.1 2257 1.4	0449 5.0 1052 1.1 1721 4.9 2301 1.3	0010 1.1 0618 6.1 1237 1.0 1845 6.2	0403 3.7 1016 0.9 1630 3.6 2228 1.1	0406 3.5 1006 0.8 1634 3.4 2215 1.0	0159 2.3 0807 0.9 1438 2.1 2019 1.1	0414 2.2 1024 5.9 1625 2.5 2239 5.9	0221 1.7 0836 4.3 1431 2.0 2057 4.3	0201 1.6 0814 4.1 1411 1.9 2036 4.1
20 F	0516 4.0 1139 1.3 1754 3.9	0537 4.8 1141 1.3 1815 4.7	0049 1.2 0702 5.8 1321 1.2 1933 5.9	0453 3.5 1112 1.0 1726 3.4 2333 1.2	0454 3.3 1102 0.9 1729 3.2 2326 1.1	0258 2.2 0903 1.0 1543 2.1 2128 1.2	0500 2.5 1122 5.7 1724 2.8 2352 5.6	0313 2.0 0936 4.2 1532 2.2 2205 4.2	0256 1.9 0912 4.0 1518 2.1 2142 4.0
21 SA	0006 1.6 0621 3.8 1251 1.4 1906 3.9	0002 1.5 0643 4.6 1254 1.5 1928 4.6	0138 1.5 0801 5.6 1418 1.5 2040 5.7	0557 3.4 1227 1.1 1837 3.3	0559 3.2 1221 1.0 1841 3.1	0412 2.1 1018 1.1 1655 2.1 2257 1.2	0612 2.7 1245 5.6 1851 2.8	0421 2.1 1045 4.2 1653 2.3 2321 4.2	0408 2.0 1022 3.9 1645 2.1 2301 3.9
22 SU	0128 1.6 0742 3.8 1404 1.4 2024 4.0	0132 1.6 0806 4.6 1429 1.4 2049 4.7	0243 1.7 0921 5.5 1543 1.6 2158 5.8	0054 1.2 0719 3.3 1349 1.1 2000 3.4	0054 1.1 0721 3.1 1338 1.0 2001 3.2	0527 2.1 1137 1.1 1802 2.1	0127 5.6 0745 2.7 1410 5.8 2021 2.6	0543 2.1 1157 4.3 1822 2.1	0533 2.0 1139 4.0 1813 1.9
23 M	0244 1.4 0900 4.0 1512 1.2 2130 4.2	0306 1.4 0928 4.9 1546 1.2 2202 5.0	0419 1.6 1041 5.8 1707 1.3 2315 6.1	0220 1.1 0842 3.5 1500 1.0 2112 3.6	0209 0.9 0843 3.3 1445 0.8 2115 3.4	0015 1.0 0638 2.2 1239 1.0 1900 2.2	0249 5.9 0902 2.3 1518 6.2 2135 2.1	0036 4.4 0700 1.9 1302 4.5 1934 1.7	0020 4.1 0646 1.7 1246 4.3 1918 1.5
24 TU	0353 1.1 1006 4.3 1614 1.0 2227 4.5	0418 1.1 1036 5.3 1647 0.9 2302 5.4	0539 1.2 1154 6.3 1817 0.9	0329 0.9 0947 3.7 1555 0.8 2210 3.8	0314 0.7 0951 3.5 1542 0.7 2216 3.6	0116 0.9 0739 2.2 1331 0.9 1949 2.3	0353 6.4 1004 1.9 1612 6.7 2237 1.5	0139 4.7 0800 1.6 1357 4.9 2029 1.2	0122 4.4 0742 1.4 1339 4.6 2010 1.1
25 W	0451 0.8 1101 4.5 1707 0.8 2316 4.7	0519 0.7 1131 5.6 1740 0.7 2353 5.7	0021 6.6 0656 0.8 1252 6.9 1925 0.6	0424 0.7 1040 4.0 1642 0.7 2300 4.0	0410 0.5 1048 3.8 1631 0.5 2309 3.8	0212 0.7 0829 2.3 1421 0.8 2032 2.5	0446 6.8 1059 1.4 1659 7.1 2331 1.0	0231 5.0 0849 1.2 1445 5.2 2117 0.8	0212 4.7 0829 1.1 1424 4.9 2057 0.7
26 TH ●	0542 0.5 1150 4.8 1754 0.6	0615 0.5 1220 5.9 1830 0.6	0114 7.1 0802 0.4 1342 7.4 2023 0.4	0512 0.4 1128 4.2 1726 0.5 2345 4.2	0459 0.3 1137 4.0 1715 0.4 2356 4.0	0303 0.5 0912 2.4 1509 0.6 2114 2.6	0533 7.1 1148 1.0 1742 7.4	0318 5.3 0934 0.9 1529 5.6 2201 0.4	0257 5.0 0914 0.8 1506 5.2 2142 0.4
27 F	0001 4.9 0628 0.3 1236 4.9 1839 0.5	0039 5.9 0705 0.3 1306 6.1 1915 0.4	0200 7.4 0855 0.1 1427 7.7 2113 0.2	0557 0.3 1213 4.4 1809 0.4	0543 0.1 1223 4.1 1757 0.3	0350 0.3 0954 2.5 1554 0.5 2156 2.7	0021 0.6 0618 7.4 1235 0.8 1824 7.7	0402 5.6 1017 0.7 1612 5.8 2245 0.2	0341 5.2 0957 0.7 1548 5.5 2225 0.2
28 SA	0045 5.0 0713 0.2 1323 5.0 1924 0.4	0122 6.0 0752 0.1 1350 6.1 2000 0.3	0243 7.6 0943 -0.1 1511 7.8 2159 0.2	0030 4.3 0642 0.1 1257 4.4 1851 0.4	0040 4.1 0627 -0.1 1307 4.2 1839 0.2	0436 0.1 1037 2.5 1638 0.5 2239 2.7	0106 0.4 0700 7.5 1319 0.6 1906 7.8	0445 5.7 1059 0.5 1654 5.9 2327 0.1	0424 5.3 1039 0.5 1630 5.6 2309 0.1

PAGE 34

TIDE TABLES

EAST COAST OF ENGLAND Time Zone UT

Margate * Sheerness * London Bridge *Walton-on-the-Naze * Harwich * Lowestoft * Immingham * RiverTees * RiverTyne

TIDE TABLES MARCH 1998

MARGATE	SHEERNESS	LONDON BRIDGE	WALTON-ON-THE-NAZE	HARWICH	LOWESTOFT	IMMINGHAM	RIVER TEES	RIVER TYNE	Day
Time m	Time m	Time m	Time m	Time m	Time m	Time m	Time m	Time m	
0130 5.1 0758 0.1 1408 4.9 2007 0.5	0204 6.1 0836 0.0 1433 6.1 2042 0.3	0325 7.7 1027 -0.1 1554 7.8 2240 0.3	0112 4.4 0726 0.1 1342 4.4 1935 0.4	0123 4.2 0709 -0.1 1350 4.2 1921 0.2	0519 0.1 1120 2.5 1721 0.5 2322 2.7	0150 0.3 0742 7.5 1401 0.6 1948 7.8	0527 5.7 1141 0.5 1737 5.9	0506 5.3 1121 0.5 1714 5.6 2351 0.2	1 SU
0213 5.0 0842 0.2 1451 4.8 2051 0.6	0245 6.1 0918 0.1 1515 6.0 2121 0.4	0407 7.7 1106 0.1 1637 7.5 2316 0.6	0156 4.4 0810 0.1 1425 4.3 2019 0.4	0204 4.2 0751 -0.1 1432 4.1 2003 0.3	0602 0.2 1203 2.4 1803 0.5	0231 0.4 0824 7.3 1441 0.8 2032 7.6	0011 0.2 0611 5.6 1224 0.7 1822 5.7	0551 5.2 1203 0.6 1800 5.4	2 M
0256 4.9 0925 0.4 1533 4.6 2133 0.8	0328 6.0 0956 0.2 1559 5.8 2200 0.5	0451 7.5 1140 0.4 1722 7.2 2348 0.8	0239 4.4 0854 0.2 1509 4.2 2103 0.6	0246 4.2 0835 0.0 1515 4.0 2048 0.4	0008 2.7 0645 0.3 1249 2.3 1846 0.6	0311 0.7 0906 7.0 1521 1.1 2117 7.3	0054 0.5 0657 5.3 1308 0.9 1911 5.4	0035 0.4 0636 5.0 1246 0.8 1851 5.2	3 TU
0339 4.8 1009 0.6 1615 4.4 2218 0.9	0413 5.8 1033 0.5 1645 5.5 2240 0.7	0536 7.1 1210 0.7 1809 6.8	0325 4.2 0940 0.4 1557 3.9 2152 0.7	0330 4.0 0921 0.3 1600 3.8 2137 0.5	0057 2.6 0730 0.5 1340 2.2 1935 0.7	0350 1.1 0950 6.7 1602 1.5 2207 6.8	0141 0.8 0748 5.0 1357 1.2 2006 5.1	0121 0.8 0727 4.7 1336 1.1 1946 4.8	4 W
0427 4.6 1056 0.9 1705 4.3 2313 1.0	0503 5.5 1115 0.8 1737 5.2 2330 1.0	0020 1.0 0624 6.8 1242 1.0 1900 6.5	0415 4.0 1032 0.7 1650 3.7 2249 0.9	0418 3.8 1014 0.5 1652 3.5 2236 0.7	0154 2.4 0820 0.7 1441 2.2 2033 0.8	0433 1.6 1042 6.3 1651 1.9 2311 6.3	0233 1.3 0844 4.7 1453 1.5 2110 4.7	0212 1.2 0823 4.4 1435 1.4 2052 4.5	5 TH
0526 4.3 1157 1.1 1806 4.1	0603 5.2 1210 1.1 1840 4.9	0100 1.1 0721 6.5 1327 1.2 2000 6.3	0515 3.8 1136 0.9 1754 3.5	0516 3.6 1119 0.8 1754 3.3 2351 0.9	0309 2.3 0923 0.9 1552 2.1 2149 0.9	0527 2.2 1150 5.9 1758 2.3	0333 1.7 0949 4.4 1604 1.8 2225 4.4	0317 1.6 0931 4.2 1554 1.7 2212 4.2	6 F
0029 1.2 0639 4.1 1319 1.2 1922 4.0	0038 1.2 0717 4.9 1328 1.4 1956 4.8	0157 1.3 0830 6.3 1436 1.4 2109 6.1	0005 1.0 0630 3.6 1301 1.1 1915 3.4	0630 3.4 1242 0.9 1912 3.2	0437 2.2 1050 1.1 1708 2.1 2331 0.9	0035 5.9 0644 2.6 1315 5.8 1934 2.4	0451 2.0 1105 4.3 1733 1.9 2348 4.4	0442 1.9 1052 4.1 1728 1.7 2339 4.1	7 SA
0201 1.1 0809 4.0 1444 1.2 2048 4.0	0211 1.3 0842 4.9 1500 1.4 2118 4.9	0324 1.3 0951 6.2 1603 1.3 2234 6.2	0141 1.0 0757 3.6 1424 1.0 2036 3.5	0124 0.9 0759 3.3 1409 1.0 2036 3.3	0611 2.2 1218 1.1 1824 2.2	0208 5.9 0817 2.6 1439 5.9 2104 2.2	0618 2.0 1221 4.4 1857 1.7	0611 1.9 1211 4.2 1848 1.5	8 SU
0325 1.0 0937 4.1 1559 1.1 2201 4.2	0345 1.1 1000 5.1 1615 1.2 2227 5.1	0457 1.1 1116 6.4 1730 1.3 2347 6.5	0300 0.8 0912 3.7 1527 0.9 2139 3.7	0247 0.7 0917 3.5 1517 0.9 2143 3.5	0052 0.8 0724 2.3 1320 1.0 1924 2.3	0328 6.1 0932 2.4 1545 6.3 2209 1.8	0102 4.4 0727 1.9 1327 4.6 1957 1.5	0054 4.3 0717 1.7 1315 4.4 1947 1.3	9 M
0433 0.7 1041 4.4 1655 1.0 2255 4.4	0454 0.9 1100 5.4 1711 1.0 2321 5.3	0624 0.7 1219 6.7 1842 1.0	0359 0.6 1009 3.9 1615 0.9 2229 3.9	0348 0.5 1014 3.7 1606 0.8 2234 3.6	0148 0.7 0815 2.3 1406 0.9 2008 2.3	0425 6.4 1027 2.0 1633 6.6 2259 1.5	0200 4.6 0818 1.7 1418 4.8 2043 1.2	0150 4.4 0806 1.5 1405 4.6 2033 1.1	10 TU
0522 0.6 1128 4.4 1735 0.9 2336 4.5	0545 0.7 1148 5.6 1753 0.9	0042 6.8 0720 0.4 1309 7.0 1933 0.8	0444 0.5 1055 4.0 1654 0.8 2310 4.0	0433 0.4 1100 3.8 1646 0.7 2317 3.7	0233 0.6 0855 2.3 1445 0.8 2045 2.4	0509 6.6 1110 1.7 1712 6.8 2339 1.3	0246 4.8 0857 1.5 1500 5.0 2121 1.0	0233 4.6 0845 1.3 1445 4.8 2109 0.9	11 W
0559 0.6 1206 4.5 1804 0.9	0005 5.5 0624 0.6 1227 5.7 1829 0.8	0126 7.0 0803 0.3 1349 7.1 2013 0.7	0521 0.5 1133 4.0 1727 0.7 2346 4.1	0510 0.3 1139 3.8 1721 0.6 2354 3.8	0312 0.5 0930 2.3 1518 0.8 2120 2.5	0543 6.8 1147 1.5 1745 7.0	0324 4.9 0931 1.3 1535 5.1 2154 0.9	0309 4.7 0919 1.2 1518 4.9 2142 0.8	12 TH
0009 4.6 0628 0.6 1236 4.5 1830 0.8	0042 5.6 0658 0.6 1302 5.7 1901 0.7	0204 7.1 0841 0.3 1425 7.2 2050 0.7	0554 0.4 1207 4.1 1758 0.6	0544 0.3 1215 3.9 1753 0.5	0347 0.5 1002 2.4 1550 0.7 2154 2.5	0015 1.1 0614 6.9 1221 1.3 1818 7.1	0356 5.0 1002 1.2 1606 5.2 2226 0.8	0342 4.8 0950 1.1 1549 5.0 2212 0.7	13 F ○
0039 4.6 0656 0.6 1304 4.6 1859 0.8	0115 5.7 0730 0.5 1333 5.7 1933 0.6	0237 7.1 0915 0.4 1457 7.2 2122 0.7	0019 4.1 0625 0.4 1239 4.1 1830 0.5	0028 3.9 0615 0.3 1247 3.9 1824 0.4	0421 0.5 1031 2.4 1618 0.7 2227 2.5	0049 1.0 0643 7.0 1253 1.1 1849 7.2	0424 5.0 1031 1.1 1635 5.2 2256 0.8	0412 4.9 1019 1.0 1619 5.0 2242 0.7	14 SA
0109 4.7 0725 0.6 1330 4.6 1929 0.8	0145 5.7 0800 0.5 1403 5.7 2003 0.6	0307 7.1 0944 0.5 1526 7.1 2151 0.8	0050 4.2 0657 0.3 1309 4.2 1903 0.4	0100 3.9 0646 0.2 1317 3.9 1854 0.4	0451 0.5 1059 2.3 1646 0.7 2300 2.5	0120 1.0 0712 7.0 1323 1.2 1920 7.2	0453 5.1 1100 1.1 1704 5.3 2325 0.9	0442 4.9 1048 1.0 1650 5.0 2311 0.8	15 SU

● ● Time UT. For British Summer Time (shaded) March 29th to October 25th ADD ONE HOUR ● ●

PAGE 35

MARCH 1998 TIDE TABLES

● ● Time UT. For British Summer Time (shaded) March 29th to October 25th ADD ONE HOUR ● ●

	MARGATE	SHEERNESS	LONDON BRIDGE	WALTON-ON THE-NAZE	HARWICH	LOWESTOFT	IMMINGHAM	RIVER TEES	RIVER TYNE
	Time m	Time m	Time m	Time m	Time m	Time m	Time m	Time m	Time m
16 M	0138 4.7 0754 0.6 1357 4.6 1959 0.8	0215 5.7 0828 0.5 1433 5.7 2032 0.7	0336 7.1 1009 0.6 1554 7.1 2216 0.8	0121 4.2 0728 0.4 1339 4.1 1934 0.6	0129 3.9 0717 0.3 1345 3.9 1924 0.5	0520 0.5 1125 2.3 1714 0.7 2333 2.5	0149 1.1 0740 6.9 1352 1.3 1950 7.1	0522 5.1 1130 1.1 1735 5.2 2356 1.0	0511 4.8 1116 1.0 1721 4.9 2340 0.9
17 TU	0207 4.6 0824 0.7 1424 4.5 2029 0.9	0244 5.6 0855 0.6 1502 5.6 2059 0.8	0406 7.0 1035 0.6 1624 7.0 2242 0.8	0151 4.1 0759 0.5 1408 4.0 2004 0.6	0157 3.9 0747 0.3 1415 3.8 1954 0.5	0547 0.6 1154 2.3 1745 0.7	0217 1.2 0808 6.8 1420 1.4 2019 6.9	0554 5.0 1202 1.2 1809 5.1	0542 4.7 1145 1.1 1754 4.8
18 W	0237 4.6 0853 0.8 1455 4.5 2100 1.0	0313 5.5 0921 0.7 1532 5.4 2124 0.9	0437 6.8 1103 0.7 1656 6.9 2310 0.8	0221 4.0 0828 0.6 1438 3.9 2033 0.7	0227 3.8 0818 0.5 1445 3.7 2024 0.6	0007 2.4 0615 0.7 1227 2.3 1819 0.8	0243 1.5 0837 6.7 1448 1.6 2049 6.6	0029 1.2 0630 4.9 1236 1.3 1846 4.9	0011 1.0 0614 4.6 1216 1.2 1829 4.6
19 TH	0310 4.4 0924 1.0 1532 4.4 2135 1.1	0345 5.3 0948 0.9 1605 5.2 2151 1.0	0511 6.6 1133 0.7 1730 6.7 2342 0.9	0254 3.9 0859 0.7 1512 3.8 2106 0.8	0300 3.7 0850 0.6 1519 3.6 2057 0.7	0045 2.3 0648 0.8 1305 2.2 1900 0.9	0309 1.7 0908 6.4 1517 1.9 2121 6.3	0105 1.4 0709 4.7 1314 1.5 1929 4.6	0043 1.3 0650 4.4 1252 1.4 1909 4.1
20 F	0349 4.3 1003 1.1 1615 4.3 2218 1.3	0420 5.2 1017 1.1 1644 5.0 2227 1.2	0548 6.4 1206 0.9 1807 6.4	0331 3.8 0936 0.9 1553 3.7 2149 1.0	0337 3.6 0926 0.8 1600 3.5 2138 0.8	0127 2.2 0728 0.9 1351 2.1 1949 0.9	0340 2.0 0945 6.1 1554 2.2 2205 6.0	0145 1.6 0756 4.5 1359 1.8 2022 4.4	0122 1.5 0733 4.2 1336 1.6 2000 4.2
21 SA	0438 4.1 1054 1.3 1709 4.0 2319 1.4	0505 4.9 1100 1.3 1734 4.8 2323 1.3	0018 1.0 0630 6.1 1245 1.1 1852 6.1	0418 3.6 1027 1.0 1645 3.5 2251 1.1	0423 3.4 1014 0.9 1650 3.3 2237 1.0	0223 2.1 0821 1.0 1448 2.1 2053 1.0	0423 2.4 1036 5.9 1648 2.4 2311 5.7	0236 1.9 0852 4.3 1456 2.0 2128 4.3	0212 1.8 0827 4.0 1438 1.8 2104 4.0
22 SU	0540 3.9 1205 1.5 1820 3.9	0607 4.7 1207 1.5 1844 4.6	0102 1.2 0724 5.8 1336 1.5 1952 5.8	0521 3.4 1140 1.2 1753 3.3	0523 3.2 1129 1.0 1756 3.1	0339 2.1 0933 1.1 1603 2.1 2219 1.0	0527 2.6 1153 5.7 1808 2.6	0340 2.1 1000 4.2 1611 2.1 2245 4.2	0322 1.9 0936 3.9 1602 1.9 2224 3.9
23 M	0046 1.5 0703 3.8 1327 1.5 1944 3.9	0048 1.4 0729 4.7 1344 1.5 2008 4.7	0201 1.5 0841 5.7 1457 1.7 2115 5.7	0012 1.1 0641 3.4 1306 1.2 1916 3.3	0009 1.0 0642 3.2 1259 1.0 1918 3.1	0500 2.1 1100 1.1 1718 2.1 2343 0.9	0051 5.6 0701 2.7 1327 5.8 1945 2.4	0502 2.2 1113 4.1 1741 1.9	0451 2.0 1057 4.0 1736 1.7 2348 4.1
24 TU	0212 1.3 0830 4.0 1443 1.3 2057 4.2	0228 1.3 0856 4.9 1511 1.3 2128 5.0	0337 1.5 1010 5.9 1633 1.4 2242 6.0	0142 1.0 0809 3.5 1426 1.0 2039 3.5	0135 0.9 0808 3.3 1412 0.9 2037 3.3	0616 2.1 1210 1.0 1823 2.2	0221 5.9 0830 2.4 1445 6.2 2107 1.9	0002 4.4 0626 2.0 1224 4.5 1900 1.6	0614 1.7 1211 4.2 1848 1.4
25 W	0326 1.0 0940 4.3 1548 1.0 2156 4.4	0348 1.0 1009 5.3 1619 1.0 2233 5.3	0507 1.2 1129 6.4 1747 1.0 2354 6.6	0301 0.8 0921 3.8 1528 0.8 2143 3.8	0245 0.6 0924 3.6 1514 0.7 2147 3.5	0050 0.7 0719 2.2 1307 0.9 1918 2.3	0330 6.4 0939 1.9 1544 6.6 2215 1.4	0109 4.7 0732 1.6 1324 4.9 2001 1.2	0056 4.4 0715 1.4 1309 4.6 1945 0.9
26 TH	0427 0.7 1037 4.6 1643 0.8 2247 4.7	0455 0.7 1108 5.7 1717 0.7 2328 5.7	0631 0.8 1230 7.0 1901 0.7	0400 0.5 1018 4.1 1620 0.7 2236 4.0	0345 0.4 1024 3.8 1606 0.5 2244 3.8	0148 0.5 0809 2.3 1400 0.8 2005 2.4	0426 6.8 1037 1.4 1634 7.1 2311 0.9	0205 5.1 0825 1.3 1417 5.2 2051 0.7	0149 4.7 0806 1.0 1358 4.9 2033 0.5
27 F	0518 0.4 1127 4.8 1731 0.6 2333 4.9	0554 0.4 1159 6.0 1809 0.5	0050 7.0 0742 0.4 1321 7.5 2003 0.4	0451 0.3 1107 4.3 1706 0.5 2324 4.2	0436 0.2 1116 4.1 1653 0.3 2333 4.0	0241 0.3 0852 2.4 1448 0.6 2050 2.6	0514 7.2 1129 1.0 1719 7.5	0254 5.4 0912 0.9 1504 5.6 2138 0.4	0236 5.0 0851 0.7 1442 5.2 2119 0.2
28 SA ●	0604 0.2 1215 5.0 1816 0.5	0015 5.9 0645 0.2 1245 6.1 1857 0.4	0137 7.4 0836 0.1 1406 7.7 2054 0.3	0537 0.2 1154 4.4 1750 0.4	0522 -0.0 1203 4.2 1737 0.2	0329 0.1 0933 2.5 1535 0.5 2134 2.7	0000 0.5 0558 7.4 1215 0.7 1803 7.7	0338 5.6 0956 0.6 1549 5.8 2222 0.2	0319 5.3 0936 0.5 1526 5.5 2204 0.0
29 SU	0019 5.0 0649 0.1 1300 5.0 1901 0.4	0100 6.1 0732 0.1 1329 6.2 1941 0.3	0221 7.6 0924 -0.1 1450 7.8 2139 0.2	0009 4.4 0622 0.1 1238 4.5 1833 0.3	0019 4.1 0606 -0.1 1248 4.3 1820 0.1	0414 0.1 1015 2.5 1620 0.4 2219 2.7	0046 0.2 0640 7.5 1300 0.5 1846 7.9	0421 5.8 1039 0.5 1633 5.9 2306 0.2	0402 5.4 1018 0.3 1610 5.6 2248 0.0
30 M	0106 5.1 0734 0.1 1346 5.0 1946 0.4	0142 6.2 0815 0.0 1412 6.2 2024 0.2	0304 7.8 1006 -0.1 1533 7.8 2220 0.2	0053 4.5 0706 0.0 1321 4.5 1918 0.3	0103 4.2 0648 -0.1 1330 4.2 1903 0.1	0457 0.1 1057 2.5 1703 0.4 2305 2.7	0129 0.2 0721 7.5 1342 0.5 1930 7.8	0504 5.8 1121 0.5 1718 5.9 2349 0.3	0444 5.3 1101 0.3 1655 5.5 2330 0.2
31 TU	0153 5.1 0818 0.3 1430 4.9 2030 0.5	0225 6.2 0856 0.1 1454 6.1 2104 0.3	0348 7.7 1045 0.1 1616 7.6 2256 0.4	0136 4.5 0750 0.1 1404 4.3 2002 0.4	0145 4.3 0731 -0.0 1411 4.1 1946 0.2	0539 0.2 1140 2.4 1746 0.4 2353 2.6	0209 0.4 0801 7.3 1423 0.6 2015 7.6	0548 5.7 1204 0.6 1804 5.7	0527 5.2 1145 0.4 1743 5.4

PAGE 36

TIDE TABLES

EAST COAST OF ENGLAND Time Zone UT
Margate * Sheerness * London Bridge * Walton-on-the-Naze * Harwich * Lowestoft * Immingham * RiverTees * RiverTyne

TIDE TABLES APRIL 1998

MARGATE	SHEERNESS	LONDON BRIDGE	WALTON-ON-THE-NAZE	HARWICH	LOWESTOFT	IMMINGHAM	RIVER TEES	RIVER TYNE		
Time m	Time m	Time m	Time m	Time m	Time m	Time m	Time m	Time m		
0239 5.0	0309 6.1	0432 7.6	0221 4.4	0227 4.2	0621 0.3	0248 0.7	0033 0.6	0013 0.5	1	W
0902 0.5	0933 0.3	1117 0.4	0833 0.3	0815 0.1	1224 2.4	0842 7.1	0633 5.4	0613 5.0		
1511 4.7	1536 5.8	1700 7.2	1448 4.2	1453 4.0	1831 0.5	1502 0.9	1249 0.8	1230 0.7		
2115 0.6	2143 0.5	2329 0.6	2046 0.5	2031 0.3		2101 7.2	1854 5.4	1834 5.1		
0324 4.8	0354 5.8	0518 7.3	0306 4.3	0310 4.1	0045 2.5	0326 1.2	0118 1.0	0057 0.9	2	TH
0945 0.7	1009 0.6	1146 0.7	0917 0.6	0900 0.4	0704 0.6	0925 6.7	0721 5.1	0702 4.7		
1551 4.5	1621 5.5	1745 6.9	1533 4.0	1536 3.8	1313 2.3	1543 1.3	1337 1.2	1318 1.0		
2200 0.8	2223 0.7		2134 0.6	2119 0.5	1920 0.6	2153 6.7	1948 5.1	1930 4.7		
0411 4.6	0444 5.5	0000 0.8	0357 4.1	0358 3.8	0146 2.4	0406 1.8	0207 1.5	0148 1.3	3	F
1030 1.0	1049 0.9	0606 6.9	1006 0.8	0950 0.7	0753 0.8	1014 6.3	0815 4.8	0757 4.4		
1637 4.3	1710 5.2	1218 1.0	1624 3.7	1624 3.5	1409 2.2	1630 1.8	1432 1.5	1418 1.3		
2254 1.0	2310 0.9	1833 6.5	2230 0.8	2216 0.6	2018 0.7	2256 6.2	2051 4.7	2035 4.3		
0507 4.3	0542 5.2	0038 1.0	0454 3.8	0454 3.6	0303 2.2	0457 2.3	0305 1.9	0249 1.7	4	SA
1125 1.3	1140 1.3	0700 6.5	1106 1.0	1051 0.9	0854 1.0	1116 5.9	0918 4.5	0902 4.1		
1735 4.1	1810 4.9	1258 1.3	1724 3.5	1723 3.3	1515 2.1	1736 2.2	1539 1.8	1533 1.5		
		1927 6.2	2342 0.9	2328 0.8	2133 0.8		2203 4.4	2151 4.1		
0005 1.1	0015 1.1	0127 1.2	0606 3.6	0606 3.4	0428 2.2	0018 5.8	0417 2.2	0412 2.0	5	SU
0618 4.1	0654 4.9	0803 6.2	1225 1.2	1209 1.1	1022 1.2	0610 2.7	1029 4.3	1021 4.0		
1244 1.5	1254 1.5	1356 1.6	1841 3.4	1838 3.2	1630 2.1	1239 5.7	1702 1.9	1704 1.6		
1848 3.9	1924 4.7	2032 5.9			2309 0.8	1912 2.4	2321 4.3	2316 4.0		
0136 1.1	0148 1.2	0246 1.4	0114 0.9	0058 0.8	0557 2.2	0148 5.7	0544 2.3	0544 2.0	6	M
0747 4.0	0816 4.9	0918 6.1	0730 3.5	0733 3.3	1153 1.2	0746 2.8	1143 4.3	1142 4.1		
1413 1.5	1428 1.5	1527 1.7	1351 1.2	1338 1.1	1750 2.1	1406 5.8	1824 1.8	1824 1.5		
2013 4.0	2047 4.8	2155 5.9	2003 3.4	2004 3.2		2039 2.2				
0259 1.0	0318 1.1	0424 1.2	0233 0.8	0221 0.7	0026 0.7	0306 6.0	0032 4.4	0030 4.1	7	TU
0913 4.1	0934 5.1	1048 6.3	0845 3.6	0851 3.4	0706 2.2	0904 2.5	0656 2.1	0652 1.8		
1531 1.3	1545 1.4	1652 1.6	1457 1.1	1448 1.0	1256 1.1	1515 6.1	1249 4.5	1248 4.2		
2130 4.1	2159 5.0	2318 6.2	2109 3.6	2114 3.4	1856 2.2	2143 1.9	1924 1.6	1921 1.3		
0406 0.8	0426 0.9	0547 0.8	0331 0.6	0321 0.5	0122 0.6	0401 6.3	0129 4.5	0126 4.3	8	W
1015 4.3	1034 5.3	1153 6.7	0943 3.8	0948 3.6	0756 2.3	1000 2.2	0747 1.9	0741 1.6		
1629 1.1	1642 1.1	1805 1.1	1548 0.9	1540 0.8	1342 1.0	1606 6.4	1342 4.7	1339 4.4		
2226 4.3	2254 5.3		2200 3.8	2206 3.5	1943 2.2	2231 1.6	2009 1.4	2005 1.1		
0454 0.7	0515 0.7	0015 6.6	0416 0.5	0406 0.4	0206 0.6	0443 6.5	0214 4.7	0208 4.5	9	TH
1102 4.4	1121 5.5	0646 0.5	1029 3.9	1033 3.7	0835 2.3	1042 1.9	0827 1.7	0820 1.4		
1709 1.0	1725 1.0	1242 7.0	1627 0.8	1621 0.7	1420 0.9	1645 6.7	1425 4.9	1418 4.6		
2307 4.4	2337 5.4	1859 0.8	2242 3.9	2249 3.7	2021 2.3	2310 1.4	2048 1.2	2040 1.0		
0530 0.6	0554 0.7	0100 6.9	0453 0.5	0443 0.4	0244 0.5	0517 6.7	0251 4.8	0243 4.6	10	F
1138 4.5	1200 5.6	0730 0.4	1106 4.0	1112 3.8	0907 2.3	1119 1.6	0901 1.5	0853 1.2		
1737 0.9	1801 0.9	1324 7.1	1700 0.7	1655 0.6	1453 0.8	1719 6.9	1502 5.0	1452 4.7		
2341 4.5		1942 0.7	2318 4.0	2327 3.8	2055 2.4	2345 1.2	2121 1.1	2112 0.9		
0558 0.7	0014 5.5	0138 7.0	0525 0.4	0516 0.3	0318 0.5	0547 6.8	0324 5.0	0315 4.7	11	SA
1207 4.5	0627 0.6	0809 0.4	1140 4.1	1147 3.9	0936 2.3	1154 1.4	0933 1.3	0924 1.1		
1803 0.9	1234 5.7	1358 7.1	1733 0.6	1727 0.5	1523 0.7	1751 7.0	1535 5.1	1524 4.8		○
	1834 0.7	2021 0.7	2351 4.1		2128 2.4		2153 1.0	2143 0.8		
0011 4.6	0047 5.6	0210 7.0	0557 0.4	0000 3.8	0350 0.5	0018 1.1	0353 5.1	0344 4.8	12	SU
0625 0.7	0658 0.6	0843 0.5	1211 4.1	0546 0.3	1001 2.4	0615 6.9	1003 1.2	0954 1.0		
1233 4.6	1305 5.7	1428 7.1	1805 0.5	1219 3.9	1552 0.7	1226 1.3	1606 5.2	1554 4.9		
1832 0.8	1906 0.7	2054 0.7		1757 0.4	2201 2.5	1824 7.1	2224 0.9	2213 0.7		
0040 4.6	0118 5.7	0239 7.0	0024 4.2	0032 3.9	0420 0.5	0051 1.1	0422 5.1	0414 4.8	13	M
0654 0.7	0728 0.6	0914 0.6	0628 0.4	0616 0.3	1027 2.4	0644 7.0	1034 1.1	1024 0.9		
1300 4.6	1335 5.7	1456 7.1	1242 4.2	1249 3.9	1621 0.6	1258 1.2	1636 5.2	1625 4.9		
1903 0.8	1938 0.6	2124 0.7	1838 0.5	1827 0.4	2235 2.4	1855 7.1	2255 1.0	2243 0.8		
0111 4.6	0148 5.7	0309 7.0	0055 4.2	0103 3.9	0448 0.6	0121 1.1	0452 5.1	0443 4.8	14	TU
0724 0.7	0759 0.5	0942 0.6	0700 0.4	0647 0.3	1054 2.4	0712 7.0	1106 1.1	1053 0.9		
1327 4.6	1405 5.7	1524 7.1	1311 4.1	1318 3.9	1653 0.6	1330 1.2	1709 5.1	1657 4.8		
1934 0.8	2009 0.6	2153 0.7	1910 0.6	1858 0.4	2309 2.4	1926 7.0	2327 1.0	2312 0.9		
0141 4.6	0218 5.6	0339 7.0	0127 4.1	0133 3.9	0516 0.6	0150 1.2	0525 5.1	0513 4.7	15	W
0754 0.8	0829 0.6	1011 0.6	0731 0.5	0718 0.4	1124 2.3	0742 6.9	1139 1.1	1124 1.0		
1355 4.6	1435 5.6	1556 7.1	1341 4.1	1348 3.8	1726 0.7	1400 1.2	1744 5.1	1730 4.7		
2006 0.9	2039 0.7	2221 0.7	1941 0.6	1930 0.5	2344 2.3	1957 6.8		2344 1.0		

● ● Time UT. For British Summer Time (shaded) March 29th to October 25th ADD ONE HOUR ● ●

PAGE 37

APRIL 1998 TIDE TABLES

• • Time UT. For British Summer Time (shaded) March 29th to October 25th ADD ONE HOUR • •

	MARGATE	SHEERNESS	LONDON BRIDGE	WALTON-ON THE-NAZE	HARWICH	LOWESTOFT	IMMINGHAM	RIVER TEES	RIVER TYNE
	Time m	Time m	Time m	Time m	Time m	Time m	Time m	Time m	Time m
16 TH	0212 4.6 0826 0.9 1427 4.6 2040 0.9	0250 5.5 0858 0.7 1506 5.5 2108 0.8	0412 6.9 1039 0.7 1628 7.0 2250 0.7	0157 4.0 0801 0.7 1411 4.0 2012 0.7	0204 3.8 0750 0.5 1419 3.8 2002 0.6	0546 0.7 1158 2.3 1802 0.7	0218 1.4 0812 6.8 1429 1.5 2028 6.6	0001 1.2 0601 5.0 1214 1.2 1824 4.9	0545 4.6 1156 1.1 1806 4.6
17 F	0246 4.5 0900 1.0 1504 4.5 2116 1.0	0323 5.4 0926 0.9 1539 5.3 2136 0.9	0447 6.8 1109 0.7 1703 6.8 2320 0.7	0231 3.9 0832 0.8 1445 3.9 2045 0.8	0238 3.7 0822 0.6 1454 3.7 2036 0.6	0022 2.3 0620 0.8 1235 2.3 1842 0.7	0247 1.6 0844 6.6 1500 1.7 2104 6.4	0039 1.4 0642 4.8 1254 1.4 1909 4.7	0017 1.2 0621 4.5 1233 1.2 1848 4.4
18 SA	0326 4.4 0939 1.1 1546 4.4 2158 1.2	0400 5.3 0957 1.0 1618 5.1 2212 1.0	0525 6.6 1140 0.9 1740 6.6 2354 0.8	0309 3.8 0909 0.9 1525 3.7 2129 0.8	0316 3.6 0900 0.8 1533 3.5 2118 0.7	0105 2.2 0700 0.9 1318 2.2 1930 0.8	0320 1.9 0921 6.3 1539 1.9 2149 6.1	0121 1.6 0728 4.6 1340 1.6 2003 4.5	0056 1.4 0704 4.3 1318 1.4 1939 4.2
19 SU	0415 4.2 1027 1.3 1639 4.2 2255 1.3	0446 5.1 1039 1.2 1708 4.9 2306 1.2	0609 6.4 1218 1.1 1824 6.3	0357 3.7 0959 1.0 1616 3.6 2228 0.9	0402 3.5 0948 0.9 1622 3.4 2216 0.8	0200 2.1 0751 1.0 1410 2.1 2033 0.8	0403 2.2 1011 6.1 1630 2.1 2254 5.8	0212 1.9 0824 4.5 1436 1.7 2107 4.4	0145 1.6 0757 4.2 1418 1.5 2042 4.0
20 M	0516 4.1 1134 1.5 1747 4.0	0547 4.9 1143 1.4 1814 4.8	0037 1.0 0703 6.1 1308 1.4 1922 6.0	0458 3.5 1109 1.2 1721 3.4 2345 1.0	0500 3.4 1056 1.0 1725 3.2 2337 0.8	0314 2.1 0900 1.1 1517 2.1 2151 0.8	0503 2.5 1121 5.9 1745 2.3	0315 2.0 0928 4.4 1546 1.8 2219 4.4	0253 1.8 0904 4.0 1535 1.6 2159 4.0
21 TU	0017 1.3 0636 4.0 1256 1.5 1909 4.0	0025 1.2 0703 4.8 1311 1.4 1934 4.8	0136 1.3 0816 5.9 1424 1.6 2042 5.8	0614 3.5 1230 1.2 1842 3.4	0615 3.3 1223 1.0 1842 3.2	0436 2.1 1025 1.1 1633 2.1 2312 0.7	0027 5.7 0628 2.6 1249 5.9 1915 2.1	0431 2.1 1038 4.4 1707 1.7 2332 4.5	0418 1.9 1021 4.0 1702 1.5 2320 4.1
22 W	0144 1.2 0802 4.1 1415 1.3 2024 4.2	0158 1.1 0827 5.0 1436 1.3 2054 5.0	0306 1.3 0943 6.1 1600 1.4 2211 6.1	0111 0.9 0739 3.6 1351 1.0 2005 3.5	0103 0.7 0736 3.4 1339 0.9 2000 3.3	0551 2.2 1139 1.0 1742 2.2	0154 6.0 0757 2.3 1409 6.2 2038 1.7	0551 2.0 1147 4.6 1826 1.5	0541 1.7 1136 4.2 1817 1.2
23 TH	0259 0.9 0912 4.4 1521 1.1 2124 4.5	0318 0.9 0941 5.4 1547 1.0 2203 5.3	0437 1.0 1102 6.6 1715 1.1 2325 6.6	0232 0.7 0854 3.8 1500 0.8 2113 3.8	0214 0.5 0854 3.6 1444 0.7 2113 3.5	0020 0.6 0654 2.2 1239 0.9 1843 2.3	0304 6.4 0909 1.9 1512 6.7 2148 1.3	0038 4.8 0700 1.7 1250 4.9 1929 1.1	0028 4.4 0645 1.4 1239 4.6 1916 0.8
24 F	0400 0.6 1011 4.7 1617 0.8 2216 4.7	0428 0.6 1042 5.7 1648 0.7 2300 5.6	0600 0.7 1205 7.1 1833 0.8	0336 0.5 0953 4.1 1555 0.7 2210 4.0	0316 0.3 0958 3.9 1539 0.5 2216 3.8	0121 0.4 0745 2.3 1334 0.8 1936 2.4	0401 6.8 1012 1.5 1606 7.1 2245 0.8	0135 5.1 0757 1.3 1346 5.2 2023 0.8	0124 4.7 0739 1.0 1331 4.9 2008 0.5
25 SA	0452 0.4 1102 4.8 1706 0.6 2304 4.9	0529 0.4 1135 6.0 1744 0.6 2351 5.9	0024 7.0 0718 0.4 1258 7.4 1939 0.6	0428 0.3 1045 4.3 1644 0.5 2300 4.2	0411 0.1 1053 4.1 1630 0.4 2309 4.0	0215 0.3 0829 2.4 1426 0.6 2025 2.6	0451 7.1 1105 1.0 1654 7.4 2336 0.5	0225 5.4 0846 1.0 1437 5.5 2112 0.5	0212 5.0 0827 0.7 1418 5.2 2056 0.2
26 SU ●	0539 0.3 1150 4.9 1752 0.5 2352 5.0	0621 0.2 1222 6.1 1834 0.4	0114 7.3 0814 0.2 1345 7.5 2032 0.4	0516 0.2 1133 4.4 1730 0.4 2347 4.4	0459 0.0 1141 4.2 1715 0.2 2357 4.1	0305 0.2 0911 2.5 1515 0.5 2113 2.7	0536 7.3 1154 0.7 1741 7.6	0312 5.6 0933 0.7 1525 5.8 2157 0.4	0256 5.2 0913 0.5 1505 5.4 2142 0.1
27 M	0624 0.2 1236 4.9 1839 0.4	0037 6.0 0709 0.1 1307 6.2 1921 0.3	0200 7.4 0901 0.2 1430 7.6 2118 0.3	0601 0.1 1218 4.5 1815 0.3	0544 -0.0 1226 4.2 1800 0.1	0351 0.1 0952 2.5 1601 0.4 2201 2.7	0023 0.3 0618 7.5 1240 0.6 1827 7.7	0357 5.7 1018 0.6 1612 5.8 2242 0.4	0339 5.3 0958 0.3 1551 5.5 2226 0.1
28 TU	0043 5.0 0710 0.3 1322 4.9 1926 0.4	0121 6.1 0752 0.1 1350 6.1 2006 0.2	0244 7.6 0943 0.2 1512 7.6 2159 0.2	0033 4.5 0645 0.1 1301 4.4 1901 0.3	0042 4.2 0628 -0.0 1309 4.2 1845 0.1	0434 0.2 1035 2.5 1647 0.3 2250 2.7	0106 0.4 0659 7.4 1324 0.5 1913 7.6	0440 5.7 1102 0.6 1659 5.8 2326 0.6	0422 5.3 1043 0.3 1639 5.4 2309 0.3
29 W	0134 5.0 0755 0.4 1406 4.9 2012 0.4	0206 6.1 0833 0.2 1433 6.0 2048 0.3	0329 7.7 1021 0.3 1556 7.5 2236 0.3	0118 4.5 0729 0.3 1345 4.3 1946 0.3	0125 4.3 0711 0.1 1351 4.1 1930 0.2	0516 0.3 1118 2.5 1732 0.3 2341 2.6	0148 0.6 0740 7.3 1406 0.7 2000 7.4	0524 5.6 1146 0.7 1747 5.6	0506 5.2 1129 0.4 1728 5.2 2353 0.6
30 TH	0223 5.0 0839 0.6 1448 4.7 2059 0.5	0251 6.0 0911 0.4 1515 5.8 2130 0.4	0415 7.6 1054 0.5 1640 7.2 2310 0.4	0203 4.4 0812 0.5 1427 4.2 2032 0.4	0209 4.2 0754 0.3 1431 3.9 2016 0.3	0558 0.5 1203 2.4 1818 0.4	0227 0.9 0821 7.1 1447 0.9 2049 7.0	0010 0.9 0609 5.4 1232 0.9 1837 5.4	0551 5.0 1215 0.6 1819 4.9

PAGE 38

TIDE TABLES

EAST COAST OF ENGLAND Time Zone UT

Margate * Sheerness * London Bridge * Walton-on-the-Naze * Harwich * Lowestoft * Immingham * RiverTees * RiverTyne

TIDE TABLES MAY 1998

MARGATE	SHEERNESS	LONDON BRIDGE	WALTON-ON-THE-NAZE	HARWICH	LOWESTOFT	IMMINGHAM	RIVER TEES	RIVER TYNE		
Time m	Time m	Time m	Time m	Time m	Time m	Time m	Time m	Time m		
0309 4.8 0922 0.8 1530 4.5 2145 0.7	0338 5.8 0948 0.7 1559 5.5 2210 0.6	0501 7.3 1124 0.8 1724 6.9 2343 0.6	0250 4.3 0854 0.7 1511 4.0 2119 0.6	0252 4.0 0839 0.5 1514 3.8 2104 0.4	0036 2.4 0641 0.7 1250 2.3 1907 0.5	0304 1.4 0904 6.8 1528 1.3 2141 6.5	0055 1.3 0657 5.2 1320 1.1 1932 5.0	0036 1.0 0639 4.7 1304 0.9 1914 4.6	1	F
0357 4.6 1006 1.1 1613 4.3 2236 0.9	0427 5.5 1026 0.7 1647 5.2 2255 0.9	0548 7.0 1156 1.0 1809 6.5	0339 4.0 0940 0.9 1558 3.8 2212 0.7	0339 3.8 0927 0.8 1559 3.6 2157 0.6	0138 2.3 0727 0.9 1342 2.2 2003 0.6	0343 1.9 0951 6.4 1615 1.7 2240 6.1	0143 1.6 0750 4.9 1413 1.4 2031 4.7	0124 1.4 0731 4.5 1400 1.1 2015 4.3	2	SA
0448 4.3 1056 1.4 1705 4.1 2339 1.1	0521 5.2 1112 1.3 1741 4.9 2354 1.1	0019 0.9 0639 6.6 1234 1.3 1857 6.2	0433 3.8 1033 1.1 1653 3.6 2315 0.8	0432 3.6 1021 1.0 1651 3.4 2301 0.7	0249 2.2 0824 1.1 1441 2.2 2110 0.6	0430 2.3 1046 6.0 1715 2.1 2352 5.8	0237 2.0 0848 4.6 1514 1.7 2136 4.5	0221 1.7 0831 4.2 1506 1.4 2123 4.0	3	SU
0552 4.1 1203 1.5 1811 4.0	0625 5.0 1217 1.5 1848 4.7	0102 1.1 0735 6.3 1324 1.6 1956 5.9	0536 3.6 1141 1.2 1800 3.4	0536 3.4 1129 1.1 1757 3.2	0405 2.1 0941 1.2 1547 2.1 2233 0.7	0533 2.7 1157 5.8 1836 2.3	0341 2.3 0952 4.5 1624 1.8 2244 4.4	0333 2.0 0942 4.0 1625 1.5 2239 3.9	4	M
0100 1.1 0712 4.0 1328 1.6 1929 3.9	0115 1.2 0739 4.9 1342 1.6 2004 4.7	0205 1.4 0842 6.1 1440 1.8 2108 5.8	0033 0.8 0652 3.5 1303 1.3 1919 3.4	0019 0.7 0654 3.3 1250 1.2 1917 3.2	0524 2.1 1112 1.2 1701 2.1 2348 0.7	0112 5.7 0700 2.9 1320 5.8 1957 2.2	0454 2.4 1059 4.4 1736 1.8 2348 4.4	0457 2.0 1059 4.0 1741 1.5 2351 4.0	5	TU
0218 1.0 0833 4.1 1447 1.4 2045 4.0	0236 1.1 0854 5.0 1500 1.5 2118 4.9	0343 1.3 1003 6.1 1611 1.6 2235 6.0	0151 0.8 0807 3.6 1415 1.2 2029 3.5	0139 0.7 0810 3.4 1406 1.1 2032 3.3	0634 2.2 1219 1.2 1815 2.1	0225 5.8 0819 2.7 1433 5.9 2101 2.0	0606 2.3 1203 4.5 1836 1.7	0610 1.9 1207 4.1 1840 1.4	6	W
0324 0.9 0937 4.2 1547 1.3 2145 4.2	0342 1.0 0957 5.2 1601 1.3 2216 5.1	0459 1.0 1117 6.4 1720 1.2 2340 6.3	0251 0.7 0907 3.7 1510 1.0 2124 3.7	0242 0.6 0912 3.5 1503 0.9 2129 3.4	0046 0.7 0726 2.2 1309 1.1 1909 2.2	0323 6.1 0919 2.4 1527 6.2 2152 1.8	0045 4.5 0702 2.1 1257 4.6 1925 1.6	0048 4.2 0703 1.7 1301 4.3 1926 1.2	7	TH
0414 0.8 1024 4.4 1630 1.1 2230 4.3	0433 0.9 1046 5.4 1648 1.1 2303 5.3	0600 0.7 1209 6.8 1818 1.0	0339 0.6 0955 3.9 1554 0.9 2209 3.8	0330 0.5 1000 3.7 1548 0.8 2215 3.6	0133 0.6 0806 2.3 1348 1.0 1951 2.2	0407 6.3 1006 2.1 1611 6.5 2233 1.6	0132 4.7 0747 1.9 1345 4.8 2006 1.4	0133 4.3 0745 1.5 1344 4.4 2004 1.1	8	F
0451 0.8 1102 4.4 1703 1.0 2306 4.4	0515 0.8 1127 5.5 1728 0.9 2342 5.4	0027 6.6 0648 0.5 1251 6.9 1905 0.8	0419 0.6 1034 4.0 1631 0.8 2248 3.9	0410 0.4 1040 3.8 1625 0.7 2254 3.7	0211 0.6 0839 2.3 1422 0.9 2027 2.3	0443 6.5 1045 1.8 1648 6.7 2311 1.4	0212 4.8 0826 1.6 1426 4.9 2044 1.3	0210 4.5 0821 1.3 1421 4.6 2039 1.0	9	SA
0521 0.8 1133 4.5 1733 0.9 2340 4.5	0551 0.7 1202 5.6 1804 0.8	0106 6.7 0730 0.5 1327 6.9 1945 0.7	0454 0.5 1109 4.1 1706 0.7 2323 4.0	0444 0.4 1116 3.8 1658 0.6 2330 3.8	0245 0.6 0906 2.3 1454 0.8 2101 2.3	0515 6.7 1122 1.6 1724 6.8 2346 1.3	0248 5.0 0902 1.4 1503 5.0 2119 1.1	0244 4.6 0855 1.1 1456 4.7 2112 0.9	10	SU
0551 0.8 1201 4.6 1805 0.9	0016 5.5 0624 0.7 1235 5.7 1839 0.7	0139 6.8 0807 0.5 1357 7.0 2023 0.7	0527 0.5 1142 4.1 1740 0.6 2357 4.1	0515 0.4 1150 3.9 1730 0.5	0316 0.6 0930 2.4 1526 0.7 2136 2.4	0546 6.9 1158 1.4 1757 6.9	0321 5.1 0936 1.3 1538 5.1 2154 1.1	0315 4.8 0928 1.0 1529 4.7 2145 0.8	11	M ○
0013 4.6 0623 0.7 1231 4.6 1839 0.8	0050 5.5 0657 0.6 1307 5.7 1913 0.7	0210 6.8 0842 0.6 1427 7.0 2058 0.7	0600 0.5 1215 4.1 1815 0.6	0005 3.8 0547 0.4 1221 3.9 1803 0.4	0346 0.6 0957 2.4 1559 0.6 2211 2.4	0020 1.2 0616 7.0 1233 1.3 1831 6.9	0354 5.1 1010 1.2 1612 5.1 2227 1.1	0346 4.8 1000 0.9 1603 4.8 2217 0.8	12	TU
0047 4.6 0657 0.8 1302 4.7 1915 0.8	0123 5.6 0731 0.6 1340 5.7 1948 0.6	0242 6.9 0917 0.6 1459 7.1 2133 0.6	0031 4.1 0633 0.6 1246 4.1 1848 0.6	0038 3.9 0620 0.4 1254 3.9 1836 0.4	0417 0.6 1027 2.4 1634 0.6 2247 2.3	0054 1.2 0648 7.0 1308 1.3 1906 6.9	0427 5.2 1045 1.1 1647 5.1 2303 1.1	0418 4.8 1033 0.9 1636 4.7 2249 0.9	13	W
0121 4.6 0731 0.8 1335 4.7 1951 0.8	0157 5.6 0805 0.6 1413 5.7 2023 0.7	0316 7.0 0951 0.6 1533 7.1 2206 0.6	0105 4.1 0706 0.6 1318 4.1 1922 0.6	0112 3.9 0653 0.5 1326 3.9 1911 0.5	0448 0.6 1100 2.4 1712 0.6 2324 2.3	0126 1.2 0720 7.0 1342 1.3 1940 6.8	0501 5.1 1121 1.1 1725 5.0 2340 1.2	0449 4.8 1106 0.9 1712 4.7 2323 1.0	14	TH
0155 4.6 0806 0.9 1409 4.7 2027 0.9	0232 5.6 0839 0.7 1447 5.5 2057 0.7	0352 7.0 1023 0.7 1607 7.2 2237 0.7	0139 4.0 0738 0.7 1351 4.1 1957 0.7	*0145 3.8 0727 0.6 1400 3.8 1946 0.5	0522 0.7 1135 2.4 1751 0.6	0159 1.3 0753 6.9 1417 1.3 2016 6.7	0540 5.1 1159 1.2 1808 4.9	0524 4.7 1142 0.9 1751 4.6 2359 1.1	15	F

● ●Time UT. For British Summer Time (shaded) March 29th to October 25th ADD ONE HOUR ● ●

PAGE 39

MAY 1998 TIDE TABLES

Time UT. For British Summer Time (shaded) March 29th to October 25th ADD ONE HOUR

Day	MARGATE Time m	SHEERNESS Time m	LONDON BRIDGE Time m	WALTON-ON THE-NAZE Time m	HARWICH Time m	LOWESTOFT Time m	IMMINGHAM Time m	RIVER TEES Time m	RIVER TYNE Time m
16 SA	0233 4.6 / 0844 1.0 / 1447 4.6 / 2106 0.9	0308 5.5 / 0911 0.8 / 1523 5.4 / 2132 0.8	0430 6.9 / 1053 0.8 / 1643 6.9 / 2307 0.7	0215 3.9 / 0813 0.8 / 1426 3.9 / 2035 0.7	0222 3.8 / 0803 0.7 / 1436 3.7 / 2024 0.6	0004 2.2 / 0559 0.8 / 1213 2.3 / 1833 0.6	0232 6.7 / 0828 6.7 / 1453 1.5 / 2057 6.4	0021 1.4 / 0622 4.9 / 1242 1.2 / 1855 4.8	0601 4.6 / 1223 1.0 / 1835 4.4
17 SU	0314 4.5 / 0925 1.1 / 1530 4.5 / 2151 1.0	0348 5.4 / 0947 1.0 / 1603 5.2 / 2212 0.9	0510 6.8 / 1123 0.9 / 1722 6.7 / 2339 0.8	0256 3.9 / 0854 0.9 / 1508 3.8 / 2121 0.7	0302 3.7 / 0843 0.8 / 1516 3.6 / 2109 0.6	0050 2.2 / 0640 0.8 / 1256 2.3 / 1922 0.6	0309 1.8 / 0909 6.5 / 1534 1.7 / 2145 6.2	0105 1.6 / 0709 4.8 / 1330 1.1 / 1950 4.7	0040 1.3 / 0645 4.5 / 1309 1.1 / 1927 4.3
18 M	0403 4.4 / 1013 1.3 / 1621 4.3 / 2246 1.1	0436 5.2 / 1031 1.1 / 1653 5.1 / 2305 1.0	0555 6.6 / 1200 1.1 / 1807 6.4	0344 3.8 / 0944 1.0 / 1558 3.7 / 2218 0.8	0349 3.6 / 0933 0.9 / 1605 3.5 / 2206 0.6	0145 2.1 / 0730 1.0 / 1345 2.2 / 2020 0.7	0353 2.0 / 0958 6.3 / 1626 1.8 / 2247 6.0	0157 1.8 / 0804 4.7 / 1425 1.5 / 2051 4.6	0130 1.5 / 0738 4.3 / 1406 1.3 / 2027 4.2
19 TU	0502 4.2 / 1114 1.4 / 1723 4.2 / 2358 1.1	0534 5.1 / 1130 1.3 / 1754 4.9	0022 0.8 / 0650 6.3 / 1249 1.3 / 1904 6.2	0443 3.7 / 1048 1.1 / 1701 3.6 / 2327 0.8	0445 3.5 / 1036 1.0 / 1705 3.4 / 2317 0.7	0254 2.1 / 0834 1.1 / 1444 2.2 / 2129 0.7	0450 2.2 / 1101 6.2 / 1732 1.9	0256 1.9 / 0905 4.6 / 1530 1.5 / 2157 4.6	0233 1.7 / 0841 4.2 / 1515 1.3 / 2136 4.1
20 W	0615 4.2 / 1227 1.4 / 1838 4.2	0014 1.0 / 0644 5.0 / 1245 1.3 / 1906 4.9	0120 1.1 / 0758 6.2 / 1400 1.5 / 2018 6.1	0553 3.6 / 1201 1.1 / 1814 3.5	0554 3.5 / 1151 1.0 / 1815 3.4	0411 2.1 / 0950 1.1 / 1554 2.2 / 2241 0.6	0006 5.9 / 0603 2.4 / 1217 6.1 / 1850 1.8	0405 1.9 / 1010 4.6 / 1642 1.5 / 2304 4.7	0348 1.7 / 0951 4.2 / 1631 1.2 / 2251 4.2
21 TH	0118 1.0 / 0733 4.3 / 1345 1.3 / 1950 4.3	0133 0.9 / 0800 5.1 / 1403 1.2 / 2022 5.1	0243 1.1 / 0918 6.3 / 1528 1.4 / 2140 6.2	0045 0.7 / 0711 3.7 / 1318 1.0 / 1931 3.6	0034 0.6 / 0709 3.5 / 1306 0.9 / 1928 3.4	0522 2.2 / 1103 1.0 / 1705 2.2 / 2349 0.5	0126 6.1 / 0723 2.2 / 1333 6.3 / 2006 1.6	0518 1.9 / 1116 4.7 / 1754 1.3	0506 1.6 / 1103 4.4 / 1745 1.0 / 2359 4.4
22 F	0231 0.8 / 0843 4.5 / 1453 1.1 / 2053 4.5	0248 0.8 / 0912 5.4 / 1513 1.0 / 2132 5.3	0409 0.9 / 1034 6.7 / 1643 1.1 / 2255 6.6	0203 0.6 / 0825 3.9 / 1430 0.9 / 2043 3.8	0145 0.4 / 0823 3.7 / 1413 0.8 / 2040 3.6	0625 2.2 / 1208 0.9 / 1811 2.3	0235 6.4 / 0837 1.9 / 1440 6.6 / 2117 1.3	0009 4.9 / 0627 1.6 / 1220 5.0 / 1859 1.1	0613 1.4 / 1209 4.6 / 1848 0.8
23 SA	0333 0.6 / 0943 4.6 / 1551 0.9 / 2148 4.6	0359 0.6 / 1015 5.6 / 1618 0.6 / 2233 5.6	0527 0.6 / 1139 7.0 / 1759 0.7 / 2359 6.9	0310 0.4 / 0928 4.1 / 1530 0.7 / 2144 4.0	0249 0.3 / 0931 3.9 / 1513 0.6 / 2148 3.8	0053 0.4 / 0718 2.3 / 1307 0.8 / 1909 2.4	0334 6.7 / 0942 1.6 / 1539 7.0 / 2218 1.0	0106 5.1 / 0727 1.4 / 1319 5.2 / 1956 0.9	0057 4.7 / 0712 1.1 / 1306 4.8 / 1943 0.6
24 SU	0427 0.5 / 1037 4.7 / 1642 0.7 / 2239 4.7	0502 0.4 / 1111 5.8 / 1718 0.5 / 2327 5.8	0651 0.5 / 1236 7.2 / 1914 0.7	0406 0.3 / 1022 4.2 / 1623 0.6 / 2238 4.2	0347 0.2 / 1029 4.0 / 1607 0.4 / 2246 3.9	0150 0.3 / 0805 2.4 / 1404 0.7 / 2003 2.5	0426 7.0 / 1040 1.2 / 1632 7.2 / 2312 0.8	0200 5.3 / 0821 1.1 / 1414 5.4 / 2047 0.7	0148 4.9 / 0804 0.8 / 1358 5.1 / 2033 0.4
25 M ●	0515 0.4 / 1127 4.8 / 1732 0.6 / 2332 4.8	0557 0.4 / 1200 5.9 / 1812 0.5	0053 7.0 / 0750 0.4 / 1325 7.3 / 2010 0.6	0455 0.3 / 1112 4.3 / 1712 0.5 / 2328 4.3	0439 0.1 / 1120 4.1 / 1657 0.3 / 2337 4.1	0242 0.3 / 0848 2.5 / 1457 0.5 / 2056 2.6	0513 7.2 / 1133 0.9 / 1722 7.4	0248 5.5 / 0911 0.9 / 1505 5.6 / 2135 0.6	0234 5.1 / 0854 0.6 / 1448 5.2 / 2121 0.4
26 TU	0603 0.4 / 1214 4.8 / 1820 0.5	0017 5.9 / 0645 0.3 / 1247 6.0 / 1903 0.4	0142 7.1 / 0839 0.4 / 1411 7.3 / 2057 0.4	0542 0.3 / 1159 4.4 / 1800 0.4	0525 0.1 / 1206 4.1 / 1745 0.2	0328 0.3 / 0932 2.5 / 1547 0.4 / 2147 2.6	0000 0.7 / 0557 7.3 / 1221 0.7 / 1812 7.4	0335 5.6 / 0958 0.7 / 1554 5.6 / 2221 0.7	0318 5.2 / 0942 0.4 / 1536 5.3 / 2206 0.4
27 W	0027 4.9 / 0648 0.5 / 1300 4.8 / 1909 0.4	0104 6.0 / 0730 0.3 / 1331 6.0 / 1950 0.3	0227 7.3 / 0921 0.5 / 1455 7.3 / 2139 0.3	0016 4.4 / 0626 0.3 / 1243 4.3 / 1847 0.3	0024 4.2 / 0609 0.2 / 1250 4.1 / 1831 0.2	0412 0.3 / 1015 2.5 / 1634 0.3 / 2239 2.5	0045 0.7 / 0639 7.3 / 1307 0.7 / 1901 7.4	0420 5.6 / 1045 0.6 / 1643 5.6 / 2305 0.8	0403 5.2 / 1029 0.4 / 1625 5.2 / 2251 0.6
28 TH	0119 4.9 / 0734 0.5 / 1345 4.8 / 1957 0.4	0151 6.0 / 0811 0.4 / 1415 5.9 / 2035 0.3	0313 7.4 / 0959 0.5 / 1538 7.3 / 2218 0.2	0103 4.4 / 0709 0.5 / 1326 4.3 / 1933 0.3	0109 4.2 / 0654 0.3 / 1331 4.0 / 1917 0.2	0455 0.4 / 1059 2.5 / 1721 0.3 / 2332 2.5	0127 0.9 / 0721 7.3 / 1351 0.8 / 1949 7.1	0504 5.6 / 1130 0.7 / 1731 5.5 / 2348 1.1	0446 5.1 / 1115 0.4 / 1715 5.0 / 2333 0.8
29 F	0209 4.9 / 0818 0.7 / 1428 4.7 / 2045 0.5	0237 5.9 / 0851 0.6 / 1457 5.7 / 2118 0.4	0359 7.5 / 1033 0.6 / 1621 7.2 / 2254 0.3	0148 4.3 / 0751 0.6 / 1408 4.1 / 2018 0.4	0152 4.1 / 0736 0.4 / 1412 3.9 / 2003 0.3	0537 0.6 / 1143 2.5 / 1806 0.3	0207 1.2 / 0803 7.1 / 1434 1.0 / 2037 6.8	0549 5.4 / 1216 0.9 / 1821 5.3	0531 5.0 / 1201 0.6 / 1804 4.8
30 SA	0255 4.8 / 0901 0.9 / 1509 4.6 / 2130 0.6	0323 5.8 / 0928 0.8 / 1540 5.5 / 2159 0.6	0445 7.3 / 1104 0.8 / 1703 7.0 / 2327 0.5	0233 4.2 / 0832 0.8 / 1450 4.0 / 2103 0.5	0236 4.0 / 0820 0.6 / 1453 3.8 / 2048 0.4	0027 2.4 / 0618 0.8 / 1228 2.4 / 1854 0.4	0245 1.5 / 0845 6.8 / 1515 1.3 / 2126 6.5	0033 1.4 / 0636 5.2 / 1303 1.1 / 1912 5.0	0016 1.1 / 0617 4.8 / 1248 0.8 / 1855 4.6
31 SU	0339 4.6 / 0942 1.1 / 1550 4.4 / 2217 0.8	0409 5.5 / 1005 1.1 / 1624 5.3 / 2240 0.8	0529 7.0 / 1136 1.0 / 1745 6.6	0318 4.0 / 0915 1.0 / 1533 3.9 / 2150 0.6	0320 3.8 / 0904 0.8 / 1535 3.7 / 2136 0.5	0124 2.3 / 0701 0.9 / 1315 2.3 / 1943 0.5	0322 1.9 / 0928 6.5 / 1559 1.6 / 2217 6.2	0118 1.7 / 0725 5.0 / 1353 1.3 / 2006 4.8	0100 1.4 / 0706 4.6 / 1337 1.0 / 1948 4.3

PAGE 40

TIDE TABLES

EAST COAST OF ENGLAND Time Zone UT
Margate * Sheerness * London Bridge * Walton-on-the-Naze * Harwich * Lowestoft * Immingham * RiverTees * RiverTyne

TIDE TABLES JUNE 1998

MARGATE	SHEERNESS	LONDON BRIDGE	WALTON-ON-THE-NAZE	HARWICH	LOWESTOFT	IMMINGHAM	RIVER TEES	RIVER TYNE		
Time m	Time m	Time m	Time m	Time m	Time m	Time m	Time m	Time m		
0426 4.3 1027 1.3 1636 4.2 2309 1.0	0458 5.3 1045 1.3 1712 5.0 2327 1.0	0001 0.8 0615 6.7 1212 1.3 1829 6.3	0406 3.9 1000 1.1 1621 3.7 2242 0.7	0407 3.6 0951 1.0 1621 3.5 2230 0.6	0224 2.2 0749 1.1 1405 2.3 2039 0.6	0403 2.2 1015 6.2 1648 1.9 2314 5.9	0207 2.0 0818 4.8 1446 1.5 2103 4.6	0148 1.7 0758 4.3 1431 1.3 2045 4.1	1	M
0520 4.1 1120 1.5 1732 4.0	0551 5.0 1136 1.5 1806 4.8	0039 1.0 0705 6.3 1253 1.5 1921 6.0	0500 3.4 1055 1.2 1716 3.6 2342 0.8	0500 3.4 1045 1.1 1714 3.3 2330 0.7	0329 2.1 0848 1.2 1500 2.2 2145 0.7	0454 2.6 1112 6.0 1750 2.1	0301 2.2 0915 4.6 1543 1.7 2202 4.5	0245 1.9 0858 4.1 1533 1.5 2148 3.9	2	TU
0013 1.1 0624 4.0 1229 1.6 1839 3.9	0027 1.1 0652 4.9 1242 1.6 1910 4.7	0126 1.2 0802 6.1 1348 1.7 2023 5.8	0602 3.5 1200 1.3 1821 3.5	0603 3.3 1151 1.2 1819 3.2	0439 2.1 1006 1.3 1602 2.1 2257 0.7	0020 5.7 0600 2.8 1222 5.8 1900 2.2	0403 2.3 1015 4.5 1644 1.8 2301 4.4	0354 2.0 1004 4.0 1640 1.5 2255 3.9	3	W
0124 1.1 0737 4.0 1345 1.5 1950 4.0	0139 1.2 0800 4.8 1400 1.6 2021 4.7	0240 1.3 0908 6.0 1513 1.8 2134 5.8	0054 0.8 0713 3.5 1316 1.2 1934 3.5	0040 0.7 0713 3.3 1305 1.1 1933 3.2	0548 2.1 1127 1.3 1711 2.1	0129 5.7 0718 2.8 1336 5.8 2006 2.2	0508 2.3 1116 4.5 1744 1.8 2357 4.5	0508 2.0 1112 4.0 1745 1.5 2357 4.0	4	TH
0228 1.1 0843 4.1 1451 1.4 2053 4.1	0245 1.1 0905 4.9 1508 1.5 2126 4.9	0407 1.2 1021 6.1 1632 1.5 2249 6.0	0200 0.6 0820 3.6 1423 1.1 2038 3.5	0148 0.7 0821 3.4 1413 1.0 2040 3.3	0000 0.8 0646 2.2 1225 1.2 1818 2.1	0230 5.9 0825 2.6 1439 6.0 2103 2.0	0609 2.2 1213 4.6 1838 1.7	0612 1.9 1213 4.1 1839 1.4	5	F
0321 1.0 0936 4.2 1541 1.3 2145 4.2	0343 1.0 1000 5.1 1603 1.3 2220 5.1	0508 0.9 1124 6.3 1730 1.2 2345 6.2	0255 0.7 0913 3.7 1515 1.0 2130 3.7	0245 0.6 0917 3.5 1507 0.9 2134 3.5	0051 0.8 0731 2.2 1310 1.1 1911 2.2	0322 6.1 0921 2.3 1531 6.2 2151 1.9	0048 4.6 0703 2.0 1305 4.7 1925 1.6	0049 4.2 0703 1.7 1304 4.2 1924 1.3	6	SA
0404 0.9 1018 4.3 1623 1.1 2229 4.3	0431 0.9 1047 5.3 1651 1.1 2305 5.3	0600 0.8 1210 6.5 1821 1.0	0342 0.7 0958 3.8 1600 0.9 2214 3.8	0330 0.6 1003 3.7 1551 0.8 2220 3.6	0132 0.8 0806 2.3 1348 1.0 1954 2.2	0404 6.3 1007 2.1 1615 6.4 2233 1.7	0135 4.8 0751 1.8 1351 4.8 2009 1.4	0133 4.4 0747 1.5 1348 4.4 2004 1.2	7	SU
0442 0.9 1055 4.4 1701 1.0 2309 4.4	0514 0.8 1127 5.5 1733 0.9 2345 5.4	0029 6.4 0645 0.7 1249 6.7 1906 0.9	0421 0.6 1037 4.0 1639 0.8 2254 3.9	0410 0.5 1043 3.8 1629 0.7 2301 3.7	0207 0.7 0833 2.3 1424 0.9 2033 2.3	0442 6.6 1049 1.8 1655 6.6 2312 1.5	0216 4.9 0833 1.6 1434 4.9 2049 1.3	0211 4.5 0826 1.3 1427 4.5 2042 1.1	8	M
0518 0.8 1131 4.5 1740 0.9 2349 4.5	0552 0.8 1206 5.6 1812 0.8	0106 6.5 0729 0.6 1324 6.8 1951 0.8	0459 0.6 1115 4.0 1717 0.7 2333 4.0	0446 0.5 1121 3.8 1705 0.6 2339 3.8	0240 0.7 0900 2.4 1500 0.8 2112 2.3	0517 6.8 1130 1.5 1733 6.7 2351 1.4	0255 5.0 0912 1.4 1514 5.0 2128 1.2	0247 4.7 0903 1.1 1505 4.6 2118 1.0	9	TU
0556 0.8 1207 4.6 1820 0.8	0024 5.5 0630 0.7 1242 5.7 1851 0.7	0142 6.7 0812 0.6 1400 6.9 2033 0.7	0534 0.7 1150 4.1 1754 0.7	0521 0.5 1157 3.9 1742 0.5	0314 0.7 0930 2.4 1539 0.7 2150 2.3	0551 6.9 1210 1.4 1811 6.8	0331 5.1 0951 1.2 1552 5.1 2206 1.2	0321 4.8 0939 1.0 1542 4.7 2154 0.9	10	W ○
0027 4.6 0635 0.8 1244 4.7 1900 0.7	0101 5.6 0707 0.7 1319 5.7 1930 0.6	0220 6.8 0854 0.5 1438 7.0 2116 0.6	0010 4.0 0609 0.7 1225 4.1 1830 0.6	0017 3.8 0557 0.5 1233 3.9 1818 0.5	0349 0.6 1003 2.5 1619 0.6 2229 2.3	0028 1.3 0627 7.0 1250 1.2 1849 6.8	0407 5.2 1029 1.1 1630 5.1 2245 1.1	0354 4.8 1015 0.9 1618 4.7 2230 0.9	11	TH
0106 4.6 0713 0.8 1321 4.7 1939 0.8	0139 5.6 0745 0.7 1356 5.7 2010 0.6	0259 7.0 0935 0.5 1515 7.1 2157 0.5	0047 4.0 0645 0.7 1300 4.1 1908 0.6	0054 3.9 0633 0.5 1309 3.9 1857 0.5	0426 0.6 1039 2.5 1700 0.5 2309 2.3	0106 1.2 0702 7.0 1330 1.2 1927 6.8	0445 5.2 1108 1.1 1712 5.1 2325 1.2	0429 4.9 1053 0.8 1657 4.7 2307 1.0	12	F
0144 4.7 0753 0.8 1358 4.7 2020 0.8	0218 5.6 0823 0.7 1433 5.6 2051 0.6	0338 7.1 1013 0.6 1553 7.1 2234 0.6	0124 4.0 0721 0.7 1336 4.0 1948 0.6	0132 3.9 0710 0.6 1346 3.8 1936 0.4	0504 0.7 1116 2.5 1743 0.5 2351 2.3	0144 1.3 0739 7.0 1409 1.2 2008 6.8	0524 5.2 1149 1.0 1755 5.0 2347 1.0	0506 4.9 1133 0.8 1739 4.7	13	SA
0224 4.7 0833 0.9 1437 4.7 2103 0.8	0257 5.6 0901 0.8 1512 5.5 2132 0.6	0418 7.1 1048 0.8 1631 7.0 2308 0.7	0204 4.0 0800 0.8 1415 4.0 2030 0.6	0212 3.8 0749 0.6 1424 3.8 2017 0.4	0544 0.7 1156 2.4 1827 0.5	0222 1.4 0818 6.9 1451 1.3 2051 6.6	0006 1.3 0607 5.1 1233 1.0 1843 4.9	0546 4.8 1215 0.8 1824 4.6	14	SU
0306 4.6 0915 1.0 1518 4.6 2147 0.8	0340 5.5 0941 0.9 1554 5.4 2215 0.8	0500 7.0 1118 0.9 1711 6.8 2339 0.8	0247 4.0 0843 0.8 1458 3.9 2117 0.6	0254 3.8 0832 0.7 1506 3.7 2103 0.4	0039 2.2 0626 0.8 1238 2.4 1915 0.5	0303 1.5 0900 6.8 1534 1.3 2140 6.5	0051 1.4 0654 5.0 1321 1.1 1936 4.8	0030 1.2 0630 4.7 1302 0.9 1913 4.5	15	M

● ● Time UT. For British Summer Time (shaded) March 29th to October 25th ADD ONE HOUR ● ●

PAGE 41

JUNE 1998 TIDE TABLES

● ● Time UT. For British Summer Time (shaded) March 29th to October 25th ADD ONE HOUR ● ●

	MARGATE	SHEERNESS	LONDON BRIDGE	WALTON-ON-THE-NAZE	HARWICH	LOWESTOFT	IMMINGHAM	RIVER TEES	RIVER TYNE
	Time m	Time m	Time m	Time m	Time m	Time m	Time m	Time m	Time m
16 TU	0353 4.5 1001 1.1 1606 4.5 2238 0.9	0428 5.4 1025 1.0 1642 5.3 2304 0.8	0545 6.8 1151 1.1 1755 6.6	0335 3.9 0933 0.9 1547 3.8 2210 0.6	0339 3.7 0920 0.8 1553 3.6 2155 0.5	0131 2.2 0714 0.9 1325 2.3 2008 0.5	0347 1.8 0948 6.7 1622 1.5 2236 6.3	0141 1.5 0745 4.9 1414 1.2 2033 4.7	0118 1.3 0721 4.6 1354 1.0 2009 4.4
17 W	0448 4.4 1055 1.2 1702 4.4 2339 0.9	0522 5.3 1118 1.1 1737 5.2	0017 0.9 0637 6.5 1236 1.2 1848 6.4	0430 3.8 1030 1.0 1644 3.7 2312 0.6	0433 3.7 1016 0.9 1648 3.6 2257 0.5	0233 2.1 0811 1.0 1418 2.3 2106 0.5	0438 2.0 1043 6.5 1718 1.6 2343 6.2	0236 1.7 0843 4.8 1513 1.3 2135 4.7	0215 1.5 0819 4.5 1454 1.1 2113 4.3
18 TH	0552 4.3 1200 1.3 1808 4.3	0002 0.8 0624 5.2 1220 1.2 1842 5.1	0109 0.9 0739 6.4 1338 1.3 1954 6.3	0533 3.8 1135 1.0 1749 3.7	0535 3.6 1122 0.9 1751 3.5	0343 2.1 0916 1.0 1522 2.3 2212 0.5	0539 2.1 1149 6.4 1824 1.6	0339 1.8 0945 4.8 1618 1.3 2239 4.7	0320 1.6 0924 4.4 1603 1.1 2221 4.3
19 F	0051 0.9 0703 4.3 1312 1.2 1918 4.4	0109 0.8 0733 5.2 1330 1.2 1952 5.1	0221 0.9 0852 6.4 1457 1.3 2112 6.4	0021 0.6 0643 3.8 1247 1.0 1901 3.7	0007 0.5 0643 3.6 1235 0.9 1900 3.5	0453 2.2 1027 1.0 1634 2.3 2320 0.5	0056 6.2 0651 2.2 1302 6.4 1935 1.6	0448 1.8 1051 4.8 1727 1.3 2342 4.8	0431 1.5 1034 4.5 1714 1.1 2330 4.4
20 SA	0203 0.8 0812 4.4 1424 1.1 2024 4.4	0220 0.8 0843 5.3 1442 1.1 2103 5.3	0341 0.8 1006 6.7 1613 1.1 2227 6.6	0136 0.6 0757 3.9 1401 0.9 2015 3.8	0118 0.5 0754 3.7 1345 0.8 2012 3.6	0556 2.2 1137 1.0 1744 2.3	0205 6.3 0804 2.0 1412 6.6 2047 1.5	0558 1.6 1157 4.9 1834 1.2	0542 1.4 1143 4.6 1821 1.0
21 SU	0308 0.7 0917 4.5 1527 0.9 2125 4.5	0331 0.7 0950 5.5 1552 0.9 2209 5.4	0456 0.7 1115 6.9 1727 0.9 2336 6.7	0246 0.5 0903 4.0 1509 0.8 2121 3.9	0226 0.4 0905 3.8 1450 0.7 2125 3.7	0026 0.5 0653 2.3 1245 0.9 1848 2.4	0308 6.5 0915 1.8 1517 6.8 2153 1.3	0044 4.9 0703 1.4 1300 5.1 1934 1.0	0032 4.6 0648 1.2 1247 4.7 1922 0.9
22 M	0406 0.6 1015 4.5 1625 0.8 2225 4.6	0438 0.6 1049 5.6 1658 0.8 2309 5.6	0620 0.7 1215 7.0 1850 0.8	0346 0.5 1003 4.1 1607 0.7 2221 4.1	0328 0.4 1008 3.9 1551 0.6 2228 3.9	0127 0.5 0744 2.4 1348 0.7 1948 2.4	0404 6.8 1019 1.5 1616 6.9 2250 1.2	0140 5.1 0802 1.2 1358 5.2 2028 0.9	0127 4.8 0746 1.0 1344 4.9 2015 0.8
23 TU	0458 0.6 1109 4.6 1718 0.7 2324 4.6	0535 0.6 1143 5.7 1757 0.6	0036 6.8 0727 0.7 1309 7.0 1951 0.7	0438 0.4 1055 4.2 1700 0.5 2314 4.2	0423 0.3 1102 4.0 1645 0.4 2322 4.0	0221 0.5 0830 2.5 1445 0.6 2045 2.5	0454 7.0 1115 1.2 1711 7.1 2341 1.1	0232 5.3 0855 1.0 1452 5.4 2118 0.9	0217 4.9 0839 0.8 1437 5.0 2105 0.7
24 W ●	0546 0.7 1158 4.6 1809 0.6	0003 5.7 0625 0.5 1231 5.8 1849 0.5	0128 6.9 0818 0.7 1356 7.0 2041 0.5	0525 0.5 1143 4.2 1748 0.4	0511 0.3 1150 4.0 1733 0.3	0309 0.5 0914 2.5 1536 0.4 2139 2.5	0540 7.1 1207 0.9 1803 7.1	0320 5.4 0945 0.8 1542 5.4 2203 0.9	0303 5.1 0930 0.6 1527 5.1 2151 0.7
25 TH	0018 4.7 0632 0.7 1244 4.7 1857 0.5	0052 5.8 0710 0.5 1317 5.8 1938 0.4	0216 7.0 0901 0.7 1440 7.0 2125 0.4	0003 4.3 0609 0.5 1227 4.3 1834 0.3	0010 4.1 0555 0.4 1233 4.0 1820 0.2	0354 0.5 0958 2.6 1624 0.4 2232 2.5	0027 1.1 0624 7.2 1254 0.8 1851 7.1	0405 5.5 1031 0.7 1630 5.4 2247 1.0	0347 5.1 1017 0.5 1615 5.0 2233 0.8
26 F	0108 4.8 0716 0.7 1327 4.7 1944 0.4	0139 5.9 0752 0.6 1400 5.8 2023 0.4	0301 7.2 0940 0.6 1522 7.2 2204 0.3	0049 4.3 0650 0.6 1309 4.2 1919 0.3	0054 4.1 0637 0.4 1315 4.0 1904 0.2	0437 0.6 1042 2.6 1709 0.3 2322 2.4	0110 1.1 0705 7.2 1339 0.9 1938 7.0	0448 5.5 1115 0.7 1716 5.3 2328 1.2	0430 5.1 1102 0.5 1701 5.0 2315 0.9
27 SA	0154 4.8 0758 0.7 1409 4.7 2028 0.4	0224 5.8 0832 0.7 1441 5.7 2106 0.4	0344 7.3 1015 0.6 1603 7.2 2240 0.3	0133 4.3 0730 0.7 1349 4.2 2002 0.4	0137 4.1 0719 0.5 1354 4.0 1948 0.2	0517 0.7 1124 2.6 1752 0.3	0149 1.2 0745 7.1 1421 1.0 2021 6.8	0531 5.4 1200 0.8 1801 5.2	0512 5.0 1145 0.6 1746 4.8 2354 1.1
28 SU	0237 4.7 0839 0.9 1448 4.6 2111 0.6	0306 5.7 0909 0.8 1521 5.5 2145 0.6	0427 7.3 1047 0.8 1642 7.0 2312 0.5	0215 4.2 0809 0.8 1427 4.1 2042 0.4	0218 4.0 0759 0.6 1433 3.9 2030 0.3	0012 2.3 0556 0.8 1205 2.5 1835 0.4	0226 1.5 0825 6.9 1500 1.2 2103 6.6	0009 1.3 0614 5.3 1242 0.9 1847 5.0	0554 4.9 1227 0.8 1830 4.6
29 M	0318 4.5 0917 1.0 1525 4.5 2151 0.7	0348 5.5 0942 1.0 1600 5.4 2220 0.8	0507 7.1 1117 1.0 1720 6.7 2342 0.7	0255 4.1 0847 0.9 1506 4.0 2123 0.5	0258 3.8 0839 0.8 1511 3.8 2111 0.4	0100 2.3 0633 0.9 1245 2.4 1918 0.5	0300 1.8 0903 6.7 1536 1.5 2145 6.3	0051 1.6 0658 5.1 1326 1.2 1933 4.8	0032 1.3 0637 4.7 1307 1.0 1915 4.4
30 TU	0358 4.3 0955 1.2 1605 4.3 2233 0.9	0430 5.3 1015 1.2 1639 5.2 2254 0.9	0548 6.8 1148 1.2 1759 6.4	0336 3.9 0927 1.0 1547 3.9 2205 0.6	0339 3.7 0918 0.9 1550 3.6 2154 0.5	0149 2.2 0710 1.0 1327 2.4 2001 0.6	0336 2.0 0944 6.5 1615 1.7 2228 6.1	0133 1.8 0745 4.9 1412 1.4 2023 4.6	0112 1.5 0722 4.5 1351 1.2 2002 4.2

PAGE 42

EAST COAST OF ENGLAND Time Zone UT

Margate * Sheerness * London Bridge * Walton-on-the-Naze * Harwich * Lowestoft * Immingham * RiverTees * RiverTyne

TIDE TABLES JULY 1998

MARGATE	SHEERNESS	LONDON BRIDGE	WALTON-ON-THE-NAZE	HARWICH	LOWESTOFT	IMMINGHAM	RIVER TEES	RIVER TYNE		
Time m	Time m	Time m	Time m	Time m	Time m	Time m	Time m	Time m		
0442 4.2 1038 1.4 1651 4.2 2323 1.1	0512 5.1 1054 1.4 1723 5.0 2336 1.0	0013 0.9 0631 6.4 1223 1.3 1843 6.1	0420 3.8 1011 1.1 1632 3.7 2252 0.7	0421 3.5 1003 1.0 1632 3.5 2242 0.6	0240 2.1 0752 1.1 1414 2.3 2051 0.7	0415 2.3 1029 6.2 1700 2.0 2318 5.8	0219 2.0 0836 4.8 1500 1.6 2116 4.5	0156 1.7 0812 4.3 1439 1.4 2054 4.0	1	W
0532 4.0 1132 1.5 1747 4.0	0600 4.9 1142 1.5 1814 4.8	0051 1.1 0720 6.2 1305 1.5 1936 5.9	0509 3.6 1103 1.2 1723 3.6 2349 0.8	0509 3.4 1055 1.1 1721 3.3 2338 0.7	0336 2.1 0845 1.2 1508 2.2 2149 0.8	0503 2.6 1123 5.9 1755 2.3	0311 2.1 0931 4.6 1554 1.8 2212 4.4	0250 1.9 0907 4.1 1535 1.6 2151 4.0	2	TH
0021 1.2 0633 3.9 1237 1.6 1852 3.9	0030 1.2 0656 4.8 1245 1.6 1915 4.7	0139 1.2 0816 6.0 1357 1.6 2039 5.7	0605 3.5 1206 1.3 1824 3.4	0606 3.3 1159 1.2 1824 3.2	0438 2.1 0954 1.3 1609 2.2 2258 0.9	0018 5.7 0606 2.8 1230 5.8 1902 2.4	0409 2.2 1030 4.5 1651 1.9 2309 4.4	0356 2.0 1010 4.0 1639 1.7 2254 3.9	3	F
0124 1.2 0737 3.9 1345 1.5 1958 3.9	0136 1.2 0759 4.7 1401 1.6 2023 4.7	0242 1.3 0918 5.9 1509 1.7 2145 5.7	0057 0.9 0713 3.5 1321 1.2 1938 3.4	0042 0.8 0713 3.3 1309 1.1 1937 3.2	0542 2.1 1118 1.3 1715 2.1 2359 0.9	0125 5.7 0721 2.8 1342 5.8 2007 2.4	0514 2.2 1130 4.5 1751 1.9	0509 2.0 1116 4.0 1745 1.7 2357 4.0	4	SA
0221 1.2 0837 4.0 1447 1.4 2058 4.0	0245 1.2 0903 4.8 1512 1.5 2129 4.8	0408 1.2 1018 6.0 1633 1.5 2247 5.8	0204 0.9 0821 3.5 1430 1.2 2045 3.5	0148 0.8 0821 3.3 1415 1.0 2046 3.3	0639 2.2 1222 1.2 1821 2.2	0227 5.9 0830 2.6 1446 5.9 2105 2.2	0006 4.5 0618 2.1 1227 4.5 1847 1.8	0616 1.9 1219 4.1 1842 1.6	5	SU
0313 1.1 0930 4.2 1540 1.3 2152 4.1	0346 1.1 1002 5.1 1611 1.2 2226 5.1	0509 1.0 1116 6.1 1732 1.3 2343 6.0	0301 0.9 0917 3.7 1525 1.0 2139 3.6	0246 0.7 0920 3.5 1512 0.9 2144 3.5	0047 0.9 0722 2.2 1311 1.1 1920 2.2	0322 6.1 0927 2.3 1541 6.2 2155 2.0	0100 4.6 0716 1.9 1321 4.6 1939 1.6	0051 4.2 0711 1.7 1313 4.3 1931 1.4	6	M
0401 1.0 1018 4.3 1630 1.1 2241 4.3	0437 1.0 1052 5.3 1701 1.0 2315 5.3	0600 0.9 1207 6.4 1825 1.1	0350 0.8 1004 3.8 1612 0.9 2226 3.8	0336 0.7 1009 3.6 1600 0.8 2232 3.6	0127 0.9 0757 2.3 1355 1.0 2009 2.2	0409 6.4 1017 2.0 1628 6.4 2241 1.7	0148 4.8 0807 1.7 1409 4.8 2025 1.5	0138 4.4 0757 1.4 1400 4.4 2015 1.3	7	TU
0448 0.9 1102 4.5 1717 1.0 2327 4.4	0523 0.9 1138 5.5 1748 0.9	0032 6.3 0652 0.7 1253 6.6 1919 0.8	0432 0.8 1047 3.9 1654 0.8 2309 3.9	0420 0.7 1054 3.8 1642 0.7 2316 3.7	0206 0.8 0831 2.4 1438 0.8 2051 2.3	0450 6.7 1104 1.7 1712 6.6 2324 1.5	0232 4.9 0852 1.5 1454 4.9 2109 1.3	0218 4.6 0839 1.2 1442 4.6 2054 1.1	8	W
0533 0.9 1145 4.6 1803 0.8	0000 5.5 0606 0.8 1221 5.6 1832 0.7	0117 6.6 0744 0.6 1337 6.9 2012 0.7	0511 0.8 1127 4.0 1734 0.7 2351 4.0	0500 0.6 1135 3.9 1724 0.5 2358 3.8	0245 0.7 0906 2.5 1521 0.7 2133 2.3	0529 6.9 1150 1.4 1754 6.8	0312 5.1 0935 1.2 1536 5.0 2150 1.2	0256 4.8 0920 1.0 1522 4.7 2134 1.0	9	TH ○
0009 4.6 0615 0.8 1227 4.7 1846 0.7	0042 5.6 0647 0.7 1302 5.7 1915 0.6	0201 6.8 0835 0.5 1420 7.1 2103 0.5	0548 0.7 1207 4.1 1815 0.6	0539 0.6 1216 3.9 1804 0.4	0326 0.7 0942 2.5 1606 0.7 2214 2.4	0007 1.3 0607 7.0 1234 1.2 1834 6.9	0351 5.2 1016 1.0 1617 5.1 2230 1.1	0333 4.9 1000 1.0 1601 4.8 2213 0.9	10	F
0051 4.7 0657 0.8 1306 4.8 1929 0.6	0124 5.7 0728 0.7 1342 5.7 2000 0.5	0244 7.1 0921 0.4 1501 7.2 2149 0.4	0031 4.1 0627 0.7 1246 4.1 1855 0.5	0039 3.9 0618 0.5 1256 4.0 1845 0.3	0407 0.7 1020 2.6 1650 0.5 2255 2.4	0049 1.2 0645 7.2 1318 1.0 1916 7.0	0430 5.3 1057 0.9 1658 5.2 2311 1.0	0410 5.0 1040 0.6 1642 4.9 2253 0.9	11	SA
0133 4.7 0739 0.7 1346 4.8 2011 0.6	0205 5.8 0810 0.6 1421 5.7 2045 0.4	0325 7.3 1006 0.5 1541 7.2 2232 0.4	0112 4.2 0706 0.7 1325 4.1 1938 0.4	0120 4.0 0657 0.5 1336 4.0 1925 0.3	0449 0.7 1059 2.6 1733 0.4 2339 2.4	0131 1.1 0724 7.2 1402 0.9 1958 7.0	0509 5.4 1139 0.8 1742 5.2 2353 1.1	0449 5.1 1121 0.6 1724 4.9 2334 0.9	12	SU
0215 4.8 0821 0.8 1426 4.8 2054 0.6	0247 5.8 0851 0.6 1501 5.7 2129 0.4	0406 7.3 1045 0.6 1620 7.2 2311 0.5	0154 4.2 0748 0.7 1406 4.1 2022 0.4	0201 4.0 0736 0.5 1415 3.9 2007 0.3	0530 0.7 1139 2.6 1818 0.4	0212 1.2 0805 7.2 1444 0.9 2042 6.9	0551 5.4 1222 0.8 1827 5.1	0530 5.1 1204 0.6 1809 4.9	13	M
0257 4.7 0903 0.9 1506 4.7 2137 0.7	0330 5.7 0933 0.7 1542 5.6 2212 0.5	0448 7.2 1119 0.8 1700 7.0 2345 0.7	0237 4.2 0832 0.7 1448 4.1 2108 0.4	0244 3.9 0818 0.6 1457 3.9 2051 0.3	0024 2.3 0613 0.8 1221 2.5 1903 0.4	0254 1.3 0847 7.1 1527 0.9 2127 6.8	0036 1.1 0636 5.3 1309 0.9 1917 5.0	0017 1.0 0615 5.0 1249 0.6 1857 4.7	14	TU
0342 4.6 0946 1.0 1549 4.6 2224 0.7	0415 5.6 1015 0.8 1627 5.5 2255 0.6	0533 6.9 1150 1.1 1742 6.8	0324 4.1 0918 0.8 1535 4.0 2157 0.5	0328 3.8 0904 0.7 1541 3.8 2139 0.3	0112 2.3 0657 0.8 1306 2.4 1950 0.4	0336 1.5 0932 7.0 1611 0.8 2218 6.5	0123 1.3 0725 5.2 1358 0.9 2011 4.8	0102 1.1 0703 4.9 1337 0.8 1948 4.6	15	W

● ● Time UT. For British Summer Time (shaded) March 29th to October 25th ADD ONE HOUR ● ●

PAGE 43

JULY 1998 TIDE TABLES

● ● Time UT. For British Summer Time (shaded) March 29th to October 25th ADD ONE HOUR ● ●

	MARGATE	SHEERNESS	LONDON BRIDGE	WALTON-ON-THE-NAZE	HARWICH	LOWESTOFT	IMMINGHAM	RIVER TEES	RIVER TYNE
	Time m	Time m	Time m	Time m	Time m	Time m	Time m	Time m	Time m
16 TH	0431 4.5 1034 1.1 1640 4.5 2317 0.8	0506 5.5 1100 1.0 1718 5.4 2344 0.7	0018 0.8 0621 6.7 1225 1.2 1831 6.6	0414 4.0 1010 0.9 1627 3.9 2253 0.6	0418 3.8 0954 0.8 1630 3.8 2234 0.4	0207 2.2 0748 0.9 1357 2.5 2042 0.5	0422 1.7 1023 6.8 1659 1.4 2316 6.3	0214 1.4 0821 5.0 1453 1.1 2109 4.7	0153 1.3 0757 4.8 1431 0.9 2047 4.4
17 F	0528 4.3 1131 1.2 1740 4.5	0602 5.3 1154 1.1 1817 5.2	0057 0.9 0718 6.5 1315 1.2 1931 6.5	0511 3.9 1109 1.0 1727 3.8 2357 0.6	0514 3.7 1054 0.9 1729 3.7 2340 0.5	0312 2.2 0846 1.0 1457 2.4 2143 0.6	0515 1.9 1123 6.6 1757 1.6	0312 1.6 0922 4.9 1555 1.3 2213 4.6	0251 1.4 0859 4.6 1534 1.1 2152 4.3
18 SA	0022 0.8 0633 4.3 1242 1.2 1848 4.4	0042 0.8 0706 5.2 1300 1.2 1926 5.2	0154 0.9 0825 6.4 1424 1.2 2044 6.4	0616 3.8 1218 1.0 1835 3.8	0618 3.6 1205 0.9 1836 3.6	0422 2.2 0955 1.0 1611 2.3 2253 0.7	0024 6.2 0620 2.1 1235 6.4 1906 1.8	0419 1.7 1030 4.8 1704 1.4 2320 4.6	0400 1.5 1009 4.5 1647 1.3 2303 4.3
19 SU	0136 0.8 0742 4.3 1358 1.1 2000 4.4	0152 0.9 0816 5.2 1415 1.1 2041 5.2	0309 0.9 0937 6.5 1543 1.1 2200 6.5	0112 0.7 0730 3.8 1337 1.0 1952 3.8	0054 0.6 0728 3.6 1321 0.9 1951 3.6	0529 2.2 1112 1.0 1727 2.3	0136 6.2 0736 2.1 1351 6.4 2021 1.8	0534 1.7 1140 4.8 1815 1.4	0518 1.5 1124 4.5 1801 1.3
20 M	0245 0.8 0852 4.3 1510 1.0 2112 4.4	0308 0.9 0927 5.3 1533 1.0 2154 5.3	0427 0.8 1050 6.6 1702 1.0 2317 6.5	0227 0.7 0842 3.8 1454 0.9 2106 3.9	0207 0.6 0842 3.6 1435 0.8 2110 3.6	0005 0.7 0630 2.3 1232 0.9 1839 2.3	0245 6.3 0854 2.0 1505 6.5 2132 1.7	0027 4.7 0647 1.5 1249 4.9 1921 1.3	0011 4.4 0632 1.4 1236 4.6 1907 1.2
21 TU	0350 0.8 1000 4.4 1615 0.9 2223 4.4	0419 0.9 1033 5.4 1646 0.9 2259 5.5	0549 0.8 1157 6.7 1830 0.9	0331 0.7 0947 4.0 1557 0.7 2210 4.0	0316 0.6 0951 3.7 1542 0.6 2217 3.8	0111 0.7 0727 2.4 1342 0.8 1948 2.4	0348 6.6 1005 1.7 1612 6.7 2233 1.6	0127 4.9 0751 1.3 1351 5.0 2017 1.2	0112 4.6 0736 1.2 1338 4.7 2004 1.1
22 W	0448 0.8 1058 4.5 1714 0.7 2324 4.5	0520 0.8 1130 5.6 1748 0.7 2355 5.6	0023 6.6 0704 0.8 1254 6.8 1936 0.7	0425 0.7 1042 4.1 1651 0.6 2305 4.1	0413 0.6 1047 3.9 1639 0.5 2312 3.9	0207 0.7 0815 2.5 1439 0.6 2046 2.4	0441 6.8 1104 1.4 1708 6.8 2325 1.4	0221 5.1 0846 1.1 1445 5.1 2106 1.1	0205 4.8 0832 0.9 1432 4.8 2053 1.0
23 TH ●	0538 0.8 1147 4.5 1803 0.6	0610 0.8 1220 5.7 1840 0.5	0118 6.8 0759 0.8 1343 6.8 2027 0.5	0511 0.7 1130 4.2 1738 0.5 2352 4.2	0500 0.6 1136 3.9 1726 0.3 2358 4.0	0256 0.7 0859 2.6 1527 0.5 2136 2.4	0527 7.0 1156 1.1 1757 6.9	0310 5.3 0934 0.9 1534 5.2 2150 1.1	0251 5.0 0921 0.7 1519 4.9 2137 1.0
24 F	0014 4.6 0621 0.8 1230 4.6 1848 0.5	0043 5.7 0654 0.7 1303 5.7 1927 0.4	0206 6.9 0844 0.7 1427 6.9 2111 0.4	0552 0.7 1212 4.2 1821 0.4	0542 0.5 1219 4.0 1809 0.2	0339 0.7 0942 2.6 1612 0.4 2223 2.4	0011 1.3 0609 7.2 1242 0.9 1841 7.0	0353 5.4 1018 0.7 1618 5.3 2230 1.1	0333 5.1 1005 0.6 1603 5.0 2217 1.1
25 SA	0057 4.7 0700 0.8 1309 4.7 1929 0.5	0127 5.8 0734 0.7 1344 5.8 2009 0.4	0248 7.1 0923 0.7 1506 7.1 2150 0.3	0035 4.2 0630 0.7 1251 4.2 1902 0.4	0041 4.0 0621 0.5 1258 4.0 1849 0.2	0419 0.7 1022 2.6 1654 0.3 2307 2.4	0053 1.3 0648 7.2 1324 0.9 1921 7.0	0433 5.4 1100 0.7 1659 5.2 2307 1.1	0412 5.1 1046 0.6 1644 4.9 2254 1.0
26 SU	0138 4.7 0737 0.8 1347 4.7 2008 0.5	0208 5.8 0812 0.7 1422 5.7 2048 0.5	0328 7.2 0957 0.7 1543 7.1 2224 0.4	0115 4.2 0707 0.7 1328 4.2 1940 0.4	0121 4.0 0659 0.6 1336 4.0 1928 0.2	0457 0.8 1102 2.6 1733 0.4 2348 2.3	0130 1.3 0725 7.2 1403 1.0 2000 6.9	0511 5.4 1139 0.8 1737 5.1 2343 1.2	0451 5.1 1124 0.6 1723 4.8 2328 1.1
27 M	0215 4.7 0813 0.8 1423 4.7 2045 0.6	0246 5.7 0847 0.8 1458 5.6 2121 0.6	0406 7.2 1028 0.8 1618 7.0 2254 0.5	0152 4.2 0743 0.7 1403 4.2 2017 0.4	0158 4.0 0736 0.6 1411 3.9 2005 0.3	0530 0.8 1139 2.6 1811 0.4	0205 1.5 0802 7.1 1437 1.1 2035 6.7	0548 5.3 1216 0.9 1816 5.0	0528 5.0 1159 0.7 1800 4.7
28 TU	0251 4.5 0848 1.0 1457 4.6 2120 0.7	0322 5.6 0918 1.0 1532 5.5 2151 0.7	0442 7.1 1056 0.9 1653 6.8 2319 0.7	0227 4.1 0818 0.8 1438 4.1 2052 0.5	0233 3.9 0811 0.7 1445 3.9 2041 0.4	0028 2.3 0602 0.9 1216 2.5 1846 0.5	0236 1.6 0836 6.9 1509 1.4 2109 6.5	0019 1.4 0627 5.2 1254 1.0 1856 4.8	0002 1.2 0606 4.8 1233 0.9 1839 4.6
29 W	0324 4.4 0921 1.1 1532 4.4 2155 0.9	0357 5.4 0945 1.1 1606 5.3 2218 0.8	0517 6.8 1122 1.0 1727 6.6 2345 0.8	0303 4.0 0854 0.9 1513 4.0 2127 0.6	0308 3.8 0845 0.8 1518 3.8 2117 0.5	0106 2.2 0632 1.0 1253 2.4 1921 0.6	0306 1.8 0911 6.7 1540 1.6 2143 6.3	0056 1.5 0708 5.0 1332 1.3 1939 4.7	0036 1.4 0645 4.7 1309 1.1 1918 4.4
30 TH	0400 4.3 0957 1.2 1610 4.3 2234 1.1	0433 5.2 1015 1.2 1641 5.1 2249 1.0	0554 6.6 1153 1.1 1805 6.3	0339 3.9 0930 1.0 1550 3.9 2206 0.7	0342 3.6 0921 0.9 1552 3.6 2156 0.6	0145 2.2 0707 1.1 1334 2.4 1958 0.7	0339 2.1 0948 6.4 1614 1.9 2222 6.0	0135 1.7 0752 4.8 1414 1.6 2025 4.5	0112 1.6 0727 4.5 1349 1.4 2003 4.2
31 F	0441 4.1 1041 1.4 1657 4.1 2322 1.2	0511 5.0 1053 1.2 1722 4.9 2330 1.2	0018 0.9 0634 6.3 1229 1.1 1849 6.0	0418 3.7 1012 1.1 1632 3.7 2252 0.9	0421 3.5 1004 1.0 1632 3.5 2243 0.8	0229 2.1 0751 1.2 1423 2.3 2042 0.9	0416 2.4 1030 6.1 1654 2.3 2310 5.8	0219 2.0 0842 4.6 1500 1.8 2118 4.3	0156 1.8 0815 4.3 1436 1.6 2053 4.1

PAGE 44

TIDE TABLES

EAST COAST OF ENGLAND Time Zone UT
Margate * Sheerness * London Bridge * Walton-on-the-Naze * Harwich * Lowestoft * Immingham * RiverTees * RiverTyne

TIDE TABLES AUGUST 1998

MARGATE	SHEERNESS	LONDON BRIDGE	WALTON-ON-THE-NAZE	HARWICH	LOWESTOFT	IMMINGHAM	RIVER TEES	RIVER TYNE		
Time m	Time m	Time m	Time m	Time m	Time m	Time m	Time m	Time m		
0530 4.0 1139 1.5 1754 3.9	0557 4.8 1142 1.5 1814 4.7	0058 1.0 0722 6.0 1312 1.4 1943 5.8	0504 3.6 1106 1.2 1724 3.5 2351 1.0	0505 3.4 1059 1.2 1722 3.3 2343 0.9	0321 2.1 0845 1.2 1522 2.2 2139 1.0	0503 2.7 1127 5.8 1749 2.5	0312 2.1 0940 4.4 1556 2.0 2218 4.3	0251 2.0 0912 4.1 1535 1.8 2152 4.0	1	SA
0021 1.3 0631 3.9 1246 1.6 1900 3.8	0026 1.3 0654 4.7 1248 1.7 1920 4.6	0146 1.2 0818 5.8 1403 1.6 2047 5.6	0601 3.4 1212 1.3 1830 3.4	0603 3.2 1209 1.2 1830 3.2	0423 2.1 0958 1.3 1630 2.2 2253 1.1	0014 5.7 0609 2.9 1241 5.6 1904 2.7	0415 2.3 1044 4.3 1700 2.0 2321 4.3	0402 2.1 1018 4.0 1645 1.9 2300 4.0	2	SU
0124 1.4 0739 3.9 1354 1.5 2011 3.9	0140 1.4 0802 4.7 1413 1.6 2035 4.7	0248 1.4 0920 5.7 1512 1.7 2152 5.6	0104 1.1 0713 3.4 1333 1.3 1950 3.4	0053 1.0 0715 3.2 1324 1.2 1951 3.2	0527 2.2 1127 1.3 1740 2.1 2359 1.0	0128 5.7 0734 2.9 1400 5.7 2018 2.6	0530 2.3 1150 4.3 1809 2.0	0524 2.0 1131 4.0 1758 1.8	3	M
0226 1.3 0844 4.0 1459 1.4 2116 4.0	0259 1.4 0913 4.9 1530 1.4 2147 4.9	0411 1.4 1022 5.8 1639 1.5 2257 5.8	0218 1.1 0829 3.5 1447 1.2 2102 3.5	0201 0.9 0830 3.3 1433 1.0 2106 3.3	0628 2.2 1234 1.1 1848 2.2	0238 5.9 0847 2.6 1508 6.0 2119 2.3	0024 4.4 0643 2.1 1253 4.5 1912 1.8	0006 4.1 0635 1.9 1239 4.1 1859 1.7	4	TU
0324 1.2 0942 4.2 1559 1.2 2213 4.2	0403 1.2 1017 5.2 1631 1.1 2246 5.2	0520 1.1 1126 6.1 1747 1.2	0317 1.0 0930 3.7 1545 1.0 2159 3.7	0303 0.9 0933 3.5 1531 0.9 2204 3.5	0051 1.0 0719 2.3 1327 1.0 1947 2.2	0336 6.3 0948 2.2 1604 6.3 2212 2.0	0121 4.6 0743 1.8 1348 4.7 2004 1.6	0103 4.3 0730 1.6 1333 4.4 1948 1.5	5	W
0419 1.1 1033 4.4 1654 1.0 2303 4.4	0456 1.0 1111 5.4 1724 0.9 2337 5.5	0000 6.1 0619 0.9 1225 6.4 1851 0.9	0406 0.9 1020 3.9 1632 0.8 2247 3.9	0354 0.8 1026 3.7 1620 0.7 2254 3.7	0136 0.9 0802 2.4 1417 0.8 2034 2.3	0424 6.6 1042 1.8 1652 6.6 2301 1.6	0209 4.9 0833 1.5 1436 4.9 2051 1.4	0151 4.6 0817 1.3 1420 4.6 2033 1.2	6	TH
0509 0.9 1121 4.6 1743 0.8 2350 4.6	0544 0.8 1159 5.6 1814 0.7	0054 6.5 0719 0.6 1316 6.8 1953 0.6	0448 0.8 1105 4.0 1715 0.7 2331 4.1	0439 0.7 1113 3.8 1705 0.5 2339 3.9	0221 0.8 0841 2.5 1503 0.6 2116 2.4	0506 6.9 1131 1.4 1736 6.9 2348 1.3	0252 5.1 0918 1.1 1519 5.1 2133 1.1	0232 4.8 0900 1.0 1502 4.8 2115 1.0	7	F
0556 0.8 1204 4.8 1828 0.6	0023 5.7 0629 0.7 1242 5.8 1901 0.5	0142 7.0 0816 0.4 1402 7.1 2048 0.3	0529 0.7 1148 4.1 1757 0.5	0520 0.6 1157 4.0 1747 0.4	0306 0.7 0920 2.6 1549 0.5 2157 2.4	0547 7.2 1219 1.0 1818 7.1	0332 5.3 1000 0.8 1600 5.3 2215 0.9	0311 5.0 0942 0.7 1542 5.0 2155 0.8	8	SA ○
0033 4.8 0639 0.7 1246 4.9 1912 0.5	0106 5.9 0712 0.6 1324 5.9 1948 0.4	0227 7.3 0907 0.3 1444 7.4 2136 0.2	0014 4.2 0609 0.7 1230 4.2 1840 0.4	0023 4.0 0600 0.5 1240 4.1 1828 0.2	0350 0.7 0959 2.7 1634 0.3 2238 2.5	0033 1.1 0627 7.4 1304 0.8 1900 7.2	0411 5.5 1042 0.6 1642 5.4 2254 0.8	0349 5.2 1023 0.5 1624 5.1 2236 0.7	9	SU
0117 4.9 0721 0.6 1327 4.9 1954 0.4	0149 6.0 0756 0.6 1405 5.9 2033 0.3	0309 7.5 0953 0.3 1524 7.5 2221 0.1	0057 4.3 0650 0.6 1311 4.3 1924 0.3	0106 4.1 0639 0.4 1321 4.1 1909 0.1	0433 0.6 1039 2.7 1718 0.3 2320 2.5	0116 1.0 0706 7.5 1348 0.6 1942 7.3	0450 5.6 1123 0.5 1723 5.4 2336 0.8	0429 5.3 1105 0.3 1706 5.2 2317 0.7	10	M
0200 4.9 0803 0.7 1408 4.9 2037 0.4	0231 6.0 0839 0.5 1445 5.9 2117 0.2	0351 7.5 1035 0.5 1603 7.4 2302 0.3	0139 4.4 0733 0.6 1352 4.3 2008 0.3	0148 4.2 0720 0.4 1402 4.1 1951 0.1	0515 0.6 1120 2.7 1800 0.3	0158 0.7 0747 7.5 1430 0.6 2024 7.2	0531 5.6 1206 0.5 1807 5.4	0510 5.4 1147 0.3 1749 5.1 2359 0.8	11	TU
0243 4.8 0845 0.8 1448 4.9 2120 0.5	0314 5.9 0919 0.6 1526 5.9 2157 0.3	0432 7.4 1112 0.7 1644 7.3 2338 0.5	0222 4.3 0816 0.6 1434 4.3 2052 0.5	0230 4.1 0801 0.5 1442 4.1 2033 0.3	0003 2.4 0557 0.7 1202 2.7 1843 0.3	0239 1.0 0829 7.5 1511 0.7 2107 7.0	0018 0.9 0615 5.6 1250 0.6 1854 5.2	0554 5.3 1230 0.6 1835 5.0	12	W
0326 4.7 0928 0.9 1531 4.8 2204 0.7	0357 5.8 0959 0.7 1609 5.7 2237 0.5	0515 7.1 1142 1.0 1726 7.0	0306 4.2 0900 0.7 1519 4.2 2139 0.4	0312 4.0 0845 0.6 1524 4.0 2118 0.3	0048 2.4 0639 0.8 1247 2.6 1928 0.4	0320 1.2 0913 7.3 1551 0.8 2154 6.7	0102 1.0 0703 5.4 1337 0.8 1945 5.0	0042 0.9 0642 5.2 1316 0.8 1924 4.8	13	TH
0412 4.5 1013 1.0 1619 4.7 2253 0.8	0445 5.6 1041 0.9 1657 5.6 2321 0.7	0008 0.8 0601 6.7 1213 1.1 1813 6.7	0354 4.1 0948 0.8 1609 4.1 2230 0.6	0358 3.9 0933 0.7 1612 3.9 2210 0.4	0139 2.3 0727 0.8 1338 2.5 2017 0.6	0403 1.5 1002 7.0 1636 1.1 2247 6.4	0151 1.3 0757 5.1 1430 1.1 2042 4.8	0130 1.1 0736 4.9 1407 1.1 2020 4.5	14	F
0503 4.4 1106 1.1 1716 4.5 2353 0.9	0537 5.4 1130 1.0 1754 5.3	0041 0.9 0654 6.5 1254 1.2 1909 6.5	0447 3.9 1045 1.0 1706 3.9 2332 0.7	0451 3.7 1028 0.8 1707 3.7 2312 0.6	0239 2.2 0822 0.9 1441 2.4 2115 0.7	0451 1.8 1100 6.6 1729 1.4 2352 6.2	0247 1.5 0900 4.9 1530 1.4 2147 4.5	0227 1.4 0837 4.7 1508 1.3 2124 4.3	15	SA

● ● Time UT. For British Summer Time (shaded) March 29th to October 25th ADD ONE HOUR ● ●

PAGE 45

AUGUST 1998 TIDE TABLES

● ● Time UT. For British Summer Time (shaded) March 29th to October 25th ADD ONE HOUR ● ●

Day	MARGATE Time m	SHEERNESS Time m	LONDON BRIDGE Time m	WALTON-ON-THE-NAZE Time m	HARWICH Time m	LOWESTOFT Time m	IMMINGHAM Time m	RIVER TEES Time m	RIVER TYNE Time m
16 SU	0603 4.2 1215 1.2 1824 4.4	0013 0.9 0638 5.1 1233 1.2 1903 5.1	0127 1.0 0757 6.3 1352 1.2 2019 6.4	0549 3.7 1154 1.1 1814 3.8	0551 3.6 1139 1.0 1815 3.6	0349 2.2 0930 1.0 1600 2.3 2228 0.9	0554 2.2 1215 6.3 1838 2.1	0355 1.7 1012 4.7 1642 1.6 2259 4.5	0336 1.6 0951 4.4 1624 1.6 2239 4.3
17 M	0109 1.1 0713 4.2 1339 1.2 1942 4.3	0124 1.1 0750 5.0 1354 1.3 2024 5.1	0235 1.1 0908 6.3 1513 1.1 2137 6.3	0049 0.9 0704 3.6 1320 1.1 1936 3.7	0030 0.8 0703 3.5 1303 1.0 1935 3.5	0500 2.2 1057 1.0 1724 2.3 2350 0.9	0109 6.1 0715 2.3 1341 6.2 2000 2.3	0516 1.8 1130 4.6 1801 1.7	0502 1.6 1113 4.4 1747 1.6 2354 4.3
18 TU	0226 1.1 0831 4.2 1459 1.0 2108 4.3	0248 1.2 0906 5.1 1524 1.1 2144 5.2	0357 1.1 1024 6.4 1639 1.1 2300 6.4	0211 0.9 0824 3.7 1444 0.9 2056 3.8	0152 0.8 0823 3.5 1427 0.8 2100 3.6	0609 2.3 1227 0.9 1849 2.3	0226 6.2 0842 2.1 1503 6.3 2118 2.1	0012 4.6 0639 1.6 1245 4.7 1912 1.6	0624 1.5 1231 4.4 1858 1.5
19 W	0339 1.0 0946 4.3 1612 0.8 2223 4.4	0406 1.1 1018 5.3 1641 0.9 2251 5.4	0521 1.0 1138 6.5 1813 0.8	0318 0.9 0932 3.9 1549 0.7 2201 4.0	0306 0.8 0936 3.6 1538 0.7 2207 3.8	0101 1.0 0711 2.4 1336 0.8 1957 2.4	0335 6.4 0957 1.8 1612 6.5 2220 1.9	0117 4.8 0745 1.4 1348 4.8 2009 1.4	0100 4.5 0730 1.2 1335 4.6 1955 1.4
20 TH	0442 1.0 1047 4.4 1711 0.7 2320 4.5	0507 1.0 1118 5.5 1742 0.7 2345 5.6	0009 6.7 0642 0.9 1238 6.8 1921 0.5	0412 0.8 1027 4.0 1642 0.6 2254 4.1	0403 0.8 1033 3.8 1630 0.5 2300 3.9	0157 0.9 0801 2.5 1430 0.6 2047 2.4	0429 6.8 1054 1.4 1705 6.8 2311 1.7	0212 5.0 0837 1.1 1439 5.0 2055 1.3	0154 4.8 0824 1.0 1426 4.8 2042 1.3
21 F	0530 0.9 1135 4.5 1757 0.6	0557 0.9 1206 5.6 1830 0.6	0106 6.9 0739 0.7 1327 6.9 2011 0.3	0456 0.8 1113 4.1 1725 0.5 2338 4.2	0448 0.7 1120 3.9 1714 0.4 2344 4.0	0242 0.9 0843 2.6 1515 0.5 2129 2.4	0513 7.0 1143 1.2 1748 6.9 2354 1.5	0258 5.2 0922 0.9 1524 5.1 2135 1.2	0239 4.9 0909 0.8 1509 4.9 2121 1.1
22 SA ●	0006 4.6 0609 0.9 1215 4.6 1835 0.5	0031 5.7 0637 0.9 1248 5.7 1910 0.5	0151 7.0 0824 0.7 1409 7.0 2053 0.3	0533 0.8 1154 4.2 1803 0.4	0526 0.6 1201 4.0 1752 0.3	0322 0.8 0923 2.6 1555 0.4 2208 2.4	0551 7.2 1225 1.0 1825 7.0	0338 5.3 1002 0.7 1602 5.2 2210 1.1	0318 5.1 0948 0.7 1546 4.9 2157 1.1
23 SU	0043 4.6 0641 0.9 1248 4.7 1909 0.5	0111 5.8 0714 0.9 1325 5.7 1947 0.5	0232 7.1 0903 0.6 1447 7.1 2130 0.4	0017 4.2 0609 0.8 1230 4.2 1839 0.4	0024 4.0 0601 0.6 1239 4.0 1828 0.2	0359 0.8 1000 2.7 1633 0.4 2245 2.4	0033 1.4 0627 7.3 1303 0.9 1900 7.0	0414 5.4 1038 0.7 1636 5.2 2243 1.1	0354 5.1 1024 0.7 1621 5.0 2230 1.0
24 M	0117 4.7 0712 0.8 1321 4.7 1942 0.6	0147 5.8 0748 0.8 1400 5.7 2021 0.5	0308 7.2 0936 0.7 1521 7.1 2202 0.4	0052 4.2 0642 0.7 1303 4.3 1913 0.4	0100 4.0 0636 0.6 1313 4.0 1903 0.2	0433 0.8 1037 2.7 1708 0.4 2320 2.4	0108 1.3 0702 7.3 1338 1.0 1932 7.0	0446 5.4 1112 0.7 1709 5.1 2315 1.1	0427 5.1 1057 0.7 1655 4.9 2301 1.1
25 TU	0148 4.6 0744 0.9 1354 4.7 2013 0.7	0221 5.7 0821 0.8 1432 5.7 2051 0.5	0341 7.2 1006 0.8 1552 7.1 2228 0.6	0125 4.2 0716 0.7 1336 4.2 1947 0.4	0133 4.0 0709 0.6 1345 4.0 1936 0.3	0503 0.8 1112 2.6 1741 0.5 2352 2.3	0140 1.4 0736 7.2 1409 1.1 2003 6.9	0518 5.4 1144 0.8 1742 5.1 2347 1.2	0500 5.1 1128 0.8 1729 4.8 2331 1.2
26 W	0218 4.6 0815 0.9 1425 4.6 2045 0.8	0252 5.7 0850 0.9 1502 5.6 2118 0.7	0412 7.1 1030 0.9 1623 6.9 2251 0.7	0157 4.2 0750 0.8 1408 4.2 2019 0.5	0205 3.9 0742 0.6 1415 3.9 2008 0.4	0531 0.9 1146 2.6 1812 0.6	0209 1.5 0808 7.1 1438 1.3 2033 6.7	0552 5.3 1217 1.0 1816 4.9	0534 5.0 1159 0.9 1802 4.7
27 TH	0247 4.5 0846 1.0 1457 4.5 2115 0.9	0323 5.5 0916 1.0 1532 5.5 2142 0.8	0444 6.9 1055 0.9 1654 6.7 2316 0.8	0229 4.1 0821 0.8 1440 4.1 2051 0.7	0236 3.8 0813 0.7 1445 3.9 2040 0.5	0022 2.3 0559 0.9 1221 2.5 1841 0.7	0238 1.7 0839 6.9 1506 1.6 2103 6.5	0019 1.4 0628 5.1 1251 1.2 1853 4.8	0002 1.3 0609 4.8 1230 1.1 1837 4.5
28 F	0318 4.4 0918 1.2 1531 4.4 2148 1.1	0354 5.4 0942 1.1 1604 5.3 2209 1.0	0516 6.7 1123 1.0 1729 6.5 2347 0.8	0300 4.0 0853 0.9 1513 3.9 2123 0.8	0306 3.7 0845 0.9 1517 3.7 2114 0.7	0055 2.3 0633 1.0 1300 2.4 1912 0.8	0306 1.9 0911 6.6 1533 1.9 2136 6.3	0054 1.6 0708 4.9 1327 1.5 1936 4.6	0034 1.5 0648 4.6 1306 1.3 1916 4.4
29 SA	0354 4.3 0955 1.3 1613 4.2 2230 1.3	0428 5.2 1012 1.3 1639 5.1 2243 1.2	0552 6.4 1157 1.0 1807 6.2	0335 3.8 0928 1.1 1550 3.8 2202 1.0	0339 3.6 0919 1.0 1554 3.6 2153 0.8	0134 2.2 0713 1.1 1345 2.3 1951 0.9	0338 2.2 0947 6.2 1606 2.2 2215 6.0	0134 1.8 0754 4.6 1410 1.8 2024 4.4	0112 1.7 0732 4.4 1347 1.6 2002 4.2
30 SU	0440 4.1 1045 1.5 1703 4.0 2325 1.4	0507 5.0 1051 1.4 1724 4.9 2329 1.4	0024 0.9 0631 6.1 1235 1.2 1851 5.9	0415 3.7 1013 1.2 1636 3.6 2254 1.1	0418 3.5 1003 1.1 1638 3.4 2245 1.0	0223 2.1 0803 1.2 1442 2.2 2042 1.1	0416 2.5 1032 5.9 1648 2.6 2309 5.7	0221 2.0 0848 4.4 1502 2.0 2124 4.2	0200 1.9 0824 4.1 1439 1.9 2057 4.0
31 M	0535 4.0 1151 1.6 1806 3.9	0558 4.8 1148 1.6 1825 4.6	0106 1.2 0718 5.8 1321 1.4 1946 5.6	0506 3.5 1115 1.3 1736 3.4	0508 3.3 1107 1.2 1736 3.3 2357 1.1	0323 2.2 0907 1.4 1553 2.2 2151 1.2	0510 2.8 1141 5.6 1754 2.9 2232 2.2	0321 2.2 0956 4.2 1608 2.2 2232 4.2	0305 2.1 0928 4.0 1548 2.0 2204 4.0

PAGE 46

TIDE TABLES

EAST COAST OF ENGLAND Time Zone UT
Margate * Sheerness * London Bridge * Walton-on-the-Naze * Harwich * Lowestoft * Immingham * RiverTees * RiverTyne

TIDE TABLES SEPTEMBER 1998

MARGATE	SHEERNESS	LONDON BRIDGE	WALTON-ON-THE-NAZE	HARWICH	LOWESTOFT	IMMINGHAM	RIVER TEES	RIVER TYNE	
Time m	Time m	Time m	Time m	Time m	Time m	Time m	Time m	Time m	
0033 1.6 0644 3.9 1307 1.6 1924 3.8	0036 1.6 0705 4.6 1312 1.7 1944 4.6	0157 1.4 0818 5.6 1418 1.6 2059 5.5	0005 1.3 0612 3.4 1234 1.4 1855 3.3	0614 3.2 1233 1.2 1857 3.1	0432 2.2 1034 1.2 1708 2.2 2313 1.2	0028 5.6 0633 3.0 1315 5.6 1927 2.9	0439 2.3 1111 4.2 1727 2.2 2343 4.3	0430 2.1 1045 3.9 1712 2.0 2320 4.0	**1 TU**
0142 1.5 0800 4.0 1421 1.5 2041 4.0	0207 1.6 0825 4.7 1448 1.5 2107 4.8	0312 1.6 0932 5.6 1545 1.7 2217 5.6	0129 1.3 0735 3.4 1403 1.3 2023 3.5	0118 1.1 0736 3.2 1353 1.1 2024 3.3	0540 2.2 1158 1.1 1821 2.2	0153 5.8 0806 2.7 1436 5.8 2044 2.6	0606 2.2 1224 4.3 1843 2.1	0557 1.9 1204 4.1 1827 1.9	**2 W**
0250 1.4 0907 4.2 1530 1.3 2145 4.2	0327 1.4 0941 5.0 1600 1.2 2216 5.2	0441 1.4 1048 5.9 1711 1.4 2331 6.1	0242 1.2 0853 3.6 1514 1.0 2130 3.7	0227 1.0 0854 3.4 1500 0.9 2133 3.5	0018 1.1 0640 2.3 1300 0.9 1924 2.3	0301 6.2 0918 2.3 1539 6.2 2145 2.1	0047 4.5 0717 1.8 1324 4.6 1942 1.8	0027 4.3 0702 1.6 1306 4.3 1923 1.6	**3 TH**
0351 1.2 1004 4.4 1629 1.0 2239 4.5	0427 1.1 1042 5.4 1700 0.9 2312 5.6	0549 1.0 1158 6.3 1824 1.0	0339 1.0 0951 3.8 1608 0.8 2223 4.0	0325 0.9 0956 3.6 1554 0.7 2229 3.8	0109 1.0 0730 2.4 1353 0.8 2014 2.4	0355 6.6 1018 1.7 1630 6.7 2239 1.7	0140 4.8 0810 1.4 1414 4.9 2030 1.4	0121 4.6 0752 1.2 1356 4.7 2009 1.3	**4 F**
0445 1.0 1053 4.7 1719 0.7 2326 4.8	0520 0.9 1133 5.7 1754 0.6	0030 6.6 0654 0.7 1252 6.8 1933 0.6	0425 0.9 1041 4.0 1654 0.6 2309 4.2	0414 0.7 1048 3.8 1641 0.4 2318 4.0	0158 0.9 0813 2.5 1442 0.6 2056 2.4	0441 7.0 1111 1.3 1716 7.0 2327 1.3	0226 5.2 0856 1.0 1458 5.2 2113 1.1	0205 4.9 0836 0.9 1439 5.0 2052 1.0	**5 SA**
0532 0.8 1137 4.9 1805 0.5	0001 5.9 0608 0.7 1219 5.9 1843 0.4	0120 7.2 0755 0.4 1339 7.3 2030 0.2	0508 0.7 1126 4.2 1738 0.4 2354 4.4	0457 0.6 1135 4.0 1725 0.3	0245 0.8 0854 2.6 1528 0.4 2136 2.5	0523 7.3 1200 0.9 1759 7.3	0307 5.5 0939 0.6 1539 5.5 2154 0.9	0245 5.2 0919 0.5 1521 5.2 2134 0.8	**6 SU** ○
0011 4.9 0615 0.6 1219 5.0 1848 0.4	0046 6.1 0654 0.6 1302 6.0 1930 0.3	0205 7.5 0848 0.3 1421 7.5 2119 0.0	0549 0.6 1209 4.4 1821 0.3	0003 4.2 0539 0.4 1219 4.2 1807 0.1	0330 0.7 0935 2.7 1613 0.3 2215 2.6	0014 1.0 0603 7.6 1245 0.5 1840 7.4	0347 5.7 1021 0.4 1620 5.6 2234 0.7	0325 5.4 1002 0.3 1601 5.3 2215 0.6	**7 M**
0055 5.0 0658 0.6 1302 5.1 1931 0.3	0129 6.2 0738 0.5 1343 6.1 2015 0.2	0248 7.7 0935 0.2 1503 7.7 2203 -0.0	0037 4.5 0631 0.5 1251 4.5 1904 0.2	0046 4.3 0619 0.4 1302 4.3 1848 0.0	0414 0.6 1016 2.8 1656 0.2 2257 2.6	0057 0.8 0645 7.8 1328 0.4 1921 7.5	0427 5.9 1102 0.3 1700 5.7 2315 0.7	0406 5.6 1044 0.2 1642 5.4 2257 0.6	**8 TU**
0139 5.0 0742 0.6 1345 5.1 2015 0.4	0211 6.2 0821 0.5 1424 6.1 2057 0.2	0330 7.7 1017 0.3 1543 7.7 2245 0.1	0120 4.5 0714 0.5 1333 4.5 1948 0.2	0129 4.3 0700 0.4 1342 4.3 1929 0.1	0457 0.6 1059 2.8 1739 0.2 2339 2.5	0139 0.8 0726 7.8 1409 0.4 2001 7.4	0509 5.9 1144 0.3 1743 5.6 2357 0.6	0448 5.6 1126 0.2 1725 5.3 2338 0.6	**9 W**
0223 4.9 0824 0.7 1428 5.0 2058 0.5	0253 6.1 0901 0.5 1506 6.1 2136 0.3	0412 7.5 1054 0.5 1624 7.6 2320 0.4	0203 4.4 0757 0.6 1416 4.5 2031 0.3	0210 4.2 0741 0.4 1424 4.3 2012 0.2	0539 0.6 1142 2.8 1821 0.3	0221 0.9 0809 7.7 1449 0.6 2043 7.2	0552 5.8 1227 0.5 1828 5.4	0533 5.5 1209 0.4 1810 5.1	**10 TH**
0306 4.7 0908 0.8 1512 4.9 2142 0.7	0336 5.9 0940 0.7 1549 5.9 2214 0.6	0455 7.2 1127 0.8 1709 7.2 2350 0.7	0246 4.3 0841 0.7 1500 4.4 2116 0.5	0252 4.1 0824 0.5 1506 4.2 2056 0.3	0023 2.4 0622 0.7 1230 2.7 1904 0.5	0300 1.1 0853 7.4 1529 1.0 2127 6.9	0040 0.9 0641 5.5 1313 0.8 1918 5.1	0021 0.8 0622 5.3 1253 0.7 1859 4.9	**11 F**
0350 4.5 0953 1.0 1601 4.7 2229 1.0	0421 5.7 1021 0.8 1637 5.7 2254 0.8	0541 6.8 1158 1.0 1756 6.9	0332 4.1 0928 0.8 1549 4.2 2205 0.7	0336 3.9 0912 0.7 1553 4.0 2145 0.6	0111 2.4 0709 0.7 1324 2.6 1951 0.7	0342 1.4 0942 7.0 1610 1.5 2217 6.5	0129 1.2 0735 5.2 1403 1.2 2013 4.8	0109 1.1 0716 5.0 1343 1.1 1953 4.6	**12 SA**
0438 4.4 1045 1.1 1657 4.5 2327 1.2	0511 5.4 1108 1.0 1734 5.4 2345 1.2	0021 1.0 0630 6.4 1236 1.1 1851 6.5	0422 3.9 1023 0.9 1646 4.0 2305 1.0	0426 3.7 1006 0.8 1647 3.8 2246 0.8	0208 2.3 0805 0.8 1432 2.4 2049 0.9	0429 1.8 1042 6.5 1701 2.0 2321 6.2	0224 1.5 0839 4.8 1503 1.6 2119 4.6	0206 1.3 0820 4.6 1443 1.5 2058 4.4	**13 SU**
0535 4.2 1154 1.2 1806 4.3	0611 5.1 1212 1.2 1845 5.1	0102 1.2 0729 6.2 1327 1.2 1958 6.3	0523 3.7 1133 1.1 1755 3.8	0524 3.5 1118 1.0 1755 3.6 2206 1.1	0316 2.2 0915 2.2 1557 2.3 2206 1.1	0531 2.2 1203 6.1 1811 2.5	0334 1.8 0955 4.5 1618 1.8 2235 4.4	0320 1.6 0936 4.3 1603 1.8 2216 4.2	**14 M**
0043 1.3 0646 4.1 1323 1.2 1930 4.2	0057 1.4 0724 4.9 1339 1.3 2008 5.0	0201 1.3 0837 6.1 1445 1.3 2115 6.2	0024 1.1 0639 3.6 1304 1.1 1921 3.7	0005 1.0 0636 3.4 1247 1.1 1921 3.5	0430 2.2 1048 0.9 1729 2.4 2337 1.1	0042 6.0 0700 2.4 1335 6.1 1942 2.6	0502 1.8 1119 4.5 1747 2.0 2353 4.5	0451 1.7 1103 4.2 1734 1.8 2337 4.3	**15 TU**

● ● Time UT. For British Summer Time (shaded) March 29th to October 25th ADD ONE HOUR ● ●

PAGE 47

SEPTEMBER 1998 TIDE TABLES

● ● Time UT. For British Summer Time (shaded) March 29th to October 25th ADD ONE HOUR ● ●

	MARGATE	SHEERNESS	LONDON BRIDGE	WALTON-ON THE-NAZE	HARWICH	LOWESTOFT	IMMINGHAM	RIVER TEES	RIVER TYNE
	Time m	Time m	Time m	Time m	Time m	Time m	Time m	Time m	Time m
16 W	0207 1.3 0809 4.1 1448 1.0 2101 4.3	0228 1.5 0845 5.0 1515 1.2 2130 5.2	0327 1.4 0956 6.1 1618 1.2 2240 6.4	0151 1.2 0802 3.6 1430 0.9 2042 3.8	0134 1.1 0801 3.4 1416 0.8 2046 3.6	0545 2.3 1218 0.8 1854 2.3	0206 6.1 0833 2.2 1500 6.2 2103 2.4	0629 1.7 1237 4.6 1901 1.9	0615 1.5 1224 4.3 1847 1.8
17 TH	0325 1.2 0929 4.3 1602 0.8 2213 4.5	0349 1.3 1000 5.2 1630 0.9 2236 5.5	0453 1.2 1116 6.4 1752 0.8 2352 6.7	0301 1.1 0912 3.8 1535 0.7 2145 4.0	0250 1.0 0916 3.6 1524 0.6 2151 3.8	0049 1.1 0652 2.4 1323 0.7 1953 2.4	0319 6.4 0945 1.8 1604 6.5 2204 2.1	0100 4.7 0733 1.4 1338 4.8 1956 1.7	0046 4.5 0721 1.3 1325 4.5 1942 1.6
18 F	0429 1.1 1030 4.5 1659 0.6 2306 4.6	0451 1.1 1100 5.5 1727 0.7 2329 5.7	0616 0.9 1218 6.8 1859 0.4	0354 1.0 1007 4.0 1625 0.6 2236 4.1	0345 0.9 1012 3.8 1615 0.5 2241 3.9	0142 1.1 0743 2.4 1412 0.6 2036 2.4	0412 6.7 1039 1.5 1652 6.8 2252 1.8	0154 4.9 0822 1.1 1426 4.9 2038 1.5	0139 4.7 0810 1.1 1412 4.7 2025 1.4
19 SA	0516 1.0 1117 4.6 1742 0.6 2348 4.7	0537 1.0 1147 5.6 1810 0.7	0047 7.1 0714 0.7 1307 7.0 1948 0.2	0436 0.9 1051 4.1 1705 0.5 2317 4.2	0428 0.8 1059 3.9 1654 0.4 2324 4.0	0224 1.0 0824 2.5 1454 0.5 2112 2.4	0454 7.0 1124 1.2 1730 6.9 2332 1.6	0238 5.1 0902 0.9 1506 5.1 2114 1.3	0222 4.9 0851 0.9 1451 4.9 2101 1.2
20 SU ●	0550 0.9 1154 4.7 1815 0.6	0012 5.8 0615 0.9 1226 5.7 1846 0.6	0132 7.2 0759 0.6 1348 7.1 2027 0.2	0511 0.8 1130 4.2 1739 0.5 2353 4.2	0505 0.7 1138 4.0 1730 0.3	0301 0.9 0900 2.6 1531 0.5 2145 2.4	0530 7.2 1202 1.1 1803 7.0	0315 5.3 0938 0.8 1539 5.2 2146 1.2	0258 5.0 0925 0.8 1524 4.9 2133 1.1
21 M	0021 4.7 0618 0.9 1224 4.7 1842 0.6	0048 5.8 0648 0.9 1300 5.7 1918 0.6	0210 7.2 0836 0.6 1424 7.2 2103 0.3	0544 0.8 1204 4.2 1811 0.5	0000 4.0 0538 0.6 1214 4.0 1802 0.3	0334 0.9 0936 2.6 1606 0.5 2217 2.5	0008 1.4 0603 7.3 1236 1.0 1833 7.1	0348 5.4 1010 0.7 1609 5.2 2217 1.1	0331 5.1 0957 0.7 1556 5.0 2204 1.0
22 TU	0050 4.7 0645 0.9 1253 4.8 1910 0.7	0121 5.8 0721 0.8 1333 5.8 1948 0.6	0244 7.2 0910 0.6 1455 7.1 2133 0.5	0026 4.3 0616 0.7 1236 4.3 1843 0.5	0034 4.0 0610 0.6 1246 4.0 1833 0.3	0406 0.8 1011 2.6 1639 0.5 2247 2.4	0042 1.3 0636 7.3 1309 1.0 1902 7.1	0418 5.4 1040 0.8 1638 5.2 2246 1.1	0402 5.1 1027 0.7 1627 5.0 2233 1.0
23 W	0116 4.7 0714 0.9 1322 4.8 1939 0.8	0151 5.8 0752 0.8 1403 5.8 2017 0.6	0314 7.1 0939 0.7 1524 7.1 2159 0.6	0057 4.3 0649 0.7 1309 4.3 1915 0.5	0106 4.0 0642 0.6 1317 4.0 1905 0.4	0435 0.8 1045 2.6 1709 0.6 2315 2.4	0113 1.3 0709 7.3 1339 1.1 1930 7.1	0448 5.4 1110 0.9 1707 5.2 2315 1.2	0433 5.1 1057 0.8 1657 4.9 2303 1.1
24 TH	0142 4.6 0744 0.9 1352 4.7 2009 0.9	0221 5.7 0821 0.8 1432 5.7 2044 0.7	0342 7.0 1003 0.8 1553 7.0 2222 0.7	0127 4.2 0721 0.7 1339 4.2 1946 0.6	0135 4.0 0712 0.6 1346 4.0 1935 0.5	0503 0.8 1118 2.6 1736 0.7 2343 2.4	0142 1.4 0739 7.2 1407 1.3 1959 6.9	0518 5.3 1140 1.0 1739 5.1 2347 1.3	0506 5.0 1126 0.9 1728 4.8 2333 1.2
25 F	0209 4.6 0814 1.0 1422 4.6 2038 1.0	0250 5.6 0848 0.9 1502 5.6 2110 0.8	0410 6.9 1028 0.8 1624 6.8 2248 0.7	0156 4.1 0752 0.8 1409 4.1 2015 0.7	0203 3.9 0742 0.7 1415 3.9 2005 0.6	0532 0.9 1153 2.5 1803 0.8	0211 1.6 0809 6.9 1433 1.6 2027 6.7	0552 5.1 1212 1.2 1813 4.9	0539 4.8 1156 1.1 1800 4.7
26 SA	0239 4.5 0845 1.1 1456 4.5 2110 1.1	0320 5.5 0914 1.1 1533 5.4 2136 1.1	0442 6.8 1056 0.8 1657 6.7 2318 0.8	0226 4.0 0821 0.9 1441 4.0 2045 0.9	0233 3.8 0812 0.8 1447 3.8 2036 0.7	0015 2.4 0606 0.9 1230 2.4 1833 0.9	0239 1.8 0839 6.7 1500 1.9 2058 6.5	0021 1.5 0630 4.9 1247 1.5 1852 4.7	0004 1.4 0615 4.7 1229 1.3 1836 4.5
27 SU	0315 4.4 0920 1.2 1536 4.4 2148 1.3	0351 5.3 0941 1.2 1607 5.2 2206 1.2	0515 6.6 1127 0.9 1734 6.4 2352 0.9	0257 3.9 0853 1.0 1516 3.8 2118 1.1	0305 3.7 0844 0.9 1522 3.7 2110 0.9	0051 2.3 0645 1.0 1313 2.3 1911 1.0	0307 2.1 0912 6.3 1528 2.2 2133 6.2	0058 1.7 0712 4.6 1327 1.8 1939 4.5	0039 1.5 0657 4.4 1306 1.6 1918 4.3
28 M	0358 4.3 1003 1.4 1624 4.2 2239 1.5	0428 5.1 1015 1.3 1649 5.0 2245 1.4	0552 6.3 1203 1.0 1815 6.1	0335 3.8 0932 1.1 1600 3.7 2206 1.2	0342 3.6 0922 1.0 1604 3.5 2154 1.1	0135 2.3 0732 1.0 1406 2.2 1958 1.1	0342 2.4 0951 6.0 1606 2.5 2219 5.9	0143 1.9 0806 4.4 1417 2.1 2036 4.3	0124 1.8 0746 4.2 1354 1.9 2011 4.1
29 TU	0451 4.1 1103 1.6 1723 4.0 2345 1.6	0515 4.9 1106 1.5 1745 4.8 2346 1.6	0031 1.1 0634 6.0 1246 1.2 1905 5.8	0422 3.6 1029 1.3 1657 3.5 2315 1.4	0427 3.4 1015 1.1 1658 3.3 2300 1.2	0230 2.2 0832 1.1 1518 2.1 2103 1.2	0430 2.7 1053 5.7 1703 2.9 2330 5.7	0240 2.2 0914 4.2 1521 2.3 2145 4.2	0223 2.0 0848 4.0 1500 2.1 2117 4.0
30 W	0557 4.0 1224 1.6 1840 3.9	0618 4.7 1224 1.6 1902 4.7	0118 1.4 0728 5.7 1339 1.5 2013 5.6	0525 3.4 1148 1.3 1813 3.4	0527 3.3 1141 1.2 1812 3.2	0339 2.2 0952 1.1 1639 2.2 2229 1.3	0544 2.9 1231 5.5 1832 3.0	0356 2.3 1032 4.1 1643 2.4 2258 4.3	0344 2.0 1006 3.9 1627 2.1 2234 4.0

TIDE TABLES

EAST COAST OF ENGLAND Time Zone UT
Margate * Sheerness * London Bridge * Walton-on-the-Naze * Harwich * Lowestoft * Immingham * RiverTees * RiverTyne

TIDE TABLES   OCTOBER 1998

MARGATE Time m	SHEERNESS Time m	LONDON BRIDGE Time m	WALTON-ON THE-NAZE Time m	HARWICH Time m	LOWESTOFT Time m	IMMINGHAM Time m	RIVER TEES Time m	RIVER TYNE Time m	
0103 1.7 0718 4.0 1346 1.5 2006 4.0	0115 1.7 0739 4.7 1404 1.5 2029 4.8	0226 1.7 0843 5.6 1500 1.7 2140 5.7	0039 1.4 0646 3.4 1318 1.2 1943 3.5	0032 1.3 0646 3.2 1312 1.1 1940 3.3	0452 2.2 1120 1.0 1754 2.2 2344 1.2	0104 5.8 0724 2.7 1403 5.8 2005 2.7	0525 2.1 1149 4.3 1808 2.2	0516 1.9 1129 4.1 1751 2.0 2349 4.3	**1 TH**
0218 1.5 0833 4.2 1500 1.3 2115 4.3	0246 1.5 0901 5.0 1525 1.2 2144 5.2	0401 1.6 1012 5.8 1636 1.4 2301 6.2	0203 1.3 0812 3.5 1440 1.0 2058 3.8	0149 1.1 0809 3.4 1424 0.8 2059 3.6	0558 2.3 1227 0.9 1858 2.3	0223 6.1 0845 2.2 1511 6.3 2115 2.2	0007 4.5 0643 1.8 1254 4.6 1912 1.9	0629 1.6 1236 4.4 1854 1.6	**2 F**
0324 1.2 0933 4.5 1602 0.9 2212 4.6	0354 1.2 1009 5.3 1630 0.9 2244 5.7	0517 1.1 1128 6.3 1754 0.9	0307 1.1 0920 3.8 1539 0.7 2156 4.1	0251 0.9 0920 3.6 1523 0.6 2200 3.9	0041 1.1 0654 2.4 1324 0.7 1948 2.4	0322 6.6 0951 1.7 1605 6.7 2212 1.8	0105 4.8 0741 1.3 1346 5.0 2003 1.5	0048 4.6 0723 1.2 1329 4.7 1942 1.3	**3 SA**
0418 1.0 1022 4.7 1653 0.6 2300 4.9	0451 0.9 1104 5.7 1728 0.6 2336 6.0	0004 6.8 0625 0.8 1225 6.9 1909 0.5	0358 0.9 1013 4.1 1630 0.5 2245 4.3	0344 0.7 1018 3.8 1613 0.4 2252 4.1	0132 0.9 0741 2.5 1415 0.5 2030 2.5	0412 7.1 1045 1.2 1651 7.1 2303 1.3	0154 5.2 0829 0.9 1432 5.4 2048 1.1	0136 4.9 0810 0.8 1414 5.0 2027 1.0	**4 SU**
0506 0.7 1106 5.0 1738 0.4 2345 5.0	0542 0.7 1152 5.9 1820 0.4	0056 7.3 0731 0.5 1313 7.3 2007 0.4	0444 0.7 1100 4.3 1715 0.3 2331 4.5	0430 0.6 1109 4.1 1659 0.2 2339 4.3	0221 0.8 0825 2.7 1503 0.3 2111 2.6	0456 7.5 1135 0.8 1735 7.4 2351 1.0	0239 5.6 0913 0.5 1514 5.6 2130 0.8	0218 5.3 0854 0.4 1456 5.3 2110 0.7	**5 M** ○
0549 0.6 1149 5.1 1821 0.3	0022 6.1 0630 0.6 1236 6.1 1907 0.3	0142 7.6 0825 0.3 1357 7.6 2057 0.0	0527 0.6 1145 4.2 1759 0.2	0514 0.4 1155 4.2 1742 0.1	0307 0.7 0909 2.8 1548 0.2 2151 2.6	0538 7.8 1221 0.5 1815 7.6	0321 5.8 0956 0.3 1555 5.8 2212 0.7	0300 5.5 0938 0.2 1537 5.4 2152 0.5	**6 TU**
0030 5.1 0633 0.5 1233 5.2 1906 0.3	0106 6.2 0716 0.5 1319 6.2 1951 0.2	0225 7.7 0912 0.2 1439 7.8 2142 -0.0	0015 4.6 0610 0.5 1229 4.6 1842 0.2	0024 4.3 0557 0.3 1239 4.3 1824 0.0	0353 0.6 0953 2.9 1632 0.2 2232 2.6	0036 0.8 0621 7.9 1305 0.3 1856 7.6	0403 6.0 1038 0.2 1636 5.9 2254 0.6	0343 5.7 1021 0.1 1618 5.5 2235 0.5	**7 W**
0115 5.1 0718 0.5 1321 5.2 1951 0.4	0148 6.2 0800 0.5 1401 6.2 2033 0.3	0308 7.7 0956 0.3 1521 7.8 2222 0.1	0058 4.6 0654 0.5 1312 4.6 1925 0.3	0107 4.3 0639 0.3 1321 4.4 1907 0.1	0437 0.5 1039 2.9 1715 0.3 2314 2.6	0118 0.7 0704 7.9 1346 0.4 1937 7.5	0447 6.0 1120 0.3 1718 5.8 2336 0.7	0427 5.7 1103 0.2 1701 5.4 2318 0.5	**8 TH**
0200 5.0 0803 0.6 1409 5.1 2036 0.6	0230 6.1 0842 0.5 1445 6.2 2112 0.4	0351 7.6 1034 0.4 1606 7.7 2257 0.3	0141 4.5 0738 0.5 1357 4.6 2009 0.4	0149 4.3 0721 0.4 1403 4.3 1950 0.2	0521 0.5 1125 2.8 1757 0.4 2358 2.5	0200 0.8 0749 7.8 1426 0.7 2018 7.3	0533 5.8 1203 0.6 1803 5.6	0514 5.5 1146 0.5 1746 5.2	**9 F**
0245 4.8 0850 0.7 1457 5.0 2121 0.8	0313 5.9 0923 0.6 1530 6.0 2150 0.7	0435 7.2 1109 0.6 1651 7.4 2329 0.7	0224 4.3 0823 0.6 1442 4.4 2052 0.6	0231 4.1 0806 0.5 1447 4.2 2034 0.5	0607 0.6 1216 2.7 1840 0.6	0242 1.0 0836 7.4 1505 1.2 2102 7.0	0021 0.9 0621 5.6 1249 1.0 1851 5.3	0003 0.7 0605 5.3 1231 0.9 1834 4.9	**10 SA**
0329 4.6 0937 0.9 1547 4.7 2207 1.1	0358 5.7 1004 0.8 1620 5.7 2230 1.0	0521 6.8 1143 0.9 1741 7.0	0309 4.1 0910 0.7 1532 4.2 2139 0.9	0314 3.9 0854 0.6 1534 4.0 2124 0.7	0046 2.4 0656 0.7 1315 2.5 1927 0.8	0324 1.4 0927 7.0 1546 1.7 2151 6.6	0110 1.2 0717 5.2 1339 1.4 1947 4.9	0053 1.0 0700 4.9 1321 1.3 1928 4.7	**11 SU**
0415 4.4 1030 1.1 1642 4.5 2303 1.3	0447 5.3 1051 1.0 1717 5.4 2318 1.3	0001 1.0 0609 6.5 1221 1.0 1836 6.6	0358 3.9 1004 0.9 1628 4.0 2236 1.1	0401 3.7 0949 0.8 1628 3.8 2221 1.0	0140 2.3 0752 0.7 1428 2.4 2024 1.1	0411 1.8 1030 6.5 1635 2.3 2251 6.2	0206 1.5 0822 4.8 1437 1.9 2051 4.6	0151 1.3 0805 4.6 1421 1.7 2033 4.4	**12 M**
0510 4.2 1139 1.2 1748 4.3	0545 5.1 1154 1.2 1825 5.1	0040 1.3 0704 6.1 1307 1.2 1937 6.3	0457 3.7 1112 1.0 1736 3.8 2351 1.3	0457 3.5 1057 0.9 1735 3.6 2334 1.2	0245 2.3 0901 0.8 1552 2.3 2140 1.2	0514 2.2 1150 6.1 1743 2.7	0315 1.8 0937 4.5 1551 2.2 2206 4.5	0304 1.5 0921 4.3 1540 2.0 2150 4.2	**13 TU**
0016 1.5 0618 4.1 1305 1.2 1913 4.1	0027 1.6 0656 4.9 1322 1.3 1945 5.0	0133 1.5 0807 6.0 1417 1.4 2048 6.1	0609 3.6 1241 0.9 1857 3.7	0606 3.4 1224 0.9 1858 3.5	0357 2.3 1031 0.8 1720 2.3 2314 1.3	0010 6.0 0643 2.3 1320 6.0 1915 2.8	0442 1.9 1100 4.4 1721 2.3 2324 4.5	0433 1.6 1046 4.1 1712 2.1 2312 4.3	**14 W**
0142 1.5 0742 4.1 1428 1.1 2042 4.3	0159 1.7 0817 4.9 1454 1.2 2106 5.2	0254 1.6 0923 5.9 1553 1.3 2212 6.3	0119 1.3 0731 3.6 1406 0.9 2017 3.8	0103 1.3 0730 3.4 1351 0.8 2021 3.6	0513 2.3 1155 0.7 1838 2.3	0138 6.0 0812 2.2 1441 6.2 2038 2.6	0606 1.7 1215 4.5 1838 2.1	0556 1.5 1204 4.3 1826 1.9	**15 TH**

● ● Time UT. For British Summer Time (shaded) March 29th to October 25th ADD ONE HOUR ● ●

PAGE 49

OCTOBER 1998 TIDE TABLES

• • Time UT. For British Summer Time (shaded) March 29th to October 25th ADD ONE HOUR • •

Day	MARGATE Time m	SHEERNESS Time m	LONDON BRIDGE Time m	WALTON-ON THE-NAZE Time m	HARWICH Time m	LOWESTOFT Time m	IMMINGHAM Time m	RIVER TEES Time m	RIVER TYNE Time m
16 F	0301 1.4 0902 4.3 1539 0.8 2151 4.5	0321 1.5 0933 5.1 1606 1.0 2212 5.4	0422 1.4 1048 6.2 1720 0.9 2327 6.7	0232 1.2 0842 3.7 1509 0.8 2120 3.9	0221 1.2 0847 3.5 1459 0.6 2125 3.7	0025 1.2 0625 2.3 1257 0.7 1933 2.4	0253 6.3 0921 1.9 1542 6.5 2139 2.3	0031 4.6 0709 1.5 1315 4.7 1931 1.9	0022 4.4 0659 1.3 1304 4.5 1920 1.7
17 SA	0405 1.2 1003 4.5 1635 0.7 2242 4.6	0423 1.3 1033 5.4 1700 0.8 2303 5.6	0540 1.0 1153 6.7 1827 0.6	0327 1.1 0939 3.9 1558 0.6 2209 4.1	0318 1.0 0945 3.7 1548 0.5 2215 3.9	0118 1.1 0718 2.4 1346 0.7 2015 2.4	0348 6.6 1014 1.6 1628 6.7 2226 2.0	0125 4.9 0755 1.3 1400 4.9 2012 1.7	0116 4.6 0746 1.2 1349 4.6 2001 1.5
18 SU	0451 1.0 1050 4.6 1715 0.6 2321 4.7	0509 1.1 1120 5.5 1740 0.8 2345 5.7	0022 7.1 0641 0.7 1242 7.0 1915 0.2	0409 1.0 1024 4.0 1637 0.6 2251 4.2	0403 0.9 1031 3.8 1628 0.5 2257 4.0	0200 1.1 0800 2.5 1427 0.6 2049 2.4	0429 6.9 1056 1.4 1704 6.9 2305 1.7	0209 5.1 0833 1.1 1439 5.0 2048 1.5	0159 4.8 0824 1.0 1426 4.8 2036 1.3
19 M	0524 1.0 1126 4.7 1746 0.7 2353 4.7	0546 1.0 1159 5.6 1814 0.8	0106 7.2 0727 0.5 1323 7.1 1955 0.2	0445 0.9 1102 4.1 1711 0.6 2326 4.3	0439 0.8 1110 3.9 1702 0.4 2333 4.0	0235 1.0 0836 2.5 1502 0.6 2119 2.5	0505 7.1 1132 1.3 1735 7.0 2340 1.5	0246 5.2 0907 1.0 1511 5.1 2119 1.3	0234 4.9 0857 0.9 1458 4.9 2108 1.2
20 TU •	0550 0.9 1156 4.7 1812 0.7	0020 5.7 0619 0.9 1233 5.7 1844 0.7	0144 7.2 0806 0.5 1357 7.1 2030 0.4	0518 0.8 1136 4.2 1742 0.5 2358 4.2	0512 0.7 1145 4.0 1733 0.4	0307 0.9 0910 2.6 1535 0.6 2147 2.5	0538 7.2 1206 1.2 1803 7.1	0319 5.3 0939 0.9 1540 5.2 2149 1.2	0306 5.0 0927 0.6 1529 5.0 2139 1.1
21 W	0019 4.7 0616 0.9 1224 4.8 1838 0.8	0051 5.8 0651 0.8 1303 5.8 1914 0.7	0216 7.2 0839 0.6 1428 7.1 2100 0.5	0550 0.7 1209 4.3 1813 0.5	0006 4.0 0543 0.6 1218 4.0 1803 0.4	0338 0.8 0944 2.6 1606 0.6 2213 2.5	0013 1.4 0610 7.3 1237 1.2 1832 7.2	0350 5.3 1009 0.9 1608 5.2 2219 1.2	0338 5.1 0957 0.9 1558 5.0 2209 1.1
22 TH	0043 4.7 0645 0.9 1254 4.8 1907 0.8	0121 5.8 0723 0.8 1334 5.8 1943 0.7	0245 7.1 0909 0.7 1456 7.1 2127 0.6	0028 4.3 0623 0.7 1242 4.3 1845 0.6	0036 4.0 0614 0.6 1249 4.0 1833 0.5	0408 0.8 1018 2.6 1634 0.7 2240 2.5	0045 1.4 0642 7.2 1308 1.2 1900 7.1	0419 5.3 1038 1.0 1636 5.2 2249 1.2	0409 5.0 1027 0.9 1628 5.0 2239 1.1
23 F	0109 4.7 0718 0.9 1324 4.7 1937 0.9	0151 5.7 0754 0.8 1405 5.7 2012 0.7	0312 7.1 0937 0.7 1525 7.0 2154 0.6	0058 4.2 0655 0.7 1312 4.2 1915 0.7	0106 4.0 0645 0.6 1319 4.0 1903 0.5	0438 0.8 1053 2.5 1701 0.7 2309 2.5	0116 1.4 0714 7.1 1337 1.4 1930 7.1	0451 5.2 1108 1.1 1707 5.2 2321 1.3	0441 5.0 1057 1.0 1658 4.9 2309 1.2
24 SA	0137 4.7 0749 1.0 1355 4.7 2009 1.0	0221 5.7 0824 0.9 1436 5.6 2042 0.9	0340 7.0 1004 0.8 1557 6.9 2223 0.7	0127 4.2 0727 0.8 1344 4.1 1945 0.8	0134 4.0 0715 0.7 1350 3.9 1934 0.7	0510 0.8 1128 2.5 1730 0.8 2342 2.4	0146 1.5 0745 6.9 1405 1.6 1959 6.9	0524 5.1 1141 1.3 1742 5.0 2354 1.4	0515 4.8 1127 1.2 1730 4.8 2341 1.3
25 SU	0209 4.6 0822 1.1 1430 4.6 2042 1.1	0251 5.6 0852 1.0 1508 5.5 2110 1.0	0412 6.9 1033 0.8 1632 6.8 2254 0.8	0156 4.1 0757 0.9 1415 4.0 2014 1.0	0204 3.9 0747 0.8 1422 3.8 2006 0.8	0545 0.9 1205 2.4 1801 0.9	0215 1.7 0815 6.7 1432 1.8 2029 6.7	0601 4.9 1216 1.5 1820 4.9	0551 4.7 1200 1.4 1804 4.6
26 M	0245 4.6 0857 1.2 1508 4.5 2121 1.3	0324 5.4 0921 1.1 1544 5.3 2140 1.2	0446 6.8 1105 0.8 1709 6.6 2326 0.9	0227 4.0 0828 1.0 1451 3.9 2048 1.1	0236 3.8 0819 0.8 1458 3.7 2039 0.9	0018 2.4 0624 0.9 1247 2.3 1839 1.0	0245 1.9 0848 6.4 1502 2.1 2103 6.4	0033 1.6 0644 4.7 1256 1.8 1904 4.7	0017 1.4 0631 4.5 1236 1.6 1845 4.5
27 TU	0327 4.4 0939 1.3 1555 4.3 2207 1.4	0400 5.2 0954 1.2 1626 5.1 2218 1.4	0523 6.5 1139 0.9 1750 6.3	0305 3.8 0907 1.0 1535 3.7 2133 1.2	0313 3.7 0857 0.9 1540 3.6 2122 1.1	0100 2.3 0711 0.9 1339 2.2 1925 1.1	0320 2.2 0928 6.1 1540 2.4 2147 6.2	0117 1.8 0736 4.4 1344 2.0 1958 4.5	0100 1.6 0719 4.3 1321 1.8 1935 4.3
28 W	0418 4.3 1032 1.4 1653 4.1 2309 1.6	0445 5.0 1042 1.4 1720 4.9 2315 1.6	0003 1.1 0604 6.2 1219 1.1 1839 6.0	0351 3.7 1001 1.0 1631 3.6 2237 1.4	0358 3.5 0948 1.0 1633 3.4 2222 1.2	0148 2.3 0808 1.0 1447 2.1 2027 1.2	0406 2.4 1026 5.8 1633 2.7 2249 5.9	0212 2.0 0842 4.3 1445 2.3 2103 4.3	0156 1.8 0819 4.1 1424 2.0 2038 4.1
29 TH	0521 4.1 1148 1.5 1806 4.0	0544 4.8 1154 1.5 1831 4.8	0048 1.4 0655 5.9 1311 1.3 1943 5.8	0451 3.5 1115 1.2 1742 3.5 2357 1.5	0454 3.4 1103 1.1 1741 3.4 2347 1.3	0250 2.2 0921 1.0 1608 2.2 2147 1.3	0513 2.6 1153 5.7 1750 2.9	0322 2.1 0956 4.2 1603 2.4 2215 4.4	0309 1.9 0933 4.0 1546 2.1 2153 4.1
30 F	0026 1.7 0640 4.1 1314 1.4 1932 4.1	0034 1.6 0700 4.8 1325 1.4 1953 4.9	0151 1.6 0806 5.7 1427 1.5 2108 5.9	0607 3.4 1240 1.1 1906 3.6	0607 3.3 1232 1.0 1902 3.4	0403 2.2 1042 0.9 1722 2.2 2306 1.2	0015 5.9 0642 2.5 1325 5.9 1921 2.7	0445 2.0 1112 4.4 1726 2.2 2325 4.6	0433 1.8 1052 4.1 1711 2.0 2308 4.3
31 SA	0145 1.5 0757 4.2 1431 1.2 2045 4.4	0203 1.5 0821 5.0 1448 1.1 2109 5.3	0323 1.6 0936 5.9 1603 1.2 2230 6.3	0120 1.3 0730 3.5 1403 0.9 2024 3.8	0109 1.1 0726 3.4 1346 0.9 2020 3.6	0513 2.3 1151 0.8 1826 2.3	0139 6.2 0807 2.1 1436 6.3 2038 2.3	0604 1.7 1218 4.7 1836 1.9	0550 1.5 1203 4.4 1818 1.7

TIDE TABLES

EAST COAST OF ENGLAND Time Zone UT

Margate * Sheerness * London Bridge * Walton-on-the-Naze * Harwich * Lowestoft * Immingham * RiverTees * RiverTyne

TIDE TABLES NOVEMBER 1998

MARGATE	SHEERNESS	LONDON BRIDGE	WALTON-ON-THE-NAZE	HARWICH	LOWESTOFT	IMMINGHAM	RIVER TEES	RIVER TYNE		
Time m	Time m	Time m	Time m	Time m	Time m	Time m	Time m	Time m		
0254 1.3 0900 4.5 1533 0.8 2143 4.7	0315 1.2 0932 5.3 1557 0.8 2213 5.6	0442 1.2 1054 6.4 1721 0.8 2336 6.9	0231 1.1 0844 3.8 1509 0.7 2127 4.1	0215 0.9 0839 3.6 1449 0.5 2127 3.9	0008 1.1 0615 2.4 1251 0.6 1918 2.4	0245 6.6 0917 1.7 1535 6.7 2141 1.8	0027 4.9 0707 1.3 1314 5.0 1933 1.6	0012 4.6 0651 1.1 1259 4.7 1912 1.4	**1**	**SU**
0351 1.1 0951 4.8 1625 0.6 2233 4.9	0418 1.0 1032 5.6 1658 0.6 2308 5.9	0551 1.1 1156 6.9 1840 0.5	0329 0.9 0942 4.1 1603 0.5 2219 4.3	0312 0.7 0945 3.8 1544 0.3 2224 4.1	0102 1.0 0708 2.5 1345 0.5 2003 2.5	0339 7.1 1016 1.2 1624 7.1 2236 1.4	0122 5.2 0800 0.9 1403 5.4 2021 1.2	0105 4.9 0742 0.8 1347 5.1 2000 1.0	**2**	**M**
0439 0.8 1037 5.0 1712 0.4 2319 5.0	0513 0.8 1124 5.9 1752 0.5 2357 6.1	0031 7.3 0703 0.6 1247 7.3 1943 0.3	0418 0.7 1033 4.3 1651 0.3 2307 4.5	0403 0.6 1040 4.1 1633 0.2 2315 4.3	0154 0.8 0757 2.7 1436 0.4 2045 2.6	0427 7.5 1108 0.8 1709 7.4 2326 1.0	0211 5.6 0846 0.6 1448 5.7 2107 0.9	0152 5.3 0828 0.5 1430 5.3 2046 0.8	**3**	**TU**
0524 0.6 1121 5.1 1756 0.3	0605 0.6 1211 6.1 1842 0.3	0119 7.5 0801 0.4 1333 7.6 2034 0.2	0505 0.6 1121 4.5 1736 0.3 2353 4.5	0450 0.4 1130 4.2 1719 0.1	0244 0.7 0845 2.8 1523 0.3 2127 2.6	0513 7.8 1156 0.6 1751 7.6	0257 5.8 0931 0.4 1531 5.8 2151 0.7	0238 5.5 0914 0.3 1513 5.4 2131 0.6	**4**	**W** ○
0004 5.1 0610 0.5 1209 5.2 1842 0.3	0042 6.2 0654 0.5 1257 6.2 1927 0.3	0203 7.6 0851 0.3 1418 7.7 2118 0.2	0550 0.5 1207 4.6 1820 0.3	0002 4.3 0535 0.3 1217 4.3 1803 0.1	0333 0.6 0933 2.8 1608 0.3 2209 2.6	0013 0.8 0600 7.9 1241 0.5 1833 7.6	0343 6.0 1015 0.4 1614 5.9 2235 0.6	0323 5.6 0958 0.3 1555 5.5 2216 0.5	**5**	**TH**
0051 5.0 0657 0.5 1301 5.2 1928 0.4	0126 6.2 0739 0.5 1342 6.2 2009 0.4	0248 7.6 0935 0.3 1503 7.7 2159 0.2	0037 4.5 0636 0.5 1253 4.6 1903 0.4	0046 4.3 0620 0.3 1302 4.4 1846 0.2	0421 0.5 1021 2.8 1651 0.3 2252 2.6	0059 0.7 0646 7.9 1324 0.6 1915 7.6	0430 6.0 1058 0.5 1657 5.8 2319 0.7	0410 5.6 1042 0.4 1639 5.4 2302 0.5	**6**	**F**
0139 5.0 0746 0.5 1354 5.1 2015 0.6	0209 6.1 0824 0.5 1427 6.1 2049 0.5	0331 7.5 1015 0.3 1549 7.7 2236 0.4	0121 4.4 0721 0.5 1339 4.5 1946 0.5	0128 4.2 0705 0.3 1345 4.3 1930 0.4	0507 0.5 1112 2.7 1734 0.5 2337 2.6	0142 0.8 0734 7.7 1404 0.9 1957 7.4	0517 5.8 1142 0.8 1742 5.6	0500 5.5 1127 0.7 1724 5.2 2349 0.7	**7**	**SA**
0225 4.8 0835 0.6 1445 5.0 2101 0.9	0253 5.9 0908 0.6 1515 5.9 2128 0.8	0416 7.3 1053 0.4 1637 7.5 2309 0.7	0204 4.3 0807 0.5 1426 4.4 2030 0.8	0210 4.1 0751 0.4 1430 4.2 2015 0.6	0555 0.5 1206 2.6 1818 0.7	0225 1.0 0824 7.3 1444 1.4 2042 7.1	0006 0.9 0607 5.5 1227 1.1 1830 5.4	0551 5.2 1212 1.0 1812 5.0	**8**	**SU**
0309 4.7 0924 0.8 1535 4.7 2148 1.1	0338 5.6 0951 0.8 1604 5.7 2207 1.1	0503 7.0 1129 0.6 1727 7.1 2343 1.0	0248 4.1 0855 0.7 1515 4.2 2115 1.0	0253 3.9 0840 0.5 1517 4.0 2103 0.8	0024 2.5 0645 0.6 1308 2.4 1904 0.9	0309 1.3 0916 6.9 1525 1.8 2128 6.7	0055 1.1 0702 5.2 1316 1.6 1923 5.1	0040 0.9 0647 4.9 1300 1.4 1905 4.7	**9**	**M**
0354 4.5 1018 1.0 1627 4.5 2238 1.4	0426 5.4 1038 1.0 1659 5.4 2253 1.4	0550 6.6 1206 0.9 1818 6.7	0336 3.9 0947 0.8 1609 4.0 2206 1.2	0339 3.7 0933 0.7 1609 3.8 2155 1.1	0115 2.4 0739 0.6 1418 2.3 1958 1.1	0357 1.7 1016 6.4 1611 2.3 2224 6.4	0150 1.4 0803 4.8 1412 2.0 2023 4.8	0136 1.2 0748 4.5 1357 1.8 2006 4.5	**10**	**TU**
0445 4.3 1119 1.1 1727 4.2 2341 1.6	0520 5.1 1135 1.2 1801 5.1 2352 1.6	0021 1.3 0639 6.2 1249 1.2 1914 6.4	0429 3.8 1048 0.9 1709 3.8 2309 1.4	0430 3.5 1034 0.8 1710 3.6 2258 1.2	0214 2.3 0843 0.7 1533 2.3 2106 1.3	0455 2.0 1127 6.1 1710 2.7 2332 2.3	0254 1.7 0912 4.6 1518 2.3 2131 4.8	0242 1.4 0857 4.3 1506 2.1 2117 4.3	**11**	**W**
0547 4.1 1236 1.2 1843 4.1	0624 4.9 1251 1.3 1912 5.0	0107 1.6 0736 6.0 1348 1.4 2018 6.1	0533 3.6 1203 1.0 1821 3.7	0532 3.4 1148 0.8 1823 3.4	0319 2.3 1000 0.8 1652 2.3 2232 1.3	0612 2.3 1248 5.9 1832 2.9	0408 1.8 1026 4.4 1637 2.4 2243 4.5	0400 1.6 1013 4.1 1630 2.2 2234 4.2	**12**	**TH**
0103 1.6 0703 4.1 1355 1.1 2006 4.1	0112 1.7 0737 4.8 1415 1.3 2027 5.0	0215 1.8 0844 5.8 1517 1.4 2133 6.1	0028 1.4 0648 3.6 1324 0.9 1939 3.7	0015 1.3 0647 3.3 1310 0.8 1941 3.5	0431 2.3 1118 0.7 1806 2.3 2348 1.3	0055 2.0 0733 2.3 1404 6.0 1955 2.8	0525 1.8 1137 4.4 1754 2.3 2350 4.6	0518 1.6 1128 4.2 1748 2.1 2345 4.3	**13**	**F**
0222 1.5 0821 4.2 1503 0.9 2115 4.3	0235 1.7 0853 4.9 1524 1.1 2135 5.2	0344 1.7 1007 6.0 1636 1.2 2252 6.4	0148 1.3 0802 3.6 1430 0.9 2044 3.8	0136 1.2 0803 3.4 1420 0.7 2048 3.6	0545 2.3 1222 0.8 1903 2.3	0212 2.1 0842 6.1 1506 6.2 2101 2.6	0629 1.7 1236 4.6 1853 2.2	0622 1.5 1229 4.3 1845 1.9	**14**	**SA** ○
0328 1.3 0926 4.3 1559 0.8 2208 4.5	0340 1.5 0956 5.1 1618 1.0 2228 5.4	0457 1.3 1119 6.4 1742 0.7 2351 6.8	0249 1.2 0902 3.8 1522 0.7 2136 4.0	0241 1.1 0907 3.5 1513 0.6 2141 3.7	0045 1.2 0645 2.3 1313 0.6 1947 2.4	0312 1.9 0936 6.4 1554 6.5 2151 2.3	0047 4.7 0718 1.5 1325 4.7 1939 1.9	0042 4.5 0712 1.4 1317 4.5 1930 1.7	**15**	**SU**

● ● Time UT. For British Summer Time (shaded) March 29th to October 25th ADD ONE HOUR ● ●

PAGE 51

NOVEMBER 1998 TIDE TABLES

●●Time UT. For British Summer Time (shaded) March 29th to October 25th ADD ONE HOUR ●●

	MARGATE	SHEERNESS	LONDON BRIDGE	WALTON-ON THE-NAZE	HARWICH	LOWESTOFT	IMMINGHAM	RIVER TEES	RIVER TYNE
	Time m	Time m	Time m	Time m	Time m	Time m	Time m	Time m	Time m
16 M	0417 1.1 1015 4.5 1641 0.8 2248 4.6	0430 1.3 1045 5.3 1701 0.9 2312 5.5	0558 0.9 1212 6.7 1833 0.4	0336 1.1 0951 3.9 1604 0.7 2219 4.0	0330 1.0 0957 3.7 1555 0.6 2224 3.8	0129 1.1 0731 2.4 1354 0.7 2022 2.4	0357 6.6 1021 1.7 1632 6.7 2233 2.0	0134 4.9 0759 1.4 1405 4.9 2017 1.7	0128 4.6 0751 1.3 1356 4.7 2007 1.5
17 TU	0452 1.0 1054 4.6 1712 0.8 2320 4.6	0512 1.1 1127 5.5 1736 0.9 2348 5.6	0036 7.0 0648 0.7 1253 6.9 1915 0.4	0416 0.9 1032 4.0 1640 0.7 2256 4.1	0410 0.8 1039 3.8 1631 0.5 2302 3.9	0206 1.1 0809 2.4 1430 0.7 2052 2.4	0436 6.8 1058 1.6 1704 6.9 2309 1.8	0215 5.0 0835 1.2 1440 5.0 2051 1.5	0207 4.8 0825 1.0 1430 4.8 2042 1.3
18 W	0521 1.0 1127 4.6 1739 0.8 2348 4.7	0548 1.0 1202 5.6 1809 0.8	0114 7.1 0730 0.6 1329 7.0 1952 0.4	0451 0.8 1109 4.1 1712 0.6 2330 4.2	0445 0.7 1116 3.9 1703 0.5 2336 4.0	0239 1.0 0844 2.5 1502 0.7 2118 2.5	0512 7.0 1133 1.4 1734 7.0 2345 1.6	0252 5.1 0908 1.2 1512 5.1 2124 1.4	0242 4.9 0858 1.1 1502 4.9 2115 1.2
19 TH ●	0551 0.9 1159 4.7 1809 0.8	0021 5.7 0622 0.9 1236 5.7 1841 0.8	0146 7.1 0807 0.6 1400 7.0 2026 0.5	0526 0.8 1143 4.1 1745 0.6	0517 0.7 1151 3.9 1733 0.5	0311 0.9 0919 2.5 1532 0.7 2142 2.5	0545 7.1 1206 1.4 1804 7.1	0325 5.2 0940 1.1 1542 5.2 2157 1.3	0315 5.0 0930 1.0 1533 5.0 2147 1.1
20 F	0016 4.7 0624 0.9 1232 4.7 1841 0.8	0053 5.7 0656 0.8 1308 5.7 1913 0.7	0215 7.1 0841 0.6 1430 7.0 2059 0.5	0001 4.2 0600 0.7 1217 4.2 1817 0.7	0008 4.0 0548 0.6 1224 4.0 1804 0.6	0344 0.8 0954 2.5 1600 0.7 2211 2.5	0019 1.5 0618 7.1 1238 1.4 1834 7.1	0357 5.2 1012 1.1 1612 5.2 2228 1.2	0348 4.9 1002 1.0 1603 5.0 2218 1.1
21 SA	0046 4.7 0658 0.9 1305 4.7 1914 0.9	0124 5.7 0730 0.7 1342 5.7 1945 0.7	0245 7.1 0915 0.6 1502 7.0 2132 0.6	0033 4.2 0633 0.7 1250 4.1 1848 0.8	0039 4.0 0621 0.6 1256 3.9 1836 0.6	0418 0.8 1030 2.5 1630 0.8 2243 2.5	0053 1.4 0651 7.0 1310 1.4 1905 7.1	0430 5.2 1044 1.2 1645 5.2 2302 1.2	0422 4.9 1033 1.1 1634 4.9 2251 1.1
22 SU	0118 4.7 0733 0.9 1339 4.7 1948 1.0	0157 5.7 0803 0.8 1415 5.6 2018 0.8	0317 7.1 0948 0.7 1537 7.0 2205 0.7	0103 4.1 0706 0.8 1323 4.1 1920 0.9	0110 3.9 0654 0.6 1329 3.9 1909 0.7	0454 0.8 1106 2.4 1703 0.9 2318 2.5	0127 1.5 0724 6.9 1342 1.6 1936 7.0	0505 5.1 1118 1.3 1719 5.1 2338 1.3	0457 4.8 1105 1.2 1706 4.9 2325 1.2
23 M	0151 4.7 0809 1.0 1414 4.6 2024 1.1	0230 5.6 0837 0.9 1451 5.5 2051 0.9	0351 7.0 1021 0.7 1614 6.9 2237 0.8	0133 4.1 0739 0.9 1357 4.0 1952 0.9	0142 3.9 0728 0.7 1403 3.8 1943 0.8	0532 0.8 1145 2.4 1737 0.9 2354 2.5	0200 1.6 0758 6.7 1413 1.7 2009 6.9	0543 4.9 1155 1.4 1757 5.0	0533 4.7 1139 1.4 1741 4.8
24 TU	0227 4.6 0846 1.0 1452 4.6 2103 1.2	0304 5.5 0912 1.0 1528 5.4 2124 1.1	0426 6.9 1052 0.8 1652 6.8 2308 0.9	0207 4.0 0815 0.9 1435 3.9 2029 1.0	0215 3.8 0804 0.7 1442 3.7 2020 0.9	0613 0.8 1228 2.3 1816 1.0	0233 1.7 0834 6.5 1446 2.0 2045 6.7	0017 1.4 0627 4.8 1236 1.5 1841 4.8	0003 1.3 0614 4.6 1216 1.5 1821 4.6
25 W	0307 4.5 0927 1.1 1537 4.4 2147 1.3	0342 5.3 0948 1.1 1612 5.2 2203 1.2	0503 6.7 1124 0.9 1733 6.6 2341 1.1	0245 3.9 0856 0.9 1519 3.8 2114 1.1	0254 3.7 0845 0.8 1524 3.7 2104 1.0	0034 2.4 0659 0.8 1318 2.2 1901 1.1	0310 1.9 0917 6.3 1525 2.2 2128 6.5	0101 1.5 0717 4.6 1323 1.9 1931 4.7	0045 1.4 0700 4.4 1301 1.7 1909 4.5
26 TH	0354 4.4 1017 1.2 1632 4.3 2242 1.5	0426 5.1 1033 1.2 1703 5.1 2254 1.4	0544 6.4 1201 1.0 1821 6.3	0330 3.8 0948 1.0 1612 3.7 2212 1.2	0338 3.6 0935 0.8 1615 3.6 2159 1.1	0120 2.3 0752 0.8 1420 2.2 1958 1.2	0355 2.1 1010 6.1 1615 2.4 2224 6.3	0154 1.7 0816 4.4 1419 2.1 2030 4.6	0137 1.5 0757 4.3 1358 1.9 2008 4.4
27 F	0452 4.3 1121 1.3 1739 4.2 2351 1.5	0520 5.0 1135 1.2 1807 5.0	0024 1.3 0633 6.2 1251 1.1 1921 6.1	0427 3.6 1052 1.0 1717 3.6 2322 1.3	0432 3.5 1038 0.8 1718 3.5 2309 1.2	0214 2.3 0855 0.8 1533 2.1 2109 1.2	0454 2.2 1121 5.9 1720 2.5 2334 6.2	0256 1.8 0924 4.4 1527 2.2 2137 4.5	0241 1.6 0902 4.2 1509 2.0 2115 4.3
28 SA	0603 4.2 1241 1.2 1857 4.2	0002 1.5 0627 4.9 1251 1.2 1921 5.0	0122 1.5 0737 6.0 1400 1.2 2039 6.1	0536 3.6 1207 0.9 1832 3.7	0537 3.4 1155 0.8 1830 3.5	0318 2.3 1006 0.8 1647 2.2 2224 1.2	0607 2.2 1245 6.0 1839 2.6	0409 1.7 1035 4.5 1643 2.1 2246 4.6	0354 1.6 1015 4.2 1627 1.9 2227 4.4
29 SU	0108 1.5 0718 4.3 1359 1.0 2011 4.4	0120 1.4 0742 5.0 1409 1.0 2035 5.2	0245 1.5 0900 6.0 1530 1.1 2158 6.4	0039 1.2 0651 3.6 1327 0.8 1948 3.8	0027 1.1 0650 3.5 1310 0.7 1943 3.6	0430 2.3 1115 0.7 1751 2.3 2331 1.1	0054 6.3 0726 2.0 1359 6.3 1957 2.3	0525 1.6 1142 4.7 1757 1.9 2353 4.9	0509 1.4 1126 4.4 1739 1.7 2336 4.6
30 M	0221 1.2 0824 4.5 1504 0.8 2114 4.6	0234 1.3 0854 5.2 1521 0.8 2142 5.5	0408 1.2 1020 6.4 1648 0.8 2307 6.8	0153 1.1 0806 3.8 1437 0.6 2055 4.0	0138 1.0 0801 3.6 1416 0.5 2054 3.8	0537 2.4 1218 0.6 1847 2.4 2106 2.0	0206 6.6 0839 1.7 1502 6.6	0633 1.3 1242 5.0 1901 1.6	0616 1.2 1227 4.7 1841 1.4

PAGE 52

TIDE TABLES

EAST COAST OF ENGLAND Time Zone UT
Margate * Sheerness * London Bridge * Walton-on-the-Naze * Harwich * Lowestoft * Immingham * RiverTees * RiverTyne

TIDE TABLES DECEMBER 1998

MARGATE	SHEERNESS	LONDON BRIDGE	WALTON-ON-THE-NAZE	HARWICH	LOWESTOFT	IMMINGHAM	RIVER TEES	RIVER TYNE		
Time m	Time m	Time m	Time m	Time m	Time m	Time m	Time m	Time m		
0322 1.0 0921 4.7 1559 0.6 2208 4.8	0342 1.0 1000 5.5 1627 0.7 2240 5.7	0518 0.9 1127 6.8 1806 0.5	0258 0.9 0912 4.0 1536 0.5 2153 4.2	0240 0.8 0911 3.8 1515 0.4 2157 4.0	0031 1.0 0637 2.5 1317 0.5 1936 2.5	0306 7.0 0945 1.3 1556 7.0 2208 1.6	0054 5.1 0731 1.0 1336 5.3 1957 1.0	0036 4.9 0713 0.9 1320 4.9 1935 1.2	**1**	**TU**
0415 0.8 1012 4.8 1648 0.5 2257 4.9	0444 0.9 1057 5.8 1725 0.5 2333 5.9	0006 7.2 0633 0.7 1224 7.1 1918 0.4	0354 0.8 1008 4.2 1627 0.4 2245 4.4	0336 0.6 1014 4.0 1609 0.3 2252 4.1	0129 0.9 0732 2.6 1411 0.5 2021 2.5	0402 7.3 1041 1.0 1645 7.2 2303 1.2	0148 5.4 0823 0.8 1426 5.5 2047 1.0	0130 5.2 0805 0.7 1408 5.2 2025 0.9	**2**	**W**
0504 0.7 1102 4.9 1735 0.4 2345 4.9	0541 0.7 1149 5.9 1817 0.4	0058 7.3 0739 0.6 1314 7.2 2012 0.4	0445 0.6 1100 4.4 1715 0.4 2333 4.4	0429 0.5 1109 4.1 1659 0.2 2341 4.2	0224 0.7 0825 2.7 1500 0.4 2105 2.6	0454 7.5 1132 0.8 1730 7.4 2354 0.9	0240 5.7 0911 0.6 1512 5.7 2134 0.7	0220 5.4 0854 0.6 1453 5.3 2115 0.7	**3**	**TH** ○
0553 0.5 1154 5.0 1822 0.5	0021 6.0 0634 0.6 1238 6.0 1904 0.4	0145 7.3 0831 0.5 1402 7.4 2057 0.4	0533 0.5 1150 4.5 1800 0.4	0518 0.4 1159 4.2 1745 0.3	0318 0.6 0917 2.7 1547 0.4 2149 2.6	0544 7.6 1219 0.8 1814 7.5	0330 5.8 0957 0.6 1557 5.8 2221 0.6	0309 5.5 0940 0.6 1537 5.4 2203 0.6	**4**	**F**
0033 4.9 0642 0.5 1250 5.0 1909 0.5	0107 6.0 0724 0.5 1326 6.1 1948 0.5	0231 7.3 0918 0.3 1449 7.5 2139 0.4	0018 4.4 0621 0.4 1237 4.5 1844 0.5	0027 4.2 0606 0.3 1245 4.3 1830 0.3	0409 0.5 1009 2.7 1631 0.5 2233 2.5	0042 0.8 0634 7.6 1304 0.9 1857 7.5	0418 5.8 1042 0.7 1641 5.8 2307 0.7	0359 5.5 1026 0.7 1621 5.4 2251 0.5	**5**	**SA**
0121 4.9 0733 0.4 1344 5.0 1957 0.6	0152 5.9 0812 0.4 1413 6.0 2030 0.6	0315 7.4 1000 0.2 1536 7.6 2217 0.5	0103 4.4 0708 0.4 1324 4.5 1927 0.6	0110 4.1 0652 0.3 1330 4.2 1913 0.5	0457 0.4 1103 2.6 1715 0.6 2318 2.6	0129 0.8 0724 7.5 1346 1.1 1940 7.4	0506 5.7 1125 0.9 1726 5.6 2354 0.7	0448 5.3 1110 0.9 1706 5.3 2339 0.6	**6**	**SU**
0207 4.8 0823 0.5 1433 4.9 2042 0.8	0236 5.8 0857 0.5 1501 5.9 2109 0.8	0400 7.3 1039 0.3 1624 7.5 2252 0.6	0146 4.3 0754 0.4 1410 4.3 2009 0.8	0152 4.0 0739 0.3 1415 4.1 1957 0.6	0545 0.4 1158 2.5 1757 0.7	0214 0.9 0813 7.2 1426 1.4 2024 7.1	0555 5.5 1210 1.2 1812 5.4	0539 5.1 1154 1.1 1753 5.1	**7**	**M**
0251 4.7 0912 0.6 1521 4.7 2126 1.1	0321 5.6 0942 0.7 1548 5.7 2147 1.1	0445 7.1 1117 0.4 1711 7.3 2326 0.9	0229 4.1 0840 0.5 1457 4.2 2051 1.0	0234 3.9 0826 0.4 1500 4.0 2042 0.8	0004 2.6 0633 0.5 1256 2.4 1841 1.0	0257 1.2 0903 6.8 1506 1.8 2107 6.9	0041 1.0 0647 5.2 1256 1.6 1901 5.2	0027 0.8 0631 4.9 1239 1.4 1842 4.9	**8**	**TU**
0333 4.5 1000 0.8 1608 4.5 2210 1.3	0405 5.4 1025 0.9 1638 5.4 2227 1.3	0529 6.8 1153 0.7 1757 6.9	0313 4.0 0927 0.6 1545 4.0 2136 1.1	0318 3.8 0915 0.5 1548 3.8 2128 1.0	0051 2.5 0723 0.6 1357 2.3 1927 1.1	0342 1.5 0954 6.4 1546 2.2 2154 6.5	0131 1.3 0741 4.9 1345 1.9 1954 4.9	0117 1.1 0725 4.6 1327 1.7 1936 4.6	**9**	**W**
0418 4.4 1053 1.0 1700 4.2 2301 1.5	0453 5.2 1111 1.0 1730 5.1 2313 1.5	0001 1.2 0613 6.4 1230 1.0 1846 6.5	0400 3.9 1018 0.7 1637 3.8 2227 1.3	0403 3.6 1006 0.6 1639 3.6 2220 1.1	0142 2.4 0817 0.7 1501 2.2 2021 1.3	0430 1.9 1051 6.1 1633 2.6 2249 6.2	0226 1.5 0839 4.6 1439 2.2 2053 4.7	0211 1.3 0823 4.3 1423 2.0 2036 4.4	**10**	**TH**
0511 4.2 1154 1.1 1801 4.0	0545 4.9 1206 1.2 1829 4.9	0040 1.5 0703 6.1 1313 1.3 1941 6.2	0453 3.7 1116 0.8 1736 3.6 2329 1.4	0454 3.5 1105 0.7 1738 3.4 2321 1.2	0237 2.3 0918 0.8 1610 2.2 2129 1.3	0527 2.2 1156 5.9 1734 2.8 2357 6.0	0326 1.7 0942 4.4 1542 2.4 2157 4.6	0312 1.6 0926 4.1 1530 2.1 2142 4.2	**11**	**F**
0006 1.6 0615 4.0 1305 1.2 1914 3.9	0013 1.7 0646 4.8 1314 1.3 1934 4.8	0130 1.7 0801 5.9 1419 1.4 2045 6.0	0554 3.6 1226 0.9 1845 3.5	0555 3.4 1212 0.8 1845 3.3	0339 2.3 1029 0.8 1721 2.2 2251 1.4	0636 2.4 1307 5.8 1851 3.0	0430 1.9 1045 4.4 1653 2.4 2301 4.5	0420 1.7 1033 4.1 1646 2.2 2253 4.2	**12**	**SA**
0124 1.6 0729 4.0 1413 1.1 2025 4.1	0128 1.8 0756 4.7 1424 1.3 2042 4.9	0245 1.8 0911 5.8 1545 1.3 2158 6.1	0043 1.4 0706 3.5 1338 0.9 1956 3.6	0033 1.3 0706 3.3 1324 0.8 1955 3.4	0448 2.4 1137 0.9 1823 2.2	0114 5.9 0746 2.4 1414 5.9 2005 2.8	0003 4.6 0632 1.8 1235 4.5 1851 2.1	0625 1.7 1235 4.3 1851 1.9	**13**	**SU**
0236 1.5 0838 4.1 1510 1.0 2124 4.2	0242 1.6 0905 4.8 1524 1.2 2142 5.0	0410 1.6 1030 6.0 1651 1.1 2307 6.3	0158 1.3 0815 3.6 1438 0.9 2055 3.7	0148 1.2 0816 3.4 1427 0.8 2057 3.5	0000 1.3 0557 2.5 1233 0.9 1913 2.3	0224 6.0 0848 2.2 1509 6.1 2106 2.6	0003 4.6 0632 1.8 1242 4.5 1857 2.1	0625 1.7 1235 4.3 1851 1.9	**14**	**M**
0332 1.3 0934 4.2 1556 0.9 2209 4.4	0343 1.5 1003 5.0 1615 1.1 2232 5.2	0513 1.3 1133 6.3 1744 1.0 2359 6.6	0257 1.2 0912 3.7 1527 0.8 2144 3.8	0249 1.0 0916 3.5 1518 0.7 2147 3.6	0052 1.2 0655 2.6 1318 0.9 1952 2.3	0319 6.2 0938 2.1 1554 6.3 2155 2.3	0057 4.7 0720 1.7 1329 4.7 1945 1.9	0052 4.4 0712 1.5 1321 4.5 1936 1.7	**15**	**TU**

● ● Time UT. For British Summer Time (shaded) March 29th to October 25th ADD ONE HOUR ● ●

PAGE 53

DECEMBER 1998 TIDE TABLES

● ● Time UT. For British Summer Time (shaded) March 29th to October 25th ADD ONE HOUR ● ●

	MARGATE	SHEERNESS	LONDON BRIDGE	WALTON-ON-THE-NAZE	HARWICH	LOWESTOFT	IMMINGHAM	RIVER TEES	RIVER TYNE
	Time m	Time m	Time m	Time m	Time m	Time m	Time m	Time m	Time m
16 W	0415 1.2 1020 4.4 1633 0.9 2245 4.5	0433 1.3 1051 5.2 1659 1.0 2314 5.4	0606 1.0 1219 6.5 1830 0.6	0345 1.0 1000 3.8 1609 0.8 2225 3.9	0337 0.9 1005 3.6 1559 0.7 2230 3.7	0134 1.1 0741 2.3 1355 0.9 2023 2.4	0405 6.5 1021 1.9 1632 6.6 2237 2.0	0145 4.8 0802 1.5 1411 4.9 2026 1.7	0138 4.5 0754 1.4 1401 4.6 2015 1.5
17 TH	0452 1.0 1100 4.5 1707 0.9 2319 4.6	0517 1.1 1132 5.4 1737 0.9 2352 5.5	0039 6.7 0651 0.8 1257 6.7 1913 0.6	0427 0.9 1042 3.9 1645 0.7 2302 4.0	0418 0.8 1048 3.7 1635 0.6 2308 3.8	0212 1.0 0821 2.4 1428 0.8 2049 2.4	0445 6.7 1100 1.7 1706 6.8 2317 1.8	0227 4.9 0841 1.4 1448 5.0 2103 1.5	0218 4.7 0831 1.3 1436 4.8 2053 1.4
18 F ●	0529 0.9 1137 4.5 1743 0.8 2354 4.7	0556 0.9 1210 5.5 1813 0.8	0115 6.8 0734 0.7 1333 6.7 1954 0.5	0504 0.8 1120 4.0 1721 0.7 2337 4.1	0454 0.7 1126 3.8 1709 0.6 2343 3.9	0248 0.9 0858 2.4 1500 0.8 2116 2.5	0522 6.8 1136 1.6 1739 7.0 2355 1.6	0306 5.0 0917 1.3 1523 5.1 2139 1.3	0255 4.8 0906 1.2 1510 4.9 2128 1.2
19 SA	0607 0.9 1215 4.6 1820 0.8	0028 5.6 0633 0.8 1247 5.6 1848 0.8	0148 7.0 0815 0.6 1408 6.9 2035 0.5	0539 0.7 1156 4.0 1754 0.8	0527 0.6 1203 3.8 1742 0.6	0324 0.8 0936 2.4 1532 0.8 2148 2.5	0558 6.9 1212 1.5 1812 7.1	0342 5.1 0952 1.2 1555 5.2 2215 1.2	0330 4.8 0941 1.2 1542 5.0 2203 1.1
20 SU	0030 4.7 0646 0.8 1251 4.6 1857 0.8	0104 5.7 0711 0.8 1324 5.6 1924 0.7	0224 7.1 0857 0.6 1445 7.0 2115 0.5	0011 4.1 0615 0.7 1232 4.0 1827 0.8	0018 3.9 0603 0.6 1239 3.9 1816 0.6	0403 0.8 1012 2.4 1606 0.9 2221 2.6	0033 1.5 0633 6.9 1248 1.4 1845 7.1	0417 5.1 1027 1.2 1629 5.2 2251 1.1	0406 4.9 1015 1.2 1615 5.0 2237 1.0
21 M	0105 4.8 0725 0.8 1328 4.7 1935 0.9	0139 5.7 0749 0.7 1400 5.6 2000 0.8	0300 7.1 0938 0.5 1523 7.1 2154 0.6	0045 4.1 0651 0.7 1308 4.0 1901 0.8	0053 3.9 0639 0.5 1315 3.9 1851 0.7	0442 0.7 1051 2.4 1642 0.9 2258 2.5	0112 1.4 0709 6.9 1324 1.4 1920 7.1	0453 5.1 1104 1.2 1704 5.2 2328 1.1	0442 4.8 1049 1.2 1648 5.0 2314 1.0
22 TU	0141 4.8 0803 0.8 1405 4.7 2012 0.9	0215 5.6 0828 0.7 1438 5.6 2037 0.8	0337 7.1 1017 0.6 1601 7.1 2230 0.7	0118 4.1 0727 0.7 1345 4.0 1938 0.8	0127 3.9 0716 0.5 1351 3.9 1927 0.7	0524 0.7 1130 2.3 1721 0.8 2336 2.5	0149 1.4 0746 6.8 1400 1.5 1955 7.1	0531 5.0 1142 1.3 1742 5.2	0519 4.8 1125 1.2 1724 4.9 2352 1.0
23 W	0217 4.7 0842 0.8 1443 4.6 2051 1.0	0251 5.5 0907 0.7 1518 5.5 2114 0.9	0413 7.0 1051 0.7 1640 7.0 2302 0.9	0154 4.0 0806 0.7 1424 4.0 2017 0.9	0203 3.8 0754 0.5 1430 3.8 2006 0.7	0606 0.7 1213 2.3 1800 0.9	0227 1.4 0825 6.7 1437 1.7 2033 7.0	0007 1.1 0614 4.9 1222 1.4 1823 5.1	0559 4.7 1203 1.3 1804 4.8
24 TH	0254 4.7 0921 0.9 1525 4.5 2133 1.1	0329 5.4 0947 0.8 1600 5.4 2153 1.0	0450 6.8 1121 0.8 1721 6.8 2330 1.1	0233 4.0 0849 0.7 1507 3.9 2101 1.0	0242 3.8 0836 0.5 1513 3.7 2050 0.8	0015 2.5 0650 0.7 1300 2.4 1843 1.0	0306 1.5 0907 6.6 1517 1.9 2115 6.8	0051 1.2 0701 4.8 1306 1.6 1909 4.9	0034 1.1 0644 4.6 1246 1.5 1850 4.7
25 F	0336 4.6 1006 0.9 1615 4.4 2220 1.3	0412 5.3 1029 0.9 1648 5.3 2238 1.1	0530 6.6 1152 0.9 1807 6.6	0317 3.9 0937 0.7 1557 3.9 2152 1.0	0324 3.7 0922 0.6 1601 3.7 2139 0.9	0058 2.4 0738 0.7 1354 2.2 1933 1.1	0349 1.7 0955 6.4 1601 2.1 2203 6.6	0139 1.3 0754 4.7 1357 1.7 2003 4.8	0121 1.2 0735 4.5 1336 1.6 1942 4.6
26 SA	0427 4.4 1059 1.0 1714 4.3 2318 1.3	0500 5.2 1118 0.9 1745 5.1 2333 1.2	0006 1.3 0615 6.4 1235 1.0 1901 6.3	0409 3.8 1033 0.8 1654 3.8 2252 1.1	0414 3.6 1017 0.6 1657 3.6 2239 1.0	0146 2.4 0831 0.7 1458 2.2 2033 1.1	0438 1.8 1054 6.2 1655 2.3 2302 6.5	0233 1.4 0854 4.6 1455 1.9 2104 4.7	0216 1.3 0833 4.4 1436 1.8 2043 4.6
27 SU	0528 4.3 1206 1.0 1824 4.2	0558 5.1 1220 1.0 1850 5.1	0057 1.4 0712 6.2 1334 1.1 2009 6.3	0509 3.7 1138 0.8 1800 3.7	0512 3.6 1122 0.7 1801 3.5 2349 1.0	0243 2.4 0933 0.7 1610 2.2 2142 1.2	0538 1.9 1205 6.1 1802 2.2	0337 1.5 1000 4.5 1604 1.9 2212 4.7	0319 1.4 0939 4.3 1545 1.9 2151 4.5
28 M	0030 1.4 0639 4.3 1324 0.9 1936 4.3	0040 1.3 0706 5.1 1331 1.0 2001 5.1	0208 1.4 0827 6.2 1454 1.0 2127 6.4	0001 1.1 0617 3.7 1251 0.7 1913 3.8	0618 3.5 1236 0.6 1912 3.6	0352 2.4 1041 0.7 1718 2.2 2254 1.1	0013 6.4 0648 1.9 1321 6.2 1918 2.3	0449 1.5 1108 4.6 1720 1.9 2323 4.8	0431 1.4 1049 4.4 1700 1.7 2303 4.6
29 TU	0147 1.2 0749 4.4 1434 0.8 2043 4.4	0154 1.3 0820 5.2 1446 0.9 2111 5.3	0332 1.3 0946 6.4 1615 0.8 2239 6.7	0116 1.1 0731 3.8 1407 0.7 2026 3.9	0103 1.0 0730 3.6 1347 0.6 2024 3.7	0505 2.4 1148 0.7 1818 2.3	0130 6.5 0803 1.8 1430 6.4 2034 2.1	0602 1.4 1215 4.8 1833 1.7	0544 1.3 1157 4.5 1812 1.6
30 W	0256 1.1 0854 4.5 1535 0.7 2145 4.6	0309 1.1 0931 5.3 1559 0.8 2215 5.5	0448 1.1 1100 6.6 1733 0.7 2344 6.9	0230 1.0 0844 3.9 1513 0.6 2130 4.0	0212 1.0 0843 3.7 1452 0.5 2133 3.8	0003 1.0 0612 2.5 1252 0.6 1912 2.4	0239 6.7 0915 1.6 1532 6.7 2144 1.8	0031 4.9 0708 1.2 1315 5.0 1937 1.4	0012 4.7 0650 1.2 1257 4.7 1915 1.3
31 TH	0356 0.9 0955 4.6 1630 0.6 2242 4.6	0420 1.0 1036 5.4 1703 0.7 2314 5.6	0607 0.9 1205 6.8 1853 0.6	0334 0.8 0948 4.1 1609 0.5 2227 4.1	0316 0.7 0954 3.8 1552 0.4 2233 3.9	0111 0.9 0715 2.5 1350 0.6 2002 2.5	0344 7.0 1018 1.4 1626 7.0 2245 1.4	0133 5.2 0806 1.0 1410 5.2 2033 1.1	0115 4.9 0748 1.0 1351 5.0 2012 1.0

TIDE TABLES

SCOTLAND & NORTH WEST ENGLAND Time Zone UT
Leith * Rosyth * Aberdeen * Wick * Lerwick * Ullapool * Oban * Greenock * Liverpool

TIDE TABLES JANUARY 1998

LEITH	ROSYTH	ABERDEEN	WICK	LERWICK	ULLAPOOL	OBAN	GREENOCK	LIVERPOOL		
Time m	Time m	Time m	Time m	Time m	Time m	Time m	Time m	Time m		
0409 5.6 1001 0.9 1623 5.6 2230 0.7	0423 5.8 1013 1.0 1634 5.8 2242 0.7	0251 4.3 0842 0.9 1458 4.4 2112 0.7	0045 3.5 0627 0.9 1255 3.7 1859 0.6	0024 2.2 0615 0.6 1228 2.3 1844 0.4	0231 1.0 0825 5.4 1456 0.9 2052 5.1	0111 0.7 0715 4.1 1332 0.8 1930 3.9	0151 3.3 0717 0.4 1415 3.6 1945 0.2	0030 9.4 0715 1.1 1251 9.7 1942 0.9	1	TH
0451 5.6 1045 1.0 1706 5.6 2315 0.8	0507 5.8 1019 1.1 1719 5.7 2242 0.8	0335 4.3 0926 1.0 1542 4.4 2157 0.7	0130 3.5 0711 0.9 1339 3.7 1945 0.7	0110 2.1 0658 0.7 1311 2.3 1930 0.4	0313 1.1 0910 5.3 1540 0.9 2140 4.9	0152 0.7 0757 4.1 1419 0.9 2011 3.7	0237 3.4 0801 0.5 1455 3.7 2031 0.2	0113 9.3 0757 1.2 1335 9.6 2026 1.0	2	F
0538 5.5 1128 1.2 1753 5.5	0554 5.6 1050 1.2 1806 5.6 2318 0.9	0423 4.2 1012 1.1 1629 4.3 2247 0.8	0217 3.4 0757 1.0 1424 3.6 2035 0.8	0158 2.1 0745 0.7 1359 2.2 2020 0.5	0357 1.2 1000 5.2 1627 1.1 2234 4.7	0236 0.8 0842 3.9 1509 1.0 2054 3.5	0324 3.4 0848 0.6 1537 3.6 2122 0.3	0159 9.1 0839 1.4 1421 9.4 2111 1.2	3	SA
0001 0.9 0629 5.3 1214 1.4 1845 5.3	0643 5.5 1133 1.4 1857 5.4	0515 4.0 1103 1.3 1721 4.2 2342 1.0	0307 3.3 0846 1.2 1515 3.5 2130 0.9	0251 2.0 0836 0.8 1453 2.1 2115 0.6	0446 1.5 1057 5.0 1719 1.3 2337 4.5	0324 1.0 0933 3.7 1602 1.2 2143 3.3	0412 3.3 0939 0.7 1624 3.6 2218 0.4	0248 8.9 0926 1.7 1512 9.1 2200 1.5	4	SU
0051 1.1 0724 5.1 1306 1.6 1943 5.2	0006 1.1 0738 5.3 1230 1.6 1954 5.2	0613 3.9 1200 1.4 1822 4.0	0403 3.1 0943 1.3 1612 3.4 2237 1.0	0348 1.9 0933 0.9 1555 2.0 2218 0.7	0542 1.7 1203 4.8 1819 1.6	0418 1.1 1036 3.5 1700 1.3 2242 3.1	0503 3.3 1036 0.8 1718 3.5 2322 0.5	0342 8.5 1018 2.0 1607 8.8 2256 1.8	5	M
0148 1.4 0828 5.0 1409 1.8 2049 5.0	0106 1.3 0842 5.1 1345 1.8 2105 5.1	0045 1.1 0719 3.8 1309 1.6 1932 3.9	0506 3.1 1054 1.4 1718 3.3 2352 1.2	0449 1.8 1042 0.9 1703 1.9 2334 0.8	0051 4.4 0648 2.0 1315 4.6 1927 1.8	0521 1.3 1157 3.3 1804 1.4	0600 3.2 1140 0.9 1821 3.5	0443 8.2 1122 2.3 1712 8.5	6	TU
0300 1.6 0936 4.9 1528 1.9 2200 5.0	0337 1.5 0950 5.0 1601 1.8 2218 5.0	0157 1.3 0830 3.7 1424 1.6 2047 3.9	0615 3.0 1214 1.5 1830 3.2	0554 1.8 1206 0.9 1813 1.9	0206 4.3 0806 2.1 1429 4.6 2043 1.8	0003 3.0 0635 1.4 1329 3.3 1916 1.5	0030 0.6 0702 3.1 1252 1.0 1936 3.2	0003 2.1 0554 8.0 1236 2.4 1824 8.3	7	W
0423 1.6 1046 4.9 1648 1.8 2312 5.0	0457 1.5 1057 5.0 1712 1.7 2324 5.1	0311 1.3 0940 3.8 1539 1.5 2200 3.9	0107 1.2 0725 3.1 1333 1.4 1943 3.2	0051 0.8 0703 1.9 1321 0.9 1926 1.9	0319 4.4 0926 2.0 1539 4.6 2157 1.5	0156 3.0 0757 1.4 1443 3.3 2029 1.4	0142 0.6 0813 3.1 1409 0.9 2057 3.2	0117 2.1 0708 8.0 1354 2.3 1936 8.3	8	TH
0535 1.6 1151 5.1 1757 1.6	0600 1.5 1157 5.1 1814 1.5	0419 1.3 1042 3.9 1646 1.4 2304 4.0	0213 1.2 0830 3.2 1439 1.2 2051 3.3	0154 0.8 0809 2.0 1423 0.8 2036 2.0	0421 4.6 1035 1.8 1640 4.7 2258 1.6	0315 3.2 0911 1.3 1542 3.4 2133 1.2	0251 0.6 0927 3.2 1518 0.8 2209 3.2	0229 2.0 0816 8.3 1504 2.0 2043 8.5	9	F
0018 5.1 0633 1.5 1249 5.3 1856 1.3	0024 5.2 0658 1.4 1254 5.3 1916 1.3	0517 1.2 1136 4.1 1742 1.2	0307 1.1 0925 3.4 1533 1.1 2148 3.4	0248 0.8 0907 2.1 1516 0.7 2136 2.0	0513 4.8 1132 1.5 1733 4.9 2350 1.4	0409 3.4 1011 1.2 1633 3.6 2225 1.1	0350 0.6 1032 3.3 1615 0.6 2312 3.3	0333 1.8 0916 8.6 1606 1.6 2141 8.8	10	SA
0114 5.3 0722 1.3 1340 5.4 1947 1.1	0118 5.3 0702 1.3 1343 5.5 2009 1.1	0000 4.1 0606 1.2 1224 4.2 1831 1.0	0352 1.1 1014 3.5 1620 0.9 2239 3.4	0336 0.7 0956 2.1 1603 0.6 2225 2.1	0557 5.1 1221 1.3 1818 5.0	0451 3.6 1102 1.1 1716 3.7 2310 0.9	0440 0.5 1126 3.4 1703 0.5	0427 1.5 1008 9.0 1659 1.3 2231 9.1	11	SU
0203 5.4 0806 1.2 1426 5.5 2033 0.9	0207 5.5 0709 1.2 1430 5.6 2006 1.0	0048 4.2 0648 1.1 1306 4.3 1915 0.9	0433 1.0 1058 3.6 1703 0.8 2324 3.5	0419 0.7 1040 2.2 1646 0.5 2309 2.1	0034 1.3 0636 5.2 1305 1.1 1858 5.1	0527 3.8 1146 1.0 1754 3.8 2351 0.7	0006 3.3 0524 0.5 1211 3.5 1745 0.4	0515 1.3 1054 9.2 1745 1.1 2315 9.2	12	M ○
0248 5.5 0846 1.1 1508 5.6 2115 0.8	0252 5.6 0750 1.1 1514 5.7 2131 0.9	0132 4.2 0728 1.1 1345 4.4 1956 0.8	0511 1.0 1139 3.7 1742 0.8	0500 0.7 1120 2.3 1727 0.5 2349 2.1	0115 1.2 0713 5.3 1345 1.1 1936 5.1	0600 3.9 1226 1.0 1828 3.8	0053 3.3 0605 0.5 1250 3.6 1824 0.3	0557 1.2 1136 9.4 1827 1.0 2357 9.2	13	TU
0329 5.5 0922 1.1 1548 5.6 2152 0.8	0336 5.6 0831 1.1 1557 5.7 2209 0.9	0212 4.2 0805 1.1 1422 4.4 2033 0.8	0006 3.5 0547 1.0 1218 3.7 1820 0.7	0539 0.7 1158 2.3 1806 0.5	0153 1.1 0748 5.3 1423 1.1 2012 5.1	0028 0.7 0630 3.9 1304 1.0 1901 3.8	0135 3.3 0645 0.5 1327 3.7 1902 0.3	0634 1.2 1214 9.4 1906 1.1	14	W
0408 5.4 0951 1.2 1627 5.4 2221 0.9	0417 5.6 0908 1.1 1639 5.7 2206 1.0	0251 4.2 0840 1.1 1458 4.3 2109 0.8	0044 3.4 0622 1.1 1254 3.6 1856 0.8	0027 2.1 0615 0.7 1234 2.2 1845 0.5	0229 1.2 0821 5.2 1459 1.1 2048 5.0	0105 0.7 0702 3.9 1340 1.1 1933 3.7	0214 3.3 0722 0.5 1403 3.7 1939 0.4	0033 9.1 0709 1.3 1250 9.3 1941 1.2	15	TH

● ● Time UT. For British Summer Time (shaded) March 29th to October 25th ADD ONE HOUR ● ●

PAGE 55

JANUARY 1998 TIDE TABLES

•• Time UT. For British Summer Time (shaded) March 29th to October 25th ADD ONE HOUR ••

	LEITH	ROSYTH	ABERDEEN	WICK	LERWICK	ULLAPOOL	OBAN	GREENOCK	LIVERPOOL
	Time m	Time m	Time m	Time m	Time m	Time m	Time m	Time m	Time m
16 F	0445 5.3 1015 1.3 1703 5.3 2245 1.0	0456 5.5 0941 1.3 1718 5.5 2210 1.1	0328 4.1 0913 1.2 1533 4.2 2144 1.0	0121 3.4 0656 1.1 1330 3.5 1930 0.9	0102 2.0 0649 0.8 1309 2.2 1921 0.6	0303 1.3 0853 5.1 1533 1.2 2122 4.8	0141 0.8 0734 3.9 1416 1.2 2006 3.7	0251 3.3 0800 0.6 1439 3.7 2015 0.4	0109 9.0 0742 1.5 1324 9.1 2014 1.4
17 SA	0521 5.2 1041 1.4 1740 5.2 2312 1.2	0533 5.3 1014 1.4 1754 5.4 2243 1.2	0405 4.0 0947 1.3 1609 4.1 2218 1.1	0156 3.3 0728 1.2 1405 3.4 2006 1.0	0136 2.0 0722 0.8 1342 2.1 1957 0.7	0338 1.4 0926 4.9 1609 1.4 2159 4.6	0217 1.0 0807 3.7 1452 1.4 2039 3.5	0325 3.2 0837 0.6 1513 3.7 2052 0.5	0143 8.8 0812 1.8 1357 8.9 2045 1.7
18 SU	0600 5.0 1111 1.6 1818 5.0 2347 1.4	0609 5.1 1049 1.6 1831 5.2 2324 1.4	0442 3.8 1021 1.5 1647 4.0 2256 1.3	0232 3.1 0802 1.3 1442 3.3 2042 1.2	0211 1.9 0755 0.9 1418 2.0 2035 0.7	0413 1.7 1001 4.7 1646 1.7 2240 4.4	0254 1.2 0842 3.6 1530 1.6 2115 3.3	0359 3.2 0915 0.7 1548 3.6 2130 0.7	0218 8.5 0843 2.1 1433 8.6 2116 2.1
19 M	0642 4.8 1147 1.8 1900 4.8	0651 5.0 1130 1.8 1914 5.0	0523 3.7 1100 1.6 1730 3.8 2339 1.4	0311 3.0 0839 1.5 1522 3.2 2126 1.3	0249 1.8 0833 1.0 1458 1.9 2120 0.8	0451 1.9 1042 4.5 1727 1.9 2331 4.2	0334 1.4 0921 3.4 1612 1.7 2157 3.2	0433 3.1 0955 0.9 1624 3.4 2212 0.8	0254 8.2 0918 2.4 1510 8.2 2151 2.4
20 TU	0029 1.6 0727 4.6 1231 2.1 1947 4.6	0015 1.7 0737 4.8 1224 2.1 2003 4.8	0610 3.6 1147 1.8 1821 3.6	0355 2.9 0925 1.6 1610 3.0 2221 1.4	0333 1.7 0921 1.0 1546 1.8 2215 0.9	0533 2.2 1134 4.3 1815 2.1	0419 1.6 1006 3.2 1703 1.9 2252 3.0	0509 3.0 1042 1.0 1703 3.3 2303 0.9	0336 7.8 0959 2.8 1554 7.8 2236 2.8
21 W	0122 1.9 0818 4.5 1334 2.3 2040 4.5	0121 1.9 0830 4.7 1348 2.3 2100 4.7	0031 1.6 0705 3.5 1247 2.0 1923 3.5	0448 2.9 1030 1.7 1708 2.9 2330 1.5	0425 1.7 1031 1.1 1645 1.7 2324 1.0	0039 4.1 0626 2.4 1248 4.1 1915 2.3	0512 1.7 1105 3.1 1805 2.0	0550 2.9 1140 1.1 1746 3.1	0427 7.5 1051 3.1 1649 7.4 2337 3.1
22 TH	0230 2.1 0913 4.4 1501 2.4 2140 4.4	0227 2.1 0927 4.7 1457 2.4 2157 4.6	0135 1.8 0809 3.4 1404 2.0 2033 3.5	0550 2.8 1154 1.8 1815 2.9	0528 1.7 1200 1.1 1755 1.7	0156 4.0 0736 2.5 1412 4.0 2032 2.4	0015 2.9 0616 1.9 1228 3.0 1924 2.0	0005 1.0 0643 2.8 1254 1.2 1840 2.9	0530 7.2 1202 3.3 1759 7.2
23 F	0351 2.1 1015 4.4 1633 2.3 2249 4.4	0336 2.1 1024 4.7 1609 2.3 2257 4.7	0249 1.8 0918 3.5 1525 1.9 2145 3.5	0045 1.5 0658 2.9 1318 1.7 1927 2.9	0033 1.0 0639 1.7 1312 1.1 1912 1.7	0305 4.1 0900 2.5 1526 4.1 2147 2.2	0154 3.0 0730 1.9 1403 3.1 2042 1.8	0121 1.0 0806 2.7 1408 1.1 1954 2.8	0055 3.1 0645 7.3 1324 3.2 1915 7.4
24 SA	0505 2.0 1123 4.6 1739 2.0	0500 2.0 1121 4.9 1724 2.1 2357 4.9	0357 1.7 1021 3.6 1630 1.7 2248 3.7	0151 1.5 0803 3.0 1424 1.5 2032 3.0	0132 0.9 0743 1.8 1407 1.0 2015 1.8	0403 4.3 1013 2.3 1624 4.3 2245 2.0	0300 3.1 0839 1.8 1510 3.2 2138 1.6	0230 0.9 0933 2.8 1508 0.9 2128 2.8	0208 2.8 0754 7.6 1433 2.8 2022 7.7
25 SU	0000 4.6 0603 1.8 1227 4.8 1832 1.7	0606 1.8 1218 5.1 1827 1.7	0452 1.5 1114 3.8 1720 1.5 2341 3.8	0244 1.3 0858 3.2 1515 1.3 2127 3.2	0222 0.9 0836 1.9 1454 0.8 2108 1.9	0451 4.5 1108 2.0 1712 4.5 2333 1.7	0349 3.3 0936 1.6 1601 3.4 2222 1.4	0325 3.0 1028 3.0 1557 0.7 2230 2.9	0309 2.4 0851 8.1 1533 2.3 2116 8.2
26 M	0058 4.9 0651 1.5 1319 5.1 1919 1.3	0056 5.2 0700 1.5 1313 5.4 1925 1.4	0539 1.3 1200 4.0 1805 1.2	0329 1.2 0946 3.3 1558 1.1 2215 3.3	0308 0.8 0922 2.0 1538 0.7 2155 2.0	0533 4.8 1154 1.6 1754 4.8	0430 3.6 1024 1.3 1645 3.6 2301 1.1	0412 0.6 1115 3.2 1642 0.5 2321 3.0	0402 1.9 0940 8.7 1627 1.8 2204 8.7
27 TU	0146 5.2 0737 1.2 1404 5.4 2005 1.0	0149 5.5 0751 1.2 1403 5.6 2020 1.0	0027 4.1 0623 1.1 1241 4.2 1848 0.9	0411 1.1 1030 3.5 1639 0.9 2302 3.5	0352 0.7 1006 2.2 1621 0.5 2241 2.1	0016 1.4 0612 5.1 1237 1.2 1834 5.0	0509 3.8 1109 1.0 1726 3.8 2339 0.8	0456 0.5 1158 3.3 1724 0.3	0450 1.5 1026 9.2 1716 1.3 2249 9.2
28 W ●	0229 5.5 0821 1.0 1445 5.6 2050 0.7	0236 5.7 0839 1.0 1450 5.8 2109 0.7	0110 4.2 0705 0.9 1321 4.4 1931 0.6	0451 0.9 1114 3.7 1721 0.7 2347 3.6	0435 0.6 1050 2.3 1703 0.4 2327 2.2	0057 1.1 0650 5.4 1319 0.8 1914 5.3	0547 4.1 1153 0.8 1805 3.9	0009 3.2 0538 0.4 1240 3.5 1805 0.1	0536 1.1 1110 9.6 1803 0.8 2333 9.5
29 TH	0309 5.7 0906 0.7 1524 5.8 2136 0.4	0321 5.9 0924 0.8 1535 6.0 2154 0.5	0153 4.4 0747 0.8 1401 4.5 2015 0.4	0533 0.8 1157 3.8 1803 0.5	0518 0.5 1133 2.3 1745 0.3	0138 0.9 0730 5.6 1400 0.6 1954 5.4	0018 0.6 0626 4.2 1236 0.6 1843 4.0	0056 3.2 0619 0.3 1322 3.6 1846 0.0	0621 0.8 1154 9.9 1848 0.5
30 F	0351 5.8 0949 0.6 1606 5.9 2220 0.3	0405 6.1 1006 0.7 1620 6.1 2236 0.4	0236 4.4 0829 0.7 1442 4.6 2058 0.4	0031 3.7 0614 0.7 1240 3.9 1846 0.4	0012 2.2 0600 0.5 1215 2.3 1829 0.2	0218 0.7 0810 5.7 1442 0.5 2036 5.3	0057 0.5 0706 4.3 1321 0.6 1921 4.0	0144 3.3 0701 0.2 1404 3.7 1929 -0.0	0017 9.7 0704 0.6 123810.0 1932 0.4
31 SA	0434 5.8 1033 0.7 1649 5.9 2303 0.4	0450 6.1 1042 0.8 1706 6.1 2314 0.5	0319 4.4 0912 0.7 1526 4.6 2142 0.4	0115 3.6 0657 0.8 1324 3.9 1930 0.5	0056 2.2 0643 0.5 1259 2.3 1914 0.3	0300 0.7 0854 5.7 1525 0.6 2121 5.2	0139 0.4 0746 4.3 1406 0.6 2000 3.9	0230 3.4 0745 0.2 1445 3.7 2014 -0.0	0101 9.7 0746 0.6 132110.0 2015 0.4

TIDE TABLES

SCOTLAND & NORTH WEST ENGLAND Time Zone UT
Leith * Rosyth * Aberdeen * Wick * Lerwick * Ullapool * Oban * Greenock * Liverpool

TIDE TABLES FEBRUARY 1998

LEITH	ROSYTH	ABERDEEN	WICK	LERWICK	ULLAPOOL	OBAN	GREENOCK	LIVERPOOL	
Time m	Time m	Time m	Time m	Time m	Time m	Time m	Time m	Time m	
0520 5.7 1114 0.8 1736 5.7 2346 0.6	0536 5.9 1039 0.9 1752 5.9 2303 0.7	0405 4.3 0955 0.9 1612 4.5 2229 0.6	0200 3.5 0740 0.8 1409 3.8 2016 0.6	0142 2.1 0727 0.5 1345 2.3 2000 0.4	0342 0.9 0941 5.5 1609 0.8 2210 5.0	0222 0.5 0829 4.1 1453 0.7 2039 3.8	0314 3.4 0830 0.3 1527 3.7 2102 0.1	0145 9.5 0828 0.8 1406 9.8 2057 0.7	**1 SU**
0609 5.5 1154 1.1 1826 5.5	0623 5.7 1114 1.1 1841 5.7 2342 1.0	0453 4.2 1042 1.0 1702 4.4 2319 0.8	0247 3.4 0825 1.0 1457 3.6 2106 0.8	0230 2.0 0815 0.6 1436 2.2 2051 0.5	0427 1.1 1033 5.2 1657 1.1 2306 4.7	0309 0.7 0915 3.8 1542 1.0 2121 3.5	0357 3.4 0918 0.4 1611 3.6 2155 0.2	0230 9.2 0911 1.1 1453 9.5 2141 1.1	**2 M**
0027 1.0 0701 5.2 1238 1.4 1921 5.3	0715 5.4 1200 1.4 1935 5.4	0546 3.9 1134 1.2 1759 4.1	0337 3.2 0917 1.2 1551 3.4 2205 1.1	0321 1.9 0908 0.7 1533 2.0 2149 0.6	0518 1.5 1136 4.9 1749 1.5	0359 1.0 1008 3.5 1633 1.2 2209 3.2	0442 3.3 1011 0.6 1700 3.5 2256 0.4	0319 8.8 0958 1.6 1544 9.0 2230 1.6	**3 TU**
0114 1.3 0800 5.0 1334 1.7 2026 5.0	0032 1.3 0814 5.1 1300 1.7 2041 5.1	0016 1.1 0648 3.8 1238 1.5 1907 3.9	0434 3.1 1021 1.3 1654 3.2 2318 1.3	0418 1.8 1012 0.8 1638 1.9 2301 0.8	0016 4.4 0618 1.8 1248 4.6 1851 1.8	0457 1.2 1118 3.2 1731 1.4 2315 3.0	0530 3.2 1114 0.7 1756 3.3	0414 8.3 1054 2.1 1643 8.4 2330 2.1	**4 W**
0218 1.7 0907 4.8 1454 1.9 2139 4.8	0144 1.7 0923 4.9 1522 1.9 2155 4.9	0125 1.4 0758 3.6 1356 1.6 2026 3.8	0541 3.0 1146 1.4 1808 3.1	0522 1.8 1138 0.9 1749 1.8	0136 4.2 0733 2.1 1408 4.4 2009 2.1	0607 1.5 1309 3.1 1841 1.6	0006 0.6 0626 3.1 1227 0.8 1905 3.1	0521 7.9 1206 2.5 1756 8.0	**5 TH**
0355 1.9 1021 4.7 1633 1.8 2256 4.8	0428 1.8 1033 4.9 1651 1.9 2306 4.9	0245 1.6 0914 3.6 1521 1.6 2147 3.7	0042 1.4 0656 3.0 1319 1.4 1928 3.1	0028 0.9 0634 1.8 1306 0.9 1912 1.8	0257 4.3 0904 2.2 1527 4.4 2137 2.1	0144 2.9 0739 1.6 1439 3.1 2004 1.6	0122 0.7 0734 3.0 1353 0.9 2030 3.0	0047 2.5 0639 7.7 1331 2.5 1916 7.9	**6 F**
0522 1.9 1134 4.8 1751 1.7	0540 1.8 1141 4.9 1807 1.7	0404 1.6 1025 3.7 1636 1.4 2257 3.8	0200 1.4 0809 3.1 1434 1.3 2042 3.1	0141 0.9 0751 1.8 1415 0.8 2032 1.8	0409 4.4 1025 2.0 1634 4.5 2248 1.9	0317 3.1 0910 1.5 1542 3.2 2119 1.4	0238 0.7 0857 3.0 1509 0.8 2159 3.0	0208 2.4 0757 7.9 1450 2.3 2030 8.1	**7 SA**
0009 4.9 0624 1.8 1239 5.0 1851 1.4	0013 5.0 0645 1.7 1242 5.1 1916 1.5	0506 1.5 1124 3.9 1736 1.2 2355 3.9	0259 1.3 0910 3.2 1529 1.1 2142 3.2	0240 0.9 0855 1.9 1510 0.7 2129 1.9	0504 4.6 1125 1.7 1727 4.7 2340 1.7	0411 3.3 1013 1.4 1630 3.4 2214 1.2	0341 0.7 1015 3.1 1608 0.6 2305 3.0	0319 2.2 0904 8.3 1556 1.8 2132 8.4	**8 SU**
0109 5.1 0712 1.6 1333 5.2 1940 1.2	0112 5.2 0735 1.6 1336 5.4 2006 1.3	0556 1.3 1213 4.1 1823 1.0	0343 1.2 1001 3.4 1612 1.0 2230 3.3	0329 0.8 0945 2.0 1556 0.6 2215 2.0	0548 4.9 1213 1.5 1809 4.8	0451 3.5 1100 1.2 1710 3.5 2257 1.0	0431 0.6 1113 3.2 1654 0.5 2357 3.1	0417 1.8 0957 8.7 1650 1.5 2221 8.8	**9 M**
0157 5.2 0753 1.4 1418 5.4 2022 1.0	0200 5.4 0654 1.4 1420 5.6 2045 1.1	0041 4.0 0637 1.2 1254 4.2 1903 0.9	0421 1.2 1045 3.5 1651 0.9 2312 3.4	0409 0.7 1027 2.1 1635 0.5 2254 2.0	0024 1.4 0625 5.1 1254 1.2 1845 5.0	0521 3.7 1139 1.1 1743 3.7 2335 0.8	0514 0.5 1157 3.4 1734 0.4	0503 1.5 1042 9.0 1734 1.2 2303 9.0	**10 TU**
0237 5.3 0829 1.2 1457 5.4 2058 0.9	0241 5.5 0732 1.2 1501 5.7 2117 0.9	0121 4.1 0713 1.1 1330 4.3 1939 0.8	0455 1.1 1124 3.6 1725 0.8 2348 3.4	0446 0.7 1105 2.2 1711 0.4 2330 2.0	0102 1.3 0657 5.2 1330 1.1 1918 5.1	0548 3.8 1213 1.0 1814 3.8	0042 3.2 0552 0.4 1236 3.5 1809 0.3	0542 1.4 1121 9.2 1812 1.1 2340 9.1	**11 W** ○
0313 5.4 0901 1.1 1533 5.5 2130 0.8	0318 5.6 0812 1.1 1540 5.8 2145 0.9	0156 4.2 0747 1.0 1404 4.3 2013 0.7	0528 1.0 1200 3.6 1758 0.7	0521 0.6 1140 2.2 1745 0.4	0136 1.1 0728 5.3 1404 1.0 1949 5.1	0010 0.7 0615 3.9 1246 1.0 1843 3.9	0120 3.2 0627 0.4 1310 3.5 1842 0.3	0617 1.2 1156 9.3 1846 1.0	**12 TH**
0346 5.4 0930 1.0 1606 5.4 2156 0.8	0354 5.6 0849 1.1 1618 5.8 2121 0.9	0230 4.1 0819 1.0 1436 4.3 2045 0.8	0023 3.4 0600 1.0 1234 3.6 1830 0.7	0004 2.0 0553 0.6 1213 2.2 1818 0.4	0209 1.1 0757 5.2 1436 1.0 2020 5.0	0045 0.7 0642 3.9 1318 1.0 1912 3.9	0155 3.2 0701 0.4 1343 3.6 1915 0.3	0014 9.2 0648 1.2 1229 9.3 1917 1.1	**13 F**
0418 5.3 0955 1.1 1638 5.4 2221 0.9	0427 5.5 0922 1.1 1651 5.7 2148 1.0	0302 4.1 0849 1.1 1508 4.2 2115 0.8	0055 3.4 0632 1.0 1306 3.6 1901 0.7	0036 2.0 0622 0.6 1243 2.1 1849 0.5	0241 1.1 0827 5.2 1506 1.1 2051 4.9	0118 0.8 0712 3.9 1349 1.1 1942 3.8	0227 3.2 0733 0.4 1416 3.6 1947 0.3	0045 9.1 0717 1.3 1300 9.2 1945 1.2	**14 SA**
0452 5.2 1021 1.2 1711 5.3 2247 1.0	0500 5.4 0952 1.2 1723 5.5 2217 1.1	0333 4.0 0919 1.1 1540 4.2 2146 0.9	0127 3.3 0702 1.0 1337 3.5 1932 0.7	0105 2.0 0651 0.7 1312 2.1 1918 0.5	0312 1.2 0855 5.0 1538 1.2 2122 4.7	0151 0.8 0742 3.8 1421 1.2 2012 3.7	0257 3.2 0806 0.4 1448 3.6 2018 0.4	0116 9.0 0745 1.4 1330 9.0 2013 1.4	**15 SU**

● ● Time UT. For British Summer Time (shaded) March 29th to October 25th ADD ONE HOUR ● ●

PAGE 57

FEBRUARY 1998 TIDE TABLES

●●Time UT. For British Summer Time (shaded) March 29th to October 25th ADD ONE HOUR ●●

	LEITH	ROSYTH	ABERDEEN	WICK	LERWICK	ULLAPOOL	OBAN	GREENOCK	LIVERPOOL
	Time m	Time m	Time m	Time m	Time m	Time m	Time m	Time m	Time m
16 M	0527 5.1 1045 1.3 1745 5.1 2315 1.2	0533 5.3 1021 1.4 1756 5.4 2249 1.3	0406 3.9 0949 1.2 1615 4.0 2218 1.1	0157 3.2 0732 1.1 1409 3.3 2003 1.0	0134 1.9 0721 0.7 1343 2.0 1954 0.6	0343 1.4 0927 4.8 1610 1.4 2156 4.6	0225 1.0 0812 3.7 1454 1.4 2042 3.5	0325 3.2 0840 0.5 1519 3.5 2052 0.5	0147 8.8 0815 1.6 1400 8.8 2041 1.7
17 TU	0605 4.9 1110 1.5 1822 4.9 2346 1.5	0611 5.2 1052 1.6 1833 5.2 2324 1.5	0441 3.8 1023 1.4 1653 3.9 2254 1.3	0231 3.1 0804 1.2 1445 3.2 2039 1.2	0207 1.8 0756 0.8 1419 1.9 2031 0.7	0417 1.6 1001 4.6 1645 1.7 2236 4.4	0300 1.3 0845 3.5 1529 1.6 2116 3.3	0354 3.1 0916 0.6 1551 3.4 2129 0.6	0218 8.5 0846 2.0 1432 8.5 2112 2.1
18 W	0645 4.7 1140 1.8 1903 4.7	0654 5.1 1124 1.9 1917 5.0	0521 3.7 1102 1.5 1736 3.7 2338 1.5	0309 3.0 0842 1.4 1526 3.1 2121 1.3	0246 1.8 0835 0.9 1502 1.8 2115 0.9	0454 1.8 1043 4.4 1725 1.9 2329 4.1	0339 1.5 0921 3.3 1608 1.7 2156 3.1	0426 3.0 0956 0.7 1627 3.2 2210 0.7	0253 8.2 0922 2.3 1508 8.1 2150 2.5
19 TH	0024 1.8 0730 4.6 1221 2.0 1951 4.5	0004 1.8 0743 4.9 1203 2.1 2009 4.8	0609 3.5 1151 1.7 1830 3.5	0354 2.9 0931 1.5 1617 2.9 2220 1.5	0332 1.7 0926 1.0 1554 1.7 2213 0.9	0537 2.1 1140 4.1 1814 2.2	0425 1.7 1005 3.1 1657 1.9 2254 2.9	0503 2.9 1044 0.9 1706 3.0 2302 0.8	0334 7.8 1006 2.8 1553 7.7 2239 2.9
20 F	0119 2.0 0823 4.4 1334 2.3 2051 4.4	0131 2.1 0839 4.7 1357 2.4 2109 4.6	0033 1.7 0707 3.4 1258 1.9 1939 3.4	0450 2.8 1045 1.6 1721 2.8 2342 1.6	0429 1.6 1045 1.0 1702 1.6 2337 1.0	0044 4.0 0634 2.4 1306 3.9 1923 2.4	0521 1.8 1107 2.9 1805 2.0	0546 2.8 1147 1.0 1754 2.8	0428 7.4 1105 3.1 1657 7.3 2350 3.2
21 SA	0245 2.2 0925 4.3 1532 2.3 2202 4.3	0250 2.3 0939 4.7 1517 2.4 2213 4.7	0147 1.8 0820 3.4 1427 1.9 2100 3.4	0558 2.8 1223 1.6 1839 2.8	0539 1.6 1228 1.0 1822 1.6	0209 4.0 0757 2.5 1439 3.9 2054 2.4	0048 2.9 0634 1.9 1300 2.9 1942 1.9	0011 1.0 0646 2.6 1312 1.0 1857 2.7	0544 7.2 1227 3.2 1822 7.2
22 SU	0424 2.2 1036 4.4 1708 2.1 2321 4.5	0421 2.2 1039 4.8 1648 2.2 2317 4.8	0312 1.8 0936 3.4 1551 1.7 2217 3.5	0106 1.5 0714 2.9 1348 1.5 1957 2.9	0055 1.0 0654 1.7 1336 0.9 1942 1.7	0322 4.1 0931 2.3 1554 4.1 2214 2.1	0227 3.0 0800 1.8 1447 3.0 2104 1.7	0137 1.0 0831 2.6 1429 0.9 2036 2.7	0121 3.1 0708 7.4 1355 2.9 1945 7.5
23 M	0537 1.9 1151 4.7 1810 1.7	0545 1.9 1141 5.0 1809 1.8	0422 1.6 1041 3.7 1654 1.4 2317 3.8	0215 1.4 0821 3.0 1450 1.3 2103 3.1	0156 0.9 0801 1.8 1429 0.8 2044 1.8	0421 4.4 1041 2.0 1651 4.4 2310 1.7	0324 3.2 0912 1.6 1545 3.2 2157 1.4	0250 0.8 0953 2.8 1529 0.6 2158 2.8	0236 2.7 0818 7.9 1505 2.3 2051 8.1
24 TU	0030 4.8 0632 1.6 1251 5.0 1901 1.3	0022 5.1 0643 1.6 1243 5.3 1911 1.3	0516 1.3 1133 3.9 1743 1.1	0308 1.2 0918 3.2 1538 1.0 2156 3.3	0247 0.8 0856 1.9 1516 0.6 2136 2.0	0509 4.7 1133 1.5 1736 4.7 2357 1.3	0409 3.5 1006 1.3 1631 3.5 2239 1.1	0346 0.6 1047 3.1 1618 0.4 2257 3.0	0337 2.1 0915 8.5 1605 1.7 2144 8.7
25 W	0122 5.2 0720 1.2 1340 5.4 1948 0.8	0121 5.5 0735 1.2 1339 5.6 2006 0.9	0006 4.0 0603 1.1 1218 4.2 1829 0.7	0353 1.0 1007 3.5 1621 0.7 2244 3.5	0334 0.6 0945 2.1 1601 0.4 2223 2.1	0551 5.1 1218 1.0 1817 5.1	0450 3.8 1053 1.0 1712 3.8 2319 0.7	0434 0.4 1136 3.3 1703 0.1 2350 3.1	0430 1.4 1006 9.2 1658 1.1 2231 9.2
26 TH ●	0207 5.5 0805 0.8 1422 5.7 2034 0.4	0212 5.8 0822 0.9 1429 5.9 2054 0.5	0051 4.3 0647 0.8 1300 4.4 1913 0.4	0434 0.8 1054 3.7 1703 0.5 2329 3.6	0418 0.5 1030 2.2 1644 0.2 2309 2.2	0039 0.9 0630 5.4 1301 0.6 1856 5.3	0530 4.1 1138 0.7 1751 4.0	0518 0.3 1221 3.4 1745 -0.1	0519 0.9 1051 9.7 1747 0.5 2316 9.7
27 F	0248 5.8 0849 0.5 1503 5.9 2119 0.1	0258 6.1 0906 0.6 1515 6.2 2138 0.3	0134 4.4 0729 0.6 1342 4.6 1957 0.2	0515 0.6 1139 3.7 1745 0.3	0500 0.4 1115 2.3 1727 0.1 2352 2.2	0121 0.6 0710 5.7 1342 0.3 1936 5.5	0610 4.3 1221 0.4 1829 4.1	0041 3.2 0600 0.1 1306 3.5 1826 -0.2	0605 0.5 1136 10.1 1833 0.1
28 SA	0330 5.9 0933 0.4 1545 6.0 2203 0.0	0343 6.2 0947 0.5 1602 6.3 2219 0.2	0216 4.5 0811 0.5 1424 4.7 2039 0.2	0013 3.7 0557 0.5 1223 3.9 1827 0.2	0542 0.3 1159 2.4 1809 0.1	0201 0.4 0751 5.8 1424 0.2 2016 5.5	0040 0.3 0650 4.4 1306 0.3 1906 4.2	0130 3.3 0641 0.1 1349 3.6 1909 -0.2	0000 9.9 0649 0.2 1221 10.3 1916 -0.0

SCOTLAND & NORTH WEST ENGLAND Time Zone UT
Leith * Rosyth * Aberdeen * Wick * Lerwick * Ullapool * Oban * Greenock * Liverpool

TIDE TABLES MARCH 1998

LEITH	ROSYTH	ABERDEEN	WICK	LERWICK	ULLAPOOL	OBAN	GREENOCK	LIVERPOOL		
Time m	Time m	Time m	Time m	Time m	Time m	Time m	Time m	Time m		
0414 5.9 1015 0.4 1630 6.0 2246 0.2	0428 6.3 1024 0.5 1648 6.3 2258 0.4	0259 4.5 0853 0.5 1508 4.7 2123 0.2	0057 3.7 0639 0.5 1307 3.9 1910 0.3	0036 2.2 0624 0.3 1242 2.3 1853 0.1	0242 0.4 0834 5.8 1506 0.3 2059 5.3	0122 0.2 0730 4.4 1349 0.4 1942 4.1	0215 3.4 0724 0.0 1431 3.7 1953 -0.2	0044 10.0 0731 0.2 1304 10.3 1957 0.1	1	SU
0459 5.8 1057 0.5 1717 5.9 2327 0.5	0514 6.1 1018 0.7 1735 6.1 2239 0.6	0343 4.4 0936 0.6 1554 4.6 2207 0.5	0140 3.6 0721 0.6 1352 3.8 1954 0.5	0119 2.1 0708 0.4 1329 2.3 1939 0.3	0324 0.5 0921 5.5 1548 0.5 2145 5.1	0206 0.3 0812 4.2 1433 0.6 2019 3.9	0256 3.4 0808 0.1 1512 3.7 2039 -0.0	0127 9.8 0812 0.4 1348 10.0 2038 0.4	2	M
0546 5.5 1136 0.6 1807 5.6	0600 5.8 1051 0.9 1823 5.8	0429 4.2 1021 0.8 1643 4.4 2254 0.8	0224 3.4 0806 0.8 1439 3.6 2040 0.8	0204 2.0 0754 0.5 1418 2.1 2027 0.5	0408 0.8 1012 5.2 1632 0.9 2238 4.7	0251 0.6 0855 3.9 1519 0.8 2057 3.6	0336 3.4 0855 0.2 1554 3.6 2131 0.2	0210 9.5 0854 0.8 1433 9.6 2119 0.9	3	TU
		2315 1.0								
0004 0.9 0637 5.2 1215 0.8 1903 5.3	0651 5.5 1132 1.2 1916 5.5	0519 4.0 1112 1.0 1740 4.1 2348 1.2	0310 3.2 0855 1.0 1531 3.4 2133 1.1	0253 1.9 0847 0.6 1514 2.0 2122 0.7	0456 1.2 1113 4.8 1721 1.4 2345 4.4	0340 0.9 0942 3.5 1606 1.1 2141 3.3	0417 3.4 0947 0.3 1640 3.4 2230 0.4	0255 9.0 0939 1.3 1521 9.0 2205 1.6	4	W
0043 1.4 0734 4.9 1307 1.6 2006 4.9	0000 1.4 0748 5.1 1227 1.6 2021 5.1	0618 3.7 1214 1.3 1848 3.8	0403 3.1 0958 1.2 1633 3.1 2245 1.3	0348 1.8 0950 0.7 1616 1.8 2231 0.8	0552 1.7 1228 4.4 1819 1.9	0436 1.3 1045 3.1 1701 1.4 2239 3.0	0501 3.3 1048 0.5 1732 3.2 2339 0.6	0347 8.4 1032 1.9 1618 8.3 2301 2.3	5	TH
0142 1.9 0839 4.7 1431 1.9 2119 4.7	0109 1.9 0857 4.8 1504 1.9 2134 4.9	0056 1.5 0728 3.5 1333 1.5 2009 3.6	0509 2.9 1126 1.3 1749 2.9	0450 1.7 1117 0.8 1729 1.7	0109 4.1 0706 2.0 1352 4.1 1938 2.2	0546 1.6 1254 2.9 1808 1.7	0551 3.1 1203 0.7 1836 2.9	0451 7.8 1142 2.5 1730 7.7	6	F
0330 2.2 0954 4.6 1624 1.9 2239 4.6	0401 2.1 1010 4.7 1636 1.9 2248 4.8	0220 1.7 0848 3.5 1505 1.5 2134 3.5	0017 1.5 0627 2.9 1307 1.1 1915 2.9	0006 0.9 0604 1.7 1251 0.8 1900 1.6	0236 4.1 0845 2.2 1515 4.1 2118 2.2	0147 2.9 0730 1.7 1430 2.9 1937 1.7	0100 0.8 0654 2.9 1334 0.8 2007 2.8	0018 2.8 0612 7.5 1311 2.6 1857 7.5	7	SA
0509 2.1 1113 4.6 1744 1.9 2356 4.7	0515 2.1 1121 4.8 1755 1.7 2358 4.9	0348 1.7 1004 3.6 1625 1.4 2248 3.6	0146 1.5 0746 2.9 1424 1.2 2032 2.9	0126 0.9 0730 1.7 1402 0.7 2022 1.7	0352 4.2 1014 2.0 1624 4.2 2234 2.0	0311 3.0 0909 1.6 1530 3.1 2102 1.5	0221 0.8 0824 2.8 1455 0.7 2148 2.8	0148 2.8 0737 7.6 1434 2.4 2017 7.9	8	SU
0611 1.9 1224 4.8 1841 1.5	0624 1.9 1226 5.0 1904 1.5	0454 1.6 1108 3.7 1723 1.2 2344 3.8	0247 1.4 0852 3.1 1516 1.1 2129 3.1	0228 0.9 0836 1.8 1457 0.6 2115 1.8	0450 4.4 1112 1.7 1714 4.4 2326 1.7	0402 3.2 1008 1.5 1616 3.3 2157 1.3	0326 0.7 0956 3.0 1553 0.6 2252 2.9	0303 2.5 0848 8.0 1541 2.0 2118 8.2	9	M
0056 4.9 0657 1.7 1318 5.0 1926 1.2	0059 5.1 0716 1.8 1320 5.3 1951 1.3	0541 1.4 1157 3.9 1806 1.0	0330 1.3 0943 3.2 1557 0.9 2214 3.2	0315 0.8 0926 1.9 1539 0.5 2156 1.9	0533 4.6 1157 1.4 1753 4.7	0438 3.4 1048 1.3 1652 3.5 2238 1.1	0415 0.6 1054 3.1 1638 0.5 2340 3.0	0401 2.1 0940 8.5 1633 1.5 2204 8.6	10	TU
0142 5.1 0733 1.4 1402 5.2 2002 1.0	0146 5.3 0638 1.5 1404 5.5 2027 1.1	0027 3.9 0620 1.2 1236 4.0 1843 0.9	0405 1.2 1026 3.4 1630 0.8 2252 3.3	0353 0.7 1006 2.0 1615 0.5 2233 1.9	0007 1.5 0606 4.8 1235 1.2 1825 4.8	0504 3.6 1122 1.1 1723 3.6 2314 0.9	0457 0.5 1138 3.3 1715 0.4	0446 1.7 1023 8.9 1715 1.3 2243 8.9	11	W
0219 5.2 0806 1.2 1439 5.3 2033 0.9	0224 5.5 0713 1.3 1444 5.7 2054 1.0	0102 4.0 0654 1.1 1310 4.1 1916 0.8	0436 1.0 1103 3.4 1702 0.7 2327 3.3	0427 0.6 1044 2.1 1648 0.4 2306 2.0	0042 1.3 0636 5.0 1309 1.0 1855 5.0	0527 3.7 1153 1.0 1751 3.8 2348 0.8	0021 3.1 0533 0.4 1214 3.3 1748 0.3	0523 1.5 1100 9.1 1750 1.1 2318 9.1	12	TH
0251 5.2 0836 1.0 1512 5.4 2101 0.8	0257 5.5 0751 1.1 1521 5.8 2055 1.0	0134 4.1 0726 1.0 1342 4.2 1948 0.7	0507 0.9 1138 3.5 1732 0.7 2358 3.4	0459 0.6 1118 2.1 1719 0.4 2338 2.0	0115 1.0 0705 5.1 1339 0.9 1924 5.0	0552 3.9 1222 1.0 1820 3.9	0056 3.1 0605 0.3 1248 3.4 1818 0.3	0554 1.3 1133 9.3 1821 1.0 2349 9.2	13	F ○
0321 5.3 0906 0.9 1542 5.4 2127 0.7	0329 5.6 0828 1.0 1554 5.7 2053 0.9	0204 4.1 0756 1.0 1412 4.2 2017 0.7	0537 0.9 1210 3.5 1802 0.7	0527 0.5 1148 2.1 1748 0.4	0146 1.0 0733 5.1 1409 0.9 1953 5.0	0021 0.8 0619 3.9 1252 1.0 1848 3.9	0128 3.2 0636 0.3 1320 3.4 1847 0.3	0624 1.2 1204 9.3 1849 1.0	14	SA
0351 5.3 0933 0.9 1612 5.4 2154 0.8	0358 5.5 0900 1.0 1626 5.7 2121 1.0	0233 4.1 0824 0.9 1442 4.2 2046 0.8	0028 3.3 0607 0.8 1241 3.5 1832 0.7	0006 2.0 0555 0.5 1216 2.1 1817 0.4	0216 1.0 0800 5.1 1439 0.9 2021 5.0	0053 0.8 0647 3.9 1321 1.0 1916 3.9	0158 3.2 0706 0.3 1351 3.4 1916 0.3	0019 9.2 0651 1.1 1234 9.2 1916 1.1	15	SU

● ● Time UT. For British Summer Time (shaded) March 29th to October 25th ADD ONE HOUR ● ●

PAGE 59

MARCH 1998 TIDE TABLES

• • Time UT. For British Summer Time (shaded) March 29th to October 25th ADD ONE HOUR • •

	LEITH	ROSYTH	ABERDEEN	WICK	LERWICK	ULLAPOOL	OBAN	GREENOCK	LIVERPOOL
	Time m	Time m	Time m	Time m	Time m	Time m	Time m	Time m	Time m
16 M	0424 5.2 1000 1.0 1645 5.3 2221 0.9	0428 5.5 0930 1.1 1655 5.6 2149 1.1	0303 4.0 0853 1.0 1514 4.1 2115 0.9	0057 3.3 0636 0.9 1311 3.4 1900 0.8	0033 2.0 0623 0.5 1244 2.0 1846 0.5	0245 1.0 0827 5.0 1508 1.0 2050 4.8	0124 0.9 0716 3.9 1351 1.1 1945 3.8	0226 3.2 0736 0.2 1421 3.4 1946 0.3	0048 9.1 0720 1.2 1303 9.1 1943 1.3
17 TU	0458 5.1 1022 1.1 1718 5.1 2246 1.1	0501 5.5 0956 1.3 1727 5.4 2217 1.3	0333 4.0 0921 1.0 1547 4.0 2145 1.0	0127 3.2 0706 0.9 1342 3.3 1930 0.9	0100 1.9 0654 0.6 1314 2.0 1918 0.6	0315 1.1 0857 4.8 1538 1.2 2121 4.7	0157 1.0 0745 3.8 1421 1.3 2013 3.7	0253 3.2 0808 0.3 1450 3.4 2018 0.3	0118 9.0 0750 1.4 1332 8.9 2012 1.5
18 W	0533 5.0 1040 1.3 1752 5.0 2309 1.3	0539 5.4 1021 1.4 1803 5.3 2244 1.4	0406 3.9 0953 1.1 1624 3.9 2219 1.2	0157 3.1 0737 1.0 1415 3.1 2003 1.0	0131 1.9 0728 0.7 1349 1.9 1954 0.7	0348 1.3 0930 4.6 1611 1.4 2157 4.4	0230 1.2 0815 3.6 1453 1.4 2043 3.5	0321 3.1 0842 0.3 1521 3.3 2052 0.4	0147 8.8 0821 1.7 1401 8.6 2042 1.9
19 TH	0610 4.8 1104 1.5 1831 4.8 2336 1.6	0620 5.2 1048 1.6 1845 5.1 2314 1.7	0444 3.7 1030 1.3 1705 3.7 2258 1.4	0233 3.0 0812 1.1 1455 3.0 2040 1.2	0207 1.8 0806 0.7 1430 1.8 2033 0.8	0423 1.5 1010 4.3 1648 1.7 2243 4.2	0308 1.4 0848 3.4 1529 1.6 2118 3.3	0351 3.1 0918 0.4 1556 3.1 2131 0.5	0219 8.5 0856 2.0 1435 8.3 2117 2.3
20 F	0652 4.6 1140 1.7 1917 4.6	0706 5.0 1123 1.8 1934 4.9 2353 2.0	0527 3.6 1115 1.5 1755 3.5 2348 1.6	0315 2.9 0856 1.3 1543 2.9 2130 1.4	0249 1.7 0852 0.8 1519 1.7 2124 0.9	0503 1.8 1103 4.1 1732 2.0 2349 4.0	0351 1.6 0925 3.2 1612 1.8 2205 3.1	0426 3.0 1003 0.6 1634 3.0 2218 0.7	0257 8.1 0936 2.4 1518 7.9 2200 2.8
21 SA	0019 1.9 0742 4.5 1238 2.0 2015 4.4	0757 4.8 1212 2.1 2032 4.7	0621 3.4 1216 1.6 1900 3.4	0407 2.8 1000 1.4 1645 2.7 2250 1.5	0342 1.6 0957 0.9 1625 1.6 2237 1.0	0556 2.1 1222 3.8 1833 2.2	0444 1.8 1018 3.0 1712 1.9 2336 2.9	0506 2.8 1101 0.8 1721 2.8 2323 0.8	0348 7.7 1028 2.8 1616 7.4 2303 3.1
22 SU	0145 2.2 0843 4.3 1437 2.2 2125 4.3	0209 2.3 0857 4.6 1431 2.3 2137 4.7	0100 1.8 0730 3.3 1342 1.7 2024 3.3	0512 2.7 1139 1.4 1804 2.7	0451 1.6 1138 0.9 1746 1.6	0118 3.9 0712 2.2 1401 3.8 2007 2.3	0554 1.9 1155 2.8 1839 1.9	0558 2.7 1221 0.8 1824 2.7	0458 7.4 1144 3.0 1740 7.2
23 M	0344 2.2 0955 4.4 1633 2.0 2247 4.5	0345 2.3 1002 4.7 1609 2.1 2245 4.8	0231 1.8 0853 3.4 1515 1.6 2146 3.5	0025 1.5 0630 2.8 1312 1.3 1927 2.8	0018 1.0 0611 1.6 1302 0.8 1911 1.6	0241 4.0 0852 2.2 1524 4.0 2142 2.1	0148 3.0 0722 1.8 1417 2.9 2021 1.8	0048 0.9 0728 2.6 1347 0.7 1959 2.7	0036 3.2 0626 7.4 1318 2.8 1911 7.4
24 TU	0510 1.9 1113 4.6 1743 1.6	0521 2.0 1108 4.9 1750 1.7 2353 5.1	0351 1.6 1006 3.6 1624 1.2 2251 3.7	0145 1.4 0745 2.9 1421 1.1 2038 3.0	0129 0.9 0727 1.7 1401 0.6 2019 1.8	0348 4.2 1012 1.8 1626 4.3 2245 1.7	0254 3.2 0844 1.6 1521 3.2 2125 1.4	0211 0.8 0913 2.8 1455 0.5 2128 2.8	0203 2.8 0745 7.9 1436 2.3 2023 8.0
25 W	0000 4.8 0608 1.5 1220 4.9 1837 1.1	0621 1.6 1215 5.2 1853 1.2	0451 1.3 1103 3.8 1718 0.9 2343 4.0	0244 1.1 0848 3.1 1513 0.8 2134 3.2	0224 0.7 0828 1.8 1451 0.5 2113 1.9	0441 4.6 1108 1.5 1714 4.6 2333 1.2	0342 3.5 0943 1.2 1609 3.4 2213 1.0	0315 0.6 1017 3.0 1550 0.3 2232 3.0	0310 2.1 0848 8.5 1540 1.6 2120 8.7
26 TH	0056 5.2 0657 1.1 1312 5.3 1927 0.6	0054 5.5 0712 1.2 1314 5.6 1946 0.8	0540 1.0 1152 4.1 1806 0.5	0331 0.9 0942 3.4 1558 0.5 2223 3.4	0312 0.6 0920 2.0 1538 0.3 2200 2.0	0526 5.0 1155 0.8 1756 5.0	0425 3.9 1032 0.9 1651 3.7 2256 0.7	0408 0.4 1110 3.2 1637 0.0 2327 3.1	0407 1.4 0941 9.2 1636 0.9 2209 9.3
27 F	0142 5.6 0743 0.7 1356 5.7 2013 0.3	0146 5.8 0758 0.8 1405 5.9 2033 0.4	0029 4.2 0625 0.7 1236 4.4 1851 0.3	0414 0.7 1031 3.6 1642 0.3 2308 3.6	0357 0.5 1008 2.2 1622 0.1 2246 2.1	0018 0.8 0608 5.4 1239 0.4 1836 5.3	0507 4.2 1118 0.6 1730 4.0 2338 0.4	0454 0.2 1159 3.4 1721 -0.2	0458 1.0 1030 9.8 1726 0.4 2256 9.8
28 SA ●	0225 5.8 0828 0.4 1439 5.9 2059 0.0	0233 6.1 0841 0.5 1453 6.2 2117 0.2	0112 4.4 0708 0.5 1320 4.6 1935 0.1	0456 0.5 1118 3.8 1724 0.1 2352 3.7	0439 0.3 1054 2.3 1705 0.0 2330 2.2	0100 0.5 0649 5.6 1321 0.1 1915 5.5	0549 4.4 1202 0.2 1808 4.2	0020 3.2 0536 0.1 1246 3.5 1803 -0.3	0545 0.3 111510.2 1812 -0.0 234010.0
29 SU	0308 5.9 0913 0.2 1524 6.1 2143 -0.0	0318 6.3 0922 0.4 1540 6.3 2158 0.2	0154 4.5 0751 0.4 1403 4.7 2018 0.1	0538 0.4 1203 3.9 1806 0.0	0521 0.2 1139 2.3 1748 0.0	0141 0.2 0731 5.7 1402 0.0 1955 5.5	0020 0.2 0630 4.5 1245 0.0 1845 4.2	0109 3.3 0619 -0.1 1330 3.6 1846 -0.3	0630 0.0 120010.4 1855 -0.1
30 M	0351 5.9 0957 0.2 1610 6.1 2226 0.1	0404 6.3 1002 0.4 1627 6.3 2238 0.4	0236 4.5 0833 0.3 1448 4.7 2101 0.2	0035 3.6 0620 0.3 1248 3.8 1848 0.2	0012 2.2 0604 0.2 1224 2.3 1831 0.1	0223 0.2 0815 5.7 1444 0.1 2037 5.3	0103 0.1 0712 4.4 1329 0.3 1921 4.2	0152 3.4 0702 -0.1 1413 3.6 1930 -0.2	002310.1 0712 -0.0 124410.3 1936 -0.0
31 TU	0437 5.8 1039 0.4 1659 5.9 2306 0.5	0451 6.1 0956 0.5 1715 6.2 2214 0.7	0320 4.4 0917 0.4 1536 4.5 2145 0.5	0117 3.5 0703 0.4 1334 3.7 1931 0.5	0054 2.1 0649 0.2 1312 2.2 1916 0.3	0305 0.3 0901 5.4 1525 0.4 2122 5.0	0148 0.3 0753 4.2 1412 0.7 1958 4.0	0232 3.4 0746 -0.1 1454 3.6 2017 -0.1	0106 9.9 0754 0.2 132810.0 2017 0.4

PAGE 60

TIDE TABLES

SCOTLAND & NORTH WEST ENGLAND Time Zone UT
Leith * Rosyth * Aberdeen * Wick * Lerwick * Ullapool * Oban * Greenock * Liverpool

TIDE TABLES APRIL 1998

LEITH	ROSYTH	ABERDEEN	WICK	LERWICK	ULLAPOOL	OBAN	GREENOCK	LIVERPOOL		
Time m	Time m	Time m	Time m	Time m	Time m	Time m	Time m	Time m		
0524 5.5 1120 0.7 1750 5.6 2343 1.0	0539 5.8 1029 0.8 1806 5.8 2248 1.1	0405 4.2 1003 0.6 1627 4.3 2231 0.8	0200 3.4 0748 0.6 1422 3.5 2015 0.8	0139 2.0 0736 0.3 1403 2.1 2004 0.5	0349 0.6 0954 5.0 1609 0.8 2214 4.7	0234 0.6 0834 3.8 1456 0.8 2036 3.7	0311 3.4 0833 0.0 1537 3.5 2108 0.2	0148 9.6 0836 0.6 1412 9.5 2057 1.0	1	W
0615 5.2 1200 1.1 1845 5.2	0630 5.4 1108 1.1 1900 5.4 2330 1.6	0454 3.9 1054 0.6 1724 4.0 2324 1.2	0245 3.2 0839 0.8 1514 3.2 2106 1.1	0226 1.9 0830 0.5 1457 1.9 2058 0.7	0437 1.1 1056 4.6 1657 1.3 2319 4.3	0323 1.0 0920 3.4 1542 1.1 2118 3.4	0351 3.4 0926 0.2 1622 3.3 2205 0.4	0233 9.1 0921 1.2 1500 8.9 2142 1.7	2	TH
0018 1.5 0710 4.9 1251 1.5 1947 4.8	0727 5.0 1200 1.6 2003 5.1	0551 3.7 1155 1.2 1833 3.7	0336 3.0 0942 1.0 1615 2.9 2212 1.4	0319 1.8 0933 0.6 1557 1.7 2204 0.9	0533 1.5 1212 4.2 1752 1.8	0418 1.3 1018 3.1 1633 1.4 2214 3.1	0434 3.3 1026 0.4 1712 3.1 2312 0.7	0323 8.5 1013 1.9 1556 8.2 2235 2.4	3	F
0112 2.0 0814 4.6 1414 1.8 2057 4.6	0121 2.1 0834 4.7 1452 1.8 2113 4.8	0028 1.6 0659 3.5 1312 1.4 1950 3.5	0438 2.8 1108 1.2 1730 2.7 2344 1.5	0419 1.7 1056 0.7 1707 1.6 2334 1.0	0042 4.1 0645 1.9 1333 3.9 1907 2.2	0528 1.7 1222 2.8 1737 1.7	0522 3.1 1138 0.6 1814 2.8	0423 7.9 1121 2.4 1706 7.6 2349 3.0	4	SA
0257 2.3 0924 4.5 1606 1.8 2212 4.5	0331 2.2 0946 4.6 1615 1.8 2224 4.7	0150 1.8 0817 3.4 1442 1.4 2112 3.4	0554 2.8 1244 1.2 1854 2.7	0530 1.6 1226 0.7 1837 1.5	0208 4.0 0821 2.0 1454 3.9 2049 2.2	0126 2.9 0712 1.8 1402 2.9 1903 1.7	0029 0.8 0619 2.9 1304 0.7 1943 2.7	0542 7.5 1246 2.7 1831 7.4	5	SU
0442 2.2 1042 4.5 1721 1.7 2329 4.6	0441 2.2 1055 4.7 1728 1.7 2333 4.8	0321 1.8 0935 3.5 1602 1.3 2226 3.5	0120 1.5 0715 2.8 1400 1.1 2009 2.8	0100 1.0 0655 1.6 1337 0.7 1958 1.6	0325 4.0 0949 1.9 1602 4.0 2209 2.1	0248 3.0 0850 1.7 1502 3.0 2030 1.6	0153 0.9 0742 2.8 1428 0.7 2125 2.7	0119 3.0 0708 7.5 1407 2.5 1951 7.6	6	M
0545 2.0 1156 4.6 1815 1.5	0540 2.0 1200 4.9 1837 1.5	0429 1.6 1040 3.6 1658 1.2 2321 3.6	0224 1.4 0824 2.9 1451 1.0 2106 2.9	0205 0.9 0806 1.7 1431 0.6 2048 1.7	0424 4.2 1048 1.7 1651 4.2 2301 1.8	0336 3.2 0945 1.6 1547 3.2 2127 1.4	0300 0.8 0921 2.9 1527 0.6 2226 2.9	0235 2.7 0820 7.8 1513 2.1 2052 8.0	7	TU
0030 4.8 0630 1.7 1252 4.9 1857 1.3	0033 5.0 0615 1.9 1254 5.2 1925 1.3	0517 1.4 1130 3.7 1740 1.0	0308 1.3 0916 3.0 1530 0.9 2149 3.0	0252 0.8 0857 1.8 1513 0.5 2128 1.8	0507 4.4 1131 1.4 1728 4.5 2342 1.5	0409 3.4 1023 1.4 1622 3.4 2210 1.2	0351 0.7 1024 3.0 1612 0.5 2312 3.0	0333 2.3 0913 8.3 1604 1.7 2138 8.4	8	W
0116 5.0 0705 1.5 1336 5.0 1930 1.1	0121 5.2 0619 1.6 1339 5.4 2000 1.2	0006 1.6 0555 1.3 1210 3.9 1815 0.9	0342 1.1 1000 3.1 1603 0.8 2226 3.1	0330 0.7 0939 1.9 1548 0.5 2203 1.9	0541 4.6 1208 1.2 1800 4.6	0433 3.5 1054 1.2 1654 3.6 2246 1.1	0431 0.5 1108 3.1 1648 0.4 2351 3.1	0418 1.9 0956 8.6 1645 1.5 2216 8.7	9	TH
0153 5.1 0737 1.2 1413 5.2 2000 0.9	0159 5.3 0652 1.3 1420 5.5 1945 1.1	0036 3.9 0629 1.1 1244 4.0 1848 0.8	0412 1.0 1037 3.2 1633 0.7 2259 3.2	0403 0.6 1016 1.9 1620 0.4 2237 1.9	0018 1.3 0611 4.7 1241 1.0 1830 4.8	0457 3.7 1124 1.1 1724 3.8 2320 0.9	0506 0.4 1145 3.2 1720 0.3	0454 1.6 1032 8.9 1719 1.3 2250 9.0	10	F
0224 5.2 0809 1.0 1445 5.3 2028 0.8	0232 5.4 0729 1.1 1456 5.6 1952 1.0	0106 4.0 0700 1.0 1316 4.0 1918 0.7	0443 0.9 1112 3.3 1703 0.6 2330 3.3	0433 0.5 1051 2.0 1649 0.4 2308 1.9	0051 1.1 0639 4.8 1312 0.9 1858 4.9	0524 3.8 1154 1.0 1753 3.9 2353 0.9	0025 3.1 0538 0.3 1221 3.3 1750 0.3	0526 1.4 1105 9.1 1749 1.2 2321 9.1	11	SA ○
0254 5.2 0839 0.9 1516 5.3 2058 0.7	0301 5.5 0806 1.0 1529 5.6 2024 1.0	0136 4.0 0730 0.9 1347 4.1 1948 0.7	0513 0.8 1144 3.3 1733 0.6	0501 0.5 1121 2.0 1717 0.4 2336 2.0	0121 1.0 0706 4.9 1341 0.8 1926 4.9	0552 3.9 1224 1.0 1822 3.9	0057 3.1 0608 0.2 1253 3.3 1818 0.3	0555 1.3 1136 9.1 1818 1.1 2351 9.2	12	SU
0325 5.3 0911 0.8 1548 5.3 2128 0.8	0330 5.5 0840 1.0 1600 5.5 2056 1.0	0205 4.1 0800 0.8 1418 4.1 2017 0.7	0000 3.3 0543 0.7 1215 3.3 1803 0.6	0529 0.5 1150 2.0 1746 0.4	0151 0.9 0734 4.9 1410 0.8 1954 4.9	0026 0.9 0621 3.9 1254 1.0 1851 4.0	0127 3.2 0637 0.2 1324 3.2 1846 0.2	0625 1.2 1206 9.1 1847 1.1	13	M
0358 5.2 0940 0.9 1620 5.2 2157 0.9	0400 5.5 0909 1.1 1630 5.5 2125 1.1	0235 4.0 0829 0.8 1450 4.0 2047 0.8	0029 3.2 0613 0.7 1246 3.2 1832 0.7	0003 2.0 0559 0.5 1219 2.0 1817 0.5	0221 0.9 0803 4.8 1439 0.9 2023 4.8	0058 0.9 0651 3.9 1323 1.0 1919 3.9	0155 3.2 0707 0.2 1354 3.2 1916 0.2	0021 9.2 0655 1.2 1236 9.1 1916 1.2	14	TU
0432 5.2 1004 1.0 1654 5.1 2222 1.1	0434 5.5 0934 1.2 1703 5.4 2151 1.2	0306 4.0 0859 0.9 1524 3.9 2118 0.8	0059 3.2 0645 0.8 1318 3.2 1903 0.8	0030 1.9 0632 0.5 1251 1.9 1850 0.5	0251 1.0 0834 4.6 1510 1.0 2054 4.7	0130 1.0 0720 3.8 1353 1.2 1948 3.8	0222 3.2 0739 0.2 1424 3.2 1947 0.3	0051 9.1 0727 1.3 1306 8.9 1947 1.5	15	W

● ● Time UT. For British Summer Time (shaded) March 29th to October 25th ADD ONE HOUR ● ●

PAGE 61

APRIL 1998 TIDE TABLES

Time UT. For British Summer Time (shaded) March 29th to October 25th ADD ONE HOUR

	LEITH	ROSYTH	ABERDEEN	WICK	LERWICK	ULLAPOOL	OBAN	GREENOCK	LIVERPOOL
	Time m	Time m	Time m	Time m	Time m	Time m	Time m	Time m	Time m
16 TH	0506 5.0 1021 1.1 1729 5.0 2242 1.3	0512 5.4 0957 1.3 1740 5.3 2215 1.4	0339 3.9 0931 1.0 1601 3.8 2151 1.1	0131 3.1 0717 0.8 1354 3.0 1936 0.9	0102 1.9 0707 0.6 1327 1.8 1926 0.6	0324 1.1 0909 4.5 1543 1.2 2131 4.5	0205 1.2 0750 3.6 1425 1.3 2018 3.6	0251 3.2 0813 0.2 1456 3.1 2024 0.3	0121 8.9 0801 1.5 1338 8.7 2019 1.8
17 F	0542 4.9 1045 1.3 1808 4.8 2309 1.5	0553 5.3 1025 1.4 1822 5.1 2245 1.6	0415 3.8 1009 1.1 1643 3.7 2231 1.3	0207 3.0 0754 0.9 1434 2.9 2014 1.1	0137 1.8 0746 0.6 1408 1.8 2006 0.7	0400 1.3 0951 4.2 1620 1.5 2218 4.3	0242 1.4 0823 3.4 1501 1.5 2053 3.4	0323 3.1 0851 0.3 1532 3.1 2105 0.4	0155 8.7 0836 1.8 1413 8.4 2054 2.2
18 SA	0624 4.7 1122 1.5 1854 4.6 2353 1.8	0637 5.1 1102 1.6 1909 4.9 2326 1.8	0458 3.6 1054 1.2 1733 3.5 2321 1.5	0248 2.9 0839 1.0 1522 2.8 2103 1.2	0218 1.8 0833 0.7 1458 1.7 2056 0.8	0442 1.5 1047 4.0 1705 1.8 2320 4.0	0327 1.5 0902 3.2 1545 1.6 2140 3.2	0358 3.1 0936 0.4 1613 3.0 2154 0.6	0235 8.4 0917 2.2 1457 8.0 2137 2.6
19 SU	0713 4.6 1221 1.8 1951 4.5	0726 4.9 1154 1.8 2006 4.8	0550 3.5 1154 1.4 1837 3.4	0339 2.8 0941 1.1 1623 2.7 2218 1.4	0309 1.7 0933 0.8 1604 1.6 2204 0.9	0534 1.8 1203 3.8 1804 2.0	0420 1.7 0954 3.0 1641 1.8 2300 3.0	0438 2.9 1036 0.5 1703 2.8 2257 0.8	0324 8.0 1008 2.5 1554 7.6 2236 2.9
20 M	0118 2.1 0812 4.4 1411 1.9 2059 4.4	0032 2.2 0823 4.7 1348 1.9 2110 4.7	0031 1.6 0657 3.4 1315 1.4 1957 3.3	0442 2.7 1109 1.2 1739 2.6 2350 1.4	0417 1.6 1057 0.8 1722 1.5 2338 0.9	0042 3.9 0647 1.9 1333 3.8 1933 2.1	0527 1.8 1121 2.8 1758 1.8	0529 2.8 1151 0.6 1809 2.7	0430 7.7 1118 2.7 1713 7.4
21 TU	0309 2.1 0923 4.4 1557 1.7 2217 4.6	0312 2.2 0929 4.7 1534 1.8 2219 4.8	0158 1.7 0816 3.4 1442 1.3 2117 3.5	0556 2.7 1239 1.1 1900 2.7	0537 1.6 1227 0.7 1842 1.6	0203 4.0 0819 1.9 1454 3.9 2107 2.0	0101 3.1 0650 1.7 1330 2.9 1933 1.7	0017 0.8 0648 2.7 1311 0.6 1936 2.7	0000 3.0 0553 7.6 1244 2.6 1840 7.6
22 W	0436 1.9 1038 4.6 1711 1.4 2330 4.9	0453 1.9 1039 4.8 1728 1.5 2327 5.1	0318 1.5 0930 3.5 1554 1.1 2224 3.7	0112 1.3 0712 2.8 1350 0.9 2011 2.9	0059 0.8 0654 1.7 1331 0.5 1951 1.7	0313 4.2 0939 1.6 1558 4.2 2215 1.6	0216 3.3 0811 1.5 1446 3.1 2047 1.4	0135 0.8 0831 2.8 1421 0.4 2059 2.9	0128 2.7 0712 8.0 1404 2.1 1954 8.1
23 TH	0538 1.5 1146 4.9 1809 1.0	0554 1.5 1148 5.1 1830 1.1	0422 1.2 1033 3.8 1651 0.7 2318 4.0	0215 1.1 0818 3.0 1446 0.6 2109 3.1	0158 0.7 0758 1.8 1425 0.4 2047 1.9	0411 4.5 1039 1.1 1649 4.6 2307 1.2	0309 3.6 0914 1.2 1539 3.4 2142 1.0	0243 0.6 0945 3.0 1520 0.2 2206 3.0	0240 2.1 0818 8.6 1512 1.5 2054 8.8
24 F	0027 5.2 0630 1.1 1242 5.3 1900 0.6	0028 5.4 0645 1.2 1248 5.5 1923 0.7	0514 1.0 1124 4.1 1741 0.5	0306 0.8 0915 3.3 1534 0.4 2159 3.3	0248 0.5 0854 2.0 1513 0.2 2136 2.0	0500 4.9 1129 0.7 1733 4.9 2354 0.8	0357 3.9 1006 0.8 1624 3.7 2229 0.7	0340 0.4 1042 3.2 1611 -0.0 2303 3.1	0340 1.5 0915 9.2 1609 0.9 2145 9.3
25 SA	0116 5.6 0718 0.7 1330 5.6 1950 0.3	0120 5.8 0730 0.8 1340 5.8 2009 0.4	0005 4.2 0601 0.7 1212 4.3 1827 0.2	0351 0.6 1007 3.5 1618 0.2 2245 3.5	0334 0.4 0945 2.1 1558 0.1 2221 2.1	0545 5.2 1215 0.4 1814 5.2	0442 4.1 1054 0.6 1705 4.0 2315 0.4	0430 0.2 1135 3.3 1657 -0.2 2356 3.2	0434 0.9 1005 9.7 1701 0.4 2233 9.7
26 SU ●	0201 5.8 0806 0.4 1417 5.9 2037 0.1	0207 6.0 0810 0.5 1429 6.1 2053 0.3	0049 4.4 0646 0.5 1258 4.5 1912 0.1	0435 0.4 1056 3.6 1701 0.1 2330 3.5	0418 0.3 1033 2.2 1642 0.1 2305 2.2	0038 0.4 0628 5.4 1258 0.1 1854 5.3	0527 4.3 1139 0.4 1745 4.1	0515 0.1 1224 3.4 1741 -0.2	0523 0.4 1053 10.0 1748 0.1 2318 9.9
27 M	0245 5.9 0853 0.2 1504 6.0 2123 0.1	0254 6.1 0827 0.4 1518 6.2 2054 0.3	0132 4.4 0730 0.3 1345 4.6 1957 0.2	0518 0.3 1144 3.7 1745 0.2	0501 0.2 1120 2.2 1726 0.1 2348 2.2	0121 0.2 0712 5.5 1341 0.1 1936 5.3	0000 0.3 0610 4.4 1224 0.3 1824 4.2	0044 3.3 0558 -0.1 1311 3.5 1825 -0.2	0609 0.2 1139 10.2 1833 0.0
28 TU	0330 5.9 0939 0.2 1552 6.0 2206 0.3	0342 6.1 0921 0.4 1607 6.2 2144 0.5	0215 4.4 0815 0.3 1432 4.6 2040 0.3	0012 3.5 0603 0.3 1230 3.6 1827 0.3	0546 0.2 1208 2.2 1810 0.2	0205 0.2 0758 5.4 1423 0.2 2018 5.2	0045 0.3 0653 4.3 1307 0.4 1901 4.2	0127 3.4 0642 -0.1 1355 3.5 1910 -0.1	0002 10.0 0654 0.1 1224 10.1 1915 0.2
29 W	0417 5.7 1024 0.3 1642 5.8 2248 0.7	0430 6.0 1000 0.5 1657 6.0 2234 0.9	0258 4.3 0901 0.4 1521 4.4 2124 0.6	0055 3.5 0648 0.3 1318 3.5 1910 0.5	0031 2.1 0633 0.2 1257 2.1 1856 0.3	0248 0.3 0846 5.1 1506 0.5 2103 5.0	0131 0.5 0735 4.0 1350 0.6 1939 4.0	0208 3.4 0727 -0.1 1438 3.5 1957 0.0	0045 9.8 0737 0.3 1309 9.8 1956 0.6
30 TH	0505 5.5 1108 0.6 1734 5.5 2324 1.1	0519 5.7 1047 0.8 1748 5.7 2331 1.3	0343 4.2 0948 0.5 1613 4.1 2210 0.9	0138 3.3 0735 0.4 1406 3.3 1954 0.8	0115 2.0 0721 0.3 1348 2.0 1944 0.6	0333 0.6 0939 4.8 1549 0.9 2154 4.7	0218 0.7 0817 3.7 1433 0.8 2018 3.7	0247 3.5 0815 -0.0 1521 3.4 2047 0.3	0129 9.5 0821 0.7 1354 9.3 2036 1.2

TIDE TABLES

SCOTLAND & NORTH WEST ENGLAND Time Zone UT
Leith * Rosyth * Aberdeen * Wick * Lerwick * Ullapool * Oban * Greenock * Liverpool

TIDE TABLES MAY 1998

LEITH	ROSYTH	ABERDEEN	WICK	LERWICK	ULLAPOOL	OBAN	GREENOCK	LIVERPOOL		
Time m	Time m	Time m	Time m	Time m	Time m	Time m	Time m	Time m		
0555 5.2 1150 1.0 1828 5.2 2358 1.6	0611 5.4 1135 1.2 1842 5.4 2306 1.6	0432 4.0 1039 0.8 1710 3.8 2300 1.2	0223 3.2 0827 0.6 1457 3.0 2042 1.1	0203 1.9 0815 0.4 1441 1.8 2036 0.7	0422 1.0 1041 4.4 1636 1.3 2255 4.3	0307 1.1 0901 3.4 1518 1.1 2100 3.5	0327 3.5 0907 0.1 1607 3.2 2142 0.5	0213 9.1 0906 1.2 1442 8.8 2120 1.8	1	F
0649 4.9 1238 1.4 1926 4.8	0707 5.0 1212 1.5 1942 5.0	0526 3.7 1137 1.0 1813 3.6 2359 1.5	0312 3.0 0927 0.8 1555 2.8 2140 1.3	0254 1.8 0915 0.5 1536 1.7 2136 0.9	0515 1.4 1151 4.1 1728 1.7	0402 1.4 0955 3.1 1608 1.4 2154 3.2	0410 3.4 1004 0.3 1657 3.0 2242 0.7	0301 8.5 0957 1.8 1535 8.1 2211 2.5	2	SA
0044 2.0 0748 4.7 1348 1.7 2028 4.6	0049 2.1 0811 4.8 1430 1.7 2047 4.8	0629 3.5 1245 1.2 1923 3.4	0409 2.8 1041 1.0 1703 2.6 2257 1.5	0350 1.7 1026 0.6 1639 1.7 2248 1.0	0010 4.1 0621 1.7 1305 3.9 1835 2.1	0506 1.7 1118 2.9 1706 1.6 2334 3.0	0457 3.2 1109 0.6 1755 2.8 2351 0.9	0357 8.0 1057 2.3 1638 7.6 2316 3.0	3	SU
0203 2.2 0852 4.5 1524 1.8 2135 4.4	0251 2.2 0917 4.6 1543 1.7 2153 4.6	0112 1.7 0740 3.4 1405 1.3 2036 3.3	0518 2.7 1203 1.1 1818 2.6	0454 1.6 1145 0.7 1753 1.5	0130 3.9 0742 1.9 1419 3.8 2002 2.2	0633 1.8 1306 2.8 1819 1.7	0550 3.0 1223 0.7 1912 2.7	0506 7.6 1211 2.6 1754 7.4	4	M
0350 2.3 1001 4.4 1638 1.7 2245 4.5	0357 2.3 1021 4.6 1648 1.7 2257 4.7	0236 1.8 0853 3.4 1521 1.3 2148 3.4	0030 1.5 0633 2.7 1318 1.0 1930 2.6	0015 1.0 0609 1.6 1257 0.7 1912 1.5	0244 3.9 0906 1.9 1525 3.9 2126 2.1	0158 3.0 0802 1.8 1414 2.9 1939 1.7	0109 1.0 0659 2.9 1343 0.8 2041 2.7	0036 3.1 0624 7.5 1325 2.6 1911 7.5	5	TU
0459 2.1 1112 4.5 1732 1.5 2349 4.6	0448 2.1 1123 4.8 1751 1.6 2356 4.8	0349 1.7 1000 3.5 1620 1.2 2244 3.5	0144 1.4 0742 2.8 1413 1.0 2029 2.8	0126 0.9 0722 1.6 1353 0.6 2008 1.7	0345 4.0 1008 1.7 1616 4.1 2224 1.9	0248 3.1 0902 1.7 1503 3.1 2044 1.5	0220 0.9 0830 2.9 1448 0.7 2145 2.8	0151 3.0 0737 7.7 1430 2.3 2013 7.8	6	W
0548 1.8 1213 4.7 1814 1.4	0524 2.0 1218 5.0 1844 1.5	0442 1.5 1053 3.6 1704 1.1 2327 3.6	0233 1.3 0839 2.8 1455 0.9 2115 2.9	0218 0.8 0819 1.7 1437 0.6 2051 1.7	0433 4.1 1055 1.5 1657 4.3 2309 1.6	0322 3.3 0944 1.5 1542 3.3 2132 1.4	0315 0.8 0941 2.9 1536 0.6 2233 2.9	0251 2.6 0834 8.0 1522 2.0 2102 8.2	7	TH
0039 4.8 0628 1.6 1301 4.8 1849 1.2	0045 5.0 0554 1.7 1306 5.2 1915 1.4	0523 1.3 1136 3.7 1741 1.0	0312 1.1 0925 3.0 1530 0.8 2154 3.0	0300 0.7 0905 1.8 1514 0.5 2130 1.8	0509 4.3 1134 1.3 1730 4.5 2348 1.4	0351 3.4 1019 1.4 1618 3.5 2212 1.2	0359 0.6 1031 3.0 1615 0.5 2314 3.0	0338 2.3 0920 8.3 1605 1.8 2142 8.5	8	F
0118 4.9 0704 1.3 1340 5.0 1922 1.0	0124 5.2 0627 1.5 1348 5.3 1851 1.3	0003 3.8 0559 1.2 1213 3.8 1815 0.9	0345 1.0 1006 3.0 1603 0.7 2228 3.1	0334 0.6 0945 1.8 1546 0.5 2205 1.9	0542 4.4 1209 1.1 1802 4.6	0421 3.6 1053 1.3 1652 3.7 2249 1.1	0436 0.5 1112 3.1 1649 0.4 2351 3.1	0418 1.9 0959 8.6 1642 1.6 2218 8.8	9	SA
0153 5.1 0739 1.1 1415 5.1 1955 0.9	0159 5.3 0706 1.3 1427 5.4 1924 1.1	0036 3.9 0633 1.0 1248 3.9 1848 0.8	0417 0.9 1042 3.1 1634 0.7 2300 3.2	0405 0.6 1021 1.9 1617 0.5 2236 1.9	0022 1.2 0613 4.6 1242 1.0 1832 4.7	0454 3.7 1125 1.2 1724 3.8 2324 1.1	0509 0.3 1150 3.1 1720 0.3	0452 1.7 1033 8.8 1715 1.4 2250 9.0	10	SU
0226 5.2 0812 1.0 1449 5.2 2029 0.8	0230 5.4 0745 1.1 1501 5.4 2000 1.1	0107 4.0 0704 0.9 1321 4.0 1919 0.8	0449 0.8 1116 3.2 1705 0.6 2332 3.2	0434 0.5 1054 1.9 1647 0.5 2306 2.0	0054 1.0 0642 4.6 1313 0.9 1901 4.8	0526 3.8 1157 1.1 1756 3.9 2358 1.0	0024 3.1 0541 0.3 1225 3.1 1749 0.3	0526 1.4 1107 8.9 1748 1.3 2322 9.1	11	M O
0300 5.2 0847 0.9 1523 5.2 2103 0.8	0303 5.5 0822 1.1 1534 5.4 2036 1.1	0138 4.0 0736 0.8 1355 4.0 1951 0.8	0521 0.7 1150 3.2 1736 0.6	0505 0.5 1125 1.9 1718 0.5 2336 2.0	0127 0.9 0712 4.7 1344 0.8 1930 4.8	0557 3.8 1227 1.1 1827 3.9	0057 3.1 0611 0.2 1257 3.1 1819 0.3	0559 1.3 1139 9.0 1820 1.2 2354 9.2	12	TU
0334 5.2 0920 0.9 1557 5.2 2136 0.9	0336 5.5 0857 1.1 1607 5.4 2109 1.1	0209 4.0 0808 0.8 1430 4.0 2023 0.8	0003 3.2 0554 0.7 1224 3.1 1808 0.7	0538 0.5 1158 1.9 1752 0.5	0158 0.9 0744 4.6 1415 0.7 2001 4.8	0033 1.0 0629 3.8 1258 1.1 1857 3.9	0127 3.2 0642 0.2 1328 3.1 1851 0.3	0633 1.2 1212 9.0 1853 1.3	13	W
0409 5.2 0951 0.9 1633 5.1 2206 1.1	0412 5.5 0924 1.1 1642 5.4 2136 1.3	0242 4.0 0841 0.8 1506 3.9 2057 0.9	0036 3.2 0627 0.7 1300 3.1 1841 0.8	0006 2.0 0613 0.5 1233 1.9 1827 0.6	0231 0.9 0818 4.5 1448 0.7 2036 4.7	0107 1.1 0700 3.8 1330 1.1 1927 3.9	0157 3.2 0715 0.1 1401 3.1 1927 0.3	0028 9.1 0709 1.3 1245 8.9 1927 1.4	14	TH
0445 5.1 1018 1.0 1709 5.0 2235 1.2	0451 5.5 0948 1.2 1721 5.3 2201 1.4	0316 3.9 0917 0.8 1545 3.8 2133 1.0	0111 3.2 0703 0.7 1338 3.0 1918 0.8	0040 1.9 0651 0.5 1312 1.8 1906 0.6	0306 1.0 0857 4.4 1523 0.8 2116 4.5	0144 1.2 0733 3.7 1404 1.1 2000 3.7	0227 3.2 0752 0.1 1437 3.1 2006 0.4	0103 9.0 0745 1.4 1321 8.7 2002 1.7	15	F

● ● Time UT. For British Summer Time (shaded) March 29th to October 25th ADD ONE HOUR ● ●

PAGE 63

MAY 1998 TIDE TABLES

● ●Time UT. For British Summer Time (shaded) March 29th to October 25th ADD ONE HOUR ● ●

	LEITH	ROSYTH	ABERDEEN	WICK	LERWICK	ULLAPOOL	OBAN	GREENOCK	LIVERPOOL
	Time m	Time m	Time m	Time m	Time m	Time m	Time m	Time m	Time m
16 SA	0521 5.0 1048 1.2 1750 4.9 2308 1.4	0532 5.3 1017 1.3 1804 5.2 2233 1.5	0354 3.8 0957 0.9 1628 3.7 2215 1.2	0148 3.1 0744 0.8 1420 2.9 2000 1.0	0117 1.9 0733 0.5 1355 1.8 1948 0.7	0345 1.1 0943 4.2 1603 1.3 2204 4.4	0224 1.3 0809 3.5 1442 1.3 2039 3.6	0302 3.2 0834 0.2 1517 3.0 2051 0.5	0139 8.8 0824 1.6 1400 8.5 2040 2.0
17 SU	0603 4.9 1128 1.3 1837 4.8 2358 1.7	0615 5.2 1057 1.4 1851 5.0 2318 1.7	0438 3.7 1044 1.0 1719 3.6 2306 1.3	0230 3.0 0831 0.8 1509 2.8 2051 1.1	0158 1.8 0821 0.6 1447 1.7 2039 0.8	0429 1.3 1039 4.1 1648 1.6 2305 4.2	0311 1.4 0851 3.3 1527 1.5 2129 3.4	0339 3.2 0923 0.3 1601 3.0 2142 0.6	0221 8.6 0906 1.9 1446 8.2 2124 2.3
18 M	0653 4.7 1233 1.5 1932 4.7	0703 5.0 1153 1.5 1945 4.9	0530 3.6 1142 1.1 1821 3.5	0320 2.9 0931 0.9 1608 2.7 2157 1.2	0249 1.7 0919 0.6 1550 1.6 2143 0.8	0521 1.5 1148 3.9 1748 1.8	0404 1.6 0945 3.1 1622 1.6 2240 3.2	0421 3.1 1021 0.4 1654 2.9 2244 0.7	0311 8.3 0957 2.1 1542 7.9 2221 2.6
19 TU	0113 1.9 0751 4.6 1357 1.6 2037 4.6	0027 2.0 0757 4.9 1322 1.6 2048 4.9	0012 1.5 0633 3.5 1254 1.2 1933 3.5	0419 2.8 1048 0.9 1718 2.7 2318 1.3	0354 1.7 1030 0.6 1700 1.6 2301 0.8	0017 4.1 0629 1.6 1307 3.9 1905 1.9	0508 1.6 1100 3.0 1731 1.6	0513 3.0 1131 0.5 1800 2.9 2354 0.8	0413 8.1 1100 2.3 1653 7.8 2333 2.7
20 W	0237 1.9 0857 4.6 1522 1.5 2149 4.7	0233 2.0 0901 4.8 1456 1.6 2156 4.9	0128 1.5 0745 3.5 1412 1.1 2048 3.5	0528 2.8 1207 0.9 1833 2.7	0510 1.7 1151 0.6 1813 1.6	0131 4.1 0748 1.6 1422 4.0 2030 1.8	0016 3.2 0621 1.6 1239 3.0 1852 1.6	0624 2.9 1242 0.4 1915 2.9	0526 8.0 1215 2.2 1811 7.8
21 TH	0357 1.8 1008 4.7 1636 1.3 2259 4.9	0420 1.9 1014 4.9 1703 1.3 2303 5.1	0245 1.4 0857 3.6 1523 0.9 2154 3.7	0036 1.2 0640 2.9 1318 0.7 1942 2.9	0024 0.8 0624 1.7 1300 0.5 1921 1.7	0240 4.2 0904 1.4 1528 4.2 2142 1.6	0136 3.3 0736 1.4 1403 3.1 2008 1.3	0105 0.8 0754 2.9 1350 0.3 2030 2.9	0054 2.5 0640 8.2 1332 1.9 1924 8.2
22 F	0504 1.5 1115 5.0 1739 1.0	0525 1.5 1124 5.1 1805 1.0	0351 1.2 1003 3.8 1624 0.7 2251 3.9	0142 1.0 0748 3.0 1418 0.6 2042 3.0	0129 0.7 0730 1.8 1358 0.4 2019 1.8	0342 4.5 1008 1.1 1623 4.5 2239 1.2	0237 3.6 0842 1.2 1505 3.3 2110 1.1	0213 0.7 0911 3.0 1453 0.2 2138 3.0	0207 2.1 0748 8.6 1441 1.5 2026 8.7
23 SA	0000 5.2 0601 1.1 1215 5.3 1834 0.7	0003 5.4 0617 1.2 1224 5.4 1857 0.8	0448 1.0 1100 4.0 1718 0.6 2342 4.1	0239 0.8 0849 3.2 1510 0.4 2134 3.2	0223 0.6 0829 1.9 1449 0.3 2110 2.0	0436 4.8 1103 0.8 1711 4.8 2331 0.9	0330 3.8 0939 0.9 1556 3.6 2203 0.8	0315 0.5 1015 3.2 1548 0.0 2238 3.1	0312 1.6 0848 9.1 1542 1.1 2121 9.1
24 SU	0052 5.4 0654 0.8 1309 5.5 1927 0.5	0056 5.6 0659 1.0 1317 5.7 1945 0.7	0539 0.8 1152 4.2 1806 0.4	0329 0.6 0945 3.4 1557 0.3 2222 3.3	0312 0.4 0924 2.0 1536 0.3 2158 2.1	0525 5.0 1151 0.5 1755 5.0	0420 4.0 1030 0.7 1642 3.8 2254 0.6	0408 0.4 1111 3.3 1637 -0.0 2332 3.2	0409 1.1 0942 9.5 1636 0.9 2211 9.5
25 M ●	0139 5.6 0745 0.6 1358 5.7 2016 0.4	0145 5.8 0720 0.7 1407 5.9 2009 0.6	0027 4.2 0627 0.6 1242 4.4 1854 0.4	0416 0.5 1037 3.5 1642 0.3 2308 3.4	0359 0.3 1015 2.1 1622 0.2 2243 2.1	0019 0.6 0612 5.2 1238 0.4 1837 5.2	0508 4.1 1118 0.5 1724 4.0 2342 0.5	0456 0.1 1203 3.3 1723 -0.1	0501 0.7 1032 9.7 1725 0.5 2258 9.7
26 TU	0226 5.7 0836 0.4 1448 5.8 2103 0.4	0233 5.9 0757 0.6 1457 6.0 2057 0.7	0112 4.3 0715 0.4 1330 4.4 1939 0.4	0503 0.3 1127 3.5 1725 0.4 2352 3.5	0445 0.2 1106 2.1 1707 0.3 2327 2.1	0105 0.4 0659 5.2 1322 0.4 1920 5.2	0554 4.1 1203 0.5 1805 4.1	0021 3.3 0542 0.0 1253 3.4 1808 -0.0	0550 0.5 1121 9.8 1811 0.4 2344 9.7
27 W	0312 5.7 0924 0.3 1537 5.8 2148 0.6	0321 5.9 0855 0.5 1548 6.0 2134 0.8	0156 4.3 0801 0.4 1419 4.4 2023 0.5	0549 0.3 1215 3.5 1809 0.5	0531 0.3 1155 2.1 1752 0.4	0150 0.4 0745 5.1 1406 0.4 2003 5.1	0030 0.5 0638 4.1 1247 0.5 1845 4.1	0105 3.4 0627 -0.0 1340 3.4 1854 0.1	0636 0.4 1207 9.8 1854 0.6
28 TH	0400 5.6 1012 0.4 1627 5.6 2230 0.8	0411 5.9 1029 0.6 1639 5.9 2213 1.0	0239 4.3 0848 0.4 1509 4.2 2106 0.7	0036 3.4 0636 0.3 1303 3.3 1851 0.6	0012 2.1 0618 0.2 1245 2.0 1838 0.5	0235 0.4 0834 4.9 1448 0.6 2048 4.9	0117 0.7 0720 3.9 1330 0.6 1923 4.0	0146 3.5 0712 -0.0 1424 3.3 1940 0.2	0028 9.7 0721 0.5 1253 9.5 1936 0.9
29 F	0448 5.5 1056 0.6 1717 5.4 2306 1.2	0501 5.7 1118 0.8 1730 5.6 2301 1.3	0324 4.2 0935 0.5 1559 4.0 2150 1.0	0119 3.3 0723 0.4 1351 3.2 1933 0.8	0057 2.1 0707 0.3 1333 1.9 1924 0.6	0320 0.6 0925 4.7 1531 0.9 2136 4.7	0204 0.9 0801 3.7 1412 0.8 2002 3.8	0227 3.5 0800 0.0 1509 3.3 2028 0.4	0112 9.4 0806 0.8 1337 9.2 2018 1.3
30 SA	0536 5.2 1137 0.9 1807 5.1 2336 1.5	0553 5.4 1206 1.0 1822 5.3 2245 1.6	0411 4.0 1024 0.7 1651 3.8 2236 1.2	0203 3.2 0812 0.6 1439 3.0 2017 1.0	0142 2.0 0758 0.4 1421 1.8 2013 0.8	0406 0.9 1019 4.4 1616 1.3 2228 4.4	0251 1.1 0843 3.4 1456 1.0 2044 3.5	0307 3.5 0848 0.2 1554 3.2 2118 0.5	0155 9.1 0851 1.2 1423 8.7 2059 1.8
31 SU	0627 5.0 1217 1.2 1859 4.9	0645 5.1 1255 1.3 1916 5.0 2333 1.9	0501 3.8 1114 0.9 1746 3.6 2327 1.5	0249 3.1 0903 0.8 1530 2.8 2105 1.2	0230 1.9 0851 0.5 1510 1.7 2104 0.8	0456 1.2 1118 4.1 1704 1.6 2328 4.2	0342 1.4 0930 3.2 1542 1.3 2132 3.3	0350 3.5 0940 0.4 1641 3.0 2212 0.7	0240 8.7 0937 1.7 1510 8.2 2144 2.3

PAGE 64

TIDETABLES

SCOTLAND & NORTH WEST ENGLAND Time Zone UT
Leith * Rosyth * Aberdeen * Wick * Lerwick * Ullapool * Oban * Greenock * Liverpool

TIDE TABLES JUNE 1998

LEITH	ROSYTH	ABERDEEN	WICK	LERWICK	ULLAPOOL	OBAN	GREENOCK	LIVERPOOL		
Time m	Time m	Time m	Time m	Time m	Time m	Time m	Time m	Time m		
0012 1.8 0720 4.8 1305 1.5 1953 4.6	0742 4.9 1351 1.5 2012 4.8	0556 3.6 1211 1.1 1845 3.4	0340 2.9 1002 0.9 1627 2.7 2204 1.4	0320 1.8 0948 0.6 1603 1.6 2201 0.9	0550 1.5 1222 3.9 1759 1.9	0436 1.7 1025 3.0 1633 1.5 2234 3.1	0434 3.4 1036 0.5 1733 2.9 2311 0.9	0329 8.2 1028 2.2 1603 7.8 2236 2.8	1	M
0108 2.1 0815 4.6 1412 1.7 2050 4.5	0136 2.2 0840 4.7 1454 1.7 2111 4.6	0026 1.7 0657 3.5 1315 1.3 1948 3.3	0439 2.8 1109 1.0 1730 2.6 2318 1.5	0414 1.7 1051 0.7 1702 1.5 2308 1.0	0037 4.0 0653 1.8 1329 3.8 1906 2.1	0540 1.8 1139 2.9 1733 1.6	0521 3.2 1138 0.7 1832 2.8	0425 7.8 1127 2.5 1705 7.5 2341 3.1	2	TU
0224 2.2 0914 4.5 1528 1.8 2150 4.4	0251 2.3 0939 4.7 1555 1.8 2208 4.6	0136 1.8 0801 3.4 1424 1.4 2052 3.3	0543 2.7 1218 1.1 1836 2.6	0517 1.6 1157 0.7 1809 1.5	0148 3.9 0804 1.9 1434 3.8 2023 2.2	0002 3.0 0653 1.9 1300 2.9 1842 1.7	0017 1.0 0615 3.0 1248 0.8 1942 2.8	0530 7.5 1230 2.7 1814 7.4	3	W
0350 2.2 1017 4.4 1632 1.7 2251 4.5	0351 2.3 1036 4.7 1647 1.8 2303 4.7	0251 1.8 0906 3.4 1528 1.4 2153 3.4	0038 1.5 0651 2.7 1321 1.1 1939 2.7	0024 0.9 0627 1.6 1300 0.7 1915 1.6	0253 3.9 0913 1.8 1531 3.9 2134 2.1	0128 3.1 0800 1.8 1406 3.0 1951 1.7	0127 1.0 0726 2.9 1357 0.8 2052 2.8	0051 3.1 0639 7.5 1333 2.6 1921 7.5	4	TH
0455 2.0 1120 4.5 1723 1.6 2349 4.6	0438 2.1 1131 4.8 1724 1.7 2353 4.8	0354 1.7 1006 3.4 1621 1.3 2244 3.5	0145 1.4 0752 2.7 1412 1.0 2032 2.8	0130 0.9 0733 1.6 1351 0.7 2009 1.7	0348 4.0 1010 1.7 1618 4.1 2229 1.9	0223 3.2 0855 1.7 1457 3.2 2048 1.6	0230 0.9 0847 2.9 1454 0.7 2148 2.9	0155 2.9 0744 7.7 1430 2.4 2017 7.8	5	F
0545 1.8 1216 4.6 1806 1.4	0520 1.9 1223 4.9 1750 1.6	0445 1.5 1057 3.6 1703 1.2 2326 3.7	0234 1.2 0845 2.8 1454 0.9 2115 2.9	0221 0.8 0826 1.7 1433 0.6 2052 1.8	0433 4.1 1056 1.5 1658 4.3 2313 1.5	0306 3.3 0940 1.6 1542 3.3 2135 1.5	0321 0.7 0948 2.9 1539 0.6 2235 3.0	0249 2.6 0837 8.0 1519 2.1 2103 8.2	6	SA
0037 4.8 0629 1.5 1303 4.8 1845 1.3	0038 5.0 0600 1.7 1309 5.1 1823 1.5	0526 1.3 1141 3.7 1742 1.1	0315 1.1 0930 2.9 1531 0.9 2154 3.0	0300 0.7 0911 1.8 1511 0.6 2130 1.8	0512 4.2 1136 1.4 1733 4.5 2352 1.4	0347 3.4 1020 1.4 1621 3.5 2217 1.3	0403 0.6 1036 2.9 1617 0.5 2316 3.1	0336 2.3 0921 8.3 1602 1.9 2143 8.5	7	SU
0118 4.9 0708 1.3 1344 5.0 1924 1.1	0119 5.2 0642 1.5 1352 5.2 1901 1.3	0003 3.8 0603 1.2 1221 3.8 1818 1.0	0351 1.0 1011 3.0 1606 0.8 2230 3.1	0336 0.7 0951 1.8 1545 0.6 2206 1.9	0548 4.4 1212 1.2 1806 4.6	0425 3.6 1057 1.3 1658 3.7 2256 1.2	0441 0.4 1118 3.0 1651 0.5 2354 3.2	0418 2.0 1001 8.5 1642 1.6 2220 8.8	8	M
0157 5.1 0746 1.1 1422 5.1 2002 1.0	0158 5.3 0725 1.3 1432 5.3 1942 1.2	0039 3.9 0639 1.0 1258 3.9 1853 0.9	0427 0.8 1050 3.1 1639 0.8 2305 3.2	0409 0.6 1027 1.9 1619 0.6 2239 2.0	0028 1.2 0621 4.5 1247 1.1 1839 4.7	0502 3.7 1130 1.2 1733 3.8 2333 1.2	0515 0.3 1157 3.0 1724 0.4	0457 1.7 1039 8.7 1719 1.5 2256 9.0	9	TU
0236 5.2 0824 1.0 1500 5.2 2039 1.0	0236 5.5 0810 1.2 1509 5.4 2025 1.2	0113 4.0 0714 0.9 1335 3.9 1928 0.9	0502 0.7 1127 3.1 1713 0.7 2340 3.3	0443 0.5 1103 1.9 1655 0.5 2312 2.0	0103 1.1 0654 4.6 1321 1.0 1911 4.8	0538 3.8 1204 1.1 1806 3.9	0030 3.2 0548 0.3 1233 3.0 1757 0.4	0536 1.5 1115 8.9 1756 1.3 2332 9.2	10	W ○
0312 5.3 0902 0.9 1536 5.2 2118 0.9	0314 5.6 0857 1.1 1547 5.5 2107 1.2	0147 4.0 0750 0.8 1412 4.0 2004 0.9	0537 0.7 1205 3.1 1748 0.7	0519 0.5 1141 1.9 1732 0.5 2348 2.0	0139 1.0 0729 4.6 1355 0.9 1945 4.8	0010 1.1 0613 3.8 1237 1.0 1839 4.0	0103 3.2 0622 0.2 1308 3.0 1833 0.3	0615 1.3 1151 9.0 1833 1.3	11	TH
0349 5.3 0940 0.8 1613 5.2 2156 1.0	0353 5.6 0941 1.1 1625 5.5 2142 1.2	0222 4.1 0827 0.7 1451 4.0 2042 0.9	0016 3.3 0614 0.6 1245 3.1 1825 0.7	0558 0.4 1220 1.9 1811 0.6	0215 0.9 0806 4.6 1431 1.0 2022 4.8	0048 1.1 0648 3.8 1312 1.0 1912 3.9	0136 3.3 0659 0.1 1345 3.1 1912 0.3	0009 9.2 0655 1.2 1229 9.0 1912 1.3	12	F
0426 5.2 1019 0.8 1652 5.2 2235 1.1	0433 5.6 1003 1.1 1705 5.5 2204 1.3	0259 4.1 0906 0.7 1532 3.9 2121 1.0	0054 3.3 0654 0.6 1325 3.1 1906 0.8	0024 2.0 0639 0.4 1302 1.9 1852 0.6	0253 0.9 0848 4.5 1509 1.0 2104 4.7	0128 1.1 0724 3.7 1348 1.1 1949 3.9	0212 3.3 0739 0.1 1426 3.1 1954 0.4	0048 9.2 0735 1.2 1309 8.9 1950 1.5	13	SA
0505 5.2 1100 0.9 1734 5.1 2317 1.2	0515 5.5 1024 1.1 1748 5.4 2236 1.5	0339 4.0 0949 0.7 1617 3.8 2204 1.1	0134 3.2 0736 0.7 1409 3.0 1949 0.9	0103 2.0 0722 0.5 1347 1.8 1936 0.6	0333 1.0 0934 4.4 1551 1.2 2153 4.6	0211 1.2 0802 3.6 1429 1.3 2031 3.7	0248 3.3 0823 0.2 1509 3.1 2041 0.5	0128 9.1 0816 1.3 1351 8.7 2030 1.7	14	SU
0548 5.1 1145 1.0 1821 5.0	0558 5.4 1102 1.2 1835 5.3 2319 1.6	0423 3.9 1036 0.8 1706 3.6 2254 1.2	0217 3.2 0824 0.7 1457 2.9 2038 1.0	0146 1.9 0809 0.5 1437 1.8 2026 0.7	0418 1.2 1027 4.3 1637 1.4 2248 4.5	0258 1.2 0845 3.4 1515 1.4 2120 3.6	0327 3.3 0912 0.3 1557 3.1 2131 0.6	0212 8.9 0900 1.5 1437 8.5 2115 1.9	15	M

● ● Time UT. For British Summer Time (shaded) March 29th to October 25th ADD ONE HOUR ● ●

PAGE 65

JUNE 1998 TIDE TABLES

● ●Time UT. For British Summer Time (shaded) March 29th to October 25th ADD ONE HOUR ● ●

Day	LEITH Time m	ROSYTH Time m	ABERDEEN Time m	WICK Time m	LERWICK Time m	ULLAPOOL Time m	OBAN Time m	GREENOCK Time m	LIVERPOOL Time m
16 TU	0004 1.4 0636 5.0 1237 1.2 1915 4.9	0645 5.2 1153 1.2 1927 5.2	0513 3.8 1130 0.9 1803 3.7 2352 1.3	0306 3.1 0919 0.7 1552 2.8 2136 1.1	0236 1.9 0903 0.5 1535 1.7 2123 0.8	0509 1.2 1130 4.2 1732 1.6 2354 4.4	0351 1.3 0935 3.3 1606 1.3 2221 3.4	0412 3.3 1009 0.3 1649 3.1 2228 0.6	0300 8.7 0948 1.7 1530 8.3 2207 2.2
17 W	0100 1.6 0731 4.9 1338 1.3 2015 4.8	0018 1.7 0736 5.1 1257 1.3 2026 5.1	0611 3.8 1233 1.0 1908 3.6	0400 3.0 1024 0.8 1655 2.8 2245 1.2	0337 1.8 1006 0.5 1638 1.7 2230 0.8	0609 1.4 1239 4.1 1839 1.7	0449 1.4 1036 3.3 1708 1.4 2339 3.3	0502 3.2 1111 0.4 1748 3.0 2331 0.7	0357 8.5 1044 1.9 1632 8.1 2309 2.3
18 TH	0206 1.7 0833 4.9 1448 1.4 2122 4.8	0142 1.9 0839 5.0 1413 1.4 2132 5.1	0100 1.4 0718 3.7 1342 1.0 2018 3.6	0504 3.0 1136 0.8 1803 2.8	0446 1.8 1117 0.6 1744 1.7 2347 0.8	0103 4.3 0718 1.4 1351 4.1 1954 1.8	0554 1.4 1153 3.0 1819 1.4	0606 3.1 1217 0.4 1852 3.0	0500 8.4 1149 1.9 1742 8.0
19 F	0318 1.7 0941 4.9 1603 1.3 2230 4.9	0336 1.8 0951 5.0 1634 1.4 2239 5.1	0212 1.4 0828 3.7 1454 1.0 2125 3.7	0000 1.2 0612 3.0 1248 0.8 1912 2.9	0557 1.8 1231 0.5 1850 1.7	0211 4.3 0830 1.4 1500 4.2 2109 1.6	0100 3.3 0703 1.4 1320 3.1 1934 1.3	0038 0.8 0722 3.1 1324 0.4 2001 3.0	0021 2.3 0610 8.4 1300 1.9 1854 8.2
20 SA	0431 1.5 1050 5.0 1712 1.2 2334 5.1	0454 1.6 1101 5.1 1739 1.3 2340 5.3	0322 1.3 0937 3.8 1600 0.9 2227 3.8	0112 1.1 0722 3.0 1354 0.7 2015 3.0	0100 0.7 0704 1.8 1334 0.5 1952 1.8	0317 4.5 0938 1.3 1600 4.4 2215 1.4	0210 3.5 0810 1.3 1435 3.2 2043 1.2	0148 0.7 0839 3.1 1430 0.3 2109 3.0	0136 2.1 0720 8.5 1412 1.7 2000 8.5
21 SU	0536 1.3 1154 5.2 1813 1.0	0551 1.4 1203 5.3 1835 1.1	0426 1.1 1041 4.0 1658 0.7 2321 4.0	0217 1.0 0828 3.1 1450 0.7 2112 3.1	0202 0.6 0809 1.9 1430 0.5 2048 1.9	0417 4.6 1039 1.1 1654 4.6 2312 1.1	0311 3.6 0913 1.1 1536 3.4 2145 1.0	0254 0.6 0950 3.1 1530 0.3 2214 3.1	0245 1.8 0824 8.8 1517 1.4 2100 8.8
22 M	0032 5.3 0636 1.0 1253 5.4 1909 0.9	0035 5.4 0634 1.2 1258 5.5 1922 1.0	0523 0.9 1138 4.1 1751 0.7	0313 0.8 0929 3.2 1540 0.6 2203 3.3	0255 0.5 0909 2.0 1520 0.4 2140 2.0	0512 4.8 1133 0.9 1741 4.9	0406 3.7 1009 0.9 1626 3.7 2239 0.9	0353 0.5 1052 3.2 1623 0.2 2312 3.2	0348 1.4 0923 9.1 1615 1.1 2153 9.1
23 TU	0123 5.4 0731 0.8 1345 5.5 2000 0.8	0126 5.6 0657 1.0 1350 5.6 1908 1.0	0011 4.1 0615 0.7 1231 4.2 1839 0.7	0404 0.6 1024 3.3 1626 0.6 2251 3.4	0345 0.4 1006 2.0 1607 0.4 2228 2.1	0005 0.9 0602 4.9 1223 0.8 1826 5.0	0457 3.8 1100 0.8 1712 3.8 2331 0.8	0444 0.3 1149 3.2 1711 0.2	0444 1.1 1017 9.3 1706 0.9 2242 9.4
24 W ●	0212 5.6 0824 0.6 1436 5.6 2047 0.7	0215 5.7 0813 0.8 1441 5.8 1950 0.9	0057 4.2 0704 0.6 1321 4.3 1924 0.7	0452 0.5 1115 3.4 1709 0.6 2336 3.5	0433 0.3 1057 2.1 1653 0.5 2313 2.1	0054 0.7 0650 5.0 1309 0.7 1908 5.1	0545 3.9 1145 0.7 1753 4.0	0003 3.3 0531 0.2 1242 3.3 1756 0.2	0536 0.8 1106 9.4 1754 0.9 2330 9.5
25 TH	0259 5.6 0912 0.5 1524 5.6 2130 0.8	0305 5.8 0928 0.7 1531 5.8 2034 1.0	0141 4.3 0751 0.5 1409 4.2 2007 0.8	0539 0.4 1203 3.4 1751 0.7	0520 0.3 1145 2.0 1737 0.5 2357 2.1	0139 0.6 0736 5.0 1351 0.7 1950 5.1	0019 0.8 0628 3.9 1230 0.6 1832 4.0	0048 3.4 0616 0.1 1330 3.3 1840 0.3	0624 0.7 1154 9.4 1837 0.9
26 F	0345 5.6 0958 0.5 1611 5.5 2210 0.9	0354 5.8 1016 0.7 1621 5.8 2115 1.1	0224 4.3 0836 0.5 1456 4.2 2049 0.9	0019 3.5 0624 0.4 1249 3.3 1832 0.8	0606 0.3 1231 2.0 1821 0.6	0224 0.6 0820 4.9 1433 0.8 2031 5.0	0105 0.8 0708 3.8 1311 0.7 1909 4.0	0129 3.5 0700 0.1 1415 3.3 1924 0.3	0014 9.5 0709 0.7 1238 9.3 1918 1.1
27 SA	0431 5.5 1040 0.6 1657 5.4 2244 1.1	0443 5.7 1101 0.7 1709 5.6 2151 1.3	0306 4.2 0920 0.6 1542 4.0 2129 1.0	0101 3.4 0707 0.5 1333 3.2 1912 0.9	0040 2.1 0651 0.3 1315 1.9 1903 0.6	0306 0.7 0904 4.7 1514 1.0 2112 4.8	0149 1.0 0745 3.7 1351 0.8 1945 3.8	0209 3.6 0744 0.2 1457 3.2 2009 0.4	0056 9.4 0751 0.9 1320 9.1 1957 1.3
28 SU	0517 5.3 1116 0.8 1742 5.2 2310 1.4	0531 5.5 1142 1.0 1755 5.4 2225 1.5	0349 4.1 1002 0.7 1627 3.9 2209 1.2	0142 3.3 0750 0.6 1415 3.0 1950 1.0	0122 2.1 0736 0.4 1357 1.8 1945 0.7	0348 0.9 0948 4.5 1554 1.2 2154 4.6	0232 1.1 0822 3.6 1432 0.9 2023 3.7	0249 3.6 0827 0.3 1539 3.2 2053 0.6	0136 9.1 0832 1.2 1400 8.8 2036 1.7
29 M	0601 5.1 1146 1.1 1826 4.9 2339 1.6	0618 5.3 1129 1.3 1841 5.1 2305 1.8	0433 4.0 1045 0.9 1712 3.7 2251 1.4	0224 3.2 0832 0.7 1459 2.9 2030 1.1	0204 2.0 0821 0.5 1439 1.7 2027 0.8	0430 1.2 1036 4.3 1636 1.5 2239 4.4	0315 1.4 0900 3.4 1514 1.2 2103 3.5	0330 3.6 0912 0.4 1620 3.1 2139 0.7	0216 8.8 0912 1.6 1442 8.4 2113 2.1
30 TU	0647 4.9 1220 1.3 1912 4.7	0706 5.1 1150 1.5 1928 4.9 2358 2.0	0518 3.8 1130 1.1 1800 3.5 2337 1.6	0308 3.1 0917 0.9 1545 2.8 2114 1.3	0246 1.9 0907 0.6 1521 1.7 2112 0.9	0514 1.4 1127 4.1 1721 1.8 2332 4.1	0400 1.6 0942 3.2 1559 1.4 2148 3.3	0409 3.5 0959 0.6 1702 3.0 2228 0.8	0258 8.5 0951 2.0 1525 8.0 2154 2.5

TIDETABLES

SCOTLAND & NORTH WEST ENGLAND Time Zone UT
Leith * Rosyth * Aberdeen * Wick * Lerwick * Ullapool * Oban * Greenock * Liverpool

TIDE TABLES JULY 1998

LEITH	ROSYTH	ABERDEEN	WICK	LERWICK	ULLAPOOL	OBAN	GREENOCK	LIVERPOOL		
Time m	Time m	Time m	Time m	Time m	Time m	Time m	Time m	Time m		
0021 1.8 0734 4.7 1306 1.6 2001 4.6	0754 4.9 1256 1.7 2018 4.7	0609 3.6 1220 1.3 1853 3.4	0356 2.9 1009 1.0 1636 2.7 2210 1.4	0332 1.8 0957 0.7 1609 1.6 2207 0.9	0602 1.7 1227 3.9 1811 2.0	0448 1.7 1033 3.1 1649 1.5 2245 3.1	0450 3.3 1050 0.7 1745 2.9 2324 0.9	0343 8.1 1036 2.4 1614 7.7 2241 2.9	1	W
0117 2.1 0825 4.6 1406 1.8 2054 4.4	0115 2.2 0847 4.8 1359 1.9 2109 4.7	0033 1.7 0705 3.5 1318 1.4 1950 3.3	0450 2.8 1109 1.2 1734 2.6 2321 1.5	0424 1.7 1054 0.8 1706 1.6 2316 1.0	0038 4.0 0658 1.9 1333 3.9 1912 2.2	0545 1.8 1139 3.0 1748 1.7 2356 3.0	0533 3.2 1150 0.9 1836 2.8	0435 7.7 1127 2.7 1711 7.4 2340 3.1	2	TH
0229 2.2 0919 4.4 1518 1.8 2150 4.4	0227 2.3 0940 4.7 1505 2.0 2201 4.7	0141 1.8 0807 3.4 1424 1.5 2051 3.4	0551 2.7 1216 1.2 1837 2.7	0526 1.6 1158 0.8 1812 1.6	0149 3.9 0804 2.0 1436 3.9 2027 2.2	0651 1.9 1259 3.0 1854 1.8	0029 1.0 0621 3.0 1257 0.9 1941 2.8	0536 7.5 1228 2.8 1817 7.3	3	F
0351 2.2 1019 4.4 1628 1.8 2249 4.5	0336 2.3 1034 4.7 1615 2.0 2253 4.8	0255 1.8 0912 3.4 1528 1.5 2151 3.4	0041 1.5 0657 2.7 1321 1.2 1939 2.7	0031 1.0 0638 1.6 1259 0.8 1918 1.6	0256 3.9 0913 2.0 1533 4.0 2138 2.1	0115 3.1 0800 1.8 1411 3.1 1959 1.8	0137 1.0 0722 2.8 1403 0.9 2056 2.8	0048 3.2 0644 7.4 1333 2.8 1923 7.5	4	SA
0501 2.0 1123 4.5 1725 1.7 2349 4.6	0439 2.2 1128 4.8 1712 1.9 2344 4.9	0400 1.7 1013 3.5 1624 1.4 2245 3.6	0150 1.4 0759 2.8 1415 1.1 2033 2.8	0135 0.9 0744 1.6 1351 0.8 2012 1.7	0354 4.0 1013 1.9 1622 4.2 2236 2.0	0222 3.1 0900 1.7 1508 3.2 2057 1.7	0237 0.9 0849 2.8 1459 0.8 2155 2.9	0155 3.0 0748 7.6 1432 2.5 2021 7.8	5	SU
0554 1.8 1223 4.6 1813 1.5	0533 2.0 1223 4.9 1800 1.7	0452 1.5 1107 3.6 1709 1.3	0243 1.3 0854 2.8 1500 1.1 2118 3.0	0225 0.8 0837 1.7 1436 0.7 2056 1.8	0442 4.1 1102 1.7 1704 4.4 2322 1.7	0316 3.3 0949 1.6 1554 3.4 2147 1.5	0328 0.7 0956 2.8 1545 0.7 2243 3.0	0254 2.6 0844 7.9 1524 2.2 2109 8.2	6	M
0042 4.8 0640 1.5 1312 4.8 1857 1.4	0035 5.1 0621 1.7 1315 5.1 1845 1.6	0536 1.3 1154 3.7 1751 1.2	0327 1.1 0942 3.0 1539 1.0 2200 3.1	0306 0.7 0922 1.8 1517 0.7 2135 1.9	0524 4.3 1144 1.5 1742 4.6	0403 3.4 1030 1.4 1635 3.6 2231 1.4	0412 0.6 1046 2.9 1625 0.6 2326 3.1	0345 2.2 0931 8.2 1610 1.9 2152 8.6	7	TU
0130 5.0 0722 1.3 1357 5.0 1938 1.2	0124 5.3 0709 1.5 1402 5.3 1933 1.4	0012 3.9 0615 1.1 1236 3.8 1830 1.1	0406 1.0 1025 3.1 1617 0.9 2239 3.2	0345 0.6 1003 1.9 1557 0.6 2213 2.0	0003 1.5 0602 4.4 1223 1.3 1817 4.8	0445 3.5 1108 1.3 1712 3.7 2312 1.2	0452 0.5 1130 2.9 1703 0.5	0431 1.9 1013 8.6 1654 1.6 2233 8.9	8	W
0212 5.2 0804 1.0 1436 5.2 2020 1.0	0210 5.5 0800 1.2 1445 5.5 2021 1.2	0050 4.0 0654 0.9 1316 4.0 1909 0.9	0445 0.8 1106 3.2 1654 0.8 2318 3.4	0424 0.6 1044 1.9 1636 0.6 2251 2.1	0042 1.2 0638 4.6 1300 1.1 1852 4.9	0524 3.7 1143 1.1 1748 3.9 2352 1.1	0006 3.2 0529 0.3 1212 3.0 1741 0.5	0516 1.5 1054 8.8 1736 1.4 2312 9.2	9	TH ○
0252 5.3 0846 0.8 1515 5.3 2102 0.9	0254 5.6 0853 1.0 1527 5.6 2110 1.2	0127 4.1 0733 0.7 1356 4.1 1948 0.9	0522 0.7 1148 3.2 1732 0.8 2358 3.4	0503 0.5 1125 2.0 1716 0.6 2331 2.1	0121 1.0 0715 4.7 1339 1.0 1929 5.0	0601 3.8 1218 1.0 1824 4.0	0043 3.3 0606 0.2 1253 3.1 1819 0.4	0600 1.3 1133 9.0 1818 1.2 2353 9.4	10	F
0330 5.4 0929 0.7 1554 5.4 2144 0.8	0335 5.7 0941 0.9 1607 5.7 2155 1.1	0204 4.2 0813 0.6 1436 4.1 2027 0.8	0601 0.5 1230 3.3 1812 0.7	0543 0.4 1207 2.0 1757 0.5	0200 0.8 0754 4.8 1417 0.9 2008 5.1	0033 1.0 0638 3.8 1255 0.9 1900 4.1	0121 3.4 0645 0.2 1336 3.1 1900 0.4	0642 1.0 1215 9.2 1859 1.1	11	SA
0408 5.5 1012 0.6 1634 5.4 2227 0.8	0417 5.7 1022 0.8 1648 5.8 2233 1.2	0242 4.3 0855 0.5 1518 4.1 2109 0.8	0038 3.5 0642 0.5 1312 3.3 1853 0.7	0011 2.1 0625 0.3 1251 2.0 1839 0.5	0239 0.7 0834 4.8 1456 0.9 2050 5.1	0115 0.9 0715 3.8 1333 0.8 1939 4.0	0200 3.4 0727 0.1 1421 3.2 1943 0.4	0034 9.5 0725 0.9 1256 9.2 1939 1.1	12	SU
0448 5.5 1055 0.6 1717 5.4 2309 1.0	0459 5.7 1053 0.8 1732 5.7 2235 1.3	0324 4.3 0938 0.5 1602 4.1 2151 0.9	0120 3.5 0725 0.5 1356 3.2 1936 0.8	0052 2.1 0708 0.3 1335 2.0 1922 0.6	0321 0.7 0918 4.7 1538 1.0 2136 5.0	0159 0.9 0754 3.8 1415 0.8 2021 3.9	0239 3.5 0810 0.1 1506 3.2 2027 0.4	0116 9.5 0808 0.9 1339 9.1 2021 1.3	13	M
0531 5.4 1139 0.7 1803 5.3 2353 1.1	0543 5.7 1057 0.9 1818 5.6 2310 1.4	0407 4.2 1023 0.6 1650 4.0 2238 1.0	0203 3.4 0810 0.5 1442 3.1 2021 0.9	0135 2.1 0754 0.4 1423 1.9 2009 0.7	0405 0.8 1008 4.6 1623 1.1 2228 4.8	0245 1.0 0834 3.6 1500 0.9 2107 3.8	0320 3.5 0858 0.2 1551 3.3 2115 0.5	0200 9.4 0850 1.1 1424 8.9 2104 1.5	14	TU
0619 5.3 1224 0.9 1854 5.2	0629 5.5 1137 1.0 1906 5.4 2357 1.5	0455 4.1 1113 0.7 1742 3.9 2330 1.2	0250 3.3 0900 0.6 1533 3.0 2113 1.0	0224 2.0 0844 0.4 1515 1.8 2101 0.7	0452 1.0 1104 4.4 1713 1.3 2328 4.7	0335 1.1 0919 3.5 1550 1.1 2200 3.6	0403 3.5 0950 0.3 1638 3.2 2207 0.7	0246 9.2 0935 1.3 1513 8.6 2151 1.8	15	W

● ● Time UT. For British Summer Time (shaded) March 29th to October 25th ADD ONE HOUR ● ●

PAGE 67

JULY 1998 TIDE TABLES

Time UT. For British Summer Time (shaded) March 29th to October 25th ADD ONE HOUR

	LEITH	ROSYTH	ABERDEEN	WICK	LERWICK	ULLAPOOL	OBAN	GREENOCK	LIVERPOOL
	Time m	Time m	Time m	Time m	Time m	Time m	Time m	Time m	Time m
16 TH	0039 1.3 0711 5.2 1314 1.1 1951 5.0	0719 5.4 1229 1.2 2002 5.3	0550 4.0 1209 0.9 1842 3.7	0342 3.2 0958 0.8 1630 2.9 2215 1.2	0320 1.9 0941 0.5 1613 1.8 2201 0.8	0545 1.2 1210 4.3 1812 1.6	0428 1.2 1010 3.3 1646 1.2 2306 3.4	0451 3.4 1048 0.4 1729 3.2 2306 0.7	0337 8.9 1024 1.6 1609 8.4 2246 2.1
17 F	0135 1.5 0811 5.0 1415 1.3 2056 4.9	0100 1.7 0818 5.2 1334 1.5 2106 5.1	0031 1.3 0653 3.9 1315 1.1 1948 3.7	0441 3.1 1106 0.9 1733 2.9 2330 1.2	0424 1.9 1047 0.6 1715 1.7 2316 0.8	0036 4.5 0647 1.4 1323 4.2 1922 1.8	0526 1.3 1114 3.1 1751 1.3	0547 3.3 1153 0.5 1825 3.1	0436 8.6 1122 1.8 1713 8.1 2353 2.3
18 SA	0245 1.7 0918 4.9 1531 1.5 2205 4.9	0230 1.9 0930 5.1 1601 1.6 2214 5.1	0142 1.4 0804 3.8 1427 1.2 2059 3.7	0548 3.1 1221 1.0 1843 2.9	0533 1.8 1205 0.7 1821 1.7	0148 4.4 0757 1.6 1436 4.2 2041 1.8	0029 3.3 0631 1.4 1242 3.0 1908 1.4	0013 0.8 0655 3.2 1303 0.5 1930 3.0	0543 8.3 1232 2.0 1826 8.0
19 SU	0406 1.7 1031 4.9 1653 1.5 2313 5.0	0428 1.8 1042 5.1 1718 1.6 2319 5.1	0258 1.4 0919 3.8 1540 1.2 2206 3.8	0050 1.2 0702 3.0 1335 1.0 1952 3.0	0039 0.8 0645 1.8 1316 0.7 1930 1.8	0300 4.4 0913 1.6 1544 4.3 2157 1.7	0156 3.3 0743 1.4 1423 3.1 2028 1.4	0127 0.8 0812 3.1 1415 0.5 2042 3.0	0109 2.3 0656 8.3 1347 2.0 1938 8.2
20 M	0522 1.5 1142 5.0 1801 1.4	0535 1.6 1148 5.2 1819 1.5	0411 1.3 1030 3.9 1645 1.1 2306 3.9	0205 1.1 0815 3.1 1437 1.0 2054 3.1	0148 0.7 0757 1.8 1417 0.7 2033 1.9	0407 4.5 1024 1.5 1643 4.6 2303 1.4	0306 3.3 0854 1.3 1533 3.3 2139 1.2	0242 0.7 0930 3.1 1520 0.5 2154 3.1	0225 2.1 0807 8.4 1457 1.8 2044 8.5
21 TU	0017 5.1 0627 1.2 1245 5.2 1857 1.2	0018 5.3 0638 1.4 1247 5.3 1913 1.4	0514 1.1 1133 4.0 1741 1.1 2359 4.1	0307 0.9 0920 3.2 1530 0.9 2148 3.3	0246 0.6 0905 1.9 1510 0.6 2129 2.0	0506 4.6 1123 1.3 1733 4.8 2357 1.2	0405 3.5 0955 1.1 1625 3.5 2236 1.1	0345 0.6 1042 3.1 1615 0.5 2258 3.2	0333 1.7 0912 8.7 1559 1.6 2142 8.9
22 W	0113 5.3 0724 1.0 1339 5.3 1947 1.1	0113 5.4 0742 1.2 1340 5.5 1851 1.3	0608 0.9 1226 4.1 1829 1.0	0359 0.8 1016 3.3 1615 0.9 2237 3.4	0339 0.5 1002 2.0 1558 0.6 2218 2.1	0557 4.8 1212 1.2 1816 5.0	0455 3.6 1046 0.9 1708 3.7 2327 1.0	0439 0.5 1142 3.2 1703 0.4 2351 3.3	0433 1.4 1007 8.9 1653 1.3 2232 9.2
23 TH ●	0203 5.4 0814 0.7 1427 5.5 2031 1.0	0203 5.6 0833 1.0 1429 5.6 1932 1.2	0045 4.2 0656 0.7 1314 4.2 1912 0.9	0445 0.6 1106 3.4 1655 0.8 2321 3.5	0425 0.4 1050 2.0 1642 0.6 2302 2.2	0045 1.0 0641 4.9 1257 1.0 1856 5.1	0539 3.7 1131 0.8 1745 3.9	0524 0.3 1235 3.2 1747 0.4	0526 1.0 1056 9.1 1739 1.2 2318 9.4
24 F	0248 5.5 0900 0.6 1512 5.5 2112 0.9	0251 5.8 0917 0.8 1515 5.7 2015 1.1	0127 4.3 0740 0.6 1358 4.2 1952 0.9	0527 0.5 1151 3.3 1734 0.8	0509 0.3 1133 2.0 1722 0.6 2343 2.2	0129 0.8 0722 5.0 1338 0.9 1933 5.2	0011 0.9 0618 3.8 1212 0.7 1819 3.9	0036 3.4 0606 0.3 1321 3.3 1827 0.4	0612 0.9 1140 9.2 1821 1.1 2359 9.4
25 SA	0332 5.6 0942 0.6 1553 5.5 2148 1.0	0338 5.8 0957 0.8 1600 5.7 2056 1.2	0208 4.3 0821 0.6 1439 4.2 2030 0.9	0003 3.5 0607 0.5 1232 3.3 1811 0.9	0550 0.3 1213 2.0 1801 0.6	0209 0.8 0800 4.9 1416 0.9 2009 5.1	0051 0.9 0652 3.8 1251 0.7 1852 3.9	0115 3.5 0646 0.3 1403 3.3 1907 0.4	0654 0.8 1221 9.2 1900 1.2
26 SU	0413 5.5 1018 0.6 1633 5.4 2218 1.1	0423 5.8 1035 0.8 1643 5.7 2130 1.3	0246 4.3 0859 0.6 1518 4.1 2105 1.0	0042 3.5 0645 0.5 1310 3.3 1846 0.9	0021 2.2 0630 0.3 1251 2.0 1839 0.6	0247 0.8 0837 4.8 1453 1.0 2044 5.0	0130 1.0 0724 3.8 1329 0.7 1924 3.9	0154 3.6 0724 0.3 1442 3.3 1946 0.5	0038 9.4 0732 0.9 1258 9.1 1935 1.3
27 M	0453 5.4 1047 0.8 1712 5.2 2242 1.2	0506 5.7 1029 1.0 1723 5.5 2202 1.4	0324 4.2 0935 0.7 1556 4.0 2139 1.1	0120 3.4 0721 0.6 1347 3.2 1921 1.0	0059 2.1 0709 0.4 1327 1.9 1914 0.7	0323 0.9 0913 4.7 1528 1.2 2118 4.8	0206 1.1 0757 3.7 1406 0.9 1957 3.8	0230 3.6 0803 0.4 1518 3.3 2025 0.5	0114 9.2 0807 1.2 1334 8.9 2008 1.6
28 TU	0532 5.2 1111 1.0 1751 5.0 2308 1.4	0546 5.5 1030 1.2 1801 5.3 2236 1.6	0400 4.1 1010 0.9 1633 3.8 2215 1.3	0156 3.3 0757 0.8 1424 3.1 1954 1.1	0134 2.0 0745 0.5 1402 1.8 1948 0.8	0359 1.1 0951 4.5 1604 1.4 2153 4.6	0243 1.3 0830 3.6 1443 1.1 2031 3.6	0307 3.6 0841 0.5 1551 3.2 2104 0.6	0149 9.0 0840 1.5 1409 8.6 2040 1.9
29 W	0610 5.1 1139 1.2 1831 4.9 2340 1.6	0624 5.3 1106 1.4 1840 5.1 2315 1.8	0439 3.9 1047 1.1 1713 3.7 2252 1.5	0233 3.2 0833 0.9 1501 2.9 2030 1.3	0210 2.0 0824 0.6 1439 1.8 2025 0.8	0436 1.4 1031 4.3 1642 1.6 2233 4.3	0321 1.4 0905 3.4 1523 1.3 2108 3.4	0342 3.6 0920 0.7 1625 3.2 2145 0.7	0224 8.7 0912 1.8 1445 8.3 2112 2.2
30 TH	0651 4.9 1217 1.4 1915 4.7	0705 5.1 1153 1.6 1924 5.0	0521 3.8 1127 1.3 1757 3.6 2336 1.6	0312 3.1 0912 1.1 1543 2.8 2114 1.4	0248 1.9 0905 0.7 1519 1.7 2110 0.9	0515 1.7 1120 4.1 1723 1.9 2323 4.1	0402 1.5 0945 3.2 1607 1.5 2151 3.2	0417 3.4 1001 0.7 1659 3.1 2230 0.9	0301 8.3 0945 2.2 1526 8.0 2150 2.6
31 F	0022 1.9 0736 4.7 1306 1.7 2003 4.5	0008 2.1 0752 4.9 1256 1.9 2014 4.8	0609 3.6 1215 1.5 1848 3.4	0358 2.9 1003 1.3 1632 2.8 2213 1.5	0334 1.8 0955 0.8 1607 1.7 2212 1.0	0600 1.9 1224 4.0 1812 2.1	0448 1.8 1034 3.1 1657 1.7 2244 3.1	0453 3.3 1048 0.9 1736 2.9 2324 1.0	0343 7.9 1025 2.6 1613 7.6 2237 3.0

PAGE 68

SCOTLAND & NORTH WEST ENGLAND Time Zone UT
Leith * Rosyth * Aberdeen * Wick * Lerwick * Ullapool * Oban * Greenock * Liverpool

TIDE TABLES AUGUST 1998

LEITH	ROSYTH	ABERDEEN	WICK	LERWICK	ULLAPOOL	OBAN	GREENOCK	LIVERPOOL		
Time m	Time m	Time m	Time m	Time m	Time m	Time m	Time m	Time m		
0118 2.1 0827 4.5 1409 2.0 2055 4.4	0127 2.3 0845 4.7 1403 2.1 2108 4.8	0033 1.8 0708 3.5 1315 1.6 1949 3.4	0453 2.8 1108 1.4 1731 2.7 2334 1.6	0428 1.7 1100 0.9 1706 1.6 2336 1.0	0033 3.9 0655 2.1 1337 3.9 1915 2.3	0544 1.9 1147 2.9 1757 1.8	0533 3.1 1148 1.0 1821 2.8	0435 7.5 1119 2.9 1712 7.3 2342 2.4	1	SA
0239 2.3 0924 4.4 1527 2.1 2154 4.4	0238 2.4 0941 4.7 1513 2.3 2203 4.8	0146 1.9 0816 3.4 1427 1.7 2056 3.4	0558 2.7 1222 1.4 1837 2.7	0535 1.6 1210 0.9 1814 1.6	0157 3.8 0806 2.2 1445 3.9 2037 2.4	0000 3.0 0656 1.9 1325 2.9 1909 1.9	0035 1.1 0621 2.9 1302 1.1 1926 2.7	0541 7.2 1230 3.1 1824 7.3	2	SU
0412 2.2 1029 4.4 1645 2.0 2259 4.5	0351 2.4 1038 4.7 1634 2.2 2258 4.9	0308 1.9 0928 3.4 1539 1.7 2201 3.5	0101 1.6 0710 2.7 1332 1.4 1944 2.8	0052 1.0 0653 1.6 1313 0.9 1924 1.7	0312 3.9 0924 2.2 1545 4.1 2155 2.2	0138 3.0 0816 1.9 1439 3.1 2021 1.8	0149 1.1 0723 2.7 1413 1.0 2107 2.7	0100 3.2 0657 7.2 1345 3.0 1936 7.5	3	M
0523 2.0 1140 4.5 1745 1.8	0505 2.2 1137 4.8 1740 2.0 2354 5.1	0416 1.7 1034 3.5 1638 1.6 2257 3.7	0212 1.4 0817 2.8 1429 1.3 2041 3.0	0151 0.9 0803 1.7 1406 0.9 2020 1.8	0412 4.0 1028 2.0 1635 4.3 2254 1.9	0252 3.1 0920 1.7 1532 3.3 2121 1.7	0251 0.9 0903 2.7 1512 0.9 2209 2.9	0213 2.9 0807 7.5 1448 2.6 2036 8.0	4	TU
0005 4.7 0615 1.7 1242 4.8 1833 1.6	0603 1.9 1237 5.1 1833 1.8	0508 1.4 1128 3.7 1725 1.4 2344 3.9	0303 1.2 0913 2.9 1515 1.2 2130 3.1	0240 0.8 0855 1.8 1452 0.8 2106 1.9	0501 4.2 1118 1.7 1718 4.5 2340 1.6	0346 3.3 1007 1.5 1615 3.5 2210 1.5	0344 0.7 1013 2.8 1600 0.8 2258 3.1	0315 2.5 0903 8.0 1542 2.2 2126 8.5	5	W
0100 5.0 0702 1.4 1330 5.0 1918 1.3	0051 5.3 0656 1.5 1333 5.4 1923 1.5	0552 1.2 1215 3.9 1808 1.2	0346 1.0 1002 3.1 1556 1.0 2214 3.3	0323 0.7 0940 1.9 1536 0.7 2149 2.0	0542 4.5 1201 1.4 1756 4.8	0430 3.4 1046 1.3 1654 3.7 2254 1.2	0429 0.6 1105 3.0 1643 0.6 2342 3.2	0408 2.0 0951 8.5 1631 1.7 2211 8.9	6	TH
0148 5.2 0746 1.0 1413 5.3 2002 1.0	0144 5.5 0749 1.2 1421 5.6 2012 1.3	0026 4.1 0633 0.9 1257 4.1 1849 1.0	0426 0.8 1046 3.3 1635 0.9 2256 3.5	0404 0.5 1024 2.0 1618 0.6 2231 2.1	0022 1.2 0620 4.7 1241 1.2 1833 5.1	0511 3.6 1123 1.0 1731 3.9 2336 1.0	0509 0.4 1152 3.1 1724 0.5	0457 1.5 1034 8.9 1717 1.4 2253 9.3	7	F
0229 5.5 0830 0.7 1454 5.5 2045 0.8	0231 5.7 0840 0.9 1504 5.9 2058 1.1	0105 4.2 0715 0.6 1337 4.2 1930 0.8	0504 0.6 1130 3.4 1715 0.8 2338 3.6	0445 0.4 1107 2.1 1659 0.5 2313 2.2	0103 0.9 0657 4.9 1321 0.9 1910 5.3	0548 3.8 1159 0.8 1808 4.1	0024 3.4 0549 0.2 1239 3.2 1803 0.4	0544 1.1 1116 9.2 1801 1.0 2335 9.7	8	SA ○
0308 5.6 0914 0.4 1533 5.7 2128 0.6	0315 5.9 0927 0.7 1545 6.0 2140 0.9	0144 4.4 0756 0.4 1418 4.3 2010 0.7	0544 0.4 1212 3.5 1754 0.7	0526 0.3 1151 2.1 1740 0.5 2354 2.3	0142 0.7 0735 5.1 1400 0.7 1949 5.4	0017 0.8 0625 3.9 1237 0.6 1845 4.2	0106 3.5 0629 0.1 1326 3.3 1844 0.3	0629 0.8 1158 9.5 1844 0.8	9	SU
0347 5.8 0957 0.3 1614 5.7 2211 0.6	0358 6.0 1007 0.5 1627 6.1 2215 0.9	0224 4.5 0838 0.3 1500 4.4 2051 0.7	0020 3.7 0625 0.3 1255 3.5 1836 0.6	0607 0.2 1233 2.1 1821 0.5	0222 0.5 0815 5.2 1439 0.7 2030 5.4	0100 0.7 0702 4.0 1316 0.5 1924 4.2	0148 3.6 0709 0.1 1412 3.3 1925 0.3	0018 9.8 0712 0.5 1240 9.6 1926 0.8	10	M
0428 5.8 1041 0.3 1657 5.7 2254 0.7	0442 6.0 1035 0.6 1711 6.0 2216 1.0	0305 4.5 0921 0.3 1542 4.3 2133 0.8	0102 3.7 0707 0.3 1338 3.4 1918 0.7	0036 2.3 0650 0.2 1317 2.1 1903 0.5	0303 0.5 0857 5.1 1521 0.7 2115 5.3	0143 0.6 0739 3.9 1358 0.5 2005 4.1	0228 3.6 0752 0.1 1455 3.3 2008 0.3	0100 9.9 0754 0.5 1323 9.5 2007 0.9	11	TU
0512 5.7 1123 0.4 1743 5.5 2335 0.9	0526 6.0 1035 0.7 1756 5.9 2249 1.1	0348 4.5 1004 0.5 1628 4.2 2218 0.9	0145 3.7 0751 0.4 1423 3.3 2001 0.8	0120 2.2 0734 0.3 1402 2.0 1949 0.5	0345 0.6 0943 4.9 1604 0.9 2205 5.1	0228 0.7 0817 3.8 1443 0.7 2049 3.9	0309 3.6 0838 0.1 1536 3.4 2054 0.4	0143 9.8 0835 0.7 1406 9.3 2048 1.1	12	W
0600 5.6 1204 0.7 1833 5.3	0612 5.8 1112 0.9 1844 5.7 2331 1.3	0436 4.4 1051 0.8 1718 4.0 2307 1.1	0231 3.6 0837 0.6 1510 3.2 2050 1.0	0207 2.1 0822 0.4 1451 1.9 2039 0.6	0430 0.8 1036 4.7 1651 1.2 2303 4.8	0315 0.9 0857 3.6 1531 0.9 2137 3.7	0351 3.6 0927 0.2 1619 3.4 2143 0.5	0227 9.5 0916 1.0 1452 8.9 2133 1.5	13	TH
0018 1.2 0651 5.4 1248 1.1 1928 5.1	0701 5.5 1158 1.3 1936 5.4	0529 4.2 1144 1.3 1814 3.8	0322 3.4 0930 0.8 1603 3.1 2148 1.1	0302 2.0 0915 0.6 1546 1.8 2138 0.7	0520 1.2 1141 4.4 1747 1.5	0405 1.1 1625 1.1 2236 3.3	0436 3.5 1024 0.4 1704 3.3 2241 0.6	0315 9.1 1002 1.5 1544 8.5 2224 1.9	14	F
0108 1.5 0751 5.1 1344 1.5 2031 4.9	0026 1.6 0800 5.2 1259 1.7 2040 5.1	0006 1.3 0632 4.0 1248 1.7 1921 3.7	0421 3.2 1037 1.1 1705 2.9 2306 1.3	0404 1.9 1020 0.7 1647 1.8 2254 0.8	0013 4.5 0617 1.5 1258 4.1 1855 1.8	0500 1.3 1039 3.1 1730 1.4 2350 0.8	0528 3.4 1129 0.6 1756 3.2 2350 0.8	0411 8.6 1056 2.0 1645 8.1 2329 2.3	15	SA

● ● Time UT. For British Summer Time (shaded) March 29th to October 25th ADD ONE HOUR ● ●

PAGE 69

AUGUST 1998 TIDE TABLES

• • Time UT. For British Summer Time (shaded) March 29th to October 25th ADD ONE HOUR • •

Day	LEITH Time m	ROSYTH Time m	ABERDEEN Time m	WICK Time m	LERWICK Time m	ULLAPOOL Time m	OBAN Time m	GREENOCK Time m	LIVERPOOL Time m
16 SU	0218 1.7 0901 4.9 1506 1.8 2142 4.8	0154 1.9 0912 5.0 1536 2.0 2153 5.0	0118 1.5 0747 3.8 1404 1.4 2036 3.6	0530 3.0 1159 1.2 1817 2.9	0514 1.8 1144 0.8 1756 1.8	0132 4.3 0728 1.8 1418 4.2 2021 2.0	0006 3.1 0603 1.5 1215 2.9 1852 1.5	0630 3.2 1244 0.7 1857 3.1	0518 8.2 1206 2.4 1800 7.8
17 M	0353 1.8 1018 4.8 1644 1.8 2256 4.8	0415 1.9 1029 4.9 1701 1.9 2303 5.0	0242 1.5 0909 3.7 1526 1.5 2150 3.7	0039 1.3 0650 3.0 1323 1.3 1933 3.0	0026 0.8 0631 1.8 1305 0.9 1911 1.8	0251 4.3 0854 1.9 1533 4.3 2150 1.9	0157 3.1 0721 1.5 1436 3.0 2029 1.5	0111 0.9 0748 3.0 1403 0.8 2012 3.0	0051 2.5 0638 7.9 1328 2.5 1921 7.9
18 TU	0519 1.6 1135 4.9 1754 1.7	0533 1.7 1139 5.0 1809 1.8	0403 1.4 1026 3.8 1637 1.4 2254 3.9	0203 1.2 0809 3.0 1430 1.2 2040 3.1	0141 0.8 0756 1.8 1410 0.8 2022 1.9	0403 4.3 1015 1.8 1636 4.5 2257 1.6	0310 3.2 0842 1.4 1542 3.2 2145 1.4	0235 0.8 0921 3.0 1512 0.8 2139 3.1	0214 2.3 0757 8.0 1445 2.3 2033 8.3
19 W	0006 5.0 0624 1.4 1240 5.1 1849 1.5	0008 5.2 0644 1.5 1242 5.2 1907 1.7	0509 1.2 1130 3.9 1733 1.3 2348 4.0	0304 1.0 0915 3.1 1522 1.2 2136 3.3	0242 0.7 0903 1.9 1504 0.8 2118 2.0	0503 4.5 1115 1.6 1724 4.7 2350 1.3	0405 3.3 0946 1.2 1628 3.5 2238 1.2	0341 0.7 1038 3.1 1608 0.7 2248 3.2	0326 1.9 0904 8.4 1549 1.9 2132 8.7
20 TH	0105 5.2 0718 1.1 1333 5.3 1933 1.3	0105 5.4 0742 1.2 1335 5.4 1921 1.6	0601 1.0 1221 4.0 1818 1.2	0353 0.8 1009 3.2 1603 1.1 2223 3.4	0332 0.6 0954 2.0 1548 0.7 2206 2.1	0549 4.7 1203 1.4 1805 5.0	0450 3.5 1034 1.0 1705 3.7 2321 1.1	0432 0.6 1136 3.2 1654 0.6 2339 3.4	0425 1.5 0959 8.8 1642 1.6 2221 9.1
21 F	0154 5.4 0803 0.9 1417 5.4 2013 1.1	0154 5.6 0825 1.0 1419 5.6 1915 1.3	0033 4.2 0645 0.8 1303 4.1 1857 1.1	0433 0.7 1054 3.3 1639 1.0 2306 3.5	0415 0.5 1036 2.0 1627 0.7 2246 2.2	0034 1.1 0628 4.9 1244 1.2 1840 5.1	0528 3.6 1115 0.8 1734 3.8 2358 1.0	0515 0.4 1224 3.3 1735 0.6	0515 1.1 1044 9.0 1726 1.4 2303 9.3
22 SA ●	0236 5.5 0843 0.7 1456 5.4 2048 1.0	0238 5.8 0901 0.9 1500 5.7 1954 1.2	0112 4.3 0724 0.7 1342 4.2 1933 1.0	0510 0.6 1133 3.4 1714 0.9 2344 3.6	0453 0.4 1115 2.1 1704 0.6 2324 2.2	0113 0.9 0703 5.0 1321 1.1 1912 5.2	0600 3.8 1153 0.7 1802 3.9	0021 3.5 0552 0.4 1306 3.3 1812 0.5	0557 1.0 1124 9.2 1803 1.2 2341 9.4
23 SU	0315 5.5 0918 0.6 1532 5.4 2121 1.0	0320 5.8 0932 0.8 1538 5.7 2033 1.1	0148 4.3 0800 0.6 1417 4.2 2006 1.0	0545 0.6 1210 3.4 1747 0.9	0529 0.4 1150 2.1 1739 0.6 2359 2.2	0149 0.8 0736 5.0 1355 1.0 1943 5.2	0033 0.9 0630 3.8 1228 0.7 1830 4.0	0059 3.6 0627 0.4 1344 3.3 1847 0.5	0633 0.9 1200 9.2 1837 1.2
24 M	0351 5.5 0948 0.7 1606 5.4 2149 1.0	0400 5.8 0941 0.9 1614 5.7 2107 1.2	0222 4.3 0833 0.7 1450 4.1 2039 1.0	0020 3.6 0618 0.6 1244 3.3 1820 0.9	0603 0.4 1223 2.0 1811 0.6	0222 0.8 0807 5.0 1428 1.0 2013 5.1	0105 0.9 0659 3.9 1303 0.7 1859 3.9	0134 3.6 0701 0.4 1418 3.4 1921 0.5	0015 9.4 0707 1.1 1233 9.2 1909 1.3
25 TU	0425 5.4 1013 0.7 1640 5.3 2213 1.1	0438 5.7 0930 1.0 1648 5.6 2137 1.3	0256 4.3 0904 0.7 1522 4.1 2109 1.1	0054 3.5 0649 0.7 1316 3.3 1851 1.0	0032 2.2 0636 0.5 1254 2.0 1841 0.7	0254 0.9 0838 4.9 1500 1.1 2042 4.9	0137 1.0 0728 3.8 1337 0.8 1929 3.9	0208 3.6 0735 0.4 1449 3.4 1955 0.5	0048 9.3 0737 1.2 1305 9.1 1938 1.4
26 W	0500 5.3 1037 0.9 1715 5.2 2238 1.3	0512 5.6 0958 1.1 1721 5.4 2207 1.4	0328 4.2 0935 0.9 1555 4.0 2140 1.2	0126 3.4 0720 0.8 1348 3.2 1921 1.1	0102 2.1 0708 0.5 1324 1.9 1912 0.7	0326 1.1 0909 4.7 1533 1.3 2113 4.7	0210 1.1 0758 3.7 1412 1.0 2000 3.7	0240 3.6 0807 0.5 1518 3.3 2030 0.6	0120 9.1 0806 1.4 1336 8.9 2007 1.7
27 TH	0534 5.2 1103 1.1 1753 5.0 2303 1.5	0545 5.4 1030 1.3 1757 5.3 2239 1.6	0403 4.0 1006 1.0 1630 3.8 2213 1.3	0159 3.3 0751 0.9 1421 3.1 1954 1.2	0133 2.0 0741 0.6 1356 1.9 1945 0.8	0358 1.3 0943 4.5 1606 1.5 2147 4.5	0243 1.3 0830 3.6 1448 1.2 2032 3.5	0312 3.6 0841 0.6 1546 3.3 2105 0.7	0151 8.9 0833 1.7 1408 8.6 2037 2.0
28 F	0612 5.0 1133 1.4 1833 4.8 2333 1.7	0621 5.2 1105 1.6 1839 5.1 2312 1.9	0441 3.9 1042 1.2 1709 3.7 2251 1.5	0234 3.2 0825 1.1 1457 3.0 2031 1.3	0209 1.9 0817 0.8 1433 1.8 2024 0.9	0433 1.5 1023 4.3 1642 1.8 2228 4.3	0318 1.5 0903 3.4 1527 1.5 2107 3.3	0343 3.5 0915 0.7 1616 3.2 2143 0.8	0222 8.5 0903 2.1 1442 8.2 2112 2.4
29 SA	0654 4.8 1211 1.7 1918 4.6	0705 5.0 1145 1.9 1927 5.0 2353 2.2	0525 3.7 1123 1.5 1755 3.6 2339 1.8	0314 3.0 0906 1.3 1540 2.9 2118 1.5	0250 1.8 0900 0.9 1517 1.8 2115 1.0	0511 1.8 1115 4.1 1724 2.0 2325 4.0	0358 1.7 0943 3.2 1612 1.7 2148 3.1	0417 3.3 0954 0.9 1650 3.1 2228 0.9	0257 8.1 0938 2.5 1522 7.8 2154 2.7
30 SU	0013 2.0 0741 4.5 1303 2.0 2008 4.5	0757 4.8 1301 2.2 2021 4.8	0618 3.5 1216 1.7 1851 3.4	0403 2.8 1001 1.4 1633 2.8 2233 1.6	0341 1.7 0957 1.0 1611 1.7 2235 1.1	0557 2.1 1230 3.9 1819 2.3	0446 1.9 1040 3.0 1707 1.9 2247 2.9	0454 3.1 1042 1.0 1730 2.9 2327 1.1	0340 7.6 1024 3.0 1614 7.4 2249 3.2
31 M	0124 2.3 0836 4.4 1424 2.3 2106 4.4	0148 2.5 0855 4.6 1429 2.4 2119 4.7	0044 1.9 0724 3.4 1327 1.8 2000 3.4	0506 2.7 1121 1.6 1739 2.8	0445 1.7 1118 1.0 1716 1.7	0055 3.8 0701 2.3 1354 3.9 1937 2.4	0550 2.0 1232 2.9 1818 2.0	0538 2.9 1145 1.2 1821 2.8	0440 7.2 1130 3.3 1725 7.2

PAGE 70

TIDE TABLES

SCOTLAND & NORTH WEST ENGLAND   Time Zone UT
Leith * Rosyth * Aberdeen * Wick * Lerwick * Ullapool * Oban * Greenock * Liverpool

TIDE TABLES SEPTEMBER 1998

LEITH	ROSYTH	ABERDEEN	WICK	LERWICK	ULLAPOOL	OBAN	GREENOCK	LIVERPOOL	Day
Time m	Time m	Time m	Time m	Time m	Time m	Time m	Time m	Time m	
0318 2.3 0943 4.3 1602 2.3 2212 4.4	0305 2.5 0956 4.6 1556 2.4 2218 4.8	0212 1.9 0844 3.4 1451 1.9 2116 3.5	0011 1.6 0623 2.7 1247 1.5 1853 2.8	0012 1.0 0602 1.6 1237 1.0 1831 1.7	0229 3.8 0831 2.4 1506 4.0 2114 2.3	0039 2.9 0722 2.0 1413 3.0 1944 1.9	0051 1.1 0636 2.8 1314 1.2 1951 2.7	0007 3.4 0604 7.0 1258 3.3 1850 7.3	1 TU
0453 2.1 1059 4.4 1718 2.0 2325 4.6	0434 2.3 1058 4.8 1720 2.2 2318 5.0	0338 1.8 1000 3.5 1605 1.7 2222 3.6	0137 1.5 0741 2.8 1358 1.4 2002 3.0	0120 1.0 0726 1.7 1338 1.0 1941 1.8	0342 3.9 0955 2.2 1604 4.2 2224 2.0	0231 3.0 0848 1.8 1510 3.2 2057 1.7	0211 1.0 0806 2.7 1432 1.1 2131 2.9	0135 3.1 0730 7.3 1415 2.9 2003 7.8	2 W
0553 1.8 1210 4.7 1812 1.7	0547 1.9 1203 5.0 1818 1.9	0439 1.5 1102 3.7 1700 1.5 2315 3.9	0237 1.3 0846 2.9 1451 1.3 2058 3.1	0213 0.8 0828 1.8 1429 0.9 2036 1.9	0437 4.2 1052 1.9 1651 4.6 2315 1.6	0329 3.1 0940 1.5 1554 3.5 2151 1.5	0312 0.8 0941 2.9 1530 0.9 2228 3.1	0245 2.6 0836 7.9 1516 2.4 2059 8.4	3 TH
0029 4.9 0641 1.3 1303 5.1 1858 1.4	0018 5.2 0643 1.5 1303 5.4 1908 1.5	0527 1.1 1151 3.9 1745 1.2 2359 4.1	0323 1.0 0938 3.2 1534 1.1 2147 3.4	0259 0.7 0917 1.9 1515 0.8 2124 2.1	0520 4.5 1138 1.5 1732 4.9 2359 1.2	0413 3.4 1021 1.2 1632 3.7 2235 1.1	0402 0.6 1040 3.0 1618 0.7 2317 3.3	0344 2.0 0927 8.5 1609 1.8 2147 9.0	4 F
0119 5.3 0726 0.9 1348 5.5 1942 1.0	0116 5.5 0736 1.1 1354 5.7 1954 1.2	0611 0.8 1234 4.2 1827 1.0	0403 0.7 1024 3.4 1615 0.9 2232 3.6	0342 0.5 1002 2.1 1557 0.6 2208 2.2	0559 4.9 1220 1.1 1809 5.2	0452 3.6 1059 0.9 1709 4.0 2317 0.8	0445 0.4 1131 3.2 1701 0.5	0436 1.4 1012 9.0 1657 1.3 2231 9.5	5 SA
0202 5.6 0810 0.5 1430 5.7 2025 0.7	0206 5.8 0824 0.7 1438 6.0 2037 0.9	0040 4.4 0653 0.5 1315 4.4 1908 0.7	0443 0.5 1109 3.5 1654 0.7 2315 3.7	0423 0.4 1046 2.2 1639 0.5 2251 2.3	0040 0.8 0636 5.2 1300 0.8 1848 5.5	0529 3.9 1136 0.6 1748 4.3 2358 0.6	0002 3.5 0527 0.2 1221 3.3 1742 0.9	0524 0.9 1055 9.5 1742 0.9 2314 9.9	6 SU ○
0242 5.8 0854 0.2 1509 5.9 2109 0.5	0251 6.1 0907 0.4 1520 6.2 2115 0.7	0121 4.6 0734 0.3 1356 4.5 1949 0.6	0523 0.3 1151 3.6 1734 0.6 2358 3.9	0504 0.2 1129 2.2 1720 0.4 2334 2.4	0121 0.5 0713 5.4 1339 0.6 1927 5.7	0606 4.0 1215 0.4 1826 4.4	0046 3.6 0606 0.1 1309 3.4 1822 0.9	0610 0.5 1138 9.8 1826 0.6 2357 10.2	7 M
0323 6.0 0938 0.1 1551 6.0 2151 0.4	0336 6.2 0945 0.3 1603 6.3 2123 0.6	0201 4.7 0816 0.2 1437 4.5 2030 0.6	0603 0.2 1233 3.7 1815 0.5	0546 0.2 1211 2.3 1801 0.4	0201 0.3 0752 5.4 1419 0.5 2008 5.7	0041 0.4 0642 4.1 1257 0.3 1906 4.4	0130 3.7 0648 -0.0 1354 3.5 1903 0.2	0653 0.2 1220 9.9 1908 0.5	8 TU
0406 6.1 1021 0.1 1635 5.9 2234 0.5	0421 6.3 0936 0.3 1648 6.3 2151 0.7	0244 4.7 0858 0.2 1519 4.5 2112 0.6	0042 3.9 0645 0.3 1316 3.6 1857 0.6	0017 2.4 0628 0.2 1254 2.2 1843 0.4	0242 0.2 0833 5.3 1500 0.5 2052 5.5	0124 0.4 0718 4.1 1339 0.3 1946 4.3	0212 3.7 0730 0.0 1436 3.5 1945 0.2	0039 10.2 0734 0.2 1302 9.8 1949 0.6	9 W
0451 6.0 1103 0.4 1721 5.7 2315 0.8	0506 6.2 1009 0.6 1733 6.0 2226 0.9	0328 4.7 0942 0.4 1604 4.3 2156 0.8	0126 3.8 0728 0.4 1400 3.5 1941 0.7	0101 2.3 0712 0.3 1337 2.1 1929 0.5	0323 0.4 0918 5.1 1543 0.7 2142 5.2	0208 0.5 0756 4.0 1424 0.5 2028 4.0	0253 3.7 0815 0.1 1515 3.5 2030 0.3	0122 10.1 0815 0.5 1345 9.6 2030 0.9	10 TH
0539 5.8 1142 0.8 1810 5.4 2357 1.1	0554 5.9 1046 0.9 1821 5.7 2306 1.2	0416 4.5 1027 0.7 1652 4.1 2245 1.0	0212 3.6 0812 0.7 1445 3.3 2029 0.9	0150 2.2 0759 0.5 1425 2.0 2019 0.6	0406 0.8 1008 4.8 1630 1.1 2241 4.8	0254 0.7 0834 3.7 1512 0.8 2114 3.7	0334 3.7 0903 0.3 1555 3.5 2120 0.7	0206 9.7 0855 0.9 1430 9.1 2115 1.3	11 F
0633 5.4 1223 1.3 1905 5.1	0645 5.6 1129 1.3 1914 5.3 2356 1.6	0511 4.2 1119 1.1 1748 3.9 2345 1.2	0303 3.4 0903 0.9 1536 3.1 2129 1.1	0245 2.1 0852 0.7 1519 1.9 2119 0.7	0454 1.2 1112 4.5 1725 1.5 2357 4.5	0342 1.0 0917 3.4 1606 1.2 2210 3.3	0419 3.6 0959 0.5 1639 3.5 2218 0.6	0254 9.2 0939 1.6 1519 8.6 2205 1.9	12 SA
0048 1.5 0735 5.1 1316 1.7 2009 4.9	0745 5.2 1225 1.5 2020 5.0	0616 3.9 1223 1.4 1856 3.7	0403 3.2 1009 1.2 1637 3.0 2252 1.3	0348 1.9 0956 0.9 1621 1.8 2239 0.8	0550 1.7 1236 4.2 1835 1.9	0434 1.3 1012 3.1 1712 1.5 2353 3.0	0509 3.4 1104 0.8 1727 3.3 2329 0.8	0349 8.5 1032 2.2 1620 8.1 2311 2.4	13 SU
0203 1.8 0847 4.8 1448 2.1 2121 4.7	0223 1.9 0900 4.9 1521 2.2 2136 4.8	0101 1.5 0736 3.7 1343 1.7 2014 3.6	0515 3.0 1138 1.4 1752 2.9	0458 1.8 1126 1.0 1731 1.8	0121 4.2 0703 2.1 1403 4.2 2009 2.1	0537 1.5 1230 2.9 1846 1.7	0610 3.1 1223 1.0 1824 3.2	0458 7.9 1143 2.7 1738 7.7	14 M
0351 1.9 1006 4.7 1636 2.1 2238 4.8	0408 1.9 1016 4.8 1645 2.1 2249 4.9	0231 1.5 0901 3.6 1513 1.7 2132 3.7	0033 1.3 0641 2.9 1312 1.4 1913 3.0	0016 0.9 0622 1.7 1254 1.0 1852 1.8	0245 4.1 0840 2.2 1522 4.3 2143 1.9	0155 2.9 0700 1.6 1442 3.1 2038 1.7	0056 0.9 0730 3.0 1348 1.0 1942 3.1	0036 2.6 0623 7.7 1312 2.8 1904 7.8	15 TU

● ● Time UT. For British Summer Time (shaded) March 29th to October 25th ADD ONE HOUR ● ●

PAGE 71

SEPTEMBER 1998 TIDE TABLES

● ●Time UT. For British Summer Time (shaded) March 29th to October 25th ADD ONE HOUR ● ●

	LEITH	ROSYTH	ABERDEEN	WICK	LERWICK	ULLAPOOL	OBAN	GREENOCK	LIVERPOOL
	Time m	Time m	Time m	Time m	Time m	Time m	Time m	Time m	Time m
16 W	0515 1.7 1124 4.8 1745 2.0 2352 4.9	0526 1.7 1128 5.0 1754 2.0 2355 5.1	0356 1.4 1020 3.7 1627 1.6 2240 3.8	0157 1.2 0803 3.0 1421 1.4 2024 3.1	0132 0.8 0753 1.8 1400 1.0 2007 1.9	0357 4.3 1006 2.0 1624 4.5 2248 1.7	0303 3.1 0830 1.5 1539 3.3 2145 1.5	0224 0.9 0918 3.0 1459 1.0 2121 3.1	0203 2.4 0746 7.8 1432 2.6 2019 8.2
17 TH	0617 1.4 1230 5.0 1835 1.7	0636 1.4 1233 5.2 1851 1.8	0500 1.2 1121 3.9 1720 1.5 2333 4.0	0255 1.0 0906 3.1 1510 1.3 2119 3.3	0231 0.7 0852 1.9 1452 0.9 2102 2.0	0453 4.5 1103 1.8 1711 4.7 2336 1.4	0354 3.2 0932 1.5 1620 3.5 2230 1.3	0328 0.7 1030 3.1 1554 0.9 2231 3.3	0314 2.0 0853 8.3 1536 2.1 2118 8.7
18 F	0051 5.2 0705 1.2 1321 5.2 1915 1.5	0053 5.4 0729 1.2 1324 5.4 1928 1.6	0548 1.0 1208 4.0 1802 1.3	0339 0.9 0954 3.2 1548 1.2 2205 3.4	0318 0.6 0936 2.0 1533 0.8 2146 2.1	0535 4.7 1146 1.5 1748 4.9	0434 3.4 1017 1.1 1650 3.6 2306 1.1	0418 0.6 1121 3.3 1639 0.8 2320 3.4	0411 1.5 0944 8.7 1626 1.8 2203 9.0
19 SA	0139 5.3 0745 1.0 1400 5.3 1950 1.3	0140 5.6 0809 1.0 1405 5.6 1858 1.4	0015 4.2 0627 0.9 1246 4.1 1837 1.2	0415 0.8 1035 3.3 1620 1.1 2245 3.5	0356 0.5 1015 2.0 1609 0.7 2225 2.2	0016 1.2 0609 4.9 1224 1.3 1819 5.0	0506 3.6 1054 0.9 1714 3.8 2337 1.0	0457 0.5 1206 3.3 1716 0.7	0456 1.2 1026 9.0 1706 1.5 2242 9.3
20 SU ●	0218 5.5 0818 0.8 1435 5.4 2022 1.1	0221 5.8 0839 0.9 1440 5.7 1933 1.2	0051 4.3 0701 0.8 1319 4.2 1910 1.1	0447 0.7 1111 3.4 1651 1.0 2321 3.5	0430 0.5 1050 2.1 1642 0.7 2300 2.2	0051 1.0 0639 5.0 1259 1.1 1848 5.1	0536 3.8 1129 0.8 1737 3.9	0000 3.5 0532 0.5 1243 3.4 1750 0.6	0534 1.1 1102 9.2 1740 1.4 2318 9.4
21 M	0253 5.5 0848 0.7 1506 5.4 2052 1.0	0300 5.8 0842 0.9 1513 5.7 2009 1.1	0124 4.3 0733 0.7 1350 4.2 1942 1.0	0517 0.6 1144 3.4 1722 0.9 2354 3.5	0503 0.5 1123 2.1 1713 0.6 2333 2.2	0124 0.9 0709 5.1 1331 1.0 1916 5.1	0007 0.9 0603 3.9 1203 0.7 1803 4.0	0036 3.6 0603 0.5 1318 3.4 1822 0.5	0607 1.1 1135 9.3 1811 1.3 2350 9.4
22 TU	0325 5.5 0915 0.7 1537 5.4 2121 1.0	0336 5.8 0832 0.9 1544 5.7 2043 1.1	0156 4.3 0803 0.7 1420 4.2 2012 1.0	0548 0.6 1215 3.4 1753 0.9	0533 0.5 1153 2.1 1742 0.6	0154 0.9 0738 5.1 1401 1.0 1944 5.1	0037 0.9 0632 3.9 1235 0.8 1831 4.0	0109 3.6 0634 0.5 1348 3.4 1854 0.5	0637 1.1 1206 9.3 1840 1.3
23 W	0357 5.5 0940 0.8 1609 5.4 2147 1.1	0409 5.7 0901 0.9 1614 5.6 2112 1.2	0227 4.3 0832 0.8 1449 4.1 2040 1.0	0026 3.5 0617 0.7 1245 3.4 1823 0.9	0003 2.2 0603 0.5 1221 2.1 1810 0.7	0224 0.9 0806 5.0 1432 1.1 2012 5.0	0107 1.0 0700 3.9 1308 0.9 1900 3.9	0140 3.6 0704 0.5 1416 3.4 1925 0.5	0020 9.3 0705 1.2 1235 9.2 1908 1.4
24 TH	0429 5.4 1006 0.9 1643 5.3 2210 1.2	0440 5.6 0930 1.1 1645 5.5 2140 1.3	0259 4.2 0901 0.9 1520 4.1 2109 1.1	0057 3.4 0646 0.8 1314 3.3 1853 1.0	0031 2.1 0632 0.6 1248 2.0 1841 0.7	0254 1.0 0835 4.9 1502 1.2 2041 4.8	0138 1.1 0729 3.8 1341 1.0 1929 3.8	0211 3.6 0734 0.5 1443 3.4 1956 0.6	0050 9.2 0732 1.4 1305 9.0 1937 1.6
25 F	0503 5.2 1030 1.1 1719 5.1 2230 1.4	0512 5.4 0959 1.2 1721 5.4 2207 1.5	0332 4.1 0931 1.1 1553 4.0 2141 1.3	0128 3.3 0716 0.9 1345 3.2 1924 1.1	0101 2.1 0703 0.7 1318 2.0 1915 0.8	0324 1.2 0905 4.7 1534 1.4 2112 4.6	0209 1.2 0758 3.7 1415 1.2 1959 3.6	0240 3.5 0804 0.6 1511 3.4 2029 0.6	0118 8.9 0759 1.7 1335 8.8 2008 1.9
26 SA	0539 5.0 1054 1.4 1757 4.9 2254 1.6	0548 5.2 1027 1.5 1803 5.2 2235 1.7	0409 3.9 1004 1.2 1630 3.8 2217 1.4	0202 3.2 0747 1.1 1419 3.1 1959 1.2	0135 2.0 0738 0.8 1352 1.9 1953 0.9	0357 1.5 0940 4.5 1609 1.6 2151 4.3	0241 1.4 0829 3.5 1451 1.4 2031 3.4	0311 3.4 0837 0.7 1540 3.3 2104 0.7	0148 8.6 0829 2.1 1406 8.5 2042 2.3
27 SU	0618 4.8 1122 1.7 1839 4.8 2328 1.9	0630 5.0 1056 1.7 1848 5.0 2306 2.0	0451 3.8 1042 1.5 1712 3.7 2300 1.6	0240 3.0 0823 1.3 1500 3.0 2042 1.4	0215 1.9 0817 0.9 1433 1.9 2039 1.0	0432 1.7 1024 4.2 1649 1.9 2243 4.1	0316 1.6 0903 1.0 1534 1.7 2107 3.2	0344 3.3 0912 0.8 1612 3.2 2145 0.9	0221 8.2 0903 2.5 1443 8.1 2121 2.7
28 M	0704 4.6 1202 2.0 1927 4.6	0719 4.8 1130 2.1 1940 4.8 2350 2.2	0540 3.6 1130 1.7 1804 3.5	0327 2.9 0910 1.4 1550 2.9 2145 1.5	0305 1.8 0906 1.0 1524 1.8 2143 1.0	0515 2.0 1130 4.0 1739 2.2	0359 1.8 0951 3.1 1626 1.9 2155 3.0	0421 3.1 0955 1.0 1650 3.1 2239 1.0	0300 7.8 0944 3.0 1530 7.7 2212 3.1
29 TU	0022 2.1 0759 4.4 1322 2.3 2024 4.5	0816 4.6 1311 2.4 2038 4.7	0000 1.8 0644 3.4 1237 1.9 1911 3.4	0427 2.7 1024 1.6 1652 2.8 2324 1.5	0407 1.7 1018 1.1 1630 1.7 2327 1.1	0005 3.8 0612 2.3 1302 3.9 1852 2.4	0455 1.9 1122 2.9 1735 2.0 2323 2.8	0506 3.0 1054 1.2 1737 2.9 2356 1.1	0354 7.3 1042 3.4 1636 7.3 2324 3.3
30 W	0224 2.3 0905 4.4 1518 2.4 2132 4.5	0221 2.4 0918 4.6 1518 2.5 2141 4.7	0124 1.8 0805 3.4 1406 1.9 2031 3.5	0543 2.7 1202 1.6 1807 2.7	0524 1.7 1158 1.1 1746 1.7	0148 3.8 0741 2.4 1424 4.0 2031 2.3	0618 2.0 1339 3.0 1905 2.0	0604 2.8 1216 1.3 1851 2.8	0515 7.1 1210 3.5 1803 7.3

PAGE 72

SCOTLAND & NORTH WEST ENGLAND Time Zone UT
Leith * Rosyth * Aberdeen * Wick * Lerwick * Ullapool * Oban * Greenock * Liverpool

TIDE TABLES OCTOBER 1998

LEITH	ROSYTH	ABERDEEN	WICK	LERWICK	ULLAPOOL	OBAN	GREENOCK	LIVERPOOL		
Time m	Time m	Time m	Time m	Time m	Time m	Time m	Time m	Time m		
0417 2.1 1022 4.5 1647 2.1 2246 4.6	0356 2.2 1024 4.7 1655 2.2 2245 4.8	0257 1.7 0927 3.5 1530 1.8 2144 3.6	0057 1.4 0706 2.8 1323 1.5 1921 2.9	0046 1.0 0649 1.7 1309 1.0 1902 1.8	0309 3.9 0920 2.3 1530 4.2 2152 2.0	0158 2.9 0801 1.8 1441 3.2 2028 1.8	0124 1.0 0733 2.8 1345 1.2 2047 2.9	0056 3.2 0650 7.2 1339 3.1 1924 7.8	1	TH
0524 1.7 1136 4.8 1745 1.8 2354 5.0	0527 1.8 1131 5.0 1756 1.8 2349 5.1	0407 1.4 1032 3.7 1630 1.6 2242 3.9	0204 1.2 0817 3.0 1422 1.3 2024 3.1	0143 0.8 0759 1.8 1403 0.9 2004 1.9	0409 4.2 1024 1.9 1621 4.6 2247 1.5	0302 3.1 0906 1.5 1525 3.5 2125 1.4	0235 0.8 0910 3.0 1454 1.0 2155 3.2	0213 2.6 0803 7.8 1446 2.5 2027 8.4	2	F
0615 1.3 1234 5.2 1833 1.4	0627 1.4 1233 5.4 1846 1.4	0459 1.1 1124 4.0 1718 1.2 2330 4.2	0254 0.9 0912 3.2 1509 1.1 2118 3.4	0231 0.7 0851 2.0 1451 0.8 2056 2.1	0455 4.6 1112 1.5 1705 5.0 2333 1.1	0347 3.3 0951 1.2 1605 3.8 2211 1.1	0330 0.6 1013 3.2 1548 0.8 2248 3.4	0316 1.9 0900 8.5 1542 1.8 2118 9.1	3	SA
0048 5.3 0702 0.8 1321 5.6 1918 1.0	0049 5.5 0718 0.9 1325 5.8 1931 1.0	0545 0.7 1209 4.3 1803 0.9	0337 0.7 1000 3.4 1551 0.9 2206 3.6	0315 0.5 0937 2.1 1534 0.6 2143 2.3	0535 5.0 1155 1.1 1745 5.3	0427 3.6 1031 0.8 1644 4.1 2254 0.7	0418 0.3 1107 3.3 1634 0.6 2336 3.5	0411 1.3 0947 9.2 1633 1.3 2205 9.7	4	SU
0133 5.7 0746 0.4 1403 5.9 2002 0.6	0139 5.9 0803 0.5 1410 6.1 2009 0.7	0013 4.4 0627 0.4 1250 4.5 1845 0.7	0418 0.4 1045 3.6 1632 0.7 2251 3.8	0358 0.3 1021 2.3 1616 0.5 2227 2.4	0015 0.6 0612 5.3 1236 0.7 1824 5.6	0505 3.9 1112 0.5 1724 4.4 2336 0.5	0501 0.1 1158 3.4 1717 0.4	0500 0.7 1031 9.7 1720 0.8 2250 10.1	5	M ○
0215 6.0 0831 0.2 1445 6.0 2047 0.4	0226 6.1 0844 0.3 1454 6.3 2027 0.5	0056 4.7 0710 0.2 1331 4.6 1926 0.5	0459 0.3 1127 3.7 1712 0.5 2336 3.9	0441 0.2 1104 2.3 1657 0.4 2312 2.5	0057 0.3 0651 5.5 1317 0.4 1905 5.8	0542 4.1 1153 0.3 1804 4.5	0023 3.6 0542 0.0 1246 3.5 1758 0.3	0546 0.3 1115 10.0 1804 0.5 2333 10.4	6	TU
0258 6.1 0915 0.1 1527 6.1 2131 0.3	0312 6.3 0837 0.2 1538 6.3 2053 0.3	0139 4.8 0753 0.2 1412 4.6 2009 0.5	0540 0.2 1210 3.7 1754 0.5	0523 0.2 1146 2.3 1740 0.4 2357 2.5	0138 0.2 0730 5.6 1358 0.3 1947 5.8	0019 0.3 0620 4.2 1235 0.2 1845 4.5	0108 3.7 0624 -0.0 1331 3.6 1840 0.2	0630 0.1 1157 10.1 1848 0.3	7	W
0343 6.2 1000 0.2 1612 6.0 2215 0.4	0359 6.4 0910 0.3 1624 6.2 2128 0.5	0223 4.8 0836 0.3 1455 4.6 2051 0.5	0021 3.9 0622 0.3 1253 3.7 1838 0.5	0606 0.3 1228 2.3 1824 0.4	0218 0.2 0811 5.5 1440 0.4 2033 5.6	0103 0.3 0657 4.2 1319 0.3 1926 4.3	0151 3.8 0707 0.0 1412 3.6 1924 0.2	0018 10.4 0712 0.2 1240 10.0 1930 0.5	8	TH
0431 6.0 1042 0.5 1659 5.8 2259 0.7	0446 6.2 0946 0.6 1711 6.0 2204 0.7	0309 4.7 0919 0.5 1540 4.6 2138 0.7	0107 3.8 0705 0.5 1336 3.6 1924 0.6	0044 2.4 0651 0.4 1312 2.2 1911 0.5	0300 0.4 0854 5.2 1524 0.7 2124 5.2	0147 0.4 0735 4.1 1406 0.5 2009 4.0	0234 3.7 0752 0.2 1451 3.7 2009 0.3	0101 10.2 0753 0.5 1324 9.7 2013 0.8	9	F
0522 5.8 1122 0.9 1749 5.5 2343 1.1	0536 5.9 1023 1.0 1800 5.6 2244 1.1	0400 4.5 1005 0.8 1628 4.2 2229 0.9	0155 3.6 0750 0.8 1421 3.4 2013 0.8	0134 2.3 0738 0.6 1400 2.1 2003 0.6	0345 0.8 0945 4.9 1612 1.0 2224 4.8	0231 0.7 0813 3.8 1455 0.9 2054 3.6	0317 3.7 0841 0.4 1531 3.7 2100 0.4	0146 9.7 0833 1.0 1409 9.3 2058 1.3	10	SA
0617 5.4 1201 1.5 1844 5.2	0629 5.5 1103 1.4 1856 5.2 2332 1.5	0456 4.2 1057 1.2 1724 3.9 2330 1.2	0248 3.4 0839 1.1 1512 3.2 2115 1.0	0230 2.1 0830 0.8 1454 2.0 2105 0.7	0432 1.3 1048 4.5 1708 1.5 2342 4.4	0318 1.0 0857 3.5 1551 1.3 2148 3.2	0403 3.5 0936 0.6 1614 3.6 2158 0.6	0235 9.1 0918 1.7 1457 8.7 2150 1.9	11	SU
0035 1.5 0719 5.1 1252 2.0 1948 4.9	0731 5.1 1156 1.9 2004 4.9	0603 3.9 1200 1.6 1831 3.7	0348 3.1 0942 1.4 1612 3.0 2239 1.2	0333 1.9 0935 1.0 1555 1.9 2224 0.8	0527 1.8 1213 4.3 1817 1.9	0409 1.3 0951 3.2 1659 1.6 2330 2.9	0454 3.3 1039 0.9 1701 3.5 2309 0.8	0330 8.4 1010 2.4 1557 8.2 2255 2.4	12	M
0152 1.8 0830 4.8 1423 2.3 2059 4.7	0224 1.8 0845 4.9 1500 2.2 2118 4.8	0045 1.4 0721 3.6 1319 1.8 1948 3.6	0501 2.9 1112 1.6 1726 2.9	0442 1.8 1100 1.1 1704 1.8 2357 0.9	0106 4.1 0639 2.2 1342 4.2 1951 2.1	0512 1.5 1252 3.0 1839 1.8	0554 3.1 1154 1.1 1757 3.3	0438 7.8 1121 2.9 1713 7.7	13	TU
0339 1.9 0946 4.7 1613 2.3 2214 4.7	0352 1.8 0958 4.8 1619 2.2 2229 4.8	0213 1.5 0845 3.6 1449 1.9 2107 3.7	0015 1.2 0625 2.8 1249 1.6 1846 3.0	0605 1.7 1231 1.1 1824 1.8	0229 4.1 0816 2.3 1501 4.2 2124 2.0	0133 2.9 0632 1.7 1427 3.1 2027 1.7	0032 0.9 0714 3.0 1319 1.2 1909 3.2	0018 2.7 0602 7.5 1250 3.1 1839 7.7	14	W
0458 1.7 1103 4.8 1721 2.1 2327 4.9	0506 1.6 1108 4.9 1724 2.1 2334 5.0	0337 1.4 1002 3.7 1605 1.8 2215 4.0	0136 1.2 0745 2.9 1401 1.5 1957 3.1	0112 0.8 0733 1.8 1339 1.1 1939 1.9	0340 4.2 0943 2.2 1603 4.4 2226 1.7	0240 3.0 0802 1.6 1520 3.3 2127 1.6	0159 0.9 0900 3.0 1433 1.2 2021 3.2	0141 2.5 0725 7.7 1409 2.8 1954 8.1	15	TH

● ● Time UT. For British Summer Time (shaded) March 29th to October 25th ADD ONE HOUR ● ●

PAGE 73

OCTOBER 1998 TIDE TABLES

● ●Time UT. For British Summer Time (shaded) March 29th to October 25th ADD ONE HOUR ● ●

	LEITH	ROSYTH	ABERDEEN	WICK	LERWICK	ULLAPOOL	OBAN	GREENOCK	LIVERPOOL
	Time m	Time m	Time m	Time m	Time m	Time m	Time m	Time m	Time m
16 F	0555 1.5 1207 5.0 1810 1.9	0613 1.4 1210 5.1 1820 1.9	0438 1.3 1101 3.8 1657 1.6 2309 3.9	0233 1.0 0845 3.0 1449 1.4 2054 3.2	0209 0.8 0828 1.9 1430 1.0 2035 2.0	0433 4.4 1039 1.9 1650 4.6 2312 1.5	0329 3.2 0906 1.4 1557 3.4 2208 1.4	0304 0.8 1007 3.2 1530 1.0 2203 3.3	0250 2.1 0830 8.1 1511 2.4 2052 8.5
17 SA	0027 5.1 0640 1.3 1257 5.1 1848 1.6	0030 5.3 0706 1.2 1302 5.3 1849 1.7	0524 1.1 1145 3.9 1738 1.4 2351 4.1	0315 0.9 0930 3.2 1526 1.3 2139 3.3	0254 0.7 0910 2.0 1511 0.9 2119 2.1	0512 4.6 1123 1.6 1725 4.8 2350 1.2	0406 3.4 0950 1.2 1623 3.6 2240 1.2	0354 0.7 1057 3.3 1614 0.9 2251 3.4	0344 1.7 0920 8.6 1600 2.0 2138 8.9
18 SU	0115 5.2 0715 1.1 1336 5.3 1921 1.4	0118 5.5 0745 1.1 1342 5.4 1839 1.4	0600 1.0 1221 4.0 1812 1.3	0348 0.9 1009 3.3 1557 1.1 2219 3.4	0331 0.6 0947 2.0 1546 0.8 2158 2.1	0545 4.8 1200 1.4 1755 4.9	0438 3.5 1027 1.0 1645 3.7 2310 1.1	0433 0.6 1138 3.4 1652 0.7 2332 3.5	0428 1.5 1000 8.9 1639 1.8 2216 9.1
19 M	0154 5.4 0745 1.0 1409 5.4 1953 1.2	0200 5.6 0812 1.0 1416 5.5 1912 1.2	0027 4.2 0633 0.9 1252 4.1 1845 1.1	0418 0.8 1044 3.4 1627 1.0 2254 3.5	0403 0.6 1021 2.1 1618 0.7 2233 2.2	0024 1.1 0615 5.0 1233 1.2 1824 5.0	0507 3.7 1101 0.9 1709 3.8 2339 1.0	0506 0.6 1213 3.5 1725 0.6	0504 1.3 1035 9.1 1712 1.6 2250 9.3
20 TU ●	0227 5.4 0813 0.9 1439 5.4 2024 1.1	0237 5.7 0736 0.9 1447 5.6 1947 1.1	0059 4.2 0703 0.8 1321 4.2 1915 1.0	0448 0.7 1115 3.4 1657 0.9 2327 3.5	0434 0.5 1053 2.1 1647 0.7 2306 2.2	0056 1.0 0643 5.1 1306 1.1 1851 5.0	0536 3.8 1135 0.9 1736 3.9	0007 3.5 0537 0.5 1246 3.5 1757 0.6	0536 1.3 1107 9.2 1742 1.5 2321 9.3
21 W	0259 5.4 0841 0.8 1509 5.4 2054 1.0	0312 5.7 0806 0.9 1515 5.6 2021 1.0	0130 4.3 0733 0.8 1351 4.2 1945 1.0	0518 0.7 1145 3.4 1728 0.9 2359 3.5	0503 0.6 1122 2.2 1715 0.7 2336 2.2	0126 1.0 0711 5.1 1336 1.1 1919 5.0	0009 1.0 0605 3.9 1207 0.9 1805 4.0	0040 3.5 0606 0.5 1316 3.5 1827 0.5	0605 1.2 1137 9.3 1811 1.4 2352 9.3
22 TH	0330 5.4 0909 0.9 1542 5.4 2123 1.1	0343 5.6 0837 1.0 1544 5.6 2052 1.1	0202 4.2 0803 0.9 1420 4.2 2015 1.0	0547 0.8 1215 3.4 1759 0.9	0531 0.6 1149 2.2 1745 0.7	0155 1.0 0739 5.1 1406 1.1 1947 4.9	0039 1.0 0634 3.9 1240 1.0 1834 3.9	0112 3.5 0635 0.5 1345 3.5 1857 0.5	0633 1.3 1206 9.3 1841 1.4
23 F	0403 5.4 0938 1.0 1615 5.3 2148 1.2	0413 5.5 0907 1.1 1616 5.5 2120 1.2	0234 4.2 0832 1.0 1450 4.1 2045 1.1	0030 3.4 0617 0.8 1245 3.4 1830 0.9	0005 2.2 0601 0.7 1216 2.1 1816 0.7	0224 1.1 0807 5.0 1436 1.2 2017 4.8	0109 1.1 0703 3.9 1312 1.1 1903 3.8	0141 3.4 0703 0.6 1412 3.5 1927 0.5	0021 9.2 0701 1.4 1236 9.2 1912 1.6
24 SA	0437 5.2 1004 1.2 1651 5.2 2209 1.3	0445 5.4 0935 1.2 1654 5.4 2145 1.4	0308 4.1 0902 1.1 1523 4.1 2117 1.2	0103 3.3 0646 1.0 1315 3.3 1902 1.0	0036 2.1 0633 0.8 1247 2.1 1851 0.8	0255 1.2 0837 4.8 1509 1.3 2050 4.6	0139 1.2 0732 3.8 1347 1.2 1933 3.7	0211 3.4 0733 0.6 1439 3.5 1959 0.6	0051 9.0 0730 1.7 1307 9.0 1945 1.8
25 SU	0512 5.1 1027 1.4 1727 5.0 2232 1.5	0522 5.2 1000 1.4 1734 5.3 2211 1.5	0345 4.0 0935 1.3 1558 3.9 2153 1.3	0137 3.2 0718 1.1 1350 3.2 1937 1.1	0111 2.0 0708 0.8 1321 2.0 1930 0.8	0327 1.4 0912 4.6 1544 1.5 2130 4.4	0210 1.3 0803 3.6 1424 1.4 2004 3.5	0242 3.3 0806 0.7 1509 3.4 2035 0.6	0122 8.7 0802 2.0 1339 8.7 2020 2.1
26 M	0551 4.9 1051 1.7 1807 4.9 2306 1.7	0604 5.0 1027 1.6 1818 5.1 2243 1.7	0426 3.8 1012 1.4 1639 3.8 2236 1.4	0216 3.0 0754 1.3 1430 3.1 2020 1.2	0151 1.9 0747 1.0 1400 2.0 2015 0.9	0403 1.7 0954 4.4 1624 1.8 2221 4.1	0245 1.5 0837 3.4 1506 1.6 2039 3.3	0317 3.2 0844 0.8 1542 3.4 2118 0.8	0155 8.4 0836 2.4 1416 8.4 2059 2.5
27 TU	0636 4.7 1130 2.0 1854 4.7 2358 1.9	0651 4.8 1102 1.9 1906 4.9 2327 1.9	0514 3.6 1059 1.6 1729 3.7 2332 1.6	0303 2.9 0839 1.4 1518 3.0 2118 1.4	0239 1.8 0833 1.1 1449 1.9 2112 1.0	0445 2.0 1054 4.2 1714 2.0 2335 3.9	0325 1.7 0921 3.2 1557 1.8 2125 3.0	0356 3.1 0929 1.0 1621 3.3 2211 0.9	0235 8.0 0917 2.9 1501 8.0 2148 2.9
28 W	0730 4.6 1239 2.2 1951 4.6	0745 4.7 1151 2.2 2001 4.7	0615 3.5 1202 1.8 1831 3.5	0400 2.8 0945 1.6 1617 2.9 2244 1.4	0341 1.8 0937 1.1 1552 1.8 2234 1.0	0539 2.2 1216 4.1 1821 2.1	0417 1.8 1033 3.0 1702 1.9 2239 2.8	0443 3.0 1027 1.1 1706 3.1 2323 1.0	0327 7.6 1011 3.2 1602 7.7 2253 3.1
29 TH	0144 2.1 0834 4.5 1435 2.4 2057 4.6	0051 2.1 0846 4.6 1437 2.4 2104 4.7	0048 1.7 0730 3.4 1326 1.9 1948 3.5	0512 2.7 1118 1.6 1728 2.9	0454 1.7 1109 1.1 1709 1.8	0109 3.9 0700 2.4 1341 4.1 1951 2.2	0528 1.9 1242 3.0 1824 1.9	0545 2.9 1143 1.2 1813 3.0	0440 7.3 1128 3.4 1722 7.6
30 F	0331 2.0 0948 4.6 1606 2.2 2209 4.7	0306 2.0 0954 4.7 1621 2.2 2212 4.8	0215 1.6 0851 3.5 1450 1.8 2103 3.7	0015 1.3 0632 2.8 1242 1.5 1842 3.0	0005 0.9 0613 1.8 1234 1.1 1825 1.8	0231 4.0 0837 2.3 1451 4.3 2113 1.9	0054 2.8 0702 1.8 1359 3.2 1948 1.7	0043 0.9 0710 2.9 1303 1.2 1957 3.0	0017 3.0 0609 7.4 1258 3.2 1843 7.9
31 SA	0448 1.6 1101 4.9 1712 1.8 2318 5.0	0502 1.7 1102 5.0 1729 1.8 2321 5.1	0330 1.3 0959 3.8 1557 1.6 2206 3.9	0127 1.1 0745 2.9 1348 1.3 1949 3.2	0109 0.8 0725 1.9 1334 1.0 1931 2.0	0336 4.3 0949 1.9 1548 4.6 2214 1.5	0221 3.0 0820 1.5 1450 3.5 2051 1.4	0155 0.8 0837 3.1 1416 1.1 2117 3.2	0137 2.5 0727 7.9 1412 2.6 1951 8.5

PAGE 74

TIDE TABLES

SCOTLAND & NORTH WEST ENGLAND Time Zone UT
Leith * Rosyth * Aberdeen * Wick * Lerwick * Ullapool * Oban * Greenock * Liverpool

TIDE TABLES NOVEMBER 1998

LEITH	ROSYTH	ABERDEEN	WICK	LERWICK	ULLAPOOL	OBAN	GREENOCK	LIVERPOOL		
Time m	Time m	Time m	Time m	Time m	Time m	Time m	Time m	Time m		
0544 1.2 1203 5.2 1804 1.4	0604 1.2 1204 5.3 1821 1.4	0427 1.0 1054 4.0 1649 1.3 2300 4.2	0222 0.9 0843 3.2 1440 1.1 2047 3.4	0201 0.7 0821 2.0 1424 0.8 2027 2.1	0427 4.6 1042 1.5 1636 5.0 2304 1.0	0313 3.3 0915 1.2 1535 3.8 2142 1.0	0257 0.5 0944 3.2 1516 0.9 2217 3.4	0243 1.9 0828 8.6 1512 1.9 2048 9.1	1	SU
0015 5.4 0633 0.8 1253 5.6 1851 1.0	0021 5.4 0656 0.8 1257 5.7 1905 1.0	0517 0.7 1142 4.3 1736 1.0 2347 4.4	0309 0.7 0933 3.4 1525 0.9 2139 3.6	0249 0.5 0910 2.2 1509 0.7 2118 2.3	0510 5.0 1129 1.1 1721 5.3 2349 0.7	0357 3.6 1002 0.9 1618 4.1 2229 0.7	0348 0.3 1040 3.4 1607 0.7 2309 3.5	0342 1.3 0919 9.2 1606 1.3 2138 9.7	2	M
0105 5.7 0721 0.5 1338 5.9 1939 0.7	0114 5.8 0741 0.5 1344 6.0 1938 0.7	0603 0.5 1225 4.5 1821 0.7	0353 0.5 1019 3.6 1609 0.7 2228 3.8	0333 0.4 0955 2.3 1554 0.5 2205 2.4	0550 5.3 1213 0.8 1803 5.6	0439 3.9 1047 0.6 1700 4.3 2314 0.5	0436 0.1 1133 3.5 1653 0.5 2358 3.6	0433 0.8 1006 9.7 1655 0.9 2225 10.1	3	TU
0151 6.0 0808 0.3 1421 6.0 2025 0.5	0202 6.1 0820 0.3 1429 6.1 1956 0.5	0033 4.7 0647 0.3 1308 4.6 1905 0.6	0436 0.3 1103 3.7 1652 0.5 2316 3.9	0418 0.3 1039 2.4 1637 0.4 2252 2.4	0033 0.4 0630 5.5 1256 0.5 1846 5.7	0519 4.1 1131 0.4 1744 4.4 2358 0.3	0519 0.0 1221 3.6 1736 0.3	0521 0.4 1051 10.0 1742 0.5 2312 10.3	4	W ○
0236 6.1 0854 0.3 1506 6.0 2112 0.4	0250 6.2 0812 0.3 1515 6.2 2031 0.4	0118 4.8 0730 0.3 1350 4.6 1950 0.5	0518 0.3 1147 3.8 1737 0.5	0501 0.3 1122 2.4 1721 0.4 2340 2.4	0115 0.3 0710 5.6 1339 0.4 1931 5.7	0559 4.2 1216 0.3 1827 4.4	0046 3.7 0603 0.0 1306 3.6 1820 0.2	0606 0.3 1136 10.1 1827 0.4 2357 10.3	5	TH
0324 6.1 0940 0.4 1551 6.0 2200 0.5	0339 6.3 0849 0.4 1603 6.1 2111 0.5	0206 4.8 0815 0.4 1433 4.6 2036 0.5	0003 3.9 0602 0.4 1230 3.7 1823 0.5	0545 0.4 1205 2.4 1807 0.4	0158 0.3 0752 5.5 1424 0.5 2018 5.5	0042 0.3 0638 4.2 1303 0.4 1909 4.2	0132 3.7 0647 0.1 1347 3.7 1905 0.4	0650 0.3 1220 10.0 1912 0.5	6	F
0414 6.0 1024 0.7 1639 5.8 2246 0.7	0428 6.1 0927 0.7 1652 5.9 2238 0.7	0254 4.6 0859 0.7 1518 4.4 2124 0.7	0051 3.8 0645 0.6 1314 3.6 1910 0.6	0030 2.4 0631 0.5 1251 2.3 1857 0.5	0242 0.6 0837 5.3 1509 0.7 2110 5.1	0126 0.5 0717 4.1 1351 0.7 1952 3.9	0217 3.7 0733 0.3 1427 3.6 1952 0.3	0043 10.0 0732 0.7 1305 9.8 1957 0.8	7	SA
0506 5.7 1104 1.1 1730 5.5 2333 1.0	0520 5.9 1004 1.1 1744 5.6 2315 1.0	0346 4.4 0945 1.0 1606 4.2 2215 0.9	0141 3.6 0730 0.9 1400 3.5 2002 0.8	0122 2.2 0719 0.7 1339 2.2 1950 0.6	0326 0.9 0927 5.0 1558 1.0 2210 4.7	0210 0.7 0757 3.9 1441 1.0 2037 3.6	0302 3.6 0821 0.5 1508 3.8 2043 0.4	0130 9.6 0814 1.2 1350 9.3 2045 1.2	8	SU
0601 5.4 1143 1.6 1824 5.2	0615 5.5 1044 1.5 1841 5.2 2352 1.4	0443 4.1 1036 1.3 1700 4.0 2314 1.1	0233 3.3 0818 1.2 1449 3.3 2102 1.0	0218 2.1 0812 0.9 1432 2.1 2050 0.7	0412 1.4 1026 4.7 1652 1.4 2321 4.4	0256 1.0 0841 3.6 1536 1.3 2129 3.2	0348 3.5 0915 0.7 1551 3.7 2140 0.6	0218 9.0 0859 1.8 1439 8.8 2136 1.8	9	M
0023 1.4 0701 5.1 1227 2.0 1925 4.9	0716 5.1 1233 2.0 1946 4.9	0547 3.8 1134 1.6 1803 3.8	0331 3.1 0915 1.4 1546 3.1 2216 1.1	0315 1.9 0911 1.0 1530 2.0 2200 0.8	0506 1.8 1142 4.4 1757 1.8	0345 1.2 0934 3.3 1642 1.6 2243 2.9	0439 3.3 1014 1.0 1639 3.6 2244 0.8	0312 8.4 0950 2.4 1535 8.3 2237 2.3	10	TU
0130 1.7 0806 4.8 1337 2.3 2031 4.8	0205 1.6 0823 4.9 1426 2.2 2055 4.8	0021 1.3 0658 3.6 1245 1.9 1915 3.7	0438 2.9 1029 1.6 1654 3.0 2339 1.2	0417 1.8 1022 1.1 1633 1.9 2321 0.9	0039 4.1 0610 2.2 1306 4.2 1915 2.0	0442 1.5 1107 3.0 1807 1.8	0537 3.1 1121 1.2 1731 3.5 2357 0.9	0414 7.9 1054 2.9 1642 7.9 2349 2.6	11	W
0302 1.8 0914 4.7 1521 2.4 2139 4.7	0323 1.6 0930 4.7 1540 2.2 2200 4.8	0139 1.5 0812 3.5 1407 2.0 2029 3.6	0554 2.8 1200 1.7 1808 3.0	0528 1.7 1148 1.2 1744 1.9	0157 4.1 0733 2.4 1424 4.2 2041 2.0	0040 2.8 0553 1.6 1348 3.1 1944 1.8	0649 3.0 1236 1.3 1836 3.3	0528 7.5 1212 3.2 1759 7.7	12	TH
0420 1.8 1024 4.7 1639 2.3 2248 4.7	0433 1.7 1036 4.8 1641 2.1 2303 4.9	0259 1.5 0926 3.6 1525 1.9 2139 3.7	0058 1.2 0708 2.9 1322 1.6 1919 3.0	0036 0.9 0648 1.8 1303 1.1 1858 1.9	0306 4.1 0900 2.3 1529 4.3 2148 1.9	0157 2.9 0714 1.6 1443 3.2 2049 1.7	0116 1.0 0819 3.1 1353 1.3 2002 3.2	0103 2.6 0647 7.6 1329 8.0 1915 7.8	13	F
0517 1.7 1128 4.8 1731 2.1 2351 4.9	0537 1.5 1136 4.9 1730 2.0	0403 1.4 1027 3.7 1624 1.7 2235 3.8	0157 1.2 0809 3.0 1417 1.5 2019 3.1	0135 0.8 0750 1.8 1400 1.0 1959 1.9	0401 4.3 1004 2.1 1618 4.4 2238 1.7	0249 3.1 0824 1.5 1520 3.3 2133 1.6	0227 0.9 0929 3.2 1455 1.1 2121 3.3	0210 2.4 0754 7.9 1432 2.7 2016 8.2	14	SA
0602 1.5 1221 5.0 1813 1.8	0000 5.1 0633 1.4 1229 5.1 1755 1.8	0450 1.3 1112 3.8 1707 1.6 2321 3.9	0242 1.1 0858 3.1 1457 1.4 2108 3.2	0222 0.8 0835 1.9 1444 0.9 2047 2.0	0443 4.5 1052 1.9 1657 4.6 2319 1.5	0330 3.2 0914 1.4 1546 3.4 2208 1.4	0321 0.8 1021 3.3 1543 1.0 2215 3.4	0306 2.1 0846 8.3 1523 2.4 2104 8.5	15	SU

● ● Time UT. For British Summer Time (shaded) March 29th to October 25th ADD ONE HOUR ● ●

PAGE 75

NOVEMBER 1998 TIDE TABLES

TIDE TABLES

● ●Time UT. For British Summer Time (shaded) March 29th to October 25th ADD ONE HOUR ● ●

	LEITH	ROSYTH	ABERDEEN	WICK	LERWICK	ULLAPOOL	OBAN	GREENOCK	LIVERPOOL
	Time m	Time m	Time m	Time m	Time m	Time m	Time m	Time m	Time m
16 M	0042 5.0 0637 1.4 1303 5.1 1849 1.6	0049 5.3 0712 1.3 1312 5.2 1817 1.6	0527 1.2 1150 4.0 1745 1.2 2359 4.0	0317 1.0 0938 3.2 1531 1.2 2149 3.3	0300 0.8 0914 2.0 1521 0.9 2129 2.1	0518 4.7 1132 1.7 1730 4.7 2354 1.4	0406 3.4 0955 1.3 1612 3.6 2240 1.3	0403 0.7 1103 3.4 1624 0.8 2259 3.4	0351 1.8 0929 8.6 1604 2.1 2145 8.8
17 TU	0124 5.2 0709 1.2 1339 5.2 1923 1.4	0133 5.4 0727 1.3 1347 5.3 1850 1.3	0602 1.1 1223 4.1 1818 1.3	0349 0.9 1014 3.3 1603 1.1 2227 3.3	0334 0.7 0950 2.1 1553 0.8 2206 2.1	0549 4.9 1207 1.5 1800 4.8	0438 3.6 1033 1.2 1640 3.7 2312 1.2	0439 0.7 1140 3.4 1700 0.7 2336 3.4	0429 1.7 1005 8.9 1639 1.9 2221 8.9
18 W	0200 5.3 0739 1.1 1412 5.3 1957 1.2	0211 5.5 0711 1.1 1418 5.4 1927 1.2	0033 4.1 0634 1.0 1254 4.2 1851 1.1	0420 0.9 1046 3.4 1635 1.0 2301 3.4	0405 0.7 1023 2.1 1623 0.8 2241 2.1	0027 1.2 0619 5.0 1240 1.3 1830 4.9	0509 3.8 1108 1.1 1711 3.8 2343 1.1	0511 0.6 1214 3.5 1732 0.6	0502 1.5 1038 9.1 1712 1.7 2254 9.1
19 TH ●	0233 5.3 0811 1.0 1445 5.4 2030 1.1	0246 5.5 0744 1.1 1448 5.5 2003 1.1	0107 4.2 0706 1.0 1324 4.2 1923 1.1	0451 0.9 1118 3.4 1707 1.0 2335 3.4	0434 0.7 1054 2.2 1653 0.7 2313 2.1	0059 1.1 0648 5.1 1312 1.2 1900 4.9	0541 3.9 1142 1.1 1742 3.9	0012 3.4 0540 0.6 1245 3.5 1802 0.5	0533 1.4 1110 9.2 1745 1.6 2326 9.1
20 F	0306 5.4 0843 1.0 1518 5.4 2102 1.1	0318 5.5 0819 1.1 1520 5.5 2039 1.1	0141 4.2 0736 1.0 1354 4.2 1954 1.0	0521 0.9 1148 3.5 1739 0.9	0504 0.7 1122 2.2 1724 0.7 2345 2.1	0130 1.1 0717 5.1 1344 1.2 1930 4.9	0014 1.1 0612 3.9 1216 1.1 1814 3.9	0044 3.3 0609 0.6 1315 3.5 1832 0.5	0604 1.4 1142 9.2 1818 1.5 2357 9.1
21 SA	0341 5.3 0915 1.1 1553 5.3 2133 1.1	0351 5.4 0853 1.1 1554 5.5 2111 1.2	0215 4.1 0808 1.0 1426 4.2 2027 1.0	0009 3.4 0552 0.9 1221 3.4 1812 0.9	0536 0.7 1152 2.2 1757 0.7	0201 1.2 0747 5.0 1416 1.2 2002 4.8	0045 1.1 0642 3.9 1251 1.1 1845 3.8	0115 3.3 0638 0.6 1344 3.5 1903 0.5	0636 1.5 1213 9.2 1851 1.6
22 SU	0415 5.3 0946 1.2 1627 5.3 2201 1.2	0425 5.4 0923 1.2 1632 5.5 2137 1.3	0249 4.1 0840 1.1 1459 4.1 2100 1.1	0043 3.3 0624 1.0 1254 3.4 1847 1.0	0018 2.1 0610 0.8 1224 2.2 1834 0.7	0233 1.3 0819 4.9 1450 1.3 2037 4.7	0115 1.1 0713 3.9 1326 1.2 1916 3.7	0145 3.3 0710 0.6 1414 3.5 1937 0.5	0030 8.9 0709 1.6 1246 9.1 1927 1.7
23 M	0451 5.1 1014 1.4 1703 5.2 2229 1.4	0503 5.3 0948 1.4 1712 5.3 2203 1.4	0327 4.0 0915 1.2 1535 4.1 2138 1.2	0120 3.2 0658 1.1 1329 3.3 1924 1.0	0054 2.0 0647 0.9 1259 2.1 1914 0.8	0306 1.4 0855 4.8 1527 1.4 2119 4.5	0148 1.2 0745 3.8 1403 1.4 1949 3.6	0220 3.3 0747 0.7 1445 3.5 2016 0.6	0103 8.8 0742 1.9 1321 8.9 2004 1.9
24 TU	0530 5.0 1043 1.6 1743 5.0 2305 1.5	0544 5.2 1016 1.5 1754 5.2 2237 1.4	0408 3.9 0953 1.4 1615 3.9 2221 1.3	0200 3.1 0736 1.2 1409 3.2 2008 1.1	0136 2.0 0727 0.9 1339 2.1 1959 0.8	0342 1.6 0939 4.6 1608 1.6 2209 4.3	0222 1.3 0821 3.6 1446 1.5 2027 3.4	0257 3.2 0828 0.8 1521 3.5 2101 0.6	0139 8.5 0818 2.2 1359 8.6 2045 2.2
25 W	0615 4.9 1123 1.8 1829 4.9 2358 1.7	0629 5.0 1052 1.7 1839 5.0 2323 1.6	0455 3.7 1039 1.6 1703 3.8 2314 1.4	0245 3.0 0821 1.4 1455 3.1 2101 1.2	0223 1.9 0813 1.0 1424 2.0 2052 0.9	0425 1.8 1033 4.5 1656 1.8 2312 4.1	0303 1.5 0904 3.4 1536 1.7 2112 3.2	0340 3.2 0915 0.9 1600 3.4 2154 0.7	0220 8.2 0900 2.6 1444 8.4 2132 2.4
26 TH	0706 4.8 1228 2.0 1923 4.8	0720 4.9 1143 2.0 1930 4.9	0551 3.6 1136 1.7 1800 3.7	0339 2.9 0919 1.5 1550 3.1 2211 1.2	0321 1.8 0910 1.1 1523 1.9 2158 0.9	0517 2.1 1141 4.3 1757 1.9	0352 1.6 1005 3.2 1636 1.9 2215 3.0	0430 3.1 1012 1.0 1645 3.3 2300 0.8	0310 7.9 0950 2.9 1539 8.1 2230 2.6
27 F	0118 1.8 0806 4.7 1355 2.2 2025 4.7	0030 1.7 0818 4.8 1328 2.1 2030 4.8	0020 1.4 0659 3.6 1249 1.8 1909 3.7	0444 2.9 1036 1.6 1654 3.0 2331 1.2	0428 1.8 1024 1.1 1635 1.9 2317 0.9	0030 4.1 0627 2.2 1258 4.3 1912 2.0	0454 1.7 1135 3.2 1748 1.7 2345 2.9	0531 3.1 1118 1.1 1746 3.2	0415 7.7 1056 3.0 1648 8.0 2340 2.6
28 SA	0244 1.8 0915 4.7 1519 2.1 2133 4.8	0209 1.7 0924 4.8 1530 2.1 2139 4.9	0136 1.4 0813 3.6 1408 1.8 2023 3.8	0557 2.9 1158 1.5 1806 3.1	0540 1.8 1148 1.1 1750 1.9	0149 4.1 0751 2.2 1410 4.4 2030 1.8	0612 1.7 1306 3.3 1904 1.6	0010 0.8 0645 3.2 1230 1.1 1912 3.2	0532 7.7 1215 3.0 1803 8.1
29 SU	0403 1.6 1027 4.9 1632 1.9 2242 5.0	0425 1.6 1032 5.0 1655 1.8 2251 5.1	0250 1.3 0923 3.8 1518 1.6 2130 3.9	0046 1.1 0709 3.0 1309 1.4 1915 3.2	0031 0.8 0649 1.9 1300 1.0 1858 2.0	0259 4.3 0909 2.0 1513 4.6 2138 1.5	0124 3.0 0733 1.6 1411 3.5 2014 1.4	0120 0.7 0801 3.1 1340 1.0 2036 3.2	0057 2.3 0648 8.0 1333 2.6 1915 8.5
30 M	0509 1.3 1131 5.2 1732 1.5 2345 5.3	0536 1.2 1136 5.3 1751 1.4 2354 5.3	0354 1.1 1024 4.0 1619 1.3 2230 4.2	0149 0.9 0812 3.2 1409 1.2 2018 3.4	0131 0.7 0750 2.0 1357 0.8 2000 2.1	0357 4.6 1011 1.7 1609 4.9 2235 1.1	0234 3.2 0839 1.3 1505 3.7 2112 1.1	0224 0.5 0911 3.2 1445 0.9 2144 3.4	0208 1.9 0754 8.5 1439 2.0 2017 9.0

PAGE 76

TIDE TABLES

SCOTLAND & NORTH WEST ENGLAND Time Zone UT
Leith * Rosyth * Aberdeen * Wick * Lerwick * Ullapool * Oban * Greenock * Liverpool

TIDE TABLES DECEMBER 1998

LEITH	ROSYTH	ABERDEEN	WICK	LERWICK	ULLAPOOL	OBAN	GREENOCK	LIVERPOOL		
Time m	Time m	Time m	Time m	Time m	Time m	Time m	Time m	Time m		
0606 1.0 1226 5.5 1826 1.2	0631 0.9 1230 5.5 1838 1.1	0450 0.9 1115 4.2 1712 1.1 2324 4.4	0242 0.8 0906 3.4 1502 1.0 2115 3.5	0223 0.6 0843 2.1 1447 0.7 2055 2.2	0446 4.9 1103 1.3 1659 5.2 2325 0.9	0329 3.5 0935 1.0 1554 3.9 2204 0.8	0322 0.3 1012 3.4 1542 0.7 2242 3.5	0311 1.4 0851 9.0 1538 1.5 2112 9.4	**1**	**TU**
0040 5.6 0658 0.8 1315 5.7 1918 0.9	0049 5.6 0718 0.7 1320 5.8 1909 0.8	0540 0.7 1203 4.4 1801 0.9	0330 0.6 0956 3.5 1550 0.8 2209 3.7	0312 0.5 0932 2.2 1534 0.6 2148 2.3	0531 5.2 1153 1.0 1747 5.4	0416 3.7 1026 0.7 1642 4.1 2253 0.6	0413 0.2 1106 3.5 1633 0.5 2336 3.5	0406 1.0 0943 9.4 1632 1.1 2204 9.8	**2**	**W**
0131 5.8 0748 0.6 1401 5.9 2009 0.7	0140 5.9 0738 0.6 1407 5.9 1936 0.6	0015 4.5 0627 0.6 1248 4.5 1849 0.7	0416 0.6 1042 3.7 1637 0.6 2300 3.8	0357 0.5 1018 2.3 1621 0.5 2239 2.4	0012 0.7 0614 5.4 1239 0.7 1833 5.5	0500 4.0 1115 0.6 1730 4.2 2339 0.5	0500 0.2 1157 3.6 1720 0.3	0458 0.7 1032 9.7 1723 0.7 2254 10.0	**3**	**TH** ○
0221 6.0 0837 0.6 1448 5.9 2059 0.5	0230 6.0 0751 0.5 1455 6.0 2018 0.5	0104 4.6 0713 0.6 1331 4.6 1936 0.6	0500 0.6 1127 3.7 1724 0.5 2349 3.8	0443 0.5 1103 2.4 1707 0.4 2330 2.4	0058 0.6 0657 5.5 1326 0.6 1921 5.5	0543 4.1 1203 0.5 1815 4.2	0027 3.6 0545 0.2 1242 3.7 1805 0.2	0545 0.5 1118 9.9 1812 0.5 2342 10.0	**4**	**F**
0310 6.0 0924 0.7 1534 5.9 2148 0.5	0321 6.1 0833 0.6 1545 6.0 2203 0.5	0154 4.6 0758 0.7 1415 4.6 2024 0.5	0545 0.7 1212 3.7 1812 0.5	0529 0.5 1148 2.4 1755 0.4	0142 0.6 0739 5.5 1412 0.6 2009 5.4	0024 0.4 0624 4.2 1251 0.6 1858 4.1	0116 3.6 0631 0.2 1325 3.7 1851 0.2	0630 0.6 1204 9.9 1859 0.6	**5**	**SA**
0400 5.9 1008 0.9 1623 5.7 2236 0.7	0412 6.0 0957 0.8 1636 5.8 2255 0.6	0243 4.5 0843 0.8 1500 4.5 2112 0.6	0039 3.7 0628 0.8 1257 3.7 1900 0.6	0021 2.3 0615 0.6 1234 2.3 1845 0.4	0226 0.8 0824 5.4 1458 0.8 2058 5.1	0108 0.5 0704 4.1 1340 0.8 1941 3.9	0203 3.6 0717 0.3 1406 3.8 1938 0.2	0029 9.8 0715 0.8 1250 9.7 1945 0.8	**6**	**SU**
0451 5.7 1048 1.2 1712 5.5 2321 0.9	0504 5.8 1038 1.2 1728 5.6 2345 0.7	0334 4.3 0928 1.1 1548 4.3 2202 0.8	0127 3.5 0712 1.0 1342 3.6 1950 0.7	0111 2.2 0703 0.8 1321 2.3 1936 0.5	0310 1.0 0912 5.2 1545 1.0 2151 4.8	0151 0.7 0745 3.9 1429 1.0 2024 3.6	0250 3.5 0805 0.5 1448 3.8 2027 0.3	0115 9.5 0757 1.2 1335 9.4 2031 1.1	**7**	**M**
0543 5.4 1124 1.5 1805 5.3	0557 5.5 1128 1.5 1823 5.3	0427 4.1 1015 1.3 1637 4.1 2253 1.0	0217 3.3 0756 1.2 1428 3.4 2042 0.9	0201 2.1 0751 0.9 1410 2.2 2030 0.6	0355 1.4 1003 4.9 1634 1.3 2249 4.5	0235 0.9 0827 3.7 1520 1.3 2108 3.3	0336 3.4 0854 0.7 1532 3.8 2118 0.5	0202 9.0 0841 1.7 1421 9.0 2119 1.6	**8**	**TU**
0004 1.2 0637 5.1 1157 1.9 1859 5.0	0036 1.1 0654 5.2 1112 1.8 1921 5.1	0523 3.9 1104 1.6 1733 3.9 2349 1.2	0309 3.1 0843 1.4 1519 3.3 2140 1.1	0252 1.9 0842 1.0 1501 2.1 2126 0.7	0443 1.7 1101 4.6 1728 1.7 2354 4.2	0321 1.1 0914 3.4 1614 1.6 2159 3.1	0424 3.3 0947 0.9 1617 3.7 2214 0.7	0250 8.5 0927 2.2 1510 8.6 2211 2.1	**9**	**W**
0051 1.5 0733 4.8 1242 2.2 1957 4.8	0130 1.4 0752 4.9 1306 2.1 2021 4.9	0623 3.7 1201 1.8 1833 3.8	0405 3.0 0939 1.6 1616 3.1 2245 1.2	0345 1.8 0938 1.1 1556 1.9 2228 0.8	0536 2.0 1211 4.3 1829 2.0	0411 1.4 1011 3.2 1717 1.8 2305 2.9	0515 3.2 1044 1.1 1704 3.6 2315 0.9	0342 8.0 1018 2.7 1604 8.1 2308 2.5	**10**	**TH**
0151 1.8 0831 4.7 1351 2.4 2056 4.7	0236 1.6 0852 4.7 1433 2.3 2122 4.8	0051 1.4 0726 3.5 1309 2.0 1939 3.6	0507 2.9 1048 1.7 1721 3.0 2357 1.3	0442 1.7 1042 1.2 1656 1.9 2338 0.9	0104 4.1 0639 2.3 1326 4.2 1939 2.1	0509 1.6 1135 3.0 1830 1.9	0612 3.1 1149 1.2 1757 3.4	0442 7.6 1121 3.1 1706 7.8	**11**	**F**
0308 1.9 0931 4.6 1521 2.4 2157 4.6	0342 1.7 0951 4.6 1541 2.3 2221 4.8	0201 1.6 0832 3.5 1425 2.0 2046 3.6	0614 2.8 1212 1.7 1828 3.0	0546 1.7 1203 1.2 1804 1.8	0214 4.1 0755 2.4 1436 4.2 2051 2.1	0033 2.9 0616 1.7 1324 3.0 1945 1.9	0024 1.0 0721 3.0 1301 1.3 1903 3.2	0012 2.7 0550 7.4 1230 3.2 1817 7.6	**12**	**SA**
0417 1.9 1033 4.6 1636 2.3 2301 4.7	0445 1.8 1049 4.7 1633 2.2 2317 4.8	0309 1.6 0936 3.6 1535 1.9 2149 3.6	0105 1.3 0720 2.9 1327 1.7 1933 3.0	0045 0.9 0655 1.7 1315 1.1 1913 1.8	0315 4.2 0912 2.4 1536 4.2 2154 2.0	0150 3.0 0727 1.7 1421 3.1 2044 1.7	0137 1.0 0836 3.1 1410 1.2 2024 3.1	0117 2.7 0700 7.5 1338 3.1 1925 7.7	**13**	**SU**
0511 1.8 1133 4.7 1731 2.1	0538 1.7 1142 4.8 1714 2.0	0406 1.5 1030 3.7 1630 1.8 2243 3.7	0159 1.3 0816 3.0 1421 1.6 2030 3.1	0139 0.9 0752 1.8 1409 1.0 2011 1.9	0406 4.3 1012 2.2 1624 4.3 2243 1.9	0246 3.1 0830 1.6 1502 3.3 2130 1.6	0239 1.0 0936 3.1 1507 1.1 2133 3.1	0216 2.6 0801 7.8 1436 2.8 2023 8.0	**14**	**M**
0000 4.8 0554 1.7 1224 4.9 1818 1.8	0010 5.0 0610 1.7 1230 5.0 1751 1.8	0451 1.4 1115 3.8 1715 1.6 2329 3.8	0242 1.2 0903 3.1 1504 1.4 2117 3.2	0224 0.9 0839 1.9 1452 0.9 2058 1.9	0448 4.5 1100 2.0 1703 4.5 2324 1.7	0331 3.3 0921 1.5 1539 3.4 2211 1.5	0328 0.9 1025 3.2 1553 0.9 2224 3.1	0307 2.3 0851 8.1 1524 2.5 2110 8.3	**15**	**TU**

● ● Time UT. For British Summer Time (shaded) March 29th to October 25th ADD ONE HOUR ● ●

PAGE 77

DECEMBER 1998 TIDE TABLES

● ● Time UT. For British Summer Time (shaded) March 29th to October 25th ADD ONE HOUR ● ●

	LEITH	ROSYTH	ABERDEEN	WICK	LERWICK	ULLAPOOL	OBAN	GREENOCK	LIVERPOOL
	Time m	Time m	Time m	Time m	Time m	Time m	Time m	Time m	Time m
16 W	0050 4.9 0633 1.5 1308 5.0 1856 1.6	0058 5.1 0619 1.5 1310 5.1 1829 1.6	0531 1.3 1153 4.0 1753 1.4	0319 1.2 0942 3.3 1541 1.3 2159 3.2	0302 0.8 0919 2.0 1529 0.9 2140 2.0	0524 4.7 1141 1.8 1739 4.6	0411 3.5 1004 1.4 1615 3.5 2246 1.3	0409 0.8 1106 3.3 1633 0.8 2306 3.2	0351 2.1 0933 8.5 1606 2.2 2151 8.5
17 TH	0132 5.1 0710 1.4 1346 5.2 1933 1.4	0141 5.2 0650 1.4 1348 5.3 1910 1.4	0009 3.9 0607 1.2 1228 4.1 1829 1.3	0354 1.1 1018 3.4 1616 1.2 2237 3.3	0336 0.8 0955 2.1 1602 0.8 2218 2.1	0001 1.5 0557 4.9 1218 1.6 1812 4.7	0448 3.6 1044 1.3 1652 3.7 2321 1.2	0445 0.7 1144 3.4 1709 0.6 2345 3.2	0430 1.8 1010 8.8 1645 1.9 2228 8.7
18 F ●	0209 5.2 0746 1.3 1422 5.3 2009 1.2	0220 5.3 0728 1.3 1424 5.5 1952 1.2	0047 4.0 0642 1.2 1301 4.2 1903 1.1	0427 1.1 1052 3.4 1651 1.1 2314 3.3	0409 0.8 1029 2.2 1634 0.7 2253 2.1	0036 1.4 0629 5.0 1252 1.4 1845 4.8	0522 3.8 1121 1.2 1727 3.8 2354 1.1	0517 0.7 1218 3.4 1741 0.6	0506 1.7 1045 9.0 1722 1.7 2303 8.9
19 SA	0246 5.3 0822 1.2 1458 5.4 2045 1.1	0257 5.4 0809 1.2 1500 5.5 2036 1.1	0123 4.1 0715 1.1 1334 4.2 1937 1.0	0500 1.0 1127 3.5 1724 1.0 2351 3.4	0442 0.8 1100 2.2 1707 0.7 2328 2.1	0109 1.3 0700 5.1 1327 1.3 1918 4.9	0555 3.9 1157 1.2 1801 3.8	0020 3.2 0548 0.6 1251 3.5 1813 0.5	0541 1.5 1120 9.2 1800 1.5 2338 9.0
20 SU	0321 5.3 0858 1.2 1534 5.4 2121 1.1	0332 5.5 0849 1.2 1538 5.6 2117 1.1	0158 4.1 0749 1.1 1407 4.2 2012 1.0	0533 1.0 1200 3.5 1800 0.9	0518 0.8 1133 2.2 1743 0.7	0142 1.3 0732 5.1 1401 1.2 1951 4.9	0026 1.1 0627 4.0 1234 1.2 1834 3.8	0054 3.2 0620 0.6 1323 3.5 1846 0.4	0616 1.5 1155 9.2 1837 1.5
21 M	0357 5.3 0934 1.2 1609 5.4 2158 1.1	0409 5.5 0927 1.2 1615 5.6 2150 1.1	0235 4.1 0824 1.1 1442 4.2 2048 1.0	0027 3.4 0608 1.0 1236 3.5 1836 0.9	0005 2.1 0554 0.8 1208 2.2 1821 0.6	0216 1.3 0806 5.1 1436 1.2 2028 4.8	0057 1.0 0659 4.0 1311 1.2 1907 3.8	0128 3.2 0656 0.6 1355 3.5 1923 0.4	0013 9.0 0652 1.5 1230 9.2 1915 1.5
22 TU	0433 5.3 1011 1.3 1645 5.3 2235 1.1	0446 5.5 0954 1.3 1654 5.5 2211 1.1	0312 4.1 0900 1.2 1518 4.2 2127 1.0	0106 3.3 0644 1.1 1313 3.5 1915 0.9	0043 2.1 0632 0.8 1245 2.2 1902 0.6	0251 1.3 0843 5.1 1514 1.3 2109 4.7	0131 1.1 0733 3.9 1350 1.2 1942 3.7	0206 3.2 0735 0.6 1429 3.6 2003 0.4	0049 8.9 0729 1.6 1308 9.2 1954 1.5
23 W	0512 5.2 1048 1.4 1724 5.2 2315 1.2	0527 5.4 1018 1.4 1736 5.4 2240 1.2	0354 4.0 0939 1.3 1558 4.1 2210 1.0	0146 3.3 0724 1.1 1354 3.4 1957 0.9	0124 2.1 0712 0.8 1324 2.1 1945 0.7	0329 1.4 0925 5.0 1555 1.3 2154 4.6	0207 1.1 0809 3.8 1433 1.3 2019 3.5	0247 3.2 0818 0.7 1506 3.6 2048 0.5	0127 8.8 0807 1.8 1348 9.0 2035 1.7
24 TH	0556 5.1 1128 1.6 1809 5.1	0610 5.3 1052 1.5 1818 5.3 2321 1.2	0438 3.9 1023 1.4 1643 4.0 2257 1.1	0230 3.2 0807 1.2 1437 3.4 2045 1.0	0209 2.0 0757 0.9 1408 2.1 2033 0.7	0410 1.6 1014 4.8 1641 1.5 2248 4.4	0248 1.2 0852 3.6 1521 1.5 2103 3.3	0331 3.2 0904 0.7 1545 3.5 2139 0.5	0209 8.6 0848 2.0 1431 8.8 2118 1.9
25 F	0000 1.3 0645 5.0 1217 1.7 1858 5.0	0658 5.2 1137 1.7 1906 5.2	0530 3.8 1114 1.5 1735 4.0 2354 1.2	0319 3.1 0857 1.4 1527 3.3 2142 1.1	0301 1.9 0848 0.9 1500 2.0 2130 0.7	0458 1.8 1112 4.7 1734 1.6 2353 4.3	0334 1.3 0944 3.5 1615 1.5 2154 3.2	0419 3.2 0956 0.8 1630 3.4 2236 0.6	0256 8.3 0933 2.3 1521 8.6 2209 2.1
26 SA	0054 1.5 0740 4.9 1318 1.9 1955 4.9	0014 1.3 0751 5.0 1239 1.8 2000 5.0	0629 3.7 1215 1.6 1836 3.9	0417 3.0 0959 1.5 1625 3.2 2251 1.1	0401 1.8 0948 1.0 1605 1.9 2235 0.8	0557 2.0 1220 4.6 1837 1.8	0430 1.4 1051 3.3 1716 1.5 2300 3.0	0514 3.2 1054 0.9 1724 3.3 2341 0.6	0351 8.1 1029 2.5 1620 8.4 2308 2.2
27 SU	0200 1.6 0844 4.8 1431 2.0 2100 4.9	0121 1.3 0853 5.0 1404 1.9 2105 5.0	0100 1.3 0736 3.7 1327 1.7 1945 3.9	0522 3.0 1113 1.5 1732 3.2	0507 1.8 1102 1.0 1717 1.9 2351 0.8	0108 4.2 0709 2.1 1331 4.5 1948 1.8	0536 1.5 1212 3.3 1824 1.5	0616 3.1 1159 1.0 1835 3.3	0457 7.9 1136 2.6 1727 8.3
28 M	0316 1.6 0953 4.9 1549 1.9 2211 5.0	0245 1.5 1001 5.0 1609 1.9 2221 5.0	0212 1.3 0847 3.8 1441 1.6 2058 3.9	0006 1.1 0633 3.0 1224 1.5 1842 3.2	0615 1.9 1224 1.0 1828 1.9	0222 4.3 0827 2.1 1441 4.6 2101 1.7	0025 3.0 0651 1.5 1334 3.4 1936 1.4	0048 0.6 0724 3.1 1309 1.0 1957 3.2	0018 2.2 0611 8.0 1253 2.6 1840 8.4
29 TU	0433 1.5 1101 5.0 1702 1.7 2320 5.1	0505 1.4 1107 5.1 1721 1.6 2329 5.1	0323 1.2 0954 3.9 1551 1.5 2206 4.0	0118 1.1 0740 3.1 1332 1.3 1952 3.3	0103 0.7 0720 1.9 1332 0.9 1936 2.0	0329 4.5 0940 1.9 1546 4.8 2209 1.5	0156 3.1 0807 1.4 1442 3.5 2044 1.3	0157 0.6 0835 3.1 1420 0.9 2112 3.2	0133 2.0 0723 8.2 1408 2.2 1949 8.6
30 W	0542 1.3 1203 5.3 1806 1.4	0607 1.2 1206 5.3 1816 1.4	0427 1.1 1053 4.1 1653 1.2 2309 4.2	0220 1.0 0842 3.3 1429 1.1 2057 3.4	0202 0.6 0819 2.0 1429 0.7 2039 2.1	0427 4.8 1043 1.6 1645 5.0 2306 1.2	0308 3.3 0915 1.2 1542 3.7 2144 1.0	0300 0.5 0942 3.2 1524 0.7 2219 3.3	0242 1.7 0827 8.6 1515 1.8 2052 9.0
31 TH	0023 5.4 0642 1.1 1257 5.5 1904 1.1	0029 5.4 0700 1.1 1300 5.5 1905 1.1	0524 1.0 1145 4.2 1748 1.0	0314 0.9 0936 3.5 1521 0.9 2156 3.6	0254 0.6 0914 2.1 1521 0.6 2138 2.2	0518 5.0 1139 1.3 1738 5.2	0403 3.6 1014 1.0 1635 3.8 2237 0.8	0357 0.4 1044 3.3 1620 0.6 2319 3.4	0345 1.4 0925 9.0 1615 1.3 2149 9.3

PAGE 78

TIDE TABLES

WEST COAST ENGLAND, WALES & IRELAND Time Zone UT
Holyhead * Milford Haven * Swansea * Avonmouth * Dublin * Belfast * Londonderry * Galway * Cobh

TIDE TABLES JANUARY 1998

HOLYHEAD	MILFORD HAVEN	SWANSEA	AVONMOUTH	DUBLIN	BELFAST	LONDONDERRY	GALWAY	COBH		
Time m	Time m	Time m	Time m	Time m	Time m	Time m	Time m	Time m		
0541 0.8 1154 5.8 1807 0.7	0145 0.8 0748 7.1 1409 0.7 2010 6.9	0132 1.0 0753 9.7 1356 0.9 2013 9.4	0318 1.1 084913.6 1541 1.0 211113.3	0054 4.0 0628 0.6 1305 4.2 1856 0.5	0020 3.4 0623 0.5 1234 3.6 1858 0.3	0345 0.6 0951 3.1 1615 0.7 2206 2.7	0014 0.9 0634 5.3 1239 0.6 1902 5.1	0109 0.5 0703 4.1 1332 0.5 1921 4.0	1	TH
0021 5.5 0624 0.9 1239 5.8 1854 0.7	0227 0.9 0832 7.0 1454 0.8 2054 6.7	0211 1.0 0836 9.5 1436 1.0 2055 9.2	0357 1.2 093213.5 1621 1.2 215413.1	0140 4.0 0713 0.7 1351 4.2 1945 0.5	0104 3.4 0707 0.5 1318 3.6 1945 0.3	0427 0.7 1033 3.0 1701 0.8 2254 2.6	0057 0.9 0719 5.3 1324 0.7 1948 5.0	0151 0.5 0745 4.1 1415 0.5 2003 3.9	2	F
0108 5.4 0712 1.0 1327 5.7 1943 0.9	0311 1.0 0918 6.9 1539 1.0 2142 6.5	0251 1.2 0919 9.3 1520 1.2 2139 8.9	0433 1.4 101613.1 1657 1.4 223812.7	0230 3.9 0802 0.8 1442 4.2 2038 0.6	0152 3.3 0755 0.6 1406 3.6 2035 0.4	0512 0.8 1121 2.9 1752 0.9 2347 2.5	0143 1.1 0806 5.2 1412 0.9 2037 4.8	0235 0.6 0829 4.0 1500 0.6 2050 3.9	3	SA
0159 5.2 0803 1.2 1419 5.5 2038 1.0	0358 1.3 1007 6.6 1629 1.3 2233 6.2	0336 1.5 1007 8.9 1609 1.6 2230 8.4	0509 1.7 110312.6 1736 1.7 232512.1	0326 3.8 0857 1.0 1539 4.1 2137 0.8	0244 3.2 0847 0.7 1500 3.5 2130 0.4	0603 0.9 1213 2.8 1848 1.0	0233 1.3 0857 4.9 1503 1.1 2130 4.6	0322 0.6 0918 3.9 1550 0.7 2142 3.7	4	SU
0256 5.0 0901 1.4 1518 5.3 2139 1.2	0451 1.5 1102 6.3 1725 1.5 2333 5.9	0430 2.0 1103 8.5 1707 2.1 2330 8.0	0550 2.1 115412.0 1821 2.1	0429 3.7 0959 1.1 1642 4.0 2243 0.9	0342 3.1 0945 0.8 1559 3.4 2233 0.5	0048 2.4 0700 1.0 1315 2.7 1952 1.1	0330 1.5 0954 4.7 1602 1.3 2230 4.4	0415 0.8 1012 3.8 1646 0.8 2239 3.6	5	M
0401 4.8 1008 1.6 1625 5.1 2248 1.4	0553 1.8 1205 6.1 1831 1.8	0538 2.4 1209 8.1 1820 2.4	001811.5 0639 2.5 125411.5 1915 2.5	0538 3.6 1108 1.3 1753 3.9 2351 1.0	0447 3.1 1052 0.9 1706 3.3 2341 0.6	0204 2.3 0807 1.1 1428 2.6 2109 1.1	0436 1.7 1058 4.5 1710 1.5 2342 4.3	0517 0.9 1113 3.6 1751 0.9 2345 3.5	6	TU
0515 4.8 1121 1.7 1738 5.0	0040 5.8 0706 2.0 1315 5.9 1946 1.9	0042 7.7 0700 2.6 1324 7.9 1940 2.5	012211.1 0741 2.9 140311.2 2024 2.8	0648 3.7 1219 1.3 1904 3.9	0557 3.1 1205 0.9 1819 3.3	0333 2.3 0927 1.1 1548 2.6 2225 1.1	0553 1.8 1212 4.4 1825 1.6	0627 0.9 1223 3.5 1903 0.9	7	W
0000 1.5 0629 4.8 1234 1.6 1851 5.1	0154 5.7 0825 1.9 2100 1.8	0203 7.8 0821 2.6 1439 8.1 2056 2.4	023610.9 0900 3.0 151611.3 2143 2.7	0100 1.0 0754 3.8 1329 1.3 2011 3.9	0051 0.7 0706 3.1 1317 0.9 1930 3.3	0448 2.3 1048 1.1 1657 2.6 2327 1.0	0058 4.4 0710 1.7 1326 4.4 1935 1.5	0058 3.5 0743 0.9 1337 3.5 2016 0.9	8	TH
0108 1.4 0734 5.0 1340 1.5 1955 5.2	0307 5.9 0936 1.7 1538 6.1 2204 1.5	0316 8.1 0930 2.3 1548 8.4 2200 2.1	035011.2 1025 2.8 162711.6 2303 2.4	0204 1.0 0854 3.9 1433 1.1 2112 4.0	0156 0.7 0809 3.2 1421 0.8 2034 3.3	0545 2.5 1154 1.0 1754 2.7	0204 4.5 0814 1.5 1429 4.6 2033 1.4	0212 3.6 0854 0.8 1448 3.6 2121 0.7	9	F
0207 1.3 0830 5.2 1438 1.2 2051 5.3	0410 6.2 1037 1.4 1637 6.3 2259 1.3	0418 8.6 1029 1.9 1646 8.8 2254 1.8	045811.8 1142 2.3 173212.1	0300 1.0 0949 4.0 1528 1.0 2207 4.1	0254 0.6 0903 3.4 1517 0.7 2131 3.4	0018 0.9 0633 2.6 1250 0.9 1843 2.7	0259 4.7 0909 1.2 1523 4.7 2124 1.2	0318 3.7 0955 0.6 1547 3.7 2217 0.6	10	SA
0259 1.2 0918 5.4 1527 1.0 2139 5.4	0503 6.5 1129 1.1 1728 6.5 2346 1.0	0510 9.0 1121 1.7 1737 9.1 2341 1.5	0012 1.9 055712.4 1245 1.8 182712.6	0350 0.9 1037 4.2 1617 0.9 2255 4.1	0345 0.6 0953 3.5 1607 0.6 2222 3.4	0100 0.8 0715 2.7 1339 0.8 1928 2.7	0348 4.9 0957 1.0 1612 4.9 2209 1.1	0414 3.9 1048 0.5 1637 3.8 2306 0.5	11	SU
0344 1.0 1000 5.6 1612 0.9 2222 5.4	0550 6.7 1215 0.9 1812 6.7	0557 9.3 1206 1.5 1822 9.2	0109 1.5 064712.8 1336 1.5 191312.9	0433 0.9 1119 4.2 1701 0.8 2338 4.1	0432 0.6 1038 3.6 1652 0.5 2308 3.4	0139 0.8 0753 2.8 1422 0.8 2009 2.7	0432 5.1 1040 0.8 1657 5.0 2252 1.0	0502 4.0 1134 0.5 1722 3.9 2351 0.5	12	M O
0424 1.0 1040 5.7 1653 0.8 2303 5.5	0029 0.9 0632 6.8 1255 0.8 1854 6.7	0022 1.4 0639 9.4 1247 1.4 1903 9.3	0156 1.3 073013.1 1419 1.4 195513.0	0514 0.8 1158 4.3 1743 0.7	0515 0.6 1120 3.7 1734 0.5 2349 3.4	0215 0.7 0828 2.8 1501 0.8 2048 2.7	0515 5.2 1122 0.7 1739 5.0 2333 0.9	0545 4.0 1217 0.5 1803 3.9	13	TU
0503 1.0 1118 5.7 1731 0.8 2340 5.4	0107 0.8 0711 6.9 1333 0.8 1931 6.7	0059 1.4 0717 9.4 1323 1.4 1939 9.2	0236 1.3 081013.2 1457 1.4 203313.0	0017 4.0 0553 0.7 1234 4.3 1823 0.7	0554 0.7 1200 3.7 1812 0.5	0248 0.7 0901 2.8 1538 0.9 2124 2.7	0556 5.2 1203 0.7 1821 5.0	0031 0.5 0625 4.0 1255 0.5 1841 3.9	14	W
0539 1.0 1155 5.6 1809 0.9	0143 0.9 0747 6.8 1408 0.9 2006 6.6	0133 1.4 0752 9.3 1356 1.5 2012 9.1	0312 1.4 084713.1 1530 1.5 210912.9	0053 3.9 0630 0.9 1310 4.2 1903 0.8	0027 3.3 0630 0.7 1237 3.7 1849 0.5	0321 0.7 0933 2.8 1612 0.9 2200 2.6	0012 1.0 0636 5.1 1242 0.9 1902 4.9	0108 0.6 0702 4.0 1330 0.6 1916 3.8	15	TH

● ● Time UT. For British Summer Time (shaded) March 29th to October 25th ADD ONE HOUR ● ●

PAGE 79

JANUARY 1998 TIDE TABLES

• • Time UT. For British Summer Time (shaded) March 29th to October 25th ADD ONE HOUR • •

Date	HOLYHEAD Time m	MILFORD HAVEN Time m	SWANSEA Time m	AVONMOUTH Time m	DUBLIN Time m	BELFAST Time m	LONDONDERRY Time m	GALWAY Time m	COBH Time m
16 F	0017 5.3 0614 1.1 1230 5.5 1845 1.1	0217 1.0 0821 6.7 1440 1.1 2040 6.4	0205 1.4 0826 9.2 1427 1.6 2045 8.9	0342 1.6 0921 12.9 1557 1.8 2142 12.5	0129 3.9 0709 0.9 1347 4.1 1943 0.9	0103 3.3 0705 0.8 1315 3.7 1925 0.6	0353 0.8 1003 2.8 1645 1.0 2235 2.5	0051 1.1 0715 5.0 1321 0.9 1942 4.7	0142 0.6 0737 3.9 1403 0.7 1951 3.8
17 SA	0052 5.2 0650 1.3 1305 5.4 1921 1.3	0249 1.2 0854 6.5 1512 1.3 2113 6.2	0237 1.6 0858 8.9 1500 1.8 2117 8.6	0408 1.8 0952 12.4 1622 2.0 2212 12.0	0206 3.7 0748 1.0 1426 4.0 2024 1.0	0139 3.2 0741 0.8 1352 3.6 2003 0.7	0428 0.8 1037 2.7 1721 1.1 2313 2.4	0130 1.2 0754 4.8 1401 1.1 2021 4.5	0213 0.7 0812 3.8 1435 0.8 2026 3.7
18 SU	0128 5.0 0726 1.5 1341 5.2 2000 1.5	0321 1.5 0928 6.3 1545 1.6 2148 5.9	0311 1.8 0932 8.6 1533 2.0 2151 8.3	0431 2.1 1021 11.9 1645 2.3 2241 11.4	0248 3.6 0830 1.2 1509 3.8 2109 1.1	0216 3.1 0818 0.9 1433 3.5 2042 0.7	0506 0.9 1113 2.6 1800 1.1 2357 2.3	0209 1.4 0833 4.6 1441 1.4 2101 4.3	0245 0.8 0846 3.7 1509 0.9 2103 3.6
19 M	0207 4.8 0806 1.8 1420 4.9 2042 1.7	0355 1.7 1003 6.0 1621 1.9 2226 5.6	0347 2.2 1009 8.3 1611 2.4 2230 7.9	0456 2.5 1052 11.3 1712 2.7 2312 10.7	0333 3.5 0917 1.3 1559 3.6 2159 1.3	0257 3.0 0900 1.0 1516 3.4 2127 0.8	0549 1.0 1153 2.5 1848 1.2	0250 1.7 0913 4.3 1524 1.6 2144 4.1	0321 0.9 0924 3.5 1548 1.0 2145 3.4
20 TU	0251 4.6 0851 2.0 1506 4.7 2133 1.9	0435 2.0 1045 5.7 1703 2.2 2312 5.3	0429 2.6 1050 7.9 1656 2.8 2317 7.5	0526 2.9 1127 10.6 1745 3.1 2350 10.1	0426 3.4 1011 1.5 1655 3.4 2255 1.4	0342 3.0 0948 1.1 1605 3.2 2216 1.0	0048 2.2 0637 1.1 1240 2.4 1946 1.3	0336 1.9 0957 4.1 1612 1.8 2234 3.9	0403 1.1 1006 3.4 1633 1.1 2232 3.3
21 W	0346 4.5 0948 2.2 1606 4.5 2236 2.1	0524 2.3 1135 5.4 1759 2.4	0522 3.0 1141 7.5 1754 3.2	0602 3.4 1211 10.1 1826 3.6	0527 3.3 1115 1.6 1800 3.3 2356 1.5	0436 2.9 1045 1.2 1700 3.1 2312 1.0	0150 2.2 0733 1.2 1342 2.3 2057 1.3	0430 2.1 1050 3.9 1712 2.0 2336 3.8	0454 1.2 1057 3.2 1729 1.2 2329 3.2
22 TH	0454 4.4 1100 2.3 1721 4.4 2346 2.1	0012 5.1 0630 2.5 1242 5.2 1913 2.5	0018 7.2 0630 3.3 1245 7.2 1909 3.4	0043 9.6 0650 3.9 1315 9.7 1924 4.0	0633 3.3 1221 1.6 1908 3.3	0536 2.9 1151 1.2 1801 3.0	0305 2.1 0840 1.2 1509 2.2 2212 1.2	0541 2.2 1200 3.7 1825 2.0	0555 1.3 1157 3.1 1834 1.2
23 F	0610 4.4 1215 2.2 1838 4.5	0127 5.1 0752 2.5 1359 5.2 2034 2.4	0132 7.2 0746 3.3 1400 7.3 2024 3.2	0204 9.6 0812 4.1 1439 9.9 2115 3.8	0057 1.4 0736 3.3 1324 1.5 2009 3.4	0015 1.1 0642 2.9 1300 1.2 1905 3.0	0418 2.2 0956 1.2 1633 2.3 2316 1.1	0048 3.8 0658 2.1 1318 3.8 1934 1.9	0036 3.2 0706 1.2 1309 3.1 1945 1.1
24 SA	0054 2.0 0716 4.6 1321 2.0 1942 4.7	0243 5.3 0908 2.3 1510 5.4 2140 2.1	0245 7.4 0854 3.0 1510 7.6 2129 2.8	0325 10.2 1001 3.5 1554 10.6 2234 3.0	0153 1.3 0833 3.4 1419 1.4 2103 3.5	0120 1.0 0745 3.0 1404 1.1 2006 3.0	0518 2.4 1109 1.1 1735 2.4	0154 4.0 0803 1.9 1422 4.0 2031 1.7	0148 3.2 0820 1.1 1421 3.2 2052 1.0
25 SU	0151 1.7 0809 4.9 1415 1.6 2033 4.9	0345 5.7 1008 1.9 1609 5.8 2234 1.7	0347 7.9 0953 2.5 1610 8.1 2224 2.2	0430 11.1 1106 2.5 1651 11.5 2336 2.1	0242 1.2 0921 3.6 1506 1.2 2150 3.6	0219 0.9 0841 3.1 1500 0.9 2102 3.1	0007 1.0 0609 2.5 1211 1.0 1825 2.5	0246 4.2 0856 1.6 1513 4.2 2118 1.5	0254 3.4 0923 0.9 1521 3.4 2148 0.8
26 M	0239 1.4 0854 5.2 1502 1.3 2118 5.2	0437 6.2 1059 1.5 1700 6.3 2321 1.3	0440 8.5 1045 1.9 1703 8.7 2312 1.7	0527 12.1 1206 1.7 1753 12.3	0327 1.0 1005 3.8 1550 0.9 2233 3.8	0312 0.8 0930 3.2 1550 0.7 2152 3.2	0053 0.8 0655 2.7 1304 0.8 1910 2.6	0331 4.5 0941 1.2 1558 4.5 2200 1.1	0348 3.6 1016 0.7 1612 3.6 2239 0.6
27 TU	0322 1.1 0935 5.5 1545 0.9 2159 5.4	0523 6.6 1145 1.0 1745 6.6	0528 9.1 1133 1.4 1751 9.2 2357 1.1	0034 1.5 0619 12.9 1303 1.2 1844 13.0	0408 0.8 1045 4.0 1631 0.7 2315 3.9	0400 0.7 1015 3.4 1636 0.5 2239 3.3	0135 0.7 0738 2.9 1353 0.7 1954 2.7	0413 4.8 1022 0.9 1640 4.8 2240 0.9	0437 3.8 1105 0.5 1658 3.8 2326 0.5
28 W ●	0403 0.8 1015 5.7 1627 0.6 2240 5.6	0006 0.9 0608 7.0 1230 0.7 1830 7.0	0614 9.6 1220 0.9 1836 9.6	0130 1.1 0708 13.5 1359 0.9 1931 13.5	0448 0.7 1125 4.1 1712 0.5 2356 4.0	0445 0.5 1058 3.5 1719 0.3 2324 3.4	0215 0.6 0820 3.0 1439 0.6 2036 2.8	0455 5.1 1103 0.5 1722 5.0 2320 0.6	0522 4.0 1151 0.3 1742 3.9
29 TH	0444 0.6 1057 5.9 1709 0.4 2322 5.7	0050 0.6 0651 7.2 1315 0.4 1914 7.2	0040 0.7 0658 9.9 1303 0.5 1919 9.8	0223 0.8 0754 13.9 1449 0.7 2016 13.8	0529 0.5 1206 4.3 1754 0.3	0528 0.4 1139 3.6 1801 0.1	0256 0.5 0900 3.1 1524 0.5 2118 2.8	0537 5.3 1144 0.3 1804 5.2	0011 0.3 0605 4.1 1235 0.2 1824 4.0
30 F	0526 0.5 1139 6.0 1752 0.3	0133 0.5 0735 7.4 1358 0.3 1957 7.2	0121 0.5 0742 10.0 1345 0.4 2001 9.8	0311 0.6 0838 14.1 1535 0.4 2059 13.9	0038 4.1 0611 0.5 1248 4.4 1839 0.2	0007 3.4 0611 0.4 1221 3.7 1845 0.1	0337 0.4 0941 3.2 1608 0.6 2200 2.8	0001 0.5 0620 5.5 1225 0.2 1847 5.2	0055 0.2 0648 4.2 1318 0.2 1906 4.1
31 SA	0006 5.7 0609 0.5 1224 6.0 1837 0.4	0216 0.4 0819 7.4 1442 0.4 2042 7.1	0201 0.5 0824 10.0 1425 0.4 2042 9.7	0353 0.6 0921 14.1 1615 0.5 2141 13.8	0121 4.1 0654 0.5 1333 4.4 1925 0.3	0051 3.4 0655 0.3 1306 3.7 1930 0.1	0419 0.5 1024 3.1 1653 0.6 2244 2.7	0042 0.4 0704 5.5 1308 0.3 1931 5.2	0138 0.2 0730 4.2 1401 0.2 1949 4.1

PAGE 80

TIDE TABLES

WEST COAST ENGLAND, WALES & IRELAND Time Zone UT
Holyhead * Milford Haven * Swansea * Avonmouth * Dublin * Belfast * Londonderry * Galway * Cobh

TIDE TABLES FEBRUARY 1998

HOLYHEAD Time m	MILFORD HAVEN Time m	SWANSEA Time m	AVONMOUTH Time m	DUBLIN Time m	BELFAST Time m	LONDONDERRY Time m	GALWAY Time m	COBH Time m	
0051 5.6 0654 0.6 1309 5.9 1924 0.5	0259 0.5 0903 7.2 1525 0.6 2126 6.9	0241 0.6 0906 9.8 1506 0.7 2124 9.3	0430 0.7 1003 13.8 1651 0.8 2223 13.3	0209 4.0 0742 0.6 1423 4.3 2015 0.4	0136 3.4 0741 0.4 1352 3.6 2018 0.2	0503 0.5 1108 3.0 1739 0.7 2331 2.5	0127 0.6 0750 5.3 1352 0.5 2017 5.0	0221 0.2 0814 4.1 1445 0.3 2034 4.0	1 SU
0139 5.4 0742 0.9 1359 5.7 2015 0.8	0343 0.8 0950 6.9 1610 0.9 2213 6.5	0322 1.0 0951 9.3 1549 1.2 2209 8.8	0502 1.1 1047 13.2 1724 1.2 2306 12.6	0300 3.9 0832 0.7 1517 4.2 2109 0.7	0226 3.3 0830 0.5 1444 3.5 2109 0.3	0551 0.7 1157 2.8 1830 0.9	0213 0.8 0838 5.1 1440 0.8 2106 4.7	0307 0.3 0900 4.0 1531 0.4 2122 3.8	2 M
0230 5.2 0836 1.1 1454 5.4 2112 1.1	0430 1.2 1039 6.5 1700 1.3 2306 6.1	0409 1.6 1039 8.8 1639 1.8 2302 8.3	0536 1.6 1133 12.4 1759 1.8 2352 11.8	0359 3.8 0930 1.0 1618 4.0 2212 0.9	0320 3.2 0924 0.6 1542 3.4 2209 0.5	0024 2.4 0645 0.8 1253 2.6 1926 1.0	0304 1.1 0930 4.8 1533 1.2 2200 4.4	0356 0.5 0950 3.8 1622 0.6 2215 3.6	3 TU
0330 4.9 0939 1.5 1557 5.1 2218 1.5	0525 1.6 1136 6.1 1758 1.6	0506 2.2 1138 8.2 1743 2.4	0615 2.2 1224 11.6 1843 2.5	0505 3.7 1037 1.2 1729 3.9 2321 1.1	0421 3.1 1028 0.8 1648 3.2 2318 0.7	0130 2.2 0748 1.0 1405 2.5 2035 1.1	0404 1.4 1030 4.4 1636 1.5 2307 4.2	0452 0.7 1046 3.6 1722 0.8 2316 3.4	4 W
0442 4.7 1054 1.7 1714 4.8 2335 1.7	0008 5.7 0634 2.0 1244 5.7 1912 2.0	0008 7.7 0623 2.7 1250 7.7 1905 2.9	0048 11.0 0705 2.9 1329 10.9 1943 3.1	0617 3.6 1151 1.3 1843 3.8	0531 3.0 1142 0.9 1803 3.1	0306 2.1 0912 1.1 1537 2.4 2158 1.1	0520 1.7 1145 4.2 1755 1.7	0558 0.9 1153 3.3 1833 0.9	5 TH
0603 4.7 1215 1.7 1836 4.8	0124 5.5 0759 2.1 1404 5.5 2036 2.1	0129 7.5 0751 2.9 1412 7.6 2032 2.9	0200 10.5 0820 3.4 1445 10.6 2109 3.3	0033 1.3 0728 3.7 1309 1.3 1955 3.8	0033 0.8 0643 3.0 1300 0.9 1918 3.1	0440 2.2 1047 1.1 1656 2.4 2313 1.0	0029 4.1 0649 1.7 1308 4.1 1918 1.8	0030 3.3 0717 0.9 1311 3.3 1952 0.9	6 F
0051 1.7 0721 4.8 1330 1.6 1951 4.9	0246 5.6 0921 2.0 1523 5.7 2149 1.8	0253 7.6 0912 2.7 1531 7.9 2145 2.6	0321 10.6 0956 3.2 1606 10.9 2236 2.9	0145 1.3 0835 3.8 1421 1.2 2102 3.8	0142 0.8 0749 3.1 1409 0.8 2025 3.1	0542 2.3 1200 1.0 1754 2.4	0148 4.2 0805 1.6 1420 4.2 2026 1.6	0152 3.3 0836 0.9 1430 3.3 2103 0.8	7 SA
0158 1.6 0822 5.0 1431 1.4 2048 5.0	0357 5.9 1027 1.6 1626 6.0 2247 1.5	0403 8.1 1018 2.4 1634 8.3 2242 2.2	0439 11.2 0715 12.9 1716 11.6 2349 2.2	0248 1.2 0934 3.9 1519 1.1 2200 3.9	0243 0.8 0847 3.2 1508 0.7 2124 3.2	0009 0.9 0630 2.5 1255 0.9 1843 2.5	0250 4.4 0903 1.3 1517 4.4 2118 1.4	0304 3.5 0940 0.7 1533 3.5 2203 0.7	8 SU
0251 1.4 0910 5.3 1521 1.1 2133 5.2	0451 6.2 1118 1.3 1716 6.3 2333 1.2	0458 8.6 1111 2.0 1726 8.7 2329 1.8	0542 12.0 1224 2.0 1812 12.2	0339 1.1 1025 4.1 1608 0.9 2248 3.9	0335 0.7 0938 3.4 1557 0.6 2213 3.2	0054 0.8 0711 2.6 1341 0.8 1925 2.6	0339 4.6 0950 1.1 1604 4.6 2201 1.2	0402 3.6 1033 0.6 1623 3.6 2252 0.6	9 M
0334 1.2 0951 5.4 1601 1.0 2212 5.3	0537 6.5 1202 1.0 1758 6.5	0545 8.9 1156 1.7 1809 9.0	0048 1.6 0633 12.6 1315 1.5 1859 12.7	0422 1.0 1108 4.2 1651 0.8 2327 3.9	0420 0.7 1023 3.5 1641 0.5 2256 3.3	0133 0.8 0747 2.7 1420 0.7 2004 2.6	0422 4.8 1030 0.8 1646 4.7 2240 1.0	0449 3.8 1119 0.5 1706 3.7 2335 0.5	10 TU
0412 1.0 1026 5.6 1638 0.9 2246 5.4	0013 1.0 0617 6.7 1239 0.9 1836 6.7	0009 1.6 0625 9.2 1233 1.5 1847 9.1	0136 1.3 0715 12.9 1400 1.4 1939 12.9	0500 0.9 1145 4.2 1729 0.7	0500 0.6 1103 3.6 1718 0.5 2333 3.3	0208 0.7 0821 2.8 1455 0.7 2039 2.6	0502 4.9 1109 0.7 1725 4.9 2318 0.7	0530 3.9 1159 0.5 1745 3.8	11 W ○
0445 0.9 1100 5.6 1712 0.8 2319 5.4	0049 0.8 0652 6.8 1312 0.8 1910 6.7	0044 1.4 0701 9.3 1306 1.4 1921 9.2	0216 1.2 0752 13.1 1437 1.4 2014 13.0	0001 3.9 0537 0.8 1217 4.2 1805 0.7	0536 0.6 1140 3.6 1753 0.5	0240 0.7 0851 2.8 1527 0.7 2112 2.6	0540 5.0 1145 0.6 1803 4.9 2354 0.6	0013 0.5 0607 3.9 1235 0.5 1821 3.8	12 TH
0518 0.9 1133 5.6 1744 0.9 2351 5.3	0121 0.8 0725 6.8 1344 0.8 1942 6.7	0115 1.3 0734 9.3 1336 1.3 1951 9.2	0251 1.2 0826 13.1 1509 1.4 2046 13.0	0030 3.9 0612 0.8 1248 4.1 1839 0.7	0006 3.3 0608 0.6 1215 3.6 1824 0.5	0310 0.7 0919 2.8 1556 0.8 2142 2.6	0617 5.0 1221 0.6 1839 4.8	0047 0.5 0641 3.9 1307 0.5 1853 3.8	13 F
0549 1.0 1204 5.5 1816 0.9	0153 0.8 0757 6.8 1414 0.9 2013 6.6	0145 1.3 0804 9.3 1405 1.4 2021 9.1	0321 1.3 0857 13.1 1537 1.4 2115 12.9	0100 3.8 0645 0.7 1319 4.1 1913 0.8	0036 3.2 0639 0.6 1248 3.6 1856 0.5	0339 0.7 0946 2.8 1624 0.8 2212 2.5	0029 0.8 0652 4.9 1255 0.7 1915 4.8	0118 0.5 0712 3.9 1337 0.6 1925 3.8	14 SA
0022 5.3 0621 1.1 1236 5.4 1848 1.1	0223 0.9 0827 6.7 1443 1.1 2043 6.4	0214 1.3 0833 9.1 1433 1.5 2049 8.9	0348 1.4 0925 12.8 1600 1.6 2142 12.5	0132 3.8 0718 0.9 1354 3.9 1948 0.9	0106 3.2 0710 0.7 1321 3.6 1928 0.6	0409 0.7 1014 2.7 1653 0.9 2244 2.5	0103 0.9 0727 4.8 1329 0.8 1949 4.6	0147 0.6 0743 3.8 1406 0.6 1957 3.7	15 SU

● ● Time UT. For British Summer Time (shaded) March 29th to October 25th ADD ONE HOUR ● ●

PAGE 81

FEBRUARY 1998 TIDE TABLES

• • Time UT. For British Summer Time (shaded) March 29th to October 25th ADD ONE HOUR • •

	HOLYHEAD	MILFORD HAVEN	SWANSEA	AVONMOUTH	DUBLIN	BELFAST	LONDONDERRY	GALWAY	COBH
	Time m	Time m	Time m	Time m	Time m	Time m	Time m	Time m	Time m
16 M	0054 5.2 0654 1.2 1308 5.3 1921 1.3	0252 1.1 0857 6.5 1512 1.3 2113 6.2	0243 1.5 0903 8.9 1502 1.7 2118 8.6	0410 1.6 0953 12.4 1623 1.8 2209 12.0	0208 3.7 0753 1.0 1433 3.8 2024 1.0	0138 3.2 0744 0.7 1357 3.5 2004 0.6	0442 0.7 1045 2.6 1727 0.9 2320 2.4	0137 1.1 0801 4.6 1403 1.1 2024 4.4	0216 0.7 0814 3.7 1436 0.7 2030 3.7
17 TU	0128 5.0 0729 1.4 1342 5.1 1958 1.5	0323 1.4 0927 6.2 1543 1.6 2145 5.9	0314 1.8 0933 8.6 1532 2.1 2150 8.3	0433 1.9 1021 11.8 1646 2.2 2237 11.3	0248 3.6 0831 1.1 1516 3.6 2105 1.2	0214 3.2 0822 0.8 1436 3.4 2043 0.7	0521 0.8 1118 2.5 1806 1.0	0212 1.3 0836 4.4 1439 1.3 2100 4.2	0248 0.8 0847 3.6 1511 0.8 2108 3.5
18 W	0206 4.8 0809 1.7 1421 4.8 2040 1.8	0357 1.7 1002 5.9 1618 1.9 2222 5.6	0348 2.2 1007 8.2 1606 2.5 2227 7.9	0459 2.4 1050 11.1 1713 2.6 2306 10.6	0336 3.5 0915 1.3 1607 3.5 2155 1.3	0254 3.1 0905 0.9 1521 3.3 2128 0.9	0002 2.2 0603 0.9 1157 2.3 1852 1.1	0251 1.5 0912 4.1 1518 1.6 2141 4.0	0324 0.9 0924 3.5 1551 0.9 2150 3.4
19 TH	0251 4.6 0857 1.9 1511 4.6 2135 2.0	0436 2.1 1042 5.5 1701 2.3 2310 5.3	0428 2.7 1048 7.7 1651 2.9 2318 7.4	0528 2.9 1123 10.5 1745 3.1 2344 10.1	0429 3.3 1011 1.5 1707 3.3 2258 1.5	0342 3.0 0955 1.0 1613 3.1 2220 1.0	0053 2.1 0652 1.0 1245 2.2 1951 1.2	0335 1.8 0957 3.9 1608 1.9 2233 3.8	0409 1.0 1009 3.3 1640 1.1 2241 3.2
20 F	0351 4.4 1000 2.2 1620 4.4 2247 2.2	0530 2.4 1138 5.2 1803 2.5	0525 3.1 1145 7.3 1758 3.3	0606 3.4 1210 10.0 1829 3.6	0532 3.2 1123 1.6 1819 3.3	0439 2.9 1057 1.2 1714 3.0 2323 1.1	0201 2.0 0753 1.1 1359 2.0 2110 1.2	0434 2.0 1057 3.7 1718 2.0 2342 3.7	0506 1.2 1105 3.1 1742 1.1 2345 3.1
21 SA	0509 4.3 1122 2.2 1750 4.3	0021 5.0 0648 2.6 1257 5.0 1934 2.6	0028 7.1 0645 3.3 1303 7.1 1930 3.4	0047 9.6 0702 3.9 1331 9.7 1945 4.0	0009 1.5 0645 3.2 1237 1.5 1931 3.3	0545 2.9 1212 1.2 1824 3.0	0332 2.1 0911 1.2 1600 2.0 2239 1.2	0556 2.1 1221 3.6 1847 2.0	0618 1.2 1217 3.0 1859 1.1
22 SU	0009 2.1 0632 4.5 1242 2.0 1911 4.5	0150 5.1 0823 2.5 1427 5.2 2103 2.3	0154 7.2 0811 3.1 1428 7.3 2052 3.0	0230 9.8 0903 3.8 1510 10.2 2151 3.5	0115 1.5 0753 3.3 1342 1.4 2033 3.4	0036 1.1 0657 2.9 1327 1.1 1933 3.0	0451 2.2 1044 1.1 1721 2.2 2344 1.0	0104 3.7 0723 1.9 1346 3.8 2002 1.8	0103 3.1 0739 1.1 1339 3.1 2016 1.0
23 M	0118 1.8 0738 4.7 1348 1.6 2010 4.8	0309 5.5 0937 2.0 1540 5.6 2207 1.8	0311 7.7 0922 2.6 1541 7.9 2157 2.3	0354 10.7 1031 2.8 1627 11.2 2303 2.4	0213 1.3 0851 3.5 1438 1.1 2127 3.6	0146 1.0 0804 3.0 1432 0.9 2036 3.1	0549 2.4 1159 0.9 1815 2.4	0213 4.0 0830 1.6 1450 4.1 2057 1.4	0220 3.3 0853 0.9 1451 3.3 2121 0.8
24 TU	0215 1.5 0830 5.1 1439 1.2 2058 5.1	0410 6.0 1035 1.5 1637 6.2 2300 1.3	0413 8.4 1021 1.9 1640 8.6 2250 1.6	0500 11.9 1139 1.8 1730 12.2	0303 1.1 0940 3.7 1526 0.8 2214 3.8	0247 0.9 0902 3.2 1526 0.7 2131 3.2	0034 0.8 0637 2.7 1255 0.7 1901 2.5	0307 4.3 0920 1.1 1539 4.4 2142 1.0	0322 3.5 0951 0.6 1548 3.5 2215 0.5
25 W	0301 1.1 0914 5.5 1524 0.8 2141 5.4	0501 6.6 1125 0.9 1726 6.7 2347 0.8	0506 9.1 1113 1.2 1731 9.2 2338 0.9	0010 1.6 0555 12.9 1244 1.1 1824 13.1	0347 0.8 1024 4.0 1610 0.6 2257 4.0	0339 0.7 0952 3.3 1614 0.4 2221 3.3	0119 0.6 0721 2.9 1344 0.6 1944 2.7	0354 4.7 1003 0.7 1622 4.8 2223 0.6	0414 3.8 1043 0.4 1636 3.8 2305 0.3
26 TH ●	0344 0.7 0955 5.8 1607 0.4 2221 5.7	0548 7.1 1212 0.5 1812 7.1	0555 9.7 1201 0.6 1818 9.8	0114 1.0 0649 13.7 1344 0.6 1914 13.7	0429 0.6 1106 4.2 1653 0.3 2338 4.1	0427 0.5 1038 3.5 1659 0.2 2306 3.4	0202 0.4 0803 3.1 1430 0.4 2026 2.8	0437 5.1 1045 0.3 1704 5.1 2303 0.3	0501 4.0 1130 0.2 1721 4.0 2352 0.1
27 F	0425 0.4 1037 6.0 1649 0.1 2303 5.8	0033 0.4 0633 7.4 1257 0.1 1857 7.4	0023 0.4 0641 10.1 1246 0.2 1903 10.1	0209 0.5 0736 14.2 1436 0.2 2001 14.1	0510 0.4 1148 4.4 1735 0.2	0511 0.4 1121 3.6 1742 0.1 2350 3.5	0244 0.3 0845 3.2 1513 0.3 2107 2.8	0520 5.4 1125 0.0 1745 5.3 2343 0.1	0545 4.2 1215 0.0 1806 4.1
28 SA	0506 0.2 1120 6.2 1732 0.0 2346 5.9	0117 0.1 0718 7.6 1341 -0.0 1940 7.5	0105 0.2 0725 10.4 1329 0.0 1945 10.2	0257 0.2 0821 14.5 1521 -0.0 2042 14.3	0019 4.2 0551 0.3 1230 4.5 1818 0.1	0554 0.3 1205 3.7 1825 0.0	0326 0.3 0926 3.2 1555 0.4 2148 2.8	0603 5.6 1206 -0.1 1827 5.4	0037 0.0 0629 4.3 1300 -0.0 1848 4.2

PAGE 82

TIDE TABLES

WEST COAST ENGLAND, WALES & IRELAND Time Zone UT
Holyhead * Milford Haven * Swansea * Avonmouth * Dublin * Belfast * Londonderry * Galway * Cobh

TIDE TABLES MARCH 1998

HOLYHEAD	MILFORD HAVEN	SWANSEA	AVONMOUTH	DUBLIN	BELFAST	LONDONDERRY	GALWAY	COBH	
Time m	Time m	Time m	Time m	Time m	Time m	Time m	Time m	Time m	
0550 0.2 1204 6.2 1816 0.1	0200 0.1 0801 7.6 1424 0.0 2023 7.4	0145 0.1 0808 10.3 1409 0.1 2026 10.1	0339 0.1 0903 14.5 1600 0.0 2123 14.2	0101 4.2 0635 0.3 1315 4.5 1903 0.2	0033 3.5 0638 0.2 1249 3.7 1910 0.0	0409 0.3 1008 3.1 1638 0.4 2230 2.7	0024 0.1 0646 5.6 1248 -0.0 1910 5.3	0121 0.0 0712 4.3 1343 0.0 1932 4.2	**1 SU**
0030 5.8 0634 0.3 1250 6.0 1902 0.3	0242 0.2 0845 7.4 1506 0.3 2106 7.1	0225 0.3 0850 10.1 1448 0.5 2106 9.7	0415 0.3 0945 14.2 1634 0.4 2203 13.7	0146 4.2 0720 0.4 1403 4.4 1950 0.4	0118 3.4 0723 0.3 1336 3.7 1957 0.1	0453 0.4 1052 3.0 1721 0.5 2313 2.5	0107 0.2 0731 5.4 1330 0.3 1954 5.1	0205 0.1 0756 4.2 1427 0.1 2016 4.1	**2 M**
0115 5.5 0721 0.6 1339 5.7 1951 0.7	0325 0.5 0930 7.1 1548 0.7 2151 6.7	0304 0.8 0932 9.6 1528 1.0 2148 9.1	0445 0.7 1027 13.5 1703 1.0 2243 12.9	0236 4.0 0809 0.6 1457 4.2 2042 0.7	0205 3.3 0811 0.4 1427 3.5 2047 0.3	0539 0.5 1139 2.7 1806 0.7	0151 0.5 0818 5.1 1416 0.7 2042 4.8	0249 0.2 0840 4.1 1511 0.3 2102 3.9	**3 TU**
0205 5.3 0814 0.9 1431 5.4 2045 1.2	0409 1.0 1016 6.5 1634 1.3 2239 6.2	0347 1.4 1017 8.9 1612 1.7 2236 8.5	0515 1.4 1109 12.5 1734 1.7 2326 11.9	0330 3.9 0905 0.8 1557 4.0 2141 1.0	0257 3.2 0903 0.5 1524 3.3 2145 0.6	0001 2.3 0632 0.7 1234 2.5 1857 0.9	0241 0.9 0909 4.7 1506 1.1 2134 4.4	0336 0.4 0927 3.8 1600 0.5 2152 3.7	**4 W**
0300 4.9 0915 1.3 1534 4.9 2150 1.6	0500 1.5 1109 6.0 1727 1.8 2337 5.7	0439 2.1 1109 8.2 1709 2.5 2336 7.8	0548 2.1 1157 11.4 1811 2.5	0434 3.7 1011 1.1 1707 3.8 2251 1.3	0357 3.1 1006 0.7 1632 3.1 2254 0.8	0100 2.2 0736 0.9 1348 2.2 1959 1.0	0339 1.3 1007 4.3 1607 1.6 2237 4.1	0429 0.7 1021 3.5 1655 0.8 2251 3.4	**5 TH**
0410 4.6 1031 1.7 1654 4.6 2309 1.9	0604 2.0 1215 5.5 1839 2.2	0549 2.8 1218 7.6 1830 3.1	0016 10.9 0632 2.9 1257 10.5 1903 3.3	0547 3.6 1127 1.3 1824 3.6	0505 3.0 1122 0.8 1749 3.0	0241 2.0 0909 1.1 1533 2.1 2124 1.1	0453 1.7 1121 4.0 1728 1.9	0532 0.9 1124 3.3 1804 1.0	**6 F**
0537 4.5 1157 1.8 1825 4.5	0052 5.3 0733 2.3 1338 5.2 2011 2.3	0055 7.3 0721 3.2 1344 7.3 2004 3.3	0124 10.2 0739 3.6 1415 10.1 2032 3.7	0007 1.5 0702 3.6 1249 1.3 1939 3.6	0014 0.9 0617 3.0 1244 0.9 1906 2.9	0430 2.1 1052 1.0 1652 2.2 2251 1.1	0000 3.9 0631 1.8 1252 3.9 1906 1.9	0003 3.2 0651 1.0 1245 3.1 1927 1.0	**7 SA**
0033 1.9 0703 4.6 1317 1.7 1943 4.7	0223 5.3 0903 2.1 1505 5.4 2130 2.0	0226 7.3 0850 3.1 1510 7.5 2124 2.9	0253 10.1 0927 3.6 1543 10.4 2209 3.2	0126 1.5 0813 3.7 1406 1.2 2050 3.7	0127 0.9 0725 3.0 1355 0.8 2013 3.0	0531 2.3 1202 0.9 1748 2.3 2352 0.9	0132 3.9 0756 1.6 1412 4.0 2018 1.7	0130 3.2 0814 1.0 1409 3.2 2042 0.9	**8 SU**
0145 1.8 0808 4.9 1419 1.4 2039 4.9	0339 5.7 1011 1.8 1609 5.7 2230 1.7	0343 7.7 1000 2.7 1618 7.9 2224 2.5	0418 10.8 1053 2.8 1657 11.2 2324 2.4	0233 1.3 0917 3.8 1506 1.1 2148 3.7	0228 0.8 0825 3.1 1453 0.7 2111 3.0	0617 2.4 1253 0.8 1834 2.4	0239 4.1 0853 1.4 1507 4.2 2108 1.5	0247 3.3 0921 0.9 1513 3.3 2143 0.8	**9 M**
0238 1.5 0856 5.1 1506 1.2 2121 5.0	0433 6.0 1101 1.4 1657 6.1 2315 1.3	0440 8.3 1054 2.2 1708 8.4 2310 2.0	0523 11.7 1158 2.0 1753 12.1	0324 1.2 1009 3.8 1554 0.9 2235 3.8	0319 0.8 0917 3.2 1541 0.6 2158 3.1	0039 0.8 0657 2.5 1333 0.7 1915 2.5	0327 4.3 0936 1.1 1551 4.4 2147 1.2	0344 3.5 1014 0.7 1603 3.5 2232 0.6	**10 TU**
0319 1.3 0933 5.3 1544 1.0 2154 5.2	0517 6.4 1141 1.1 1737 6.4 2352 1.1	0526 8.7 1136 1.8 1749 8.8 2348 1.7	0022 1.7 0612 12.4 1250 1.5 1837 12.6	0406 1.0 1051 4.1 1633 0.8 2311 3.8	0403 0.7 1002 3.4 1622 0.5 2238 3.2	0119 0.7 0731 2.6 1409 0.7 1951 2.5	0407 4.5 1013 0.9 1629 4.6 2224 1.0	0430 3.7 1057 0.6 1645 3.6 2313 0.6	**11 W**
0354 1.1 1006 5.4 1617 0.9 2224 5.3	0554 6.6 1215 0.9 1812 6.6	0604 9.0 1212 1.5 1824 9.1	0110 1.3 0654 12.8 1333 1.3 1915 12.9	0444 0.9 1127 4.1 1709 0.7 2340 3.8	0440 0.6 1042 3.4 1657 0.5 2312 3.2	0154 0.6 0804 2.7 1440 0.6 2024 2.6	0444 4.7 1048 0.7 1705 4.7 2257 0.8	0509 3.8 1136 0.5 1722 3.7 2349 0.5	**12 TH**
0424 1.0 1037 5.5 1648 0.8 2254 5.4	0025 0.9 0629 6.7 1247 0.8 1845 6.7	0021 1.4 0639 9.2 1243 1.3 1857 9.3	0151 1.2 0729 13.0 1411 1.1 1949 13.0	0518 0.8 1156 4.1 1742 0.7	0513 0.6 1117 3.5 1728 0.5 2341 3.2	0227 0.6 0833 2.7 1509 0.6 2054 2.6	0519 4.8 1121 0.6 1739 4.8 2331 0.7	0543 3.9 1209 0.6 1755 3.8	**13 F** ○
0454 0.9 1107 5.5 1717 0.8 2324 5.4	0057 0.8 0700 6.8 1317 0.8 1916 6.7	0052 1.3 0710 9.3 1312 1.2 1926 9.3	0226 1.1 0800 13.0 1444 1.2 2018 13.1	0006 3.8 0549 0.7 1223 4.0 1812 0.7	0543 0.6 1149 3.5 1757 0.5	0256 0.6 0900 2.6 1535 0.6 2122 2.6	0554 4.9 1154 0.5 1813 4.8	0021 0.5 0615 3.9 1240 0.5 1827 3.8	**14 SA**
0524 0.9 1137 5.5 1747 0.9 2354 5.4	0127 0.7 0730 6.8 1345 0.8 1945 6.7	0121 1.2 0739 9.3 1339 1.3 1954 9.3	0257 1.1 0829 13.1 1512 1.2 2046 13.0	0031 3.8 0619 0.7 1252 4.0 1842 0.7	0009 3.2 0612 0.5 1220 3.5 1825 0.5	0323 0.6 0924 2.6 1600 0.5 2149 2.5	0004 0.6 0627 4.8 1227 0.6 1846 4.8	0051 0.5 0645 3.9 1309 0.5 1858 3.8	**15 SU**

● ● Time UT. For British Summer Time (shaded) March 29th to October 25th ADD ONE HOUR ● ●

PAGE 83

MARCH 1998 TIDE TABLES

● ● Time UT. For British Summer Time (shaded) March 29th to October 25th ADD ONE HOUR ● ●

Day	HOLYHEAD Time m	MILFORD HAVEN Time m	SWANSEA Time m	AVONMOUTH Time m	DUBLIN Time m	BELFAST Time m	LONDONDERRY Time m	GALWAY Time m	COBH Time m
16 M	0554 0.9 1208 5.4 1817 1.0	0156 0.8 0759 6.7 1414 0.9 2014 6.6	0149 1.3 0807 9.2 1406 1.4 2021 9.1	0323 1.1 0857 13.0 1536 1.2 2113 12.8	0100 3.8 0649 0.8 1324 3.9 1912 0.8	0036 3.3 0642 0.6 1251 3.5 1856 0.5	0351 0.6 0950 2.6 1627 0.7 2219 2.5	0036 0.7 0659 4.7 1257 0.8 1918 4.7	0120 0.6 0715 3.9 1338 0.6 1930 3.8
17 TU	0024 5.3 0625 1.1 1239 5.3 1848 1.1	0225 1.0 0827 6.6 1442 1.1 2043 6.4	0217 1.4 0835 9.0 1432 1.6 2049 8.9	0347 1.2 0925 12.7 1559 1.4 2141 12.4	0135 3.8 0721 0.8 1401 3.8 1945 0.9	0105 3.3 0714 0.6 1325 3.4 1930 0.6	0423 0.6 1019 2.5 1657 0.8 2252 2.4	0108 0.8 0731 4.6 1328 1.0 1950 4.5	0149 0.6 0745 3.8 1409 0.6 2002 3.7
18 W	0057 5.1 0659 1.2 1312 5.1 1922 1.4	0255 1.2 0857 6.3 1512 1.4 2113 6.1	0245 1.7 0903 8.8 1459 1.9 2118 8.6	0411 1.5 0954 12.1 1622 1.8 2209 11.7	0214 3.7 0755 1.0 1443 3.6 2022 1.1	0139 3.3 0751 0.7 1403 3.4 2007 0.7	0459 0.7 1051 2.4 1733 0.9 2330 2.3	0140 1.1 0803 4.4 1400 1.2 2024 4.3	0221 0.7 0816 3.7 1441 0.7 2037 3.6
19 TH	0131 5.0 0736 1.4 1349 4.9 2001 1.6	0327 1.5 0929 6.0 1542 1.8 2148 5.8	0315 2.0 0933 8.4 1530 2.3 2152 8.2	0435 2.0 1022 11.4 1647 2.3 2236 11.0	0259 3.5 0836 1.1 1532 3.5 2109 1.3	0218 3.2 0831 0.8 1446 3.3 2051 1.0	0539 0.8 1130 2.2 1815 1.0	0215 1.3 0839 4.2 1437 1.5 2101 4.1	0255 0.8 0851 3.5 1518 0.9 2117 3.5
20 F	0212 4.8 0821 1.7 1434 4.8 2051 1.9	0403 1.9 1006 5.7 1621 2.1 2230 5.5	0351 2.4 1012 8.0 1609 2.7 2237 7.7	0502 2.4 1053 10.8 1715 2.7 2311 10.5	0349 3.4 0927 1.3 1629 3.3 2209 1.4	0303 3.1 0919 0.9 1537 3.1 2140 1.0	0016 2.1 0627 0.9 1216 2.1 1906 1.1	0257 1.6 0921 3.9 1523 1.8 2148 3.9	0337 1.0 0933 3.4 1603 1.0 2206 3.3
21 SA	0305 4.5 0920 1.9 1538 4.6 2200 2.1	0451 2.2 1057 5.3 1715 2.5 2333 5.2	0442 2.9 1104 7.5 1708 3.2 2343 7.3	0536 2.9 1136 10.3 1756 3.2	0448 3.3 1036 1.4 1739 3.3 2327 1.5	0355 3.0 1018 1.1 1637 3.0 2242 1.1	0115 2.0 0724 1.0 1325 1.9 2012 1.2	0351 1.8 1017 3.7 1628 2.0 2253 3.7	0430 1.1 1027 3.2 1703 1.1 2306 3.2
22 SU	0419 4.4 1039 2.0 1709 4.3 2327 2.1	0602 2.5 1211 5.1 1842 2.6	0559 3.2 1220 7.2 1842 3.4	0006 10.0 0627 3.4 1247 9.8 1859 3.7	0558 3.2 1158 1.4 1857 3.3	0459 3.0 1132 1.1 1748 2.9 2357 1.2	0241 2.0 0838 1.1 1531 1.9 2145 1.1	0508 1.9 1136 3.6 1802 2.1	0539 1.2 1137 3.0 1819 1.2
23 M	0548 4.4 1206 1.9 1839 4.4	0103 5.1 0739 2.4 1347 5.1 2024 2.4	0112 7.2 0733 3.1 1351 7.3 2017 3.0	0141 9.8 0801 3.7 1430 10.0 2100 3.6	0041 1.5 0714 3.3 1309 1.3 2005 3.4	0613 2.9 1252 1.0 1902 3.0	0417 2.1 1023 1.0 1706 2.1 2311 1.0	0017 3.7 0643 1.8 1311 3.7 1930 1.8	0024 3.1 0704 1.2 1302 3.1 1942 1.0
24 TU	0045 1.9 0703 4.7 1317 1.5 1944 4.8	0233 5.4 0904 2.0 1509 5.6 2137 1.8	0237 7.6 0851 2.6 1512 7.8 2128 2.3	0319 10.6 0954 2.9 1557 11.0 2230 2.6	0144 1.3 0818 3.5 1410 1.0 2102 3.6	0114 1.1 0726 3.0 1400 0.9 2009 3.1	0522 2.4 1146 0.9 1759 2.3	0138 3.9 0759 1.5 1423 4.0 2030 1.4	0146 3.3 0822 0.9 1419 3.3 2052 0.8
25 W	0147 1.5 0800 5.1 1412 1.1 2034 5.1	0341 6.0 1007 1.4 1612 6.2 2234 1.3	0345 8.3 0955 1.8 1615 8.6 2225 1.5	0433 11.8 1109 1.9 1704 12.2 2345 1.7	0237 1.1 0913 3.7 1502 0.7 2151 3.8	0219 0.9 0830 3.2 1457 0.6 2106 3.2	0009 0.8 0612 2.6 1242 0.6 1845 2.6	0239 4.3 0854 1.0 1515 4.4 2118 1.0	0254 3.6 0925 0.7 1520 3.6 2151 0.5
26 TH	0236 1.0 0848 5.5 1500 0.6 2118 5.5	0436 6.6 1100 0.8 1703 6.7 2324 0.7	0442 9.1 1050 1.1 1709 9.3 2315 0.8	0533 12.9 1221 1.1 1802 13.1	0324 0.7 1000 4.0 1548 0.5 2236 4.0	0315 0.7 0924 3.3 1548 0.4 2157 3.3	0057 0.6 0658 2.9 1329 0.4 1927 2.6	0330 4.8 0939 0.5 1600 4.8 2200 0.5	0348 3.9 1018 0.4 1612 3.9 2242 0.3
27 F	0321 0.6 0932 5.8 1544 0.3 2200 5.7	0525 7.1 1149 0.5 1750 7.2	0533 9.8 1139 0.5 1757 9.9	0054 0.9 0627 13.7 1324 0.5 1852 13.8	0408 0.5 1045 4.2 1632 0.3 2318 4.2	0404 0.5 1013 3.5 1634 0.3 2245 3.5	0142 0.4 0742 3.0 1412 0.3 2009 2.7	0415 5.2 1021 0.2 1642 5.2 2241 0.2	0438 4.1 1108 0.2 1659 4.1 2330 0.1
28 SA ●	0403 0.3 1015 6.1 1627 0.0 2242 5.8	0012 0.3 0612 7.5 1236 0.0 1835 7.5	0001 0.3 0620 10.2 1225 0.1 1842 10.3	0151 0.4 0715 14.3 1417 0.0 1938 14.2	0450 0.3 1128 4.4 1715 0.1 2359 4.3	0450 0.4 1100 3.7 1719 0.1 2329 3.6	0226 0.2 0824 3.1 1454 0.2 2051 2.8	0458 5.5 1103 -0.1 1724 5.4 2322 -0.0	0524 4.3 1154 0.0 1744 4.3
29 SU	0445 0.1 1059 6.2 1710 -0.0 2324 5.9	0057 0.0 0657 7.7 1320 -0.1 1919 7.6	0045 0.1 0706 10.5 1309 -0.0 1924 10.4	0239 -0.0 0800 14.5 1502 -0.2 2021 14.4	0532 0.2 1212 4.5 1757 0.1	0534 0.2 1145 3.7 1803 0.0	0309 0.2 0906 3.1 1536 0.2 2131 2.8	0542 5.6 1143 -0.2 1806 5.5	0017 -0.0 0609 4.4 1239 -0.0 1829 4.3
30 M	0530 0.1 1144 6.2 1754 0.1	0140 -0.1 0741 7.7 1403 -0.0 2002 7.5	0127 0.1 0749 10.4 1349 0.2 2006 10.2	0321 -0.1 0842 14.2 1540 -0.1 2101 14.3	0041 4.3 0615 0.2 1257 4.5 1841 0.2	0012 3.6 0618 0.2 1231 3.7 1848 0.1	0354 0.2 0949 3.0 1616 0.3 2212 2.7	0003 -0.1 0626 5.6 1224 -0.0 1848 5.4	0102 -0.0 0652 4.4 1323 0.0 1912 4.2
31 TU	0009 5.8 0615 0.2 1231 6.0 1840 0.4	0224 0.1 0825 7.4 1445 0.3 2045 7.2	0207 0.3 0831 10.1 1428 0.5 2046 9.8	0355 0.1 0924 14.2 1612 0.2 2141 13.8	0125 4.2 0700 0.4 1346 4.4 1927 0.5	0057 3.5 0704 0.2 1319 3.6 1935 0.2	0439 0.3 1033 2.8 1657 0.5 2253 2.5	0046 0.1 0711 5.4 1307 0.2 1933 5.2	0146 0.1 0736 4.2 1406 0.2 1957 4.2

PAGE 84

TIDE TABLES

WEST COAST ENGLAND, WALES & IRELAND Time Zone UT
Holyhead * Milford Haven * Swansea * Avonmouth * Dublin * Belfast * Londonderry * Galway * Cobh

TIDE TABLES APRIL 1998

HOLYHEAD Time m	MILFORD HAVEN Time m	SWANSEA Time m	AVONMOUTH Time m	DUBLIN Time m	BELFAST Time m	LONDONDERRY Time m	GALWAY Time m	COBH Time m	
0054 5.6 0703 0.5 1320 5.7 1928 0.8	0306 0.5 0909 7.0 1527 0.7 2128 6.7	0246 0.8 0912 9.6 1507 1.1 2128 9.2	0425 0.6 100613.4 1641 1.0 222112.9	0212 4.1 0749 0.5 1439 4.2 2017 0.8	0144 3.4 0751 0.3 1411 3.5 2025 0.4	0526 0.5 1121 2.6 1739 0.6 2338 2.4	0132 0.4 0758 5.1 1353 0.7 2019 4.8	0230 0.2 0820 4.1 1451 0.4 2042 4.0	1 W
0142 5.3 0755 0.8 1413 5.2 2021 1.2	0350 1.0 0954 6.5 1610 1.3 2215 6.2	0328 1.4 0956 8.9 1549 1.8 2213 8.6	0454 1.3 104812.4 1709 1.8 230311.9	0305 3.9 0844 0.8 1538 3.9 2115 1.1	0235 3.3 0844 0.5 1509 3.2 2122 0.7	0618 0.7 1216 2.3 1826 0.8	0221 0.8 0848 4.7 1443 1.2 2111 4.4	0316 0.5 0906 3.9 1538 0.6 2132 3.8	2 TH
0236 5.0 0856 1.3 1515 4.8 2124 1.7	0438 1.5 1045 5.9 1700 1.8 2310 5.7	0417 2.2 1046 8.2 1642 2.6 2309 7.9	0524 2.1 113311.2 1744 2.6 235110.8	0406 3.8 0949 1.0 1648 3.7 2222 1.4	0332 3.2 0945 0.6 1616 3.0 2231 0.9	0032 2.2 0723 0.9 1330 2.1 1921 0.9	0318 1.3 0946 4.2 1542 1.7 2211 4.1	0407 0.8 0957 3.6 1631 0.9 2228 3.5	3 F
0343 4.7 1009 1.6 1633 4.5 2242 2.0	0539 2.0 1147 5.4 1808 2.3	0521 2.8 1148 7.5 1755 3.2	0604 2.9 123010.3 1830 3.4	0518 3.6 1104 1.2 1803 3.5 2339 1.6	0437 3.0 1100 0.8 1732 2.9 2350 1.0	0157 2.1 0900 1.0 1512 2.0 2034 1.1	0430 1.6 1057 3.9 1702 2.0 2330 3.8	0507 1.0 1059 3.3 1736 1.1 2338 3.3	4 SA
0506 4.5 1133 1.8 1803 4.4	0021 5.3 0704 2.3 1308 5.1 1938 2.4	0023 7.3 0648 3.3 1311 7.1 1930 3.4	005510.1 0703 3.6 1345 9.8 1951 3.9	0633 3.6 1226 1.3 1919 3.5	0548 3.0 1221 0.8 1846 2.8	0355 2.1 1039 1.0 1630 2.0 2206 1.1	0606 1.8 1229 3.8 1842 2.0	0623 1.2 1215 3.1 1856 1.2	5 SU
0006 2.1 0633 4.6 1252 1.7 1921 4.5	0150 5.2 0834 2.2 1436 5.2 2100 2.0	0151 7.2 0818 3.2 1439 7.3 2052 3.2	0221 9.9 0853 3.7 151410.1 2137 3.5	0059 1.6 0745 3.6 1343 1.2 2030 3.5	0102 1.0 0655 3.0 1330 0.7 1952 2.9	0500 2.2 1145 0.8 1725 2.2 2318 1.0	0105 3.8 0731 1.7 1351 3.9 1956 1.9	0103 3.2 0745 1.2 1338 3.1 2012 1.1	6 M
0119 1.9 0740 4.8 1354 1.5 2016 4.7	0309 5.5 0942 1.9 1542 5.6 2200 1.8	0312 7.5 0930 2.8 1549 7.7 2154 2.7	034810.5 1019 2.9 162810.9 2251 2.6	0209 1.4 0851 3.7 1443 1.1 2127 3.6	0203 0.9 0756 3.1 1427 0.6 2047 2.9	0548 2.3 1232 0.7 1811 2.3	0215 4.0 0827 1.5 1445 4.1 2045 1.6	0219 3.3 0852 1.0 1444 3.3 2113 1.0	7 TU
0213 1.7 0829 5.0 1440 1.3 2056 4.9	0405 5.9 1032 1.5 1630 6.0 2245 1.5	0411 8.0 1023 2.4 1639 8.2 2239 2.2	045411.4 1124 2.1 172411.8 2348 1.8	0301 1.3 0944 3.8 1530 0.9 2212 3.7	0254 0.8 0848 3.2 1515 0.6 2133 3.0	0009 0.8 0628 2.5 1310 0.6 1851 2.4	0303 4.2 0910 1.2 1527 4.3 2124 1.3	0316 3.5 0945 0.9 1534 3.4 2202 0.8	8 W
0254 1.4 0907 5.1 1518 1.1 2129 5.1	0448 6.2 1111 1.2 1709 6.3 2323 1.2	0457 8.5 1105 2.0 1720 8.7 2318 1.8	054312.1 1215 1.6 180912.4	0344 1.1 1027 3.9 1609 0.8 2247 3.7	0336 0.7 0935 3.2 1554 0.5 2212 3.1	0052 0.7 0704 2.5 1343 0.6 1927 2.5	0343 4.4 0947 1.0 1604 4.5 2200 1.1	0401 3.7 1027 0.8 1616 3.6 2242 0.7	9 TH
0329 1.2 0939 5.3 1549 1.0 2158 5.2	0526 6.5 1145 1.0 1744 6.5 2357 1.0	0535 8.9 1141 1.7 1755 9.0 2352 1.6	0036 1.4 062412.5 1300 1.4 184612.7	0421 0.9 1101 3.9 1643 0.8 2315 3.7	0414 0.6 1015 3.3 1629 0.5 2245 3.1	0130 0.6 0737 2.6 1413 0.5 2000 2.5	0419 4.5 1021 0.8 1639 4.7 2233 0.9	0439 3.8 1104 0.7 1652 3.7 2318 0.7	10 F
0359 1.0 1010 5.4 1619 0.9 2227 5.3	0600 6.6 1218 0.9 1817 6.6	0609 9.1 1213 1.5 1827 9.2	0118 1.2 070012.7 1339 1.3 191912.8	0454 0.8 1130 3.9 1715 0.8 2339 3.8	0448 0.6 1051 3.3 1700 0.5 2313 3.2	0203 0.6 0807 2.6 1442 0.5 2030 2.6	0454 4.7 1054 0.7 1712 4.8 2306 0.7	0513 3.9 1138 0.6 1727 3.8 2351 0.6	11 SA ○
0428 0.9 1040 5.4 1648 0.8 2256 5.4	0029 0.9 0631 6.7 1248 0.8 1848 6.7	0024 1.4 0641 9.2 1244 1.4 1858 9.3	0155 1.1 073112.8 1413 1.2 194912.9	0525 0.8 1157 3.9 1744 0.8	0518 0.5 1122 3.3 1727 0.5 2340 3.2	0233 0.5 0834 2.6 1509 0.5 2059 2.6	0527 4.7 1126 0.7 1745 4.8 2338 0.7	0545 3.9 1210 0.6 1800 3.9	12 SU
0458 0.9 1111 5.4 1718 0.9 2326 5.4	0100 0.9 0702 6.7 1317 0.8 1917 6.7	0055 1.4 0712 9.2 1312 1.4 1927 9.3	0228 1.1 080012.9 1444 1.1 201713.0	0005 3.8 0554 0.7 1226 3.9 1812 0.8	0547 0.5 1153 3.4 1756 0.5	0303 0.5 0900 2.5 1534 0.5 2127 2.5	0600 4.7 1157 0.7 1816 4.8	0022 0.6 0616 3.9 1241 0.6 1832 3.9	13 M
0529 0.9 1142 5.3 1748 1.0 2357 5.3	0130 0.8 0731 6.7 1347 0.9 1947 6.6	0124 1.4 0741 9.2 1340 1.4 1956 9.2	0257 0.9 082912.9 1512 1.1 204612.9	0034 3.8 0622 0.8 1259 3.8 1841 0.8	0008 3.3 0617 0.5 1224 3.4 1827 0.5	0332 0.6 0927 2.5 1601 0.6 2156 2.5	0009 0.7 0631 4.7 1227 0.8 1848 4.8	0054 0.7 0647 3.9 1312 0.6 1904 3.9	14 TU
0601 1.0 1214 5.2 1820 1.1	0201 0.9 0801 6.6 1416 1.0 2017 6.5	0152 1.5 0809 9.0 1406 1.6 2024 9.0	0325 1.0 085912.7 1537 1.2 211512.6	0109 3.8 0654 0.8 1336 3.7 1914 0.9	0038 3.3 0649 0.5 1259 3.3 1900 0.5	0405 0.6 0957 2.4 1631 0.7 2230 2.4	0041 0.8 0703 4.6 1257 0.9 1919 4.6	0126 0.7 0718 3.9 1345 0.7 1938 3.8	15 W

● ● Time UT. For British Summer Time (shaded) March 29th to October 25th ADD ONE HOUR ● ●

PAGE 85

APRIL 1998 TIDE TABLES

Time UT. For British Summer Time (shaded) March 29th to October 25th ADD ONE HOUR

	HOLYHEAD	MILFORD HAVEN	SWANSEA	AVONMOUTH	DUBLIN	BELFAST	LONDONDERRY	GALWAY	COBH
	Time m	Time m	Time m	Time m	Time m	Time m	Time m	Time m	Time m
16 TH	0030 5.2 0636 1.1 1248 5.1 1855 1.3	0232 1.1 0832 6.4 1447 1.3 2048 6.3	0221 1.7 0838 8.8 1433 1.9 2054 8.7	0351 1.3 0930 12.3 1602 1.6 2146 12.0	0148 3.7 0729 0.9 1418 3.6 1952 1.0	0112 3.3 0726 0.6 1337 3.3 1939 0.6	0441 0.6 1031 2.3 1706 0.7 2307 2.3	0113 1.0 0736 4.4 1330 1.2 1954 4.5	0158 0.8 0751 3.8 1418 0.8 2013 3.7
17 F	0106 5.1 0714 1.3 1327 4.9 1935 1.5	0305 1.4 0905 6.1 1519 1.6 2124 6.0	0252 1.9 0910 8.5 1505 2.1 2129 8.3	0416 1.7 1002 11.7 1627 2.0 2218 11.4	0232 3.6 0811 1.0 1506 3.5 2039 1.2	0151 3.3 0807 0.7 1421 3.2 2022 0.8	0522 0.7 1112 2.2 1748 0.8 2351 2.2	0150 1.2 0813 4.3 1409 1.5 2033 4.3	0234 0.9 0827 3.6 1454 0.9 2054 3.6
18 SA	0147 4.9 0800 1.5 1413 4.7 2024 1.8	0342 1.7 0944 5.8 1557 2.0 2209 5.7	0329 2.2 0950 8.1 1545 2.5 2215 7.9	0444 2.1 1036 11.1 1657 2.4 2256 10.8	0321 3.5 0902 1.1 1603 3.4 2137 1.4	0235 3.2 0855 0.8 1512 3.1 2112 0.9	0609 0.8 1203 2.0 1836 1.0	0233 1.4 0857 4.1 1456 1.7 2121 4.1	0315 1.0 0909 3.5 1539 1.0 2141 3.5
19 SU	0239 4.7 0857 1.7 1515 4.5 2130 2.0	0430 2.0 1034 5.5 1651 2.3 2309 5.4	0419 2.6 1042 7.7 1642 2.9 2319 7.5	0519 2.5 1121 10.6 1737 2.8 2350 10.3	0418 3.4 1009 1.2 1709 3.3 2252 1.5	0326 3.1 0952 0.9 1611 3.0 2212 1.0	0046 2.2 0704 0.9 1311 1.9 1934 1.0	0327 1.6 0954 3.9 1559 1.9 2222 3.9	0407 1.1 1002 3.3 1636 1.1 2241 3.3
20 M	0348 4.6 1011 1.8 1639 4.4 2252 2.0	0537 2.3 1145 5.2 1811 2.4	0532 2.9 1154 7.3 1811 3.2	0610 3.0 1227 10.2 1839 3.3	0523 3.3 1127 1.2 1824 3.3	0427 3.0 1103 0.9 1719 3.0 2326 1.1	0159 2.1 0815 1.0 1458 1.9 2052 1.1	0439 1.8 1107 3.8 1725 2.0 2340 3.9	0514 1.2 1109 3.2 1749 1.2 2355 3.3
21 TU	0511 4.6 1133 1.7 1806 4.5	0031 5.3 0706 2.2 1315 5.2 1946 2.3	0042 7.4 0702 2.9 1322 7.4 1945 2.9	0113 10.2 0732 3.2 1358 10.1 2018 3.3	0007 1.4 0636 3.4 1239 1.1 1935 3.4	0537 3.0 1219 0.9 1832 3.0	0330 2.2 0954 1.0 1635 2.0 2224 1.0	0606 1.7 1236 3.8 1854 1.8	0634 1.2 1230 3.2 1910 1.1
22 W	0012 1.8 0627 4.8 1245 1.3 1913 4.8	0157 5.6 0830 1.9 1438 5.6 2104 1.8	0206 7.7 0822 2.4 1443 7.9 2059 2.3	0246 10.7 0916 2.7 1525 11.1 2152 2.6	0112 1.3 0745 3.5 1342 0.9 2035 3.6	0043 1.1 0650 3.1 1328 0.7 1940 3.1	0444 2.4 1121 0.8 1733 2.2 2334 0.8	0102 4.0 0724 1.4 1351 4.1 1959 1.4	0114 3.4 0751 1.0 1347 3.4 2022 0.8
23 TH	0115 1.4 0728 5.1 1343 0.9 2007 5.1	0309 6.1 0936 1.4 1542 6.2 2206 1.3	0317 8.4 0928 1.7 1549 8.6 2158 1.5	0403 11.8 1036 1.9 1636 12.1 2312 1.8	0209 1.1 0844 3.8 1436 0.7 2127 3.8	0151 0.9 0757 3.2 1427 0.5 2040 3.2	0540 2.6 1218 0.6 1821 2.4	0209 4.4 0823 1.0 1447 4.5 2050 1.0	0224 3.7 0857 0.7 1451 3.7 2124 0.6
24 F	0209 1.0 0820 5.5 1433 0.6 2053 5.5	0408 6.6 1033 0.8 1637 6.7 2259 0.7	0416 9.1 1024 1.1 1644 9.3 2251 0.9	0506 12.8 1153 1.2 1736 13.0	0300 0.8 0936 4.0 1525 0.4 2214 4.0	0248 0.7 0855 3.4 1520 0.3 2133 3.4	0029 0.6 0630 2.8 1306 0.4 1906 2.6	0302 4.8 0912 0.6 1534 4.9 2136 0.6	0321 3.9 0953 0.5 1545 3.9 2218 0.4
25 SA	0256 0.7 0906 5.8 1519 0.3 2136 5.7	0500 7.1 1124 0.4 1726 7.1 2348 0.3	0509 9.7 1115 0.6 1733 9.9 2339 0.5	0027 1.1 0602 13.5 1259 0.6 1828 13.6	0345 0.6 1024 4.2 1610 0.3 2257 4.2	0339 0.5 0948 3.5 1609 0.2 2221 3.5	0118 0.4 0715 2.9 1349 0.3 1948 2.7	0350 5.1 0956 0.2 1618 5.2 2218 0.2	0413 4.2 1044 0.3 1635 4.2 2308 0.2
26 SU ●	0341 0.4 0952 6.0 1604 0.1 2220 5.9	0548 7.4 1212 0.1 1812 7.4	0557 10.1 1203 0.3 1820 10.2	0127 0.5 0652 14.0 1353 0.3 1915 14.0	0430 0.4 1110 4.4 1654 0.2 2340 4.3	0427 0.4 1038 3.6 1656 0.1 2307 3.6	0205 0.3 0800 3.0 1430 0.2 2030 2.7	0435 5.4 1038 0.0 1700 5.4 2301 0.1	0501 4.4 1132 0.1 1723 4.3 2356 0.1
27 M	0425 0.2 1039 6.1 1648 0.1 2303 5.9	0035 0.1 0636 7.5 1258 0.0 1857 7.5	0024 0.2 0645 10.3 1247 0.3 1904 10.3	0216 0.2 0739 14.2 1439 0.1 1958 14.2	0513 0.3 1155 4.5 1737 0.2	0514 0.3 1126 3.7 1742 0.1 2352 3.6	0251 0.2 0844 3.0 1510 0.2 2111 2.7	0520 5.5 1120 0.0 1743 5.5 2344 0.0	0547 4.4 1218 0.1 1809 4.4
28 TU	0511 0.1 1126 6.0 1733 0.2 2349 5.8	0121 0.1 0721 7.5 1342 0.1 1942 7.4	0108 0.4 0730 10.2 1329 0.3 1947 10.1	0259 0.1 0822 14.2 1518 0.2 2040 14.1	0022 4.3 0557 0.2 1242 4.4 1821 0.4	0600 0.2 1215 3.7 1827 0.2	0336 0.2 0928 2.9 1550 0.2 2151 2.7	0606 5.5 1203 0.2 1827 5.4	0042 0.1 0632 4.4 1303 0.2 1854 4.4
29 W	0558 0.3 1214 5.8 1820 0.5	0205 0.2 0806 7.3 1424 0.4 2025 7.1	0150 0.6 0813 9.9 1409 0.8 2028 9.7	0335 0.3 0904 13.9 1551 0.6 2121 13.6	0106 4.3 0644 0.3 1330 4.3 1907 0.6	0037 3.6 0646 0.3 1304 3.5 1915 0.4	0422 0.3 1014 2.7 1630 0.3 2232 2.6	0028 0.2 0651 5.3 1246 0.5 1912 5.2	0127 0.2 0716 4.3 1348 0.3 1939 4.2
30 TH	0035 5.6 0647 0.5 1303 5.5 1907 0.9	0248 0.5 0849 6.9 1506 0.8 2109 6.7	0230 1.0 0855 9.4 1448 1.3 2110 9.2	0406 0.8 0947 13.2 1621 1.2 2203 12.9	0153 4.2 0733 0.5 1423 4.1 1956 0.8	0124 3.5 0734 0.3 1356 3.4 2005 0.6	0510 0.5 1101 2.5 1710 0.6 2315 2.4	0114 0.5 0739 5.0 1333 0.9 1959 4.9	0212 0.4 0800 4.1 1432 0.5 2024 4.1

PAGE 86

TIDE TABLES

WEST COAST ENGLAND, WALES & IRELAND Time Zone UT
Holyhead * Milford Haven * Swansea * Avonmouth * Dublin * Belfast * Londonderry * Galway * Cobh

TIDE TABLES   MAY 1998

HOLYHEAD Time m	MILFORD HAVEN Time m	SWANSEA Time m	AVONMOUTH Time m	DUBLIN Time m	BELFAST Time m	LONDONDERRY Time m	GALWAY Time m	COBH Time m	Day
0124 5.4 0739 0.8 1356 5.1 1958 1.3	0333 1.0 0935 6.4 1549 1.3 2154 6.2	0312 1.6 0938 8.8 1530 1.9 2154 8.6	0435 1.4 103012.2 1650 1.9 224511.9	0244 4.0 0828 0.7 1521 3.9 2051 1.2	0214 3.4 0827 0.5 1453 3.2 2100 0.8	0601 0.7 1155 2.2 1754 0.7	0204 0.9 0830 4.6 1422 1.3 2050 4.5	0257 0.6 0846 3.9 1518 0.7 2113 3.8	1 F
0215 5.1 0837 1.2 1455 4.8 2057 1.7	0419 1.5 1023 5.8 1636 1.8 2245 5.8	0359 2.2 1025 8.2 1618 2.5 2246 8.0	0506 2.2 111511.2 1722 2.6 233010.9	0341 3.8 0930 1.0 1626 3.6 2154 1.4	0309 3.3 0925 0.6 1557 3.0 2203 1.0	0003 2.3 0703 0.8 1302 2.0 1843 0.9	0300 1.3 0927 4.3 1520 1.7 2147 4.2	0346 0.9 0936 3.6 1608 0.9 2206 3.6	2 SA
0315 4.8 0944 1.5 1605 4.5 2206 2.0	0515 2.0 1119 5.4 1736 2.2 2348 5.4	0457 2.7 1121 7.6 1723 3.1 2350 7.5	0543 2.9 120610.3 1803 3.3	0448 3.7 1040 1.1 1736 3.5 2306 1.6	0409 3.1 1033 0.7 1706 2.9 2315 1.0	0107 2.2 0824 1.0 1427 1.9 1943 1.0	0407 1.6 1031 4.0 1630 2.0 2256 3.9	0442 1.1 1032 3.4 1706 1.1 2310 3.4	3 SU
0428 4.6 1059 1.7 1725 4.3 2325 2.2	0627 2.2 1230 5.1 1853 2.4	0611 3.1 1233 7.2 1845 3.3	0027 10.2 0634 3.5 1312 9.8 1907 3.8	0559 3.6 1154 1.2 1847 3.4	0513 3.1 1146 0.8 1815 2.8	0242 2.1 0957 1.0 1545 2.0 2100 1.1	0527 1.8 1150 3.8 1755 2.1	0549 1.3 1139 3.2 1816 1.2	4 M
0548 4.5 1212 1.7 1840 4.4	0104 5.3 0748 2.3 1350 5.1 2013 2.3	0107 7.3 0733 3.2 1354 7.2 2006 3.2	0142 9.9 0803 3.7 1431 9.9 2051 3.7	0021 1.6 0708 3.6 1306 1.2 1954 3.4	0024 1.0 0618 3.0 1253 0.7 1917 2.8	0404 2.2 1103 0.9 1644 2.1 2219 1.0	0019 3.8 0646 1.7 1309 3.9 1912 2.0	0024 3.3 0703 1.3 1254 3.2 1928 1.2	5 TU
0039 2.1 0657 4.6 1315 1.6 1938 4.6	0222 5.4 0857 2.0 1500 5.4 2117 2.0	0224 7.4 0844 2.9 1505 7.6 2109 2.8	0301 10.2 0933 3.2 1546 10.3 2206 3.0	0132 1.5 0812 3.6 1408 1.1 2051 3.5	0125 1.0 0718 3.0 1350 0.7 2011 2.9	0500 2.3 1152 0.8 1732 2.2 2321 0.9	0133 3.9 0747 1.6 1409 4.0 2008 1.8	0137 3.3 0809 1.2 1401 3.3 2030 1.1	6 W
0136 1.9 0750 4.8 1404 1.4 2021 4.8	0324 5.7 0950 1.8 1551 5.7 2206 1.7	0327 7.8 0940 2.6 1600 8.0 2200 2.4	0412 10.9 1038 2.5 1645 11.3 2306 2.3	0229 1.3 0907 3.7 1457 1.0 2138 3.6	0217 0.9 0812 3.1 1438 0.6 2057 2.9	0546 2.3 1231 0.7 1815 2.3	0227 4.0 0833 1.4 1454 4.2 2051 1.5	0236 3.5 0903 1.1 1455 3.4 2121 1.0	7 TH
0221 1.6 0832 4.9 1444 1.3 2057 5.0	0411 6.0 1033 1.5 1634 6.1 2248 1.4	0417 8.2 1025 2.2 1642 8.4 2241 2.1	0505 11.6 1133 2.0 1731 11.9 2356 1.7	0315 1.2 0952 3.7 1537 0.9 2215 3.6	0302 0.8 0900 3.1 1519 0.6 2137 3.0	0011 0.8 0626 2.4 1306 0.6 1853 2.4	0311 4.2 0914 1.2 1533 4.4 2130 1.3	0324 3.6 0948 1.0 1539 3.6 2204 0.9	8 F
0257 1.4 0908 5.1 1518 1.1 2128 5.2	0451 6.2 1110 1.2 1712 6.3 2324 1.2	0458 8.6 1104 1.9 1720 8.8 2318 1.8	0548 12.0 1220 1.6 1811 12.3	0354 1.0 1030 3.7 1612 0.9 2245 3.7	0342 0.7 0942 3.2 1555 0.5 2212 3.1	0053 0.7 0702 2.4 1338 0.6 1928 2.5	0350 4.4 0950 1.1 1609 4.6 2206 1.1	0403 3.8 1027 0.9 1618 3.7 2242 0.8	9 SA
0330 1.2 0941 5.2 1549 1.0 2159 5.3	0527 6.4 1145 1.1 1746 6.5 2359 1.0	0535 8.8 1139 1.7 1755 9.0 2354 1.6	0040 1.5 0626 12.3 1302 1.4 1846 12.5	0428 0.9 1102 3.7 1644 0.8 2312 3.7	0418 0.6 1020 3.2 1627 0.5 2244 3.2	0130 0.6 0735 2.5 1409 0.5 2001 2.5	0425 4.5 1024 0.9 1643 4.7 2239 0.9	0440 3.9 1104 0.8 1656 3.9 2318 0.8	10 SU
0402 1.1 1013 5.3 1620 1.0 2230 5.4	0602 6.5 1218 1.0 1819 6.6	0610 9.0 1213 1.6 1828 9.2	0121 1.3 0700 12.5 1341 1.3 1918 12.7	0500 0.9 1132 3.7 1714 0.8 2341 3.8	0451 0.6 1054 3.2 1658 0.5 2314 3.2	0206 0.6 0805 2.4 1439 0.5 2033 2.5	0500 4.6 1057 0.9 1715 4.8 2312 0.8	0515 3.9 1139 0.7 1731 3.9 2354 0.7	11 M ○
0433 1.0 1045 5.3 1651 0.9 2301 5.4	0033 0.9 0634 6.6 1250 1.0 1851 6.7	0027 1.6 0643 9.0 1245 1.6 1901 9.2	0158 1.1 0732 12.7 1416 1.2 1950 12.9	0529 0.9 1203 3.8 1744 0.8	0523 0.5 1127 3.2 1729 0.5 2343 3.3	0239 0.6 0835 2.4 1507 0.5 2104 2.5	0533 4.6 1127 0.9 1748 4.8 2345 0.8	0548 4.0 1215 0.7 1807 4.0	12 TU
0506 1.0 1118 5.3 1724 1.0 2334 5.4	0106 0.9 0706 6.6 1323 1.0 1924 6.6	0100 1.5 0716 9.0 1316 1.6 1933 9.1	0233 1.0 0804 12.8 1448 1.1 2022 12.9	0012 3.8 0600 0.9 1237 3.7 1815 0.8	0555 0.5 1201 3.2 1801 0.5	0312 0.6 0905 2.4 1536 0.6 2136 2.5	0605 4.6 1159 0.9 1820 4.8	0030 0.8 0622 3.9 1250 0.7 1842 3.9	13 W
0541 1.0 1154 5.2 1758 1.1	0140 1.0 0739 6.5 1355 1.1 1957 6.5	0132 1.6 0748 8.9 1346 1.7 2005 9.0	0305 1.0 0838 12.7 1519 1.2 2056 12.7	0048 3.9 0633 0.8 1315 3.7 1851 0.9	0015 3.3 0630 0.5 1238 3.2 1837 0.5	0348 0.6 0939 2.4 1609 0.6 2210 2.5	0018 0.8 0639 4.6 1233 1.1 1854 4.7	0106 0.8 0656 3.9 1325 0.8 1918 3.9	14 TH
0010 5.3 0618 1.0 1230 5.1 1836 1.2	0215 1.1 0813 6.4 1429 1.3 2032 6.4	0203 1.7 0821 8.8 1417 1.8 2039 8.8	0336 1.2 0913 12.4 1548 1.5 2131 12.3	0127 3.8 0712 0.8 1358 3.7 1931 0.9	0051 3.3 0708 0.5 1318 3.2 1917 0.6	0426 0.6 1017 2.3 1645 0.7 2248 2.5	0053 0.9 0715 4.5 1309 1.2 1931 4.6	0142 0.8 0731 3.8 1401 0.9 1956 3.8	15 F

● ● Time UT. For British Summer Time (shaded) March 29th to October 25th ADD ONE HOUR ● ●

PAGE 87

MAY 1998 TIDE TABLES

● ● Time UT. For British Summer Time (shaded) March 29th to October 25th ADD ONE HOUR ● ●

	HOLYHEAD	MILFORD HAVEN	SWANSEA	AVONMOUTH	DUBLIN	BELFAST	LONDONDERRY	GALWAY	COBH
	Time m	Time m	Time m	Time m	Time m	Time m	Time m	Time m	Time m
16 SA	0048 5.2 0659 1.1 1312 4.9 1918 1.4	0251 1.3 0850 6.2 1505 1.5 2111 6.2	0238 1.8 0857 8.5 1451 2.0 2117 8.5	0405 1.5 0949 12.0 1615 1.8 2208 11.8	0211 3.7 0755 0.8 1446 3.6 2018 1.1	0130 3.3 0751 0.6 1403 3.2 2002 0.7	0508 0.7 1100 2.2 1726 0.7 2333 2.4	0132 1.1 0757 4.4 1351 1.4 2014 4.5	0219 0.9 0809 3.7 1439 0.9 2037 3.7
17 SU	0132 5.1 0746 1.3 1401 4.8 2008 1.6	0331 1.5 0933 5.9 1548 1.6 2157 6.0	0318 2.0 0939 8.2 1533 2.3 2204 8.2	0436 1.9 1029 11.5 1648 2.2 2251 11.3	0259 3.6 0847 0.9 1541 3.5 2115 1.2	0215 3.3 0839 0.6 1453 3.1 2053 0.8	0555 0.8 1152 2.1 1813 0.8	0218 1.2 0843 4.2 1439 1.6 2103 4.3	0302 1.0 0853 3.6 1524 1.0 2124 3.6
18 M	0224 4.9 0842 1.4 1501 4.6 2109 1.8	0421 1.8 1024 5.7 1642 2.0 2257 5.7	0409 2.3 1030 7.9 1630 2.6 2305 7.9	0513 2.2 1116 11.0 1730 2.5 2345 10.9	0353 3.6 0949 1.0 1644 3.4 2222 1.3	0306 3.2 0935 0.7 1551 3.0 2152 0.9	0024 2.4 0649 0.8 1257 2.0 1908 0.9	0312 1.4 0939 4.1 1541 1.8 2202 4.2	0352 1.1 0945 3.5 1619 1.1 2222 3.5
19 TU	0327 4.8 0949 1.5 1614 4.5 2223 1.8	0523 1.9 1130 5.5 1752 2.2	0515 2.5 1137 7.6 1748 2.8	0605 2.6 1218 10.7 1830 2.8	0454 3.5 1100 1.0 1754 3.4 2333 1.3	0403 3.2 1040 0.7 1655 3.0 2300 1.0	0128 2.3 0754 0.9 1422 2.0 2015 0.9	0417 1.5 1045 4.0 1656 1.9 2312 4.1	0455 1.1 1048 3.4 1727 1.1 2330 3.5
20 W	0439 4.8 1103 1.4 1733 4.6 2338 1.7	0009 5.7 0639 1.9 1249 5.5 1914 2.1	0018 7.7 0635 2.5 1256 7.6 1915 2.7	0056 10.7 0717 2.7 1333 10.7 1951 2.9	0603 3.5 1209 1.0 1903 3.5	0509 3.1 1151 0.7 1805 3.0 2137 0.9	0245 2.3 0919 0.9 1553 2.0	0533 1.5 1203 4.0 1816 1.7	0607 1.1 1201 3.4 1840 1.0
21 TH	0552 4.9 1212 1.2 1841 4.8	0126 5.8 0757 1.7 1406 5.7 2031 1.8	0136 7.9 0753 2.2 1414 7.9 2029 2.2	0217 11.0 0842 2.4 1454 11.1 2116 2.5	0039 1.2 0712 3.6 1312 0.8 2006 3.6	0014 1.0 0619 3.2 1258 0.6 1912 3.1	0402 2.4 1045 0.8 1700 2.2 2255 0.8	0027 4.2 0647 1.3 1317 4.3 1926 1.4	0043 3.5 0721 1.0 1315 3.5 1952 0.9
22 F	0044 1.4 0657 5.1 1314 0.9 1939 5.1	0237 6.1 0906 1.4 1513 6.1 2136 1.3	0248 8.4 0900 1.8 1521 8.5 2132 1.6	0332 11.7 1000 1.9 1605 11.9 2236 2.0	0139 1.1 0815 3.8 1410 0.7 2102 3.8	0121 0.9 0727 3.3 1359 0.5 2013 3.2	0506 2.6 1148 0.6 1754 2.3 2359 0.7	0136 4.4 0750 1.0 1417 4.6 2022 1.1	0153 3.7 0828 0.8 1421 3.7 2057 0.7
23 SA	0141 1.1 0753 5.4 1408 0.7 2029 5.4	0340 6.5 1006 1.0 1611 6.6 2234 0.9	0350 8.9 0959 1.3 1619 9.1 2227 1.2	0438 12.5 1118 1.5 1708 12.6 2356 1.5	0234 0.9 0912 4.0 1502 0.5 2152 4.0	0222 0.8 0829 3.4 1454 0.4 2109 3.4	0600 2.7 1238 0.5 1842 2.5	0235 4.7 0842 0.7 1507 4.9 2111 0.7	0254 4.0 0927 0.6 1520 4.0 2154 0.5
24 SU	0233 0.8 0844 5.6 1457 0.5 2115 5.6	0436 6.9 1100 0.6 1703 6.9 2327 0.6	0445 9.4 1052 0.9 1711 9.6 2318 0.8	0536 13.1 1230 1.1 1803 13.2	0324 0.7 1004 4.2 1551 0.4 2239 4.1	0317 0.6 0926 3.5 1546 0.3 2200 3.5	0054 0.5 0650 2.8 1323 0.4 1927 2.6	0326 5.0 0930 0.5 1554 5.1 2157 0.5	0349 4.2 1021 0.4 1613 4.2 2248 0.3
25 M ●	0321 0.5 0933 5.8 1544 0.4 2200 5.7	0527 7.1 1150 0.4 1752 7.2	0537 9.8 1142 0.7 1800 9.9	0100 1.0 0630 13.5 1327 0.7 1853 13.5	0412 0.5 1054 4.3 1636 0.4 2324 4.2	0408 0.5 1019 3.6 1635 0.3 2247 3.5	0145 0.4 0737 2.8 1405 0.4 2009 2.6	0414 5.2 1015 0.4 1639 5.3 2242 0.4	0440 4.3 1112 0.3 1703 4.3 2337 0.3
26 TU	0409 0.4 1021 5.9 1630 0.4 2246 5.8	0015 0.4 0616 7.2 1237 0.3 1839 7.3	0006 0.7 0626 9.9 1227 0.7 1845 9.9	0153 0.7 0718 13.7 1415 0.6 1939 13.7	0458 0.4 1142 4.3 1721 0.4	0456 0.4 1110 3.6 1723 0.3 2333 3.7	0233 0.3 0824 2.8 1445 0.3 2050 2.7	0501 5.3 1100 0.4 1723 5.4 2327 0.3	0528 4.4 1200 0.3 1751 4.3
27 W	0456 0.3 1110 5.8 1716 0.5 2332 5.8	0103 0.3 0703 7.2 1322 0.3 1924 7.2	0051 0.8 0712 9.8 1311 0.8 1930 9.8	0238 0.6 0804 13.7 1457 0.6 2022 13.7	0007 4.3 0545 0.4 1229 4.3 1805 0.5	0544 0.3 1200 3.5 1809 0.3	0319 0.4 0909 2.7 1524 0.4 2130 2.7	0548 5.3 1144 0.5 1808 5.3	0024 0.3 0614 4.3 1245 0.3 1837 4.3
28 TH	0544 0.4 1159 5.6 1802 0.7	0148 0.4 0748 7.0 1406 0.6 2007 7.0	0136 1.0 0757 9.6 1352 1.1 2012 9.5	0317 0.7 0848 13.5 1533 0.9 2104 13.4	0051 4.3 0632 0.4 1317 4.2 1850 0.7	0019 3.7 0630 0.3 1250 3.5 1857 0.5	0406 0.4 0954 2.6 1603 0.5 2210 2.6	0012 0.4 0635 5.1 1228 0.7 1854 5.2	0110 0.4 0658 4.2 1330 0.4 1922 4.2
29 F	0018 5.6 0633 0.6 1248 5.4 1848 1.0	0232 0.7 0832 6.7 1448 0.9 2050 6.7	0217 1.3 0839 9.2 1431 1.5 2054 9.1	0350 1.1 0931 13.0 1605 1.4 2146 12.8	0136 4.2 0721 0.5 1406 4.0 1937 0.9	0106 3.6 0718 0.4 1340 3.3 1945 0.7	0451 0.6 1041 2.4 1642 0.6 2251 2.5	0100 0.6 0724 4.9 1315 1.0 1941 4.9	0155 0.5 0742 4.1 1413 0.6 2008 4.1
30 SA	0105 5.4 0722 0.9 1337 5.1 1936 1.3	0315 1.0 0915 6.3 1529 1.3 2133 6.3	0258 1.6 0921 8.7 1512 1.9 2136 8.7	0421 1.6 1013 12.2 1635 1.9 2227 12.0	0224 4.1 0813 0.7 1500 3.8 2028 1.1	0153 3.5 0808 0.5 1433 3.1 2035 0.8	0539 0.7 1130 2.2 1723 0.7 2334 2.4	0148 0.9 0813 4.6 1403 1.3 2030 4.6	0239 0.7 0826 3.9 1457 0.8 2054 3.9
31 SU	0153 5.2 0814 1.2 1429 4.8 2027 1.6	0359 1.4 1000 5.9 1612 1.7 2220 5.9	0342 2.0 1003 8.3 1557 2.3 2222 8.2	0452 2.2 1055 11.4 1706 2.5 2310 11.2	0316 3.9 0909 0.9 1557 3.6 2125 1.3	0243 3.4 0900 0.6 1529 3.0 2130 1.0	0631 0.8 1224 2.1 1808 0.8	0241 1.2 0904 4.3 1455 1.7 2121 4.3	0324 0.9 0912 3.7 1543 0.9 2142 3.7

PAGE 88

TIDE TABLES

WEST COAST ENGLAND, WALES & IRELAND Time Zone UT
Holyhead * Milford Haven * Swansea * Avonmouth * Dublin * Belfast * Londonderry * Galway * Cobh

TIDE TABLES JUNE 1998

HOLYHEAD	MILFORD HAVEN	SWANSEA	AVONMOUTH	DUBLIN	BELFAST	LONDONDERRY	GALWAY	COBH	
Time m	Time m	Time m	Time m	Time m	Time m	Time m	Time m	Time m	
0245 4.9 0911 1.5 1527 4.5 2125 1.9	0446 1.8 1049 5.5 1700 2.1 2312 5.6	0430 2.5 1052 7.8 1650 2.8 2315 7.8	0525 2.7 1140 10.6 1741 3.0 2357 10.5	0414 3.8 1010 1.0 1659 3.4 2227 1.5	0336 3.3 0958 0.7 1628 2.9 2230 1.0	0024 2.3 0731 0.9 1329 2.0 1859 0.9	0337 1.5 1000 4.1 1554 1.9 2218 4.1	0413 1.1 1002 3.5 1633 1.1 2236 3.5	**1 M**
0343 4.7 1013 1.7 1632 4.4 2231 2.1	0542 2.1 1145 5.3 1800 2.3	0530 2.8 1150 7.4 1756 3.1	0606 3.2 1232 10.0 1827 3.5	0517 3.6 1114 1.2 1803 3.3 2334 1.5	0434 3.2 1100 0.7 1730 2.8 2333 1.1	0127 2.2 0842 1.0 1439 2.0 1959 1.0	0441 1.7 1103 3.9 1702 2.0 2324 3.9	0509 1.3 1058 3.3 1730 1.2 2337 3.4	**2 TU**
0449 4.5 1120 1.8 1742 4.4 2342 2.2	0012 5.4 0648 2.2 1252 5.2 1912 2.4	0018 7.5 0637 3.0 1257 7.2 1909 3.2	0054 10.1 0702 3.5 1336 9.8 1936 3.8	0622 3.5 1218 1.2 1905 3.3	0533 3.1 1201 0.8 1829 2.8	0242 2.2 0954 1.0 1544 2.0 2109 1.0	0549 1.8 1213 3.9 1815 2.0	0609 1.4 1201 3.2 1832 1.3	**3 W**
0558 4.5 1223 1.8 1845 4.5	0122 5.4 0757 2.2 1403 5.2 2021 2.3	0127 7.4 0747 3.0 1409 7.4 2016 3.0	0204 10.0 0827 3.5 1448 10.0 2108 3.5	0042 1.5 0724 3.5 1320 1.2 2002 3.4	0034 1.0 0632 3.0 1259 0.8 1923 2.8	0354 2.2 1052 0.9 1640 2.1 2218 1.0	0037 3.8 0654 1.7 1319 3.9 1921 1.9	0042 3.3 0713 1.3 1306 3.3 1934 1.3	**4 TH**
0045 2.1 0659 4.6 1318 1.7 1936 4.6	0230 5.5 0857 2.0 1504 5.5 2118 2.0	0233 7.6 0848 2.8 1509 7.7 2112 2.7	0315 10.4 0944 3.1 1553 10.6 2215 2.9	0145 1.4 0821 3.5 1413 1.1 2053 3.4	0130 1.0 0727 3.0 1351 0.7 2012 2.9	0452 2.2 1139 0.9 1729 2.2 2318 0.9	0141 3.9 0749 1.6 1412 4.1 2013 1.7	0144 3.4 0812 1.2 1406 3.4 2031 1.2	**5 F**
0138 1.9 0750 4.7 1403 1.5 2019 4.8	0326 5.7 0948 1.8 1554 5.8 2208 1.7	0329 7.9 0940 2.5 1600 8.1 2200 2.4	0415 10.9 1043 2.5 1644 11.2 2310 2.3	0237 1.3 0911 3.5 1458 1.1 2136 3.5	0221 0.9 0818 3.0 1436 0.7 2057 3.0	0541 2.3 1221 0.8 1812 2.3	0233 4.0 0836 1.5 1457 4.3 2058 1.5	0238 3.5 0903 1.1 1457 3.5 2121 1.1	**6 SA**
0221 1.6 0833 4.9 1443 1.3 2057 5.0	0413 5.9 1033 1.6 1636 6.1 2251 1.5	0416 8.2 1024 2.2 1642 8.5 2242 2.1	0505 11.4 1135 2.1 1730 11.7 2359 1.8	0321 1.2 0954 3.5 1537 1.0 2212 3.6	0306 0.8 0905 3.1 1518 0.6 2137 3.1	0009 0.8 0624 2.3 1259 0.7 1854 2.4	0316 4.2 0917 1.3 1536 4.4 2137 1.3	0324 3.7 0948 1.0 1543 3.7 2206 0.9	**7 SU**
0300 1.4 0911 5.0 1519 1.2 2131 5.2	0454 6.2 1112 1.4 1715 6.3 2330 1.3	0459 8.5 1106 2.0 1721 8.7 2322 1.9	0548 11.9 1223 1.7 1811 12.2	0400 1.1 1033 3.6 1612 0.9 2246 3.7	0347 0.7 0947 3.1 1555 0.6 2214 3.1	0054 0.7 0702 2.3 1335 0.6 1932 2.5	0356 4.3 0954 1.2 1612 4.6 2214 1.1	0406 3.8 1030 0.9 1625 3.8 2248 0.9	**8 M**
0336 1.2 0947 5.1 1553 1.1 2205 5.3	0532 6.3 1150 1.2 1752 6.5	0538 8.7 1144 1.8 1800 8.9	0045 1.5 0628 12.2 1308 1.4 1849 12.5	0433 1.0 1108 3.6 1646 0.9 2319 3.8	0425 0.6 1027 3.1 1630 0.6 2248 3.2	0136 0.7 0738 2.4 1409 0.6 2008 2.5	0432 4.4 1029 1.1 1647 4.7 2248 1.0	0445 3.9 1110 0.8 1705 3.9 2328 0.8	**9 TU**
0411 1.1 1023 5.2 1627 1.0 2239 5.4	0008 1.1 0609 6.4 1226 1.1 1828 6.6	0000 1.7 0617 8.8 1221 1.7 1836 9.1	0129 1.3 0706 12.5 1350 1.3 1927 12.8	0506 0.9 1142 3.7 1719 0.8 2354 3.9	0502 0.6 1104 3.2 1706 0.6 2322 3.3	0215 0.6 0812 2.4 1442 0.6 2043 2.6	0507 4.5 1103 1.0 1721 4.8 2323 0.9	0523 3.9 1151 0.7 1745 3.9	**10 W** ○
0447 1.0 1059 5.2 1703 1.0 2315 5.4	0045 1.0 0645 6.5 1303 1.1 1904 6.7	0038 1.6 0654 8.9 1256 1.6 1913 9.1	0210 1.1 0744 12.6 1430 1.2 2004 12.9	0541 0.8 1219 3.7 1754 0.8	0538 0.5 1142 3.2 1742 0.5 2357 3.3	0254 0.6 0848 2.4 1515 0.5 2118 2.6	0543 4.6 1137 1.0 1756 4.8 2359 0.8	0008 0.8 0600 3.9 1230 0.7 1823 4.0	**11 TH**
0524 0.9 1136 5.2 1740 1.0 2354 5.4	0123 1.0 0722 6.5 1339 1.1 1942 6.7	0115 1.5 0731 8.9 1330 1.6 1950 9.1	0250 1.1 0823 12.7 1507 1.3 2041 12.9	0030 3.9 0617 0.7 1259 3.7 1832 0.8	0615 0.5 1221 3.2 1820 0.5	0333 0.5 0924 2.4 1550 0.5 2154 2.6	0620 4.6 1214 1.0 1833 4.8	0048 0.8 0638 3.9 1309 0.7 1902 4.0	**12 F**
0604 0.9 1217 5.2 1821 1.1	0202 1.0 0800 6.5 1417 1.2 2021 6.6	0152 1.5 0809 8.9 1406 1.6 2028 9.0	0327 1.2 0902 12.7 1542 1.4 2122 12.7	0109 3.9 0657 0.7 1342 3.7 1914 0.8	0033 3.4 0654 0.4 1302 3.2 1901 0.6	0413 0.6 1005 2.4 1627 0.6 2234 2.6	0037 0.8 0700 4.6 1254 1.1 1915 4.8	0127 0.8 0716 3.9 1348 0.7 1942 3.9	**13 SA**
0034 5.4 0647 0.9 1301 5.1 1904 1.2	0242 1.1 0841 6.4 1457 1.3 2103 6.5	0230 1.5 0848 8.7 1443 1.7 2109 8.8	0403 1.4 0942 12.4 1615 1.6 2203 12.4	0152 3.9 0742 0.7 1428 3.7 2000 0.9	0114 3.4 0738 0.4 1347 3.2 1947 0.6	0456 0.6 1050 2.3 1709 0.6 2317 2.6	0119 0.9 0743 4.6 1337 1.2 2000 4.7	0208 0.8 0757 3.8 1428 0.8 2024 3.9	**14 SU**
0119 5.3 0734 1.0 1350 5.0 1954 1.3	0324 1.3 0926 6.2 1542 1.5 2151 6.3	0311 1.6 0930 8.5 1526 1.9 2157 8.5	0438 1.6 1024 12.1 1649 1.9 2248 12.0	0239 3.9 0832 0.7 1521 3.6 2052 1.0	0159 3.4 0826 0.4 1436 3.1 2037 0.7	0543 0.7 1140 2.3 1755 0.7	0205 1.0 0830 4.5 1427 1.4 2048 4.6	0251 0.9 0840 3.7 1513 0.9 2111 3.8	**15 M**

● ● Time UT. For British Summer Time (shaded) March 29th to October 25th ADD ONE HOUR ● ●

PAGE 89

JUNE 1998 TIDE TABLES

● ● Time UT. For British Summer Time (shaded) March 29th to October 25th ADD ONE HOUR ● ●

	HOLYHEAD	MILFORD HAVEN	SWANSEA	AVONMOUTH	DUBLIN	BELFAST	LONDONDERRY	GALWAY	COBH
	Time m	Time m	Time m	Time m	Time m	Time m	Time m	Time m	Time m
16 TU	0209 5.2 0827 1.1 1445 4.8 2051 1.5	0412 1.4 1016 6.0 1633 1.7 2245 6.1	0359 1.8 1020 8.2 1618 2.1 2251 8.3	0516 1.9 1111 11.6 1730 2.2 2339 11.6	0330 3.8 0929 0.8 1618 3.5 2153 1.1	0248 3.4 0919 0.5 1531 3.1 2133 0.8	0006 2.6 0635 0.8 1238 2.2 1848 0.8	0257 1.1 0923 4.3 1522 1.5 2143 4.4	0339 0.9 0930 3.6 1605 0.9 2204 3.7
17 W	0307 5.1 0927 1.2 1549 4.7 2156 1.6	0509 1.6 1115 5.8 1734 1.8 2348 6.0	0457 2.0 1119 7.9 1725 2.4 2356 8.0	0603 2.1 1206 11.2 1823 2.4	0428 3.7 1033 0.8 1723 3.5 2259 1.2	0345 3.3 1018 0.5 1633 3.0 2237 0.9	0103 2.5 0734 0.8 1348 2.1 1948 0.8	0354 1.2 1022 4.2 1627 1.6 2246 4.3	0436 1.0 1028 3.6 1705 1.0 2306 3.6
18 TH	0412 5.0 1034 1.2 1700 4.7 2306 1.6	0614 1.7 1224 5.7 1845 1.9	0608 2.2 1229 7.8 1844 2.4	0039 11.3 0702 2.3 1310 11.0 1927 2.6	0533 3.7 1139 0.8 1831 3.5	0447 3.3 1124 0.6 1739 3.0 2347 0.9	0210 2.5 0845 0.9 1510 2.1 2100 0.9	0501 1.3 1130 4.2 1741 1.6 2357 4.3	0541 1.0 1133 3.5 1812 1.0
19 F	0521 5.0 1143 1.2 1810 4.8	0058 6.0 0725 1.7 1336 5.8 2000 1.8	0108 8.0 0723 2.2 1345 7.9 2000 2.3	0149 11.3 0812 2.3 1423 11.1 2043 2.6	0006 1.2 0642 3.7 1243 0.8 1936 3.6	0554 3.2 1230 0.6 1846 3.1	0325 2.5 1006 0.8 1627 2.1 2221 0.9	0612 1.3 1243 4.3 1854 1.5	0013 3.6 0651 1.0 1243 3.5 1924 0.9
20 SA	0015 1.5 0629 5.1 1248 1.1 1913 5.0	0209 6.1 0836 1.5 1445 6.0 2111 1.5	0220 8.3 0833 1.9 1455 8.3 2107 1.9	0302 11.5 0927 2.2 1535 11.5 2203 2.3	0111 1.1 0749 3.8 1345 0.8 2037 3.8	0056 0.9 0703 3.3 1335 0.5 1950 3.2	0436 2.5 1115 0.8 1728 2.2 2333 0.8	0108 4.4 0719 1.2 1348 4.5 1957 1.2	0124 3.7 0800 0.9 1353 3.7 2033 0.8
21 SU	0118 1.3 0731 5.3 1347 0.9 2009 5.2	0315 6.3 0942 1.3 1548 6.3 2213 1.2	0326 8.6 0937 1.6 1557 8.8 2206 1.5	0410 12.0 1045 1.9 1642 12.0 2325 2.0	0212 1.0 0851 4.0 1442 0.7 2133 3.9	0200 0.8 0809 3.3 1433 0.5 2048 3.4	0537 2.6 1212 0.7 1821 2.4	0211 4.6 0818 1.0 1444 4.7 2051 0.9	0230 3.8 0905 0.7 1457 3.8 2135 0.6
22 M	0215 1.0 0827 5.4 1440 0.8 2100 5.4	0416 6.5 1039 1.0 1645 6.6 2309 0.9	0426 9.0 1033 1.3 1652 9.2 2301 1.3	0514 12.4 1201 1.6 1742 12.5	0308 0.9 0948 4.1 1534 0.7 2224 4.1	0258 0.7 0909 3.4 1528 0.5 2141 3.5	0034 0.7 0631 2.6 1259 0.6 1909 2.5	0306 4.8 0909 0.8 1533 4.9 2141 0.7	0330 4.0 1003 0.6 1555 4.0 2230 0.5
23 TU	0308 0.8 0920 5.5 1530 0.7 2147 5.6	0511 6.7 1132 0.8 1736 6.8	0521 9.3 1125 1.2 1743 9.4 2351 1.2	0035 1.5 0612 12.8 1303 1.3 1835 12.9	0400 0.7 1041 4.1 1622 0.6 2311 4.2	0352 0.5 1006 3.5 1619 0.5 2230 3.6	0129 0.6 0721 2.6 1342 0.5 1952 2.6	0357 4.9 0957 0.7 1621 5.1 2228 0.5	0423 4.1 1055 0.5 1648 4.1 2321 0.4
24 W ●	0357 0.6 1010 5.6 1616 0.7 2233 5.7	0001 0.7 0601 6.9 1221 0.7 1824 7.0	0611 9.4 1212 1.1 1830 9.5	0132 1.2 0703 13.0 1355 1.1 1924 13.2	0449 0.6 1130 4.2 1707 0.6 2355 4.3	0442 0.4 1058 3.5 1708 0.5 2317 3.7	0218 0.5 0808 2.6 1423 0.5 2033 2.6	0446 5.0 1044 0.7 1706 5.2 2315 0.4	0512 4.2 1144 0.4 1736 4.2
25 TH	0445 0.5 1057 5.6 1700 0.7 2318 5.6	0048 0.6 0648 6.9 1306 0.7 1908 7.0	0039 1.1 0658 9.4 1257 1.2 1915 9.5	0220 1.1 0751 13.2 1440 1.0 2008 13.3	0536 0.5 1218 4.1 1751 0.7	0530 0.4 1148 3.4 1754 0.5	0305 0.5 0853 2.6 1501 0.5 2112 2.7	0533 5.0 1128 0.7 1752 5.2	0009 0.4 0558 4.2 1230 0.5 1823 4.2
26 F	0531 0.6 1144 5.5 1744 0.8	0133 0.6 0732 6.8 1348 0.7 1951 6.9	0123 1.2 0742 9.3 1336 1.3 1957 9.3	0302 1.1 0834 13.1 1518 1.2 2050 13.2	0038 4.3 0621 0.5 1303 4.1 1835 0.8	0002 3.7 0615 0.4 1235 3.4 1838 0.6	0349 0.5 0936 2.5 1538 0.5 2149 2.7	0000 0.5 0621 5.0 1212 0.8 1837 5.1	0054 0.5 0642 4.1 1313 0.5 1906 4.1
27 SA	0001 5.6 0616 0.7 1229 5.3 1827 1.0	0215 0.8 0814 6.6 1428 0.9 2031 6.7	0203 1.4 0822 9.0 1415 1.5 2037 9.1	0338 1.3 0916 12.9 1552 1.4 2130 12.8	0120 4.2 0708 0.6 1348 3.9 1918 0.9	0046 3.7 0700 0.4 1321 3.3 1921 0.7	0431 0.6 1018 2.4 1615 0.6 2227 2.6	0045 0.6 0706 4.8 1257 1.0 1922 4.9	0137 0.6 0724 4.0 1355 0.6 1949 4.0
28 SU	0045 5.5 0700 0.9 1312 5.1 1909 1.2	0255 1.0 0854 6.4 1506 1.2 2111 6.4	0242 1.6 0900 8.8 1451 1.7 2115 8.8	0409 1.6 0955 12.4 1622 1.8 2209 12.3	0203 4.1 0754 0.7 1433 3.8 2003 1.0	0130 3.6 0744 0.5 1406 3.1 2005 0.8	0513 0.7 1100 2.3 1653 0.7 2304 2.6	0130 0.8 0752 4.6 1341 1.2 2007 4.7	0218 0.8 0804 3.9 1435 0.7 2031 3.9
29 M	0127 5.3 0745 1.1 1357 4.9 1953 1.5	0334 1.3 0933 6.1 1544 1.5 2151 6.2	0319 1.8 0939 8.4 1531 2.0 2155 8.5	0439 2.0 1033 11.7 1650 2.3 2245 11.6	0247 4.0 0842 0.8 1519 3.6 2052 1.2	0214 3.5 0829 0.6 1452 3.0 2051 0.9	0555 0.8 1145 2.2 1733 0.7 2345 2.5	0216 1.0 0838 4.4 1427 1.5 2052 4.4	0258 0.9 0845 3.7 1514 0.9 2113 3.7
30 TU	0209 5.1 0831 1.4 1442 4.7 2039 1.8	0412 1.6 1014 5.8 1623 1.8 2233 5.9	0400 2.1 1019 8.1 1615 2.4 2239 8.1	0506 2.4 1109 11.1 1718 2.7 2322 11.0	0335 3.8 0933 1.0 1610 3.5 2145 1.3	0300 3.4 0916 0.7 1540 2.9 2139 1.0	0640 0.9 1233 2.1 1817 0.8	0303 1.3 0925 4.2 1515 1.7 2140 4.2	0339 1.1 0928 3.6 1555 1.0 2157 3.6

PAGE 90

TIDE TABLES

WEST COAST ENGLAND, WALES & IRELAND Time Zone UT
Holyhead * Milford Haven * Swansea * Avonmouth * Dublin * Belfast * Londonderry * Galway * Cobh

TIDE TABLES JULY 1998

HOLYHEAD Time m	MILFORD HAVEN Time m	SWANSEA Time m	AVONMOUTH Time m	DUBLIN Time m	BELFAST Time m	LONDONDERRY Time m	GALWAY Time m	COBH Time m		
0255 4.8 0921 1.6 1533 4.5 2133 2.0	0454 1.9 1100 5.5 1709 2.1 2321 5.6	0445 2.5 1106 7.7 1707 2.7 2329 7.7	0536 2.8 1148 10.5 1751 3.1	0428 3.7 1028 1.1 1706 3.4 2244 1.4	0350 3.3 1006 0.8 1633 2.8 2233 1.1	0032 2.4 0733 1.0 1330 2.0 1907 0.9	0354 1.5 1016 4.0 1611 1.9 2233 4.0	0424 1.2 1015 3.5 1641 1.2 2246 3.4	1	W
0348 4.6 1018 1.8 1633 4.4 2235 2.2	0545 2.2 1154 5.3 1805 2.3	0541 2.8 1201 7.4 1809 3.0	0005 10.4 0613 3.2 1235 10.0 1833 3.5	0527 3.5 1126 1.2 1806 3.3 2346 1.5	0443 3.1 1100 0.8 1728 2.8 2333 1.1	0127 2.2 0833 1.1 1433 2.0 2005 1.0	0451 1.7 1115 3.9 1715 2.0 2335 3.8	0514 1.5 1107 3.3 1733 1.3 2342 3.3	2	TH
0451 4.5 1120 1.9 1739 4.4 2343 2.2	0019 5.4 0646 2.3 1257 5.2 1914 2.4	0027 7.5 0645 3.0 1305 7.3 1917 3.1	0059 10.0 0703 3.5 1337 9.8 1934 3.8	0630 3.4 1224 1.3 1906 3.3	0539 3.1 1158 0.9 1825 2.8	0236 2.1 0940 1.1 1539 2.0 2112 1.0	0555 1.8 1220 3.9 1825 2.0	0611 1.4 1206 3.3 1833 1.3	3	F
0559 4.5 1223 1.9 1844 4.5	0125 5.3 0755 2.3 1406 5.3 2024 2.3	0130 7.4 0751 3.0 1412 7.4 2021 3.0	0206 9.9 0823 3.7 1448 9.9 2112 3.7	0050 1.5 0731 3.3 1322 1.3 2002 3.3	0034 1.1 0637 3.0 1255 0.9 1920 2.9	0351 2.1 1042 1.0 1640 2.1 2221 1.0	0045 3.7 0700 1.8 1324 3.9 1930 1.9	0042 3.3 0712 1.3 1309 3.3 1936 1.3	4	SA
0047 2.1 0703 4.5 1319 1.8 1939 4.7	0233 5.4 0900 2.2 1509 5.5 2126 2.1	0235 7.5 0852 2.9 1512 7.7 2117 2.8	0316 10.2 0950 3.3 1554 10.5 2224 3.0	0151 1.5 0827 3.4 1415 1.2 2054 3.4	0133 1.0 0733 3.0 1349 0.9 2012 3.0	0455 2.1 1136 0.9 1733 2.2 2324 0.9	0148 3.8 0756 1.7 1418 4.1 2024 1.7	0145 3.4 0813 1.2 1412 3.4 2036 1.2	5	SU
0142 1.9 0758 4.7 1408 1.6 2024 4.9	0332 5.6 0954 1.9 1601 5.8 2218 1.8	0332 7.8 0945 2.6 1603 8.1 2206 2.4	0418 10.8 1052 2.6 1649 11.2 2320 2.3	0244 1.4 0919 3.4 1500 1.2 2139 3.5	0227 0.9 0826 3.0 1438 0.8 2100 3.0	0548 2.2 1223 0.8 1821 2.3	0242 3.9 0844 1.5 1503 4.2 2109 1.5	0242 3.5 0909 1.1 1507 3.5 2130 1.0	6	M
0230 1.6 0844 4.9 1450 1.4 2104 5.1	0421 5.9 1042 1.7 1646 6.1 2303 1.5	0422 8.1 1033 2.3 1649 8.5 2252 2.1	0511 11.4 1146 2.0 1738 11.9	0329 1.2 1004 3.5 1542 1.1 2220 3.7	0315 0.8 0915 3.0 1524 0.7 2143 3.1	0020 0.8 0633 2.3 1305 0.7 1905 2.5	0327 4.1 0927 1.4 1543 4.4 2150 1.2	0333 3.6 0958 0.9 1556 3.7 2218 0.9	7	TU
0311 1.4 0924 5.0 1529 1.2 2142 5.3	0506 6.1 1124 1.4 1727 6.4 2346 1.3	0509 8.4 1116 1.9 1732 8.8 2336 1.8	0012 1.7 0600 12.0 1237 1.6 1824 12.5	0408 1.1 1045 3.6 1620 1.0 2257 3.8	0400 0.7 1000 3.1 1605 0.7 2223 3.2	0109 0.7 0715 2.4 1344 0.6 1945 2.6	0407 4.3 1006 1.2 1621 4.6 2227 1.0	0418 3.8 1044 0.8 1641 3.8 2304 0.8	8	W
0351 1.1 1003 5.1 1606 1.1 2218 5.4	0547 6.4 1205 1.2 1808 6.6	0552 8.7 1157 1.6 1814 9.1	0103 1.4 0645 12.4 1327 1.3 1907 12.8	0445 0.9 1124 3.7 1657 0.8 2334 3.9	0441 0.6 1042 3.1 1645 0.6 2301 3.3	0154 0.7 0754 2.4 1421 0.6 2024 2.7	0445 4.5 1042 1.1 1658 4.8 2305 0.8	0500 3.9 1128 0.7 1724 3.9 2348 0.7	9	TH ○
0429 0.9 1041 5.3 1645 0.9 2257 5.6	0027 1.1 0627 6.6 1245 1.0 1848 6.8	0018 1.5 0634 9.0 1237 1.4 1855 9.3	0152 1.2 0728 12.7 1415 1.2 1949 13.1	0522 0.7 1203 3.7 1735 0.7	0521 0.5 1124 3.2 1724 0.6 2339 3.4	0236 0.6 0833 2.5 1457 0.7 2102 2.7	0524 4.6 1120 0.9 1736 4.9 2343 0.6	0541 3.9 1211 0.6 1805 4.0	10	F
0509 0.8 1121 5.3 1724 0.9 2337 5.6	0108 0.9 0708 6.7 1325 0.9 1928 6.9	0100 1.2 0715 9.1 1316 1.2 1936 9.4	0239 1.1 0811 13.0 1459 1.2 2031 13.3	0012 4.0 0600 0.6 1242 3.8 1814 0.7	0600 0.4 1204 3.2 1805 0.5	0319 0.5 0912 2.5 1534 0.5 2139 2.8	0603 4.7 1159 0.8 1817 5.0	0030 0.6 0621 4.0 1252 0.6 1845 4.0	11	SA
0549 0.7 1203 5.3 1805 0.8	0149 0.8 0749 6.7 1406 0.9 2010 6.9	0139 1.1 0756 9.2 1354 1.2 2017 9.3	0323 1.0 0852 13.1 1540 1.2 2113 13.3	0051 4.1 0641 0.5 1324 3.8 1855 0.7	0017 3.5 0640 0.3 1246 3.2 1848 0.5	0401 0.5 0954 2.5 1613 0.5 2219 2.8	0023 0.5 0645 4.8 1239 0.8 1900 5.0	0112 0.6 0701 4.0 1334 0.6 1927 4.1	12	SU
0019 5.6 0633 0.7 1246 5.3 1849 0.9	0231 0.8 0831 6.7 1448 1.0 2053 6.8	0219 1.0 0836 9.1 1433 1.3 2059 9.2	0403 1.0 0934 13.0 1618 1.3 2155 13.1	0133 4.1 0724 0.4 1409 3.8 1940 0.7	0058 3.5 0724 0.3 1330 3.2 1932 0.5	0445 0.6 1037 2.5 1654 0.5 2301 2.8	0105 0.6 0728 4.8 1323 0.9 1945 5.0	0154 0.6 0742 4.0 1416 0.6 2009 4.0	13	M
0104 5.6 0718 0.7 1333 5.2 1936 1.0	0315 0.9 0915 6.6 1532 1.1 2139 6.7	0300 1.1 0918 8.9 1515 1.4 2144 9.0	0441 1.2 1016 12.8 1652 1.5 2239 12.7	0218 4.1 0812 0.5 1457 3.8 2029 0.8	0142 3.5 0809 0.3 1418 3.2 2021 0.6	0530 0.6 1124 2.4 1739 0.6 2348 2.7	0149 0.6 0814 4.7 1409 1.0 2032 4.8	0237 0.7 0826 3.9 1500 0.7 2054 4.0	14	TU
0152 5.5 0809 0.9 1425 5.1 2029 1.2	0400 1.1 1003 6.3 1619 1.4 2230 6.5	0345 1.3 1005 8.6 1603 1.7 2233 8.6	0516 1.4 1100 12.3 1728 1.8 2325 12.5	0308 4.1 0905 0.6 1551 3.7 2124 0.9	0231 3.5 0900 0.3 1510 3.1 2114 0.7	0619 0.7 1215 2.3 1830 0.7	0237 0.8 0903 4.6 1500 1.2 2124 4.6	0324 0.7 0913 3.8 1548 0.7 2145 3.8	15	W

● ● Time UT. For British Summer Time (shaded) March 29th to October 25th ADD ONE HOUR ● ●

PAGE 91

JULY 1998 TIDE TABLES

●● Time UT. For British Summer Time (shaded) March 29th to October 25th ADD ONE HOUR ●●

	HOLYHEAD	MILFORD HAVEN	SWANSEA	AVONMOUTH	DUBLIN	BELFAST	LONDONDERRY	GALWAY	COBH
	Time m	Time m	Time m	Time m	Time m	Time m	Time m	Time m	Time m
16 TH	0245 5.3 0904 1.0 1523 4.9 2130 1.4	0451 1.4 1057 6.1 1714 1.6 2326 6.2	0436 1.7 1058 8.2 1701 2.1 2332 8.3	0555 1.8 1148 11.7 1810 2.1	0403 4.0 1003 0.7 1653 3.6 2227 1.1	0325 3.4 0956 0.4 1609 3.1 2214 0.8	0040 2.6 0713 0.8 1315 2.1 1927 0.8	0330 1.0 0957 4.4 1600 1.4 2221 4.4	0416 0.8 1006 3.7 1643 0.8 2242 3.7
17 F	0345 5.1 1007 1.2 1630 4.8 2239 1.5	0548 1.6 1157 5.9 1818 1.8	0539 2.1 1202 7.9 1814 2.4	0018 11.7 0642 2.2 1244 11.2 1903 2.5	0506 3.9 1108 0.8 1800 3.6 2336 1.2	0427 3.3 1059 0.5 1714 3.1 2322 0.9	0142 2.5 0817 0.9 1433 2.1 2036 0.9	0430 1.2 1100 4.3 1709 1.5 2330 4.3	0515 0.9 1106 3.6 1747 0.9 2345 3.6
18 SA	0454 5.0 1116 1.3 1743 4.8 2351 1.6	0031 6.0 0657 1.8 1308 5.7 1934 1.9	0040 8.0 0654 2.3 1316 7.8 1934 2.5	0121 11.3 0741 2.5 1352 10.9 2012 2.8	0616 3.8 1215 0.9 1909 3.6	0535 3.2 1207 0.6 1823 3.1	0258 2.4 0933 0.9 1601 2.1 2200 0.9	0541 1.4 1213 4.2 1827 1.5	0622 1.0 1215 3.5 1858 0.9
19 SU	0608 5.0 1227 1.3 1854 4.9	0143 5.9 0812 1.8 1422 5.8 2051 1.8	0154 8.0 0810 2.3 1432 8.0 2048 2.3	0233 11.1 0856 2.7 1507 11.0 2136 2.8	0045 1.2 0728 3.8 1322 1.0 2015 3.7	0035 0.9 0647 3.2 1316 0.7 1930 3.2	0419 2.4 1050 0.9 1714 2.2 2321 0.9	0045 4.2 0654 1.4 1325 4.3 1939 1.4	0057 3.6 0736 1.0 1329 3.6 2012 0.9
20 M	0103 1.4 0718 5.0 1333 1.3 1957 5.1	0257 6.0 0924 1.6 1533 6.0 2200 1.5	0307 8.2 0920 2.1 1540 8.4 2153 2.0	0347 11.3 1018 2.5 1620 11.5 2301 2.5	0154 1.1 0836 3.8 1425 1.0 2117 3.9	0144 0.8 0757 3.2 1420 0.7 2030 3.3	0527 2.4 1152 0.8 1811 2.3	0154 4.3 0800 1.3 1427 4.5 2039 1.1	0209 3.7 0846 0.9 1441 3.7 2119 0.7
21 TU	0206 1.2 0821 5.2 1430 1.1 2051 5.3	0403 6.2 1026 1.4 1633 6.3 2300 1.2	0412 8.5 1021 1.8 1639 8.8 2251 1.7	0457 11.8 1137 2.1 1726 12.0	0257 1.0 0938 3.9 1521 0.9 2212 4.1	0246 0.7 0900 3.3 1516 0.6 2125 3.4	0028 0.8 0624 2.5 1242 0.7 1858 2.4	0254 4.5 0857 1.1 1520 4.7 2132 0.9	0315 3.8 0948 0.7 1543 3.8 2217 0.6
22 W	0301 1.0 0915 5.3 1520 1.0 2138 5.5	0500 6.4 1120 1.1 1725 6.6 2351 1.0	0509 8.9 1114 1.6 1731 9.1 2342 1.5	0015 2.0 0600 12.3 1243 1.7 1823 12.6	0353 0.9 1034 4.0 1612 0.9 2300 4.2	0341 0.6 0957 3.3 1608 0.6 2215 3.5	0123 0.7 0712 2.5 1327 0.6 1941 2.5	0347 4.7 0946 1.0 1609 4.9 2219 0.7	0410 3.9 1042 0.6 1636 4.0 2308 0.5
23 TH ●	0350 0.8 1002 5.4 1604 0.9 2221 5.6	0550 6.6 1207 0.9 1811 6.8	0600 9.1 1200 1.4 1818 9.3	0115 1.5 0653 12.7 1338 1.3 1912 12.9	0442 0.7 1123 4.0 1656 0.8 2344 4.3	0431 0.5 1048 3.4 1654 0.6 2300 3.6	0211 0.6 0757 2.5 1406 0.6 2019 2.6	0436 4.8 1031 0.8 1654 5.0 2303 0.5	0459 4.0 1130 0.5 1724 4.1 2355 0.5
24 F	0434 0.7 1045 5.4 1645 0.9 2302 5.7	0036 0.8 0634 6.7 1249 0.8 1853 6.9	0029 1.4 0645 9.2 1242 1.1 1901 9.4	0205 1.3 0739 12.9 1424 1.2 1955 13.1	0527 0.6 1206 4.0 1738 0.8	0516 0.5 1134 3.3 1737 0.6 2343 3.7	0254 0.6 0839 2.5 1442 0.6 2054 2.7	0521 4.9 1114 0.8 1736 5.1 2345 0.5	0543 4.0 1215 0.5 1808 4.1
25 SA	0516 0.7 1127 5.4 1724 0.9 2341 5.6	0117 0.8 0715 6.7 1329 0.8 1932 6.9	0109 1.3 0725 9.2 1320 1.3 1940 9.3	0247 1.3 0820 13.0 1503 1.3 2034 13.2	0024 4.3 0609 0.6 1246 4.0 1818 0.8	0558 0.4 1215 3.3 1817 0.7	0333 0.6 0917 2.5 1517 0.6 2128 2.7	0604 4.9 1155 0.8 1819 5.0	0038 0.6 0624 4.0 1256 0.5 1849 4.1
26 SU	0555 0.7 1206 5.3 1803 1.0	0155 0.8 0753 6.7 1405 0.9 2009 6.8	0145 1.4 0802 9.1 1354 1.4 2016 9.2	0324 1.4 0857 12.9 1536 1.4 2111 13.0	0101 4.2 0650 0.6 1323 3.9 1857 0.8	0024 3.7 0637 0.5 1254 3.2 1855 0.7	0409 0.7 0954 2.5 1550 0.6 2200 2.7	0026 0.5 0646 4.8 1236 0.9 1900 4.9	0118 0.6 0703 4.0 1333 0.6 1927 4.0
27 M	0019 5.5 0633 0.9 1243 5.2 1839 1.1	0230 1.0 0828 6.5 1439 1.1 2044 6.6	0219 1.5 0836 8.9 1427 1.5 2050 9.0	0354 1.5 0933 12.7 1605 1.6 2145 12.6	0137 4.2 0730 0.7 1400 3.8 1936 0.9	0103 3.6 0715 0.5 1332 3.2 1932 0.8	0443 0.7 1029 2.4 1624 0.6 2233 2.6	0106 0.6 0727 4.7 1315 1.0 1941 4.7	0154 0.7 0739 3.9 1408 0.7 2003 3.9
28 TU	0056 5.4 0712 1.1 1320 5.0 1917 1.4	0303 1.2 0903 6.3 1512 1.3 2118 6.4	0251 1.6 0909 8.7 1502 1.7 2124 8.7	0420 1.8 1006 12.2 1630 2.0 2216 12.1	0215 4.0 0811 0.8 1437 3.7 2016 1.0	0142 3.6 0753 0.6 1409 3.1 2010 0.8	0517 0.8 1106 2.3 1659 0.7 2307 2.5	0146 0.9 0808 4.5 1355 1.2 2021 4.5	0228 0.9 0815 3.8 1442 0.8 2039 3.8
29 W	0132 5.2 0750 1.3 1357 4.8 1956 1.6	0336 1.5 0938 6.0 1545 1.6 2153 6.1	0325 1.9 0944 8.4 1539 2.1 2200 8.4	0443 2.1 1035 11.6 1652 2.3 2246 11.5	0255 3.9 0853 0.9 1518 3.6 2100 1.2	0222 3.5 0833 0.7 1448 3.0 2051 0.9	0554 0.9 1145 2.2 1739 0.8 2345 2.4	0227 1.1 0849 4.3 1437 1.4 2102 4.3	0302 1.0 0852 3.7 1515 0.9 2116 3.7
30 TH	0210 5.0 0830 1.5 1439 4.7 2040 1.9	0410 1.7 1015 5.7 1622 1.9 2232 5.8	0403 2.2 1022 8.0 1620 2.5 2241 8.0	0507 2.5 1106 10.9 1718 2.7 2319 10.8	0340 3.7 0939 1.1 1606 3.5 2151 1.3	0305 3.3 0915 0.8 1533 3.0 2137 1.0	0635 1.0 1230 2.1 1822 0.9	0309 1.4 0933 4.1 1523 1.7 2145 4.0	0339 1.1 0932 3.6 1554 1.1 2157 3.5
31 F	0254 4.7 0918 1.8 1530 4.5 2133 2.1	0449 2.1 1057 5.5 1708 2.2 2318 5.5	0445 2.6 1107 7.7 1710 2.9 2329 7.6	0536 2.9 1140 10.3 1751 3.2 2359 10.2	0431 3.5 1031 1.3 1700 3.4 2249 1.5	0352 3.2 1002 0.9 1624 2.9 2230 1.1	0027 2.3 0725 1.1 1325 2.0 1912 1.0	0357 1.6 1021 3.9 1616 1.9 2236 3.8	0422 1.2 1017 3.4 1640 1.2 2245 3.4

PAGE 92

TIDE TABLES

WEST COAST ENGLAND, WALES & IRELAND Time Zone UT
Holyhead * Milford Haven * Swansea * Avonmouth * Dublin * Belfast * Londonderry * Galway * Cobh

TIDE TABLES AUGUST 1998

HOLYHEAD	MILFORD HAVEN	SWANSEA	AVONMOUTH	DUBLIN	BELFAST	LONDONDERRY	GALWAY	COBH		
Time m	Time m	Time m	Time m	Time m	Time m	Time m	Time m	Time m		
0348 4.5 1015 2.0 1633 4.4 2239 2.3	0539 2.3 1152 5.2 1807 2.5	0540 3.0 1203 7.3 1814 3.2	0612 3.4 1227 9.8 1833 3.7	0532 3.4 1129 1.4 1803 3.3 2355 1.6	0445 3.1 1055 1.0 1721 2.9 2333 1.1	0119 2.1 0828 1.1 1434 2.0 2013 1.0	0454 1.8 1119 3.8 1724 2.0 2342 3.6	0513 1.3 1109 3.3 1736 1.3 2342 3.3	1	SA
0457 4.4 1124 2.1 1746 4.4 2354 2.2	0019 5.2 0646 2.5 1303 5.1 1924 2.6	0028 7.3 0648 3.3 1312 7.2 1926 3.3	0054 9.7 0701 3.8 1338 9.5 1938 4.1	0640 3.3 1230 1.4 1910 3.3	0545 3.0 1156 1.0 1823 2.9	0236 2.0 0943 1.1 1551 2.0 2127 1.1	0603 1.9 1228 3.8 1841 2.0	0615 1.4 1212 3.2 1842 1.3	2	SU
0616 4.4 1233 2.0 1856 4.5	0133 5.1 0807 2.5 1420 5.2 2044 2.4	0137 7.2 0802 3.2 1423 7.4 2033 3.1	0212 9.7 0833 4.0 1501 9.9 2135 3.7	0103 1.6 0746 3.3 1331 1.4 2012 3.4	0041 1.1 0647 3.0 1259 1.0 1924 2.9	0411 2.0 1054 1.1 1658 2.1 2245 1.0	0059 3.6 0715 1.9 1335 3.8 1949 1.8	0049 3.2 0724 1.3 1324 3.3 1953 1.3	3	M
0103 2.1 0725 4.5 1333 1.8 1952 4.8	0248 5.3 0918 2.3 1526 5.5 2147 2.1	0248 7.4 0907 2.9 1526 7.8 2133 2.7	0332 10.2 1011 3.3 1611 10.7 2245 2.8	0205 1.5 0846 3.3 1426 1.3 2106 3.5	0146 1.1 0748 3.0 1359 1.0 2021 3.0	0521 2.1 1151 0.9 1753 2.3 2352 0.9	0206 3.7 0815 1.7 1430 4.0 2043 1.6	0200 3.3 0830 1.2 1432 3.4 2057 1.1	4	TU
0200 1.8 0819 4.7 1423 1.6 2038 5.0	0351 5.6 1013 1.9 1619 5.9 2239 1.7	0348 7.8 1003 2.5 1619 8.3 2225 2.2	0438 11.0 1113 2.4 1709 11.7 2343 2.0	0257 1.3 0938 3.4 1514 1.2 2153 3.6	0243 0.9 0843 3.0 1453 0.9 2111 3.1	0612 2.2 1237 0.8 1840 2.5	0300 4.0 0903 1.5 1516 4.3 2128 1.3	0301 3.5 0928 1.0 1528 3.6 2152 0.9	5	W
0248 1.4 0903 5.0 1506 1.3 2119 5.3	0441 6.0 1101 1.5 1705 6.4 2325 1.3	0442 8.3 1051 2.0 1707 8.8 2312 1.7	0534 11.9 1210 1.7 1800 12.5	0342 1.1 1024 3.6 1556 1.0 2234 3.8	0333 0.8 0934 3.1 1540 0.8 2157 3.3	0048 0.8 0657 2.4 1320 0.7 1923 2.7	0345 4.2 0945 1.2 1557 4.6 2209 0.9	0352 3.7 1019 0.8 1618 3.8 2241 0.7	6	TH
0330 1.1 0944 5.2 1546 1.0 2158 5.6	0526 6.4 1145 1.2 1748 6.7	0530 8.8 1136 1.5 1752 9.2 2358 1.2	0040 1.4 0625 12.5 1307 1.3 1848 13.1	0421 0.8 1105 3.7 1635 0.8 2312 4.0	0418 0.6 1020 3.2 1624 0.6 2238 3.4	0136 0.6 0739 2.5 1400 0.5 2003 2.8	0426 4.5 1024 1.0 1637 4.8 2247 0.6	0438 3.9 1106 0.6 1702 4.0 2327 0.6	7	F
0409 0.8 1023 5.4 1625 0.8 2237 5.8	0009 0.9 0609 6.7 1227 0.9 1830 7.0	0614 9.2 1218 1.1 1836 9.6	0136 1.1 0712 13.0 1400 1.1 1933 13.5	0500 0.6 1144 3.8 1714 0.7 2350 4.1	0500 0.4 1103 3.3 1706 0.5 2318 3.5	0221 0.5 0818 2.6 1439 0.4 2042 2.9	0505 4.7 1102 0.7 1718 5.1 2325 0.4	0521 4.0 1151 0.5 1745 4.1	8	SA ○
0450 0.6 1103 5.5 1705 0.6 2318 5.9	0051 0.7 0651 7.0 1309 0.7 1912 7.2	0042 0.8 0657 9.5 1259 0.9 1919 9.8	0227 0.8 0757 13.4 1449 0.9 2017 13.8	0539 0.4 1222 4.0 1753 0.6	0540 0.3 1145 3.3 1748 0.4 2357 3.6	0304 0.5 0858 2.7 1518 0.4 2121 3.0	0545 4.9 1141 0.5 1759 5.2	0011 0.5 0603 4.1 1234 0.3 1827 4.2	9	SU
0530 0.4 1144 5.6 1746 0.6	0134 0.5 0733 7.1 1351 0.6 1954 7.3	0123 0.6 0739 9.6 1339 0.7 2001 9.8	0315 0.6 0839 13.6 1533 0.8 2100 13.9	0030 4.3 0620 0.3 1303 4.0 1834 0.5	0621 0.2 1227 3.3 1830 0.4	0347 0.4 0939 2.7 1557 0.4 2201 3.0	0005 0.2 0626 5.0 1221 0.5 1842 5.3	0054 0.4 0643 4.2 1317 0.4 1909 4.2	10	M
0000 5.9 0613 0.4 1227 5.6 1830 0.6	0217 0.5 0816 7.1 1434 0.6 2038 7.2	0203 0.5 0820 9.6 1418 0.7 2043 9.7	0357 0.6 0920 13.6 1612 0.8 2141 13.8	0111 4.3 0703 0.2 1346 4.0 1918 0.5	0039 3.6 0704 0.1 1310 3.3 1915 0.4	0429 0.5 1020 2.6 1639 0.4 2242 2.9	0045 0.2 0709 5.0 1303 0.5 1926 5.2	0136 0.4 0725 4.2 1359 0.4 1951 4.2	11	TU
0045 5.9 0658 0.5 1312 5.4 1916 0.8	0259 0.6 0900 6.9 1517 0.8 2122 7.0	0243 0.7 0901 9.4 1458 1.0 2126 9.4	0433 0.7 1000 13.5 1645 1.1 2223 13.3	0157 4.3 0748 0.3 1433 4.0 2005 0.5	0124 3.6 0749 0.2 1357 3.3 2001 0.5	0513 0.6 1103 2.5 1724 0.5 2328 2.8	0128 0.3 0753 4.9 1348 0.7 2012 5.0	0220 0.5 0808 4.1 1443 0.5 2036 4.1	12	W
0132 5.7 0746 0.7 1401 5.2 2006 1.0	0343 0.9 0945 6.6 1602 1.1 2210 6.7	0325 1.0 0945 9.0 1542 1.5 2213 9.0	0506 1.1 1042 12.8 1717 1.5 2306 12.6	0246 4.2 0838 0.5 1525 3.9 2057 0.8	0212 3.5 0838 0.3 1447 3.2 2052 0.6	0559 0.7 1151 2.3 1813 0.6	0213 0.6 0839 4.7 1437 0.9 2102 4.8	0305 0.6 0854 4.0 1530 0.6 2124 4.0	13	TH
0223 5.5 0839 1.0 1456 5.0 2105 1.3	0430 1.2 1034 6.3 1653 1.5 2303 6.3	0412 1.6 1034 8.5 1635 2.0 2307 8.4	0539 1.6 1126 12.0 1752 2.1 2355 11.8	0341 4.1 0934 0.7 1624 3.8 2159 1.0	0306 3.4 0932 0.4 1544 3.1 2151 0.7	0019 2.6 0650 0.8 1246 2.2 1910 0.7	0303 0.9 0932 4.5 1533 1.3 2159 4.4	0354 0.8 0944 3.9 1621 0.7 2217 3.8	14	F
0322 5.2 0941 1.3 1602 4.8 2215 1.6	0524 1.6 1133 5.9 1754 1.9	0509 2.2 1134 8.0 1745 2.5	0618 2.2 1217 11.2 1836 2.7	0445 3.9 1039 1.0 1732 3.7 2310 1.2	0408 3.3 1035 0.6 1650 3.1 2300 0.8	0121 2.4 0749 0.9 1401 2.1 2021 0.8	0402 1.3 1033 4.2 1642 1.5 2306 4.2	0450 0.9 1042 3.7 1723 0.9 2319 3.6	15	SA

● ● Time UT. For British Summer Time (shaded) March 29th to October 25th ADD ONE HOUR ● ●

PAGE 93

AUGUST 1998 TIDE TABLES

• • Time UT. For British Summer Time (shaded) March 29th to October 25th ADD ONE HOUR • •

	HOLYHEAD	MILFORD HAVEN	SWANSEA	AVONMOUTH	DUBLIN	BELFAST	LONDONDERRY	GALWAY	COBH
	Time m	Time m	Time m	Time m	Time m	Time m	Time m	Time m	Time m
16 SU	0434 4.9 1054 1.6 1721 4.7 2336 1.7	0006 5.9 0631 2.0 1243 5.6 1915 2.1	0013 7.9 0624 2.7 1249 7.7 1911 2.8	0054 11.0 0709 2.8 1323 10.7 1939 3.2	0557 3.8 1149 1.2 1845 3.7	0520 3.2 1148 0.8 1801 3.1	0245 2.3 0904 1.0 1552 2.0 2200 1.0	0514 1.6 1148 4.1 1809 1.6	0557 1.1 1149 3.5 1836 1.0
17 M	0556 4.8 1212 1.7 1841 4.8	0122 5.6 0754 2.1 1405 5.6 2041 2.1	0132 7.7 0751 2.8 1412 7.7 2034 2.7	0208 10.6 0825 3.2 1442 10.6 2113 3.3	0026 1.3 0714 3.7 1303 1.2 1957 3.7	0018 0.9 0637 3.1 1303 0.8 1912 3.1	0419 2.2 1031 1.0 1711 2.2 2328 0.9	0028 4.1 0638 1.7 1309 4.1 1932 1.5	0033 3.5 0715 1.1 1309 3.4 1956 1.0
18 TU	0054 1.6 0715 4.8 1324 1.6 1950 5.0	0245 5.6 0912 2.0 1523 5.8 2154 1.8	0253 7.8 0909 2.6 1527 8.0 2145 2.4	0328 10.7 0957 3.0 1604 11.0 2244 2.8	0143 1.2 0827 3.7 1412 1.2 2103 3.9	0133 0.8 0750 3.1 1410 0.8 2014 3.2	0527 2.3 1139 0.9 1805 2.3	0146 4.1 0753 1.6 1418 4.3 2036 1.3	0154 3.5 0831 1.0 1429 3.6 2106 0.9
19 W	0202 1.4 0820 5.0 1424 1.4 2044 5.2	0356 5.9 1018 1.6 1624 6.2 2253 1.4	0403 8.2 1012 2.2 1629 8.5 2243 2.0	0445 11.3 1118 2.4 1715 11.8 2357 2.1	0251 1.1 0933 3.8 1512 1.1 2200 4.0	0237 0.7 0854 3.2 1506 0.8 2109 3.4	0030 0.8 0621 2.4 1230 0.8 1848 2.5	0249 4.3 0851 1.4 1512 4.6 2126 1.0	0303 3.6 0935 0.8 1533 3.7 2205 0.7
20 TH	0256 1.1 0911 5.2 1512 1.2 2128 5.4	0451 6.2 1109 1.3 1714 6.5 2340 1.1	0459 8.6 1103 1.9 1720 8.9 2332 1.7	0549 12.1 1225 1.7 1812 12.5	0347 0.6 1028 3.9 1601 1.0 2249 4.2	0331 0.6 0948 3.2 1556 0.7 2158 3.5	0120 0.7 0706 2.5 1312 0.7 1927 2.6	0340 4.5 0937 1.1 1557 4.8 2209 0.7	0358 3.7 1029 0.7 1625 3.9 2254 0.6
21 F	0341 0.9 0953 5.3 1552 1.1 2206 5.6	0537 6.5 1153 1.1 1757 6.8	0547 8.9 1147 1.6 1804 9.2	0057 1.5 0640 12.6 1319 1.3 1858 12.9	0433 0.8 1115 3.9 1643 0.9 2330 4.2	0418 0.5 1036 3.3 1639 0.7 2242 3.6	0202 0.7 0745 2.5 1350 0.6 2002 2.7	0424 4.7 1019 0.9 1639 4.9 2248 0.6	0445 3.9 1115 0.6 1710 4.0 2338 0.6
22 SA ●	0420 0.8 1030 5.4 1628 1.0 2242 5.7	0021 0.9 0618 6.7 1231 0.8 1835 6.9	0014 1.5 0628 9.1 1225 1.4 1843 9.4	0146 1.3 0723 12.9 1404 1.2 1938 13.1	0514 0.7 1152 3.9 1722 0.9	0459 0.5 1116 3.3 1718 0.7 2321 3.6	0239 0.6 0822 2.6 1424 0.6 2034 2.8	0505 4.8 1057 0.8 1719 5.0 2326 0.5	0526 4.0 1157 0.6 1750 4.1
23 SU	0456 0.8 1104 5.4 1703 0.9 2317 5.6	0057 0.8 0654 6.8 1306 0.8 1910 6.9	0051 1.3 0704 9.2 1259 1.3 1918 9.4	0227 1.3 0800 13.1 1442 1.2 2014 13.2	0006 4.2 0552 0.7 1225 3.9 1757 0.8	0536 0.5 1152 3.3 1753 0.7 2358 3.6	0312 0.6 0856 2.6 1455 0.6 2103 2.8	0544 4.9 1135 0.7 1757 5.0	0018 0.6 0603 4.0 1234 0.6 1827 4.1
24 M	0530 0.8 1138 5.4 1736 1.0 2351 5.6	0130 0.8 0728 6.8 1339 0.9 1942 6.9	0122 1.3 0737 9.2 1330 1.3 1951 9.3	0302 1.3 0835 13.1 1515 1.3 2047 13.1	0038 4.2 0627 0.7 1254 3.9 1826 0.7	0610 0.5 1224 3.3 1826 0.7	0342 0.7 0927 2.5 1525 0.6 2132 2.7	0003 0.5 0621 4.8 1211 0.7 1835 4.9	0053 0.7 0638 4.0 1308 0.6 1900 4.0
25 TU	0603 0.9 1210 5.3 1809 1.1	0201 0.9 0800 6.6 1409 1.0 2014 6.7	0152 1.4 0808 9.1 1401 1.4 2021 9.2	0331 1.4 0906 12.9 1542 1.4 2117 12.9	0109 4.1 0701 0.7 1324 3.8 1906 0.8	0033 3.6 0642 0.5 1255 3.2 1858 0.7	0410 0.7 0957 2.5 1555 0.6 2200 2.7	0039 0.6 0659 4.8 1247 0.9 1912 4.8	0124 0.7 0711 4.0 1338 0.7 1933 4.0
26 W	0023 5.4 0636 1.1 1243 5.2 1842 1.3	0231 1.1 0831 6.5 1440 1.2 2045 6.5	0221 1.5 0838 9.0 1431 1.6 2052 8.9	0356 1.6 0935 12.6 1605 1.7 2145 12.5	0142 4.0 0736 0.8 1357 3.8 1942 0.9	0107 3.6 0715 0.6 1327 3.2 1932 0.8	0438 0.8 1028 2.4 1627 0.7 2230 2.6	0114 0.8 0736 4.6 1323 1.0 1948 4.6	0154 0.8 0744 3.9 1407 0.8 2004 3.9
27 TH	0056 5.3 0709 1.3 1317 5.0 1917 1.5	0300 1.3 0901 6.3 1510 1.4 2115 6.3	0251 1.6 0909 8.7 1503 1.9 2123 8.6	0417 1.9 1001 1.6 1626 2.0 2212 11.9	0218 3.9 0811 0.9 1436 3.7 2019 1.1	0143 3.5 0750 0.7 1402 3.2 2009 0.9	0509 0.9 1103 2.3 1703 0.7 2302 2.4	0149 1.0 0812 4.4 1400 1.3 2024 4.3	0225 0.9 0817 3.9 1439 0.9 2037 3.8
28 F	0130 5.1 0745 1.5 1354 4.8 1956 1.7	0330 1.6 0933 6.0 1543 1.8 2148 6.0	0322 2.1 0941 8.3 1537 2.3 2157 8.2	0438 2.2 1028 11.4 1650 2.4 2240 11.1	0300 3.7 0851 1.1 1519 3.6 2102 1.2	0222 3.4 0828 0.8 1442 3.2 2051 0.9	0546 1.0 1142 2.2 1745 0.8 2339 2.3	0226 1.3 0851 4.2 1439 1.6 2102 4.1	0258 1.0 0853 3.7 1513 1.0 2113 3.6
29 SA	0209 4.8 0827 1.8 1438 4.6 2043 2.0	0404 2.0 1009 5.7 1622 2.1 2227 5.6	0357 2.5 1018 7.9 1618 2.8 2238 7.8	0503 2.7 1057 10.6 1718 3.0 2311 10.0	0348 3.5 0936 1.3 1609 3.5 2154 1.4	0306 3.3 0912 0.9 1528 3.1 2139 1.1	0630 1.1 1230 2.1 1832 1.0	0306 1.6 0932 4.0 1525 1.8 2147 3.8	0336 1.2 0933 3.6 1555 1.2 2156 3.4
30 SU	0257 4.6 0918 2.0 1534 4.5 2144 2.2	0445 2.3 1054 5.3 1712 2.5 2318 5.2	0439 3.0 1106 7.5 1712 3.2 2330 7.4	0533 3.2 1130 10.0 1751 3.5 2352 9.8	0444 3.4 1034 1.4 1709 3.3 2303 1.6	0357 3.1 1001 1.0 1623 3.0 2238 1.2	0024 2.1 0724 1.2 1332 2.0 1929 1.1	0355 1.8 1023 3.8 1624 2.0 2245 3.6	0424 1.3 1022 3.4 1648 1.3 2249 3.3
31 M	0401 4.3 1026 2.2 1648 4.4 2303 2.3	0543 2.6 1159 5.1 1827 2.7	0542 3.4 1212 7.2 1829 3.5	0612 3.7 1225 9.5 1840 4.0	0553 3.2 1143 1.6 1818 3.3	0457 3.0 1100 1.1 1726 3.0 2350 1.2	0129 2.0 0836 1.2 1458 2.0 2041 1.1	0503 2.1 1129 3.7 1746 2.1	0524 1.4 1122 3.3 1754 1.4 2357 3.2

PAGE 94

TIDE TABLES

WEST COAST ENGLAND, WALES & IRELAND Time Zone UT
Holyhead * Milford Haven * Swansea * Avonmouth * Dublin * Belfast * Londonderry * Galway * Cobh

TIDE TABLES SEPTEMBER 1998

HOLYHEAD Time m	MILFORD HAVEN Time m	SWANSEA Time m	AVONMOUTH Time m	DUBLIN Time m	BELFAST Time m	LONDONDERRY Time m	GALWAY Time m	COBH Time m	
0529 4.3 1147 2.2 1811 4.5	0033 5.0 0709 2.7 1328 5.1 2002 2.7	0042 7.1 0709 3.5 1333 7.2 1951 3.4	0103 9.4 0712 4.2 1403 9.4 2022 4.3	0018 1.6 0709 3.2 1252 1.6 1930 3.3	0603 3.0 1210 1.2 1835 3.0	0327 2.0 1005 1.2 1624 2.1 2212 1.1	0006 3.5 0631 2.1 1248 3.7 1913 2.0	0637 1.4 1237 3.2 1912 1.3	1 TU
0024 2.1 0653 4.4 1259 2.0 1919 4.7	0205 5.1 0841 2.5 1451 5.4 2118 2.3	0205 7.2 0830 3.2 1449 7.6 2101 2.9	0245 9.7 0924 3.9 1534 10.3 2211 3.3	0127 1.5 0815 3.3 1354 1.4 2032 3.4	0105 1.2 0711 3.0 1321 1.1 1940 3.0	0500 2.1 1116 1.0 1725 2.3 2331 1.0	0132 3.7 0746 1.9 1357 4.0 2017 1.7	0118 3.2 0754 1.3 1357 3.3 2026 1.2	2 W
0130 1.8 0754 4.7 1355 1.7 2011 5.0	0321 5.5 0946 2.1 1551 5.9 2214 1.8	0318 7.7 0934 2.6 1550 8.2 2159 2.2	0406 10.7 1042 2.8 1641 11.5 2315 2.2	0225 1.3 0912 3.5 1446 1.3 2123 3.6	0209 1.0 0812 3.0 1422 1.0 2036 3.2	0554 2.3 1209 0.9 1814 2.6	0235 3.9 0839 1.6 1448 4.3 2105 1.3	0230 3.4 0900 1.1 1500 3.6 2126 0.9	3 TH
0222 1.4 0841 5.0 1442 1.3 2054 5.4	0417 6.0 1037 1.6 1640 6.4 2303 1.2	0416 8.3 1026 1.9 1642 8.9 2249 1.5	0509 11.8 1145 1.9 1737 12.6	0313 1.0 1000 3.6 1530 1.0 2207 3.8	0303 0.8 0907 3.1 1514 0.8 2126 3.3	0029 0.8 0638 2.5 1254 0.7 1857 2.8	0322 4.3 0923 1.2 1533 4.6 2145 0.8	0327 3.7 0954 0.8 1553 3.9 2218 0.7	4 F
0306 1.0 0922 5.3 1523 1.0 2134 5.7	0504 6.5 1124 1.1 1725 6.9 2348 0.8	0506 9.0 1112 1.3 1729 9.5 2336 0.9	0018 1.4 0603 12.7 1247 1.3 1827 13.4	0356 0.7 1042 3.8 1612 0.8 2248 4.1	0351 0.6 0956 3.3 1601 0.7 2211 3.4	0118 0.6 0720 2.6 1336 0.5 1938 3.0	0403 4.6 1003 0.9 1615 5.0 2224 0.5	0415 3.9 1043 0.6 1639 4.1 2304 0.5	5 SA
0347 0.6 1001 5.6 1603 0.6 2214 5.9	0548 7.0 1207 0.7 1809 7.3	0552 9.5 1157 0.8 1815 10.0	0118 0.9 0652 13.4 1344 0.9 1914 13.9	0436 0.5 1121 4.0 1651 0.6 2327 4.3	0434 0.4 1040 3.4 1645 0.5 2253 3.6	0202 0.5 0800 2.7 1417 0.4 2018 3.1	0443 4.9 1041 0.5 1656 5.3 2303 0.2	0459 4.1 1129 0.4 1723 4.3 2349 0.3	6 SU ○
0427 0.3 1040 5.7 1643 0.4 2255 6.1	0032 0.4 0632 7.3 1251 0.4 1852 7.6	0020 0.5 0636 9.9 1239 0.4 1858 10.2	0212 0.6 0737 13.8 1434 0.6 1958 14.2	0515 0.3 1200 4.1 1730 0.4	0516 0.2 1122 3.4 1727 0.4 2336 3.7	0245 0.4 0839 2.8 1457 0.3 2058 3.2	0523 5.2 1120 0.3 1737 5.5 2342 0.0	0541 4.3 1213 0.3 1806 4.4	7 M
0508 0.2 1121 5.8 1724 0.4 2338 6.1	0115 0.2 0715 7.4 1333 0.3 1936 7.6	0102 0.2 0718 10.1 1319 0.3 1941 10.3	0300 0.3 0820 14.1 1518 0.4 2041 14.4	0007 4.4 0557 0.2 1240 4.2 1812 0.4	0558 0.1 1204 3.5 1810 0.3	0326 0.4 0919 2.8 1539 0.3 2139 3.1	0604 5.3 1200 0.2 1820 5.5	0033 0.3 0623 4.4 1257 0.2 1848 4.4	8 TU
0551 0.2 1204 5.8 1808 0.4	0157 0.2 0757 7.4 1416 0.4 2018 7.5	0143 0.2 0800 10.1 1359 0.4 2024 10.1	0341 0.2 0900 14.1 1557 0.5 2122 14.2	0050 4.5 0639 0.2 1322 4.2 1855 0.5	0018 3.7 0641 0.1 1248 3.5 1854 0.3	0407 0.4 1000 2.7 1622 0.4 2221 3.0	0023 0.0 0645 5.3 1242 0.3 1904 5.4	0116 0.3 0706 4.4 1340 0.3 1930 4.4	9 W
0023 6.1 0635 0.4 1249 5.6 1854 0.6	0240 0.4 0840 7.2 1459 0.6 2103 7.2	0222 0.5 0841 9.8 1439 0.8 2106 9.7	0417 0.5 0941 13.7 1630 0.8 2203 13.6	0136 4.5 0724 0.3 1409 4.2 1942 0.5	0104 3.7 0726 0.2 1333 3.4 1940 0.4	0449 0.5 1041 2.6 1708 0.5 2306 2.8	0104 0.2 0730 5.2 1326 0.5 1951 5.2	0200 0.4 0748 4.3 1424 0.4 2015 4.3	10 TH
0111 5.8 0722 0.7 1337 5.4 1945 0.9	0323 0.8 0924 6.8 1543 1.0 2149 6.7	0303 1.0 0924 9.3 1521 1.3 2151 9.2	0448 1.0 1021 13.0 1659 1.4 2246 12.7	0226 4.3 0812 0.5 1500 4.0 2035 0.7	0153 3.6 0815 0.3 1424 3.3 2031 0.5	0533 0.7 1126 2.4 1758 0.7 2358 2.6	0149 0.6 0816 4.9 1414 0.9 2041 4.8	0244 0.5 0833 4.2 1509 0.5 2102 4.1	11 F
0203 5.5 0815 1.1 1432 5.1 2045 1.3	0408 1.2 1012 6.4 1633 1.5 2242 6.2	0347 1.6 1011 8.7 1611 2.0 2243 8.5	0517 1.7 1103 12.1 1730 2.1 2333 11.7	0322 4.1 0907 0.8 1558 3.9 2136 1.0	0248 3.4 0909 0.6 1521 3.2 2130 0.7	0622 0.8 1218 2.3 1857 0.9	0238 1.0 0907 4.6 1510 1.3 2138 4.4	0332 0.8 0923 4.0 1600 0.8 2154 3.8	12 SA
0303 5.1 0917 1.5 1538 4.8 2157 1.6	0500 1.8 1109 5.9 1735 2.0 2345 5.7	0441 2.3 1109 8.1 1718 2.7 2348 7.8	0552 2.4 1152 11.1 1811 2.9	0428 3.9 1012 1.1 1707 3.7 2251 1.2	0353 3.2 1014 0.8 1627 3.1 2242 0.8	0103 2.3 0718 1.0 1333 2.1 2019 1.1	0336 1.5 1008 4.3 1621 1.6 2248 4.1	0427 1.0 1019 3.7 1701 1.0 2255 3.6	13 SU
0419 4.8 1034 1.7 1702 4.7 2323 1.8	0608 2.2 1221 5.5 1900 2.3	0556 3.0 1224 7.6 1849 3.1	0030 10.7 0639 3.2 1257 10.4 1911 3.6	0545 3.7 1126 1.4 1824 3.7	0509 3.1 1133 0.9 1740 3.1	0243 2.2 0833 1.1 1548 2.1 2213 1.1	0452 1.8 1126 4.1 1757 1.8	0533 1.2 1127 3.5 1815 1.2	14 M
0549 4.6 1158 2.0 1828 4.8	0104 5.4 0737 2.4 1349 5.5 2033 2.2	0111 7.4 0732 3.2 1354 7.5 2021 3.1	0145 10.2 0756 3.7 1421 10.2 2053 3.7	0011 1.3 0703 3.6 1245 1.5 1938 3.8	0006 0.9 0630 3.0 1251 1.1 1851 3.1	0420 2.2 1007 1.1 1701 2.2 2331 1.0	0017 4.0 0630 1.9 1257 4.1 1928 1.6	0012 3.4 0654 1.3 1252 3.5 1939 1.2	15 TU

● ● Time UT. For British Summer Time (shaded) March 29th to October 25th ADD ONE HOUR ● ●

PAGE 95

SEPTEMBER 1998 TIDE TABLES

● ● Time UT. For British Summer Time (shaded) March 29th to October 25th ADD ONE HOUR ● ●

	HOLYHEAD	MILFORD HAVEN	SWANSEA	AVONMOUTH	DUBLIN	BELFAST	LONDONDERRY	GALWAY	COBH
	Time m	Time m	Time m	Time m	Time m	Time m	Time m	Time m	Time m
16 W	0045 1.7 0712 4.7 1314 1.8 1939 5.0	0234 5.4 0902 2.2 1511 5.7 2146 1.9	0239 7.5 0855 3.0 1514 7.8 2133 2.7	0312 10.3 0938 3.4 1549 10.8 2226 3.0	0133 1.3 0819 3.6 1400 1.4 2046 3.9	0123 0.8 0742 3.0 1357 0.9 1955 3.2	0521 2.3 1118 1.0 1750 2.4	0142 4.1 0749 1.8 1409 4.3 2028 1.4	0137 3.4 0815 1.2 1416 3.5 2051 1.0
17 TH	0152 1.4 0815 4.9 1412 1.6 2032 5.2	0345 5.8 1006 1.8 1610 6.1 2240 1.5	0351 8.0 0959 2.5 1615 8.4 2230 2.2	0431 11.1 1058 2.5 1700 11.7 2336 2.1	0242 1.1 0925 3.7 1459 1.3 2145 4.0	0225 0.7 0844 3.1 1452 0.8 2050 3.3	0025 0.8 0609 2.4 1209 0.9 1830 2.6	0242 4.3 0842 1.6 1500 4.5 2113 1.1	0248 3.6 0920 1.0 1519 3.7 2148 0.9
18 F	0244 1.2 0900 5.1 1457 1.4 2112 5.4	0436 6.2 1054 1.4 1657 6.5 2323 1.2	0445 8.5 1048 2.0 1703 8.9 2315 1.8	0533 12.1 1203 1.7 1754 12.6	0334 0.9 1018 3.8 1546 1.1 2233 4.1	0316 0.6 0935 3.2 1539 0.8 2138 3.4	0108 0.7 0650 2.5 1251 0.8 1905 2.7	0328 4.5 0924 1.3 1543 4.7 2151 0.9	0342 3.8 1012 0.8 1609 3.9 2236 0.7
19 SA	0324 1.0 0936 5.3 1534 1.2 2147 5.5	0518 6.5 1133 1.2 1736 6.7 2359 1.0	0528 8.9 1127 1.7 1744 9.2 2352 1.5	0033 1.5 0621 12.7 1254 1.3 1838 13.0	0417 0.8 1100 3.9 1627 1.0 2311 4.2	0400 0.5 1018 3.2 1619 0.7 2220 3.5	0144 0.7 0727 2.6 1328 0.7 1937 2.8	0407 4.7 1001 1.1 1621 4.9 2227 0.7	0426 3.9 1056 0.7 1651 4.0 2316 0.7
20 SU ●	0400 0.9 1008 5.4 1607 1.1 2219 5.6	0555 6.7 1209 1.0 1812 6.9	0606 9.2 1203 1.4 1820 9.4	0121 1.2 0701 13.0 1338 1.2 1915 13.1	0454 0.7 1133 3.9 1703 0.9 2343 4.2	0437 0.5 1054 3.2 1654 0.7 2257 3.6	0215 0.6 0800 2.7 1401 0.6 2007 2.8	0444 4.8 1037 0.9 1657 5.0 2302 0.6	0504 4.0 1134 0.6 1727 4.1 2352 0.7
21 M	0431 0.9 1039 5.4 1638 1.0 2251 5.6	0031 0.9 0629 6.8 1240 0.9 1844 6.9	0025 1.4 0639 9.4 1234 1.3 1852 9.5	0200 1.3 0736 13.1 1415 1.2 1949 13.2	0528 0.7 1159 3.9 1736 0.9	0510 0.5 1125 3.3 1727 0.7 2331 3.6	0244 0.6 0831 2.7 1431 0.6 2034 2.8	0520 4.9 1112 0.8 1733 5.0 2336 0.6	0539 4.1 1209 0.7 1800 4.1
22 TU	0502 0.9 1109 5.4 1708 1.0 2321 5.6	0101 0.9 0700 6.8 1311 0.9 1915 6.9	0055 1.3 0710 9.4 1304 1.3 1923 9.4	0234 1.3 0808 13.1 1447 1.2 2019 13.1	0011 4.1 0600 0.7 1224 3.9 1806 0.8	0541 0.5 1153 3.3 1757 0.7	0310 0.7 0859 2.7 1459 0.6 2100 2.7	0554 4.9 1145 0.8 1808 4.9	0024 0.7 0612 4.1 1239 0.7 1832 4.1
23 W	0532 0.9 1139 5.4 1739 1.1 2352 5.5	0130 0.9 0730 6.8 1340 0.9 1944 6.8	0124 1.4 0739 9.3 1333 1.4 1952 9.3	0303 1.4 0836 13.0 1514 1.3 2047 13.0	0039 4.1 0630 0.8 1251 3.9 1837 0.8	0003 3.6 0609 0.6 1221 3.3 1827 0.7	0334 0.7 0926 2.6 1527 0.6 2126 2.7	0009 0.7 0629 4.9 1219 0.8 1842 4.8	0054 0.8 0643 4.1 1308 0.8 1901 4.0
24 TH	0602 1.1 1210 5.3 1811 1.2	0159 1.0 0800 6.6 1410 1.1 2013 6.6	0151 1.5 0808 9.2 1402 1.6 2021 9.1	0328 1.5 0903 12.8 1538 1.5 2114 12.7	0110 4.0 0700 0.8 1323 3.9 1909 0.9	0035 3.5 0640 0.6 1250 3.4 1858 0.7	0400 0.8 0954 2.6 1558 0.7 2154 2.6	0041 0.8 0703 4.8 1252 1.0 1915 4.7	0123 0.8 0714 4.1 1336 0.8 1931 4.0
25 F	0024 5.3 0633 1.3 1242 5.2 1844 1.4	0227 1.3 0829 6.4 1440 1.4 2042 6.4	0218 1.7 0836 8.9 1431 1.9 2049 8.8	0350 1.7 0930 12.4 1600 1.8 2142 12.1	0145 3.9 0733 0.9 1400 3.8 1945 1.0	0109 3.5 0712 0.7 1324 3.4 1934 0.8	0430 0.8 1027 2.5 1634 0.8 2227 2.5	0113 1.1 0736 4.6 1326 1.2 1949 4.4	0151 0.9 0745 4.0 1406 0.9 2003 3.9
26 SA	0057 5.1 0707 1.5 1317 5.0 1921 1.6	0257 1.5 0859 6.2 1512 1.7 2113 6.1	0246 2.1 0906 8.6 1502 2.2 2121 8.4	0412 2.0 0957 11.7 1624 2.2 2209 11.4	0227 3.7 0809 1.1 1444 3.7 2024 1.2	0146 3.4 0749 0.8 1402 3.3 2014 0.9	0506 0.9 1104 2.4 1715 0.9 2303 2.3	0145 1.4 0812 4.4 1402 1.5 2025 4.2	0224 1.0 0820 3.9 1440 1.0 2037 3.7
27 SU	0133 4.9 0745 1.7 1357 4.8 2006 1.9	0327 1.9 0932 5.9 1547 2.1 2149 5.7	0316 2.4 0939 8.2 1537 2.7 2157 8.0	0436 2.5 1024 10.9 1650 2.8 2238 10.7	0314 3.6 0851 1.3 1533 3.5 2114 1.3	0228 3.3 0830 0.9 1445 3.2 2100 1.0	0547 1.0 1148 2.3 1802 1.0 2348 2.2	0222 1.7 0850 4.2 1444 1.8 2107 4.0	0300 1.2 0858 3.7 1520 1.2 2118 3.6
28 M	0218 4.6 0833 2.0 1448 4.6 2102 2.1	0404 2.3 1013 5.5 1633 2.4 2236 5.3	0353 2.9 1021 7.7 1624 3.1 2245 7.5	0503 3.0 1054 10.3 1721 3.3 2315 10.0	0409 3.4 0947 1.5 1628 3.4 2219 1.5	0318 3.2 0918 1.0 1536 3.1 2156 1.1	0637 1.2 1245 2.2 1858 1.1	0307 1.9 0936 4.0 1539 2.0 2202 3.7	0344 1.3 0944 3.5 1610 1.3 2209 3.4
29 TU	0319 4.4 0938 2.3 1559 4.5 2218 2.2	0455 2.6 1111 5.2 1741 2.7 2345 5.0	0447 3.4 1124 7.3 1737 3.5 2357 7.2	0537 3.5 1141 9.7 1805 3.8	0516 3.3 1100 1.6 1735 3.3 2339 1.5	0416 3.1 1016 1.2 1636 3.1 2306 1.2	0053 2.0 0739 1.3 1403 2.1 2008 1.2	0411 2.2 1039 3.8 1657 2.1 2320 3.6	0442 1.4 1042 3.3 1715 1.4 2315 3.2
30 W	0446 4.3 1102 2.3 1726 4.5 2345 2.1	0618 2.8 1239 5.1 1919 2.7	0617 3.6 1249 7.2 1910 3.4	0015 9.5 0630 4.0 1306 9.5 1921 4.2	0635 3.2 1216 1.6 1849 3.3	0524 3.0 1127 1.3 1746 3.0	0245 2.0 0903 1.3 1540 2.2 2142 1.2	0544 2.2 1200 3.8 1831 2.0	0555 1.5 1157 3.3 1836 1.4

TIDE TABLES

WEST COAST ENGLAND, WALES & IRELAND Time Zone UT
Holyhead * Milford Haven * Swansea * Avonmouth * Dublin * Belfast * Londonderry * Galway * Cobh

TIDE TABLES OCTOBER 1998

HOLYHEAD	MILFORD HAVEN	SWANSEA	AVONMOUTH	DUBLIN	BELFAST	LONDONDERRY	GALWAY	COBH	
Time m	Time m	Time m	Time m	Time m	Time m	Time m	Time m	Time m	
0618 4.4 1223 2.1 1842 4.7	0122 5.0 0801 2.7 1411 5.4 2045 2.3	0126 7.2 0754 3.4 1413 7.5 2030 2.9	0157 9.6 0817 4.2 1454 10.1 2130 3.5	0051 1.4 0745 3.3 1322 1.5 1956 3.4	0024 1.2 0635 3.0 1243 1.2 1857 3.1	0434 2.1 1031 1.1 1650 2.4 2309 1.0	0055 3.7 0712 2.1 1318 4.0 1944 1.7	0038 3.2 0718 1.4 1320 3.4 1954 1.2	1 TH
0057 1.8 0724 4.7 1325 1.7 1939 5.1	0248 5.4 0915 2.2 1520 5.9 2145 1.8	0247 7.7 0904 2.7 1521 8.2 2132 2.2	0332 10.5 1004 3.2 1609 11.4 2244 2.4	0153 1.2 0845 3.5 1417 1.3 2051 3.7	0133 1.0 0741 3.1 1350 1.1 1959 3.2	0530 2.3 1133 0.9 1742 2.7	0206 4.1 0812 1.7 1418 4.4 2035 1.3	0157 3.4 0830 1.1 1430 3.6 2058 1.0	2 F
0152 1.3 0815 5.1 1414 1.3 2026 5.5	0349 6.0 1010 1.6 1613 6.5 2236 1.2	0350 8.4 1000 1.9 1616 9.0 2224 1.4	0440 11.7 1115 2.1 1709 12.6 2351 1.5	0244 0.9 0934 3.7 1503 1.1 2138 3.9	0230 0.8 0838 3.2 1445 0.9 2053 3.4	0007 0.8 0615 2.5 1223 0.7 1827 2.9	0256 4.4 0857 1.3 1506 4.8 2118 0.8	0257 3.7 0927 0.8 1525 3.9 2151 0.7	3 SA
0238 0.9 0857 5.4 1457 0.9 2108 5.8	0439 6.6 1059 1.0 1700 7.1 2324 0.6	0442 9.2 1048 1.2 1705 9.7 2312 0.8	0537 12.8 1222 1.3 1803 13.5	0328 0.6 1018 3.9 1546 0.8 2221 4.1	0321 0.5 0929 3.3 1535 0.7 2142 3.5	0054 0.6 0657 2.7 1308 0.5 1909 3.1	0338 4.8 0938 0.9 1549 5.2 2158 0.4	0348 4.0 1018 0.6 1614 4.2 2240 0.5	4 SU
0321 0.5 0936 5.7 1539 0.6 2149 6.1	0525 7.1 1145 0.6 1745 7.5	0529 9.8 1133 0.6 1751 10.2 2357 0.3	0055 0.9 0628 13.6 1322 0.8 1851 14.1	0410 0.4 1057 4.1 1627 0.6 2303 4.4	0406 0.3 1015 3.5 1621 0.5 2227 3.7	0138 0.4 0737 2.9 1352 0.4 1951 3.2	0418 5.2 1018 0.5 1632 5.5 2238 0.1	0434 4.3 1106 0.4 1659 4.4 2326 0.3	5 M ○
0402 0.2 1016 5.9 1620 0.4 2232 6.2	0009 0.3 0609 7.5 1230 0.3 1830 7.7	0613 10.3 1216 0.3 1836 10.5	0151 0.4 0715 14.1 1413 0.4 1936 14.5	0451 0.2 1137 4.3 1708 0.4 2345 4.5	0451 0.2 1058 3.6 1705 0.4 2312 3.8	0219 0.3 0817 2.9 1436 0.3 2033 3.3	0459 5.4 1057 0.2 1715 5.7 2318 0.0	0518 4.5 1151 0.2 1743 4.5	6 TU
0444 0.1 1058 6.0 1703 0.5 2316 6.3	0054 0.1 0653 7.6 1314 0.2 1915 7.8	0040 0.1 0657 10.4 1258 0.2 1921 10.5	0239 0.2 0757 14.3 1458 0.3 2020 14.5	0533 0.1 1218 4.3 1751 0.3	0534 0.1 1142 3.6 1749 0.3 2358 3.8	0300 0.3 0857 2.9 1519 0.3 2115 3.2	0540 5.6 1138 0.1 1758 5.7 2359 0.1	0011 0.3 0602 4.6 1236 0.2 1827 4.6	7 W
0527 0.2 1142 5.9 1748 0.3	0137 0.2 0736 7.6 1357 0.3 1959 7.6	0121 0.2 0739 10.4 1339 0.4 2003 10.3	0320 0.2 0839 14.3 1537 0.4 2104 14.3	0030 4.6 0615 0.2 1300 4.4 1835 0.3	0618 0.2 1226 3.6 1834 0.3	0340 0.4 0936 2.9 1604 0.4 2158 3.0	0622 5.5 1221 0.2 1843 5.6	0055 0.3 0645 4.6 1321 0.3 1910 4.5	8 TH
0003 6.1 0613 0.4 1227 5.8 1836 0.6	0220 0.4 0820 7.3 1441 0.6 2044 7.2	0202 0.5 0821 10.0 1421 0.8 2047 9.8	0356 0.5 0919 13.9 1609 0.8 2144 13.7	0118 4.5 0700 0.4 1346 4.3 1923 0.5	0045 3.7 0704 0.3 1312 3.5 1921 0.4	0421 0.5 1017 2.7 1651 0.6 2245 2.8	0041 0.3 0706 5.4 1306 0.5 1930 5.3	0139 0.4 0730 4.5 1405 0.4 1954 4.4	9 F
0052 5.8 0701 0.8 1316 5.5 1928 0.9	0303 0.8 0904 6.9 1526 1.0 2130 6.7	0242 1.0 0903 9.5 1503 1.4 2131 9.2	0427 1.1 1000 13.2 1639 1.4 2227 12.7	0209 4.3 0748 0.6 1437 4.2 2017 0.7	0136 3.6 0753 0.5 1403 3.4 2013 0.5	0504 0.7 1100 2.6 1743 0.8 2338 2.5	0126 0.8 0754 5.1 1354 0.9 2021 4.9	0224 0.6 0815 4.3 1451 0.6 2042 4.1	10 SA
0145 5.4 0754 1.2 1411 5.2 2028 1.3	0348 1.3 0952 6.4 1616 1.6 2221 6.1	0325 1.7 0950 8.8 1551 2.1 2221 8.5	0456 1.8 1042 12.2 1711 2.2 2311 11.6	0307 4.1 0843 1.0 1536 4.0 2120 0.7	0233 3.4 0848 0.7 1459 3.2 2112 0.7	0551 0.9 1151 2.4 1845 1.0	0215 1.2 0845 4.7 1451 1.4 2119 4.5	0311 0.8 0903 4.1 1542 0.8 2133 3.9	11 SU
0248 5.0 0855 1.7 1516 4.9 2141 1.6	0439 1.9 1048 5.9 1718 2.1 2323 5.6	0416 2.5 1045 8.1 1655 2.8 2324 7.8	0530 2.6 1132 11.1 1750 3.0	0414 3.8 0948 1.3 1645 3.8 2233 1.2	0339 3.1 0954 0.9 1604 3.2 2225 0.8	0045 2.3 0645 1.0 1301 2.3 2015 1.1	0314 1.7 0945 4.4 1603 1.7 2230 4.2	0405 1.0 0959 3.8 1640 1.1 2233 3.6	12 M
0404 4.7 1012 2.0 1639 4.7 2305 1.8	0545 2.3 1157 5.5 1842 2.4	0528 3.2 1158 7.6 1824 3.3	0009 10.6 0614 3.4 1234 10.3 1846 3.7	0531 3.6 1103 1.6 1800 3.7 2354 1.3	0457 2.9 1113 1.1 1715 3.1 2348 0.9	0229 2.1 0754 1.2 1513 2.2 2206 1.1	0430 2.1 1103 4.1 1740 1.9	0509 1.3 1106 3.5 1753 1.3 2348 3.4	13 TU
0534 4.6 1137 2.1 1805 4.8	0042 5.3 0715 2.5 1324 5.4 2013 2.3	0045 7.3 0704 3.4 1327 7.4 1957 3.3	0121 10.0 0727 3.9 1356 10.1 2026 3.9	0649 3.6 1223 1.6 1914 3.8	0617 2.9 1231 1.1 1826 3.1	0400 2.2 0924 1.2 1631 2.2 2315 1.0	0001 4.0 0612 2.2 1236 4.1 1909 1.8	0629 1.4 1230 3.4 1915 1.3	14 W
0025 1.7 0656 4.7 1253 2.0 1916 5.0	0212 5.3 0839 2.3 1447 5.7 2124 1.9	0214 7.4 0831 3.2 1448 7.7 2110 2.9	0248 10.1 0911 3.7 1524 10.4 2157 3.2	0115 1.2 0803 3.6 1339 1.6 2023 3.9	0103 0.8 0727 3.0 1336 1.1 1929 3.2	0459 2.3 1042 1.1 1719 2.5	0127 4.1 0732 2.0 1349 4.3 2006 1.6	0112 3.4 0749 1.3 1352 3.5 2027 1.2	15 TH

● ● Time UT. For British Summer Time (shaded) March 29th to October 25th ADD ONE HOUR ● ●

PAGE 97

OCTOBER 1998 TIDE TABLES

●● Time UT. For British Summer Time (shaded) March 29th to October 25th ADD ONE HOUR ●●

Day	HOLYHEAD Time m	MILFORD HAVEN Time m	SWANSEA Time m	AVONMOUTH Time m	DUBLIN Time m	BELFAST Time m	LONDONDERRY Time m	GALWAY Time m	COBH Time m
16 F	0131 1.5 / 0755 4.9 / 1351 1.8 / 2009 5.2	0321 5.7 / 0942 2.0 / 1545 6.0 / 2215 1.6	0327 7.8 / 0934 2.7 / 1551 8.2 / 2206 2.4	0406 10.9 / 1030 2.8 / 1634 11.5 / 2306 2.3	0221 1.1 / 0908 3.7 / 1439 1.4 / 2121 4.0	0203 0.7 / 0825 3.0 / 1430 0.9 / 2024 3.3	0003 0.9 / 0545 2.5 / 1137 1.0 / 1759 2.7	0224 4.3 / 0823 1.8 / 1439 4.5 / 2050 1.3	0223 3.5 / 0855 1.1 / 1455 3.7 / 2124 1.0
17 SA	0221 1.3 / 0839 5.1 / 1435 1.6 / 2048 5.3	0412 6.1 / 1029 1.6 / 1631 6.4 / 2256 1.3	0421 8.4 / 1022 2.2 / 1638 8.7 / 2248 2.0	0506 11.9 / 1132 1.9 / 1728 12.3	0312 1.0 / 0957 3.8 / 1525 1.2 / 2207 4.0	0253 0.6 / 0913 3.1 / 1515 0.8 / 2112 3.4	0042 0.8 / 0624 2.6 / 1221 0.9 / 1834 2.7	0307 4.6 / 0903 1.5 / 1521 4.6 / 2127 1.1	0317 3.7 / 0947 1.0 / 1544 3.8 / 2209 0.9
18 SU	0300 1.2 / 0912 5.2 / 1512 1.4 / 2122 5.4	0453 6.4 / 1107 1.3 / 1709 6.6 / 2331 1.1	0502 8.8 / 1101 1.8 / 1717 9.1 / 2324 1.7	0001 1.6 / 0554 12.5 / 1223 1.5 / 1811 12.8	0353 0.9 / 1036 3.8 / 1605 1.1 / 2245 4.0	0334 0.6 / 0953 3.2 / 1554 0.7 / 2154 3.4	0115 0.7 / 0700 2.7 / 1259 0.8 / 1906 2.8	0344 4.7 / 0939 1.3 / 1557 4.7 / 2201 0.9	0400 3.9 / 1030 0.9 / 1624 4.0 / 2248 0.8
19 M	0333 1.1 / 0942 5.4 / 1543 1.2 / 2154 5.5	0529 6.6 / 1142 1.1 / 1745 6.8	0538 9.2 / 1135 1.6 / 1752 9.3 / 2357 1.5	0048 1.4 / 0633 12.8 / 1306 1.3 / 1848 12.9	0429 0.8 / 1106 3.8 / 1639 1.0 / 2316 4.0	0410 0.5 / 1027 3.2 / 1629 0.7 / 2230 3.5	0144 0.7 / 0732 2.7 / 1333 0.7 / 1936 2.8	0419 4.9 / 1013 1.1 / 1633 4.9 / 2234 0.8	0438 4.0 / 1106 0.8 / 1700 4.1 / 2323 0.8
20 TU ●	0404 1.0 / 1012 5.4 / 1612 1.1 / 2224 5.5	0003 1.0 / 0602 6.8 / 1213 1.0 / 1816 6.9	0611 9.4 / 1207 1.5 / 1824 9.4	0127 1.4 / 0708 12.9 / 1342 1.3 / 1921 13.0	0501 0.8 / 1130 3.9 / 1712 0.9 / 2344 4.0	0442 0.5 / 1057 3.3 / 1700 0.7 / 2304 3.5	0211 0.7 / 0803 2.8 / 1403 0.7 / 2003 2.8	0453 5.0 / 1047 0.9 / 1707 4.9 / 2307 0.8	0512 4.1 / 1139 0.7 / 1732 4.1 / 2354 0.8
21 W	0433 1.0 / 1041 5.5 / 1642 1.1 / 2254 5.5	0033 0.9 / 0633 6.8 / 1244 1.0 / 1847 6.9	0027 1.5 / 0642 9.5 / 1238 1.5 / 1855 9.4	0202 1.4 / 0739 13.0 / 1415 1.3 / 1950 13.0	0530 0.8 / 1155 3.9 / 1742 0.9	0511 0.6 / 1124 3.3 / 1730 0.6 / 2335 3.5	0236 0.7 / 0830 2.8 / 1432 0.7 / 2030 2.7	0527 5.1 / 1121 0.9 / 1741 4.9 / 2339 0.9	0545 4.2 / 1210 0.8 / 1803 4.1
22 TH	0503 1.0 / 1111 5.5 / 1713 1.1 / 2325 5.4	0102 1.0 / 0703 6.8 / 1314 1.0 / 1917 6.8	0057 1.5 / 0712 9.4 / 1308 1.5 / 1925 9.3	0233 1.4 / 0806 13.0 / 1445 1.3 / 2018 12.9	0012 4.0 / 0559 0.8 / 1223 3.9 / 1812 0.9	0539 0.6 / 1151 3.4 / 1800 0.7	0301 0.7 / 0857 2.7 / 1502 0.7 / 2056 2.7	0600 5.0 / 1153 1.0 / 1813 4.8	0024 0.8 / 0616 4.2 / 1240 0.8 / 1833 4.1
23 F	0533 1.1 / 1142 5.4 / 1745 1.2 / 2357 5.3	0131 1.1 / 0732 6.7 / 1345 1.1 / 1946 6.6	0124 1.6 / 0741 9.3 / 1337 1.7 / 1954 9.1	0300 1.4 / 0834 12.9 / 1512 1.4 / 2047 12.7	0043 3.9 / 0629 0.9 / 1256 4.0 / 1843 0.9	0006 3.5 / 0609 0.6 / 1221 3.4 / 1832 0.8	0327 0.8 / 0927 2.7 / 1534 0.8 / 2126 2.6	0009 1.0 / 0632 4.9 / 1225 1.1 / 1846 4.7	0054 0.9 / 0648 4.1 / 1310 0.9 / 1903 4.0
24 SA	0604 1.3 / 1214 5.3 / 1819 1.3	0200 1.2 / 0802 6.6 / 1415 1.3 / 2016 6.4	0151 1.8 / 0809 9.1 / 1406 1.9 / 2023 8.9	0325 1.6 / 0903 12.5 / 1538 1.6 / 2116 12.3	0119 3.6 / 0700 1.0 / 1333 3.9 / 1918 1.0	0040 3.4 / 0642 0.7 / 1254 3.4 / 1907 0.7	0357 0.8 / 0959 2.6 / 1610 0.8 / 2200 2.5	0040 1.2 / 0704 4.7 / 1258 1.3 / 1920 4.5	0125 0.9 / 0721 4.1 / 1342 1.0 / 1936 3.9
25 SU	0030 5.2 / 0638 1.5 / 1249 5.2 / 1857 1.5	0230 1.5 / 0833 6.3 / 1448 1.6 / 2048 6.1	0219 2.0 / 0839 8.8 / 1436 2.2 / 2053 8.5	0349 1.9 / 0932 12.0 / 1603 2.1 / 2146 11.7	0200 3.7 / 0737 1.1 / 1415 3.8 / 1958 1.1	0118 3.4 / 0718 0.7 / 1331 3.4 / 1947 0.8	0433 0.9 / 1036 2.5 / 1651 0.9 / 2239 2.4	0113 1.5 / 0738 4.6 / 1334 1.5 / 1957 4.4	0157 1.0 / 0754 4.0 / 1416 1.1 / 2010 3.8
26 M	0108 5.0 / 0716 1.7 / 1329 5.0 / 1940 1.7	0302 1.8 / 0907 6.0 / 1524 2.0 / 2124 5.8	0248 2.3 / 0912 8.4 / 1511 2.5 / 2130 8.1	0414 2.4 / 1002 11.3 / 1630 2.5 / 2218 11.0	0248 3.6 / 0820 1.3 / 1503 3.6 / 2046 1.3	0200 3.3 / 0800 0.9 / 1414 3.4 / 2033 0.9	0514 1.0 / 1119 2.5 / 1739 1.0 / 2327 2.2	0150 1.7 / 0816 4.4 / 1415 1.7 / 2039 4.1	0233 1.1 / 0833 3.8 / 1455 1.2 / 2050 3.6
27 TU	0152 4.7 / 0803 2.0 / 1418 4.8 / 2035 1.9	0338 2.2 / 0948 5.7 / 1609 2.3 / 2210 5.5	0324 2.7 / 0953 8.0 / 1555 2.9 / 2216 7.7	0441 2.8 / 1036 10.7 / 1701 3.0 / 2257 10.4	0342 3.4 / 0913 1.4 / 1557 3.5 / 2148 1.4	0248 3.2 / 0847 1.0 / 1503 3.3 / 2127 1.0	0602 1.1 / 1212 2.4 / 1834 1.1	0234 1.9 / 0903 4.2 / 1509 1.9 / 2134 4.0	0315 1.3 / 0917 3.7 / 1543 1.3 / 2139 3.5
28 W	0251 4.5 / 0903 2.2 / 1523 4.6 / 2145 2.0	0427 2.5 / 1043 5.4 / 1712 2.5 / 2315 5.2	0414 3.1 / 1051 7.6 / 1701 3.2 / 2323 7.3	0516 3.2 / 1122 10.2 / 1745 3.5 / 2354 9.9	0446 3.3 / 1023 1.6 / 1658 3.5 / 2304 1.4	0344 3.1 / 0943 1.1 / 1559 3.3 / 2232 1.1	0032 2.1 / 0700 1.2 / 1321 2.3 / 1941 1.2	0335 2.2 / 1001 3.9 / 1618 2.1 / 2245 3.9	0409 1.4 / 1012 3.5 / 1645 1.4 / 2242 3.3
29 TH	0411 4.4 / 1022 2.3 / 1643 4.6 / 2306 2.0	0542 2.7 / 1202 5.3 / 1839 2.6	0534 3.4 / 1212 7.4 / 1831 3.2	0608 3.7 / 1236 9.9 / 1854 3.8	0600 3.3 / 1139 1.6 / 1809 3.4	0448 3.0 / 1051 1.2 / 1705 3.1 / 2346 1.2	0208 2.1 / 0813 1.3 / 1448 2.3 / 2108 1.2	0500 2.3 / 1115 4.0 / 1745 2.0	0520 1.5 / 1122 3.4 / 1801 1.4
30 F	0539 4.5 / 1144 2.1 / 1801 4.8	0045 5.2 / 0718 2.6 / 1330 5.5 / 2006 2.2	0049 7.3 / 0714 3.3 / 1336 7.6 / 1954 2.8	0120 9.8 / 0733 3.9 / 1413 10.2 / 2041 3.5	0016 1.3 / 0712 3.4 / 1247 1.5 / 1918 3.5	0600 3.0 / 1206 1.2 / 1815 3.2	0354 2.2 / 0939 1.2 / 1606 2.6 / 2236 1.0	0013 3.9 / 0630 2.2 / 1236 4.2 / 1902 1.7	0000 3.3 / 0641 1.4 / 1242 3.5 / 1920 1.2
31 SA	0020 1.7 / 0650 4.8 / 1250 1.8 / 1904 5.1	0211 5.5 / 0839 2.2 / 1444 6.0 / 2112 1.7	0213 7.7 / 0831 2.7 / 1448 8.2 / 2102 2.1	0254 10.5 / 0919 3.1 / 1534 11.3 / 2205 2.5	0118 1.1 / 0812 3.6 / 1345 1.3 / 2017 3.7	0057 0.9 / 0707 3.1 / 1316 1.1 / 1921 3.3	0457 2.4 / 1052 1.0 / 1705 2.8 / 2338 0.8	0130 4.2 / 0736 1.9 / 1342 4.5 / 2000 1.3	0119 3.5 / 0756 1.2 / 1354 3.7 / 2027 1.0

PAGE 98

TIDE TABLES

WEST COAST ENGLAND, WALES & IRELAND Time Zone UT
Holyhead * Milford Haven * Swansea * Avonmouth * Dublin * Belfast * Londonderry * Galway * Cobh

TIDE TABLES NOVEMBER 1998

HOLYHEAD	MILFORD HAVEN	SWANSEA	AVONMOUTH	DUBLIN	BELFAST	LONDONDERRY	GALWAY	COBH		
Time m	Time m	Time m	Time m	Time m	Time m	Time m	Time m	Time m		
0118 1.3 0744 5.1 1344 1.4 1955 5.5	0317 6.1 0940 1.6 1542 6.5 2209 1.2	0321 8.4 0931 1.9 1548 9.0 2158 1.4	0407 11.6 1038 2.3 1639 12.5 2318 1.7	0212 0.8 0905 3.8 1435 1.1 2109 4.0	0157 0.7 0808 3.2 1416 0.9 2021 3.4	0546 2.6 1150 0.8 1754 3.0	0224 4.6 0827 1.4 1436 4.9 2048 0.9	0225 3.8 0858 0.9 1455 4.0 2124 0.7	1	SU
0209 0.9 0830 5.5 1431 1.0 2042 5.8	0412 6.6 1033 1.1 1634 7.1 2259 0.7	0416 9.2 1023 1.2 1641 9.7 2248 0.8	0508 12.7 1151 1.5 1735 13.4	0300 0.6 0951 4.0 1521 0.8 2156 4.2	0251 0.5 0901 3.4 1509 0.7 2115 3.6	0027 0.6 0630 2.8 1240 0.6 1840 3.2	0310 5.0 0911 1.0 1523 5.2 2131 0.5	0320 4.1 0953 0.6 1548 4.2 2215 0.5	2	M
0254 0.5 0912 5.8 1515 0.6 2126 6.1	0500 7.1 1122 0.6 1723 7.4 2346 0.3	0506 9.8 1110 0.7 1729 10.2 2335 0.4	0027 1.0 0601 13.5 1256 0.9 1827 14.0	0345 0.4 1033 4.2 1605 0.6 2242 4.4	0339 0.4 0950 3.5 1557 0.6 2205 3.7	0111 0.5 0712 2.9 1327 0.5 1924 3.3	0353 5.3 0954 0.6 1609 5.5 2213 0.3	0409 4.3 1043 0.4 1636 4.4 2304 0.4	3	TU
0339 0.3 0954 5.9 1559 0.4 2212 6.2	0547 7.4 1209 0.3 1809 7.7	0552 10.3 1156 0.4 1816 10.5	0125 0.6 0650 14.0 1350 0.5 1914 14.3	0429 0.3 1115 4.3 1648 0.4 2327 4.5	0427 0.3 1036 3.7 1645 0.4 2253 3.8	0152 0.4 0754 3.0 1413 0.4 2009 3.2	0435 5.6 1036 0.3 1653 5.7 2254 0.2	0457 4.5 1130 0.3 1722 4.6 2351 0.3	4	W O
0422 0.2 1037 6.0 1645 0.3 2258 6.2	0033 0.2 0633 7.6 1255 0.2 1856 7.7	0020 0.3 0636 10.4 1240 0.4 1902 10.4	0215 0.3 0735 14.2 1436 0.4 1959 14.4	0512 0.2 1157 4.4 1733 0.3	0512 0.2 1121 3.7 1731 0.4 2342 3.8	0233 0.4 0834 3.0 1459 0.4 2052 3.1	0517 5.7 1118 0.3 1739 5.7 2337 0.3	0542 4.6 1217 0.2 1807 4.6	5	TH
0507 0.3 1122 6.0 1731 0.4 2346 6.0	0118 0.2 0718 7.6 1341 0.3 1942 7.5	0103 0.4 0721 10.3 1324 0.6 1946 10.2	0258 0.3 0818 14.2 1516 0.5 2043 14.2	0014 4.5 0555 0.3 1242 4.4 1819 0.4	0559 0.3 1207 3.7 1818 0.3	0313 0.5 0915 2.9 1545 0.5 2137 3.0	0601 5.7 1203 0.3 1825 5.6	0036 0.3 0627 4.6 1303 0.3 1852 4.5	6	F
0554 0.5 1209 5.8 1821 0.6	0201 0.4 0802 7.3 1426 0.6 2027 7.1	0144 0.7 0803 10.0 1406 0.9 2030 9.8	0335 0.6 0900 13.9 1551 0.9 2127 13.6	0103 4.5 0641 0.5 1328 4.4 1909 0.5	0031 3.7 0645 0.4 1254 3.7 1906 0.4	0354 0.6 0955 2.9 1633 0.7 2225 2.7	0021 0.6 0646 5.5 1249 0.6 1913 5.3	0121 0.4 0712 4.5 1348 0.4 1937 4.3	7	SA
0037 5.8 0642 0.9 1258 5.6 1914 0.9	0245 0.8 0847 7.0 1512 1.0 2114 6.6	0225 1.2 0847 9.5 1449 1.5 2115 9.2	0408 1.2 0943 13.2 1623 1.5 2211 12.7	0155 4.3 0729 0.8 1418 4.2 2003 0.7	0124 3.5 0735 0.6 1345 3.6 1958 0.5	0435 0.7 1037 2.7 1726 0.9 2318 2.5	0106 1.0 0734 5.2 1339 1.0 2005 4.9	0206 0.6 0759 4.3 1434 0.6 2024 4.1	8	SU
0131 5.4 0734 1.3 1352 5.3 2012 1.2	0330 1.3 0934 6.5 1601 1.5 2203 6.1	0307 1.8 0933 8.9 1536 2.1 2203 8.5	0439 1.9 1027 12.3 1656 2.2 2257 11.7	0253 4.0 0823 1.1 1515 4.1 2104 0.9	0221 3.3 0829 0.9 1439 3.4 2056 0.7	0520 0.9 1125 2.6 1827 1.1	0157 1.4 0825 4.9 1435 1.4 2102 4.6	0253 0.8 0847 4.1 1524 0.9 2113 3.9	9	M
0231 5.0 0833 1.7 1453 5.0 2119 1.6	0419 1.8 1027 6.0 1658 2.0 2300 5.6	0355 2.4 1024 8.3 1633 2.7 2259 7.8	0512 2.6 1115 11.3 1734 3.0 2350 10.7	0358 3.8 0924 1.4 1620 3.9 2213 1.1	0324 3.1 0932 1.1 1540 3.3 2203 0.8	0021 2.3 0611 1.1 1226 2.4 1948 1.2	0254 1.8 0923 4.5 1542 1.7 2207 4.3	0344 1.0 0940 3.8 1618 1.1 2209 3.6	10	TU
0341 4.7 0942 2.1 1605 4.8 2235 1.8	0518 2.3 1129 5.6 1810 2.3	0457 3.0 1128 7.7 1748 3.2	0554 3.3 1212 10.5 1824 3.6	0510 3.6 1035 1.6 1732 3.8 2327 1.2	0436 3.0 1044 1.1 1646 3.3 2318 0.8	0147 2.2 0712 1.2 1357 2.4 2127 1.2	0403 2.2 1032 4.3 1703 1.9 2326 4.1	0444 1.2 1042 3.6 1724 1.3 2316 3.4	11	W
0501 4.5 1100 2.2 1724 4.8 2350 1.8	0009 5.3 0636 2.5 1243 5.4 1932 2.4	0009 7.4 0621 3.4 1245 7.4 1913 3.3	0052 10.1 0654 3.9 1322 10.1 1944 3.9	0624 3.5 1150 1.7 1842 3.7	0550 2.9 1157 1.2 1752 3.2	0315 2.2 0827 1.3 1533 2.4 2238 1.1	0529 2.3 1154 4.2 1826 1.9	0554 1.4 1155 3.4 1837 1.4	12	TH
0619 4.6 1215 2.2 1836 4.8	0130 5.2 0757 2.4 1403 5.5 2043 2.2	0132 7.3 0747 3.3 1406 7.6 2029 3.1	0209 10.0 0827 3.9 1443 10.3 2114 3.5	0042 1.2 0733 3.5 1305 1.6 1948 3.8	0030 0.8 0657 2.9 1301 1.1 1855 3.2	0418 2.3 0948 1.1 1633 2.5 2326 1.0	0049 4.2 0651 2.2 1311 4.2 1929 1.8	0032 3.4 0709 1.4 1312 3.4 1948 1.3	13	F
0055 1.7 0721 4.7 1317 2.0 1933 5.0	0242 5.5 0903 2.2 1507 5.8 2138 1.9	0248 7.6 0854 3.0 1512 7.9 2127 2.7	0327 10.5 0948 3.6 1556 11.0 2223 2.8	0148 1.2 0835 3.6 1408 1.5 2046 3.8	0130 0.8 0753 2.9 1356 1.1 1951 3.2	0507 2.4 1051 1.1 1719 2.6	0151 4.3 0749 2.0 1407 4.3 2016 1.6	0143 3.4 0816 1.3 1418 3.6 2047 1.2	14	SA
0148 1.6 0806 4.9 1405 1.8 2017 5.1	0336 5.8 0954 1.9 1557 6.1 2221 1.6	0345 8.1 0946 2.5 1603 8.4 2213 2.3	0430 11.3 1051 2.5 1653 11.7 2319 2.2	0239 1.1 0924 3.7 1457 1.3 2134 3.9	0220 0.7 0841 3.0 1443 1.0 2040 3.3	0004 0.9 0549 2.6 1141 1.1 1758 2.7	0236 4.5 0834 1.8 1451 4.5 2056 1.4	0241 3.6 0911 1.1 1509 3.7 2134 1.1	15	SU

● ● Time UT. For British Summer Time (shaded) March 29th to October 25th ADD ONE HOUR ● ●

PAGE 99

NOVEMBER 1998 TIDE TABLES

● ● Time UT. For British Summer Time (shaded) March 29th to October 25th ADD ONE HOUR ● ●

	HOLYHEAD	MILFORD HAVEN	SWANSEA	AVONMOUTH	DUBLIN	BELFAST	LONDONDERRY	GALWAY	COBH
	Time m	Time m	Time m	Time m	Time m	Time m	Time m	Time m	Time m
16 M	0229 1.4 0843 5.1 1443 1.6 2054 5.2	0421 6.2 1035 1.6 1638 6.4 2259 1.4	0430 8.6 1028 2.1 1645 8.8 2252 2.0	0519 11.9 1142 2.0 1737 12.2	0322 1.0 1003 3.7 1539 1.2 2214 3.9	0303 0.6 0921 3.1 1524 0.8 2124 3.3	0037 0.8 0627 2.7 1223 0.9 1833 2.7	0315 4.7 0912 1.5 1530 4.6 2133 1.3	0327 3.8 0955 1.0 1551 3.8 2215 1.0
17 TU	0304 1.3 0915 5.3 1517 1.4 2127 5.3	0459 6.4 1112 1.3 1715 6.5 2333 1.2	0507 8.9 1105 1.9 1722 9.0 2327 1.8	0007 1.8 0600 12.4 1227 1.7 1816 12.5	0358 0.9 1035 3.8 1615 1.1 2248 3.9	0340 0.6 0957 3.2 1602 0.7 2203 3.3	0108 0.8 0701 2.8 1300 0.8 1906 2.7	0352 4.9 0949 1.3 1607 4.7 2207 1.2	0407 3.9 1034 0.9 1629 3.9 2251 0.9
18 W	0336 1.2 0945 5.4 1548 1.3 2159 5.4	0534 6.6 1146 1.2 1749 6.7	0542 9.2 1140 1.7 1757 9.2	0049 1.6 0636 12.6 1307 1.5 1851 12.6	0431 0.9 1103 3.9 1648 1.0 2318 3.9	0413 0.6 1029 3.3 1636 0.7 2238 3.3	0138 0.7 0733 2.8 1335 0.8 1936 2.7	0427 5.0 1024 1.2 1642 4.8 2240 1.1	0444 4.0 1109 0.8 1703 4.0 2324 0.8
19 TH ●	0406 1.1 1016 5.5 1620 1.2 2230 5.4	0006 1.1 0607 6.7 1219 1.1 1822 6.7	0000 1.7 0615 9.3 1213 1.7 1830 9.2	0127 1.5 0709 12.8 1344 1.4 1922 12.7	0502 0.9 1130 3.9 1719 1.0 2348 3.9	0444 0.6 1059 3.4 1708 0.7 2311 3.4	0206 0.7 0804 2.8 1408 0.8 2004 2.7	0500 5.1 1057 1.1 1716 4.8 2312 1.1	0518 4.1 1143 0.8 1736 4.0 2358 0.8
20 F	0437 1.1 1047 5.5 1652 1.2 2303 5.4	0037 1.1 0639 6.8 1252 1.1 1854 6.7	0032 1.6 0647 9.3 1246 1.7 1902 9.2	0203 1.4 0739 12.9 1418 1.3 1953 12.7	0532 0.9 1200 4.0 1751 0.9	0514 0.6 1129 3.5 1739 0.7 2344 3.4	0234 0.7 0834 2.8 1440 0.8 2033 2.7	0532 5.1 1130 1.1 1749 4.8 2344 1.2	0553 4.1 1216 0.8 1809 4.0
21 SA	0509 1.2 1119 5.5 1725 1.2 2336 5.3	0109 1.1 0710 6.7 1325 1.1 1925 6.6	0103 1.7 0718 9.3 1318 1.7 1933 9.1	0235 1.4 0810 12.9 1451 1.4 2024 12.7	0021 3.8 0603 0.9 1233 4.0 1823 0.9	0545 0.6 1200 3.5 1812 0.7	0303 0.8 0905 2.8 1515 0.8 2105 2.6	0604 5.0 1203 1.1 1823 4.8	0032 0.8 0627 4.1 1251 0.9 1842 4.0
22 SU	0542 1.3 1153 5.4 1801 1.3	0140 1.2 0742 6.6 1359 1.3 1957 6.4	0132 1.8 0750 9.1 1348 1.8 2004 8.9	0305 1.5 0842 12.7 1521 1.6 2057 12.4	0058 3.8 0636 0.9 1311 3.9 1859 1.0	0018 3.3 0618 0.7 1233 3.5 1848 0.7	0333 0.8 0939 2.8 1552 0.9 2142 2.6	0016 1.3 0638 5.0 1237 1.2 1858 4.7	0106 0.9 0701 4.1 1324 0.9 1915 3.9
23 M	0012 5.2 0617 1.4 1230 5.3 1839 1.4	0213 1.4 0815 6.5 1433 1.5 2033 6.2	0201 1.9 0821 8.9 1421 2.0 2037 8.6	0333 1.8 0915 12.3 1550 1.9 2131 12.0	0139 3.7 0714 1.0 1352 3.9 1939 1.0	0057 3.3 0656 0.7 1310 3.5 1929 0.7	0409 0.9 1015 2.7 1633 0.9 2224 2.5	0051 1.5 0713 4.8 1315 1.4 1937 4.5	0140 1.0 0736 4.0 1400 1.0 1951 3.8
24 TU	0051 5.0 0657 1.6 1311 5.2 1924 1.5	0247 1.7 0852 6.3 1512 1.7 2111 6.0	0232 2.1 0856 8.6 1456 2.2 2114 8.3	0400 2.1 0949 11.9 1619 2.3 2208 11.5	0225 3.6 0757 1.2 1438 3.7 2026 1.1	0138 3.3 0737 0.8 1351 3.4 2014 0.8	0450 1.0 1058 2.7 1721 1.0 2313 2.4	0130 1.7 0754 4.7 1357 1.5 2021 4.4	0216 1.0 0815 3.9 1439 1.1 2032 3.7
25 W	0136 4.9 0742 1.8 1358 5.0 2015 1.6	0326 1.9 0935 6.0 1557 2.0 2157 5.7	0309 2.4 0938 8.3 1540 2.4 2200 8.0	0430 2.5 1028 11.3 1653 2.6 2250 11.0	0317 3.5 0847 1.3 1529 3.6 2123 1.2	0225 3.2 0824 0.9 1438 3.4 2106 0.8	0537 1.1 1148 2.6 1814 1.1	0215 1.9 0840 4.5 1448 1.7 2114 4.2	0257 1.1 0858 3.7 1524 1.1 2119 3.6
26 TH	0232 4.7 0839 2.0 1457 4.9 2118 1.7	0414 2.2 1027 5.8 1654 2.2 2257 5.5	0357 2.7 1031 7.9 1638 2.7 2300 7.6	0506 2.9 1115 10.8 1737 3.0 2343 10.6	0416 3.4 0949 1.5 1626 3.6 2230 1.2	0318 3.1 0918 1.0 1531 3.3 2206 0.9	0015 2.3 0632 1.2 1249 2.6 1917 1.2	0312 2.1 0935 4.4 1549 1.8 2216 4.1	0348 1.2 0950 3.6 1621 1.2 2217 3.5
27 F	0340 4.6 0948 2.1 1606 4.8 2230 1.7	0518 2.4 1135 5.6 1806 2.2	0504 3.0 1141 7.7 1754 2.8	0557 3.2 1218 10.5 1839 3.2	0524 3.4 1100 1.5 1730 3.5 2340 1.1	0418 3.1 1021 1.1 1633 3.3 2313 0.9	0133 2.2 0737 1.2 1403 2.6 2033 1.2	0422 2.2 1040 4.3 1702 1.8 2330 4.1	0451 1.3 1053 3.5 1730 1.2 2327 3.4
28 SA	0458 4.6 1104 2.0 1721 4.9 2342 1.5	0012 5.4 0639 2.4 1253 5.7 1924 2.1	0015 7.5 0633 3.0 1300 7.8 1917 2.6	0053 10.4 0707 3.4 1338 10.7 2000 3.1	0635 3.4 1209 1.1 1839 3.6	0526 3.1 1133 1.1 1739 3.3	0305 2.2 0853 1.2 1521 2.7 2157 1.1	0542 2.1 1154 4.3 1817 1.6	0605 1.3 1205 3.5 1843 1.2
29 SU	0611 4.8 1213 1.8 1827 5.2	0133 5.6 0800 2.1 1406 6.0 2037 1.7	0137 7.7 0755 2.6 1415 8.2 2030 2.2	0215 10.7 0835 3.2 1457 11.3 2124 2.6	0044 1.0 0738 3.6 1310 1.1 1944 3.8	0022 0.8 0634 3.1 1243 1.1 1848 3.3	0420 2.4 1011 1.1 1628 2.8 2305 0.9	0047 4.3 0656 1.9 1306 4.6 1921 1.3	0040 3.5 0720 1.1 1318 3.6 1954 1.0
30 M	0045 1.2 0712 5.1 1313 1.4 1926 5.4	0244 6.0 0909 1.7 1512 6.4 2139 1.3	0250 8.3 0902 2.0 1520 8.8 2131 1.6	0331 11.4 0958 2.6 1606 12.2 2241 2.0	0142 0.8 0834 3.8 1406 1.1 2042 4.0	0126 0.7 0739 3.2 1348 0.9 1953 3.4	0516 2.6 1118 0.9 1724 3.0 2358 0.8	0150 4.6 0755 1.5 1406 4.8 2016 1.1	0150 3.7 0828 0.9 1424 3.9 2057 0.8

PAGE 100

TIDE TABLES

WEST COAST ENGLAND, WALES & IRELAND Time Zone UT
Holyhead * Milford Haven * Swansea * Avonmouth * Dublin * Belfast * Londonderry * Galway * Cobh

TIDE TABLES DECEMBER 1998

HOLYHEAD	MILFORD HAVEN	SWANSEA	AVONMOUTH	DUBLIN	BELFAST	LONDONDERRY	GALWAY	COBH	
Time m	Time m	Time m	Time m	Time m	Time m	Time m	Time m	Time m	
0141 0.9 0803 5.4 1406 1.1 2018 5.7	0344 6.5 1008 1.2 1609 6.8 2235 0.9	0351 9.0 0959 1.4 1618 9.4 2226 1.1	0436 12.3 1117 1.9 1707 12.9 2355 1.4	0235 0.6 0925 4.0 1457 0.9 2135 4.2	0224 0.5 0836 3.4 1445 0.8 2052 3.6	0606 2.7 1215 0.7 1815 3.1	0242 5.0 0846 1.1 1459 5.1 2105 0.8	0252 4.0 0928 0.7 1522 4.1 2153 0.6	**1 TU**
0231 0.7 0851 5.7 1455 0.8 2107 5.9	0438 6.9 1101 0.8 1702 7.2 2326 0.6	0445 9.6 1051 1.0 1710 9.8 2316 0.8	0535 13.1 1227 1.4 1803 13.5	0324 0.5 1012 4.2 1546 0.7 2225 4.4	0317 0.4 0930 3.6 1539 0.6 2148 3.7	0045 0.6 0651 2.9 1306 0.6 1903 3.1	0329 5.3 0933 0.8 1548 5.4 2151 0.6	0347 4.2 1023 0.5 1615 4.3 2245 0.4	**2 W**
0319 0.5 0936 5.8 1543 0.6 2156 6.0	0528 7.2 1151 0.5 1752 7.3	0533 10.0 1139 0.7 1800 10.1	0058 1.0 0627 13.6 1326 0.9 1854 13.9	0410 0.4 1057 4.3 1633 0.5 2314 4.5	0407 0.4 1019 3.7 1628 0.5 2239 3.7	0128 0.6 0734 2.9 1355 0.6 1950 3.1	0414 5.5 1018 0.5 1635 5.5 2236 0.5	0438 4.4 1113 0.3 1704 4.4 2333 0.3	**3 TH** ○
0405 0.4 1021 6.0 1631 0.5 2245 6.0	0015 0.4 0615 7.4 1240 0.4 1840 7.4	0003 0.6 0621 10.2 1227 0.7 1848 10.1	0151 0.7 0716 13.9 1415 0.7 1942 14.0	0455 0.4 1142 4.4 1720 0.4	0456 0.4 1106 3.8 1717 0.4 2330 3.7	0209 0.5 0816 3.0 1443 0.6 2036 3.0	0458 5.6 1103 0.4 1723 5.6 2320 0.6	0527 4.5 1201 0.3 1751 4.4	**4 F**
0451 0.5 1108 6.0 1719 0.5 2334 5.9	0101 0.4 0702 7.4 1327 0.4 1927 7.3	0048 0.7 0706 10.1 1312 0.8 1933 9.9	0238 0.6 0802 14.0 1459 0.7 2028 13.9	0002 4.4 0540 0.5 1227 4.5 1807 0.4	0544 0.4 1153 3.8 1805 0.4	0250 0.6 0857 3.0 1530 0.6 2121 2.9	0544 5.7 1149 0.5 1810 5.5	0020 0.4 0613 4.5 1248 0.3 1836 4.3	**5 SA**
0538 0.7 1154 5.9 1809 0.6	0146 0.5 0748 7.3 1413 0.6 2013 7.0	0131 0.9 0751 9.9 1356 1.1 2017 9.6	0318 0.8 0846 13.8 1538 1.0 2112 13.5	0051 4.4 0625 0.6 1312 4.4 1857 0.5	0021 3.6 0631 0.5 1240 3.8 1854 0.4	0330 0.6 0937 2.9 1618 0.8 2208 2.7	0005 0.8 0630 5.5 1236 0.6 1859 5.3	0106 0.4 0659 4.4 1333 0.4 1921 4.2	**6 SU**
0024 5.6 0625 0.9 1242 5.7 1900 0.8	0230 0.8 0832 7.0 1458 0.9 2058 6.6	0212 1.2 0833 9.5 1438 1.6 2100 9.1	0354 1.2 0930 13.3 1612 1.5 2157 12.8	0142 4.2 0712 0.8 1400 4.3 1948 0.7	0112 3.5 0719 0.7 1328 3.7 1943 0.5	0410 0.8 1018 2.8 1707 0.9 2257 2.5	0051 1.0 0718 5.3 1326 0.9 1949 5.0	0151 0.5 0745 4.3 1418 0.6 2006 4.1	**7 M**
0115 5.4 0714 1.3 1332 5.5 1952 1.1	0313 1.2 0917 6.6 1544 1.3 2144 6.2	0252 1.7 0917 9.0 1521 1.9 2143 8.6	0427 1.8 1013 12.6 1645 2.1 2241 12.0	0235 4.0 0803 1.1 1453 4.1 2045 0.9	0206 3.3 0809 0.8 1419 3.6 2036 0.6	0453 0.9 1103 2.7 1801 1.1 2352 2.4	0139 1.4 0807 5.0 1418 1.2 2042 4.7	0236 0.7 0831 4.1 1505 0.8 2053 3.9	**8 TU**
0208 5.0 0805 1.6 1424 5.2 2049 1.4	0357 1.6 1003 6.2 1632 1.8 2232 5.8	0335 2.2 1003 8.5 1608 2.4 2230 8.1	0500 2.4 1057 11.7 1720 2.7 2326 11.1	0333 3.7 0858 1.3 1551 4.0 2145 1.1	0302 3.1 0904 1.0 1512 3.4 2133 0.7	0539 1.0 1153 2.6 1903 1.2	0231 1.7 0859 4.7 1514 1.5 2137 4.4	0323 0.9 0919 3.9 1554 1.0 2142 3.6	**9 W**
0305 4.7 0903 1.9 1523 4.9 2151 1.7	0446 2.0 1054 5.8 1727 2.1 2327 5.4	0425 2.6 1054 8.0 1704 2.8 2326 7.6	0535 3.0 1144 11.0 1759 3.3	0436 3.6 1000 1.5 1654 3.8 2249 1.2	0403 3.0 1003 1.1 1610 3.3 2236 0.8	0056 2.2 0632 1.2 1255 2.5 2017 1.3	0328 2.0 0956 4.4 1616 1.8 2239 4.2	0413 1.1 1012 3.6 1647 1.2 2238 3.5	**10 TH**
0410 4.5 1008 2.2 1629 4.7 2259 1.9	0544 2.3 1154 5.6 1831 2.3	0529 3.1 1155 7.6 1812 3.1	0016 10.4 0618 3.5 1238 10.4 1851 3.7	0542 3.4 1107 1.6 1800 3.7 2356 1.3	0506 2.9 1108 1.2 1711 3.2 2340 0.9	0209 2.2 0733 1.2 1413 2.4 2131 1.3	0434 2.2 1100 4.2 1726 1.9 2350 4.1	0510 1.3 1111 3.4 1748 1.3 2340 3.3	**11 F**
0521 4.5 1120 2.3 1739 4.7	0032 5.2 0654 2.5 1302 5.4 1942 2.3	0033 7.3 0644 3.3 1306 7.4 1927 3.2	0115 10.0 0719 3.9 1345 10.1 2006 3.8	0647 3.4 1217 1.7 1905 3.6	0609 2.8 1212 1.1 1812 3.1	0319 2.2 0844 1.3 1530 2.4 2230 1.2	0550 2.3 1214 4.1 1835 1.9	0614 1.3 1217 3.3 1852 1.3	**12 SA**
0004 1.9 0628 4.5 1227 2.2 1844 4.7	0143 5.3 0806 2.4 1412 5.5 2045 2.2	0148 7.3 0758 3.2 1417 7.6 2036 3.0	0227 10.0 0846 3.9 1457 10.3 2126 3.5	0101 1.3 0747 3.4 1324 1.6 2003 3.6	0042 0.9 0706 2.9 1312 1.1 1909 3.1	0418 2.3 0954 1.2 1631 2.5 2318 1.1	0100 4.1 0701 2.2 1322 4.1 1933 1.8	0047 3.3 0721 1.4 1324 3.3 1955 1.3	**13 SU**
0103 1.8 0724 4.7 1324 2.1 1938 4.8	0249 5.5 0907 2.2 1513 5.7 2139 2.0	0256 7.6 0900 2.9 1518 7.9 2131 2.7	0338 10.4 0959 3.4 1603 10.8 2230 3.0	0157 1.2 0839 3.5 1422 1.5 2056 3.7	0136 0.8 0758 2.9 1404 1.0 2003 3.1	0507 2.5 1054 1.1 1720 2.5 2358 1.0	0157 4.3 0757 2.0 1416 4.2 2021 1.7	0151 3.4 0822 1.2 1424 3.4 2050 1.2	**14 M**
0152 1.7 0809 4.9 1411 1.8 2023 5.0	0342 5.8 0958 1.9 1603 6.0 2224 1.7	0349 8.1 0950 2.6 1607 8.2 2217 2.4	0435 11.0 1057 2.7 1655 11.3 2323 2.4	0245 1.2 0924 3.6 1509 1.3 2141 3.7	0224 0.8 0844 3.0 1451 0.9 2051 3.2	0551 2.6 1145 1.1 1802 2.6	0243 4.5 0844 1.8 1502 4.4 2103 1.6	0246 3.5 0914 1.2 1513 3.6 2136 1.0	**15 TU**

● ● Time UT. For British Summer Time (shaded) March 29th to October 25th ADD ONE HOUR ● ●

PAGE 101

DECEMBER 1998 TIDE TABLES

• • Time UT. For British Summer Time (shaded) March 29th to October 25th ADD ONE HOUR • •

Day	HOLYHEAD Time m	MILFORD HAVEN Time m	SWANSEA Time m	AVONMOUTH Time m	DUBLIN Time m	BELFAST Time m	LONDONDERRY Time m	GALWAY Time m	COBH Time m
16 W	0233 1.5 / 0847 5.1 / 1451 1.6 / 2102 5.1	0427 6.1 / 1042 1.7 / 1645 6.2 / 2304 1.5	0433 8.5 / 1033 2.3 / 1651 8.5 / 2257 2.1	0521 11.6 / 1146 2.2 / 1740 11.8	0326 1.1 / 1002 3.7 / 1549 1.2 / 2220 3.7	0306 0.7 / 0924 3.1 / 1534 0.8 / 2134 3.2	0035 0.9 / 0631 2.7 / 1230 1.0 / 1840 2.6	0324 4.6 / 0925 1.5 / 1542 4.5 / 2142 1.4	0333 3.7 / 0959 1.0 / 1556 3.7 / 2218 0.9
17 TH	0309 1.4 / 0921 5.3 / 1527 1.4 / 2137 5.2	0507 6.3 / 1121 1.4 / 1724 6.4 / 2341 1.3	0513 8.8 / 1113 2.0 / 1730 8.8 / 2336 1.9	0010 2.0 / 0603 12.1 / 1231 1.8 / 1820 12.2	0403 1.0 / 1036 3.8 / 1625 1.1 / 2255 3.7	0345 0.7 / 1002 3.2 / 1613 0.7 / 2214 3.2	0110 0.8 / 0709 2.8 / 1310 0.9 / 1915 2.7	0400 4.8 / 1003 1.4 / 1620 4.6 / 2218 1.3	0415 3.8 / 1039 0.9 / 1635 3.8 / 2257 0.8
18 F ●	0343 1.3 / 0954 5.4 / 1600 1.3 / 2212 5.3	0543 6.5 / 1159 1.3 / 1800 6.5	0550 9.0 / 1151 1.9 / 1806 8.9	0054 1.7 / 0640 12.5 / 1314 1.5 / 1857 12.4	0436 1.0 / 1108 3.9 / 1659 1.0 / 2330 3.8	0420 0.7 / 1037 3.3 / 1650 0.7 / 2251 3.3	0143 0.8 / 0744 2.8 / 1348 0.9 / 1948 2.7	0436 4.9 / 1038 1.2 / 1656 4.7 / 2251 1.3	0454 3.9 / 1118 0.8 / 1712 3.9 / 2336 0.8
19 SA	0416 1.2 / 1027 5.5 / 1635 1.2 / 2246 5.3	0016 1.2 / 0618 6.6 / 1234 1.2 / 1835 6.6	0011 1.8 / 0626 9.2 / 1227 1.7 / 1842 9.0	0135 1.5 / 0715 12.7 / 1355 1.4 / 1932 12.6	0509 0.9 / 1141 4.0 / 1732 0.9	0454 0.6 / 1110 3.4 / 1724 0.6 / 2327 3.3	0215 0.8 / 0818 2.9 / 1425 0.8 / 2020 2.7	0509 5.0 / 1112 1.1 / 1730 4.8 / 2325 1.2	0532 4.0 / 1156 0.8 / 1748 3.9
20 SU	0450 1.2 / 1101 5.6 / 1710 1.1 / 2321 5.3	0051 1.2 / 0653 6.7 / 1310 1.1 / 1910 6.6	0045 1.7 / 0701 9.2 / 1303 1.6 / 1918 9.0	0214 1.4 / 0751 12.9 / 1433 1.4 / 2008 12.7	0004 3.8 / 0542 0.9 / 1215 4.0 / 1806 0.9	0527 0.6 / 1143 3.4 / 1759 0.6	0247 0.8 / 0851 2.9 / 1502 0.8 / 2054 2.7	0543 5.0 / 1147 1.1 / 1806 4.8	0013 0.7 / 0609 4.0 / 1233 0.7 / 1824 3.9
21 M	0524 1.2 / 1137 5.6 / 1747 1.1 / 2358 5.3	0126 1.2 / 0728 6.7 / 1346 1.1 / 1945 6.5	0118 1.6 / 0736 9.2 / 1336 1.6 / 1951 9.0	0251 1.5 / 0827 12.9 / 1511 1.4 / 2045 12.7	0041 3.8 / 0618 0.9 / 1252 4.0 / 1842 0.8	0003 3.3 / 0602 0.6 / 1217 3.5 / 1836 0.6	0320 0.8 / 0926 2.9 / 1541 0.9 / 2133 2.7	0000 1.2 / 0618 5.0 / 1223 1.1 / 1843 4.8	0051 0.7 / 0645 4.0 / 1311 0.7 / 1901 3.9
22 TU	0602 1.2 / 1215 5.5 / 1827 1.1	0201 1.2 / 0804 6.7 / 1424 1.1 / 2023 6.4	0150 1.6 / 0810 9.1 / 1411 1.6 / 2027 8.9	0325 1.6 / 0903 12.8 / 1546 1.6 / 2122 12.5	0121 3.8 / 0655 0.9 / 1331 4.0 / 1921 0.9	0041 3.3 / 0640 0.6 / 1254 3.5 / 1915 0.5	0355 0.8 / 1003 2.9 / 1623 0.9 / 2215 2.6	0036 1.3 / 0657 5.0 / 1301 1.1 / 1923 4.7	0127 0.8 / 0722 4.0 / 1348 0.8 / 1938 3.8
23 W	0039 5.2 / 0642 1.3 / 1256 5.4 / 1909 1.2	0238 1.4 / 0843 6.5 / 1503 1.3 / 2103 6.3	0223 1.7 / 0847 8.9 / 1447 1.6 / 2104 8.7	0358 1.8 / 0942 12.5 / 1619 1.8 / 2201 12.2	0203 3.7 / 0736 1.0 / 1415 3.9 / 2006 0.8	0121 3.3 / 0721 0.7 / 1334 3.5 / 1959 0.6	0435 0.8 / 1044 2.8 / 1709 1.0 / 2302 2.5	0116 1.4 / 0738 4.9 / 1343 1.2 / 2006 4.6	0205 0.8 / 0801 3.9 / 1427 0.8 / 2018 3.7
24 TH	0123 5.1 / 0726 1.4 / 1342 5.3 / 1957 1.3	0318 1.5 / 0925 6.4 / 1546 1.5 / 2148 6.1	0259 1.8 / 0927 8.7 / 1528 1.8 / 2147 8.4	0430 2.1 / 1022 12.1 / 1654 2.1 / 2243 11.8	0251 3.6 / 0824 1.1 / 1503 3.8 / 2057 0.9	0206 3.2 / 0808 0.7 / 1419 3.5 / 2047 0.6	0520 0.9 / 1130 2.8 / 1759 1.0 / 2357 2.4	0200 1.5 / 0823 4.8 / 1430 1.3 / 2054 4.5	0245 0.9 / 0842 3.8 / 1510 0.9 / 2103 3.7
25 F	0212 4.9 / 0817 1.6 / 1433 5.2 / 2052 1.4	0403 1.7 / 1014 6.2 / 1636 1.7 / 2240 5.9	0343 2.1 / 1015 8.4 / 1618 2.1 / 2239 8.0	0505 2.4 / 1107 11.7 / 1733 2.4 / 2330 11.3	0346 3.5 / 0918 1.2 / 1557 3.8 / 2157 1.0	0256 3.2 / 0859 0.8 / 1509 3.4 / 2142 0.6	0611 1.0 / 1225 2.7 / 1856 1.1	0251 1.7 / 0913 4.6 / 1523 1.4 / 2148 4.4	0330 0.9 / 0930 3.7 / 1600 0.9 / 2155 3.6
26 SA	0311 4.8 / 0917 1.7 / 1533 5.1 / 2156 1.4	0458 1.9 / 1112 6.0 / 1736 1.9 / 2344 5.7	0439 2.4 / 1114 8.1 / 1721 2.3 / 2343 7.8	0549 2.6 / 1200 11.3 / 1824 2.7	0447 3.5 / 1021 1.3 / 1657 3.7 / 2303 1.0	0352 3.1 / 0957 0.9 / 1606 3.4 / 2243 0.7	0101 2.3 / 0709 1.1 / 1329 2.7 / 2003 1.1	0350 1.8 / 1011 4.5 / 1624 1.5 / 2251 4.3	0426 1.0 / 1027 3.6 / 1700 1.0 / 2256 3.5
27 SU	0419 4.7 / 1026 1.8 / 1642 5.0 / 2305 1.4	0604 2.1 / 1219 5.9 / 1846 1.9	0553 2.6 / 1224 8.0 / 1837 2.5	0027 11.0 / 0645 2.9 / 1306 11.1 / 1927 2.8	0555 3.5 / 1130 1.3 / 1806 3.7	0455 3.1 / 1102 0.9 / 1712 3.3 / 2351 0.7	0219 2.3 / 0818 1.1 / 1442 2.7 / 2119 1.1	0459 1.9 / 1118 4.4 / 1733 1.6	0531 1.1 / 1131 3.5 / 1808 1.0
28 M	0533 4.8 / 1138 1.7 / 1754 5.1	0057 5.7 / 0721 2.0 / 1332 5.9 / 2001 1.8	0100 7.7 / 0716 2.6 / 1340 8.0 / 1956 2.3	0139 10.8 / 0757 3.0 / 1421 11.2 / 2045 2.8	0010 1.0 / 0703 3.6 / 1237 1.3 / 1915 3.8	0603 3.1 / 1214 1.0 / 1822 3.3	0342 2.3 / 0936 1.1 / 1557 2.7 / 2234 1.0	0004 4.3 / 0615 1.8 / 1230 4.4 / 1845 1.5	0004 3.5 / 0645 1.0 / 1242 3.5 / 1920 1.0
29 TU	0014 1.3 / 0641 5.0 / 1245 1.5 / 1900 5.2	0210 5.8 / 0838 1.8 / 1443 6.1 / 2112 1.6	0218 8.0 / 0833 2.3 / 1453 8.4 / 2107 2.0	0256 11.1 / 0920 2.9 / 1534 11.6 / 2205 2.4	0114 0.9 / 0806 3.8 / 1340 1.1 / 2020 4.0	0058 0.7 / 0712 3.2 / 1324 0.9 / 1932 3.4	0451 2.4 / 1053 1.0 / 1703 2.8 / 2335 0.9	0115 4.5 / 0725 1.6 / 1339 4.6 / 1949 1.3	0116 3.5 / 0759 0.9 / 1354 3.6 / 2030 0.9
30 W	0117 1.2 / 0742 5.2 / 1347 1.3 / 2000 5.4	0319 6.2 / 0946 1.5 / 1548 6.4 / 2215 1.2	0327 8.5 / 0938 1.9 / 1558 8.9 / 2209 1.6	0407 11.7 / 1044 2.4 / 1642 12.2 / 2324 2.0	0212 0.6 / 0903 3.9 / 1439 1.0 / 2118 4.1	0202 0.6 / 0816 3.3 / 1427 0.8 / 2038 3.5	0548 2.6 / 1158 0.9 / 1800 2.9	0216 4.7 / 0824 1.3 / 1439 4.8 / 2045 1.1	0226 3.7 / 0907 0.7 / 1500 3.8 / 2133 0.6
31 TH	0214 1.0 / 0835 5.4 / 1442 1.0 / 2055 5.6	0420 6.5 / 1046 1.1 / 1647 6.7 / 2310 0.9	0427 9.1 / 1036 1.4 / 1656 9.3 / 2303 1.2	0512 12.4 / 1201 1.9 / 1744 12.8	0307 0.7 / 0956 4.1 / 1533 0.8 / 2213 4.3	*0300 0.6 / 0913 3.5 / 1524 0.7 / 2137 3.5	0027 0.8 / 0638 2.7 / 1255 0.8 / 1852 2.9	0309 5.0 / 0918 1.0 / 1533 5.1 / 2135 0.9	0329 3.9 / 1006 0.5 / 1558 4.0 / 2229 0.5

PAGE 102

TIDE TABLES

DENMARK, GERMANY, HOLLAND & BELGIUM Time Zone -0100
Esbjerg * Helgoland * Cuxhaven * Bremerhaven * Hoek van Holland * Rotterdam * Vlissingen * Antwerpen * Dunkerque

TIDE TABLES JANUARY 1998

ESBJERG	HELGOLAND	CUXHAVEN	BREMERHAVEN	HOEK VAN HOLLAND	ROTTERDAM	VLISSINGEN	ANTWERPEN	DUNKERQUE		
Time m	Time m	Time m	Time m	Time m	Time m	Time m	Time m	Time m		
0421 1.8 1024 -0.1 1652 1.7 2236 -0.0	0132 3.0 0815 0.0 1359 2.8 2027 0.1	0257 3.5 0936 -0.1 1524 3.4 2151 -0.1	0320 3.9 0939 -0.2 1544 3.8 2156 -0.2	0414 2.1 0915 0.1 1634 2.2 2137 0.4	0208 0.3 0548 2.0 1415 0.2 1812 2.1	0328 4.8 1002 0.2 1548 4.9 2218 0.4	0454 6.0 1138 0.2 1715 6.2 2355 0.4	0206 6.0 0906 0.6 1428 6.0 2122 0.7	1	TH
0502 1.8 1107 -0.1 1736 1.6 2318 -0.0	0211 3.0 0856 -0.1 1439 2.8 2108 0.1	0339 3.6 1018 -0.2 1606 3.4 2231 -0.1	0359 4.0 1021 -0.3 1624 3.8 2237 -0.2	0456 2.0 0957 0.1 1718 2.2 2220 0.4	0252 0.3 0630 2.0 1453 0.2 1856 2.2	0410 4.7 1049 0.1 1632 4.8 2303 0.4	0536 6.0 1223 0.2 1758 6.2	0248 6.0 0948 0.6 1512 6.0 2204 0.7	2	F
0542 1.8 1151 -0.1 1818 1.6	0251 3.1 0938 -0.1 1519 2.8 2148 0.1	0418 3.6 1100 -0.2 1646 3.4 2312 -0.1	0439 4.1 1103 -0.4 1704 3.8 2319 -0.3	0539 1.9 1042 0.0 1805 2.1 2309 0.4	0333 0.3 0712 2.0 1351 0.2 1942 2.2	0454 4.6 1136 0.2 1719 4.7 2350 0.5	0039 0.5 0620 6.0 1308 0.3 1844 6.0	0333 6.0 1030 0.6 1600 6.0 2248 0.8	3	SA
0002 -0.0 0624 1.8 1236 -0.1 1903 1.5	0332 3.1 1021 -0.1 1603 2.8 2231 0.1	0459 3.7 1142 -0.2 1727 3.3 2353 -0.1	0520 4.1 1146 -0.5 1746 3.7	0628 1.9 1133 0.0 1900 2.1	0409 0.4 0758 2.0 1401 0.1 2031 2.2	0542 4.4 1224 0.2 1813 4.5	0121 0.6 0706 5.8 1354 0.5 1935 5.8	0422 5.9 1118 0.7 1653 5.8 2339 1.0	4	SU
0049 0.0 0712 1.7 1327 -0.0 1954 1.5	0418 3.1 1106 -0.0 1651 2.7 2318 0.1	0542 3.7 1225 -0.2 1812 3.3	0002 -0.3 0603 4.0 1231 -0.5 1831 3.7	0241 0.3 0727 1.8 1240 0.1 2009 2.0	0322 0.4 0849 2.0 1458 0.0 2128 2.2	0039 0.6 0638 4.3 1317 0.3 1919 4.4	0208 0.7 0800 5.6 1445 0.4 2034 5.5	0517 5.7 1213 0.9 1754 5.6	5	M
0141 0.0 0809 1.7 1424 0.0 2054 1.5	0510 3.1 1157 0.1 1745 2.7	0038 -0.0 0630 3.6 1314 -0.1 1902 3.3	0049 -0.3 0652 4.0 1320 -0.4 1921 3.6	0324 0.4 0839 1.8 1429 0.1 2118 2.0	0344 0.4 0950 2.0 1601 0.0 2236 2.1	0134 0.7 0745 4.2 1416 0.4 2028 4.3	0302 0.8 0903 5.4 1543 0.5 2145 5.3	0038 1.2 0621 5.5 1319 1.1 1904 5.4	6	TU
0242 0.1 0915 1.7 1530 0.1 2202 1.5	0014 0.2 0609 3.0 1257 0.1 1845 2.7	0129 0.1 0724 3.6 1410 0.0 1958 3.2	0142 -0.2 0746 3.8 1416 -0.3 2018 3.6	0332 0.4 0947 1.8 1528 0.1 2225 1.9	0454 0.3 1102 1.9 1709 0.1 2346 2.1	0239 0.8 0855 4.1 1527 0.5 2136 4.2	0406 0.9 1016 5.2 1651 0.5 2258 5.3	0150 1.4 0737 5.3 1433 1.2 2023 5.3	7	W
0353 0.1 1028 1.7 1642 0.1 2314 1.5	0118 0.3 0714 2.9 1402 0.2 1951 2.6	0231 0.2 0825 3.4 1516 0.1 2100 3.2	0243 -0.1 0846 3.7 1520 -0.1 2120 3.5	0426 0.4 1054 1.8 1631 0.1 2330 1.9	0654 0.3 1212 2.0 1822 0.1	0358 0.8 1004 4.1 1645 0.5 2243 4.2	0518 0.9 1129 5.2 1804 0.6	0306 1.4 0855 5.3 1548 1.2 2135 5.3	8	TH
0509 0.1 1142 1.7 1751 0.1	0230 0.3 0822 2.8 1509 0.2 2057 2.7	0345 0.3 0930 3.3 1627 0.1 2205 3.2	0353 -0.1 0952 3.6 1627 -0.1 2226 3.5	0646 0.3 1157 1.9 1732 0.2	0049 2.0 0759 0.3 1313 2.0 1931 0.2	0516 0.7 1110 4.2 1751 0.5 2344 4.3	0006 5.4 0639 0.8 1234 5.3 1918 0.5	0419 1.2 1002 5.4 1655 1.1 2235 5.5	9	F
0024 1.6 0618 0.1 1256 1.7 1852 0.1	0341 0.2 0928 2.7 1612 0.2 2159 2.7	0459 0.2 1036 3.3 1732 0.1 2308 3.2	0501 -0.1 1100 3.6 1732 -0.1 2333 3.6	0027 1.9 0739 0.3 1253 1.9 1823 0.3	0145 2.0 0859 0.3 1408 2.0 1956 0.3	0617 0.6 1209 4.3 1845 0.4	0106 5.5 0751 0.6 1332 5.4 2020 0.5	0521 1.0 1057 5.6 1751 0.9 2326 5.6	10	SA
0127 1.7 0720 0.1 1400 1.7 1945 0.1	0445 0.2 1029 2.7 1709 0.2 2254 2.7	0603 0.1 1139 3.2 1830 0.1	0603 -0.1 1206 3.6 1830 -0.0	0121 2.0 0652 0.3 1344 2.0 1903 0.3	0236 2.0 1000 0.4 1457 2.0 2213 0.4	0039 4.4 0709 0.4 1300 4.5 1931 0.4	0200 5.6 0848 0.5 1424 5.6 2112 0.5	0615 0.8 1146 5.7 1840 0.9	11	SU
0220 1.8 0814 0.0 1452 1.7 2033 0.1	0542 0.2 1122 2.6 1800 0.2 2341 2.7	0006 3.2 0701 0.1 1236 3.1 1922 0.1	0034 3.6 0700 -0.1 1305 3.5 1924 0.1	0211 2.0 0721 0.3 1432 2.1 1941 0.4	0321 2.0 0839 0.3 1542 2.0 2053 0.4	0127 4.5 0755 0.3 1347 4.6 2013 0.4	0250 5.6 0937 0.3 1512 5.7 2156 0.5	0010 5.7 0702 0.6 1229 5.8 1924 0.9	12	M ○
0304 1.8 0902 0.0 1536 1.7 2116 0.1	0632 0.2 1209 2.5 1845 0.3	0057 3.2 0753 0.1 1326 3.0 2009 0.2	0129 3.6 0752 0.0 1357 3.5 2012 0.2	0258 2.0 0758 0.2 1516 2.1 2021 0.4	0401 1.9 0914 0.3 1624 2.0 2129 0.5	0211 4.6 0839 0.2 1430 4.7 2051 0.5	0334 5.7 1021 0.3 1555 5.8 2236 0.5	0051 5.8 0745 0.6 1310 5.8 2004 0.9	13	TU
0342 1.8 0945 0.1 1614 1.7 2156 0.1	0024 2.7 0718 0.2 1250 2.5 1926 0.3	0141 3.2 0840 0.2 1409 2.9 2052 0.3	0216 3.6 0840 0.1 1442 3.4 2057 0.3	0343 2.0 0838 0.1 1557 2.1 2103 0.4	0441 1.9 0954 0.3 1705 2.0 2211 0.5	0252 4.6 0919 0.2 1512 4.7 2128 0.5	0416 5.7 1100 0.2 1636 5.9 2312 0.4	0130 5.8 0826 0.6 1351 5.8 2042 0.9	14	W
0418 1.8 1025 0.0 1648 1.5 2233 0.1	0101 2.7 0757 0.3 1327 2.5 2002 0.3	0218 3.2 0921 0.2 1446 2.9 2130 0.3	0256 3.6 0923 0.3 1519 3.3 2136 0.4	0424 2.0 0918 0.1 1636 2.1 2148 0.5	0521 1.9 1041 0.2 1746 2.0 2256 0.5	0332 4.6 0958 0.2 1551 4.7 2203 0.5	0457 5.7 1136 0.1 1715 5.9 2346 0.4	0209 5.8 0905 0.7 1430 5.8 2118 1.0	15	TH

● ● Time Zone -0100. For UT subtract 1 hour. For European summer time (shaded) 29/3-25/10 add 1 hour ● ●

PAGE 103

JANUARY 1998 TIDE TABLES

••Time Zone -0100. For UT subtract 1 hour. For European summer time (shaded) 29/3-25/10 add 1 hour••

	ESBJERG	HELGOLAND	CUXHAVEN	BREMERHAVEN	HOEK VAN HOLLAND	ROTTERDAM	VLISSINGEN	ANTWERPEN	DUNKERQUE
	Time m	Time m	Time m	Time m	Time m	Time m	Time m	Time m	Time m
16 F	0453 1.8 1103 0.0 1721 1.6 2309 0.1	0136 2.7 0833 0.3 1400 2.5 2034 0.4	0251 3.2 0959 0.3 1518 2.9 2201 0.4	0329 3.6 1001 0.4 1551 3.3 2210 0.5	0503 2.0 1000 0.1 1714 2.1 2235 0.4	0600 1.9 1131 0.2 1826 1.9 2344 0.5	0410 4.6 1036 0.2 1629 4.6 2238 0.6	0535 5.7 1211 0.1 1754 5.8	0248 5.8 0942 0.7 1510 5.7 2152 1.0
17 SA	0526 1.8 1138 0.1 1749 1.6 2342 0.0	0210 2.8 0905 0.4 1434 2.5 2103 0.4	0321 3.2 1030 0.4 1550 2.9 2228 0.4	0358 3.5 1035 0.5 1619 3.3 2241 0.5	0539 1.9 1043 0.1 1751 2.0 2328 0.4	0638 1.8 1226 0.2 1905 1.9	0447 4.5 1110 0.3 1705 4.5 2310 0.7	0019 0.4 0612 5.6 1244 0.1 1830 5.7	0328 5.8 1017 0.8 1550 5.7 2225 1.1
18 SU	0558 1.7 1212 0.1 1816 1.5	0245 2.8 0935 0.4 1509 2.4 2133 0.5	0354 3.2 1058 0.4 1624 2.9 2254 0.4	0427 3.5 1105 0.5 1649 3.2 2309 0.5	0613 1.9 1129 0.1 1828 2.0	0033 0.5 0715 1.8 1324 0.3 1943 1.9	0521 4.4 1142 0.4 1740 4.3 2343 0.7	0050 0.5 0648 5.5 1315 0.1 1908 5.5	0407 5.7 1051 1.0 1630 5.5 2259 1.2
19 M	0016 0.1 0630 1.7 1245 0.1 1848 1.5	0322 2.7 1006 0.5 1548 2.4 2209 0.5	0431 3.1 1124 0.5 1704 2.8 2326 0.5	0501 3.5 1133 0.5 1725 3.2 2341 0.5	0026 0.4 0648 1.8 1218 0.0 1909 1.9	0121 0.5 0754 1.8 1427 0.3 2023 1.8	0557 4.2 1212 0.5 1819 4.2	0121 0.6 0726 5.3 1346 0.2 1948 5.3	0447 5.5 1128 1.1 1710 5.3 2338 1.4
20 TU	0051 0.1 0706 1.6 1322 0.1 1927 1.4	0403 2.6 1044 0.6 1634 2.3 2251 0.7	0515 3.0 1158 0.6 1751 2.7	0542 3.4 1207 0.5 1809 3.2	0111 0.3 0728 1.7 1310 0.1 2000 1.8	0310 0.5 0836 1.7 1536 0.3 2110 1.7	0019 0.8 0638 4.0 1248 0.6 1904 4.0	0155 0.7 0807 5.0 1421 0.4 2034 5.0	0530 5.3 1212 1.4 1754 5.1
21 W	0132 0.1 0751 1.6 1405 0.2 2018 1.4	0454 2.5 1132 0.7 1732 2.2 2348 0.8	0006 0.6 0609 2.9 1241 0.7 1849 2.6	0020 0.5 0633 3.3 1249 0.7 1905 3.1	0157 0.3 0823 1.7 1403 0.1 2100 1.7	0433 0.5 0927 1.6 1652 0.3 2218 1.6	0103 0.9 0728 3.8 1338 0.7 2002 3.8	0235 0.9 0857 4.8 1503 0.6 2128 4.7	0027 1.6 0618 5.0 1306 1.6 1847 4.8
22 TH	0221 0.2 0847 1.5 1500 0.2 2125 1.4	0557 2.3 1235 0.8 1843 2.2	0057 0.8 0713 2.8 1337 0.8 1957 2.6	0109 0.6 0735 3.2 1345 0.6 2012 3.0	0252 0.4 0928 1.6 1501 0.2 2206 1.7	0553 0.5 1051 1.5 1812 0.4 2350 1.6	0202 1.1 0832 3.7 1500 0.9 2110 3.7	0321 1.0 0957 4.6 1557 0.8 2229 4.6	0131 1.8 0721 4.8 1410 1.7 1954 4.7
23 F	0324 0.2 0959 1.5 1611 0.2 2247 1.4	0103 0.9 0715 2.3 1354 0.8 2002 2.2	0203 0.9 0827 2.7 1456 0.8 2111 2.6	0218 0.7 0848 3.1 1506 0.7 2130 3.0	0506 0.3 1040 1.6 1727 0.2 2317 1.7	0703 0.5 1220 1.5 1925 0.3	0340 1.1 0947 3.6 1619 0.9 2227 3.7	0424 1.1 1101 4.6 1720 0.9 2334 4.7	0240 1.8 0838 4.7 1515 1.7 2111 4.7
24 SA	0443 0.2 1121 1.5 1724 0.3	0230 0.8 0833 2.3 1511 0.9 2113 2.4	0337 0.8 0942 2.8 1625 0.7 2220 2.8	0354 0.7 1007 3.2 1636 0.6 2245 3.2	0603 0.3 .1149 1.7 1826 0.2	0059 1.6 0807 0.4 1324 1.6 2031 0.3	0451 1.0 1102 3.8 1721 0.8 2333 3.9	0553 1.1 1208 4.7 1831 0.8	0348 1.7 0950 4.9 1620 1.5 2215 5.0
25 SU	0001 1.5 0557 0.2 1230 1.5 1827 0.5	0345 0.6 0942 2.5 1614 0.5 2211 2.6	0500 0.6 1049 2.9 1731 0.4 2321 3.1	0512 0.5 1118 3.3 1742 0.3 2351 3.4	0019 1.8 0833 0.3 1244 1.8 2102 0.2	0156 1.7 0908 0.3 1418 1.7 2137 0.3	0551 0.8 1159 4.0 1815 0.6	0040 4.9 0659 0.9 1310 5.1 1929 0.7	0452 1.4 1047 5.1 1719 1.3 2307 5.3
26 M	0101 1.6 0658 0.1 1329 1.6 1921 0.0	0445 0.4 1038 2.6 1708 0.3 2301 2.7	0602 0.3 1148 3.1 1826 0.1	0612 0.3 1219 3.5 1836 0.1	0109 1.8 0700 0.3 1330 1.9 1923 0.3	0245 1.8 1009 0.3 1505 1.9 2251 0.3	0024 4.2 0642 0.6 1246 4.3 1903 0.5	0137 5.3 0757 0.6 1403 5.4 2024 0.5	0548 1.1 1133 5.4 1811 1.1 2351 5.5
27 TU	0153 1.6 0751 -0.0 1421 1.6 2009 -0.1	0538 0.2 1128 2.7 1757 0.1 2348 2.9	0014 3.3 0656 0.1 1242 3.3 1917 -0.1	0045 3.7 0703 -0.0 1312 3.7 1925 -0.1	0154 1.9 0716 0.2 1412 2.0 1939 0.3	0328 1.9 1113 0.3 1548 2.0	0109 4.4 0729 0.4 1329 4.6 1947 0.4	0227 5.6 0854 0.4 1451 5.8 2118 0.4	0638 0.8 1215 5.6 1858 0.9
28 W ●	0239 1.7 0839 -0.1 1509 1.6 2054 -0.1	0627 -0.0 1215 2.8 1844 -0.0	0105 3.4 0746 -0.2 1333 3.4 2005 -0.2	0134 3.8 0751 -0.2 1359 3.8 2012 -0.2	0236 2.0 0745 0.1 1454 2.1 2006 0.3	0004 0.3 0409 2.0 0815 0.2 1630 2.1	0151 4.6 0815 0.2 1410 4.8 2032 0.3	0314 5.8 0948 0.3 1536 6.1 2209 0.3	0031 5.8 0724 0.6 1254 5.9 1942 0.7
29 TH	0324 1.7 0924 -0.2 1556 1.6 2139 -0.2	0031 3.0 0713 -0.1 1300 2.8 1928 -0.1	0153 3.5 0833 -0.3 1421 3.4 2051 -0.3	0218 4.0 0837 -0.3 1443 3.9 2056 -0.3	0318 2.0 0818 0.0 1536 2.2 2039 0.3	0100 0.3 0449 2.0 1046 0.3 1712 2.2	0232 4.7 0901 0.0 1452 4.9 2118 0.2	0358 6.0 1039 0.1 1619 6.3 2258 0.2	0110 6.0 0807 0.4 1334 6.0 2025 0.6
30 F	0409 1.7 1009 -0.3 1642 1.6 2221 -0.2	0113 3.0 0757 -0.2 1342 2.8 2011 -0.2	0239 3.6 0918 -0.4 1506 3.4 2134 -0.4	0300 4.1 0921 -0.5 1524 3.9 2139 -0.4	0400 2.0 0855 -0.0 1619 2.2 2116 0.3	0149 0.2 0530 2.1 1142 0.2 1755 2.2	0313 4.8 0948 -0.1 1534 4.9 2203 0.2	0441 6.1 1127 -0.0 1702 6.3 2345 0.2	0151 6.1 0850 0.3 1415 6.2 2107 0.5
31 SA	0452 1.7 1053 -0.3 1726 1.5 2304 -0.2	0154 3.1 0839 -0.3 1422 2.8 2051 -0.2	0322 3.7 1002 -0.5 1548 3.4 2216 -0.4	0341 4.2 1003 -0.6 1605 3.8 2220 -0.5	0442 2.0 0936 -0.1 1703 2.2 2158 0.3	0233 0.2 0612 2.1 1227 0.2 1839 2.3	0355 4.8 1035 -0.1 1617 4.9 2250 0.2	0522 6.2 1214 -0.0 1745 6.3	0233 6.2 0933 0.2 1459 6.2 2149 0.5

PAGE 104

TIDETABLES

DENMARK, GERMANY, HOLLAND & BELGIUM Time Zone -0100
Esbjerg * Helgoland * Cuxhaven * Bremerhaven * Hoek van Holland * Rotterdam * Vlissingen * Antwerpen * Dunkerque

TIDE TABLES FEBRUARY 1998

ESBJERG	HELGOLAND	CUXHAVEN	BREMERHAVEN	HOEK VAN HOLLAND	ROTTERDAM	VLISSINGEN	ANTWERPEN	DUNKERQUE	
Time m	Time m	Time m	Time m	Time m	Time m	Time m	Time m	Time m	
0535 1.7 1136 -0.3 1806 1.5 2347 -0.2	0235 3.2 0921 -0.3 1501 2.8 2132 -0.2	0403 3.7 1043 -0.5 1629 3.4 2256 -0.4	0421 4.2 1045 -0.6 1645 3.9 2301 -0.6	0525 2.0 1020 -0.1 1750 2.1 2245 0.4	0312 0.3 0655 2.1 1314 0.1 1924 2.3	0438 4.7 1122 -0.1 1703 4.8 2335 0.3	0030 0.3 0605 6.1 1259 0.0 1829 6.1	0317 6.3 1016 0.3 1545 6.2 2233 0.6	**1 SU**
0616 1.7 1220 -0.2 1845 1.5	0315 3.2 1001 -0.2 1542 2.8 2212 -0.2	0444 3.7 1124 -0.4 1708 3.4 2336 -0.4	0502 4.2 1127 -0.7 1726 3.9 2343 -0.6	0611 1.9 1109 -0.1 1841 2.1 2341 0.4	0348 0.3 0739 2.2 1358 0.0 2010 2.2	0524 4.6 1207 -0.0 1754 4.6	0112 0.4 0650 5.9 1343 0.1 1918 5.8	0403 6.2 1103 0.4 1634 6.0 2319 0.8	**2 M**
0032 -0.2 0659 1.7 1306 -0.2 1927 1.4	0359 3.1 1044 -0.2 1625 2.8 2256 -0.1	0524 3.7 1204 -0.3 1748 3.3	0545 4.2 1209 -0.6 1809 3.8	0704 1.9 1212 -0.0 1942 2.0	0417 0.3 0827 2.1 1451 0.0 2101 2.2	0020 0.4 0615 4.5 1254 0.1 1853 4.4	0156 0.6 0739 5.6 1429 0.3 2012 5.5	0454 6.0 1154 0.7 1729 5.7	**3 TU**
0121 -0.2 0749 1.6 1357 -0.1 2019 1.4	0447 3.0 1130 -0.0 1715 2.7 2345 0.1	0017 -0.3 0609 3.6 1248 -0.2 1834 3.2	0027 -0.5 0631 4.0 1255 -0.4 1855 3.7	0233 0.3 0809 1.8 1417 -0.0 2050 1.9	0325 0.3 0921 2.1 1549 0.0 2202 2.0	0109 0.5 0718 4.3 1347 0.3 2000 4.2	0244 0.7 0837 5.3 1519 0.4 2117 5.2	0014 1.1 0552 5.6 1255 1.0 1834 5.3	**4 W**
0217 -0.1 0851 1.6 1459 0.0 2124 1.4	0542 2.9 1223 0.2 1812 2.6	0103 -0.1 0658 3.4 1337 0.0 1927 3.1	0116 -0.3 0722 3.8 1346 -0.2 1948 3.6	0254 0.3 0918 1.8 1509 0.0 2157 1.8	0424 0.3 1027 1.9 1654 0.1 2313 1.9	0208 0.6 0826 4.1 1453 0.5 2108 4.0	0339 0.8 0947 5.1 1618 0.6 2230 5.0	0120 1.3 0704 5.3 1406 1.2 1955 5.0	**5 TH**
0325 -0.0 1003 1.5 1612 0.1 2239 1.5	0046 0.2 0645 2.7 1327 0.3 1918 2.5	0159 0.1 0757 3.2 1439 0.2 2027 3.0	0214 -0.1 0820 3.6 1449 0.1 2049 3.4	0348 0.2 1029 1.8 1615 0.1 2307 1.7	0531 0.3 1142 1.9 1806 0.2	0324 0.8 0939 4.0 1617 0.6 2220 3.9	0445 0.9 1102 5.0 1730 0.7 2342 5.0	0236 1.5 0831 5.1 1524 1.4 2116 5.0	**6 F**
0445 0.0 1122 1.5 1727 0.1 2355 1.5	0201 0.3 0756 2.5 1441 0.4 2030 2.5	0314 0.3 0902 3.0 1557 0.3 2135 2.9	0326 0.1 0927 3.4 1602 0.2 2159 3.4	0456 0.3 1138 1.8 1851 0.2	0022 1.8 0640 0.3 1250 1.9 1925 0.3	0453 0.7 1052 4.0 1731 0.6 2329 4.0	0610 0.9 1214 5.0 1854 0.8	0354 1.4 0947 5.2 1637 1.3 2222 5.1	**7 SA**
0602 -0.0 1242 1.5 1833 0.1	0321 0.3 0909 2.4 1552 0.3 2139 2.5	0436 0.3 1013 2.9 1710 0.3 2244 2.9	0440 0.2 1040 3.3 1712 0.2 2313 3.4	0012 1.7 0715 0.2 1239 1.8 2107 0.2	0124 1.8 0732 0.3 1351 1.9 2151 0.3	0601 0.6 1157 4.2 1829 0.6	0048 5.1 0733 0.7 1317 5.2 2002 0.6	0503 1.2 1048 5.4 1739 1.2 2316 5.3	**8 SU**
0106 1.6 0707 -0.1 1349 1.5 1930 0.0	0431 0.3 1018 2.4 1654 0.3 2241 2.6	0548 0.3 1123 2.9 1812 0.2 2350 3.0	0547 0.1 1152 3.3 1813 0.2	0109 1.8 0927 0.1 1333 1.9 2206 0.2	0220 1.8 0956 0.4 1444 1.9 2133 0.5	0028 4.2 0656 0.4 1251 4.3 1916 0.5	0145 5.3 0833 0.4 1412 5.4 2055 0.5	0601 0.9 1138 5.5 1829 1.0	**9 M**
0203 1.6 0802 -0.1 1440 1.5 2018 -0.0	0530 0.2 1114 2.4 1746 0.3 2332 2.6	0647 0.1 1226 2.8 1906 0.1	0022 3.5 0645 0.1 1255 3.4 1907 0.2	0202 1.8 0714 0.2 1421 2.0 1937 0.3	0307 1.8 1027 0.4 1530 1.9 2039 0.5	0117 4.3 0742 0.3 1337 4.5 1957 0.5	0236 5.4 0921 0.3 1459 5.6 2139 0.4	0001 5.5 0649 0.7 1221 5.7 1912 1.0	**10 TU**
0249 1.7 0848 -0.1 1521 1.5 2100 -0.0	0620 0.2 1201 2.4 1832 0.2	0046 3.0 0739 0.1 1318 2.8 1954 0.0	0119 3.5 0737 0.1 1348 3.4 1956 0.1	0248 1.9 0747 0.1 1502 2.0 2012 0.3	0348 1.8 0858 0.5 1611 1.9 2327 0.7	0159 4.4 0824 0.2 1417 4.6 2033 0.5	0321 5.6 1003 0.2 1541 5.7 2217 0.4	0039 5.6 0731 0.6 1259 5.7 1950 0.9	**11 W** ○
0326 1.7 0929 -0.1 1555 1.5 2138 -0.1	0015 2.6 0703 0.2 1240 2.4 1912 0.2	0133 3.0 0824 0.1 1401 2.8 2036 0.1	0206 3.6 0824 0.2 1430 3.4 2039 0.3	0329 1.9 0823 0.1 1539 2.0 2050 0.3	0427 1.8 0936 0.3 1650 1.9 2148 0.5	0236 4.5 0901 0.1 1454 4.6 2109 0.4	0400 5.7 1041 0.1 1619 5.8 2252 0.3	0115 5.7 0810 0.6 1336 5.8 2026 0.9	**12 TH**
0400 1.7 1006 -0.1 1626 1.5 2213 -0.1	0051 2.6 0742 0.2 1315 2.4 1947 0.2	0212 3.1 0905 0.1 1436 2.8 2114 0.2	0244 3.6 0905 0.3 1504 3.4 2118 0.4	0406 2.0 0900 0.1 1615 2.0 2130 0.3	0504 1.8 1018 0.2 1728 1.9 2231 0.5	0312 4.6 0937 0.1 1529 4.6 2142 0.4	0437 5.7 1116 0.1 1655 5.9 2325 0.3	0151 5.8 0847 0.6 1412 5.8 2059 0.9	**13 F**
0433 1.7 1040 -0.1 1654 1.5 2246 -0.1	0124 2.6 0815 0.2 1345 2.4 2018 0.3	0245 3.1 0940 0.2 1508 2.8 2146 0.2	0315 3.6 0941 0.3 1533 3.3 2151 0.4	0439 1.9 0937 0.0 1648 2.0 2211 0.3	0542 1.8 1106 0.3 1805 1.9 2316 0.5	0347 4.6 1012 0.1 1602 4.6 2215 0.4	0512 5.8 1149 -0.0 1730 5.9 2356 0.3	0227 5.9 0921 0.6 1448 5.8 2130 0.9	**14 SA**
0504 1.7 1112 -0.1 1725 1.5 2317 -0.1	0154 2.7 0845 0.3 1415 2.4 2048 0.3	0315 3.1 1011 0.3 1538 2.8 2214 0.3	0342 3.5 1013 0.4 1600 3.3 2221 0.4	0509 1.9 1015 0.0 1721 2.0 2254 0.3	0618 1.8 1158 0.2 1841 1.9 2245 0.5	0418 4.5 1043 0.2 1634 4.5	0546 5.7 1219 -0.0 1803 5.8	0302 5.9 0952 0.7 1523 5.8 2159 1.0	**15 SU**

● ● Time Zone -0100. For UT subtract 1 hour. For European summer time (shaded) 29/3-25/10 add 1 hour ● ●

PAGE 105

FEBRUARY 1998 TIDE TABLES

TIDETABLES

●●Time Zone -0100. For UT subtract 1 hour. For European summer time (shaded) 29/3-25/10 add 1 hour ●●

	ESBJERG Time m	HELGOLAND Time m	CUXHAVEN Time m	BREMERHAVEN Time m	HOEK VAN HOLLAND Time m	ROTTERDAM Time m	VLISSINGEN Time m	ANTWERPEN Time m	DUNKERQUE Time m
16 M	0533 1.6 1141 -0.1 1746 1.4 2348 -0.1	0226 2.7 0912 0.3 1446 2.4 2116 0.3	0344 3.1 1037 0.3 1609 2.8 2241 0.3	0410 3.5 1041 0.4 1627 3.3 2249 0.4	0537 1.9 1055 0.0 1751 1.9 2340 0.3	0000 0.5 0654 1.8 1335 0.3 1916 1.9	0449 4.5 1110 0.3 1705 4.4 2314 0.5	0025 0.3 0619 5.6 1248 0.0 1836 5.6	0336 5.8 1021 0.8 1557 5.7 2227 1.0
17 TU	0603 1.6 1210 -0.1 1814 1.4	0258 2.6 0941 0.3 1519 2.4 2147 0.4	0415 3.1 1103 0.4 1640 2.8 2309 0.4	0441 3.5 1109 0.4 1700 3.3 2319 0.3	0604 1.9 1139 0.0 1824 1.9	0139 0.5 0729 1.8 1336 0.3 1953 1.8	0521 4.4 1137 0.3 1738 4.3 2346 0.6	0054 0.4 0651 5.4 1316 0.2 1911 5.4	0409 5.7 1052 0.9 1630 5.6 2259 1.2
18 W	0019 -0.1 0633 1.5 1242 -0.1 1846 1.4	0333 2.6 1012 0.5 1557 2.4 2224 0.5	0450 3.0 1133 0.5 1716 2.7 2344 0.5	0518 3.5 1141 0.4 1739 3.3 2355 0.3	0026 0.3 0636 1.8 1232 0.0 1901 1.8	0214 0.5 0807 1.8 1427 0.3 2033 1.8	0554 4.2 1210 0.4 1815 4.2	0125 0.5 0726 5.2 1348 0.3 1947 5.1	0445 5.5 1129 1.1 1706 5.3 2339 1.4
19 TH	0055 -0.1 0709 1.5 1319 -0.0 1928 1.4	0416 2.5 1052 0.6 1644 2.3 2310 0.6	0533 2.9 1209 0.6 1804 2.6	0603 3.4 1218 0.4 1828 3.2	0112 0.2 0715 1.8 1327 0.0 1949 1.7	0242 0.5 0850 1.7 1628 0.4 2121 1.7	0024 0.6 0634 4.1 1251 0.5 1902 3.9	0201 0.7 0804 5.0 1426 0.5 2030 4.9	0526 5.3 1215 1.4 1751 5.0
20 F	0139 -0.1 0757 1.4 1406 0.0 2025 1.3	0511 2.3 1145 0.7 1748 2.2	0027 0.6 0630 2.7 1256 0.7 1906 2.6	0038 0.4 0657 3.2 1306 0.5 1929 3.1	0200 0.2 0812 1.7 1423 0.1 2106 1.6	0514 0.5 0945 1.6 1739 0.4 2235 1.5	0112 0.8 0729 3.8 1346 0.7 2010 3.7	0242 0.8 0854 4.8 1511 0.7 2127 4.7	0031 1.6 0618 5.0 1316 1.6 1850 4.7
21 SA	0234 -0.0 0904 1.3 1509 0.1 2143 1.3	0012 0.7 0624 2.2 1255 0.7 1906 2.2	0121 0.7 0741 2.6 1357 0.7 2019 2.6	0133 0.6 0805 3.1 1409 0.7 2042 3.1	0256 0.2 0945 1.6 1528 0.2 2229 1.5	0621 0.4 1120 1.5 1852 0.4	0215 0.9 0849 3.6 1510 0.9 2133 3.6	0333 0.9 1001 4.6 1611 0.9 2239 4.6	0143 1.8 0730 4.7 1427 1.7 2011 4.6
22 SU	0348 0.0 1030 1.3 1631 0.1 2310 1.3	0136 0.7 0747 2.2 1421 0.7 2024 2.3	0236 0.7 0857 2.7 1526 0.7 2133 2.7	0254 0.7 0924 3.1 1544 0.7 2202 3.2	0515 0.3 1108 1.6 1758 0.2 2345 1.6	0016 1.5 0726 0.4 1247 1.6 2001 0.3	0354 1.0 1017 3.7 1642 0.8 2257 3.7	0445 1.1 1117 4.7 1737 1.0 2357 4.7	0300 1.7 0900 4.7 1539 1.6 2134 4.7
23 M	0515 -0.0 1154 1.3 1749 -0.0	0304 0.6 0903 2.3 1538 0.5 2132 2.5	0415 0.6 1010 2.8 1654 0.4 2240 2.9	0432 0.6 1041 3.3 1706 0.4 2314 3.4	0600 0.2 1215 1.7 2033 0.1	0124 1.6 0829 0.3 1349 1.7 2110 0.3	0515 0.8 1130 3.9 1747 0.6 2359 4.0	0615 1.0 1235 4.9 1851 0.8	0412 1.5 1012 5.0 1645 1.4 2237 5.1
24 TU	0023 1.4 0628 -0.1 1302 1.4 1853 -0.1	0415 0.3 1008 2.5 1639 0.3 2229 2.7	0530 0.3 1116 3.0 1757 0.1 2340 3.2	0540 0.3 1148 3.5 1806 0.2	0045 1.7 0621 0.2 0930 0.2 1307 1.9 2135 0.1	0219 1.7 0930 0.2 1224 4.3 1441 1.9 2227 0.3	0618 0.6 1224 4.3 1842 0.4	0109 5.1 0727 0.7 1338 5.4 1957 0.6	0517 1.2 1106 5.4 1745 1.1 2327 5.4
25 W	0123 1.5 0727 -0.3 1401 1.4 1946 -0.2	0512 0.0 1102 2.7 1733 0.0 2319 2.9	0630 -0.1 1215 3.2 1853 -0.1	0014 3.7 0636 -0.0 1244 3.7 1859 -0.1	0133 1.8 0648 0.1 1352 2.0 1918 0.2	0306 1.9 1036 0.2 1526 2.1 2340 0.2	0048 4.3 0710 0.3 1309 4.6 1930 0.3	0206 5.5 0833 0.4 1430 5.9 2058 0.4	0612 0.8 1153 5.7 1836 0.8
26 TH ●	0216 1.5 0818 -0.3 1454 1.5 2034 -0.3	0603 -0.2 1151 2.8 1821 -0.2	0036 3.4 0723 -0.3 1309 3.4 1943 -0.4	0105 3.9 0727 -0.3 1333 3.9 1947 -0.3	0217 1.9 0719 0.0 1435 2.1 1943 0.2	0348 2.0 0954 0.2 1609 2.2 2130 0.4	0131 4.5 0758 0.1 1351 4.8 2015 0.2	0254 5.9 0931 0.2 1517 6.2 2153 0.2	0009 5.8 0702 0.5 1235 6.0 1923 0.6
27 F	0306 1.6 0905 -0.4 1542 1.5 2120 -0.3	0006 3.0 0650 -0.3 1236 2.8 1907 -0.3	0127 3.6 0812 -0.5 1358 3.5 2030 -0.5	0152 4.1 0814 -0.4 1418 4.0 2033 -0.4	0259 2.0 0754 -0.1 1518 2.2 2015 0.2	0428 2.1 1059 0.2 1651 2.3 2209 0.4	0212 4.5 0845 -0.1 1433 5.0 2101 0.1	0339 6.1 1024 -0.0 1600 6.4 2243 0.1	0051 6.0 0748 0.2 1316 6.2 2007 0.4
28 SA	0353 1.6 0950 -0.4 1627 1.5 2203 -0.4	0050 3.1 0735 -0.4 1319 2.9 1950 -0.3	0216 3.7 0857 -0.6 1445 3.5 2115 -0.6	0236 4.3 0859 -0.6 1500 4.0 2117 -0.5	0340 2.0 0832 -0.1 1600 2.2 2053 0.2	0125 0.2 0509 2.1 1147 0.1 1734 2.3	0254 4.9 0931 -0.2 1515 5.0 2146 0.0	0421 6.3 1112 -0.2 1643 6.5 2330 0.1	0131 6.2 0832 0.0 1358 6.4 2050 0.3

PAGE 106

TIDETABLES

DENMARK, GERMANY, HOLLAND & BELGIUM Time Zone -0100
Esbjerg * Helgoland * Cuxhaven * Bremerhaven * Hoek van Holland * Rotterdam * Vlissingen * Antwerpen * Dunkerque

TIDE TABLES MARCH 1998

ESBJERG	HELGOLAND	CUXHAVEN	BREMERHAVEN	HOEK VAN HOLLAND	ROTTERDAM	VLISSINGEN	ANTWERPEN	DUNKERQUE	
Time m	Time m	Time m	Time m	Time m	Time m	Time m	Time m	Time m	
0439 1.7 1033 -0.4 1710 1.5 2246 -0.4	0133 3.1 0818 -0.4 1400 2.9 2031 -0.4	0301 3.7 0941 -0.7 1527 3.5 2157 -0.6	0318 4.3 0942 -0.7 1542 4.1 2159 -0.6	0422 2.0 0912 -0.2 1645 2.2 2135 0.2	0209 0.2 0551 2.2 1229 0.1 1818 2.3	0335 4.9 1017 -0.3 1558 5.0 2231 0.1	0503 6.3 1158 -0.2 1726 6.4	0213 6.4 0915 -0.0 1442 6.4 2132 0.3	1 SU
0521 1.7 1116 -0.4 1748 1.5 2329 -0.4	0214 3.2 0858 -0.4 1438 2.9 2112 -0.3	0343 3.7 1022 -0.6 1606 3.4 2236 -0.6	0400 4.4 1024 -0.7 1622 4.1 2240 -0.6	0505 2.0 0957 -0.1 1729 2.1 2221 0.3	0033 0.3 0634 2.2 1307 0.0 1900 2.3	0418 4.9 1102 -0.2 1642 4.8 2315 0.2	0015 0.2 0545 6.2 1242 -0.1 1809 6.1	0257 6.4 0959 0.0 1526 6.3 2215 0.4	2 M
0602 1.6 1158 -0.4 1821 1.4	0255 3.1 0938 -0.3 1517 2.8 2151 -0.3	0424 3.7 1101 -0.5 1645 3.4 2315 -0.5	0441 4.3 1105 -0.7 1702 4.0 2321 -0.6	0549 2.0 1047 -0.1 1817 2.0 2314 0.3	0323 0.2 0717 2.2 1517 0.0 1945 2.2	0503 4.8 1145 -0.1 1730 4.6 2357 0.3	0057 0.3 0629 6.0 1324 0.1 1856 5.8	0342 6.3 1044 0.2 1613 6.0 2300 0.6	3 TU
0013 -0.4 0643 1.6 1242 -0.3 1858 1.4	0337 3.1 1018 -0.2 1557 2.8 2233 -0.2	0503 3.6 1139 -0.3 1722 3.3 2354 -0.4	0523 4.2 1145 -0.5 1744 3.9	0639 2.0 1150 -0.0 1914 1.9	0253 0.3 0802 2.2 1442 0.0 2032 2.1	0551 4.6 1228 0.1 1826 4.4	0138 0.5 0716 5.7 1406 0.3 1947 5.4	0430 6.1 1133 0.6 1705 5.7 2351 0.9	4 W
0100 -0.4 0729 1.5 1330 -0.2 1945 1.4	0422 2.9 1100 0.0 1644 2.7 2318 0.0	0544 3.5 1218 -0.1 1803 3.2	0004 -0.5 0607 4.0 1228 -0.3 1828 3.8	0157 0.2 0741 1.9 1359 -0.0 2023 1.8	0257 0.2 0851 2.1 1533 0.1 2126 1.9	0043 0.4 0651 4.4 1317 0.3 1931 4.1	0221 0.6 0810 5.4 1451 0.5 2046 5.1	0525 5.7 1230 1.0 1806 5.2	5 TH
0154 -0.3 0827 1.4 1427 -0.1 2048 1.4	0514 2.7 1148 0.2 1738 2.5	0036 -0.1 0630 3.2 1301 0.1 1852 3.0	0050 -0.2 0656 3.7 1316 0.1 1918 3.6	0222 0.1 0852 1.8 1448 0.0 2131 1.6	0351 0.2 0953 1.9 1631 0.1 2236 1.7	0139 0.5 0800 4.2 1421 0.5 2041 3.9	0310 0.8 0915 5.1 1543 0.7 2157 4.8	0052 1.3 0635 5.3 1338 1.3 1927 4.8	6 F
0301 -0.2 0940 1.4 1540 0.0 2206 1.4	0016 0.2 0615 2.5 1249 0.5 1843 2.4	0126 0.1 0726 3.0 1357 0.4 1951 2.9	0146 0.1 0752 3.5 1416 0.4 2018 3.4	0318 0.1 1006 1.8 1556 0.1 2245 1.6	0451 0.2 1112 1.8 1736 0.2 2355 1.6	0254 0.7 0915 3.9 1547 0.5 2157 3.7	0411 0.9 1031 4.9 1648 0.9 2314 4.7	0206 1.5 0806 5.0 1455 1.5 2056 4.7	7 SA
0424 -0.1 1104 1.3 1701 0.0 2327 1.4	0133 0.4 0728 2.3 1409 0.5 1959 2.3	0242 0.4 0832 2.7 1524 0.5 2102 2.8	0300 0.4 0900 3.2 1535 0.6 2131 3.3	0427 0.1 1120 1.7 1929 0.2 2355 1.6	0554 0.7 1227 1.7 1851 0.3	0427 0.7 1034 3.9 1711 0.7 2312 3.8	0533 0.9 1150 4.9 1820 0.9	0327 1.5 0929 5.0 1615 1.5 2206 4.9	8 SU
0545 -0.1 1227 1.4 1813 -0.0	0301 0.4 0850 2.2 1531 0.5 2118 2.4	0416 0.5 0948 2.6 1648 0.5 2218 2.8	0421 0.5 1018 3.1 1651 0.6 2252 3.3	0535 0.1 1225 1.8 2058 0.1	0104 1.6 0656 0.3 1333 1.8 2140 0.4	0543 0.6 1143 4.1 1812 0.6	0025 4.9 0709 0.7 1257 5.1 1939 0.7	0444 1.3 1032 5.2 1723 1.3 2300 5.1	9 M
0043 1.5 0651 -0.2 1334 1.4 1912 -0.1	0415 0.3 1005 2.2 1636 0.4 2225 2.4	0530 0.3 1107 2.6 1754 0.3 2332 2.8	0530 0.4 1136 3.2 1754 0.5	0056 1.6 0625 0.1 1319 1.9 2159 0.1	0203 1.6 0747 0.3 1430 1.8 2308 0.4	0013 4.0 0640 0.4 1238 4.3 1900 0.5	0126 5.1 0811 0.4 1354 5.4 2033 0.5	0545 1.0 1123 5.4 1815 1.1 2345 5.4	10 TU
0144 1.5 0744 -0.2 1424 1.5 2000 -0.1	0514 0.2 1103 2.3 1730 0.3 2318 2.5	0630 0.1 1215 2.7 1848 0.2	0006 3.4 0627 0.3 1240 3.3 1848 0.3	0148 1.7 0657 0.1 1403 1.9 1926 0.3	0254 1.7 1000 0.4 1517 1.8 2147 0.5	0101 4.2 0725 0.3 1321 4.5 1938 0.5	0217 5.4 0859 0.2 1440 5.6 2116 0.3	0633 0.8 1205 5.6 1856 0.9	11 W
0229 1.5 0828 -0.2 1502 1.4 2041 -0.1	0602 0.1 1148 2.4 1814 0.2	0033 2.9 0719 0.1 1306 2.8 1935 0.1	0103 3.5 0718 0.3 1331 3.4 1936 0.3	0230 1.8 0730 0.1 1441 1.9 1959 0.3	0335 1.7 1046 0.4 1557 1.8 2101 0.5	0140 4.3 0803 0.2 1358 4.5 2012 0.4	0300 5.6 0940 0.0 1521 5.8 2154 0.3	0021 5.5 0713 0.6 1241 5.7 1933 0.8	12 TH
0305 1.5 0906 -0.2 1533 1.4 2117 -0.2	0000 2.6 0643 0.1 1226 2.4 1853 0.2	0119 3.0 0803 0.0 1346 2.9 2016 0.1	0149 3.6 0803 0.3 1412 3.5 2018 0.3	0306 1.9 0804 0.0 1515 2.0 2035 0.2	0412 1.8 1138 0.4 1632 1.9 2341 0.6	0215 4.5 0838 0.1 1431 4.5 2045 0.4	0339 5.7 1017 -0.0 1557 5.9 2228 0.3	0055 5.7 0751 0.5 1315 5.8 2006 0.8	13 F ○
0336 1.6 0941 -0.2 1600 1.4 2150 -0.2	0036 2.6 0719 0.2 1259 2.4 1928 0.2	0157 3.0 0842 0.1 1421 2.9 2052 0.1	0226 3.6 0842 0.3 1445 3.5 2055 0.4	0339 1.9 0839 0.0 1548 2.0 2112 0.2	0447 1.8 1231 0.4 1707 1.9	0248 4.5 0912 0.1 1503 4.6 2119 0.3	0414 5.8 1051 -0.0 1631 5.9 2301 0.2	0129 5.8 0824 0.5 1349 5.9 2039 0.8	14 SA
0408 1.6 1012 -0.2 1627 1.5 2221 -0.3	0108 2.6 0751 0.2 1328 2.4 2000 0.2	0230 3.0 0915 0.1 1452 2.9 2125 0.1	0257 3.6 0917 0.3 1513 3.4 2129 0.4	0410 1.9 0912 0.0 1620 2.0 2146 0.3	0028 0.6 0521 1.8 1047 0.4 1742 1.9	0319 4.6 0944 0.1 1534 4.6 2151 0.3	0447 5.8 1124 -0.0 1703 5.9 2332 0.2	0202 5.9 0857 0.5 1422 5.9 2107 0.8	15 SU

●● Time Zone -0100. For UT subtract 1 hour. For European summer time (shaded) 29/3-25/10 add 1 hour ●●

PAGE 107

MARCH 1998 TIDE TABLES

●● Time Zone -0100. For UT subtract 1 hour. For European summer time (shaded) 29/3-25/10 add 1 hour ●●

	ESBJERG	HELGOLAND	CUXHAVEN	BREMERHAVEN	HOEK VAN HOLLAND	ROTTERDAM	VLISSINGEN	ANTWERPEN	DUNKERQUE
	Time m	Time m	Time m	Time m	Time m	Time m	Time m	Time m	Time m
16 M	0439 1.6 1042 -0.2 1653 1.4 2251 -0.3	0138 2.6 0821 0.3 1357 2.5 2030 0.3	0302 3.0 0945 0.2 1522 2.9 2155 0.2	0324 3.6 0948 0.4 1539 3.4 2159 0.4	0438 1.9 0947 0.1 1650 2.0 2215 0.3	0041 0.5 0556 1.8 1315 0.3 1816 1.8	0350 4.6 1015 0.2 1603 4.6 2221 0.4	0518 5.8 1153 0.0 1733 5.8	0234 5.9 0926 0.6 1454 5.8 2134 0.9
17 TU	0509 1.5 1110 -0.2 1719 1.4 2321 -0.3	0207 2.6 0848 0.3 1425 2.5 2058 0.3	0333 3.0 1013 0.3 1552 2.9 2224 0.2	0351 3.6 1017 0.4 1608 3.4 2228 0.4	0504 1.9 1021 0.1 1719 1.9 2244 0.2	0012 0.5 0630 1.8 1418 0.3 1850 1.8	0419 4.5 1042 0.2 1633 4.5 2249 0.4	0000 0.3 0548 5.7 1220 0.1 1804 5.7	0305 5.9 0954 0.7 1524 5.7 2201 0.9
18 W	0537 1.5 1139 -0.2 1746 1.4 2352 -0.3	0237 2.6 0916 0.4 1454 2.5 2129 0.3	0403 3.0 1040 0.3 1621 2.9 2253 0.3	0422 3.6 1045 0.4 1639 3.4 2259 0.3	0532 1.9 1100 0.1 1750 1.9 2320 0.2	0052 0.5 0705 1.8 1312 0.4 1925 1.8	0448 4.5 1109 0.3 1705 4.4 2321 0.4	0028 0.4 0619 5.6 1248 0.2 1836 5.5	0335 5.8 1023 0.8 1554 5.6 2231 1.0
19 TH	0606 1.4 1209 -0.2 1815 1.4	0309 2.5 0946 0.4 1527 2.4 2203 0.4	0433 2.9 1109 0.4 1648 2.8 2325 0.3	0457 3.5 1117 0.4 1715 3.4 2333 0.3	0604 1.9 1145 0.1 1825 1.9	0145 0.5 0742 1.8 1411 0.4 2003 1.8	0521 4.4 1142 0.3 1740 4.3 2357 0.5	0059 0.5 0651 5.4 1320 0.4 1910 5.3	0408 5.7 1057 1.0 1629 5.4 2306 1.2
20 F	0027 -0.3 0638 1.3 1246 -0.2 1852 1.3	0348 2.4 1022 0.5 1608 2.4 2245 0.5	0508 2.8 1143 0.5 1724 2.7	0537 3.4 1153 0.5 1759 3.4	0008 0.1 0642 1.9 1257 0.1 1907 1.8	0239 0.4 0823 1.8 1502 0.4 2047 1.7	0559 4.3 1221 0.5 1822 4.1	0133 0.5 0728 5.3 1355 0.5 1950 5.2	0447 5.5 1137 1.2 1711 5.2 2352 1.4
21 SA	0109 -0.3 0721 1.3 1331 -0.3 1943 1.3	0438 2.3 1109 0.6 1705 2.3 2339 0.6	0003 0.5 0558 2.7 1225 0.6 1823 2.7	0014 0.4 0627 3.3 1236 0.5 1853 3.3	0121 0.1 0730 1.8 1359 0.1 2003 1.6	0306 0.4 0912 1.7 1705 0.4 2144 1.5	0042 0.6 0646 4.0 1312 0.6 1919 3.8	0212 0.6 0812 5.1 1439 0.7 2040 4.9	0536 5.2 1232 1.5 1806 5.0
22 SU	0202 -0.2 0826 1.2 1430 -0.1 2057 1.3	0545 2.2 1212 0.7 1819 2.3	0052 0.5 0703 2.6 1319 0.6 1933 2.7	0104 0.6 0729 3.2 1332 0.6 2000 3.2	0221 0.1 0845 1.6 1503 0.1 2146 1.5	0522 0.4 1025 1.6 1818 0.4 2326 1.4	0140 0.7 0800 3.8 1423 0.8 2050 3.6	0300 0.8 0913 4.9 1534 0.9 2151 4.7	0057 1.6 0644 4.9 1345 1.7 1925 4.6
23 M	0311 -0.2 0952 1.2 1547 -0.1 2225 1.3	0055 0.6 0706 2.2 1335 0.6 1938 2.3	0157 0.6 0818 2.7 1436 0.6 2048 2.8	0215 0.7 0843 3.1 1454 0.7 2118 3.2	0328 0.2 1031 1.6 1735 0.2 2313 1.5	0634 0.3 1210 1.6 1933 0.3	0304 0.8 0938 3.7 1603 0.8 2221 3.6	0406 0.9 1034 4.8 1654 1.0 2319 4.7	0218 1.7 0816 4.8 1503 1.7 2057 4.7
24 TU	0439 -0.2 1120 1.2 1713 -0.1 2344 1.4	0224 0.5 0825 2.3 1500 0.5 2051 2.5	0329 0.5 0931 2.8 1612 0.5 2159 3.0	0351 0.6 1002 3.2 1626 0.6 2232 3.4	0451 0.2 1146 1.7 1957 0.1	0051 1.5 0745 0.3 1320 1.8 2045 0.3	0441 0.7 1059 3.9 1720 0.6 2331 3.9	0536 0.9 1202 5.0 1818 0.9	0336 1.5 0938 5.0 1615 1.4 2206 5.0
25 W	0558 -0.3 1235 1.3 1824 -0.2	0341 0.2 0934 2.5 1608 0.2 2153 2.7	0456 0.2 1040 3.0 1726 0.1 2303 3.2	0506 0.3 1112 3.5 1733 0.3 2336 3.7	0020 1.6 0542 0.1 1243 1.9 2107 0.1	0151 1.7 0851 0.2 1415 2.0 2201 0.2	0554 0.5 1158 4.3 1820 0.4	0040 5.1 0659 0.7 1312 5.5 1933 0.6	0446 1.2 1038 5.4 1719 1.1 2300 5.4
26 TH	0051 1.4 0701 -0.4 1339 1.4 1921 -0.3	0442 -0.0 1031 2.7 1704 -0.0 2248 2.9	0600 -0.1 1142 3.2 1825 -0.2	0605 -0.0 1211 3.7 1829 -0.0	0110 1.7 0618 0.0 1330 2.0 1852 0.2	0239 1.9 0957 0.1 1502 2.1 2312 0.2	0024 4.2 0651 0.2 1246 4.6 1911 0.2	0141 5.5 0812 0.4 1407 6.0 2039 0.3	0546 0.7 1127 5.8 1814 0.7 2345 5.8
27 F	0150 1.5 0754 -0.5 1434 1.4 2012 -0.4	0535 -0.3 1122 2.8 1755 -0.2 2337 3.0	0003 3.5 0656 -0.4 1239 3.4 1918 -0.4	0032 4.0 0658 -0.3 1303 3.9 1919 -0.3	0154 1.8 0653 -0.0 1413 2.2 1918 0.2	0324 2.0 0956 0.1 1546 2.3 2158 0.3	0108 4.5 0739 -0.0 1330 4.9 1957 0.1	0230 6.0 0912 0.1 1454 6.4 2135 0.1	0639 0.4 1212 6.2 1902 0.5
28 SA ●	0244 1.5 0842 -0.5 1524 1.4 2059 -0.4	0624 -0.4 1209 2.9 1842 -0.3	0058 3.6 0746 -0.6 1330 3.5 2006 -0.6	0121 4.2 0747 -0.5 1350 4.1 2007 -0.4	0236 1.9 0730 -0.1 1457 2.2 1952 0.2	0405 2.1 1055 -0.1 1628 2.3 2258 0.3	0150 4.7 0825 -0.2 1412 5.0 2042 0.0	0315 6.2 1005 -0.1 1539 6.5 2224 0.0	0027 6.1 0727 0.1 1254 6.4 1947 0.3
29 SU	0334 1.6 0927 -0.5 1609 1.3 2143 -0.5	0024 3.1 0709 -0.5 1251 2.9 1927 -0.4	0149 3.7 0833 -0.7 1418 3.5 2051 -0.6	0208 4.3 0833 -0.6 1434 4.1 2052 -0.5	0318 2.0 0809 -0.2 1539 2.2 2030 0.2	0446 2.2 1144 0.1 1710 2.3 2351 0.2	0231 4.9 0911 -0.3 1454 5.0 2127 -0.0	0358 6.4 1052 -0.2 1621 6.5 2311 0.0	0109 6.3 0812 -0.1 1337 6.4 2030 0.2
30 M	0422 1.6 1011 -0.5 1649 1.5 2227 -0.5	0108 3.1 0753 -0.4 1333 2.9 2009 -0.4	0236 3.7 0917 -0.6 1500 3.5 2134 -0.6	0252 4.4 0918 -0.6 1516 4.2 2136 -0.6	0400 2.1 0851 -0.1 1623 2.2 2112 0.2	0528 2.3 1228 0.1 1753 2.3	0313 5.0 0955 -0.3 1536 5.0 2211 0.0	0440 6.4 1138 -0.2 1704 6.4 2354 0.1	0151 6.4 0856 -0.1 1421 6.4 2113 0.3
31 TU	0506 1.6 1054 -0.5 1725 1.5 2310 -0.5	0150 3.1 0833 -0.3 1412 2.9 2049 -0.4	0319 3.7 0957 -0.5 1540 3.4 2215 -0.6	0335 4.4 1000 -0.6 1557 4.1 2218 -0.6	0442 2.1 0936 -0.1 1706 2.1 2159 0.2	0041 0.3 0610 2.2 1313 0.1 1835 2.2	0356 5.0 1039 -0.2 1621 4.8 2254 0.1	0523 6.3 1221 -0.1 1748 6.1	0235 6.4 0939 0.0 1505 6.2 2157 0.4

TIDETABLES

DENMARK, GERMANY, HOLLAND & BELGIUM Time Zone -0100
Esbjerg * Helgoland * Cuxhaven * Bremerhaven * Hoek van Holland * Rotterdam * Vlissingen * Antwerpen * Dunkerque

TIDE TABLES APRIL 1998

ESBJERG	HELGOLAND	CUXHAVEN	BREMERHAVEN	HOEK VAN HOLLAND	ROTTERDAM	VLISSINGEN	ANTWERPEN	DUNKERQUE		
Time m	Time m	Time m	Time m	Time m	Time m	Time m	Time m	Time m		
0547 1.6 1135 -0.4 1757 1.4 2354 -0.5	0232 3.0 0912 -0.2 1450 2.8 2129 -0.3	0400 3.6 1036 -0.4 1617 3.4 2253 -0.4	0418 4.3 1040 -0.5 1637 4.1 2300 -0.5	0527 2.1 1027 -0.0 1753 1.9 2253 0.2	0144 0.2 0654 2.2 1421 0.1 1918 2.1	0441 4.9 1120 -0.0 1708 4.6 2336 0.2	0036 0.2 0607 6.0 1301 0.2 1833 5.8	0320 6.3 1024 0.3 1551 6.0 2241 0.6	1	W
0627 1.5 1218 -0.3 1833 1.4	0313 2.9 0950 -0.1 1529 2.8 2209 -0.1	0438 3.5 1113 -0.1 1652 3.3 2330 -0.3	0500 4.1 1121 -0.3 1718 4.0 2341 -0.2	0615 2.0 1132 0.1 1848 1.8	0126 0.2 0737 2.2 1415 0.1 2002 2.0	0530 4.7 1201 0.2 1801 4.4	0117 0.4 0654 5.7 1341 0.4 1923 5.4	0409 6.0 1112 0.6 1642 5.6 2330 0.9	2	TH
0041 -0.4 0712 1.4 1304 -0.2 1918 1.4	0357 2.8 1029 0.1 1613 2.7 2254 0.1	0518 3.3 1148 0.0 1730 3.2	0542 3.9 1201 0.0 1800 3.8	0122 0.1 0715 2.0 1335 0.1 1957 1.7	0223 0.2 0824 2.0 1505 0.2 2051 1.8	0020 0.3 0628 4.4 1248 0.3 1904 4.1	0158 0.5 0746 5.4 1422 0.6 2018 5.0	0503 5.6 1204 1.0 1741 5.2	3	F
0134 -0.3 0807 1.3 1358 -0.1 2018 1.4	0446 2.5 1112 0.3 1704 2.5 2347 0.3	0009 -0.0 0601 3.1 1224 0.3 1817 3.0	0025 0.0 0628 3.6 1245 0.3 1846 3.6	0147 0.0 0827 1.9 1424 0.1 2104 1.6	0317 0.2 0921 1.9 1559 0.2 2155 1.6	0115 0.4 0737 4.2 1351 0.7 2013 3.8	0243 0.7 0846 5.1 1510 0.8 2123 4.8	0027 1.2 0609 5.2 1308 1.4 1858 4.8	4	SA
0239 -0.2 0918 1.2 1508 -0.0 2133 1.4	0545 2.3 1208 0.5 1807 2.4	0054 0.2 0654 2.8 1310 0.5 1915 2.8	0118 0.4 0721 3.3 1340 0.7 1943 3.4	0248 0.1 0940 1.8 1533 0.2 2218 1.5	0415 0.2 1041 1.7 1700 0.3 2324 1.5	0229 0.6 0851 3.9 1514 0.8 2130 3.6	0339 0.8 0957 4.9 1610 1.0 2239 4.6	0136 1.5 0737 4.9 1422 1.6 2027 4.6	5	SU
0400 -0.2 1041 1.2 1630 0.0 2256 1.4	0102 0.5 0656 2.1 1330 0.7 1923 2.3	0206 0.5 0759 2.6 1437 0.7 2024 2.7	0233 0.6 0827 3.1 1502 0.9 2054 3.2	0400 0.1 1058 1.7 1648 0.2 2333 1.5	0517 0.2 1203 1.6 1812 0.4	0356 0.7 1010 3.9 1642 0.8 2246 3.7	0451 0.9 1118 4.8 1729 1.0 2355 4.7	0254 1.6 0901 4.9 1544 1.7 2139 4.8	6	M
0520 -0.2 1201 1.3 1746 -0.0	0234 0.5 0821 2.1 1502 0.6 2047 2.3	0350 0.5 0916 2.5 1621 0.7 2143 2.7	0356 0.7 0947 3.0 1623 0.9 2218 3.2	0506 0.1 1205 1.8 2036 0.1	0039 1.5 0623 0.2 1312 1.7 2038 0.4	0515 0.6 1121 4.0 1748 0.7 2349 3.9	0629 0.7 1230 5.1 1903 0.8	0415 1.5 1006 5.1 1657 1.4 2234 5.0	7	TU
0012 1.4 0626 -0.3 1307 1.3 1846 -0.1	0351 0.4 0941 2.1 1612 0.5 2200 2.4	0506 0.4 1040 2.5 1729 0.5 2303 2.8	0505 0.6 1109 3.1 1728 0.7 2336 3.3	0034 1.6 0558 0.1 1258 1.8 2133 0.1	0140 1.5 0730 0.3 1409 1.7 2239 0.3	0615 0.4 1215 4.2 1836 0.6	0057 5.0 0739 0.4 1327 5.4 2001 0.5	0519 1.2 1057 5.3 1750 1.2 2319 5.2	8	W
0114 1.5 0718 -0.3 1357 1.4 1935 -0.2	0449 0.3 1041 2.3 1705 0.4 2254 2.5	0604 0.2 1150 2.7 1823 0.3	0602 0.4 1215 3.3 1823 0.5	0124 1.7 0637 0.1 1339 1.9 1910 0.3	0232 1.6 0948 0.3 1457 1.8 2331 0.3	0037 4.1 0700 0.3 1257 4.3 1913 0.5	0150 5.4 0828 0.1 1415 5.7 2046 0.3	0607 0.9 1139 5.5 1832 1.0 2357 5.5	9	TH
0200 1.5 0802 -0.3 1435 1.4 2015 -0.2	0536 0.2 1126 2.4 1749 0.3 2337 2.5	0006 2.9 0652 0.3 1241 2.8 1909 0.2	0036 3.5 0652 0.3 1306 3.4 1910 0.4	0204 1.8 0712 0.1 1415 1.9 1945 0.2	0315 1.7 1012 0.3 1536 1.8	0115 4.3 0736 0.3 1333 4.4 1947 0.4	0234 5.6 0910 -0.0 1455 5.9 2125 0.2	0648 0.7 1216 5.7 1909 0.8	10	F
0237 1.5 0839 -0.3 1504 1.4 2051 -0.2	0615 0.2 1204 2.4 1829 0.2	0054 3.0 0735 0.1 1321 2.9 1950 0.1	0122 3.6 0736 0.3 1347 3.6 1952 0.3	0238 1.8 0745 0.1 1448 1.9 2021 0.2	0013 0.3 0352 1.7 1058 0.3 1611 1.8	0149 4.4 0809 0.2 1405 4.5 2020 0.4	0313 5.8 0948 -0.1 1532 5.9 2201 0.2	0031 5.6 0724 0.6 1251 5.8 1943 0.8	11	SA ○
0309 1.5 0912 -0.3 1531 1.4 2124 -0.2	0014 2.6 0651 0.2 1237 2.5 1904 0.2	0133 3.0 0812 0.1 1357 3.0 2027 0.1	0200 3.7 0815 0.3 1421 3.6 2030 0.3	0309 1.9 0818 0.1 1520 2.0 2057 0.3	0048 0.4 0427 1.8 1137 0.4 1645 1.8	0221 4.5 0842 0.2 1436 4.6 2054 0.3	0348 5.8 1023 -0.0 1604 5.9 2235 0.2	0104 5.7 0758 0.5 1324 5.8 2015 0.8	12	SU
0341 1.5 0942 -0.3 1559 1.5 2155 -0.3	0048 2.6 0724 0.2 1308 2.5 1938 0.2	0209 3.0 0847 0.1 1430 3.0 2101 0.1	0233 3.7 0851 0.3 1451 3.6 2105 0.4	0339 1.9 0848 0.1 1551 2.0 2121 0.2	0117 0.4 0500 1.8 1312 0.3 1718 1.8	0251 4.6 0915 0.2 1506 4.6 2126 0.3	0420 5.8 1055 0.1 1635 5.9 2306 0.3	0136 5.8 0830 0.5 1356 5.8 2044 0.8	13	M
0414 1.5 1012 -0.3 1627 1.5 2227 -0.3	0119 2.5 0755 0.3 1337 2.5 2010 0.3	0243 3.0 0919 0.2 1503 3.0 2134 0.2	0303 3.6 0923 0.4 1520 3.6 2137 0.4	0408 1.9 0918 0.2 1621 2.0 2140 0.2	0140 0.4 0534 1.8 1346 0.3 1751 1.8	0321 4.6 0945 0.2 1536 4.6 2157 0.3	0450 5.8 1124 0.2 1704 5.8 2335 0.3	0206 5.8 0900 0.6 1425 5.8 2112 0.8	14	TU
0446 1.5 1042 -0.3 1657 1.4 2258 -0.3	0150 2.5 0825 0.3 1406 2.5 2041 0.3	0317 3.0 0949 0.3 1534 3.0 2205 0.2	0333 3.6 0954 0.4 1550 3.6 2209 0.4	0436 2.0 0951 0.2 1651 1.9 2208 0.2	0209 0.4 0608 1.8 1426 0.3 1826 1.8	0351 4.6 1015 0.3 1606 4.6 2229 0.4	0520 5.7 1154 0.3 1735 5.7	0236 5.8 0928 0.7 1454 5.7 2140 0.9	15	W

* * Time Zone -0100. For UT subtract 1 hour. For European summer time (shaded) 29/3-25/10 add 1 hour * *

PAGE 109

APRIL 1998 TIDE TABLES

Time Zone -0100. For UT subtract 1 hour. For European summer time (shaded) 29/3-25/10 add 1 hour

Day	ESBJERG Time m	HELGOLAND Time m	CUXHAVEN Time m	BREMERHAVEN Time m	HOEK VAN HOLLAND Time m	ROTTERDAM Time m	VLISSINGEN Time m	ANTWERPEN Time m	DUNKERQUE Time m
16 TH	0516 1.4 1112 -0.2 1725 1.4 2330 -0.3	0221 2.5 0855 0.4 1434 2.5 2113 0.3	0351 2.9 1019 0.3 1605 2.9 2237 0.3	0405 3.6 1024 0.4 1622 3.6 2242 0.4	0506 2.0 1026 0.2 1723 1.9 2242 0.2	0242 0.3 0643 1.8 1242 0.5 1901 1.8	0423 4.5 1047 0.3 1639 4.5 2302 0.4	0005 0.4 0551 5.7 1223 0.4 1807 5.6	0306 5.8 0959 0.8 1525 5.6 2212 1.0
17 F	0546 1.3 1145 -0.2 1755 1.4	0253 2.5 0927 0.4 1506 2.5 2148 0.4	0424 2.9 1050 0.4 1633 2.9 2310 0.3	0440 3.5 1057 0.4 1657 3.6 2317 0.4	0540 2.0 1106 0.2 1800 1.9 2324 0.1	0112 0.4 0721 1.8 1343 0.4 1939 1.7	0456 4.5 1121 0.4 1715 4.3 2339 0.4	0036 0.4 0625 5.6 1255 0.5 1843 5.5	0340 5.7 1033 0.9 1602 5.5 2248 1.1
18 SA	0007 -0.3 0618 1.3 1222 -0.2 1831 1.4	0330 2.4 1003 0.5 1546 2.5 2229 0.4	0458 2.8 1124 0.4 1705 2.9 2348 0.4	0519 3.4 1133 0.4 1738 3.5 2357 0.4	0620 2.0 1206 0.2 1842 1.8	0218 0.4 0802 1.8 1447 0.4 2023 1.7	0535 4.4 1201 0.5 1757 4.2	0110 0.5 0703 5.6 1331 0.5 1924 5.4	0421 5.6 1112 1.1 1645 5.3 2330 1.3
19 SU	0049 -0.3 0702 1.2 1308 -0.2 1920 1.3	0418 2.4 1047 0.5 1639 2.4 2321 0.4	0541 2.8 1204 0.5 1754 2.9	0606 3.3 1215 0.5 1827 3.5	0021 0.1 0708 1.9 1354 0.1 1934 1.6	0205 0.3 0851 1.8 1606 0.4 2116 1.6	0023 0.5 0622 4.2 1251 0.6 1851 3.9	0149 0.5 0749 5.4 1414 0.6 2015 5.2	0510 5.3 1203 1.4 1740 5.0
20 M	0141 -0.3 0805 1.2 1404 -0.2 2029 1.3	0520 2.3 1145 0.6 1746 2.4	0034 0.4 0638 2.8 1255 0.5 1900 2.9	0046 0.5 0702 3.2 1309 0.6 1927 3.4	0152 0.1 0814 1.7 1452 0.2 2107 1.5	0342 0.3 0957 1.7 1745 0.4 2240 1.5	0120 0.6 0730 3.9 1357 0.7 2017 3.7	0238 0.6 0848 5.2 1510 0.8 2122 5.0	0029 1.5 0616 5.0 1312 1.5 1856 4.8
21 TU	0247 -0.3 0927 1.2 1516 -0.1 2151 1.3	0029 0.4 0633 2.3 1300 0.6 1900 2.5	0134 0.4 0745 2.8 1403 0.5 2010 2.9	0151 0.5 0809 3.2 1421 0.6 2037 3.4	0258 0.1 1000 1.7 1716 0.2 2242 1.5	0458 0.2 1135 1.7 1907 0.3	0236 0.7 0907 3.9 1527 0.8 2147 3.7	0343 0.7 1006 5.1 1625 0.9 2249 4.9	0145 1.5 0742 4.9 1430 1.6 2024 4.8
22 W	0409 -0.3 1051 1.2 1639 -0.1 2309 1.4	0150 0.3 0748 2.4 1421 0.4 2012 2.6	0254 0.3 0855 2.9 1530 0.4 2120 3.1	0313 0.4 0923 3.3 1546 0.5 2150 3.6	0408 0.1 1117 1.8 1843 0.1 2350 1.6	0015 1.5 0606 0.2 1250 1.9 2020 0.2	0409 0.6 1028 4.1 1651 0.6 2300 3.9	0509 0.8 1133 5.2 1748 0.8	0304 1.4 0905 5.1 1545 1.4 2136 5.1
23 TH	0528 -0.2 1206 1.3 1754 -0.2	0306 0.1 0857 2.5 1533 0.2 2118 2.8	0419 0.1 1003 3.1 1650 0.1 2226 3.3	0429 0.2 1033 3.5 1657 0.3 2256 3.8	0506 0.1 1216 1.9 2033 0.1	0119 1.7 0739 0.1 1347 2.0 2131 0.2	0527 0.4 1130 4.4 1757 0.4 2355 4.2	0011 5.2 0633 0.6 1245 5.6 1907 0.6	0417 1.1 1009 5.5 1652 1.0 2233 5.5
24 F	0018 1.4 0633 -0.2 1313 1.4 1855 -0.3	0409 -0.1 0957 2.7 1633 -0.3 2215 2.9	0527 -0.2 1107 3.3 1754 -0.2 2328 3.5	0531 -0.1 1135 3.7 1757 -0.0 2355 4.0	0043 1.7 0549 0.0 1306 2.1 1826 0.2	0211 1.9 0835 0.1 1436 2.2 2240 0.1	0627 0.1 1221 4.7 1849 0.2	0114 5.6 0751 0.3 1342 6.1 2018 0.4	0521 0.7 1101 5.9 1750 0.7 2321 5.8
25 SA	0122 1.5 0729 -0.5 1411 1.4 1948 -0.4	0505 -0.3 1050 2.8 1727 -0.2 2307 3.0	0625 -0.4 1206 3.4 1849 -0.4	0627 -0.4 1230 3.9 1850 -0.3	0129 1.8 0628 -0.0 1351 2.2 1855 0.2	0257 2.0 0945 0.1 1521 2.3 2139 0.2	0042 4.5 0718 -0.0 1306 4.9 1937 0.1	0206 6.0 0851 0.1 1430 6.4 2114 0.2	0615 0.4 1148 6.2 1841 0.4
26 SU ●	0221 1.5 0818 -0.5 1501 1.5 2036 -0.4	0555 -0.4 1138 2.9 1816 -0.3 2356 3.1	0026 3.6 0718 -0.5 1259 3.5 1940 -0.5	0049 4.2 0718 -0.5 1319 4.1 1940 -0.4	0213 2.0 0707 -0.1 1435 2.2 1930 0.2	0340 2.1 1045 0.1 1603 2.3 2250 0.2	0126 4.8 0804 -0.2 1349 5.0 2022 0.0	0251 6.2 0943 -0.1 1515 6.5 2204 0.1	0004 6.1 0705 0.1 1232 6.3 1927 0.3
27 M	0315 1.6 0905 -0.4 1546 1.5 2123 -0.4	0642 -0.4 1222 2.9 1903 -0.3	0120 3.6 0806 -0.5 1347 3.5 2027 -0.5	0139 4.3 0806 -0.5 1406 4.2 2027 -0.5	0256 2.1 0748 -0.1 1518 2.2 2010 0.2	0421 2.2 1138 0.1 1645 2.3 2352 0.3	0209 4.9 0849 -0.2 1433 5.0 2107 0.0	0335 6.3 1030 -0.1 1559 6.5 2250 0.1	0047 6.2 0751 0.0 1315 6.4 2012 0.3
28 TU	0404 1.6 0948 -0.4 1627 1.5 2208 -0.5	0042 3.0 0727 -0.3 1304 2.9 1946 -0.3	0209 3.6 0851 -0.5 1431 3.4 2112 -0.5	0226 4.3 0851 -0.5 1450 4.2 2113 -0.5	0339 2.1 0831 -0.0 1602 2.1 2054 0.2	0503 2.2 1227 0.2 1727 2.2	0252 5.0 0933 -0.2 1516 4.9 2151 0.2	0418 6.3 1115 -0.0 1642 6.3 2334 0.1	0130 6.3 0836 0.1 1359 6.3 2055 0.3
29 W	0450 1.6 1031 -0.3 1703 1.5 2253 -0.5	0126 3.0 0808 -0.2 1344 2.8 2028 -0.3	0254 3.5 0933 -0.4 1511 3.4 2153 -0.4	0311 4.2 0935 -0.4 1532 4.1 2157 -0.4	0422 2.1 0918 0.1 1646 2.0 2142 0.1	0054 0.3 0546 2.2 1319 0.2 1809 2.1	0336 5.0 1015 -0.0 1601 4.8 2234 0.1	0503 6.2 1157 0.1 1727 6.1	0215 6.3 0920 0.2 1444 6.1 2139 0.4
30 TH	0533 1.5 1113 -0.2 1737 1.5 2337 -0.4	0208 2.9 0847 -0.1 1422 2.8 2109 -0.2	0334 3.4 1012 -0.2 1547 3.3 2232 -0.3	0354 4.1 1016 -0.2 1612 4.1 2239 -0.2	0506 2.1 1010 0.2 1732 1.9 2235 0.1	0004 0.2 0630 2.2 1224 0.2 1851 2.0	0422 4.9 1056 0.2 1648 4.6 2316 0.2	0016 0.2 0548 6.1 1237 0.3 1814 5.8	0301 6.1 1004 0.4 1531 5.9 2224 0.6

PAGE 110

TIDETABLES

DENMARK, GERMANY, HOLLAND & BELGIUM Time Zone -0100
Esbjerg * Helgoland * Cuxhaven * Bremerhaven * Hoek van Holland * Rotterdam * Vlissingen * Antwerpen * Dunkerque

TIDE TABLES   MAY 1998

ESBJERG	HELGOLAND	CUXHAVEN	BREMERHAVEN	HOEK VAN HOLLAND	ROTTERDAM	VLISSINGEN	ANTWERPEN	DUNKERQUE	
Time m	Time m	Time m	Time m	Time m	Time m	Time m	Time m	Time m	
0613 1.4 1155 -0.2 1814 1.5	0249 2.7 0924 0.1 1502 2.8 2148 -0.0	0412 3.3 1048 -0.0 1621 3.3 2309 -0.1	0436 3.9 1056 0.0 1651 4.0 2320 -0.0	0554 2.1 1115 0.2 1826 1.8 2341 0.1	0045 0.1 0713 2.1 1331 0.2 1933 1.8	0512 4.7 1136 0.3 1740 4.4	0057 0.3 0636 5.8 1315 0.5 1903 5.4	0350 5.9 1049 0.7 1621 5.5 2311 0.9	1 F
0024 -0.4 0656 1.4 1241 -0.2 1857 1.5	0332 2.6 1000 0.2 1545 2.7 2230 0.1	0451 3.1 1120 0.2 1658 3.2 2346 0.1	0518 3.7 1135 0.3 1730 3.8	0654 2.0 1306 0.2 1933 1.7	0145 0.1 0759 2.0 1427 0.3 2018 1.7	0001 0.3 0609 4.5 1221 0.6 1840 4.1	0137 0.4 0727 5.5 1356 0.6 1954 5.1	0444 5.5 1139 1.1 1718 5.2	2 SA
0115 -0.3 0747 1.3 1332 -0.1 1951 1.5	0418 2.4 1039 0.4 1633 2.6 2320 0.3	0532 2.9 1151 0.3 1742 3.1	0003 0.2 0600 3.5 1215 0.6 1814 3.6	0105 0.0 0801 1.9 1358 0.2 2036 1.6	0242 0.1 0851 1.8 1522 0.3 2114 1.5	0055 0.4 0714 4.2 1321 0.8 1945 3.9	0220 0.5 0821 5.3 1441 0.8 2052 4.9	0004 1.2 0545 5.2 1236 1.4 1825 4.9	3 SU
0215 -0.2 0851 1.2 1434 -0.0 2100 1.4	0512 2.3 1128 0.6 1732 2.4	0027 0.3 0621 2.7 1228 0.5 1838 2.9	0051 0.5 0648 3.2 1301 0.8 1905 3.4	0215 0.0 0908 1.8 1508 0.3 2144 1.5	0340 0.1 1006 1.6 1622 0.4 2243 1.4	0204 0.5 0821 4.0 1438 0.9 2055 3.7	0311 0.6 0924 5.0 1536 0.9 2159 4.7	0106 1.4 0700 4.9 1343 1.7 1945 4.7	4 M
0327 -0.2 1007 1.2 1551 0.0 2218 1.4	0026 0.5 0618 2.1 1242 0.7 1843 2.3	0125 0.5 0722 2.5 1330 0.7 1945 2.7	0156 0.8 0748 3.0 1415 1.0 2010 3.3	0333 0.1 1025 1.7 1618 0.3 2259 1.5	0442 0.2 1133 1.6 1733 0.4	0317 0.6 0937 3.9 1556 0.9 2211 3.7	0416 0.7 1038 4.9 1646 1.0 2315 4.7	0216 1.6 0821 4.8 1458 1.7 2059 4.7	5 TU
0443 -0.2 1120 1.3 1707 0.0 2330 1.4	0154 0.6 0738 2.0 1417 0.7 2004 2.3	0309 0.6 0835 2.4 1536 0.8 2101 2.7	0318 0.9 0901 2.9 1542 1.0 2129 3.2	0438 0.1 1135 1.8 1719 0.3	0004 1.4 0551 0.2 1241 1.6 1918 0.4	0431 0.6 1048 4.0 1708 0.8 2315 3.8	0536 0.7 1154 5.0 1809 0.9	0330 1.5 0928 4.9 1612 1.6 2158 4.9	6 W
0551 -0.2 1224 1.3 1811 -0.0	0313 0.5 0900 2.1 1534 0.6 2121 2.3	0430 0.5 0956 2.5 1652 0.6 2221 2.7	0429 0.8 1023 3.0 1653 0.9 2250 3.2	0002 1.6 0531 0.1 1227 1.8 1811 0.3	0108 1.5 0710 0.2 1339 1.7 2124 0.4	0536 0.5 1143 4.1 1801 0.7	0022 5.0 0653 0.4 1254 5.3 1919 0.6	0439 1.3 1022 5.2 1712 1.3 2245 5.1	7 TH
0032 1.4 0645 -0.2 1317 1.4 1902 -0.1	0414 0.4 1006 2.2 1632 0.4 2221 2.4	0530 0.4 1109 2.7 1749 0.4 2328 2.8	0528 0.6 1135 3.2 1751 0.6 2356 3.4	0051 1.7 0615 0.1 1309 1.9 1854 0.2	0203 1.6 0832 0.2 1428 1.8 2246 0.3	0005 4.0 0624 0.4 1227 4.3 1842 0.6	0117 5.3 0750 0.2 1343 5.6 2010 0.4	0531 1.1 1107 5.4 1758 1.1 2326 5.3	8 F
0122 1.5 0728 -0.2 1357 1.4 1944 -0.1	0502 0.3 1054 2.4 1718 0.3 2308 2.5	0618 0.2 1204 2.8 1837 0.2	0619 0.4 1230 3.4 1840 0.4	0132 1.7 0654 0.1 1345 1.9 1933 0.2	0249 1.6 0948 0.0 1510 1.8 2332 0.3	0045 4.2 0703 0.4 1303 4.4 1918 0.5	0203 5.6 0836 0.0 1426 5.8 2053 0.2	0615 0.9 1146 5.6 1838 0.9	9 SA
0203 1.5 0806 -0.2 1431 1.4 2021 -0.2	0543 0.2 1135 2.5 1800 0.2 2348 2.5	0020 3.0 0702 0.2 1248 3.0 1920 0.1	0048 3.6 0704 0.3 1315 3.6 1924 0.3	0206 1.8 0728 0.2 1418 2.0 2016 0.2	0329 1.7 1124 0.3 1547 1.8	0120 4.3 0738 0.3 1336 4.5 1953 0.4	0243 5.7 0915 0.0 1503 5.9 2131 0.2	0003 5.5 0653 0.7 1223 5.7 1915 0.8	10 SU
0240 1.5 0840 -0.2 1503 1.5 2056 -0.2	0621 0.2 1211 2.5 1839 0.2	0103 3.0 0741 0.1 1327 3.0 1959 0.1	0131 3.6 0745 0.3 1354 3.7 2004 0.3	0239 1.9 0800 0.2 1451 2.0 2248 0.2	0009 0.3 0404 1.7 1209 0.3 1621 1.8	0152 4.5 0812 0.3 1408 4.6 2027 0.4	0319 5.8 0952 0.1 1536 5.8 2206 0.2	0038 5.6 0728 0.7 1257 5.7 1948 0.8	11 M ○
0315 1.5 0912 -0.2 1533 1.5 2129 -0.2	0024 2.5 0656 0.2 1245 2.5 1915 0.2	0144 3.1 0818 0.1 1405 3.0 2036 0.1	0209 3.7 0823 0.3 1429 3.7 2042 0.3	0310 1.9 0827 0.2 1524 2.0 2057 0.2	0042 0.3 0438 1.7 1252 0.3 1654 1.8	0224 4.5 0845 0.3 1439 4.6 2101 0.3	0351 5.8 1025 0.2 1607 5.8 2239 0.3	0111 5.6 0802 0.7 1329 5.7 2020 0.8	12 TU
0351 1.5 0945 -0.2 1605 1.5 2205 -0.3	0100 2.5 0731 0.3 1317 2.5 1951 0.2	0223 3.0 0854 0.2 1441 3.1 2113 0.1	0244 3.6 0859 0.3 1502 3.7 2118 0.3	0342 2.0 0856 0.3 1557 2.0 2114 0.2	0116 0.3 0512 1.8 1336 0.2 1729 1.8	0256 4.6 0918 0.3 1512 4.6 2136 0.3	0423 5.7 1057 0.3 1639 5.7 2311 0.4	0142 5.6 0834 0.7 1359 5.7 2051 0.8	13 W
0426 1.5 1018 -0.2 1638 1.5 2239 -0.3	0135 2.5 0805 0.3 1349 2.5 2026 0.3	0300 3.0 0928 0.3 1516 3.0 2148 0.2	0318 3.6 0933 0.3 1534 3.7 2153 0.3	0413 2.0 0927 0.3 1629 2.0 2143 0.2	0153 0.3 0548 1.8 1419 0.2 1805 1.7	0329 4.6 0953 0.3 1545 4.6 2212 0.4	0455 5.7 1129 0.4 1711 5.7 2345 0.4	0211 5.7 0906 0.8 1429 5.7 2123 0.9	14 TH
0501 1.4 1051 -0.2 1711 1.5 2315 -0.3	0209 2.5 0839 0.3 1421 2.5 2102 0.3	0338 2.9 1002 0.3 1551 3.0 2224 0.2	0353 3.5 1007 0.3 1609 3.7 2228 0.3	0446 2.0 1002 0.3 1703 1.9 2219 0.2	0230 0.3 0624 1.8 1500 0.2 1842 1.7	0403 4.6 1029 0.4 1620 4.5 2251 0.3	0529 5.7 1203 0.5 1746 5.7	0243 5.7 0939 0.8 1503 5.7 2157 0.9	15 F

● ● Time Zone -0100. For UT subtract 1 hour. For European summer time (shaded) 29/3-25/10 add 1 hour ● ●

PAGE 111

MAY 1998 TIDE TABLES

Time Zone -0100. For UT subtract 1 hour. For European summer time (shaded) 29/3-25/10 add 1 hour

	ESBJERG	HELGOLAND	CUXHAVEN	BREMERHAVEN	HOEK VAN HOLLAND	ROTTERDAM	VLISSINGEN	ANTWERPEN	DUNKERQUE
	Time m	Time m	Time m	Time m	Time m	Time m	Time m	Time m	Time m
16 SA	0536 1.3 1127 -0.2 1744 1.4 2354 -0.3	0244 2.4 0914 0.3 1455 2.6 2139 0.3	0414 2.9 1036 0.3 1624 3.0 2300 0.2	0429 3.5 1042 0.3 1644 3.7 2306 0.3	0523 2.0 1043 0.3 1742 1.9 2302 0.1	0305 0.3 0703 1.8 1313 0.5 1921 1.7	0439 4.5 1107 0.4 1658 4.4 2331 0.4	0021 0.4 0606 5.8 1237 0.5 1824 5.7	0321 5.7 1015 0.9 1542 5.6 2235 1.0
17 SU	0612 1.3 1206 -0.2 1822 1.4	0322 2.4 0951 0.3 1535 2.6 2221 0.3	0451 2.9 1113 0.3 1658 3.0 2339 0.2	0509 3.5 1121 0.3 1724 3.7 2348 0.2	0605 2.0 1136 0.3 1824 1.8 2354 0.1	0154 0.3 0745 1.9 1420 0.4 2005 1.7	0520 4.4 1149 0.5 1742 4.2	0057 0.4 0646 5.8 1315 0.5 1908 5.6	0403 5.6 1056 1.1 1627 5.4 2318 1.1
18 M	0037 -0.3 0657 1.2 1252 -0.2 1910 1.4	0408 2.4 1035 0.4 1624 2.6 2310 0.3	0532 2.9 1154 0.3 1742 3.1	0552 3.4 1203 0.3 1809 3.6	0653 1.9 1500 0.2 1918 1.6	0151 0.2 0835 1.9 1548 0.4 2057 1.6	0016 0.4 0609 4.3 1239 0.6 1836 4.0	0137 0.4 0734 5.7 1358 0.6 2000 5.4	0454 5.4 1145 1.2 1723 5.2
19 TU	0128 -0.3 0757 1.2 1347 -0.2 2013 1.4	0503 2.4 1128 0.4 1724 2.6	0024 0.2 0621 2.9 1242 0.3 1839 3.1	0036 0.2 0643 3.4 1254 0.4 1903 3.6	0124 0.0 0759 1.8 1553 0.2 2042 1.5	0301 0.2 0937 1.8 1702 0.4 2209 1.6	0111 0.5 0715 4.1 1340 0.7 1954 3.8	0227 0.4 0833 5.5 1454 0.7 2105 5.3	0013 1.3 0557 5.3 1246 1.4 1833 5.0
20 W	0230 -0.3 0909 1.2 1453 -0.1 2126 1.4	0010 0.2 0606 2.4 1233 0.4 1830 2.6	0120 0.2 0720 2.9 1342 0.3 1942 3.2	0133 0.2 0743 3.3 1357 0.4 2006 3.6	0234 0.0 0933 1.8 1657 0.2 2209 1.5	0415 0.1 1103 1.8 1843 0.3 2338 1.6	0219 0.5 0842 4.1 1457 0.7 2115 3.8	0331 0.5 0947 5.4 1606 0.8 2225 5.2	0121 1.3 0715 5.2 1401 1.4 1953 5.0
21 TH	0344 -0.3 1024 1.3 1609 -0.1 2239 1.5	0120 0.2 0715 2.4 1346 0.3 1939 2.7	0228 0.1 0824 3.0 1456 0.3 2048 3.3	0242 0.1 0848 3.4 1509 0.3 2112 3.7	0337 0.0 1047 1.9 1813 0.2 2318 1.6	0524 0.1 1218 2.0 1951 0.2	0340 0.4 0957 4.2 1618 0.6 2227 4.0	0449 0.5 1108 5.5 1724 0.7 2343 5.3	0237 1.3 0833 5.3 1516 1.3 2106 5.2
22 F	0459 -0.3 1136 1.3 1723 -0.2 2348 1.5	0231 0.0 0821 2.6 1457 0.1 2045 2.8	0343 -0.0 0928 3.1 1612 0.0 2153 3.4	0351 -0.0 0955 3.5 1621 0.1 2218 3.8	0436 0.0 1148 2.0 1930 0.2	0046 1.8 0630 0.2 1318 2.1 2058 0.2	0500 0.3 1101 4.4 1730 0.5 2326 4.3	0609 0.4 1220 5.7 1842 0.6	0350 1.1 0941 5.6 1626 1.0 2206 5.5
23 SA	0606 -0.3 1243 1.4 1827 -0.2	0336 -0.1 0923 2.7 1601 -0.1 2145 2.9	0453 -0.2 1031 3.3 1721 -0.2 2256 3.5	0456 -0.2 1058 3.7 1724 -0.1 2321 3.9	0015 1.7 0524 0.0 1241 2.1 1803 0.3	0142 1.9 0819 0.3 1410 2.2 2204 0.1	0603 0.2 1155 4.6 1827 0.3	0047 5.6 0727 0.3 1318 6.1 1955 0.4	0456 0.8 1036 5.9 1727 0.8 2257 5.8
24 SU	0055 1.5 0703 -0.4 1343 1.5 1924 -0.3	0434 -0.2 1018 2.8 1658 -0.2 2240 3.0	0554 -0.4 1130 3.4 1820 -0.3 2355 3.5	0554 -0.4 1156 3.9 1821 -0.1	0104 1.9 0608 0.0 1328 2.1 1836 0.3	0230 2.0 0927 0.1 1457 2.2 2120 0.2	0017 4.5 0656 0.0 1244 4.8 1916 0.2	0141 5.9 0829 0.1 1408 6.2 2054 0.3	0553 0.5 1126 6.1 1819 0.5 2344 6.0
25 M ●	0158 1.6 0755 -0.5 1436 1.5 2016 -0.3	0527 -0.3 1108 2.8 1751 -0.3 2331 2.9	0649 -0.4 1226 3.4 1914 -0.4	0018 4.1 0649 -0.4 1249 4.0 1915 -0.4	0151 2.0 0649 0.0 1414 2.2 1914 0.2	0315 2.1 1033 0.1 1539 2.2 2245 0.3	0104 4.7 0743 -0.0 1330 4.9 2003 0.1	0230 6.1 0921 0.1 1454 6.3 2144 0.2	0644 0.3 1212 6.2 1907 0.4
26 TU	0255 1.6 0843 -0.5 1522 1.6 2105 -0.3	0616 -0.2 1154 2.8 1839 -0.3	0051 3.5 0740 -0.4 1316 3.4 2004 -0.4	0112 4.1 0740 -0.4 1339 4.1 2004 -0.4	0236 2.1 0732 0.1 1500 2.1 1955 0.2	0359 2.2 1127 0.2 1621 2.1 2354 0.3	0149 4.9 0828 -0.0 1414 4.9 2049 0.1	0315 6.1 1009 0.1 1539 6.2 2231 0.1	0028 6.1 0732 0.3 1256 6.2 1954 0.4
27 W	0347 1.6 0928 -0.3 1604 1.6 2152 -0.3	0018 2.8 0702 -0.2 1238 2.8 1926 -0.2	0142 3.4 0827 -0.3 1402 3.3 2051 -0.3	0203 4.1 0827 -0.3 1425 4.0 2052 -0.3	0321 2.1 0816 0.1 1545 2.1 2039 0.1	0441 2.2 1218 0.3 1703 2.1 2222 0.1	0234 4.9 0912 0.0 1459 4.8 2133 0.1	0400 6.2 1054 0.2 1624 6.1 2315 0.1	0112 6.1 0817 0.4 1340 6.1 2038 0.4
28 TH	0435 1.6 1012 -0.2 1643 1.6 2238 -0.3	0103 2.7 0745 -0.1 1318 2.8 2009 -0.2	0229 3.3 0910 -0.2 1442 3.2 2134 -0.3	0250 4.0 0912 -0.1 1509 4.0 2137 -0.2	0405 2.2 0904 0.2 1630 2.0 2127 0.1	0524 2.1 1048 0.2 1744 2.0 2312 0.1	0320 4.9 0954 0.2 1545 4.7 2218 0.1	0445 6.1 1135 0.3 1710 6.0 2357 0.1	0158 6.0 0901 0.5 1425 5.9 2122 0.5
29 F	0518 1.5 1054 -0.2 1720 1.6 2323 -0.3	0146 2.6 0824 0.0 1358 2.7 2051 -0.1	0310 3.1 0950 -0.0 1518 3.2 2215 -0.1	0334 3.8 0955 0.0 1549 3.9 2220 -0.0	0451 2.1 0956 0.3 1717 1.9 2218 0.1	0607 2.1 1410 0.4 1826 1.9 2300 0.2	0406 4.8 1033 0.3 1632 4.6	0532 6.0 1215 0.4 1757 5.8	0245 5.9 0944 0.7 1512 5.8 2206 0.7
30 SA	0600 1.4 1136 -0.1 1758 1.6	0227 2.5 0901 0.1 1437 2.7 2130 0.0	0348 3.0 1026 0.1 1551 3.2 2252 -0.0	0415 3.7 1035 0.2 1627 3.9 2301 0.2	0539 2.1 1057 0.3 1809 1.8 2315 0.0	0009 0.1 0651 2.0 1242 0.3 1908 1.8	0456 4.7 1114 0.5 1722 4.4 2345 0.2	0038 0.2 0619 5.9 1253 0.5 1844 5.5	0333 5.7 1027 0.9 1601 5.6 2252 0.9
31 SU	0009 -0.3 0640 1.4 1219 -0.1 1839 1.6	0308 2.5 0936 0.2 1518 2.7 2209 0.2	0425 2.9 1057 0.2 1628 3.1 2327 0.1	0454 3.5 1112 0.3 1703 3.8 2342 0.4	0632 2.0 1230 0.3 1907 1.8	0108 0.1 0736 1.9 1343 0.4 1951 1.7	0549 4.5 1157 0.7 1815 4.2	0118 0.2 0707 5.6 1332 0.6 1932 5.3	0424 5.5 1113 1.1 1653 5.3 2340 1.1

TIDETABLES

DENMARK, GERMANY, HOLLAND & BELGIUM Time Zone -0100
Esbjerg * Helgoland * Cuxhaven * Bremerhaven * Hoek van Holland * Rotterdam * Vlissingen * Antwerpen * Dunkerque

TIDE TABLES JUNE 1998

ESBJERG	HELGOLAND	CUXHAVEN	BREMERHAVEN	HOEK VAN HOLLAND	ROTTERDAM	VLISSINGEN	ANTWERPEN	DUNKERQUE		
Time m	Time m	Time m	Time m	Time m	Time m	Time m	Time m	Time m		
0056 -0.2 0724 1.3 1306 -0.1 1926 1.5	0351 2.3 1012 0.3 1605 2.6 2253 0.3	0504 2.8 1125 0.3 1711 3.0	0533 3.3 1148 0.6 1742 3.6	0020 0.0 0730 2.0 1332 0.3 2003 1.7	0207 0.1 0824 1.8 1442 0.4 2038 1.6	0035 0.3 0646 4.3 1250 0.8 1912 4.0	0159 0.3 0757 5.4 1414 0.7 2023 5.1	0519 5.3 1203 1.4 1750 5.1	**1**	**M**
0148 -0.2 0817 1.3 1359 0.0 2022 1.5	0440 2.2 1055 0.5 1657 2.4 2346 0.5	0003 0.3 0550 2.7 1159 0.4 1803 2.9	0023 0.6 0615 3.2 1227 0.8 1828 3.5	0131 0.0 0830 1.9 1442 0.3 2101 1.6	0306 0.1 0924 1.7 1545 0.4 2145 1.4	0135 0.5 0745 4.1 1359 0.9 2012 3.8	0245 0.4 0851 5.2 1503 0.9 2118 4.9	0034 1.3 0619 5.0 1301 1.6 1854 4.9	**2**	**TU**
0248 -0.1 0921 1.2 1502 0.1 2130 1.5	0538 2.1 1153 0.6 1801 2.3	0048 0.5 0645 2.6 1248 0.6 1906 2.7	0112 0.7 0706 3.0 1318 0.9 1925 3.3	0302 0.1 0935 1.8 1550 0.3 2210 1.5	0409 0.2 1050 1.6 1657 0.5 2318 1.4	0237 0.6 0852 3.9 1507 0.9 2123 3.7	0341 0.5 0952 5.0 1605 1.0 2225 4.7	0134 1.5 0727 4.8 1406 1.7 2004 4.8	**3**	**W**
0354 -0.1 1028 1.3 1614 0.1 2240 1.4	0057 0.6 0648 2.0 1315 0.7 1915 2.2	0158 0.6 0751 2.5 1409 0.7 2017 2.6	0218 0.9 0809 2.9 1439 1.0 2036 3.1	0409 0.1 1049 1.7 1648 0.3 2319 1.5	0520 0.2 1201 1.6 1834 0.4	0339 0.6 1003 3.9 1612 0.9 2231 3.7	0451 0.5 1104 4.9 1719 1.0 2337 4.8	0238 1.6 0837 4.8 1513 1.7 2111 4.8	**4**	**TH**
0501 -0.1 1131 1.3 1722 0.1 2343 1.5	0218 0.6 0806 2.0 1442 0.7 2033 2.2	0334 0.6 0905 2.5 1600 0.7 2133 2.6	0336 0.8 0924 3.0 1604 0.9 2155 3.1	0504 0.1 1148 1.8 1742 0.3	0028 1.4 0644 0.2 1302 1.6 1958 0.4	0442 0.6 1103 4.0 1713 0.8 2326 3.9	0601 0.5 1212 5.1 1830 0.8	0342 1.5 0939 5.0 1619 1.5 2206 5.0	**5**	**F**
0600 -0.1 1227 1.4 1820 0.0	0327 0.5 0918 2.1 1549 0.5 2140 2.3	0445 0.5 1018 2.6 1708 0.5 2244 2.7	0444 0.7 1042 3.1 1711 0.7 2309 3.3	0012 1.6 0554 0.1 1233 1.8 1834 0.2	0127 1.5 0804 0.2 1355 1.7 2109 0.3	0539 0.5 1151 4.1 1804 0.7	0038 5.1 0703 0.3 1306 5.4 1928 0.5	0442 1.3 1030 5.2 1715 1.3 2253 5.2	**6**	**SA**
0039 1.5 0648 -0.1 1315 1.5 1907 -0.0	0421 0.4 1015 2.3 1642 0.4 2234 2.4	0539 0.4 1121 2.8 1801 0.3 2342 2.9	0541 0.5 1148 3.3 1806 0.5	0056 1.7 0638 0.2 1313 1.9 1926 0.2	0218 1.6 0912 0.3 1442 1.7 2216 0.3	0011 4.1 0625 0.5 1231 4.3 1846 0.6	0128 5.3 0755 0.2 1352 5.6 2016 0.4	0533 1.1 1114 5.4 1800 1.1 2334 5.4	**7**	**SU**
0127 1.5 0730 -0.1 1357 1.5 1949 -0.1	0507 0.3 1102 2.4 1729 0.3 2320 2.5	0626 0.2 1211 2.9 1848 0.2	0010 3.4 0630 0.3 1240 3.5 1854 0.3	0134 1.8 0716 0.2 1350 2.0 2158 -0.2	0302 1.6 1017 0.3 1522 1.8 2316 0.3	0049 4.2 0705 0.4 1308 4.4 1924 0.5	0211 5.5 0839 0.2 1431 5.7 2057 0.3	0616 1.0 1154 5.5 1842 0.9	**8**	**M**
0211 1.5 0808 -0.1 1434 1.5 2029 -0.1	0549 0.2 1142 2.5 1812 0.2	0033 3.0 0709 0.1 1256 3.0 1931 0.1	0101 3.6 0715 0.2 1326 3.7 1939 0.2	0210 1.9 0748 0.3 1426 2.0 2240 -0.2	0340 1.7 1128 0.3 1558 1.8	0125 4.4 0742 0.4 1342 4.5 2001 0.4	0249 5.6 0917 0.3 1507 5.7 2134 0.3	0012 5.5 0656 0.9 1230 5.6 1919 0.9	**9**	**TU**
0251 1.5 0844 -0.1 1510 1.6 2107 -0.2	0002 2.5 0630 0.2 1221 2.5 1853 0.1	0118 3.0 0750 0.1 1338 3.1 2012 0.0	0145 3.6 0757 0.2 1406 3.7 2020 0.2	0245 2.0 0815 0.3 1501 2.0 2031 0.2	0006 0.3 0416 1.7 1230 0.3 1633 1.8	0200 4.5 0817 0.4 1417 4.6 2038 0.4	0324 5.7 0953 0.4 1542 5.7 2212 0.4	0047 5.5 0733 0.8 1303 5.6 1955 0.8	**10 W** ○	
0330 1.5 0921 -0.2 1546 1.6 2146 -0.2	0042 2.5 0709 0.2 1258 2.5 1933 0.1	0201 3.0 0830 0.1 1419 3.1 2054 -0.0	0226 3.6 0837 0.2 1445 3.8 2100 0.2	0318 2.0 0840 0.3 1536 2.0 2053 0.2	0051 0.3 0452 1.8 1321 0.3 1709 1.8	0235 4.6 0854 0.4 1453 4.6 2117 0.3	0400 5.7 1030 0.4 1618 5.7 2251 0.4	0120 5.5 0809 0.8 1336 5.7 2031 0.8	**11 TH**	
0410 1.5 0957 -0.2 1624 1.6 2224 -0.2	0121 2.5 0748 0.2 1334 2.6 2013 0.1	0244 3.0 0909 0.2 1459 3.1 2133 -0.0	0305 3.6 0915 0.2 1521 3.8 2139 0.1	0354 2.1 0910 0.3 1612 2.0 2124 0.2	0135 0.2 0530 1.8 1407 0.3 1747 1.8	0310 4.6 0933 0.4 1529 4.6 2158 0.2	0436 5.8 1109 0.5 1654 5.7 2331 0.4	0151 5.6 0845 0.8 1409 5.7 2107 0.8	**12 F**	
0451 1.4 1036 -0.2 1701 1.6 2304 -0.3	0159 2.5 0826 0.1 1409 2.6 2052 0.1	0324 3.0 0948 0.1 1537 3.1 2213 -0.0	0342 3.6 0954 0.1 1557 3.8 2218 -0.1	0431 2.1 0945 0.4 1650 1.9 2201 0.1	0216 0.2 0609 1.8 1451 0.3 1826 1.8	0347 4.6 1014 0.5 1607 4.5 2242 0.2	0513 5.8 1148 0.5 1733 5.7	0227 5.6 0922 0.9 1446 5.7 2145 0.8	**13 SA**	
0532 1.4 1114 -0.2 1739 1.5 2345 -0.3	0236 2.4 0904 0.2 1446 2.6 2131 0.0	0404 3.0 1027 0.1 1615 3.1 2252 -0.1	0420 3.6 1032 0.1 1634 3.8 2257 0.0	0511 2.1 1024 0.4 1730 1.9 2242 0.1	0254 0.2 0650 1.9 1531 0.3 1906 1.8	0427 4.6 1057 0.5 1647 4.4 2326 0.2	0012 0.4 0552 5.9 1227 0.5 1812 5.8	0306 5.7 1000 1.0 1527 5.7 2224 0.8	**14 SU**	
0613 1.3 1155 -0.2 1819 1.5	0315 2.5 0943 0.1 1526 2.7 2213 0.0	0442 3.0 1106 0.0 1652 3.1 2333 -0.1	0459 3.5 1112 0.0 1713 3.8 2339 -0.1	0554 2.0 1112 0.4 1814 1.8 2331 0.1	0126 0.3 0733 1.9 1348 0.5 1951 1.8	0509 4.5 1141 0.5 1732 4.3	0052 0.4 0635 5.9 1306 0.5 1857 5.7	0351 5.7 1042 0.9 1614 5.7 2308 0.9	**15 M**	

●● Time Zone -0100. For UT subtract 1 hour. For European summer time (shaded) 29/3-25/10 add 1 hour ●●

PAGE 113

JUNE 1998 TIDE TABLES

Time Zone -0100. For UT subtract 1 hour. For European summer time (shaded) 29/3-25/10 add 1 hour

Day	ESBJERG	HELGOLAND	CUXHAVEN	BREMERHAVEN	HOEK VAN HOLLAND	ROTTERDAM	VLISSINGEN	ANTWERPEN	DUNKERQUE
	Time m	Time m	Time m	Time m	Time m	Time m	Time m	Time m	Time m
16 TU	0028 -0.3 0657 1.3 1241 -0.2 1905 1.5	0357 2.5 1026 0.1 1612 2.7 2259 0.0	0523 3.0 1146 0.0 1734 3.2	0541 3.5 1154 0.1 1757 3.8	0643 2.0 1445 0.2 1906 1.7	0139 0.2 0821 2.0 1507 0.4 2041 1.8	0012 0.3 0559 4.4 1229 0.6 1824 4.2	0135 0.3 0723 5.9 1351 0.6 1947 5.6	0442 5.6 1129 1.0 1707 5.5 2359 1.0
17 W	0117 -0.3 0749 1.3 1332 -0.1 2000 1.5	0446 2.5 1114 0.1 1705 2.7 2351 -0.0	0017 -0.1 0607 3.0 1231 -0.0 1823 3.3	0024 -0.1 0627 3.5 1242 0.0 1845 3.8	0033 0.0 0746 1.9 1534 0.2 2020 1.6	0239 0.1 0919 2.0 1627 0.4 2142 1.8	0103 0.3 0702 4.3 1324 0.6 1933 4.0	0224 0.3 0819 5.7 1444 0.6 2048 5.5	0540 5.5 1225 1.2 1810 5.3
18 TH	0213 -0.2 0850 1.3 1431 -0.1 2104 1.5	0542 2.5 1209 0.1 1805 2.7	0106 -0.1 0658 3.0 1324 -0.0 1919 3.3	0115 -0.1 0719 3.5 1336 0.0 1940 3.8	0213 0.0 0906 1.9 1632 0.3 2138 1.6	0347 0.0 1032 2.0 1703 0.3 2300 1.8	0203 0.3 0817 4.2 1430 0.7 2045 4.0	0323 0.4 0928 5.5 1548 0.7 2202 5.3	0101 1.1 0649 5.4 1333 1.3 1922 5.2
19 F	0319 -0.2 0957 1.3 1541 -0.1 2213 1.5	0052 -0.0 0643 2.5 1315 0.1 1909 2.7	0203 -0.1 0755 3.1 1426 -0.0 2021 3.3	0212 -0.2 0817 3.5 1438 0.0 2042 3.7	0312 2.0 1016 1.9 1739 0.2 2246 1.7	0457 0.0 1145 2.0 1917 0.2	0313 0.3 0927 4.3 1545 0.6 2154 4.1	0433 0.4 1044 5.5 1701 0.7 2317 5.4	0212 1.1 0804 5.4 1448 1.3 2036 5.3
20 SA	0430 -0.2 1105 1.4 1654 -0.1 2323 1.6	0157 -0.1 0748 2.5 1424 0.0 2015 2.8	0309 -0.2 0857 3.1 1537 -0.1 2124 3.3	0317 -0.2 0919 3.6 1547 -0.0 2146 3.8	0412 2.0 1121 2.0 1843 0.2 2348 1.8	0012 1.8 0608 0.0 1248 2.0 2020 0.2	0430 0.3 1033 4.4 1701 0.6 2259 4.2	0547 0.4 1155 5.7 1818 0.6	0325 1.1 0915 5.5 1600 1.1 2142 5.4
21 SU	0538 -0.2 1212 1.4 1803 -0.1	0303 -0.1 0850 2.6 1530 -0.1	0419 -0.2 0958 3.2 1648 -0.2 2228 3.3	0423 -0.2 1023 3.6 1654 -0.1 2251 3.8	0507 0.1 1217 2.0 1751 0.3	0112 1.9 0744 0.0 1344 2.1 2124 0.2	0539 0.2 1132 4.5 1804 0.4 2355 4.4	0023 5.6 0703 0.3 1256 5.8 1934 0.5	0433 0.9 1015 5.7 1704 0.9 2238 5.7
22 M	0033 1.6 0639 -0.2 1315 1.5 1905 -0.2	0405 -0.2 0949 2.6 1632 -0.2 2217 2.7	0524 -0.3 1059 3.2 1753 -0.3 2329 3.3	0525 -0.3 1125 3.8 1755 -0.2 2353 3.8	0042 1.9 0555 0.1 1309 2.0 1826 0.3	0206 2.0 0900 0.1 1433 2.1 2107 0.3	0634 0.2 1225 4.6 1858 0.3	0120 5.7 0808 0.3 1349 5.9 2036 0.4	0534 0.7 1108 5.8 1800 0.7 2328 5.8
23 TU	0140 1.6 0734 -0.2 1412 1.6 2000 -0.2	0501 -0.2 1042 2.7 1729 -0.3 2311 2.7	0623 -0.3 1156 3.2 1851 -0.3	0623 -0.3 1224 3.8 1852 -0.3	0132 2.0 0639 0.2 1357 2.0 1904 0.2	0254 2.0 1010 0.2 1518 2.1 2240 0.3	0046 4.6 0724 0.1 1314 4.7 1947 0.2	0212 5.8 0903 0.3 1438 5.9 2128 0.3	0627 0.6 1156 5.9 1851 0.6
24 W ●	0240 1.6 0824 -0.1 1501 1.6 2051 -0.2	0554 -0.1 1131 2.7 1821 -0.2	0027 3.2 0716 -0.3 1248 3.2 1945 -0.3	0051 3.9 0717 -0.2 1318 3.9 1945 -0.3	0220 2.1 0723 0.2 1445 2.0 1945 0.2	0339 2.1 0854 0.2 1600 2.0 2115 0.2	0135 4.7 0810 0.2 1400 4.7 2033 0.1	0300 5.9 0951 0.4 1524 5.9 2215 0.3	0015 5.9 0715 0.6 1241 5.9 1937 0.5
25 TH	0333 1.6 0911 -0.1 1545 1.7 2139 -0.2	0000 2.6 0642 -0.1 1217 2.6 1910 -0.2	0121 3.1 0806 -0.2 1336 3.1 2033 -0.3	0145 3.8 0807 -0.1 1407 3.8 2034 -0.2	0306 2.1 0806 0.3 1532 2.0 2027 0.1	0421 2.1 0933 0.3 1642 1.9 2157 0.1	0221 4.8 0853 0.2 1446 4.7 2118 0.1	0346 5.9 1035 0.4 1610 5.9 2259 0.2	0100 5.9 0800 0.7 1324 5.9 2023 0.5
26 F	0421 1.6 0955 -0.1 1627 1.7 2225 -0.1	0046 2.5 0726 0.0 1258 2.6 1955 -0.1	0209 3.0 0851 -0.1 1418 3.1 2119 -0.2	0235 3.7 0854 0.0 1452 3.8 2121 -0.0	0351 2.1 0852 0.3 1618 1.9 2112 0.1	0504 2.0 1018 0.3 1723 1.9 2244 0.1	0307 4.8 0934 0.3 1532 4.7 2203 0.1	0431 5.9 1116 0.4 1655 5.8 2340 0.2	0145 5.8 0843 0.8 1409 5.8 2106 0.6
27 SA	0503 1.5 1037 -0.1 1705 1.7 2309 -0.2	0128 2.4 0806 0.1 1338 2.6 2036 -0.0	0251 2.9 0933 0.0 1454 3.0 2200 -0.1	0319 3.6 0937 0.2 1532 3.8 2204 0.1	0436 2.1 0940 0.4 1705 1.9 2159 0.1	0548 2.0 1106 0.4 1804 1.8 2336 0.1	0353 4.8 1014 0.5 1616 4.6 2245 0.1	0517 6.0 1154 0.4 1740 5.7	0230 5.8 0925 0.9 1454 5.8 2149 0.7
28 SU	0543 1.5 1118 -0.1 1742 1.7 2351 -0.2	0207 2.4 0842 0.1 1416 2.6 2113 0.0	0328 2.8 1009 0.1 1527 3.0 2238 0.0	0358 3.5 1017 0.3 1607 3.7 2244 0.3	0521 2.1 1017 0.3 1751 1.9 2248 0.0	0631 1.9 1157 0.4 1845 1.8	0439 4.7 1052 0.6 1701 4.5 2327 0.2	0020 0.1 0601 5.9 1231 0.5 1824 5.6	0316 5.7 1006 1.0 1539 5.7 2232 0.8
29 M	0619 1.4 1157 -0.1 1820 1.6	0245 2.3 0916 0.2 1455 2.6 2149 0.1	0403 2.8 1041 0.2 1603 3.0 2311 0.1	0433 3.4 1053 0.5 1640 3.7 2320 0.4	0607 2.0 1139 0.4 1838 1.8 2342 0.0	0033 0.1 0714 1.9 1254 0.4 1926 1.7	0524 4.5 1132 0.7 1746 4.3	0057 0.1 0645 5.8 1308 0.5 1907 5.4	0403 5.6 1046 1.1 1625 5.5 2314 1.0
30 TU	0033 -0.1 0655 1.3 1239 -0.0 1859 1.6	0324 2.3 0949 0.2 1537 2.5 2225 0.2	0439 2.7 1108 0.2 1644 3.0 2342 0.2	0506 3.3 1125 0.5 1715 3.6 2354 0.5	0655 2.0 1319 0.4 1925 1.8	0133 0.1 0757 1.8 1358 0.4 2008 1.7	0009 0.3 0612 4.3 1215 0.8 1832 4.1	0136 0.1 0730 5.6 1345 0.6 1951 5.2	0449 5.4 1128 1.3 1712 5.4 2359 1.2

PAGE 114

TIDETABLES

DENMARK, GERMANY, HOLLAND & BELGIUM Time Zone -0100
Esbjerg * Helgoland * Cuxhaven * Bremerhaven * Hoek van Holland * Rotterdam * Vlissingen * Antwerpen * Dunkerque

TIDE TABLES   JULY 1998

ESBJERG	HELGOLAND	CUXHAVEN	BREMERHAVEN	HOEK VAN HOLLAND	ROTTERDAM	VLISSINGEN	ANTWERPEN	DUNKERQUE	
Time m	Time m	Time m	Time m	Time m	Time m	Time m	Time m	Time m	
0115 -0.1 0734 1.3 1322 0.0 1942 1.5	0407 2.2 1027 0.3 1624 2.4 2306 0.4	0520 2.7 1138 0.3 1732 2.9	0542 3.2 1157 0.6 1755 3.5	0041 0.0 0746 1.9 1423 0.3 2015 1.7	0233 0.1 0844 1.7 1508 0.5 2056 1.6	0057 0.4 0700 4.1 1309 0.9 1922 3.9	0215 0.2 0816 5.3 1426 0.8 2039 5.0	0539 5.2 1216 1.5 1804 5.1	1 W
0202 -0.0 0821 1.3 1411 0.1 2033 1.5	0457 2.1 1112 0.4 1719 2.3	0015 0.4 0609 2.6 1219 0.4 1828 2.7	0029 0.6 0625 3.1 1236 0.7 1845 3.3	0146 0.1 0840 1.8 1522 0.3 2109 1.6	0338 0.2 0945 1.6 1624 0.5 2206 1.5	0153 0.5 0754 3.9 1417 0.9 2018 3.8	0259 0.4 0908 5.1 1515 0.9 2134 4.8	0049 1.4 0633 5.0 1312 1.6 1903 4.9	2 TH
0256 0.0 0921 1.3 1509 0.1 2137 1.5	0000 0.5 0557 2.0 1214 0.6 1825 2.2	0100 0.5 0708 2.5 1314 0.6 1933 2.6	0113 0.7 0721 3.0 1328 0.8 1948 3.1	0339 0.1 0940 1.7 1619 0.3 2214 1.5	0450 0.2 1108 1.5 1754 0.5 2336 1.4	0252 0.6 0856 3.8 1521 1.0 2127 3.7	0359 0.5 1006 4.9 1624 1.0 2237 4.7	0145 1.5 0735 4.8 1413 1.7 2010 4.8	3 F
0357 0.1 1030 1.3 1618 0.2 2248 1.5	0109 0.6 0709 2.0 1335 0.6 1941 2.1	0205 0.6 0816 2.4 1433 0.7 2046 2.5	0217 0.8 0829 3.0 1451 0.9 2103 3.1	0436 0.1 1049 1.7 1714 0.3 2322 1.6	0613 0.3 1218 1.5 1914 0.4	0351 0.7 1007 3.8 1622 0.9 2236 3.7	0511 0.6 1113 4.8 1739 1.0 2345 4.8	0245 1.6 0843 4.8 1517 1.7 2118 4.8	4 SA
0502 0.1 1134 1.4 1727 0.1 2353 1.5	0227 0.6 0824 2.0 1457 0.6 2056 2.1	0338 0.6 0928 2.5 1613 0.6 2200 2.6	0344 0.8 0946 3.0 1622 0.7 2222 3.1	0530 0.2 1150 1.8 1808 0.2	0045 1.4 0731 0.3 1318 1.6 2020 0.3	0450 0.7 1107 3.9 1721 0.8 2332 3.9	0614 0.6 1219 5.0 1840 0.8	0345 1.5 0945 4.9 1620 1.5 2215 5.0	5 SU
0600 0.1 1231 1.5 1826 0.1	0335 0.5 0932 2.2 1603 0.4 2159 2.2	0452 0.5 1036 2.6 1721 0.4 2305 2.7	0458 0.6 1102 3.2 1730 0.5 2333 3.3	0017 1.7 0622 0.2 1239 1.8 1902 0.2	0142 1.5 0838 0.3 1411 1.7 2122 0.3	0545 0.6 1157 4.1 1812 0.7	0046 5.0 0708 0.5 1312 5.2 1932 0.7	0444 1.4 1038 5.1 1716 1.3 2303 5.2	6 M
0051 1.5 0651 -0.0 1321 1.5 1917 0.0	0430 0.3 1027 2.3 1657 0.3 2252 2.3	0548 0.3 1133 2.8 1815 0.2	0557 0.4 1206 3.4 1824 0.3	0102 1.8 0708 0.2 1322 1.9 1934 0.2	0233 1.6 0942 0.3 1457 1.7 2224 0.3	0018 4.1 0632 0.6 1239 4.3 1857 0.6	0136 5.2 0755 0.5 1357 5.4 2018 0.5	0536 1.2 1123 5.3 1805 1.1 2346 5.3	7 TU
0142 1.5 0736 -0.1 1406 1.6 2003 -0.1	0519 0.2 1113 2.4 1746 0.1 2339 2.4	0001 2.8 0637 0.1 1224 2.9 1903 0.0	0032 3.5 0647 0.2 1258 3.6 1913 0.1	0143 1.9 0739 0.3 1403 1.9 1946 0.2	0316 1.7 1054 0.3 1537 1.8 2327 0.3	0100 4.3 0713 0.5 1319 4.4 1937 0.5	0219 5.4 0839 0.5 1439 5.5 2102 0.5	0623 1.1 1203 5.5 1849 0.9	8 W
0229 1.5 0818 -0.1 1448 1.6 2046 -0.1	0604 0.1 1156 2.5 1831 0.0	0052 2.9 0724 -0.0 1312 3.0 1950 -0.1	0122 3.6 0733 0.1 1345 3.7 1958 0.0	0221 2.0 0802 0.3 1441 2.0 2003 0.2	0355 1.7 1208 0.3 1615 1.8	0138 4.5 0752 0.4 1357 4.5 2017 0.3	0300 5.6 0922 0.5 1520 5.7 2147 0.4	0025 5.5 0706 1.0 1240 5.6 1930 0.8	9 TH ○
0313 1.5 0900 -0.1 1528 1.6 2128 -0.2	0023 2.4 0648 0.0 1237 2.5 1915 -0.1	0140 3.0 0809 -0.1 1357 3.1 2035 -0.2	0208 3.7 0817 0.0 1427 3.8 2041 -0.0	0259 2.0 0824 0.3 1519 2.0 2030 0.1	0025 0.3 0433 1.8 1303 0.3 1652 1.8	0215 4.6 0832 0.4 1436 4.6 2059 0.2	0340 5.8 1006 0.4 1600 5.8 2233 0.4	0100 5.6 0746 0.9 1315 5.7 2011 0.7	10 F
0356 1.5 0940 -0.2 1609 1.6 2210 -0.2	0105 2.5 0731 -0.0 1317 2.6 1958 -0.1	0226 3.0 0852 -0.2 1441 3.1 2118 -0.3	0249 3.7 0859 -0.0 1506 3.9 2123 -0.1	0337 2.1 0851 0.4 1558 2.0 2103 0.1	0114 0.2 0513 1.9 1351 0.3 1731 1.8	0254 4.7 0915 0.3 1514 4.7 2143 0.1	0420 5.9 1051 0.4 1640 5.9 2319 0.3	0136 5.7 0826 0.8 1351 5.8 2050 0.7	11 SA
0440 1.5 1021 -0.2 1651 1.6 2252 -0.3	0145 2.5 0812 -0.1 1356 2.6 2039 -0.2	0309 3.0 0934 -0.2 1523 3.2 2200 -0.4	0329 3.7 0939 -0.1 1544 3.9 2204 -0.2	0417 2.1 0924 0.4 1638 1.9 2139 0.0	0159 0.2 0554 2.0 1436 0.3 1811 1.9	0333 4.8 0959 0.3 1554 4.7 2229 0.1	0500 6.0 1136 0.4 1720 5.9	0213 5.8 0905 0.8 1430 5.9 2130 0.6	12 SU
0525 1.4 1102 -0.2 1733 1.6 2333 -0.3	0224 2.5 0852 -0.1 1434 2.7 2119 -0.2	0351 3.0 1015 -0.3 1603 3.2 2242 -0.4	0407 3.7 1019 -0.1 1621 4.0 2245 -0.3	0458 2.1 1001 0.4 1718 1.9 2220 0.0	0239 0.2 0636 2.0 1516 0.3 1852 1.9	0414 4.7 1044 0.4 1635 4.6 2316 0.1	0004 0.2 0541 6.1 1220 0.4 1800 5.9	0254 5.9 0945 0.8 1512 6.0 2211 0.6	13 M
0609 1.4 1143 -0.2 1814 1.6	0303 2.5 0931 -0.1 1514 2.8 2200 -0.3	0430 3.1 1055 -0.3 1642 3.3 2321 -0.4	0445 3.7 1100 -0.1 1700 4.0 2325 -0.4	0542 2.1 1045 0.4 1802 1.8 2306 0.0	0315 0.1 0720 2.1 1554 0.3 1936 1.9	0457 4.7 1130 0.4 1718 4.5	0048 0.2 0623 6.1 1302 0.4 1844 5.9	0338 5.9 1027 0.8 1557 5.9 2254 0.6	14 TU
0017 -0.3 0651 1.4 1227 -0.2 1857 1.6	0342 2.5 1012 -0.2 1557 2.8 2243 -0.2	0510 3.1 1135 -0.3 1723 3.3	0525 3.7 1141 -0.3 1742 4.0	0630 2.0 1136 0.4 1851 1.8	0231 0.1 0806 2.1 1630 0.4 2023 2.0	0003 0.1 0545 4.6 1215 0.5 1808 4.4	0132 0.2 0709 5.9 1345 0.5 1931 5.8	0427 5.9 1112 0.9 1648 5.8 2344 0.8	15 W

** Time Zone -0100. For UT subtract 1 hour. For European summer time (shaded) 29/3-25/10 add 1 hour **

JULY 1998 TIDE TABLES

TIDETABLES

• • Time Zone -0100. For UT subtract 1 hour. For European summer time (shaded) 29/3-25/10 add 1 hour • •

	ESBJERG Time m	HELGOLAND Time m	CUXHAVEN Time m	BREMERHAVEN Time m	HOEK VAN HOLLAND Time m	ROTTERDAM Time m	VLISSINGEN Time m	ANTWERPEN Time m	DUNKERQUE Time m
16 TH	0102 -0.2 0735 1.3 1315 -0.2 1945 1.6	0427 2.5 1057 -0.2 1645 2.8 2330 -0.2	0003 -0.4 0551 3.1 1217 -0.3 1807 3.3	0008 -0.4 0608 3.7 1224 -0.3 1827 4.0	0000 0.0 0727 2.0 1509 0.3 1953 1.7	0226 0.0 0858 2.1 1551 0.3 2117 1.9	0051 0.2 0642 4.4 1306 0.6 1907 4.2	0218 0.3 0801 5.7 1433 0.7 2027 5.5	0521 5.7 1204 1.0 1745 5.6
17 F	0154 -0.2 0826 1.3 1409 -0.1 2042 1.6	0517 2.5 1146 -0.1 1741 2.7	0048 -0.4 0637 3.1 1304 -0.3 1858 3.3	0054 -0.4 0655 3.6 1313 -0.3 1918 3.9	0201 0.0 0839 1.9 1552 0.3 2107 1.7	0330 0.0 1000 2.0 1703 0.3 2224 1.9	0143 0.2 0751 4.3 1403 0.6 2016 4.2	0310 0.3 0906 5.5 1530 0.7 2136 5.4	0042 0.9 0623 5.5 1308 1.2 1851 5.4
18 SA	0253 -0.1 0927 1.4 1514 -0.1 2150 1.5	0024 -0.1 0613 2.5 1245 -0.1 1842 2.7	0138 -0.3 0729 3.0 1359 -0.2 1956 3.2	0145 -0.3 0748 3.6 1409 -0.2 2015 3.7	0254 0.0 0948 1.9 1551 0.3 2217 1.7	0439 0.0 1111 2.0 1830 0.3 2338 1.9	0246 0.3 0859 4.2 1513 0.7 2127 4.1	0412 0.4 1020 5.4 1637 0.8 2251 5.3	0150 1.1 0736 5.3 1421 1.3 2009 5.3
19 SU	0402 -0.1 1035 1.4 1628 -0.0 2303 1.5	0126 -0.1 0716 2.4 1353 -0.1 1949 2.6	0237 -0.2 0827 3.0 1506 -0.2 2058 3.1	0245 -0.2 0848 3.5 1516 -0.1 2118 3.7	0354 0.1 1054 1.9 1648 0.3 2324 1.8	0552 0.1 1219 1.9 1933 0.3	0402 0.4 1007 4.2 1635 0.7 2236 4.2	0522 0.5 1131 5.4 1754 0.8	0303 1.2 0853 5.3 1535 1.3 2123 5.4
20 M	0513 -0.0 1145 1.5 1743 -0.0	0233 -0.0 0821 2.5 1504 -0.1 2056 2.5	0347 -0.1 0929 3.0 1621 -0.2 2203 3.0	0352 -0.1 0952 3.5 1627 -0.1 2226 3.6	0458 0.1 1157 1.9 1902 0.3	0044 1.9 0731 0.1 1319 1.9 2033 0.3	0516 0.4 1112 4.3 1746 0.5 2339 4.3	0001 5.4 0639 0.5 1236 5.5 1915 0.6	0415 1.1 1000 5.4 1644 1.1 2225 5.5
21 TU	0018 1.6 0620 0.0 1254 1.6 1851 -0.1	0339 -0.0 0924 2.5 1612 -0.1 2200 2.5	0457 -0.1 1032 3.0 1731 -0.1 2308 3.0	0500 -0.1 1059 3.6 1733 -0.1 2333 3.6	0024 1.9 0556 0.2 1253 1.9 1825 0.3	0143 1.9 0820 0.2 1413 1.9 2129 0.3	0617 0.4 1212 4.4 1844 0.4	0103 5.5 0749 0.5 1333 5.6 2021 0.5	0518 1.0 1057 5.5 1744 0.9 2318 5.7
22 W	0130 1.6 0718 -0.0 1354 1.6 1949 -0.1	0440 -0.1 1022 2.5 1713 -0.1 2257 2.4	0600 -0.2 1132 3.0 1833 -0.3	0602 -0.1 1204 3.6 1833 -0.1	0118 2.0 0641 0.3 1345 1.9 1858 0.2	0235 2.0 0939 0.3 1500 1.9 2227 0.4	0035 4.5 0709 0.3 1303 4.5 1934 0.3	0158 5.6 0847 0.5 1426 5.7 2115 0.4	0614 0.9 1145 5.7 1836 0.7
23 TH ●	0231 1.6 0811 -0.0 1446 1.7 2042 -0.1	0536 -0.1 1115 2.5 1808 -0.2 2348 2.4	0009 2.9 0657 -0.2 1227 3.0 1929 -0.3	0037 3.6 0659 -0.0 1303 3.7 1929 -0.1	0208 2.0 0719 0.3 1435 1.9 1935 0.2	0322 2.0 1037 0.5 1543 1.9 2054 0.2	0125 4.6 0754 0.4 1351 4.6 2021 0.2	0249 5.7 0936 0.5 1513 5.7 2202 0.3	0006 5.8 0702 0.9 1230 5.7 1924 0.6
24 F	0322 1.6 0857 -0.0 1531 1.7 2128 -0.1	0626 -0.0 1202 2.5 1857 -0.1	0106 2.8 0749 -0.1 1318 2.9 2020 -0.2	0134 3.6 0751 0.0 1355 3.7 2019 -0.0	0254 2.1 0758 0.4 1521 1.9 2014 0.1	0406 2.0 0910 0.4 1624 1.9 2133 0.2	0212 4.7 0836 0.4 1435 4.6 2104 0.1	0335 5.8 1019 0.5 1557 5.7 2244 0.2	0050 5.8 0746 0.9 1311 5.7 2008 0.6
25 SA	0406 1.5 0940 -0.0 1611 1.7 2211 -0.1	0033 2.3 0710 0.0 1243 2.5 1941 -0.1	0154 2.7 0836 -0.1 1402 2.9 2105 -0.2	0224 3.5 0838 0.1 1440 3.7 2106 0.1	0339 2.1 0839 0.4 1606 1.9 2055 0.1	0448 2.0 0951 0.4 1704 1.9 2218 0.2	0254 4.7 0915 0.4 1516 4.6 2145 0.1	0418 5.9 1058 0.5 1639 5.7 2323 0.1	0133 5.8 0827 0.9 1351 5.8 2050 0.6
26 SU	0445 1.5 1020 -0.0 1648 1.7 2251 -0.1	0113 2.3 0750 0.0 1321 2.5 2020 -0.0	0236 2.7 0918 -0.0 1439 2.9 2145 -0.1	0306 3.5 0921 0.3 1518 3.7 2147 0.2	0420 2.1 0923 0.4 1647 1.9 2137 0.0	0530 2.0 1035 0.4 1745 1.9 2307 0.2	0336 4.7 0953 0.5 1557 4.6 2224 0.1	0500 5.9 1134 0.4 1721 5.8	0215 5.8 0906 1.0 1433 5.8 2130 0.7
27 M	0521 1.5 1057 0.0 1723 1.7 2329 -0.1	0149 2.2 0826 0.1 1357 2.5 2054 0.0	0312 2.7 0954 0.0 1511 2.9 2221 0.0	0341 3.4 0959 0.4 1550 3.6 2224 0.3	0500 2.1 1009 0.4 1726 1.9 2221 0.0	0611 1.9 1122 0.5 1824 1.9	0416 4.6 1030 0.6 1635 4.5 2302 0.2	0000 0.1 0540 6.0 1209 0.4 1800 5.7	0256 5.7 0942 1.0 1513 5.7 2208 0.8
28 TU	0552 1.4 1133 0.0 1757 1.7	0224 2.2 0857 0.1 1433 2.5 2125 0.1	0344 2.7 1025 0.1 1542 2.9 2251 0.1	0411 3.3 1032 0.4 1619 3.6 2256 0.4	0538 2.0 1100 0.4 1803 1.9 2307 0.0	0000 0.2 0651 1.9 1105 0.6 1212 1.9 2338 0.3	0454 4.5 1105 0.6 1712 4.4	0034 0.0 0619 5.9 1242 0.4 1838 5.6	0336 5.7 1018 1.1 1554 5.7 2245 0.9
29 W	0005 -0.0 0621 1.4 1209 0.0 1828 1.6	0258 2.2 0927 0.1 1509 2.4 2156 0.2	0416 2.7 1051 0.1 1618 2.9 2317 0.2	0439 3.3 1102 0.4 1650 3.6 2325 0.4	0617 2.0 1102 0.4 1839 1.8 2357 0.0	0058 0.2 0730 1.9 1339 0.4 1304 0.5 1940 1.8	0532 4.4 1139 0.7 1749 4.3	0108 0.1 0658 5.7 1315 0.5 1916 5.4	0417 5.6 1054 1.2 1635 5.6 2322 1.0
30 TH	0039 0.0 0648 1.4 1245 -0.0 1902 1.6	0335 2.2 1000 0.2 1550 2.4 2229 0.3	0452 2.6 1118 0.2 1700 2.8 2345 0.3	0511 3.3 1130 0.4 1726 3.5 2354 0.5	0658 1.9 1415 0.3 1919 1.8	0203 0.2 0809 1.8 1427 0.5 2020 1.7	0011 0.4 0610 4.2 1215 0.8 1828 4.1	0141 0.4 0738 5.4 1349 0.7 1957 5.2	0459 5.4 1131 1.3 1718 5.4
31 F	0115 0.0 0723 1.4 1323 -0.0 1942 1.5	0418 2.1 1039 0.2 1637 2.3 2310 0.4	0535 2.6 1154 0.3 1751 2.8	0549 3.2 1203 0.5 1810 3.3	0052 0.1 0745 1.8 1459 0.4 2008 1.7	0310 0.3 0851 1.7 1555 0.6 2105 1.6	0046 0.5 0653 4.1 1256 0.9 1915 3.9	0215 0.3 0822 5.2 1426 0.8 2045 4.9	0003 1.3 0542 5.2 1217 1.5 1805 5.1

PAGE 116

TIDETABLES

DENMARK, GERMANY, HOLLAND & BELGIUM Time Zone -0100
Esbjerg * Helgoland * Cuxhaven * Bremerhaven * Hoek van Holland * Rotterdam * Vlissingen * Antwerpen * Dunkerque

TIDE TABLES   AUGUST 1998

ESBJERG	HELGOLAND	CUXHAVEN	BREMERHAVEN	HOEK VAN HOLLAND	ROTTERDAM	VLISSINGEN	ANTWERPEN	DUNKERQUE		
Time m	Time m	Time m	Time m	Time m	Time m	Time m	Time m	Time m		
0155 0.1 0809 1.4 1409 0.1 2033 1.5	0509 2.0 1127 0.5 1736 2.1	0021 0.4 0627 2.5 1238 0.4 1850 2.5	0030 0.5 0638 3.1 1246 0.6 1906 3.2	0147 0.1 0840 1.8 1550 0.3 2109 1.6	0421 0.3 0945 1.6 1715 0.5 2209 1.5	0132 0.7 0745 3.9 1356 1.0 2014 3.7	0254 0.6 0913 4.9 1511 1.0 2141 4.7	0052 1.5 0633 4.9 1314 1.7 1903 4.9	1	SA
0246 0.1 0911 1.3 1508 0.2 2142 1.4	0006 0.5 0614 2.0 1233 0.6 1849 2.0	0109 0.5 0729 2.4 1336 0.6 2000 2.4	0116 0.6 0740 3.0 1343 0.7 2016 3.0	0247 0.2 0942 1.7 1644 0.3 2218 1.6	0539 0.4 1117 1.5 1830 0.5 2351 1.4	0251 0.8 0849 3.7 1528 1.0 2126 3.6	0348 0.8 1011 4.7 1613 1.2 2242 4.6	0151 1.6 0736 4.7 1418 1.8 2017 4.8	2	SU
0352 0.2 1030 1.4 1625 0.2 2303 1.4	0119 0.6 0730 2.0 1400 0.6 2009 2.0	0215 0.6 0839 2.4 1459 0.6 2115 2.4	0225 0.8 0855 3.0 1514 0.8 2136 3.0	0505 0.2 1054 1.7 1738 0.3 2332 1.6	0656 0.4 1236 1.5 1938 0.4	0403 0.8 1008 3.7 1636 1.0 2246 3.7	0512 0.9 1115 4.7 1742 1.1 2351 4.7	0254 1.7 0851 4.7 1524 1.7 2132 4.8	3	M
0506 0.1 1145 1.5 1742 0.1	0243 0.5 0845 2.1 1522 0.5 2123 2.1	0350 0.6 0951 2.5 1636 0.5 2227 2.5	0406 0.7 1017 3.1 1649 0.6 2255 3.2	0602 0.2 1203 1.7 1827 0.3	0103 1.5 0805 0.4 1339 1.6 2041 0.4	0505 0.8 1118 3.9 1736 0.8 2347 4.0	0617 0.9 1224 4.8 1843 0.9	0357 1.6 0959 4.9 1629 1.5 2231 5.1	4	TU
0014 1.5 0611 0.1 1245 1.5 1845 0.0	0353 0.4 0949 2.2 1627 0.2 2223 2.2	0509 0.4 1056 2.7 1742 0.2 2330 2.7	0521 0.5 1130 3.3 1754 0.4	0030 1.7 0654 0.3 1256 1.8 1857 0.7	0201 1.6 0911 0.4 1430 1.7 2142 0.3	0600 0.7 1212 4.1 1829 0.6	0057 4.9 0711 0.8 1323 5.1 1938 0.7	0457 1.4 1052 5.1 1727 1.3 2320 5.3	5	W
0115 1.5 0706 0.0 1338 1.6 1937 -0.1	0449 0.2 1042 2.4 1720 0.0 2314 2.4	0606 0.1 1152 2.9 1837 -0.1	0002 3.4 0619 0.3 1230 3.5 1847 0.1	0118 1.9 0724 0.3 1341 1.9 1912 0.2	0251 1.7 1024 0.3 1515 1.8 2248 0.3	0035 4.3 0648 0.6 1257 4.3 1914 0.5	0150 5.1 0803 0.7 1413 5.4 2032 0.6	0551 1.2 1137 5.4 1819 1.0	6	TH
0207 1.5 0754 -0.1 1425 1.6 2024 -0.1	0539 0.0 1129 2.5 1809 -0.1	0025 2.9 0658 -0.1 1243 3.0 1927 -0.3	0057 3.6 0709 0.1 1320 3.7 1935 -0.0	0159 2.0 0740 0.3 1421 1.9 1935 0.2	0333 1.8 1143 0.3 1554 1.8 2354 0.3	0117 4.5 0730 0.5 1337 4.5 1957 0.3	0236 5.7 0855 0.5 1458 5.7 2125 0.4	0002 5.5 0639 1.0 1217 5.6 1905 0.8	7	F
0255 1.5 0838 -0.1 1509 1.6 2109 -0.1	0000 2.5 0627 -0.1 1213 2.6 1854 -0.3	0116 3.0 0747 -0.3 1333 3.2 2015 -0.3	0145 3.7 0754 -0.1 1404 3.9 2021 -0.2	0239 2.1 0759 0.3 1500 2.0 2004 0.1	0414 2.0 1242 0.3 1633 1.9 2359 0.4	0156 4.7 0813 0.4 1417 4.7 2041 0.1	0320 6.0 0946 0.4 1542 6.0 2216 0.2	0040 5.7 0724 0.9 1254 5.8 1948 0.6	8	SA ○
0340 1.5 0921 -0.1 1553 1.7 2152 -0.2	0044 2.5 0711 -0.2 1255 2.7 1938 -0.4	0204 3.1 0833 -0.4 1419 3.3 2100 -0.6	0228 3.8 0839 -0.2 1445 4.0 2103 -0.3	0318 2.2 0825 0.3 1540 2.0 2037 0.0	0455 2.1 1330 0.3 1713 2.0 2308 0.3	0236 4.8 0857 0.3 1456 4.8 2127 -0.0	0402 6.2 1036 0.3 1623 6.1 2305 0.1	0117 5.9 0806 0.7 1332 6.0 2030 0.5	9	SU
0426 1.5 1003 -0.2 1637 1.7 2235 -0.3	0125 2.6 0754 -0.3 1336 2.8 2020 -0.4	0250 3.1 0916 -0.5 1503 3.3 2142 -0.6	0309 3.9 0921 -0.3 1524 4.1 2145 -0.4	0400 2.2 0858 0.3 1621 2.0 2115 -0.0	0536 2.1 1106 0.5 1754 2.0 2353 0.2	0315 4.9 0942 0.2 1536 4.8 2212 -0.1	0443 6.3 1123 0.3 1703 6.2 2352 0.0	0156 6.1 0847 0.7 1412 6.1 2112 0.4	10	M
0512 1.5 1045 -0.2 1721 1.8 2317 -0.3	0205 2.6 0834 -0.3 1416 2.8 2101 -0.5	0332 3.2 0958 -0.5 1545 3.4 2224 -0.7	0348 3.9 1001 -0.4 1603 4.2 2226 -0.5	0442 2.2 0936 0.4 1701 2.0 2155 -0.0	0619 2.2 1455 0.2 1835 2.1 2259 -0.1	0357 4.9 1027 0.3 1616 4.8 2259 -0.1	0524 6.3 1208 0.3 1743 6.2	0237 6.2 0928 0.6 1453 6.2 2154 0.3	11	TU
0554 1.5 1127 -0.2 1802 1.7 2359 -0.2	0244 2.6 0914 -0.4 1456 2.9 2141 -0.4	0412 3.2 1039 -0.6 1626 3.4 2303 -0.6	0426 3.9 1042 -0.5 1643 4.2 2306 -0.6	0524 2.2 1018 0.4 1744 1.9 2241 0.1	0258 0.1 0702 2.2 1533 0.3 1918 2.1	0439 4.8 1112 0.3 1659 4.7 2344 0.0	0037 0.0 0606 6.2 1251 0.4 1825 6.0	0321 6.2 1009 0.6 1537 6.2 2238 0.4	12	W
0633 1.4 1209 -0.1 1842 1.6	0322 2.6 0954 -0.4 1538 2.9 2221 -0.4	0451 3.2 1118 -0.6 1706 3.4 2343 -0.6	0506 3.9 1122 -0.6 1724 4.2 2348 -0.6	0610 2.1 1106 0.4 1830 1.9 2333 0.0	0330 0.1 0746 2.2 1606 0.3 2002 2.1	0525 4.7 1157 0.4 1745 4.6	0121 0.2 0650 6.0 1333 0.6 1910 5.8	0407 6.1 1054 0.8 1625 6.1 2326 0.6	13	TH
0042 -0.2 0711 1.3 1255 -0.2 1926 1.6	0403 2.6 1036 -0.3 1624 2.8 2305 -0.3	0530 3.2 1158 -0.5 1748 3.4	0546 3.8 1204 -0.5 1807 4.1	0703 2.0 1208 0.4 1925 1.9	0227 0.1 0833 2.2 1524 0.3 2051 2.1	0029 0.1 0618 4.5 1243 0.5 1840 4.4	0204 0.3 0739 5.7 1418 0.7 2002 5.5	0458 5.9 1143 1.0 1718 5.8	14	F
0130 -0.1 0757 1.4 1347 -0.1 2021 1.6	0450 2.5 1123 -0.2 1717 2.7 2354 -0.1	0024 -0.5 0613 3.1 1242 -0.4 1836 3.2	0030 -0.5 0630 3.8 1250 -0.4 1856 3.9	0053 0.1 0810 1.9 1442 0.4 2039 1.8	0321 0.1 0927 2.1 1553 0.6 2151 2.0	0118 0.3 0723 4.3 1337 0.6 1949 4.2	0251 0.5 0839 5.4 1509 0.8 2108 5.3	0021 0.9 0557 5.5 1243 1.2 1823 5.5	15	SA

● ● Time Zone -0100. For UT subtract 1 hour. For European summer time (shaded) 29/3-25/10 add 1 hour ● ●

PAGE 117

AUGUST 1998 TIDE TABLES

Time Zone -0100. For UT subtract 1 hour. For European summer time (shaded) 29/3-25/10 add 1 hour

	ESBJERG	HELGOLAND	CUXHAVEN	BREMERHAVEN	HOEK VAN HOLLAND	ROTTERDAM	VLISSINGEN	ANTWERPEN	DUNKERQUE
	Time m	Time m	Time m	Time m	Time m	Time m	Time m	Time m	Time m
16 SU	0225 -0.0 0855 1.4 1450 -0.0 2129 1.5	0544 2.5 1218 -0.1 1817 2.5	0110 -0.3 0702 3.0 1332 -0.2 1930 3.1	0118 -0.3 0721 3.7 1342 -0.2 1951 3.7	0238 0.1 0921 1.8 1519 0.3 2152 1.8	0423 0.1 1035 1.9 1654 0.3 2304 1.9	0218 0.4 0833 4.1 1445 0.7 2102 4.1	0345 0.6 0952 5.2 1610 0.9 2224 5.1	0127 1.2 0711 5.2 1355 1.4 1945 5.3
17 M	0333 0.1 1006 1.4 1607 0.0 2248 1.5	0054 0.0 0645 2.4 1326 -0.0 1924 2.4	0204 -0.1 0758 2.9 1437 -0.1 2033 2.9	0215 -0.1 0818 3.5 1448 0.0 2054 3.5	0340 0.1 1031 1.8 1621 0.3 2305 1.8	0530 0.2 1149 1.8 1759 0.3	0336 0.6 0944 4.0 1613 0.7 2218 4.1	0452 0.8 1107 5.1 1728 0.9 2339 5.2	0242 1.3 0836 5.0 1512 1.4 2109 5.2
18 TU	0451 0.1 1123 1.5 1729 0.0	0203 0.1 0754 2.4 1443 0.0 2037 2.3	0315 0.0 0901 2.9 1558 -0.0 2141 2.8	0324 0.1 0924 3.4 1605 0.1 2204 3.4	0454 0.2 1139 1.7 1834 0.3	0018 1.9 0646 0.2 1256 1.8 1856 0.3	0458 0.6 1057 4.0 1731 0.6 2328 4.2	0614 0.8 1216 5.2 1857 0.8	0358 1.4 0949 5.1 1627 1.3 2217 5.4
19 W	0010 1.5 0603 0.1 1238 1.6 1840 -0.0	0317 0.1 0903 2.4 1557 -0.0 2147 2.3	0433 0.1 1008 2.8 1715 -0.1 2251 2.7	0439 0.2 1037 3.4 1716 0.1 2318 3.4	0010 1.9 0718 0.3 1241 1.8 1938 0.2	0123 1.9 0848 0.3 1354 1.8 1933 0.3	0603 0.6 1201 4.2 1832 0.4	0047 5.3 0731 0.7 1318 5.4 2005 0.5	0506 1.3 1048 5.3 1731 1.0 2312 5.6
20 TH	0124 1.5 0705 0.1 1342 1.7 1939 -0.1	0424 0.1 1007 2.4 1701 -0.1 2248 2.3	0542 0.0 1113 2.9 1819 -0.2 2357 2.7	0545 0.2 1150 3.5 1818 0.1	0107 1.9 0941 0.3 1336 1.8 1851 0.2	0220 1.9 0900 0.4 1445 1.8 2206 0.4	0027 4.4 0656 0.5 1255 4.3 1923 0.3	0146 5.5 0831 0.6 1412 5.5 2100 0.3	0603 1.1 1137 5.5 1824 0.8 2359 5.7
21 F	0224 1.6 0757 0.1 1434 1.7 2030 -0.1	0521 0.0 1103 2.4 1755 -0.1 2339 2.3	0641 -0.0 1213 2.9 1915 -0.2	0027 3.4 0642 0.1 1253 3.6 1913 0.1	0157 2.0 0716 0.4 1424 1.9 1923 0.2	0309 1.9 0820 0.5 1530 1.8 2036 0.3	0117 4.5 0740 0.5 1339 4.5 2006 0.2	0237 5.7 0920 0.5 1500 5.6 2145 0.2	0651 1.0 1218 5.7 1911 0.7
22 SA ●	0310 1.5 0842 0.0 1516 1.7 2113 -0.1	0611 0.0 1150 2.4 1842 -0.1	0055 2.7 0733 -0.1 1306 2.9 2003 -0.3	0124 3.5 0734 0.2 1345 3.6 2003 0.1	0241 2.1 0748 0.4 1507 1.9 1958 0.1	0352 2.0 0851 0.5 1609 1.8 2114 0.3	0159 4.6 0819 0.5 1419 4.6 2045 0.1	0322 5.8 1001 0.5 1542 5.7 2225 0.2	0039 5.8 0732 1.0 1256 5.8 1952 0.6
23 SU	0349 1.5 0923 0.0 1552 1.7 2152 -0.0	0021 2.2 0654 0.0 1230 2.4 1924 -0.1	0143 2.7 0818 -0.1 1350 2.9 2047 -0.1	0211 3.5 0821 0.2 1427 3.7 2047 0.2	0321 2.1 0824 0.4 1546 2.0 2036 0.1	0432 2.0 0928 0.5 1647 1.9 2155 0.2	0238 4.7 0855 0.5 1456 4.6 2123 0.1	0402 5.9 1038 0.5 1621 5.8 2301 0.1	0117 5.9 0810 1.0 1332 5.9 2031 0.6
24 M	0421 1.5 1000 -0.0 1625 1.7 2228 -0.0	0058 2.2 0733 0.0 1305 2.4 2000 -0.0	0222 2.7 0859 -0.0 1426 2.9 2125 -0.1	0250 3.4 0902 0.3 1502 3.6 2126 0.3	0358 2.1 0903 0.4 2114 0.0	0511 2.0 1248 0.7 1725 1.9 2241 0.3	0314 4.7 0930 0.5 1532 4.7 2158 0.2	0439 6.0 1112 0.4 1657 5.8 2336 0.0	0154 5.9 0845 1.0 1409 5.9 2107 0.6
25 TU	0451 1.5 1034 -0.0 1657 1.7 2302 -0.0	0130 2.2 0806 0.1 1337 2.4 2031 0.1	0255 2.7 0934 0.0 1457 2.9 2158 0.0	0321 3.4 0938 0.4 1531 3.6 2200 0.4	0433 2.1 0943 0.4 1655 2.0 2153 0.1	0549 1.9 1346 0.7 1803 1.9 2330 0.3	0349 4.7 1004 0.5 1606 4.6 2233 0.2	0515 6.0 1145 0.4 1733 5.8	0231 5.9 0919 1.0 1445 5.9 2142 0.7
26 W	0519 1.5 1107 -0.0 1728 1.7 2333 0.0	0201 2.3 0836 0.1 1409 2.4 2059 0.1	0325 2.7 1005 0.1 1526 2.9 2226 0.1	0348 3.3 1009 0.4 1558 3.6 2230 0.4	0507 2.1 1025 0.4 1725 1.9 2233 0.1	0626 1.9 1140 0.5 1839 1.9	0422 4.6 1036 0.6 1638 4.5 2302 0.3	0008 0.0 0551 6.0 1215 0.4 1807 5.7	0308 5.8 0951 1.0 1522 5.9 2213 0.8
27 TH	0544 1.5 1138 -0.0 1756 1.6	0232 2.3 0905 0.2 1442 2.4 2126 0.2	0354 2.7 1031 0.1 1557 2.8 2250 0.2	0415 3.3 1038 0.4 1627 3.6 2257 0.5	0539 2.0 1109 0.4 1754 1.9 2317 0.1	0024 0.3 0701 1.9 1222 0.5 1914 1.9	0454 4.5 1106 0.6 1709 4.4 2328 0.4	0038 0.1 0624 5.8 1245 0.5 1841 5.6	0344 5.7 1020 1.1 1558 5.8 2245 1.0
28 F	0003 0.0 0609 1.5 1209 0.0 1825 1.6	0304 2.3 0935 0.2 1518 2.4 2155 0.3	0425 2.7 1058 0.2 1632 2.8 2316 0.3	0443 3.3 1105 0.4 1700 3.5 2324 0.4	0612 2.0 1202 0.4 1824 1.9	0155 0.3 0736 1.8 1411 0.7 1950 1.8	0527 4.4 1136 0.7 1742 4.3 2357 0.5	0106 0.2 0700 5.6 1315 0.6 1916 5.3	0420 5.6 1051 1.3 1634 5.6 2319 1.2
29 SA	0033 0.1 0639 1.4 1244 0.0 1858 1.5	0340 2.2 1009 0.3 1559 2.3 2231 0.4	0501 2.6 1129 0.3 1715 2.7 2348 0.3	0518 3.3 1136 0.4 1739 3.4 2357 0.5	0008 0.1 0647 1.9 1254 0.5 1901 1.8	0203 0.4 0813 1.8 1433 0.5 2029 1.8	0602 4.2 1211 0.8 1821 4.1	0136 0.4 0736 5.3 1349 0.7 1954 5.1	0457 5.3 1128 1.4 1714 5.4
30 SU	0107 0.1 0718 1.4 1324 0.1 1942 1.5	0424 2.2 1051 0.4 1650 2.1 2317 0.5	0545 2.5 1209 0.4 1809 2.5	0602 3.2 1215 0.5 1830 3.2	0106 0.1 0730 1.8 1343 0.3 1951 1.7	0230 0.4 0854 1.7 1634 0.5 2115 1.6	0036 4.0 0645 0.9 1254 0.9 1910 3.9	0212 0.6 0818 5.0 1428 0.9 2042 4.8	0003 1.4 0539 5.1 1217 1.6 1803 5.1
31 M	0150 0.1 0811 1.4 1415 0.2 2045 1.4	0521 2.1 1148 0.6 1759 1.9	0030 0.5 0642 2.4 1258 0.5 1916 2.4	0039 0.6 0657 3.1 1303 0.6 1933 3.1	0203 0.2 0837 1.7 1438 0.5 2119 1.6	0503 0.5 0950 1.5 1743 0.5 2227 1.5	0126 0.8 0746 3.8 1354 1.0 2025 3.7	0255 0.9 0911 4.6 1515 1.1 2142 4.6	0059 1.6 0633 4.8 1323 1.8 1911 4.8

PAGE 118

TIDE TABLES

DENMARK, GERMANY, HOLLAND & BELGIUM   Time Zone -0100
Esbjerg * Helgoland * Cuxhaven * Bremerhaven * Hoek van Holland * Rotterdam * Vlissingen * Antwerpen * Dunkerque

TIDE TABLES SEPTEMBER 1998

ESBJERG	HELGOLAND	CUXHAVEN	BREMERHAVEN	HOEK VAN HOLLAND	ROTTERDAM	VLISSINGEN	ANTWERPEN	DUNKERQUE	
Time m	Time m	Time m	Time m	Time m	Time m	Time m	Time m	Time m	
0248 0.2 0924 1.4 1525 0.2 2209 1.4	0021 0.6 0636 2.0 1306 0.6 1923 2.0	0125 0.6 0752 2.4 1405 0.6 2032 2.3	0133 0.7 0808 3.0 1412 0.8 2051 3.0	0307 0.3 1002 1.6 1703 0.3 2245 1.6	0618 0.5 1140 1.4 1853 0.5	0248 1.0 0908 3.6 1543 1.1 2154 3.7	0351 1.1 1016 4.6 1621 1.2 2254 4.6	0206 1.8 0749 4.6 1436 1.8 2040 4.8	**1 TU**
0406 0.2 1053 1.4 1655 0.2 2336 1.4	0148 0.6 0757 2.1 1439 0.5 2044 2.1	0243 0.7 0906 2.5 1544 0.5 2148 2.5	0300 0.8 0931 3.1 1603 0.8 2215 3.1	0537 0.3 1124 1.6 1751 0.3 2358 1.7	0019 1.5 0731 0.4 1302 1.5 1958 0.4	0426 1.0 1036 3.7 1659 0.9 2313 3.9	0515 1.2 1131 4.6 1753 1.1	0315 1.8 0915 4.7 1547 1.7 2155 5.0	**2 W**
0528 0.2 1207 1.5 1811 0.1	0313 0.5 0909 2.2 1554 0.5 2151 2.2	0424 0.5 1015 2.7 1709 0.3 2255 2.7	0442 0.7 1051 3.3 1721 0.5 2328 3.3	0636 0.3 1228 1.7 1821 0.3	0129 1.6 0842 0.4 1401 1.7 2102 0.4	0530 0.8 1143 4.0 1800 0.7	0014 4.8 0628 1.0 1248 5.0 1901 0.9	0421 1.6 1020 5.0 1651 1.4 2250 5.3	**3 TH**
0045 1.5 0633 0.1 1306 1.6 1910 -0.1	0418 0.3 1008 2.4 1651 0.0 2245 2.4	0535 0.2 1116 2.9 1809 -0.1 2354 2.9	0547 0.4 1156 3.5 1818 0.2	0052 1.9 0909 0.2 1317 1.8 1839 0.2	0223 1.8 0957 0.4 1449 1.8 2206 0.3	0009 4.2 0623 0.6 1232 4.3 1851 0.4	0121 5.3 0730 0.8 1346 5.4 2005 0.6	0521 1.3 1109 5.4 1748 1.0 2335 5.7	**4 F**
0143 1.5 0727 -0.0 1359 1.7 2000 -0.1	0512 0.0 1058 2.6 1742 -0.2 2333 2.6	0631 -0.1 1212 3.2 1901 -0.3	0027 3.6 0640 0.1 1249 3.8 1909 -0.1	0136 2.1 0715 0.4 1359 1.9 1905 0.1	0309 2.0 1115 0.3 1531 1.9 2317 0.3	0054 4.6 0709 0.5 1315 4.5 1937 0.2	0212 5.8 0830 0.6 1434 5.8 2105 0.4	0613 1.0 1151 5.7 1839 0.7	**5 SA**
0235 1.5 0815 -0.1 1446 1.7 2046 -0.2	0601 -0.2 1145 2.8 1829 -0.4	0048 3.1 0722 -0.3 1304 3.3 1951 -0.6	0117 3.8 0729 -0.1 1336 4.0 1955 -0.3	0217 2.2 0730 0.4 1439 2.0 1936 0.0	0351 2.1 1215 0.3 1612 2.0 2222 0.3	0134 4.8 0754 0.3 1354 4.7 2022 0.1	0257 6.2 0927 0.4 1518 6.2 2158 0.1	0015 6.0 0700 0.8 1230 6.0 1924 0.4	**6 SU** ○
0322 1.5 0859 -0.1 1533 1.7 2130 -0.2	0018 2.7 0647 -0.3 1229 2.9 1914 -0.5	0138 3.3 0809 -0.5 1353 3.5 2036 -0.7	0202 3.9 0814 -0.3 1418 4.2 2039 -0.5	0257 2.3 0758 0.3 1518 2.1 2012 -0.0	0433 2.3 0952 0.4 1651 2.1 2314 0.2	0214 5.0 0838 0.2 1433 4.9 2107 -0.1	0340 6.5 1018 0.2 1600 6.4 2247 -0.1	0055 6.2 0744 0.6 1309 6.2 2009 0.3	**7 M**
0408 1.5 0942 -0.2 1618 1.7 2213 -0.2	0100 2.7 0730 -0.4 1312 2.9 1957 -0.5	0224 3.3 0854 -0.6 1439 3.5 2120 -0.7	0243 4.0 0857 -0.4 1500 4.3 2122 -0.6	0339 2.3 0832 0.3 1559 2.1 2050 -0.1	0515 2.3 1036 0.4 1732 2.2 2355 0.2	0254 5.1 0923 0.2 1513 5.0 2152 -0.1	0422 6.6 1106 0.2 1641 6.4 2334 -0.1	0135 6.4 0827 0.5 1349 6.4 2051 0.2	**8 TU**
0452 1.5 1025 -0.2 1703 1.8 2255 -0.2	0140 2.7 0812 -0.4 1353 3.0 2037 -0.5	0308 3.3 0936 -0.6 1523 3.5 2201 -0.7	0324 4.0 0939 -0.5 1540 4.3 2203 -0.6	0421 2.3 0910 0.4 1639 2.1 2131 -0.0	0557 2.3 1127 0.4 1430 0.2 1814 2.3	0335 5.1 1008 0.2 1554 4.9 2237 -0.1	0503 6.6 1151 0.2 1721 6.4	0216 6.4 0909 0.5 1431 6.4 2135 0.2	**9 W**
0533 1.5 1107 -0.2 1745 1.7 2336 -0.2	0219 2.7 0852 -0.4 1434 3.0 2117 -0.4	0348 3.3 1018 -0.6 1604 3.5 2241 -0.6	0403 4.1 1021 -0.6 1621 4.3 2244 -0.6	0503 2.2 0953 0.4 1721 2.1 2217 0.0	0029 0.2 0639 2.3 1052 0.3 1856 2.3	0418 5.0 1052 0.3 1636 4.9 2321 0.0	0019 -0.0 0545 6.4 1234 0.4 1803 6.2	0300 6.4 0951 0.5 1515 6.4 2219 0.3	**10 TH**
0609 1.5 1150 -0.2 1824 1.7	0257 2.7 0933 -0.4 1516 2.9 2157 -0.3	0427 3.3 1057 -0.6 1644 3.5 2320 -0.5	0442 4.0 1101 -0.6 1703 4.3 2324 -0.6	0548 2.1 1041 0.4 1806 2.0 2309 0.1	0313 0.1 0722 2.3 1538 0.3 1939 2.3	0502 4.8 1135 0.4 1722 4.7	0102 0.2 0628 6.0 1316 0.6 1848 5.9	0345 6.2 1035 0.7 1602 6.2 2306 0.6	**11 F**
0018 -0.1 0642 1.5 1235 -0.1 1907 1.6	0338 2.7 1014 -0.3 1601 2.8 2238 -0.1	0505 3.3 1136 -0.5 1726 3.4 2358 -0.3	0523 4.0 1142 -0.5 1745 4.1	0637 2.0 1138 0.4 1900 2.0	0333 0.1 0806 2.2 1430 0.3 2026 2.2	0003 0.2 0553 4.5 1219 0.5 1815 4.5	0143 0.4 0716 5.6 1358 0.8 1938 5.5	0435 5.9 1124 0.9 1654 5.9	**12 SA**
0104 0.0 0724 1.5 1327 -0.1 2001 1.6	0422 2.6 1059 -0.2 1651 2.6 2324 0.0	0545 3.2 1218 -0.3 1811 3.2	0006 -0.4 0606 3.9 1227 -0.3 1833 3.9	0023 0.2 0742 1.9 1403 0.3 2014 1.9	0309 0.2 0856 2.0 1520 0.3 2120 2.1	0050 0.4 0655 4.3 1312 0.6 1925 4.3	0226 0.7 0812 5.3 1445 0.9 2039 5.2	0000 0.9 0533 5.5 1221 1.2 1758 5.5	**13 SU**
0158 0.1 0824 1.5 1429 0.0 2112 1.5	0513 2.5 1152 -0.0 1751 2.4	0040 -0.1 0632 3.1 1306 -0.1 1903 3.0	0051 -0.1 0654 3.7 1318 -0.0 1925 3.6	0218 0.2 0857 1.8 1405 0.3 2130 1.9	0400 0.2 0957 1.8 1616 0.3 2232 1.9	0148 0.6 0807 4.0 1421 0.8 2041 4.1	0315 0.9 0922 5.0 1542 1.0 2156 5.0	0105 1.3 0648 5.0 1331 1.6 1925 5.2	**14 M**
0306 0.2 0939 1.5 1550 0.1 2236 1.5	0020 0.2 0615 2.4 1301 0.1 1900 2.2	0130 0.1 0727 2.9 1410 0.1 2006 2.7	0145 0.2 0749 3.6 1424 0.2 2028 3.4	0321 0.3 1009 1.7 1555 0.3 2247 1.8	0500 0.3 1118 1.7 1716 0.3 2354 1.8	0312 0.8 0922 3.9 1554 0.8 2200 4.0	0417 1.0 1039 4.9 1657 1.0 2315 5.0	0221 1.5 0821 4.9 1451 1.6 2056 5.1	**15 TU**

•• Time Zone -0100. For UT subtract 1 hour. For European summer time (shaded) 29/3-25/10 add 1 hour ••

PAGE 119

SEPTEMBER 1998 TIDE TABLES

Time Zone -0100. For UT subtract 1 hour. For European summer time (shaded) 29/3-25/10 add 1 hour

	ESBJERG	HELGOLAND	CUXHAVEN	BREMERHAVEN	HOEK VAN HOLLAND	ROTTERDAM	VLISSINGEN	ANTWERPEN	DUNKERQUE
	Time m	Time m	Time m	Time m	Time m	Time m	Time m	Time m	Time m
16 W	0427 0.2 1102 1.6 1715 0.1	0133 0.4 0725 2.3 1424 0.2 2017 2.2	0242 0.3 0831 2.8 1538 0.2 2117 2.6	0257 0.5 0857 3.4 1545 0.4 2142 3.2	0444 0.4 1123 1.7 1709 0.3 2357 1.9	0606 0.4 1232 1.7 1817 0.3	0441 0.9 1040 3.9 1716 0.7 2315 4.1	0539 1.1 1153 5.0 1834 0.9	0341 1.6 0937 5.0 1610 1.4 2206 5.3
17 TH	0002 1.5 0545 0.2 1221 1.7 1827 0.0	0254 0.4 0841 2.3 1542 0.1 2133 2.2	0411 0.4 0942 2.8 1658 0.1 2233 2.6	0417 0.5 1014 3.4 1658 0.3 2301 3.2	0831 0.3 1227 1.7 2045 0.2	0103 1.9 0824 0.5 1336 1.7 1910 0.3	0549 0.8 1148 4.1 1818 0.5	0027 5.2 0709 0.9 1257 5.2 1945 0.5	0454 1.4 1036 5.2 1718 1.2 2300 5.6
18 F	0115 1.6 0648 0.1 1327 1.7 1924 -0.0	0406 0.3 0951 2.4 1646 0.0 2236 2.2	0523 0.2 1054 2.8 1802 -0.0 2343 2.7	0524 0.4 1132 3.4 1800 0.3	0055 2.0 0936 0.3 1322 1.8 1836 0.0	0203 1.9 1036 0.4 1429 1.8 2146 0.4	0016 4.3 0641 0.7 1241 4.3 1907 0.3	0128 5.5 0809 0.7 1353 5.5 2038 0.3	0551 1.2 1124 5.5 1810 0.9 2345 5.7
19 SA	0210 1.6 0740 0.1 1418 1.8 2012 -0.0	0503 0.2 1048 2.5 1738 -0.0 2324 2.3	0622 0.1 1158 2.9 1855 -0.1	0012 3.3 0623 0.3 1236 3.5 1854 0.2	0142 2.0 0707 0.5 1407 1.9 1908 0.0	0254 1.9 0814 0.6 1514 1.8 2226 0.5	0103 4.5 0722 0.6 1322 4.4 1947 0.3	0219 5.8 0857 0.5 1440 5.7 2122 0.1	0636 1.0 1203 5.7 1854 0.7
20 SU ●	0253 1.6 0824 0.1 1457 1.8 2052 0.0	0552 0.1 1134 2.5 1821 -0.0	0040 2.7 0712 0.0 1251 2.9 1942 -0.1	0108 3.4 0714 0.3 1327 3.6 1942 0.2	0222 2.1 0735 0.5 1446 1.9 1942 0.2	0336 2.0 1025 0.6 1552 1.9 2317 0.5	0142 4.6 0757 0.6 1358 4.6 2022 0.2	0303 6.0 0937 0.4 1521 5.8 2200 0.1	0022 5.9 0715 0.9 1236 5.8 1933 0.6
21 M	0326 1.6 0901 0.1 1528 1.7 2128 0.0	0005 2.3 0634 0.1 1213 2.5 1900 0.0	0125 2.8 0757 0.0 1333 3.0 2023 -0.0	0153 3.5 0759 0.3 1408 3.7 2024 0.3	0258 2.1 0809 0.4 1521 2.0 2016 0.1	0414 2.0 1122 0.7 1629 1.9 2359 0.5	0216 4.7 0831 0.5 1432 4.6 2056 0.2	0341 6.1 1013 0.4 1558 5.9 2236 0.0	0057 6.0 0750 0.9 1310 5.9 2009 0.6
22 TU	0354 1.6 0936 0.1 1558 1.8 2201 0.1	0039 2.4 0711 0.1 1247 2.5 1934 0.1	0202 2.8 0836 0.1 1408 2.9 2059 0.0	0230 3.5 0839 0.3 1442 3.6 2102 0.3	0332 2.1 0845 0.4 1554 2.0 2051 0.1	0450 2.0 0951 0.5 1704 1.9 2219 0.4	0248 4.7 0904 0.5 1504 4.7 2129 0.2	0416 6.1 1047 0.3 1632 5.9 2309 0.0	0131 6.0 0824 0.9 1344 5.9 2042 0.6
23 W	0419 1.6 1008 0.1 1628 1.8 2231 0.1	0110 2.4 0745 0.2 1318 2.5 2004 0.2	0234 2.8 0910 0.1 1439 2.9 2130 0.1	0300 3.5 0915 0.3 1509 3.6 2134 0.4	0405 2.1 0920 0.4 1624 2.0 2127 0.2	0525 2.0 1313 0.6 1740 1.9 2306 0.4	0321 4.7 0937 0.5 1536 4.7 2200 0.3	0449 6.1 1119 0.4 1705 5.9 2339 0.1	0206 6.0 0854 0.9 1418 6.0 2113 0.7
24 TH	0445 1.6 1039 0.0 1658 1.7 2300 0.1	0139 2.4 0815 0.2 1348 2.5 2032 0.3	0304 2.8 0942 0.2 1510 2.8 2158 0.2	0326 3.4 0946 0.5 1536 3.6 2203 0.5	0436 2.1 0954 0.4 1651 2.0 2203 0.2	0600 1.9 1117 0.5 1815 1.9	0351 4.7 1009 0.5 1606 4.6 2228 0.4	0521 6.0 1148 0.4 1736 5.8	0239 5.9 0924 1.0 1451 5.9 2142 0.8
25 F	0510 1.6 1109 0.1 1726 1.7 2327 0.1	0207 2.4 0844 0.3 1419 2.5 2058 0.3	0333 2.8 1009 0.3 1541 2.9 2224 0.3	0351 3.4 1015 0.5 1605 3.5 2230 0.5	0506 2.1 1027 0.4 1718 2.0 2240 0.2	0024 0.5 0633 1.9 1248 0.5 1848 1.9	0421 4.6 1037 0.6 1636 4.6 2254 0.5	0007 0.2 0551 5.8 1215 0.5 1806 5.7	0312 5.8 0951 1.1 1524 5.9 2212 0.9
26 SA	0536 1.6 1139 0.1 1753 1.6 2357 0.1	0236 2.4 0913 0.3 1451 2.4 2127 0.4	0402 2.8 1037 0.3 1612 2.8 2251 0.4	0421 3.5 1043 0.4 1636 3.5 2259 0.5	0536 2.1 1104 0.4 1749 2.0 2324 0.2	0057 0.5 0707 1.9 1106 0.7 1924 1.9	0451 4.5 1106 0.7 1707 4.5 2324 0.6	0033 0.4 0624 5.6 1245 0.6 1839 5.5	0343 5.7 1020 1.2 1556 5.7 2244 1.1
27 SU	0604 1.6 1212 0.1 1823 1.6	0308 2.3 0945 0.4 1528 2.3 2200 0.5	0430 2.8 1108 0.4 1647 2.7 2321 0.5	0454 3.5 1114 0.4 1715 3.4 2331 0.5	0609 2.0 1151 0.3 1825 2.0	0153 0.5 0742 1.8 1229 0.7 1424 1.9 2001 1.9	0524 4.4 1139 0.7 1742 4.3	0103 0.5 0657 5.4 1318 0.7 1914 5.3	0416 5.5 1054 1.4 1633 5.5 2323 1.4
28 M	0030 0.1 0639 1.5 1251 0.1 1902 1.5	0346 2.3 1024 0.5 1615 2.2 2242 0.6	0505 2.7 1145 0.5 1735 2.6	0533 3.4 1151 0.5 1800 3.3	0025 0.3 0647 1.9 1258 0.3 1908 1.9	0251 0.5 0822 1.8 1351 0.6 2045 1.8	0001 0.7 0603 4.2 1221 0.8 1825 4.1	0139 0.7 0733 5.2 1355 0.8 1955 5.1	0455 5.2 1136 1.6 1718 5.2
29 TU	0112 0.2 0725 1.5 1339 0.1 2000 1.4	0438 2.2 1115 0.6 1718 2.1 2339 0.7	0000 0.6 0558 2.6 1230 0.6 1838 2.5	0010 0.5 0624 3.3 1236 0.6 1858 3.1	0133 0.3 0735 1.8 1358 0.5 2009 1.8	0325 0.5 0910 1.6 1630 0.5 2142 1.7	0048 0.8 0653 3.9 1315 0.9 1928 3.8	0219 0.9 0819 5.0 1440 0.9 2048 4.9	0014 1.6 0546 4.9 1236 1.8 1821 4.9
30 W	0205 0.2 0834 1.5 1443 0.2 2123 1.4	0548 2.2 1225 0.6 1839 2.1	0050 0.7 0706 2.6 1329 0.6 1951 2.5	0100 0.7 0728 3.2 1338 0.8 2011 3.1	0236 0.4 0904 1.6 1503 0.3 2202 1.7	0533 0.5 1025 1.5 1745 0.5 2330 1.6	0152 1.0 0816 3.6 1433 1.0 2109 3.7	0310 1.1 0921 4.8 1539 1.1 2203 4.8	0123 1.8 0659 4.7 1353 1.8 1949 4.8

PAGE 120

TIDE TABLES

DENMARK, GERMANY, HOLLAND & BELGIUM Time Zone -0100
Esbjerg * Helgoland * Cuxhaven * Bremerhaven * Hoek van Holland * Rotterdam * Vlissingen * Antwerpen * Dunkerque

TIDE TABLES OCTOBER 1998

ESBJERG	HELGOLAND	CUXHAVEN	BREMERHAVEN	HOEK VAN HOLLAND	ROTTERDAM	VLISSINGEN	ANTWERPEN	DUNKERQUE	
Time m	Time m	Time m	Time m	Time m	Time m	Time m	Time m	Time m	
0315 0.3 1001 1.5 1609 0.2 2255 1.4	0100 0.7 0709 2.2 1356 0.6 2003 2.3	0158 0.7 0821 2.6 1454 0.6 2107 2.6	0212 0.8 0845 3.2 1515 0.8 2133 3.1	0512 0.4 1044 1.6 1657 0.3 2324 1.8	0657 0.5 1221 1.5 1906 0.4	0338 1.1 0953 3.6 1619 0.9 2236 3.9	0421 1.3 1045 4.7 1703 1.1 2331 4.9	0237 1.8 0831 4.7 1509 1.7 2115 5.0	1 TH
0444 0.2 1124 1.6 1735 0.1	0231 0.6 0826 2.4 1516 0.3 2114 2.4	0335 0.6 0933 2.8 1629 0.3 2218 2.8	0354 0.8 1005 3.3 1642 0.5 2249 3.3	0622 0.4 1157 1.7 1733 0.3	0054 1.8 0813 0.4 1327 1.7 2018 0.3	0457 0.9 1109 3.9 1730 0.7 2339 4.3	0547 1.2 1212 5.0 1826 0.9	0348 1.6 0945 5.0 1618 1.4 2217 5.4	2 F
0012 1.5 0559 0.1 1230 1.7 1839 -0.0	0344 0.4 0930 2.6 1618 0.0 2212 2.6	0459 0.3 1038 3.1 1736 -0.0 2320 3.1	0509 0.5 1114 3.6 1744 0.2 2351 3.6	0024 2.0 0839 0.3 1250 1.8 1803 0.2	0153 2.0 0927 0.4 1420 1.9 2125 0.3	0557 0.7 1203 4.3 1827 0.4	0048 5.3 0658 0.9 1317 5.5 1939 0.6	0452 1.3 1039 5.4 1719 1.0 2306 5.8	3 SA
0115 1.6 0657 0.0 1328 1.7 1933 -0.1	0442 0.1 1024 2.8 1712 -0.2 2301 2.7	0600 0.0 1137 3.4 1831 -0.3	0607 0.2 1211 3.9 1837 -0.2	0110 2.1 0643 0.4 1333 1.9 1836 0.1	0242 2.2 1041 0.3 1504 2.0 2111 0.3	0027 4.6 0647 0.5 1248 4.6 1915 0.2	0145 5.9 0806 0.6 1408 5.9 2043 0.3	0548 1.0 1124 5.8 1812 0.6 2350 6.2	4 SU
0211 1.6 0748 -0.0 1421 1.8 2020 -0.2	0532 -0.1 1114 3.0 1800 -0.4 2347 2.9	0015 3.3 0654 -0.3 1232 3.6 1922 -0.5	0044 3.8 0658 -0.1 1301 4.1 1926 -0.4	0153 2.3 0702 0.4 1414 2.0 1910 0.1	0327 2.3 1143 0.3 1546 2.2 2218 0.2	0109 4.9 0733 0.3 1329 4.8 2000 0.0	0232 6.4 0906 0.4 1453 6.3 2137 0.1	0637 0.7 1206 6.1 1900 0.3	5 M O
0300 1.6 0835 -0.1 1510 1.8 2106 -0.2	0620 -0.3 1200 3.1 1846 -0.4	0107 3.5 0742 -0.4 1324 3.7 2009 -0.6	0130 4.0 0746 -0.3 1348 4.3 2012 -0.5	0234 2.3 0732 0.4 1455 2.1 1947 -0.0	0409 2.4 1021 0.4 1627 2.3 2311 0.2	0150 5.1 0818 0.3 1409 5.0 2045 -0.1	0316 6.7 0957 0.2 1535 6.5 2226 -0.1	0031 6.4 0722 0.5 1245 6.4 1946 0.1	6 TU
0346 1.6 0920 -0.1 1558 1.8 2149 -0.1	0030 2.9 0705 -0.3 1245 3.1 1930 -0.4	0155 3.5 0829 -0.5 1412 3.7 2054 -0.6	0214 4.1 0832 -0.5 1432 4.4 2057 -0.6	0316 2.4 0808 0.4 1536 2.2 2027 -0.0	0450 2.4 1117 0.4 1708 2.3 2355 0.2	0231 5.2 0902 0.2 1450 5.1 2130 -0.1	0358 6.8 1045 0.1 1617 6.6 2312 -0.1	0112 6.6 0806 0.4 1327 6.5 2030 0.1	7 W
0430 1.6 1003 -0.1 1645 1.8 2231 -0.1	0112 2.9 0748 -0.4 1328 3.1 2012 -0.4	0239 3.5 0913 -0.6 1457 3.7 2136 -0.6	0257 4.2 0915 -0.5 1515 4.4 2139 -0.6	0359 2.3 0848 0.3 1618 2.2 2109 0.0	0532 2.4 1206 0.4 1750 2.4	0312 5.1 0947 0.2 1531 5.1 2214 -0.0	0440 6.7 1130 0.2 1658 6.5 2357 0.0	0154 6.5 0849 0.4 1409 6.5 2114 0.2	8 TH
0508 1.7 1047 -0.1 1727 1.8 2313 -0.0	0151 2.9 0830 -0.3 1411 3.0 2052 -0.3	0321 3.5 0955 -0.5 1539 3.6 2216 -0.4	0337 4.2 0958 -0.6 1557 4.3 2220 -0.5	0442 2.3 0932 0.3 1700 2.2 2157 0.1	0036 0.2 0614 2.3 1258 0.4 1833 2.4	0356 5.0 1030 0.3 1615 5.0 2256 0.2	0523 6.4 1214 0.4 1742 6.3	0238 6.4 0932 0.5 1454 6.4 2159 0.4	9 F
0541 1.6 1131 -0.1 1808 1.8 2355 0.1	0230 2.9 0911 -0.3 1454 2.9 2131 -0.1	0400 3.4 1035 -0.4 1620 3.5 2254 -0.3	0418 4.2 1039 -0.5 1640 4.2 2300 -0.4	0526 2.1 1021 0.3 1745 2.2 2251 0.2	0116 0.2 0657 2.2 1430 0.3 1916 2.3	0441 4.8 1113 0.4 1701 4.8 2338 0.4	0039 0.3 0607 6.0 1256 0.6 1827 5.9	0324 6.2 1017 0.7 1541 6.2 2245 0.6	10 SA
0615 1.6 1217 -0.1 1851 1.7	0310 2.9 0952 -0.2 1538 2.8 2210 0.0	0436 3.4 1115 -0.3 1701 3.3 2332 -0.1	0458 4.1 1122 -0.4 1723 4.0 2342 -0.1	0615 2.0 1118 0.3 1838 2.1	0153 0.2 0739 2.1 1352 0.5 2001 2.2	0530 4.6 1157 0.5 1755 4.6	0119 0.6 0655 5.6 1337 0.7 1918 5.6	0414 5.8 1105 0.9 1634 5.9 2338 1.0	11 SU
0040 0.1 0657 1.6 1309 0.0 1944 1.6	0353 2.8 1036 -0.0 1627 2.6 2254 0.3	0515 3.3 1155 -0.1 1745 3.1	0541 4.0 1206 -0.2 1809 3.8	0008 0.3 0718 1.9 1309 0.3 1952 2.0	0238 0.3 0826 2.0 1445 0.3 2053 2.1	0022 0.6 0631 4.3 1249 0.6 1904 4.3	0200 0.8 0749 5.2 1421 0.9 2016 5.3	0511 5.4 1200 1.3 1738 5.4	12 M
0133 0.2 0755 1.6 1411 0.1 2054 1.5	0443 2.7 1128 0.2 1723 2.4 2346 0.5	0010 0.2 0559 3.2 1241 0.1 1835 2.9	0025 0.1 0627 3.8 1256 0.1 1900 3.5	0151 0.3 0833 1.8 1413 0.3 2107 1.9	0328 0.3 0921 1.8 1542 0.3 2201 1.9	0119 0.8 0743 4.0 1400 0.8 2019 4.1	0246 1.0 0854 4.9 1515 1.0 2127 5.0	0040 1.4 0626 5.0 1308 1.5 1903 5.1	13 TU
0238 0.3 0909 1.6 1530 0.3 2218 1.5	0542 2.5 1235 0.3 1830 2.2	0054 0.4 0653 3.0 1343 0.4 1936 2.7	0116 0.5 0719 3.6 1401 0.4 2000 3.2	0257 0.4 0944 1.7 1527 0.4 2225 1.9	0424 0.4 1042 1.6 1641 0.4 2328 1.8	0242 1.0 0857 3.8 1527 1.0 2138 4.0	0342 1.2 1006 4.8 1623 1.1 2244 4.9	0154 1.7 0757 4.8 1427 1.6 2033 5.0	14 W
0400 0.3 1035 1.7 1702 0.2 2342 1.5	0058 0.6 0653 2.4 1400 0.5 1949 2.2	0203 0.6 0757 2.9 1514 0.6 2048 2.6	0227 0.7 0824 3.4 1521 0.6 2112 3.1	0418 0.5 1100 1.6 1641 0.5 2339 1.9	0528 0.5 1204 1.6 1743 0.3	0415 1.1 1016 3.8 1652 0.9 2254 4.1	0456 1.3 1122 4.8 1757 0.9 2337 5.2	0316 1.7 0915 4.9 1547 1.5 2143 5.2	15 TH

** Time Zone -0100. For UT subtract 1 hour. For European summer time (shaded) 29/3-25/10 add 1 hour **

OCTOBER 1998 TIDE TABLES

Time Zone -0100. For UT subtract 1 hour. For European summer time (shaded) 29/3-25/10 add 1 hour

Day	ESBJERG Time m	HELGOLAND Time m	CUXHAVEN Time m	BREMERHAVEN Time m	HOEK VAN HOLLAND Time m	ROTTERDAM Time m	VLISSINGEN Time m	ANTWERPEN Time m	DUNKERQUE Time m
16 F	0518 0.3 1155 1.7 1803 0.1	0226 0.6 0812 2.4 1519 0.4 2109 2.2	0342 0.6 0911 2.8 1634 0.4 2206 2.6	0348 0.8 0941 3.3 1634 0.5 2233 3.1	0811 0.4 1207 1.7 1740 0.3	0040 1.8 0649 0.5 1310 1.7 1847 0.3	0527 0.9 1125 4.0 1756 0.6 2355 4.3	0000 5.1 0632 1.1 1230 5.1 1914 0.6	0433 1.5 1014 5.1 1656 1.3 2238 5.5
17 SA	0052 1.6 0624 0.2 1302 1.8 1900 0.1	0342 0.5 0927 2.4 1622 0.3 2214 2.3	0458 0.5 1027 2.9 1736 0.2 2319 2.7	0458 0.7 1100 3.4 1736 0.4 2345 3.2	0036 2.0 0912 0.3 1300 1.8 1818 0.3	0141 1.9 1003 0.5 1406 1.7 1946 0.4	0619 0.8 1217 4.2 1844 0.5	0102 5.5 0739 0.8 1327 5.5 2008 0.3	0530 1.3 1101 5.4 1748 1.0 2321 5.7
18 SU	0146 1.6 0716 0.2 1352 1.8 1947 0.1	0440 0.4 1026 2.5 1712 0.2 2303 2.4	0557 0.3 1134 3.0 1829 0.1	0557 0.5 1208 3.5 1828 0.3	0121 2.0 0653 0.5 1344 1.9 1851 0.3	0232 1.9 1107 0.4 1452 1.8 2203 0.4	0041 4.5 0659 0.7 1258 4.4 1921 0.4	0154 5.8 0827 0.5 1414 5.7 2053 0.1	0614 1.0 1139 5.6 1830 0.8 2359 5.9
19 M	0226 1.7 0800 0.2 1429 1.8 2025 0.1	0528 0.3 1113 2.6 1754 0.2 2342 2.5	0015 2.9 0647 0.2 1227 3.0 1914 0.1	0042 3.4 0648 0.4 1300 3.6 1915 0.3	0159 2.1 0722 0.5 1420 2.0 1925 0.3	0315 2.0 1154 0.5 1533 1.9 2248 0.5	0118 4.6 0733 0.6 1333 4.5 1954 0.4	0238 6.0 0909 0.3 1456 5.9 2132 -0.0	0651 0.9 1214 5.8 1907 0.7
20 TU ●	0257 1.7 0836 0.2 1500 1.8 2100 0.1	0609 0.2 1152 2.6 1832 0.2	0059 3.0 0730 0.2 1309 3.1 1954 0.1	0127 3.5 0733 0.4 1342 3.6 1957 0.3	0233 2.1 0756 0.4 1453 2.0 1959 0.4	0352 2.0 1036 0.6 1609 1.9 2339 0.5	0151 4.6 0805 0.5 1406 4.6 2027 0.4	0316 6.1 0946 0.3 1533 6.0 2208 0.0	0033 6.0 0727 0.8 1247 5.9 1942 0.6
21 W	0322 1.7 0910 0.2 1529 1.8 2130 0.1	0017 2.5 0647 0.2 1227 2.6 1906 0.3	0136 3.0 0809 0.2 1346 3.1 2030 0.2	0204 3.6 0814 0.4 1417 3.6 2034 0.4	0306 2.1 0830 0.4 1524 2.1 2032 0.3	0427 2.0 1134 0.6 1643 1.9 2359 0.5	0222 4.7 0838 0.5 1437 4.7 2058 0.4	0351 6.1 1021 0.3 1606 6.0 2241 0.1	0107 6.0 0800 0.8 1320 5.9 2015 0.7
22 TH	0348 1.7 0942 0.1 1600 1.8 2200 0.1	0048 2.6 0721 0.3 1259 2.6 1937 0.3	0210 3.1 0845 0.2 1421 3.0 2102 0.3	0236 3.6 0850 0.4 1448 3.6 2108 0.4	0337 2.2 0901 0.4 1554 2.1 2104 0.3	0501 2.0 1122 0.6 1718 1.9 2316 0.5	0252 4.7 0911 0.5 1508 4.7 2130 0.4	0423 6.0 1053 0.4 1637 5.9 2311 0.2	0140 6.0 0830 0.9 1352 5.9 2045 0.7
23 F	0414 1.7 1013 0.1 1630 1.8 2229 0.1	0118 2.6 0754 0.3 1330 2.5 2006 0.4	0242 3.1 0918 0.3 1454 3.0 2132 0.4	0304 3.6 0923 0.5 1517 3.5 2139 0.5	0408 2.1 0928 0.4 1623 2.1 2136 0.3	0535 1.9 1333 0.5 1751 1.9	0323 4.7 0943 0.5 1538 4.7 2159 0.5	0452 5.9 1121 0.5 1707 5.8 2337 0.5	0212 5.9 0900 1.0 1423 5.9 2115 0.8
24 SA	0442 1.7 1044 0.1 1700 1.7 2258 0.2	0147 2.6 0825 0.4 1402 2.5 2036 0.5	0313 3.0 0949 0.4 1528 2.9 2200 0.5	0333 3.5 0954 0.5 1548 3.5 2208 0.5	0438 2.1 0957 0.4 1652 2.1 2211 0.4	0153 0.5 0609 1.9 1408 0.6 1826 1.9	0353 4.7 1013 0.6 1609 4.6 2228 0.6	0522 5.8 1148 0.6 1737 5.7	0242 5.8 0927 1.1 1454 5.8 2145 1.0
25 SU	0509 1.7 1115 0.1 1729 1.7 2329 0.2	0215 2.6 0856 0.4 1434 2.5 2106 0.5	0344 3.0 1020 0.4 1602 2.9 2230 0.5	0403 3.5 1025 0.5 1621 3.5 2239 0.5	0508 2.1 1030 0.4 1724 2.1 2250 0.4	0028 0.6 0642 1.9 1254 0.6 1902 1.9	0424 4.6 1044 0.6 1640 4.6 2300 0.5	0005 0.5 0553 5.7 1218 0.6 1809 5.6	0312 5.7 0957 1.2 1526 5.7 2217 1.1
26 M	0539 1.7 1149 0.1 1759 1.6	0246 2.6 0930 0.5 1509 2.4 2139 0.6	0412 3.0 1052 0.5 1636 2.8 2303 0.6	0436 3.5 1058 0.5 1657 3.4 2312 0.5	0542 2.1 1109 0.3 1801 2.1 2338 0.4	0126 0.6 0718 1.8 1400 0.5 1940 1.9	0458 4.5 1118 0.7 1716 4.5 2338 0.7	0036 0.6 0627 5.6 1252 0.7 1845 5.5	0346 5.6 1031 1.3 1603 5.6 2254 1.3
27 TU	0003 0.2 0612 1.6 1228 0.1 1836 1.5	0322 2.5 1008 0.5 1554 2.3 2220 0.7	0440 2.9 1128 0.5 1717 2.8 2340 0.7	0515 3.5 1136 0.5 1741 3.3 2351 0.5	0620 2.0 1159 0.3 1844 2.0	0232 0.6 0759 1.7 1330 0.5 2024 1.9	0536 4.3 1200 0.7 1759 4.3	0110 0.7 0704 5.4 1330 0.7 1927 5.4	0426 5.4 1112 1.4 1648 5.4 2341 1.5
28 W	0045 0.2 0656 1.6 1316 0.1 1931 1.5	0410 2.5 1056 0.6 1652 2.3 2313 0.7	0526 2.9 1211 0.6 1812 2.7	0600 3.5 1221 0.5 1834 3.2	0121 0.4 0706 1.8 1321 0.3 1939 1.9	0202 0.6 0845 1.7 1444 0.5 2120 1.8	0024 0.8 0624 4.0 1251 0.8 1855 4.0	0151 0.8 0750 5.3 1414 0.8 2018 5.3	0515 5.1 1205 1.6 1748 5.1
29 TH	0136 0.2 0758 1.6 1415 0.2 2050 1.4	0514 2.4 1159 0.6 1804 2.3	0027 0.7 0630 2.9 1306 0.6 1918 2.7	0039 0.6 0657 3.4 1318 0.5 1939 3.1	0219 0.4 0811 1.7 1428 0.3 2121 1.7	0352 0.5 0950 1.6 1618 0.4 2248 1.8	0123 1.0 0733 3.8 1400 0.8 2029 3.9	0241 1.0 0848 5.1 1512 0.9 2127 5.1	0044 1.7 0624 4.9 1317 1.7 1909 5.0
30 F	0241 0.3 0919 1.6 1532 0.2 2216 1.5	0024 0.8 0629 2.5 1318 0.5 1921 2.3	0130 0.7 0741 2.9 1421 0.5 2029 2.8	0143 0.7 0806 3.4 1436 0.6 2053 3.2	0449 0.4 1005 1.6 1536 0.6 2247 1.9	0626 0.5 1137 1.6 1731 0.3	0244 1.1 0912 3.7 1533 0.9 2157 4.0	0348 1.1 1008 4.9 1630 1.0 2255 5.1	0200 1.8 0751 4.8 1434 1.6 2034 5.1
31 SA	0401 0.3 1039 1.6 1656 0.1 2335 1.5	0149 0.7 0744 2.6 1437 0.3 2033 2.5	0252 0.7 0852 3.1 1548 0.3 2139 3.0	0309 0.7 0919 3.4 1559 0.4 2206 3.4	0605 0.4 1121 1.7 1641 0.3 2351 2.0	0019 1.9 0745 0.4 1251 1.7 1842 0.3	0417 0.9 1030 3.9 1656 0.8 2305 4.3	0509 1.1 1136 5.1 1754 0.8	0315 1.6 0909 5.0 1546 1.4 2142 5.5

PAGE 122

TIDE TABLES

TIDETABLES

DENMARK, GERMANY, HOLLAND & BELGIUM Time Zone -0100
Esbjerg * Helgoland * Cuxhaven * Bremerhaven * Hoek van Holland * Rotterdam * Vlissingen * Antwerpen * Dunkerque

TIDE TABLES NOVEMBER 1998

ESBJERG	HELGOLAND	CUXHAVEN	BREMERHAVEN	HOEK VAN HOLLAND	ROTTERDAM	VLISSINGEN	ANTWERPEN	DUNKERQUE		
Time m	Time m	Time m	Time m	Time m	Time m	Time m	Time m	Time m		
0521 0.2 1151 1.7 1805 0.0	0305 0.4 0851 2.8 1542 0.1 2134 2.7	0418 0.4 1000 3.3 1659 0.0 2242 3.3	0427 0.4 1029 3.6 1705 0.1 2310 3.6	0803 0.3 1218 1.8 1728 0.2	0122 2.1 0856 0.3 1348 1.9 1950 0.2	0527 0.7 1130 4.2 1800 0.4 2357 4.6	0016 5.5 0627 0.9 1246 5.5 1912 0.6	0422 1.3 1008 5.4 1651 1.0 2237 5.9	**1**	**SU**
0042 1.6 0625 0.1 1254 1.8 1903 -0.0	0407 0.2 0950 3.0 1639 -0.1 2227 2.9	0525 0.1 1101 3.6 1758 -0.2 2340 3.5	0531 0.1 1130 3.9 1802 -0.2	0042 2.2 0609 0.4 1305 2.0 1808 0.1	0214 2.3 1004 0.3 1436 2.1 2103 0.2	0622 0.6 1218 4.6 1851 0.2	0116 6.0 0741 0.6 1339 6.0 2020 0.3	0521 0.9 1057 5.8 1747 0.6 2324 6.2	**2**	**M**
0142 1.7 0721 0.1 1351 1.8 1953 -0.1	0502 -0.0 1043 3.1 1730 -0.3 2315 3.0	0623 -0.2 1159 3.7 1851 -0.4	0006 3.8 0626 -0.1 1225 4.1 1854 -0.4	0128 2.3 0636 0.4 1349 2.1 1846 0.1	0300 2.4 1107 0.3 1520 2.2 2211 0.2	0043 4.9 0710 0.3 1303 4.8 1939 0.1	0206 6.4 0844 0.3 1427 6.3 2115 0.1	0613 0.6 1141 6.1 1837 0.3	**3**	**TU**
0234 1.7 0811 0.0 1446 1.9 2040 -0.0	0552 -0.2 1132 3.2 1818 -0.3	0033 3.6 0715 -0.3 1253 3.8 1942 -0.5	0057 4.0 0717 -0.3 1316 4.2 1943 -0.5	0212 2.4 0709 0.4 1432 2.2 1925 0.1	0343 2.4 1010 0.4 1602 2.3 2307 0.2	0127 5.1 0757 0.3 1345 5.0 2024 0.0	0251 6.6 0936 0.2 1511 6.5 2204 -0.0	0008 6.5 0701 0.5 1224 6.4 1924 0.2	**4**	**W** ○
0321 1.7 0858 -0.0 1538 1.9 2125 -0.0	0000 3.0 0639 -0.2 1219 3.2 1903 -0.3	0123 3.7 0803 -0.4 1344 3.8 2027 -0.4	0144 4.1 0806 -0.4 1404 4.3 2030 -0.5	0255 2.4 0748 0.4 1515 2.3 2007 0.1	0425 2.4 1118 0.4 1644 2.4 2357 0.3	0209 5.1 0842 0.2 1428 5.1 2108 0.0	0335 6.7 1024 0.2 1554 6.6 2250 0.0	0051 6.5 0746 0.4 1306 6.4 2010 0.2	**5**	**TH**
0404 1.8 0944 0.0 1626 1.9 2209 0.0	0043 3.0 0725 -0.2 1304 3.1 1946 -0.2	0209 3.7 0849 -0.4 1431 3.7 2112 -0.3	0229 4.2 0851 -0.5 1450 4.3 2114 -0.5	0338 2.3 0830 0.4 1557 2.3 2052 0.2	0507 2.4 1220 0.4 1727 2.4	0252 5.1 0927 0.2 1512 5.1 2151 0.1	0418 6.6 1110 0.2 1637 6.5 2333 0.2	0134 6.5 0830 0.4 1350 6.4 2054 0.3	**6**	**F**
0442 1.8 1029 0.0 1711 1.8 2251 0.1	0124 3.0 0809 -0.2 1348 3.0 2027 -0.0	0251 3.6 0933 -0.3 1515 3.6 2152 -0.2	0312 4.2 0936 -0.5 1535 4.2 2157 -0.3	0422 2.2 0915 0.3 1642 2.3 2141 0.3	0046 0.3 0549 2.3 1330 0.4 1809 2.3	0336 5.0 1011 0.3 1557 5.0 2233 0.3	0503 6.3 1154 0.3 1723 6.3	0218 6.3 0915 0.5 1436 6.3 2139 0.5	**7**	**SA**
0518 1.8 1115 -0.0 1754 1.8 2334 0.1	0203 3.0 0851 -0.1 1431 2.9 2106 0.1	0330 3.5 1015 -0.2 1556 3.4 2231 0.0	0354 4.2 1020 -0.4 1619 4.0 2239 -0.1	0507 2.1 1005 0.3 1728 2.3 2236 0.4	0142 0.4 0631 2.2 1216 0.3 1854 2.3	0423 4.8 1054 0.4 1645 4.9 2314 0.5	0015 0.4 0548 6.0 1236 0.4 1810 6.0	0305 6.1 1000 0.7 1524 6.1 2226 0.8	**8**	**SU**
0554 1.8 1202 0.0 1836 1.7	0244 3.0 0933 -0.0 1515 2.8 2145 0.3	0407 3.5 1055 -0.1 1636 3.3 2307 0.2	0435 4.1 1103 -0.2 1702 3.8 2319 0.1	0557 2.0 1101 0.3 1821 2.2 2350 0.4	0058 0.4 0714 2.1 1315 0.2 1939 2.2	0513 4.5 1139 0.5 1739 4.6 2357 0.7	0055 0.6 0637 5.6 1318 0.6 1901 5.7	0355 5.8 1048 0.9 1618 5.8 2315 1.1	**9**	**M**
0019 0.2 0637 1.8 1253 0.1 1927 1.6	0326 2.9 1016 0.1 1601 2.6 2224 0.4	0444 3.4 1135 0.0 1718 3.1 2342 0.4	0516 4.0 1147 0.0 1745 3.6	0700 1.9 1212 0.2 1930 2.1	0157 0.4 0759 1.9 1412 0.2 2029 2.1	0612 4.3 1230 0.6 1844 4.4	0136 0.8 0730 5.3 1401 0.7 1957 5.4	0451 5.4 1141 1.2 1718 5.4	**10**	**TU**
0109 0.3 0730 1.7 1351 0.2 2029 1.5	0413 2.8 1104 0.3 1653 2.4 2312 0.6	0526 3.3 1218 0.3 1805 2.9	0001 0.3 0559 3.8 1235 0.3 1833 3.4	0122 0.5 0808 1.8 1333 0.2 2039 2.0	0252 0.4 0849 1.8 1509 0.2 2132 1.9	0051 0.9 0717 4.1 1336 0.7 1953 4.2	0220 1.0 0828 5.0 1450 0.8 2058 5.1	0012 1.5 0558 5.1 1243 1.5 1833 5.1	**11**	**W**
0209 0.4 0838 1.7 1501 0.2 2145 1.5	0509 2.7 1205 0.5 1755 2.3	0020 0.6 0618 3.2 1314 0.5 1902 2.8	0048 0.6 0648 3.6 1333 0.5 1927 3.2	0230 0.5 0912 1.7 1454 0.3 2152 1.9	0349 0.5 1001 1.6 1609 0.2 2257 1.8	0206 1.1 0825 3.9 1451 0.8 2106 4.0	0312 1.1 0932 4.8 1551 0.9 2207 5.0	0121 1.7 0718 4.9 1354 1.6 1955 5.0	**12**	**TH**
0322 0.4 0957 1.7 1618 0.3 2301 1.5	0016 0.7 0615 2.5 1322 0.6 1909 2.2	0115 0.8 0720 3.0 1436 0.6 2009 2.7	0149 0.8 0746 3.4 1445 0.7 2032 3.0	0346 0.5 1027 1.7 1611 0.3 2309 1.9	0453 0.5 1129 1.6 1713 0.3	0329 1.2 0941 3.8 1609 0.8 2221 4.0	0417 1.3 1044 4.8 1708 0.9 2323 5.0	0236 1.8 0836 4.9 1510 1.6 2108 5.1	**13**	**F**
0440 0.4 1113 1.7 1728 0.2	0142 0.8 0731 2.6 1442 0.6 2030 2.2	0257 0.9 0832 2.9 1558 0.6 2126 2.7	0308 0.9 0857 3.3 1557 0.7 2148 3.0	0456 0.5 1136 1.7 1710 0.3	0009 1.8 0615 0.6 1237 1.7 1824 0.3	0448 1.1 1051 3.9 1718 0.7 2323 4.2	0538 1.2 1155 4.9 1828 0.7	0353 1.7 0940 5.0 1620 1.4 2205 5.3	**14**	**SA**
0010 1.6 0548 0.3 1219 1.8 1827 0.2	0304 0.7 0850 2.5 1548 0.5 2140 2.4	0421 0.8 0948 2.9 1703 0.5 2241 2.8	0422 0.8 1015 3.2 1701 0.6 2303 3.1	0007 2.0 0555 0.5 1230 1.7 1756 0.3	0111 1.9 0819 0.5 1336 1.7 1945 0.4	0546 0.9 1145 4.1 1809 0.6	0030 5.3 0656 0.9 1254 5.3 1930 0.4	0454 1.4 1030 5.3 1715 1.2 2251 5.5	**15**	**SU**

●● Time Zone -0100. For UT subtract 1 hour. For European summer time (shaded) 29/3-25/10 add 1 hour ●●

PAGE 123

NOVEMBER 1998 TIDE TABLES

Time Zone -0100. For UT subtract 1 hour. For European summer time (shaded) 29/3-25/10 add 1 hour

	ESBJERG	HELGOLAND	CUXHAVEN	BREMERHAVEN	HOEK VAN HOLLAND	ROTTERDAM	VLISSINGEN	ANTWERPEN	DUNKERQUE
	Time m	Time m	Time m	Time m	Time m	Time m	Time m	Time m	Time m
16 M	0106 1.7 0644 0.3 1312 1.8 1914 0.2	0408 0.6 0955 2.5 1639 0.4 2233 2.5	0524 0.6 1059 3.0 1756 0.4 2342 3.0	0525 0.7 1127 3.3 1756 0.4	0053 2.0 0633 0.5 1315 1.9 1835 0.3	0204 1.9 1017 0.5 1426 1.8 2057 0.4	0011 4.3 0628 0.8 1229 4.3 1849 0.5	0124 5.6 0751 0.6 1345 5.6 2018 0.1	0542 1.1 1112 5.5 1759 1.0 2332 5.7
17 TU	0148 1.7 0730 0.3 1354 1.8 1954 0.2	0459 0.5 1046 2.6 1724 0.3 2316 2.6	0616 0.4 1156 3.1 1842 0.3	0006 3.3 0618 0.5 1225 3.5 1844 0.3	0131 2.0 0710 0.4 1351 2.0 1912 0.3	0250 1.9 1113 0.4 1509 1.8 2158 0.4	0050 4.5 0704 0.7 1306 4.4 1924 0.5	0210 5.8 0836 0.4 1428 5.8 2100 0.0	0623 1.0 1149 5.6 1838 0.8
18 W	0222 1.7 0808 0.3 1430 1.8 2028 0.2	0542 0.4 1128 2.6 1803 0.3 2354 2.7	0028 3.1 0701 0.3 1242 3.2 1923 0.3	0055 3.5 0706 0.4 1312 3.5 1927 0.3	0206 2.1 0748 0.4 1425 2.0 1946 0.3	0329 1.9 1155 0.5 1547 1.9 2355 0.5	0124 4.5 0739 0.6 1339 4.5 1957 0.5	0250 6.0 0917 0.3 1506 5.9 2138 0.1	0008 5.9 0700 0.9 1224 5.7 1914 0.8
19 TH ●	0251 1.8 0843 0.2 1503 1.8 2100 0.1	0622 0.4 1206 2.6 1839 0.4	0108 3.2 0742 0.3 1323 3.2 2000 0.3	0136 3.6 0748 0.3 1352 3.6 2006 0.3	0239 2.1 0824 0.4 1457 2.1 2019 0.4	0404 1.9 1228 0.5 1621 1.9	0156 4.6 0813 0.6 1412 4.6 2030 0.5	0325 6.0 0953 0.3 1541 5.9 2212 0.2	0043 5.9 0734 0.8 1258 5.8 1948 0.8
20 F	0320 1.8 0917 0.2 1535 1.8 2132 0.2	0027 2.7 0700 0.4 1242 2.6 1913 0.4	0145 3.2 0821 0.3 1401 3.1 2036 0.3	0212 3.6 0827 0.4 1428 3.6 2043 0.4	0312 2.2 0853 0.4 1529 2.1 2049 0.4	0033 0.5 0438 1.9 1254 0.5 1656 1.9	0227 4.7 0847 0.5 1443 4.7 2102 0.5	0357 5.9 1026 0.4 1612 5.8 2242 0.4	0116 5.9 0807 0.9 1330 5.8 2020 0.8
21 SA	0349 1.8 0951 0.2 1608 1.8 2203 0.2	0100 2.7 0736 0.4 1317 2.6 1946 0.5	0221 3.2 0857 0.4 1439 3.1 2109 0.4	0246 3.6 0903 0.4 1502 3.5 2118 0.4	0345 2.1 0911 0.4 1600 2.1 2119 0.4	0114 0.5 0512 1.9 1326 0.5 1731 1.9	0259 4.7 0921 0.5 1515 4.7 2134 0.5	0427 5.8 1057 0.5 1642 5.7 2312 0.5	0148 5.8 0838 0.9 1401 5.7 2051 0.9
22 SU	0420 1.8 1024 0.2 1641 1.7 2235 0.2	0131 2.7 0810 0.4 1351 2.6 2020 0.5	0257 3.2 0932 0.4 1517 3.0 2143 0.5	0318 3.6 0937 0.4 1536 3.5 2151 0.4	0416 2.1 0936 0.4 1632 2.2 2152 0.5	0156 0.5 0547 1.8 1403 0.5 1807 1.9	0331 4.7 0954 0.5 1548 4.7 2208 0.6	0458 5.7 1127 0.6 1715 5.7 2342 0.6	0218 5.8 0909 1.0 1432 5.7 2123 1.0
23 M	0451 1.8 1058 0.2 1712 1.7 2309 0.2	0203 2.7 0845 0.5 1425 2.5 2053 0.6	0330 3.2 1007 0.4 1554 3.0 2217 0.5	0351 3.6 1012 0.4 1611 3.4 2225 0.4	0448 2.1 1008 0.3 1706 2.2 2229 0.5	0007 0.7 0623 1.8 1438 0.5 1845 1.9	0405 4.7 1030 0.6 1621 4.6 2244 0.6	0531 5.6 1200 0.6 1749 5.7	0249 5.7 0941 1.1 1506 5.7 2157 1.1
24 TU	0524 1.8 1134 0.1 1745 1.6 2345 0.2	0235 2.7 0921 0.5 1501 2.5 2129 0.6	0403 3.1 1042 0.5 1630 2.9 2251 0.6	0425 3.6 1048 0.4 1649 3.4 2301 0.4	0524 2.0 1046 0.3 1745 2.1 2312 0.5	0057 0.7 0700 1.8 1330 0.5 1924 2.0	0440 4.5 1108 0.6 1700 4.5 2323 0.7	0015 0.7 0606 5.6 1236 0.6 1827 5.7	0324 5.7 1017 1.1 1544 5.6 2235 1.2
25 W	0558 1.7 1214 0.1 1824 1.5	0311 2.7 1000 0.5 1543 2.5 2209 0.6	0435 3.1 1120 0.5 1709 2.9 2330 0.6	0503 3.6 1127 0.3 1730 3.3 2342 0.4	0603 2.0 1131 0.2 1829 2.1	0202 0.6 0742 1.8 1319 0.6 2010 2.0	0520 4.3 1149 0.6 1742 4.4	0051 0.7 0646 5.6 1313 0.6 1909 5.7	0406 5.5 1057 1.2 1630 5.5 2318 1.4
26 TH	0027 0.2 0640 1.7 1300 0.1 1915 1.5	0355 2.7 1045 0.5 1634 2.5 2258 0.6	0514 3.2 1202 0.5 1755 2.9	0546 3.6 1212 0.3 1818 3.3	0139 0.4 0649 1.8 1230 0.2 1922 2.0	0327 0.6 0829 1.8 1419 0.3 2105 2.0	0008 0.8 0606 4.1 1238 0.7 1837 4.2	0131 0.7 0732 5.5 1358 0.6 2000 5.6	0455 5.4 1145 1.4 1726 5.4
27 F	0116 0.2 0736 1.7 1355 0.1 2023 1.5	0451 2.7 1141 0.5 1736 2.5 2359 0.6	0015 0.6 0607 3.2 1254 0.5 1852 2.9	0028 0.4 0636 3.6 1304 0.3 1915 3.3	0212 0.4 0748 1.7 1356 0.2 2044 1.9	0307 0.5 0929 1.7 1536 0.3 2219 2.0	0103 0.9 0708 3.9 1339 0.7 1956 4.1	0221 0.8 0827 5.4 1455 0.6 2105 5.4	0013 1.5 0557 5.2 1248 1.5 1836 5.2
28 SA	0215 0.2 0845 1.7 1502 0.2 2139 1.5	0557 2.7 1248 0.6 1845 2.5	0110 0.6 0711 3.2 1356 0.5 1956 3.0	0125 0.4 0736 3.5 1407 0.2 2018 3.3	0305 0.4 0924 1.6 1500 0.2 2209 1.9	0522 0.5 1054 1.7 1650 0.2 2344 2.0	0210 1.0 0833 3.9 1453 0.7 2118 4.1	0324 0.9 0940 5.2 1606 0.7 2226 5.3	0124 1.6 0713 5.0 1402 1.5 1956 5.2
29 SU	0326 0.3 1000 1.7 1618 0.1 2254 1.6	0112 0.6 0706 2.8 1359 0.3 1954 2.6	0219 0.5 0818 3.3 1509 0.3 2101 3.2	0233 0.4 0842 3.6 1518 0.1 2124 3.4	0536 0.4 1042 1.7 1602 0.2 2318 2.0	0715 0.4 1214 1.8 1800 0.2	0330 0.9 0949 4.0 1615 0.6 2229 4.3	0439 0.9 1104 5.2 1724 0.7 2345 5.5	0240 1.5 0830 5.1 1515 1.3 2109 5.5
30 M	0442 0.2 1112 1.8 1730 0.1	0225 0.4 0815 2.9 1506 0.1 2057 2.8	0337 0.4 0924 3.5 1621 0.1 2205 3.4	0347 0.3 0948 3.7 1625 -0.1 2229 3.6	0702 0.4 1145 1.8 1657 0.2	0050 2.1 0822 0.3 1315 2.0 1906 0.2	0449 0.9 1055 4.2 1729 0.5 2327 4.6	0557 0.9 1215 5.5 1845 0.5	0352 1.3 0936 5.4 1623 1.0 2209 5.8

TIDETABLES

DENMARK, GERMANY, HOLLAND & BELGIUM Time Zone -0100
Esbjerg * Helgoland * Cuxhaven * Bremerhaven * Hoek van Holland * Rotterdam * Vlissingen * Antwerpen * Dunkerque

TIDE TABLES DECEMBER 1998

ESBJERG	HELGOLAND	CUXHAVEN	BREMERHAVEN	HOEK VAN HOLLAND	ROTTERDAM	VLISSINGEN	ANTWERPEN	DUNKERQUE		
Time m	Time m	Time m	Time m	Time m	Time m	Time m	Time m	Time m		
0004 1.6 0552 0.2 1218 1.8 1832 0.0	0332 0.2 0918 3.0 1606 -0.0 2154 2.9	0449 0.1 1027 3.7 1725 -0.1 2306 3.5	0454 0.0 1052 3.8 1727 -0.3 2329 3.8	0014 2.2 0539 0.4 1237 1.9 1744 0.2	0145 2.3 0926 0.3 1407 2.1 2045 0.2	0554 0.6 1150 4.5 1827 0.3	0049 5.9 0716 0.7 1313 5.8 1957 0.3	0456 1.0 1032 5.7 1724 0.7 2301 6.1	1	TU
0108 1.7 0653 0.1 1323 1.9 1927 0.0	0431 0.1 1015 3.1 1700 -0.1 2246 3.0	0551 -0.1 1128 3.7 1822 -0.3	0554 -0.2 1151 4.0 1823 -0.4	0103 2.3 0615 0.4 1325 2.1 1827 0.2	0234 2.3 1029 0.3 1454 2.2 2021 0.2	0018 4.8 0648 0.5 1239 4.7 1917 0.2	0142 6.2 0823 0.5 1404 6.1 2054 0.5	0551 0.7 1120 6.0 1817 0.5 2348 6.3	2	W
0205 1.8 0748 0.1 1424 1.9 2017 0.1	0526 -0.1 1107 3.1 1751 -0.1 2333 3.1	0001 3.6 0648 -0.2 1224 3.8 1915 -0.3	0024 3.9 0649 -0.3 1247 4.1 1915 -0.4	0151 2.3 0653 0.4 1412 2.2 1910 0.2	0319 2.3 1006 0.4 1538 2.3 2303 0.3	0105 4.9 0737 0.3 1325 4.9 2003 0.1	0230 6.3 0917 0.3 1451 6.2 2144 0.2	0642 0.5 1205 6.2 1906 0.4	3	TH ○
0255 1.8 0839 0.0 1520 1.9 2104 0.1	0617 -0.1 1157 3.1 1839 -0.1	0053 3.7 0740 -0.3 1318 3.7 2003 -0.2	0115 4.0 0741 -0.4 1339 4.1 2005 -0.4	0236 2.3 0733 0.3 1457 2.3 1954 0.2	0401 2.3 1126 0.4 1621 2.3 2353 0.4	0151 5.0 0824 0.3 1410 5.0 2048 0.2	0316 6.4 1006 0.3 1536 6.3 2230 0.2	0033 6.3 0729 0.4 1250 6.3 1952 0.6	4	F
0341 1.8 0928 0.0 1611 1.9 2149 0.1	0018 3.1 0705 -0.1 1244 3.0 1924 0.0	0141 3.6 0829 -0.2 1407 3.6 2049 -0.1	0203 4.1 0830 -0.4 1429 4.1 2052 -0.3	0321 2.2 0816 0.3 1542 2.3 2039 0.3	0443 2.2 1233 0.4 1704 2.3 2226 0.3	0236 5.0 0910 0.2 1456 5.0 2132 0.3	0401 6.3 1052 0.3 1621 6.3 2313 0.3	0117 6.3 0815 0.4 1335 6.2 2037 0.5	5	SA
0422 1.9 1015 0.0 1657 1.8 2233 0.2	0100 3.0 0751 -0.1 1328 2.9 2006 0.1	0224 3.6 0915 -0.2 1452 3.4 2132 0.0	0249 4.1 0917 -0.3 1516 4.0 2136 -0.1	0407 2.1 0902 0.2 1627 2.3 2128 0.4	0043 0.5 0525 2.2 1051 0.2 1748 2.3	0321 4.9 0956 0.2 1542 5.0 2213 0.4	0446 6.1 1136 0.3 1708 6.2 2354 0.4	0203 6.1 0900 0.5 1422 6.1 2121 0.7	6	SU
0500 1.9 1102 0.0 1740 1.7 2316 0.2	0142 3.0 0834 -0.0 1411 2.8 2045 0.2	0304 3.5 0958 -0.1 1533 3.3 2211 0.2	0333 4.0 1003 -0.2 1600 3.8 2219 0.0	0454 2.1 0951 0.2 1715 2.3 2222 0.5	0137 0.5 0608 2.1 1143 0.2 1833 2.2	0409 4.7 1040 0.3 1631 4.8 2254 0.6	0533 5.9 1218 0.3 1756 6.0	0249 6.0 0945 0.6 1511 5.9 2206 0.9	7	M
0539 1.9 1148 0.1 1821 1.7	0221 3.0 0916 0.1 1452 2.7 2122 0.3	0340 3.5 1039 0.1 1612 3.2 2247 0.3	0414 4.0 1046 -0.1 1642 3.7 2300 0.2	0545 2.0 1043 0.3 1807 2.2 2326 0.5	0013 0.4 0651 2.0 1241 0.2 1919 2.1	0457 4.5 1124 0.4 1724 4.6 2336 0.8	0035 0.6 0621 5.7 1300 0.3 1845 5.8	0338 5.8 1031 0.8 1602 5.7 2252 1.1	8	TU
0000 0.2 0621 1.8 1236 0.1 1905 1.6	0303 3.0 0957 0.2 1535 2.6 2200 0.4	0415 3.5 1119 0.2 1651 3.1 2319 0.4	0454 3.9 1129 0.1 1723 3.5 2339 0.4	0642 1.9 1142 0.1 1906 2.1	0113 0.5 0734 1.9 1339 0.2 2006 2.0	0551 4.3 1212 0.5 1820 4.4	0114 0.7 0711 5.4 1342 0.4 1936 5.5	0430 5.6 1120 1.0 1656 5.5 2342 1.4	9	W
0046 0.3 0707 1.8 1327 0.2 1955 1.5	0346 2.9 1040 0.4 1621 2.5 2240 0.6	0456 3.4 1158 0.4 1733 2.9 2351 0.5	0533 3.8 1212 0.4 1803 3.3	0050 0.5 0739 1.8 1251 0.2 2005 2.0	0213 0.5 0821 1.8 1438 0.2 2102 1.9	0024 0.9 0647 4.1 1308 0.6 1920 4.2	0155 0.8 0802 5.2 1426 0.5 2029 5.3	0525 5.3 1214 1.3 1755 5.2	10	TH
0137 0.3 0801 1.8 1424 0.2 2056 1.5	0436 2.8 1130 0.5 1715 2.3 2331 0.7	0544 3.3 1242 0.5 1824 2.8	0020 0.6 0616 3.6 1258 0.5 1850 3.1	0201 0.5 0836 1.8 1415 0.2 2107 1.9	0314 0.5 0918 1.7 1539 0.2 2215 1.8	0126 1.1 0746 3.9 1411 0.7 2024 4.0	0241 1.0 0857 5.0 1518 0.6 2127 5.0	0039 1.6 0628 5.0 1315 1.5 1902 5.0	11	F
0236 0.4 0907 1.7 1530 0.3 2205 1.5	0534 2.6 1232 0.7 1820 2.2	0033 0.7 0641 3.1 1341 0.7 1926 2.7	0107 0.7 0706 3.4 1355 0.7 1945 3.0	0315 0.5 0939 1.7 1538 0.2 2221 1.8	0420 0.5 1042 1.6 1645 0.3 2330 1.8	0236 1.1 0854 3.8 1515 0.7 2136 3.9	0338 1.1 0957 4.8 1624 0.7 2235 4.9	0145 1.8 0739 4.9 1420 1.6 2015 4.9	12	SA
0346 0.4 1018 1.7 1638 0.3 2311 1.5	0042 0.8 0644 2.5 1348 0.7 1936 2.2	0139 0.9 0748 2.9 1503 0.8 2037 2.7	0212 0.9 0809 3.2 1505 0.8 2053 2.9	0419 0.9 1052 1.6 1639 0.2 2328 1.8	0542 0.6 1157 1.6 1801 0.3	0346 1.1 1006 3.8 1621 0.8 2242 4.0 2348 5.0	0450 1.2 1109 4.7 1736 0.7	0255 1.8 0851 4.9 1527 1.6 2121 5.0	13	SU
0458 0.4 1126 1.7 1741 0.3	0210 0.9 0801 2.4 1501 0.7 2054 2.3	0325 0.9 0903 2.9 1619 0.7 2153 2.7	0332 0.9 0922 3.1 1615 0.7 2209 3.0	0517 0.4 1152 1.7 1732 0.2	0035 1.8 0718 0.5 1300 1.7 1925 0.3	0454 1.1 1106 3.8 1721 0.8 2335 4.1	0604 1.0 1217 4.9 1842 0.6 2215 5.2	0403 1.6 0951 5.0 1629 1.4	14	M
0011 1.6 0601 0.4 1224 1.7 1834 0.3	0326 0.8 0915 2.5 1601 0.6 2157 2.4	0444 0.8 1017 2.9 1718 0.5 2301 2.9	0445 0.7 1039 3.2 1718 0.5 2320 3.2	0018 1.9 0609 0.4 1241 1.7 1819 0.3	0132 1.8 0832 0.5 1355 1.7 2037 0.3	0548 0.9 1156 4.1 1811 0.7	0049 5.2 0709 0.8 1312 5.2 1938 0.3	0500 1.4 1039 5.2 1721 1.2 2301 5.4	15	TU

** Time Zone -0100. For UT subtract 1 hour. For European summer time (shaded) 29/3-25/10 add 1 hour **

PAGE 125

DECEMBER 1998 TIDE TABLES

Time Zone -0100. For UT subtract 1 hour. For European summer time (shaded) 29/3-25/10 add 1 hour

Day	ESBJERG Time m	HELGOLAND Time m	CUXHAVEN Time m	BREMERHAVEN Time m	HOEK VAN HOLLAND Time m	ROTTERDAM Time m	VLISSINGEN Time m	ANTWERPEN Time m	DUNKERQUE Time m
16 W	0102 1.7 / 0653 0.3 / 1315 1.7 / 1918 0.2	0425 0.6 / 1015 2.5 / 1650 0.5 / 2248 2.6	0542 0.6 / 1121 3.0 / 1808 0.4 / 2355 3.1	0545 0.5 / 1146 3.3 / 1811 0.4	0101 2.0 / 0658 0.4 / 1322 1.9 / 1903 0.3	0222 1.8 / 0938 0.4 / 1443 1.7 / 2140 0.4	0019 4.2 / 0633 0.8 / 1237 4.2 / 1852 0.6	0139 5.5 / 0801 0.5 / 1359 5.5 / 2024 0.3	0548 1.2 / 1123 5.4 / 1805 1.1 / 2342 5.6
17 TH	0145 1.7 / 0737 0.3 / 1400 1.8 / 1957 0.2	0514 0.5 / 1104 2.6 / 1733 0.4 / 2330 2.7	0631 0.5 / 1213 3.1 / 1852 0.4	0018 3.4 / 0636 0.4 / 1242 3.4 / 1858 0.3	0139 2.0 / 0743 0.4 / 1359 2.0 / 1942 0.4	0306 1.9 / 1044 0.4 / 1524 1.8 / 2247 0.5	0057 4.4 / 0712 0.7 / 1315 4.4 / 1929 0.6	0221 5.6 / 0845 0.4 / 1440 5.6 / 2105 0.3	0630 1.0 / 1202 5.5 / 1845 1.0
18 F ●	0222 1.8 / 0817 0.2 / 1439 1.7 / 2033 0.2	0558 0.4 / 1147 2.6 / 1814 0.4	0041 3.2 / 0716 0.4 / 1300 3.2 / 1933 0.3	0108 3.6 / 0722 0.3 / 1330 3.5 / 1941 0.3	0216 2.1 / 0819 0.3 / 1434 2.0 / 2017 0.4	0343 1.9 / 1140 0.4 / 1601 1.8	0133 4.5 / 0750 0.6 / 1349 4.5 / 2003 0.6	0259 5.7 / 0924 0.4 / 1516 5.7 / 2141 0.4	0021 5.7 / 0708 0.9 / 1239 5.6 / 1921 0.9
19 SA	0257 1.8 / 0854 0.2 / 1515 1.8 / 2108 0.2	0008 2.7 / 0639 0.4 / 1227 2.6 / 1852 0.3	0122 3.3 / 0758 0.3 / 1343 3.2 / 2013 0.3	0151 3.6 / 0804 0.2 / 1412 3.6 / 2021 0.3	0251 2.1 / 0837 0.3 / 1508 2.1 / 2048 0.5	0008 0.5 / 0418 1.8 / 1227 0.4 / 1637 1.8	0206 4.6 / 0825 0.5 / 1423 4.6 / 2038 0.5	0333 5.7 / 1000 0.4 / 1550 5.7 / 2215 0.5	0055 5.7 / 0744 0.9 / 1313 5.6 / 1957 0.9
20 SU	0330 1.8 / 0932 0.1 / 1551 1.7 / 2142 0.1	0045 2.8 / 0719 0.4 / 1306 2.6 / 1930 0.4	0203 3.3 / 0839 0.3 / 1425 3.1 / 2052 0.3	0230 3.7 / 0845 0.2 / 1451 3.5 / 2100 0.3	0326 2.1 / 0854 0.3 / 1542 2.0 / 2115 0.5	0101 0.5 / 0454 1.8 / 1310 0.4 / 1714 1.9	0241 4.6 / 0901 0.5 / 1457 4.7 / 2114 0.5	0407 5.7 / 1035 0.5 / 1624 5.7 / 2250 0.5	0128 5.7 / 0818 0.9 / 1345 5.6 / 2031 0.9
21 M	0403 1.8 / 1009 0.1 / 1627 1.7 / 2218 0.1	0119 2.8 / 0758 0.4 / 1342 2.6 / 2008 0.4	0242 3.3 / 0918 0.3 / 1506 3.1 / 2130 0.3	0306 3.7 / 0923 0.2 / 1527 3.5 / 2138 0.3	0400 2.1 / 0919 0.3 / 1617 2.2 / 2141 0.5	0147 0.5 / 0530 1.8 / 1352 0.4 / 1751 1.9	0315 4.6 / 0939 0.4 / 1532 4.7 / 2152 0.5	0442 5.6 / 1112 0.5 / 1659 5.7 / 2327 0.6	0159 5.7 / 0852 0.9 / 1416 5.7 / 2106 1.0
22 TU	0439 1.8 / 1045 0.1 / 1703 1.8 / 2254 0.1	0154 2.8 / 0836 0.3 / 1418 2.6 / 2045 0.4	0319 3.3 / 0957 0.3 / 1545 3.1 / 2207 0.3	0342 3.7 / 1001 0.2 / 1604 3.5 / 2215 0.2	0435 2.0 / 0951 0.3 / 1654 2.2 / 2212 0.5	0230 0.5 / 0608 1.8 / 1431 0.4 / 1831 2.0	0351 4.6 / 1019 0.4 / 1609 4.6 / 2232 0.5	0517 5.7 / 1151 0.5 / 1736 5.8	0232 5.8 / 0927 0.9 / 1451 5.7 / 2141 1.0
23 W	0515 1.8 / 1124 0.0 / 1739 1.6 / 2333 0.1	0227 2.8 / 0914 0.3 / 1454 2.6 / 2122 0.4	0356 3.3 / 1035 0.3 / 1622 3.1 / 2245 0.3	0418 3.7 / 1039 0.1 / 1642 3.5 / 2254 0.2	0512 2.0 / 1027 0.2 / 1733 2.1 / 2250 0.5	0006 0.7 / 0647 1.9 / 1255 0.4 / 1912 2.0	0428 4.5 / 1100 0.4 / 1648 4.6 / 2313 0.6	0004 0.6 / 0554 5.7 / 1230 0.5 / 1814 5.9	0309 5.8 / 1004 0.9 / 1530 5.8 / 2218 1.0
24 TH	0551 1.7 / 1203 0.0 / 1817 1.5	0303 2.9 / 0953 0.3 / 1533 2.6 / 2201 0.4	0431 3.3 / 1114 0.2 / 1700 3.1 / 2324 0.3	0455 3.7 / 1119 0.1 / 1721 3.5 / 2333 0.1	0551 1.9 / 1109 0.1 / 1817 2.1 / 2338 0.5	0127 0.6 / 0729 1.9 / 1434 0.3 / 1958 2.1	0508 4.4 / 1143 0.4 / 1730 4.5 / 2357 0.7	0042 0.6 / 0633 5.7 / 1309 0.4 / 1857 5.9	0350 5.8 / 1044 1.0 / 1615 5.7 / 2300 1.1
25 F	0014 0.1 / 0630 1.7 / 1247 0.0 / 1901 1.5	0345 2.9 / 1035 0.3 / 1618 2.6 / 2245 0.4	0509 3.4 / 1155 0.2 / 1742 3.1	0535 3.7 / 1202 -0.0 / 1804 3.4	0636 1.8 / 1158 0.1 / 1908 2.0	0236 0.5 / 0815 1.9 / 1404 0.2 / 2050 2.1	0553 4.3 / 1229 0.5 / 1821 4.4	0121 0.6 / 0718 5.7 / 1352 0.5 / 1945 5.8	0437 5.7 / 1129 1.1 / 1707 5.6 / 2349 1.2
26 SA	0100 0.1 / 0718 1.7 / 1336 0.0 / 1957 1.5	0433 2.9 / 1124 0.3 / 1711 2.6 / 2337 0.4	0006 0.3 / 0554 3.4 / 1241 0.2 / 1830 3.1	0018 0.1 / 0621 3.7 / 1248 -0.1 / 1852 3.4	0300 0.4 / 0730 1.8 / 1308 0.1 / 2015 2.0	0356 0.5 / 0909 1.9 / 1511 0.1 / 2153 2.1	0045 0.7 / 0647 4.1 / 1321 0.5 / 1927 4.2	0208 0.6 / 0809 5.6 / 1444 0.4 / 2044 5.5	0533 5.5 / 1224 1.2 / 1808 5.5
27 SU	0153 0.1 / 0816 1.7 / 1435 0.1 / 2103 1.5	0531 2.9 / 1220 0.3 / 1811 2.6	0054 0.3 / 0648 3.5 / 1333 0.2 / 1927 3.2	0107 0.1 / 0712 3.7 / 1342 -0.1 / 1947 3.4	0248 0.5 / 0845 1.7 / 1430 0.1 / 2135 1.9	0454 0.4 / 1019 1.9 / 1624 0.1 / 2309 2.1	0142 0.8 / 0757 4.0 / 1422 0.5 / 2043 4.2	0305 0.6 / 0914 5.3 / 1546 0.5 / 2159 5.4	0051 1.4 / 0638 5.3 / 1331 1.3 / 1920 5.3
28 M	0254 0.1 / 0924 1.7 / 1543 0.1 / 2214 1.5	0039 0.4 / 0635 2.9 / 1324 0.3 / 1916 2.7	0151 0.3 / 0748 3.5 / 1436 0.1 / 2027 3.2	0204 0.1 / 0811 3.7 / 1442 -0.1 / 2048 3.5	0330 0.4 / 0811 1.7 / 1004 1.7 / 1533 0.1 / 2245 2.0	0642 0.4 / 1136 1.9 / 1737 0.1	0251 0.8 / 0912 4.0 / 1536 0.5 / 2154 4.2	0413 0.9 / 1033 5.2 / 1659 0.6 / 2317 5.4	0206 1.4 / 0754 5.2 / 1445 1.3 / 2036 5.4
29 TU	0406 0.2 / 1037 1.7 / 1656 0.1 / 2326 1.6	0148 0.3 / 0742 2.9 / 1431 0.1 / 2022 2.8	0300 0.2 / 0853 3.5 / 1545 0.1 / 2131 3.3	0311 0.0 / 0915 3.7 / 1548 -0.2 / 2151 3.6	0425 0.4 / 1113 1.8 / 1633 0.1 / 2347 2.1	0018 2.1 / 0745 0.3 / 1242 2.0 / 1858 0.1	0409 0.8 / 1022 4.1 / 1658 0.4 / 2300 4.4	0530 0.8 / 1148 5.4 / 1819 0.5	0321 1.3 / 0907 5.3 / 1555 1.2 / 2145 5.5
30 W	0521 0.1 / 1150 1.7 / 1804 0.1	0258 0.2 / 0848 3.0 / 1535 0.1 / 2124 2.8	0414 0.1 / 0958 3.5 / 1653 -0.1 / 2233 3.4	0420 -0.1 / 1019 3.7 / 1654 -0.2 / 2254 3.7	0519 0.4 / 1212 1.9 / 1730 0.2	0118 2.2 / 0845 0.3 / 1340 2.1 / 2009 0.2	0528 0.7 / 1124 4.3 / 1804 0.4 / 2357 4.5	0024 5.6 / 0654 0.7 / 1251 5.6 / 1935 0.4	0430 1.1 / 1010 5.6 / 1703 0.9 / 2242 5.8
31 TH	0035 1.6 / 0630 0.1 / 1301 1.8 / 1904 0.1	0404 0.1 / 0950 3.0 / 1634 0.0 / 2220 2.9	0523 -0.2 / 1101 3.6 / 1754 -0.1 / 2333 3.5	0525 -0.2 / 1123 3.8 / 1755 -0.3 / 2354 3.8	0042 2.1 / 0603 0.4 / 1306 2.0 / 1818 0.2	0210 2.2 / 0945 0.3 / 1431 2.1 / 2006 0.2	0630 0.5 / 1220 4.5 / 1858 0.3	0121 5.8 / 0805 0.5 / 1345 5.8 / 2035 0.4	0532 0.9 / 1104 5.8 / 1800 0.7 / 2333 5.9

PAGE 126

TIDE TABLES

FRANCE, SPAIN, PORTUGAL & GIBRALTAR Time Zone -0100
Calais * Dieppe * Le Havre * Cherbourg * St Malo * Brest * Pointe de Grave * Lisboa * Gibraltar

TIDE TABLES JANUARY 1998

CALAIS	DIEPPE	LE HAVRE	CHERBOURG	ST MALO	BREST	POINTE DE GRAVE	LISBOA	GIBRALTAR		
Time m	Time m	Time m	Time m	Time m	Time m	Time m	Time m	Time m		
0147 7.1	0109 9.1	0721 1.3	0459 1.1	0326 1.6	0632 7.2	0638 5.4	0543 3.9	0442 0.9	1	TH
0906 1.1	0807 0.9	1131 7.8	1027 6.4	0844 12.4	1257 1.1	1239 1.0	1124 0.5	1015 0.1		
1407 7.1	1327 9.2	1942 1.0	1724 0.9	1550 1.3	1853 6.9	1901 5.1	1808 3.7	1659 0.9		
2127 1.1	2030 0.7		2253 6.2	2106 12.1			2339 0.6	2244 0.1		
0227 7.1	0151 9.0	0042 7.6	0543 1.2	0409 1.7	0118 1.3	0058 1.1	0625 3.9	0528 0.9	2	F
0946 1.1	0851 0.9	0803 1.3	1110 6.3	0924 12.2	0716 7.1	0722 5.3	1209 0.6	1101 0.2		
1450 7.1	1409 9.0	1215 7.8	1808 0.9	1633 1.5	1344 1.2	1324 1.0	1852 3.6	1748 0.9		
2207 1.2	2113 0.7	2023 1.1	2337 6.1	2147 11.8	1938 6.7	1947 5.0		2330 0.1		
0311 7.0	0233 8.9	0125 7.5	0028 6.0	0449 2.1	0204 1.4	0145 1.2	0024 0.7	0617 0.9	3	SA
1027 1.1	0933 1.0	0842 1.4	1155 6.2	1006 11.9	0802 6.9	0810 5.2	0709 3.8	1151 0.2		
1536 7.0	1452 8.8	1304 7.7	1854 1.1	1714 1.9	1431 1.4	1412 1.2	1258 0.7	1841 0.9		
2251 1.3	2156 0.9	2102 1.2		2230 11.4	2025 6.5	2037 4.8	1939 3.5			
0400 6.9	0318 8.7	0253 7.4	0024 5.9	0530 2.5	0254 1.7	0236 1.3	0116 0.9	0022 0.2	4	SU
1113 1.3	1017 1.2	0924 1.6	0715 1.5	1050 11.4	0851 6.6	0904 5.0	0759 3.7	0710 0.9		
1630 6.8	1539 8.5	1406 7.4	1245 6.0	1757 2.5	1522 1.7	1505 1.3	1353 0.9	1249 0.2		
2339 1.5	2241 1.1	2144 1.5	1944 1.4	2318 10.8	2118 6.2	2136 4.7	2033 3.4	1939 0.8		
0456 6.7	0407 8.4	0343 7.2	0117 5.6	0615 3.1	0347 2.0	0332 1.5	0215 1.1	0123 0.2	5	M
1206 1.4	1105 1.5	1009 1.9	0809 1.8	1142 10.7	0947 6.3	1007 4.8	0857 3.5	0809 0.9		
1732 6.5	1633 8.1	1537 7.2	1340 5.7	1847 3.0	1618 2.0	1603 1.5	1457 1.0	1358 0.3		
	2332 1.7	2233 1.7	2040 1.6		2218 5.9	2247 4.5	2136 3.3	2045 0.8		
0036 1.7	0506 8.0	0442 7.1	0216 5.4	0016 10.2	0447 2.2	0435 1.6	0327 1.2	0236 0.3	6	TU
0603 6.4	1200 1.8	1103 2.1	0911 2.0	0710 3.5	1051 6.1	1118 4.7	1004 3.4	0913 0.9		
1307 1.7	1739 7.8	1656 7.0	1444 5.4	1247 10.1	1721 2.2	1709 1.6	1611 1.1	1521 0.5		
1842 6.3		2333 2.0	2144 1.9	1948 3.4	2328 5.8		2249 3.2	2157 0.7		
0142 1.9	0032 1.8	0545 7.0	0324 5.3	0127 9.9	0554 2.3	0002 4.5	0446 1.3	0355 0.3	7	W
0715 6.3	0617 7.8	1211 2.3	1022 2.1	0820 3.8	1204 5.9	0545 1.7	1120 3.3	1021 0.9		
1418 1.8	1311 2.0	1807 6.9	1556 5.2	1405 9.9	1831 2.3	1233 4.7	1725 1.2	1640 0.6		
1956 6.2	1856 7.6		2256 2.0	2101 3.5		1821 1.7		2308 0.8		
0257 2.0	0149 1.9	0045 2.2	0439 5.3	0245 9.9	0045 5.8	0114 4.6	0004 3.3	0504 0.3	8	TH
0827 6.3	0731 7.8	0651 7.0	1138 2.0	0937 3.6	0708 2.3	0657 1.7	0600 1.2	1126 0.9		
1536 1.8	1434 1.9	1328 2.2	1715 5.3	1524 10.0	1320 6.0	1342 4.7	1234 3.3	1742 0.2		
2105 6.3	2009 7.8	1919 7.0		2215 3.3	1942 2.4	1930 1.6	1830 1.1			
0414 1.8	0306 1.7	0202 2.1	0009 1.9	0357 10.3	0155 6.0	0218 4.7	0111 3.4	0011 0.8	9	F
0933 6.4	0839 8.1	0800 7.2	0554 5.4	1050 3.2	0817 2.1	0804 1.5	0703 1.1	0601 0.9		
1649 1.6	1543 1.5	1443 1.9	1249 1.8	1633 10.4	1427 6.2	1444 4.8	1339 3.4	1225 0.9		
2208 6.5	2113 8.1	2039 7.1	1829 5.4	2321 2.8	2045 2.0	2031 1.5	1926 1.0	1833 0.1		
0521 1.6	0409 1.4	0312 1.8	0115 1.7	0500 10.8	0255 6.3	0313 4.9	0208 3.6	0106 0.9	10	SA
1034 6.6	0939 8.4	0912 7.3	0657 5.7	1153 2.6	0917 1.8	0903 1.4	0757 0.9	0651 0.2		
1751 1.2	1642 1.2	1549 1.6	1349 1.5	1733 10.9	1522 6.4	1538 5.0	1434 3.5	1318 0.9		
2306 6.6	2209 8.5	2150 7.3	1928 5.6		2139 1.7	2125 1.4	2013 0.9	1918 0.1		
0618 1.4	0505 1.2	0415 1.6	0211 1.5	0018 2.4	0346 6.6	0402 5.1	0258 3.7	0155 0.9	11	SU
1130 6.8	1031 8.7	1013 7.5	0749 5.9	0554 11.3	1009 1.5	0954 1.2	0843 0.8	0735 0.2		
1845 1.3	1734 0.9	1647 1.2	1441 1.2	1248 2.2	1612 6.6	1625 5.0	1523 3.4	1407 0.9		
2357 6.8	2259 8.7	2246 7.5	2018 5.8	1824 11.3	2228 1.5	2212 1.3	2056 0.8	2000 0.1		
0707 1.3	0556 1.0	0510 1.4	0300 1.3	0111 2.1	0432 6.8	0445 5.2	0343 3.8	0240 0.9	12	M
1218 6.9	1118 8.9	1103 7.7	0834 6.1	0643 11.7	1057 1.4	1041 1.1	0925 0.7	0817 0.1		O
1930 1.2	1823 0.8	1738 1.1	1527 1.1	1339 1.9	1656 6.8	1706 5.1	1607 3.6	1452 0.9		
		2345 8.9	2101 6.1	1912 11.5	2312 1.4	2255 1.2	2135 0.8	2041 0.1		
0040 6.9	0643 0.9	0559 1.3	0344 1.2	0159 2.0	0515 6.9	0525 5.2	0425 3.9	0323 0.9	13	TU
0749 1.2	1203 9.0	1145 7.7	0915 6.2	0727 11.8	1140 1.3	1123 1.1	1004 0.7	0857 0.1		
1300 6.9	1908 0.7	1824 1.1	1609 1.0	1426 1.8	1736 6.8	1744 5.1	1648 3.7	1534 0.9		
2009 1.2			2141 6.0	1954 11.6	2354 1.4	2335 1.2	2212 0.8	2121 0.1		
0118 6.9	0027 8.9	0014 7.6	0424 1.2	0242 2.0	0553 7.0	0600 5.2	0504 3.9	0404 0.9	14	W
0824 1.2	0725 1.0	0642 1.4	0953 6.2	0808 11.9	1220 1.3	1203 1.1	1040 0.7	0937 0.1		
1336 7.0	1243 9.0	1215 7.7	1647 1.0	1506 1.8	1813 6.8	1818 5.0	1726 3.6	1615 0.9		
2040 1.3	1947 0.8	1903 1.1	2218 6.0	2033 11.5			2248 0.8	2159 0.1		
0151 6.9	0106 8.9	0046 7.6	0500 1.3	0320 2.1	0032 1.4	0013 1.2	0541 3.8	0443 0.9	15	TH
0853 1.3	0801 1.1	0718 1.5	1028 6.2	0845 11.7	0629 6.9	0633 5.1	1115 0.7	1015 0.2		
1410 6.9	1321 8.9	1148 7.6	1722 1.1	1540 2.0	1257 1.4	1240 1.1	1802 3.5	1654 0.9		
2108 1.4	2020 0.9	1937 1.3	2251 5.9	2107 11.3	1848 6.6	1849 4.9	2322 0.8	2236 0.2		

●● Time Zone -0100. For UT subtract 1 hour. For European summer time (shaded) 29/3-25/10 add 1 hour **●●**

PAGE 127

JANUARY 1998 TIDE TABLES

Time Zone -0100. For UT subtract 1 hour. For European summer time (shaded) 29/3-25/10 add 1 hour

Day	CALAIS Time m	DIEPPE Time m	LE HAVRE Time m	CHERBOURG Time m	ST MALO Time m	BREST Time m	POINTE DE GRAVE Time m	LISBOA Time m	GIBRALTAR Time m
16 F	0225 6.9 / 0921 1.3 / 1445 6.9 / 2136 1.5	0142 8.7 / 0832 1.2 / 1356 8.7 / 2048 1.1	0100 7.5 / 0749 1.7 / 1223 7.6 / 2005 1.6	0533 1.5 / 1101 6.1 / 1754 1.3 / 2325 5.8	0351 2.3 / 091811.5 / 1609 2.3 / 213911.0	0107 1.6 / 0702 6.7 / 1332 1.6 / 1921 6.4	0050 1.2 / 0703 5.0 / 1316 1.2 / 1921 4.8	0616 3.7 / 1151 0.8 / 1837 3.4 / 2358 0.9	0521 0.9 / 1054 0.2 / 1732 0.9 / 2313 0.2
17 SA	0300 6.9 / 0951 1.4 / 1520 6.8 / 2206 1.6	0217 8.5 / 0859 1.4 / 1429 8.4 / 2115 1.3	0102 7.5 / 0815 1.9 / 1301 7.5 / 2028 1.8	0604 1.6 / 1134 5.9 / 1824 1.5 / 2359 5.6	0419 2.5 / 094811.2 / 1635 2.6 / 220810.7	0141 1.8 / 0734 6.5 / 1405 1.9 / 1953 6.2	0126 1.3 / 0735 4.9 / 1353 1.4 / 1953 4.6	0651 3.6 / 1227 0.9 / 1912 3.3	0558 0.9 / 1133 0.2 / 1809 0.8 / 2351 0.2
18 SU	0336 6.8 / 1024 1.6 / 1557 6.7 / 2240 1.7	0249 8.3 / 0926 1.6 / 1501 8.1 / 2143 1.6	0135 7.4 / 0839 2.1 / 1341 7.4 / 2054 2.0	0635 1.9 / 1207 5.7 / 1856 1.8	0445 2.9 / 101810.8 / 1700 3.0 / 223910.2	0214 2.0 / 0806 6.2 / 1439 2.2 / 2027 5.9	0203 1.5 / 0808 4.7 / 1430 1.6 / 2030 4.5	0035 1.1 / 0725 3.4 / 1305 1.1 / 1949 3.2	0637 0.8 / 1213 0.3 / 1850 0.8
19 M	0414 6.6 / 1102 1.8 / 1636 6.4 / 2321 2.0	0323 7.9 / 0958 1.9 / 1536 7.8 / 2218 1.9	0213 7.2 / 0911 2.3 / 1423 7.1 / 2127 2.3	0034 5.4 / 0709 2.1 / 1244 5.4 / 1932 2.0	0513 3.3 / 104910.3 / 1730 3.4 / 2312 9.7	0250 2.3 / 0842 5.9 / 1516 2.5 / 2107 5.6	0242 1.7 / 0847 4.5 / 1511 1.7 / 2115 4.3	0115 1.2 / 0803 3.2 / 1348 1.3 / 2030 3.0	0031 0.3 / 0718 0.8 / 1259 0.3 / 1936 0.7
20 TU	0455 6.4 / 1149 2.0 / 1721 6.1	0400 7.6 / 1037 2.2 / 1616 7.3 / 2300 2.3	0257 6.9 / 0951 2.5 / 1510 6.7 / 2212 2.6	0115 5.1 / 0750 2.4 / 1327 5.1 / 2016 2.3	0547 3.8 / 1126 9.7 / 1807 3.9 / 2355 9.2	0332 2.6 / 0925 5.6 / 1601 2.7 / 2157 5.4	0327 1.9 / 0934 4.3 / 1558 1.9 / 2212 4.1	0203 1.4 / 0846 3.1 / 1440 1.4 / 2122 2.9	0119 0.3 / 0807 0.8 / 1356 0.4 / 2033 0.7
21 W	0015 2.2 / 0544 6.0 / 1247 2.2 / 1815 5.8	0445 7.2 / 1127 2.5 / 1708 6.9 / 2356 2.6	0348 6.6 / 1042 2.8 / 1609 6.4 / 2309 2.8	0206 4.9 / 0842 2.6 / 1423 4.8 / 2112 2.5	0633 4.3 / 1215 9.1 / 1901 4.4	0423 2.9 / 1019 5.4 / 1657 2.9 / 2303 5.2	0419 2.0 / 1037 4.1 / 1656 2.1 / 2326 4.0	0303 1.5 / 0943 2.9 / 1545 1.5 / 2229 2.8	0224 0.4 / 0906 0.7 / 1518 0.4 / 2142 0.7
22 TH	0117 2.4 / 0647 5.8 / 1351 2.3 / 1928 5.6	0543 6.9 / 1230 2.8 / 1818 6.6	0457 6.4 / 1145 3.0 / 1729 6.2	0308 4.8 / 0947 2.7 / 1532 4.7 / 2221 2.6	0058 8.8 / 0737 4.6 / 1329 8.7 / 2015 4.6	0525 3.0 / 1129 5.3 / 1806 3.0	0522 2.1 / 1157 4.1 / 1804 2.1	0418 1.6 / 1058 2.8 / 1659 1.5 / 2345 2.9	0352 0.4 / 1015 0.7 / 1646 0.3 / 2258 0.7
23 F ○	0222 2.4 / 0805 5.7 / 1455 2.3 / 2046 5.7	0104 2.8 / 0701 6.8 / 1345 2.8 / 1945 6.8	0016 2.9 / 0624 6.4 / 1256 2.9 / 1901 6.3	0419 4.8 / 1100 2.6 / 1648 4.7 / 2333 2.5	0221 8.7 / 0857 4.6 / 1454 8.8 / 2136 4.4	0021 5.2 / 0638 3.0 / 1251 5.3 / 1921 2.8	0043 4.1 / 0632 2.1 / 1314 4.2 / 1913 2.0	0533 1.5 / 1217 2.9 / 1805 1.4	0510 0.3 / 1124 0.8 / 1750 0.3
24 SA	0327 2.3 / 0918 5.9 / 1600 2.1 / 2151 6.0	0221 2.7 / 0821 7.1 / 1502 2.4 / 2057 7.2	0129 2.8 / 0739 6.6 / 1406 2.6 / 2013 6.6	0533 4.9 / 1212 2.4 / 1803 4.9	0339 9.1 / 1014 4.1 / 1607 9.4 / 2248 3.8	0136 5.5 / 0750 2.7 / 1403 5.5 / 2024 2.5	0148 4.3 / 0739 2.0 / 1418 4.4 / 2013 1.9	0054 3.0 / 0638 1.3 / 1323 3.0 / 1901 1.2	0003 0.7 / 0606 0.3 / 1222 0.8 / 1839 0.2
25 SU	0431 2.0 / 1016 6.2 / 1703 1.8 / 2244 6.3	0333 2.3 / 0924 7.5 / 1606 1.9 / 2153 7.8	0236 2.5 / 0836 7.0 / 1512 2.2 / 2109 7.0	0041 2.2 / 0635 5.2 / 1313 2.0 / 1902 5.2	0441 9.8 / 1121 3.4 / 170710.1 / 2351 3.1	0234 5.8 / 0849 2.3 / 1458 5.9 / 2116 2.1	0243 4.6 / 0836 1.7 / 1510 4.7 / 2104 1.6	0150 3.2 / 0730 1.1 / 1416 3.2 / 1949 1.0	0057 0.8 / 0651 0.2 / 1313 0.8 / 1921 0.2
26 M	0532 1.7 / 1106 6.5 / 1801 1.5 / 2330 6.7	0433 1.8 / 1015 8.3 / 1703 1.4 / 2241 8.4	0339 2.1 / 0919 7.3 / 1612 1.8 / 2155 7.3	0138 1.9 / 0724 5.6 / 1406 1.6 / 1951 5.6	053410.7 / 1221 2.6 / 175910.9	0323 6.3 / 0940 1.9 / 1545 6.3 / 2203 1.7	0332 4.9 / 0927 1.5 / 1557 4.9 / 2151 1.4	0238 3.5 / 0818 0.9 / 1503 3.4 / 2034 0.8	0144 0.8 / 0733 0.2 / 1359 0.9 / 2001 0.1
27 TU	0629 1.4 / 1151 6.9 / 1857 1.2	0527 1.4 / 1102 8.8 / 1756 1.0 / 2327 8.8	0439 1.7 / 0951 7.6 / 1709 1.4 / 2242 7.6	0229 1.5 / 0809 5.9 / 1454 1.2 / 2035 5.9	0047 2.4 / 062311.5 / 1315 1.9 / 184711.6	0408 6.7 / 1027 1.5 / 1630 6.7 / 2249 1.3	0416 5.2 / 1012 1.2 / 1641 5.1 / 2234 1.2	0322 3.7 / 0902 0.6 / 1547 3.6 / 2117 0.5	0227 0.9 / 0813 0.1 / 1444 0.9 / 2041 0.0
28 W ●	0013 7.0 / 0723 1.2 / 1233 7.1 / 1948 1.0	0619 1.0 / 1147 9.1 / 1846 0.6	0534 1.4 / 1010 7.8 / 1801 1.0 / 2337 7.7	0316 1.2 / 0852 6.2 / 1541 0.8 / 2118 6.2	0140 1.8 / 070912.1 / 1407 1.2 / 193312.0	0452 7.1 / 1113 1.1 / 1714 7.0 / 2334 1.0	0500 5.4 / 1057 1.0 / 1724 5.3 / 2317 1.0	0405 3.9 / 0945 0.5 / 1629 3.7 / 2200 0.5	0310 0.9 / 0854 0.1 / 1527 1.0 / 2120 0.0
29 TH	0054 7.2 / 0812 0.9 / 1315 7.3 / 2036 0.9	0011 9.2 / 0709 0.7 / 1230 9.4 / 1933 0.3	0624 1.1 / 1039 8.0 / 1848 0.7 / 2333 7.8	0401 0.9 / 0934 6.5 / 1625 0.6 / 2200 6.3	0230 1.3 / 075312.6 / 1455 0.8 / 201612.5	0536 7.3 / 1158 0.8 / 1757 7.2	0542 5.5 / 1140 0.8 / 1805 5.3	0446 4.0 / 1027 0.3 / 1711 3.8 / 2242 0.5	0353 1.0 / 0934 0.0 / 1612 1.0 / 2200 -0.0
30 F	0136 7.3 / 0857 0.8 / 1357 7.4 / 2118 0.8	0054 9.4 / 0755 0.5 / 1314 9.5 / 2018 0.2	0709 0.9 / 1115 8.1 / 1931 0.6	0445 0.8 / 1016 6.6 / 1709 0.5 / 2241 6.4	0316 0.9 / 083512.8 / 1541 0.6 / 205712.6	0018 0.8 / 0619 7.5 / 1243 0.7 / 1840 7.2	0000 0.9 / 0624 5.6 / 1224 0.7 / 1847 5.3	0528 4.1 / 1110 0.3 / 1753 3.9 / 2325 0.4	0436 1.0 / 1015 0.0 / 1656 1.0 / 2240 0.0
31 SA	0217 7.3 / 0937 0.7 / 1440 7.4 / 2157 0.8	0136 9.4 / 0839 0.5 / 1356 9.4 / 2100 0.2	0015 7.8 / 0751 0.9 / 1259 8.0 / 2012 0.6	0529 0.7 / 1058 6.6 / 1753 0.5 / 2323 6.3	0400 0.7 / 091512.8 / 1623 0.7 / 213712.4	0103 0.7 / 0703 7.5 / 1328 0.8 / 1924 7.1	0043 0.8 / 0708 5.5 / 1308 0.8 / 1931 5.2	0610 4.1 / 1154 0.4 / 1836 3.8	0521 1.0 / 1059 0.0 / 1742 1.0 / 2323 0.0

TIDE TABLES

FRANCE, SPAIN, PORTUGAL & GIBRALTAR Time Zone -0100
Calais * Dieppe * Le Havre * Cherbourg * St Malo * Brest * Pointe de Grave * Lisboa * Gibraltar

TIDE TABLES FEBRUARY 1998

CALAIS	DIEPPE	LE HAVRE	CHERBOURG	ST MALO	BREST	POINTE DE GRAVE	LISBOA	GIBRALTAR	
Time m	Time m	Time m	Time m	Time m	Time m	Time m	Time m	Time m	
0300 7.3 1017 0.8 1525 7.3 2238 0.9	0218 9.3 0920 0.5 1438 9.2 2140 0.4	0052 7.7 0830 1.0 1336 7.9 2050 0.8	0612 0.9 1142 6.5 1837 0.7	0440 1.2 0955 12.5 1703 1.1 2218 12.0	0149 1.0 0748 7.3 1415 1.0 2009 6.9	0129 0.9 0754 5.4 1354 0.9 2018 5.0	0010 0.5 0654 4.0 1240 0.5 1921 3.7	0606 1.0 1145 0.1 1830 0.9	**1 SU**
0346 7.2 1100 0.9 1614 7.4 2322 1.2	0301 9.1 1000 0.7 1522 8.9 2221 0.7	0251 7.7 0909 1.2 1406 7.7 2128 1.1	0007 6.2 0658 1.1 1227 6.2 1923 1.1	0519 1.7 1026 11.9 1743 1.8 2300 11.4	0236 1.3 0833 6.9 1502 1.4 2056 6.5	0217 1.0 0844 5.1 1444 1.1 2111 4.8	0058 0.7 0741 3.8 1330 0.8 2010 3.5	0009 0.1 0655 0.9 1235 0.1 1923 0.8	**2 M**
0438 6.9 1147 1.2 1711 6.7	0346 8.7 1043 1.1 1611 8.4 2306 1.2	0333 7.5 0949 1.5 1542 7.4 2210 1.5	0054 5.9 0746 1.5 1317 5.8 2013 1.5	0559 2.4 1122 11.1 1826 2.6 2349 10.6	0326 1.6 0924 6.5 1554 1.8 2150 6.1	0310 1.2 0941 4.9 1539 1.4 2215 4.5	0153 1.0 0834 3.6 1428 1.0 2108 3.3	0103 0.2 0749 0.9 1335 0.2 2023 0.8	**3 TU**
0013 1.5 0539 6.6 1243 1.5 1818 6.3	0438 8.2 1133 1.6 1710 7.8	0420 7.2 1037 1.9 1638 7.1 2303 2.0	0147 5.5 0842 1.8 1415 5.4 2112 1.9	0645 3.1 1218 10.3 1918 3.3	0421 2.0 1022 6.0 1652 2.2 2255 5.7	0410 1.5 1050 4.6 1642 1.6 2333 4.4	0258 1.2 0938 3.3 1539 1.2 2218 3.2	0211 0.2 0851 0.8 1459 0.3 2134 0.7	**4 W**
0114 1.9 0651 6.3 1351 1.9 1933 6.1	0001 1.7 0545 7.7 1238 2.0 1828 7.4	0515 6.9 1139 2.3 1744 6.8	0250 5.2 0950 2.1 1526 5.1 2224 2.2	0052 9.9 0746 3.7 1332 9.6 2027 3.8	0527 2.4 1136 5.7 1803 2.5	0519 1.7 1209 4.4 1754 1.8	0418 1.3 1056 3.2 1658 1.3 2339 3.2	0343 0.3 1002 0.6 1639 0.3 2253 0.7	**5 TH**
0228 2.1 0807 6.1 1512 2.1 2047 6.0	0117 2.1 0705 7.4 1408 2.2 1948 7.4	0013 2.4 0621 6.8 1300 2.5 1858 6.7	0406 5.0 1112 2.2 1654 4.9 2348 2.2	0213 9.5 0906 3.9 1502 9.4 2148 3.8	0016 5.6 0645 2.5 1300 5.6 1921 2.5	0053 4.4 0636 1.8 1328 4.4 1910 1.8	0543 1.3 1218 3.2 1814 1.3	0507 0.3 1118 0.8 1749 0.2	**6 F**
0352 2.1 0919 6.1 1634 1.9 2156 6.1	0244 2.1 0819 7.5 1524 1.9 2057 7.6	0137 2.5 0734 6.8 1424 2.3 2022 6.8	0536 5.1 1234 2.0 1821 5.1	0339 9.6 1033 3.7 1624 9.7 2306 3.4	0139 5.7 0802 2.4 1415 5.8 2031 2.3	0205 4.5 0751 1.7 1436 4.5 2018 1.7	0054 3.3 0654 1.2 1328 3.2 1915 1.2	0006 0.8 0609 0.2 1226 0.8 1842 0.2	**7 SA**
0509 1.9 1026 6.3 1742 1.6 2258 6.3	0353 1.8 0924 7.9 1627 1.5 2157 8.0	0254 2.2 0854 7.0 1533 1.9 2138 7.0	0103 2.0 0648 5.3 1339 1.7 1921 5.3	0451 10.1 1144 3.1 1727 10.3	0244 6.0 0906 2.1 1513 6.1 2127 2.0	0304 4.7 0854 1.5 1530 4.7 2114 1.5	0156 3.4 0750 1.1 1424 3.4 2003 1.1	0105 0.8 0657 0.2 1321 0.8 1924 0.1	**8 SU**
0609 1.6 1124 6.5 1835 1.4 2349 6.5	0451 1.5 1019 8.2 1721 1.1 2247 8.4	0400 1.9 1000 7.3 1633 1.6 2234 7.3	0200 1.7 0739 5.6 1430 1.4 2007 5.6	0009 2.9 0547 10.7 1240 2.5 1818 10.8	0336 6.3 0958 1.8 1600 6.4 2215 1.7	0353 4.9 0945 1.4 1615 4.8 2200 1.4	0245 3.6 0835 0.9 1510 3.5 2044 0.9	0154 0.9 0739 0.1 1408 0.9 2002 0.1	**9 M**
0657 1.4 1211 6.7 1918 1.3	0542 1.2 1106 8.6 1809 1.0 2330 8.6	0454 1.6 1049 7.5 1722 1.3 2318 7.5	0248 1.5 0822 5.8 1512 1.2 2048 5.8	0100 2.4 0634 11.2 1329 2.1 1901 11.2	0420 6.6 1043 1.5 1642 6.6 2257 1.5	0435 5.0 1028 1.2 1654 4.9 2240 1.2	0329 3.7 0913 0.8 1551 3.6 2120 0.8	0236 0.9 0815 0.1 1449 0.9 2037 0.1	**10 TU**
0029 6.7 0736 1.3 1248 6.8 1954 1.3	0627 1.0 1148 8.8 1851 0.8	0542 1.5 1128 7.6 1805 1.2 2355 7.6	0328 1.3 0900 6.0 1551 1.0 2123 5.9	0145 2.1 0715 11.6 1411 1.8 1940 11.4	0459 6.8 1123 1.3 1718 6.7 2336 1.3	0510 5.1 1106 1.1 1727 5.0 2317 1.1	0408 3.8 0947 0.7 1629 3.6 2154 0.8	0315 0.9 0851 0.1 1526 0.9 2111 0.1	**11 W** ○
0102 6.9 0809 1.2 1318 6.9 2023 1.3	0009 8.8 0707 1.0 1225 8.9 1927 0.8	0621 1.4 1154 7.6 1842 1.2	0405 1.2 0934 6.1 1626 1.0 2157 6.0	0224 1.9 0752 11.7 1447 1.7 2015 11.5	0534 6.9 1200 1.3 1752 6.8	0541 5.1 1142 1.0 1756 5.0 2351 1.1	0444 3.8 1020 0.7 1703 3.6 2227 0.7	0350 0.9 0924 0.1 1600 0.9 2143 0.1	**12 TH**
0131 7.0 0836 1.2 1348 7.0 2048 1.3	0045 8.9 0740 1.0 1300 8.9 1957 0.8	0023 7.6 0655 1.5 1120 7.5 1912 1.3	0438 1.2 1006 6.2 1657 1.0 2227 6.0	0259 1.9 0825 11.7 1518 1.8 2045 11.5	0010 1.3 0607 6.9 1233 1.3 1824 6.7	0609 5.1 1215 1.0 1824 5.0	0518 3.8 1051 0.7 1736 3.6 2259 0.7	0423 0.9 0958 0.1 1633 0.9 2215 0.1	**13 F**
0201 7.1 0903 1.2 1418 7.0 2115 1.3	0119 8.8 0809 1.1 1332 8.8 2024 0.9	0003 7.6 0723 1.5 1154 7.7 1938 1.4	0509 1.3 1037 6.1 1727 1.1 2257 6.0	0329 1.9 0855 11.6 1546 1.9 2114 11.3	0042 1.4 0637 6.8 1304 1.5 1853 6.6	0025 1.1 0637 5.1 1248 1.1 1851 4.9	0551 3.8 1123 0.7 1809 3.5 2332 0.7	0455 0.9 1030 0.1 1706 0.9 2247 0.1	**14 SA**
0233 7.1 0929 1.2 1450 7.0 2141 1.4	0150 8.7 0833 1.1 1403 8.7 2047 1.1	0024 7.6 0747 1.6 1229 7.7 2000 1.6	0537 1.4 1106 6.0 1755 1.3 2327 5.9	0356 2.1 0923 11.4 1612 2.2 2141 11.1	0113 1.5 0706 6.7 1333 1.7 1922 6.4	0058 1.1 0705 5.0 1321 1.2 1918 4.8	0621 3.6 1155 0.8 1839 3.4	0527 0.9 1103 0.1 1738 0.9 2318 0.1	**15 SU**

● ● Time Zone -0100. For UT subtract 1 hour. For European summer time (shaded) 29/3-25/10 add 1 hour ● ●

PAGE 129

FEBRUARY 1998 TIDE TABLES

Time Zone -0100. For UT subtract 1 hour. For European summer time (shaded) 29/3-25/10 add 1 hour

	CALAIS	DIEPPE	LE HAVRE	CHERBOURG	ST MALO	BREST	POINTE DE GRAVE	LISBOA	GIBRALTAR
	Time m	Time m	Time m	Time m	Time m	Time m	Time m	Time m	Time m
16 M	0304 7.1 0957 1.3 1521 6.9 2209 1.5	0220 8.6 0858 1.3 1432 8.4 2113 1.3	0057 7.6 0811 1.7 1305 7.6 2024 1.7	0606 1.6 1135 5.9 1824 1.6 2357 5.7	0422 2.4 0949 11.1 1636 2.5 2206 10.7	0144 1.8 0736 6.4 1403 1.9 1953 6.2	0131 1.3 0734 4.8 1353 1.4 1952 4.6	0005 0.9 0651 3.5 1228 0.9 1909 3.3	0558 0.9 1136 0.2 1812 0.8 2351 0.2
17 TU	0336 6.9 1027 1.5 1553 6.7 2242 1.7	0249 8.3 0926 1.5 1502 8.1 2143 1.6	0131 7.4 0839 1.9 1342 7.3 2055 2.0	0637 1.8 1205 5.6 1856 1.8	0448 2.8 1016 10.7 1702 3.0 2233 10.3	0216 2.0 0806 6.2 1436 2.2 2027 5.9	0206 1.4 0806 4.6 1428 1.6 2029 4.4	0040 1.0 0722 3.3 1305 1.1 1942 3.2	0633 0.8 1212 0.2 1850 0.8
18 W	0409 6.7 1104 1.8 1629 6.4 2324 2.0	0321 7.9 0959 1.9 1536 7.7 2219 2.1	0208 7.2 0914 2.2 1422 7.0 2133 2.3	0028 5.4 0712 2.1 1239 5.3 1933 2.1	0517 3.3 1046 10.2 1732 3.5 2306 9.8	0253 2.3 0843 5.8 1516 2.5 2108 5.6	0244 1.6 0845 4.4 1509 1.8 2115 4.2	0121 1.2 0757 3.1 1348 1.3 2023 3.0	0027 0.3 0714 0.8 1254 0.3 1935 0.7
19 TH	0448 6.3 1154 2.0 1712 6.1	0357 7.5 1042 2.3 1618 7.2 2306 2.5	0251 6.8 0957 2.5 1512 6.6 2223 2.7	0107 5.1 0756 2.4 1324 5.0 2020 2.4	0552 3.8 1124 9.6 1812 4.1 2352 9.1	0337 2.6 0927 5.5 1606 2.8 2202 5.3	0330 1.9 0936 4.1 1600 2.0 2221 4.0	0210 1.4 0842 2.9 1442 1.4 2118 2.9	0112 0.3 0804 0.7 1352 0.3 2036 0.7
20 F	0022 2.2 0539 6.0 1257 2.3 1815 5.7	0445 7.1 1137 2.7 1717 6.8	0350 6.5 1053 2.9 1626 6.3 2325 3.0	0201 4.9 0853 2.6 1430 4.7 2124 2.6	0642 4.4 1221 8.9 1914 4.6	0433 2.9 1028 5.2 1709 3.0 2317 5.2	0429 2.0 1054 4.0 1707 2.1 2350 4.0	0317 1.5 0949 2.8 1557 1.5 2239 2.8	0224 0.4 0912 0.7 1539 0.3 2157 0.6
21 SA	0130 2.4 0654 5.7 1406 2.4 1945 5.6	0010 2.8 0557 6.7 1252 2.9 1848 6.6	0518 6.2 1203 3.0 1811 6.2	0316 4.7 1007 2.6 1555 4.6 2245 2.6	0109 8.7 0800 4.7 1357 8.6 2043 4.7	0544 3.0 1154 5.1 1827 3.0	0542 2.1 1232 4.0 1826 2.1	0442 1.5 1124 2.8 1720 1.5	0425 0.3 1038 0.7 1717 0.3 2325 0.7
22 SU	0240 2.4 0828 5.7 1517 2.2 2109 5.8	0133 2.9 0734 6.8 1422 2.7 2018 6.9	0041 3.0 0651 6.4 1323 2.8 1935 6.5	0441 4.7 1130 2.5 1724 4.7	0254 8.7 0933 4.5 1536 9.0 2216 4.3	0047 5.3 0705 2.8 1325 5.3 1947 2.7	0112 4.2 0659 2.0 1350 4.2 1939 1.9	0008 2.9 0602 1.4 1248 2.9 1830 1.3	0541 0.3 1155 0.7 1815 0.2
23 M	0352 2.2 0941 6.1 1629 2.0 2212 6.2	0300 2.6 0850 7.3 1539 2.1 2124 7.6	0201 2.7 0756 6.8 1441 2.4 2034 6.9	0006 2.4 0600 5.0 1244 2.1 1836 5.1	0414 9.5 1057 3.7 1646 9.8 2331 3.4	0202 5.6 0818 2.4 1433 5.8 2050 2.2	0216 4.5 0807 1.7 1449 4.5 2038 1.6	0117 3.2 0704 1.1 1350 3.1 1926 1.0	0032 0.7 0633 0.2 1254 0.8 1900 0.2
24 TU	0503 1.8 1038 6.5 1736 1.6 2303 6.7	0409 2.0 0949 8.0 1641 1.5 2217 8.3	0315 2.3 0842 7.2 1551 1.9 2121 7.3	0114 2.0 0659 5.4 1344 1.6 1929 5.5	0515 10.4 1204 2.7 1742 10.8	0259 6.1 0917 1.9 1525 6.3 2142 1.7	0309 4.8 0903 1.4 1538 4.8 2128 1.3	0212 3.4 0756 0.8 1440 3.4 2014 0.8	0124 0.8 0716 0.1 1344 0.9 1942 0.1
25 W	0606 1.4 1127 7.0 1836 1.2 2349 7.1	0508 1.4 1040 8.7 1736 0.9 2306 8.9	0421 1.8 0915 7.6 1652 1.3 2157 7.7	0209 1.5 0748 5.9 1435 1.1 2015 5.9	0032 2.5 0606 11.4 1300 1.8 1831 11.7	0348 6.7 1007 1.4 1612 6.8 2230 1.2	0357 5.2 0952 1.1 1623 5.1 2214 1.1	0259 3.7 0842 0.6 1526 3.6 2100 0.5	0209 0.9 0757 0.1 1429 0.9 2021 0.0
26 TH ●	0703 1.0 1212 7.3 1930 0.9	0602 0.8 1127 9.2 1828 0.4 2351 9.3	0518 1.3 0942 8.0 1744 0.9 2245 7.9	0257 1.1 0833 6.3 1522 0.6 2058 6.3	0125 1.6 0654 12.3 1352 0.9 1917 12.5	0434 7.2 1054 0.9 1657 7.2 2316 0.8	0441 5.4 1037 0.8 1706 5.3 2258 0.8	0344 3.9 0927 0.3 1609 3.9 2143 0.3	0252 1.0 0837 -0.0 1513 1.0 2100 -0.0
27 F	0033 7.4 0754 0.7 1256 7.5 2018 0.7	0651 0.4 1212 9.6 1915 0.0	0607 0.9 1015 8.2 1831 0.5 2321 8.0	0343 0.7 0916 6.6 1607 0.4 2141 6.5	0215 0.9 0738 12.9 1440 0.3 2000 12.9	0518 7.5 1140 0.5 1740 7.4	0524 5.6 1121 0.6 1747 5.4 2342 0.6	0427 4.1 1009 0.2 1651 4.0 2226 0.3	0335 1.0 0918 -0.0 1556 1.0 2140 -0.1
28 SA	0116 7.6 0839 0.5 1339 7.6 2100 0.6	0035 9.6 0738 0.1 1256 9.7 2000 -0.1	0651 0.6 1156 8.2 1914 0.3 2358 8.0	0427 0.5 0959 6.8 1651 0.2 2223 6.6	0300 0.4 0821 13.2 1524 0.0 2042 13.1	0002 0.5 0603 7.7 1225 0.4 1823 7.5	0606 5.7 1205 0.5 1829 5.4	0509 4.2 1052 0.2 1733 4.0 2309 0.3	0417 1.0 0958 -0.1 1639 1.0 2220 -0.1

PAGE 130

TIDE TABLES

FRANCE, SPAIN, PORTUGAL & GIBRALTAR Time Zone -0100
Calais * Dieppe * Le Havre * Cherbourg * St Malo * Brest * Pointe de Grave * Lisboa * Gibraltar

TIDE TABLES MARCH 1998

CALAIS	DIEPPE	LE HAVRE	CHERBOURG	ST MALO	BREST	POINTE DE GRAVE	LISBOA	GIBRALTAR	Day
Time m	Time m	Time m	Time m	Time m	Time m	Time m	Time m	Time m	
0159 7.6 / 0920 0.5 / 1423 7.6 / 2140 0.6	0118 9.7 / 0821 0.0 / 1338 9.7 / 2042 -0.1	0733 0.5 / 1227 8.1 / 1954 0.4 / 2359 7.9	0512 0.5 / 1042 6.8 / 1734 0.3 / 2304 6.6	0344 0.3 / 0901 13.2 / 1606 0.2 / 2121 12.9	0046 0.5 / 0646 7.7 / 1310 0.5 / 1906 7.4	0026 0.6 / 0650 5.6 / 1249 0.5 / 1912 5.3	0553 4.2 / 1135 0.3 / 1816 4.0 / 2353 0.4	0500 1.0 / 1040 -0.0 / 1724 1.0 / 2301 1.0	1 SU
0242 7.6 / 1000 0.5 / 1508 7.4 / 2219 0.7	0159 9.6 / 0901 0.1 / 1420 9.5 / 2121 0.1	0152 8.1 / 0812 0.6 / 1302 8.0 / 2031 0.6	0554 0.6 / 1124 6.6 / 1817 0.6 / 2346 6.4	0424 0.6 / 0940 12.9 / 1646 0.7 / 2200 12.4	0131 0.6 / 0730 7.5 / 1354 0.8 / 1949 7.1	0111 0.6 / 0735 5.4 / 1334 0.7 / 1957 5.1	0636 4.1 / 1219 0.5 / 1900 3.8	0544 1.0 / 1122 0.0 / 1809 0.9 / 2344 0.0	2 M
0329 7.4 / 1041 0.7 / 1557 7.1 / 2301 1.0	0241 9.3 / 0940 0.4 / 1503 9.1 / 2200 0.5	0234 7.9 / 0849 0.9 / 1449 7.8 / 2107 1.0	0639 0.9 / 1207 6.3 / 1901 1.0	0503 1.2 / 1019 12.2 / 1724 1.5 / 2239 11.7	0217 1.0 / 0814 7.1 / 1441 1.2 / 2034 6.6	0158 0.8 / 0823 5.2 / 1422 1.0 / 2046 4.8	0039 0.6 / 0723 3.8 / 1306 0.7 / 1948 3.6	0630 0.9 / 1207 0.1 / 1857 0.9	3 TU
0419 7.1 / 1126 1.1 / 1651 6.7 / 2348 1.4	0324 8.9 / 1021 0.9 / 1548 8.5 / 2242 1.1	0314 7.6 / 0927 1.4 / 1531 7.4 / 2146 1.6	0030 6.0 / 0724 1.3 / 1255 5.9 / 1948 1.5	0540 2.0 / 1101 11.3 / 1804 2.4 / 2324 10.6	0305 1.5 / 0902 6.5 / 1530 1.8 / 2124 6.1	0249 1.1 / 0918 4.8 / 1515 1.3 / 2147 4.5	0130 0.9 / 0814 3.6 / 1400 1.0 / 2042 3.4	0031 0.1 / 0720 0.8 / 1259 0.2 / 1951 0.8	4 W
0519 6.6 / 1218 1.5 / 1757 6.3	0412 8.2 / 1107 1.5 / 1645 7.8 / 2333 1.8	0354 7.2 / 1010 1.9 / 1618 7.0 / 2235 2.2	0120 5.6 / 0816 1.8 / 1351 5.4 / 2043 2.0	0623 2.9 / 1152 10.2 / 1851 3.4	0358 2.0 / 0957 6.0 / 1627 2.3 / 2227 5.7	0348 1.4 / 1025 4.4 / 1615 1.7 / 2306 4.3	0233 1.2 / 0915 3.3 / 1506 1.3 / 2150 3.2	0131 0.2 / 0818 0.8 / 1412 0.2 / 2059 0.7	5 TH
0045 1.9 / 0630 6.2 / 1322 2.0 / 1910 6.0	0517 7.5 / 1208 2.1 / 1803 7.2	0443 6.8 / 1109 2.5 / 1719 6.6 / 2344 2.7	0219 5.2 / 0921 2.2 / 1500 4.9 / 2154 2.4	0021 9.8 / 0718 3.8 / 1304 9.3 / 1956 4.1	0503 2.4 / 1110 5.5 / 1736 2.7 / 2350 5.4	0456 1.7 / 1149 4.2 / 1729 1.9	0354 1.4 / 1033 3.0 / 1631 1.5 / 2314 3.1	0310 0.3 / 0930 0.7 / 1612 0.3 / 2224 0.7	6 F
0157 2.2 / 0745 6.0 / 1445 2.2 / 2026 5.8	0048 2.4 / 0639 7.1 / 1341 2.4 / 1927 7.0	0547 6.6 / 1235 2.8 / 1836 6.5	0336 4.9 / 1045 2.4 / 1634 4.7 / 2326 2.5	0145 9.1 / 0838 4.3 / 1445 8.9 / 2126 4.1	0623 2.7 / 1241 5.4 / 1901 2.5	0033 4.2 / 0616 1.9 / 1315 4.2 / 1851 2.0	0527 1.4 / 1200 3.0 / 1757 1.5	0454 0.3 / 1058 0.7 / 1736 0.3 / 2351 0.7	7 SA
0330 2.3 / 0900 5.9 / 1617 2.2 / 2137 5.9	0221 2.5 / 0800 7.1 / 1503 2.2 / 2042 7.3	0117 2.9 / 0705 6.5 / 1406 2.6 / 2006 6.5	0515 4.8 / 1217 2.2 / 1807 4.9	0323 9.1 / 1019 4.1 / 1615 9.3 / 2254 3.9	0121 5.5 / 0747 2.5 / 1402 5.5 / 2016 2.5	0150 4.3 / 0736 1.8 / 1424 4.3 / 2003 1.8	0035 3.1 / 0645 1.3 / 1313 3.1 / 1903 1.3	0600 0.3 / 1217 0.7 / 1830 0.2	8 SU
0453 2.1 / 1010 6.1 / 1727 1.8 / 2242 6.1	0334 2.1 / 0909 7.5 / 1609 1.8 / 2143 7.7	0239 2.6 / 0836 6.7 / 1516 2.2 / 2124 6.9	0048 2.2 / 0632 5.1 / 1323 1.9 / 1906 5.1	0439 9.7 / 1135 3.5 / 1717 9.9 / 2357 3.2	0230 5.8 / 0852 2.2 / 1459 5.9 / 2112 2.2	0251 4.5 / 0840 1.6 / 1517 4.5 / 2059 1.6	0138 3.3 / 0739 1.1 / 1408 3.3 / 1950 1.2	0054 0.8 / 0648 0.2 / 1313 0.8 / 1910 0.2	9 M
0552 1.7 / 1109 6.3 / 1817 1.6 / 2333 6.4	0434 1.7 / 1005 7.9 / 1703 1.3 / 2231 8.1	0342 2.2 / 0945 7.0 / 1612 1.8 / 2218 7.2	0145 1.9 / 0722 5.4 / 1412 1.5 / 1949 5.4	0534 10.4 / 1227 2.8 / 1804 10.6	0320 6.1 / 0942 1.9 / 1543 6.2 / 2157 1.8	0338 4.7 / 0929 1.4 / 1559 4.7 / 2142 1.4	0227 3.5 / 0820 1.0 / 1451 3.4 / 2028 1.0	0141 0.8 / 0725 0.2 / 1356 0.8 / 1944 0.2	10 TU
0637 1.4 / 1154 6.6 / 1857 1.4	0524 1.4 / 1049 8.3 / 1748 1.0 / 2312 8.5	0433 1.8 / 1032 7.3 / 1659 1.5 / 2258 7.4	0229 1.6 / 0803 5.7 / 1451 1.3 / 2026 5.7	0044 2.6 / 0618 10.9 / 1310 2.3 / 1843 11.0	0401 6.4 / 1024 1.6 / 1621 6.5 / 2237 1.6	0416 4.9 / 1009 1.2 / 1633 4.8 / 2221 1.2	0309 3.6 / 0854 0.8 / 1530 3.5 / 2101 0.9	0219 0.9 / 0757 0.1 / 1431 0.9 / 2014 0.1	11 W
0010 6.7 / 0714 1.3 / 1227 6.8 / 1930 1.3	0606 1.1 / 1127 8.6 / 1827 0.9 / 2348 8.7	0517 1.6 / 1107 7.5 / 1739 1.3 / 2330 7.5	0307 1.3 / 0838 5.9 / 1527 1.1 / 2059 5.9	0124 2.2 / 0655 11.3 / 1348 2.0 / 1918 11.3	0438 6.7 / 1100 1.4 / 1656 6.7 / 2312 1.4	0448 5.0 / 1045 1.1 / 1703 4.9 / 2255 1.1	0346 3.7 / 0924 0.7 / 1605 3.6 / 2133 0.8	0252 0.9 / 0828 0.1 / 1503 0.9 / 2044 0.1	12 TH
0040 6.9 / 0745 1.2 / 1256 6.9 / 1958 1.2	0643 1.0 / 1203 8.8 / 1901 0.8	0554 1.5 / 1040 7.6 / 1812 1.2 / 2354 7.6	0341 1.2 / 0910 6.1 / 1600 1.0 / 2130 6.0	0200 2.0 / 0729 11.6 / 1421 1.8 / 1950 11.5	0512 6.8 / 1134 1.3 / 1727 6.8 / 2345 1.3	0517 5.0 / 1118 1.0 / 1730 5.0 / 2327 1.0	0421 3.8 / 0954 0.7 / 1638 3.7 / 2203 0.7	0322 0.9 / 0858 0.1 / 1533 0.9 / 2113 0.1	13 F
0108 7.0 / 0812 1.1 / 1324 7.0 / 2025 1.1	0021 8.9 / 0714 1.0 / 1236 8.9 / 1930 0.8	0624 1.4 / 1052 7.7 / 1841 1.3	0412 1.2 / 0941 6.1 / 1630 1.0 / 2200 6.1	0233 1.8 / 0800 11.7 / 1451 1.8 / 2019 11.6	0542 6.9 / 1206 1.3 / 1757 6.8	0544 5.1 / 1149 1.0 / 1757 5.0 / 2359 1.0	0453 3.8 / 1024 0.6 / 1709 3.7 / 2234 0.7	0351 0.9 / 0928 0.1 / 1603 0.9 / 2142 0.1	14 SA
0136 7.1 / 0839 1.1 / 1352 7.1 / 2053 1.1	0053 8.9 / 0742 1.0 / 1306 8.9 / 1957 0.9	0651 1.4 / 1123 7.7 / 1906 1.4	0442 1.2 / 1010 6.2 / 1658 1.1 / 2229 6.1	0303 1.8 / 0829 11.7 / 1520 1.8 / 2046 11.6	0016 1.3 / 0611 6.8 / 1235 1.4 / 1826 6.8	0610 5.0 / 1219 1.0 / 1824 4.9	0524 3.7 / 1054 0.7 / 1740 3.6 / 2306 0.7	0419 0.9 / 0958 0.1 / 1632 0.9 / 2211 0.1	15 SU

Time Zone -0100. For UT subtract 1 hour. For European summer time (shaded) 29/3-25/10 add 1 hour

MARCH 1998 TIDE TABLES

Time Zone -0100. For UT subtract 1 hour. For European summer time (shaded) 29/3-25/10 add 1 hour

	CALAIS	DIEPPE	LE HAVRE	CHERBOURG	ST MALO	BREST	POINTE DE GRAVE	LISBOA	GIBRALTAR
	Time m	Time m	Time m	Time m	Time m	Time m	Time m	Time m	Time m
16 M	0205 7.2 0906 1.2 1420 7.1 2117 1.3	0123 8.8 0807 1.0 1336 8.8 2022 1.0	0717 1.5 1155 7.7 1931 1.5	0510 1.3 1038 6.1 1727 1.3 2256 6.0	0331 1.9 0856 11.6 1547 2.0 2112 11.4	0046 1.4 0639 6.7 1304 1.5 1854 6.6	0030 1.1 0637 4.9 1250 1.1 1851 4.9	0554 3.6 1125 0.7 1809 3.5 2338 0.8	0447 0.9 1028 0.1 1702 0.9 2240 0.1
17 TU	0233 7.1 0932 1.3 1448 7.0 2142 1.4	0152 8.7 0833 1.2 1405 8.6 2048 1.3	0015 7.6 0743 1.6 1227 7.6 1958 1.7	0539 1.4 1105 6.0 1755 1.5 2323 5.8	0359 2.1 0922 11.4 1613 2.3 2137 11.1	0116 1.6 0707 6.5 1333 1.8 1924 6.4	0102 1.2 0705 4.8 1321 1.3 1921 4.7	0622 3.5 1157 0.8 1837 3.4	0516 0.9 1058 0.1 1733 0.8 2309 0.2
18 W	0301 7.0 0959 1.4 1517 6.9 2212 1.6	0220 8.5 0900 1.4 1433 8.3 2115 1.6	0045 7.5 0812 1.7 1258 7.5 2027 1.9	0610 1.6 1133 5.7 1827 1.8 2351 5.6	0426 2.5 0948 11.0 1639 2.8 2203 10.7	0148 1.8 0738 6.3 1406 2.0 1956 6.1	0134 1.3 0736 4.6 1354 1.4 1955 4.5	0012 0.9 0651 3.4 1231 1.0 1907 3.3	0548 0.8 1129 0.1 1807 0.8 2340 0.2
19 TH	0332 6.8 1031 1.7 1550 6.6 2248 1.8	0249 8.2 0930 1.7 1505 7.9 2148 1.9	0116 7.3 0843 2.0 1335 7.2 2103 2.2	0644 1.9 1204 5.5 1901 2.1	0453 3.0 1016 10.6 1706 3.3 2233 10.2	0224 2.1 0812 6.0 1442 2.3 2033 5.8	0212 1.5 0811 4.4 1433 1.7 2036 4.3	0049 1.1 0722 3.2 1310 1.2 1943 3.1	0623 0.8 1204 0.2 1846 0.7
20 F	0409 6.6 1115 1.9 1632 6.3 2339 2.1	0322 7.8 1009 2.1 1542 7.5 2231 2.4	0157 7.0 0921 2.4 1424 6.8 2147 2.6	0025 5.3 0724 2.2 1245 5.1 1945 2.4	0524 3.5 1051 10.0 1738 3.9 2312 9.6	0306 2.4 0852 5.6 1529 2.7 2122 5.5	0256 1.7 0857 4.2 1521 1.9 2135 4.1	0135 1.2 0803 3.0 1400 1.4 2033 3.0	0017 0.2 0705 0.7 1247 0.2 1934 0.7
21 SA	0457 6.2 1213 2.2 1729 5.9	0405 7.3 1100 2.5 1636 7.0 2330 2.8	0254 6.6 1012 2.7 1538 6.4 2246 3.0	0112 5.0 0815 2.4 1346 4.8 2045 2.6	0605 4.1 1140 9.2 1829 4.5	0359 2.7 0948 5.3 1630 2.9 2232 5.2	0352 1.9 1009 4.0 1626 2.1 2304 4.0	0236 1.4 0906 2.8 1509 1.5 2148 2.9	0106 0.3 0801 0.7 1354 0.3 2041 0.6
22 SU	0045 2.3 0606 5.8 1324 2.3 1856 5.7	0511 6.9 1212 2.8 1804 6.6	0422 6.3 1119 3.0 1726 6.2	0227 4.7 0927 2.5 1516 4.6 2208 2.7	0015 8.9 0712 4.6 1308 8.6 1955 4.9	0506 2.8 1112 5.1 1747 3.0	0503 2.0 1156 3.9 1745 2.1	0359 1.5 1039 2.8 1638 1.5 2322 2.9	0233 0.3 0921 0.6 1552 0.3 2212 0.6
23 M	0200 2.4 0745 5.7 1439 2.3 2030 5.8	0054 2.9 0652 6.8 1345 2.7 1942 6.9	0001 3.1 0604 6.3 1241 2.9 1858 6.5	0359 4.7 1054 2.4 1648 4.7 2336 2.4	0208 8.7 0854 4.6 1503 8.8 2145 4.6	0003 5.3 0628 2.8 1249 5.3 1912 2.7	0037 4.1 0624 1.9 1322 4.1 1905 1.9	0527 1.4 1212 2.9 1758 1.3	0436 0.5 1059 0.7 1719 0.3 2340 0.7
24 TU	0316 2.2 0906 6.1 1557 2.0 2139 6.3	0229 2.6 0817 7.2 1511 2.2 2053 7.5	0127 2.9 0718 6.7 1409 2.5 2000 6.9	0523 5.0 1214 2.0 1805 5.1	0344 9.3 1033 3.9 1621 9.7 2310 3.6	0128 5.6 0748 2.4 1405 5.7 2022 2.2	0148 4.4 0737 1.7 1424 4.5 2009 1.6	0042 3.1 0636 1.1 1320 3.2 1900 1.0	0547 0.2 1215 0.7 1815 0.2
25 W	0433 1.8 1007 6.6 1709 1.6 2233 6.8	0344 2.0 0921 7.9 1617 1.5 2151 8.3	0249 2.4 0806 7.2 1526 1.9 2043 7.4	0048 2.0 0629 5.4 1318 1.5 1902 5.5	0450 10.4 1144 2.8 1719 10.8	0232 6.1 0851 1.8 1501 6.3 2118 1.7	0244 4.8 0837 1.3 1515 4.8 2103 1.3	0142 3.4 0732 0.8 1414 3.4 1952 0.7	0044 0.8 0639 0.2 1312 0.8 1903 0.1
26 TH	0541 1.4 1058 7.0 1812 1.2 2321 7.2	0445 1.3 1015 8.7 1713 0.8 2241 9.0	0358 1.8 0842 7.7 1628 1.3 2110 7.8	0145 1.5 0722 5.9 1412 1.0 1950 6.0	0012 2.5 0543 11.5 1239 1.7 1809 11.9	0324 6.7 0945 1.3 1549 6.8 2209 1.1	0333 5.1 0928 1.0 1600 5.1 2151 0.9	0233 3.7 0820 0.5 1501 3.7 2039 0.5	0136 0.9 0724 0.1 1402 0.9 1946 0.0
27 F	0639 0.9 1145 7.4 1906 0.8	0539 0.7 1104 9.3 1805 0.3 2328 9.5	0455 1.2 0914 8.0 1721 0.8 2239 8.0	0236 1.0 0809 6.3 1500 0.7 2035 6.4	0104 1.5 0632 12.4 1330 0.8 1855 12.6	0412 7.2 1033 0.8 1635 7.3 2256 0.7	0419 5.4 1015 0.7 1644 5.4 2237 0.6	0320 4.0 0905 0.3 1546 3.9 2124 0.3	0221 1.0 0807 -0.0 1448 1.0 2028 -0.0
28 SA ●	0007 7.5 0730 0.6 1231 7.6 1954 0.6	0630 0.3 1151 9.6 1854 -0.0	0545 0.8 0949 8.3 1809 0.4 2306 8.1	0322 0.6 0854 6.7 1545 0.3 2118 6.6	0153 0.7 0717 13.1 1418 0.2 1939 13.1	0457 7.6 1119 0.4 1719 7.5 2342 0.4	0503 5.6 1100 0.5 1726 5.5 2321 0.5	0405 4.2 0948 0.2 1630 4.1 2207 0.2	0306 1.0 0850 -0.1 1532 1.0 2109 -0.0
29 SU	0052 7.7 0816 0.4 1316 7.7 2038 0.5	0012 9.8 0716 -0.0 1235 9.8 1938 -0.2	0630 0.5 1130 8.2 1852 0.3 2340 8.1	0408 0.4 0939 6.8 1630 0.3 2201 6.8	0239 0.3 0800 13.4 1503 0.0 2021 13.3	0542 7.8 1204 0.3 1803 7.6	0547 5.7 1144 0.4 1808 5.5	0450 4.2 1031 0.2 1712 4.1 2251 0.2	0349 1.0 0931 -0.1 1615 1.0 2150 -0.0
30 M	0137 7.7 0859 0.4 1403 7.6 2118 0.5	0056 9.9 0800 -0.1 1318 9.8 2020 -0.1	0712 0.4 1201 8.1 1932 0.4 2358 8.1	0452 0.4 1022 6.8 1713 0.4 2243 6.7	0323 0.2 0842 13.3 1545 0.2 2100 13.1	0027 0.4 0627 7.7 1249 0.4 1845 7.5	0006 0.4 0630 5.6 1228 0.5 1851 5.4	0534 4.2 1114 0.3 1756 4.1 2334 0.4	0432 1.0 1012 -0.1 1658 1.0 2230 -0.0
31 TU	0223 7.6 0939 0.5 1450 7.4 2158 0.7	0138 9.7 0841 0.0 1400 9.6 2100 0.2	0751 0.6 1352 8.1 2010 0.7	0536 0.5 1106 6.6 1757 0.6 2325 6.5	0404 0.5 0921 12.9 1625 0.7 2139 12.6	0112 0.5 0710 7.6 1334 0.7 1929 7.2	0052 0.5 0715 5.4 1313 0.7 1936 5.2	0618 4.1 1157 0.5 1840 3.9	0515 1.0 1053 -0.0 1742 0.9 2312 0.0

PAGE 132

FRANCE, SPAIN, PORTUGAL & GIBRALTAR Time Zone -0100

Calais * Dieppe * Le Havre * Cherbourg * St Malo * Brest * Pointe de Grave * Lisboa * Gibraltar

TIDE TABLES APRIL 1998

CALAIS Time	m	DIEPPE Time	m	LE HAVRE Time	m	CHERBOURG Time	m	ST MALO Time	m	BREST Time	m	POINTE DE GRAVE Time	m	LISBOA Time	m	GIBRALTAR Time	m	
0311	7.4	0220	9.4	0213	7.9	0620	0.9	0443	1.1	0158	0.9	0139	0.8	0020	0.6	0559	0.9	1 W
1020	0.7	0921	0.4	0829	0.9	1150	6.3	1001	12.2	0754	7.0	0803	5.1	0705	3.8	1135	0.1	
1539	7.1	1443	9.1	1433	7.8	1840	1.1	1703	1.5	1419	1.3	1401	1.0	1242	0.8	1827	0.9	
2239	1.0	2139	0.6	2047	1.2			2219	11.8	2013	6.7	2024	4.9	1927	3.7	2356	0.1	
0403	7.1	0303	8.9	0251	7.6	0009	6.1	0521	2.0	0246	1.4	0230	1.1	0110	0.9	0645	0.8	2 TH
1103	1.1	1000	0.9	0906	1.4	0705	1.3	1042	11.2	0842	6.4	0856	4.7	0756	3.5	1221	0.1	
1633	6.7	1529	8.5	1513	7.4	1236	5.8	1742	2.5	1508	1.8	1452	1.4	1333	1.1	1917	0.8	
2324	1.4	2221	1.2	2124	1.8	1926	1.7	2302	10.8	2102	6.2	2122	4.5	2019	3.4			
0500	6.6	0351	8.2	0325	7.2	0057	5.6	0601	2.9	0338	2.0	0327	1.4	0209	1.2	0048	0.2	3 F
1153	1.6	1045	1.5	0948	2.0	0754	1.8	1131	10.1	0936	5.9	1002	4.3	0855	3.2	0738	0.7	
1734	6.3	1624	7.8	1556	7.0	1330	5.3	1826	3.5	1603	2.4	1551	1.7	1435	1.4	1317	0.2	
		2309	1.9	2210	2.4	2018	2.2	2357	9.8	2202	5.7	2238	4.2	2124	3.2	2016	0.7	
0018	1.9	0452	7.5	0406	6.8	0154	5.2	0652	3.9	0440	2.4	0433	1.7	0329	1.4	0204	0.3	4 SA
0606	6.2	1142	2.1	1043	2.6	0855	2.2	1241	9.2	1046	5.4	1126	4.1	1009	3.0	0844	0.7	
1252	2.1	1739	7.1	1651	6.5	1438	4.9	1926	4.4	1710	2.8	1702	2.0	1600	1.6	1454	0.3	
1843	5.9			2318	3.0	2127	2.5			2321	5.3			2244	3.0	2136	0.7	
0124	2.3	0018	2.5	0507	6.4	0307	4.8	0117	9.0	0558	2.7	0006	4.1	0505	1.5	0406	0.3	5 SU
0718	5.9	0612	7.0	1209	2.9	1015	2.5	0808	4.5	1215	5.2	0551	1.9	1134	2.9	1014	0.6	
1411	2.4	1307	2.5	1808	6.3	1606	4.7	1421	8.7	1834	2.9	1251	4.1	1732	1.6	1645	0.3	
1955	5.7	1900	6.9			2257	2.6	2054	4.7			1823	2.1			2311	0.7	
0256	2.5	0148	2.7	0054	3.1	0440	4.7	0255	8.9	0052	5.3	0124	4.2	0006	3.1	0527	0.3	6 M
0831	5.8	0733	6.9	0626	6.3	1148	2.4	0954	4.5	0722	2.6	0711	1.9	0622	1.4	1144	0.7	
1548	2.4	1433	2.4	1341	2.8	1739	4.8	1551	9.0	1337	5.4	1400	4.2	1248	3.0	1748	0.3	
2106	5.8	2017	7.1	1940	6.4			2230	4.3	1951	2.7	1937	1.9	1839	1.4			
0424	2.2	0306	2.4	0214	2.8	0022	2.4	0412	9.4	0204	5.6	0224	4.4	0111	3.2	0022	0.7	7 TU
0940	5.9	0845	7.2	0803	6.4	0602	4.9	1112	3.8	0827	2.4	0815	1.7	0715	1.2	0616	0.3	
1658	2.1	1540	2.0	1448	2.4	1257	2.1	1651	9.6	1434	5.7	1451	4.4	1342	3.2	1244	0.7	
2210	6.0	2119	7.5	2059	6.7	1839	5.0	2332	3.7	2048	2.3	2033	1.7	1927	1.2	1830	0.3	
0523	1.9	0407	2.0	0314	2.4	0119	2.1	0507	10.0	0254	5.9	0311	4.6	0200	3.4	0109	0.8	8 W
1040	6.2	0941	7.6	0918	6.8	0654	5.2	1201	3.2	0916	2.0	0903	1.5	0754	1.1	0652	0.3	
1746	1.7	1634	1.6	1542	2.0	1344	1.7	1736	10.3	1518	6.0	1531	4.6	1424	3.3	1325	0.8	
2302	6.3	2206	7.9	2151	7.1	1921	5.3			2132	2.0	2117	1.5	2003	1.1	1903	0.2	
0606	1.5	0456	1.6	0402	2.0	0202	1.8	0016	3.0	0335	6.2	0348	4.7	0242	3.5	0145	0.8	9 TH
1125	6.5	1024	8.1	1004	7.1	0734	5.5	0549	10.6	0957	1.8	0942	1.3	0826	0.9	0723	0.2	
1824	1.5	1718	1.3	1625	1.7	1422	1.5	1239	2.7	1554	6.3	1605	4.7	1503	3.5	1359	0.8	
2341	6.6	2245	8.3	2228	7.3	1957	5.6	1814	10.8	2210	1.7	2154	1.3	2036	0.9	1933	0.2	
0641	1.3	0536	1.3	0442	1.7	0238	1.5	0053	2.6	0411	6.5	0420	4.8	0318	3.6	0215	0.9	10 F
1200	6.7	1102	8.4	1037	7.3	0809	5.8	0625	11.0	1032	1.5	1017	1.1	0856	0.8	0752	0.2	
1857	1.3	1755	1.1	1703	1.5	1456	1.3	1314	2.3	1628	6.5	1634	4.9	1537	3.6	1429	0.9	
		2320	8.6	2259	7.5	2030	5.9	1847	11.1	2245	1.5	2229	1.2	2107	0.8	2003	0.2	
0013	6.8	0611	1.1	0518	1.6	0311	1.3	0127	2.2	0444	6.6	0448	4.9	0353	3.7	0243	0.9	11 SA
0712	1.2	1136	8.7	1059	7.5	0842	6.0	0658	11.3	1105	1.4	1050	1.1	0926	0.7	0822	0.1	○
1230	6.9	1829	1.0	1735	1.4	1527	1.2	1346	2.1	1700	6.7	1702	5.0	1611	3.7	1457	0.9	
1927	1.2	2354	8.8	2320	7.6	2101	6.0	1918	11.4	2318	1.4	2301	1.1	2138	0.7	2033	0.1	
0042	7.0	0643	1.0	0548	1.5	0342	1.2	0200	2.0	0515	6.7	0516	5.0	0426	3.7	0310	0.9	12 SU
0743	1.1	1209	8.8	1028	7.6	0912	6.1	0730	11.5	1136	1.4	1121	1.0	0956	0.7	0852	0.1	
1258	7.0	1900	1.0	1805	1.4	1558	1.1	1418	1.9	1730	6.8	1730	5.0	1642	3.7	1527	0.9	
1957	1.1			2250	7.6	2131	6.1	1948	11.5	2349	1.3	2333	1.0	2209	0.7	2103	0.1	
0111	7.1	0025	8.9	0618	1.4	0413	1.2	0233	1.9	0544	6.7	0544	5.0	0458	3.7	0339	0.9	13 M
0814	1.1	0713	1.0	1055	7.6	0942	6.1	0800	11.6	1206	1.4	1151	1.1	1027	0.7	0923	0.1	
1326	7.0	1241	8.8	1835	1.4	1629	1.2	1450	1.9	1759	6.7	1758	5.0	1713	3.7	1557	0.9	
2027	1.2	1929	1.0	2312	7.7	2200	6.1	2017	11.6					2242	0.7	2133	0.1	
0139	7.1	0057	8.9	0649	1.4	0444	1.3	0305	1.9	0020	1.4	0004	1.1	0529	3.6	0408	0.9	14 TU
0843	1.2	0742	1.0	1123	7.6	1011	6.1	0828	11.6	0613	6.7	0612	4.9	1057	0.7	0954	0.1	
1353	7.0	1312	8.8	1905	1.5	1700	1.3	1521	2.0	1236	1.5	1221	1.1	1743	3.6	1629	0.9	
2055	1.3	1957	1.1	2338	7.6	2227	6.1	2045	11.5	1829	6.7	1827	4.9	2314	0.7	2203	0.1	
0206	7.1	0127	8.7	0719	1.5	0516	1.4	0336	2.1	0051	1.5	0036	1.1	0558	3.5	0439	0.9	15 W
0910	1.3	0811	1.2	1151	7.6	1039	6.0	0857	11.4	0643	6.5	0642	4.8	1130	0.8	1024	0.1	
1419	6.9	1342	8.6	1936	1.7	1731	1.5	1551	2.3	1308	1.7	1253	1.3	1813	3.5	1701	0.9	
2122	1.4	2026	1.3			2254	5.9	2112	11.3	1900	6.5	1858	4.8	2349	0.8	2234	0.1	

• • Time Zone -0100. For UT subtract 1 hour. For European summer time (shaded) 29/3-25/10 add 1 hour • •

APRIL 1998 TIDE TABLES

•• Time Zone -0100. For UT subtract 1 hour. For European summer time (shaded) 29/3-25/10 add 1 hour ••

	CALAIS	DIEPPE	LE HAVRE	CHERBOURG	ST MALO	BREST	POINTE DE GRAVE	LISBOA	GIBRALTAR
	Time m	Time m	Time m	Time m	Time m	Time m	Time m	Time m	Time m
16 TH	0233 7.0 0938 1.5 1448 6.8 2151 1.6	0156 8.6 0840 1.3 1412 8.4 2056 1.6	0006 7.5 0750 1.7 1224 7.4 2007 1.9	0549 1.5 1109 5.8 1804 1.8 2324 5.8	0406 2.4 0924 11.2 1620 2.7 2139 11.1	0125 1.7 0715 6.3 1342 1.9 1933 6.2	0110 1.3 0714 4.7 1327 1.4 1933 4.7	0629 3.3 1205 0.9 1844 3.4	0511 0.9 1056 0.1 1735 0.8 2306 0.2
17 F	0305 6.8 1011 1.6 1524 6.7 2228 1.8	0226 8.3 0912 1.6 1444 8.1 2129 1.9	0040 7.3 0821 1.9 1303 7.2 2041 2.2	0624 1.8 1142 5.5 1841 2.0	0436 2.8 0954 10.8 1647 3.0 2211 10.6	0203 1.9 0750 6.0 1421 2.2 2011 6.0	0148 1.4 0751 4.5 1407 1.6 2015 4.5	0027 1.0 0703 3.2 1244 1.1 1921 3.2	0545 0.8 1131 0.1 1812 0.8 2343 0.2
18 SA	0344 6.6 1052 1.9 1607 6.4 2315 2.0	0300 8.0 0950 1.9 1523 7.7 2212 2.3	0123 7.1 0858 2.2 1354 6.9 2124 2.6	0000 5.5 0705 2.0 1225 5.2 1924 2.3	0506 3.3 1030 10.2 1718 3.8 2251 10.0	0245 2.2 0832 5.7 1507 2.5 2100 5.7	0233 1.6 0837 4.2 1457 1.8 2112 4.3	0112 1.1 0745 3.0 1333 1.3 2010 3.1	0625 0.8 1212 0.2 1857 0.7
19 SU	0433 6.3 1147 2.1 1704 6.1	0343 7.5 1040 2.3 1616 7.2 2310 2.6	0221 6.7 0946 2.5 1510 6.5 2220 2.9	0048 5.2 0756 2.2 1327 4.9 2024 2.5	0544 3.9 1119 9.6 1803 4.4 2349 9.4	0338 2.5 0928 5.4 1606 2.7 2206 5.4	0328 1.8 0948 4.0 1558 2.0 2234 4.1	0211 1.3 0846 2.9 1439 1.4 2119 3.0	0030 0.3 0714 0.7 1308 0.2 1952 0.7
20 M	0017 2.2 0542 6.0 1254 2.2 1825 5.8	0446 7.1 1148 2.5 1737 6.9	0346 6.4 1050 2.7 1653 6.4 2331 3.0	0201 4.9 0904 2.3 1451 4.8 2142 2.6	0645 4.4 1238 8.9 1921 4.8	0443 2.6 1046 5.2 1719 2.8 2330 5.4	0436 1.9 1127 4.0 1714 2.0	0330 1.4 1009 2.9 1605 1.5 2244 3.0	0136 0.3 0821 0.7 1431 0.3 2106 0.7
21 TU	0129 2.2 0712 5.9 1409 2.2 1955 6.0	0027 2.7 0619 6.9 1315 2.5 1908 7.1	0524 6.4 1209 2.7 1824 6.6	0328 4.9 1025 2.2 1617 4.9 2306 2.4	0129 9.0 0821 4.5 1428 9.0 2109 4.6	0559 2.6 1216 5.4 1839 2.6	0003 4.2 0552 1.8 1252 4.2 1831 1.9	0455 1.3 1137 3.0 1727 1.3	0315 0.3 0950 0.7 1606 0.3 2234 0.7
22 W	0245 2.1 0833 6.2 1527 2.0 2106 6.3	0158 2.5 0744 7.3 1439 2.1 2021 7.7	0055 2.8 0641 6.7 1334 2.4 1928 7.0	0448 5.1 1143 1.9 1731 5.2	0308 9.4 1002 3.9 1549 9.8 2239 3.7	0054 5.7 0716 2.3 1333 5.8 1952 2.2	0117 4.5 0706 1.6 1357 4.5 1939 1.6	0004 3.2 0607 1.1 1248 3.2 1833 1.1	0446 0.2 1121 0.7 1719 0.2 2352 0.8
23 TH	0403 1.8 0936 6.6 1641 1.6 2203 6.8	0316 1.9 0851 8.0 1548 1.4 2121 8.4	0218 2.3 0735 7.2 1454 1.8 2012 7.4	0019 2.0 0556 5.5 1249 1.5 1831 5.6	0418 10.4 1115 2.9 1650 10.8 2343 2.6	0202 6.1 0823 1.8 1433 6.3 2052 1.6	0216 4.8 0809 1.3 1449 4.8 2036 1.2	0109 3.5 0705 0.8 1345 3.5 1928 0.8	0551 0.2 1231 0.8 1815 0.1
24 F	0513 1.3 1030 7.1 1745 1.2 2253 7.2	0419 1.3 0948 8.6 1646 0.8 2214 9.0	0329 1.7 0815 7.7 1559 1.3 2042 7.8	0119 1.5 0653 5.9 1345 1.1 1922 6.1	0515 11.4 1212 1.9 1742 11.8	0257 6.7 0918 1.3 1524 6.8 2145 1.1	0308 5.1 0902 1.0 1536 5.1 2127 0.9	0205 3.7 0755 0.5 1435 3.8 2017 0.5	0053 0.9 0645 0.1 1328 0.9 1906 0.1
25 SA	0612 1.0 1119 7.4 1839 0.9 2341 7.5	0515 0.7 1039 9.2 1739 0.4 2303 9.5	0428 1.2 0850 8.0 1654 0.9 2112 8.1	0212 1.0 0744 6.3 1436 0.7 2009 6.4	0036 1.7 0605 12.3 1303 1.1 1829 12.6	0348 7.1 1009 0.8 1612 7.2 2233 0.7	0356 5.4 0951 0.7 1621 5.4 2215 0.7	0255 4.0 0842 0.4 1522 4.0 2103 0.4	0145 0.9 0733 0.0 1418 0.9 1952 0.0
26 SU ●	0705 0.7 1206 7.6 1929 0.7	0606 0.3 1127 9.6 1829 0.1 2349 9.7	0520 0.8 0927 8.2 1744 0.6 2245 8.1	0300 0.9 0832 6.6 1523 0.5 2055 6.6	0127 1.0 0652 12.9 1351 0.6 1914 13.0	0436 7.4 1057 0.6 1657 7.5 2321 0.5	0442 5.5 1037 0.6 1705 5.5 2302 0.5	0343 4.1 0926 0.3 1608 4.1 2148 0.3	0233 1.0 0818 -0.0 1505 1.0 2036 0.0
27 M	0028 7.6 0753 0.5 1254 7.6 2015 0.6	0653 0.1 1213 9.7 1915 0.1	0607 0.5 1104 8.1 1829 0.5 2319 8.0	0348 0.5 0918 6.7 1609 0.5 2140 6.7	0215 0.6 0737 13.1 1439 0.4 1957 13.1	0521 7.6 1143 0.5 1742 7.5	0527 5.6 1123 0.5 1748 5.5 2348 0.5	0430 4.2 1009 0.3 1653 4.1 2232 0.3	0319 1.0 0902 -0.0 1550 1.0 2120 0.0
28 TU	0116 7.6 0837 0.5 1343 7.5 2057 0.7	0033 9.8 0739 0.1 1257 9.7 1959 0.1	0651 0.5 1054 8.0 1912 0.6	0433 0.5 1004 6.7 1654 0.6 2224 6.6	0300 0.5 0821 13.0 1523 0.6 2039 12.9	0008 0.5 0607 7.5 1229 0.6 1826 7.4	0612 5.5 1208 0.6 1832 5.4	0516 4.1 1052 0.4 1737 4.1 2316 0.4	0403 1.0 0945 -0.0 1633 1.0 2202 0.0
29 W	0205 7.5 0919 0.6 1432 7.3 2137 0.8	0117 9.6 0821 0.2 1342 9.4 2041 0.4	0110 8.1 0733 0.7 1333 8.0 1951 1.0	0518 0.6 1049 6.5 1738 0.9 2306 6.4	0343 0.8 0903 12.6 1604 1.1 2120 12.4	0054 0.6 0651 7.2 1314 0.9 1910 7.1	0035 0.6 0657 5.3 1254 0.8 1917 5.2	0602 4.0 1135 0.6 1822 3.9	0447 1.0 1027 0.0 1718 0.9 2245 0.1
30 TH	0255 7.3 1000 1.0 1522 7.0 2218 1.1	0200 9.3 0902 0.5 1426 9.0 2121 0.8	0150 7.8 0812 1.0 1415 7.7 2029 1.4	0603 0.9 1134 6.1 1821 1.3 2351 6.1	0424 1.3 0943 11.9 1643 1.8 2200 11.7	0140 0.7 0736 6.8 1400 1.4 1954 6.7	0122 0.8 0745 5.0 1341 1.1 2005 4.9	0002 0.6 0648 3.7 1219 0.9 1908 3.7	0531 0.9 1109 0.1 1802 0.9 2330 0.1

PAGE 134

TIDE TABLES

FRANCE, SPAIN, PORTUGAL & GIBRALTAR Time Zone -0100
Calais * Dieppe * Le Havre * Cherbourg * St Malo * Brest * Pointe de Grave * Lisboa * Gibraltar

TIDE TABLES MAY 1998

CALAIS	DIEPPE	LE HAVRE	CHERBOURG	ST MALO	BREST	POINTE DE GRAVE	LISBOA	GIBRALTAR		
Time m	Time m	Time m	Time m	Time m	Time m	Time m	Time m	Time m		
0347 7.0 1042 1.2 1613 6.7 2300 1.4	0244 8.8 0942 1.0 1512 8.4 2202 1.3	0225 7.5 0850 1.5 1453 7.3 2107 2.0	0648 1.3 1221 5.7 1906 1.8	0503 2.1 1026 11.1 1721 2.7 2243 10.9	0228 1.4 0824 6.3 1447 1.9 2042 6.2	0212 1.1 0836 4.6 1430 1.4 2059 4.6	0051 0.9 0738 3.4 1307 1.1 1958 3.5	0616 0.8 1153 0.1 1848 0.8	1	F
0440 6.6 1127 1.6 1709 6.5 2350 1.9	0331 8.1 1026 1.5 1605 7.8 2248 1.9	0252 7.2 0930 2.0 1530 6.9 2151 2.5	0037 5.6 0735 1.8 1312 5.3 1955 2.2	0542 3.0 1111 10.1 1802 3.6 2334 10.0	0318 1.9 0915 5.8 1539 2.3 2137 5.7	0306 1.4 0936 4.3 1525 1.7 2205 4.3	0148 1.2 0833 3.2 1404 1.4 2057 3.2	0018 0.2 0704 0.7 1243 0.3 1940 0.7	2	SA
0539 6.2 1221 2.1 1809 6.0	0427 7.5 1117 2.0 1709 7.2 2345 2.4	0324 6.8 1021 2.6 1618 6.6 2251 3.0	0130 5.2 0830 2.2 1413 4.9 2056 2.6	0627 3.8 1215 9.3 1853 4.3	0415 2.4 1018 5.4 1640 2.7 2245 5.4	0406 1.7 1051 4.1 1630 2.0 2324 4.1	0300 1.4 0939 3.0 1521 1.6 2207 3.1	0118 0.3 0800 0.7 1348 0.3 2044 0.7	3	SU
0050 2.3 0643 5.9 1329 2.4 1915 5.7	0536 7.0 1224 2.5 1821 6.9	0419 6.4 1136 2.9 1727 6.3	0235 4.9 0939 2.4 1527 4.7 2212 2.7	0042 9.2 0728 4.5 1339 8.8 2005 4.8	0524 2.6 1134 5.2 1754 2.9	0516 1.9 1211 4.0 1742 2.1	0426 1.5 1055 2.9 1648 1.6 2323 3.1	0243 0.4 0911 0.6 1515 0.4 2202 0.7	4	M
0207 2.5 0751 5.8 1454 2.5 2022 5.7	0100 2.7 0651 6.8 1342 2.6 1936 6.9	0017 3.2 0533 6.3 1300 2.9 1852 6.3	0351 4.8 1100 2.5 1650 4.7 2335 2.6	0207 8.9 0857 4.7 1502 8.8 2136 4.7	0006 5.3 0642 2.7 1254 5.3 1910 2.7	0040 4.1 0630 1.9 1319 4.1 1854 2.0	0542 1.4 1207 3.0 1759 1.5	0415 0.4 1036 0.6 1632 0.4 2318 0.7	5	TU
0332 2.4 0857 5.8 1609 2.3 2126 5.9	0217 2.7 0805 6.9 1452 2.4 2041 7.3	0134 3.0 0658 6.3 1406 2.6 2012 6.6	0511 4.8 1212 2.3 1757 5.0	0323 9.1 1022 4.3 1606 9.3 2245 4.2	0121 5.4 0749 2.5 1356 5.5 2011 2.5	0142 4.2 0734 1.8 1412 4.3 1954 1.8	0030 3.1 0636 1.3 1304 3.1 1850 1.4	0518 0.4 1147 0.7 1727 0.3	6	W
0436 2.1 0957 6.0 1700 2.0 2220 6.1	0322 2.3 0905 7.3 1550 2.0 2131 7.7	0233 2.6 0825 6.5 1457 2.3 2109 6.9	0038 2.3 0612 5.1 1303 2.0 1844 5.3	0421 9.5 1116 3.7 1654 9.8 2332 3.6	0217 5.7 0840 2.2 1442 5.8 2057 2.2	0231 4.4 0825 1.6 1454 4.5 2042 1.6	0123 3.3 0716 1.2 1350 3.3 1930 1.2	0013 0.7 0601 0.3 1236 0.7 1809 0.3	7	TH
0521 1.7 1046 6.3 1741 1.6 2304 6.5	0414 1.9 0951 7.8 1636 1.7 2212 8.1	0319 2.3 0920 6.9 1540 2.0 2148 7.2	0124 2.0 0657 5.3 1343 1.7 1922 5.5	0507 10.0 1156 3.2 1733 10.3	0301 5.9 0922 2.0 1521 6.1 2137 1.9	0310 4.6 0908 1.4 1529 4.6 2122 1.4	0207 3.4 0751 1.0 1430 3.4 2005 1.0	0054 0.8 0638 0.3 1314 0.8 1846 0.3	8	F
0600 1.4 1126 6.6 1818 1.4 2342 6.7	0456 1.6 1030 8.2 1715 1.4 2248 8.5	0359 1.9 0956 7.1 1618 1.8 2219 7.4	0202 1.7 0735 5.6 1419 1.5 1957 5.8	0011 3.1 0546 10.5 1231 2.8 1809 10.8	0339 6.2 0959 1.8 1557 6.4 2213 1.7	0345 4.7 0945 1.3 1601 4.8 2158 1.3	0247 3.5 0824 0.9 1506 3.5 2039 0.9	0127 0.8 0712 0.2 1348 0.8 1922 0.2	9	SA
0636 1.3 1200 6.8 1853 1.3	0533 1.4 1106 8.5 1751 1.3 2324 8.7	0436 1.7 1020 7.3 1654 1.6 2242 7.5	0237 1.5 0810 5.8 1453 1.4 2030 6.0	0047 2.6 0622 10.9 1306 2.5 1843 11.1	0413 6.4 1033 1.6 1630 6.5 2248 1.5	0417 4.8 1019 1.2 1633 4.9 2233 1.2	0324 3.6 0856 0.8 1542 3.6 2112 0.8	0200 0.8 0747 0.2 1422 0.8 1957 0.2	10	SU
0015 6.9 0712 1.2 1231 6.9 1929 1.2	0609 1.2 1141 8.7 1826 1.2 2357 8.8	0512 1.5 1017 7.4 1730 1.5 2236 7.6	0311 1.4 0844 5.9 1527 1.4 2102 6.1	0124 2.3 0657 11.2 1343 2.2 1916 11.4	0445 6.5 1106 1.5 1702 6.6 2321 1.4	0448 4.9 1051 1.2 1704 5.0 2306 1.2	0400 3.6 0927 0.8 1616 3.7 2145 0.9	0232 0.9 0821 0.1 1457 0.9 2031 0.0	11	M ○
0045 7.0 0747 1.2 1301 6.9 2003 1.3	0644 1.1 1215 8.7 1901 1.2	0548 1.4 1036 7.5 1806 1.5 2249 7.6	0345 1.3 0916 6.0 1601 1.4 2133 6.1	0201 2.1 0730 11.4 1421 2.1 1948 11.5	0518 6.6 1139 1.5 1734 6.7 2355 1.4	0520 4.9 1124 1.2 1736 5.0 2340 1.2	0433 3.6 1000 0.7 1650 3.7 2219 0.7	0306 0.9 0855 0.1 1531 0.9 2105 0.2	12	TU
0115 6.9 0821 1.3 1329 6.9 2036 1.4	0031 8.8 0719 1.1 1249 8.7 1936 1.3	0625 1.4 1100 7.5 1843 1.6 2312 7.6	0420 1.3 0948 6.0 1636 1.4 2203 6.1	0239 2.0 0803 11.5 1457 2.1 2020 11.6	0550 6.6 1212 1.5 1807 6.7	0552 4.9 1157 1.2 1809 5.0	0507 3.5 1033 0.8 1722 3.6 2254 0.8	0339 0.9 0929 0.1 1606 0.9 2139 0.1	13	W
0142 6.9 0854 1.4 1357 6.8 2108 1.6	0104 8.7 0754 1.2 1323 8.6 2011 1.5	0701 1.5 1129 7.5 1919 1.7 2342 7.6	0456 1.3 1020 5.9 1712 1.6 2234 6.0	0316 2.0 0834 11.4 1533 2.3 2051 11.5	0030 1.5 0624 6.5 1248 1.6 1842 6.6	0015 1.2 0626 4.8 1231 1.3 1843 4.9	0541 3.5 1109 0.8 1755 3.6 2332 0.9	0415 0.9 1003 0.1 1642 0.9 2213 0.1	14	TH
0213 6.8 0925 1.5 1430 6.8 2141 1.6	0137 8.6 0829 1.3 1357 8.4 2045 1.6	0736 1.6 1203 7.4 1954 1.9	0533 1.4 1054 5.8 1749 1.7 2309 5.9	0351 2.2 0908 11.3 1606 2.6 2124 11.3	*0108 1.6 0659 6.3 1325 1.8 1918 6.4	0051 1.3 0701 4.7 1309 1.4 1921 4.8	0615 3.4 1145 0.9 1830 3.5	*0451 0.9 1039 0.1 1719 0.8 2250 0.1	15	F

• • Time Zone -0100. For UT subtract 1 hour. For European summer time (shaded) 29/3-25/10 add 1 hour • •

PAGE 135

MAY 1998 TIDE TABLES

Time Zone -0100. For UT subtract 1 hour. For European summer time (shaded) 29/3-25/10 add 1 hour

	CALAIS	DIEPPE	LE HAVRE	CHERBOURG	ST MALO	BREST	POINTE DE GRAVE	LISBOA	GIBRALTAR
	Time m	Time m	Time m	Time m	Time m	Time m	Time m	Time m	Time m
16 SA	0248 6.8 1000 1.6 1507 6.6 2218 1.7	0211 8.4 0905 1.5 1433 8.2 2122 1.8	0020 7.4 0810 1.8 1246 7.2 2030 2.1	0612 1.6 1132 5.6 1829 1.9 2348 5.6	0424 2.6 094211.0 1638 3.0 215911.0	0148 1.7 0738 6.1 1406 2.0 2000 6.1	0132 1.3 0742 4.6 1351 1.6 2005 4.7	0012 0.9 0653 3.3 1227 1.0 1910 3.4	0528 0.8 1116 0.1 1758 0.8 2330 0.2
17 SU	0330 6.6 1042 1.8 1553 6.5 2304 1.8	0248 8.1 0945 1.7 1514 7.9 2206 2.0	0106 7.2 0848 2.0 1340 6.9 2112 2.4	0654 1.8 1218 5.4 1915 2.1	0459 3.0 102110.5 1712 3.5 224110.5	0233 2.0 0822 5.9 1454 2.3 2048 5.9	0218 1.5 0831 4.4 1440 1.7 2100 4.5	0059 1.0 0738 3.1 1317 1.2 1959 3.3	0610 0.8 1200 0.1 1843 0.8
18 M	0421 6.4 1133 1.9 1651 6.3	0333 7.8 1034 1.9 1607 7.6 2302 2.3	0205 6.9 0934 2.2 1455 6.7 2205 2.6	0039 5.4 0745 1.9 1318 5.1 2012 2.3	0539 3.5 1110 9.9 1757 4.0 2337 9.9	0325 2.2 0918 5.6 1551 2.5 2151 5.7	0312 1.6 0937 4.2 1539 1.8 2212 4.4	0156 1.1 0836 3.0 1420 1.3 2100 3.2	0019 0.2 0659 0.8 1254 0.2 1936 0.8
19 TU	0000 1.9 0527 6.2 1234 2.0 1804 6.1	0434 7.4 1135 2.1 1717 7.4	0322 6.7 1033 2.4 1628 6.6 2311 2.7	0146 5.2 0848 2.0 1431 5.0 2121 2.3	0634 3.9 1221 9.4 1903 4.4	0425 2.3 1027 5.5 1657 2.5 2303 5.7	0414 1.7 1100 4.2 1647 1.9 2332 4.4	0306 1.2 0946 3.0 1537 1.4 2214 3.2	0121 0.2 0800 0.7 1401 0.2 2039 0.8
20 W	0106 2.0 0646 6.2 1344 2.0 1924 6.2	0009 2.4 0552 7.3 1247 2.2 1836 7.4	0452 6.6 1144 2.4 1754 6.7	0301 5.1 1000 2.0 1546 5.1 2237 2.2	0059 9.5 0754 4.1 1351 9.4 2034 4.3	0533 2.3 1145 5.5 1809 2.4	0524 1.7 1220 4.3 1800 1.8	0426 1.2 1104 3.1 1657 1.3 2330 3.3	0239 0.3 0915 0.7 1520 0.2 2153 0.8
21 TH	0219 1.9 0803 6.3 1458 1.9 2034 6.4	0127 2.3 0712 7.5 1406 1.9 1948 7.8	0026 2.6 0610 6.9 1302 2.2 1900 6.9	0415 5.2 1112 1.8 1657 5.3 2349 1.9	0229 9.7 0924 3.7 1512 9.9 2200 3.7	0020 5.8 0645 2.1 1300 5.8 1921 2.1	0045 4.6 0634 1.5 1326 4.5 1908 1.6	0537 1.0 1215 3.3 1806 1.1	0402 0.2 1040 0.7 1634 0.2 2308 0.8
22 F	0335 1.7 0907 6.6 1612 1.6 2134 6.8	0245 1.8 0821 8.0 1517 1.5 2051 8.4	0144 2.2 0709 7.2 1418 1.8 1948 7.4	0524 5.5 1219 1.5 1800 5.7	0343 10.4 1039 3.0 161610.7 2309 2.8	0130 6.1 0752 1.8 1403 6.2 2024 1.7	0147 4.8 0739 1.3 1422 4.8 2009 1.3	0039 3.5 0638 0.8 1317 3.5 1903 0.9	0512 0.2 1156 0.8 1738 0.2
23 SA	0445 1.4 1004 7.0 1718 1.3 2228 7.1	0351 1.3 0921 8.5 1618 1.0 2147 8.9	0256 1.7 0754 7.5 1527 1.4 2024 7.7	0052 1.5 0625 5.8 1318 1.2 1856 6.0	044411.2 1139 2.2 171211.6	0230 6.5 0851 1.4 1458 6.7 2120 1.3	0243 5.1 0836 1.1 1512 5.1 2104 1.0	0139 3.7 0730 0.7 1410 3.7 1955 0.7	0015 0.9 0612 0.1 1259 0.9 1833 0.1
24 SU	0547 1.1 1056 7.2 1815 1.1 2319 7.3	0448 0.8 1015 9.0 1713 0.6 2239 9.3	0359 1.3 0834 7.8 1626 1.0 2057 7.9	0149 1.2 0721 6.1 1412 1.0 1947 6.3	0006 2.0 053811.9 1233 1.5 180212.2	0324 6.9 0945 1.1 1548 7.0 2212 0.9	0334 5.3 0928 0.9 1600 5.3 2155 0.8	0233 3.9 0819 0.5 1500 3.9 2043 0.5	0113 0.9 0705 0.1 1353 0.9 1924 0.1
25 M ●	0642 0.9 1146 7.3 1907 0.9	0542 0.5 1105 9.3 1805 0.5 2327 9.5	0455 0.9 1006 7.9 1719 0.8 2220 7.9	0241 0.9 0812 6.4 1503 0.8 2035 6.5	0059 1.4 062712.4 1324 1.2 185012.6	0415 7.1 1035 0.8 1636 7.2 2302 0.7	0423 5.4 1017 0.8 1646 5.4 2244 0.7	0324 4.0 0904 0.5 1548 4.0 2130 0.4	0206 1.0 0754 0.0 1443 0.9 2013 0.1
26 TU	0009 7.4 0733 0.8 1236 7.4 1954 0.8	0632 0.7 1153 9.4 1854 0.4	0546 0.7 1032 7.9 1809 0.8 2254 7.9	0330 0.7 0901 6.4 1551 0.8 2121 6.6	0150 1.1 071512.5 1414 1.1 193612.7	0503 7.2 1123 0.8 1723 7.3 2350 0.7	0510 5.4 1103 0.8 1731 5.4 2332 0.7	0413 4.0 0948 0.5 1635 4.1 2215 0.4	0255 1.0 0841 0.0 1531 0.9 2100 0.1
27 W	0100 7.4 0818 0.8 1327 7.3 2039 0.9	0013 9.5 0719 0.4 1230 7.9 1940 0.5	0633 0.7 1230 7.9 1854 0.9 2324 7.8	0417 0.7 0949 6.4 1636 0.9 2206 6.5	0239 1.0 080212.5 1501 1.2 202112.5	0549 7.2 1209 0.9 1809 7.2	0556 5.3 1150 0.8 1816 5.4	0500 3.9 1031 0.6 1720 4.0 2300 0.5	0343 1.0 0927 0.0 1617 0.9 2145 0.1
28 TH	0151 7.3 0901 0.9 1416 7.1 2118 1.0	0058 9.4 0804 0.5 1324 9.2 2024 0.7	0717 0.8 1315 7.8 1936 1.2	0503 0.8 1035 6.3 1721 1.1 2250 6.3	0324 1.2 084612.1 1545 1.5 210312.2	0037 0.8 0635 7.0 1255 1.1 1853 7.0	0019 0.8 0642 5.2 1235 1.0 1900 5.2	0546 3.8 1114 0.7 1805 3.9 2345 0.7	0429 0.9 1012 0.0 1702 0.9 2231 0.1
29 F	0239 7.1 0941 1.1 1503 6.9 2157 1.2	0143 9.1 0846 0.7 1409 8.9 2105 1.0	0127 7.7 0759 1.1 1355 7.6 2016 1.6	0547 1.0 1119 6.0 1804 1.4 2333 6.0	0407 1.6 092911.6 1624 2.1 214411.6	0124 1.1 0720 6.7 1340 1.4 1936 6.6	0106 0.9 0727 4.9 1321 1.2 1945 5.0	0632 3.6 1157 0.9 1850 3.8	0515 0.9 1055 0.1 1747 0.9 2317 0.2
30 SA	0327 6.9 1020 1.4 1549 6.7 2238 1.5	0227 8.7 0927 1.0 1454 8.4 2144 1.4	0157 7.5 0838 1.5 1430 7.3 2054 2.0	0630 1.3 1203 5.7 1847 1.8	0445 2.2 101111.0 1701 2.7 222511.0	0209 1.5 0804 6.3 1426 1.8 2021 6.3	0153 1.2 0814 4.7 1408 1.4 2033 4.7	0032 0.9 0718 3.4 1242 1.1 1936 3.5	0600 0.8 1140 0.2 1832 0.8
31 SU	0415 6.6 1101 1.7 1637 6.4 2321 1.8	0312 8.2 1006 1.4 1541 8.0 2224 1.8	0211 7.2 0915 2.0 1458 7.0 2133 2.4	0017 5.7 0714 1.7 1250 5.4 1930 2.2	0522 2.9 105410.3 1737 3.4 230910.2	0256 1.9 0851 5.9 1512 2.2 2108 5.9	0242 1.4 0904 4.4 1457 1.7 2125 4.5	0122 1.1 0808 3.2 1333 1.3 2027 3.3	0005 0.2 0645 0.8 1227 0.2 1918 0.8

PAGE 136

TIDE TABLES

FRANCE, SPAIN, PORTUGAL & GIBRALTAR Time Zone -0100
Calais * Dieppe * Le Havre * Cherbourg * St Malo * Brest * Pointe de Grave * Lisboa * Gibraltar

TIDE TABLES   JUNE 1998

CALAIS	DIEPPE	LE HAVRE	CHERBOURG	ST MALO	BREST	POINTE DE GRAVE	LISBOA	GIBRALTAR		
Time m	Time m	Time m	Time m	Time m	Time m	Time m	Time m	Time m		
0505 6.3 1148 2.0 1729 6.1	0359 7.7 1048 1.8 1632 7.5 2310 2.2	0243 6.9 0957 2.4 1533 6.7 2220 2.8	0104 5.4 0801 2.1 1342 5.1 2020 2.5	0559 3.5 1144 9.6 1818 4.0	0345 2.2 0942 5.5 1604 2.5 2202 5.5	0334 1.7 1003 4.2 1552 1.9 2227 4.3	0221 1.3 0903 3.1 1434 1.5 2124 3.2	0057 0.3 0733 0.7 1318 0.3 2009 0.7	1	M
0013 2.1 0600 6.0 1244 2.3 1827 5.9	0453 7.2 1137 2.3 1730 7.1	0332 6.6 1050 2.7 1627 6.4 2321 3.1	0157 5.1 0854 2.3 1441 4.9 2120 2.7	0002 9.5 0644 4.1 1245 9.0 1909 4.5	0441 2.5 1042 5.3 1704 2.8 2306 5.3	0433 1.8 1110 4.1 1654 2.0 2336 4.1	0330 1.4 1006 3.0 1548 1.6 2230 3.1	0157 0.3 0827 0.7 1417 0.3 2106 0.7	2	TU
0115 2.3 0701 5.8 1348 2.5 1931 5.8	0004 2.6 0554 6.9 1236 2.5 1836 6.9	0434 6.3 1157 2.9 1741 6.3	0300 4.9 0958 2.5 1548 4.8 2229 2.7	0107 9.0 0744 4.5 1356 8.8 2016 4.7	0546 2.7 1153 5.2 1812 2.8	0536 1.9 1218 4.1 1800 2.1	0442 1.5 1113 3.0 1701 1.6 2337 3.1	0306 0.4 0931 0.7 1523 0.4 2207 0.7	3	W
0223 2.4 0806 5.8 1457 2.4 2035 5.8	0108 2.7 0705 6.8 1342 2.6 1945 7.0	0032 3.1 0550 6.2 1303 2.8 1857 6.4	0407 4.8 1106 2.4 1657 4.9 2337 2.5	0218 8.9 0858 4.5 1503 8.9 2130 4.6	0018 5.3 0654 2.6 1302 5.3 1919 2.7	0042 4.2 0640 1.9 1318 4.2 1903 2.0	0542 1.4 1215 3.0 1801 1.5	0414 0.4 1040 0.7 1627 0.4 2307 0.7	4	TH
0330 2.2 0908 5.9 1559 2.2 2134 6.0	0215 2.6 0814 7.0 1446 2.4 2045 7.4	0135 2.9 0707 6.4 1400 2.6 2004 6.7	0515 4.9 1206 2.3 1757 5.1	0322 9.1 1006 4.2 1600 9.3 2231 4.1	0125 5.4 0754 2.5 1358 5.6 2014 2.5	0138 4.2 0738 1.8 1406 4.3 1957 1.8	0037 3.1 0630 1.3 1308 3.2 1849 1.3	0512 0.4 1142 0.7 1722 0.4	5	F
0425 1.9 1003 6.1 1650 1.9 2224 6.3	0316 2.3 0910 7.4 1542 2.1 2133 7.8	0227 2.5 0815 6.6 1448 2.3 2055 7.0	0033 2.3 0612 5.2 1255 2.1 1843 5.4	0417 9.5 1059 3.7 1648 9.8 2320 3.6	0218 5.6 0841 2.3 1444 5.8 2100 2.2	0226 4.4 0827 1.7 1449 4.5 2045 1.7	0128 3.2 0712 1.2 1354 3.3 1930 1.2	0000 0.8 0600 0.3 1233 0.7 1811 0.3	6	SA
0513 1.7 1049 6.4 1735 1.6 2309 6.5	0407 2.0 0955 7.8 1629 1.8 2215 8.2	0312 2.2 0907 6.9 1532 2.0 2135 7.2	0120 2.0 0658 5.4 1338 1.9 1924 5.6	0503 10.0 1143 3.3 1729 10.3	0302 5.9 0922 2.0 1523 6.1 2139 2.0	0307 4.6 0909 1.5 1527 4.7 2126 1.5	0213 3.3 0749 1.1 1435 3.4 2009 1.0	0045 0.8 0644 0.3 1318 0.8 1854 0.3	7	SU
0557 1.5 1130 6.6 1818 1.4 2347 6.7	0452 1.6 1035 8.2 1712 1.6 2253 8.5	0355 1.9 0947 7.2 1615 1.8 2206 7.4	0201 1.8 0739 5.6 1418 1.7 2000 5.8	0004 3.0 0545 10.4 1226 2.8 1809 10.8	0341 6.1 1000 1.9 1600 6.3 2218 1.7	0346 4.7 0947 1.4 1604 4.9 2204 1.4	0254 3.4 0826 0.9 1514 3.5 2046 0.9	0127 0.8 0725 0.2 1400 0.8 1936 0.2	8	M
0639 1.3 1206 6.7 1900 1.4	0535 1.4 1113 8.5 1754 1.4 2331 8.7	0439 1.6 1021 7.3 1700 1.6 2233 7.5	0240 1.6 0817 5.7 1457 1.6 2036 6.0	0048 2.6 0625 10.8 1309 2.5 1847 11.2	0418 6.3 1036 1.7 1636 6.5 2255 1.6	0423 4.8 1024 1.4 1640 5.0 2242 1.3	0333 3.5 0901 0.9 1551 3.6 2123 0.8	0209 0.8 0805 0.2 1440 0.8 2015 0.2	9	TU
0021 6.8 0721 1.3 1239 6.8 1941 1.4	0617 1.2 1151 8.6 1836 1.3	0523 1.5 1054 7.4 1744 1.6 2243 7.5	0319 1.4 0854 5.9 1536 1.5 2110 6.1	0133 2.3 0704 11.2 1354 2.2 1924 11.5	0454 6.4 1113 1.6 1712 6.6 2333 1.4	0500 4.9 1100 1.3 1717 5.1 2319 1.2	0412 3.5 0937 0.8 1628 3.7 2200 0.8	0248 0.9 0843 0.1 1519 0.9 2054 0.2	10	W ○
0054 6.8 0802 1.3 1312 6.8 2021 1.4	0008 8.8 0659 1.1 1229 8.7 1918 1.3	0606 1.5 1100 7.4 1827 1.6 2300 7.6	0358 1.3 0930 5.9 1616 1.5 2145 6.1	0217 2.0 0742 11.4 1437 2.2 2001 11.6	0530 6.5 1151 1.5 1748 6.7	0536 4.9 1136 1.3 1754 5.1 2357 1.2	0449 3.5 1014 0.8 1705 3.7 2238 0.7	0328 0.9 0921 0.1 1559 0.9 2132 0.2	11	TH
0127 6.8 0841 1.4 1344 6.8 2059 1.4	0045 8.7 0740 1.1 1306 8.7 2000 1.3	0649 1.5 1120 7.4 1909 1.6 2330 7.5	0439 1.3 1006 5.9 1656 1.5 2221 6.1	0300 1.9 0820 11.5 1518 2.2 2038 11.7	0012 1.4 0608 6.5 1230 1.5 1827 6.7	0614 4.9 1214 1.3 1832 5.1	0526 3.5 1051 0.8 1742 3.7 2318 0.7	0408 0.9 0959 0.1 1637 0.9 2210 0.1	12	F
0200 6.8 0918 1.5 1418 6.8 2136 1.5	0123 8.7 0821 1.1 1345 8.6 2040 1.4	0730 1.5 1154 7.4 1949 1.7	0519 1.3 1045 5.9 1737 1.6 2300 6.0	0341 1.9 0857 11.5 1557 2.3 2115 11.6	0054 1.4 0647 6.4 1312 1.5 1907 6.6	0036 1.2 0654 4.7 1254 1.3 1912 5.0	0604 3.4 1131 0.8 1820 3.6	0448 0.9 1037 0.1 1718 0.9 2251 0.1	13	SA
0238 6.8 0955 1.5 1458 6.7 2214 1.6	0201 8.6 0902 1.2 1424 8.5 2121 1.5	0009 7.5 0809 1.6 1236 7.3 2028 1.9	0601 1.3 1126 5.8 1820 1.7 2342 5.9	0420 2.1 0936 11.3 1635 2.6 2153 11.4	0136 1.5 0729 6.3 1355 1.7 1951 6.4	0119 1.2 0736 4.7 1337 1.4 1957 4.9	0000 0.8 0645 3.4 1215 0.9 1901 3.6	0530 0.9 1117 0.1 1800 0.9 2334 0.2	14	SU
0321 6.7 1036 1.6 1544 6.6 2256 1.7	0242 8.4 0944 1.3 1507 8.3 2204 1.6	0054 7.4 0847 1.7 1329 7.1 2109 2.0	0645 1.5 1212 5.6 1906 1.9	0458 2.5 1016 10.9 1713 3.0 2236 11.0	0222 1.6 0815 6.1 1443 1.9 2039 6.2	0205 1.3 0824 4.6 1425 1.5 2050 4.8	0047 0.9 0730 3.3 1304 1.0 1948 3.5	0615 0.8 1201 0.1 1845 0.9	15	M

•• Time Zone -0100. For UT subtract 1 hour. For European summer time (shaded) 29/3-25/10 add 1 hour ••

PAGE 137

JUNE 1998 TIDE TABLES

Time Zone -0100. For UT subtract 1 hour. For European summer time (shaded) 29/3-25/10 add 1 hour

	CALAIS	DIEPPE	LE HAVRE	CHERBOURG	ST MALO	BREST	POINTE DE GRAVE	LISBOA	GIBRALTAR
	Time m	Time m	Time m	Time m	Time m	Time m	Time m	Time m	Time m
16 TU	0412 6.6 1124 1.7 1638 6.5 2349 1.6	0327 8.2 1029 1.5 1557 8.0 2253 1.8	0149 7.2 0930 1.9 1439 7.0 2156 2.2	0032 5.7 0735 1.6 1306 5.4 1958 2.0	0539 2.9 1103 10.5 1756 3.4 2327 10.5	0312 1.8 0906 5.9 1536 2.1 2135 6.0	0255 1.4 0923 4.5 1520 1.6 2151 4.7	0141 1.0 0821 3.2 1403 1.2 2043 3.4	0023 0.2 0704 0.8 1252 0.2 1936 0.8
17 W	0512 6.5 1219 1.8 1743 6.4	0421 7.9 1121 1.7 1656 7.8 2350 2.0	0300 7.0 1021 2.0 1609 6.8 2251 2.3	0130 5.5 0830 1.8 1409 5.3 2100 2.1	0629 3.3 1203 10.0 1851 3.8	0407 2.0 1007 5.8 1636 2.2 2239 5.9	0352 1.5 1033 4.4 1622 1.7 2301 4.6	0245 1.1 0924 3.2 1512 1.3 2148 3.4	0121 0.2 0801 0.8 1351 0.2 2033 0.8
18 TH	0048 1.7 0621 6.4 1322 1.8 1855 6.3	0527 7.7 1221 1.8 1806 7.8	0426 6.9 1121 2.1 1729 6.9 2357 2.3	0235 5.4 0934 1.8 1516 5.3 2209 2.1	0033 10.0 0733 3.6 1317 9.8 2003 3.9	0509 2.0 1115 5.7 1741 2.2 2348 5.9	0456 1.6 1147 4.4 1730 1.7	0357 1.1 1033 3.2 1628 1.2 2300 3.4	0227 0.2 0909 0.8 1500 0.2 2137 0.8
19 F	0155 1.8 0735 6.4 1432 1.9 2006 6.4	0057 2.0 0641 7.7 1333 1.8 1917 7.9	0546 6.9 1231 2.1 1835 7.0	0345 5.4 1042 1.8 1625 5.4 2320 2.0	0152 9.9 0848 3.5 1434 10.0 2122 3.6	0615 2.0 1227 5.8 1851 2.1	0013 4.6 0604 1.5 1256 4.6 1839 1.6	0509 1.1 1145 3.3 1739 1.1	0342 0.2 1024 0.8 1612 0.2 2246 0.8
20 SA	0309 1.7 0842 6.5 1546 1.8 2111 6.6	0213 1.8 0752 7.9 1448 1.6 2024 8.3	0112 2.2 0651 7.1 1346 1.9 1932 7.3	0454 5.5 1151 1.7 1733 5.6	0309 10.2 1002 3.1 1543 10.5 2234 3.0	0100 6.0 0724 1.9 1336 6.1 1958 1.8	0121 4.8 0712 1.0 1358 4.8 1945 1.4	0012 3.5 0613 1.0 1251 3.5 1842 1.0	0454 0.2 1138 0.8 1720 0.2 2354 0.9
21 SU	0421 1.5 0943 6.7 1655 1.6 2209 6.9	0325 1.5 0856 8.3 1553 1.3 2124 8.7	0226 1.8 0748 7.3 1457 1.6 2026 7.5	0028 1.7 0603 5.7 1255 1.5 1835 5.9	0415 10.8 1107 2.6 1645 11.1 2337 2.4	0206 6.3 0827 1.6 1436 6.4 2059 1.5	0222 4.9 0813 1.3 1454 5.0 2045 1.2	0117 3.6 0709 0.8 1350 3.6 1938 0.8	0558 0.2 1243 0.8 1820 0.2
22 M	0527 1.3 1039 6.9 1757 1.4 2303 7.0	0426 1.1 0954 8.7 1651 1.0 2218 9.0	0333 1.5 0859 7.5 1602 1.3 2145 7.7	0130 1.4 0703 5.9 1353 1.3 1930 6.1	0515 11.3 1206 2.1 1739 11.7	0305 6.5 0924 1.4 1530 6.7 2154 1.3	0318 5.1 0909 1.2 1545 5.2 2139 1.1	0215 3.7 0800 0.7 1443 3.8 2028 0.7	0056 0.9 0654 0.1 1341 0.9 1915 0.2
23 TU	0626 1.1 1133 7.0 1851 1.2 2357 7.1	0521 0.8 1047 9.0 1745 0.8 2309 9.2	0434 1.1 1025 7.7 1700 1.2 2249 7.8	0225 1.1 0759 6.1 1446 1.2 2020 6.3	0035 1.9 0609 11.7 1301 1.8 1831 12.0	0358 6.7 1016 1.2 1620 6.9 2246 1.1	0409 5.2 1000 1.1 1633 5.3 2230 1.0	0309 3.8 0847 0.7 1533 3.9 2115 0.6	0152 0.9 0746 0.1 1433 0.9 2006 0.1
24 W ●	0718 1.0 1224 7.1 1941 1.1	0614 0.7 1136 9.1 1836 0.8 2357 9.2	0529 0.9 1122 7.8 1752 1.1 2341 7.9	0315 1.0 0849 6.2 1536 1.1 2107 6.4	0130 1.6 0700 11.9 1354 1.6 1920 12.2	0448 6.9 1106 1.1 1708 7.0 2335 1.0	0457 5.2 1048 1.0 1718 5.3 2318 0.9	0359 3.8 0930 0.7 1620 4.0 2200 0.6	0245 0.9 0834 0.1 1522 0.9 2054 0.1
25 TH	0048 7.1 0806 1.0 1314 7.1 2025 1.1	0703 0.6 1224 9.1 1924 0.8	0618 0.9 1212 7.8 1840 1.1	0403 0.9 0936 6.2 1621 1.1 2151 6.4	0221 1.5 0748 11.9 1443 1.6 2006 12.2	0534 6.9 1153 1.1 1753 7.0	0543 5.2 1133 1.0 1802 5.3	0445 3.8 1013 0.7 1704 4.0 2244 0.6	0333 0.9 0921 0.1 1609 0.9 2140 0.1
26 F	0137 7.1 0848 1.1 1359 7.0 2104 1.2	0042 9.2 0750 0.7 1309 9.0 2009 0.9	0026 7.8 0704 0.9 1256 7.7 1924 1.3	0448 0.9 1020 6.1 1705 1.3 2233 6.3	0309 1.5 0833 11.8 1527 1.8 2048 12.0	0022 1.0 0618 6.8 1238 1.2 1836 6.9	0004 0.9 0626 5.1 1218 1.1 1843 5.2	0530 3.7 1054 0.8 1748 3.9 2326 0.7	0421 0.9 1005 0.1 1653 0.9 2226 0.1
27 SA	0221 7.0 0924 1.3 1441 6.9 2139 1.3	0126 9.0 0831 0.8 1351 8.8 2048 1.1	0103 7.7 0745 1.1 1333 7.6 2003 1.6	0530 1.1 1101 6.0 1745 1.5 2313 6.1	0351 1.7 0914 11.5 1606 2.1 2128 11.6	0106 1.2 0700 6.6 1321 1.4 1916 6.7	0048 1.0 0707 4.9 1300 1.3 1923 5.1	0613 3.6 1135 0.9 1829 3.8	0505 0.9 1048 0.1 1736 0.9 2309 0.2
28 SU	0303 6.9 0958 1.4 1521 6.8 2215 1.4	0208 8.7 0909 1.0 1433 8.5 2123 1.3	0120 7.5 0823 1.5 1401 7.4 2037 1.9	0610 1.3 1141 5.8 1824 1.7 2352 5.9	0428 2.1 0953 11.1 1641 2.5 2206 11.2	0148 1.4 0741 6.3 1401 1.7 1956 6.4	0131 1.2 0746 4.8 1342 1.4 2002 4.9	0008 0.9 0654 3.5 1216 1.0 1910 3.6	0548 0.9 1130 0.1 1818 0.9 2354 0.2
29 M	0344 6.7 1033 1.6 1603 6.6 2252 1.6	0248 8.4 0942 1.3 1512 8.2 2157 1.6	0125 7.4 0855 1.8 1414 7.2 2109 2.2	0648 1.6 1221 5.5 1901 2.0	0500 2.6 1030 10.5 1712 3.0 2242 10.6	0229 1.7 0821 6.0 1442 2.0 2035 6.1	0214 1.4 0827 4.6 1426 1.6 2042 4.6	0051 1.0 0737 3.3 1259 1.2 1953 3.4	0631 0.8 1212 0.2 1900 0.8
30 TU	0427 6.5 1112 1.9 1647 6.4 2335 1.9	0327 8.0 1016 1.6 1553 7.8 2233 2.0	0204 7.2 0926 2.2 1445 7.0 2142 2.5	0033 5.6 0727 1.9 1304 5.3 1941 2.3	0530 3.1 1109 10.0 1743 3.5 2322 10.0	0310 2.1 0902 5.7 1524 2.3 2117 5.8	0258 1.5 0910 4.4 1512 1.7 2127 4.4	0137 1.2 0822 3.2 1348 1.4 2039 3.2	0039 0.3 0714 0.8 1254 0.3 1943 0.8

PAGE 138

TIDE TABLES

FRANCE, SPAIN, PORTUGAL & GIBRALTAR Time Zone -0100
Calais * Dieppe * Le Havre * Cherbourg * St Malo * Brest * Pointe de Grave * Lisboa * Gibraltar

TIDE TABLES   JULY 1998

CALAIS	DIEPPE	LE HAVRE	CHERBOURG	ST MALO	BREST	POINTE DE GRAVE	LISBOA	GIBRALTAR		
Time m	Time m	Time m	Time m	Time m	Time m	Time m	Time m	Time m		
0513 6.3 1159 2.1 1736 6.2	0409 7.6 1054 2.0 1637 7.4 2315 2.3	0249 6.9 1001 2.5 1530 6.7 2225 2.8	0116 5.3 0808 2.2 1353 5.1 2027 2.5	0603 3.6 1153 9.4 1821 4.0	0354 2.4 0949 5.5 1612 2.6 2206 5.5	0345 1.7 1003 4.2 1603 1.9 2222 4.2	0230 1.3 0912 3.0 1445 1.5 2133 3.1	0127 0.3 0800 0.7 1342 0.3 2030 0.8	1	W
0026 2.1 0606 6.0 1253 2.3 1833 5.9	0456 7.2 1139 2.3 1729 7.1	0342 6.6 1049 2.6 1629 6.5 2320 3.0	0208 5.0 0857 2.4 1449 4.9 2123 2.7	0009 4.0 0645 4.1 1248 9.0 1912 4.4	0445 2.6 1045 5.3 1708 2.8 2306 5.3	0439 1.9 1105 4.1 1700 2.1 2327 4.1	0331 1.5 1012 2.9 1553 1.6 2236 3.0	0224 0.3 0853 0.7 1440 0.4 2122 0.8	2	TH
0124 2.3 0708 5.8 1353 2.4 1938 5.8	0005 2.6 0554 6.8 1234 2.6 1833 6.9	0448 6.3 1148 2.9 1742 6.4	0307 4.9 0956 2.5 1553 4.9 2228 2.7	0109 9.0 0742 4.4 1354 8.8 2016 4.6	0545 2.7 1152 5.2 1812 2.8	0539 2.0 1212 4.1 1803 2.1	0437 1.5 1116 2.9 1703 1.6 2342 3.0	0330 0.4 0956 0.7 1548 0.4 2221 0.8	3	F
0225 2.3 0815 5.8 1455 2.5 2044 5.9	0106 2.7 0706 6.8 1338 2.7 1946 7.0	0024 3.0 0607 6.2 1254 2.8 1858 6.5	0414 4.8 1100 2.5 1700 5.0 2334 2.6	0218 8.8 0852 4.4 1501 8.9 2126 4.4	0017 5.2 0651 2.7 1302 5.3 1918 2.7	0035 4.1 0642 2.0 1314 4.2 1906 2.0	0538 1.4 1219 3.0 1803 1.5	0441 0.3 1105 0.7 1657 0.4 2323 0.8	4	SA
0326 2.1 0917 5.9 1554 2.1 2143 6.0	0212 2.6 0820 7.0 1444 2.5 2049 7.4	0130 2.8 0724 6.4 1357 2.6 2003 6.8	0522 5.0 1202 2.4 1801 5.2	0324 9.0 1000 4.1 1600 9.3 2230 4.0	0127 5.3 0752 2.6 1401 5.6 2016 2.5	0137 4.2 0740 1.9 1407 4.4 2003 1.9	0044 3.1 0630 1.3 1315 3.2 1855 1.3	0542 0.3 1207 0.7 1757 0.3	5	SU
0424 1.9 1012 6.1 1650 1.9 2234 6.3	0318 2.3 0917 7.4 1544 2.2 2139 7.8	0227 2.4 0828 6.7 1451 2.3 2054 7.1	0034 2.3 0621 5.2 1257 2.2 1851 5.4	0422 9.5 1058 3.7 1652 9.9 2326 3.4	0223 5.6 0843 2.3 1449 5.8 2105 2.2	0230 4.4 0831 1.8 1454 4.6 2052 1.7	0138 3.1 0715 1.2 1403 3.3 1940 1.1	0020 0.8 0633 0.3 1300 0.8 1847 0.3	6	M
0517 1.7 1059 6.4 1742 1.7 2319 6.5	0414 1.9 1004 7.9 1637 1.9 2224 8.3	0320 2.1 0918 7.0 1543 2.0 2135 7.3	0125 2.1 0711 5.4 1345 2.0 1933 5.7	0513 10.0 1151 3.2 1739 10.5	0309 5.8 0927 2.1 1531 6.1 2148 1.9	0317 4.6 0916 1.6 1538 4.8 2137 1.6	0226 3.2 0757 1.0 1447 3.4 2022 1.0	0110 0.8 0719 0.2 1348 0.8 1932 0.3	7	TU
0607 1.5 1141 6.6 1832 1.5 2359 6.7	0505 1.6 1047 8.3 1727 1.6 2306 8.6	0411 1.8 1001 7.3 1635 1.8 2209 7.5	0212 1.8 0754 5.6 1431 1.7 2013 5.9	0018 2.9 0600 10.6 1242 2.7 1823 11.0	0351 6.1 1009 1.8 1612 6.4 2231 1.6	0400 4.8 0957 1.5 1619 5.0 2218 1.4	0309 3.3 0837 0.9 1528 3.6 2103 0.8	0157 0.8 0801 0.2 1431 0.8 2013 0.2	8	W
0657 1.4 1219 6.7 1921 1.4	0554 1.3 1129 8.6 1815 1.4 2347 8.8	0502 1.6 1041 7.4 1726 1.6 2233 7.6	0256 1.5 0835 5.8 1515 1.6 2051 6.1	0109 2.4 0644 11.1 1333 2.3 1906 11.5	0433 6.3 1050 1.6 1651 6.6 2313 1.4	0442 4.9 1038 1.4 1700 5.2 2300 1.2	0351 3.4 0917 0.7 1608 3.7 2142 0.7	0241 0.9 0841 0.1 1513 0.9 2054 0.1	9	TH O
0037 6.8 0745 1.3 1256 6.8 2008 1.3	0641 1.1 1210 8.8 1903 1.2	0552 1.4 1120 6.0 1815 1.5 2248 7.7	0339 1.3 0915 6.0 1558 1.4 2130 6.2	0159 1.9 0727 11.5 1421 2.0 1947 11.8	0512 6.5 1132 1.4 1732 6.8 2355 1.2	0522 5.0 1117 1.3 1739 5.3 2340 1.1	0430 3.5 0956 0.7 1647 3.8 2223 0.6	0324 0.9 0919 0.1 1554 0.9 2133 0.1	10	F
0114 6.9 0830 1.3 1332 6.9 2051 1.3	0028 8.9 0727 0.9 1251 8.9 1948 1.1	0639 1.3 1146 7.6 1900 1.4	0421 1.1 0954 6.1 1640 1.3 2209 6.3	0247 1.6 0809 11.7 1507 1.8 2027 12.1	0554 6.7 1215 1.3 1813 6.9	0602 5.1 1157 1.2 1820 5.3	0510 3.6 1036 0.6 1726 3.8 2304 0.5	0406 0.9 0957 0.1 1634 0.9 2212 0.1	11	SA
0151 7.0 0912 1.3 1409 7.0 2130 1.2	0109 9.0 0812 0.8 1332 8.9 2031 1.0	0723 1.2 1142 7.6 1943 1.4 2354 7.8	0504 1.0 1033 6.1 1723 1.3 2249 6.3	0332 1.4 0849 11.8 1551 1.7 2106 12.1	0039 1.1 0635 6.7 1257 1.3 1855 6.9	0021 1.0 0643 5.1 1239 1.2 1901 5.3	0550 3.6 1118 0.6 1806 3.8 2347 0.6	0448 0.9 1036 0.1 1715 0.9 2253 0.1	12	SU
0230 7.0 0951 1.2 1448 7.0 2209 1.2	0150 9.0 0854 0.8 1412 8.9 2113 1.1	0803 1.2 1221 7.5 2023 1.4	0547 1.0 1115 6.1 1806 1.4 2331 6.2	0414 1.4 0928 11.8 1631 1.9 2146 11.9	0123 1.1 0718 6.6 1342 1.4 1939 6.8	0103 1.0 0725 5.0 1322 1.2 1945 5.2	0630 3.6 1202 0.7 1848 3.8	0532 0.9 1116 0.1 1759 0.9 2336 0.1	13	M
0312 7.0 1030 1.3 1533 6.9 2250 1.2	0231 8.8 0935 0.9 1455 8.7 2155 1.2	0036 7.7 0842 1.3 1308 7.4 2101 1.6	0631 1.1 1159 6.0 1851 1.5	0454 1.7 1009 11.5 1710 2.2 2227 11.5	0208 1.2 0802 6.5 1429 1.6 2025 6.6	0148 1.1 0811 4.9 1409 1.3 2033 5.1	0033 0.7 0715 3.5 1249 0.8 1933 3.7	0618 0.9 1200 0.1 1844 0.9	14	TU
0359 6.9 1112 1.4 1622 6.8 2336 1.4	0315 8.6 1017 1.1 1541 8.5 2239 1.4	0127 7.5 0921 1.4 1412 7.2 2142 1.7	0018 6.1 0718 1.3 1248 5.8 1940 1.7	0535 2.1 1052 11.1 1751 2.6 2313 11.0	0256 1.4 0851 6.3 1519 1.9 2116 6.4	0237 1.2 0903 4.7 1500 1.4 2129 4.9	0123 0.8 0803 3.4 1343 1.0 2024 3.6	0024 0.2 0707 0.9 1248 0.2 1933 0.9	15	W

** Time Zone -0100. For UT subtract 1 hour. For European summer time (shaded) 29/3-25/10 add 1 hour **

JULY 1998 TIDE TABLES

Time Zone -0100. For UT subtract 1 hour. For European summer time (shaded) 29/3-25/10 add 1 hour

	CALAIS	DIEPPE	LE HAVRE	CHERBOURG	ST MALO	BREST	POINTE DE GRAVE	LISBOA	GIBRALTAR
	Time m	Time m	Time m	Time m	Time m	Time m	Time m	Time m	Time m
16 TH	0454 6.7 1203 1.6 1721 6.6	0403 8.3 1103 1.3 1633 8.2 2328 1.6	0233 7.3 1004 1.6 1559 7.1 2230 2.0	0109 5.8 0809 1.6 1343 5.6 2036 1.9	0619 2.7 1143 10.5 1838 3.2	0347 1.7 0945 6.0 1614 2.0 2214 6.1	0330 1.3 1004 4.6 1558 1.5 2234 4.7	0221 1.0 0900 3.3 1448 1.1 2125 3.4	0119 0.2 0803 0.8 1345 0.2 2029 0.9
17 F	0030 1.5 0558 6.5 1300 1.8 1830 6.4	0502 8.0 1156 1.6 1736 7.9	0409 7.1 1057 1.9 1705 7.0 2330 2.2	0209 5.6 0908 1.8 1445 5.4 2141 2.1	0009 10.4 0712 3.2 1245 10.1 1937 3.5	0444 1.9 1047 5.8 1715 2.1 2321 5.9	0430 1.5 1116 4.5 1704 1.6 2347 4.6	0329 1.1 1006 3.3 1601 1.2 2236 3.3	0224 0.2 0907 0.8 1454 0.2 2131 0.8
18 SA	0133 1.7 0712 6.3 1408 1.9 1944 6.3	0028 1.9 0612 7.7 1302 1.9 1848 7.8	0528 7.0 1202 2.1 1811 7.0	0316 5.4 1014 2.0 1556 5.3 2254 2.1	0120 10.0 0817 3.4 1400 9.9 2050 3.6	0548 2.1 1158 5.8 1825 2.2	0537 1.6 1230 4.5 1815 1.7	0442 1.2 1119 3.3 1718 1.2 2352 3.3	0342 0.2 1020 0.8 1612 0.3 2239 0.8
19 SU	0245 1.8 0824 6.3 1524 1.9 2054 6.4	0145 2.0 0728 7.7 1422 1.9 2000 8.0	0042 2.3 0639 7.0 1318 2.2 1915 7.1	0431 5.3 1127 2.0 1711 5.4	0239 9.9 0931 3.4 1517 10.0 2207 3.4	0035 5.8 0659 2.1 1312 5.9 1938 2.1	0100 4.6 0648 1.6 1339 4.7 1927 1.6	0552 1.1 1231 3.4 1827 1.1	0500 0.2 1133 0.8 1725 0.2 2348 0.8
20 M	0403 1.7 0930 6.4 1639 1.8 2157 6.6	0304 1.8 0837 8.0 1533 1.6 2105 8.3	0201 2.1 0750 7.1 1435 2.0 2021 7.3	0009 2.0 0549 5.4 1238 1.9 1821 5.7	0356 10.2 1043 3.1 1626 10.5 2318 2.9	0148 6.0 0808 2.0 1420 6.1 2044 1.8	0209 4.7 0755 1.5 1441 4.8 2032 1.4	0103 3.4 0653 1.0 1335 3.5 1927 0.9	0604 0.2 1239 0.8 1825 0.2
21 TU	0515 1.5 1030 6.6 1745 1.5 2257 6.7	0409 1.4 0939 8.3 1635 1.4 2203 8.6	0315 1.8 0906 7.3 1544 1.7 2133 7.5	0116 1.7 0656 5.6 1341 1.6 1920 5.9	0502 10.7 1148 2.6 1727 11.1	0252 6.2 0909 1.8 1518 6.4 2142 1.5	0309 4.9 0855 1.4 1536 5.0 2129 1.3	0204 3.5 0746 0.9 1430 3.7 2018 0.8	0051 0.9 0658 0.1 1336 0.9 1918 0.2
22 W	0617 1.3 1126 6.7 1843 1.3 2351 6.9	0506 1.1 1033 8.6 1730 1.1 2255 8.9	0419 1.4 1014 7.5 1645 1.5 2233 7.6	0214 1.4 0751 5.9 1435 1.4 2010 6.1	0021 2.3 0559 11.1 1246 2.2 1820 11.5	0346 6.4 1003 1.5 1608 6.7 2234 1.3	0401 5.0 0948 1.3 1624 5.2 2219 1.1	0257 3.6 0833 0.8 1520 3.8 2104 0.7	0148 0.9 0746 0.1 1427 0.9 2006 0.1
23 TH ●	0710 1.2 1217 6.8 1933 1.2	0600 0.9 1123 8.9 1822 1.0 2342 9.0	0515 1.1 1109 7.7 1739 1.3 2324 7.7	0304 1.2 0839 6.0 1523 1.3 2055 6.3	0118 1.9 0651 11.5 1339 1.9 1909 11.8	0435 6.6 1051 1.4 1654 6.9 2321 1.1	0448 5.1 1034 1.3 1708 5.3 2305 1.1	0345 3.7 0916 0.8 1605 3.9 2146 0.7	0239 0.9 0830 0.1 1514 0.9 2050 0.1
24 F	0039 6.9 0756 1.2 1301 6.9 2015 1.2	0650 0.8 1209 9.0 1909 1.0	0605 1.0 1157 7.7 1826 1.2	0349 1.0 0922 6.1 1606 1.2 2136 6.3	0209 1.7 0736 11.6 1427 1.8 1952 11.9	0519 6.7 1136 1.3 1737 6.9	0530 5.1 1118 1.1 1748 5.3 2347 1.0	0430 3.7 0956 0.7 1647 3.9 2226 0.7	0325 0.9 0912 0.1 1557 1.0 2132 0.1
25 SA	0122 7.0 0834 1.2 1339 6.9 2049 1.2	0027 9.0 0734 0.7 1251 9.0 1951 1.0	0006 7.8 0649 1.0 1237 7.7 1907 1.3	0431 1.0 1002 6.1 1646 1.3 2214 6.3	0254 1.6 0818 11.6 1510 1.8 2033 11.9	0005 1.1 0600 6.7 1218 1.3 1816 6.9	0608 5.0 1158 1.1 1824 5.2	0511 3.7 1034 0.8 1727 3.9 2303 0.7	0409 0.9 0952 0.1 1638 1.0 2212 0.1
26 SU	0200 7.0 0906 1.3 1415 6.9 2119 1.3	0107 9.0 0812 0.8 1330 8.9 2027 1.1	0037 7.7 0727 1.1 1309 7.6 1942 1.5	0509 1.1 1039 6.1 1723 1.4 2249 6.2	0333 1.7 0857 11.5 1546 2.0 2109 11.7	0045 1.2 0638 6.6 1257 1.4 1852 6.8	0027 1.1 0642 5.0 1237 1.2 1857 5.1	0549 3.6 1111 0.8 1805 3.8 2340 0.8	0449 0.9 1030 0.1 1717 1.0 2251 0.1
27 M	0235 6.9 0934 1.4 1451 6.9 2149 1.4	0145 8.8 0845 1.0 1406 8.7 2057 1.3	0007 7.6 0800 1.4 1318 7.5 2012 1.7	0545 1.3 1113 6.1 1756 1.6 2323 6.0	0406 1.9 0930 11.2 1617 2.2 2141 11.4	0122 1.4 0713 6.5 1333 1.6 1927 6.5	0105 1.1 0715 4.9 1315 1.3 1929 5.0	0627 3.5 1148 0.9 1841 3.6	0529 0.9 1107 0.1 1754 0.9 2330 0.2
28 TU	0311 6.9 1003 1.5 1527 6.9 2221 1.5	0221 8.6 0915 1.2 1441 8.5 2126 1.5	0045 7.6 0827 1.7 1322 7.4 2037 2.0	0618 1.5 1148 5.8 1828 1.9 2357 5.8	0434 2.3 1003 10.9 1644 2.6 2212 10.9	0157 1.6 0747 6.3 1409 1.9 2000 6.3	0142 1.3 0748 4.7 1353 1.4 2001 4.8	0016 0.9 0703 3.4 1225 1.0 1918 3.5	0607 0.9 1144 0.2 1832 0.9
29 W	0348 6.7 1036 1.7 1605 6.7 2256 1.8	0254 8.3 0942 1.5 1515 8.1 2155 1.8	0126 7.4 0849 1.9 1358 7.3 2103 2.2	0649 1.8 1224 5.6 1901 2.1	0500 2.7 1033 10.4 1711 3.0 2244 10.4	0232 1.9 0821 6.0 1445 2.1 2034 6.0	0220 1.4 0823 4.5 1433 1.6 2037 4.6	0054 1.1 0740 3.2 1305 1.2 1956 3.3	0009 0.2 0646 0.8 1222 0.3 1910 0.9
30 TH	0427 6.5 1114 1.9 1646 6.5 2339 1.9	0328 8.1 1013 1.8 1550 7.8 2230 2.1	0208 7.2 0918 2.2 1440 7.0 2138 2.5	0033 5.6 0723 2.1 1303 5.3 1939 2.4	0527 3.2 1106 9.9 1742 3.5 2319 9.8	0309 2.2 0900 5.7 1524 2.4 2114 5.7	0300 1.6 0904 4.4 1515 1.8 2119 4.4	0136 1.2 0821 3.1 1351 1.3 2039 3.1	0052 0.3 0728 0.8 1305 0.3 1954 0.8
31 F	0511 6.2 1201 2.1 1733 6.1	0406 7.5 1051 2.2 1631 7.3 2314 2.4	0255 6.8 0957 2.6 1530 6.7 2224 2.8	0115 5.3 0803 2.3 1351 5.1 2027 2.6	0600 3.7 1146 9.4 1822 4.0	0350 2.5 0945 5.5 1611 2.7 2203 5.4	0345 1.9 0955 4.2 1604 2.0 2215 4.2	0226 1.4 0909 3.0 1448 1.5 2133 2.9	0143 0.3 0818 0.7 1359 0.4 2044 0.8

PAGE 140

TIDE TABLES

FRANCE, SPAIN, PORTUGAL & GIBRALTAR Time Zone -0100
Calais * Dieppe * Le Havre * Cherbourg * St Malo * Brest * Pointe de Grave * Lisboa * Gibraltar

TIDE TABLES AUGUST 1998

CALAIS	DIEPPE	LE HAVRE	CHERBOURG	ST MALO	BREST	POINTE DE GRAVE	LISBOA	GIBRALTAR	
Time m	Time m	Time m	Time m	Time m	Time m	Time m	Time m	Time m	
0030 2.1 0603 5.9 1257 2.3 1832 5.8	0452 7.1 1140 2.6 1724 7.0	0351 6.5 1048 2.9 1633 6.4 2321 3.0	0208 5.0 0855 2.6 1451 4.9 2127 2.8	0003 9.2 0646 4.2 1241 8.9 1917 4.5	0440 2.8 1044 5.2 1709 2.9 2307 5.2	0438 2.0 1102 4.1 1703 2.1 2328 4.0	0327 1.5 1011 2.9 1559 1.6 2241 2.9	0253 0.4 0920 0.7 1517 0.4 2146 0.8	**1 SA**
0130 2.3 0710 5.7 1359 2.4 1945 5.7	0009 2.7 0555 6.7 1239 2.8 1836 6.8	0506 6.2 1152 3.0 1756 6.3	0315 4.8 1000 2.7 1601 4.9 2238 2.8	0108 8.8 0750 4.5 1357 8.6 2028 4.6	0543 2.9 1157 5.2 1817 2.9	0542 2.1 1218 4.1 1811 2.2	0439 1.5 1124 2.9 1714 1.5 2357 2.9	0421 0.4 1035 0.7 1645 0.4 2256 0.8	**2 SU**
0232 2.3 0826 5.7 1503 2.3 2059 5.8	0116 2.8 0721 6.7 1351 2.8 2000 7.0	0031 3.0 0638 6.2 1305 3.0 1915 6.5	0431 4.8 1110 2.7 1716 5.0 2349 2.6	0230 8.7 0906 4.5 1516 8.9 2145 4.4	0027 5.1 0656 2.8 1314 5.3 1929 2.8	0048 4.1 0651 2.1 1327 4.3 1920 2.1	0545 1.4 1233 3.0 1819 1.4	0532 0.3 1145 0.7 1750 0.3	**3 M**
0336 2.2 0933 5.9 1606 2.1 2200 6.0	0232 2.7 0837 7.1 1505 2.6 2104 7.5	0142 2.8 0754 6.5 1414 2.7 2017 6.8	0548 5.0 1218 2.5 1820 5.2	0346 9.0 1020 4.1 1621 9.5 2255 3.8	0143 5.3 0803 2.6 1415 5.6 2030 2.5	0157 4.3 0754 2.0 1424 4.5 2020 1.9	0103 3.0 0642 1.3 1330 3.2 1912 1.2	0000 0.8 0624 0.3 1243 0.8 1839 0.3	**4 TU**
0438 1.9 1028 6.2 1708 1.8 2251 6.4	0341 2.2 0933 7.6 1608 2.1 2156 8.0	0247 2.4 0851 6.9 1515 2.3 2103 7.2	0052 2.3 0647 5.2 1318 2.2 1909 5.6	0448 9.7 1125 3.5 1715 10.2 2356 3.1	0241 5.6 0857 2.3 1505 6.0 2122 2.1	0252 4.5 0847 1.8 1514 4.8 2111 1.6	0158 3.1 0731 1.1 1419 3.3 1959 1.0	0054 0.8 0708 0.2 1331 0.8 1921 0.1	**5 W**
0537 1.7 1115 6.5 1806 1.6 2335 6.7	0439 1.7 1021 8.2 1703 1.7 2242 8.5	0347 2.0 0936 7.3 1614 2.0 2139 7.5	0146 1.9 0734 5.6 1408 1.8 1951 5.9	0540 10.4 1222 2.9 1803 11.0	0328 6.0 0944 1.9 1549 6.4 2209 1.6	0340 4.7 0933 1.5 1558 5.1 2157 1.4	0245 3.3 0815 0.9 1503 3.5 2042 0.8	0142 0.9 0748 0.1 1415 0.9 2001 0.1	**6 TH**
0633 1.4 1157 6.8 1900 1.3	0532 1.3 1106 8.6 1755 1.3 2327 8.9	0444 1.6 1017 7.5 1710 1.6 2203 7.8	0233 1.5 0815 5.9 1454 1.5 2032 6.2	0051 2.3 0627 11.1 1316 2.2 1849 11.7	0412 6.4 1029 1.6 1632 6.8 2253 1.3	0424 5.0 1016 1.3 1641 5.3 2239 1.2	0328 3.4 0857 0.7 1545 3.7 2124 0.6	0227 0.9 0826 0.1 1456 0.9 2040 0.1	**7 F**
0016 7.0 0726 1.2 1236 7.0 1951 1.1	0622 0.9 1150 9.0 1845 1.0	0537 1.3 1055 7.7 1801 1.3 2224 8.0	0318 1.2 0856 6.1 1539 1.3 2112 6.4	0144 1.7 0711 11.8 1406 1.7 1933 12.2	0454 6.7 1113 1.3 1715 7.1 2337 1.0	0505 5.1 1057 1.1 1722 5.4 2321 1.0	0409 3.6 0939 0.6 1626 3.9 2205 0.4	0309 1.0 0903 0.1 1537 1.0 2118 0.1	**8 SA** ○
0056 7.1 0815 1.1 1315 7.2 2036 1.0	0009 9.2 0711 0.7 1233 9.2 1933 0.8	0626 1.0 1135 7.8 1848 1.1 2254 8.1	0403 0.9 0936 6.3 1622 1.1 2152 6.6	0233 1.1 0755 12.2 1454 1.2 2015 12.6	0536 6.9 1157 1.0 1757 7.3	0545 5.2 1139 1.0 1803 5.5	0450 3.7 1020 0.5 1707 4.0 2247 0.4	0352 1.0 0941 0.0 1618 1.0 2158 0.1	**9 SU**
0135 7.3 0857 1.0 1353 7.3 2118 0.9	0052 9.3 0756 0.5 1315 9.3 2017 0.7	0709 0.8 1214 7.8 1930 1.0 2331 8.1	0445 0.8 1016 6.4 1705 1.0 2233 6.7	0319 0.8 0836 12.4 1539 1.1 2054 12.7	0021 0.8 0618 7.1 1241 0.9 1839 7.3	0003 0.8 0626 5.3 1221 0.9 1845 5.5	0530 3.8 1102 0.4 1748 4.0 2329 0.4	0436 1.0 1020 0.0 1700 1.0 2239 0.1	**10 M**
0214 7.3 0937 0.9 1433 7.3 2156 0.9	0134 9.4 0839 0.4 1356 9.3 2058 0.6	0750 0.8 1254 7.8 2009 1.0	0529 0.7 1057 6.4 1748 1.1 2315 6.6	0402 0.8 0916 12.4 1620 1.2 2133 12.5	0105 0.8 0701 7.0 1326 1.0 1923 7.2	0045 0.8 0707 5.2 1304 0.9 1927 5.4	0612 3.8 1145 0.5 1830 3.9	0520 1.0 1100 0.0 1744 1.0 2323 0.1	**11 TU**
0256 7.2 1015 1.0 1515 7.2 2236 0.9	0215 9.3 0919 0.5 1437 9.2 2139 0.8	0012 8.0 0827 0.9 1336 7.7 2046 1.2	0612 0.9 1139 6.3 1833 1.2 2358 6.4	0442 1.0 0955 12.1 1659 1.5 2213 12.1	0150 0.9 0745 6.9 1412 1.2 2008 7.0	0129 0.9 0751 5.1 1351 1.0 2014 5.2	0014 0.5 0655 3.7 1232 0.6 1915 3.8	0606 0.9 1143 0.1 1830 1.0	**12 W**
0342 7.1 1057 1.1 1603 7.0 2320 1.1	0257 9.0 1000 0.8 1521 8.9 2220 1.1	0100 7.8 0904 1.1 1415 7.5 2124 1.5	0657 1.2 1224 6.1 1920 1.5	0522 1.6 1036 11.6 1738 2.1 2256 11.4	0236 1.2 0830 6.6 1500 1.5 2056 6.6	0216 1.0 0840 4.9 1440 1.2 2107 5.0	0102 0.7 0742 3.6 1323 0.8 2006 3.6	0010 0.1 0657 0.9 1231 0.2 1921 0.9	**13 TH**
0434 6.8 1144 1.4 1700 6.7	0343 8.6 1042 1.2 1609 8.4 2306 1.5	0203 7.5 0944 1.5 1547 7.3 2207 1.8	0047 6.1 0746 1.5 1316 5.8 2012 1.9	0603 2.3 1121 10.9 1821 2.8 2346 10.6	0325 1.6 0921 6.2 1553 1.9 2151 6.2	0308 1.3 0938 4.7 1536 1.4 2210 4.7	0156 0.9 0836 3.4 1424 1.0 2105 3.4	0105 0.2 0752 0.8 1330 0.2 2017 0.9	**14 F**
0012 1.4 0537 6.5 1239 1.7 1806 6.4	0437 8.1 1131 1.6 1708 8.0	0404 7.2 1031 1.9 1641 7.0 2302 2.2	0144 5.7 0842 1.9 1417 5.5 2116 2.2	0651 3.0 1217 10.2 1915 3.5	0420 2.0 1021 5.9 1653 2.2 2257 5.8	0406 1.5 1050 4.5 1642 1.6 2326 4.5	0300 1.1 0940 3.2 1539 1.2 2217 3.2	0217 0.2 0858 0.8 1452 0.3 2121 0.8	**15 SA**

● ● Time Zone -0100. For UT subtract 1 hour. For European summer time (shaded) 29/3-25/10 add 1 hour ● ●

PAGE 141

AUGUST 1998 TIDE TABLES

●● Time Zone -0100. For UT subtract 1 hour. For European summer time (shaded) 29/3-25/10 add 1 hour ●●

	CALAIS	DIEPPE	LE HAVRE	CHERBOURG	ST MALO	BREST	POINTE DE GRAVE	LISBOA	GIBRALTAR
	Time m	Time m	Time m	Time m	Time m	Time m	Time m	Time m	Time m
16 SU	0112 1.7 0653 6.2 1345 2.0 1928 6.2	0003 1.9 0548 7.6 1236 2.1 1824 7.6	0512 6.9 1133 2.4 1745 6.9	0252 5.3 0948 2.2 1530 5.3 2232 2.3	0052 9.8 0751 3.6 1332 9.6 2025 3.9	0524 2.3 1134 5.7 1805 2.4	0514 1.7 1212 4.4 1756 1.8	0418 1.3 1057 3.2 1703 1.3 2338 3.2	0353 0.3 1013 0.8 1625 0.3 2235 0.8
17 M	0225 1.9 0810 6.1 1505 2.1 2043 6.2	0123 2.2 0709 7.5 1403 2.2 1942 7.6	0016 2.5 0624 6.8 1254 2.6 1856 6.9	0415 5.2 1108 2.3 1657 5.3 2355 2.2	0220 9.4 0909 3.8 1500 9.6 2151 3.8	0018 5.6 0639 2.4 1257 5.7 1924 2.3	0048 4.5 0630 1.8 1328 4.5 1914 1.8	0536 1.3 1216 3.2 1819 1.2	0512 0.2 1130 0.8 1735 0.3 2347 0.8
18 TU	0350 1.9 0921 6.1 1629 1.9 2151 6.3	0248 2.1 0824 7.6 1519 2.0 2052 7.9	0144 2.4 0742 6.8 1420 2.4 2010 7.0	0545 5.2 1227 2.2 1815 5.5	0348 9.7 1030 3.6 161610.0 2312 3.3	0139 5.7 0755 2.3 1410 5.9 2035 2.1	0202 4.5 0743 1.8 1433 4.7 2023 1.6	0054 3.2 0644 1.2 1324 3.4 1921 1.0	0610 0.2 1235 0.8 1829 0.2
19 W	0508 1.7 1024 6.3 1739 1.6 2252 6.5	0355 1.7 0928 8.0 1621 1.6 2153 8.3	0302 2.0 0901 7.1 1532 2.1 2124 7.3	0107 1.9 0652 5.5 1332 1.9 1913 5.7	045810.2 1140 3.0 172110.7	0244 6.0 0858 2.0 1508 6.2 2132 1.7	0303 4.7 0845 1.6 1528 4.9 2120 1.4	0155 3.3 0738 1.0 1418 3.5 2010 0.9	0048 0.9 0657 0.2 1328 0.9 1914 0.2
20 TH	0609 1.5 1121 6.5 1835 1.4 2345 6.7	0454 1.3 1023 8.4 1718 1.3 2243 8.6	0406 1.6 1006 7.4 1632 1.7 2224 7.5	0203 1.5 0743 5.7 1424 1.6 1959 6.0	0015 2.6 055410.9 1236 2.5 181211.3	0336 6.3 0951 1.7 1557 6.6 2221 1.5	0354 4.9 0936 1.4 1614 5.1 2208 1.2	0246 3.5 0822 0.9 1506 3.7 2052 0.8	0140 0.9 0737 0.1 1414 0.9 1954 0.2
21 F	0700 1.3 1207 6.7 1920 1.2	0546 1.0 1109 8.8 1808 1.1 2328 8.9	0500 1.3 1057 7.6 1722 1.4 2310 7.7	0250 1.3 0825 6.0 1508 1.4 2039 6.2	0106 2.1 064011.3 1325 2.0 185611.7	0421 6.5 1036 1.5 1639 6.8 2304 1.3	0436 5.0 1020 1.3 1654 5.2 2249 1.1	0330 3.6 0902 0.8 1548 3.8 2130 0.7	0225 0.9 0814 0.1 1455 1.0 2031 0.1
22 SA ●	0028 6.8 0741 1.2 1245 6.9 1957 1.2	0633 0.8 1151 8.9 1851 1.0	0548 1.1 1140 7.7 1806 1.3 2348 7.7	0332 1.1 0903 6.1 1547 1.3 2116 6.3	0153 1.8 072111.6 1409 1.8 193611.9	0501 6.7 1118 1.3 1718 6.9 2343 1.2	0513 5.0 1100 1.2 1728 5.2 2327 1.1	0410 3.6 0938 0.7 1627 3.8 2204 0.6	0306 1.0 0849 0.1 1533 1.0 2107 0.1
23 SU	0103 6.9 0814 1.2 1317 7.0 2028 1.2	0008 9.0 0713 0.8 1230 9.0 1929 1.0	0628 1.0 1215 7.8 1844 1.3 2350 7.7	0409 1.1 0939 6.2 1623 1.3 2150 6.4	0233 1.6 075911.7 1447 1.8 201111.9	0538 6.8 1156 1.3 1753 6.9	0545 5.1 1136 1.1 1759 5.2	0447 3.6 1012 0.7 1703 3.8 2236 0.6	0343 1.0 0924 0.1 1609 1.0 2142 0.1
24 M	0135 7.0 0841 1.3 1348 7.0 2054 1.2	0045 9.0 0748 0.8 1305 9.0 2001 1.1	0703 1.2 1240 7.7 1915 1.4 2333 7.8	0444 1.1 1011 6.2 1656 1.4 2221 6.3	0309 1.7 083311.6 1520 1.9 204411.8	0020 1.2 0612 6.7 1230 1.4 1825 6.8	0003 1.1 0615 5.0 1212 1.1 1827 5.1	0522 3.6 1045 0.7 1737 3.7 2309 0.7	0419 1.0 0957 0.1 1642 1.0 2216 0.2
25 TU	0206 7.0 0906 1.3 1420 7.1 2121 1.3	0119 9.0 0818 1.0 1338 8.9 2028 1.2	0730 1.4 1205 7.7 1940 1.6	0515 1.3 1042 6.1 1726 1.5 2251 6.2	0339 1.9 090311.5 1549 2.1 211311.5	0053 1.3 0643 6.6 1303 1.5 1855 6.7	0036 1.1 0643 5.0 1246 1.2 1855 5.0	0556 3.6 1118 0.8 1810 3.6 2342 0.8	0453 0.9 1029 0.2 1715 1.0 2250 0.2
26 W	0237 7.0 0933 1.4 1452 7.0 2148 1.3	0151 8.8 0843 1.2 1409 8.7 2053 1.4	0010 7.7 0752 1.6 1238 7.6 2002 1.8	0544 1.5 1112 6.0 1754 1.8 2321 6.0	0405 2.1 093111.2 1615 2.4 214111.2	0124 1.6 0713 6.5 1335 1.7 1925 6.4	0109 1.2 0712 4.8 1320 1.3 1924 4.9	0628 3.5 1152 0.9 1842 3.5	0527 0.9 1102 0.2 1749 0.9 2325 0.2
27 TH	0310 6.9 1000 1.5 1525 6.9 2218 1.5	0222 8.6 0908 1.4 1439 8.4 2119 1.6	0048 7.6 0814 1.8 1314 7.5 2027 2.0	0612 1.8 1143 5.8 1825 2.0 2352 5.8	0430 2.5 095810.8 1641 2.8 220810.8	0154 1.8 0743 6.2 1407 2.0 1956 6.2	0143 1.4 0742 4.7 1355 1.5 1954 4.7	0015 0.9 0700 3.3 1228 1.0 1915 3.3	0603 0.9 1136 0.3 1824 0.9
28 F	0344 6.7 1032 1.7 1600 6.7 2254 1.7	0252 8.2 0936 1.7 1509 8.1 2151 1.9	0127 7.4 0840 2.1 1352 7.3 2058 2.2	0642 2.0 1215 5.6 1859 2.3	0455 3.0 102510.3 1709 3.3 223710.2	0227 2.1 0817 6.0 1443 2.3 2030 5.8	0218 1.6 0817 4.5 1433 1.7 2031 4.5	0051 1.1 0735 3.2 1308 1.2 1951 3.1	0003 0.3 0642 0.8 1213 0.3 1906 0.8
29 SA	0419 6.4 1112 1.9 1637 6.4 2339 2.0	0324 7.8 1009 2.1 1544 7.6 2230 2.3	0208 7.1 0915 2.4 1435 6.9 2138 2.6	0027 5.5 0718 2.3 1254 5.3 1941 2.5	0524 3.5 1056 9.8 1742 3.8 2311 9.6	0303 2.5 0857 5.6 1526 2.6 2113 5.5	0257 1.8 0900 4.3 1516 1.9 2118 4.2	0133 1.3 0815 3.0 1356 1.4 2036 2.9	0048 0.3 0729 0.7 1300 0.4 1956 0.8
30 SU	0500 6.1 1204 2.2 1725 6.0	0403 7.3 1053 2.6 1627 7.2 2321 2.7	0257 6.7 1000 2.8 1530 6.6 2230 2.9	0110 5.1 0805 2.6 1346 5.0 2036 2.8	0601 4.1 1136 9.2 1828 4.4	0350 2.8 0948 5.4 1619 2.9 2211 5.2	0344 2.0 1000 4.1 1611 2.1 2227 4.0	0226 1.4 0909 2.9 1500 1.5 2141 2.8	0152 0.4 0830 0.7 1416 0.4 2101 0.7
31 M	0038 2.3 0557 5.7 1309 2.4 1835 5.7	0456 6.8 1150 2.9 1732 6.8	0405 6.3 1100 3.1 1650 6.3 2337 3.1	0215 4.8 0907 2.9 1502 4.8 2148 2.9	0001 8.9 0656 4.7 1243 8.8 1936 4.8	0449 3.0 1058 5.2 1725 3.0 2331 5.0	0446 2.2 1124 4.0 1721 2.2	0337 1.5 1023 2.8 1622 1.6 2308 2.7	0342 0.4 0948 0.7 1615 0.4 2218 0.7

PAGE 142

TIDE TABLES

FRANCE, SPAIN, PORTUGAL & GIBRALTAR Time Zone -0100
Calais * Dieppe * Le Havre * Cherbourg * St Malo * Brest * Pointe de Grave * Lisboa * Gibraltar

TIDE TABLES SEPTEMBER 1998

CALAIS	DIEPPE	LE HAVRE	CHERBOURG	ST MALO	BREST	POINTE DE GRAVE	LISBOA	GIBRALTAR	
Time m	Time m	Time m	Time m	Time m	Time m	Time m	Time m	Time m	
0144 2.4 0724 5.5 1417 2.4 2009 5.6	0027 3.0 0621 6.6 1304 3.1 1909 6.7	0546 6.1 1215 3.2 1827 6.3	0342 4.7 1026 2.9 1629 4.8 2309 2.7	0130 8.5 0815 4.9 1429 8.6 2103 4.7	0603 3.0 1224 5.2 1844 2.9	0003 4.0 0602 2.2 1248 4.2 1838 2.2	0500 1.5 1147 2.9 1742 1.4	0504 0.3 1109 0.7 1724 0.4 2330 0.8	1 TU
0253 2.3 0851 5.7 1527 2.3 2124 5.9	0151 2.9 0757 6.8 1430 2.8 2028 7.2	0057 3.1 0718 6.4 1336 3.0 1940 6.7	0514 4.8 1145 2.7 1747 5.1	0314 8.7 0946 4.6 1553 9.2 2229 4.1	0103 5.2 0723 2.8 1341 5.5 1957 2.6	0127 4.2 0717 2.1 1355 4.4 1947 1.9	0029 2.8 0609 1.4 1256 3.0 1845 1.2	0556 0.3 1211 0.8 1812 0.3	2 W
0402 2.1 0955 6.1 1636 1.9 2221 6.3	0312 2.4 0903 7.5 1542 2.3 2127 7.9	0215 2.7 0821 6.8 1449 2.6 2030 7.1	0021 2.4 0622 5.2 1251 2.3 1842 5.5	0425 9.5 1103 3.9 165310.1 2337 3.2	0213 5.5 0827 2.4 1438 6.0 2056 2.1	0228 4.4 0818 1.9 1448 4.8 2044 1.6	0130 3.0 0705 1.1 1350 3.3 1935 0.9	0027 0.9 0638 0.2 1300 0.9 1852 0.2	3 TH
0509 1.7 1046 6.5 1739 1.6 2308 6.8	0415 1.8 0955 8.1 1641 1.7 2218 8.5	0324 2.1 0909 7.3 1554 2.1 2106 7.6	0121 1.9 0710 5.6 1345 1.8 1927 5.9	052110.5 1205 3.0 174411.1	0305 6.0 0920 2.0 1526 6.5 2145 1.6	0318 4.8 0908 1.5 1536 5.1 2132 1.3	0218 3.3 0753 0.8 1436 3.5 2020 0.6	0115 0.9 0716 0.2 1343 0.9 1930 0.2	4 F
0609 1.3 1130 7.0 1836 1.2 2351 7.2	0509 1.2 1042 8.8 1734 1.2 2304 9.1	0424 1.6 0946 7.6 1651 1.6 2130 7.9	0210 1.4 0753 6.0 1433 1.4 2009 6.3	0033 2.3 060911.4 1258 2.1 183012.0	0350 6.5 1006 1.5 1610 6.9 2231 1.1	0402 5.0 0953 1.3 1619 5.4 2216 1.0	0303 3.5 0836 0.6 1520 3.8 2103 0.4	0159 1.0 0753 0.1 1425 1.0 2009 0.1	5 SA
0703 1.0 1210 7.3 1927 0.9	0601 0.8 1127 9.2 1824 0.8 2348 9.5	0518 1.1 0957 7.9 1742 1.2 2157 8.2	0256 1.0 0833 6.3 1518 1.1 2050 6.7	0125 1.4 065412.2 1348 1.3 191412.6	0433 6.9 1052 1.1 1654 7.3 2316 0.7	0443 5.3 1035 1.0 1700 5.6 2259 0.8	0345 3.7 0919 0.4 1603 4.0 2145 0.3	0242 1.0 0830 0.1 1506 1.0 2048 0.1 ○	6 SU
0031 7.4 0751 0.8 1251 7.5 2013 0.7	0649 0.4 1211 9.6 1912 0.5	0606 0.8 1123 8.0 1828 0.9 2229 8.3	0341 0.7 0913 6.6 1601 0.8 2131 6.9	0214 0.8 073612.7 1436 0.8 195613.1	0516 7.2 1136 0.8 1737 7.6	0524 5.4 1118 0.8 1742 5.7 2341 0.7	0427 3.9 1001 0.3 1645 4.1 2226 0.2	0325 1.1 0909 0.0 1548 1.1 2128 0.1	7 M
0112 7.5 0836 0.7 1330 7.6 2056 0.6	0032 9.7 0735 0.2 1254 9.7 1957 0.3	0650 0.6 1154 8.1 1910 0.7 2306 8.4	0424 0.6 0954 6.8 1645 0.8 2212 6.9	0300 0.4 081813.0 1520 0.6 203713.2	0000 0.5 0558 7.4 1221 0.6 1820 7.6	0604 5.5 1200 0.7 1824 5.7	0509 3.9 1044 0.3 1727 4.1 2309 0.2	0409 1.1 0948 0.0 1632 1.1 2209 0.1	8 TU
0153 7.5 0916 0.7 1412 7.5 2136 0.6	0115 9.7 0818 0.2 1335 9.7 2038 0.4	0032 8.2 0730 0.5 1232 8.0 1949 0.8	0507 0.6 1035 6.8 1728 0.8 2254 6.8	0343 0.4 085712.9 1602 0.7 211612.9	0045 0.5 0641 7.4 1306 0.7 1903 7.5	0024 0.7 0646 5.4 1245 0.7 1908 5.6	0551 3.9 1127 0.3 1811 4.0 2352 0.4	0454 1.0 1028 0.1 1716 1.0 2252 0.1	9 W
0236 7.4 0955 0.8 1457 7.4 2217 0.7	0156 9.6 0859 0.3 1416 9.5 2118 0.6	0100 8.1 0808 0.7 1311 7.9 2027 1.0	0551 0.8 1117 6.6 1812 1.1 2339 6.6	0424 0.7 093612.6 1642 1.2 215612.4	0129 0.7 0724 7.2 1352 1.0 1948 7.2	0108 0.8 0730 5.3 1331 0.9 1954 5.3	0634 3.8 1212 0.5 1857 3.8	0541 1.0 1111 0.1 1803 1.0 2339 0.2	10 TH
0323 7.2 1037 1.0 1545 7.1 2301 1.0	0238 9.3 0939 0.7 1459 9.1 2159 0.9	0136 7.8 0844 1.0 1348 7.6 2103 1.3	0635 1.2 1201 6.3 1859 1.4	0504 1.4 101512.0 1721 1.9 223611.6	0215 1.1 0809 6.8 1440 1.4 2035 6.7	0155 1.0 0818 5.0 1421 1.1 2047 5.0	0039 0.6 0721 3.7 1303 0.7 1948 3.6	0631 0.9 1159 0.2 1854 0.9	11 F
0416 6.8 1123 1.3 1643 6.7 2351 1.4	0323 8.8 1021 1.2 1545 8.5 2244 1.5	0203 7.5 0921 1.5 1528 7.4 2145 1.8	0027 6.1 0723 1.6 105811.1 1251 5.9 1951 1.8	0544 2.3 105811.1 1803 2.7 232410.6	0303 1.5 0858 6.4 1533 1.8 2130 6.1	0246 1.3 0915 4.7 1517 1.4 2150 4.7	0130 0.9 0814 3.4 1402 1.0 2047 3.3	0033 0.2 0728 0.8 1300 0.3 1954 0.8	12 SA
0521 6.4 1217 1.7 1755 6.3	0416 8.1 1109 1.7 1645 7.9 2341 2.0	0352 7.2 1006 2.1 1615 7.0 2237 2.4	0122 5.7 0818 2.1 1351 5.5 2054 2.2	0630 3.2 115110.2 1854 3.6	0358 2.1 0958 5.9 1633 2.3 2238 5.7	0344 1.6 1029 4.5 1623 1.7 2311 4.4	0233 1.2 0918 3.2 1519 1.2 2200 3.1	0151 0.3 0836 0.8 1439 0.3 2105 0.8	13 SU
0051 1.8 0638 6.1 1323 2.1 1915 6.1	0527 7.5 1216 2.3 1803 7.4	0452 6.8 1108 2.7 1718 6.7 2354 2.8	0233 5.2 0926 2.5 1507 5.2 2212 2.5	0030 9.6 0729 4.0 1309 9.4 2006 4.2	0503 2.5 1115 5.6 1748 2.5	0454 1.9 1156 4.4 1740 1.9	0355 1.4 1038 3.1 1651 1.3 2326 3.1	0351 0.3 0957 0.8 1626 0.3 2225 0.8	14 M
0206 2.1 0756 5.9 1448 2.2 2030 6.0	0103 2.4 0652 7.3 1345 2.5 1927 7.3	0606 6.8 1236 2.9 1833 6.6	0404 5.0 1052 2.6 1644 5.1 2342 2.3	0209 9.1 0851 4.3 1448 9.3 2142 4.1	0004 5.4 0623 2.7 1244 5.6 1913 2.4	0039 4.3 0614 2.0 1317 4.4 1903 1.9	*0524 1.4 1200 3.1 1813 1.2	0508 0.3 1117 0.8 1730 0.3 2339 0.8	15 TU

●● Time Zone -0100. For UT subtract 1 hour. For European summer time (shaded) 29/3-25/10 add 1 hour ●●

PAGE 143

SEPTEMBER 1998 TIDE TABLES

Time Zone -0100. For UT subtract 1 hour. For European summer time (shaded) 29/3-25/10 add 1 hour

	CALAIS	DIEPPE	LE HAVRE	CHERBOURG	ST MALO	BREST	POINTE DE GRAVE	LISBOA	GIBRALTAR
	Time m	Time m	Time m	Time m	Time m	Time m	Time m	Time m	Time m
16 W	0339 2.1 0908 5.9 1619 2.1 2141 6.1	0230 2.3 0810 7.4 1503 2.2 2041 7.6	0130 2.7 0731 6.6 1407 2.7 1957 6.8	0540 5.1 1217 2.4 1806 5.3	0345 9.4 1022 4.0 1611 9.8 2305 3.5	0130 5.5 0743 2.5 1400 5.8 2024 2.2	0154 4.4 0731 1.9 1422 4.6 2013 1.7	0042 3.1 0636 1.3 1309 3.3 1913 1.1	0559 0.3 1220 0.9 1817 0.3
17 TH	0457 1.8 1014 6.2 1727 1.7 2242 6.4	0339 1.9 0917 7.8 1606 1.9 2141 8.0	0248 2.3 0854 6.9 1516 2.3 2116 7.1	0055 2.0 0642 5.4 1320 2.0 1900 5.6	0451 10.1 1130 3.3 1710 10.5	0234 5.9 0845 2.2 1455 6.2 2118 1.9	0252 4.6 0833 1.7 1515 4.8 2107 1.5	0142 3.3 0727 1.1 1402 3.5 1958 0.9	0036 0.9 0639 0.2 1309 0.9 1854 0.2
18 F	0554 1.5 1108 6.4 1817 1.4 2332 6.6	0437 1.4 1009 8.3 1701 1.4 2228 8.5	0348 1.8 0955 7.3 1612 1.9 2211 7.4	0148 1.7 0728 5.7 1407 1.7 1942 5.9	0003 2.8 0541 10.7 1221 2.7 1756 11.1	0322 6.2 0934 1.9 1539 6.5 2203 1.6	0339 4.8 0921 1.5 1557 5.0 2151 1.3	0229 3.4 0809 1.0 1446 3.6 2035 0.8	0121 0.9 0712 0.2 1348 1.0 1927 0.2
19 SA	0639 1.3 1151 6.7 1858 1.2	0527 1.1 1052 8.7 1747 1.1 2309 8.8	0439 1.4 1041 7.6 1659 1.6 2253 7.6	0230 1.4 0806 5.9 1448 1.5 2018 6.1	0048 2.2 0622 11.3 1305 2.2 1836 11.6	0402 6.5 1017 1.6 1618 6.7 2242 1.4	0417 4.9 1002 1.3 1633 5.1 2228 1.2	0309 3.5 0844 0.8 1526 3.7 2107 0.7	0159 1.0 0743 0.2 1423 1.0 1958 0.2
20 SU ●	0010 6.8 0716 1.2 1224 6.9 1931 1.1	0609 0.9 1130 9.0 1827 1.0 2346 9.0	0522 1.2 1118 7.7 1739 1.4 2326 7.7	0309 1.2 0840 6.1 1523 1.3 2051 6.3	0129 1.9 0659 11.6 1343 1.9 1912 11.8	0439 6.7 1054 1.4 1654 6.9 2318 1.3	0449 5.0 1038 1.2 1704 5.2 2303 1.1	0346 3.6 0917 0.7 1602 3.7 2138 0.6	0233 1.0 0813 0.2 1454 1.0 2029 0.2
21 M	0041 6.9 0745 1.0 1252 7.0 2000 1.1	0646 0.9 1205 9.1 1901 1.0	0559 1.2 1148 7.7 1813 1.4 2359 7.8	0342 1.2 0912 6.3 1556 1.3 2123 6.4	0205 1.8 0733 11.7 1418 1.9 1945 11.9	0512 6.8 1130 1.3 1726 6.9 2351 1.3	0518 5.1 1112 1.1 1732 5.2 2335 1.1	0421 3.6 0948 0.7 1636 3.7 2208 0.6	0305 1.0 0842 0.2 1524 1.0 2100 0.2
22 TU	0109 7.0 0812 1.2 1321 7.1 2027 1.1	0020 9.1 0718 0.9 1238 9.1 1931 1.1	0630 1.3 1130 7.7 1842 1.5 2305 7.8	0414 1.2 0942 6.3 1626 1.4 2152 6.4	0237 1.8 0804 11.7 1448 1.9 2015 11.8	0543 6.8 1203 1.4 1757 6.9	0545 5.1 1145 1.1 1758 5.1	0454 3.6 1019 0.6 1709 3.7 2239 0.7	0335 1.0 0912 0.2 1554 1.0 2130 0.2
23 W	0137 7.1 0838 1.2 1351 7.1 2053 1.2	0053 9.0 0746 1.1 1309 9.0 1957 1.2	0656 1.6 1129 7.8 1906 1.5 2338 7.8	0442 1.3 1011 6.3 1655 1.5 2221 6.3	0306 2.0 0833 11.6 1518 2.0 2043 11.6	0022 1.4 0612 6.8 1233 1.5 1825 6.7	0006 1.1 0612 5.0 1218 1.2 1824 5.0	0525 3.6 1051 0.7 1740 3.6 2309 0.7	0406 1.0 0942 0.2 1623 1.0 2201 0.2
24 TH	0206 7.1 0903 1.3 1421 7.1 2119 1.3	0123 8.9 0811 1.2 1339 8.8 2021 1.3	0718 1.6 1200 7.7 1929 1.7	0511 1.5 1039 6.2 1724 1.7 2249 6.1	0333 2.2 0900 11.4 1545 2.3 2109 11.4	0051 1.5 0642 6.6 1303 1.7 1854 6.6	0037 1.2 0639 5.0 1249 1.3 1851 4.9	0556 3.5 1123 0.8 1811 3.5 2341 0.8	0436 0.9 1012 0.2 1654 0.9 2233 0.2
25 F	0236 7.0 0930 1.4 1450 7.0 2146 1.4	0152 8.7 0836 1.5 1407 8.6 2048 1.5	0012 7.7 0742 1.7 1232 7.6 1955 1.8	0539 1.7 1106 6.0 1754 1.9 2318 5.9	0400 2.5 0925 11.1 1612 2.7 2136 11.0	0121 1.8 0711 6.4 1335 1.9 1923 6.3	0109 1.4 0709 4.8 1322 1.4 1921 4.7	0626 3.4 1157 0.9 1842 3.3	0510 0.9 1043 0.3 1727 0.9 2307 0.3
26 SA	0306 6.8 0957 1.6 1521 6.8 2217 1.7	0221 8.4 0903 1.7 1436 8.3 2117 1.8	0046 7.5 0810 2.0 1305 7.4 2025 2.1	0609 2.0 1135 5.8 1827 2.1 2348 5.6	0426 2.9 0950 10.7 1640 3.1 2203 10.5	0151 2.1 0742 6.2 1409 2.2 1956 6.0	0141 1.6 0741 4.7 1358 1.6 1954 4.5	0015 1.0 0657 3.2 1234 1.1 1914 3.1	0547 0.8 1116 0.3 1806 0.8 2345 0.3
27 SU	0337 6.6 1032 1.8 1555 6.5 2257 1.9	0251 8.0 0934 2.1 1506 7.9 2154 2.2	0123 7.2 0843 2.3 1343 7.1 2102 2.4	0644 2.3 1207 5.5 1906 2.4	0452 3.5 1018 10.2 1710 3.7 2233 9.9	0227 2.4 0819 5.8 1450 2.5 2035 5.6	0218 1.8 0821 4.5 1439 1.8 2037 4.3	0053 1.2 0733 3.1 1318 1.2 1955 2.9	0631 0.8 1155 0.4 1855 0.8
28 M	0415 6.3 1119 2.1 1638 6.2 2352 2.2	0326 7.6 1015 2.5 1545 7.4 2242 2.6	0207 6.9 0924 2.7 1434 6.7 2149 2.8	0026 5.3 0727 2.6 1251 5.2 1958 2.7	0524 4.1 1053 9.6 1748 4.3 2316 9.2	0311 2.7 0906 5.5 1542 2.8 2128 5.3	0303 2.0 0915 4.2 1533 2.1 2142 4.1	0140 1.4 0821 2.9 1416 1.4 2054 2.7	0036 0.4 0727 0.7 1252 0.4 2000 0.7
29 TU	0506 5.9 1224 2.4 1741 5.8	0413 7.1 1110 2.9 1642 6.9 2346 2.9	0312 6.4 1020 3.1 1551 6.3 2252 3.1	0124 4.9 0827 2.9 1405 4.9 2109 2.8	0609 4.7 1146 9.0 1849 4.8	0409 3.0 1012 5.3 1647 3.0 2247 5.1	0403 2.2 1037 4.1 1640 2.2 2324 4.0	0245 1.5 0930 2.8 1536 1.5 2221 2.7	0206 0.4 0842 0.7 1447 0.5 2122 0.8
30 W	0102 2.4 0627 5.6 1336 2.5 1918 5.6	0532 6.7 1224 3.1 1821 6.7	0453 6.2 1132 3.3 1735 6.2	0258 4.7 0948 3.0 1542 4.8 2233 2.7	0033 8.6 0727 5.1 1333 8.6 2022 4.9	0522 3.1 1139 5.2 1804 2.9	0519 2.3 1211 4.2 1759 2.3	0413 1.5 1059 2.8 1704 1.4 2351 2.8	0404 0.4 1007 0.7 1631 0.4 2243 0.8

PAGE 144

TIDE TABLES

FRANCE, SPAIN, PORTUGAL & GIBRALTAR Time Zone -0100
Calais * Dieppe * Le Havre * Cherbourg * St Malo * Brest * Pointe de Grave * Lisboa * Gibraltar

TIDE TABLES   OCTOBER 1998

CALAIS	DIEPPE	LE HAVRE	CHERBOURG	ST MALO	BREST	POINTE DE GRAVE	LISBOA	GIBRALTAR	
Time m	Time m	Time m	Time m	Time m	Time m	Time m	Time m	Time m	
0215 2.4 0806 5.7 1450 2.3 2045 5.9	0112 2.9 0715 6.8 1357 2.9 1951 7.1	0012 3.1 0637 6.3 1257 3.2 1900 6.6	0435 4.8 1113 2.8 1708 5.0 2350 2.4	0236 8.6 0911 4.9 1519 9.1 2201 4.3	0024 5.2 0645 2.9 1304 5.5 1924 2.6	0057 4.1 0639 2.2 1324 4.4 1913 1.9	0535 1.4 1217 3.0 1814 1.1	0507 0.3 1118 0.8 1726 0.3 2346 0.9	1 TH
0329 2.1 0918 6.1 1603 1.9 2147 6.4	0240 2.5 0829 7.4 1515 2.3 2056 7.8	0139 2.8 0748 6.8 1419 2.7 1955 7.1	0549 5.2 1224 2.3 1810 5.5	0358 9.5 1039 4.1 1626 10.1 2314 3.3	0142 5.6 0757 2.5 1408 6.0 2027 2.1	0201 4.4 0745 1.9 1421 4.8 2014 1.6	0057 3.0 0637 1.1 1316 3.3 1908 0.9	0553 0.3 1213 0.9 1810 0.3	2 F
0439 1.7 1013 6.6 1710 1.5 2237 6.9	0348 1.8 0926 8.2 1616 1.7 2151 8.5	0255 2.2 0836 7.3 1528 2.1 2032 7.6	0053 1.9 0642 5.6 1320 1.8 1859 6.0	0455 10.6 1142 3.0 1718 11.2	0238 6.1 0853 2.0 1500 6.6 2119 1.5	0252 4.8 0839 1.5 1509 5.1 2105 1.3	0149 3.3 0728 0.8 1406 3.6 1955 0.6	0037 1.0 0633 0.2 1300 1.0 1851 0.2	3 SA
0541 1.3 1059 7.1 1808 1.1 2322 7.3	0444 1.2 1016 8.9 1710 1.1 2239 9.2	0359 1.6 0906 7.7 1627 1.5 2100 8.0	0145 1.4 0726 6.1 1409 1.3 1943 6.4	0011 2.2 0544 11.6 1235 2.0 1806 12.2	0325 6.6 0942 1.4 1546 7.1 2207 1.0	0337 5.1 0927 1.2 1554 5.4 2151 1.0	0236 3.6 0814 0.6 1453 3.8 2039 0.3	0124 1.0 0712 0.1 1345 1.0 1931 0.1	4 SU
0635 1.0 1142 7.4 1900 0.8	0536 0.6 1103 9.4 1800 0.6	0454 1.1 0922 8.0 1718 1.1 2325 9.6	0232 0.9 0808 6.5 1454 1.0 2026 6.6	0101 1.3 0629 12.5 1324 1.2 1851 12.9	0410 7.1 1029 1.0 1631 7.5 2253 0.6	0419 5.4 1012 0.9 1637 5.6 2235 0.7	0319 3.8 0858 0.3 1538 4.0 2122 0.2	0208 1.1 0751 0.1 1428 1.1 2012 0.1	5 M ○
0005 7.6 0724 0.7 1224 7.7 1947 0.6	0624 0.3 1148 9.8 1848 0.3	0542 0.7 1105 8.1 1805 0.7 2205 8.4	0317 0.7 0849 6.8 1539 0.7 2109 7.0	0150 0.7 0712 13.1 1412 0.7 1934 13.3	0454 7.5 1115 0.6 1715 7.7 2338 0.4	0500 5.5 1056 0.7 1720 5.7 2318 0.6	0403 4.0 0941 0.2 1622 4.1 2204 0.2	0252 1.1 0830 0.1 1512 1.1 2052 0.0	6 TU
0048 7.7 0809 0.6 1307 7.7 2031 0.5	0010 9.9 0711 0.2 1231 9.9 1933 0.2	0627 0.5 1133 8.2 1848 0.6 2244 8.4	0401 0.5 0931 6.9 1624 0.6 2152 7.0	0236 0.4 0754 13.3 1457 0.5 2015 13.4	0536 7.6 1200 0.5 1800 7.8	0542 5.6 1140 0.6 1803 5.7	0446 4.0 1024 0.2 1707 4.1 2247 0.2	0336 1.1 0911 0.1 1556 1.1 2133 0.1	7 W
0131 7.7 0852 0.6 1352 7.7 2114 0.5	0053 9.9 0755 0.2 1313 9.8 2016 0.3	0709 0.5 1209 8.1 1929 0.7	0445 0.6 1014 6.9 1709 0.7 2236 6.9	0321 0.4 0836 13.2 1540 0.6 2057 13.1	0023 0.5 0620 7.6 1246 0.6 1844 7.6	0003 0.6 0624 5.5 1226 0.7 1848 5.6	0530 4.0 1109 0.3 1753 4.0 2330 0.4	0421 1.1 0952 0.1 1641 1.1 2216 0.1	8 TH
0217 7.5 0933 0.7 1439 7.4 2157 0.7	0136 9.7 0837 0.4 1356 9.6 2058 0.5	0029 8.1 0748 0.7 1245 7.9 2007 0.9	0530 0.8 1057 6.7 1754 1.0 2321 6.6	0403 0.8 0915 12.8 1621 1.1 2136 12.4	0108 0.7 0703 7.3 1333 0.9 1929 7.2	0048 0.8 0709 5.4 1313 0.8 1936 5.3	0615 3.9 1154 0.5 1840 3.8	0509 1.0 1035 0.2 1729 1.0 2300 0.2	9 F
0306 7.2 1016 0.9 1531 7.1 2241 1.0	0219 9.3 0918 0.7 1439 9.1 2140 0.9	0100 7.8 0825 1.1 1318 7.6 2045 1.3	0615 1.2 1141 6.4 1840 1.4	0443 1.5 0955 12.1 1702 1.9 2218 11.6	0154 1.1 0749 6.9 1421 1.4 2017 6.7	0135 1.0 0758 5.2 1404 1.1 2029 5.0	0016 0.7 0702 3.7 1245 0.7 1931 3.5	0559 0.9 1121 0.2 1821 0.9 2351 0.3	10 SA
0402 6.8 1102 1.3 1630 6.7 2330 1.4	0305 8.8 1001 1.2 1526 8.5 2225 1.5	0251 7.6 0903 1.6 1506 7.4 2126 1.9	0010 6.1 0702 1.7 1230 5.9 1931 1.8	0524 2.4 1038 11.2 1744 2.8 2306 10.5	0243 1.7 0839 6.4 1515 1.9 2111 6.1	0226 1.4 0855 4.8 1500 1.4 2133 4.6	0106 1.0 0754 3.5 1343 1.0 2030 3.2	0655 0.8 1219 0.3 1923 0.8	11 SU
0506 6.4 1155 1.7 1740 6.3	0358 8.1 1051 1.8 1624 7.8 2322 2.0	0336 7.2 0947 2.3 1548 7.0 2218 2.4	0106 5.6 0756 2.2 1328 5.5 2033 2.2	0609 3.4 1130 10.2 1834 3.7	0338 2.2 0938 5.9 1615 2.3 2218 5.6	0324 1.7 1008 4.5 1604 1.8 2254 4.3	0207 1.3 0857 3.2 1500 1.3 2142 3.0	0102 0.4 0804 0.8 1357 0.4 2039 0.8	12 M
0029 1.9 0618 6.0 1300 2.1 1854 6.0	0508 7.5 1155 2.4 1740 7.2	0430 6.8 1048 2.8 1646 6.6 2335 2.9	0214 5.2 0904 2.6 1442 5.1 2150 2.5	0012 9.5 0706 4.2 1245 5.1 1945 4.4	0442 2.7 1053 5.6 1730 2.6 2344 5.4	0432 2.0 1135 4.4 1721 2.0	0330 1.5 1014 3.1 1636 1.3 2305 2.9	0318 0.4 0929 0.8 1606 0.4 2206 0.8	13 TU
0143 2.2 0732 5.8 1425 2.3 2008 5.9	0039 2.4 0630 7.2 1319 2.6 1903 7.1	0543 6.5 1218 3.1 1804 6.5	0343 4.9 1030 2.7 1617 5.0 2319 2.5	0151 9.0 0828 4.7 1426 9.1 2123 4.4	0602 2.8 1221 5.5 1854 2.4	0021 4.2 0551 2.1 1256 4.4 1842 1.9	0505 1.5 1136 3.1 1757 1.3	0444 0.4 1052 0.8 1710 0.4 2320 0.8	14 W
0317 2.3 0843 5.8 1557 2.2 2115 6.0	0203 2.4 0749 7.3 1438 2.4 2020 7.3	0109 2.8 0711 6.5 1345 2.9 1936 6.6	0519 5.0 1156 2.6 1742 5.2	0324 9.2 1001 4.4 1548 9.5 2245 3.8	0110 5.5 0722 2.7 1338 5.7 2003 2.4	0134 4.4 0709 2.0 1400 4.6 1951 1.8	0021 3.0 0618 1.4 1245 3.2 1854 1.1	0533 0.4 1153 0.9 1752 0.3	15 TH

• • Time Zone -0100. For UT subtract 1 hour. For European summer time (shaded) 29/3-25/10 add 1 hour • •

PAGE 145

OCTOBER 1998 TIDE TABLES

Time Zone -0100. For UT subtract 1 hour. For European summer time (shaded) 29/3-25/10 add 1 hour

		CALAIS	DIEPPE	LE HAVRE	CHERBOURG	ST MALO	BREST	POINTE DE GRAVE	LISBOA	GIBRALTAR
		Time m	Time m	Time m	Time m	Time m	Time m	Time m	Time m	Time m
16	F	0434 2.0 0948 6.0 1701 1.8 2219 6.2	0314 2.1 0856 7.7 1543 2.0 2120 7.8	0224 2.5 0833 6.8 1451 2.5 2056 6.9	0032 2.2 0621 5.3 1257 2.2 1836 5.4	0429 9.8 1108 3.7 1645 10.2 2339 3.2	0213 5.8 0824 2.4 1433 6.1 2055 2.0	0230 4.5 0810 1.8 1451 4.8 2043 1.6	0119 3.2 0709 1.2 1338 3.4 1936 1.0	0012 0.9 0607 0.3 1237 0.9 1824 0.3
17	SA	0528 1.7 1043 6.3 1749 1.5 2308 6.5	0412 1.6 0947 8.2 1636 1.6 2206 8.3	0321 2.0 0932 7.2 1543 2.1 2149 7.2	0124 1.8 0704 5.6 1343 1.9 1918 5.7	0516 10.5 1156 3.0 1730 10.8	0259 6.1 0911 2.0 1516 6.4 2138 1.8	0314 4.7 0857 1.6 1532 4.9 2125 1.4	0205 3.3 0748 1.0 1421 3.5 2010 0.9	0051 0.9 0636 0.3 1312 1.0 1852 0.3
18	SU	0609 1.4 1125 6.6 1827 1.3 2345 6.7	0459 1.3 1027 8.6 1719 1.3 2245 8.6	0408 1.7 1015 7.4 1627 1.7 2228 7.4	0204 1.6 0740 5.9 1421 1.6 1952 6.0	0020 2.6 0555 11.0 1234 2.5 1807 11.2	0337 6.4 0951 1.8 1553 6.6 2215 1.5	0350 4.9 0937 1.4 1606 5.0 2202 1.3	0244 3.5 0821 0.9 1500 3.6 2040 0.9	0124 1.0 0704 0.3 1342 1.0 1920 0.3
19	M	0643 1.3 1158 6.8 1859 1.1	0539 1.1 1104 8.9 1757 1.1 2321 8.9	0448 1.5 1050 7.6 1705 1.6 2258 7.6	0239 1.4 0813 6.1 1455 1.5 2024 6.2	0056 2.3 0630 11.4 1309 2.3 1842 11.5	0412 6.6 1028 1.6 1627 6.7 2249 1.4	0421 5.0 1012 1.3 1636 5.1 2235 1.2	0319 3.6 0852 0.8 1535 3.6 2110 0.7	0154 1.0 0732 0.2 1409 1.0 1948 0.2
20	TU ●	0015 6.9 0713 1.2 1227 7.0 1928 1.1	0615 1.0 1138 9.0 1830 1.1 2354 9.0	0523 1.4 1117 7.7 1736 1.5 2219 7.6	0312 1.3 0844 6.3 1527 1.4 2055 6.3	0129 2.1 0702 11.6 1342 2.1 1914 11.6	0445 6.8 1102 1.5 1659 6.8 2321 1.4	0449 5.1 1046 1.2 1703 5.1 2307 1.2	0354 3.6 0923 0.7 1609 3.7 2139 0.7	0222 1.0 0800 0.2 1435 1.0 2018 0.2
21	W	0043 7.0 0742 1.2 1256 7.1 1957 1.1	0645 1.1 1210 9.1 1859 1.1	0553 1.4 1045 7.7 1806 1.5 2243 7.7	0342 1.3 0914 6.4 1557 1.4 2125 6.3	0200 2.1 0733 11.7 1415 2.1 1944 11.7	0515 6.8 1134 1.5 1729 6.8 2351 1.5	0517 5.1 1118 1.2 1730 5.1 2338 1.2	0426 3.7 0954 0.7 1642 3.6 2210 0.7	0251 1.0 0830 0.2 1503 1.0 2048 0.2
22	TH	0112 7.0 0810 1.2 1324 7.1 2026 1.2	0026 9.0 0714 1.2 1242 9.0 1927 1.3	0621 1.5 1103 7.7 1833 1.5 2313 7.7	0412 1.4 0942 6.4 1627 1.5 2154 6.2	0232 2.1 0802 11.7 1446 2.1 2013 11.6	0545 6.8 1205 1.5 1757 6.7	0544 5.1 1150 1.2 1757 5.0	0458 3.6 1026 0.7 1714 3.5 2241 0.7	0321 1.0 0900 0.2 1532 1.0 2118 0.2
23	F	0139 7.0 0838 1.3 1353 7.1 2054 1.3	0057 8.9 0742 1.3 1312 8.9 1954 1.3	0649 1.5 1130 7.7 1903 1.6 2345 7.7	0442 1.5 1011 6.3 1658 1.6 2223 6.1	0303 2.3 0830 11.5 1518 2.3 2042 11.4	0021 1.6 0615 6.7 1236 1.6 1827 6.6	0008 1.3 0613 5.0 1222 1.3 1826 4.9	0529 3.6 1059 0.7 1745 3.4 2313 0.8	0351 1.0 0930 0.2 1603 0.9 2150 0.2
24	SA	0207 6.9 0905 1.5 1421 7.0 2121 1.5	0127 8.7 0809 1.5 1341 8.7 2023 1.5	0718 1.7 1200 7.6 1932 1.8	0512 1.7 1038 6.1 1730 1.8 2252 5.9	0332 2.6 0857 11.1 1548 2.6 2109 11.1	0052 1.8 0645 6.6 1309 1.8 1858 6.4	0039 1.4 0643 4.9 1255 1.4 1857 4.8	0600 3.5 1133 0.8 1816 3.3 2347 0.9	0425 0.9 1001 0.3 1636 0.9 2223 0.3
25	SU	0236 6.8 0933 1.6 1451 6.8 2151 1.7	0157 8.5 0838 1.8 1410 8.4 2054 1.7	0016 7.5 0748 2.0 1231 7.4 2003 2.0	0545 2.0 1106 5.9 1805 2.0 2324 5.7	0401 2.9 0923 11.1 1618 3.0 2138 10.8	0124 2.0 0717 6.3 1345 2.1 1931 6.1	0112 1.6 0717 4.8 1332 1.6 1932 4.6	0631 3.3 1210 1.0 1850 3.1	0502 0.9 1034 0.3 1715 0.9 2300 0.3
26	M	0308 6.6 1008 1.8 1527 6.6 2230 1.9	0227 8.2 0910 2.1 1441 8.1 2130 2.1	0052 7.3 0821 2.3 1309 7.2 2037 2.3	0620 2.3 1139 5.6 1845 2.2	0429 3.4 0952 10.7 1648 3.5 2210 10.3	0200 2.4 0754 6.0 1426 2.4 2010 5.8	0150 1.8 0756 4.6 1415 1.8 2015 4.4	0024 1.1 0706 3.2 1253 1.1 1930 3.0	0545 0.8 1113 0.3 1803 0.8 2346 0.4
27	TU	0347 6.4 1051 2.1 1611 6.3 2321 2.1	0303 7.8 0950 2.4 1519 7.6 2216 2.4	0136 7.0 0901 2.6 1359 6.9 2121 2.6	0003 5.4 0703 2.5 1221 5.3 1933 2.4	0458 4.0 1028 10.1 1723 4.0 2253 9.6	0244 2.6 0838 5.7 1516 2.7 2102 5.4	0236 2.0 0848 4.4 1506 1.9 2116 4.2	0110 1.3 0751 3.0 1347 1.3 2026 2.8	0638 0.8 1206 0.4 1906 0.8
28	W	0438 6.1 1151 2.2 1711 6.0	0349 7.3 1043 2.7 1614 7.2 2319 2.7	0239 6.6 0953 2.9 1511 6.5 2221 2.9	0057 5.0 0800 2.8 1328 5.0 2039 2.6	0539 4.5 1118 9.5 1816 4.5	0340 2.9 0939 5.5 1609 2.8 2215 5.2	0333 2.1 1003 4.3 1609 2.1 2250 4.1	0210 1.4 0854 2.9 1500 1.4 2143 2.8	0054 0.4 0746 0.8 1327 0.4 2025 0.8
29	TH	0028 2.3 0550 5.8 1302 2.3 1836 5.8	0500 7.0 1154 3.0 1741 6.9	0409 6.4 1100 3.1 1645 6.3 2336 2.9	0223 4.8 0915 2.8 1500 4.9 2159 2.5	0000 9.0 0647 5.0 1245 9.0 1943 4.8	0450 3.0 1100 5.4 1731 2.8 2345 5.3	0443 2.2 1132 4.3 1723 2.1	0332 1.5 1014 2.9 1626 1.3 2309 2.8	0241 0.4 0906 0.8 1519 0.4 2150 0.8
30	F	0141 2.3 0722 5.8 1417 2.2 2004 6.0	0039 2.7 0635 7.0 1322 2.8 1912 7.2	0551 6.4 1221 3.0 1815 6.6	0353 4.9 1039 2.7 1624 5.1 2315 2.2	0151 8.8 0830 5.0 1435 9.2 2125 4.3	0608 2.9 1224 5.6 1848 2.5	0021 4.2 0600 2.1 1248 4.5 1740 1.9	0457 1.7 1134 3.1 1740 1.1 2303 4.4	0406 0.4 1022 0.8 1634 0.3 2302 0.9
31	SA	0255 2.1 0839 6.1 1530 1.9 2111 6.4	0206 2.4 0751 7.5 1444 2.3 2022 7.8	0059 2.7 0708 6.8 1342 2.6 1918 7.0	0509 5.2 1151 2.3 1732 5.5	0320 9.5 1005 4.2 1550 10.1 2242 3.4	0105 5.6 0722 2.5 1333 6.0 1955 2.1	0129 4.5 0710 1.9 1349 4.8 1941 1.6	0021 3.1 0606 1.5 1240 3.3 1839 0.9	0504 0.3 1125 0.8 1727 0.3 2359 1.0

PAGE 146

TIDE TABLES

FRANCE, SPAIN, PORTUGAL & GIBRALTAR Time Zone -0100
Calais * Dieppe * Le Havre * Cherbourg * St Malo * Brest * Pointe de Grave * Lisboa * Gibraltar

TIDE TABLES NOVEMBER 1998

CALAIS	DIEPPE	LE HAVRE	CHERBOURG	ST MALO	BREST	POINTE DE GRAVE	LISBOA	GIBRALTAR		
Time m	Time m	Time m	Time m	Time m	Time m	Time m	Time m	Time m		
0407 1.7 0938 6.6 1639 1.5 2206 6.9	0317 1.8 0854 8.2 1548 1.6 2121 8.5	0218 2.2 0759 7.3 1455 2.1 2000 7.5	0021 1.8 0607 5.6 1251 1.8 1827 5.9	0422 10.6 1112 3.2 1648 11.2 2341 2.3	0207 6.1 0824 2.0 1430 6.6 2051 1.5	0223 4.8 0809 1.5 1442 5.1 2036 1.3	0118 3.4 0702 0.9 1336 3.6 1929 0.6	0551 0.2 1218 1.0 1813 0.2	1	SU
0512 1.3 1029 7.1 1739 1.1 2254 7.3	0416 1.2 0948 8.9 1644 1.0 2213 9.1	0326 1.6 0830 7.7 1557 1.5 2033 7.9	0116 1.4 0657 6.1 1343 1.3 1917 6.3	0515 11.6 1206 2.1 1738 12.1	0258 6.7 0916 1.4 1521 7.1 2142 1.1	0310 5.1 0900 1.2 1529 5.4 2124 1.0	0208 3.6 0751 0.6 1427 3.8 2015 0.4	0050 1.0 0635 0.2 1306 1.1 1857 0.1	2	M
0607 1.0 1115 7.4 1833 0.8 2340 7.6	0509 0.7 1037 9.5 1736 0.6 2302 9.6	0424 1.1 0855 8.0 1651 1.0 2108 8.2	0206 1.0 0742 6.5 1432 1.0 2003 6.7	0033 1.5 0602 12.5 1257 1.3 1825 12.8	0345 7.1 1006 1.0 1608 7.4 2230 0.7	0355 5.4 0948 0.9 1615 5.6 2211 0.8	0255 3.9 0837 0.4 1515 4.0 2100 0.3	0136 1.1 0717 0.1 1352 1.1 1939 0.1	3	TU
0658 0.8 1201 7.7 1922 0.6	0559 0.4 1124 9.8 1824 0.3 2348 9.8	0516 0.8 1044 8.1 1741 0.7 2259 8.2	0254 0.7 0827 6.8 1519 0.7 2050 6.9	0121 0.9 0647 13.0 1345 0.9 1910 13.2	0431 7.5 1054 0.7 1654 7.7 2316 0.6	0439 5.6 1035 0.7 1700 5.7 2257 0.7	0341 4.0 0922 0.3 1603 4.1 2143 0.2	0223 1.1 0759 0.1 1438 1.1 2021 0.0	4	W ○
0026 7.6 0745 0.7 1248 7.7 2009 0.5	0647 0.3 1209 9.9 1912 0.2	0604 0.6 1110 8.1 1827 0.6 2324 8.1	0340 0.6 0912 6.9 1606 0.6 2136 6.9	0210 0.7 0731 13.3 1433 0.7 1954 13.2	0516 7.6 1141 0.6 1740 7.7	0522 5.6 1121 0.7 1745 5.7 2342 0.7	0426 4.1 1006 0.2 1650 4.1 2227 0.2	0308 1.1 0841 0.1 1524 1.1 2104 0.1	5	TH
0113 7.6 0830 0.7 1335 7.6 2054 0.6	0033 9.8 0733 0.3 1253 9.8 1957 0.3	0648 0.7 1144 8.0 1910 0.7 2354 8.0	0427 0.7 0956 6.9 1651 0.7 2222 6.7	0256 0.7 0814 13.2 1518 0.8 2038 12.9	0003 0.6 0601 7.6 1228 0.7 1826 7.5	0606 5.6 1209 0.7 1832 5.5	0512 4.1 1052 0.3 1737 4.0 2311 0.5	0354 1.0 0924 0.1 1610 1.0 2148 0.1	6	F
0202 7.4 0914 0.8 1426 7.4 2137 0.8	0118 9.6 0818 0.5 1337 9.5 2040 0.5	0730 0.9 1217 7.9 1951 0.9	0512 1.0 1040 6.7 1738 0.9 2309 6.4	0341 1.1 0856 12.8 1602 1.3 2120 12.3	0048 0.8 0646 7.3 1315 1.0 1912 7.1	0029 0.9 0653 5.4 1257 0.9 1920 5.3	0557 4.0 1139 0.5 1825 3.8 2356 0.7	0442 1.0 1008 0.2 1700 1.0 2233 0.2	7	SA
0254 7.1 0957 1.0 1520 7.1 2221 1.1	0203 9.3 0900 0.8 1422 9.1 2124 0.8	0153 7.9 0810 1.3 1406 7.7 2032 1.3	0557 1.3 1125 6.4 1824 1.3 2357 6.0	0423 1.7 0938 12.1 1644 2.0 2203 11.5	0136 1.2 0732 7.0 1405 1.4 2000 6.6	0117 1.1 0742 5.2 1348 1.1 2012 4.9	0645 3.8 1228 0.7 1915 3.5	0532 0.9 1056 0.3 1753 0.9 2323 0.3	8	SU
0348 6.8 1042 1.3 1617 6.7 2309 1.5	0250 8.8 0945 1.3 1509 8.5 2209 1.4	0235 7.6 0851 1.8 1442 7.4 2113 1.8	0645 1.7 1214 6.0 1915 1.7	0504 2.5 1021 11.3 1727 2.8 2251 10.6	0224 1.7 0821 6.5 1457 1.9 2052 6.1	0207 1.4 0836 4.9 1442 1.5 2112 4.6	0044 1.0 0736 3.6 1324 1.0 2012 3.2	0628 0.8 1152 0.5 1854 0.8	9	M
0446 6.4 1132 1.7 1718 6.4	0342 8.2 1032 1.8 1603 7.9 2301 1.9	0317 7.2 0934 2.3 1515 7.0 2203 2.3	0050 5.6 0736 2.2 1308 5.5 2011 2.1	0548 3.4 1111 10.4 1813 3.6 2351 9.7	0317 2.2 0916 6.0 1554 2.3 2154 5.6	0302 1.7 0942 4.6 1542 1.7 2225 4.3	0141 1.3 0833 3.3 1435 1.2 2115 3.0	0026 0.4 0734 0.8 1313 0.6 2007 0.8	10	TU
0003 1.9 0548 6.1 1232 2.1 1822 6.0	0442 7.6 1129 2.3 1709 7.3	0404 6.8 1030 2.8 1604 6.6 2309 2.6	0151 5.2 0837 2.6 1412 5.1 2118 2.4	0639 4.2 1216 9.6 1914 4.3	0417 2.6 1022 5.7 1700 2.6 2308 5.4	0405 2.0 1100 4.4 1651 1.8 2345 4.2	0254 1.5 0942 3.1 1601 1.4 2230 2.9	0207 0.4 0852 0.7 1518 0.4 2131 0.8	11	W
0111 2.3 0654 5.8 1348 2.3 1930 5.8	0004 2.3 0554 7.2 1239 2.6 1824 7.0	0509 6.5 1148 3.1 1716 6.4	0304 4.9 0952 2.7 1529 4.9 2237 2.5	0112 9.1 0748 4.7 1340 9.1 2036 4.6	0528 2.9 1141 5.5 1818 2.7	0516 2.1 1217 4.4 1805 2.0	0424 1.5 1057 3.1 1721 1.3 2344 3.0	0354 0.4 1012 0.8 1635 0.4 2246 0.8	12	TH
0233 2.4 0802 5.8 1512 2.3 2038 5.9	0118 2.5 0711 7.1 1354 2.6 1942 7.1	0031 2.9 0629 6.4 1307 3.0 1845 6.3	0430 4.9 1114 2.6 1653 5.0 2351 2.3	0238 9.0 0913 4.7 1501 9.2 2200 4.3	0030 5.5 0645 2.8 1258 5.6 1928 2.6	0057 4.3 0630 2.0 1323 4.4 1913 1.9	0541 1.5 1207 3.1 1820 1.2	0451 0.4 1113 0.9 1718 0.5 2339 0.8	13	F
0351 2.2 0907 5.9 1620 2.0 2140 6.0	0231 2.4 0821 7.4 1503 2.3 2047 7.4	0143 2.7 0750 6.6 1412 2.7 2012 6.6	0542 5.1 1221 2.4 1757 5.3	0346 9.4 1026 4.2 1603 9.7 2258 3.7	0137 5.6 0749 2.6 1359 5.8 2023 2.3	0154 4.4 0733 1.9 1415 4.6 2008 1.7	0045 3.1 0636 1.3 1304 3.3 1903 1.1	0528 0.4 1157 0.9 1751 0.4	14	SA
0447 1.9 1004 6.2 1709 1.7 2232 6.3	0333 2.0 0915 7.8 1600 1.9 2136 7.9	0240 2.4 0854 6.9 1503 2.3 2113 6.9	0047 2.1 0631 5.4 1309 2.1 1844 5.5	0437 10.0 1115 3.6 1651 10.2 2340 3.2	0227 5.9 0840 2.3 1445 6.1 2107 2.0	0239 4.6 0824 1.8 1457 4.7 2053 1.6	0133 3.3 0718 1.2 1350 3.4 1939 1.0	0018 0.9 0600 0.4 1232 0.9 1819 0.3	15	SU

● ● Time Zone -0100. For UT subtract 1 hour. For European summer time (shaded) 29/3-25/10 add 1 hour ● ●

PAGE 147

NOVEMBER 1998 TIDE TABLES

Time Zone -0100. For UT subtract 1 hour. For European summer time (shaded) 29/3-25/10 add 1 hour

	CALAIS	DIEPPE	LE HAVRE	CHERBOURG	ST MALO	BREST	POINTE DE GRAVE	LISBOA	GIBRALTAR
	Time m	Time m	Time m	Time m	Time m	Time m	Time m	Time m	Time m
16 M	0530 1.6 1051 6.5 1748 1.4 2314 6.6	0422 1.7 0957 8.2 1644 1.6 2217 8.3	0327 2.1 0939 7.2 1547 2.0 2154 7.1	0130 1.8 0709 5.7 1349 1.9 1922 5.7	0518 10.5 1155 3.1 1732 10.7	0308 6.2 0922 2.0 1524 6.3 2145 1.8	0317 4.8 0906 1.6 1533 4.8 2131 1.4	0214 3.4 0753 0.9 1430 3.5 2011 0.9	0050 0.9 0629 0.3 1301 1.0 1848 0.3
17 TU	0605 1.4 1129 6.7 1823 1.3 2348 6.8	0503 1.4 1035 8.6 1721 1.4 2253 8.6	0406 1.8 1014 7.4 1624 1.8 2226 7.3	0206 1.6 0744 5.9 1424 1.7 1957 5.9	0015 2.8 0554 10.9 1230 2.7 1801 11.0	0344 6.4 0959 1.8 1559 6.5 2220 1.7	0350 4.9 0944 1.5 1606 4.9 2206 1.4	0251 3.5 0826 0.9 1509 3.5 2042 0.8	0120 1.0 0659 0.3 1330 1.0 1918 0.2
18 W	0639 1.3 1203 6.9 1856 1.2	0539 1.3 1110 8.8 1756 1.3 2327 8.8	0442 1.7 1041 7.5 1659 1.6 2248 7.5	0239 1.5 0817 6.1 1457 1.5 2030 6.0	0049 2.6 0629 11.3 1306 2.5 1842 11.3	0417 6.6 1034 1.7 1632 6.6 2253 1.6	0421 5.0 1019 1.4 1636 5.0 2239 1.3	0327 3.6 0859 0.8 1544 3.5 2113 0.8	0150 1.0 0730 0.3 1358 1.0 1949 0.2
19 TH ●	0019 6.9 0712 1.2 1233 7.0 1930 1.2	0612 1.3 1144 8.9 1829 1.2	0515 1.6 1054 7.6 1733 1.5 2248 7.5	0312 1.5 0848 6.2 1530 1.4 2103 6.1	0124 2.4 0701 11.5 1342 2.3 1915 11.4	0449 6.7 1107 1.6 1703 6.7 2324 1.6	0451 5.1 1053 1.3 1706 5.0 2312 1.3	0402 3.6 0932 0.8 1619 3.5 2145 0.7	0221 1.0 0801 0.2 1429 1.0 2021 0.2
20 F	0049 6.9 0745 1.2 1303 7.0 2003 1.2	0001 8.8 0645 1.3 1217 9.0 1902 1.2	0551 1.6 1053 7.6 1808 1.5 2307 7.6	0345 1.5 0919 6.3 1604 1.4 2135 6.1	0200 2.3 0733 11.6 1418 2.2 1948 11.4	0521 6.8 1141 1.6 1735 6.7 2357 1.6	0521 5.1 1127 1.3 1737 5.0 2344 1.4	0436 3.6 1005 0.7 1654 3.5 2218 0.7	0254 1.0 0833 0.2 1502 1.0 2054 0.2
21 SA	0118 6.9 0818 1.3 1333 6.9 2035 1.4	0034 8.8 0718 1.4 1249 8.9 1935 1.3	0626 1.6 1115 7.6 1843 1.6 2333 7.5	0418 1.6 0949 6.2 1639 1.5 2206 6.0	0236 2.4 0805 11.6 1454 2.3 2019 11.4	0553 6.8 1215 1.6 1807 6.6	0554 5.1 1200 1.4 1809 5.0	0509 3.6 1039 0.7 1727 3.4 2252 0.8	0329 0.9 0906 0.2 1537 0.9 2128 0.2
22 SU	0147 6.8 0849 1.5 1401 6.9 2106 1.5	0107 8.7 0751 1.5 1321 8.7 2009 1.4	0701 1.7 1142 7.5 1918 1.7	0453 1.7 1019 6.1 1714 1.6 2238 5.9	0311 2.5 0835 11.5 1530 2.4 2051 11.3	0030 1.7 0625 6.7 1250 1.7 1840 6.4	0017 1.4 0627 5.0 1236 1.4 1843 4.9	0541 3.5 1115 0.8 1800 3.3 2327 0.9	0406 0.9 0940 0.3 1615 0.9 2204 0.2
23 M	0216 6.8 0920 1.6 1433 6.8 2139 1.7	0140 8.5 0824 1.7 1353 8.5 2042 1.6	0003 7.4 0736 1.9 1213 7.4 1951 1.8	0529 1.9 1051 6.0 1751 1.7 2312 5.7	0344 2.6 0906 11.3 1603 2.7 2123 11.0	0105 1.9 0700 6.5 1327 1.9 1916 6.2	0052 1.5 0703 4.9 1314 1.5 1920 4.7	0615 3.5 1154 0.9 1836 3.2	0445 0.9 1017 0.3 1655 0.9 2243 0.3
24 TU	0250 6.7 0955 1.7 1510 6.6 2217 1.8	0213 8.3 0859 1.9 1427 8.3 2121 1.8	0038 7.3 0812 2.1 1252 7.2 2027 2.0	0607 2.1 1127 5.8 1832 1.9 2353 5.5	0416 3.2 0939 11.1 1637 3.1 2159 10.6	0143 2.1 0738 6.3 1409 2.1 1957 6.0	0131 1.7 0743 4.7 1357 1.6 2004 4.5	0006 1.0 0651 3.4 1236 1.0 1916 3.1	0529 0.9 1059 0.3 1744 0.8 2330 0.3
25 W	0330 6.5 1037 1.9 1554 6.4 2304 2.0	0251 8.0 0939 2.1 1507 7.9 2205 2.0	0122 7.1 0851 2.4 1340 7.1 2109 2.3	0650 2.3 1210 5.5 1919 2.1	0448 3.6 1016 10.6 1713 3.6 2241 10.1	0227 2.4 0822 6.0 1458 2.3 2046 5.7	0216 1.8 0833 4.6 1445 1.7 2100 4.4	0051 1.1 0734 3.2 1327 1.1 2007 3.0	0621 0.8 1152 0.3 1842 0.8
26 TH	0421 6.3 1130 2.0 1651 6.2	0336 7.7 1030 2.4 1559 7.6 2301 2.3	0219 6.9 0938 2.6 1442 6.8 2202 2.5	0045 5.2 0742 2.5 1309 5.3 2017 2.2	0527 4.1 1105 10.1 1802 4.0 2342 9.6	0320 2.6 0918 5.8 1555 2.5 2149 5.5	0309 1.9 0936 4.5 1543 1.8 2217 4.2	0146 1.3 0828 3.2 1431 1.2 2112 2.9	0032 0.8 0721 0.8 1303 0.4 1954 0.8
27 F	0003 2.1 0524 6.1 1234 2.1 1804 6.1	0439 7.4 1132 2.6 1711 7.3	0335 6.6 1038 2.8 1602 6.6 2307 2.6	0154 5.0 0848 2.8 1424 5.1 2126 2.2	0624 4.5 1215 9.6 1913 4.3	0423 2.7 1027 5.7 1700 2.6 2306 5.5	0412 2.0 1054 4.4 1650 1.9 2341 4.3	0257 1.4 0936 3.1 1548 1.2 2227 3.0	0153 0.4 0832 0.8 1431 0.4 2113 0.8
28 SA	0110 2.1 0642 6.0 1345 2.2 1924 6.1	0009 2.4 0557 7.3 1247 2.5 1833 7.3	0506 6.6 1148 2.7 1730 6.7	0311 5.0 1002 2.7 1540 5.2 2239 2.1	0107 9.3 0750 4.6 1347 9.5 2043 4.1	0533 2.7 1144 5.8 1812 2.4	0524 2.0 1209 4.6 1800 1.8	0419 1.3 1053 3.2 1703 1.1 2342 3.1	0317 0.3 0944 0.9 1552 0.3 2228 0.9
29 SU	0222 2.0 0759 6.2 1457 1.8 2036 6.4	0127 2.2 0713 7.6 1408 2.2 1948 7.7	0021 2.5 0626 6.8 1303 2.5 1841 7.0	0424 5.2 1115 2.2 1651 5.4 2347 1.8	0235 9.6 0921 4.2 1509 10.1 2203 3.5	0025 5.7 0645 2.4 1257 6.1 1921 2.1	0053 4.5 0634 1.8 1316 4.8 1907 1.6	0533 1.2 1204 3.3 1808 0.9	0424 0.3 1049 0.9 1655 0.2 2331 0.9
30 M	0335 1.8 0905 6.6 1609 1.5 2136 6.8	0243 1.8 0820 8.1 1518 1.7 2051 8.3	0138 2.1 0723 7.2 1418 2.0 1933 7.4	0530 5.5 1221 1.8 1755 5.8	0345 10.4 1035 3.3 1614 10.9 2307 2.6	0133 6.1 0752 2.0 1400 6.5 2023 1.7	0152 4.8 0738 1.5 1414 5.1 2007 1.3	0046 3.4 0635 1.0 1308 3.5 1903 0.7	0520 0.2 1148 1.0 1748 0.2

PAGE 148

TIDE TABLES

FRANCE, SPAIN, PORTUGAL & GIBRALTAR Time Zone -0100
Calais * Dieppe * Le Havre * Cherbourg * St Malo * Brest * Pointe de Grave * Lisboa * Gibraltar

TIDE TABLES DECEMBER 1998

CALAIS	DIEPPE	LE HAVRE	CHERBOURG	ST MALO	BREST	POINTE DE GRAVE	LISBOA	GIBRALTAR	
Time m	Time m	Time m	Time m	Time m	Time m	Time m	Time m	Time m	
0442 1.5 1001 7.0 1712 1.2 2230 7.1	0347 1.3 0919 8.7 1618 1.1 2148 8.9	0251 1.7 0804 7.6 1526 1.6 2016 7.7	0048 1.5 0628 5.9 1319 1.4 1853 6.1	0443 11.3 1135 2.4 1710 11.7	0231 6.5 0851 1.6 1457 6.9 2118 1.3	0245 5.1 0835 1.3 1506 5.3 2100 1.1	0142 3.6 0729 0.7 1404 3.7 1953 0.5	0027 1.0 0609 0.2 1240 1.0 1836 0.1	**1 TU**
0542 1.2 1053 7.3 1810 0.9 2320 7.3	0444 0.9 1012 9.2 1712 0.7 2240 9.3	0354 1.3 0838 7.9 1626 1.1 2056 7.9	0143 1.2 0720 6.3 1412 1.1 1945 6.4	0003 1.9 0535 12.1 1229 1.7 1801 12.3	0323 7.0 0944 1.2 1548 7.2 2209 1.0	0333 5.3 0927 1.0 1556 5.5 2151 0.9	0234 3.8 0818 0.5 1457 3.9 2040 0.4	0117 1.0 0655 0.1 1330 1.1 1921 0.1	**2 W**
0636 1.0 1143 7.5 1903 0.8	0536 0.6 1103 9.6 1804 0.5 2329 9.5	0451 1.0 1015 8.0 1720 0.8 2218 7.9	0235 0.9 0809 6.6 1503 0.8 2036 6.5	0055 1.4 0624 12.6 1321 1.2 1850 12.7	0412 7.3 1035 0.9 1637 7.4 2257 0.8	0421 5.5 1018 0.9 1645 5.6 2239 0.9	0323 4.0 0906 0.4 1547 4.0 2125 0.4	0206 1.0 0741 0.1 1418 1.1 2006 0.1	**3 TH** ○
0010 7.4 0727 0.8 1233 7.5 1953 0.7	0627 0.5 1150 9.7 1854 0.4	0544 0.9 1042 8.0 1810 0.7	0324 0.8 0857 6.7 1551 0.7 2124 6.6	0146 1.1 0712 12.9 1412 1.1 1938 12.7	0459 7.4 1124 0.8 1724 7.4 2345 0.8	0507 5.6 1106 0.8 1732 5.5 2326 0.9	0410 4.1 0952 0.4 1636 4.0 2209 0.5	0253 1.0 0826 0.1 1506 1.0 2051 0.1	**4 F**
0100 7.4 0815 0.8 1324 7.4 2039 0.8	0016 9.6 0715 0.5 1236 9.6 1942 0.4	0005 8.0 0632 0.9 1113 7.9 1857 0.7	0412 0.9 0943 6.7 1639 0.7 2212 6.5	0236 1.1 0757 12.9 1501 1.1 2024 12.5	0545 7.4 1213 0.8 1812 7.3	0553 5.6 1155 0.8 1818 5.4	0457 4.1 1039 0.4 1724 3.9 2254 0.6	0341 1.0 0912 0.1 1556 1.0 2137 0.1	**5 SA**
0151 7.3 0859 0.9 1416 7.3 2122 0.9	0103 9.4 0802 0.6 1322 9.4 2027 0.6	0053 8.0 0718 1.0 1307 7.9 1941 0.9	0458 1.0 1028 6.6 1725 0.9 2258 6.3	0322 1.4 0842 12.6 1547 1.4 2108 12.1	0032 1.0 0631 7.3 1301 1.0 1857 7.0	0012 1.0 0639 5.4 1243 0.9 1906 5.2	0543 4.0 1124 0.5 1811 3.7 2338 0.7	0430 1.0 0959 0.2 1646 0.9 2224 0.2	**6 SU**
0242 7.1 0941 1.0 1507 7.1 2204 1.2	0148 9.2 0846 0.9 1407 9.1 2110 1.1	0137 7.9 0800 1.3 1345 7.7 2023 1.2	0544 1.3 1113 6.3 1811 1.2 2344 6.0	0406 1.8 0924 12.1 1630 1.9 2151 11.5	0118 1.3 0717 7.0 1348 1.3 1943 6.6	0100 1.1 0726 5.2 1331 1.1 1954 5.0	0629 3.9 1212 0.7 1858 3.5	0521 0.9 1048 0.2 1739 0.9 2315 0.2	**7 M**
0330 6.9 1023 1.3 1556 6.8 2247 1.5	0234 8.8 0929 1.2 1452 8.6 2152 1.2	0218 7.6 0841 1.7 1415 7.5 2103 1.6	0628 1.6 1157 6.0 1856 1.5	0447 2.4 1007 11.5 1709 2.5 2236 10.8	0205 1.7 0803 6.6 1436 1.7 2030 6.2	0147 1.4 0815 5.0 1421 1.4 2045 4.7	0023 1.0 0716 3.7 1303 0.9 1948 3.3	0614 0.9 1142 0.3 1835 0.8	**8 TU**
0419 6.6 1107 1.6 1646 6.5 2333 1.8	0321 8.3 1011 1.6 1539 8.1 2235 1.6	0255 7.3 0922 2.1 1436 7.1 2145 2.1	0030 5.6 0714 2.0 1244 5.6 1944 1.9	0526 3.1 1051 10.7 1749 3.3 2321 10.0	0253 2.1 0850 6.2 1526 2.2 2121 5.8	0237 1.6 0908 4.7 1514 1.6 2142 4.4	0112 1.2 0806 3.4 1359 1.2 2041 3.1	0011 0.3 0712 0.8 1247 0.4 1937 0.8	**9 W**
0510 6.3 1158 1.9 1741 6.2	0411 7.8 1057 2.0 1631 7.5 2323 2.1	0330 7.0 1007 2.6 1515 6.8 2233 2.5	0120 5.3 0803 2.4 1336 5.3 2036 2.2	0606 3.8 1142 10.0 1833 3.9	0344 2.5 0942 5.8 1621 2.5 2219 5.5	0331 1.9 1009 4.5 1611 1.8 2248 4.2	0211 1.4 0901 3.2 1506 1.3 2142 3.0	0119 0.4 0815 0.8 1409 0.4 2047 0.8	**10 TH**
0028 2.2 0606 6.0 1258 2.2 1841 5.9	0507 7.4 1148 2.4 1731 7.1	0415 6.7 1103 2.9 1612 6.5 2334 2.8	0217 5.0 0901 2.6 1435 5.0 2139 2.4	0022 9.4 0656 4.4 1243 9.4 1930 4.4	0442 2.8 1044 5.6 1725 2.7 2328 5.3	0431 2.0 1118 4.3 1714 2.0 2358 4.2	0322 1.5 1006 3.1 1620 1.4 2250 2.9	0242 0.4 0922 0.8 1536 0.4 2157 0.8	**11 F**
0132 2.4 0709 5.8 1407 2.3 1945 5.8	0018 2.4 0612 7.1 1249 2.7 1842 6.9	0520 6.5 1209 3.0 1726 6.3	0322 4.8 1009 2.7 1542 4.9 2247 2.5	0132 9.0 0800 4.7 1354 9.1 2042 4.5	0549 2.9 1156 5.4 1835 2.8	0537 2.1 1226 4.3 1821 2.0	0440 1.6 1115 3.1 1726 1.4 2357 3.0	0356 0.5 1025 0.8 1639 0.4 2257 0.8	**12 SA**
0242 2.4 0815 5.8 1516 2.3 2050 5.8	0123 2.6 0726 7.0 1358 2.7 1958 7.0	0042 2.9 0636 6.4 1316 2.9 1849 6.3	0436 4.9 1120 2.6 1656 4.9 2352 2.4	0242 9.0 0913 4.6 1504 9.1 2152 4.3	0042 5.4 0659 2.8 1308 5.5 1939 2.6	0102 4.2 0642 2.0 1326 4.3 1921 1.9	0546 1.5 1219 3.1 1818 1.3	0449 0.4 1116 0.8 1721 0.4 2345 0.8	**13 SU**
0347 2.3 0917 5.9 1615 2.0 2148 6.0	0232 2.5 0831 7.3 1506 2.4 2057 7.3	0143 2.7 0749 6.6 1412 2.4 2011 6.5	0542 5.1 1222 2.4 1800 5.1	0345 9.3 1018 4.2 1603 9.5 2247 3.9	0145 5.6 0759 2.6 1406 5.7 2030 2.4	0154 4.4 0741 1.9 1416 4.5 2013 1.8	0053 3.1 0638 1.4 1314 3.2 1901 1.2	0530 0.4 1158 0.9 1758 0.3	**14 M**
0439 2.0 1012 6.2 1702 1.7 2239 6.3	0333 2.2 0921 7.7 1600 2.1 2145 7.8	0235 2.5 0848 6.9 1500 2.3 2109 6.8	0045 2.2 0633 5.3 1310 2.1 1849 5.3	0435 9.8 1108 3.7 1651 9.9 2331 3.4	0233 5.9 0848 2.4 1452 5.9 2112 2.2	0239 4.5 0830 1.8 1458 4.6 2057 1.7	0141 3.3 0721 1.2 1400 3.3 1939 1.1	0024 0.9 0608 0.3 1235 0.9 1833 0.3	**15 TU**

●●Time Zone -0100. For UT subtract 1 hour. For European summer time (shaded) 29/3-25/10 add 1 hour●●

PAGE 149

DECEMBER 1998 TIDE TABLES

Time Zone -0100. For UT subtract 1 hour. For European summer time (shaded) 29/3-25/10 add 1 hour

Day	CALAIS Time m	DIEPPE Time m	LE HAVRE Time m	CHERBOURG Time m	ST MALO Time m	BREST Time m	POINTE DE GRAVE Time m	LISBOA Time m	GIBRALTAR Time m
16 W	0523 1.7 / 1058 6.4 / 1745 1.5 / 2321 6.5	0421 1.9 / 1004 8.1 / 1645 1.7 / 2224 8.1	0320 2.2 / 0930 7.2 / 1543 2.0 / 2150 7.1	0129 2.0 / 0715 5.6 / 1351 1.9 / 1931 5.5	0518 10.3 / 1151 3.2 / 1734 10.4	0314 6.1 / 0929 2.2 / 1531 6.2 / 2151 2.0	0318 4.7 / 0914 1.7 / 1536 4.7 / 2137 1.6	0223 3.4 / 0800 1.1 / 1442 3.4 / 2015 1.0	0100 0.9 / 0644 0.3 / 1310 0.9 / 1907 0.2
17 TH	0604 1.5 / 1138 6.6 / 1825 1.4 / 2357 6.7	0503 1.7 / 1042 8.5 / 1724 1.5 / 2302 8.4	0402 2.0 / 1003 7.4 / 1625 1.8 / 2223 7.3	0208 1.8 / 0752 5.8 / 1430 1.7 / 2009 5.7	0012 3.0 / 0557 10.7 / 1232 2.8 / 1814 10.7	0351 6.4 / 1007 1.9 / 1608 6.3 / 2226 1.8	0354 4.9 / 0953 1.5 / 1612 4.9 / 2213 1.5	0303 3.5 / 0836 0.9 / 1522 3.5 / 2050 0.9	0136 0.9 / 0719 0.3 / 1345 0.9 / 1943 0.2
18 F ●	0645 1.4 / 1214 6.8 / 1905 1.3	0542 1.5 / 1118 8.7 / 1803 1.3 / 2339 8.6	0444 1.8 / 1030 7.5 / 1706 1.6 / 2254 7.4	0245 1.7 / 0827 6.0 / 1507 1.5 / 2045 5.8	0052 2.7 / 0635 11.1 / 1314 2.5 / 1852 11.1	0426 6.6 / 1043 1.8 / 1642 6.5 / 2301 1.7	0429 5.0 / 1030 1.4 / 1647 5.0 / 2248 1.4	0340 3.6 / 0912 0.8 / 1600 3.4 / 2125 0.8	0213 0.9 / 0755 0.2 / 1422 0.9 / 2019 0.2
19 SA	0031 6.8 / 0724 1.3 / 1247 6.8 / 1945 1.3	0621 1.4 / 1154 8.8 / 1842 1.2	0527 1.7 / 1056 7.6 / 1749 1.5 / 2327 7.5	0323 1.6 / 0902 6.1 / 1545 1.4 / 2121 5.9	0134 2.5 / 0712 11.4 / 1357 2.3 / 1929 11.3	0500 6.7 / 1120 1.6 / 1717 6.6 / 2336 1.6	0503 5.1 / 1106 1.4 / 1722 5.0 / 2324 1.4	0417 3.6 / 0948 0.8 / 1636 3.5 / 2200 0.8	0251 0.9 / 0830 0.2 / 1500 0.9 / 2055 0.2
20 SU	0103 6.8 / 0803 1.4 / 1318 6.8 / 2023 1.4	0015 8.7 / 0700 1.3 / 1230 8.9 / 1921 1.1	0609 1.6 / 1116 7.6 / 1831 1.5 / 2357 7.5	0401 1.5 / 0935 6.1 / 1623 1.3 / 2155 5.9	0216 2.3 / 0747 11.6 / 1439 2.1 / 2005 11.4	0536 6.8 / 1157 1.6 / 1752 6.6	0539 5.2 / 1142 1.3 / 1757 5.0 / 2359 1.4	0452 3.7 / 1024 0.7 / 1712 3.4 / 2236 0.8	0330 0.9 / 0906 0.2 / 1539 0.9 / 2132 0.2
21 M	0134 6.8 / 0840 1.4 / 1349 6.8 / 2058 1.4	0051 8.7 / 0739 1.3 / 1306 8.8 / 2000 1.1	0651 1.7 / 1134 7.6 / 1911 1.5	0439 1.5 / 1009 6.1 / 1701 1.3 / 2230 5.9	0257 2.3 / 0822 11.7 / 1519 2.1 / 2040 11.5	0013 1.6 / 0611 6.8 / 1234 1.5 / 1828 6.6	0615 5.2 / 1220 1.3 / 1834 5.0	0527 3.7 / 1101 0.7 / 1748 3.4 / 2313 0.8	0409 0.9 / 0943 0.2 / 1620 0.9 / 2209 0.2
22 TU	0205 6.8 / 0915 1.5 / 1422 6.8 / 2133 1.5	0127 8.7 / 0817 1.4 / 1342 8.7 / 2038 1.2	0007 7.5 / 0731 1.7 / 1202 7.6 / 1949 1.5	0518 1.6 / 1042 6.1 / 1740 1.3 / 2306 5.9	0336 2.4 / 0857 11.7 / 1557 2.2 / 2116 11.4	0051 1.7 / 0648 6.7 / 1314 1.6 / 1906 6.4	0036 1.4 / 0653 5.1 / 1259 1.3 / 1912 4.9	0602 3.6 / 1140 0.7 / 1824 3.4 / 2352 0.8	0450 0.9 / 1022 0.2 / 1703 0.9 / 2250 0.2
23 W	0239 6.8 / 0950 1.5 / 1500 6.8 / 2210 1.6	0203 8.6 / 0855 1.5 / 1419 8.5 / 2117 1.3	0030 7.4 / 0809 1.7 / 1238 7.5 / 2026 1.7	0557 1.7 / 1120 6.0 / 1821 1.4 / 2346 5.7	0412 2.6 / 0932 11.5 / 1635 2.4 / 2154 11.1	0131 1.8 / 0727 6.6 / 1357 1.7 / 1947 6.3	0115 1.5 / 0733 5.0 / 1341 1.4 / 1954 4.7	0639 3.6 / 1222 0.8 / 1903 3.3	0533 0.9 / 1105 0.2 / 1749 0.8 / 2335 0.2
24 TH	0319 6.7 / 1030 1.6 / 1542 6.7 / 2252 1.7	0242 8.4 / 0935 1.6 / 1459 8.3 / 2159 1.5	0108 7.3 / 0847 2.0 / 1322 7.4 / 2105 1.8	0639 1.8 / 1202 5.8 / 1906 1.6	0448 3.0 / 1010 11.2 / 1712 2.8 / 2235 10.7	0215 2.0 / 0811 6.4 / 1442 1.9 / 2033 6.1	0200 1.5 / 0819 4.9 / 1427 1.5 / 2044 4.6	0036 1.0 / 0719 3.5 / 1309 0.9 / 1948 3.2	0621 0.9 / 1154 0.3 / 1842 0.8
25 F	0406 6.6 / 1116 1.7 / 1633 6.5 / 2343 1.8	0326 8.2 / 1020 1.8 / 1546 8.0 / 2246 1.7	0157 7.1 / 0928 2.1 / 1416 7.2 / 2149 2.0	0033 5.5 / 0726 2.0 / 1252 5.6 / 1956 1.8	0526 3.4 / 1055 10.7 / 1756 3.3 / 2326 10.2	0303 2.2 / 0900 6.2 / 1534 2.1 / 2127 5.8	0248 1.6 / 0913 4.8 / 1519 1.6 / 2145 4.4	0127 1.1 / 0807 3.4 / 1406 1.0 / 2043 3.1	0027 0.3 / 0715 0.8 / 1254 0.3 / 1943 0.8
26 SA	0500 6.5 / 1211 1.8 / 1736 6.4	0418 7.9 / 1112 2.0 / 1645 7.7 / 2342 1.9	0302 6.9 / 1018 2.3 / 1526 6.9 / 2243 2.1	0129 5.3 / 0821 2.2 / 1353 5.4 / 2055 1.9	0613 3.8 / 1151 10.2 / 1852 3.6	0359 2.4 / 0959 6.0 / 1632 2.3 / 2232 5.7	0345 1.7 / 1018 4.6 / 1619 1.7 / 2300 4.4	0228 1.2 / 0906 3.3 / 1512 1.1 / 2150 3.1	0130 0.3 / 0815 0.8 / 1406 0.3 / 2053 0.8
27 SU	0042 1.9 / 0608 6.3 / 1315 1.9 / 1848 6.3	0522 7.7 / 1214 2.1 / 1757 7.5	0425 6.8 / 1118 2.4 / 1651 6.8 / 2348 2.2	0233 5.2 / 0927 2.2 / 1501 5.3 / 2202 2.0	0032 9.8 / 0718 4.0 / 1306 9.8 / 2005 3.8	0501 2.4 / 1107 5.9 / 1737 2.3 / 2345 5.7	0450 1.8 / 1133 4.6 / 1726 1.7	0342 1.3 / 1016 3.3 / 1627 1.1 / 2304 3.2	0245 0.3 / 0921 0.9 / 1525 0.3 / 2206 0.8
28 M	0150 2.0 / 0723 6.3 / 1426 1.8 / 2003 6.3	0049 2.0 / 0636 7.7 / 1330 2.1 / 1913 7.6	0548 6.9 / 1227 2.4 / 1809 6.9	0343 5.2 / 1039 2.2 / 1614 5.3 / 2313 1.9	0151 9.7 / 0839 4.0 / 1427 9.9 / 2123 3.5	0611 2.4 / 1221 6.0 / 1848 2.2	0016 4.5 / 0600 1.7 / 1245 4.7 / 1836 1.6	0500 1.2 / 1132 3.3 / 1738 1.0	0400 0.3 / 1028 0.9 / 1638 0.2 / 2315 0.8
29 TU	0303 1.9 / 0836 6.4 / 1541 1.7 / 2111 6.5	0208 1.9 / 0748 7.9 / 1450 1.8 / 2024 8.0	0101 2.1 / 0654 7.1 / 1345 2.1 / 1915 7.1	0454 5.4 / 1152 1.9 / 1727 5.5	0308 10.1 / 0957 3.5 / 1542 10.4 / 2234 2.9	0100 5.9 / 0723 2.2 / 1333 6.2 / 1956 1.9	0124 4.6 / 0710 1.6 / 1351 4.9 / 1942 1.5	0017 3.3 / 0610 1.1 / 1244 3.4 / 1840 0.9	0505 0.2 / 1132 0.9 / 1739 0.2
30 W	0417 1.7 / 0939 6.7 / 1651 1.4 / 2212 6.8	0321 1.6 / 0854 8.4 / 1557 1.4 / 2127 8.4	0218 1.9 / 0749 7.4 / 1459 1.7 / 2017 7.4	0021 1.7 / 0603 5.7 / 1259 1.6 / 1835 5.7	0415 10.8 / 1106 2.8 / 1647 11.0 / 2337 2.4	0206 6.3 / 0829 1.8 / 1436 6.5 / 2057 1.7	0224 4.9 / 0814 1.4 / 1450 5.1 / 2041 1.3	0121 3.5 / 0711 0.9 / 1348 3.6 / 1935 0.8	0016 0.9 / 0601 0.2 / 1230 0.9 / 1832 0.1
31 TH	0524 1.4 / 1037 7.0 / 1755 1.2 / 2307 7.0	0423 1.2 / 0952 8.8 / 1654 1.0 / 2223 8.9	0329 1.6 / 0842 7.6 / 1605 1.3 / 2151 7.6	0124 1.4 / 0703 6.0 / 1358 1.3 / 1935 6.0	0514 11.5 / 1207 2.2 / 1745 11.6	0305 6.6 / 0927 1.5 / 1533 6.8 / 2152 1.3	0318 5.1 / 0912 1.2 / 1544 5.2 / 2135 1.1	0218 3.7 / 0805 0.7 / 1445 3.7 / 2025 0.7	0111 0.9 / 0652 0.1 / 1324 1.0 / 1921 0.1

PAGE 150

USE OF TIDE TABLES AND CURVES

Calculation of times and heights of tides is by no means precise and there are differences to be found in tables published by different authorities. In addition, a wind from a steady direction or unusually high or low barometric pressures can cause quite large variations in times and heights. It therefore makes very little sense to calculate too scrupulously and very often the old twelfths rule (1/12 in the first hour, 2/12 in the second hour, 3/12 in the third hour, 3/12 in the fourth hour, 2/12 in the fifth hour and 1/12 in the sixth hour) will be perfectly adequate.

However, it may be felt that the best use possible should be made of the published data so that any uncertainties are reduced to natural or unavoidable causes. Hence these notes. Heights calculated by whatever method must be added to the charted depth.

Standard Ports

Say one needs the height of tide at 1230UT (1330DST) at Shoreham on Sunday 7th June 1998. The tables give HW at 0922 of 5.2m and LW at 1536 of 1.4m. Go to the tidal curve for Shoreham and mark the HW height of 5.2 on the top line and the LW height of 1.4 on the bottom line of the graticule to the left of the curve. Draw a diagonal line between these two points. Mark the HW time on the bottom line under the curve and work forwards to 1230 and erect a perpendicular from this time to the curve. Erect a horizontal away to the diagonal and from thence another perpendicular to the top line of the graticule. This shows that the height of tide at 1230 is 3.3m. Incidentally, the twelfths rule would have given 6/12ths for the three hours after HW, ie half of (5.4–1.4)m range or 2.0m on top of the 1.4 LW giving a height of 3.4m.

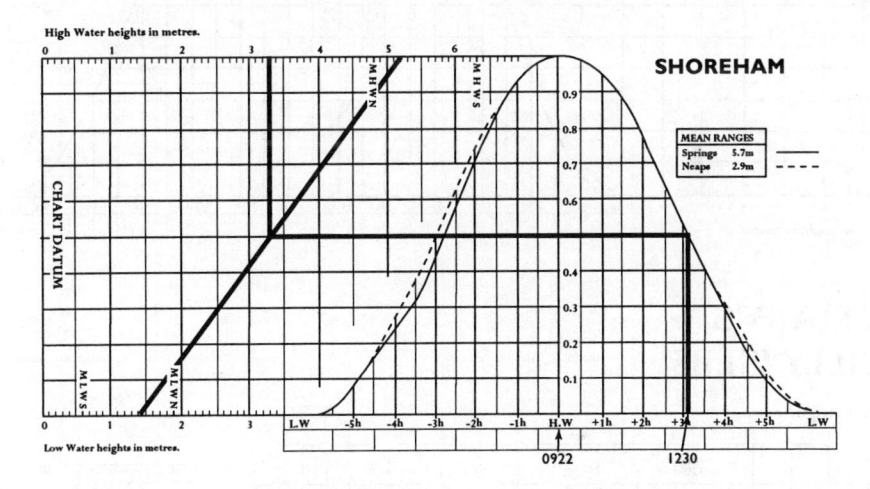

Secondary Ports

The procedure is the same after the times and heights of HW and LW for the port are calculated using the difference tables. Thus: find the times and heights of HW and LW at Yarmouth, Isle of Wight, on Sunday 7th June 1998.

Note that the secondary port tables have two columns for HW differences and two for LW differences. Note, especially, that the times in bold opposite the standard port are discrete, ie having found Yarmouth and looked above to the bold times, the HW difference when HW Portsmouth is either 0000 or 1200 is –0105 or when HW Portsmouth is 0600 or 1800 the difference is +0005. At any time between 0600 and 1200, for example, the difference is found by interpolation between +0005 and –0105. This can be done by eye, by calculation or by drawing a straight line graph. On 7th June 1998, HW Portsmouth is at 0937 (4.0m) and LW is at 1454 (1.3m). Hence by interpolation, the HW correction for Yarmouth is –0037 making HW Yarmouth 0900. Similarly LW Yarmouth is at 1427.

Looking now at the height differences and interpolating again between the actual height at Portsmouth of 4.0m and the limits of 4.7m and 3.8m we find a difference of –1.4m, thus the height of tide at HW at Yarmouth is 4.0–1.4, say 2.6m and similarly the height of tide at Yarmouth at LW is 1.3–0.2, say 1.1m. These figures for Yarmouth 0900 (2·6m) and 1427 (1.1m) can be applied to the Portsmouth curve as above to give heights against time or vice versa.

TIDAL CURVES

ST HELIER

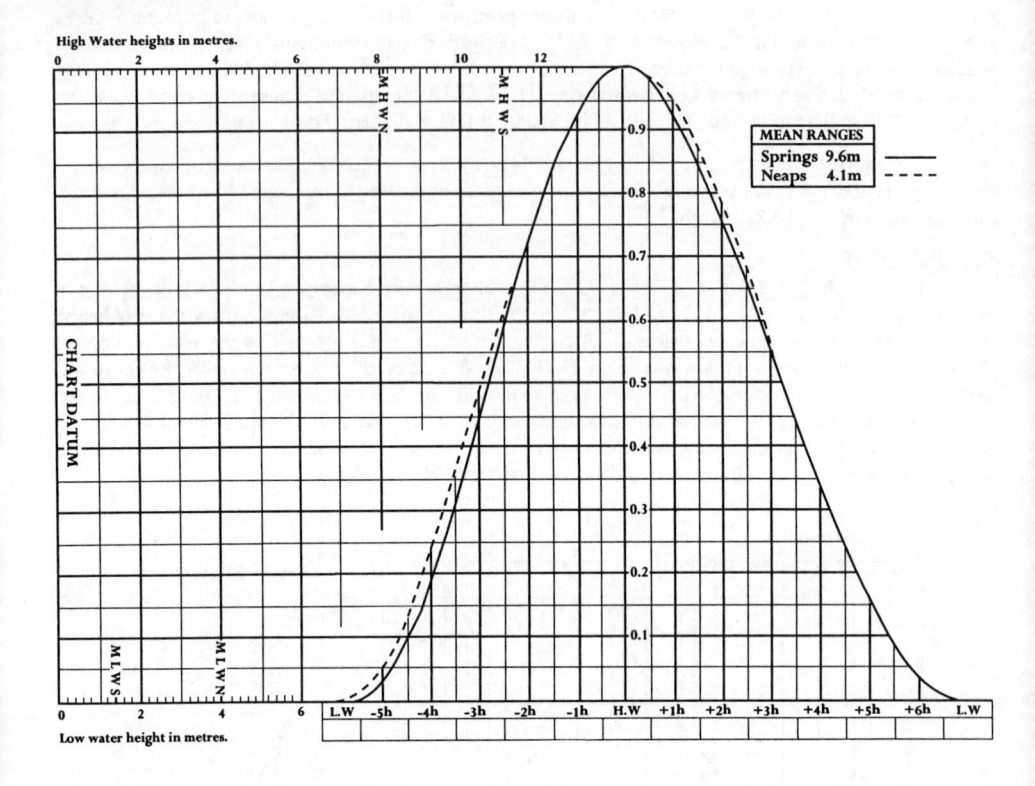

High Water heights in metres.

MEAN RANGES
Springs 9.6m
Neaps   4.1m

Low water height in metres.

ST MARY'S SCILLY ISLES

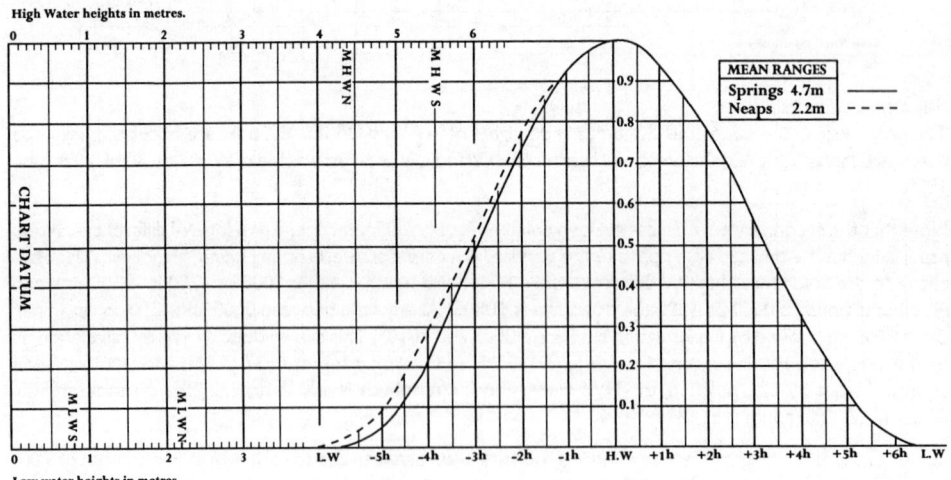

High Water heights in metres.

MEAN RANGES
Springs 4.7m
Neaps   2.2m

Low water heights in metres.

TIDAL CURVES

PLYMOUTH

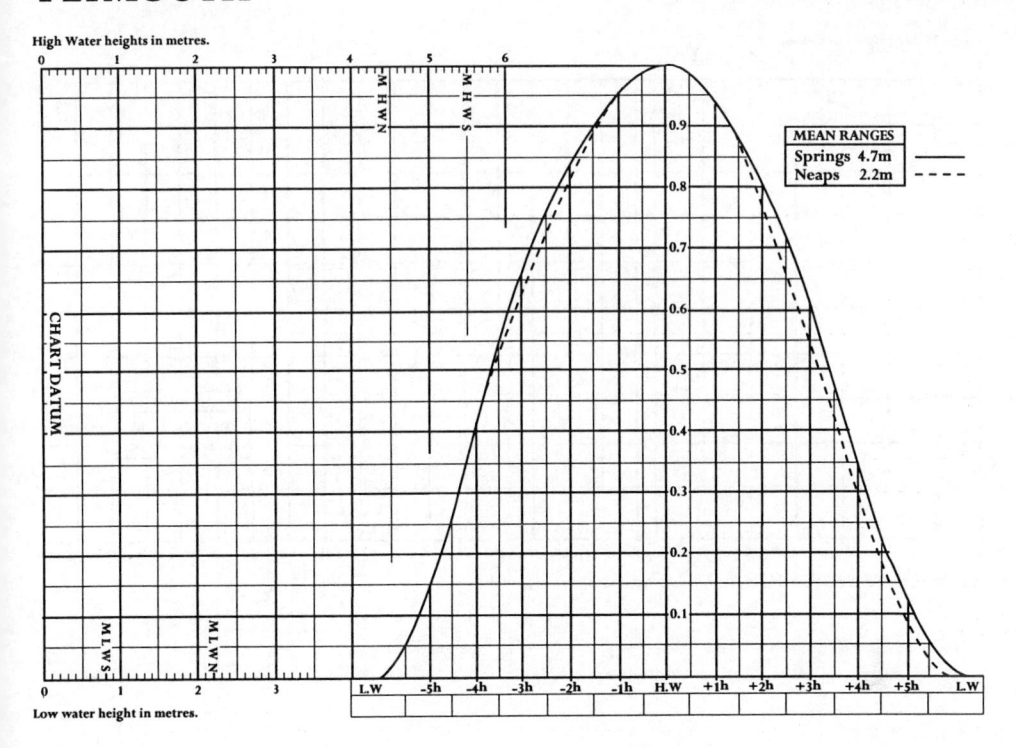

High Water heights in metres.

MEAN RANGES
Springs 4.7m
Neaps 2.2m

Low water height in metres.

PORTLAND

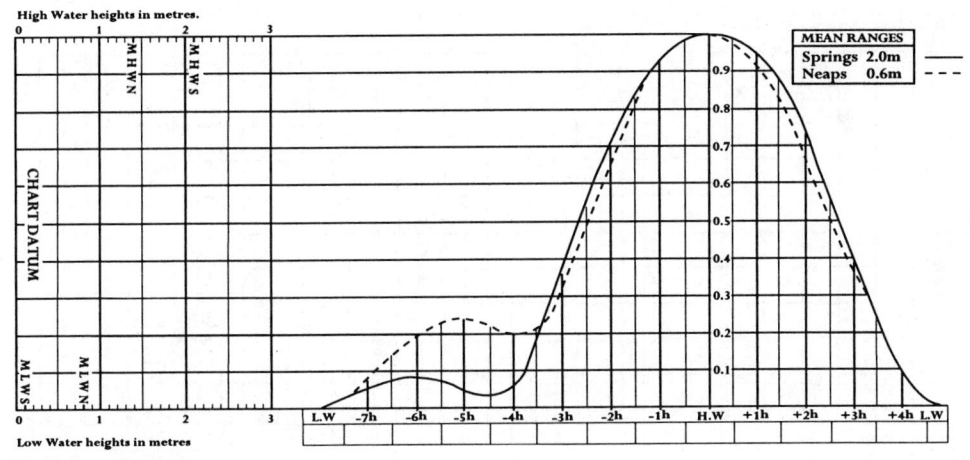

High Water heights in metres.

MEAN RANGES
Springs 2.0m
Neaps 0.6m

Low Water heights in metres.

NB - There are two Low Waters.
The times shown in the Tide Tables are for the first.

TIDAL CURVES
POOLE - TOWN QUAY

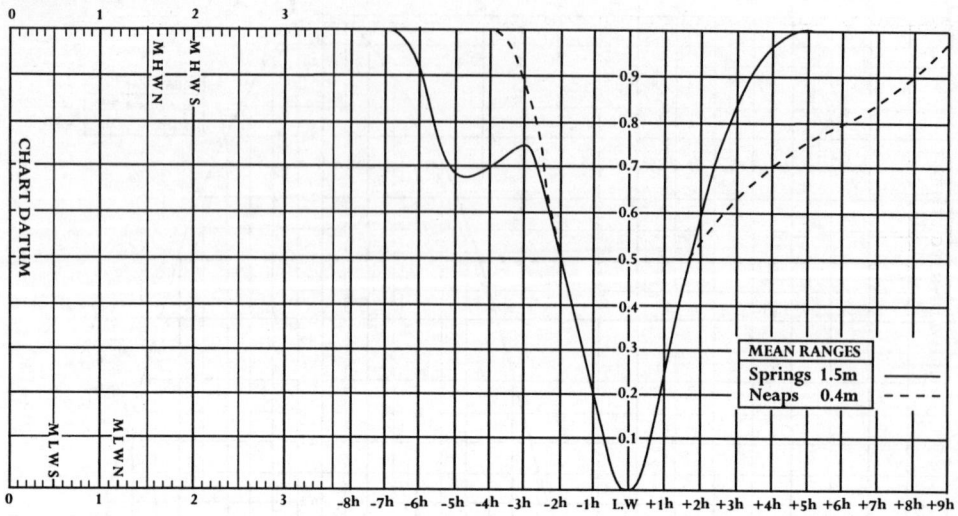

High Water heights in metres.

MEAN RANGES
Springs 1.5m
Neaps 0.4m

Low water heights in metres.

SOUTHAMPTON

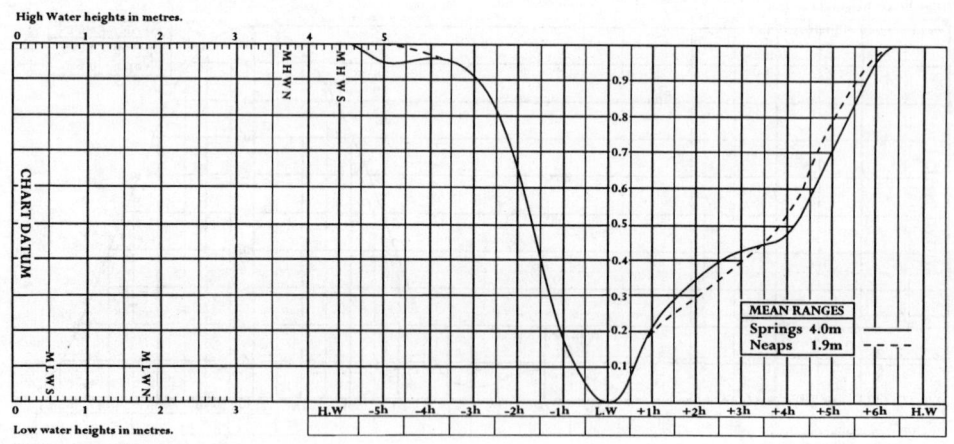

High Water heights in metres.

MEAN RANGES
Springs 4.0m
Neaps 1.9m

Low water heights in metres.

NB - There are two High Waters.
The times shown in the Tide Tables are for the first.

TIDAL CURVES

PORTSMOUTH

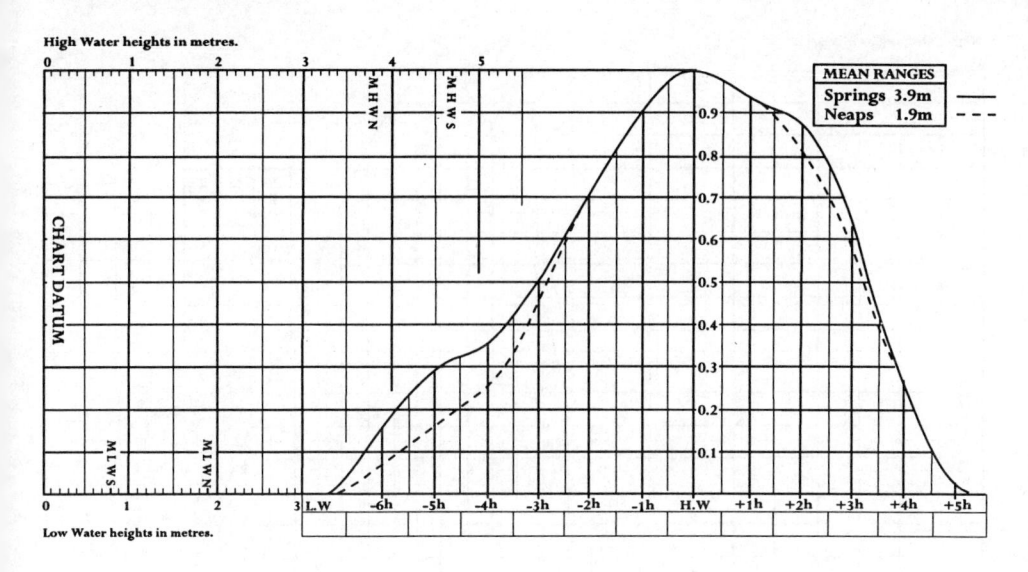

MEAN RANGES
Springs 3.9m
Neaps 1.9m

SHOREHAM

MEAN RANGES
Springs 5.7m
Neaps 2.9m

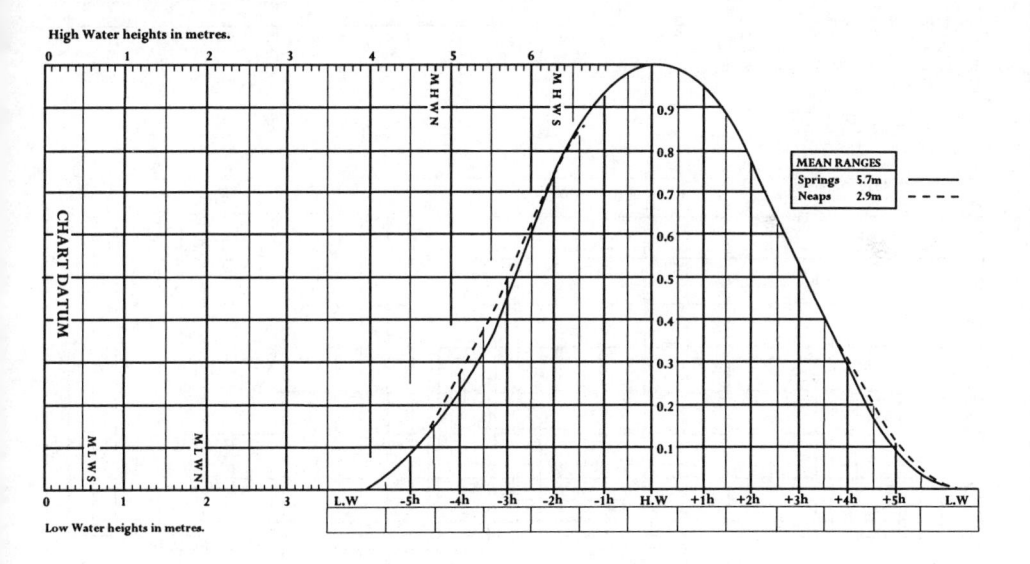

TIDAL CURVES
DOVER

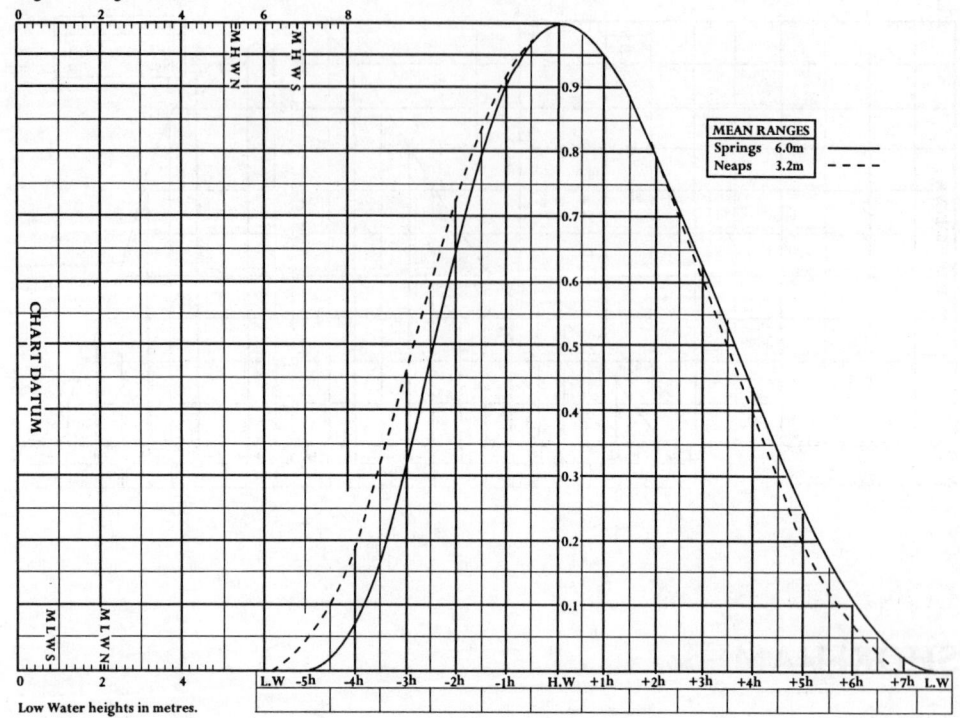

High Water heights in metres.

MEAN RANGES
Springs 6.0m
Neaps 3.2m

Low Water heights in metres.

MARGATE

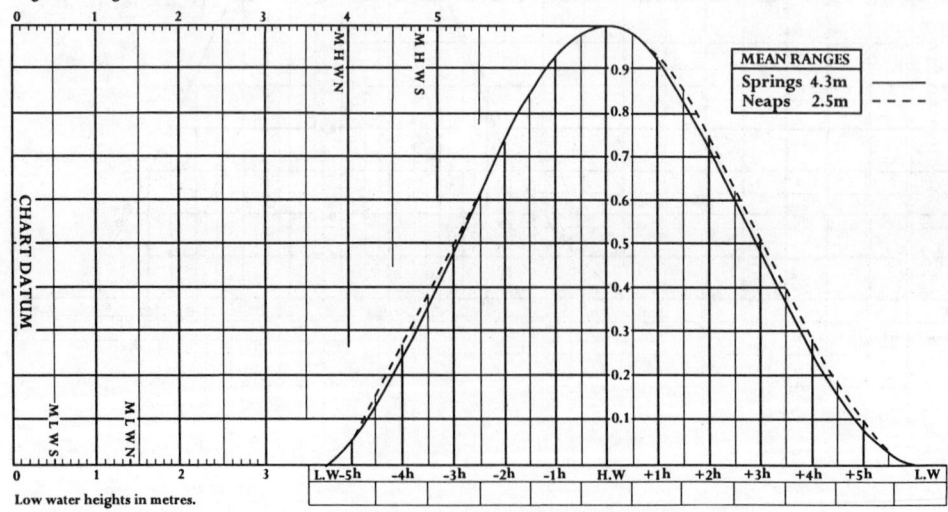

High Water heights in metres.

MEAN RANGES
Springs 4.3m
Neaps 2.5m

Low water heights in metres.

TIDAL CURVES

SHEERNESS

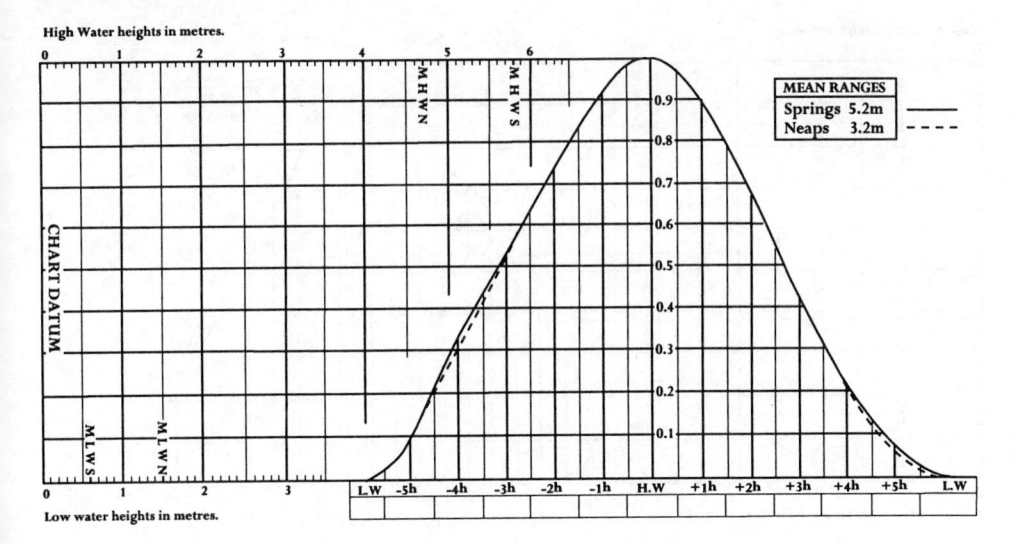

High Water heights in metres.

MEAN RANGES
Springs 5.2m
Neaps 3.2m

Low water heights in metres.

LONDON BRIDGE

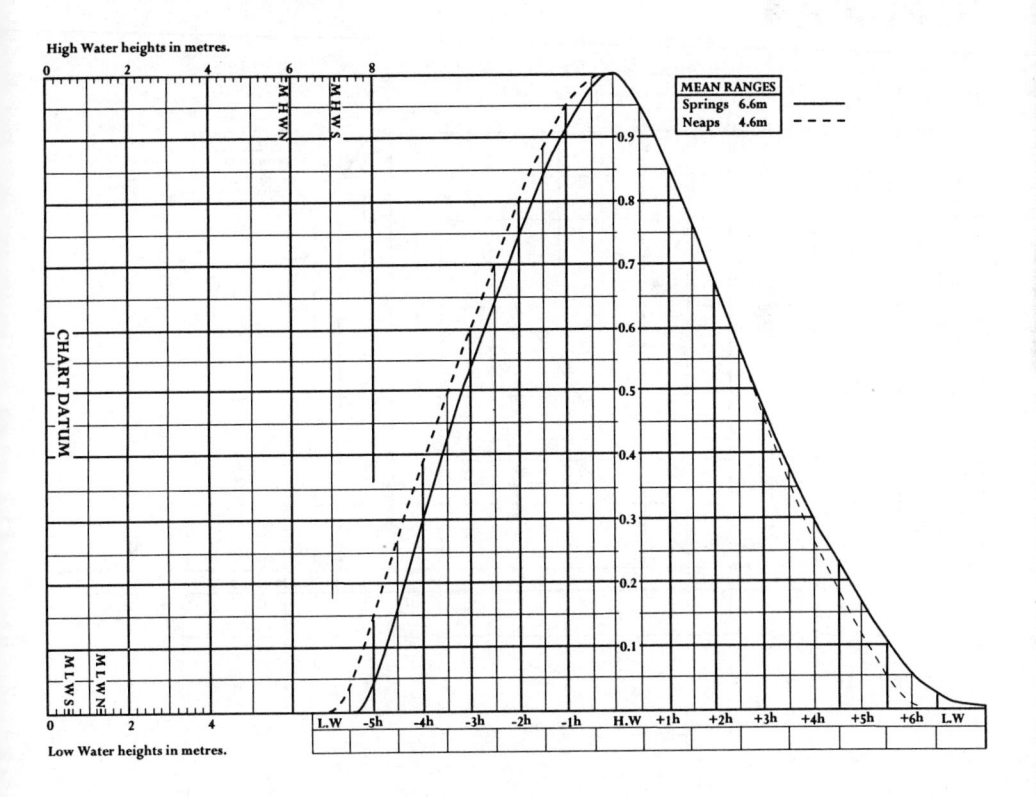

High Water heights in metres.

MEAN RANGES
Springs 6.6m
Neaps 4.6m

Low Water heights in metres.

TIDAL CURVES
WALTON-ON-THE-NAZE

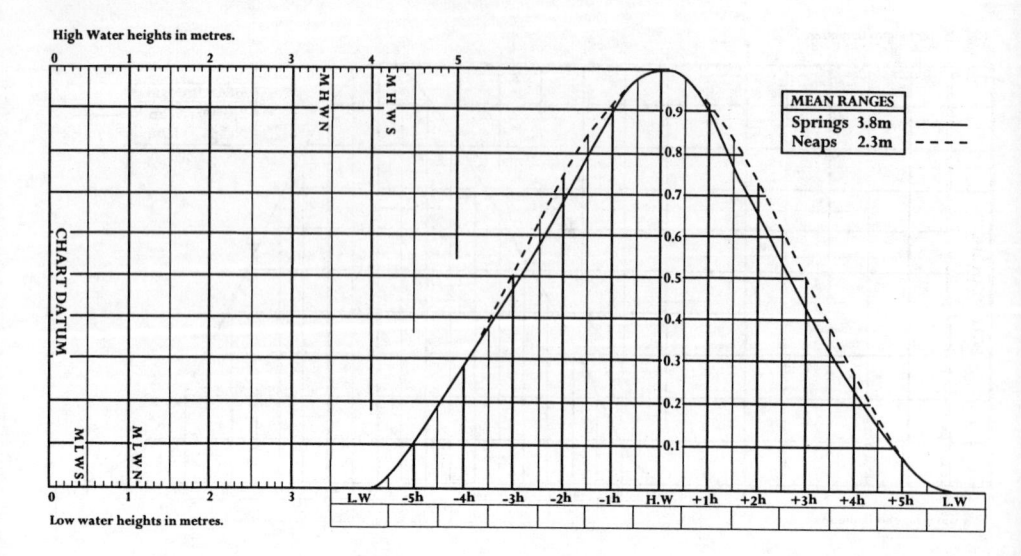

MEAN RANGES
Springs 3.8m
Neaps 2.3m

HARWICH

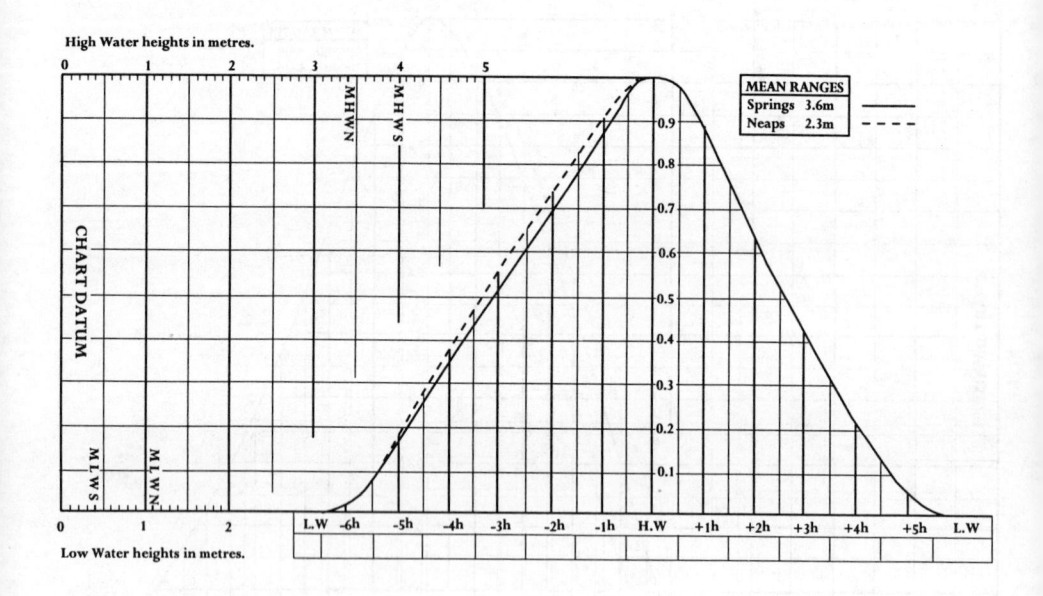

MEAN RANGES
Springs 3.6m
Neaps 2.3m

TIDAL CURVES

LOWESTOFT

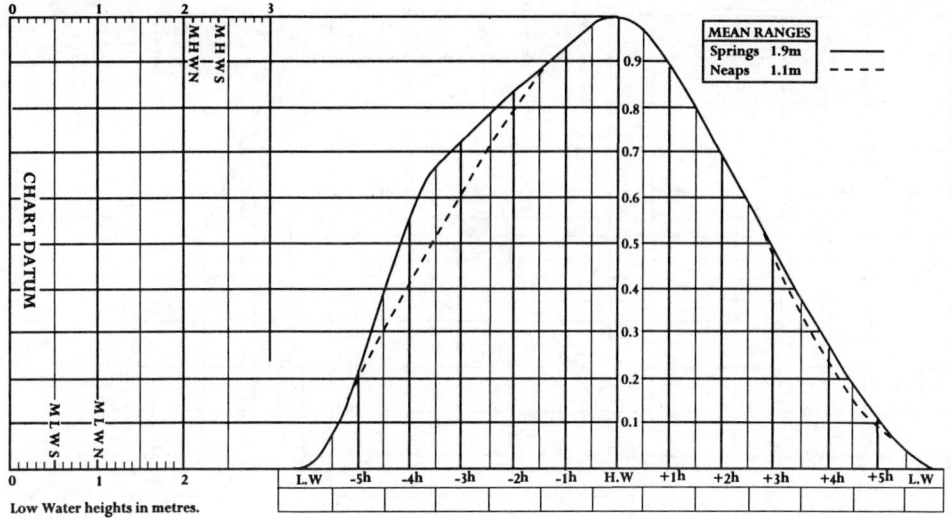

High Water heights in metres.

MEAN RANGES
Springs 1.9m
Neaps 1.1m

Low Water heights in metres.

IMMINGHAM

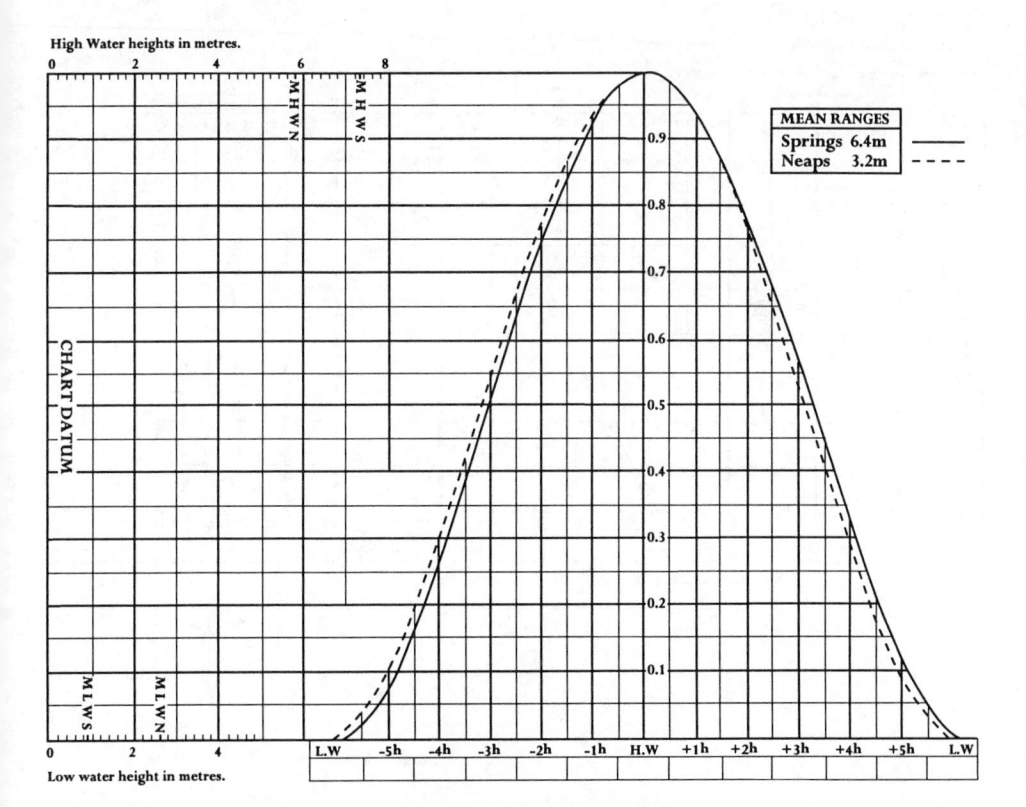

High Water heights in metres.

MEAN RANGES
Springs 6.4m
Neaps 3.2m

Low water height in metres.

PAGE 159

TIDAL CURVES
RIVER TEES

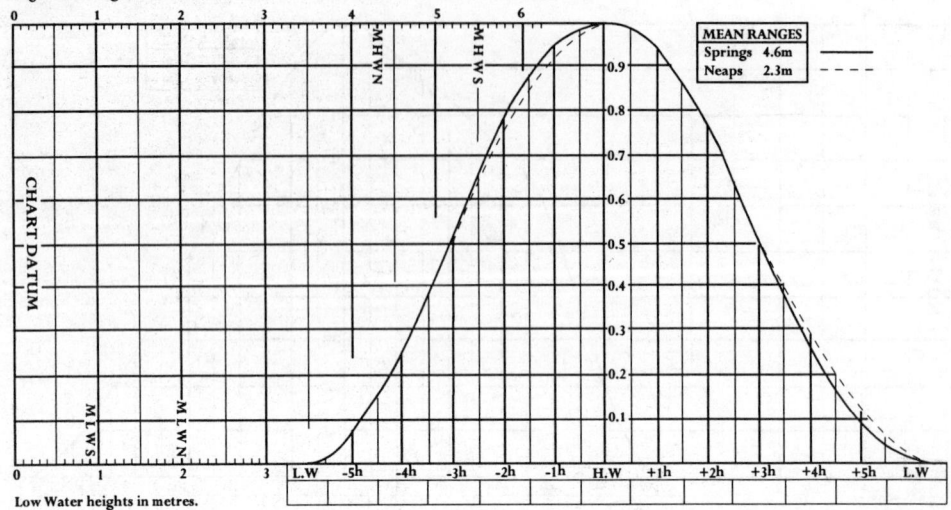

High Water heights in metres.

MEAN RANGES	
Springs	4.6m ———
Neaps	2.3m - - - -

Low Water heights in metres.

RIVER TYNE

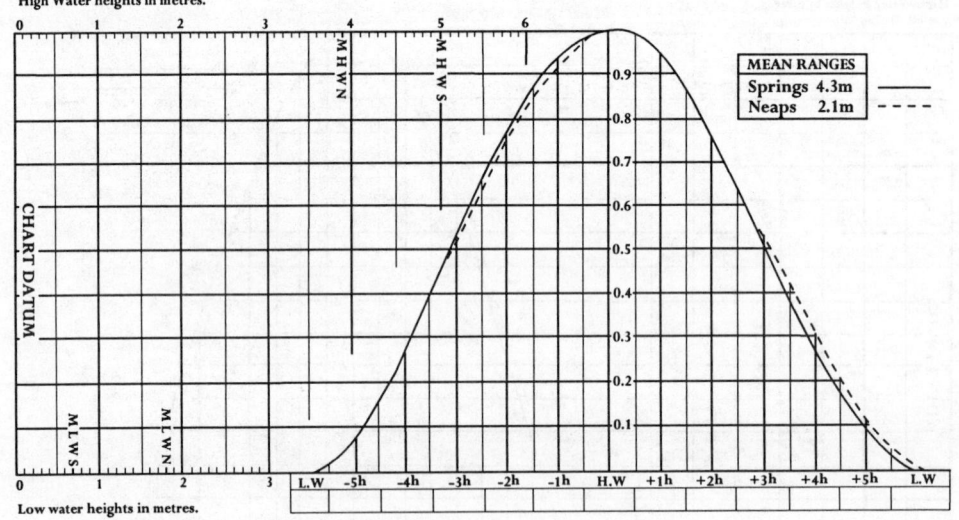

High Water heights in metres.

MEAN RANGES	
Springs	4.3m ———
Neaps	2.1m - - - -

Low water heights in metres.

TIDAL CURVES

LEITH

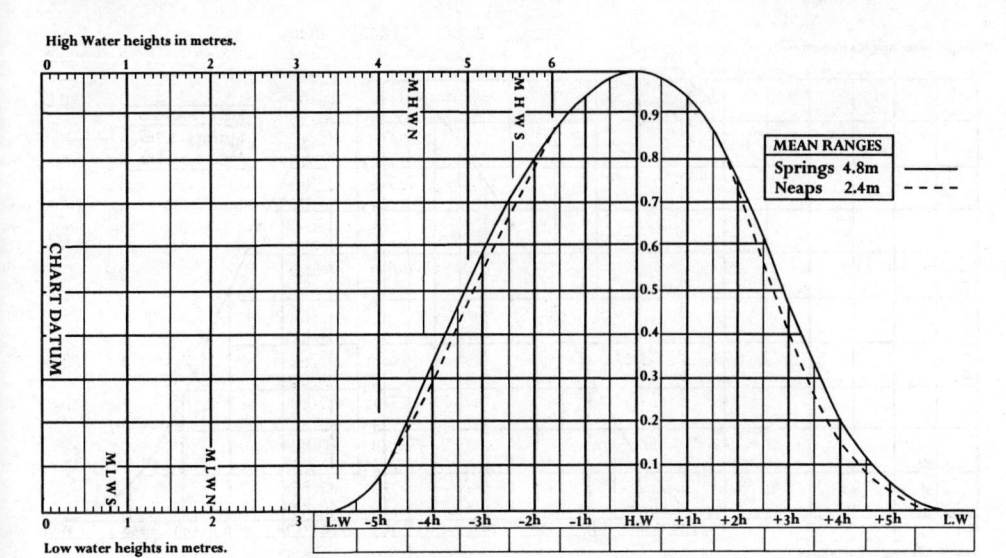

High Water heights in metres.

MEAN RANGES
Springs 4.8m
Neaps 2.4m

Low water heights in metres.

ROSYTH

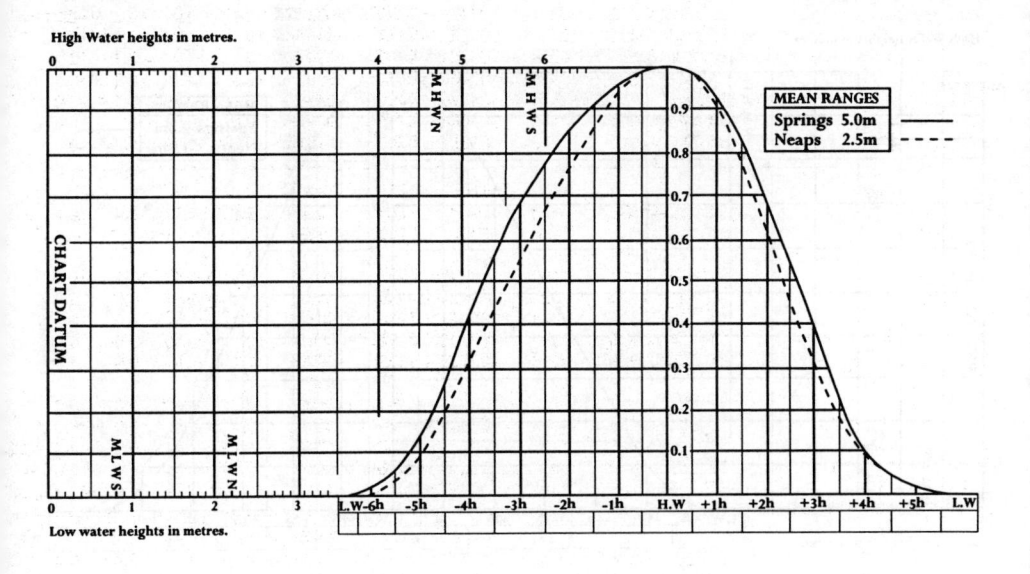

High Water heights in metres.

MEAN RANGES
Springs 5.0m
Neaps 2.5m

Low water heights in metres.

TIDAL CURVES
ABERDEEN

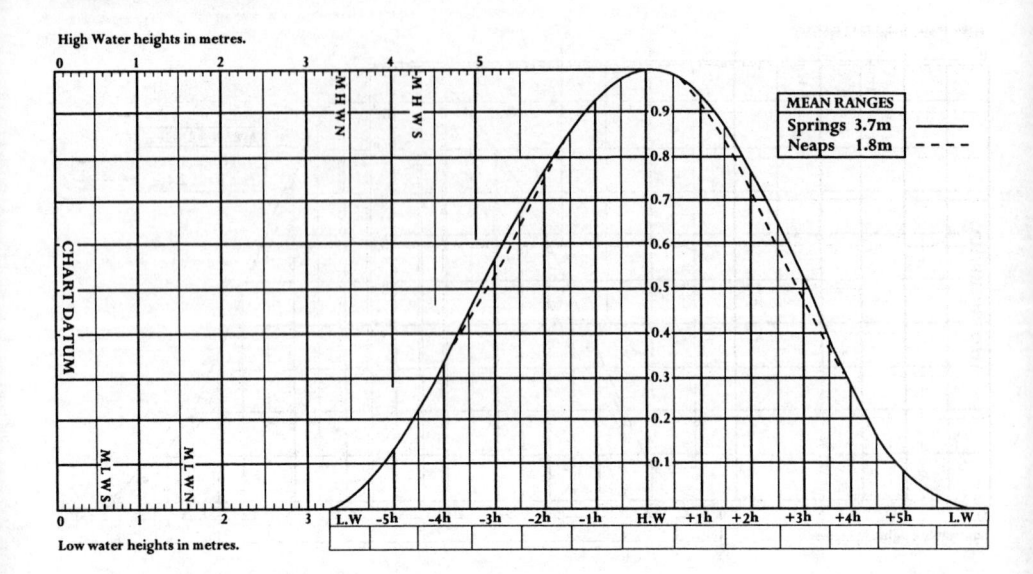

High Water heights in metres.

MEAN RANGES	
Springs 3.7m	——
Neaps 1.8m	----

Low water heights in metres.

WICK

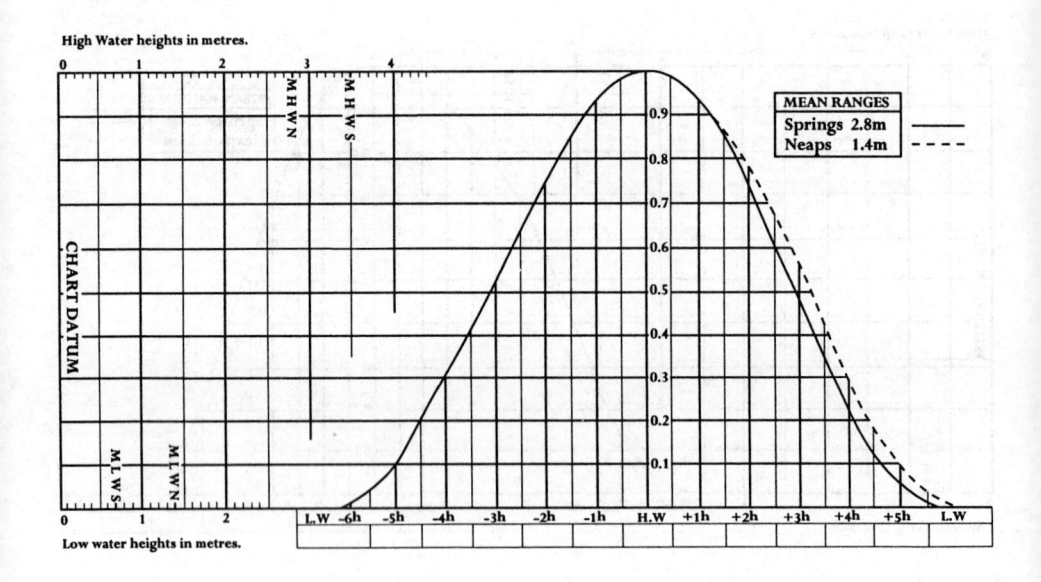

High Water heights in metres.

MEAN RANGES	
Springs 2.8m	——
Neaps 1.4m	----

Low water heights in metres.

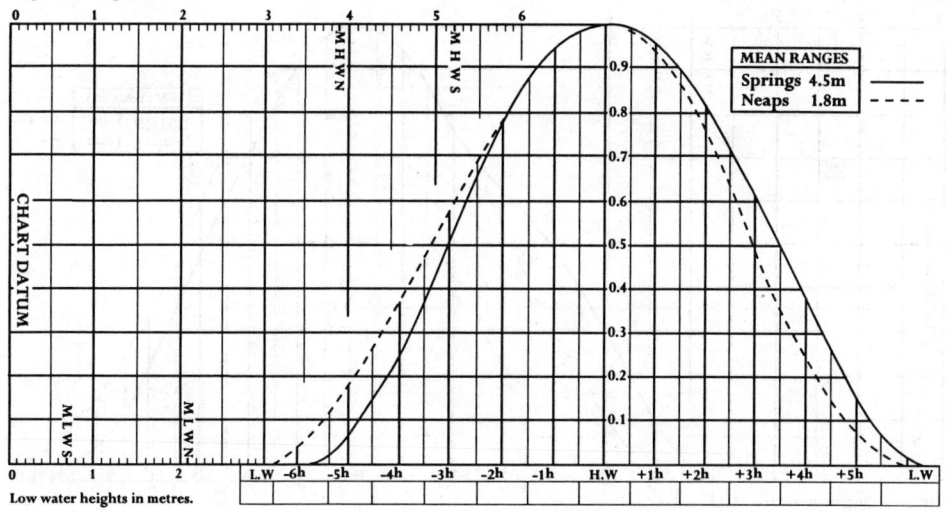

TIDAL CURVES

LERWICK

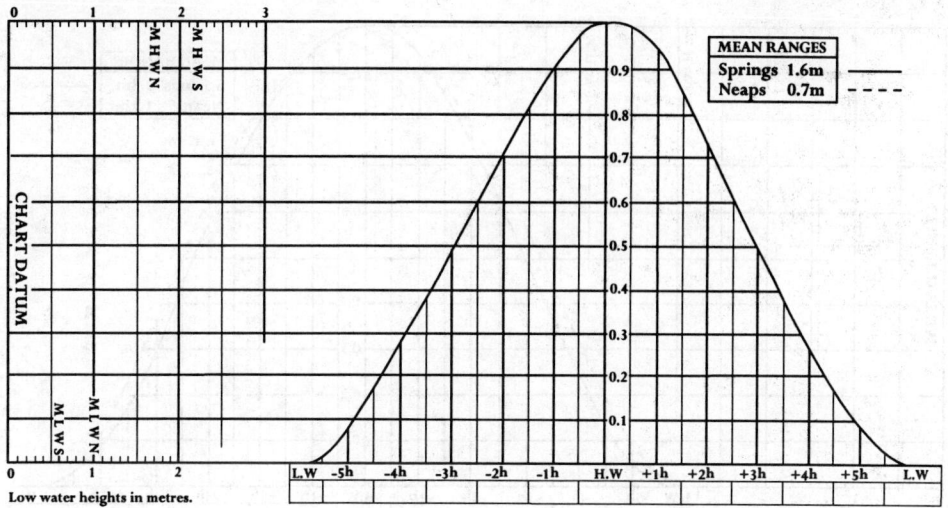

High Water heights in metres.

MEAN RANGES
Springs 1.6m
Neaps 0.7m

ULLAPOOL

High Water heights in metres.

MEAN RANGES
Springs 4.5m
Neaps 1.8m

PAGE 163

TIDAL CURVES

OBAN

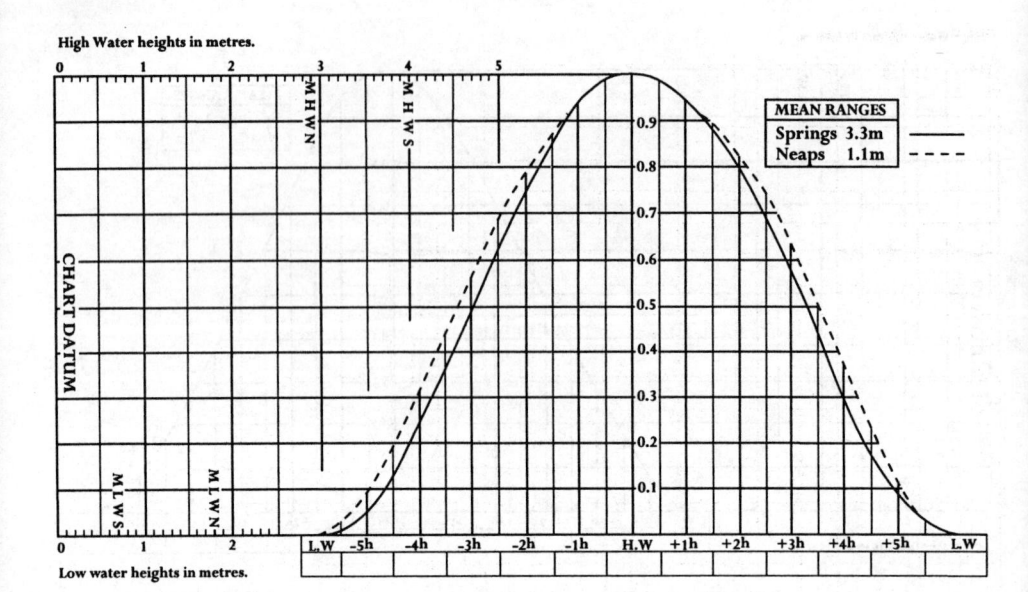

High Water heights in metres.

MEAN RANGES
Springs 3.3m
Neaps 1.1m

GREENOCK

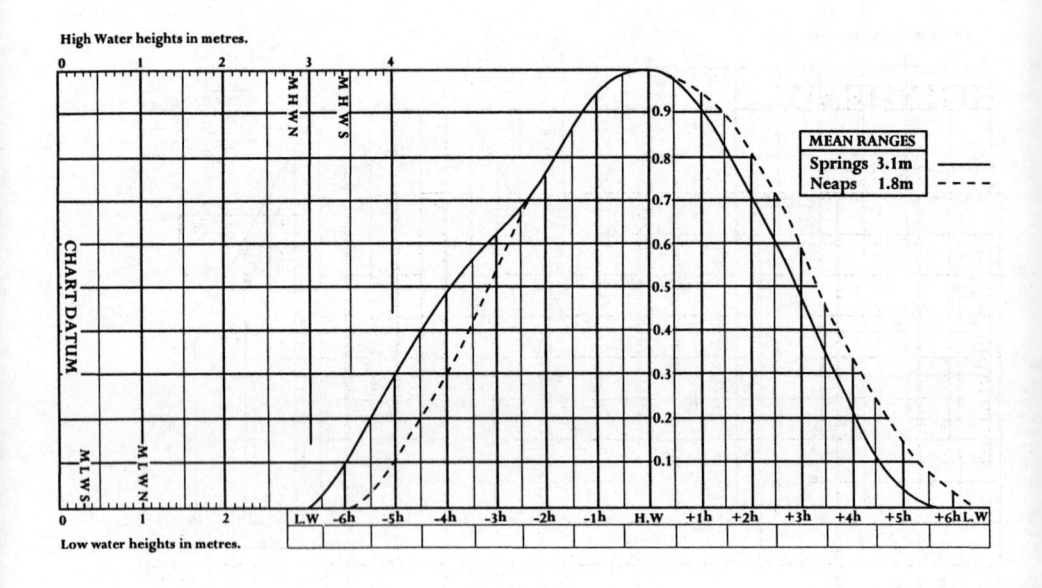

High Water heights in metres.

MEAN RANGES
Springs 3.1m
Neaps 1.8m

TIDAL CURVES

LIVERPOOL

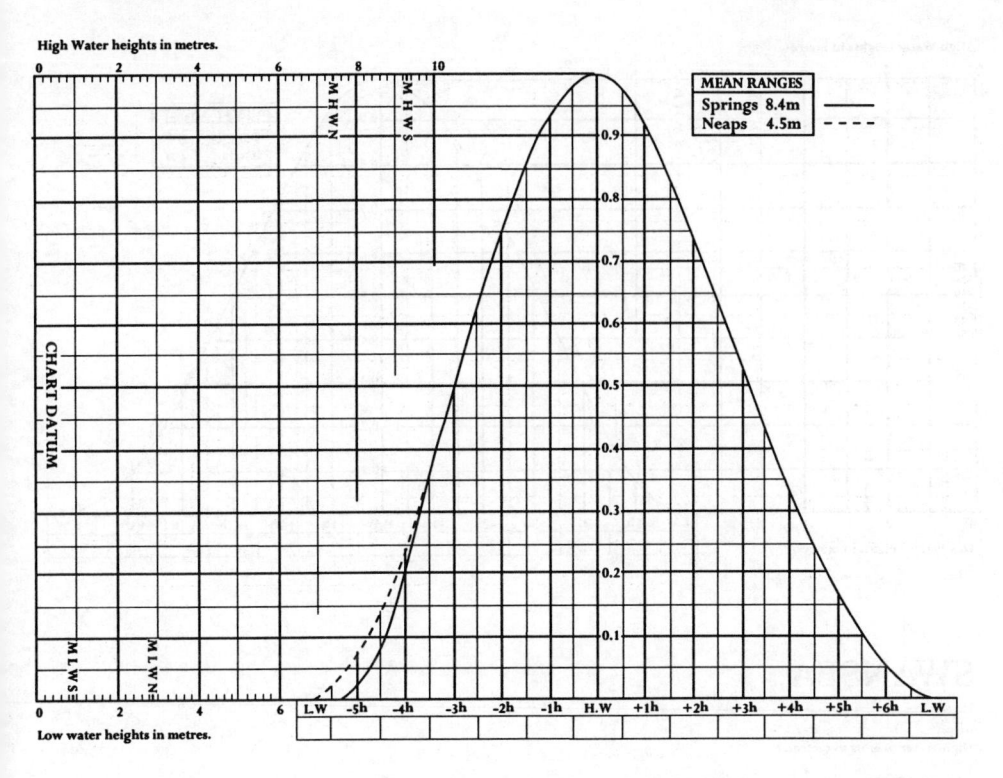

High Water heights in metres.

MEAN RANGES
Springs 8.4m
Neaps 4.5m

CHART DATUM

MLWS MLWN

Low water heights in metres.

HOLYHEAD

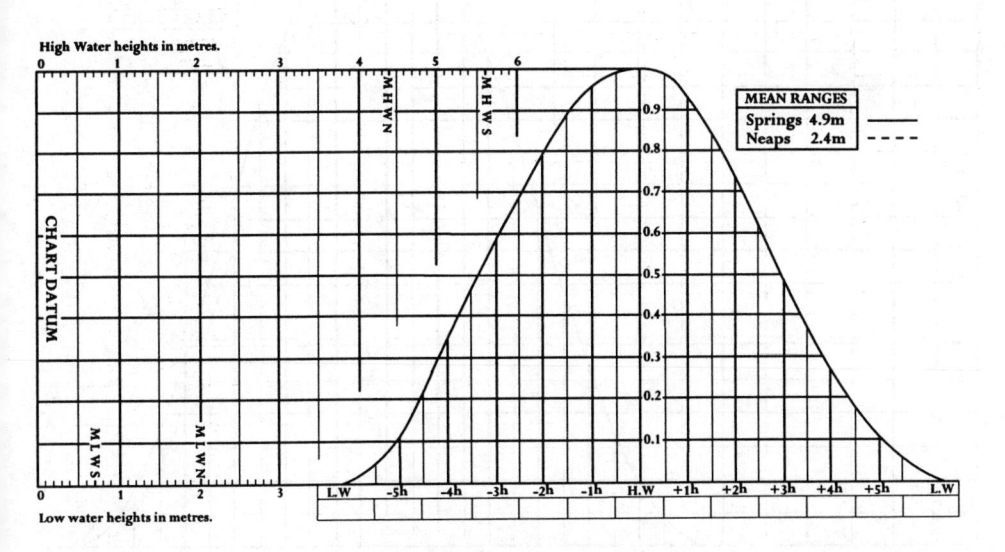

High Water heights in metres.

MEAN RANGES
Springs 4.9m
Neaps 2.4m

CHART DATUM

MLWS MLWN

Low water heights in metres.

TIDAL CURVES
MILFORD HAVEN

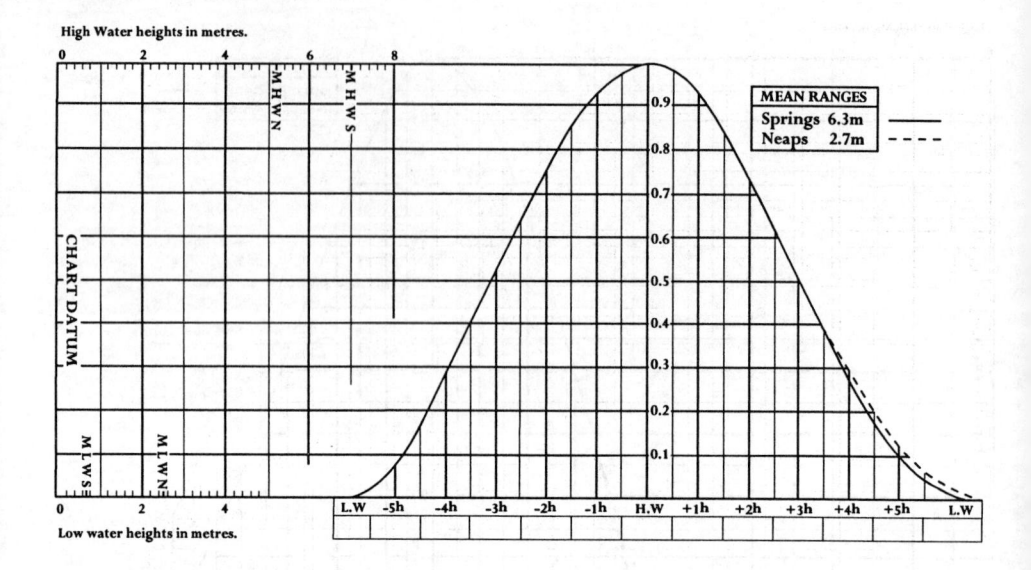

High Water heights in metres.

MEAN RANGES
Springs 6.3m ———
Neaps 2.7m - - - -

Low water heights in metres.

SWANSEA

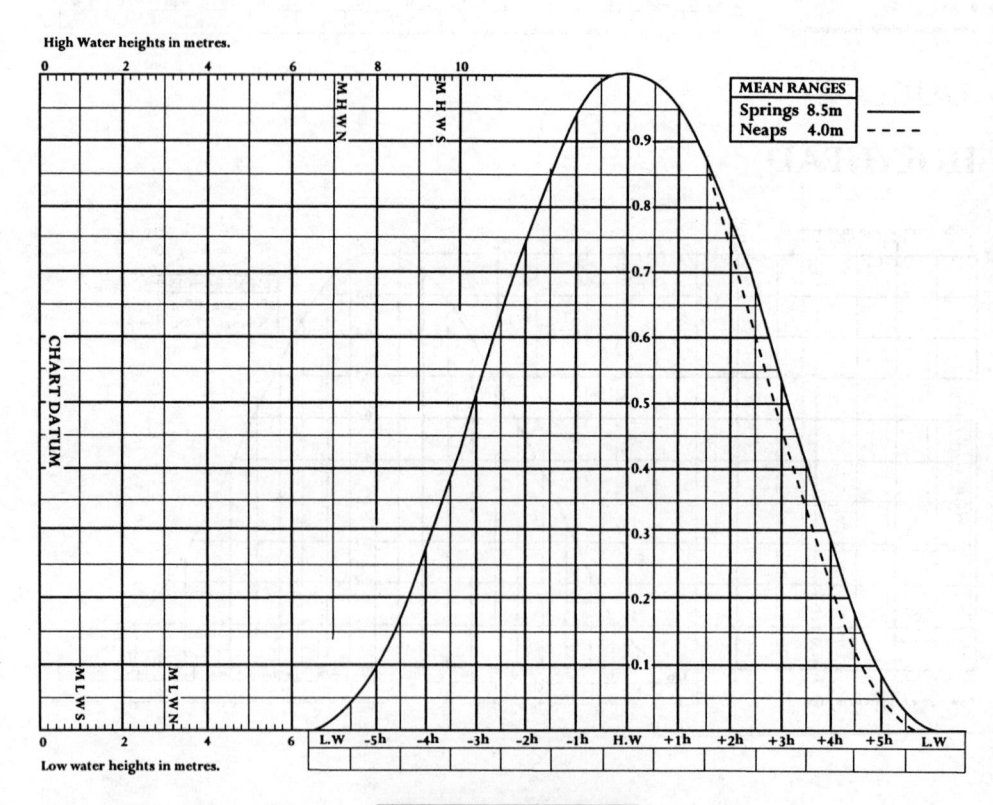

High Water heights in metres.

MEAN RANGES
Springs 8.5m ———
Neaps 4.0m - - - -

Low water heights in metres.

TIDAL CURVES

AVONMOUTH

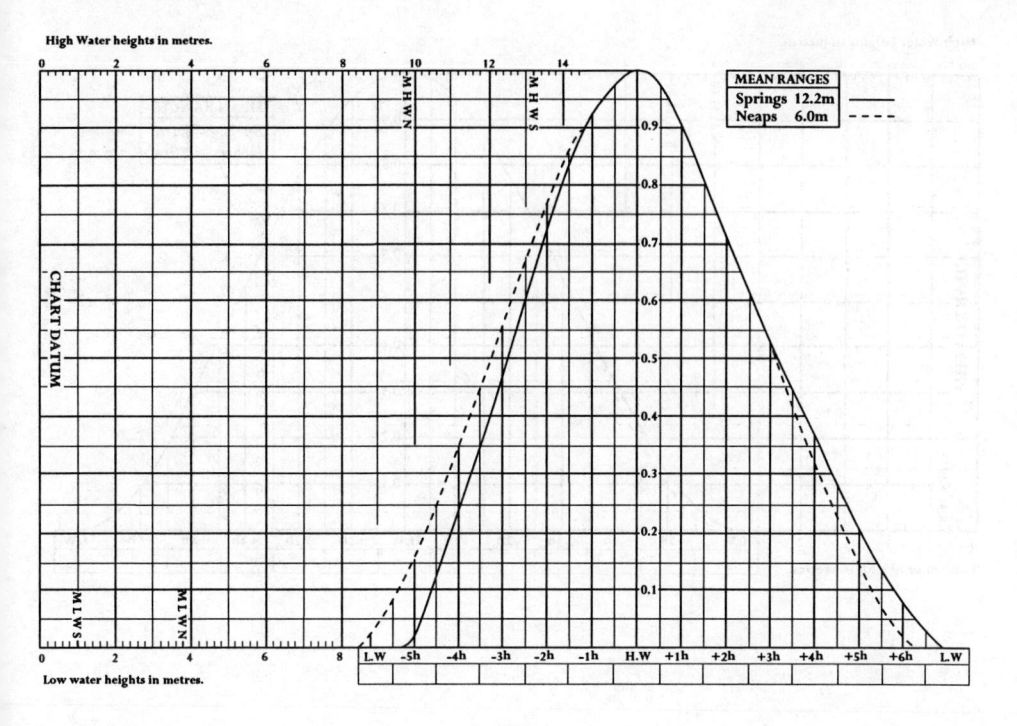

High Water heights in metres.

MEAN RANGES	
Springs 12.2m	———
Neaps 6.0m	- - - -

Low water heights in metres.

DUBLIN

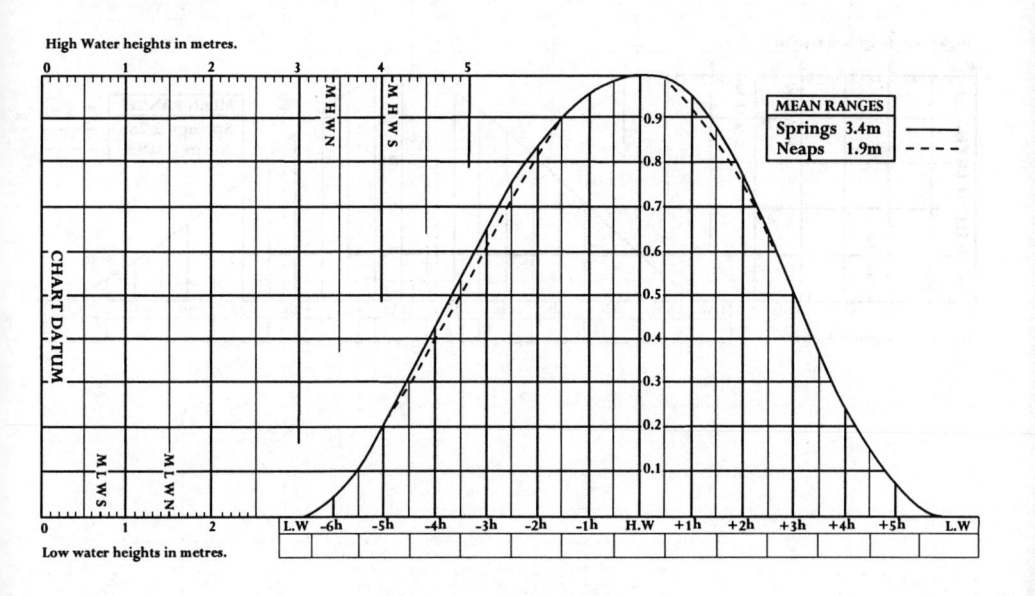

High Water heights in metres.

MEAN RANGES	
Springs 3.4m	———
Neaps 1.9m	- - - -

Low water heights in metres.

TIDAL CURVES
BELFAST

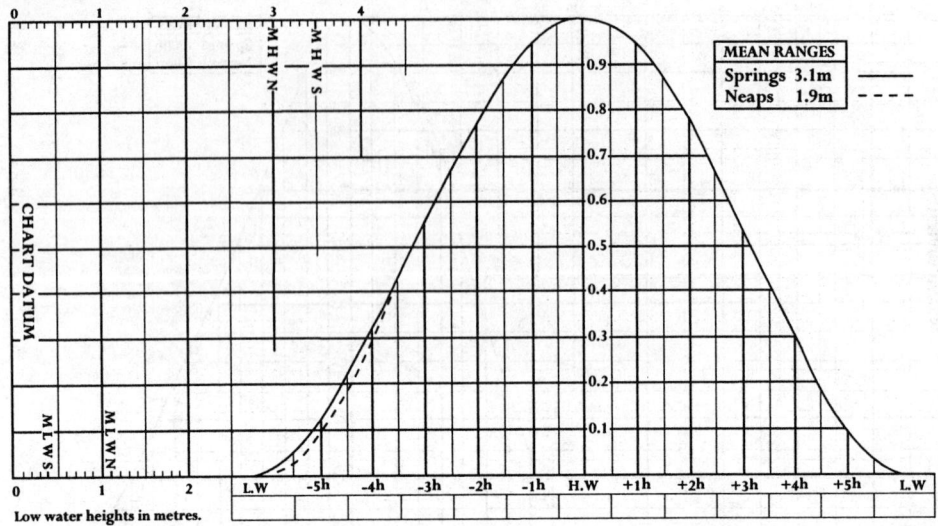

High Water heights in metres.

MEAN RANGES
Springs 3.1m
Neaps 1.9m

Low water heights in metres.

LONDONDERRY

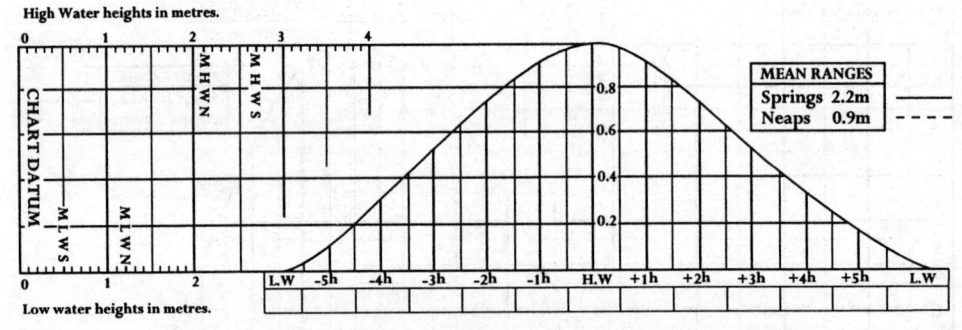

High Water heights in metres.

MEAN RANGES
Springs 2.2m
Neaps 0.9m

Low water heights in metres.

TIDAL CURVES

GALWAY

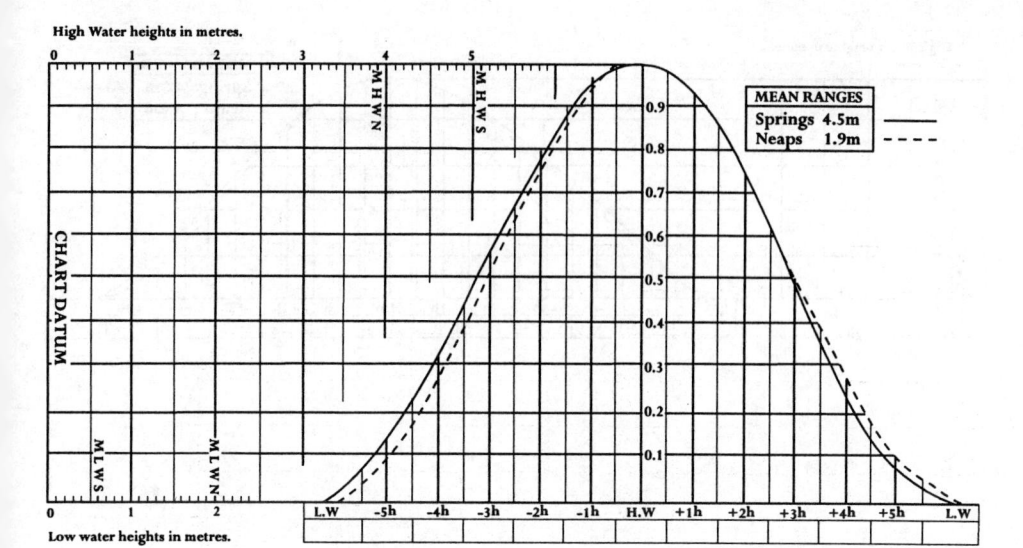

High Water heights in metres.

MHWN · MHWS

MEAN RANGES
Springs 4.5m ———
Neaps   1.9m ----

CHART DATUM

MLWS · MLWN

Low water heights in metres.

L.W -5h -4h -3h -2h -1h H.W +1h +2h +3h +4h +5h L.W

COBH

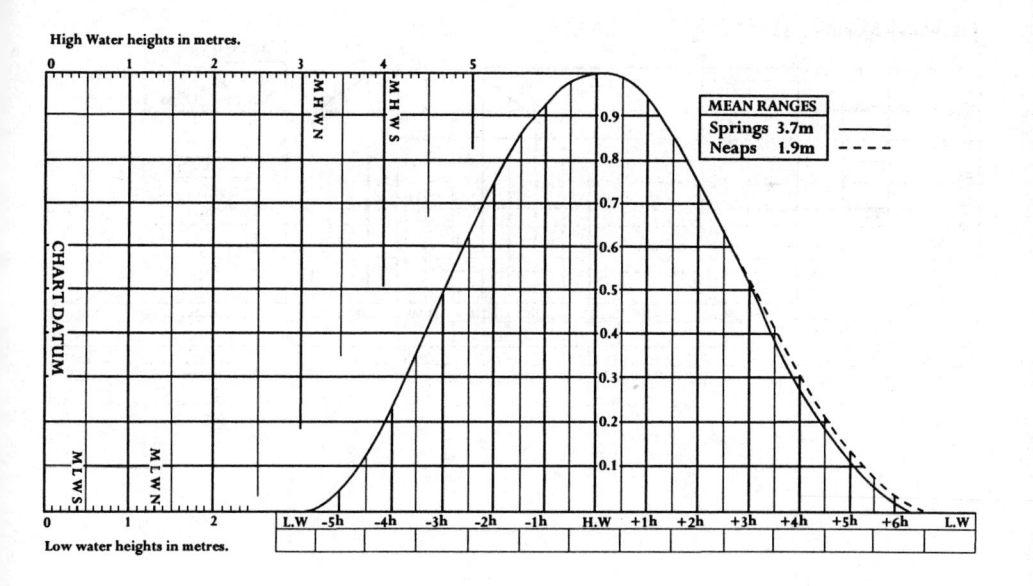

High Water heights in metres.

MHWN · MHWS

MEAN RANGES
Springs 3.7m ———
Neaps   1.9m ----

CHART DATUM

MLWS · MLWN

Low water heights in metres.

L.W -5h -4h -3h -2h -1h H.W +1h +2h +3h +4h +5h +6h L.W

TIDAL CURVES
ESBJERG

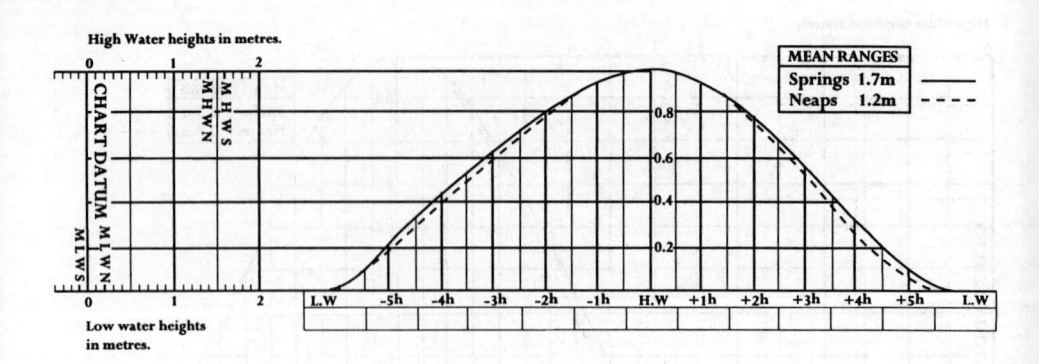

High Water heights in metres.

MEAN RANGES	
Springs 1.7m	——
Neaps 1.2m	----

Low water heights in metres.

HELGOLAND

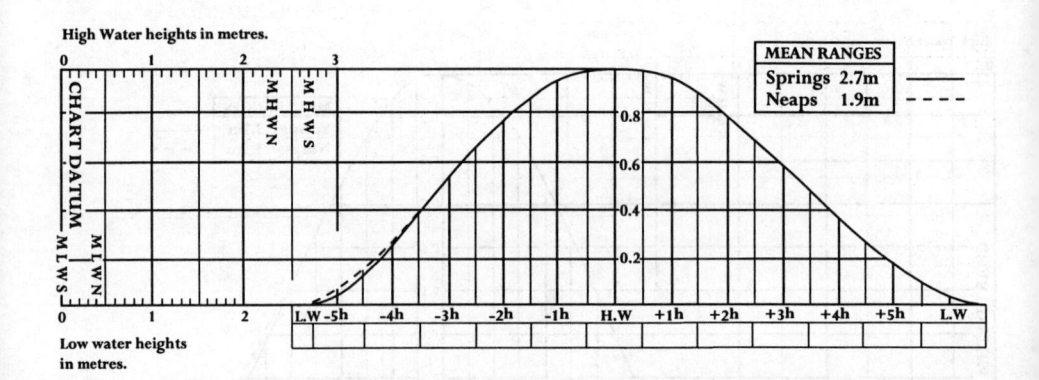

High Water heights in metres.

MEAN RANGES	
Springs 2.7m	——
Neaps 1.9m	----

Low water heights in metres.

PAGE 170

TIDAL CURVES

CUXHAVEN

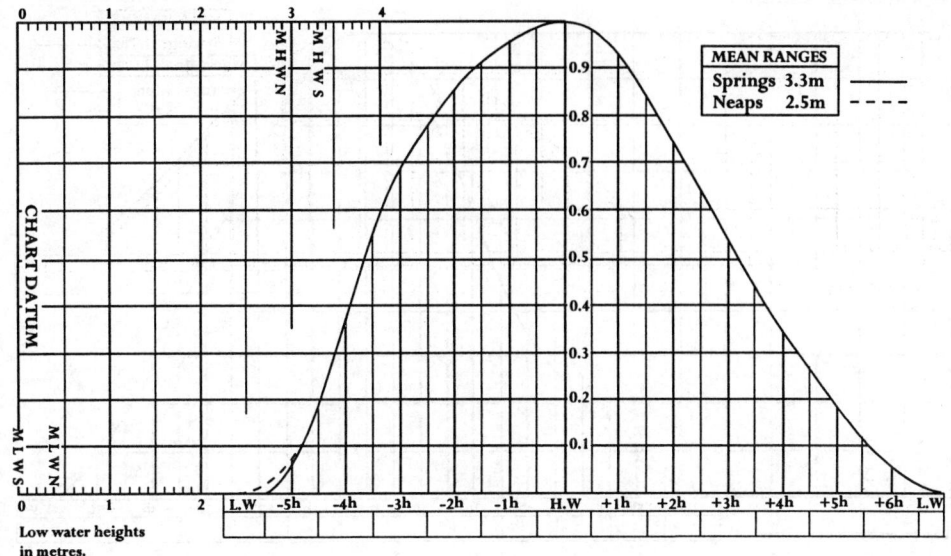

High Water heights in metres.

MEAN RANGES
Springs 3.3m
Neaps 2.5m

Low water heights in metres.

HOEK VAN HOLLAND

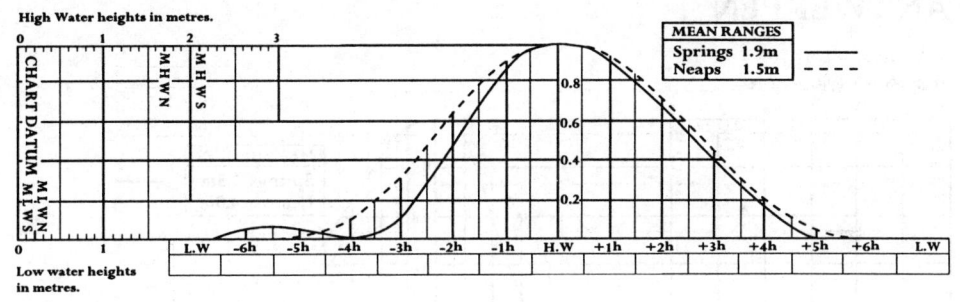

High Water heights in metres.

MEAN RANGES
Springs 1.9m
Neaps 1.5m

Low water heights in metres.

NB - There are often two Low Waters.
When this occurs the times shown in the Tide Tables are for the first.

ROTTERDAM

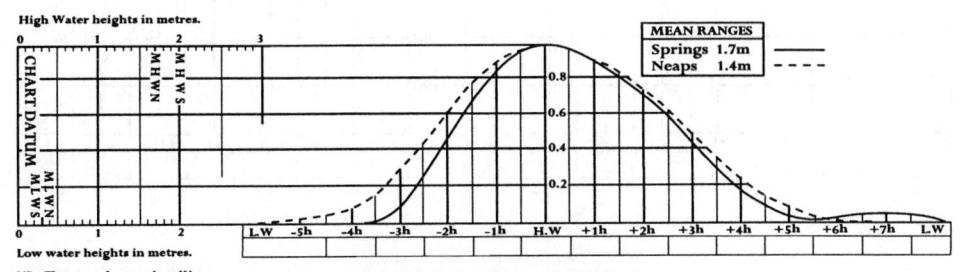

High Water heights in metres.

MEAN RANGES
Springs 1.7m
Neaps 1.4m

Low water heights in metres.

NB - There are often two Low Waters.
When this occurs the times shown in the Tide Tables are midway between the two.

TIDAL CURVES
VLISSINGEN

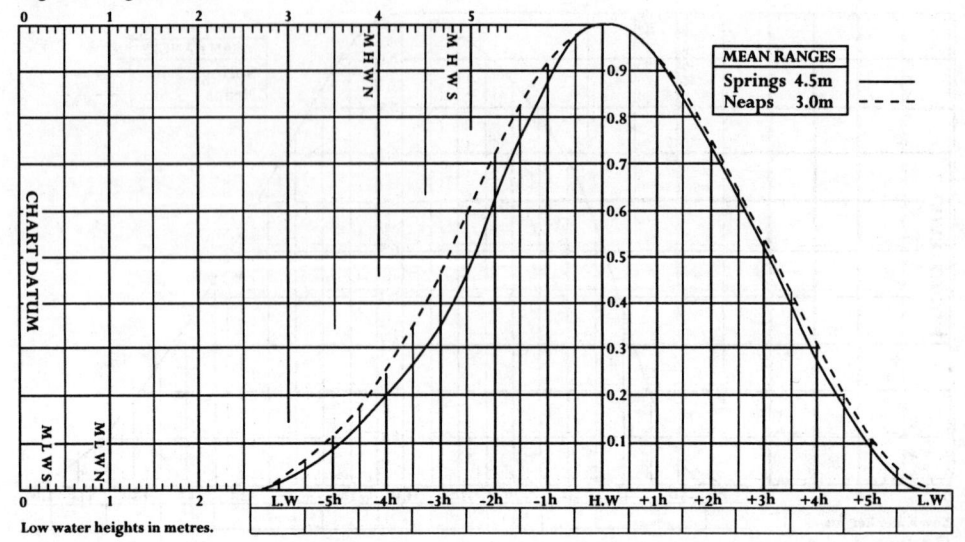

High Water heights in metres.

MEAN RANGES
Springs 4.5m
Neaps 3.0m

CHART DATUM

M L W S
M L W N

Low water heights in metres.

ANTWERPEN

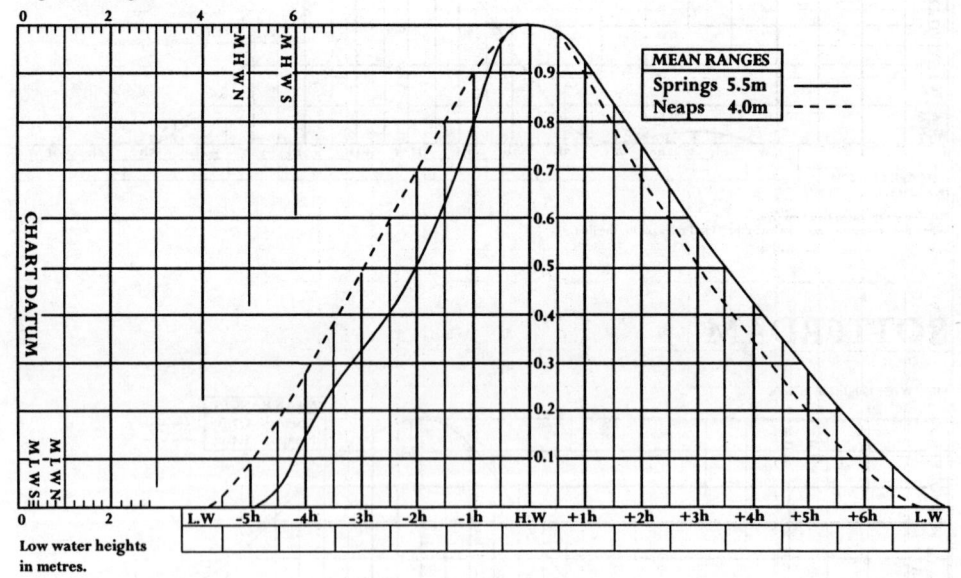

High Water heights in metres.

MEAN RANGES
Springs 5.5m
Neaps 4.0m

CHART DATUM

M L W N
M L W S

Low water heights in metres.

DUNKERQUE

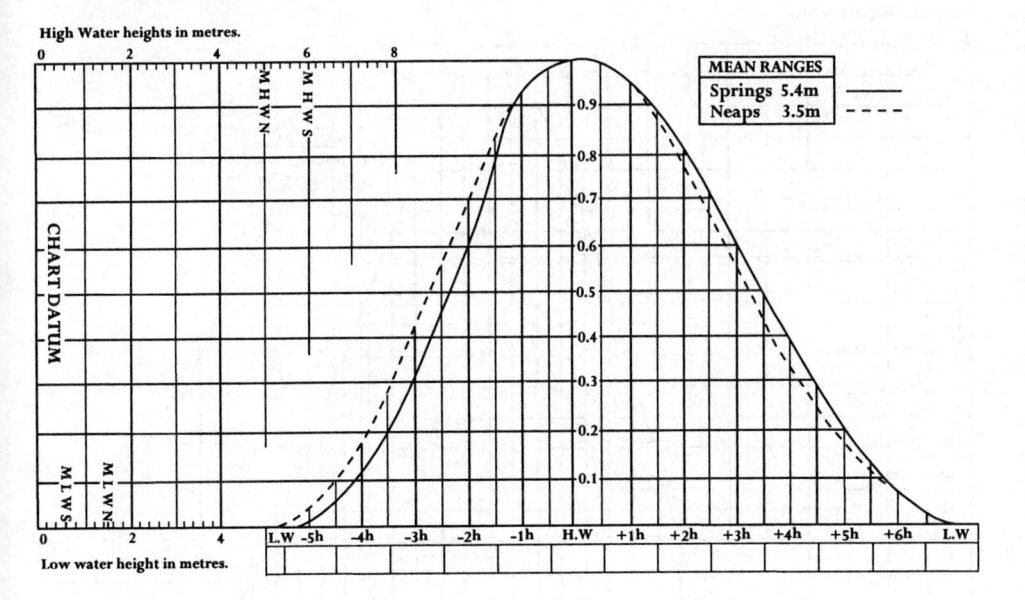

High Water heights in metres.

Low water height in metres.

MEAN RANGES	
Springs	5.4m
Neaps	3.5m

CALAIS

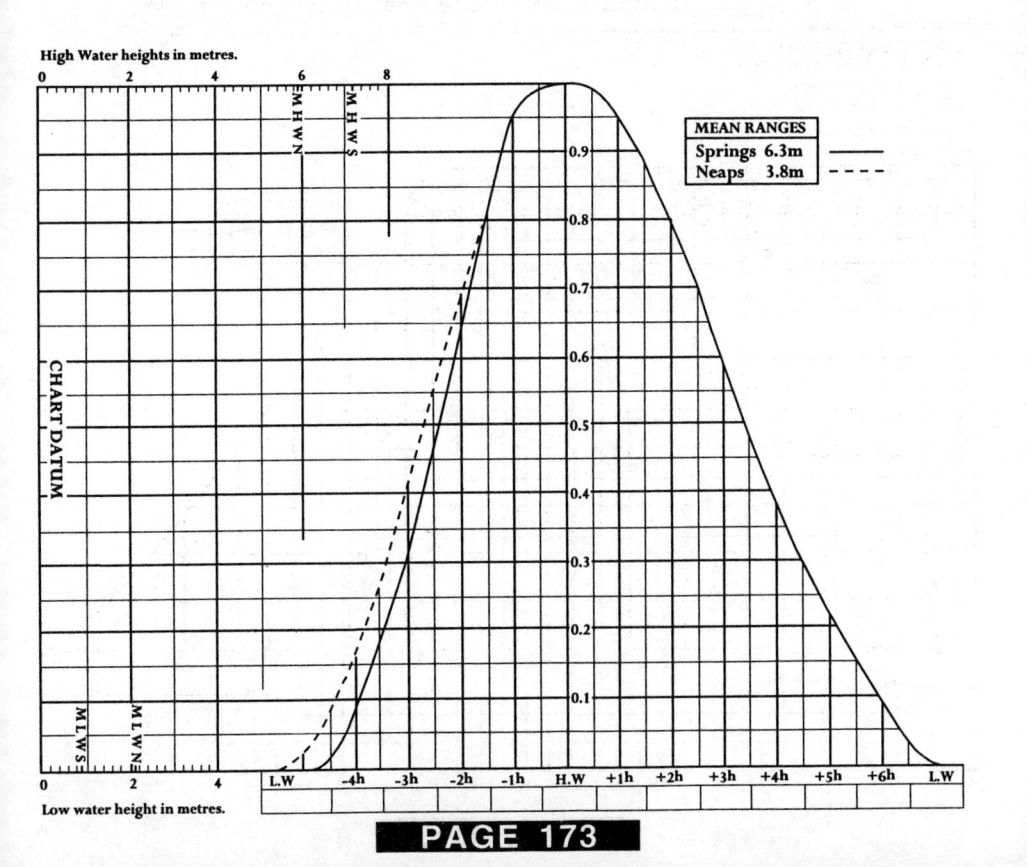

High Water heights in metres.

Low water height in metres.

MEAN RANGES	
Springs	6.3m
Neaps	3.8m

TIDAL CURVES

TIDAL CURVES

DIEPPE

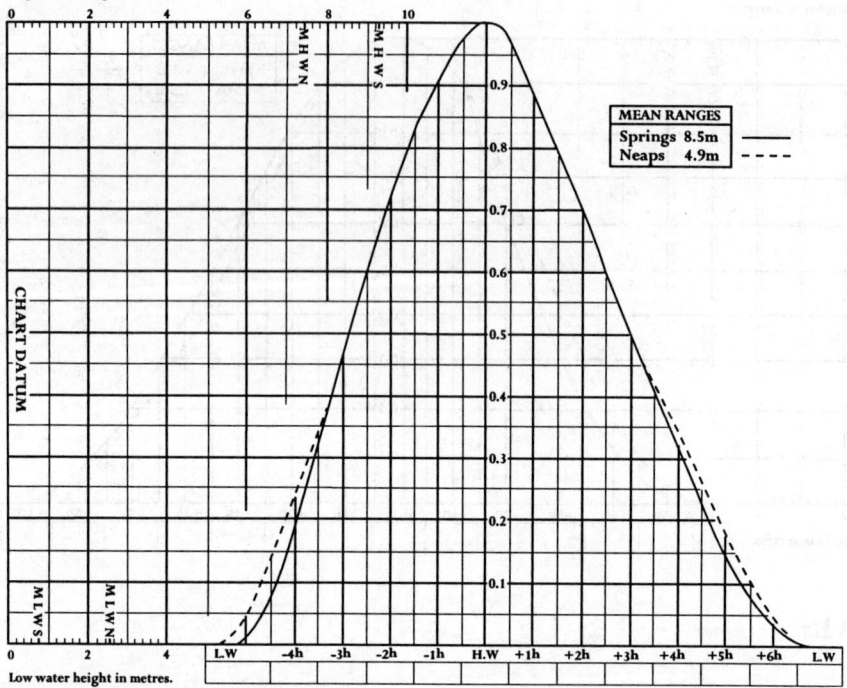

High Water heights in metres.

MEAN RANGES
Springs 8.5m
Neaps 4.9m

Low water height in metres.

LE HAVRE

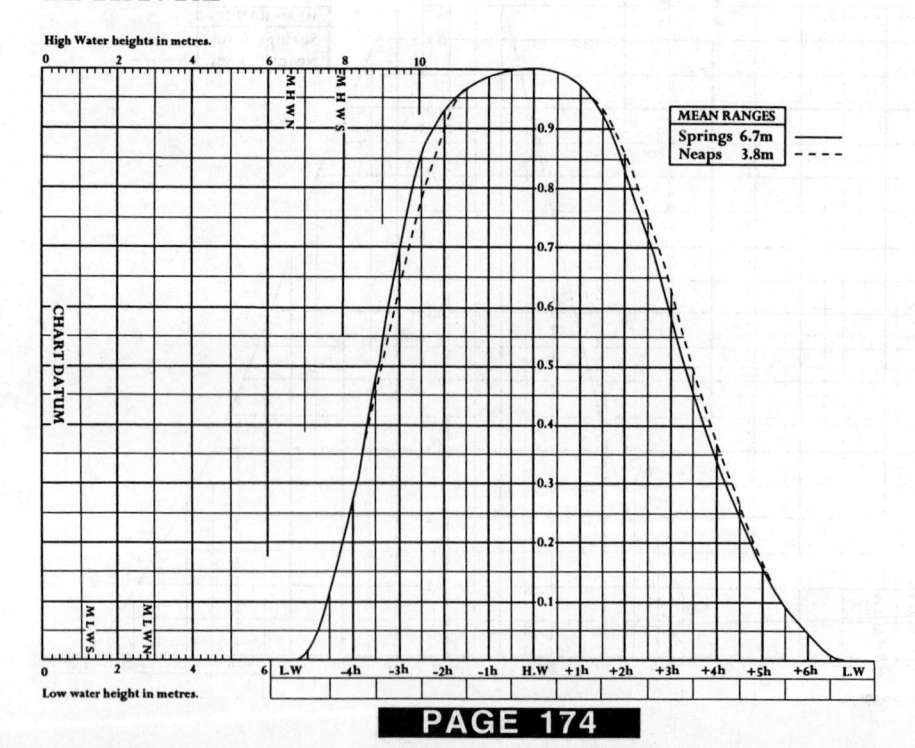

High Water heights in metres.

MEAN RANGES
Springs 6.7m
Neaps 3.8m

Low water height in metres.

TIDAL CURVES

CHERBOURG

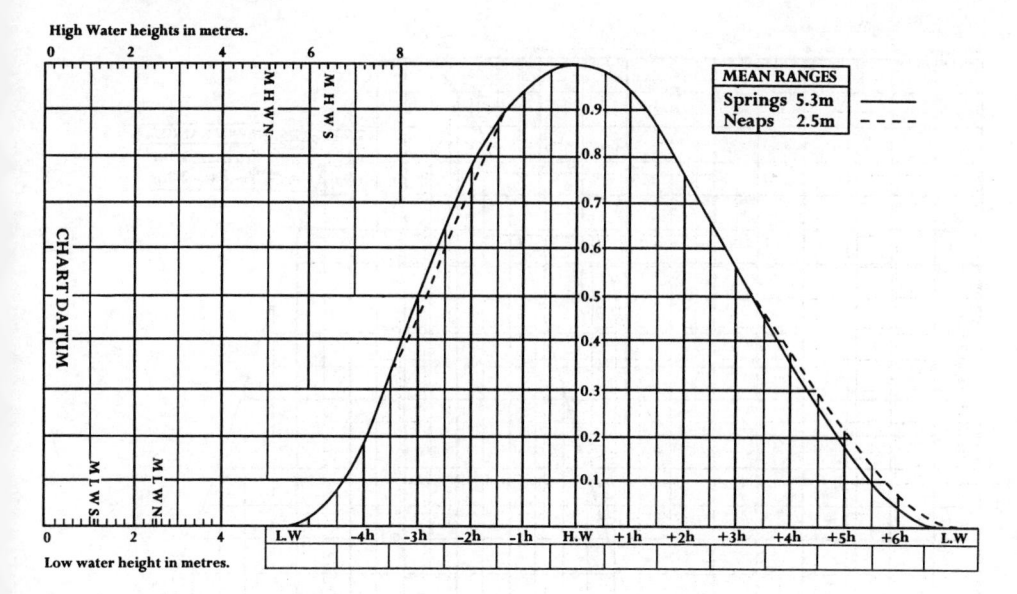

High Water heights in metres.

MEAN RANGES
Springs 5.3m
Neaps 2.5m

Low water height in metres.

ST MALO

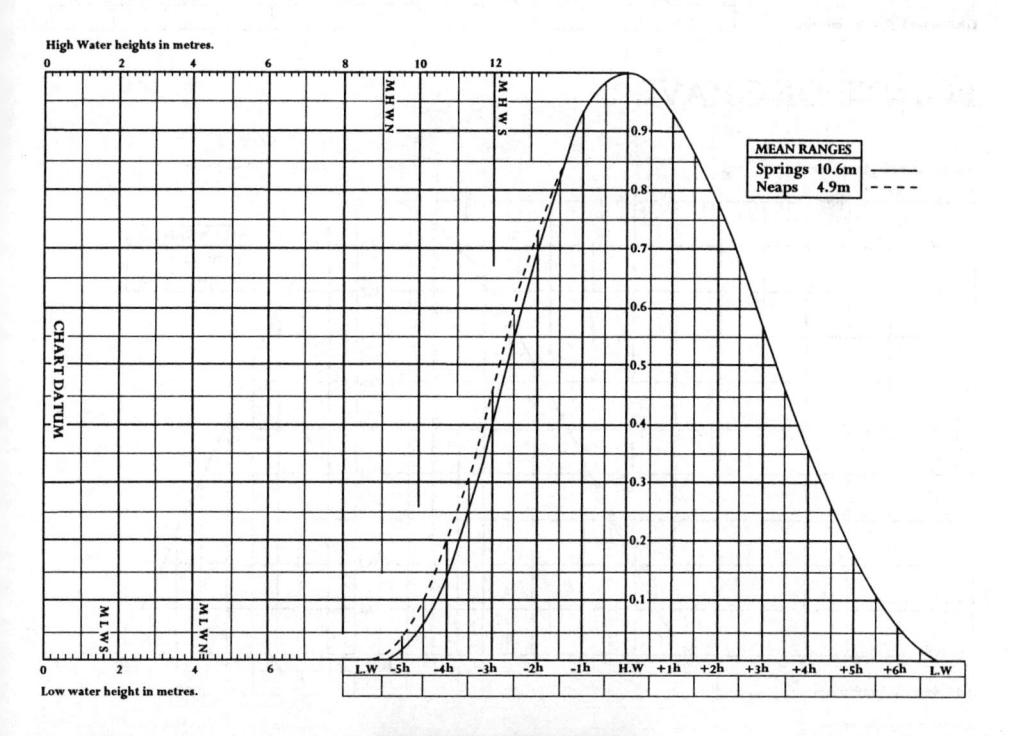

High Water heights in metres.

MEAN RANGES
Springs 10.6m
Neaps 4.9m

Low water height in metres.

TIDAL CURVES
BREST

High Water heights in metres.

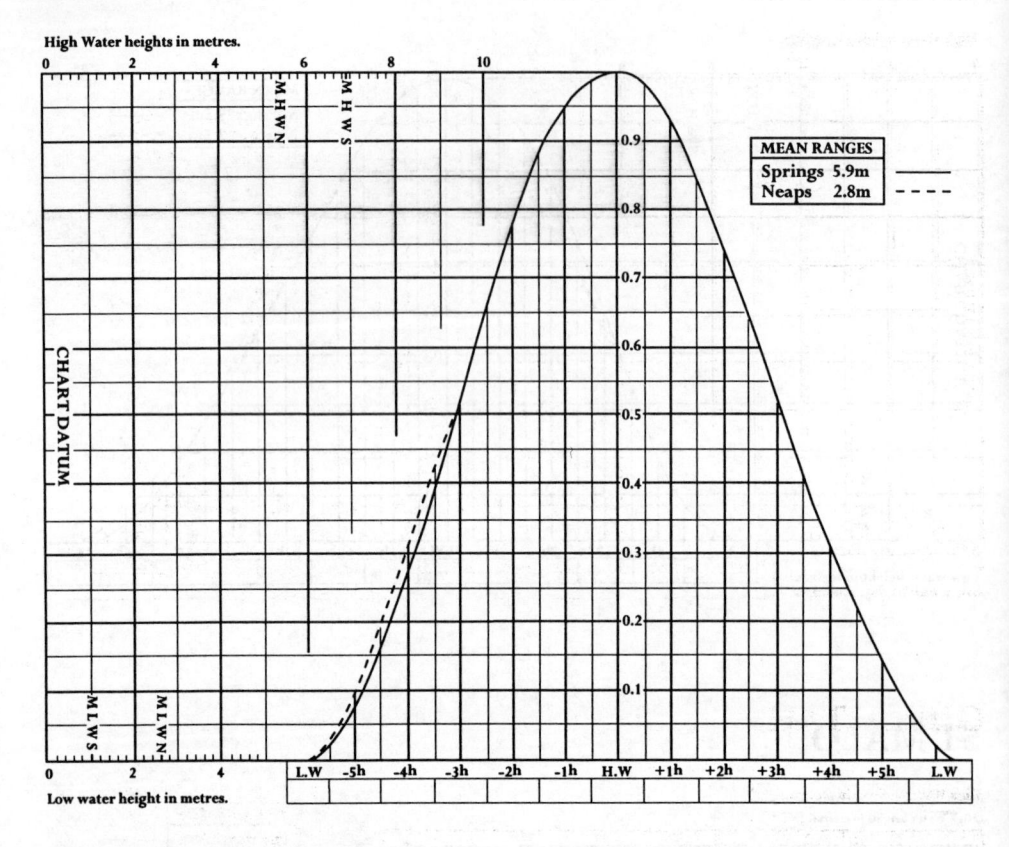

MEAN RANGES
Springs 5.9m
Neaps 2.8m

Low water height in metres.

POINTE DE GRAVE

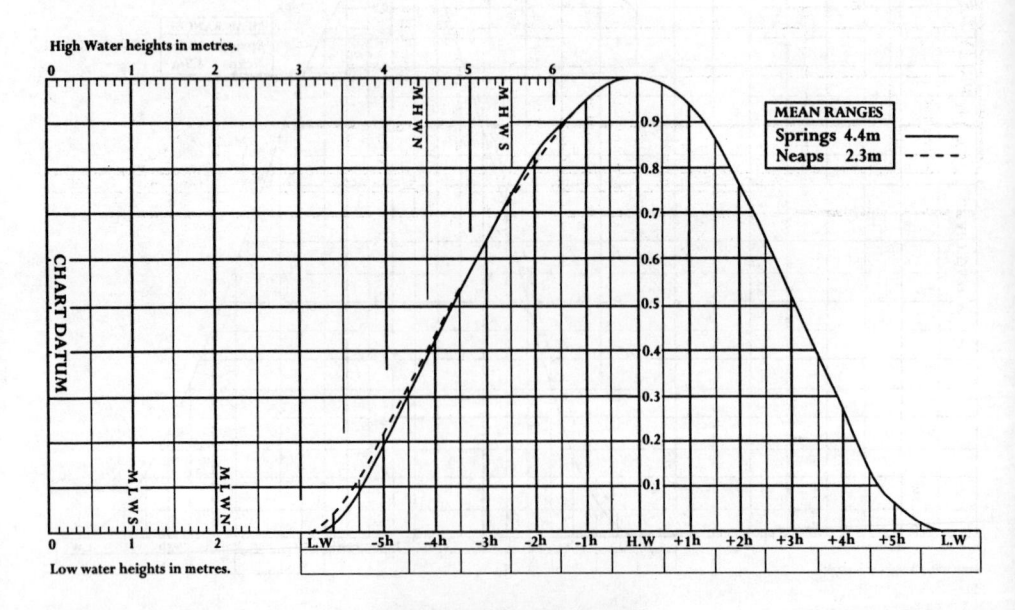

High Water heights in metres.

MEAN RANGES
Springs 4.4m
Neaps 2.3m

Low water heights in metres.

TIDAL CURVES

LISBOA

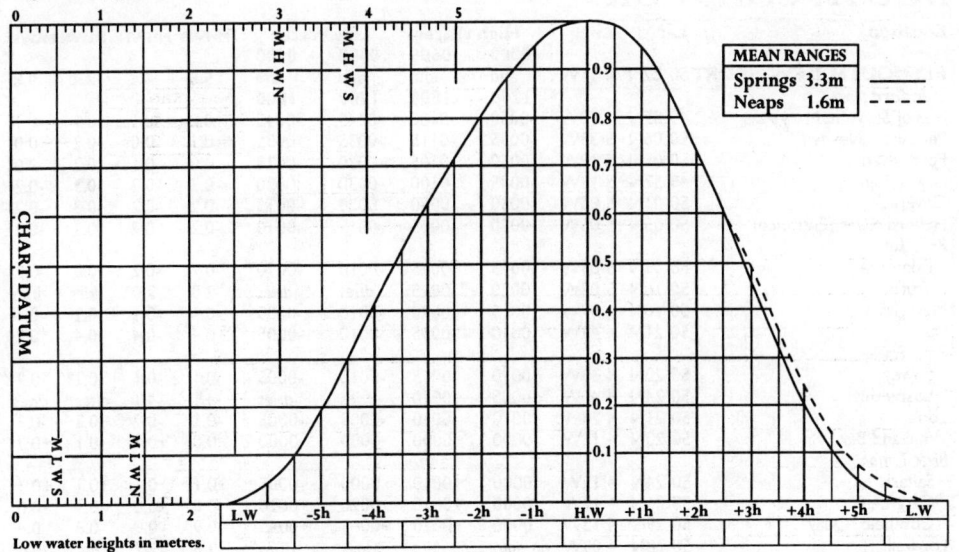

High Water heights in metres.

MEAN RANGES	
Springs	3.3m
Neaps	1.6m

Low water heights in metres.

GIBRALTAR

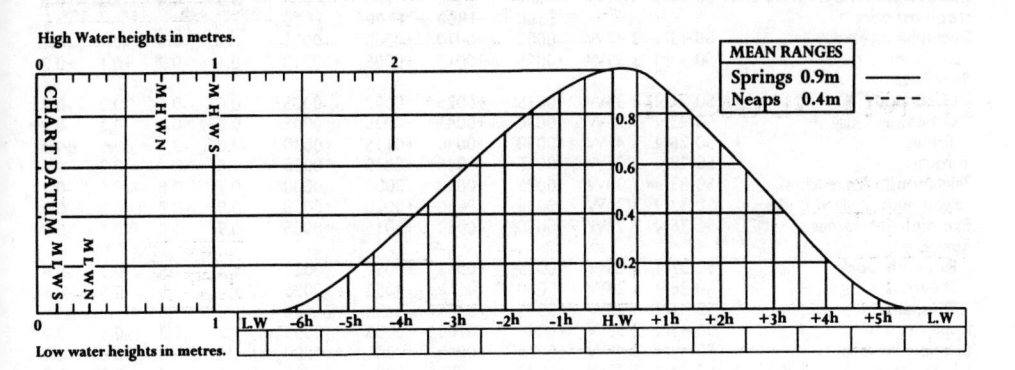

High Water heights in metres.

MEAN RANGES	
Springs	0.9m
Neaps	0.4m

Low water heights in metres.

SECONDARY PORT TIDAL DATA

SECONDARY PORTS & TIDAL DIFFERENCES
SOUTH COAST UK

Location	Lat	Long	High Water 0000	High Water 0600	Low Water 0000	Low Water 0600	MHWS	MHWN	MLWN	MLWS
PLYMOUTH, DEVONPORT	50 22N	4 11W	and 1200	and 1800	and 1200	and 1800	5.5	4.4	2.2	0.8
standard port										
Isles of Scilly St. Mary's	49 55N	6 19W	-0050	-0100	-0045	-0045	+0.2	-0.1	-0.2	-0.1
Penzance Newlyn	50 06N	5 33W	-0055	-0115	-0035	-0035	+0.1	0.0	-0.2	0.0
Porthleven	50 05N	5 19W	-0050	-0105	-0030	-0025	0.0	-0.1	-0.2	0.0
Lizard Point	49 57N	5 12W	-0045	-0100	-0030	-0030	-0.2	-0.2	-0.3	-0.2
Coverack	50 01N	5 05W	-0030	-0050	-0020	-0015	-0.2	-0.2	-0.3	-0.2
Helford River (Entrance)	50 05N	5 05W	-0030	-0035	-0015	-0010	-0.2	-0.2	-0.3	-0.2
River Fal										
Falmouth	50 09N	5 03W	-0025	-0045	-0010	-0010	-0.2	-0.2	-0.3	-0.2
Truro	50 16N	5 03W	-0020	-0025	dries	dries	-2.0	-2.0	dries	dries
Mevagissey	50 16N	4 47W	-0015	-0020	-0010	-0005	-0.1	-0.1	-0.2	-0.1
Par	50 21N	4 42W	-0010	-0015	-0010	-0005	-0.4	-0.4	-0.4	-0.2
River Fowey										
Fowey	50 20N	4 38W	-0010	-0015	-0010	-0005	-0.1	-0.1	-0.2	-0.2
Lostwithiel	50 24N	4 40W	+0005	-0010	dries	dries	-4.1	-4.1	dries	dries
Looe	50 21N	4 27W	-0010	-0010	-0005	-0005	-0.1	-0.2	-0.2	-0.2
Whitsand Bay	50 20N	4 15W	0000	0000	0000	0000	0.0	+0.1	-0.1	+0.2
River Tamar										
Saltash	50 24N	4 12W	0000	+0010	0000	-0005	+0.1	+0.1	+0.1	+0.1
Cargreen	50 26N	4 12W	0000	+0010	+0020	+0020	0.0	0.0	-0.1	0.0
Cotehele Quay	50 29N	4 13W	0000	+0020	+0045	+0045	-0.9	-0.9	-0.8	-0.4
Lopwell	50 28N	4 09W	no data	no data	dries	dries	-2.6	-2.7	dries	dries
Jupiter Point	50 23N	4 14W	+0010	+0005	0000	-0005	0.0	0.0	+0.1	0.0
St Germans	50 23N	4 18W	0000	0000	+0020	+0020	-0.3	-0.1	0.0	+0.2
Turnchapel	50 22N	4 07W	0000	+0010	0000	-0015	0.0	+0.1	+0.2	+0.1
Bovisand Pier	50 20N	4 08W	0000	-0020	0000	-0010	-0.2	-0.1	0.0	+0.1
River Yealm Entrance	50 18N	4 04W	+0006	+0006	+0002	+0002	-0.1	-0.1	-0.1	-0.1
			0100	0600	0100	0600				
PLYMOUTH, DEVONPORT	50 22N	4 11W	and 1300	and 1800	and 1300	and 1800	5.5	4.4	2.2	0.8
standard port										
Salcombe	50 13N	3 47W	0000	+0010	+0005	-0005	-0.2	-0.3	-0.1	-0.1
Start Point	50 13N	3 39W	+0015	+0015	+0005	+00010	-0.1	-0.2	+0.1	+0.2
River Dart										
Dartmouth	50 21N	3 34W	+0015	+0025	0000	-0005	-0.6	-0.6	-0.2	-0.2
Greenway Quay	50 23N	3 35W	+0030	+0045	+0025	+0005	-0.6	-0.6	-0.2	-0.2
Totnes	50 26N	3 41W	+0030	+0040	+0115	+0030	-2.0	-2.1	dries	dries
Torquay	50 28N	3 31W	+0025	+0045	+0010	0000	-0.6	-0.7	-0.2	-0.1
Teignmouth *Approaches*	50 33N	3 30W	+0025	+0040	0000	0000	-0.7	-0.8	-0.3	-0.2
Teignmouth *Shaldon Bridge*	50 33N	3 31W	+0035	+0050	+0020	+0020	-0.9	-0.9	-0.2	0.0
Exmouth *Approaches*	50 36N	3 23W	+0030	+0050	+0015	+0005	-0.9	-1.0	-0.5	-0.3
River Exe										
Exmouth Dock	50 37N	3 25W	+0035	+0055	+0050	+0020	-1.5	-1.6	-0.9	-0.6
Starcross	50 38N	3 27W	+0040	+0110	+0055	+0025	-1.4	-1.5	-0.8	-0.1
Topsham	50 41N	3 28W	+0045	+0105	no data	no data	-1.5	-1.6	no data	
Lyme Regis	50 43N	2 56W	+0040	+0100	+0005	-0005	-1.2	-1.3	-0.5	-0.2
Bridport West Bay	50 42N	2 45W	+0025	+0040	0000	0000	-1.4	-1.4	-0.6	-0.2
Chesil Beach	50 37N	2 33W	+0040	+0055	-0005	+0010	-1.6	-1.5	-0.5	0.0
Chesil Cove	50 34N	2 28W	+0035	+0050	-0010	+0005	-1.5	-1.6	-0.5	-0.2
			0100	0700	0100	0700				
PORTLAND	50 34N	2 26W	and 1300	and 1900	and 1300	and 1900	2.1	1.4	0.8	0.1
standard port										
Lulworth Cove	50 37N	2 15W	+0005	+0015	-0005	0000	+0.1	+0.1	+0.2	+0.1
Mupe Bay	50 37N	2 13W	+0005	+0015	-0005	0000	+0.1	+0.1	+0.2	+0.1
			0000	0600	0500	1100				
PORTSMOUTH	50 48N	1 07W	and 1200	and 1800	and 1700	and 2300	4.7	3.8	1.9	0.8
standard port										
Swanage	50 37N	1 57W	-0250	+0105	-0105	-0105	-2.7	-2.2	-0.7	-0.3
Poole Harbour										
Entrance	50 41N	1 57W	-0230	+0115	-0045	-0020	-2.5	-2.1	-0.6	-0.2
Town Quay	50 43N	1 59W	-0210	+0140	-0015	-0005	-2.6	-2.2	-0.7	-0.2
Pottery Pier	50 42N	1 59W	-0150	+0200	-0010	0000	-2.7	-2.1	-0.6	0.0
Wareham *River Frome*	50 41N	2 06W	-0140	+0205	+0110	+0035	-2.5	-2.1	-0.7	+0.1
Cleavel Point	50 40N	2 00W	-0220	+0130	-0025	-0015	-2.6	-2.3	-0.7	-0.3

SECONDARY PORT TIDAL DATA

Location	Lat	Long	High Water		Low Water		MHWS	MHWN	MLWN	MLWS
			0000	0600	0500	1100				
PORTSMOUTH			and	and	and	and	4.7	3.8	1.9	0.8
standard port			1200	1800	1700	2300				
Bournemouth	50 43N	1 52W	-0240	+0055	-0050	-0030	-2.7	-2.2	-0.8	-0.3
Christchurch *Entrance*	50 43N	1 45W	-0230	+0030	-0035	-0035	-2.9	-2.4	-1.2	-0.2
Christchurch *Quay*	50 44N	1 46W	-0210	+0100	+0105	+0055	-2.9	-2.4	-1.0	0.0
Christchurch *Tuckton*	50 44N	1 47W	-0205	+0110	+0110	+0105	-3.0	-2.5	-1.0	+0.1
Hurst Point	50 42N	1 33W	-0115	-0005	-0030	-0025	-2.0	-1.5	-0.5	-0.1
Lymington	50 46N	1 32W	-0110	+0005	-0020	-0020	-1.7	-1.2	-0.5	-0.1
Buckler's Hard	50 48N	1 25W	-0040	-0010	+0010	-0010	-1.0	-0.8	-0.2	-0.3
Stansore Point	50 47N	1 21W	-0050	-0010	-0005	-0010	-0.9	-0.6	-0.2	0.0
Isle of Wight										
Yarmouth	50 42N	1 30W	-0105	+0005	-0025	-0030	-1.6	-1.3	-0.4	0.0
Totland Bay	50 41N	1 33W	-0130	-0045	-0040	-0040	-2.0	-1.5	-0.5	-0.1
Freshwater	50 40N	1 31W	-0210	+0025	-0040	-0020	-2.1	-1.5	-0.4	0.0
Ventnor	50 36N	1 12W	-0025	-0030	-0025	-0030	-0.8	-0.6	-0.2	+0.2
Sandown	50 39N	1 09W	0000	+0005	+0010	+0025	-0.6	-0.5	-0.2	0.0
Foreland *Lifeboat Slip*	50 41N	1 04W	-0005	0000	+0005	+0010	-0.1	-0.1	0.0	+0.1
Bembridge Harbour	50 42N	1 06W	-0010	+0005	+0020	0000	-1.6	-1.5	-1.4	-0.6
Ryde	50 44N	1 07W	-0010	+0010	-0005	-0010	-0.2	-0.1	0.0	+0.1
Medina River										
Cowes	50 46N	1 18W	-0015	+0015	0000	-0020	-0.5	-0.3	-0.1	0.0
Folly Inn	50 44N	1 17W	-0015	+0015	0000	-0020	-0.6	-0.4	-0.1	+0.2
Newport	50 42N	1 17W	no data	no data	no data	no data	-0.6	-0.4	+0.1	+0.8
			0400	1100	0000	0600				
SOUTHAMPTON	50 54N	1 24W	and	and	and	and	4.5	3.7	1.8	0.5
standard port			1600	2300	1200	1800				
Calshot Castle	50 49N	1 18W	0000	+0025	0000	0000	0.0	0.0	+0.2	+0.3
Redbridge	50 55N	1 28W	-0020	+0005	0000	-0005	-0.1	-0.1	-0.1	-0.1
River Hamble										
Warsash	50 51N	1 18W	+0020	+0010	+0010	0000	0.0	+0.1	+0.1	+0.3
Bursledon	50 53N	1 18W	+0020	+0020	+0010	+0010	+0.1	+0.1	+0.2	+0.2
			0500	1000	0000	0600				
PORTSMOUTH	50 48N	1 07W	and	and	and	and	4.7	3.8	1.9	0.8
standard port			1700	2200	1200	1800				
Lee-on-the-Solent	50 48N	1 12W	-0005	+0005	-0015	-0010	-0.2	-0.1	+0.1	+0.2
Chichester Harbour										
Entrance	50 47N	0 56W	-0010	+0005	+0015	+0020	+0.2	+0.2	0.0	+0.1
Northney	50 50N	0 58W	+0010	+0015	+0015	+0025	+0.2	0.0	-0.2	-0.3
Bosham	50 50N	0 52W	0000	+0010	no data	no data	+0.2	+0.1	no data	
Itchenor	50 48N	0 52W	-0005	+0005	+0005	+0025	+0.1	0.0	-0.2	-0.2
Dell Quay	50 49N	0 49W	+0005	+0015	no data	no data	+0.2	+0.1	no data	
Selsey Bill	50 43N	0 47W	-0005	-0005	+0035	+0035	+0.6	+0.6	0.0	0.0
Nab Tower	50 40N	0 57W	+0015	0000	+0015	+0015	-0.2	0.0	+0.2	0.0
			0500	1000	0000	0600				
SHOREHAM	50 50N	0 15W	and	and	and	and	6.3	4.8	1.9	0.6
standard port			1700	2200	1200	1800				
Pagham	50 46N	0 43W	+0015	0000	-0015	-0025	-0.7	-0.5	-0.1	-0.1
Bognor Regis	50 47N	0 40W	+0010	-0005	-0005	-0020	-0.6	-0.5	-0.2	-0.1
River Arun										
Littlehampton *Entrance*	50 48N	0 32W	+0010	0000	-0005	-0010	-0.4	-0.4	-0.2	-0.2
Littlehampton *Norfolk Wharf*	50 48N	0 33W	+0015	+0005	0000	+0045	-0.7	-0.7	-0.3	+0.2
Arundel	50 51N	0 33W	no data	+0120	no data	no data	-3.1	-2.8	no data	
Worthing	50 48N	0 22W	+0010	0000	- 0005	-0010	-0.1	-0.2	0.0	0.0
Brighton	50 49N	0 08W	-0010	-0005	-0005	-0005	+0.3	+0.1	0.0	-0.1
Newhaven	50 47N	0 04E	-0015	-0010	0000	0000	+0.4	+0.2	0.0	-0.2
Eastbourne	50 46N	0 17E	-0010	-0005	+0015	+0020	+1.1	+0.6	+0.2	+0.1
			0000	0600	0100	0700				
DOVER	51 07N	1 19E	and	and	and	and	6.8	5.3	2.1	0.8
standard port			1200	1800	1300	1900				
Hastings	50 51N	0 35E	0000	-0010	-0030	-0030	+0.8	+0.5	+0.1	-0.1
Rye *Approaches*	50 55N	0 47E	+0005	-0010	no data	no data	+1.0	+0.7	no data	
Rye *Harbour*	50 56N	0 46E	+0005	-0010	dries	dries	-1.4	-1.7	dries	dries
Dungeness	50 54N	0 58E	-0010	-0015	-0020	-0010	+1.0	+0.6	+0.4	+0.1
Folkestone	51 05N	1 12E	-0020	-0005	-0010	-0010	+0.4	+0.4	0.0	-0.1
Deal	51 13N	1 25E	+0010	+0020	+0010	+0005	-0.6	-0.3	0.0	0.0
Richborough	51 18N	1 21E	+0015	+0015	+0030	+0030	-3.4	-2.6	-1.7	-0.7
Ramsgate	51 20N	1 25E	+0030	+0030	+0017	+0007	-1.6	-1.3	-0.7	-0.2

SECONDARY PORT TIDAL DATA

Location	Lat	Long	High Water		Low Water		MHWS	MHWN	MLWN	MLWS

EAST COAST UK

			0100	0700	0100	0700				
MARGATE	51 23N	1 23E	and	and	and	and	4.8	3.9	1.4	0.5
standard port			1300	1900	1300	1900				
Broadstairs	51 21N	1 27E	-0020	-0008	+0007	+0010	-0.2	-0.2	-0.1	-0.1
Herne Bay	51 23N	1 07E	+0034	+0022	+0015	+0032	+0.4	+0.4	0.0	0.0
Whitstable *Approaches*	51 22N	1 02E	+0042	+0029	+0025	+0050	+0.6	+0.6	+0.1	0.0

			0200	0800	0200	0700				
SHEERNESS	51 27N	0 45E	and	and	and	and	5.8	4.7	1.5	0.6
standard port			1400	2000	1400	1900				
River Swale										
Grovehurst Jetty	51 22N	0 46E	-0007	0000	0000	+0016	0.0	0.0	0.0	-0.1
Faversham	51 19N	0 54E	no data	no data	no data	no data	-0.2	-0.2	no data	
River Medway										
Bee Ness	51 25N	0 39E	+0002	+0002	0000	+0005	+0.2	+0.1	0.0	0.0
Bartlett Creek	51 23N	0 38E	+0016	+0008	no data	no data	+0.1	0.0	no data	
Darnett Ness	51 24N	0 36E	+0004	+0004	0000	+0010	+0.2	+0.1	0.0	-0.1
Chatham *Lock approaches*	51 24N	0 33E	+0010	+0012	+0012	+0018	+0.3	+0.1	-0.1	-0.2
Upnor	51 25N	0 32E	+0015	+0015	+0015	+0025	+0.2	+0.2	-0.1	-0.1
Rochester *Strood Pier*	51 24N	0 30E	+0018	+0018	+0018	+0028	+0.2	+0.2	-0.2	-0.3
Wouldham	51 21N	0 27E	+0030	+0025	+0035	+0120	-0.2	-0.3	-1.0	-0.3
New Hythe	51 19N	0 28E	+0035	+0035	+0220	+0240	-1.6	-1.7	-1.2	-0.3
Allington Lock	51 17N	0 30E	+0050	+0035	no data	no data	-2.1	-2.2	-1.3	-0.4
River Thames										
Southend-on-Sea	51 31N	0 43E	-0005	0000	0000	+0005	0.0	0.0	-0.1	-0.1
Coryton	51 30N	0 31E	+0005	+0010	+0010	+0015	+0.4	+0.3	+0.1	-0.1

			0300	0900	0400	1100				
LONDON BRIDGE	51 30N	0 05W	and	and	and	and	7.1	5.9	1.3	0.5
standard port			1500	2100	1600	2300				
Albert Bridge	51 29N	0 10W	+0025	+0020	+0105	+0110	-0.9	-0.8	-0.7	-0.4
Hammersmith Bridge	51 29N	0 14W	+0040	+0035	+0205	+0155	-1.4	-1.3	-1.0	-0.5
Kew Bridge	51 29N	0 17W	+0055	+0050	+0255	+0235	-1.8	-1.8	-1.2	-0.5
Richmond Lock	51 28N	0 19W	+0105	+0055	+0325	+0305	-2.2	-2.2	-1.3	-0.5

			0200	0700	0100	0700				
SHEERNESS	51 27N	0 45E	and	and	and	and	5.8	4.7	1.5	0.6
standard port			1400	1900	1300	1900				
Thames Estuary *Shivering Sand*	51 30N	1 05E	-0025	-0019	-0008	-0026	-0.6	-0.6	-0.1	-0.1

			0100	0700	0100	0700				
MARGATE	51 23N	1 23E	and	and	and	and	4.8	3.9	1.4	0.5
standard port			1300	1900	1300	1900				
SE Long Sand	51 32N	1 21E	-0006	-0003	-0004	-0004	0.0	+0.1		-0.1

			0000	0600	0500	1100				
WALTON-ON-THE-NAZE	51 51N	1 16E	and	and	and	and	4.2	3.4	1.1	0.4
standard port			1200	1800	1700	2300				
Whitaker Beacon	51 40N	1 06E	+0022	+0024	+0033	+0027	+0.6	+0.5	+0.2	+0.1
Holliwell Point	51 38N	0 56E	+0034	+0037	+0100	+0037	+1.1	+0.9	+0.3	+0.1
River Roach *Rochford*	51 35N	0 43E	+0050	+0040	dries	dries	-0.8	-1.1	dries	dries
River Crouch										
Burnham-on-Crouch	51 37N	0 48E	+0050	+0035	+0115	+0050	+1.0	+0.8	-0.1	-0.2
North Fambridge	51 38N	0 41E	+0115	+0050	+0130	+0100	+1.1	+0.8	0.0	-0.1
Hullbridge	51 38N	0 38E	+0115	+0050	+0135	+0105	+1.1	+0.8	0.0	-0.1
Battlesbridge	51 37N	0 34E	+0120	+0110	dries	dries	-1.8	-2.0	dries	dries
River Blackwater										
Bradwell Waterside	51 45N	0 53E	+0035	+0023	+0047	+0004	+1.1	+0.8	+0.2	+0.1
Osea Island	51 43N	0 46E	+0057	+0045	+0050	+0007	+1.1	+0.9	+0.1	0.0
Maldon	51 44N	0 42E	+0107	+0055	no data	no data	-1.3	-1.1	no data	
West Mersea	51 47N	0 54E	+0035	+0015	+0055	+0010	+0.9	+0.4	+0.1	+0.1
River Colne										
Brightlingsea	51 48N	1 00E	+0025	+0021	+0046	+0004	+0.8	+0.4	+0.1	0.0
Colchester	51 53N	0 56E	+0035	+0025	dries	dries	0.0	-0.3	dries	dries
Clacton-on-Sea	51 47N	1 09E	+0012	+0010	+0025	+0008	+0.3	+0.1	0.0	0.0
Bramble Creek	51 53N	1 14E	+0010	-0007	-0005	+0010	+0.3	+0.3	+0.3	+0.3
Sunk Head	51 46N	1 30E	0000	+0002	-0002	+0002	-0.3	-0.3	-0.1	-0.1

SECONDARY PORT TIDAL DATA

Location	Lat	Long	High Water		Low Water		MHWS	MHWN	MLWN	MLWS
			0000	0600	0000	0600				
HARWICH	51 57N	1 17E	and	and	and	and	4.0	3.4	1.1	0.4
standard port			1200	1800	1200	1800				
River Stour Mistley	51 57N	1 05E	+0025	+0025	0000	+0020	+0.2	0.0	-0.1	-0.1
River Orwell Ipswich	52 03N	1 10E	+0015	+0025	0000	+0010	+0.2	0.0	-0.1	-0.1
			0100	0700	0100	0700				
WALTON-ON-THE-NAZE	51 51N	1 16E	and	and	and	and	4.2	3.4	1.1	0.4
standard port			1300	1900	1300	1900				
Felixstowe Pier	51 57N	1 21E	-0008	-0010	-0020	-0020	-0.4	-0.3	-0.1	0.0
River Deben										
Woodbridge Haven	51 59N	1 24E	0000	-0005	-0020	-0025	-0.5	-0.5	-0.1	+0.1
Woodbridge	52 05N	1 19E	+0045	+0025	+0025	-0020	-0.2	-0.3	-0.2	0.0
Bawdsey	52 00N	1 26E	-0010	-0012	-0028	-0032	-0.8	-0.7	-0.2	-0.2
Orford Haven										
Bar	52 02N	1 28E	-0015	-0017	-0038	-0042	-1.0	-0.8	-0.2	-0.1
Orford Quay	52 05N	1 32E	+0040	+0040	+0055	+0055	-1.4	-1.1	0.0	+0.2
Slaughden Quay	52 08N	1 36E	+0105	+0105	+0125	+0125	-1.3	-0.8	-0.1	+0.2
Iken Cliffs	52 09N	1 31E	+0130	+0130	+0155	+0155	-1.3	-1.0	0.0	+0.2
			0300	0900	0200	0800				
LOWESTOFT	52 28N	1 45E	and	and	and	and	2.4	2.1	1.0	0.5
standard port			1500	2100	1400	2000				
Orford Ness	52 05N	1 35E	+0135	+0135	+0135	+0125	+0.4	+0.6	-0.1	0.0
Aldeburgh	52 09N	1 36E	+0130	+0130	+0115	+0120	+0.3	+0.2	-0.1	-0.2
Minsmere	52 14N	1 38E	+0110	+0110	+0110	+0110	0.0	-0.1	-0.2	-0.2
Southwold	52 19N	1 40E	+0105	+0105	+0055	+0055	0.0	0.0	-0.1	0.0
Great Yarmouth										
Gorleston-on-Sea	52 34N	1 44E	-0035	-0035	-0030	-0030	0.0	-0.1	0.0	0.0
Britannia Pier	52 36N	1 45E	-0100	-0100	-0040	-0040	0.0	-0.1	0.0	0.0
Caister-on-Sea	52 39N	1 44E	-0130	-0130	-0100	-0100	0.0	-0.1	0.0	0.0
Winterton-on-Sea	52 43N	1 42E	-0225	-0215	-0135	-0135	+0.8	+0.5	+0.2	+0.1
			0100	0700	0100	0700				
IMMINGHAM	53 38N	0 11W	and	and	and	and	7.3	5.8	2.6	0.9
standard port			1300	1900	1300	1900				
Cromer	52 56N	1 18E	+0050	+0030	+0050	+0130	-2.1	-1.7	-0.5	-0.1
Blakeney Bar	52 59N	0 59E	+0035	+0025	+0030	+0040	-1.6	-1.3	no data	
Blakeney	52 57N	1 01E	+0115	+0055	no data	no data	-3.9	-3.8	no data	
Wells Bar	52 59N	0 49E	+0020	+0020	+0020	+0020	-1.3	-1.0	no data	
Wells	52 57N	0 51E	+0035	+0045	+0340	+0310	-3.8	-3.8	no data	
Burnham Overy Staithe	52 58N	0 48E	+0045	+0055	no data	no data	-5.0	-4.9	no data	
The Wash										
Hunstanton	52 56N	0 29E	+0010	+0020	+0105	+0025	+0.1	-0.2	-0.1	0.0
West Stones	52 50N	0 21E	+0025	+0025	+0115	+0040	-0.3	-0.4	-0.3	+0.2
King's Lynn	52 45N	0 24E	+0030	+0030	+0305	+0140	-0.5	-0.8	-0.8	+0.1
Wisbech Cut	52 48N	0 13E	+0020	+0025	+0200	+0030	-0.3	-0.7	-0.4	no data
Lawyer's Creek	52 53N	0 05E	+0010	no data	no data	no data	-0.3	-0.6	no data	
Tabs Head	52 56N	0 05E	0000	+0005	+0125	+0020	+0.2	-0.2	-0.2	-0.2
Boston	52 58N	0 01W	0000	+0010	+0140	+0050	-0.5	-1.0	-0.9	-0.5
Skegness	53 09N	0 21E	+0010	+0015	+0030	+0020	-0.4	-0.5	-0.1	0.0
Inner Dowsing Light Tower	53 20N	0 34E	0000	0000	+0010	+0010	-0.9	-0.7	-0.1	+0.3
River Humber										
Bull Sand Fort	53 34N	0 04E	-0020	-0030	-0035	-0015	-0.4	-0.3	+0.1	+0.2
Grimsby	53 35N	0 04W	-0003	-0011	-0015	-0002	-0.3	-0.2	0.0	+0.1
Hull King George Dock	53 44N	0 16W	+0010	+0010	+0021	+0017	+0.3	+0.2	-0.1	-0.2
Hull Albert Dock	53 44N	0 21W	+0019	+0019	+0033	+0027	+0.3	+0.1	-0.1	-0.2
Humber Bridge	53 43N	0 27W	+0027	+0022	+0049	+0039	-0.1	-0.4	-0.7	-0.6
River Trent										
Burton Stather	53 39N	0 42W	+0105	+0045	+0335	+0305	-2.1	-2.3	-2.3	dries
Flixborough Wharf	53 37N	0 42W	+0120	+0100	+0400	+0340	-2.3	-2.6	dries	dries
Keadby	53 36N	0 44W	+0135	+0120	+0425	+0410	-2.5	-2.8	dries	dries
Owston Ferry	53 29N	0 46W	+0155	+0145	dries	dries	-3.5	-3.9	dries	dries
River Ouse										
Blacktoft	53 42N	0 43W	+0100	+0055	+0325	+0255	-1.6	-1.8	-2.2	-1.1
Goole	53 42N	0 52W	+0130	+0115	+0355	+0350	-1.6	-2.1	-1.9	-0.6

PAGE 181

SECONDARY PORT TIDAL DATA

Location	Lat	Long	High Water 0000 / 0600 and 1200 / 1800	Low Water 0000 / 0600 and 1200 / 1800	MHWS	MHWN	MLWN	MLWS
RIVER TEES ENTRANCE *standard port*	54 38N 1 09W		0000 and 1200 / 0600 and 1800	0000 and 1200 / 0600 and 1800	5.5	4.3	2.0	0.9
Bridlington	54 05N 0 11W		+0010 / +0050	+0055 / +0050	+0.6	+0.4	+0.3	+0.2
Filey Bay	54 13N 0 16W		+0042 / +0042	+0047 / +0034	+0.3	+0.6	+0.4	+0.1
Scarborough	54 17N 0 23W		+0040 / +0040	+0030 / +0030	+0.2	+0.3	+0.3	0.0
Whitby	54 29N 0 37W		+0015 / +0030	+0020 / +0005	+0.1	0.0	-0.1	-0.1
River Tees								
Middlesborough Entrance	54 35N 1 13W		0000 / +0002	0000 / -0003	+0.1	+0.2	+0.1	-0.1
Tees Bridge Newport	54 34N 1 16W		-0002 / +0004	+0005 / -0003	+0.1	+0.2	0.0	-0.1
Hartlepool	54 41N 1 11W		-0004 / -0004	-0006 / -0006	-0.1	-0.1	-0.2	-0.1
Seaham	54 50N 1 19W		-0015 / -0015	-0015 / -0015	-0.3	-0.2	0.0	-0.2
Sunderland	54 55N 1 21W		-0017 / -0017	-0016 / -0016	-0.3	-0.1	0.0	-0.1
RIVER TYNE, NORTH SHIELDS *standard port*	55 01N 126W		0200 and 1400 / 0800 and 2000	0100 and 1300 / 0800 and 2000	5.0	3.9	1.8	0.7
River Tyne								
Newcastle-upon-Tyne	54 58N 1 36W		+0003 / +0003	+0008 / +0008	+0.3	+0.2	+0.1	+0.1
Blyth	55 07N 1 29W		+0005 / -0007	-0001 / +0009	0.0	0.0	-0.1	+0.1
Coquet Island	55 20N 1 32W		-0010 / -0010	-0020 / -0020	+0.1	+0.1	0.0	+0.1
Amble	55 20N 1 34W		-0023 / -0015	-0023 / -0014	0.0	+0.2	+0.2	+0.1
North Sunderland	55 34N 1 38W		-0048 / -0044	-0058 / -0102	-0.2	-0.2	-0.2	0.0
Holy Island	55 40N 1 47W		-0043 / -0039	-0105 / -0110	-0.2	-0.2	-0.3	-0.1
Berwick	55 47N 2 00W		-0053 / -0053	-0109 / -0109	-0.3	-0.1	-0.5	-0.1

WEST COAST UK & IRELAND

Location	Lat	Long	High Water	Low Water	MHWS	MHWN	MLWN	MLWS
LIVERPOOL *standard port*	53 24N 3 01W		0000 and 1200 / 0600 and 1800	0200 and 1400 / 0800 and 2000	9.3	7.4	2.9	0.9
Portpatrick	54 50N 5 07W		+0018 / +0026	0000 / -0035	-5.5	-4.4	-2.0	-0.6
Wigtown Bay								
Drummore	54 41N 4 53W		+0030 / +0040	+0015 / +0020	-3.4	-2.5	-0.9	-0.3
Port William	54 43N 4 40W		+0030 / +0030	+0025 / 0000	-2.9	-2.2	-0.8	no data
Isle of Whithorn	54 42N 4 22W		+0020 / +0025	+0025 / +0005	-2.4	-2.0	-0.8	-0.2
Garlieston	54 47N 4 21W		+0025 / +0035	+0030 / +0005	-2.3	-1.7	-0.5	no data
Solway Firth								
Kirkcudbright Bay	54 48N 4 04W		+0015 / +0015	+0010 / 0000	-1.8	-1.5	-0.5	-0.1
Hestan Islet	54 50N 3 48W		+0025 / +0025	+0020 / +0025	-1.0	-1.1	-0.5	0.0
Southerness Point	54 52N 3 36W		+0030 / +0030	+0030 / +0010	-0.7	-0.7	no data	
Annan Waterfoot	54 58N 3 16W		+0050 / +0105	+0220 / +0310	-2.2	-2.6	-2.7	0.0
Torduff Point	54 58N 3 09W		+0105 / +0140	+0520 / +0410	-4.1	-4.9	0.0	0.0
Redkirk	54 59N 3 06W		+0110 / +0215	+0715 / +0445	-5.5	-6.2	0.0	0.0
Silloth	54 52N 3 24W		+0030 / +0040	+0045 / +0055	-0.1	-0.3	-0.6	-0.1
Maryport	54 43N 3 30W		+0017 / +0032	+0020 / +0005	-0.7	-0.8	-0.4	0.0
Workington	54 39N 3 34W		+0020 / +0020	+0020 / +0010	-1.2	-1.1	-0.3	0.0
Whitehaven	54 33N 3 36W		+0005 / +0015	+0010 / +0005	-1.3	-1.1	-0.5	+0.1
Tarn Point	54 17N 3 25W		+0005 / +0005	+0010 / 0000	-1.0	-1.0	-0.4	0.0
Duddon Bar	54 09N 3 20W		+0003 / +0003	+0008 / +0002	-0.8	-0.8	-0.3	0.0
LIVERPOOL *standard port*	53 24N 3 01W		0000 and 1200 / 0600 and 1800	0200 and 1400 / 0700 and 1900	9.3	7.4	2.9	0.9
Ulverston	54 11N 3 04W		+0020 / +0040	no data / no data	0.0	-0.1	no data	
Arnside	54 12N 2 51W		+0100 / +0135	no data / no data	+0.5	+0.2	no data	
Morecambe	54 04N 2 52W		+0005 / +0010	+0030 / +0015	+0.2	0.0	0.0	+0.2
Heysham	54 02N 2 55W		+0005 / +0005	+0015 / 0000	+0.1	0.0	0.0	+0.2
River Lune								
Glasson Dock	54 00N 2 51W		+0020 / +0030	+0220 / +0240	-2.7	-3.0	no data	
Lancaster	54 03N 2 49W		+0110 / +0030	dries / dries	-5.0	-4.9	dries	dries
River Wyre								
Wyre Lighthouse	53 57N 3 02W		-0010 / -0010	+0005 / 0000	-0.1	-0.1	no data	
Fleetwood	53 56N 3 00W		-0008 / -0008	-0003 / -0003	-0.1	-0.1	+0.1	+0.3
Blackpool	53 49N 3 04W		-0015 / -0005	-0005 / -0015	-0.4	-0.4	-0.1	+0.1
River Ribble								
Preston	53 46N 2 45W		+0010 / +0010	+0335 / +0310	-4.0	-4.1	-2.8	-0.8

SECONDARY PORT TIDAL DATA

Location	Lat	Long	High Water		Low Water		MHWS	MHWN	MLWN	MLWS
			0000	0600	0200	0700				
LIVERPOOL	53 24N	3 01W	and	and	and	and	9.3	7.4	2.9	0.9
standard port			1200	1800	1400	1900				
Liverpool Bay										
Southport	53 39N	3 01W	-0020	-0010	no data	no data	-0.3	-0.3	no data	
Formby	53 32N	3 07W	-0015	-0010	-0020	-0020	-0.3	-0.1	0.0	+0.1
River Mersey										
Gladstone Dock	53 27N	3 01W	-0003	-0003	-0003	-0003	-0.1	-0.1	0.0	-0.1
Eastham	53 19N	2 57W	+0010	+0010	+0009	+0009	+0.3	+0.1	-0.1	-0.3
Hale Head	53 19N	2 48W	+0030	+0025	no data	no data	-2.4	-2.5	no data	
Widnes	53 21N	2 44W	+0040	+0045	+0400	+0345	-4.2	-4.4	-2.5	-0.3
Fiddler's Ferry	53 22N	2 39W	+0100	+0115	+0540	+0450	-5.9	-6.3	-2.4	-0.4
River Dee										
Hilbre Island	53 23N	3 13W	-0015	-0012	-0010	-0015	-0.3	-0.2	+0.2	+0.4
Mostyn Docks	53 19N	3 16W	-0020	-0015	-0020	-0020	-0.8	-0.7	no data	
Connah's Quay	53 13N	3 03W	0000	+0015	+0355	+0340	-4.6	-4.4	dries	dries
Chester	53 12N	2 54W	+0105	+0105	+0500	+0500	-5.3	-5.4	dries	dries
Isle of Man										
Peel	54 14N	4 42W	-0015	+0010	0000	-0010	-4.0	-3.2	-1.4	-0.4
Ramsey	54 19N	4 22W	+0005	+0015	-0005	-0015	-1.9	-1.5	-0.6	0.0
Douglas	54 09N	4 28W	-0004	-0004	-0022	-0032	-2.4	-2.0	-0.5	-0.1
Port St Mary	54 04N	4 44W	+0005	+0015	-0010	-0030	-3.4	-2.6	-1.3	-0.4
Calf Sound	54 04N	4 48W	+0005	+0005	-0015	-0025	-3.2	-2.6	-0.9	-0.3
Port Erin	54 05N	4 46W	-0005	+0015	-0010	-0050	-4.1	-3.2	-1.3	-0.5
Colwyn Bay	53 18N	3 43W	-0005	-0010	no data	no data	-1.5	-1.3	no data	
Llandudno	53 20N	3 50W	-0005	-0010	-0030	-0040	-1.8	-1.3	-0.6	-0.2
			0000	0600	0500	1100				
HOLYHEAD	53 19N	4 37W	and	and	and	and	5.6	4.4	2.0	0.7
standard port			1200	1800	1700	2300				
Conwy	53 17N	3 50W	+0020	+0020	no data	+0050	+2.1	+1.6	+0.3	no data
Menai Strait										
Beaumaris	53 16N	4 05W	+0025	+0010	+0055	+0035	+2.0	+1.6	+0.5	+0.1
Menai Bridge	53 13N	4 09W	+0030	+0010	+0100	+0035	+1.7	+1.4	+0.3	0.0
Port Dinorwic	53 11N	4 13W	-0015	-0025	+0030	0000	0.0	0.0	0.0	+0.1
Caernarfon	53 09N	4 16W	-0030	-0030	+0015	-0005	-0.4	-0.4	-0.1	-0.1
Fort Belan	53 07N	4 20W	-0040	-0015	-0025	-0005	-1.0	-0.9	-0.1	-0.1
Trwyn Dinmor	53 19N	4 03W	+0025	+0015	+0050	+0035	+1.9	+1.5	+0.5	+0.2
Moelfre	53 20N	4 14W	+0025	+0020	+0050	+0035	+1.9	+1.4	+0.5	+0.2
Amlwch	53 25N	4 20W	+0020	+0010	+0035	+0025	+1.6	+1.3	+0.5	+0.2
Cemaes Bay	53 25N	4 27W	+0020	+0025	+0040	+0035	+1.0	+0.7	+0.3	+0.1
Trearddur Bay	53 16N	4 37W	-0045	-0025	-0015	-0015	-0.4	-0.4	0.0	+0.1
Porth Trecastell	53 12N	4 30W	-0045	-0025	-0005	-0015	-0.6	-0.6	0.0	0.0
Llanddwyn Island	53 08N	4 25W	-0115	-0055	-0030	-0020	-0.7	-0.5	-0.1	0.0
Trefor	53 00N	4 25W	-0115	-0100	-0030	-0020	-0.8	-0.9	-0.2	-0.1
Porth Dinllaen	52 57N	4 34W	-0120	-0105	-0035	-0025	-1.0	-1.0	-0.2	-0.2
Porth Ysgaden	52 54N	4 39W	-0125	-0110	-0040	-0035	-1.1	-1.0	-0.1	-0.1
Bardsey Island	52 46N	4 47W	-0220	-0240	-0145	-0140	-1.2	-1.2	-0.5	-0.1
			0100	0800	0100	0700				
MILFORD HAVEN	51 42N	5 03W	and	and	and	and	7.0	5.2	2.5	0.7
standard port			1300	2000	1300	1900				
Cardigan Bay										
Aberdaron	52 48N	4 43W	+0210	+0200	+0240	+0310	-2.4	-1.9	-0.6	-0.2
St Tudwal's Roads	52 49N	4 29W	+0155	+0145	+0240	+0310	-2.2	-1.9	-0.7	-0.2
Pwllheli	52 53N	4 24W	+0210	+0150	+0245	+0320	-2.0	-1.8	-0.6	-0.2
Criccieth	52 55N	4 14W	+0210	+0155	+0255	+0320	-2.0	-1.8	-0.7	-0.3
Porthmadog	52 55N	4 08W	+0235	+0210	no data	no data	-1.9	-1.8	no data	
Barmouth	52 43N	4 03W	+0215	+0205	+0310	+0320	-2.0	-1.7	-0.7	0.0
Aberdovey	52 32N	4 03W	+0215	+0200	+0230	+0305	-2.0	-1.7	-0.5	0.0
Aberystwyth	52 24N	4 05W	+0145	+0130	+0210	+0245	-2.0	-1.7	-0.7	0.0
New Quay	52 13N	4 21W	+0150	+0125	+0155	+0230	-2.1	-1.8	-0.6	-0.1
Aberporth	52 08N	4 33W	+0135	+0120	+0150	+0220	-2.1	-1.8	-0.6	-0.1
Port Cardigan	52 07N	4 42W	+0140	+0120	+0220	+0130	-2.3	-1.8	-0.5	0.0
Cardigan *Town*	52 05N	4 40W	+0220	+0150	no data	no data	-2.2	-1.6	no data	
Fishguard	52 00N	4 58W	+0115	+0100	+0110	+0135	-2.2	-1.8	-0.5	+0.1
Porthgain	51 57N	5 11W	+0055	+0045	+0045	+0100	-2.5	-1.8	-0.6	0.0

SECONDARY PORT TIDAL DATA

Location	Lat	Long	High Water		Low Water		MHWS	MHWN	MLWN	MLWS
			0100	0800	0100	0700				
MILFORD HAVEN	51 42N	5 03W	and	and	and	and	7.0	5.2	2.5	0.7
standard port			1300	2000	1300	1900				
Ramsey Sound	51 53N	5 19W	+0030	+0030	+0030	+0030	-1.9	-1.3	-0.3	0.0
Solva	51 52N	5 12W	+0015	+0010	+0035	+0015	-1.5	-1.0	-0.2	0.0
Little Haven	51 46N	5 06W	+0010	+0010	+0025	+0015	-1.1	-0.8	-0.2	0.0
Martin's Haven	51 44N	5 15W	+0010	+0010	+0015	+0015	-0.8	-0.5	+0.1	+0.1
Skomer Island	51 44N	5 17W	-0005	-0005	+0005	+0005	-0.4	-0.1	0.0	0.0
Dale Roads	51 42N	5 09W	-0005	-0005	-0008	-0008	0.0	0.0	0.0	-0.1
Cleddau River										
Neyland	51 42N	4 57W	+0002	+0010	0000	0000	0.0	0.0	0.0	0.0
Black Tar	51 45N	4 54W	+0010	+0020	+0005	0000	+0.1	+0.1	0.0	-0.1
Haverfordwest	51 48N	4 58W	+0010	+0025	dries	dries	-4.8	-4.9	dries	dries
Stackpole Quay	51 37N	4 54W	-0005	+0025	-0010	-0010	+0.9	+0.7	+0.2	+0.3
Tenby	51 40N	4 42W	-0015	-0010	-0015	-0020	+1.4	+1.1	+0.5	+0.2
Towy River										
Ferryside	51 46N	4 22W	0000	-0010	+0220	0000	-0.3	-0.7	-1.7	-0.6
Carmarthen	51 51N	4 18W	+0010	0000	dries	dries	-4.4	-4.8	dries	dries
Burry Inlet										
Burry Port	51 41N	4 15W	+0003	+0003	+0007	+0007	+1.6	+1.4	+0.5	+0.4
Llanelli	51 40N	4 10W	-0003	-0003	+0150	+0020	+0.8	+0.6	no data	
Mumbles	51 34N	3 58W	+0005	+0010	-0020	-0015	+2.3	+1.7	+0.6	+0.2
Swansea	51 37N	3 57W	STANDARD PORT							
Port Talbot	51 35N	3 49W	+0003	+0005	-0010	-0003	+2.6	+2.2	+1.0	+0.5
Porthcawl	51 28N	3 42W	+0005	+0010	-0010	-0005	+2.9	+2.3	+0.8	+0.3
			0600	1100	0300	0800				
BRISTOL, AVONMOUTH	51 30N	2 44W	and	and	and	and	13.2	9.8	3.8	1.0
standard port			1800	2300	1500	2000				
Barry	51 23N	3 16W	-0030	-0015	-0125	-0030	-1.8	-1.3	+0.2	0.0
Flat Holm	51 23N	3 07W	-0015	-0015	-0045	-0045	-1.3	-1.1	-0.2	+0.2
Steep Holm	51 20N	3 06W	-0020	-0020	-0050	-0050	-1.6	-1.2	-0.2	-0.2
Cardiff	51 27N	3 09W	-0015	-0015	-0100	-0030	-1.0	-0.6	+0.1	0.0
Newport	51 33N	2 59W	-0020	-0010	0000	-0020	-1.1	-1.0	-0.6	-0.7
River Wye Chepstow	51 39N	2 40W	+0020	+0020	no data	no data	no data		no data	
			0000	0600	0000	0700				
BRISTOL, AVONMOUTH	51 30N	2 44W	and	and	and	and	13.2	9.8	3.8	1.0
standard port			1200	1800	1200	1900				
River Severn										
Sudbrook	51 35N	2 43W	+0010	+0010	+0025	+0015	+0.2	+0.1	-0.1	+0.1
Beachley *Aust*	51 36N	2 38W	+0010	+0015	+0040	+0025	-0.2	-0.2	-0.5	-0.3
Inward Rocks	51 39N	2 37W	+0020	+0020	+0105	+0045	-1.0	-1.1	-1.4	-0.6
Narlwood Rocks	51 39N	2 36W	+0025	+0025	+0120	+0100	-1.9	-2.0	-2.3	-0.8
White House	51 40N	2 33W	+0025	+0025	+0145	+0120	-3.0	-3.1	-3.6	-1.0
Berkeley	51 42N	2 30W	+0030	+0045	+0245	+0220	-3.8	-3.9	-3.4	-0.5
Sharpness Dock	51 43N	2 29W	+0035	+0050	+0305	+0245	-3.9	-4.2	-3.3	-0.4
Wellhouse Rock	51 44N	2 29W	+0040	+0055	+0320	+0305	-4.1	-4.4	-3.1	-0.4
Epney	51 42N	2 24W	+0130	no data	no data	no data	-9.4	no data		
Minsterworth	51 50N	2 23W	+0140	no data	no data	no data	-10.1	no data		
Llanthony	51 51N	2 21W	+0215	no data	no data	no data	-10.7	no data		
			0200	0800	0300	0800				
BRISTOL, AVONMOUTH	51 30N	2 44W	and	and	and	and	13.2	9.8	3.8	1.0
standard port			1400	2000	1500	2000				
River Avon										
Shirehampton	51 29N	2 41W	0000	0000	+0035	+0010	-0.7	-0.7	-0.8	0.0
Sea Mills	51 29N	2 39W	+0005	+0005	+0105	+0030	-1.4	-1.5	-1.7	-0.1
Cumberland Basin *Entrance*	51 27N	2 37W	+0010	+0010	dries	dries	-2.9	-3.0	dries	dries
Portishead	51 30N	2 45W	-0002	0000	no data	no data	-0.1	-0.1	no data	
Clevedon	51 27N	2 52W	-0010	-0020	-0025	-0015	-0.4	-0.2	+0.2	0.0
St Thomas Head	51 24N	2 56W	0000	0000	-0030	-0030	-0.4	-0.2	+0.1	+0.1
English & Welsh Grounds	51 28N	2 59W	-0008	-0008	-0030	-0030	-0.5	-0.8	-0.3	0.0
Weston-super-Mare	51 21N	2 59W	-0020	-0030	-0130	-0030	-1.2	-1.0	-0.8	-0.2
River Parrett										
Burnham	51 14N	3 00W	-0020	-0025	-0030	0000	-2.3	-1.9	-1.4	-1.1
Bridgwater	51 08N	3 00W	-0015	-0030	+0305	+0455	-8.6	-8.1	dries	dries

SECONDARY PORT TIDAL DATA

Location	Lat	Long	High Water		Low Water		MHWS	MHWN	MLWN	MLWS
			0200	0800	0300	0800				
BRISTOL, AVONMOUTH	51 30N	2 44W	and	and	and	and	13.2	9.8	3.8	1.0
standard port			1400	2000	1500	2000				
Hinkley Point	51 13N	3 08W	-0020	-0025	-0100	-0040	-1.7	-1.4	-0.2	-0.2
Watchet	51 11N	3 20W	-0035	-0050	-0145	-0040	-1.9	-1.5	+0.1	+0.1
Minehead	51 13N	3 28W	-0037	-0052	-0155	-0045	-2.6	-1.9	-0.2	0.0
Porlock Bay	51 13N	3 38W	-0045	-0055	-0205	-0050	-3.0	-2.2	-0.1	-0.1
Lynmouth	51 14N	3 49W	-0055	-0115	no data	no data	-3.6	-2.7	no data	
			0100	0700	0100	0700				
MILFORD HAVEN	51 42N	5 03W	and	and	and	and	7.0	5.2	2.5	0.7
standard port			1300	1900	1300	1900				
Ilfracombe	51 13N	4 07W	-0016	-0016	-0041	-0031	+2.3	+1.8	+0.6	+0.3
Rivers Taw & Torridge										
Appledore	51 03N	4 12W	-0020	-0025	+0015	-0045	+0.5	0.0	-0.9	-0.5
Yelland Marsh	51 04N	4 10W	-0010	-0015	+0100	-0015	+0.1	-0.4	-1.2	-0.6
Fremington	51 05N	4 07W	-0010	-0015	+0030	-0030	-1.1	-1.8	-2.2	-0.5
Barnstaple	51 05N	4 04W	0000	-0015	-0155	-0245	-2.9	-3.8	-2.2	-0.4
Bideford	51 01N	4 12W	-0020	-0025	0000	0000	-1.1	-1.6	-2.5	-0.7
Clovelly	51 00N	4 24W	-0030	-0030	-0020	-0040	+1.3	+1.1	+0.2	+0.2
Lundy	51 10N	4 40W	-0030	-0030	-0020	-0040	+1.0	+0.7	+0.2	+0.1
Bude	50 50N	4 33W	-0040	-0040	-0035	-0045	+0.7	+0.6	no data	
Boscastle	50 41N	4 42W	-0045	-0010	-0110	-0100	+0.3	+0.4	+0.2	+0.2
Port Isaac	50 35N	4 50W	-0100	-0100	-0100	-0100	+0.5	+0.6	0.0	+0.2
			0200	0700	0100	0700				
MILFORD HAVEN	51 42N	5 03W	and	and	and	and	7.0	5.2	2.5	0.7
standard port			1300	1900	1300	1900				
River Camel										
Padstow	50 33N	4 56W	-0055	-0050	-0040	-0050	+0.3	+0.4	+0.1	+0.1
Wadebridge	50 31N	4 50W	-0052	-0052	+0235	+0245	-3.8	-3.8	-2.5	-0.4
Newquay	50 25N	5 05W	-0100	-0110	-0105	-0050	0.0	+0.1	0.0	-0.1
Perranporth	50 21N	5 09W	-0100	-0110	-0110	-0050	-0.1	0.0	0.0	+0.1
St Ives	50 13N	5 28W	-0050	-0115	-0105	-0040	-0.4	-0.3	-0.1	+0.1
Cape Cornwall	50 08N	5 42W	-0130	-0145	-0120	-0120	-1.0	-0.9	-0.5	-0.1
Sennen Cove	50 04N	5 42W	-0130	-0145	-0125	-0125	-0.9	-0.4	no data	

IRELAND

Location	Lat	Long	High Water		Low Water		MHWS	MHWN	MLWN	MLWS
			0000	0700	0000	0500				
DUBLIN, NORTH WALL	53 21N	6 13W	and	and	and	and	4.1	3.4	1.5	0.7
standard port			1200	1900	1200	1700				
Courtown	52 39N	6 13W	-0328	-0242	-0158	-0138	-2.8	-2.4	-0.5	0.0
Arklow	52 47N	6 08W	-0315	-0201	-0140	-0134	-2.7	-2.2	-0.6	-0.1
Wicklow	52 59N	6 02W	-0019	-0019	-0024	-0026	-1.4	-1.1	-0.4	0.0
Greystones	53 09N	6 04W	-0008	-0008	-0008	-0008	-0.5	-0.4	no data	
Dun Laoghaire	53 18N	6 08W	-0006	-0001	-0002	-0003	0.0	0.0	0.0	+0.1
Dublin Bar	53 21N	6 09W	-0006	-0001	-0002	-0003	0.0	0.0	0.0	+0.1
Howth	53 23N	6 04W	-0007	-0005	+0001	+0005	0.0	-0.1	-0.2	-0.2
Malahide	53 27N	6 09W	+0002	+0003	+0009	+0009	+0.1	-0.2	-0.4	-0.2
Balbriggan	53 37N	6 11W	-0021	-0015	+0010	+0002	+0.3	+0.2	no data	
River Boyne Bar	53 43N	6 14W	-0005	0000	+0020	+0030	+0.9	+0.8	+0.4	+0.3
Dunany Point	53 52N	6 14W	-0028	-0018	-0008	-0006	+0.7	+0.9	no data	
Dundalk Soldiers Point	54 00N	6 21W	-0010	-0010	0000	+0045	+1.0	+0.8	+0.1	-0.1
Carlingford Lough										
Cranfield Point	54 01N	6 03W	-0027	-0011	+0005	-0010	+0.7	+0.9	+0.3	+0.2
Warrenpoint	54 06N	6 15W	-0020	-0010	+0025	+0035	+1.0	+0.7	+0.2	0.0
Newry *Victoria Lock*	54 09N	6 19W	-0010	-0010	+0025	dries	+1.1	+1.0	+0.1	dries
			0100	0700	0000	0600				
BELFAST	54 36N	5 55W	and	and	and	and	3.5	3.0	1.1	0.4
standard port			1300	1900	1200	1800				
Kilkeel	54 03N	5 59W	+0040	+0030	+0010	+0010	+1.2	+1.1	+0.4	+0.4
Newcastle	54 12N	5 53W	+0025	+0035	+0020	+0040	+1.6	+1.1	+0.4	+0.1
Killough Harbour	54 15N	5 38W	0000	+0020	no data	no data	+1.8	+1.6	no data	
Ardglass	54 16N	5 36W	+0010	+0015	+0005	+0010	+1.7	+1.2	+0.6	+0.3
Strangford Lough										
Killard Point	54 19N	5 31W	+0011	+0021	+0005	+0025	+1.0	+0.8	+0.1	+0.1

SECONDARY PORT TIDAL DATA

Location	Lat	Long	High Water		Low Water		MHWS	MHWN	MLWN	MLWS
			0100	0700	0000	0600				
BELFAST	54 36N	5 55W	and	and	and	and	3.5	3.0	1.1	0.4
standard port			1300	1900	1200	1800				
Strangford	54 22N	5 33W	+0147	+0157	+0148	+0208	+0.1	+0.1	-0.2	0.0
Quoile Barrier	54 22N	5 41W	+0150	+0200	+0150	+0300	+0.2	+0.2	-0.3	-0.1
Killyleagh	54 24N	5 39W	+0157	+0207	+0211	+0231	+0.3	+0.3	no data	
South Rock	54 24N	5 25W	+0023	+0023	+0025	+0025	+1.0	+0.8	+0.1	+0.1
Portavogie	54 28N	5 26W	+0010	+0020	+0010	+0020	+1.2	+0.9	+0.3	+0.2
Donaghadee	54 38N	5 32W	+0020	+0020	+0023	+0023	+0.5	+0.4	0.0	+0.1
Carrickfergus	54 43N	5 48W	+0005	+0005	+0005	+0005	-0.3	-0.3	-0.2	-0.1
Larne	54 51N	5 47W	+0005	0000	+0010	-0005	-0.7	-0.5	-0.3	0.0
Red Bay	55 04N	6 03W	+0022	-0010	+0007	-0017	-1.9	-1.5	-0.8	-0.2
Cushendun	55 08N	6 02W	+0010	-0030	0000	-0025	-1.7	-1.5	-0.6	-0.2
			0200	0900	0300	0700				
LONDONDERRY	55 00N	7 19W	and	and	and	and	2.7	2.1	1.2	0.5
standard port			1400	2100	1500	1900				
Ballycastle Bay	55 12N	6 14W	+0053	-0147	-0125	+0056	-1.5	-1.0	-0.5	-0.2
Portrush	55 12N	6 40W	-0105	-0105	-0105	-0105	-0.8	-0.7	-0.4	0.1
Coleraine	55 08N	6 40W	-0030	-0130	-0110	-0020	-0.5	-0.3	-0.3	-0.1
Lough Foyle										
Warren Point	55 13N	6 57W	-0121	-0139	-0156	-0132	-0.4	-0.2	no data	
Moville	55 11N	7 03W	-0046	-0058	-0108	-0052	-0.4	-0.2	-0.2	-0.1
Quigley's Point	55 07N	7 11W	-0025	-0040	-0025	-0040	-0.4	-0.3	-0.3	-0.2
Culmore Point	55 03N	7 15W	-0010	-0030	-0020	-0040	-0.3	-0.3	-0.2	-0.1
River Foyle										
Culdaff Bay	55 18N	7 09W	-0136	-0156	-0206	-0146	+0.1	+0.2	no data	
			0200	0900	0200	0800				
GALWAY	53 16N	9 03W	and	and	and	and	5.1	3.9	2.0	0.6
standard port			1400	2100	1400	2000				
Inishtrahull	55 26N	7 14W	+0100	+0100	+0115	+0200	-1.8	-1.4	-0.4	-0.2
Portmore	55 22N	7 20W	+0120	+0120	+0135	+0135	-1.3	-1.1	-0.4	-0.1
Trawbreaga Bay	55 19N	7 23W	+0115	+0059	+0109	+0125	-1.1	-0.8	no data	
Lough Swilly										
Rathmullan	55 05N	7 31W	+0125	+0050	+0126	+0118	-0.8	-0.7	-0.1	-0.1
Fanad Head	55 16N	7 38W	+0115	+0040	+0125	+0120	-1.1	-0.9	-0.5	-0.1
Mulroy Bay										
Bar	55 15N	7 46W	+0108	+0052	+0102	+0118	-1.2	-1.0	no data	
Fanny's Bay	55 12N	7 49W	+0145	+0129	+0151	+0207	-2.2	-1.7	no data	
Seamount Bay	55 11N	7 44W	+0210	+0154	+0226	+0242	-3.1	-2.3	no data	
Cranford Bay	55 09N	7 42W	+0329	+0313	+0351	+0407	-3.7	-2.8	no data	
Sheephaven Downies Bay	55 11N	7 50W	+0057	+0043	+0053	+0107	-1.1	-0.9	no data	
Inishbofin Bay	55 10N	8 10W	+0040	+0026	+0032	+0046	-1.2	-0.9	no data	
			0600	1100	0000	0700				
GALWAY	53 16N	9 03W	and	and	and	and	5.1	3.9	2.0	0.6
standard port			1800	2300	1200	1900				
Gweedore Harbour	55 04N	8 19W	+0048	+0100	+0055	+0107	-1.3	-1.0	-0.5	-0.1
Burtonport	54 59N	8 26W	+0042	+0055	+0115	+0055	-1.2	-1.0	-0.6	-0.1
Loughros More Bay	54 47N	8 30W	+0042	+0054	+0046	+0058	-1.1	-0.9	no data	
Donegal Bay										
Killybegs	54 38N	8 26W	+0040	+0050	+0055	+0035	-1.0	-0.9	-0.5	0.0
Donegal Harbour *Salt Hill Quay*	54 38N	8 13W	+0038	+0050	+0052	+0104	-1.2	-0.9	no data	
Mullaghmore	54 28N	8 27W	+0036	+0048	+0047	+0059	-1.4	-1.0	-0.4	-0.2
Sligo Harbour *Oyster Island*	54 18N	8 34W	+0043	+0055	+0042	+0054	-1.0	-0.9	-0.5	-0.1
Ballysadare Bay *Culleenamore*	54 16N	8 36W	+0059	+0111	+0111	+0123	-1.2	-0.9	no data	
Killala Bay *Inishcrone*	54 13N	9 06W	+0035	+0055	+0030	+0050	-1.3	-1.2	-0.7	-0.2
Broadhaven	54 16N	9 53W	+0040	+0050	+0040	+0050	-1.4	-1.1	-0.4	-0.1
Blacksod Bay										
Blacksod Quay	54 06N	10 03W	+0025	+0035	+0040	+0040	-1.2	-1.0	-0.6	-0.2
Bull's Mouth	54 02N	9 55W	+0101	+0057	+0109	+0105	-1.5	-1.0	-0.6	-0.1
Clare Island	53 48N	9 57W	+0019	+0013	+0029	+0023	-1.0	-0.7	-0.4	-0.1
Westport Bay *Inishraher*	53 48N	9 38W	+0030	+0012	+0058	+0026	-0.6	-0.5	-0.3	-0.1
Killary Harbour	53 38N	9 53W	+0021	+0015	+0035	+0029	-1.0	-0.8	-0.4	-0.1
Inishbofin										
Bofin Harbour	53 37N	10 13W	+0013	+0009	+0021	+0017	-1.0	-0.8	-0.4	-0.1
Clifden Bay	53 29N	10 04W	+0005	+0005	+0016	+0016	-0.7	-0.5	no data	

SECONDARY PORT TIDAL DATA

Location	Lat	Long	High Water		Low Water		MHWS	MHWN	MLWN	MLWS
			0600 and 1800	1100 and 2300	0000 and 1200	0700 and 1900				
GALWAY standard port	53 16N	9 03W					5.1	3.9	2.0	0.6
Slyne Head	53 24N	10 14W	+0002	+0002	+0010	+0010	-0.7	-0.5	no data	
Roundstone Bay	53 23N	9 55W	+0003	+0003	+0008	+0008	-0.7	-0.5	-0.3	-0.1
Kilkieran Cove	53 20N	9 44W	+0005	+0005	+0016	+0016	-0.3	-0.2	-0.1	0.0
Aran Islands Killeany Bay	53 07N	9 39W	-0008	-0008	+0003	+0003	-0.4	-0.3	-0.2	-0.1
Liscannor	52 56N	9 23W	-0003	-0007	+0006	+0002	-0.4	-0.3	no data	
Seafield Point	52 48N	9 30W	-0006	-0014	+0004	-0004	-0.5	-0.4	no data	
Kilrush	52 38N	9 30W	+0025	+0016	+0046	+0014	-0.1	-0.2	-0.3	-0.1
Limerick Dock	52 40N	8 38W	+0135	+0141	+0141	+0219	+1.0	+0.7	-0.8	-0.2
			0500 and 1700	1100 and 2300	0500 and 1700	1100 and 2300				
COBH standard port	51 51N	8 18W					4.1	3.2	1.3	0.4
Tralee Bay Fenit Pier	52 16N	9 52W	-0057	-0017	-0029	-0109	+0.5	+0.2	+0.3	+0.1
Smerwick Harbour	52 12N	10 24W	-0107	-0027	-0041	-0121	-0.3	-0.4	no data	
Dingle Harbour	52 07N	10 15W	-0111	-0041	-0049	-0119	-0.1	0.0	+0.3	+0.4
Castlemaine Harbour Cromane Point	52 09N	9 54W	-0026	-0006	-0017	-0037	+0.4	+0.2	+0.4	+0.2
Valentia Harbour Knights Town	51 56N	10 18W	-0118	-0038	-0056	-0136	-0.6	-0.4	-0.1	0.0
Ballinskelligs Bay Castle	51 49N	10 16W	-0119	-0039	-0054	-0134	-0.5	-0.5	-0.1	0.0
Kenmare River West Cove	51 46N	10 03W	-0113	-0033	-0049	-0129	-0.6	-0.5	-0.1	0.0
Dunkerron Harbour	51 52N	9 38W	-0117	-0027	-0050	-0140	-0.2	-0.3	+0.1	0.0
Coulagh Bay Ballycrovane Harbour	51 43N	9 57W	-0116	-0036	-0053	-0133	-0.6	-0.5	-0.1	0.0
Black Ball Harbour	51 36N	10 02W	-0115	-0035	-0047	-0127	-0.7	-0.6	-0.1	+0.1
Bantry Bay Castletown Bearhaven	51 39N	9 54W	-0048	-0012	-0025	-0101	-0.9	-0.6	-0.1	0.0
Bantry	51 41N	9 28W	-0045	-0025	-0040	-0105	-0.9	-0.8	-0.2	0.0
Dunmanus Bay Dunbeacon Harbour	51 37N	9 33W	-0057	-0025	-0032	-0104	-0.8	-0.7	-0.3	-0.1
Dunmanus Harbour	51 32N	9 40W	-0107	-0031	-0044	-0120	-0.7	-0.6	-0.2	0.0
Crookhaven	51 28N	9 43W	-0057	-0033	-0048	-0112	-0.8	-0.6	-0.4	-0.1
Schull	51 31N	9 32W	-0040	-0015	-0015	-0110	-0.9	-0.6	-0.2	0.0
Baltimore	51 29N	9 23W	-0025	-0005	-0010	-0050	-0.6	-0.3	+0.1	+0.2
Castletownshend	51 32N	9 10W	-0020	-0030	-0020	-0050	-0.4	-0.2	+0.1	+0.3
Clonakilty Bay	51 35N	8 50W	-0033	-0011	-0019	-0041	-0.3	-0.2	no data	
Courtmacsherry	51 38N	8 42W	-0029	-0007	+0005	-0017	-0.4	-0.3	-0.2	-0.1
Kinsale	51 42N	8 31W	-0019	-0005	-0009	-0023	-0.2	0.0	+0.1	+0.2
Roberts Cove	51 45N	8 19W	-0005	-0005	-0005	-0005	-0.1	0.0	0.0	+0.1
Cork Harbour Ringaskiddy	51 50N	8 19W	+0005	+0020	+0007	+0013	+0.1	+0.1	+0.1	+0.1
Marino Point	51 53N	8 20W	0000	+0010	0000	+0010	+0.1	+0.1	0.0	0.0
Cork City	51 54N	8 27W	+0005	+0010	+0020	+0010	+0.4	+0.4	+0.3	+0.2
Ballycotton	51 50N	8 01W	-0011	+0001	+0003	-0009	0.0	0.0	-0.1	0.0
Youghal	51 57N	7 51W	0000	+0010	+0010	0000	-0.2	-0.1	-0.1	-0.1
Dungarvan Harbour	52 05N	7 34W	+0004	+0012	+0007	-0001	0.0	+0.1	-0.2	0.0
Waterford Harbour Dunmore East	52 09N	6 59W	+0008	+0003	0000	0000	+0.1	0.0	+0.1	+0.2
Cheekpoint	52 16N	7 00W	+0022	+0020	+0020	+0020	+0.3	+0.2	+0.2	+0.1
Kilmokea Point	52 17N	7 00W	+0026	+0022	+0020	+0020	+0.2	+0.1	+0.1	+0.1
Waterford	52 16N	7 07W	+0057	+0057	+0046	+0046	+0.4	+0.3	-0.1	+0.1
New Ross	52 24N	6 57W	+0100	+0030	+0055	+0130	+0.3	+0.4	+0.3	+0.4
Baginbun Head	52 10N	6 50W	+0003	+0003	-0008	-0008	-0.2	-0.1	+0.2	+0.2
Great Saltee	52 07N	6 38W	+0019	+0009	-0004	+0006	-0.3	-0.4	no data	
Carnsore Point	52 10N	6 22W	+0029	+0019	-0002	+0008	-1.1	-1.0	no data	
Rosslare Harbour	52 15N	6 21W	+0055	+0043	+0022	+0002	-2.2	-1.8	-0.5	-0.1
Wexford Harbour	52 20N	6 27W	+0126	+0126	+0118	+0108	-2.1	-1.7	-0.3	+0.1

SCOTLAND

			0300 and 1500	0900 and 2100	0300 and 1500	0900 and 2100				
LEITH standard port	55 59N	3 11W					5.6	4.4	2.0	0.8
Eyemouth	55 52N	2 05W	-0015	-0025	-0014	-0004	-0.9	-0.8	no data	
Dunbar	56 00N	2 31W	-0005	-0010	+0010	+0017	-0.4	-0.3	-0.1	-0.1
Fidra	56 04N	2 47W	-0001	0000	-0002	+0001	-0.2	-0.2	0.0	0.0
Cockenzie	55 58N	2 57W	-0007	-0015	-0013	-0005	-0.2	0.0	no data	
Granton	55 59N	3 13W	0000	0000	0000	0000	0.0	0.0	0.0	0.0

SECONDARY PORT TIDAL DATA

Location	Lat	Long	High Water		Low Water		MHWS	MHWN	MLWN	MLWS
			0300	1000	0300	0900				
ROSYTH	56 01N	3 27W	and	and	and	and	5.8	4.7	2.2	0.8
standard port			1500	2200	1500	2100				
River Forth										
Grangemouth	56 02N	3 41W	+0025	+0010	-0052	-0015	-0.1	-0.2	-0.3	-0.3
Kincardine	56 04N	3 43W	+0015	+0030	-0030	-0030	0.0	-0.2	-0.5	-0.3
Alloa	56 07N	3 48W	+0040	+0040	+0025	+0025	-0.2	-0.5	no data	-0.7
Stirling	56 07N	3 56W	+0100	+0100	no data	no data	-2.9	-3.1	-2.3	-0.7
			0300	0900	0300	0900				
LEITH	55 59N	3 11W	and	and	and	and	5.6	4.4	2.0	0.8
standard port			1500	2100	1500	2100				
Firth of Forth										
Burntisland	56 03N	3 14W	+0013	+0004	-0002	+0007	+0.1	0.0	+0.1	+0.2
Kirkcaldy	56 09N	3 09W	+0005	0000	-0004	-0001	-0.3	-0.3	-0.2	-0.2
Methil	56 11N	3 00W	+0003	-0002	-0004	+0001	0.0	0.0	+0.1	+0.1
Anstruther Easter	56 13N	2 42W	-0018	-0012	-0006	-0008	-0.3	-0.2	0.0	0.0
			0000	0600	0100	0700				
ABERDEEN	57 09N	2 05W	and	and	and	and	4.3	3.4	1.6	0.6
standard port			1200	1800	1300	1900				
River Tay										
Bar	56 27N	2 38W	+0100	+0100	+0050	+0110	+0.9	+0.8	+0.3	+0.1
Dundee	56 27N	2 58W	+0140	+0120	+0055	+0145	+1.1	+0.9	+0.3	+0.1
Newburgh	56 21N	3 14W	+0215	+0200	+0250	+0335	-0.2	-0.4	-1.1	-0.5
Perth	56 24N	3 27W	+0220	+0225	+0510	+0530	-0.9	-1.4	-1.2	-0.3
Arbroath	56 33N	2 35W	+0056	+0037	+0034	+0055	+0.7	+0.7	+0.2	+0.1
Montrose	56 42N	2 27W	+0055	+0055	+0030	+0040	+0.5	+0.4	+0.2	0.0
Stonehaven	56 58N	2 12W	+0013	+0008	+0013	+0009	+0.2	+0.2	+0.1	0.0
Peterhead	57 30N	1 46W	-0035	-0045	-0035	-0040	-0.5	-0.3	-0.1	-0.1
Fraserburgh	57 41N	2 00W	-0105	-0115	-0120	-0110	-0.6	-0.5	-0.2	0.0
			0200	0900	0400	0900				
ABERDEEN	57 09N	2 05W	and	and	and	and	4.3	3.4	1.6	0.6
standard port			1400	2100	1600	2100				
Banff	57 40N	2 31W	-0100	-0150	-0150	-0050	-0.4	-0.2	-0.1	+0.2
Whitehills	57 41N	2 35W	-0122	-0137	-0117	-0127	-0.4	-0.3	+0.1	+0.1
Buckie	57 40N	2 58W	-0130	-0145	-0125	-0140	-0.2	-0.2	0.0	+0.1
Lossiemouth	57 43N	3 18W	-0125	-0200	-0130	-0130	-0.2	-0.2	0.0	0.0
Burghead	57 42N	3 29W	-0120	-0150	-0135	-0120	-0.2	-0.2	0.0	0.0
Nairn	57 36N	3 52W	-0120	-0150	-0135	-0130	0.0	-0.1	0.0	+0.1
McDermott Base	57 36N	3 59W	-0110	-0140	-0120	-0115	-0.1	-0.1	+0.1	+0.3
			0300	1000	0000	0700				
ABERDEEN	57 09N	2 05W	and	and	and	and	4.3	3.4	1.6	0.6
standard port			1500	2200	1200	1900				
Inverness Firth										
Fortrose	57 35N	4 08W	-0125	-0125	-0125	-0125	0.0	0.0	no data	
Inverness	57 30N	4 15W	-0115	-0120	-0115	-0105	+0.4	+0.2	+0.1	+0.1
Cromarty Firth										
Cromarty	57 42N	4 03W	-0130	-0135	-0135	-0120	0.0	-0.1	0.0	+0.1
Invergordon	57 41N	4 10W	-0125	-0135	-0135	-0115	0.0	-0.1	-0.1	0.0
Dingwall	57 36N	4 25W	-0105	-0120	no data	no data	0.0	0.0	no data	
			0300	0800	0200	0800				
ABERDEEN	57 09N	2 05W	and	and	and	and	4.3	3.4	1.6	0.6
standard port			1500	2000	1400	2000				
Dornoch Firth										
Portmahomack	57 50N	3 50W	-0120	-0210	-0140	-0110	-0.2	-0.1	+0.1	+0.1
Meikle Ferry	57 51N	4 08W	-0100	-0140	-0120	-0055	+0.1	0.0	-0.1	0.0
Golspie	57 58N	3 59W	-0130	-0215	-0155	-0130	-0.3	-0.3	-0.1	0.0
			0000	0700	0200	0700				
WICK	58 26N	3 05W	and	and	and	and	3.5	2.8	1.4	0.7
standard port			1200	1900	1400	1900				
Helmsdale	58 07N	3 39W	+0025	+0015	+0035	+0030	+0.4	+0.3	+0.1	0.0
Duncansby Head	58 39N	3 02W	-0115	-0115	-0110	-0110	-0.4	-0.4	no data	

SECONDARY PORT TIDAL DATA

Location	Lat	Long	High Water		Low Water		MHWS	MHWN	MLWN	MLWS
			0000 and 1200	0700 and 1900	0200 and 1400	0700 and 1900				
WICK standard port	58 26N	3 05W					3.5	2.8	1.4	0.7
Orkney Islands										
Muckle Skerry	58 41N	2 55W	-0025	-0025	-0020	-0020	-0.9	-0.8	-0.4	-0.3
Burray Ness	58 51N	2 52W	+0005	+0005	+0015	+0015	-0.2	-0.3	-0.1	-0.1
Deer Sound	58 58N	2 50W	-0040	-0040	-0035	-0035	-0.3	-0.3	-0.1	-0.1
Kirkwall	58 59N	2 58W	-0042	-0042	-0041	-0041	-0.5	-0.4	-0.1	-0.1
Loth	59 12N	2 42W	-0052	-0052	-0058	-0058	-0.1	0.0	+0.3	+0.4
Kettletoft Pier	59 14N	2 36W	-0025	-0025	-0015	-0015	0.0	0.0	+0.2	+0.2
Rapness	59 15N	2 52W	-0205	-0205	-0205	-0205	+0.1	0.0	+0.2	0.0
Pierowall	59 19N	2 58W	-0150	-0150	-0145	-0145	+0.2	0.0	0.0	-0.1
Tingwall	59 05N	3 02W	-0200	-0125	-0145	-0125	-0.4	-0.4	-0.1	-0.1
Stromness	58 58N	3 18W	-0225	-0135	-0205	-0205	+0.1	-0.1	0.0	0.0
St Mary's	58 54N	2 55W	-0140	-0140	-0140	-0140	-0.2	-0.2	0.0	-0.1
Widewall Bay	58 49N	3 01W	-0155	-0155	-0150	-0150	+0.1	-0.1	-0.1	-0.3
Bur Wick	58 44N	2 58W	-0100	-0100	-0150	-0150	-0.1	-0.1	+0.2	+0.1

			0000 and 1200	0600 and 1800	0100 and 1300	0800 and 2000				
LERWICK standard port	60 09N	1 08W					2.2	1.7	1.0	0.6
Fair Isle	59 32N	1 36W	-0006	-0015	-0031	-0037	0.0	0.0	0.0	0.0
Shetland Islands										
Sumburgh *Grutness Voe*	59 53N	1 17W	+0006	+0008	+0004	-0002	-0.4	-0.3	-0.3	-0.2
Dury Voe	60 21N	1 10W	-0015	-0015	-0010	-0010	-0.1	-0.1	-0.1	-0.3
Out Skerries	60 25N	0 45W	-0025	-0025	-0010	-0010	0.0	0.0	-0.1	-0.2
Toft Pier	60 28N	1 12W	-0105	-0100	-0125	-0115	+0.1	+0.1	-0.2	-0.2
Burra Voe *Yell Sound*	60 30N	1 03W	-0025	-0025	-0025	-0025	+0.1	+0.1	-0.1	-0.2
Mid Yell	60 36N	1 03W	-0030	-0020	-0035	-0025	+0.2	+0.2	+0.1	0.0
Balta Sound	60 45N	0 50W	-0055	-0055	-0045	-0045	+0.1	+0.1	-0.1	-0.2
Burra Firth	60 48N	0 52W	-0110	-0110	-0115	-0115	+0.3	+0.2	-0.1	-0.1
Bluemull Sound	60 42N	1 00W	-0135	-0135	-0155	-0155	+0.4	+0.2	0.0	-0.1
Sullom Voe	60 27N	1 18W	-0135	-0125	-0135	-0120	0.0	0.0	-0.2	-0.2
Hillswick	60 29N	1 29W	-0220	-0220	-0200	-0200	-0.2	-0.1	-0.2	-0.2
Scalloway	60 08N	1 16W	-0150	-0150	-0150	-0150	-0.6	-0.4	-0.4	-0.1
Bay of Quendale	59 54N	1 20W	-0025	-0025	-0030	-0030	-0.5	-0.3	-0.1	0.0
Foula	60 07N	2 03W	-0140	-0130	-0140	-0120	-0.2	-0.1	-0.1	-0.1

			0200 and 1400	0700 and 1900	0100 and 1300	0700 and 1900				
WICK standard port	58 26N	3 05W					3.5	2.8	1.4	0.7
Stroma	58 40N	3 08W	-0115	-0115	-0110	-0110	-0.4	-0.5	-0.1	-0.2
Gills Bay	58 38N	3 10W	-0150	-0150	-0202	-0202	+0.7	+0.7	+0.6	+0.3
Scrabster	58 37N	3 33W	-0255	-0225	-0240	-0230	+1.5	+1.2	+0.8	+0.3
Sule Skerry	59 05N	4 24W	-0320	-0255	-0315	-0250	+0.4	+0.3	+0.2	+0.1
Loch Eriboll *Portnancon*	58 30N	4 42W	-0340	-0255	-0315	-0255	+1.6	+1.3	+0.8	+0.4
Kyle of Durness	58 36N	4 47W	-0350	-0350	-0315	-0315	+1.1	+0.7	+0.4	+0.1
Rona	59 08N	5 49W	-0410	-0345	-0330	-0340	-0.1	-0.2	-0.2	-0.1

			0100 and 1300	0700 and 1900	0300 and 1500	0900 and 2100				
ULLAPOOL standard port	57 54N	5 10W					5.2	3.9	2.1	0.7
Outer Hebrides										
Stornoway	58 12N	6 23W	-0010	-0010	-0010	-0010	-0.4	-0.2	-0.1	0.0
Loch Shell	58 00N	6 25W	-0023	-0010	-0010	-0027	-0.4	-0.3	-0.2	0.0
E Loch Tarbert	57 54N	6 48W	-0035	-0020	-0020	-0030	-0.2	-0.2	0.0	+0.1
Loch Maddy	57 36N	7 06W	-0054	-0024	-0026	-0040	-0.4	-0.3	-0.2	0.0
Loch Carnan	57 22N	7 16W	-0100	-0020	-0030	-0050	-0.7	-0.7	-0.2	-0.1
Loch Skiport	57 20N	7 16W	-0110	-0035	-0034	-0034	-0.6	-0.6	-0.4	-0.2
Loch Boisdale	57 09N	7 16W	-0105	-0040	-0030	-0050	-1.1	-0.9	-0.4	-0.2
Barra *North Bay*	57 00N	7 24W	-0113	-0041	-0044	-0058	-1.0	-0.7	-0.3	-0.1
Castle Bay	56 57N	7 29W	-0125	-0050	-0055	-0110	-0.9	-0.8	-0.4	-0.1
Barra Head	56 47N	7 38W	-0125	-0050	-0055	-0105	-1.2	-0.9	-0.3	+0.1
Shillay	57 31N	7 41W	-0113	-0053	-0057	-0117	-1.0	-0.9	-0.8	-0.3
Balivanich	57 29N	7 23W	-0113	-0027	-0041	-0055	-1.1	-0.8	-0.6	-0.2
Scolpaig	57 39N	7 29W	-0043	-0043	-0050	-0050	-1.4	-1.1	-0.6	0.0
Leverburgh	57 46N	7 01W	-0051	-0030	-0025	-0035	-0.6	-0.4	-0.2	-0.1
W Loch Tarbert	57 55N	6 55W	-0025	-0025	-0056	-0056	-1.5	-1.1	-0.6	0.0

SECONDARY PORT TIDAL DATA

Location	Lat	Long	High Water 0100 and 1300	0700 and 1900	Low Water 0300 and 1500	0900 and 2100	MHWS	MHWN	MLWN	MLWS
ULLAPOOL standard port	57 54N	5 10W					5.2	3.9	2.1	0.7
Little Bernera	58 16N	6 52W	-0031	-0021	-0027	-0037	-0.9	-0.8	-0.5	-0.2
Carloway	58 17N	6 47W	-0050	+0010	-0045	-0025	-1.0	-0.7	-0.5	-0.1

Location	Lat	Long	High Water 0000 and 1200	0600 and 1800	Low Water 0300 and 1500	0900 and 2100	MHWS	MHWN	MLWN	MLWS
ULLAPOOL standard port	57 54N	5 10W					5.2	3.9	2.1	0.7
St Kilda Village Bay	57 48N	8 34W	-0050	-0050	-0055	-0055	-1.8	-1.4	-0.9	-0.3
Flannan Isles	58 16N	7 36W	-0036	-0026	-0026	-0036	-1.3	-0.9	-0.7	-0.2
Rockall	57 36N	13 41W	-0105	-0105	-0115	-0115	-2.2	-1.7	-1.0	-0.2
Loch Bervie	58 27N	5 03W	+0030	+0010	+0010	+0020	-0.3	-0.3	-0.2	0.0
Loch Laxford	58 24N	5 05W	+0015	+0015	+0005	+0005	-0.3	-0.4	-0.2	0.0
Eddrachillis Bay										
Badcall Bay	58 19N	5 08W	+0005	+0005	+0005	+0005	-0.7	-0.5	-0.5	+0.2
Loch Nedd	58 14N	5 10W	0000	0000	0000	0000	-0.3	-0.2	-0.2	0.0
Loch Inver	58 09N	5 18W	-0005	-0005	-0005	-0005	-0.2	0.0	0.0	+0.1
Summer Isles Tanera Mor	58 01N	5 24W	-0005	-0005	-0010	-0010	-0.1	+0.1	0.0	+0.1
Loch Ewe Mellon Charles	57 51N	5 38W	-0010	-0010	-0010	-0010	-0.1	-0.1	-0.1	0.0
Loch Gairloch Gairloch	57 43N	5 41W	-0020	-0020	-0010	-0010	0.0	+0.1	-0.3	-0.1
Loch Torridon Shieldaig	57 31N	5 39W	-0020	-0020	-0015	-0015	+0.4	+0.3	+0.1	0.0
Inner Sound Applecross	57 26N	5 49W	-0020	-0015	-0010	-0010	-0.1	0.0	-0.1	0.0
Loch Carron Plockton	57 20N	5 39W	+0005	-0025	-0005	-0010	+0.5	+0.5	+0.5	+0.2
Rona Loch a' Bhraige	57 35N	5 58W	-0020	0000	-0010	0000	-0.1	-0.1	-0.1	-0.2
Skye										
Broadford Bay	57 15N	5 54W	-0015	-0015	-0010	-0015	+0.2	+0.1	+0.1	0.0
Portree	57 24N	6 11W	-0025	-0025	-0025	-0025	+0.1	-0.2	-0.2	0.0
Loch Snizort (Uig Bay)	57 35N	6 22W	-0045	-0020	-0005	-0025	+0.1	-0.4	-0.2	0.0
Loch Dunvegan	57 27N	6 38W	-0105	-0030	-0020	-0040	0.0	-0.1	0.0	0.0
Loch Harport	57 20N	6 25W	-0115	-0035	-0020	-0100	-0.1	-0.1	0.0	+0.1
Soay Camus nan Gall	57 09N	6 13W	-0055	-0025	-0025	-0045	-0.4	-0.2	no data	
Loch Alsh										
Kyle of Lochalsh	57 17N	5 43W	-0040	-0020	-0005	-0025	+0.1	0.0	+0.1	+0.1
Dornie Bridge	57 17N	5 31W	-0040	-0010	-0005	-0020	+0.1	-0.1	0.0	0.0
Kyle Rhea Glenelg Bay	57 13N	5 38W	-0105	-0035	-0035	-0055	-0.4	-0.4	-0.9	-0.1
Loch Hourn	57 06N	5 34W	-0125	-0050	-0040	-0110	-0.2	-0.1	-0.1	+0.1

Location	Lat	Long	High Water 0000 and 1200	0600 and 1800	Low Water 0100 and 1300	0700 and 1900	MHWS	MHWN	MLWN	MLWS
OBAN standard port	56 25N	5 29W					4.0	2.9	1.8	0.7
Loch Nevis										
Inverie Bay	57 02N	5 41W	+0030	+0020	+0035	+0020	+1.0	+0.9	+0.2	0.0
Mallaig	57 00N	5 50W	+0017	+0017	+0017	+0017	+1.0	+0.7	+0.3	+0.1
Eigg Bay of Laig	56 55N	6 10W	+0015	+0030	+0040	+0005	+0.7	+0.6	-0.2	-0.2
Loch Moidart	56 47N	5 53W	+0015	+0015	+0040	+0020	+0.8	+0.6	-0.2	-0.2
Coll Loch Eatharna	56 37N	6 31W	+0025	+0010	+0015	+0025	+0.4	+0.3	no data	
Tiree Gott Bay	56 31N	6 48W	0000	+0010	+0005	+0010	0.0	+0.1	0.0	0.0

Location	Lat	Long	High Water 0100 and 1300	0700 and 1900	Low Water 0100 and 1300	0800 and 2000	MHWS	MHWN	MLWN	MLWS
OBAN standard port	56 25N	5 29W					4.0	2.9	1.8	0.7
Mull										
Carsaig Bay	56 19N	5 59W	-0015	-0005	-0030	+0020	+0.1	+0.2	0.0	-0.1
Iona	56 19N	6 23W	-0010	-0005	-0020	+0015	0.0	+0.1	-0.3	-0.2
Bunessan	56 19N	6 14W	-0015	-0015	-0010	-0015	+0.3	+0.1	0.0	-0.1
Ulva Sound	56 29N	6 08W	-0010	-0015	0000	-0005	+0.4	+0.3	0.0	-0.1
Loch Sunart Salen	56 42N	5 47W	-0015	+0015	+0010	+0005	+0.6	+0.5	-0.1	-0.1
Sound of Mull										
Tobermory	56 37N	6 04W	+0025	+0010	+0015	+0025	+0.4	+0.4	0.0	0.0
Salen	56 31N	5 57W	+0045	+0015	+0020	+0030	+0.2	+0.2	-0.1	0.0
Loch Aline	56 32N	5 46W	+0012	+0012	no data	no data	+0.5	+0.3	no data	
Craignure	56 28N	5 42W	+0030	+0005	+0010	+0015	0.0	+0.1	-0.1	-0.1
Loch Linnhe										
Corran	56 43N	5 14W	+0007	+0007	+0004	+0004	+0.4	+0.4	-0.1	0.0
Corpach	56 50N	5 07W	0000	+0020	+0040	0000	0.0	0.0	-0.2	-0.2
Loch Eil Head	56 51N	5 20W	+0025	+0045	+0105	+0025	no data		no data	
Loch Leven Head	56 43N	5 00W	+0045	+0045	+0045	+0045	no data		no data	

SECONDARY PORT TIDAL DATA

Location	Lat	Long	High Water 0100	High Water 0700	Low Water 0100	Low Water 0800	MHWS	MHWN	MLWN	MLWS
OBAN *standard port*	56 25N	5 29W	and 1300	and 1900	and 1300	and 2000	4.0	2.9	1.8	0.7
Loch Linnhe Port Appin	56 33N	5 25W	-0005	-0005	-0030	0000	+0.2	+0.2	+0.1	+0.1
Loch Creran										
Barcaldine Pier	56 32N	5 19W	+0010	+0020	+0040	+0015	+0.1	+0.1	0.0	+0.1
Loch Creran Head	56 33N	5 16W	+0015	+0025	+0120	+0020	-0.3	-0.3	-0.4	-0.3
Loch Etive										
Dunstaffnage Bay	56 27N	5 26W	+0005	0000	0000	+0005	+0.1	+0.1	+0.1	+0.1
Connel	56 27N	5 24W	+0020	+0005	+0010	+0015	-0.3	-0.2	-0.1	+0.1
Bonawe	56 27N	5 13W	+0150	+0205	+0240	+0210	-2.0	-1.7	-1.3	-0.5
Seil Sound	56 18N	5 35W	-0035	-0015	-0040	-0015	-1.3	-0.9	-0.7	-0.3
Colonsay Scalasaig	56 04N	6 10W	-0020	-0005	-0015	+0005	-0.1	-0.2	-0.2	-0.2
Jura Glengarrisdale Bay	56 06N	5 47W	-0020	0000	-0010	0000	-0.4	-0.2	0.0	-0.2
Islay										
Rubha A'Mhail	55 56N	6 07W	-0020	0000	+0005	-0015	-0.3	-0.1	-0.3	-0.1
Ardnave Point	55 52N	6 20W	-0035	+0010	0000	-0025	-0.4	-0.2	-0.3	-0.1
Orsay	55 41N	6 31W	-0110	-0110	-0040	-0040	-1.4	-0.6	-0.5	-0.2
Bruichladdich	55 48N	6 22W	-0100	-0005	-0110	-0040	-1.7	-1.4	-0.4	+0.1
Port Ellen	55 38N	6 11W	-0530	-0050	-0045	-0530	-3.1	-2.1	-1.3	-0.4
Port Askaig	55 51N	6 06W	-0110	-0030	-0020	-0020	-1.9	-1.4	-0.8	-0.3
Sound of Jura										
Craighouse	55 50N	5 57W	-0230	-0250	-0150	-0230	-3.0	-2.4	-1.3	-0.6
Loch Melfort	56 15N	5 29W	-0055	-0025	-0040	-0035	-1.2	-0.8	-0.5	-0.1
Loch Beag	56 09N	5 36W	-0110	-0045	-0035	-0045	-1.6	-1.2	-0.8	-0.4
Carsaig Bay	56 02N	5 38W	-0105	-0040	-0050	-0050	-2.1	-1.6	-1.0	-0.4
Sound of Gigha	55 41N	5 44W	-0450	-0210	-0130	-0410	-2.5	-1.6	-1.0	-0.1
Machrihanish	55 25N	5 45W	-0520	-0350	-0340	-0540	Mean range 0.5 metres			

Location	Lat	Long	High Water 0000	High Water 0600	Low Water 0000	Low Water 0600	MHWS	MHWN	MLWN	MLWS
GREENOCK *standard port*	55 57N	4 46W	and 1200	and 1800	and 1200	and 1800	3.4	2.8	1.0	0.3
Firth of Clyde										
Southend, Kintyre	55 19N	5 38W	-0030	-0010	+0005	+0035	-1.3	-1.2	-0.5	-0.2
Campbeltown	55 25N	5 36W	-0025	-0005	-0015	+0005	-0.5	-0.3	+0.1	+0.2
Carradale	55 36N	5 28W	-0015	-0005	-0005	+0005	-0.3	-0.2	+0.1	+0.1
Loch Ranza	55 43N	5 18W	-0015	-0005	-0010	-0005	-0.4	-0.3	-0.1	0.0
Loch Fyne										
East Loch Tarbert	55 52N	5 24W	-0005	-0005	0000	-0005	+0.2	+0.1	0.0	0.0
Inveraray	56 14N	5 04W	+0011	+0011	+0034	+0034	-0.1	+0.1	-0.5	-0.2
Kyles of Bute										
Rubha Bodach	55 55N	5 09W	-0020	-0010	-0007	-0007	-0.2	-0.1	+0.2	+0.2
Tighnabruich	55 55N	5 13W	+0007	-0010	-0002	-0015	0.0	+0.2	+0.4	+0.5
Firth of Clyde - continued										
Millport	55 45N	4 56W	-0005	-0025	-0025	-0005	0.0	-0.1	0.0	+0.1
Rothesay Bay	55 51N	5 03W	-0020	-0015	-0010	-0002	+0.2	+0.2	+0.2	+0.2
Wemyss Bay	55 53N	4 53W	-0005	-0005	-0005	-0005	0.0	0.0	+0.1	+0.1
Loch Long										
Coulport	56 03N	4 53W	-0011	-0011	-0008	-0008	0.0	0.0	0.0	0.0
Lochgilphead	56 10N	4 54W	+0015	0000	-0005	-0005	-0.2	-0.3	-0.3	-0.3
Arrochar	56 12N	4 45W	-0005	-0005	-0005	-0005	0.0	0.0	-0.1	-0.1
Gareloch										
Rosneath Rhu Pier	56 01N	4 47W	-0005	-0005	-0005	-0005	0.0	-0.1	0.0	0.0
Faslane	56 04N	4 49W	-0010	-0010	-0010	-0010	0.0	0.0	-0.1	-0.2
Garelochhead	56 05N	4 50W	0000	0000	0000	0000	0.0	0.0	0.0	-0.1
River Clyde										
Helensburgh	56 00N	4 44W	0000	0000	0000	0000	0.0	0.0	0.0	0.0
Port Glasgow	55 56N	4 41W	+0010	+0005	+0010	+0020	+0.2	+0.1	0.0	0.0
Bowling	55 56N	4 29W	+0020	+0010	+0030	+0055	+0.6	+0.5	+0.3	+0.1
Renfrew	55 53N	4 23W	+0025	+0015	+0035	+0100	+0.9	+0.8	+0.5	+0.2
Glasgow	55 51N	4 16W	+0025	+0015	+0035	+0105	+1.3	+1.2	+0.6	+0.4
Firth of Clyde - continued										
Brodick Bay	55 35N	5 08W	0000	0000	+0005	+0005	-0.2	-0.2	0.0	0.0
Lamlash	55 32N	5 07W	-0016	-0036	-0024	-0004	-0.2	-0.2	no data	
Ardrossan	55 38N	4 49W	-0020	-0010	-0010	-0010	-0.2	-0.2	+0.1	+0.1
Irvine	55 36N	4 41W	-0020	-0020	-0030	-0010	-0.3	-0.3	-0.1	0.0
Troon	55 33N	4 41W	-0025	-0025	-0020	-0020	-0.2	-0.2	0.0	0.0
Ayr	55 28N	4 39W	-0025	-0025	-0030	-0015	-0.4	-0.3	+0.1	+0.1
Girvan	55 15N	4 52W	-0025	-0040	-0035	-0010	-0.3	-0.3	-0.1	0.0

SECONDARY PORT TIDAL DATA

Location	Lat	Long	High Water		Low Water		MHWS	MHWN	MLWN	MLWS

DENMARK

			0300	0700	0100	0800				
ESBJERG	55 28N	8 27E	and	and	and	and	1.8	1.4	0.4	0.0
standard port			1500	1900	1300	2000				
Hirtshals	57 36N	9 58E	+0055	+0320	+0340	+0100	-1.5	-1.1	-0.3	0.0
Hanstholm	57 08N	8 36E	+0100	+0340	+0340	+0130	-1.5	-1.1	-0.3	0.0
Thyborøn	56 42N	8 13E	+0120	+0230	+0410	+0210	-1.4	-1.1	-0.3	0.0
Torsminde	56 22N	8 07E	+0030	+0050	+0040	+0010	-0.9	-0.7	-0.3	0.0
Hvide Sande	56 00N	8 07E	0000	+0010	-0015	-0025	-1.0	-0.7	-0.3	0.0
Blavandshuk	55 33N	8 05E	-0120	-0110	-0050	-0100	0.0	0.0	-0.1	0.0
Gradyb Bar	55 26N	8 15E	-0130	-0115	no data	no data	-0.3	-0.2	-0.1	0.0
Rømø Havn	55 05N	8 34E	-0040	-0005	0000	-0020	+0.1	+0.2	-0.1	0.0
Hojer	54 58N	8 40E	-0020	+0015	no data	no data	+0.6	+0.7	0.0	0.0

GERMANY

			0100	0600	0100	0800				
HELGOLAND	54 11N	7 53E	and	and	and	and	2.7	2.3	0.4	0.0
standard port			1300	1800	1300	2000				
Lister Tief List	55 01N	8 27E	+0252	+0240	+0201	+0210	-0.8	-0.6	-0.2	0.0
Hörnum	54 46N	8 18E	+0223	+0218	+0131	+0137	-0.5	-0.4	-0.2	0.0
Amrum-Hafen	54 38N	8 23E	+0138	+0137	+0128	+0134	+0.2	+0.2	0.0	0.0
Dagebüll	54 44N	8 41E	+0226	+0217	+0211	+0225	+0.5	+0.6	0.0	0.0
Suderoogsand	54 25N	8 30E	+0116	+0102	+0038	+0122	+0.4	+0.4	+0.1	0.0
Hever Husum	54 28N	9 02E	+0205	+0152	+0118	+0200	+1.2	+1.1	+0.1	0.0
Suederhoeft	54 16N	8 42E	+0103	+0056	+0051	+0112	+0.7	+0.7	+0.1	0.0
Linnenplate	54 13N	8 40E	+0047	+0046	+0034	+0046	+0.7	+0.6	+0.1	0.0
Büsum	54 07N	8 52E	+0054	+0049	-0001	+0027	+0.9	+0.9	+0.1	0.0

			0200	0800	0200	0900				
CUXHAVEN	53 52N	8 43E	and	and	and	and	3.3	2.9	0.4	0.0
standard port			1400	2000	1400	2100				
River Elbe										
Grober Vogelsand	54 00N	8 29E	-0044	-0046	-0101	-0103	0.0	0.0	+0.1	0.0
Scharhörn	53 58N	8 28E	-0045	-0047	-0101	-0103	0.0	0.0	0.0	0.0
Brunsbüttel	53 53N	9 08E	+0057	+0105	+0121	+0112	-0.2	-0.2	-0.1	0.0
Glückstadt	53 47N	9 25E	+0205	+0214	+0220	+0213	-0.2	-0.2	-0.1	+0.1
Stadersand	53 38N	9 32E	+0241	+0245	+0300	+0254	-0.1	0.0	-0.2	+0.1
Schulau	53 34N	9 42E	+0304	+0315	+0337	+0321	+0.1	+0.1	-0.2	+0.1
Seemanshoeft	53 32N	9 53E	+0324	+0332	+0403	+0347	+0.2	+0.3	-0.3	0.0
Hamburg	53 33N	9 58E	+0338	+0346	+0422	+0406	+0.3	+0.3	-0.3	0.0
Harburg	53 28N	10 00E	+0344	+0350	+0430	+0416	+0.4	+0.4	-0.3	0.0
Wangerooge East	53 46N	7 58E	-0108	-0109	-0116	-0023	0.0	0.0	+0.1	0.0
Hooksiel	53 39N	8 05E	-0033	-0038	-0100	-0101	+0.5	+0.4	+0.1	0.0

			0200	0700	0200	0800				
HELGOLAND	54 11N	7 53E	and	and	and	and	2.7	2.3	0.4	0.0
standard port			1400	1900	1400	2000				
East Frisian islands and coast										
Spiekeroog	53 45N	7 41E	+0003	-0003	-0031	-0012	+0.4	+0.4	+0.1	+0.1
Neuharlingersiel	53 42N	7 42E	no data	no data	no data	no data	+0.5	+0.5	0.0	0.0
Langeoog	53 43N	7 30E	+0003	-0001	-0034	-0018	+0.3	+0.3	0.0	0.0
Norderney Riffgat	53 42N	7 10E	-0024	-0030	-0056	-0045	+0.1	+0.1	0.0	0.0
Norddeich Hafen	53 37N	7 10E	-0018	-0017	-0029	-0012	+0.2	+0.2	0.0	0.0
River Ems										
Memmert	53 38N	6 53E	no data	no data	no data	no data	+0.1	+0.1	0.0	0.0
Borkum Fischerbalje	53 33N	6 45E	-0048	-0052	-0124	-0105	0.0	0.0	0.0	0.0
Emshorn	53 30N	6 51E	-0037	-0041	-0108	-0047	+0.1	+0.2	0.0	0.0
Knock	53 20N	7 02E	+0018	+0005	-0028	+0004	+0.6	+0.6	0.0	0.0
Emden	53 20N	7 11E	+0041	+0028	-0011	+0022	+0.8	+0.8	0.0	0.0

			0200	0700	0200	0800				
HELGOLAND	54 11N	7 53E	and	and	and	and	2.7	2.3	0.4	0.0
standard port			1400	1900	1400	2000				

NETHERLANDS

Nieuwe Statenzijl	53 14N	7 13E	+0110	+0135	no data	no data	+1.1	+1.1	no data	
Delfzijl	53 19N	6 57E	+0020	-0005	-0040	0000	+0.9	+0.9	+0.3	+0.3
Eemshaven	53 26N	6 52E	-0025	-0045	-0115	-0045	+0.5	+0.5	+0.3	+0.3
Schiermonnikoog	53 28N	6 12E	-0120	-0130	-0240	-0220	+0.2	+0.3	+0.3	+0.3

SECONDARY PORT TIDAL DATA

Location	Lat	Long	High Water		Low Water		MHWS	MHWN	MLWN	MLWS
			0200	0700	0200	0800				
HELGOLAND	54 11N	7 53E	and	and	and	and	2.7	2.3	0.4	0.0
standard port			1400	1900	1400	2000				
Waddenzee										
Lauwersoog	53 25N	6 12E	-0130	-0145	-0235	-0220	+0.2	+0.3	+0.3	+0.3
Nes	53 26N	5 47E	-0135	-0150	-0245	-0225	+0.1	+0.2	+0.2	+0.2
Holwerd	53 24N	5 53E	-0120	-0135	-0155	-0135	+0.3	+0.4	+0.4	+0.4
West Terschelling	53 21N	5 13E	-0220	-0250	-0335	-0310	-0.4	-0.2	+0.1	+0.2
Vlieland-haven	53 18N	5 06E	-0250	-0320	-0355	-0330	-0.3	-0.2	+0.1	+0.2
Harlingen	53 10N	5 24E	-0155	-0245	-0210	-0130	-0.4	-0.3	-0.1	+0.2
Kornwerderzand	53 04N	5 20E	-0210	-0315	-0300	-0215	-0.5	-0.4	-0.1	+0.2
Den Oever	52 56N	5 00E	-0245	-0410	-0400	-0305	-0.8	-0.6	0.0	+0.2
Oude Schild	53 02N	4 51E	-0310	-0420	-0445	-0400	-0.9	-0.7	0.0	+0.2
Den Helder	52 58N	4 45E	-0410	-0520	-0520	-0430	-0.9	-0.7	0.0	+0.2
Noordwinning *Platform K13-a*	53 13N	3 13E	-0420	-0430	-0520	-0530	-1.0	-1.0	+0.1	+0.1
			0300	0900	0400	1000				
VLISSINGEN	51 27N	3 36E	and	and	and	and	4.8	3.9	0.9	0.3
standard port			1500	2100	1600	2200				
IJmuiden	52 28N	4 35E	+0145	+0140	+0305	+0325	-2.7	-2.2	-0.6	-0.1
Scheveningen	52 06N	4 16E	+0105	+0100	+0220	+0245	-2.6	-2.1	-0.6	-0.1
Europlatform	52 00N	3 17E	+0005	-0005	-0030	-0055	-2.7	-2.2	-0.6	-0.1
Nieuwe Waterweg										
Hoek van Holland	51 59N	4 07E	STANDARD PORT							
Maassluis	51 55N	4 15E	+0125	+0100	+0110	+0255	-2.8	-2.2	-0.6	0.0
Nieuwe Maas										
Vlaardingen	51 54N	4 21E	+0150	+0125	+0135	+0320	-2.8	-2.2	-0.6	0.0
Rotterdam	51 55N	4 30E	STANDARD PORT							
Lek										
Krimpen	51 55N	4 38E	+0230	+0210	+0305	+0430	-3.3	-2.6	-0.7	-0.1
Streefkerk	51 55N	4 45E	+0305	+0310	+0400	+0510	-3.3	-2.5	-0.6	0.0
Schoonhoven	51 57N	4 51E	+0415	+0315	+0435	+0545	-3.1	-2.4	-0.5	+0.1
Oude Maas										
Spijkenisse	51 52N	4 20E	+0155	+0125	+0135	+0315	-3.0	-2.3	-0.7	-0.1
Goidschalxoord	51 50N	4 27E	+0225	+0205	+0235	+0355	-3.4	-2.7	-0.7	-0.1
De Kil 's-Gravendeel	51 47N	4 38E	+0400	+0310	+0425	+0525	-4.0	-3.2	-0.6	0.0
Merwede										
Dordrecht	51 49N	4 39E	+0205	+0300	+0405	+0505	-3.8	-3.1	-0.7	0.0
Werkendam	51 49N	4 53E	+0425	+0410	+0550	+0650	-4.1	-3.3	-0.6	0.0
Haringvlietsluizen	51 50N	4 02E	+0015	+0015	+0015	-0020	-1.8	-1.6	-0.5	0.0
Ooster Schelde										
Roompot	51 37N	3 40E	-0015	+0005	+0005	-0020	-1.2	-1.0	-0.3	0.0
Stavenisse	51 36N	4 01E	+0150	+0120	+0055	+0115	-1.3	-0.9	-0.5	0.0
Lodijkse Gat	51 30N	4 12E	+0145	+0125	+0105	+0115	-0.7	-0.4	-0.3	0.0
Zijpe Philipsdam *West*	51 40N	4 11E	+0215	+0125	+0100	+0110	-1.2	-0.8	-0.5	-0.1
Walcheren Westkapelle	51 31N	3 27E	-0025	-0015	-0010	-0025	-0.6	-0.5	-0.1	0.0
Wester Schelde										
Terneuzen	51 20N	3 49E	+0020	+0020	+0020	+0030	+0.3	+0.3	0.0	0.0
Hansweert	51 27N	4 00E	+0100	+0050	+0040	+0100	+0.6	+0.6	0.0	0.0
Bath	51 24N	4 12E	+0125	+0115	+0115	+0140	+1.0	+0.9	0.0	0.0

BELGIUM

			0000	0500	0000	0600				
ANTWERPEN, PROSPERPOLDER			and	and	and	and	5.8	4.8	0.8	0.3
standard port	51 21N	4 14E	1200	1700	1200	1800				
Boudewijnsluis	51 17N	4 20E	+0013	+0005	+0025	+0020	0.0	+0.1	0.0	0.0
Royersluis	51 14N	4 24E	+0030	+0015	+0045	+0041	+0.2	+0.3	0.0	0.0
Boom	51 05N	4 22E	+0125	+0110	+0155	+0150	-0.2	0.0	-0.4	-0.2
Gentbrugge	51 03N	3 44E	+0430	+0415	+0630	+0600	-3.9	-3.3	-1.1	-0.4
Zeebrugge	51 21N	3 12E	-0035	-0015	-0020	-0035	+0.1	0.0	+0.3	+0.1
Oostende	51 14N	2 56E	-0055	-0040	-0030	-0045	+0.4	+0.3	+0.3	+0.1
Nieuwpoort	51 09N	2 43E	-0110	-0050	-0035	-0045	+0.6	+0.4	+0.4	+0.1

FRANCE

			0200	0800	0200	0900				
DUNKERQUE	51 03N	2 22E	and	and	and	and	6.0	5.0	1.5	0.6
standard port			1400	2000	1400	2100				
Gravelines	51 01N	2 06E	-0005	-0015	-0005	+0005	+0.3	+0.1	-0.1	-0.1

SECONDARY PORT TIDAL DATA

Location	Lat	Long	High Water		Low Water		MHWS	MHWN	MLWN	MLWS
			0200	0800	0200	0900				
DUNKERQUE	51 03N	2 22E	and	and	and	and	6.0	5.0	1.5	0.6
standard port			1400	2000	1400	2100				
Sandettie Bank	51 09N	1 47E	-0015	-0025	-0020	-0005	+0.1	-0.1	-0.1	-0.1
Calais	50 58N	1 51E		STANDARD PORT						
Wissant	50 53N	1 40E	-0035	-0050	-0030	-0010	+2.0	+1.5	+0.8	+0.4
			0100	0600	0100	0700				
DIEPPE	49 56N	1 05E	and	and	and	and	9.3	7.4	2.5	0.8
standard port			1300	1800	1300	1900				
Boulogne	50 44N	1 35E	+0014	+0027	+0035	+0033	-0.4	-0.2	+0.1	+0.3
Le Touquet, Étaples	50 31N	1 35E	+0007	+0017	+0032	+0032	+0.2	+0.3	+0.4	+0.4
Berck	50 24N	1 34E	+0007	+0017	+0028	+0028	+0.5	+0.5	+0.4	+0.4
La Somme										
Le Hourdel	50 13N	1 34E	+0020	+0020	no data	no data	+0.8	+0.6	no data	
St Valéry	50 11N	1 37E	+0035	+0035	no data	no data	+0.9	+0.7	no data	
Cayeux	50 11N	1 29E	0000	+0005	+0015	+0010	+0.5	+0.6	+0.4	+0.4
Le Tréport	50 04N	1 22E	+0005	0000	+0007	+0007	+0.1	+0.1	0.0	+0.1
St Valéry-en-Caux	49 52N	0 42E	-0007	-0007	-0015	-0025	-0.8	-0.6	-0.2	-0.1
Fécamp	49 46N	0 22E	-0015	-0010	-0030	-0040	-1.0	-0.6	+0.3	+0.4
Etretat	49 42N	0 12E	-0020	-0020	-0045	-0050	-1.2	-0.8	+0.3	+0.4
			0000	0500	0000	0700				
LE HAVRE	49 29N	0 07E	and	and	and	and	7.9	6.6	2.8	1.2
standard port			1200	1700	1200	1900				
Antifer Le Havre	49 39N	0 09E	+0025	+0015	+0005	-0007	+0.1	0.0	0.0	0.0
La Seine										
Honfleur	49 25N	0 14E	-0135	-0135	+0015	+0040	+0.1	+0.1	+0.1	+0.3
Tancarville	49 28N	0 28E	-0105	-0100	+0105	+0140	-0.1	-0.1	0.0	+1.0
Quilleboeuf	49 28N	0 32E	-0045	-0050	+0120	+0200	0.0	0.0	+0.2	+1.4
Vatteville	49 29N	0 40E	+0005	-0020	+0225	+0250	0.0	-0.1	+0.8	+2.3
Caudebec	49 32N	0 44E	+0020	-0015	+0230	+0300	-0.3	-0.2	+0.9	+2.4
Heurteauville	49 27N	0 49E	+0110	+0025	+0310	+0330	-0.5	-0.2	+1.1	+2.7
Duclair	49 29N	0 53E	+0225	+0150	+0355	+0410	-0.4	-0.3	+1.4	+3.3
Rouen	49 27N	1 06E	+0440	+0415	+0525	+0525	-0.2	-0.1	+1.6	+3.6
Trouville	49 22N	0 05E	-0100	-0010	0000	+0005	+0.4	+0.3	+0.3	+0.1
Dives	49 18N	0 05E	-0100	-0010	0000	0000	+0.3	+0.2	+0.2	+0.1
Ouistreham	49 17N	0 15W	-0045	-0010	-0005	0000	-0.3	-0.3	-0.2	-0.3
Courseulles-sur-Mer	49 20N	0 27W	-0045	-0015	-0020	-0025	-0.5	-0.5	-0.1	-0.1
Arromanches	49 21N	0 37W	-0055	-0025	-0027	-0035	-0.6	-0.6	-0.2	-0.2
Port-en-Bessin	49 21N	0 45W	-0055	-0030	-0030	-0035	-0.7	-0.7	-0.2	-0.1
Alpha-Baie de Seine	49 49N	0 20W	+0030	+0020	-0005	-0020	-1.0	-0.9	-0.4	-0.2
			0300	1000	0400	1000				
CHERBOURG	49 39N	1 38W	and	and	and	and	6.4	5.0	2.5	1.1
standard port			1500	2200	1600	2200				
Rade de la Capelle	49 25N	1 05W	+0115	+0050	+0130	+0117	+0.8	+0.9	+0.1	+0.1
Iles Saint Marcouf	49 30N	1 08W	+0118	+0052	+0125	+0110	+0.6	+0.7	+0.1	+0.1
St Vaast-la-Hougue	49 34N	1 16W	+0110	+0045	+0050	+0100	+0.2	+0.2	0.0	-0.1
Barfleur	49 40N	1 15W	+0110	+0055	+0052	+0052	+0.1	+0.3	0.0	0.0
Omonville	49 42N	1 50W	-0025	-0030	-0022	-0022	-0.3	-0.2	-0.2	-0.1
Goury	49 43N	1 57W	-0100	-0040	-0105	-0120	+1.7	+1.6	+1.0	+0.3

CHANNEL ISLANDS

			0300	0900	0200	0900				
ST. HELIER	49 11N	2 07W	and	and	and	and	11.0	8.1	4.0	1.4
standard port			1500	2100	1400	2100				
Alderney Braye	49 43N	2 12W	+0050	+0040	+0025	+0105	-4.8	-3.4	-1.5	-0.5
Sark Maseline Pier	49 26N	2 21W	+0005	+0015	+0005	+0010	-2.1	-1.5	-0.6	-0.3
Guernsey St Peter Port	49 27N	2 31W	0000	+0012	-0008	+0002	-1.7	-1.1	-0.4	0.0
Jersey										
St Catherine Bay	49 13N	2 01W	0000	+0010	+0010	+0010	0.0	-0.1	0.0	+0.1
Bouley Bay	49 14N	2 05W	+0002	+0002	+0004	+0004	-0.3	-0.3	-0.1	-0.1
Les Ecrehou	49 17N	1 56W	+0105	+0109	+0111	+0109	-0.2	+0.1	-0.2	0.0
Les Minquiers	48 57N	2 08W	+0046	+0042	+0059	+0052	+0.5	+0.6	+0.1	+0.1

SECONDARY PORT TIDAL DATA

Location	Lat	Long	High Water		Low Water		MHWS	MHWN	MLWN	MLWS
			FRANCE							
			0100	0800	0300	0800				
ST. MALO	48 38N	2 02W	and	and	and	and	12.2	9.2	4.3	1.6
standard port			1300	2000	1500	2000				
Iles Chausey	48 52N	1 49W	+0010	+0010	+0020	+0015	+0.8	+0.7	+0.5	+0.4
Flamanville	49 32N	1 53W	+0050	+0050	+0025	+0045	-2.7	-1.8	-1.1	-0.5
Carteret	49 22N	1 47W	+0035	+0025	+0020	+0035	-1.6	-1.1	-0.6	-0.3
Portbail	49 18N	1 45W	+0035	+0030	+0030	+0035	-0.8	-0.5	-0.3	-0.2
St Germain sur Ay	49 14N	1 36W	+0030	+0030	+0040	+0040	-0.7	-0.4	-0.1	0.0
Le Sénéquet	49 05N	1 40W	+0020	+0020	+0028	+0028	-0.3	-0.2	0.0	0.0
Regnéville sur Mer	49 01N	1 33W	+0018	+0018	+0028	+0028	-0.2	-0.1	0.0	0.0
Granville	48 50N	1 36W	+0010	+0010	+0025	+0015	+0.7	+0.6	+0.2	0.0
Cancale	48 40N	1 51W	-0002	-0002	+0012	+0006	+0.8	+0.7	+0.3	+0.1
St Cast	48 38N	2 15W	-0002	-0002	-0005	-0005	-0.2	-0.1	-0.1	-0.1
Erquy	48 38N	2 28W	-0005	0000	-0018	-0012	-0.6	-0.4	-0.1	-0.1
Dahouët	48 35N	2 34W	-0006	-0006	-0020	-0015	-0.9	-0.6	-0.3	-0.3
Le Légué *(buoy)*	48 32N	2 44W	0000	0000	-0020	-0010	-0.8	-0.4	-0.3	-0.2
Binic	48 36N	2 49W	-0003	-0003	-0025	-0010	-0.8	-0.6	-0.3	-0.3
Portrieux	48 38N	2 49W	-0005	0000	-0020	-0010	-1.0	-0.6	-0.3	-0.3
Paimpol	48 47N	3 02W	-0005	-0010	-0035	-0025	-1.4	-0.8	-0.5	-0.2
Ile de Bréhat	48 51N	3 00W	-0008	-0013	-0040	-0037	-1.8	-1.2	-0.5	-0.3
Les Héaux de Bréhat	48 55N	3 05W	-0018	-0017	-0050	-0050	-2.4	-1.6	-0.7	-0.3
Lézardrieux	48 47N	3 06W	-0010	-0010	-0047	-0037	-1.7	-1.2	-0.6	-0.3
Port-Béni	48 51N	3 10W	-0017	-0022	-0100	-0045	-2.4	-1.5	-0.6	-0.2
Tréguier	48 47N	3 13W	-0005	-0010	-0055	-0040	-2.3	-1.5	-0.7	-0.3
Perros-Guirec	48 49N	3 28W	-0030	-0040	-0115	-0055	-2.9	-1.8	-0.9	-0.3
Ploumanac'h	48 50N	3 29W	-0023	-0033	-0112	-0053	-2.9	-1.8	-0.7	-0.2
			0000	0600	0000	0600				
BREST	48 23N	4 30W	and	and	and	and	6.9	5.4	2.6	1.0
standard port			1200	1800	1200	1800				
Trébeurden	48 46N	3 35W	+0100	+0110	+0120	+0100	+2.3	+1.9	+0.9	+0.4
Locquirec	48 42N	3 38W	+0058	+0108	+0120	+0100	+2.2	+1.8	+0.8	+0.3
Anse de Primel	48 43N	3 50W	+0100	+0110	+0120	+0100	+2.1	+1.7	+0.8	+0.3
Rade de Morlaix										
Morlaix	48 41N	3 53W	+0055	+0105	+0115	+0055	+2.0	+1.7	+0.8	+0.3
Roscoff	48 43N	3 58W	+0055	+0105	+0115	+0055	+1.9	+1.6	+0.8	+0.3
Ile de Batz	48 44N	4 00W	+0045	+0100	+0105	+0055	+2.0	+1.6	+0..9	+0.4
Brignogan	48 40N	4 19W	+0040	+0045	+0058	+0038	+1.5	+1.2	+0.6	+0.2
L'Aber Vrac'h										
Ile Cézon	48 36N	4 34W	+0030	+0030	+0038	+0037	+0.8	+0.7	+0.2	0.0
Aber Benoit	48 35N	4 37W	+0022	+0025	+0035	+0020	+1.0	+0.9	+0.4	+0.2
Portsall	48 33N	4 42W	+0015	+0020	+0025	+0015	+0.6	+0.5	+0.1	0.0
L'Aber Ildhut	48 28N	4 45W	+0010	+0010	+0023	+0010	+0.4	+0.3	0.0	0.0
Ouessant										
Baie de Lampaul	48 27N	5 06W	+0005	+0005	-0005	+0003	0.0	-0.1	-0.1	0.0
Molene	48 24N	4 58W	+0012	+0012	+0017	+0017	+0.4	+0.3	+0.2	+0.1
Le Conquet	48 22N	4 47W	-0005	0000	+0007	+0007	-0.1	-0.1	-0.1	0.0
Le Trez Hir	48 21N	4 42W	-0010	-0005	-0008	-0008	-0.3	-0.3	-0.1	0.0
Camaret	48 16N	4 36W	-0010	-0010	-0013	-0013	-0.3	-0.3	-0.1	0.0
Morgat	48 13N	4 30W	-0008	-0008	-0020	-0010	-0.4	-0.4	-0.2	0.0
Douarnenez	48 06N	4 19W	-0010	-0015	-0018	-0008	-0.5	-0.5	-0.3	-0.1
Ile de Sein	48 02N	4 51W	-0005	-0005	-0010	-0005	-0.7	-0.6	-0.2	-0.1
Audierne	48 01N	4 33W	-0035	-0030	-0035	-0030	-1.7	-1.3	-0.6	-0.2
Le Guilvinec	47 48N	4 17W	-0010	-0025	-0025	-0015	-1.8	-1.4	-0.6	-0.1
Lesconil	47 48N	4 13W	-0008	-0028	-0028	-0018	-1.9	-1.4	-0.6	-0.1
Pont l'Abbe River										
Loctudy	47 50N	4 10W	-0013	-0033	-0035	-0025	-1.9	-1.5	-0.7	-0.2
Odet River										
Bénodet	47 53N	4 07W	0000	-0020	-0023	-0013	-1.7	-1.3	-0.5	-0.1
Corniguel	47 58N	4 06W	+0015	+0010	-0015	-0010	-2.0	-1.6	-1.0	-0.7
Concarneau	47 52N	3 55W	-0010	-0030	-0030	-0020	-1.9	-1.5	-0.7	-0.2
Iles de Glenan										
Ile de Penfret	47 44N	3 57W	-0005	-0030	-0028	-0018	-1.9	-1.5	-0.7	-0.2
Port Louis	47 42N	3 21W	+0004	-0021	-0022	-0012	-1.8	-1.4	-0.6	-0.1
Lorient	47 45N	3 21W	+0003	-0022	-0020	-0010	-1.8	-1.4	-0.6	-0.2

SECONDARY PORT TIDAL DATA

Location	Lat	Long	High Water 0000 / 0600		Low Water 0000 / 0600		MHWS	MHWN	MLWN	MLWS
			0000	0600	0000	0600				
BREST	48 23N	4 30W	and	and	and	and	6.9	5.4	2.6	1.0
standard port			1200	1800	1200	1800				
Hennebont	47 48N	3 17W	+0015	-0017	+0015	+0003	-1.9	-1.5	-0.8	-0.2
Ile de Groix Port Tudy	47 39N	3 27W	0000	-0025	-0025	-0015	-1.8	-1.4	-0.6	-0.1
Port d'Etel	47 39N	3 12W	+0020	-0010	+0030	+0010	-2.0	-1.3	-0.4	+0.5
Port-Haliguen	47 29N	3 06W	+0015	-0020	-0015	-0010	-1.7	-1.3	-0.6	-0.3
Port Maria	47 29N	3 08W	+0010	-0025	-0025	-0015	-1.6	-1.3	-0.6	-0.1
Belle-Ile										
Le Palais	47 21N	3 09W	+0007	-0028	-0025	-0020	-1.8	-1.4	-0.7	-0.3
Crac'h River										
La Trinité	47 35N	3 01W	+0020	-0020	-0015	-0005	-1.5	-1.1	-0.5	-0.2
Morbihan										
Port-Navalo	47 33N	2 55W	+0030	-0005	-0010	-0005	-2.0	-1.5	-0.8	-0.3
Auray	47 40N	2 59W	+0055	0000	+0020	+0005	-2.0	-1.4	-0.8	-0.2
Arradon	47 37N	2 50W	+0155	+0145	+0145	+0130	-3.7	-2.7	-1.6	-0.5
Vannes	47 39N	2 46W	+0220	+0200	+0200	+0125	-3.6	-2.7	-1.6	-0.5
Le Logeo	47 33N	2 51W	+0155	+0140	+0145	+0125	-3.7	-2.7	-1.6	-0.5
Port du Crouesty	47 32N	2 54W	+0013	-0022	-0017	-0012	-1.6	-1.2	-0.6	-0.3
Ile de Houat	47 24N	2 57W	+0010	-0025	-0020	-0015	-1.7	-1.3	-0.6	-0.2
Ile de Hoedic	47 20N	2 52W	+0010	-0035	-0027	-0022	-1.8	-1.4	-0.7	-0.3
Pénerf	47 31N	2 37W	+0020	-0025	-0015	-0015	-1.5	-1.1	-0.6	-0.3
Tréhiguier	47 30N	2 27W	+0035	-0020	-0005	-0010	-1.4	-1.0	-0.5	-0.3
Le Croisic	47 18N	2 31W	+0015	-0040	-0020	-0015	-1.5	-1.1	-0.6	-0.3
Le Pouliguen	47 17N	2 25W	+0020	-0025	-0020	-0025	-1.5	-1.1	-0.6	-0.3
Le Grand-Charpentier	47 13N	2 19W	+0015	-0045	-0025	-0020	-1.5	-1.1	-0.6	-0.3
Pornichet	47 16N	2 21W	+0020	-0045	-0022	-0022	-1.4	-1.0	-0.5	-0.2
La Loire										
St Nazaire	47 16N	2 12W	+0030	-0040	-0010	-0010	-1.1	-0.8	-0.4	-0.2
Donges	47 18N	2 05W	+0040	-0030	0000	0000	-0.9	-0.7	-0.5	-0.4
Cordemais	47 17N	1 54W	+0055	-0005	+0105	+0030	-0.7	-0.5	-0.7	-0.4
Le Pellerin	47 12N	1 46W	+0110	+0010	+0145	+0100	-0.7	-0.5	-0.9	-0.4
Nantes *Chantenay*	47 12N	1 35W	+0135	+0055	+0215	+0125	-0.6	-0.3	-0.8	-0.1

			0500	1100	0500	1100				
BREST	48 23N	4 30W	and	and	and	and	6.9	5.4	2.6	1.0
standard port			1700	2300	1700	2300				
Pointe de Saint-Gildas	47 08N	2 15W	-0045	+0025	-0020	-0020	-1.3	-1.0	-0.5	-0.2
Pornic	47 06N	2 07W	-0050	+0030	-0010	-0010	-1.1	-0.8	-0.4	-0.2
Ile de Noirmoutier										
L'Herbaudière	47 02N	2 18W	-0047	+0023	-0020	-0020	-1.4	-1.0	-0.5	-0.2
Fromentine	46 54N	2 10W	-0045	+0020	-0015	+0005	-1.7	-1.3	-0.8	-0.1
Ile de Yeu										
Port Joinville	46 44N	2 21W	-0025	+0010	-0030	-0030	-1.7	-1.3	-0.6	-0.2
St Gilles-Croix-de-Vie	46 41N	1 56W	-0032	+0013	-0033	-0033	-1.8	-1.3	-0.6	-0.3
Les Sables d'Olonne	46 30N	1 48W	-0030	+0015	-0035	-0035	-1.7	-1.3	-0.6	-0.3

			0000	0600	0500	1200				
POINTE DE GRAVE	45 34N	1 04W	and	and	and	and	5.4	4.4	2.1	1.0
standard port			1200	1800	1700	2400				
Ile de Ré										
St Martin	46 12N	1 22W	+0007	-0032	-0030	-0025	+0.5	+0.3	+0.2	-0.1
La Pallice	46 10N	1 13W	+0015	-0030	-0025	-0020	+0.6	+0.5	+0.3	-0.1
La Rochelle	46 09N	1 09W	+0015	-0030	-0025	-0020	+0.6	+0.5	+0.3	-0.1
Ile d'Aix	46 01N	1 10W	+0015	-0040	-0030	-0025	+0.7	+0.5	+0.3	-0.1
La Charente										
Rochefort	45 57N	0 58W	+0035	-0010	+0030	+0125	+1.1	+0.9	+0.1	-0.2
Le Chapus	45 51N	1 11W	+0015	-0040	-0025	-0015	+0.6	+0.6	+0.4	+0.2
La Cayenne	45 47N	1 08W	+0030	-0015	-0010	-0005	+0.2	+0.2	+0.3	0.0
Pointe de Gatseau	45 48N	1 14W	+0005	-0005	-0015	-0025	-0.1	-0.1	+0.2	+0.2
La Gironde										
Royan	45 37N	1 00W	0000	-0005	-0005	-0005	-0.3	-0.2	0.0	0.0
Richard	45 27N	0 56W	+0018	+0018	+0028	+0033	-0.1	-0.1	-0.4	-0.5

PAGE 196

SECONDARY PORT TIDAL DATA

Location	Lat	Long	High Water		Low Water		MHWS	MHWN	MLWN	MLWS
			0000	0600	0500	1200				
POINTE DE GRAVE	45 34N	1 04W	and	and	and	and	5.4	4.4	2.1	1.0
standard port			1200	1800	1700	2400				
Lamena	45 20N	0 48W	+0035	+0045	+0100	+0125	+0.2	+0.1	-0.5	-0.3
Pauillac	45 12N	0 45W	+0100	+0100	+0135	+0205	+0.1	0.0	-1.0	-0.5
La Reuille	45 03N	0 36W	+0135	+0145	+0230	+0305	-0.2	-0.3	-1.3	-0.7
La Garonne										
Le Marquis	45 00N	0 33W	+0145	+0150	+0247	+0322	-0.3	-0.4	-1.5	-0.9
Bordeaux	44 52N	0 33W	+0200	+0225	+0330	+0405	-0.1	-0.2	-1.7	-1.0
La Dordogne										
Libourne	44 55N	0 15W	+0250	+0305	+0525	+0540	-0.7	-0.9	-2.0	-0.4
Bassin d' Arcachon										
Cap Ferret	44 37N	1 15W	-0015	+0005	-0005	+0015	-1.4	-1.2	-0.8	-0.5
Arcachon *Eyrac*	44 40N	1 10W	+0010	+0025	0000	+0020	-1.1	-1.0	-0.8	-0.6
L'Adour										
Boucau	43 31N	1 31W	-0030	-0035	-0025	-0040	-1.2	-1.1	-0.4	-0.3
St Jean de Luz										
Socoa	43 23N	1 40W	-0040	-0045	-0030	-0045	-1.1	-1.1	-0.6	-0.4

SPAIN

Location	Lat	Long								
Pasajes	43 20N	1 56W	-0050	-0030	-0015	-0045	-1.2	-1.3	-0.5	-0.5
San Sebastian	43 19N	1 59W	-0110	-0030	-0020	-0040	-1.2	-1.2	-0.5	-0.4
Guetaria	43 18N	2 12W	-0110	-0030	-0020	-0040	-1.0	-1.0	-0.5	-0.4
Lequeitio	43 22N	2 30W	-0115	-0035	-0025	-0045	-1.2	-1.2	-0.5	-0.4
Bermeo	43 25N	2 43W	-0055	-0015	-0005	-0025	-0.8	-0.7	-0.5	-0.4
Abra de Bilbao	43 21N	3 02W	-0125	-0045	-0035	-0055	-1.2	-1.2	-0.5	-0.4
Portugalete *Bilbao*	43 20N	3 02W	-0100	-0020	-0010	-0030	-1.2	-1.2	-0.5	-0.4
Castro Urdiales	43 23N	3 13W	-0040	-0120	-0020	-0110	-1.4	-1.5	-0.6	-0.6
Ria de Santona	43 26N	3 28W	-0005	-0045	+0015	-0035	-1.4	-1.4	-0.6	-0.6
Santander	43 28N	3 47W	-0020	-0100	0000	-0050	-1.3	-1.4	-0.6	-0.6
Ria de Suances	43 27N	4 03W	-0020	-0100	+0020	-0020	-1.5	-1.5	-0.6	-0.6
San Vicente de la Barquera	43 23N	4 24W	-0020	-0100	0000	-0050	-1.5	-1.5	-0.6	-0.6
Ria de Tina Mayor	43 24N	4 31W	-0020	-0100	0000	-0050	-1.4	-1.5	-0.6	-0.6
Ribadesella	43 28N	5 04W	+0005	-0020	+0020	-0020	-1.4	-1.3	-0.6	-0.4
Gijon	43 34N	5 42W	-0005	-0030	+0010	-0030	-1.4	-1.3	-0.6	-0.4
Luanco	43 37N	5 47W	-0010	-0035	+0005	-0035	-1.4	-1.3	-0.6	-0.4
Aviles	43 35N	5 56W	-0100	-0040	-0015	-0050	-1.5	-1.4	-0.7	-0.5
San Esteban de Pravia	43 34N	6 05W	-0005	-0030	+0010	-0030	-1.4	-1.3	-0.6	-0.4
Luarca	43 33N	6 32W	+0010	-0015	+0025	-0015	-1.2	-1.1	-0.5	-0.3
Ribadeo	43 33N	7 02W	+0010	-0015	+0025	-0015	-1.4	-1.3	-0.6	-0.4
Ria de Vivero	43 43N	7 36W	+0010	-0015	+0025	-0015	-1.4	-1.3	-0.6	-0.4
Santa Marta de Ortigueira	43 41N	7 51W	-0020	0000	+0020	-0010	-1.3	-1.2	-0.6	-0.4
El Ferrol del Caudillo	43 28N	8 16W	-0045	-0100	-0010	-0105	-1.6	-1.4	-0.7	-0.4
La Coruna	43 22N	8 24W	-0110	-0050	-0030	-0100	-1.6	-1.6	-0.6	-0.5
Ria de Corme	43 16N	8 58W	-0025	-0005	+0015	-0015	-1.7	-1.6	-0.6	-0.5
Ria de Camarinas	43 08N	9 11W	-0120	-0055	-0030	-0100	-1.6	-1.6	-0.6	-0.5

Location	Lat	Long	0500	1000	0300	0800				
LISBON	38 42N	9.08W	and	and	and	and	3.8	3.0	1.4	0.5
standard port			1700	2200	1500	2000				
Corcubion	42 57N	9 12W	+0055	+0110	+0120	+0135	-0.5	-0.4	-0.2	0.0
Muros	42 46N	9 03W	+0050	+0105	+0115	+0130	-0.3	-0.3	-0.1	0.0
Ria de Arosa										
Villagarcia	42 37N	8 47W	+0040	+0100	+0110	+0120	-0.3	-0.2	-0.1	0.0
Ria de Pontevedra										
Marin	42 24N	8 42W	+0050	+0110	+0120	+0130	-0.5	-0.4	-0.2	0.0
Vigo	42 15N	8 43W	+0040	+0100	+0105	+0125	-0.4	-0.3	-0.1	0.0
Bayona	42 07N	8 51W	+0035	+0050	+0100	+0115	-0.3	-0.3	-0.1	0.0
La Guardia	41 54N	8 53W	+0040	+0055	+0105	+0120	-0.5	-0.4	-0.2	-0.1

PORTUGAL

Location	Lat	Long								
Viana do Castelo	41 41N	8 50W	-0020	0000	+0010	+0015	-0.3	-0.3	0.0	0.0
Esposende	41 32N	8 47W	-0020	0000	+0010	+0015	-0.6	-0.5	-0.1	0.0
Povoa de Varzim	41 22N	8 46W	-0020	0000	+0010	+0015	-0.3	-0.3	0.0	0.0
Porto de Leixoes	41 11N	8 42W	-0025	-0010	0000	+0010	-0.3	-0.3	-0.1	0.0

SECONDARY PORT TIDAL DATA

Location	Lat	Long	High Water		Low Water		MHWS	MHWN	MLWN	MLWS
			0500	1000	0500	1000				
LISBON	38 42N	9 08W	and	and	and	and	3.8	3.0	1.4	0.5
standard port			1700	2200	1700	2200				
Rio Douro										
Entrance	41 09N	8 40W	-0010	+0005	+0015	+0025	-0.6	-0.5	-0.1	0.0
Oporto Porto	41 08N	8 37W	+0002	+0002	+0040	+0040	-0.5	-0.4	-0.1	+0.1
			0400	0900	0400	0900				
LISBON	38 42N	9 08W	and	and	and	and	3.8	3.0	1.4	0.5
standard port			1600	2100	1600	2100				
Barra de Aveiro	40 39N	8 45W	+0005	+0010	+0010	+0015	-0.6	-0.4	0.0	+0.2
Figueira da Foz	40 09N	8 51W	-0015	0000	+0010	+0020	-0.3	-0.3	-0.1	0.0
Nazare *Pederneira*	39 36N	9 05W	-0030	-0015	-0005	+0005	-0.5	-0.4	0.0	+0.2
Peniche	39 21N	9 22W	-0035	-0015	-0005	0000	-0.3	-0.3	-0.1	+0.1
Ericeira	38 58N	9 25W	-0040	-0025	-0010	-0010	-0.4	-0.3	-0.1	+0.1
River Tagus (Rio Tejo)										
Cascais	38 42N	9 25W	-0040	-0025	-0015	-0010	-0.3	-0.3	+0.1	+0.2
Paco de Arcos	38 41N	9 18W	-0020	-0030	-0005	-0005	-0.4	-0.4	-0.1	0.0
Alcochete	38 45N	8 58W	+0010	+0010	+0010	+0010	+0.5	+0.4	+0.2	+0.1
Vila Franca de Xira	38 57N	8 59W	+0045	+0040	+0100	+0140	+0.3	+0.2	-0.1	+0.4
Sesimbra	38 26N	9 07W	-0045	-0030	-0020	-0010	-0.4	-0.4	0.0	+0.1
Setubal	38 30N	8 54W	-0020	-0015	-0005	+0005	-0.4	-0.3	-0.1	0.0
Porto de Sines	37 57N	8 53W	-0050	-0030	-0020	-0010	-0.4	-0.4	0.0	+0.1
Milfontes	37 43N	8 47W	-0040	-0030	no data	no data	-0.1	-0.1	+0.1	+0.2
Arrifana	37 17N	8 52W	-0030	-0020	no data	no data	-0.1	0.0	0.0	+0.2
Enseada de Belixe	37 01N	8 58W	-0050	-0030	-0020	-0015	+0.3	+0.2	+0.3	+0.3
Lagos	37 06N	8 40W	-0100	-0040	-0030	-0025	-0.4	-0.4	0.0	+0.1
Portimao	37 07N	8 32W	-0100	-0040	-0030	-0025	-0.5	-0.4	0.0	+0.1
Ponta do Altar	37 06N	8 31W	-0100	-0040	-0030	-0025	-0.3	-0.3	0.0	+0.1
Enseada de Albufeira	37 05N	8 15W	-0035	+0015	-0005	0000	-0.2	-0.2	+0.1	+0.2
Cabo de Santa Maria	36 58N	7 52W	-0050	-0030	-0015	+0005	-0.4	-0.4	0.0	+0.1
Rio Guadiana										
Vila Real de Santo António	37 11N	7 25W	-0050	-0015	-0010	0000	-0.4	-0.3	0.0	+0.2
			0500	1000	0500	1100				
LISBON	38 42N	9 08W	and	and	and	and	3.8	3.0	1.4	0.5
standard port			1700	2200	1700	2300				

SPAIN

Location	Lat	Long								
Ayamonte	37 13N	7 25W	+0005	+0015	+0025	+0045	-0.7	-0.6	0.0	-0.1
Ria de Huelva										
Bar	37 08N	6 52W	0000	+0015	+0035	+0030	-0.6	-0.5	-0.2	-0.1
Huelva, Muelle de Fabrica	37 15N	6 58W	+0010	+0025	+0045	+0040	-0.3	-0.3	-0.2	0.0
Rio Guadalquivir										
Bar	36 45N	6 26W	-0005	+0005	+0020	+0030	-0.6	-0.5	-0.1	-0.1
Bonanza	36 48N	6 20W	+0025	+0040	+0100	+0120	-0.8	-0.6	-0.3	0.0
Corta de los Jerónimos	37 08N	6 06W	+0210	+0230	+0255	+0345	-1.2	-0.9	-0.4	0.0
Sevilla	37 23N	6 00W	+0400	+0430	+0510	+0545	-1.7	-1.2	-0.5	0.0
Rota	36 37N	6 21W	-0010	+0010	+0025	+0015	-0.7	-0.6	-0.3	-0.1
Puerto de Santa Maria	36 36N	6 13W	+0006	+0006	+0027	+0027	-0.6	-0.4	-0.3	-0.1
Cadiz										
Puerto Cadiz	36 32N	6 17W	0000	+0020	+0040	+0025	-0.5	-0.5	-0.2	0.0
La Carraca	36 30N	6 11W	+0020	+0050	+0100	+0040	-0.5	-0.4	-0.1	0.0
Cabo Trafalgar	36 11N	6 02W	-0003	-0003	+0026	+0026	-1.4	-1.1	0.5	-0.1
Rio Barbate	36 11N	5 55W	+0016	+0016	+0045	+0045	-1.9	-1.5	-0.4	+0.1
Punta Camarinal	36 05N	5 48W	-0007	-0007	+0013	+0013	-1.7	-1.4	-0.6	-0.2

GIBRALTAR

Location	Lat	Long								
			0000	0700	0100	0600				
GIBRALTAR	36 08N	5 21W	and	and	and	and	1.0	0.7	0.3	0.1
standard port			1200	1900	1300	1800				
Tarifa	36 00N	5 36W	-0038	-0038	-0042	-0042	+0.4	+0.3	+0.3	+0.2
Punta Carnero	36 04N	5 26W	-0010	-0010	0000	0000	0.0	+0.1	+0.1	+0.1
Algeciras	36 07N	5 27W	-0010	-0010	-0010	-0010	+0.1	+0.2	+0.1	+0.1

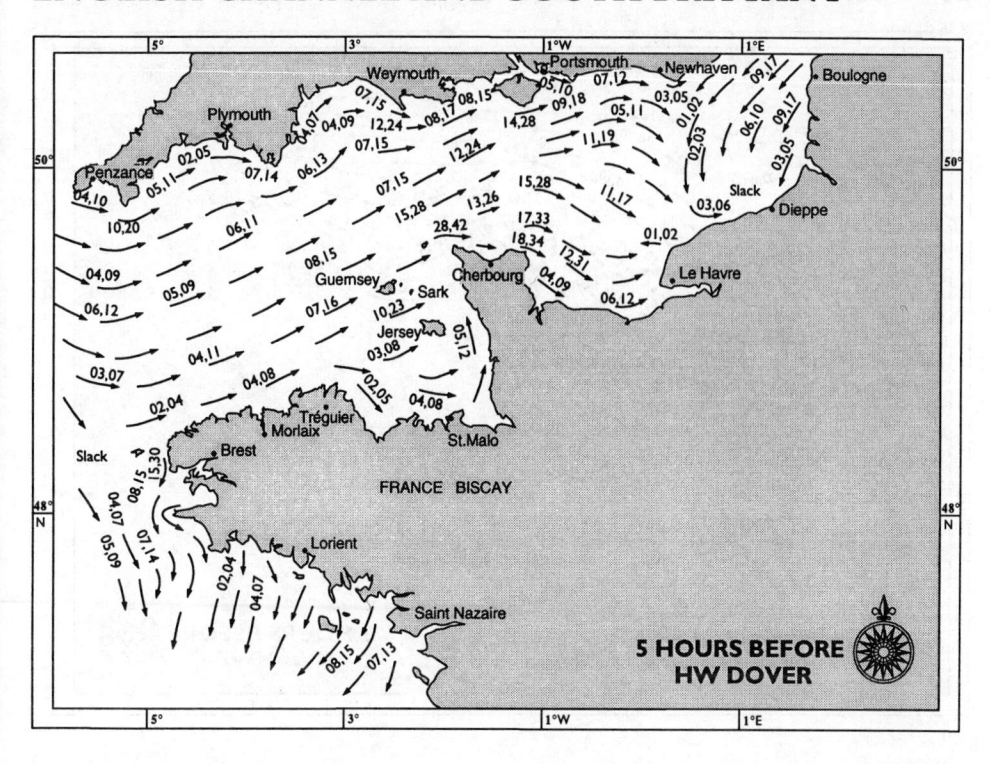

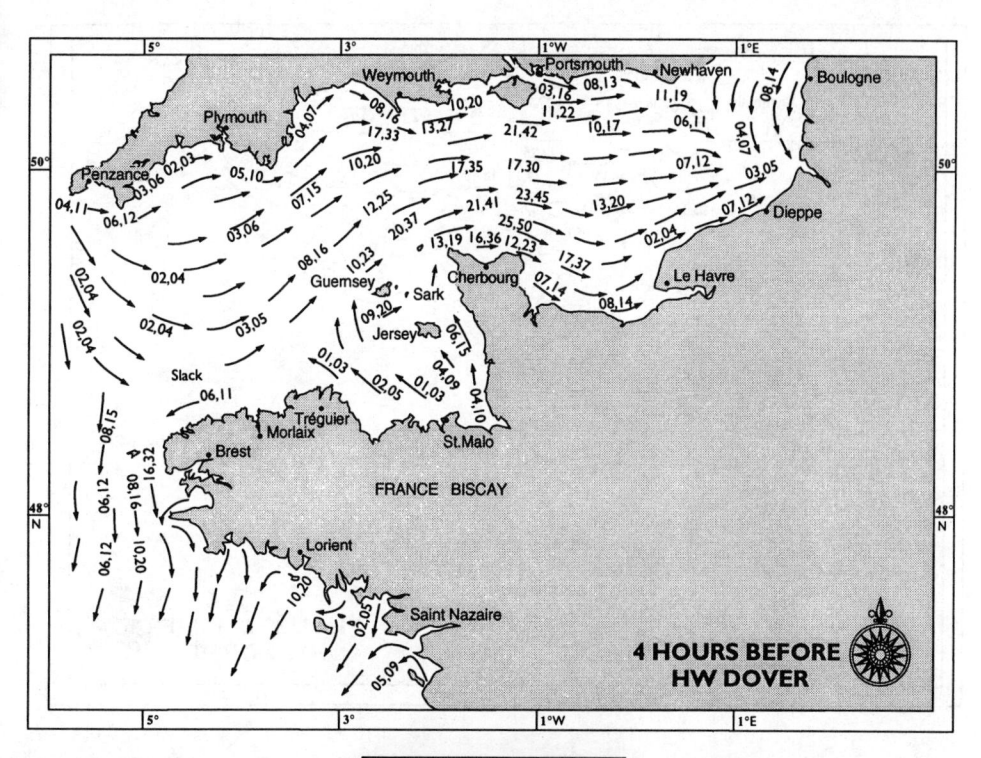

TIDAL STREAMS
ENGLISH CHANNEL AND SOUTH BRITTANY

5 HOURS BEFORE HW DOVER

4 HOURS BEFORE HW DOVER

PAGE 199

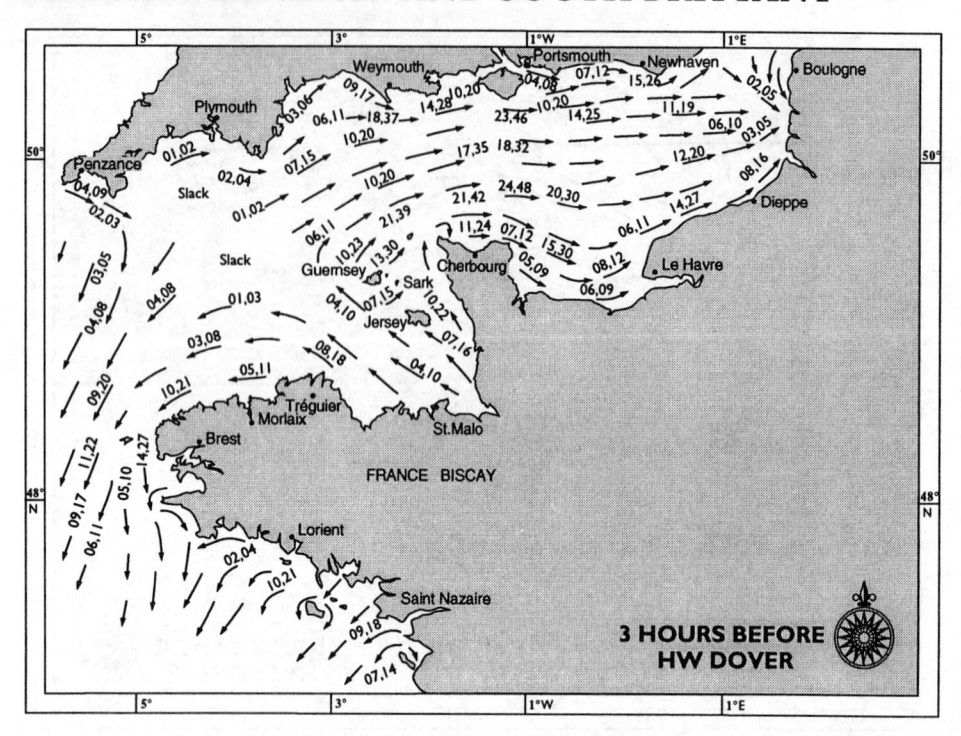

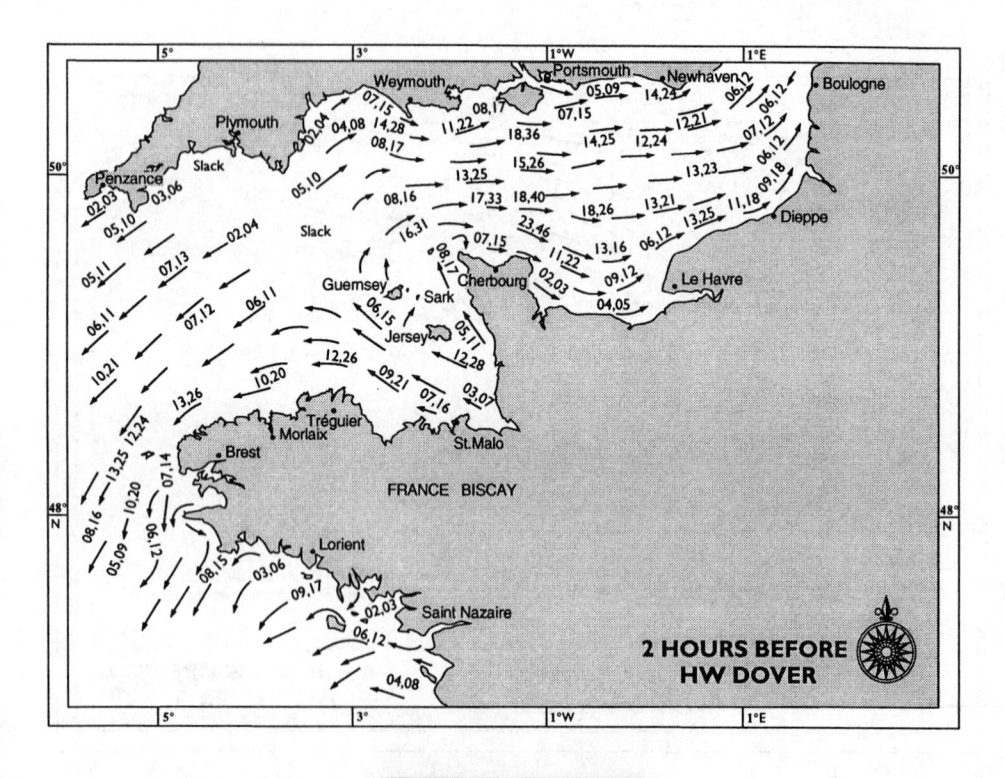

TIDAL STREAMS
ENGLISH CHANNEL AND SOUTH BRITTANY

3 HOURS BEFORE HW DOVER

2 HOURS BEFORE HW DOVER

PAGE 200

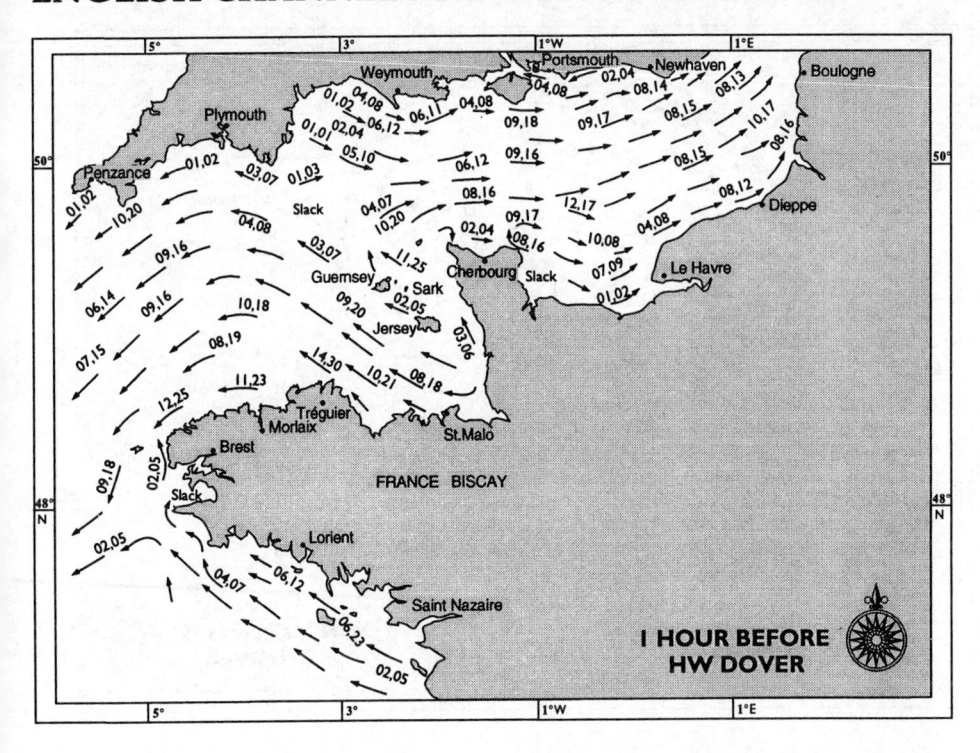

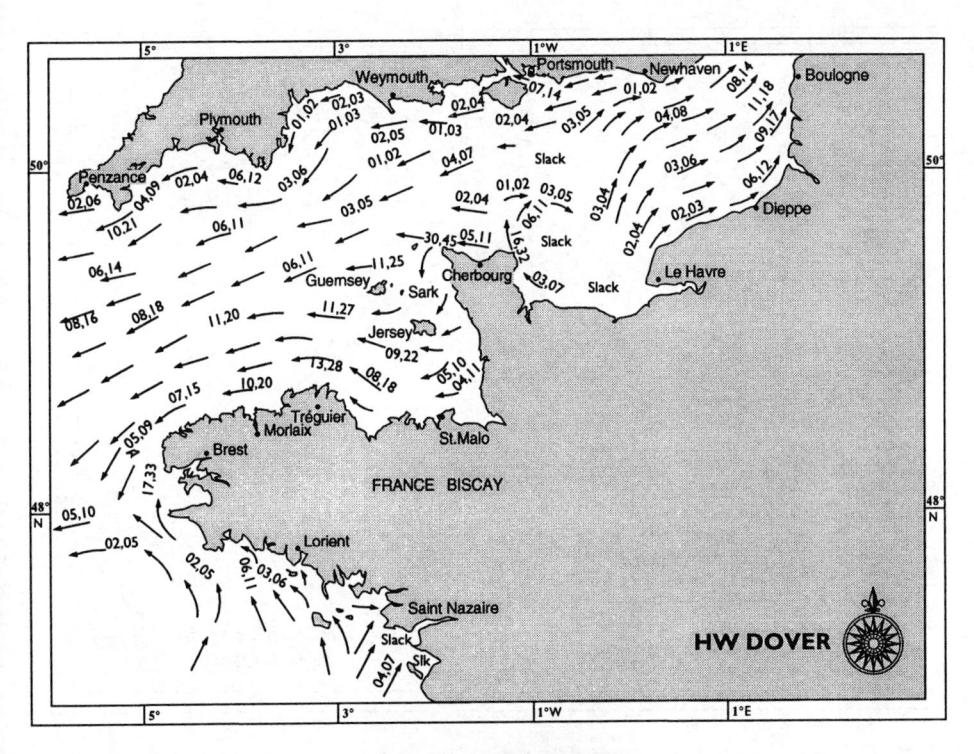

TIDAL STREAMS
ENGLISH CHANNEL AND SOUTH BRITTANY

1 HOUR BEFORE HW DOVER

HW DOVER

PAGE 201

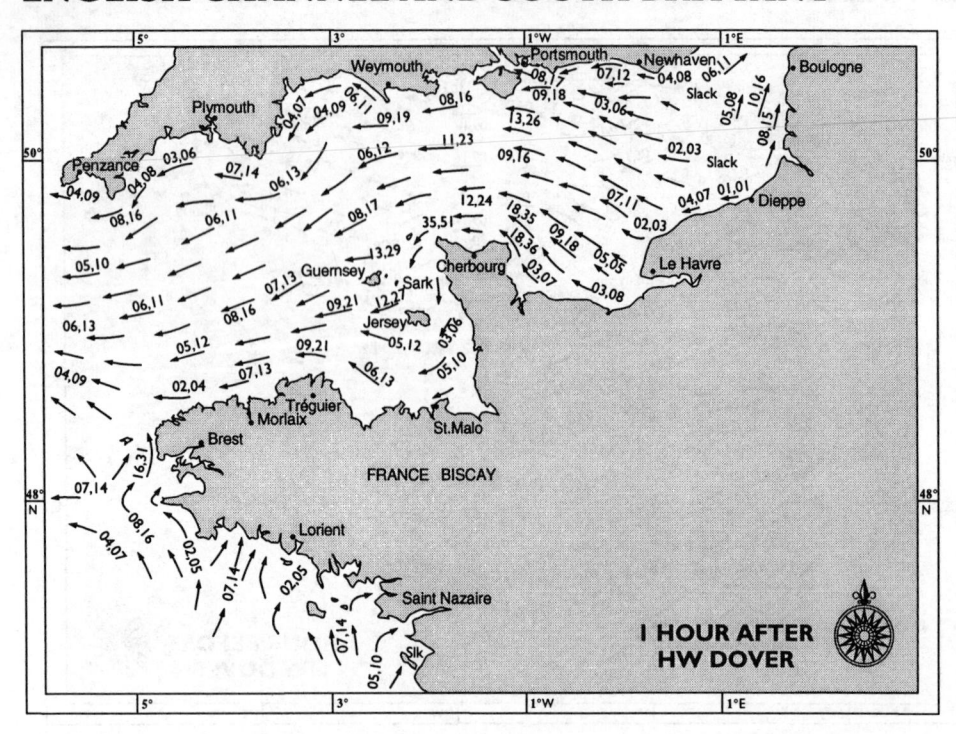

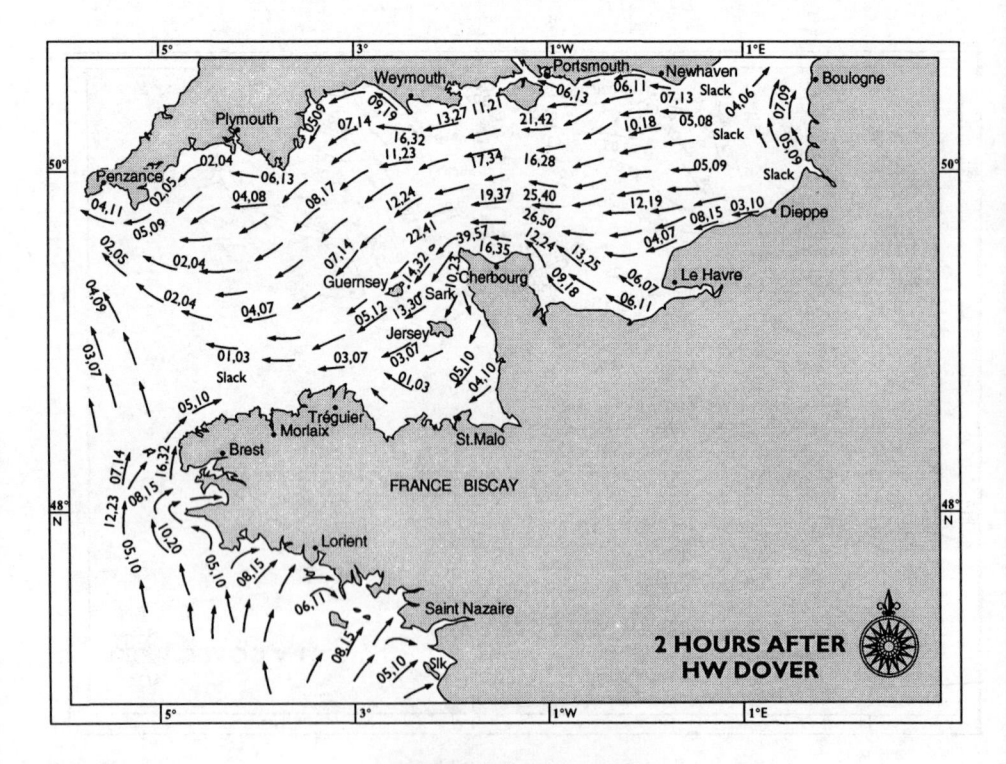

TIDAL STREAMS
ENGLISH CHANNEL AND SOUTH BRITTANY

1 HOUR AFTER HW DOVER

2 HOURS AFTER HW DOVER

PAGE 202

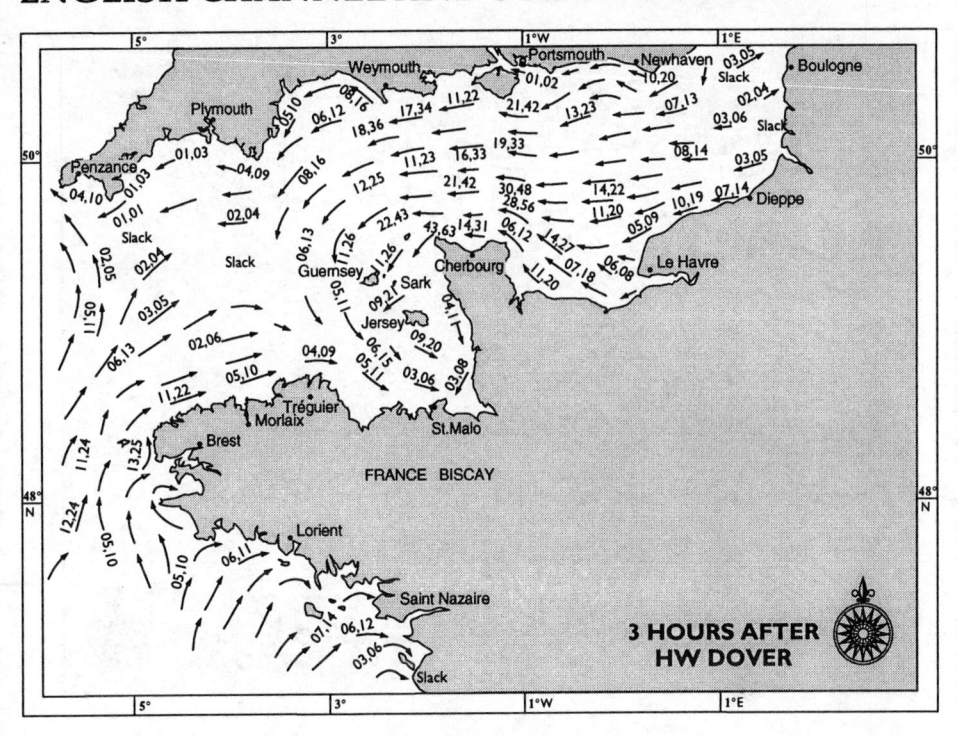

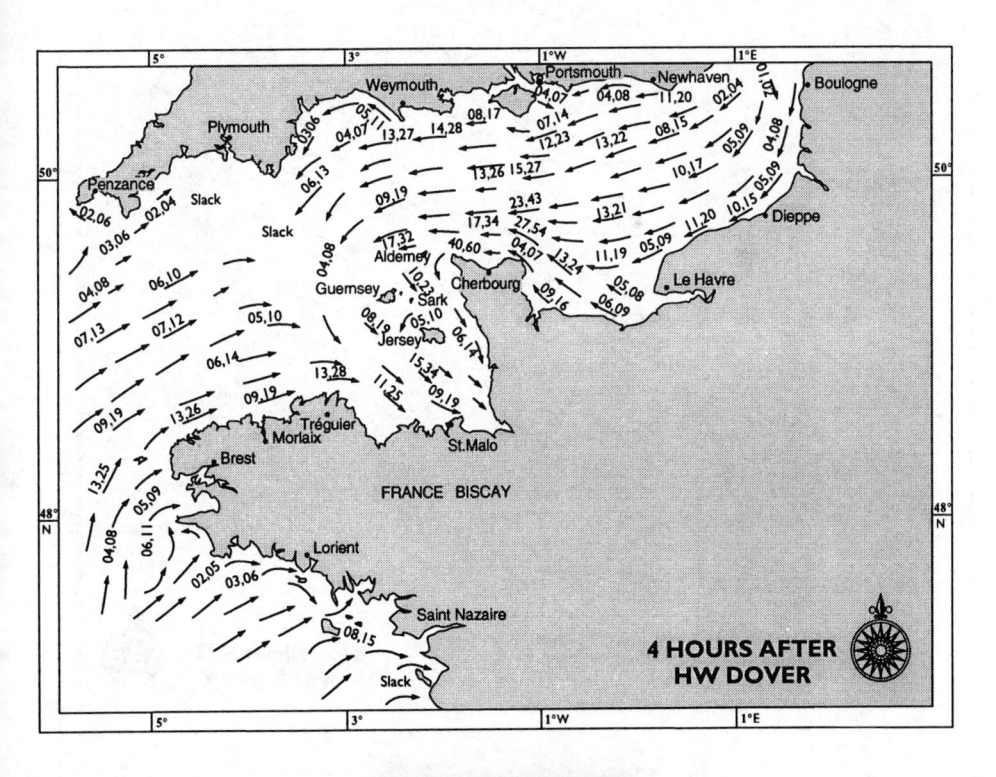

TIDAL STREAMS
ENGLISH CHANNEL AND SOUTH BRITTANY

3 HOURS AFTER HW DOVER

4 HOURS AFTER HW DOVER

PAGE 203

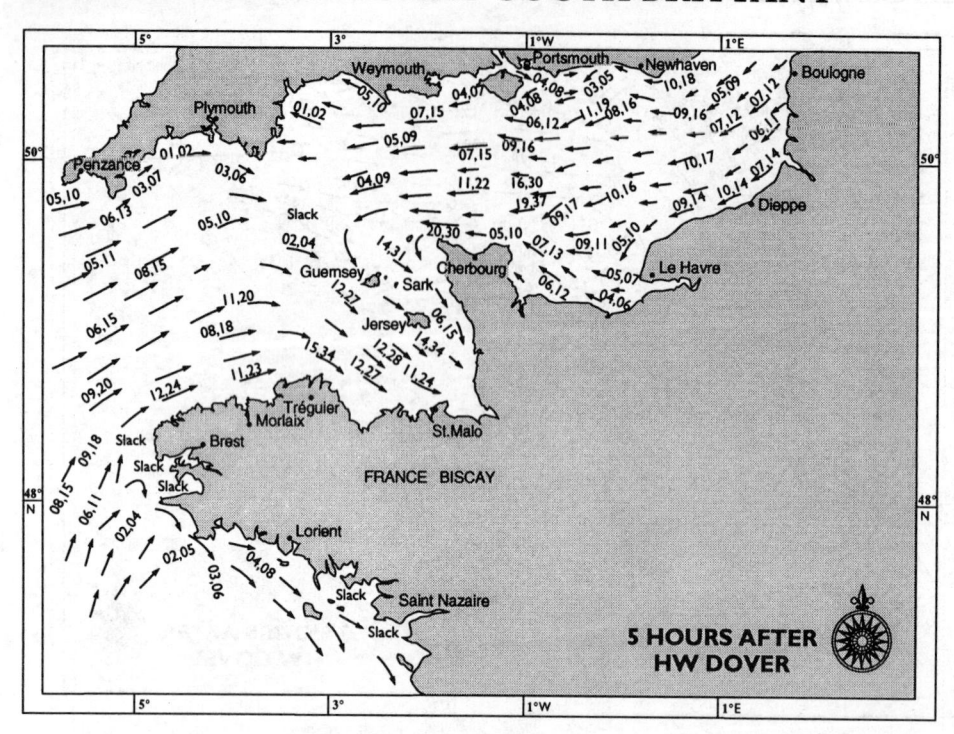

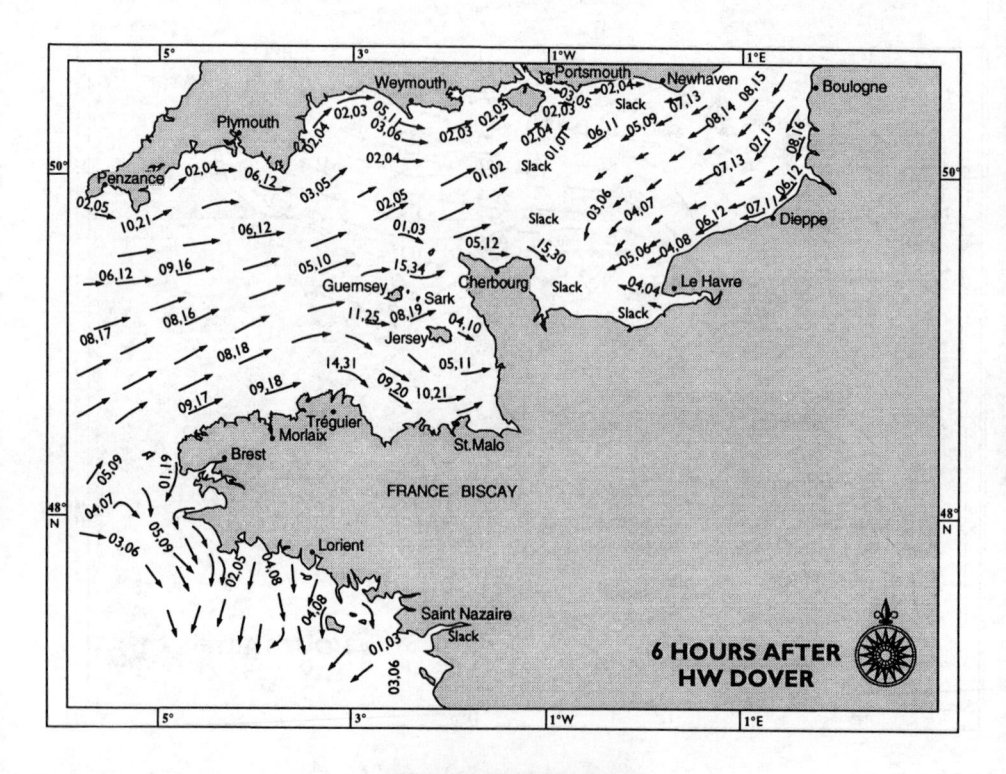

TIDAL STREAMS
ENGLISH CHANNEL AND SOUTH BRITTANY

5 HOURS AFTER HW DOVER

6 HOURS AFTER HW DOVER

PAGE 204

PORTLAND

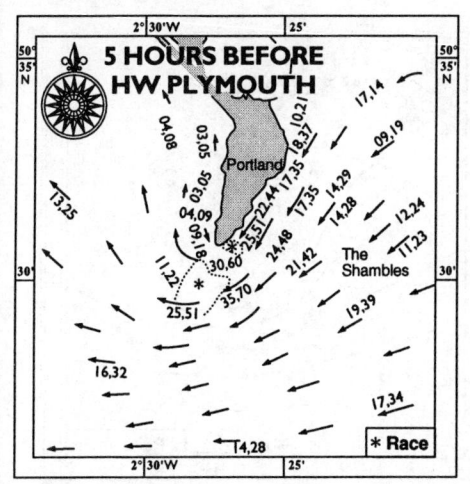

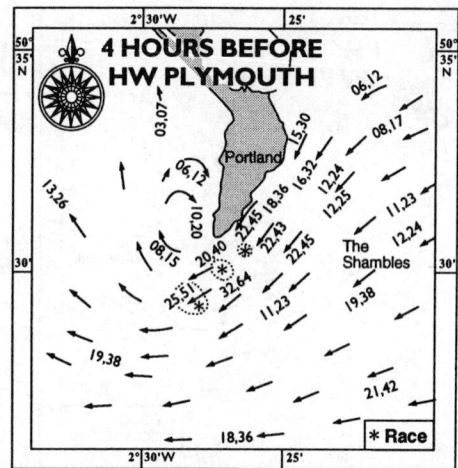

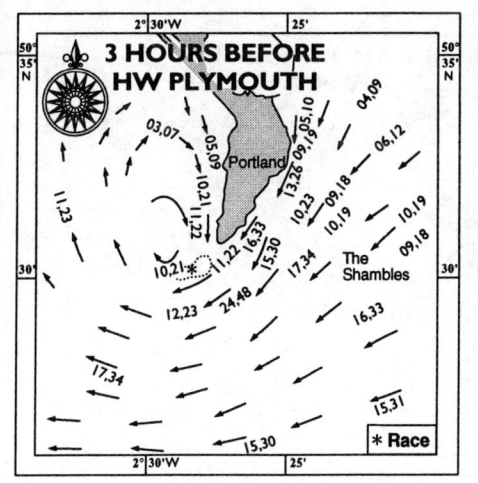

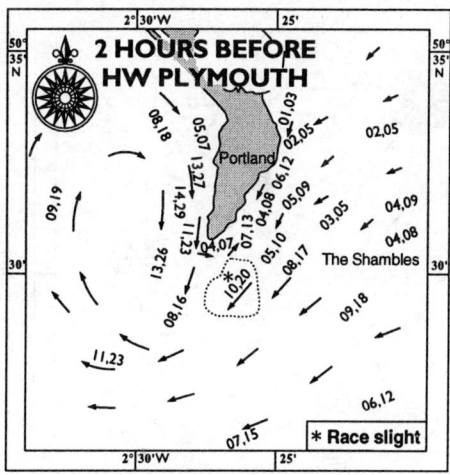

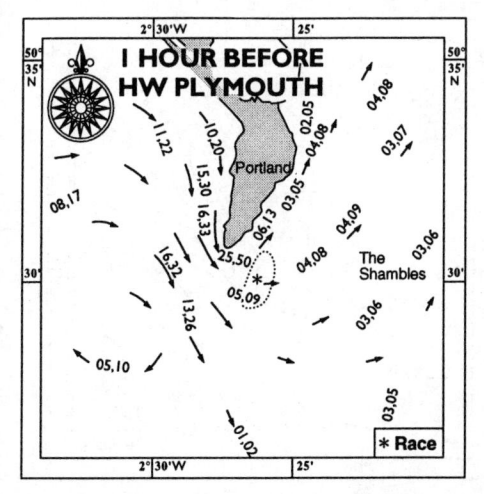

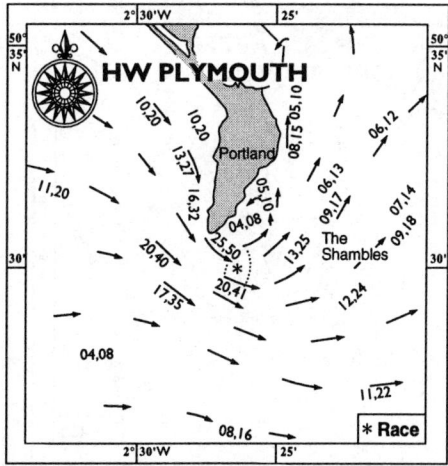

TIDAL STREAMS

TIDAL STREAMS
PORTLAND

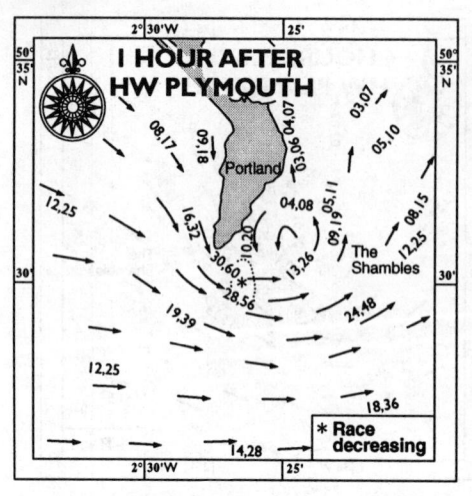

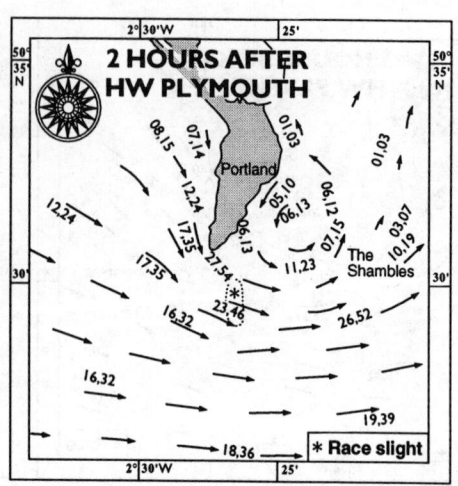

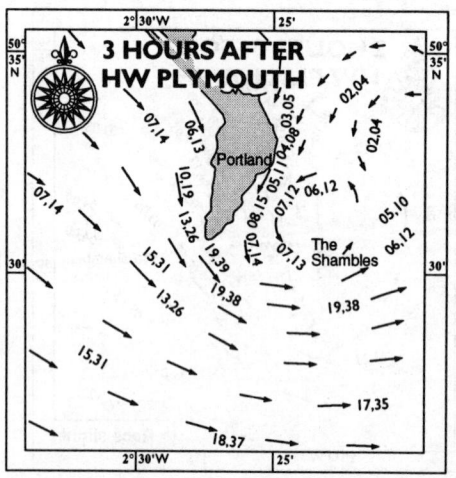

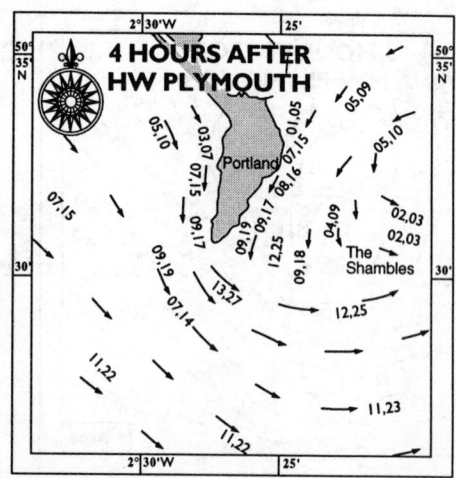

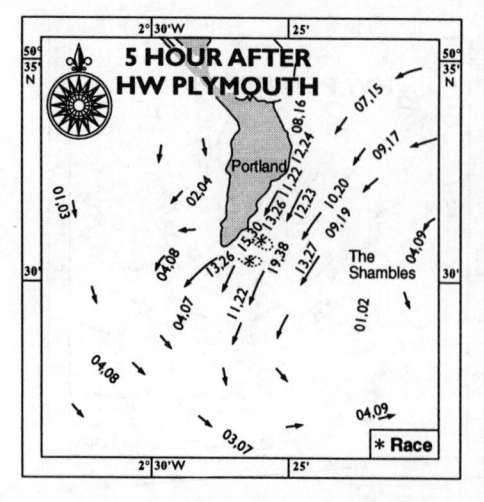

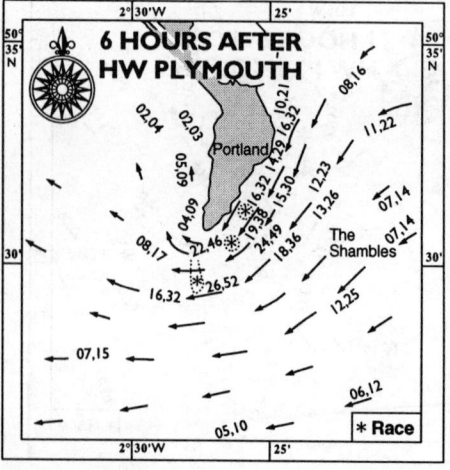

TIDAL STREAMS

ISLE OF WIGHT

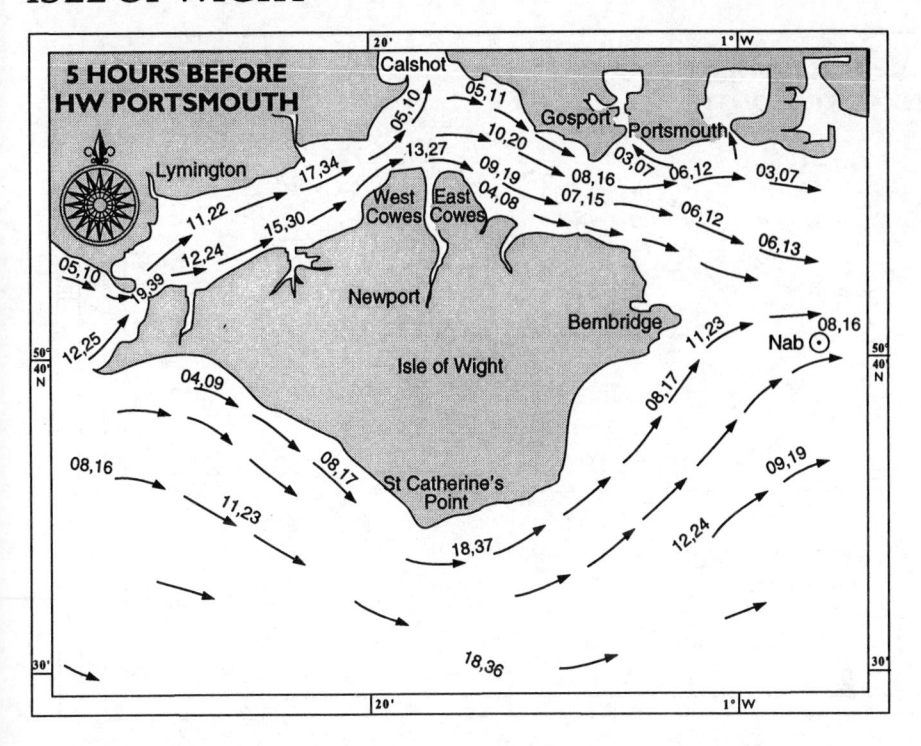

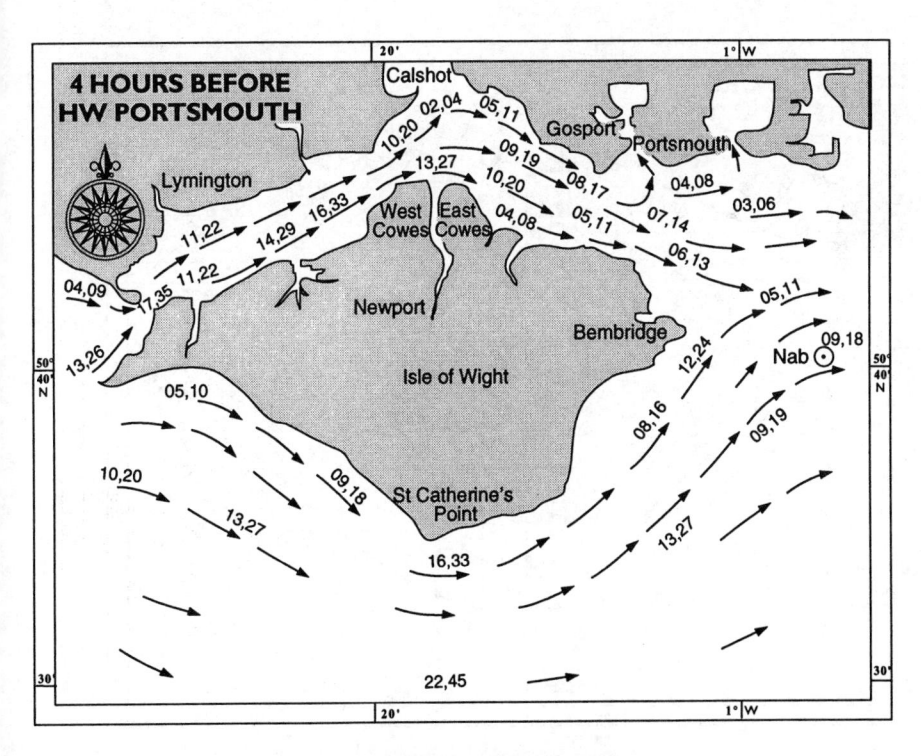

5 HOURS BEFORE HW PORTSMOUTH

4 HOURS BEFORE HW PORTSMOUTH

TIDAL STREAMS
ISLE OF WIGHT

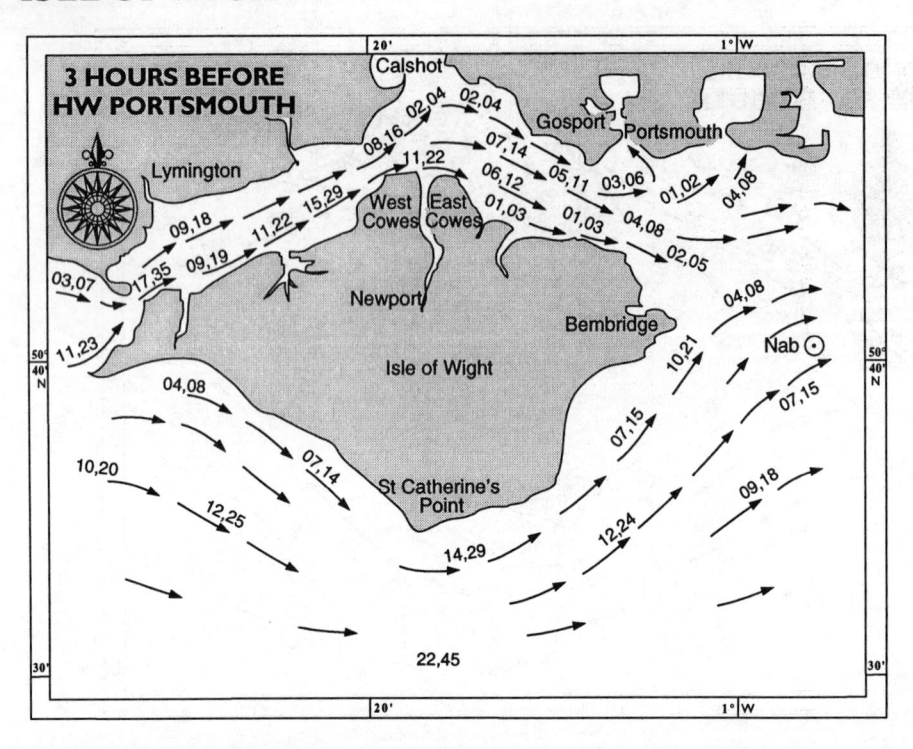

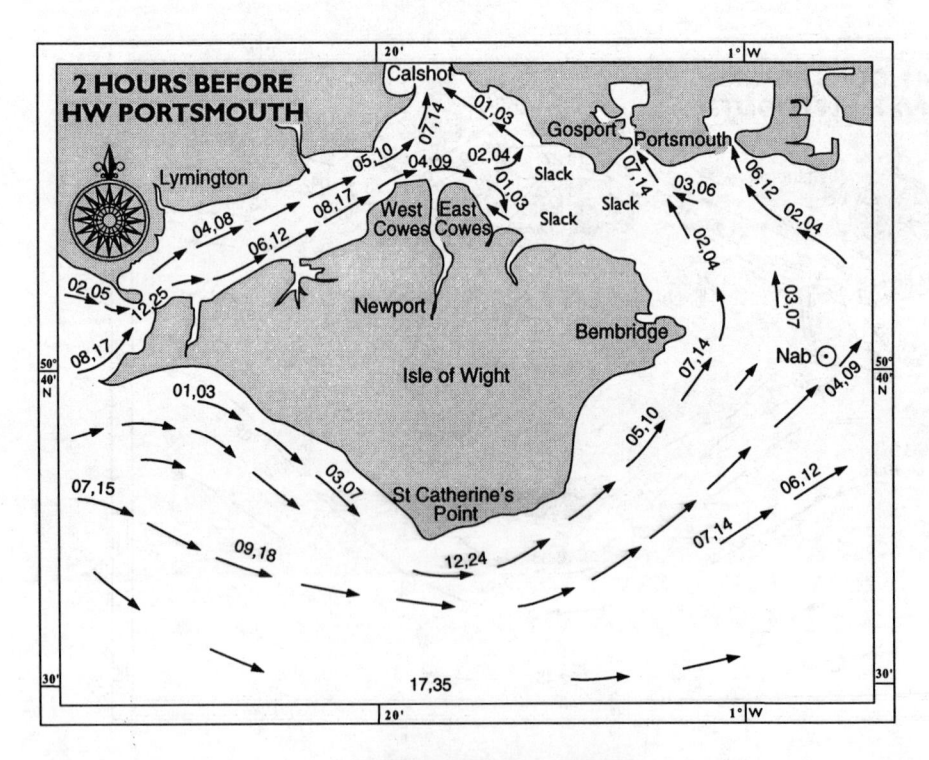

PAGE 208

ISLE OF WIGHT

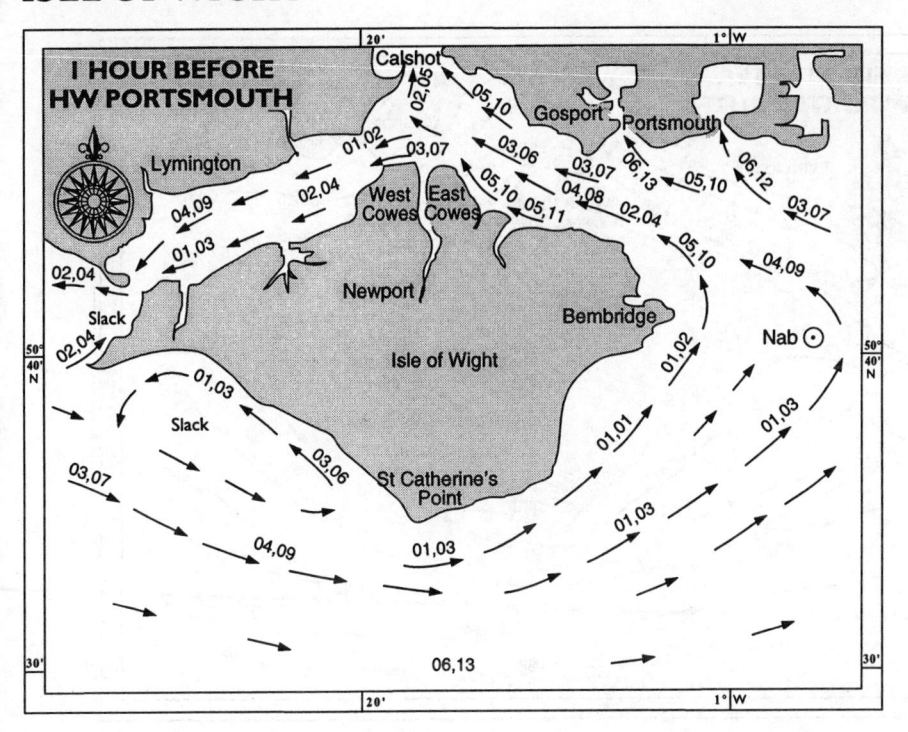

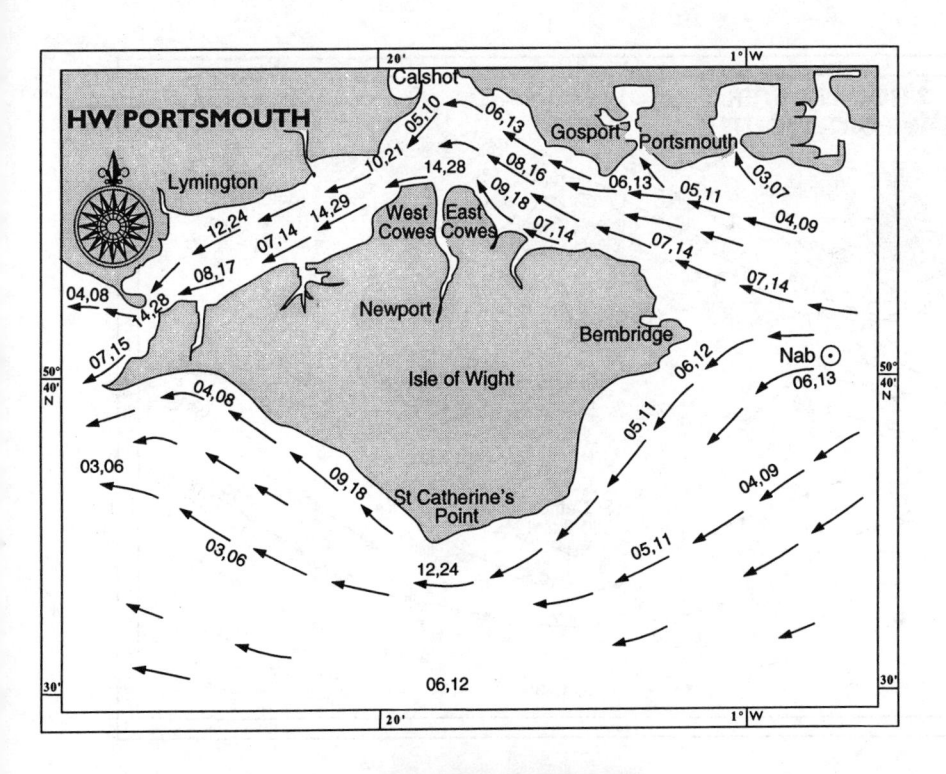

TIDAL STREAMS

1 HOUR BEFORE HW PORTSMOUTH

HW PORTSMOUTH

PAGE 209

TIDAL STREAMS
ISLE OF WIGHT

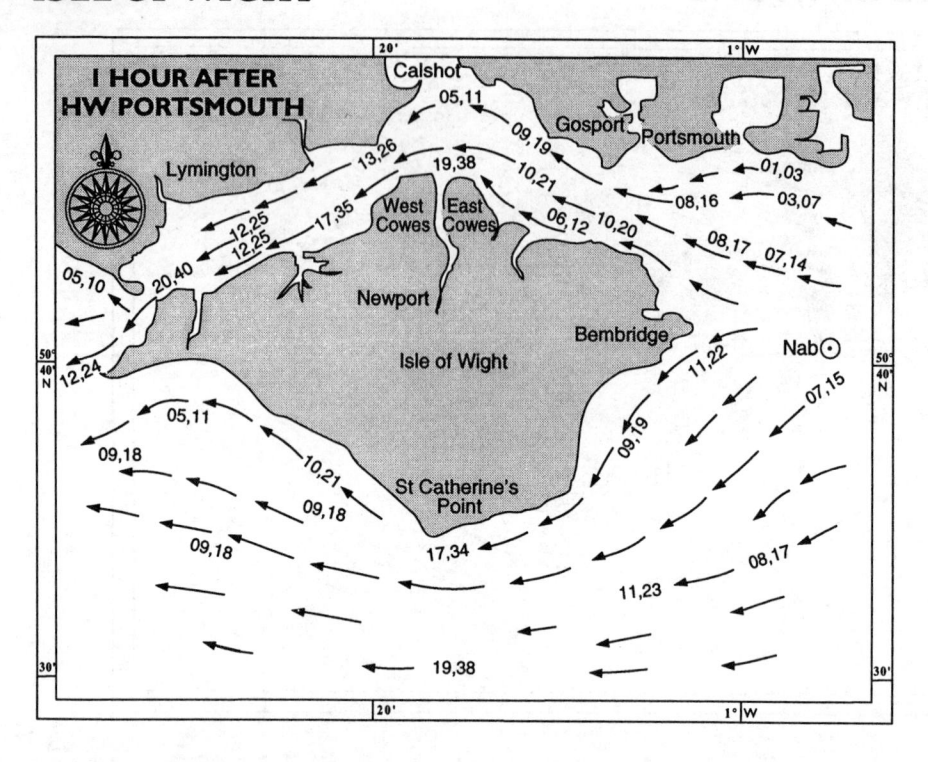

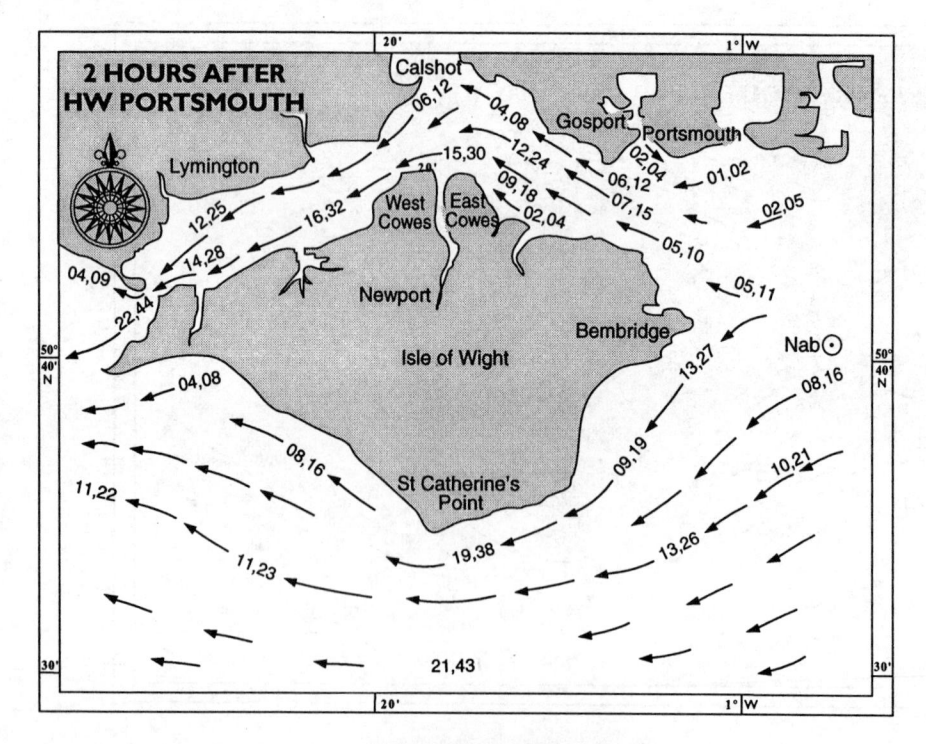

PAGE 210

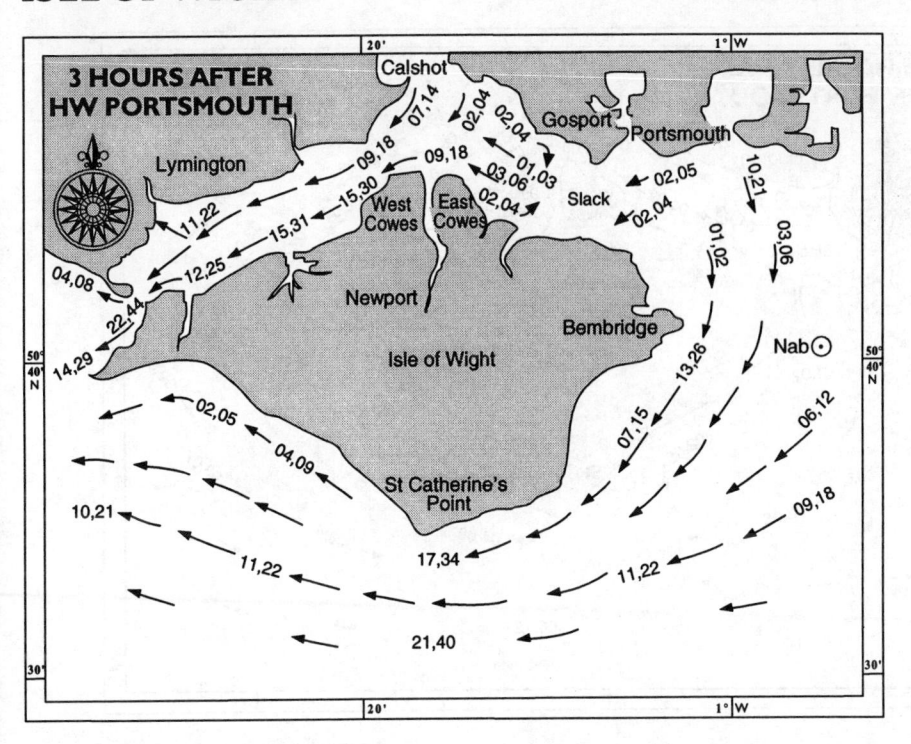

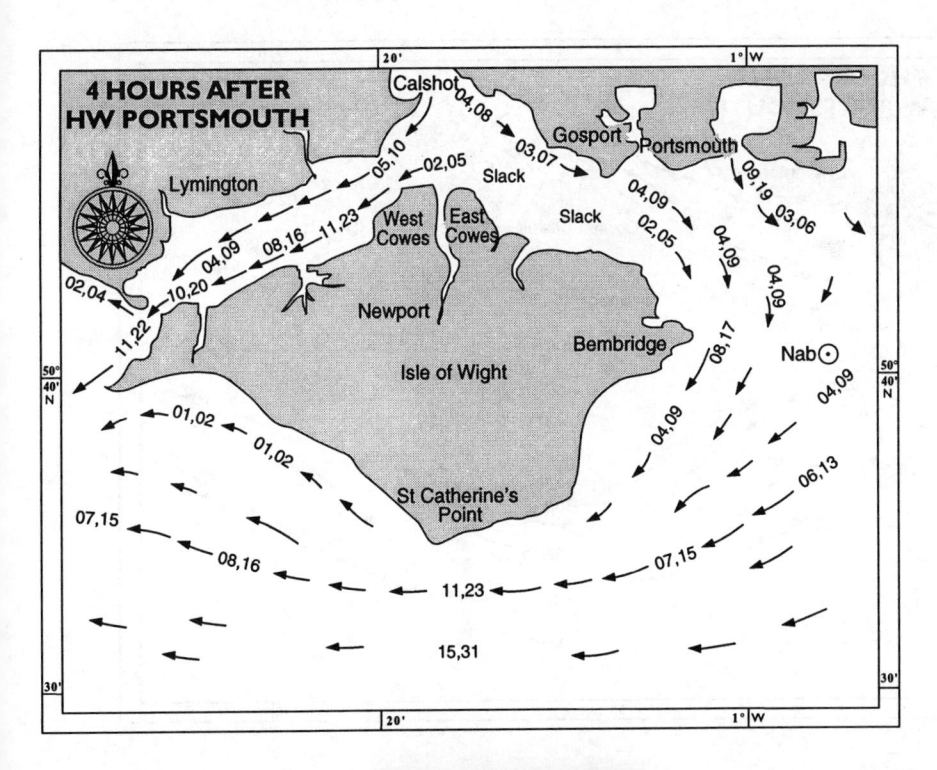

TIDAL STREAMS
ISLE OF WIGHT

TIDAL STREAMS
ISLE OF WIGHT

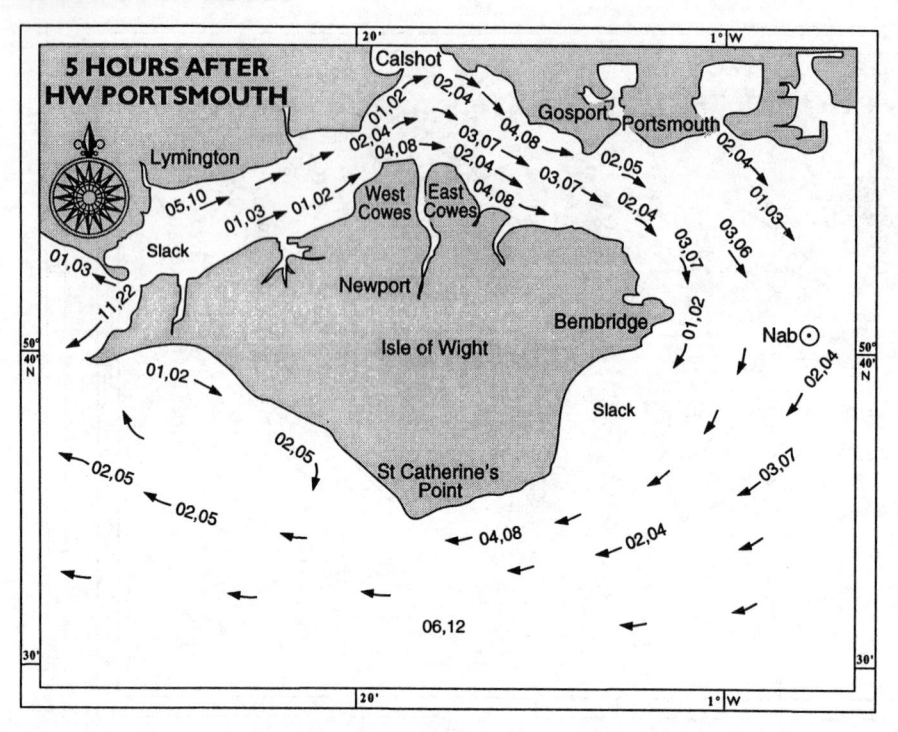

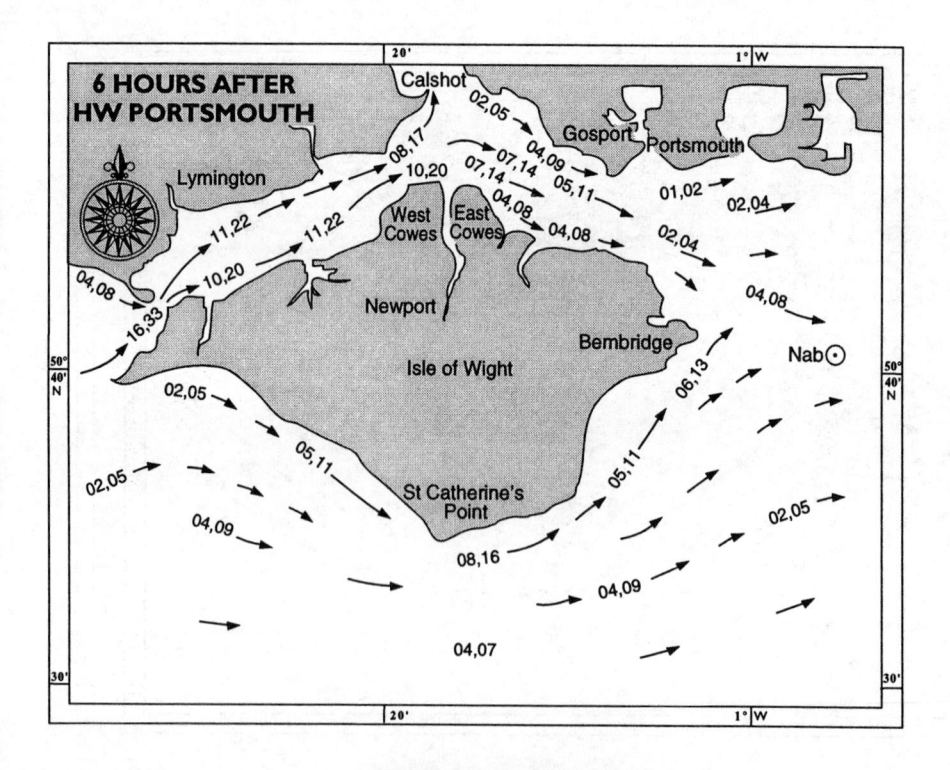

5 HOURS AFTER HW PORTSMOUTH

6 HOURS AFTER HW PORTSMOUTH

CHANNEL ISLES

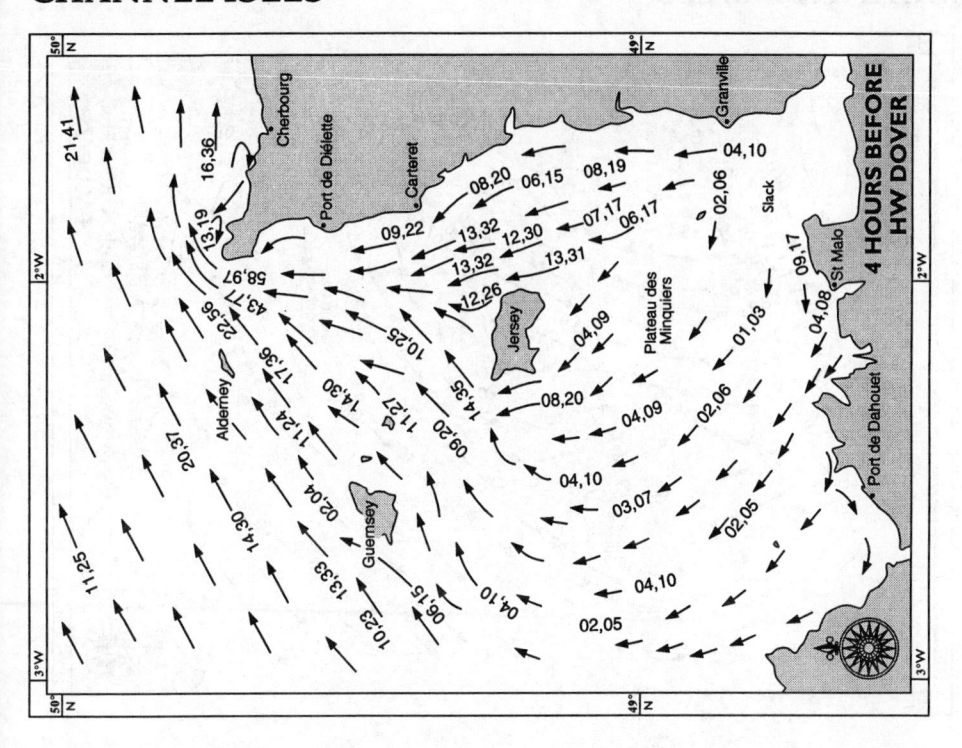

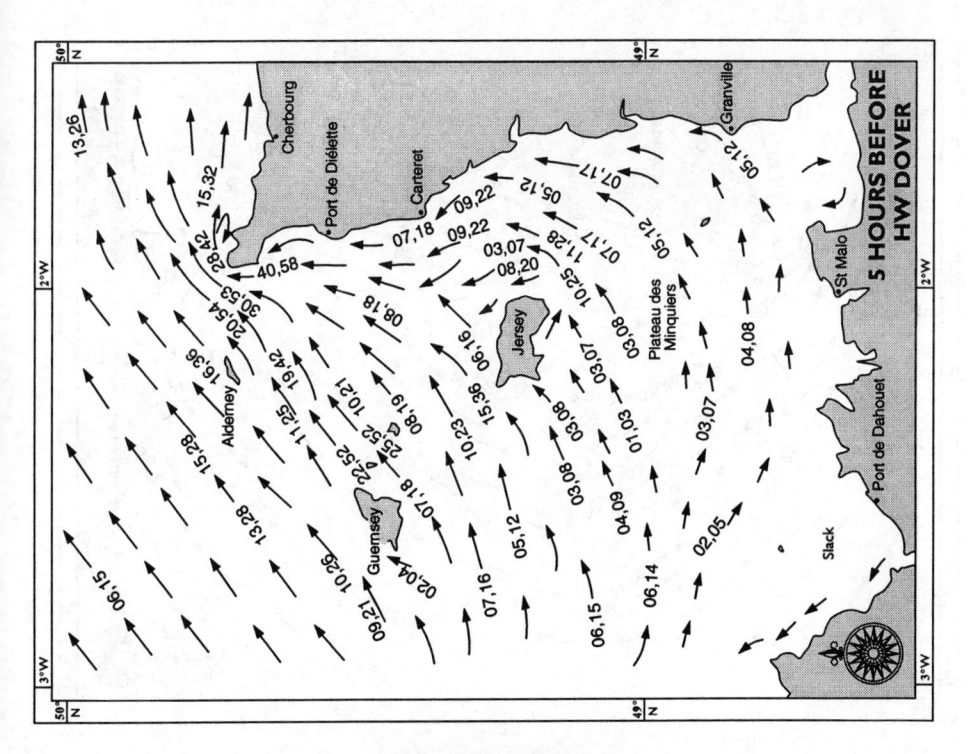

TIDAL STREAMS

4 HOURS BEFORE HW DOVER

5 HOURS BEFORE HW DOVER

PAGE 213

TIDAL STREAMS
CHANNEL ISLES

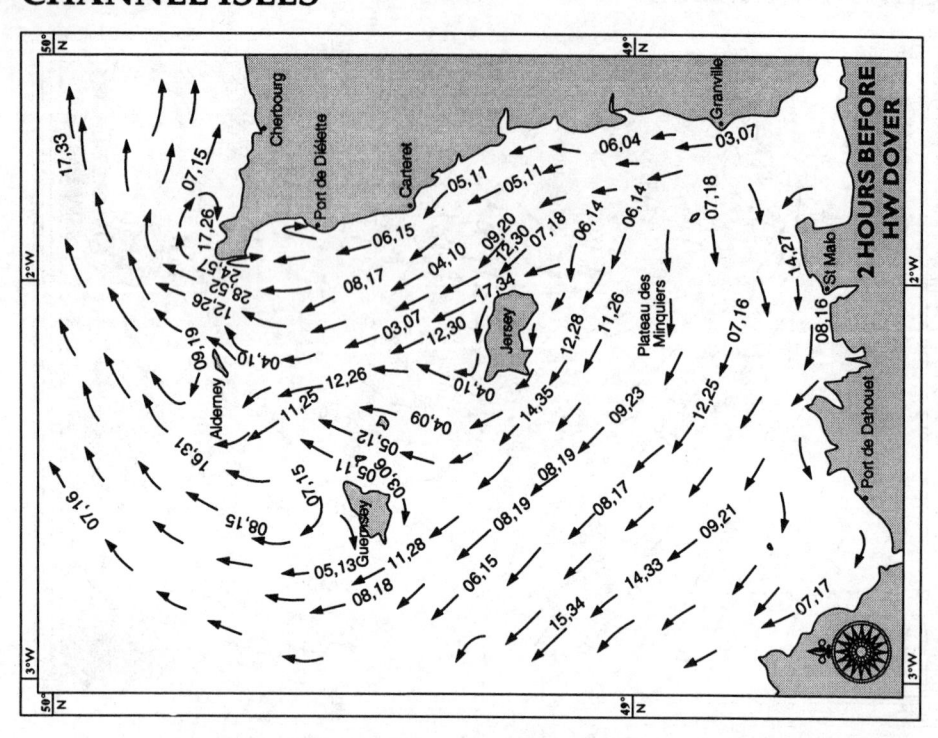

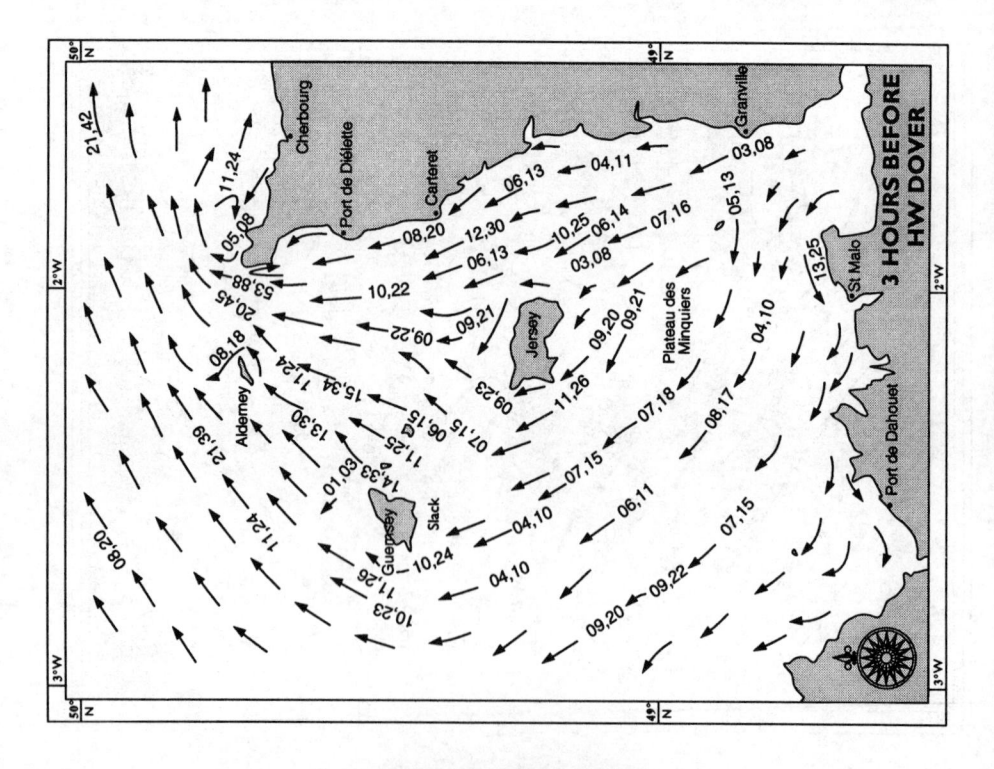

PAGE 214

CHANNEL ISLES

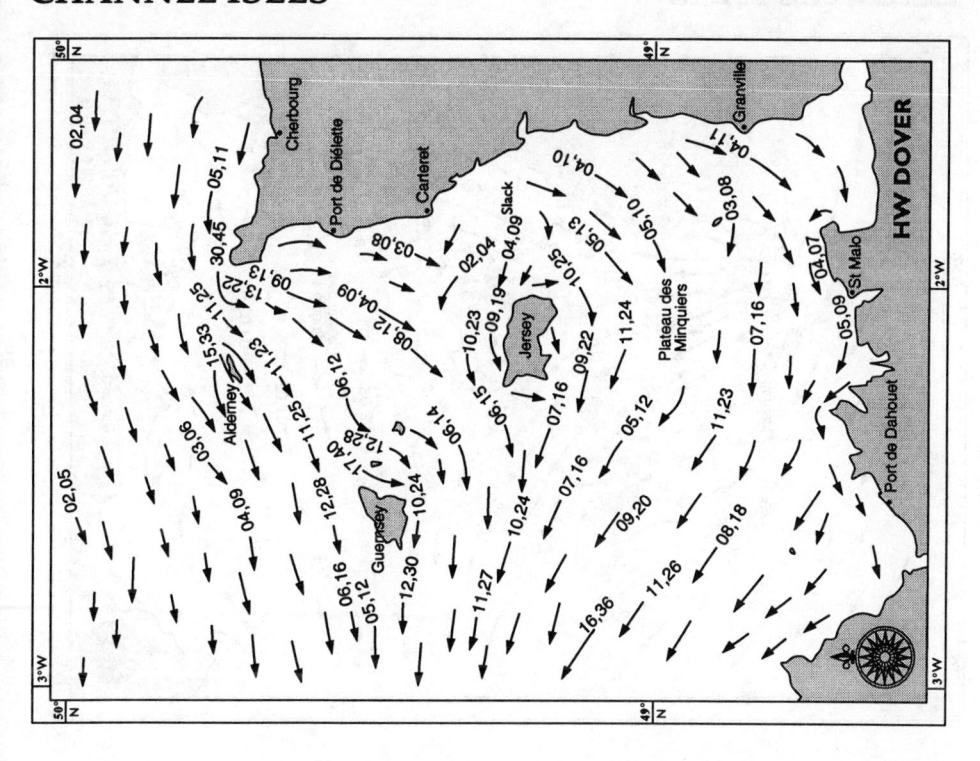

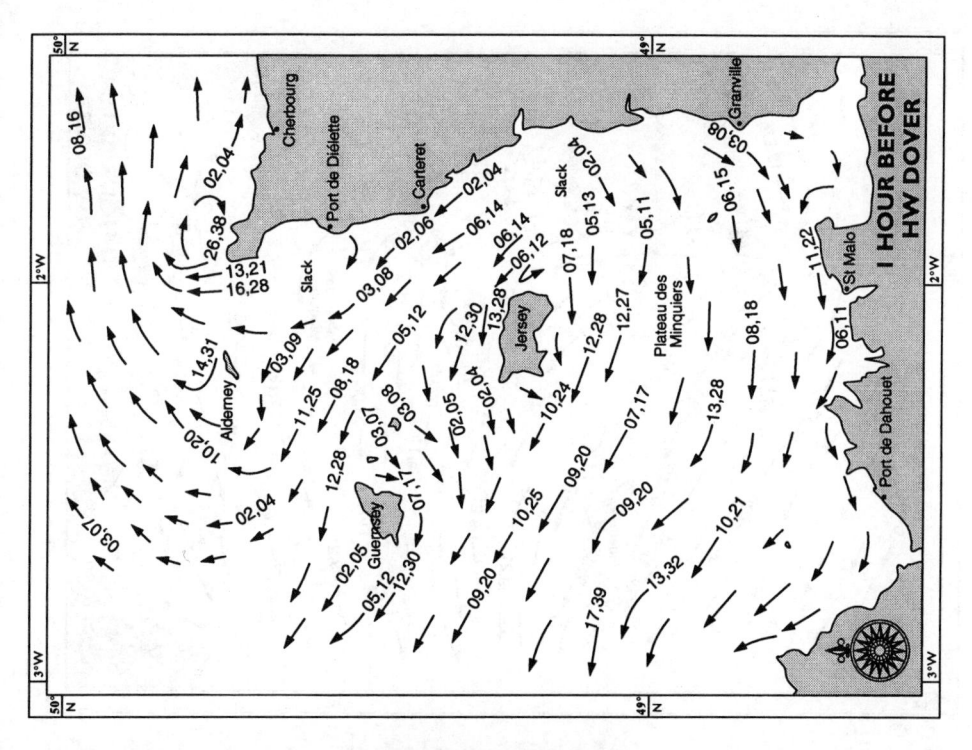

TIDAL STREAMS

HW DOVER

1 HOUR BEFORE HW DOVER

TIDAL STREAMS
CHANNEL ISLES

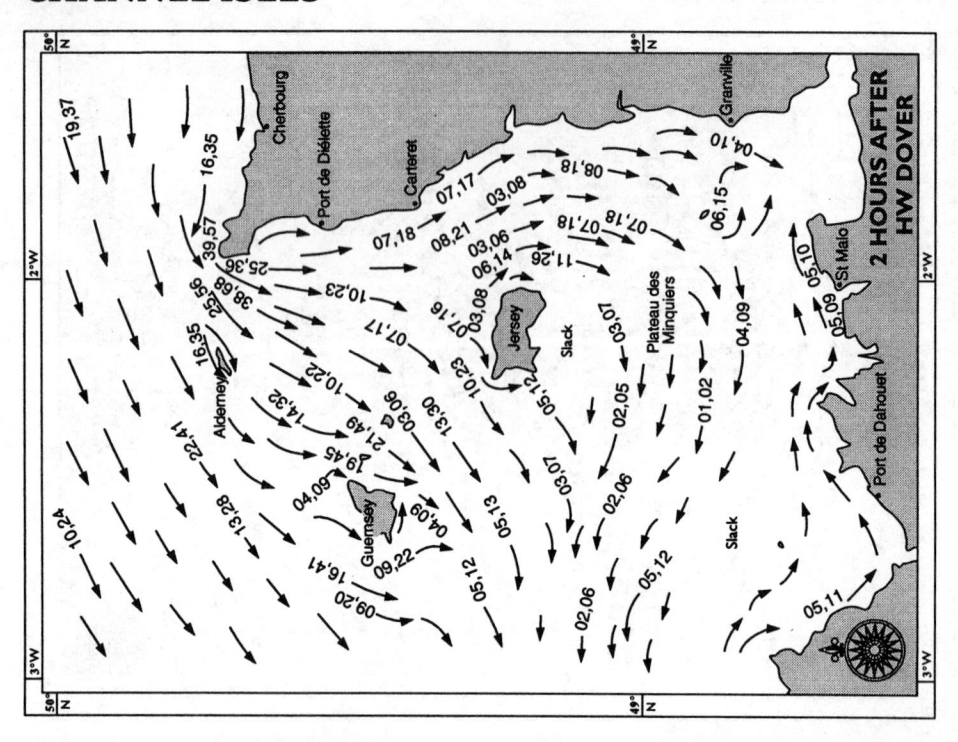

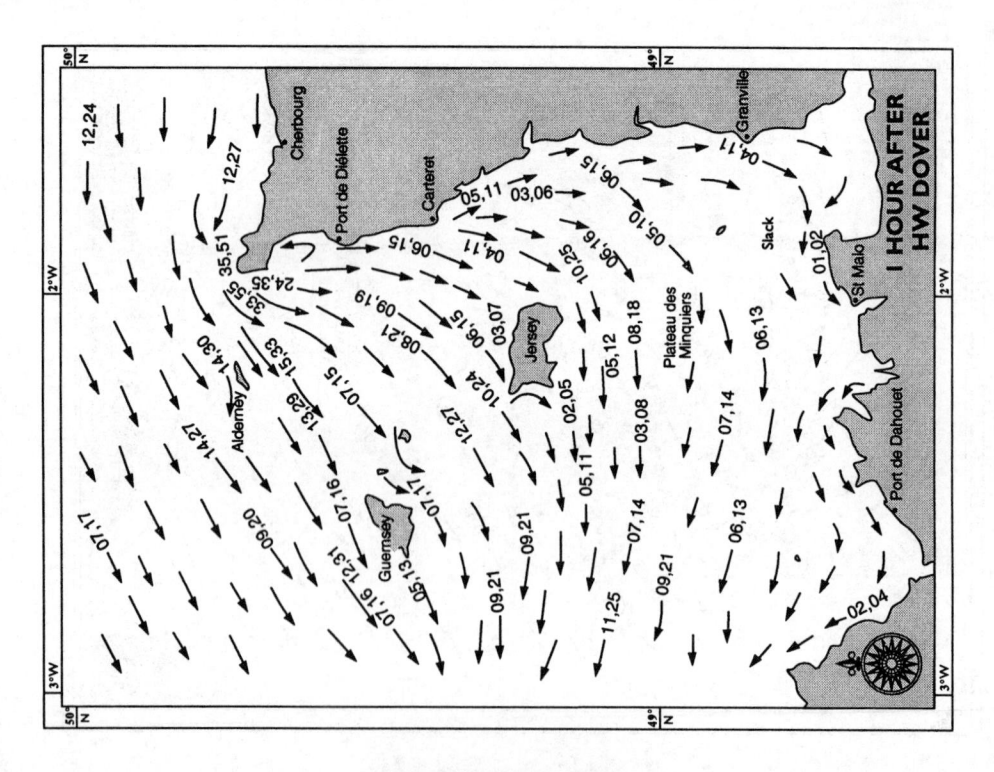

CHANNEL ISLES

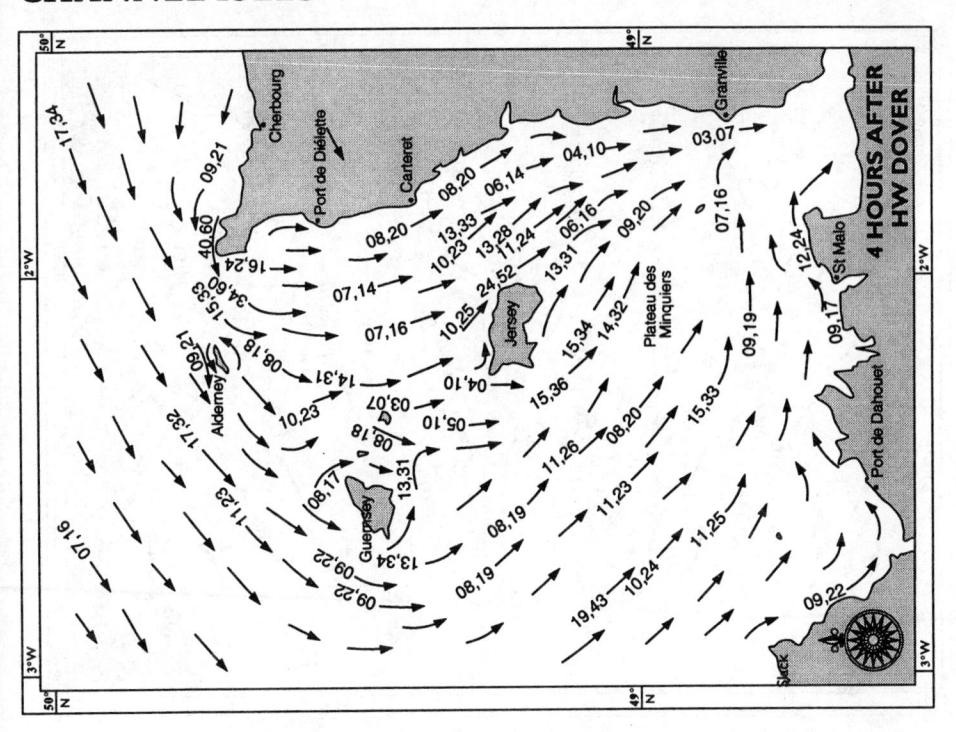

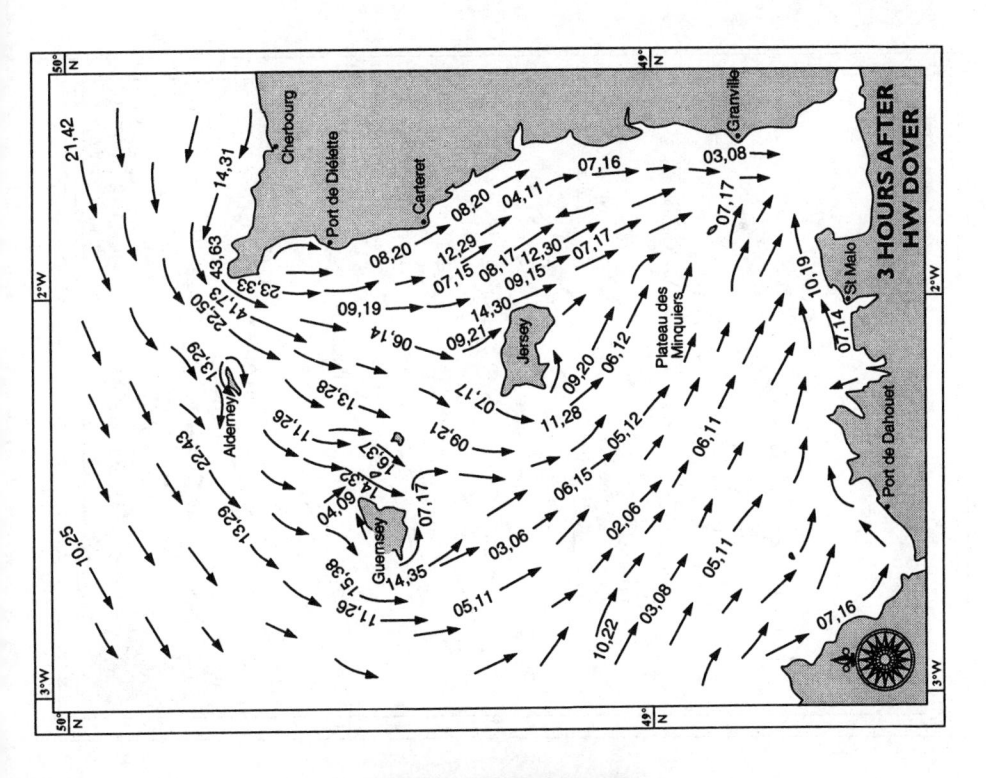

TIDAL STREAMS

4 HOURS AFTER HW DOVER

3 HOURS AFTER HW DOVER

PAGE 217

TIDAL STREAMS
CHANNEL ISLES

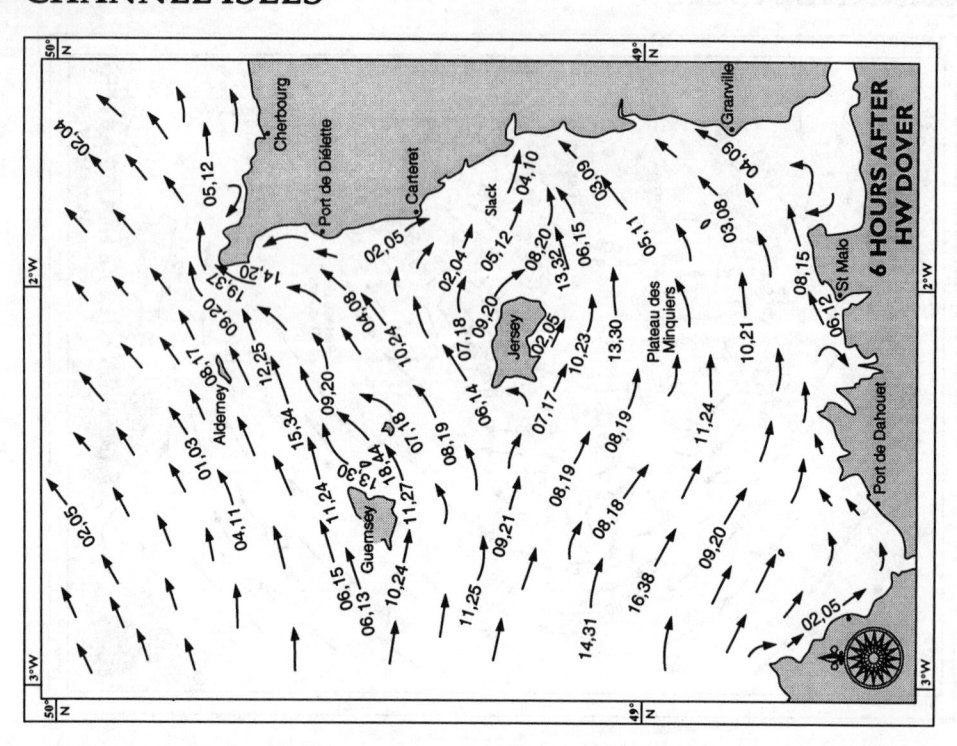

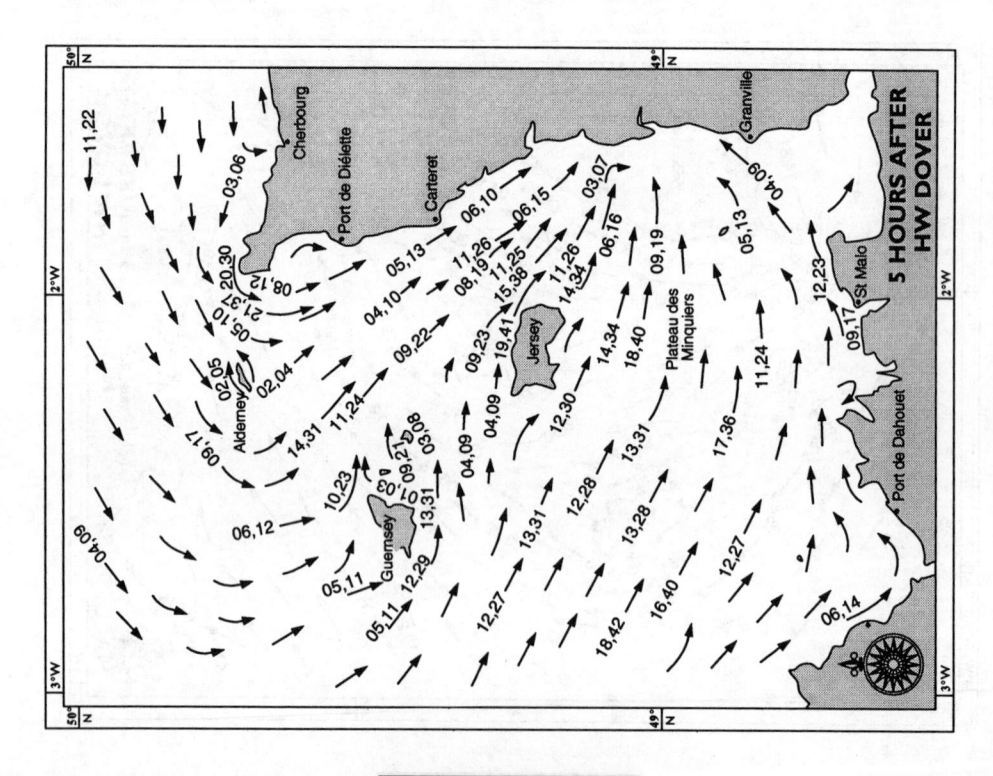

TIDAL STREAMS

NORTH SEA

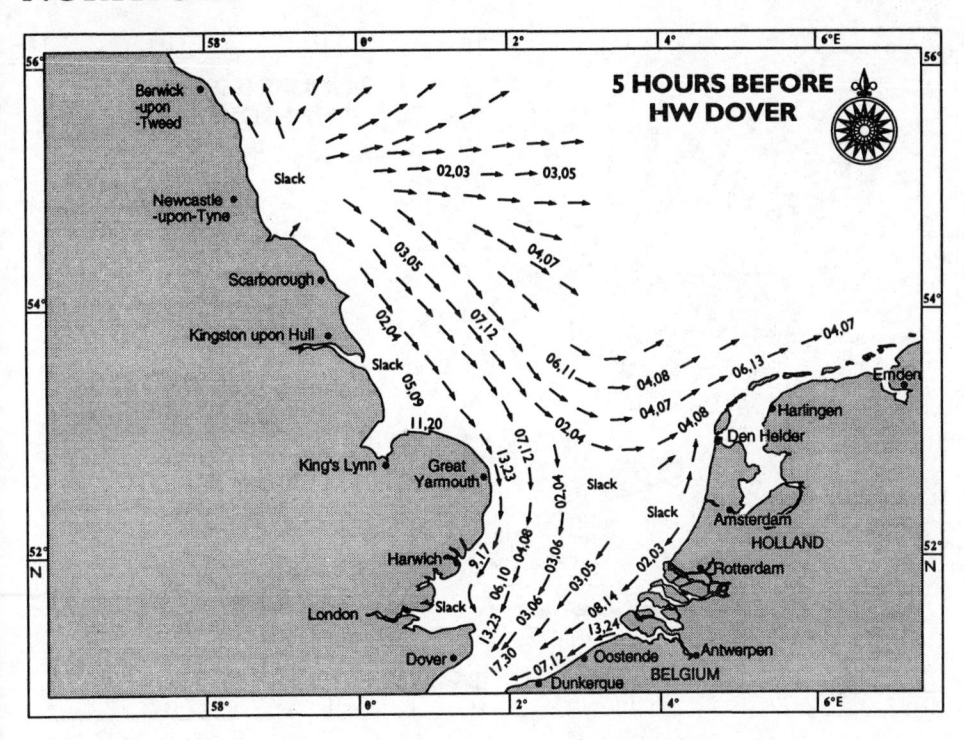

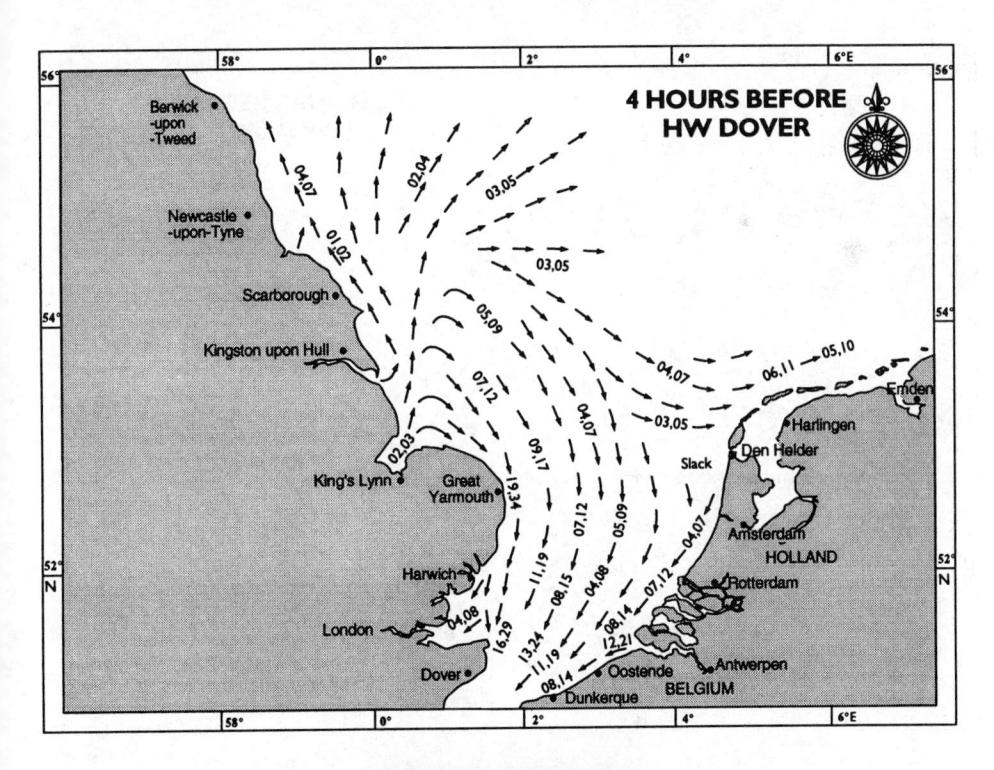

TIDAL STREAMS
NORTH SEA

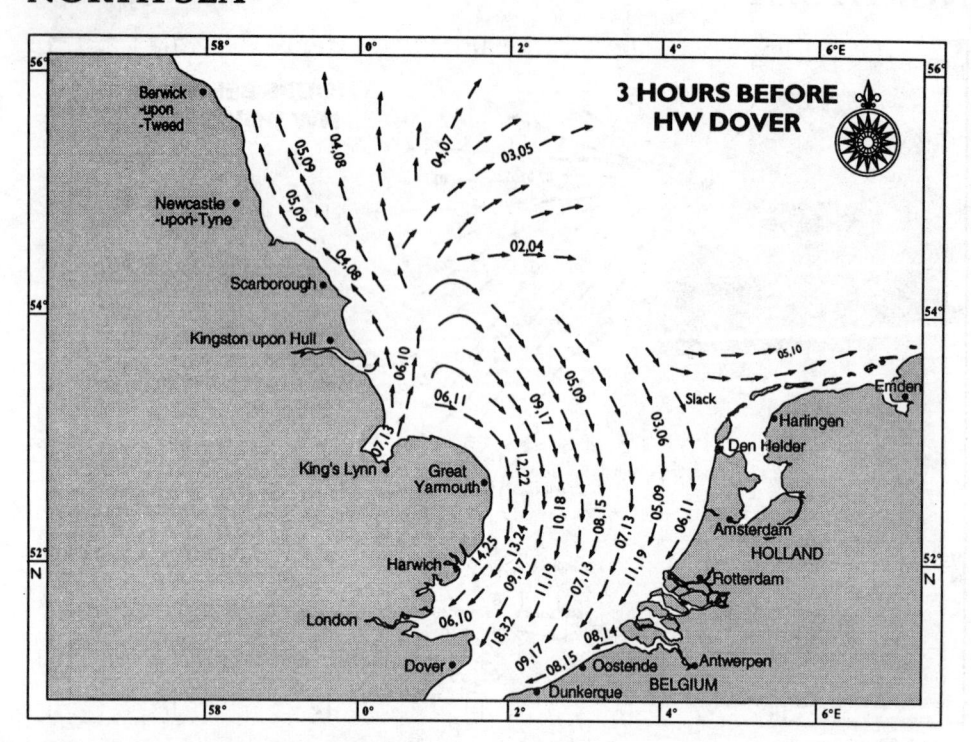

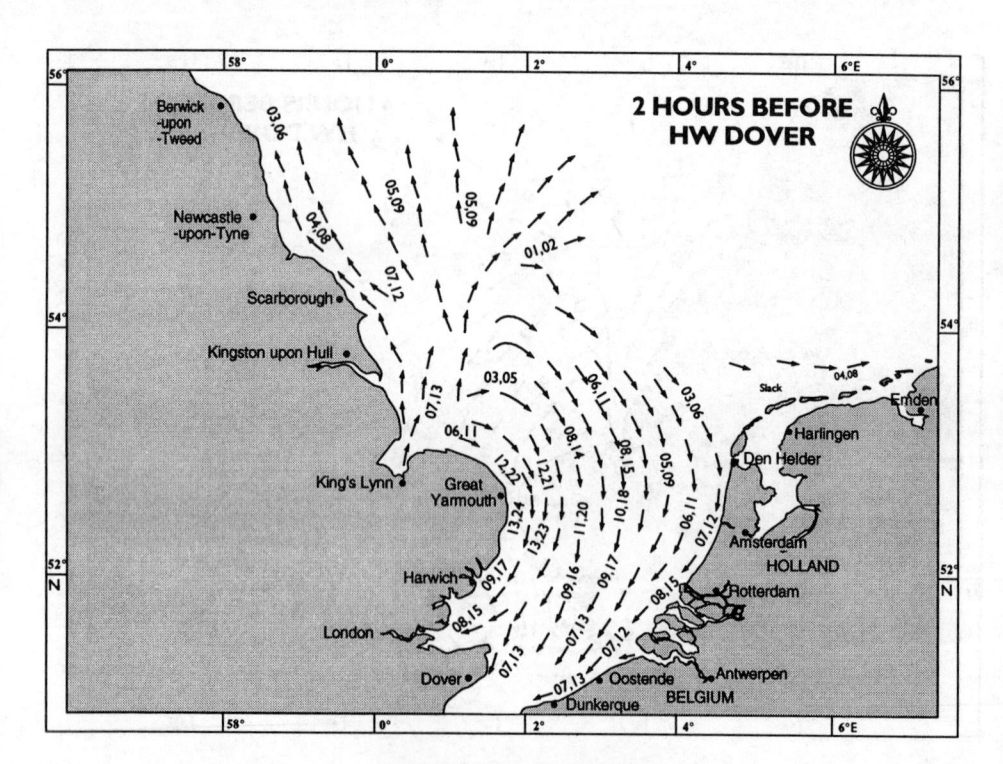

NORTH SEA

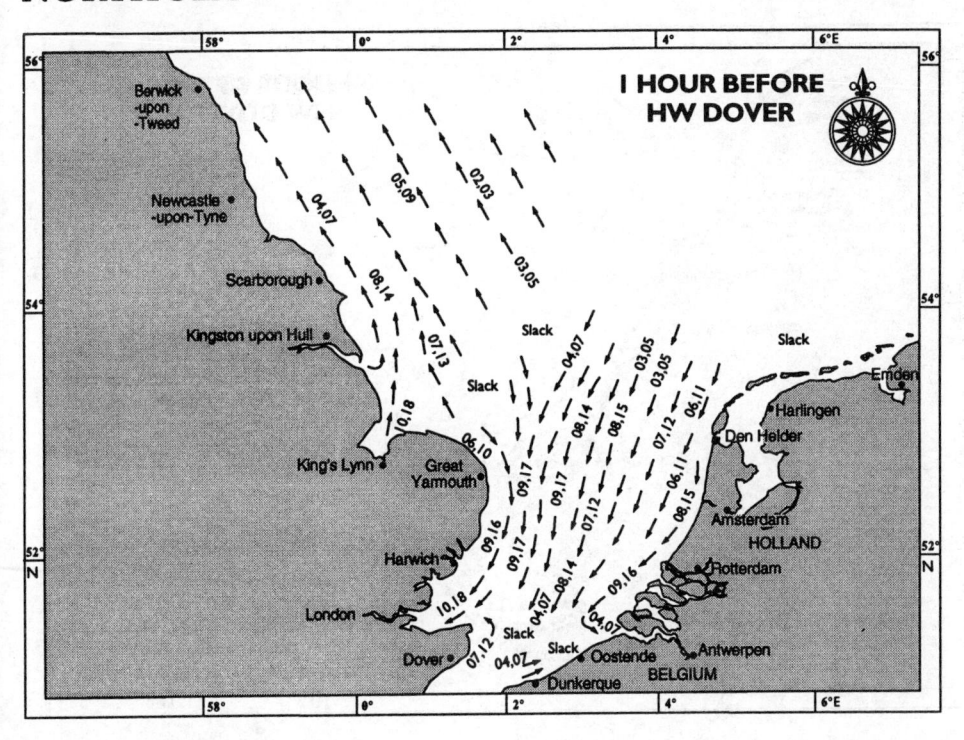

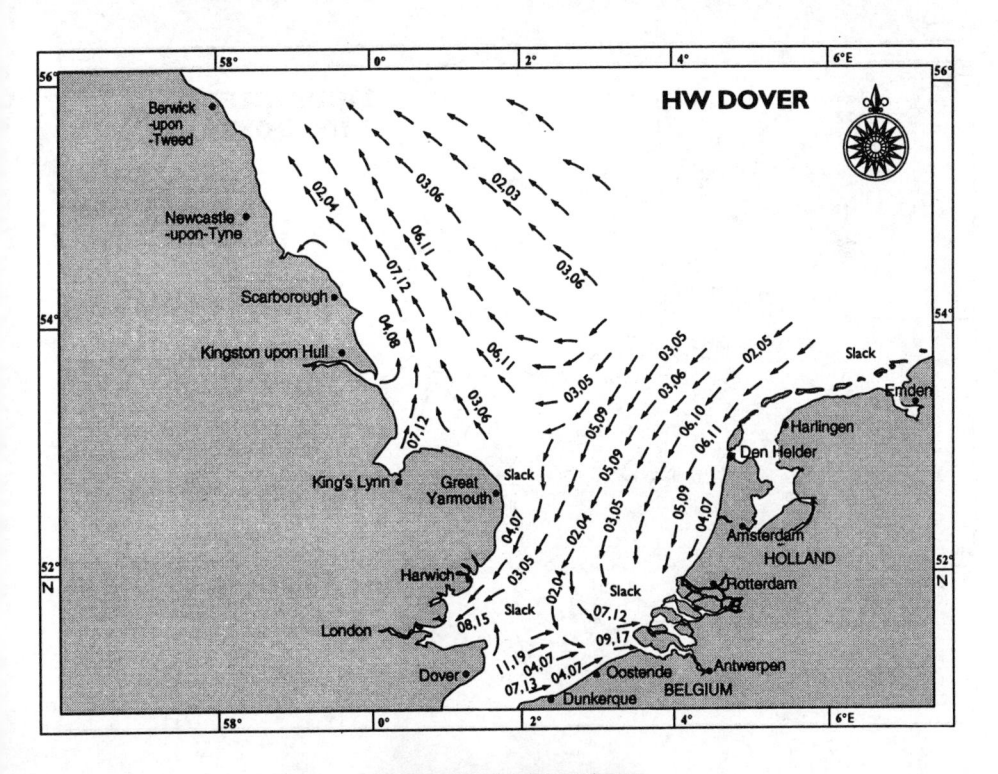

TIDAL STREAMS

1 HOUR BEFORE HW DOVER

HW DOVER

TIDAL STREAMS
NORTH SEA

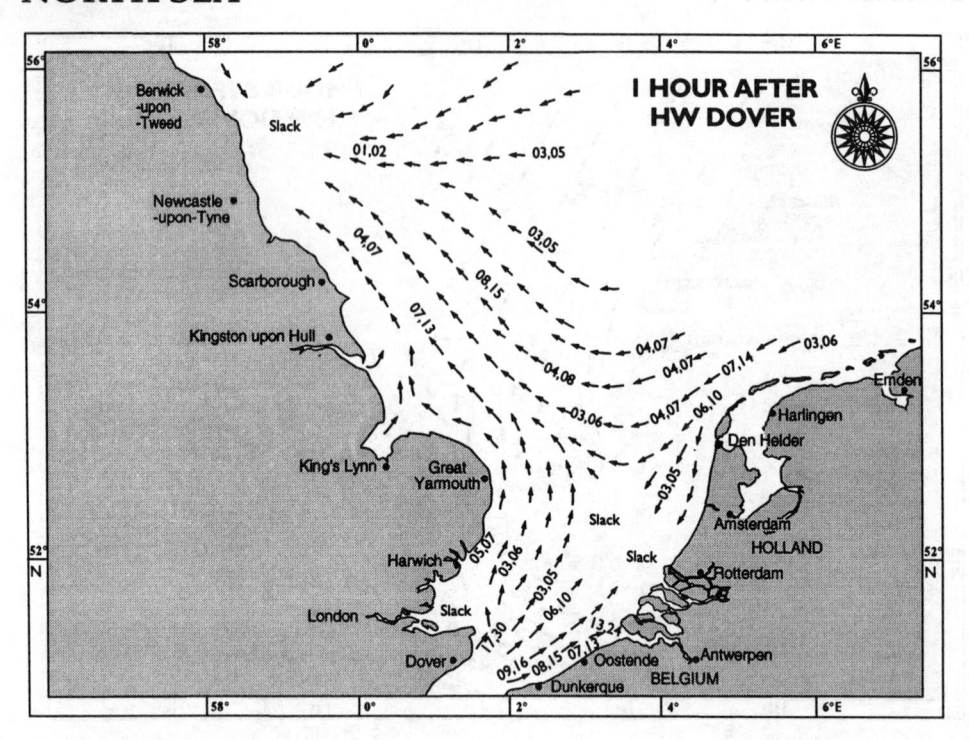

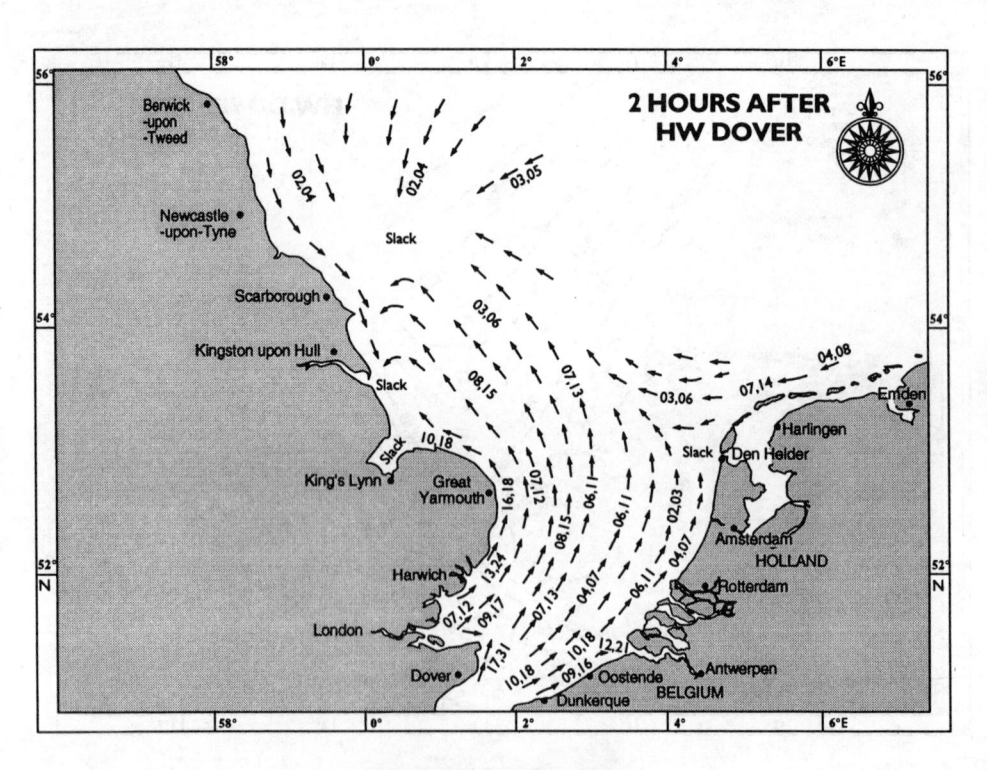

1 HOUR AFTER HW DOVER

2 HOURS AFTER HW DOVER

TIDAL STREAMS

NORTH SEA

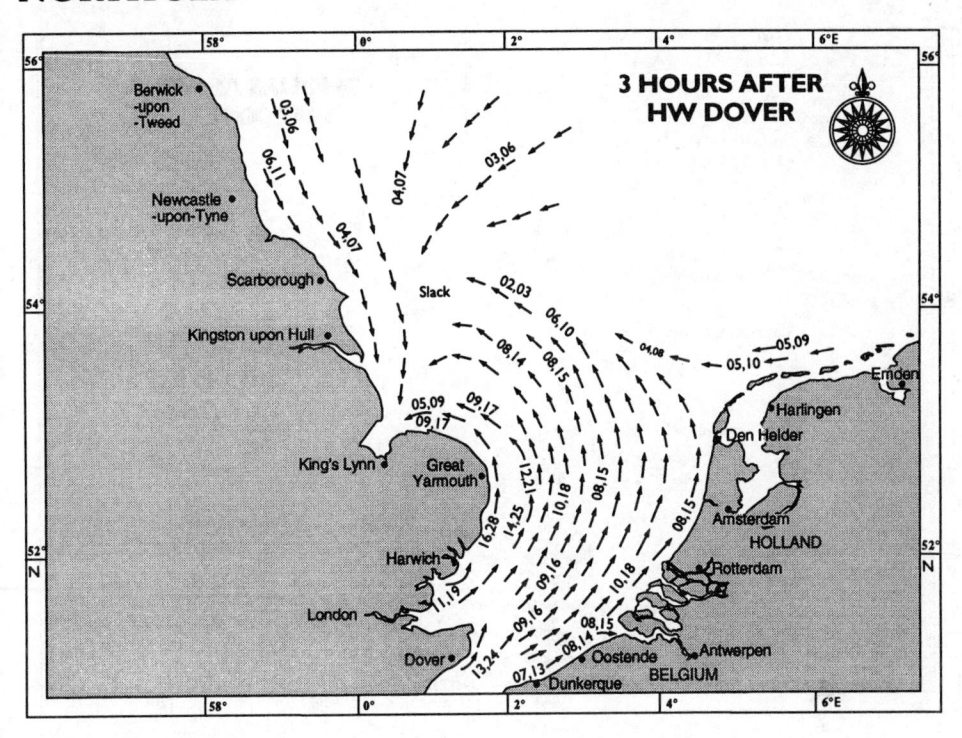

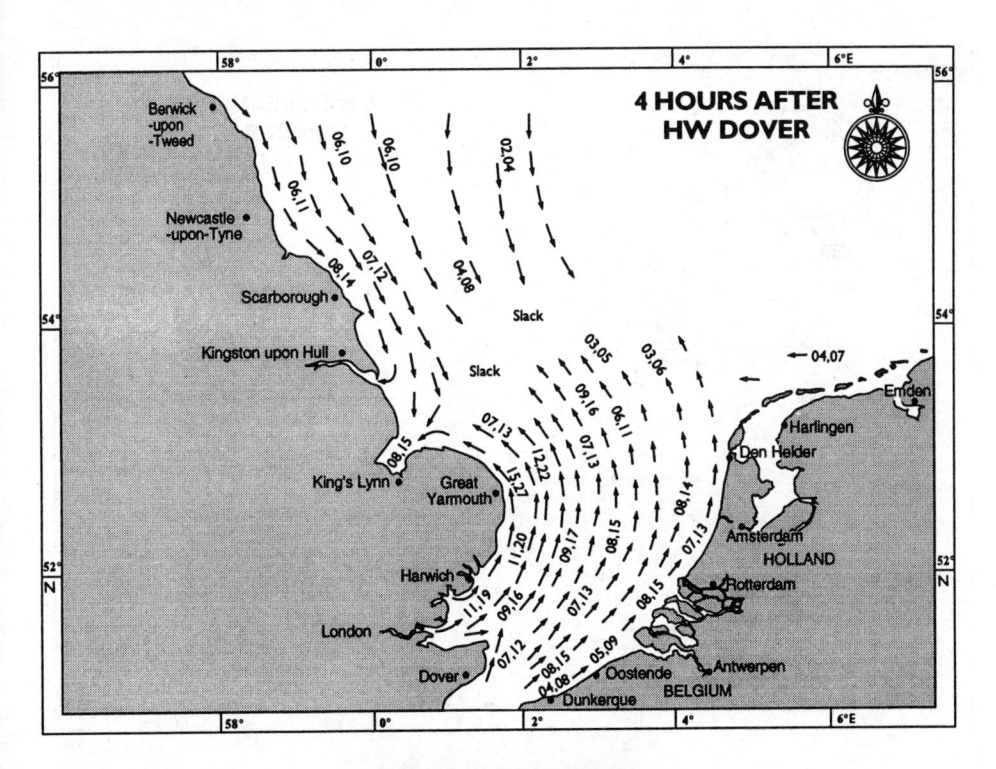

3 HOURS AFTER HW DOVER

4 HOURS AFTER HW DOVER

TIDAL STREAMS
NORTH SEA

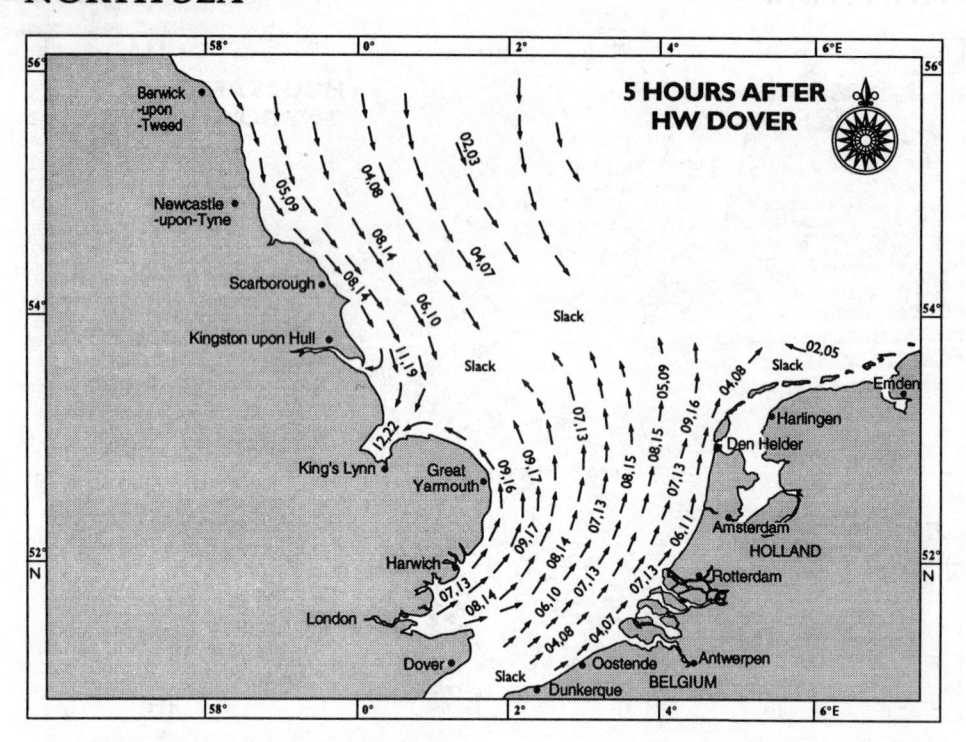

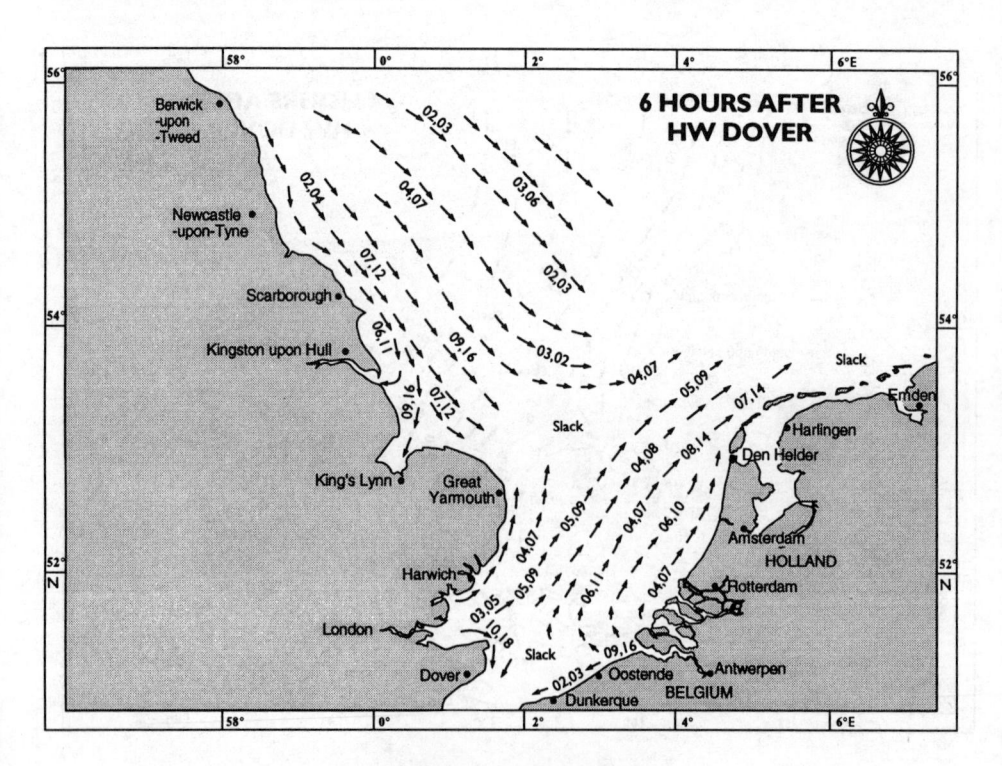

5 HOURS AFTER HW DOVER

6 HOURS AFTER HW DOVER

SCOTLAND

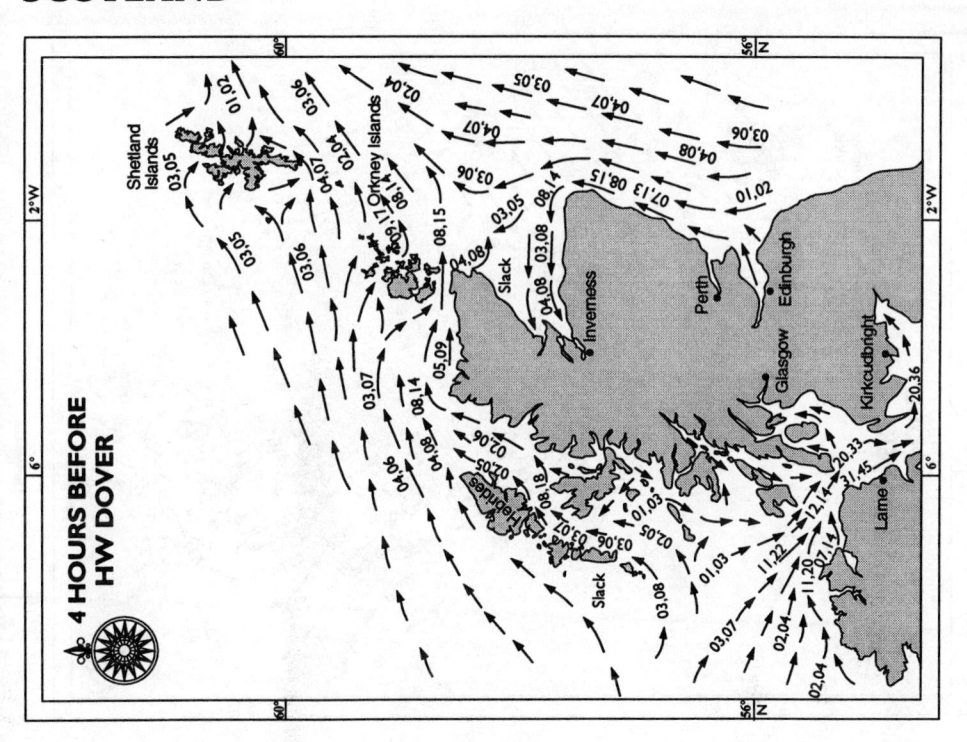

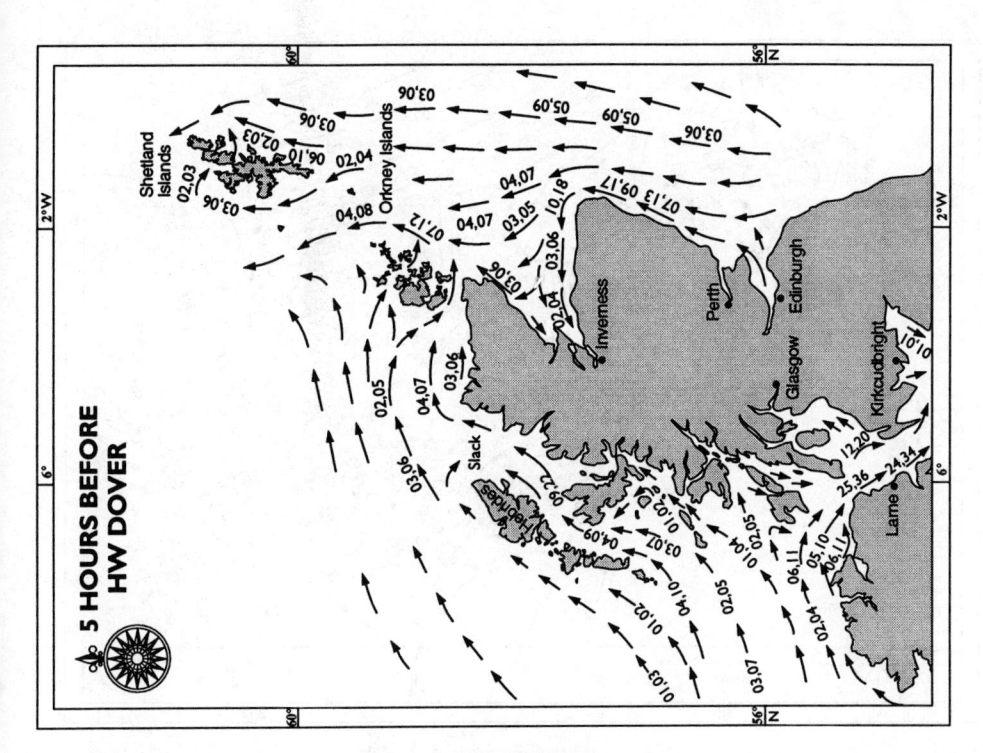

TIDAL STREAMS

PAGE 225

TIDAL STREAMS
SCOTLAND

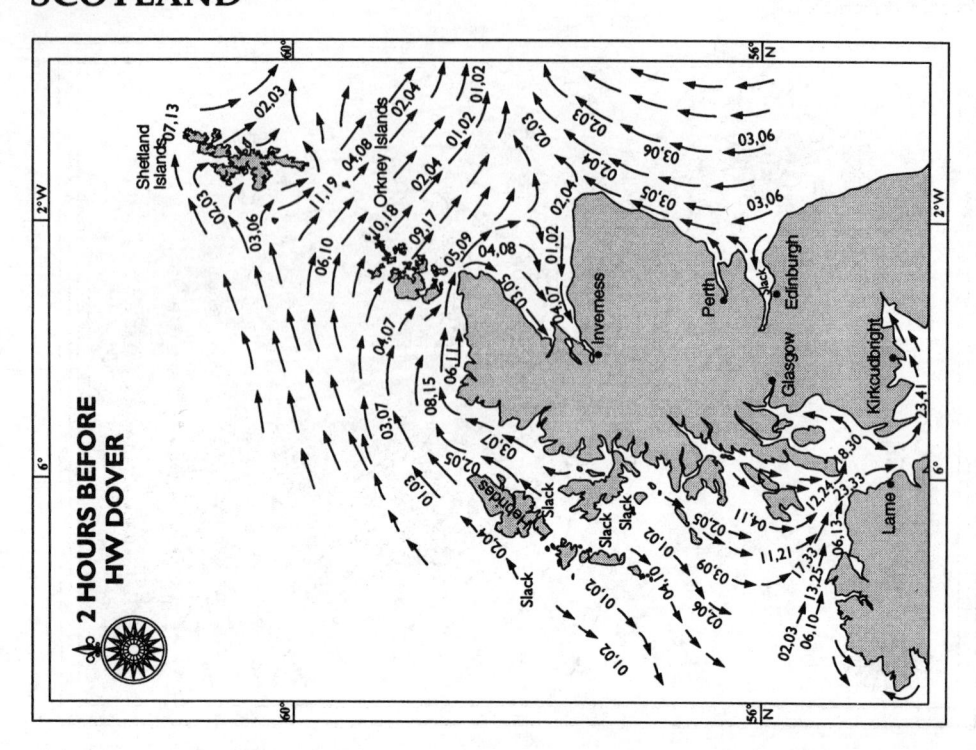

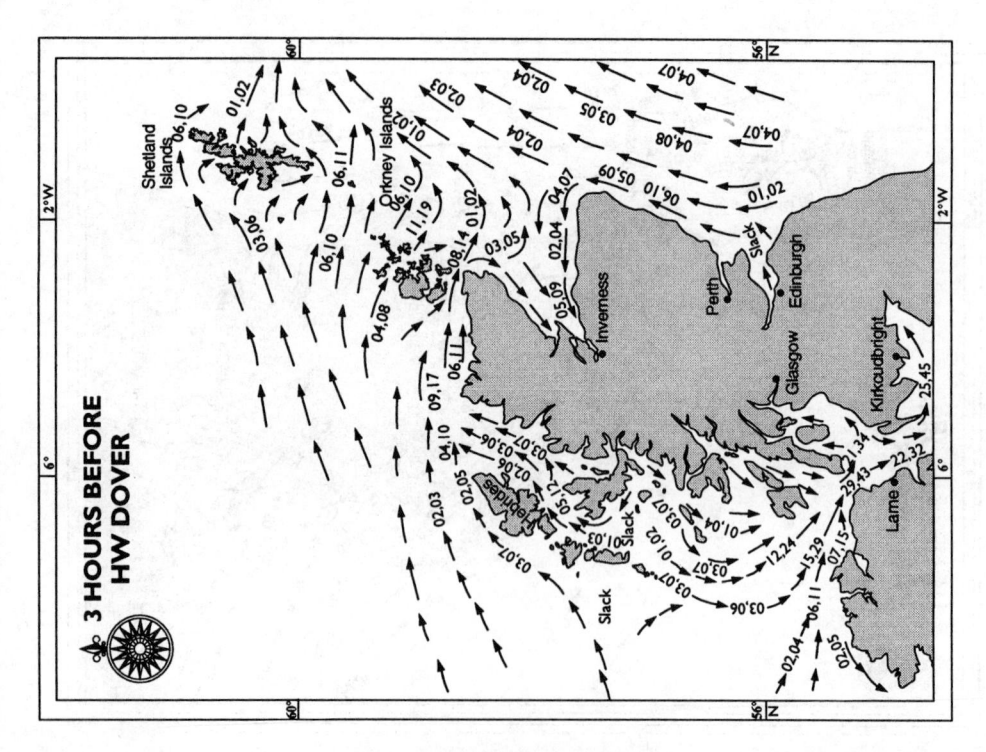

2 HOURS BEFORE HW DOVER

3 HOURS BEFORE HW DOVER

PAGE 226

SCOTLAND

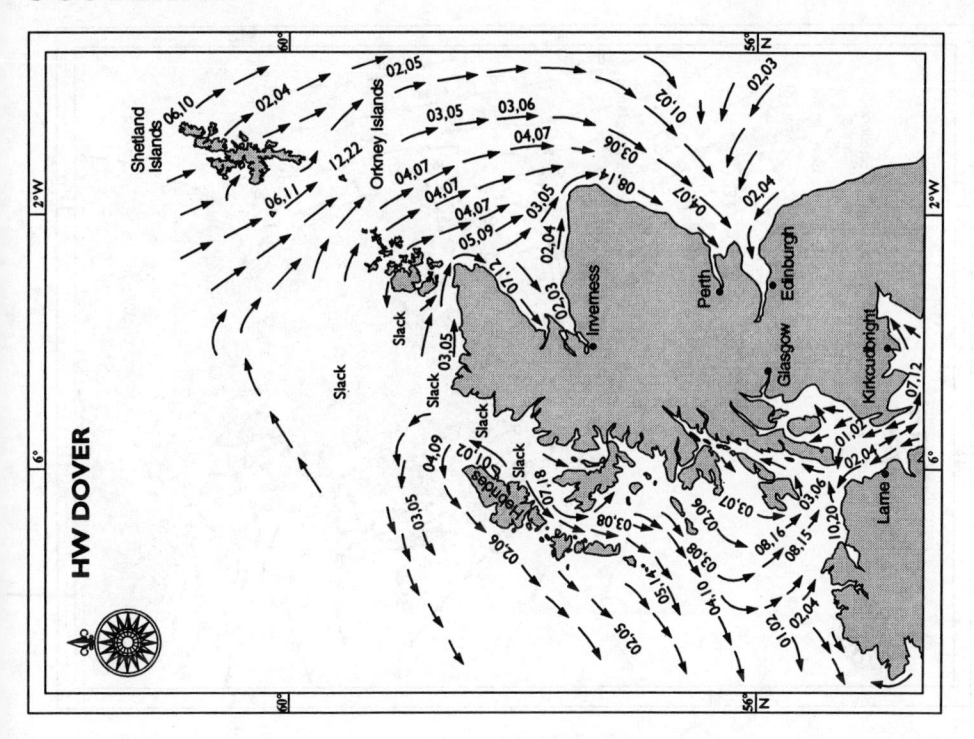

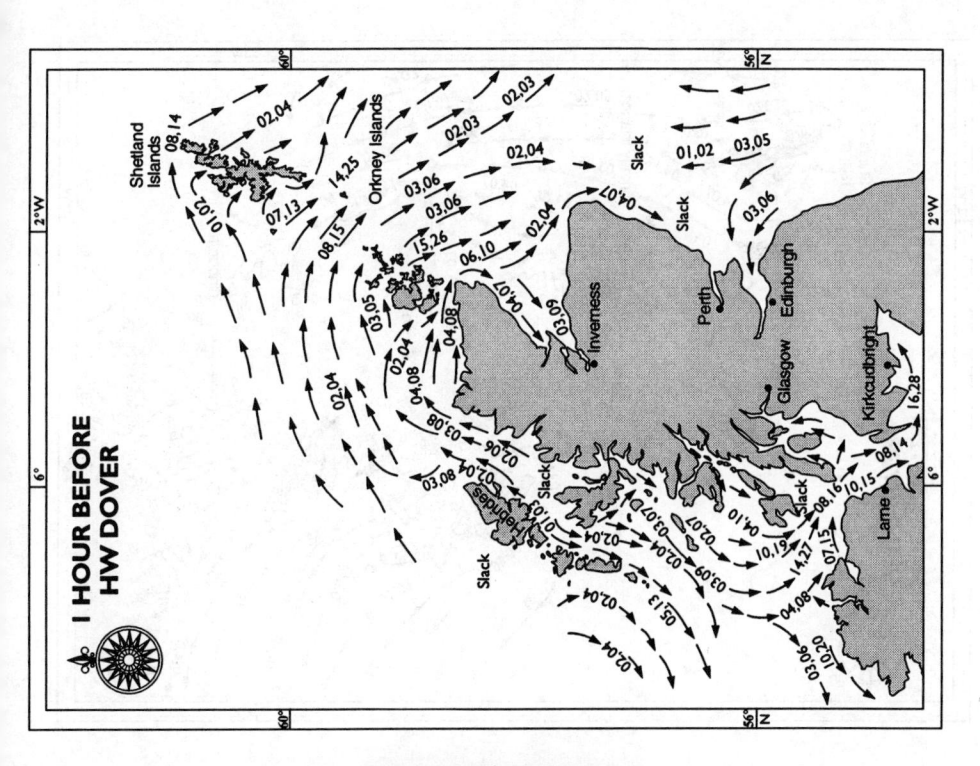

TIDAL STREAMS

HW DOVER

1 HOUR BEFORE HW DOVER

TIDAL STREAMS
SCOTLAND

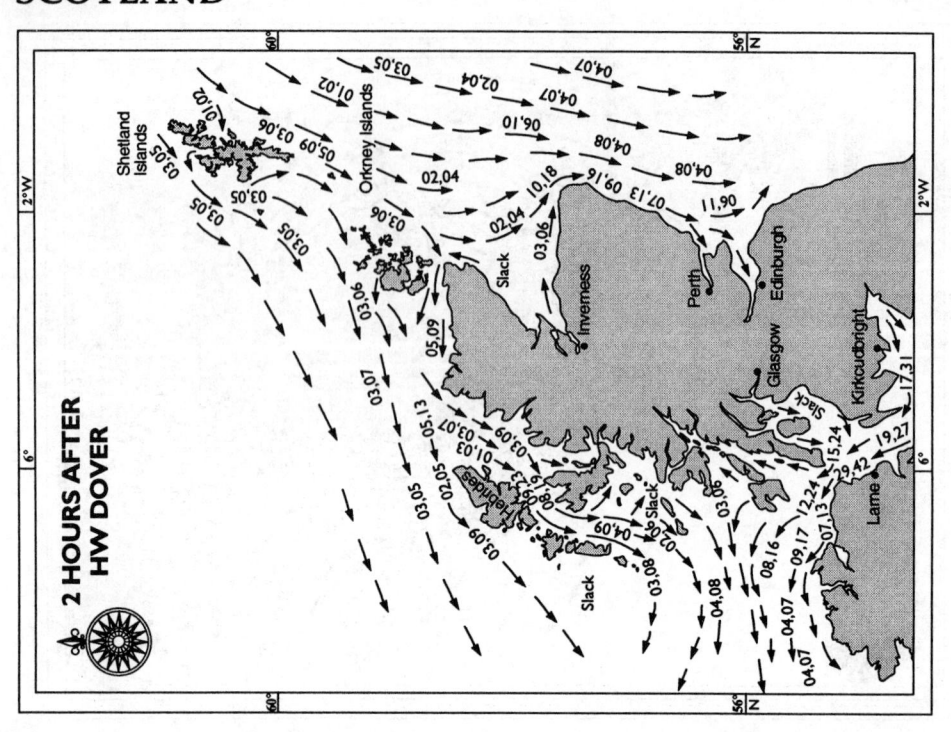

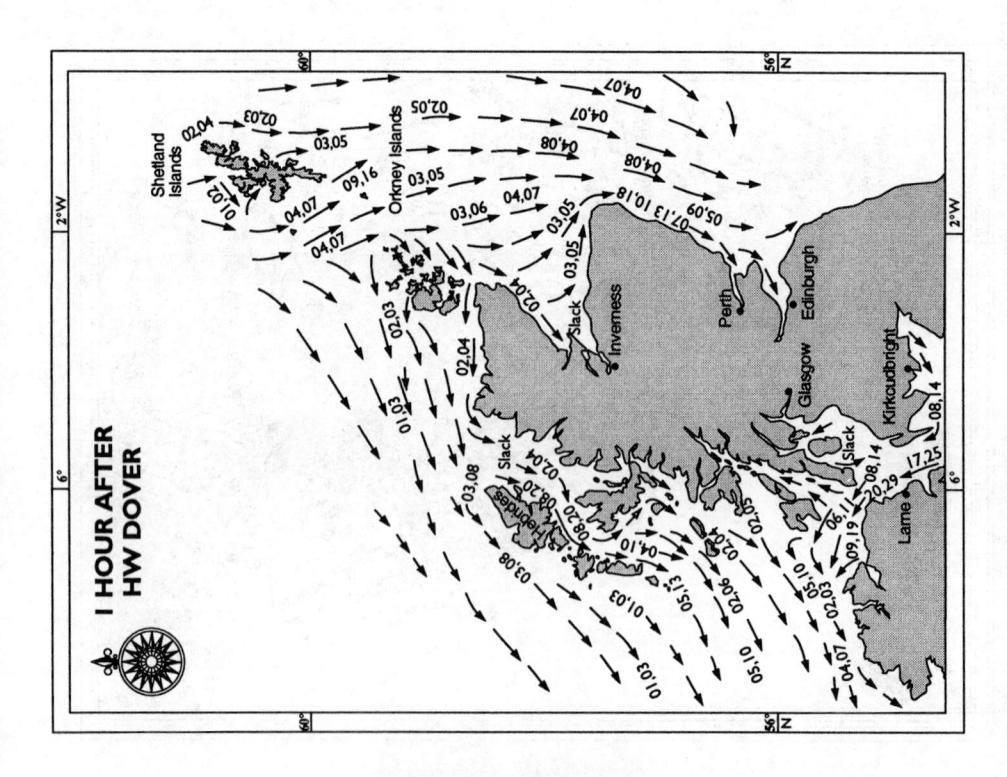

SCOTLAND

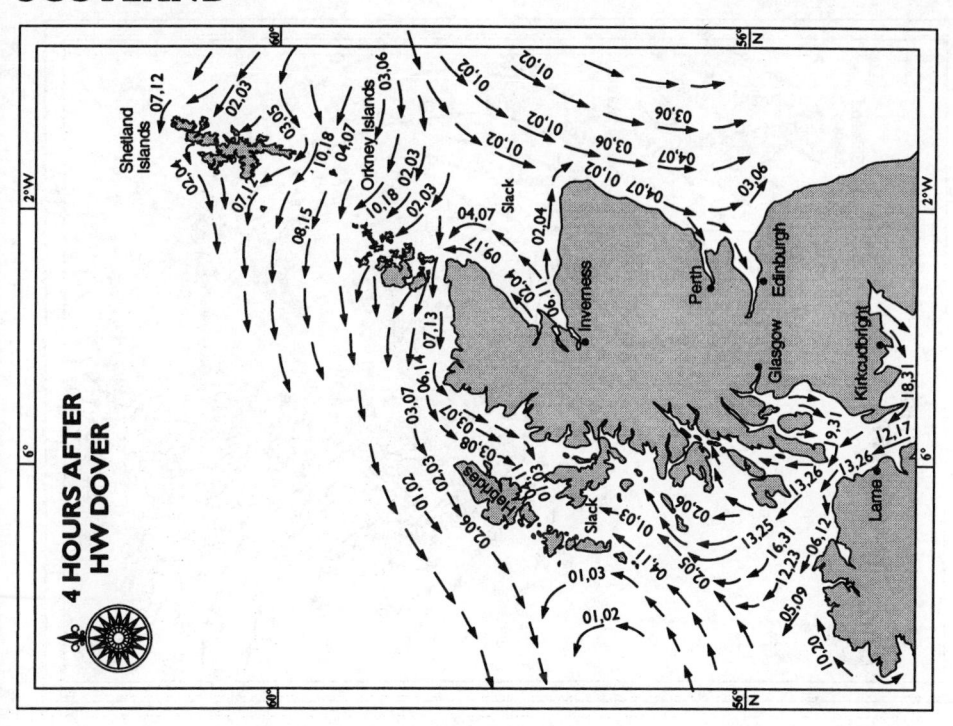

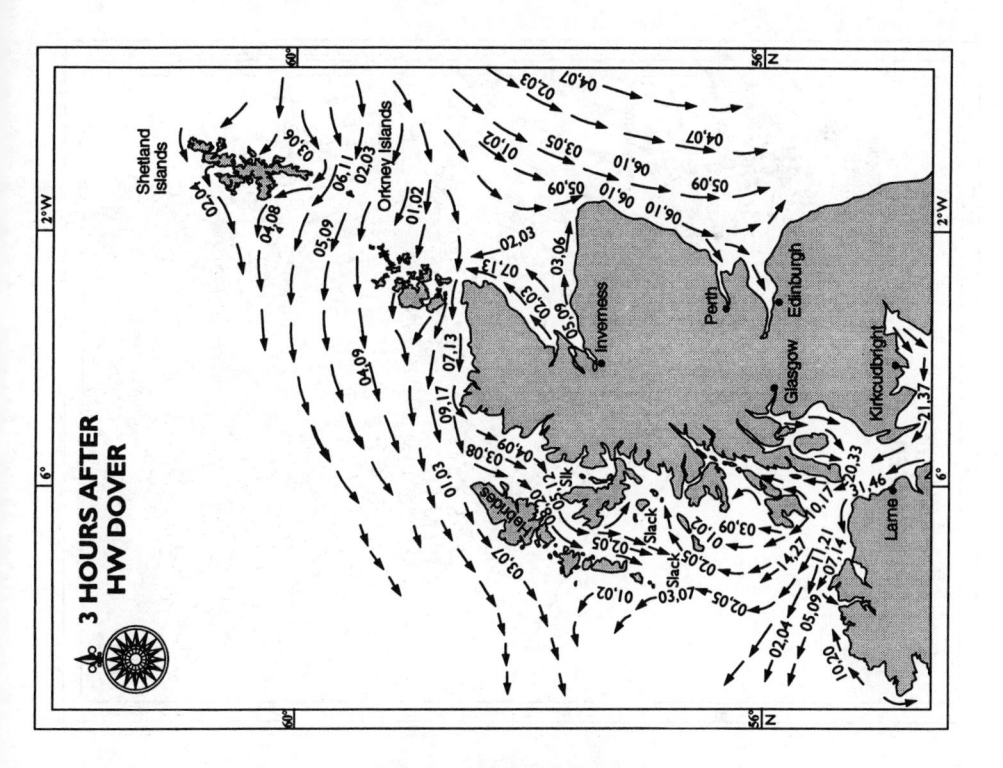

TIDAL STREAMS

4 HOURS AFTER HW DOVER

3 HOURS AFTER HW DOVER

TIDAL STREAMS
SCOTLAND

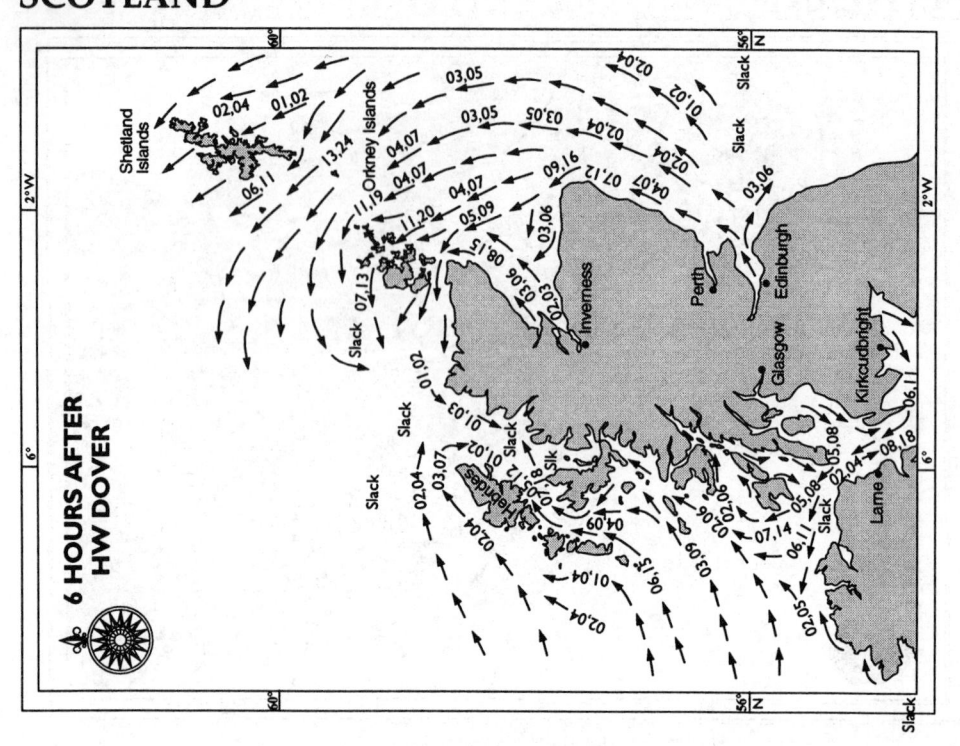

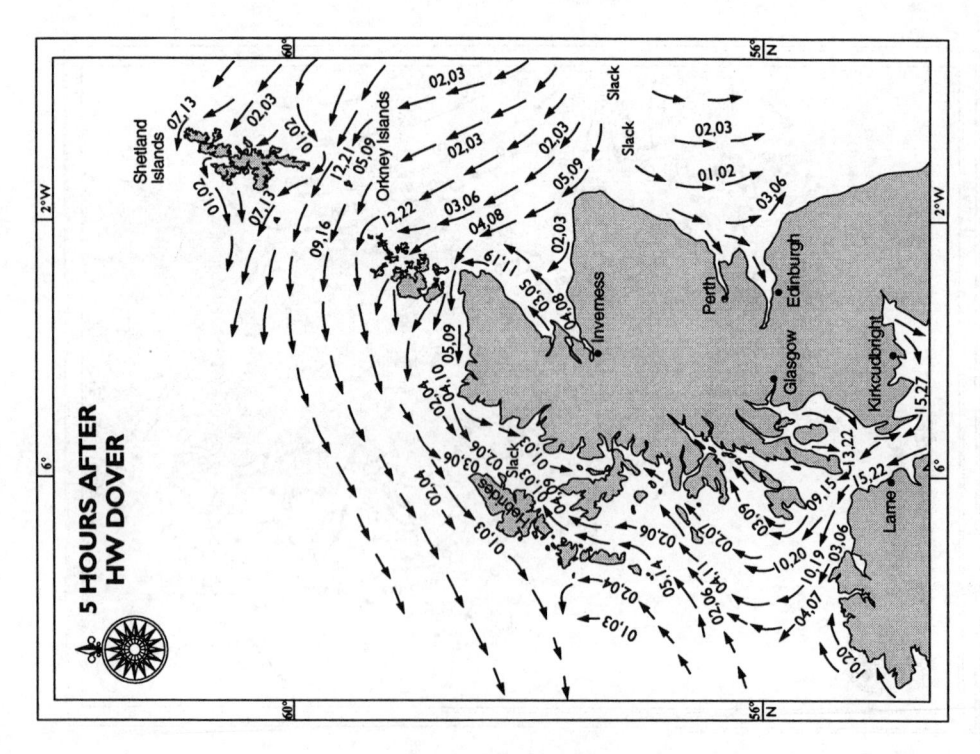

6 HOURS AFTER HW DOVER

5 HOURS AFTER HW DOVER

TIDAL STREAMS
CELTIC SEA, IRISH SEA AND WEST IRELAND

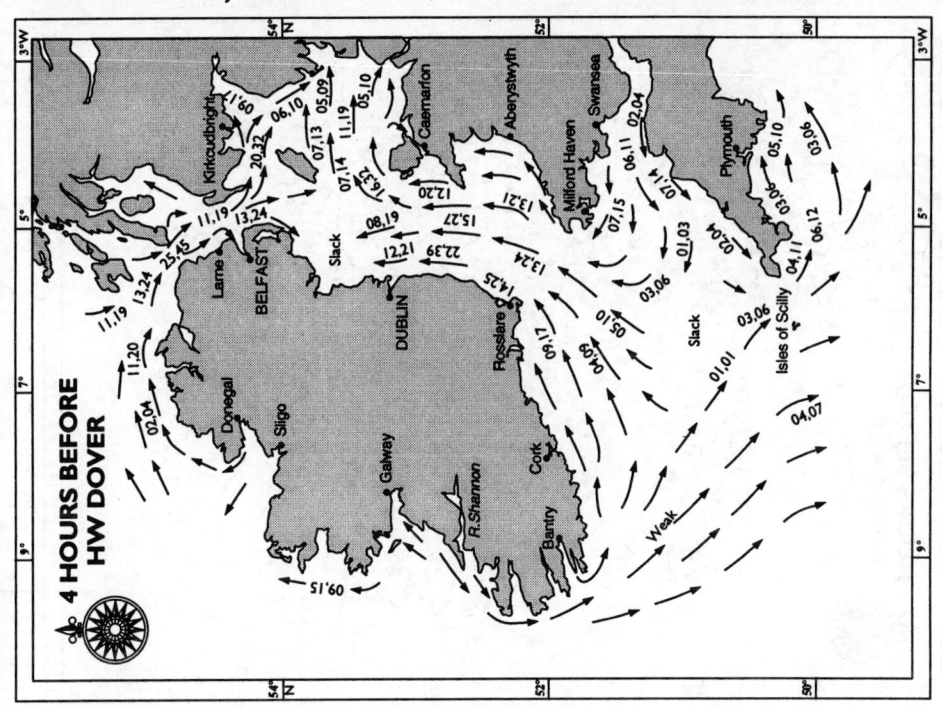

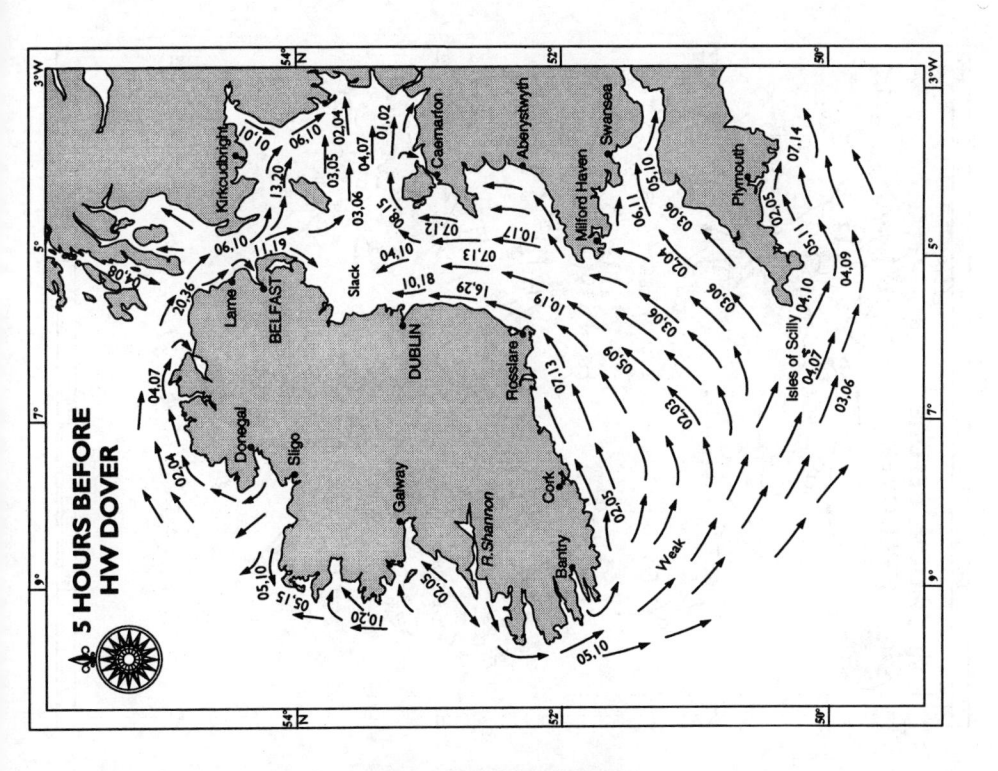

4 HOURS BEFORE HW DOVER

5 HOURS BEFORE HW DOVER

PAGE 231

TIDAL STREAMS
CELTIC SEA, IRISH SEA AND WEST IRELAND

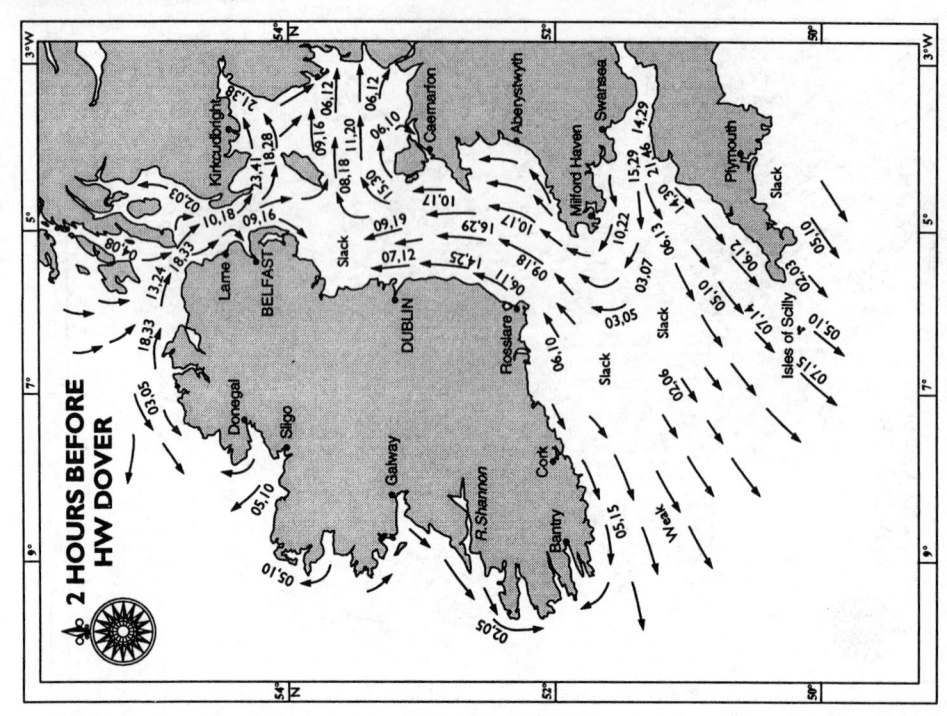

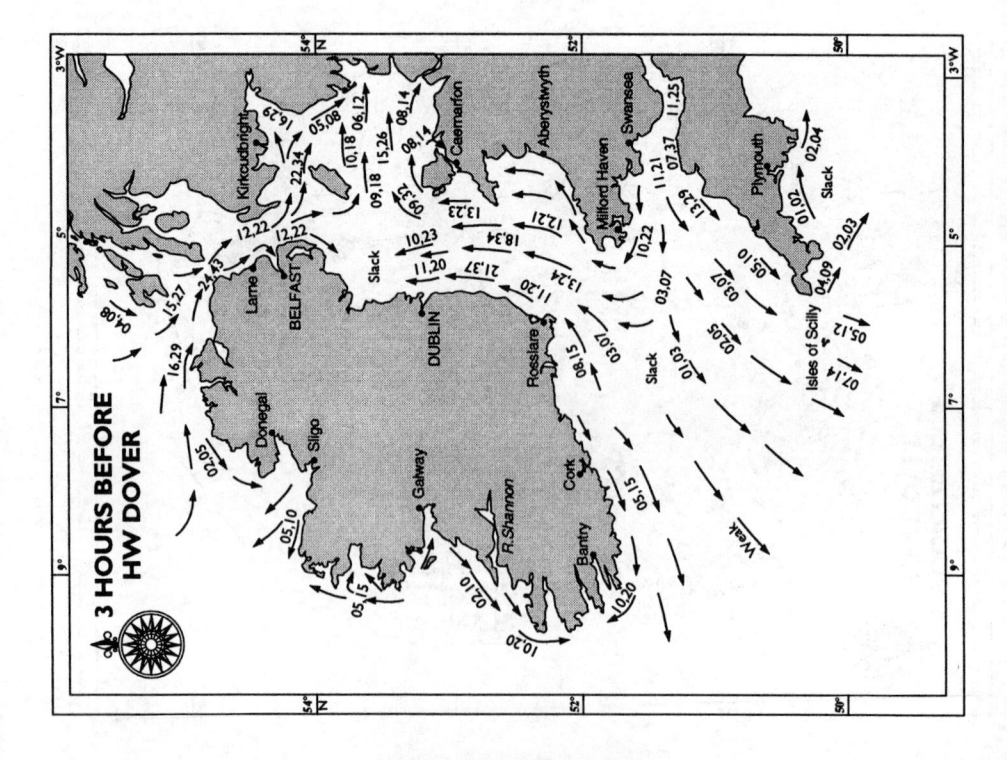

TIDAL STREAMS

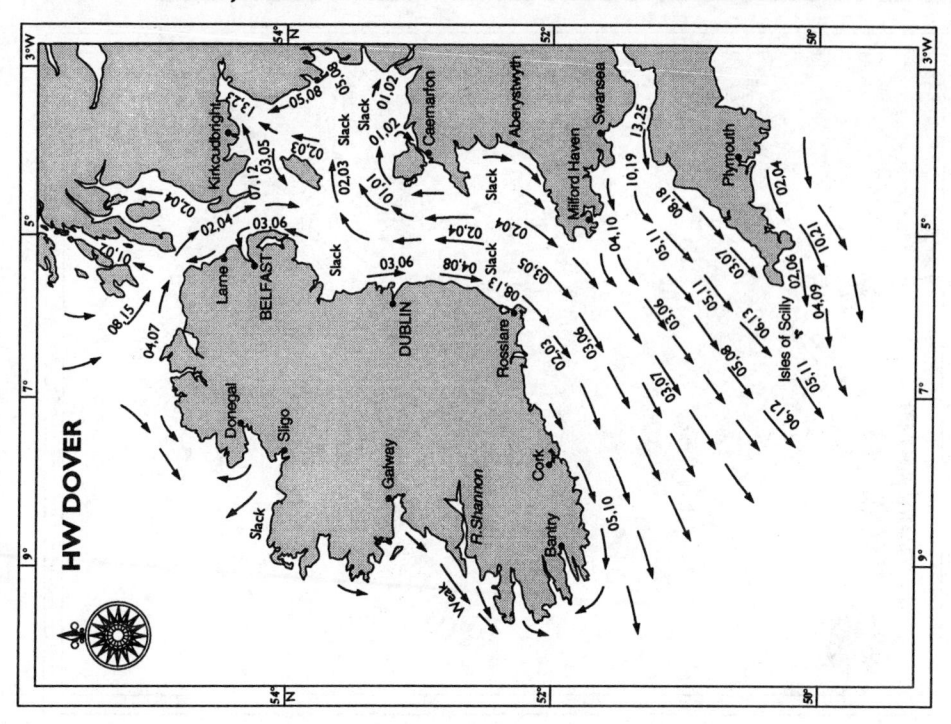

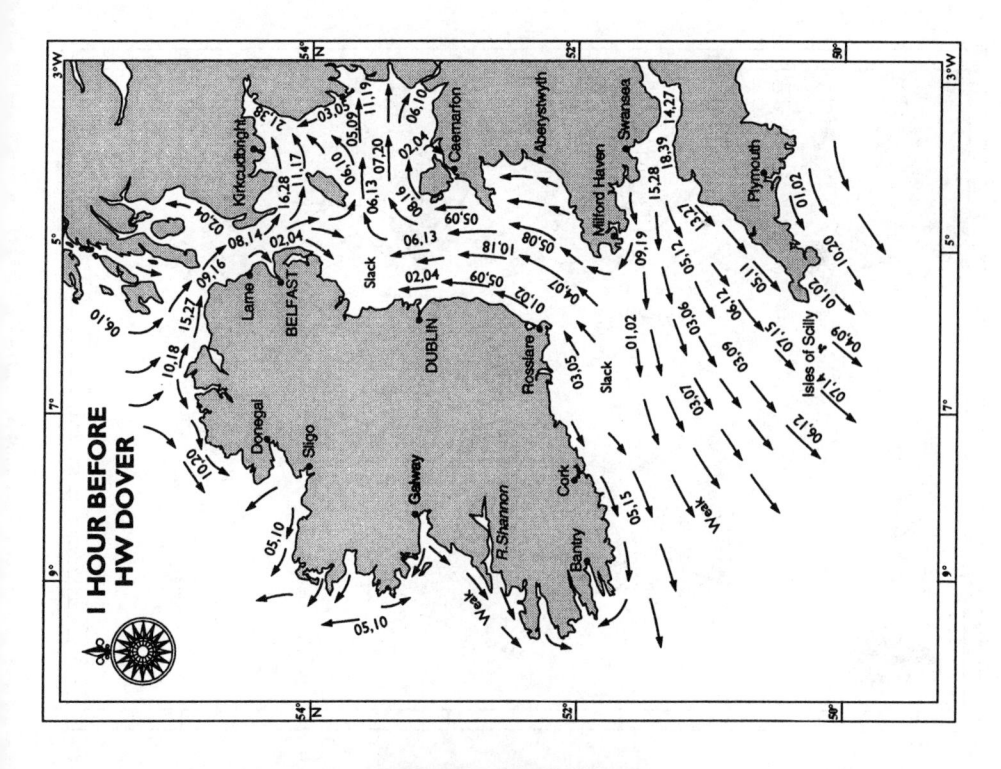

CELTIC SEA, IRISH SEA AND WEST IRELAND

TIDAL STREAMS
CELTIC SEA, IRISH SEA AND WEST IRELAND

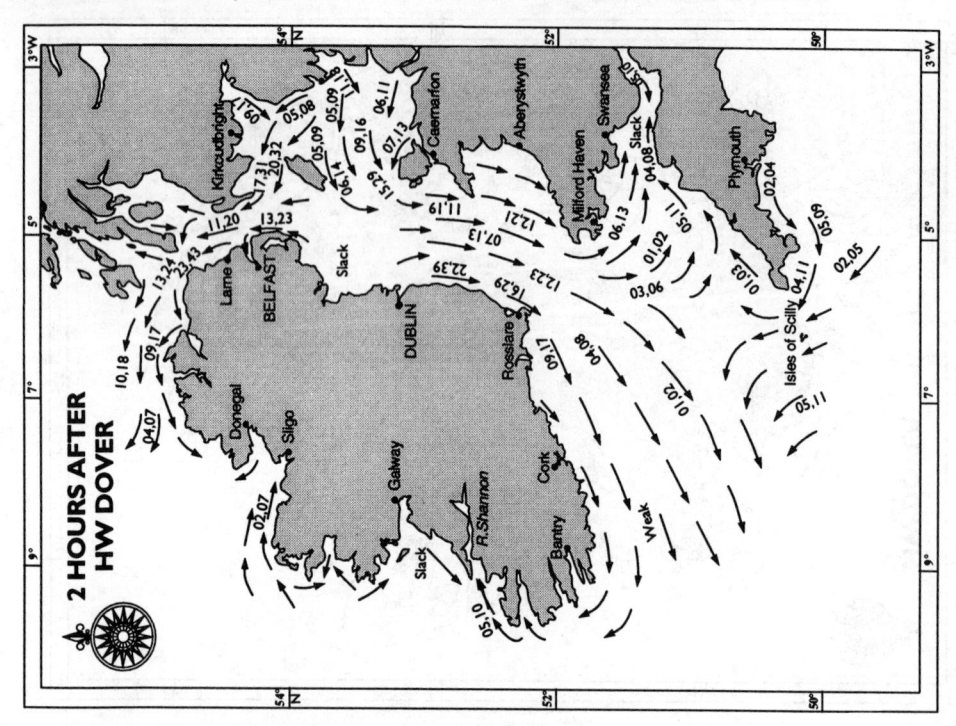

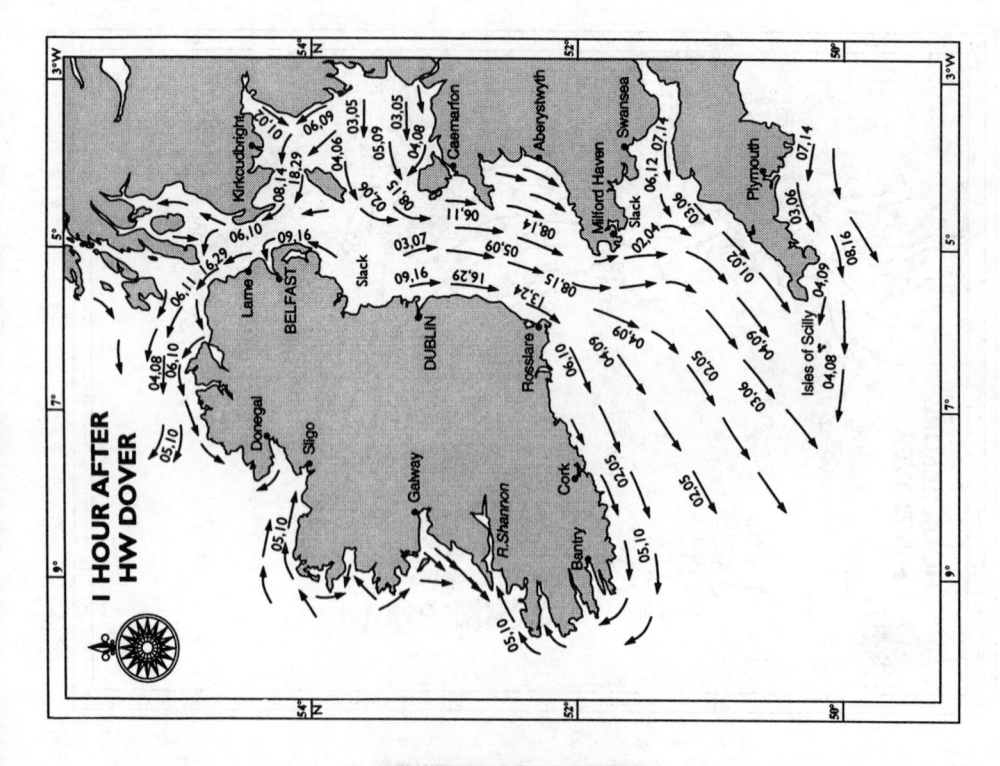

TIDAL STREAMS
CELTIC SEA, IRISH SEA AND WEST IRELAND

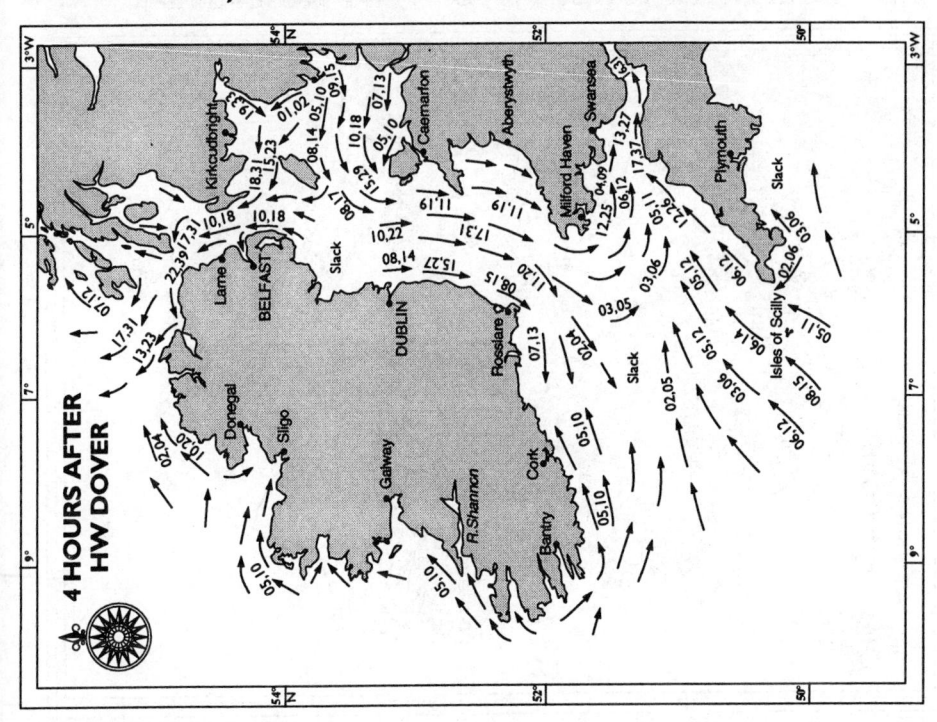

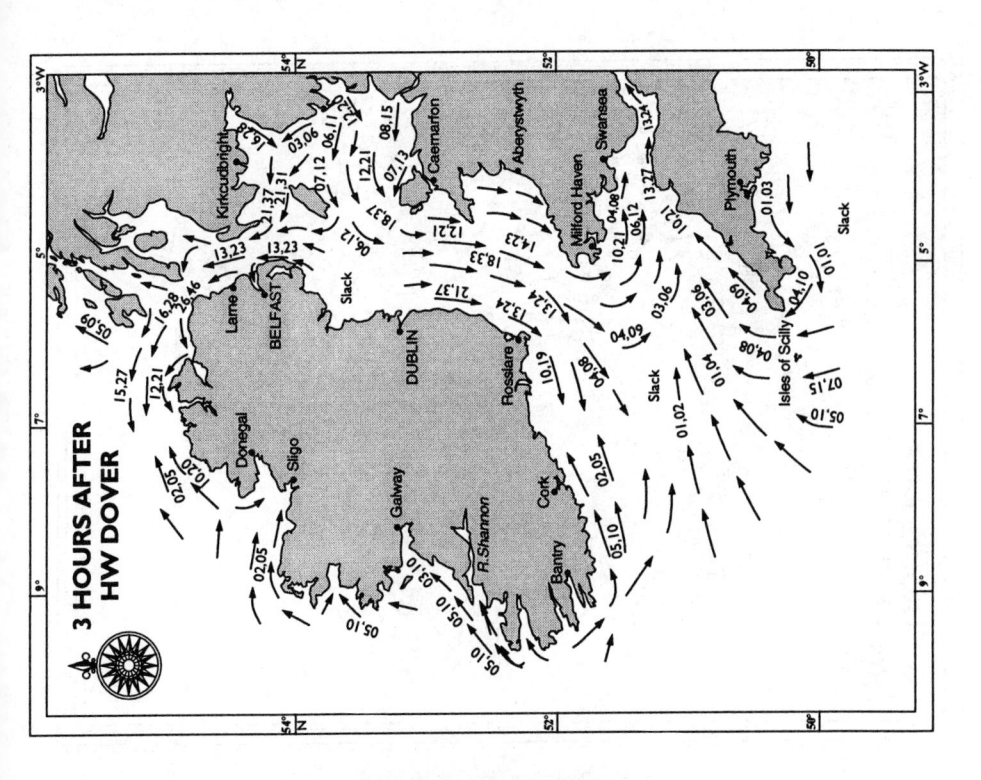

TIDAL STREAMS
CELTIC SEA, IRISH SEA AND WEST IRELAND

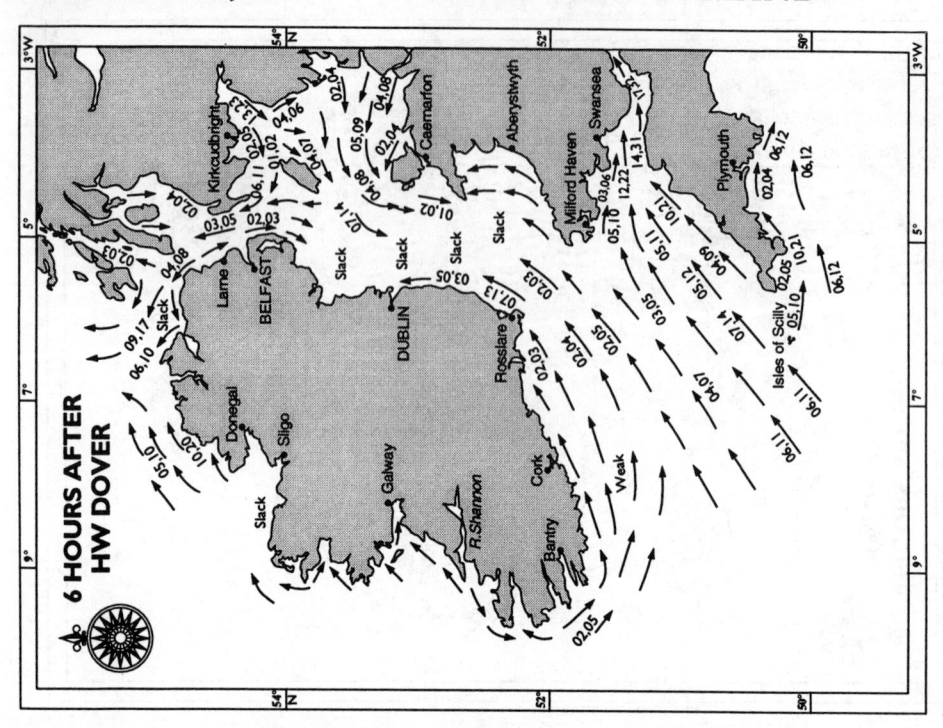

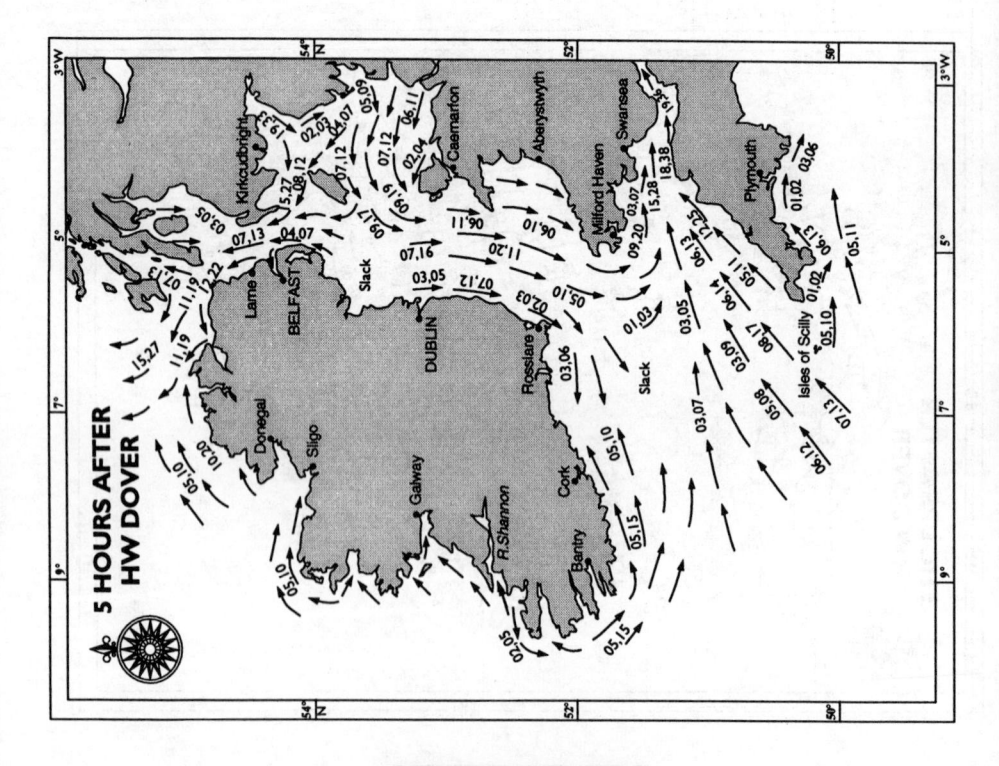

AREA PLANNERS

England, Scotland, Ireland, Wales, France, Belgium, Holland
Germany, Denmark, Spain & Portugal
Ports, waypoints, principal lights pp 305 - 321, radiobeacons pp 322 - 324,
courses and distances

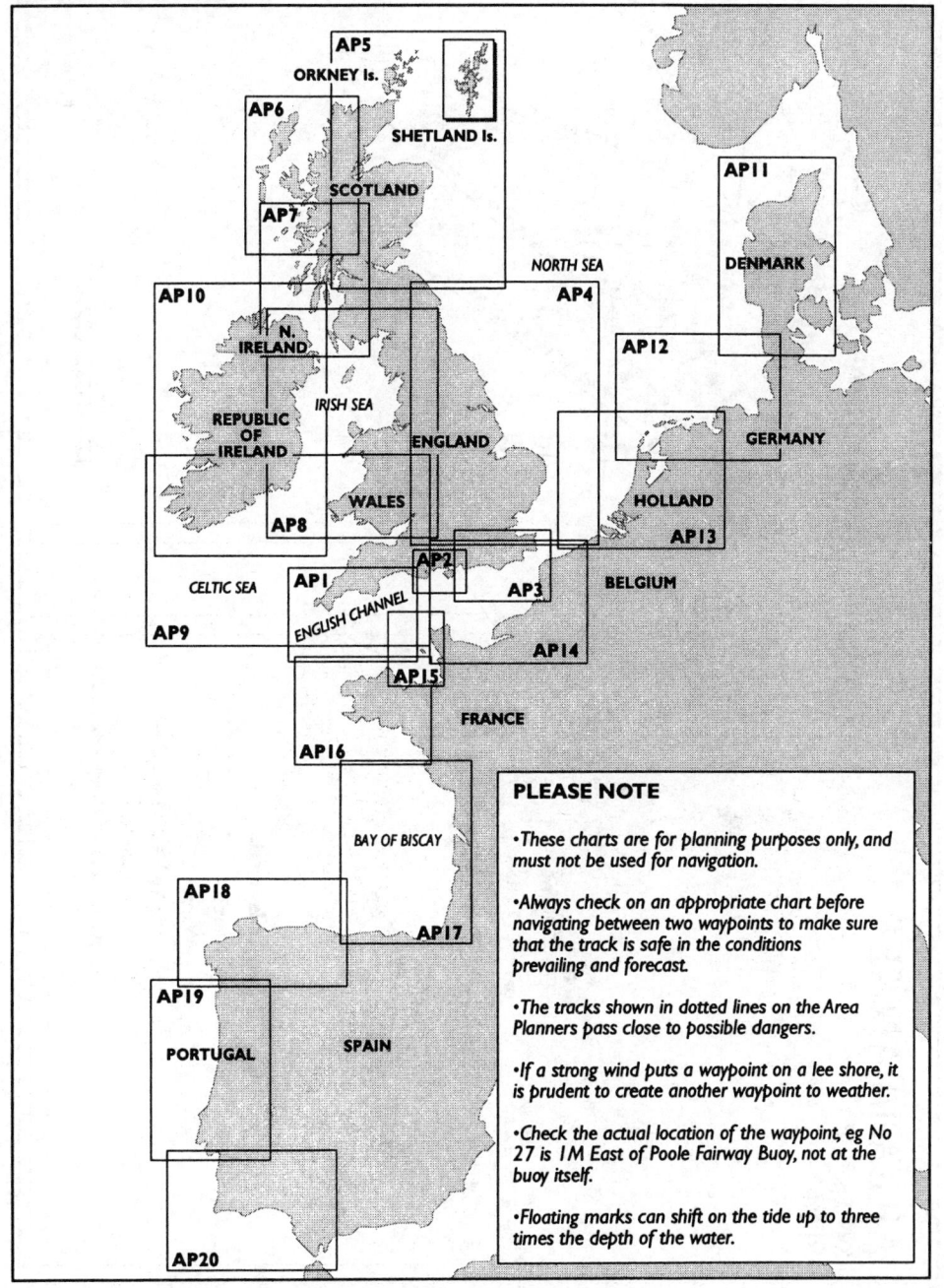

PLANNER KEY

AP5 ORKNEY Is.
SHETLAND Is.
AP6
SCOTLAND
AP7
AP10
N. IRELAND
NORTH SEA
AP4
AP11
DENMARK
AP12
GERMANY
REPUBLIC OF IRELAND
IRISH SEA
ENGLAND
WALES
HOLLAND
AP13
AP8
CELTIC SEA
AP1
AP2
AP3
BELGIUM
ENGLISH CHANNEL
AP9
AP14
AP15
FRANCE
AP16
BAY OF BISCAY
AP18
AP17
AP19
PORTUGAL
SPAIN
AP20

PLEASE NOTE

• These charts are for planning purposes only, and must not be used for navigation.

• Always check on an appropriate chart before navigating between two waypoints to make sure that the track is safe in the conditions prevailing and forecast.

• The tracks shown in dotted lines on the Area Planners pass close to possible dangers.

• If a strong wind puts a waypoint on a lee shore, it is prudent to create another waypoint to weather.

• Check the actual location of the waypoint, eg No 27 is 1M East of Poole Fairway Buoy, not at the buoy itself.

• Floating marks can shift on the tide up to three times the depth of the water.

PAGE 237

AREA PLANNERS

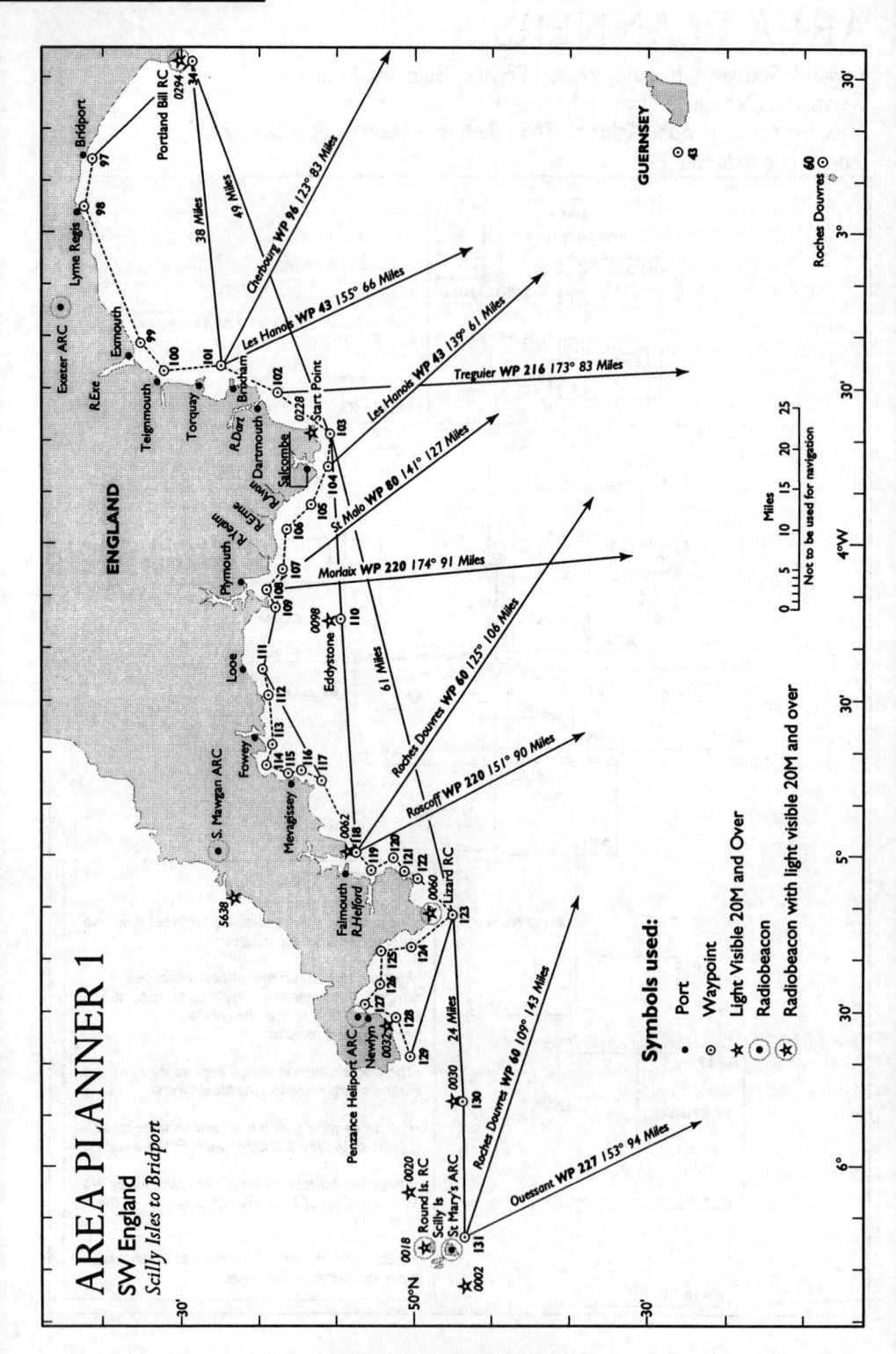

AREA PLANNER 1
SW England
Scilly Isles to Bridport

AREA PLANNER 1
WAYPOINTS
England South West - *Scilly Isles to Bridport*

#	Location	Latitude	Longitude
34	Portland Bill - 2M S of	50°28.82'N	02°27.32'W
43	Guernsey SW - 1.8M W Les Hanois	49°26.16'N	02°45.00'W
60	Roches Douvres Lt-2.5M NE	49°08.10'N	02°46.20'W
80	St Malo - 1.3M NW Grande Jardin Lt. Bn	48°41.10'N	02°06.40'W
96	Cherbourg - 0.5M N of W ent	49°40.95'N	01°39.35'W
97	Bridport - 1M S of entrance	50°41.50'N	02°45.70'W
98	Lyme Regis - 1M SSE on ldg Lts	50°42.80'N	02°54.80'W
99	River Exe - 0.3M S of E Exe Lt By	50°35.67'N	03°22.30'W
100	Teignmouth - 1M E of Bar	50°32.30'N	03°27.80'W
101	Tor Bay - 1.7M NE of Berry Hd	50°25.10'N	03°27.00'W
102	Dartmouth - 2M 150° from ent	50°18.25'N	03°31.60'W
103	Start Point - 2M S of	50°11.30'N	03°38.47'W
104	Salcombe - 1.5M S of bar	50°11.62'N	03°46.60'W
105	Bolt Tail-1.3M SW of R Avon	50°13.60'N	03°53.60'W
106	River Erme - 1.5M SSW of Battisborough I.	50°16.80'N	03°58.50'W
107	R Yealm - 1.2M SW of Yealm Hd	50°17.30'N	04°05.70'W
108	Plymouth - 0.9M S of W end of brkwtr	50°19.13'N	04°09.50'W
109	Rame Hd - 0.2M S of	50°18.15'N	04°13.30'W
110	Eddystone - 1M S of	50°09.80'N	04°15.85'W
111	Looe - 1.5M SE of entrance	50°19.80'N	04°25.20'W
112	Polperro - 0.7M S of	50°19.00'N	04°30.80'W
113	Fowey - 1.5M SSW of ent	50°18.20'N	04°39.50'W
114	Charlestown - 1M SE of	50°19.00'N	04°44.10'W
115	Mevagissey - 0.8M E of	50°16.10'N	04°45.50'W
116	Gwineas Lt By - 0.2M E of	50°14.40'N	04°45.00'W
117	Dodman Pt - 1.3M SSE of	50°11.90'N	04°47.00'W
118	Falmouth - 0.8M S of St Anthony Hd	50°07.64'N	05°00.90'W
119	Helford River -1M E of ent	50°05.70'N	05°04.00'W
120	Manacles - 0.2M E of	50°02.80'N	05°01.50'W
121	Coverack - 1M E of	50°01.30'N	05°04.30'W
122	Black Hd - 0.7M SE of	49°59.70'N	05°05.30'W
123	Lizard - 2M S of	49°55.50'N	05°12.00'W
124	Porth Mellin - 1.7M W of	50°00.80'N	05°18.50'W
125	Porthleven, 0.4M SW of	50°04.50'N	05°19.70'W
126	Mountamopus By - 0.2M S	50°04.30'N	05°26.20'W
127	Penzance - 1.5M SE of and for Mousehole	50°06.00'N	05°30.00'W
128	Tater Du Lt - 1.5M ESE	50°02.50'N	05°32.60'W
129	Runnel Stone Lt By - 0.3M S	50°00.85'N	05°40.30'W
130	Wolf Rk - 2M S of	49°54.65'N	05°48.50'W
131	St Mary's, Scilly - 2M E of St Mary's Sound	49°54.00'N	06°15.00'W
216	Treguier - 4.1M N of Pointe de Chateau	48°56.20'N	03°14.30'W
220	Roscoff - 6M NNE of ent	48°49.10'N	03°54.30'W
227	Ushant Creac'h Lt - 3.5M NW	48°30.00'N	05°11.30'W

AREA PLANNERS

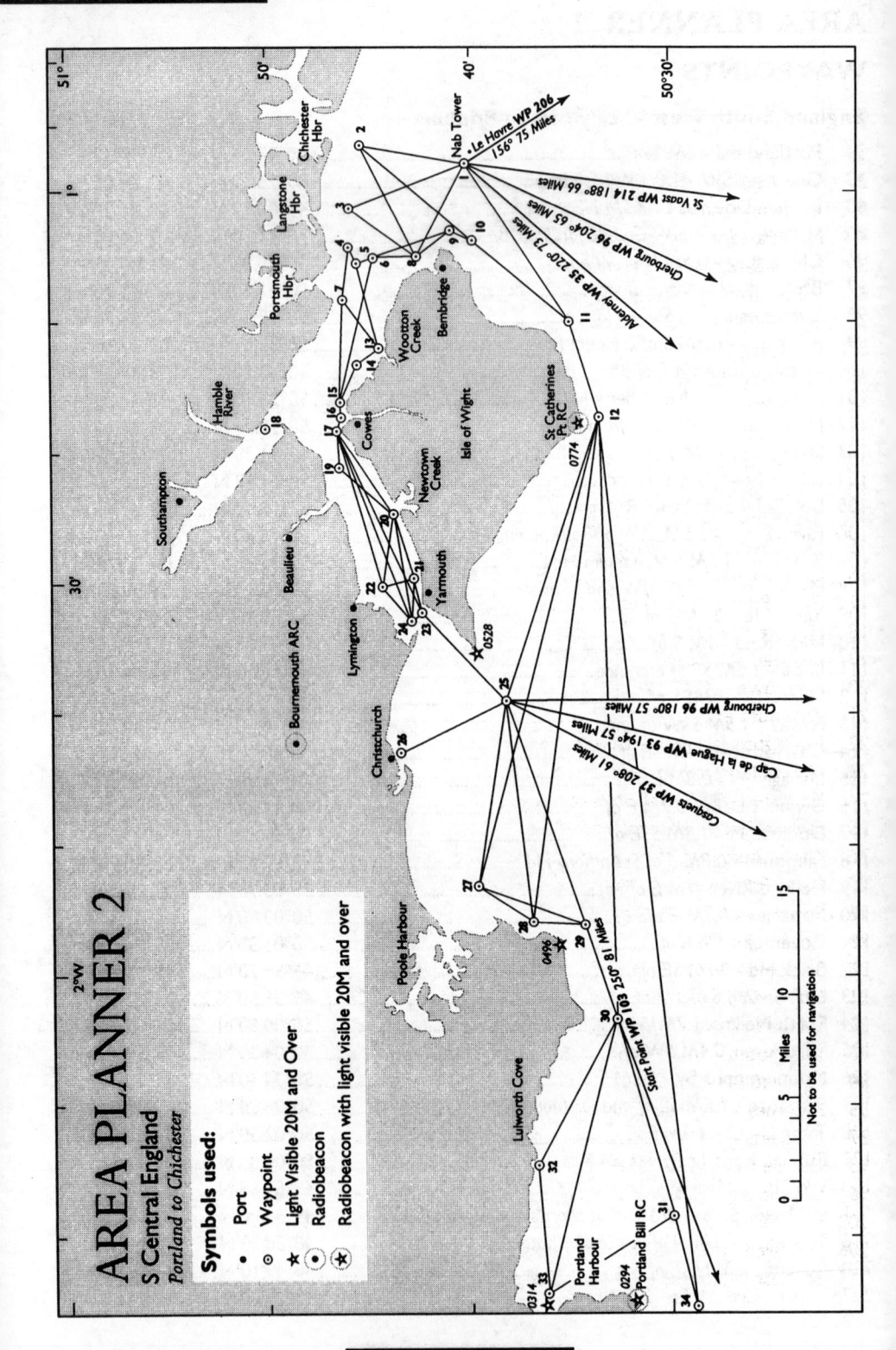

AREA PLANNER 2
S Central England
Portland to Chichester

Symbols used:
- • Port
- ⊙ Waypoint
- ★ Light Visible 20M and Over
- ⊙ Radiobeacon
- ⊛ Radiobeacon with light visible 20M and over

Not to be used for navigation

AREA PLANNER 2
WAYPOINTS

England South Central - *Portland to Chichester*

#	Description	Latitude	Longitude
1	Nab Tower - *0.5M NW of*	50°40.38'N	00°57.55'W
2	Chichester Bar Bn - *0.5M S of*	50°45.38'N	00°56.37'W
3	Langstone Fairway Buoy - *0.5M S of*	50°45.78'N	01°01.27'W
4	Main Passage - *Dolphin gap off Southsea*	50°45.98'N	01°04.02'W
5	Horse Sand Buoy - *Portsmouth ch*	50°45.49'N	01°05.18'W
6	Forts - *midway between the two*	50°44.70'N	01°05.00'W
7	Gilkicker Point - *0.3M S of*	50°46.00'N	01°08.40'W
8	Bembridge Tide Gauge	50°42.43'N	01°04.93'W
9	Bembridge Ledge Buoy	50°41.12'N	01°02.72'W
10	West Princessa Buoy - *S of Bembridge*	50°40.12'N	01°03.58'W
11	Dunnose Head - *1M off*	50°35.00'N	01°10.00'W
12	St Catherine's Point - *1M S of*	50°33.52'N	01°17.80'W
13	Wootton Beacon	50°44.51'N	01°12.05'W
14	Peel Bank Buoy - *east Solent*	50°45.46'N	01°13.25'W
15	Old Castle Point - *0.3M N of*	50°46.30'N	01°16.50'W
16	Cowes entrance	50°46.20'N	01°17.85'W
17	Egypt Point - *0.4M N of*	50°46.20'N	01°18.70'W
18	Hamble Point Buoy	50°50.12'N	01°18.58'W
19	Beaulieu Spit Beacon - *0.3M off*	50°46.83'N	01°21.50'W
20	Newtown - *0.5M NW of ent*	50°43.87'N	01°25.20'W
21	Yarmouth ent - *0.4M N of*	50°42.80'N	01°30.00'W
22	Lymington, Jack in the basket - *seaward mark*	50°44.24'N	01°30.48'W
23	Hurst Narrows - *midway*	50°42.20'N	01°32.40'W
24	Keyhaven - *0.2M E of entrance*	50°42.80'N	01°32.80'W
25	Fairway Buoy - *Needles channel*	50°38.20'N	01°38.90'W
26	Christchurch - *0.3M E of ent*	50°43.44'N	01°43.80'W
27	Poole Fairway Buoy - *1M E of*	50°39.00'N	01°53.20'W
28	Swanage - *0.7M NE of pier*	50°37.00'N	01°56.00'W
29	Anvil Point - *1.5M SE of*	50°34.30'N	01°56.00'W
30	St Albans Head - *1.5M S of*	50°33.20'N	02°03.30'W
31	East Shambles - *1M SE of*	50°30.00'N	02°18.90'W
32	Lulworth Cove - *0.1M S of ent*	50°36.87'N	02°14.80'W
33	Weymouth - *1M E of ent*	50°36.60'N	02°25.00'W
34	Portland Bill - *2M S of*	50°28.82'N	02°27.32'W
35	Alderney - Bray Harbour - *1M NNE of*	49°45.00'N	02°10.75'W
37	Casquets - *1M W of*	49°43.38'N	02°24.06'W
93	Cap de La Hague - *2M W of*	49°43.37'N	02°00.00'W
96	Cherbourg - *0.5M N of W ent*	49°40.95'N	01°39.35'W
103	Start Point - *2M S of*	50°11.30'N	03°38.47'W
206	Le Havre - *0.5M NE of Le Havre LHA*	49°32.00'N	00°09.20'W
214	St-Vaast-la-Hougue - *3.0 M ENE of entrance*	49°36.40'N	01°11.00'W

AREA PLANNERS

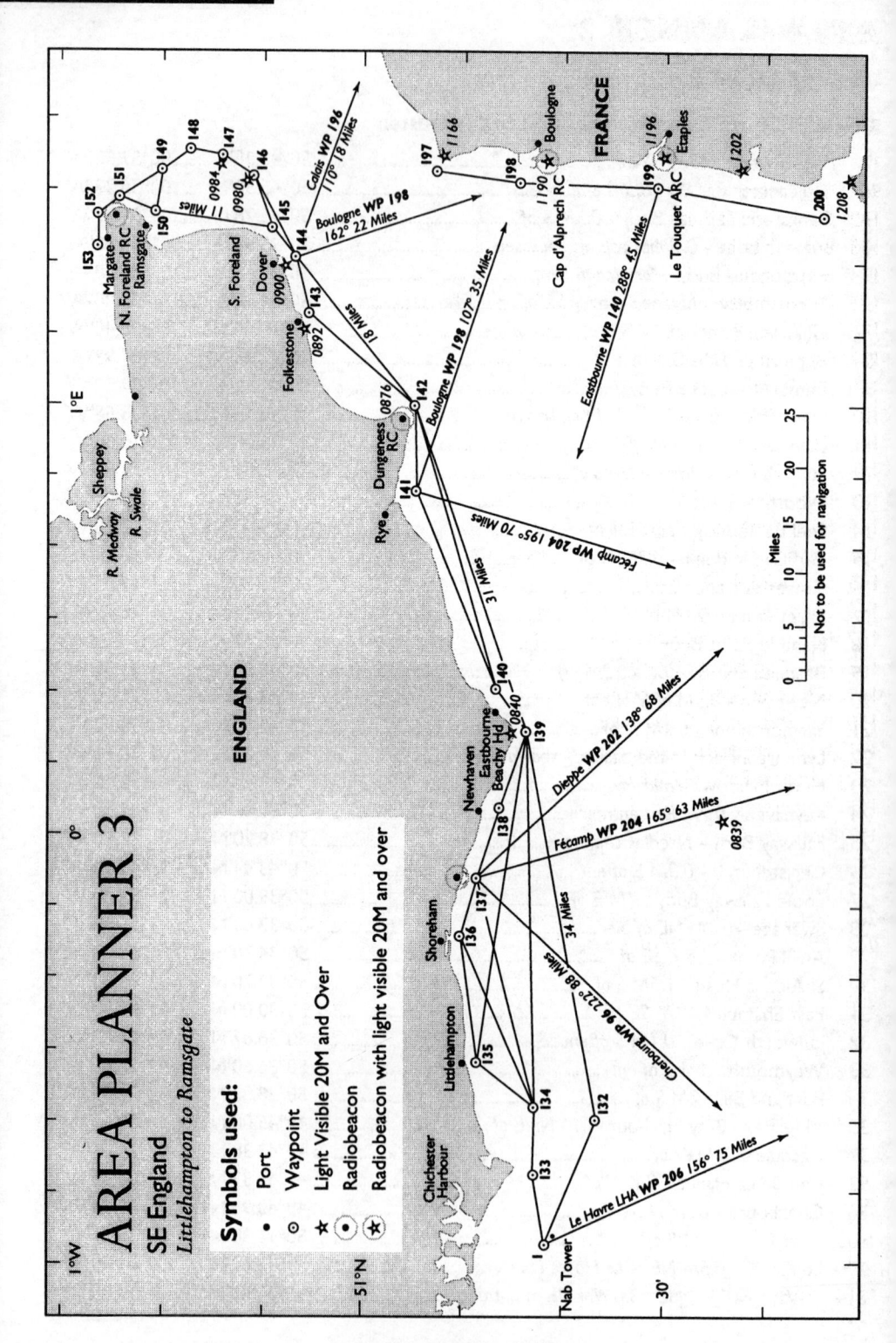

AREA PLANNER 3
SE England
Littlehampton to Ramsgate

Symbols used:
- • Port
- ⊙ Waypoint
- ☆ Light Visible 20M and Over
- ⊙ Radiobeacon
- ⊛ Radiobeacon with light visible 20M and over

Not to be used for navigation

Miles: 0 5 10 15 20 25

AREA PLANNER 3
WAYPOINTS
England South East - *Littlehampton to Ramsgate*

1	Nab Tower - *0.5M NW of*	50°40.38'N	00°57.55'W
96	Cherbourg - *0.5M N of W entrance*	49°40.95'N	01°39.35'W
132	Owers -*0.5M S of*	50°36.80'N	00°40.60'W
133	Boulder Lt by - *0.1M N of*	50°41.60'N	00°49.03'W
134	East Borough Hd Lt By - *0.1M N of*	50°41.60'N	00°39.00'W
135	Littlehampton entrance - *1M 165°of on leading Lts*	50°47.00'N	00°32.00'W
136	Shoreham entrance - *1M S of on leading Lts*	50°48.50'N	00°14.65'W
137	Brighton entrance - *1M S of*	50°47.50'N	00°06.30'W
138	Newhaven entrance - *1M S of*	50°45.50'N	00°03.60'E
139	Beachy Hd - *1.5M S of*	50°42.50'N	00°14.60'E
140	Eastbourne - *1.2M SE of Langney Pt*	50°46.25'N	00°21.10'E
141	Rye - *0.1M S of Rye Fairway By*	50°53.90'N	00°48.13'E
142	Dungeness - *1M SE of*	50°54.00'N	00°59.65'E
143	Folkestone - *0.5M SE of breakwater*	51°04.17'N	01°12.35'E
144	Dover - *1.2M SE of Western entrance*	51°05.80'N	01°21.10'E
145	South Foreland - *2M E of*	51°08.70'N	01°26.25'E
146	South Goodwin Lt By - *0.2M SE of*	51°10.45'N	01°32.60'E
147	East Goodwin Lt Float - *0.8M W of*	51°13.05'N	01°35.10'E
148	East Goodwin Lt By - *0.2M E of*	51°16.00'N	01°36.00'E
149	Goodwin Knoll - *1M SE of*	51°18.83'N	01°33.40'E
150	Ramsgate - *1M E of; and for Pegwell Bay*	51°19.47'N	01°27.13'E
151	North Foreland - *1M E of*	51°22.50'N	01°28.70'E
152	Foreness Pt - *1M NNE of*	51°24.46'N	01°26.36'E
153	Margate - *0.7M N of*	51°24.10'N	01°22.50'E
197	Cap Gris-Nez - *2.0 M NW of headland*	50°53.30'N	01°32.50'E
198	Boulogne - *2.0 M WNW of entrance*	50°45.30'N	01°31.50'E
199	Étaples - *3.0M W of Le Touquet point*	50°32.20'N	01°30.80'E
200	St Valéry-sur-Somme - *5M WNW Le Hourdel Pt*	50°15.30'N	01°27.10'E
202	Dieppe - *1M NW of entrance*	49°57.00'N	01°04.00'E
204	Fécamp - *1M NW of entrance*	49°46.70'N	00°20.80'E
206	Le Havre - *0.5M NE of Le Havre LHA*	49°32.00'N	00°09.20'W

AREA PLANNERS

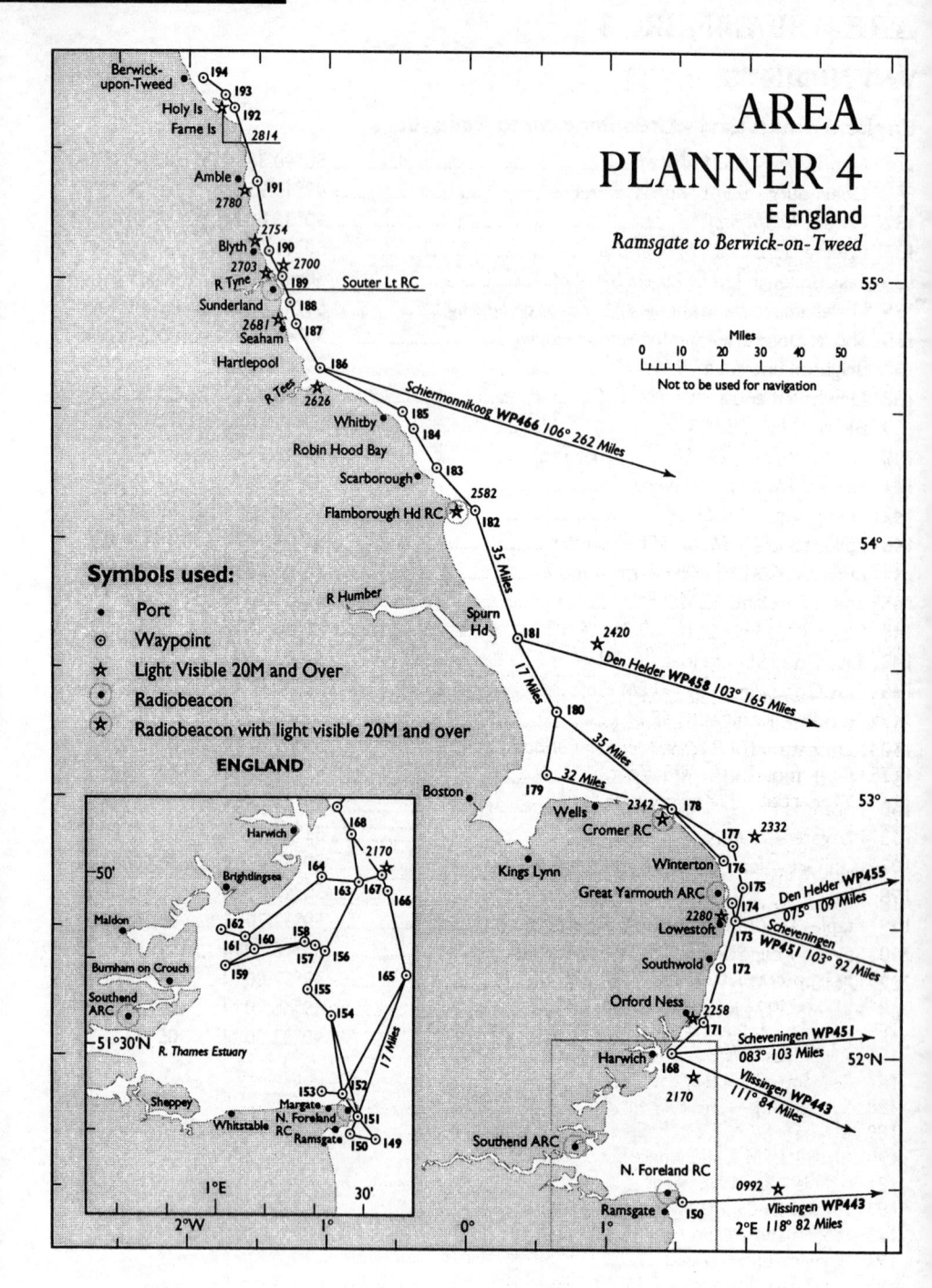

AREA PLANNER 4
E England
Ramsgate to Berwick-on-Tweed

Symbols used:
- • Port
- ⊙ Waypoint
- ☆ Light Visible 20M and Over
- ⊙ Radiobeacon
- ✭ Radiobeacon with light visible 20M and over

PAGE 244

AREA PLANNER 4

WAYPOINTS

England East *Ramsgate to Berwick-on-Tweed*

149	Goodwin Knol - *1M SE of*	51°18.83'N	01°33.40'E
150	Ramsgate - *1M E Pegwell Bay*	51°19.47'N	01°27.13'E
151	North Foreland - *1M E*	51°22.50'N	01°28.70'E
152	Foreness Pt - *1M NNE of*	51°24.46'N	01°26.36'E
153	Margate - *0.7M N of*	51°24.10'N	01°22.50'E
154	Fisherman's Gat - *SE turning waypoint*	51°33.30'N	01°25.00'E
155	Fisherman's Gat - *NW turning waypoint*	51°36.30'N	01°20.70'E
156	Black Deep/Sunk Sand - *turning waypoint*	51°40.94'N	01°25.00'E
157	Barrow No2 Lt By - *0.3M NE*	51°42.15'N	01°23.30'E
158	Barrow No3 Lt By - *0.3M N*	51°42.30'N	01°20.30'E
159	Whitaker channel - *for River Crouch (6M)*	51°40.40'N	01°05.30'E
160	Swim Spitway Lt By - *0.1M SSW*	51°41.83'N	01°08.36'E
161	Spitway North - *turning waypt*	51°43.70'N	01°07.10'E
162	Colne, Blackwater - *0.3M W Eagle Lt By*	51°44.10'N	01°03.43'E
163	NE Gunfleet Lt By - *0.5M NW of*	51°50.25'N	01°27.35'E
164	Medusa Lt By - *0.3M SW of*	51°51.00'N	01°20.00'E
165	Kentish Knock Lt By - *0.2M E*	51°38.50'N	01°40.80'E
166	Trinity Lt By - *0.6M N of*	51°49.65'N	01°36.45'E
167	Sunk Lt Float - *0.2M SW of*	51°50.87'N	01°34.80'E
168	Cork Lt By - *1M E Harwich Yt ch ent*	51°55.35'N	01°29.00'E
171	Orfordness - *1.5M ESE of*	52°04.20'N	01°37.00'E
172	Southwold-*2M ESE of ent*	52°18.00'N	01°43.70'E
173	Lowestoft - *2.8M E of ent*	52°28.30'N	01°50.10'E
174	Gt Yarmouth - *0.5M WNW of S Corton SCM*	52°32.07'N	01°49.36'E
175	Gt Yarmouth - *4.7M E of ent*	52°34.33'N	01°52.10'E
176	Winterton - *0.5M NE Cockle ECM*	52°44.40'N	01°44.20'E
177	Winterton -*5.2M NE of*	52°46.90'N	01°48.50'E
178	Cromer - *3.0M NNE of Lt*	52°58.15'N	01°21.20'E
179	North Well Lt By - *0.5M NE*	53°03.35'N	00°28.60'E
180	Inner Dowsing Lt By *0.5M NE of*	53°20.10'N	00°34.50'E
181	Spurn Head - *2.6M E of Spurn Lightship*	53°34.80'N	00°17.70'E
182	Flamborough Head - *2.0 M E*	54°07.10'N	00°01.10'W
183	Scarborough - *1.0M E of ent*	54°16.87'N	00°21.56'W
184	Robin Hood's Bay - *2.6M NE*	54°26.40'N	00°27.30'W
185	Whitby - *1.6M N of ent*	54°31.10'N	00°36.60'W
186	River Tees - *Fairway Buoy*	54°40.93'N	01°06.38'W
187	Seaham - *0.9M E of ent*	54°50.40'N	01°17.70'W
188	Sunderland - *1.7M E of ent*	54°55.25'N	01°18.10'W
189	R Tyne - *1.7 M E by N of ent*	55°01.15'N	01°21.10'W
190	Blyth - *1.5M E of entrance*	55°07.00'N	01°26.50'W
191	Amble - *2.5M NE of ent*	55°21.85'N	01°30.70'W
192	Farne Island - *2.0 M NE of Longstone Lt*	55°40.00'N	01°33.95'W
193	Holy Island - *1.0M NE of Emmanuel Hd*	55°41.95'N	01°45.50'W
194	Berwick-upon-Tweed - *1.5M E of Breakwater*	55°45.90'N	01°56.30'W
443	Breskens/Vlissingen - *1.4M NE Niewe Sluis Lt*	51°25.50'N	03°32.80'E
451	Scheveningen - *0.7M NW harbour ent*	52°07.00'N	04°14.80'E
455	Den Helder *1.2M S Kijkduin Lt*	52°56.90'N	04°41.90'E
458	Noorderhaaks Is-*3.2M WSW*	52°57.30'N	04°33.70'E
466	Ameland - *2.9M NNW E end*	53°30.40'N	06°00.00'E

AREA PLANNER 5

E Scotland

Cape Wrath to Berwick-on-Tweed

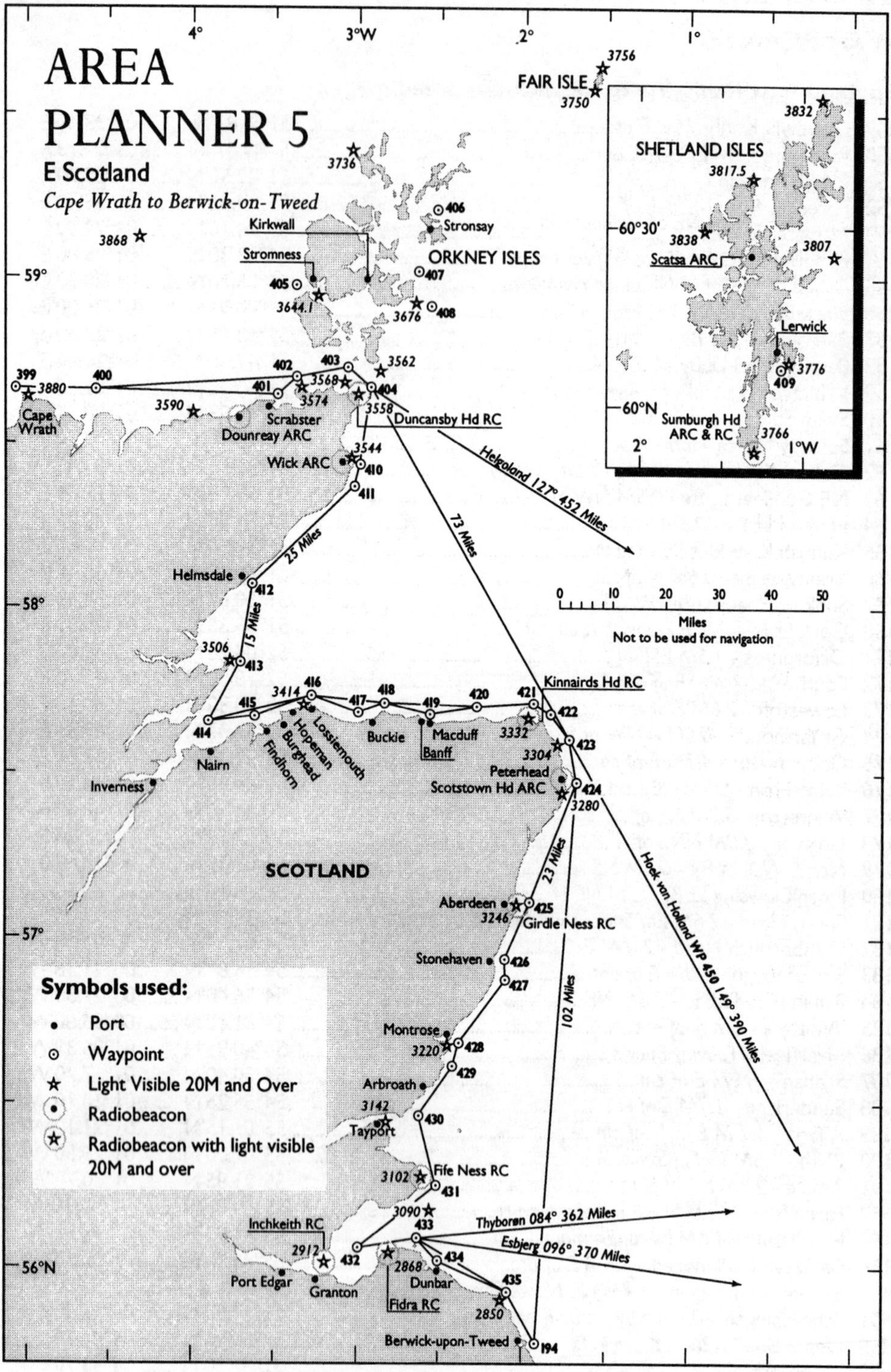

AREA PLANNER 5

WAYPOINTS

Scotland East - *Cape Wrath to Berwick-upon-Tweed*

194	Berwick-upon-Tweed - 1.5M E	55°45.90'N	01°56.30'W
399	Cape Wrath - 2M NW of	58°38.90'N	05°02.80'W
400	Whiten Head - 4.4M N of	58°39.20'N	04°34.90'W
401	Scrabster -1.4M NE of Holborn Hd	58°38.60'N	03°30.70'W
402	Dunnet Head Lt - 1.7M NW of	58°41.60'N	03°24.30'W
403	Pentl'd Firth -1.5M NE by N Stroma	58°43.00'N	03°05.40'W
404	Duncansby Head - 2M NE of	58°39.80'N	02°58.40'W
405	Stromness -2.8M NW Graemsay Lt	58°57.10'N	03°23.70'W
406	Stronsay - 0.8M NW Ness Lt	59°10.00'N	02°35.80'W
407	Kirkwall - 1.5M NW of Mull Hd	58°59.40'N	02°40.40'W
408	Copinsay Lt - 2.5M E of	58°54.10'N	02°35.10'W
409	Lerwick - 1.1M SW of Bressay Lt	60°06.60'N	01°08.60'W
410	Wick - 1.6M E of South Hd	58°25.80'N	03°01.00'W
411	Scarlet Hd - 2M E by S	58°21.90'N	03°02.50'W
412	Helmsdale - 1.8M SE of ent	58°05.50'N	03°36.80'W
413	Tarbat Ness Lt - 2M E of	57°51.80'N	03°42.70'W
414	Inverness - 0.5 NE of Frwy By	57°40.30'N	03°53.30'W
415	Findhorn - 2.2M NW of bay	57°41.45'N	03°40.00'W
416	Lossiemouth - 1.7M N	57°45.20'N	03°16.70'W
417	Buckie - 2.0M WNW	57°41.70'N	03°00.90'W
418	Scar Nose - 1.6M N	57°44.00'N	02°50.90'W
419	Banff - 1.3M N of Meavie Pt	57°41.60'N	02°31.40'W
420	Troup Head - 1.8M N	57°43.50'N	02°17.70'W
421	Kinnairds Head - 1.6M N	57°43.50'N	02°00.20'W
422	Cairnbulg Point Lt - 1.9M NE	57°42.20'N	01°53.70'W
423	Rattray Head Lt - 1.8M ENE	57°37.40'N	01°45.90'W
424	Peterhead - 2.1M ESE	57°29.30'N	01°42.60'W
425	Aberdeen - 2M E by N Girdle Ness	57°08.80'N	01°59.00'W
426	Stonehaven - 2M E	56°57.60'N	02°08.20'W
427	Todhead Point Lt - 2.5M E	56°53.10'N	02°08.30'W
428	Montrose - 2.1M E Scurdie Ness Lt	56°42.10'N	02°22.40'W
429	Red Head - 1.8M E of	56°37.40'N	02°25.30'W
430	Tayport - 0.5M E Fairway By	56°28.60'N	02°36.30'W
431	Fife Ness - 2.8M ESE	56°15.95'N	02°30.30'W
432	Granton - 0.5M N Inchkeith By	56°04.00'N	03°00.00'W
433	Bass Rock Lt - 1.5M N	56°06.10'N	02°38.40'W
434	Dunbar - 1.5M NNE	56°01.76'N	02°30.20'W
435	St Abb's Head Lt - 1.5M NE	55°56.10'N	02°06.40'W
450	Hoek van Holland - 1.2M WNW	51°59.90'N	04°01.00'E

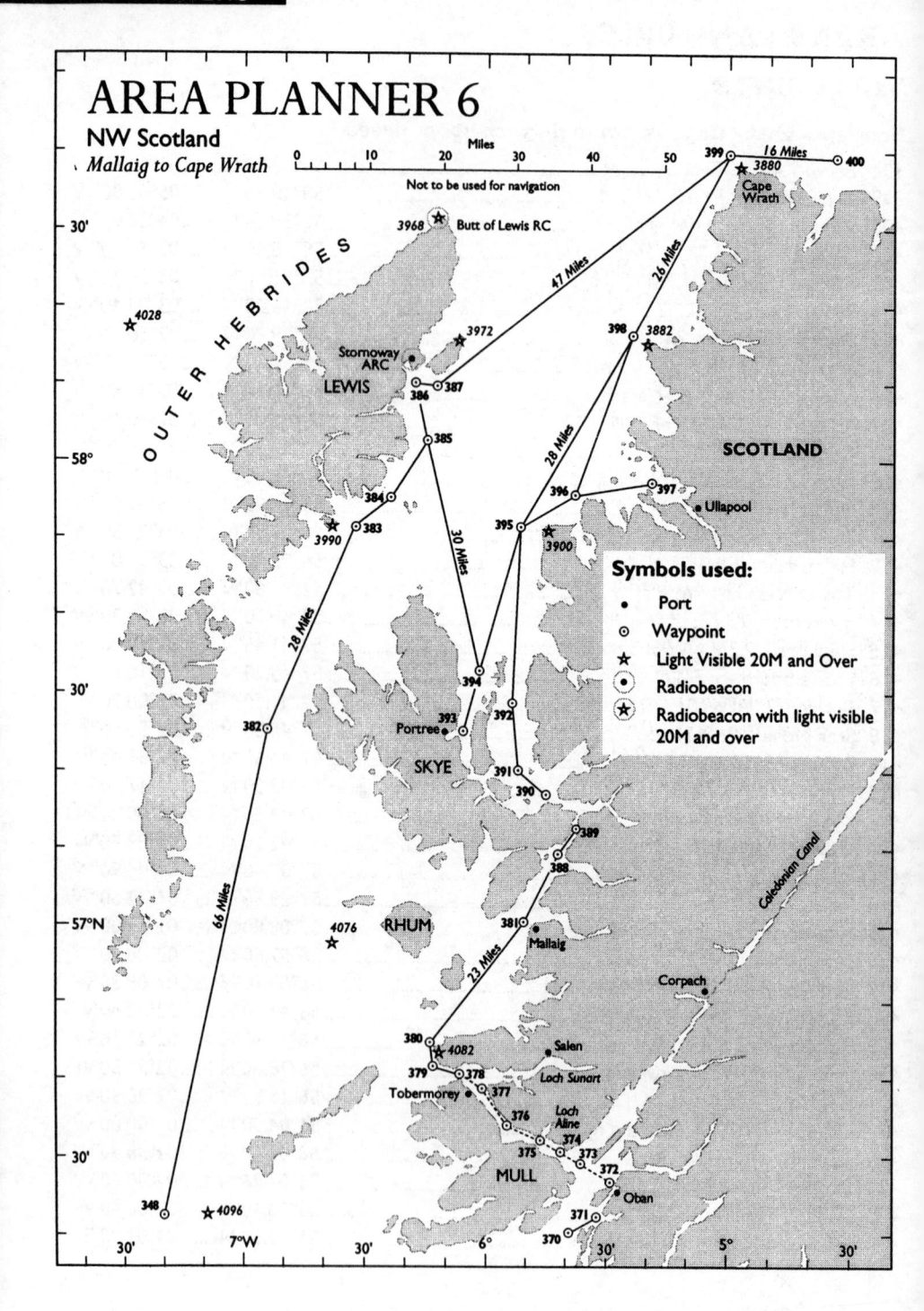

AREA PLANNER 6
NW Scotland
Mallaig to Cape Wrath

AREA PLANNER 6

WAYPOINTS

Scotland North West - Mallaig to Cape Wrath

348	Skerryvore Lt - 6.8M W by N of	56°20.80'N	07°18.80'W
370	Sound of Insh - 1M SSW of Insh Island	56°17.60'N	05°41.00'W
371	Kerrera Sound - 0.7M SSW of Rubha Seanach	56°21.70'N	05°33.90'W
372	Oban - 0.5M WNW of Maiden Isle	56°26.00'N	05°30.30'W
373	Between Lady's Rock and Eilean Musdile	56°27.20'N	05°36.70'W
374	Sound of Mull - 1.6M SE of Ardtornish Point	56°30.15'N	05°42.75'W
375	Loch Aline - 0.7M S by W of entrance	56°31.30'N	05°46.80'W
376	Sound of Mull - 1.8M N of Salen	56°33.00'N	05°56.30'W
377	Tobermory - 0.9M NE of harbour entrance	56°38.40'N	06°02.40'W
378	Ardmore Point (Mull) - 0.7M N of	56°40.00'N	06°07.60'W
379	Point of Ardnamurchan - 2.8M S of	56°40.90'N	06°13.30'W
380	Point of Ardnamurchan - 1.3M W of	56°43.60'N	06°15.90'W
381	Mallaig - 1.5 miles WNW of harbour entrance	57°01.00'N	05°52.10'W
382	Neist Point lt - 4.0M W of	57°25.45'N	06°54.50'W
383	Sound of Shiant - 2.2M E of Eilean Glas Lt Ho.	57°51.20'N	06°34.40'W
384	Sound of Shiant - 0.3M NW of Shiants Lt By.	57°54.80'N	06°26.00'W
385	Kebock Head - 2.3M E of	58°02.40'N	06°17.00'W
386	Stornoway - 1.2M SE of harbour entrance	58°10.30'N	06°20.60'W
387	Chicken Head - 1.2M S of	58°09.80'N	06°15.10'W
388	Sandaig Islands Lt. - 0.6M W by N of	57°10.25'N	05°43.20'W
389	Kyle Rhea (S appr) - 0.6M W of Glenelg	57°12.75'N	05°38.80'W
390	Loch Alsh (W appr) - 1.0M NW of entrance	57°17.20'N	05°46.10'W
391	Crowlin Islands - 1.5 M W of	57°20.70'N	05°53.80'W
392	Inner Sound - 1.7M E Rubha Ard Ghlaisen	57°29.55'N	05°55.50'W
393	Portree - 1.8M E of town	57°25.00'N	06°08.00'W
394	Sd of Raasay - 3.1M SE of Rubha nam Brathairean	57°33.30'N	06°03.80'W
395	Rubha Reidh - 3.0M W of	57°51.60'N	05°54.40'W
396	Greenstone Point - 1.6M NW of	57°56.60'N	05°39.20'W
397	Ullapool - 1.7M NE of Cailleach Head Lt.	57°56.90'N	05°21.80'W
398	Stoerhead Light - 2M NW of	58°15.80'N	05°26.80'W
399	Cape Wrath - 2M NW of	58°38.90'N	05°02.80'W
400	Whiten Head - 4.4M N of	58°39.20'N	04°34.90'W

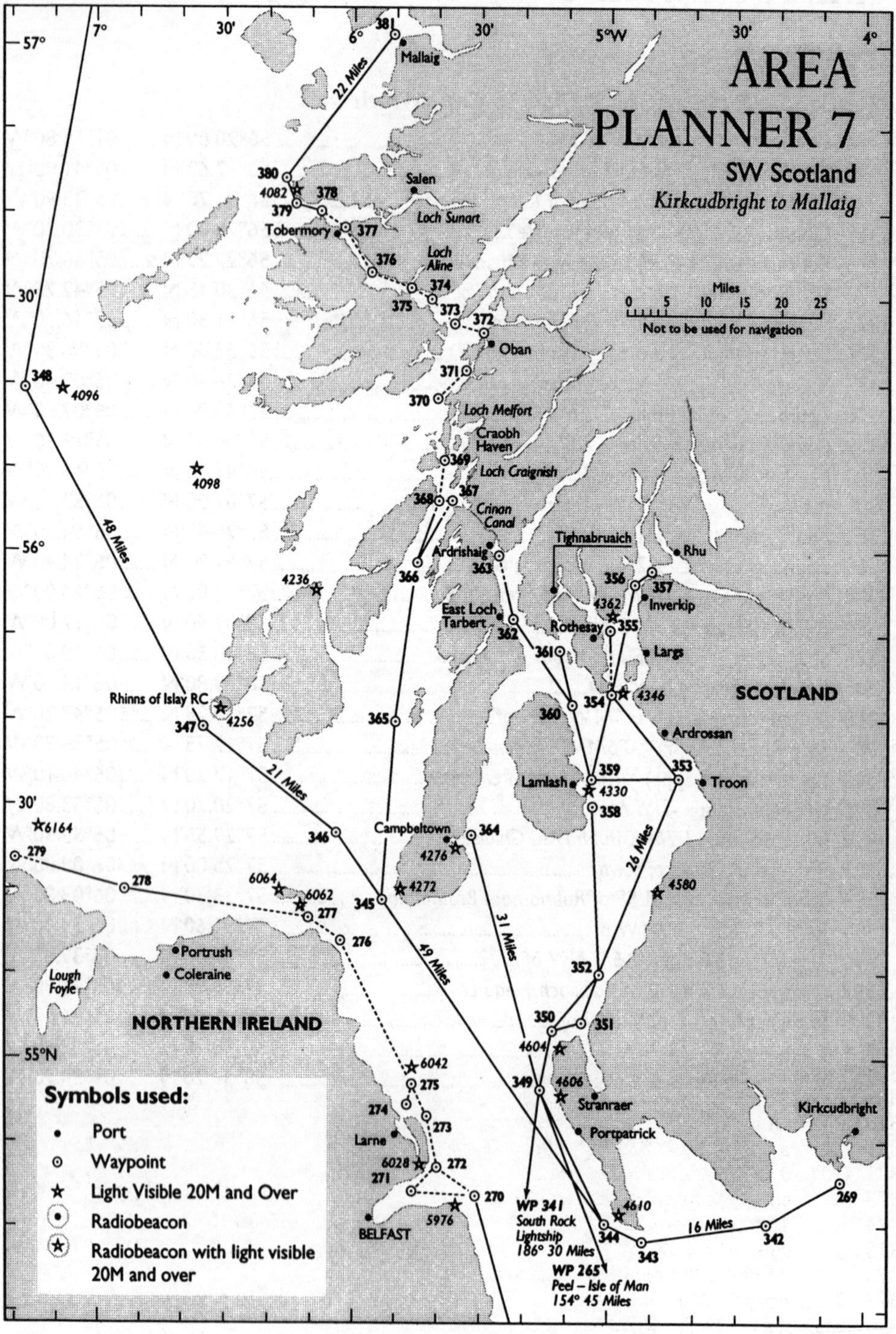
AREA PLANNER 7
SW Scotland
Kirkcudbright to Mallaig
Miles
0 5 10 15 20 25
Not to be used for navigation
57°
7°
30'
6°
5°W
4°
56°
55°N
Mallaig
22 Miles
Salen
Loch Sunart
Tobermory
Loch Aline
Oban
Loch Melfort
Craobh Haven
Loch Craignish
Crinan Canal
Ardrishaig
East Loch Tarbert
Tighnabruaich
Rhu
Inverkip
Rothesay
Largs
SCOTLAND
Ardrossan
Troon
Lamlash
Campbeltown
Rhinns of Islay RC
48 Miles
21 Miles
49 Miles
31 Miles
26 Miles
16 Miles
Portrush
Coleraine
Lough Foyle
NORTHERN IRELAND
Larne
BELFAST
Stranraer
Portpatrick
Kirkcudbright
WP 341
South Rock Lightship
186° 30 Miles
WP 265
Peel – Isle of Man
154° 45 Miles
Symbols used:
Port
Waypoint
Light Visible 20M and Over
Radiobeacon
Radiobeacon with light visible 20M and over

AREA PLANNER 7
WAYPOINTS
Scotland South West - Kirkcudbright to Mallaig

#	Description	Lat	Lon
265	Peel - 1.0M NW Hbr ent	54°14.50'N	04°42.50'W
269	Kirkcudbright-1.5M S Little Ross It	54°44.50'N	04°05.00'W
270	Mew Island light - 1.3M ENE	54°42.30'N	05°29.90'W
271	Belfast -0.7M ENE No.1 Std Ch By	54°42.00'N	05°45.20'W
272	Black Head light - 1.3M ENE	54°46.50'N	05°39.20'W
273	Isle of Muck - 1.1M NE	54°51.70'N	05°41.85'W
274	Larne Lough-1M N of Barr's pt	54°52.50'N	05°46.80'W
275	East Maiden Light - 1.7M SW	54°54.50'N	05°45.50'W
276	Torr Head - 0.6M ENE of	55°12.20'N	06°02.80'W
277	Fair Head - 0.9M N of	55°14.60'N	06°09.00'W
278	Lough Foyle - 4.8M NNE Inishowen Hd Lt	55°17.90'N	06°52.20'W
279	Malin Head - 2 miles NNE	55°25.00'N	07°21.20'W
341	South Rock lightship - 1.1M E of	54°24.30'N	05°20.00'W
342	Burrow Head - 2.0 M S of	54°38.70'N	04°23.00'W
343	Mull of Galloway Lt -1.7M S of	54°36.40'N	04°51.50'W
344	Crammag Head L -1.8M SW of	54°38.60'N	05°00.00'W
345	Mull of Kintyre Lt - 2.5M SW of	55°16.90'N	05°51.30'W
346	Mull of Kintyre Lt - 10.3M NW of	55°25.50'N	06°01.50'W
347	Rhinns of Islay Lt - 2.2M SW of	55°38.85'N	06°33.50'W
348	Skerryvore Lt - 6.8M W by N of	56°20.80'N	07°18.80'W
349	Killantringan Lt - 4.2M NW of	54°54.20'N	05°14.70'W
350	Corsewall Pt Lt -1.8M WNW of	55°01.20'N	05°12.20'W
351	Stranraer - 1.0M NNW ent to Loch Ryan	55°02.40'N	05°05.10'W
352	Bennane Head - 1.5M NW of	55°09.25'N	05°01.80'W
353	Troon - 2.1M W of harbour ent	55°33.10'N	04°44.70'W
354	Little Cumbrae Island Lt - 0.8M SW of	55°42.75'N	04°59.00'W
355	Rothesay - Ent to Rothesay Sound	55°50.90'N	04°59.60'W
356	Firth of Clyde, Cloch Point Lt - 1.3M WSW of	55°55.95'N	04°54.75'W
357	R. Clyde, Kempock Point - 0.9M WNW of	55°58.10'N	04°50.50'W
358	Lamlash - 1.0M SE of S ent	55°29.80'N	05°03.60'W
359	Lamlash - 1.0M E of N ent	55°32.90'N	05°03.00'W
360	Isle of Arran - 2.0M NNE of Sannox Bay	55°41.60'N	05°08.00'W
361	West Kyle - 1.0M E Lamont Shelf IDM	55°48.35'N	05°11.80'W
362	East Loch Tarbert - 1.0 E of Loch	55°52.20'N	05°22.00'W
363	Ardrishaig - 1.3 SSE of hbr ent	55°59.50'N	05°25.60'W
364	Campbeltown-1.0 NE of Loch ent	55°26.40'N	05°31.00'W
365	Gigha Island - 1.5M W of Cath Sgeir W Cd Mk	55°39.70'N	05°50.00'W
366	Sound of Jura - 2.5M NW of Island of Danna	55°58.80'N	05°45.50'W
367	Loch Crinan - 0.6M NW of Ardnoe Point	56°06.00'N	05°35.40'W
368	Sound of Jura - 2.0M SSW Reisa an t-Sruith I. Lt	56°06.00'N	05°39.90'W
369	Sound of Luing - 0.5M WSW of Ardluing SHM By	56°11.00'N	05°39.40'W
370	Sound of Insh - 1M SSW of Insh Island	56°17.60'N	05°41.00'W
371	Kerrera Sound - 0.7M SSW of Rubha Seanach	56°21.70'N	05°33.90'W
372	Oban-0.5M WNW of Maiden Isle	56°26.00'N	05°30.30'W
373	Between Lady's Rock and Eilean Musdile	56°27.20'N	05°36.70'W
374	Sound of Mull - 1.6M SE of Ardtornish Point	56°30.15'N	05°42.75'W
375	Loch Aline - 0.7M S by W of ent	56°31.30'N	05°46.80'W
376	Sound of Mu -1.8M N of Salen	56°33.00'N	05°56.30'W
377	Tobermory-0.9M NE of hbr ent	56°38.40'N	06°02.40'W
378	Ardmore Pt (Mull) - 0.7M N of	56°40.00'N	06°07.60'W
379	Pt of Ardnamurchan - 2.8M S	56°40.90'N	06°13.30'W
380	Pt of Ardnamurchan - 1.3M W	56°43.60'N	06°15.90'W
381	Mallaig - 1.5M WNW of hbr ent	57°01.00'N	05°52.10'W

AREA PLANNERS

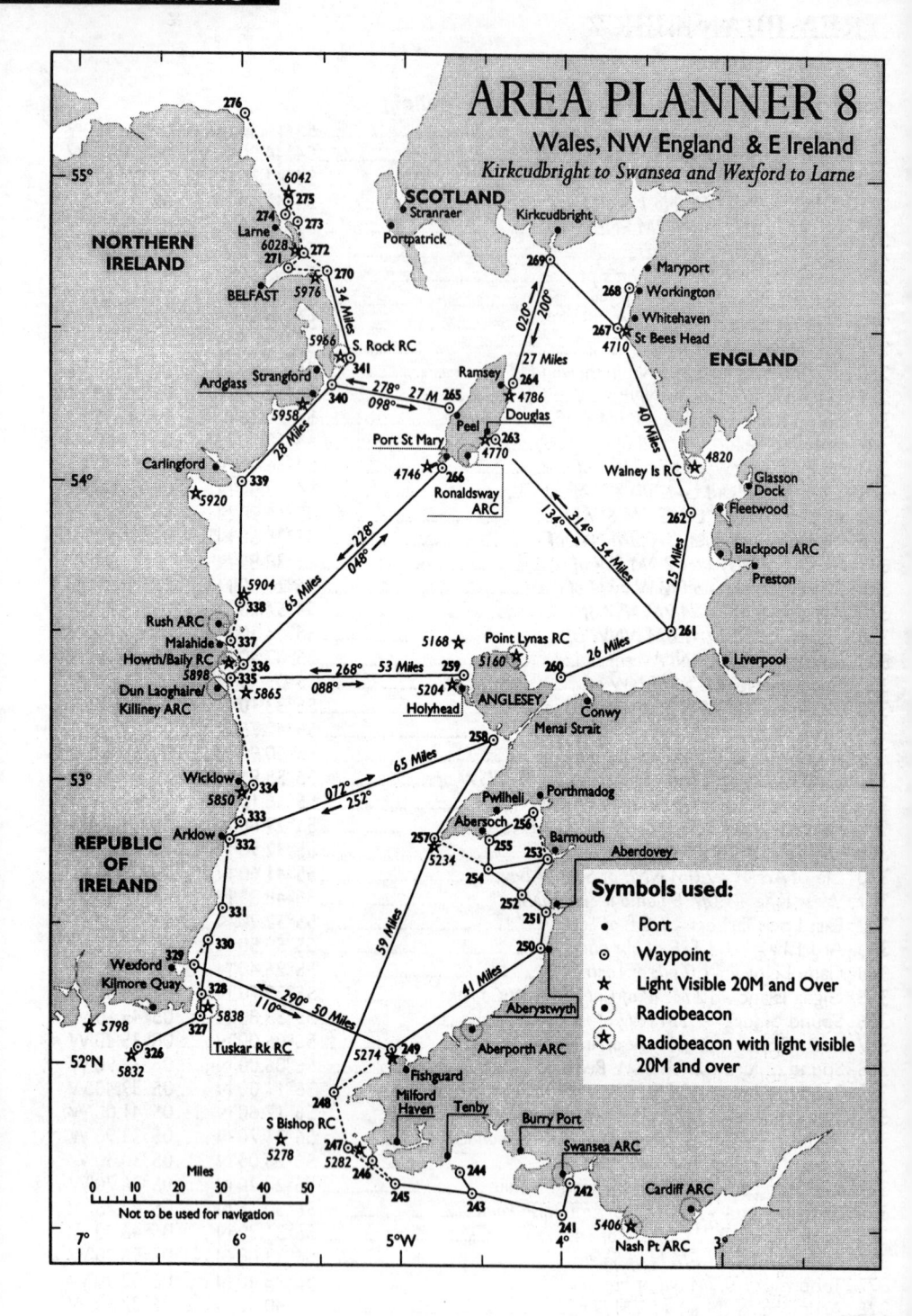

AREA PLANNER 8
Wales, NW England & E Ireland
Kirkcudbright to Swansea and Wexford to Larne

Symbols used:
- • Port
- ⊙ Waypoint
- ★ Light Visible 20M and Over
- ⊙ Radiobeacon
- ✪ Radiobeacon with light visible 20M and over

Miles 0 10 20 30 40 50
Not to be used for navigation

AREA PLANNER 8
WAYPOINTS
NW England, Wales & E Ireland - *Kirkcudbright to Swansea*

241	Ledge S Cd By - 2M S	51°28.00'N	03°58.60'W
242	Swansea - 1M SE Mumbles Hd	51°33.40'N	03°57.00'W
243	Caldey Island - 7M SE	51°32.20'N	04°35.20'W
244	Tenby - 1M SE Caldey Is	51°37.20'N	04°39.60'W
245	Crow Rock -1.3M S of	51°35.40'N	05°03.50'W
246	Milford Haven - 1.1M S St Ann's Hd	51°39.70'N	05°10.60'W
247	Skokholm Island light - 1.6M W of	51°41.60'N	05°19.70'W
248	South Bishop Is Lt - 3.0M NW of	51°53.30'N	05°27.80'W
249	Fishguard - 1.5M N Strumble Hd	52°03.40'N	05°04.20'W
250	Aberystwyth - 1.5M W	52°24.40'N	04°08.00'W
251	Aberdovey - 1.5M W of harbour bar	52°31.70'N	04°07.10'W
252	Sarn-y-Bwch W Cd By - 1.1M W	52°34.80'N	04°15.10'W
253	Barmouth - 1.2M W of harbour bar	52°42.60'N	04°05.60'W
254	Causeway W Cd By - 2M SW	52°39.90'N	04°28.00'W
255	Abersoch - 1.2M SE St Tudwal's Is Lt	52°47.20'N	04°26.80'W
256	Porthmadog - 1.1M SW Frwy By	52°52.70'N	04°12.50'W
257	Bardsey Island light - 4M NNW	52°48.60'N	04°50.30'W
258	Menai Strait - 1.4M SW Llanddwyn Is	53°07.30'N	04°26.80'W
259	Holyhead - 1M N of W Breakwater	53°21.00'N	04°37.00'W
260	Menai Strait- 1.2M N of Puffin Is	53°20.50'N	04°01.50'W
261	Liverpool - 0.7M S of Bar Lt Vsl	53°31.30'N	03°20.90'W
262	Fleetwood - 2M SW Lune Dp By	53°54.10'N	03°13.00'W
263	Douglas - 1.1M W of Douglas Hd Lt	54°08.70'N	04°26.00'W
264	Ramsey - 1.3M ENE of S breakwater	54°19.90'N	04°20.20'W
265	Peel - 1M NW entrance	54°14.50'N	04°42.50'W
266	Pt St Mary - 1.2M S of Kallow Pt	54°02.90'N	04°43.80'W
267	St Bees Head Lt - 2M W of	54°30.80'N	03°41.50'W
268	Workington - 1M WNW of brkwtr	54°39.40'N	03°36.30'W
269	Kirkcudbright - 1.5M S Little Ross Lt	54°44.50'N	04°05.00'W
270	Mew Island lighthouse - 1.3M ENE	54°42.30'N	05°29.90'W
271	Belfast - 0.7M ENE No.1 Std By	54°42.00'N	05°45.20'W
272	Black Head lighthouse - 1.3M ENE	54°46.50'N	05°39.20'W
273	Isle of Muck - 1.1M NE	54°51.70'N	05°41.85'W
274	Larne Lough - 1M N of Barr's pt	54°52.50'N	05°46.80'W
275	East Maiden Lighthouse -1.7M SW	54°54.50'N	05°45.50'W
276	Torr Head - 0.6M ENE of	55°12.20'N	06°02.80'W
326	Coningbeg Lt - 0.4M N of	52°02.80'N	06°39.30'W
327	Carnsore Point - 3.2M ESE of	52°09.40'N	06°16.40'W
328	Greenore Point - 1.8M E of	52°14.70'N	06°15.90'W
329	Wexford - 1.6M E of entrance	52°20.50'N	06°19.30'W
330	W Blackwater Pt Mk - 0.4M W of	52°25.80'N	06°14.00'W
331	Cahore Point - 1.7M SE of	52°32.50'N	06°09.90'W
332	Arklow - 1.2M E by S	52°47.40'N	06°06.40'W
333	Mizen Head (E coast) - 1M ESE	52°51.00'N	06°01.90'W
334	Wicklow - 2.6M E of	52°58.90'N	05°57.80'W
335	Dun Laoghaire - 2.2M NE of	53°19.60'N	06°04.60'W
336	Ben of Howth - 1.4M E of	53°22.40'N	06°00.50'W
337	Malahide - 1.5M E of Bar	53°27.00'N	06°04.80'W
338	Rockabill light - 1.2M WSW	53°35.30'N	06°02.00'W
339	Carlingford Lough	53°58.40'N	06°00.00'W
340	Strangford Lough	54°18.40'N	05°27.70'W
341	South Rock lightship - 1.1M E of	54°24.30'N	05°20.00'W

AREA PLANNERS

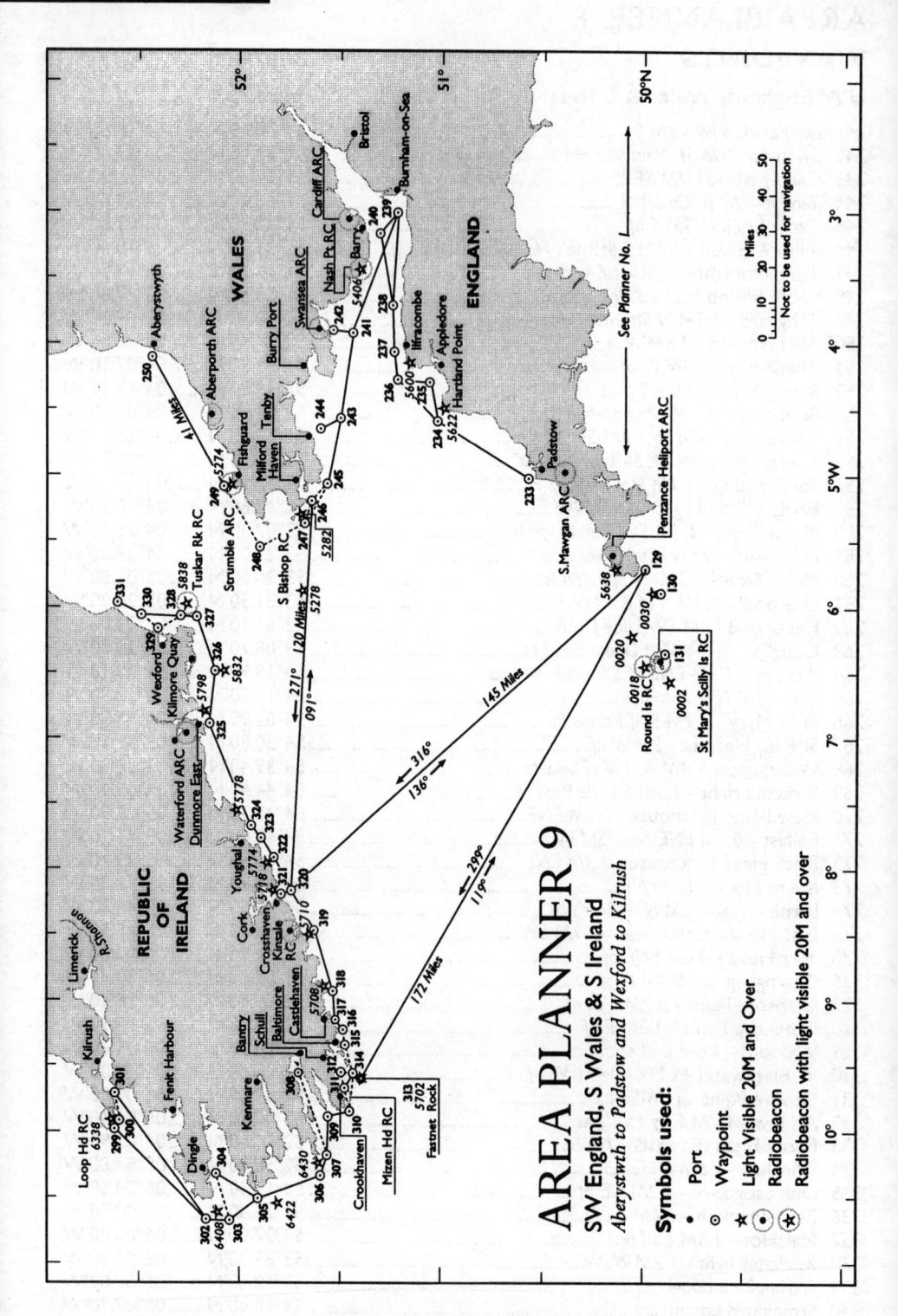

AREA PLANNERS

AREA PLANNER 9
WAYPOINTS
SW England, S Wales and S Ireland - *Aberystwyth to Padstow*

#	Location	Lat	Long
129	Runnel Stone Lt By - 0.3M S of	50°00.85'N	05°40.30'W
130	Wolf Rk - 2M S of	49°54.65'N	05°48.50'W
131	St Mary.s, Scilly - 2M E of St Mary.s	49°54.00'N	06°15.00'W
233	Padstow - 2M NW of Stepper Point	50°35.70'N	04°59.10'W
234	Hartland Point - 2.5M NW of	51°02.80'N	04°34.40'W
235	River Taw - 1.6M NW Bideford By	51°06.20'N	04°18.20'W
236	Morte Point - 2.5M NNW of	51°13.60'N	04°15.80'W
237	Ilfracombe - 1.5M N	51°14.20'N	04°06.80'W
238	Foreland Point - 1.5 miles N	51°16.20'N	03°47.20'W
239	Burnham on Sea - 2.6M N	51°15.30'N	03°07.80'W
240	Barry & R.Severn - 2.9M SSW ent	51°21.00'N	03°17.30'W
241	Ledge South Cd By - 2M S of	51°28.00'N	03°58.60'W
242	Swansea - 1M SE Mumbles Hd	51°33.40'N	03°57.00'W
243	Caldey Island - 7 miles SE	51°32.20'N	04°35.20'W
244	Tenby - 1M SE Caldey Island	51°37.20'N	04°39.60'W
245	Crow Rock - 1.3M S of	51°35.40'N	05°03.50'W
246	Milford Haven - 1.1M S St Ann's Hd	51°39.70'N	05°10.60'W
247	Skokholm Island light - 1.6M W of	51°41.60'N	05°19.70'W
248	South Bishop Is Lt - 3.0M NW	51°53.30'N	05°27.80'W
249	Fishguard - 1.5M N Strumble Hd	52°03.40'N	05°04.20'W
250	Aberystwyth - 1.5M W of ent	52°24.40'N	04°08.00'W
299	Loop Head light - 1.6M W of	52°33.70'N	09°58.60'W
300	Loop Head light - 1.4 miles S of	52°32.30'N	09°55.80'W
301	Kilrush - 0.9M S of Kilcredaun Lt	52°33.90'N	09°42.50'W
302	Tearaght Island light - 2.5M NW	52°06.20'N	10°42.50'W
303	Great Foze Rock - 1.8M SW	52°00.00'N	10°43.20'W
304	Dingle - 1.2M S of Reenbeg Point	52°05.60'N	10°15.80'W
305	Bray Head - 1.4M W of	51°52.80'N	10°28.00'W
306	The Bull Island light - 1.7M SW	51°34.30'N	10°20.10'W
307	Crow Head - 1.9MS of	51°32.90'N	10°09.40'W
308	Bantry - 0.8M SW Whiddy Island	51°40.00'N	09°32.80'W
309	Sheep's Head light - 1.5M W of	51°32.30'N	09°53.40'W
310	Mizen Head Lt (SW) - 2M SSW	51°25.00'N	09°50.30'W
311	Crookhaven - 1M ESE Streek Hd	51°27.80'N	09°40.30'W
312	Schull - 1M S of Long Island Lt	51°29.20'N	09°32.00'W
313	The Fastnet Rock	51°23.33'N	09°36.16'W
314	Cape Clear - 1.6M SW of	51°24.20'N	09°32.90'W
315	Baltimore - 1.5M Sharbour ent	51°26.90'N	09°23.50'W
316	Toe Head - 1.5M S of	51°27.40'N	09°13.00'W
317	Castle Haven - 1M SE of ent	51°30.30'N	09°09.80'W
318	Galley Head - 1.4M S of	51°30.40'N	08°57.20'W
319	Old Hd of Kinsale Lt - 1.5M SSE	51°34.90'N	08°30.80'W
320	Cork Landfall By - 0.4M E of	51°43.00'N	08°14.80'W
321	Roche's Point Lt - 1.2M S of	51°46.40'N	08°15.40'W
322	Ballycotton Island Lt - 1.2M S	51°48.40'N	07°58.80'W
323	Youghal, S - 1M SE Capel Island	51°52.40'N	07°50.00'W
324	Youghal, SE - 2M SE Blackball PHB	51°54.80'N	07°45.60'W
325	Waterford - 1.4M SSE Dunmore E	52°07.40'N	06°58.80'W
326	Coningbeg lightship - 0.4M N of	52°02.80'N	06°39.30'W
327	Carnsore Point - 3.2M ESE of	52°09.40'N	06°16.40'W
328	Greenore Point - 1.8M E of	52°14.70'N	06°15.90'W
329	Wexford - 1.6M E of entrance	52°20.50'N	06°19.30'W
330	W Blackwater Pt Mk - 0.4M W	52°25.80'N	06°14.00'W
331	Cahore Point - 1.7 miles SE of	52°32.50'N	06°09.90'W

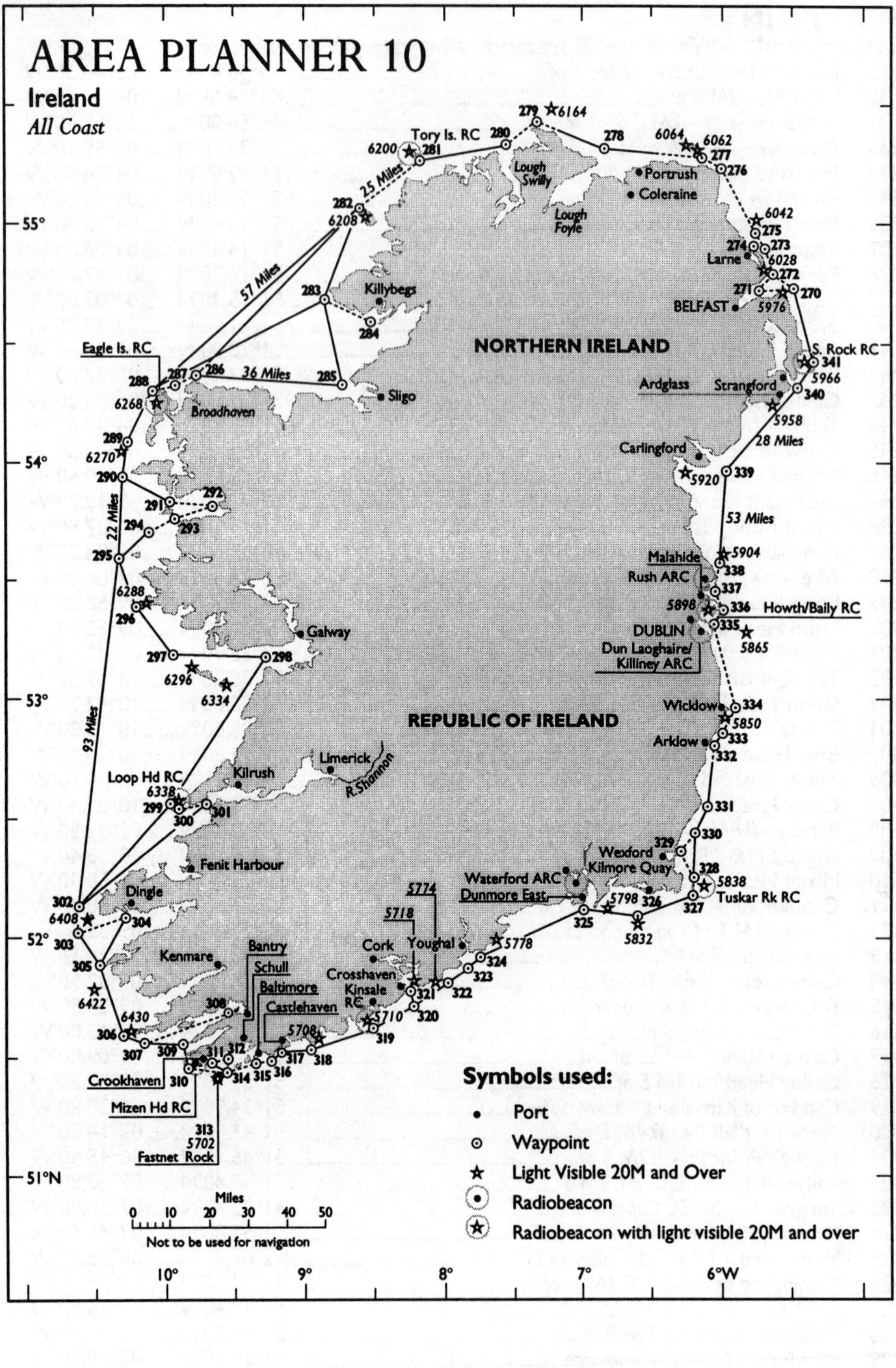
AREA PLANNER 10
Ireland
All Coast
NORTHERN IRELAND
REPUBLIC OF IRELAND
Tory Is. RC
Lough Swilly
Lough Foyle
Portrush
Coleraine
Larne
BELFAST
S. Rock RC
Ardglass
Strangford
Carlingford
Killybegs
Sligo
Eagle Is. RC
Broadhaven
Galway
Limerick
R. Shannon
Kilrush
Loop Hd RC
Fenit Harbour
Dingle
Kenmare
Bantry
Schull
Baltimore
Castlehaven
Crookhaven
Mizen Hd RC
Fastnet Rock
Cork
Crosshaven
Kinsale RC
Youghal
Waterford ARC
Dunmore East
Wexford
Kilmore Quay
Tuskar Rk RC
Arklow
Wicklow
Malahide
Rush ARC
Howth/Baily RC
DUBLIN
Dun Laoghaire/ Killiney ARC
25 Miles
57 Miles
36 Miles
22 Miles
93 Miles
28 Miles
53 Miles
55°
54°
53°
52°
51°N
10°
9°
8°
7°
6°W
Miles
0 10 20 30 40 50
Not to be used for navigation
Symbols used:
Port
Waypoint
Light Visible 20M and Over
Radiobeacon
Radiobeacon with light visible 20M and over

AREA PLANNER 10
WAYPOINTS
Ireland

270 Mew Is Lt-*1.3M ENE* ...... 54°42.30'N .. 05°29.90'W
271 Belfast -
    0.7M ENE No.1 By ...... 54°42.00'N .. 05°45.20'W
272 Black Hd Lt -*1.3M ENE* . 54°46.50'N .. 05°39.20'W
273 Isle of Muck-*1.1M NE* .... 54°51.70'N .. 05°41.85'W
274 Larne Lough -
    1M N of Barr's pt .... 54°52.50'N .. 05°46.80'W
275 E Maiden Lt -*1.7M SW* ... 54°54.50'N .. 05°45.50'W
276 Torr Head-
    0.6M ENE of .... 55°12.20'N .. 06°02.80'W
277 Fair Head-*0.9M N of* .... 55°14.60'N .. 06°09.00'W
278 L. Foyle
    4.8M NNE Inishowen Lt .. 55°17.90'N .. 06°52.20'W
279 Malin Head - *2M NNE* ... 55°25.00'N .. 07°21.20'W
280 Lough Swilly-*1M N ent* ... 55°18.20'N .. 07°34.30'W
281 Tory Island-*1.2M SE of* ... 55°14.00'N .. 08°11.00'W
282 Rinrawros Pt Lt, Aran-
    1.3M NW .... 55°01.75'N .. 08°35.40'W
283 Rathlin O'Birne Is Lt
    1.9M WSW .... 54°39.20'N .. 08°52.90'W
284 Killibegs -
    2.4M WNW S.John's Pt Lt . 54°34.70'N .. 08°31.80'W
285 Sligo-
    2.7M N Aughris Hd .... 54°19.50'N .. 08°45.30'W
286 The Stags rocks-
    1.3M N .... 54°23.40'N .. 09°47.40'W
287 Broadhaven-*1M N of bay* 54°20.40'N .. 09°56.00'W
288 Eagle Island-*1.4M NW of* 54°17.80'N .. 10°07.40'W
289 Black Rock -
    2.7M NE by N of .... 54°06.20'N .. 10°16.60'W
290 Achill Head - *1.4M SW* ... 53°57.30'N .. 10°17.90'W
291 Clew Bay -
    1M SW Achillbeg Is Lt ...... 53°50.80'N .. 09°57.90'W
292 Westport -
    1.5M WSW Inishgort Lt ... 53°49.00'N .. 09°42.60'W
293 Clew Bay -
    1.5M NW Roonah Hd ...... 53°46.90'N .. 09°57.80'W
294 Inishturk Is- *1.2M NW* ... 53°43.60'N .. 10°08.80'W
295 Inishshark Is - *1.8M W* ... 53°36.50'N .. 10°21.00'W
296 Slyne Hd lt - *1.6M SW* ... 53°22.90'N .. 10°16.00'W
297 Rock Is Lt -
    5.3M NW by W of .... 53°11.80'N .. 09°58.60'W
298 Galway -
    2.3M N Black Hd Lt .... 53°11.50'N .. 09°15.80'W
299 Loop Hd lt -*1.6M W of* ... 52°33.70'N .. 09°58.60'W
300 Loop Hd lt - *1.4M S of*... 52°32.30'N .. 09°55.80'W
301 Kilrush -
    0.9M S Kilcredaun Hd Lt . 52°33.90'N .. 09°42.50'W
302 Tearaght Is Lt-
    2.5M NW .... 52°06.30'N .. 10°42.50'W
303 Gt Foze Rock-
    1.8M SW .... 52°00.00'N .. 10°43.20'W
304 Dingle -
    1.2M S of Reenbeg Pt ...... 52°05.60'N .. 10°15.80'W
305 Bray Head - *1.4M W of* .. 51°52.80'N .. 10°28.00'W
306 The Bull Is lt-*1.7M SW* .. 51°34.30'N .. 10°20.10'W
307 Crow Head -*1.9M S of* .. 51°32.90'N .. 10°09.40'W
308 Bantry -
    0.8M SW Whiddy Is .... 51°40.00'N .. 09°32.80'W
309 Sheep's Hd Lt-*1.5M W* ... 51°32.30'N .. 09°53.40'W
310 Mizen Head Lt (SW)-
    2M SSW .... 51°25.00'N .. 09°50.30'W
311 Crookhaven -
    1M ESE Streek Hd .... 51°27.80'N .. 09°40.30'W
312 Schull -
    1M S of Long Is Lt .... 51°29.20'N .. 09°32.00'W
313 The Fastnet Rock .... 51°23.33'N .. 09°36.16'W
314 Cape Clear-*1.6M SW* ..... 51°24.20'N .. 09°32.90'W
315 Baltimore - *1.5M S* .... 51°26.90'N .. 09°23.50'W
316 Toe Head - *1.5M S of* ..... 51°27.40'N .. 09°13.00'W
317 Castle Haven - *1M SE* .... 51°30.30'N .. 09°09.80'W
318 Galley Hd-*1.4M S of* .... 51°30.40'N .. 08°57.20'W
319 Old Hd of Kinsale Lt -
    1.5M SSE .... 51°34.90'N .. 08°30.80'W
320 Cork Landfall By -
    0.4M E of .... 51°43.00'N .. 08°14.80'W
321 Roche's Point Lt -
    1.2M S of .... 51°46.40'N .. 08°15.40'W
322 Ballycotton Island Lt -
    1.2M S .... 51°48.40'N .. 07°58.80'W
323 Youghal,
    1M SE Capel Island .... 51°52.40'N .. 07°50.00'W
324 Youghal, SE -
    2M SE Blackball PHB ...... 51°54.80'N .. 07°45.60'W
325 Waterford -
    1.4M SSE Dunmore E ...... 52°07.40'N .. 06°58.80'W
326 Coningbeg lightship -
    0.4M N .... 52°02.80'N .. 06°39.30'W
327 Carnsore Point -
    3.2M ESE .... 52°09.40'N .. 06°16.40'W
328 Greenore Point -
    1.8M E of .... 52°14.70'N .. 06°15.90'W
329 Wexford - *1.6M E* .... 52°20.50'N .. 06°19.30'W
330 W Blackwater Pt Mk -
    0.4M W .... 52°25.80'N .. 06°14.00'W
331 Cahore Point -
    1.7 miles SE of .... 52°32.50'N .. 06°09.90'W
332 Arklow - *1.2M E by S* ..... 52°47.40'N .. 06°06.40'W
333 Mizen Head (E coast) -
    1M ESE .... 52°51.00'N .. 06°01.90'W
334 Wicklow - *2.6M E* .... 52°58.90'N .. 05°57.80'W
335 Dun Laoghaire -
    2.2M NE .... 53°19.60'N .. 06°04.60'W
336 Ben of Howth -
    1.4M E of .... 53°22.40'N .. 06°00.50'W
337 Malahide -
    1.5M E of Bar .... 53°27.00'N .. 06°04.80'W
338 Rockabill light -
    1.2M WSW .... 53°35.30'N .. 06°02.00'W
339 Carlingford Lough .... 53°58.40'N .. 06°00.00'W
340 Strangford Lough .... 54°18.40'N .. 05°27.70'W
341 South Rock lightship -
    1.1M E .... 54°24.30'N .. 05°20.00'W

AREA PLANNER 11
Denmark
Skagen to Hornum

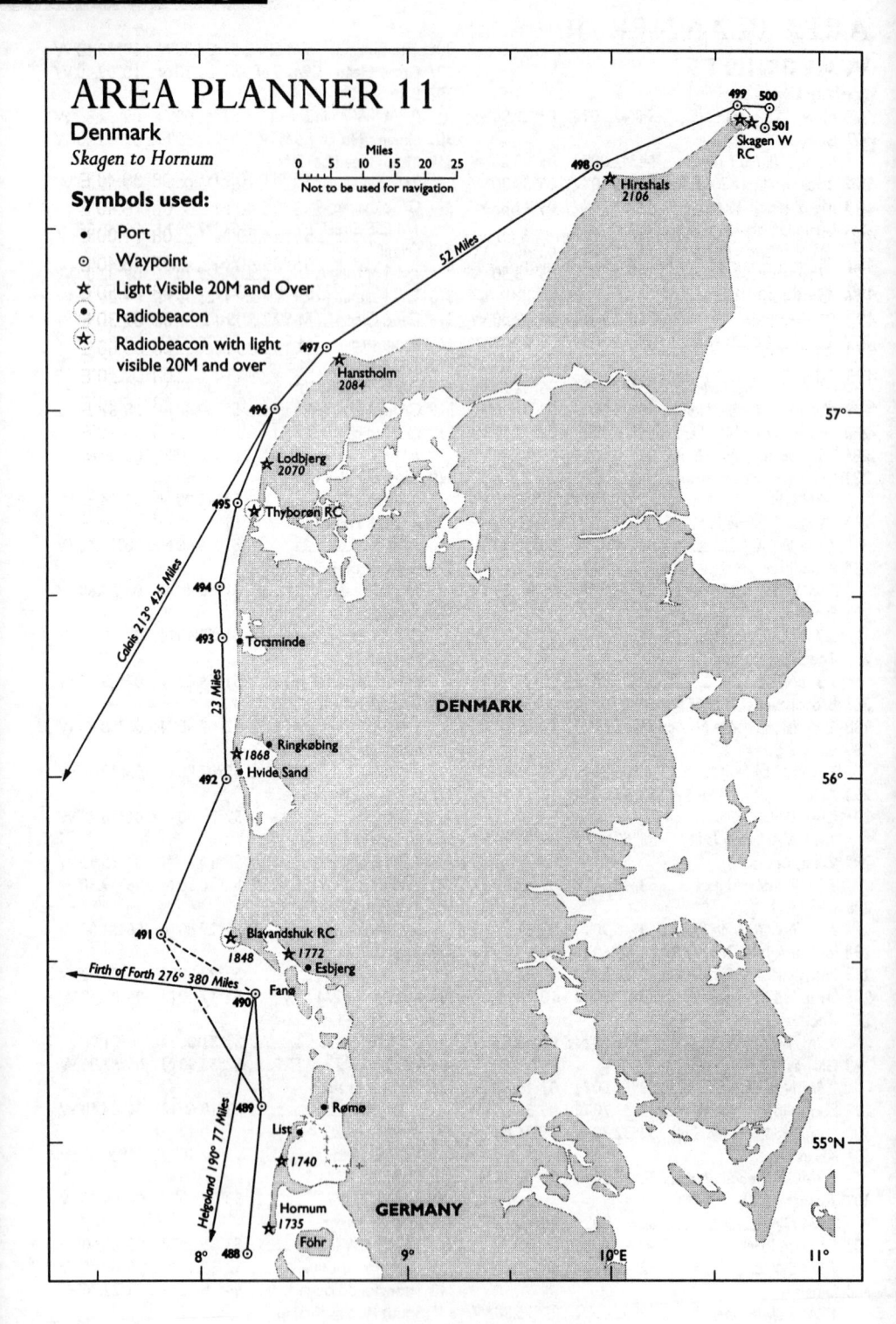

AREA PLANNER 11

WAYPOINTS

Denmark & NW Germany - *Skagen to Hornum*

488	Hornum - *1.2M W of Holtknobsloch landfall buoy*	54°41.10'N	08°08.40'E
489	Rømø - *0.4M W of Lister Tief landfall buoy*	55°05.40'N	08°16.40'E
490	Esbjerg - *0.5M SW of Grådyb landfall buoy*	55°24.30'N	08°11.00'E
491	Slugen chan N - *9.6M W by N Blavands Huk lt*	55°35.40'N	07°48.40'E
492	Hvide Sande - *2.7M W of harbour entrance*	56°00.00'N	08°02.50'E
493	Torsminde - *2.7 M W of harbour entrance*	56°22.50'N	08°02.30'E
494	Bovbjerg lt - *2.6M W*	56°30.80'N	08°03.00'E
495	Thyborøn - *0.7M W landfall buoy*	56°42.50'N	08°07.40'E
496	Nørre Vorupør Lt - *3.2M W*	56°57.20'N	08°16.40'E
497	Hanstholm - *1.0M NW landfall buoy*	57°08.80'N	08°33.70'E
498	Hirtshals - *2.3M N by W harbour entrance*	57°38.00'N	09°56.50'E
499	Skagen W Lt - *2.2M N*	57°47.10'N	10°35.70'E
500	Skagen *landfall buoy No.1 - 0.7M S*	57°46.40'N	10°46.00'E
501	Skagen - *3.3M E Skagen Lt*	57°44.00'N	10°43.50'E

AREA PLANNERS

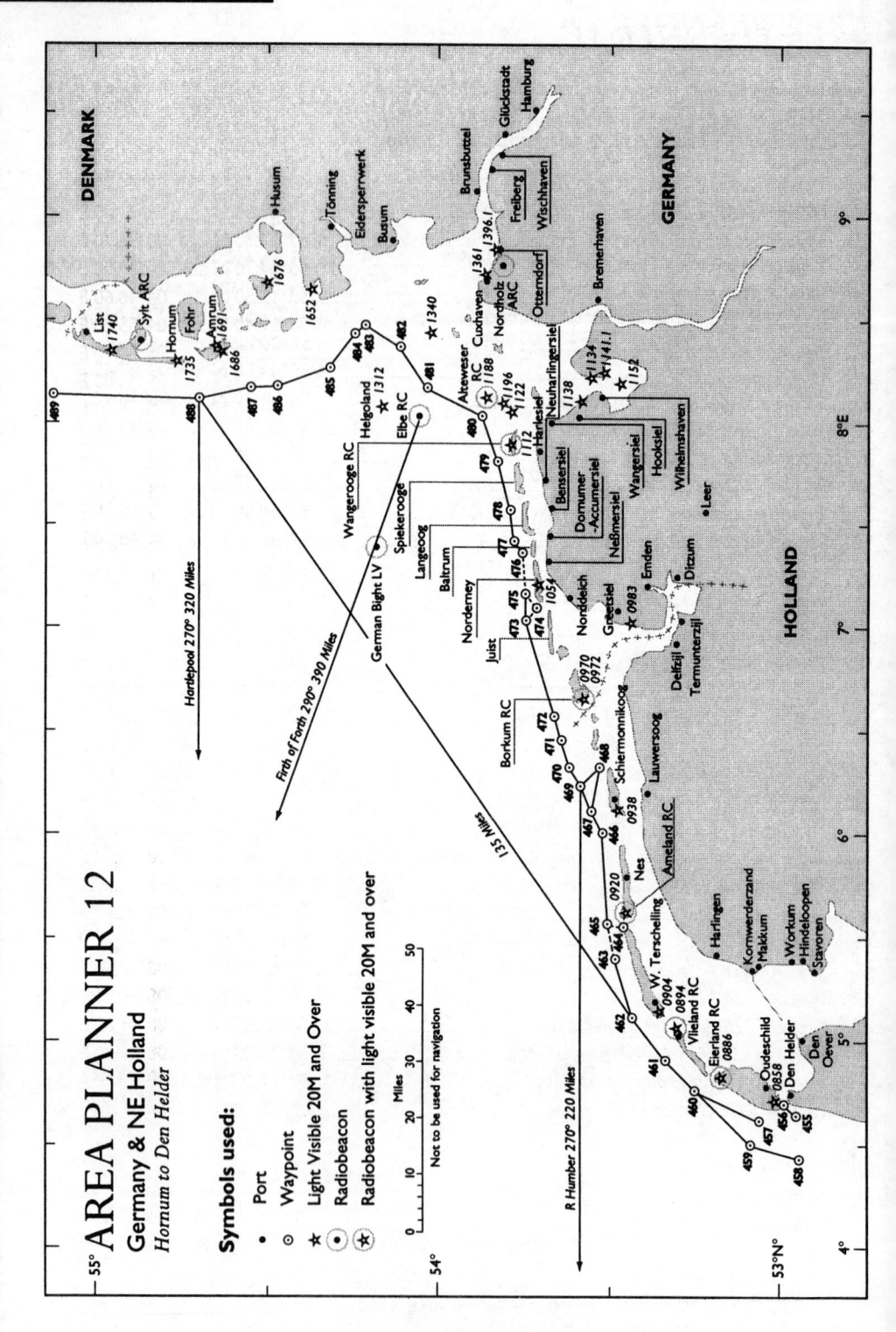

AREA PLANNER 12
Germany & NE Holland
Hornum to Den Helder

Symbols used:
- • Port
- ⊙ Waypoint
- ☆ Light Visible 20M and Over
- ⊛ Radiobeacon
- ✶ Radiobeacon with light visible 20M and over

Not to be used for navigation

AREA PLANNER 12
WAYPOINTS
Germany & N Holland - *Hornum to Den Helder*

455	Den Helder - *1.2M SW Kijkduin Lt*	52°56.90'N	04°41.90'E
456	Den Helder - *1.1M N by E Kijkduin Lt*	52°58.40'N	04°44.10'E
457	Molengat Channel - *N ent*	53°03.00'N	04°41.00'E
458	Noorderhaaks I.-*3.2M WSW*	52°57.30'N	04°33.70'E
459	Texel-*0.3M W Molengat NCM*	53°03.70'N	04°39.00'E
460	Vlieland-*2.8M W of SW end of I.*	53°13.50'N	04°46.60'E
461	Vlieland-*W ent to Stortemelk ch*	53°19.10'N	04°55.20'E
462	Terschelling - *0.4M NW Otto ECM*	53°25.00'N	05°06.10'E
463	Terschelling - *W ent to Westgat buoyed ch*	53°27.80'N	05°24.00'E
464	Borndiep Channel - *1.4M WNW Ameland Lt*	53°27.60'N	05°35.60'E
465	Ameland Lt - *2.5M N*	53°29.50'N	05°37.40'E
466	Ameland-*2.9M NNE of E end*	53°30.40'N	06°00.00'E
467	Schiermonnikoog - *N ent Westgat buoyed ch*	53°32.60'N	06°06.00'E
468	Schiermonnikoog - *W ent Lauwers buoyed ch*	53°33.20'N	06°17.00'E
469	Verkenningston Hubertgat SWM - *0.2M S*	53°34.70'N	06°14.40'E
470	Westereems Verkenningston SWM - *0.2M SE*	53°36.80'N	06°19.80'E
471	Riffgat SWM - *0.2M SE*	53°38.80'N	06°27.40'E
472	Osterems SWM - *0.2M S*	53°41.70'N	06°36.20'E
473	Schluchter SWM - *0.2M S*	53°44.60'N	07°04.20'E
474	Norderney - *1.5M N by W of W end of I.*	53°43.80'N	07°07.00'E
475	Norderney - *Dovetief SWM 0.2M S*	53°45.20'N	07°09.80'E
476	Baltrum - *1.7M N by E of Baltrum Lt.*	53°45.00'N	07°22.40'E
477	Langeoog - *0.2M N of Accumer Ee SWM*	53°47.10'N	07°25.00'E
478	Spiekeroog - *0.2M N Otzumer Balje SWM*	53°48.00'N	07°35.80'E
479	Wangerooge - *0.2M N of Harle SWM*	53°49.40'N	07°49.00'E
480	Neue Weser Channel - *3.5M W by S Alte Weser Lt*	53°50.90'N	08°01.90'E
481	Elbe Channel - *0.3M W Scharhörnriff N NCM*	53°59.00'N	08°11.80'E
482	Busum S Channel - *0.2M W Süderpiep SWM*	54°06.00'N	08°21.60'E
483	Busum N Channel - *0.2M W of Norderpiep By*	54°11.50'N	08°28.30'E
484	Eidersperrwerk - *0.2M W of Eider SWM*	54°14.60'N	08°27.20'E
485	Husum - *0.2M W Hever SWM*	54°20.40'N	08°18.20'E
486	Amrun - *0.2M W of Rütergat SWM*	54°31.00'N	08°11.80'E
487	Hornum - *0.2M W of Vortrapptief SWM*	54°35.00'N	08°11.80'E
488	Hornum - *2M W Holtknobsloch SWM*	54°41.10'N	08°08.40'E
489	Rømø - *0.4M W Lister Tief SWM*	55°05.40'N	08°16.40'E

AREA PLANNER 13

Belgium & Holland

Nieuwport to Termunterzijl

Symbols used:

- Port
- Waypoint
- Light Visible 20M and Over
- Radiobeacon
- Radiobeacon with light visible 20M and over

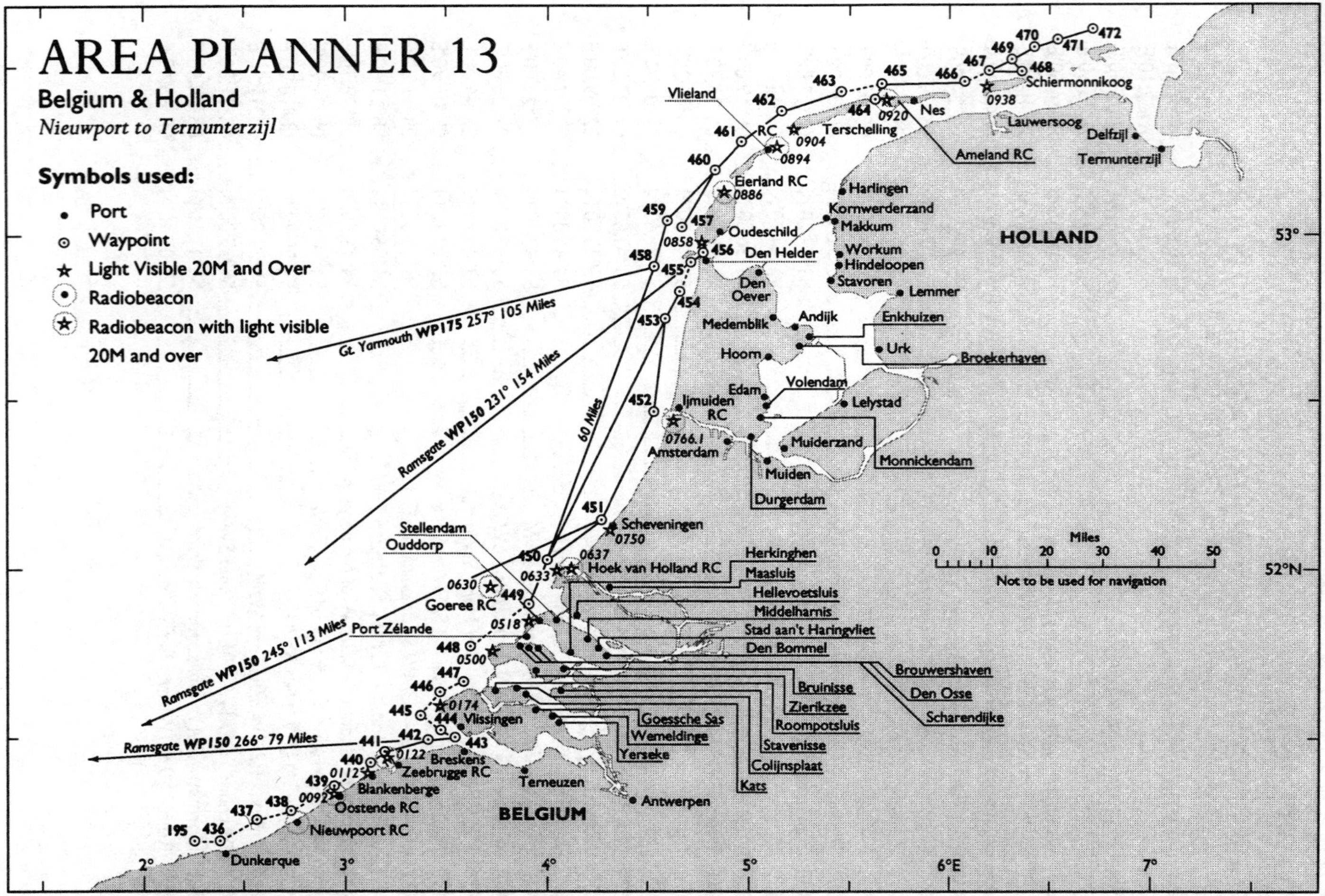

AREA PLANNER 13

WAYPOINTS

Belgium & NW Holland - *Nieuwport to Termunterzijl*

150	Ramsgate - *1M E of*	51°19.47'N	01°27.13'E
175	Gt Yarmouth - *4.7M E*	52°34.33'N	01°52.10'E
195	Dunkerque *-2M NW of*	51°05.00'N	02°18.40'E
436	Dunkerque - *1.7M NE by E*	51°04.50'N	02°23.50'E
437	Trapegeer Stbd By - *0.6M N*	51°09.10'N	02°34.50'E
438	Nieuwpoort - *0.9M NW by W*	51°09.80'N	02°41.80'E
439	Oostende - *0.5M NW*	51°14.70'N	02°54.50'E
440	Blankenberge - *0.8M NW*	51°19.60'N	03°05.60'E
441	Zeebrugge - *0.6M NW*	51°22.30'N	03°10.80'E
442	Ft Maisonnueve W Cd - *0.3M NE*	51°24.50'N	03°21.60'E
443	Vlissingen - *1.4M NE Niewe Sluis Lt*	51°25.50'N	03°32.80'E
444	Trawl S cardinal marker - *0.4M N*	51°26.70'N	03°28.30'E
445	West Kapelle Lt - *4M W by S*	51°31.30'N	03°20.50'E
446	Domburg - *2M NW*	51°35.60'N	03°28.00'E
447	Roompotsluis - *S chnl 5M off*	51°36.20'N	03°33.20'E
448	Geul Van de Banjaard - *N ent*	51°44.00'N	03°33.00'E
449	Haringvlietsluizen - *to S Channel*	51°51.60'N	03°53.20'E
450	Hoek van Holland - *1.2M WNW*	52°00.10'N	04°00.30'E
451	Scheveningen - *0.7M NW*	52°07.00'N	04°14.80'E
452	IJmuiden - *0.7M W by N ent*	52°28.10'N	04°31.10'E
453	Petten W Cd Mk - *0.4M W*	52°47.50'N	04°36.20'E
454	Grote Kaap Lt - *0.9M W*	52°52.90'N	04°41.40'E
455	Den Helder - *1.2M SW Kijkduin Lt*	52°56.90'N	04°41.90'E
456	Den Helder - *1.1M N*	52°58.40'N	04°44.10'E
457	Molengat Channel - *N entrance*	53°03.00'N	04°41.00'E
458	Noorderhaaks I. - *3.2M WSW*	52°57.30'N	04°33.70'E
459	Texel - *0.3M W Molengat N Cd*	53°03.70'N	04°39.00'E
460	Vlieland - *2.8M W of SW end of Is*	53°13.50'N	04°46.60'E
461	Vlieland - *W ent to Stortemelk chnl*	53°19.10'N	04°55.20'E
462	Terschelling - *0.4M NW Otto E Cd*	53°25.00'N	05°06.10'E
463	Terschelling - *W ent*	53°27.80'N	05°24.00'E
464	Borndiep Channel - *1.4M WNW*	53°27.60'N	05°35.60'E
465	Ameland Lt - *2.5M N*	53°29.50'N	05°37.40'E
466	Ameland - *2.9M NNE of E end*	53°30.40'N	06°00.00'E
467	Schiermonnikoog - *N ent*	53°32.60'N	06°06.00'E
468	Schiermonnikoog - *W ent*	53°33.20'N	06°17.00'E
469	Verkenningston Hubertgat By	53°34.70'N	06°14.40'E
470	W'ereems Verkenningston By	53°36.80'N	06°19.80'E
471	Riffgat landfall buoy - *0.2M SE*	53°38.80'N	06°27.40'E
472	Osterems landfall By - *0.2M S*	53°41.70'N	06°36.20'E

AREA PLANNER 14

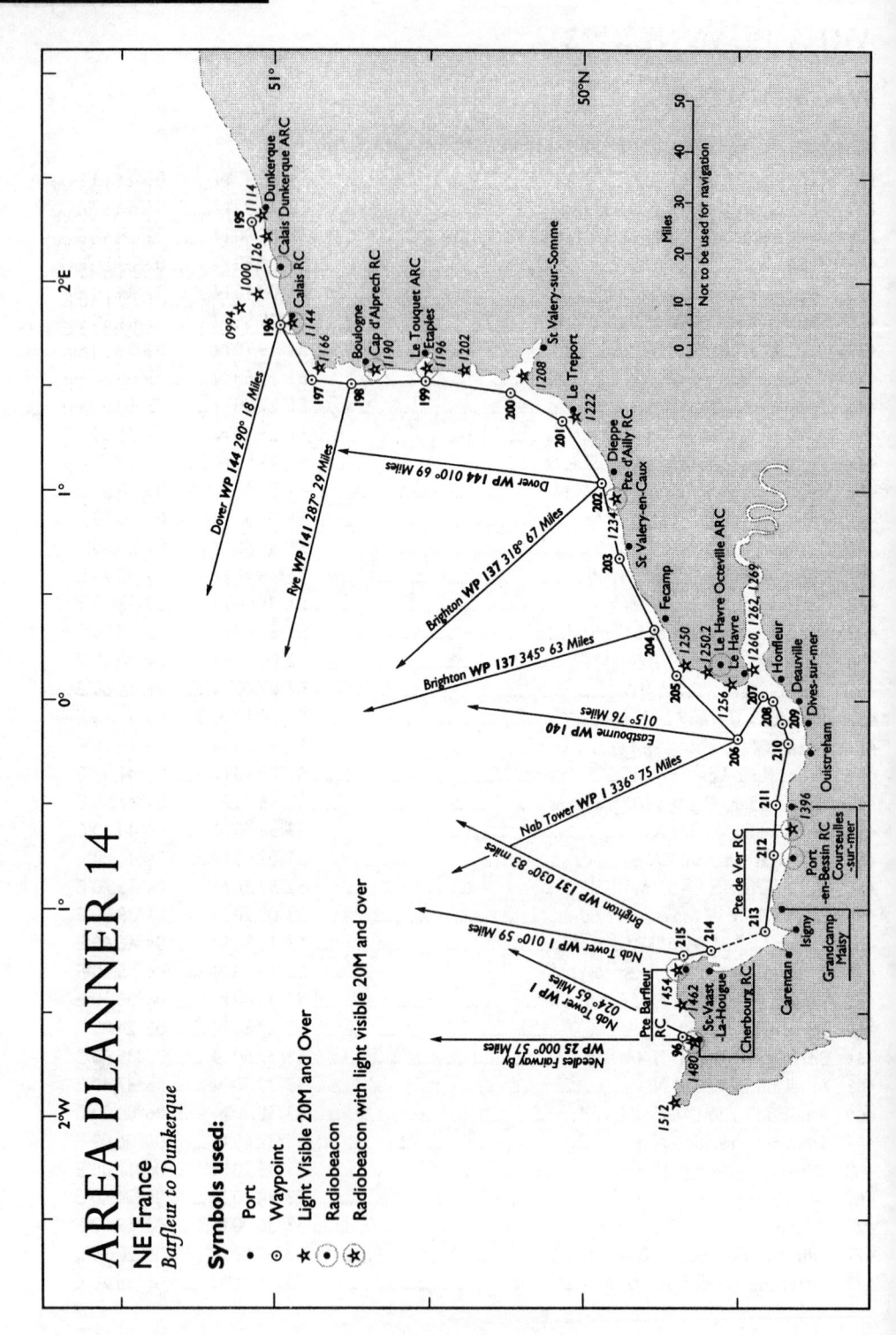

NE France
Barfleur to Dunkerque

Symbols used:
- • Port
- ⊙ Waypoint
- ☆ Light Visible 20M and Over
- ⊙ Radiobeacon
- ☆ Radiobeacon with light visible 20M and over

Not to be used for navigation

AREA PLANNER 14

WAYPOINTS

France North - *Barfleur to Dunkerque*

1	Nab Tower- *0.5M NW*	50°40.38'N	00°57.55'W
25	Fairway Buoy- *Needles channel*	50°38.20'N	01°38.90'W
96	Cherbourg - *0.5M N of W ent*	49°40.95'N	01°39.35'W
137	Brighton entrance- *1M S of*	50°47.50'N	00°06.30'W
140	Eastbourne - *1.2M SE Langney Pt*	50°46.25'N	00°21.10'E
141	Rye- *0.1M S of Fairway By*	50°53.90'N	00°48.13'E
144	Dover- *1.2M SE of W ent*	51°05.80'N	01°21.10'E
195	Dunkerque *-2M NW of ent*	51°05.00'N	02°18.40'E
196	Calais *-2M NW of ent*	50°59.20'N	01°47.70'E
197	Cap Gris-Nez *-2M NW*	50°53.30'N	01°32.50'E
198	Boulogne *-2M WNW of ent*	50°45.30'N	01°31.50'E
199	Étaples - *3M W of Le Touquet pt*	50°32.20'N	01°30.80'E
200	St Valéry-sur-Somme - *5M WNW*	50°15.30'N	01°27.10'E
201	Le Trèport - *2M NW of ent*	50°05.40'N	01°20.40'E
202	Dieppe - *1M NW of ent*	49°57.00'N	01°04.00'E
203	St Valéry-en-Caux - *2M N of ent*	49°54.50'N	00°42.30'E
204	Fécamp -*1M NW of ent*	49°46.70'N	00°20.80'E
205	Cap D'Antifer - *1.8M NW*	49°42.40'N	00°07.80'E
206	Le Havre - *0.5M NE of LHA*	49°32.00'N	00°09.20'W
207	Honfleur - *7.5M W of ent*	49°27.00'N	00°02.50'E
208	Deauville - *3M NNW of ent*	49°24.50'N	00°02.20'E
209	Dives-sur-Mer - *3M NNW*	49°20.70'N	00°07.00'W
210	Ouistreham - *3.6M NNE of ent*	49°21.00'N	00°11.40'W
211	Courseulles-sur-Mer - *3M N*	49°23.40'N	00°27.00'W
212	Port-en-Bessin - *3M NNW*	49°24.00'N	00°43.60'W
213	Grandcamp Maisy - *4M NW*	49°26.70'N	01°06.30'W
214	St-Vaast-la-Hougue - *3M ENE*	49°36.40'N	01°11.00'W
215	Barfleur - *2M NE*	49°42.00'N	01°13.30'W

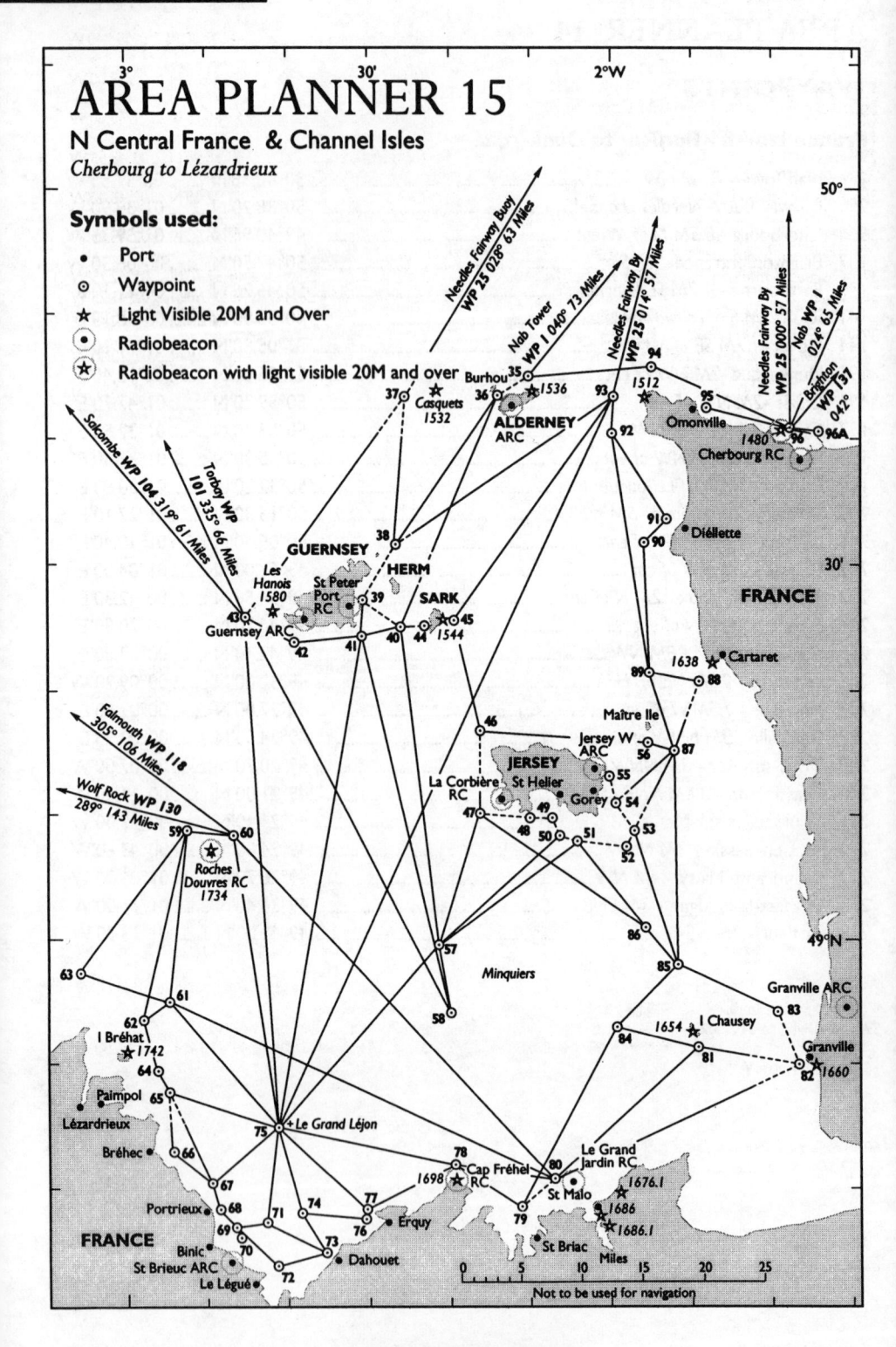

AREA PLANNER 15
N Central France & Channel Isles
Cherbourg to Lézardrieux

Symbols used:
- ● Port
- ⊙ Waypoint
- ☆ Light Visible 20M and Over
- ⊙ Radiobeacon
- ⊛ Radiobeacon with light visible 20M and over

AREA PLANNER 15
WAYPOINTS
France North Central & Channel Islands - *Cherbourg to Lezardrieux*

#	Name	Lat	Lon
1	Nab Tower - *0.5 mile NW*	50°40.38'N	00°57.55'W
25	Fairway Buoy- Needles channel	50°38.20'N	01°38.90'W
35	Alderney -Bray Harbour- *1M NNE*	49°45.00'N	02°10.75'W
36	The Swinge - *turning way point*	49°43.50'N	02°14.40'W
37	Casquets-*1 mile W of*	49°43.38'N	02°24.06'W
38	Guernsey NE - *1.2m E of Beaucette*	49°30.13'N	02°28.30'W
39	Guernsey St Peter Port - *0.5M E of ent*	49°27.40'N	02°30.70'W
40	Big Russel - *mid way south*	49°25.30'N	02°26.00'W
41	Guernsey SE - *1M SE of St Martin's Pt*	49°24.67'N	02°30.50'W
42	Guernsey SW - *1.5M S of Pleinmont Pt*	49°24.00'N	02°40.00'W
43	Guernsey SW - *1.8M W of Les Hanois*	49°26.16'N	02°45.00'W
44	Sark SW - *0.3M S of Brecou*	49°25.47'N	02°23.30'W
45	Sark East - *1M E of Creux Harbour*	49°25.80'N	02°19.00'W
46	Jersey NW - *1.75M NW of Grosnez Pt*	49°16.60'N	02°16.75'W
47	Jersey SW - *1M WSW of La Corbiere*	49°10.46'N	02°16.32'W
48	Jersey South - *0.15M S of Normant Pt*	49°09.80'N	02°10.00'W
49	St Helier - *0.3M S of Breakwater*	49°09.97'N	02°07.33'W
50	St Helier - *0.3M S of Demie de Ras*	49°08.77'N	02°06.06'W
51	SE Jersey - *1st turning point going E*	49°08.05'N	02°03.35'W
52	SE Jersey - *2nd turning point to Gorey*	49°07.60'N	01°57.90'W
53	SE Jersey - *3rd turning point to Gorey*	49°08.70'N	01°57.20'W
54	Gorey Entrance - *298°, 1.6 miles*	49°11.10'N	01°59.12'W
55	St Catherine, Jersey - *0.5M SE*	49°13.10'N	02°00.00'W
56	Les Ècrehou - *1.4M S of Maitre Ile Bn*	49°15.70'N	01°55.50'W
57	NW Minquiers N Cd By - *0.1M W*	48°59.70'N	02°20.65'W
58	SW Minquiers W Cd By - *0.1M SW*	48°54.34'N	02°19.42'W
59	Les Roches Douvres Lt.- *3M NW of*	49°08.60'N	02°52.10'W
60	Les Roches Douvres Lt - *2.5M NE*	49°08.10'N	02°46.20'W
61	Lezardrieux - *1.5m N La Horaire Bn*	48°55.07'N	02°55.16'W
62	Lezardrieux Approach - *1.7M NNE*	48°53.60'N	02°58.18'W
63	Les Héaux de Brehat - *3M N of*	48°57.60'N	03°05.10'W
64	Ile de Brehat - *2.5M E by S of*	48°49.70'N	02°56.00'W
65	Paimpol- *1M E of Les Charpentiers Bn*	48°47.90'N	02°54.40'W
66	Bréhec- *0.8M E of Le Taureau Mk*	48°43.60'N	02°54.00'W
67	Ile Harbour Light - *1M NW of*	48°40.75'N	02°49.60'W
68	St Quay Portrieux - *0.2M E of ent*	48°38.90'N	02°48.55'W
69	La Roselière W Cd By- *0.3M S*	48°37.25'N	02°46.40'W
70	Binic - *2M 080° from Breakwater*	48°36.50'N	02°45.85'W
71	Caffa E Cd Buoy - *0.3M SE*	48°37.70'N	02°42.75'W
72	Le Legué Buoy- *0.2M NW*	48°34.50'N	02°41.25'W
73	Dahouet - *1M NW of ent*	48°35.50'N	02°35.20'W
74	Rohein W Cd Bn - *0.6M SW*	48°38.50'N	02°38.40'W
75	Grand Léjon Lt Bn - *0.7M W*	48°44.90'N	02°40.80'W
76	Erquy-*1M W of*	48°38.10'N	02°30.00'W
77	Cap d'Erquy - *0.M WNW of*	48°38.95'N	02°30.00'W
78	Cap Frehel Light - *1.1M N of*	48°42.50'N	02°19.07'W
79	St Briac - *2M off on approach*	48°38.40'N	02°10.90'W
80	St Malo - *1.3M NW Le Grande Jardin Bn*	48°41.10'N	02°06.40'W
81	Iles Chausey - *1M S of entrance*	48°51.10'N	01°49.00'W
82	Granville - *0.7M SW of Granville Lt Ho*	48°49.62'N	01°37.55'W
83	Iles Chausey - *0.5M E of Anvers E Cd By*	48°54.00'N	01°40.00'W
84	SE Minquiers E Cd By - *1M SE*	48°53.20'N	01°58.90'W
85	Les Ardentes E Cd By - *0.2M E*	48°57.90'N	01°51.15'W
86	NE Minquiers E Cd By - *0.1M NE*	49°00.97'N	01°55.11'W
87	Les Écrehou SE - *0.4M SE of Écrevière By*	49°15.10'N	01°51.65'W
88	Cartaret - *1.75M SW*	49°20.90'N	01°49.20'W
89	Cartaret - *0.3M SW Trois Grunes W Cd By*	49°21.65'N	01°55.30'W
90	Cap de Flamanville - *2M W of*	49°31.65'N	01°56.30'W
91	Diellette - *1M NW of on transit*	49°33.80'N	01°53.00'W
92	Cap de La Hague - *4M SSW of*	49°40.00'N	02°00.00'W
93	Cap de La Hague - *2M W of*	49°43.37'N	02°00.00'W
94	Cap de La Hague - *1.5M N of La Plate Lt*	49°45.50'N	01°55.70'W
95	Omonville - *1M E of, in white sector*	49°42.55'N	01°48.25'W
96	Cherbourg - *0.5M N of W ent*	49°40.95'N	01°39.35'W
96a	Cherbourg - *0.5M N of E ent*	49°40.87'N	01°35.80'W
101	Tor Bay - *1.7M NE of Berry Hd*	50°25.10'N	03°27.00'W
104	Salcombe - *1.5M S of bar*	50°11.62'N	03°46.60'W
118	Falmouth - *0.8M S of St Anthony Hd*	50°07.64'N	05°00.90'W
130	Wolf Rk - *2 miles S of*	49°54.65'N	05°48.50'W

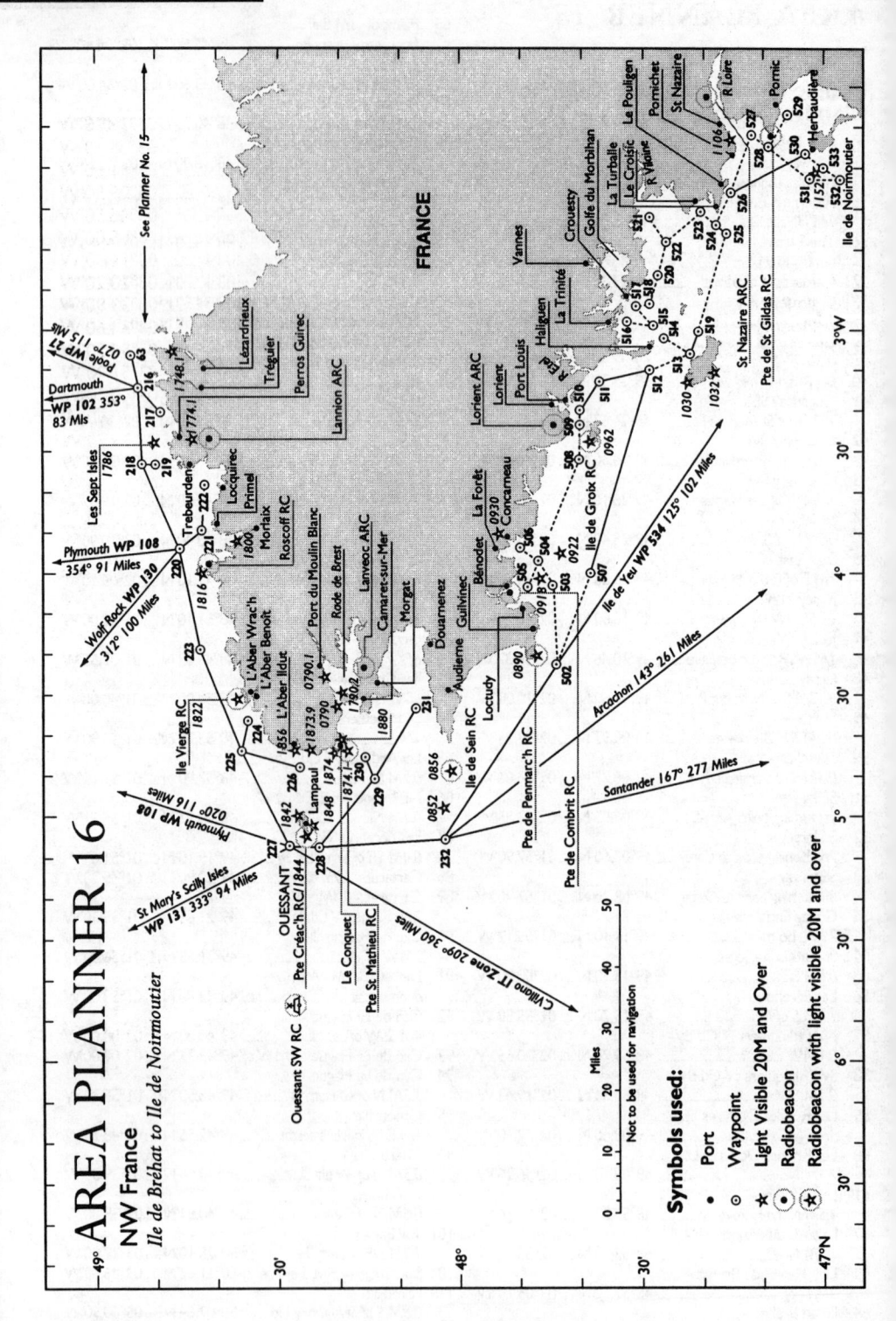

AREA PLANNER 16
NW France
Ile de Bréhat to Ile de Noirmoutier

AREA PLANNER 16
WAYPOINTS
France North West & Biscay - *Douarnenez to Ile de Noirmoutier*

#	Description	Latitude	Longitude
27	Poole Fairway Buoy - *1M E*	50°39.00'N	01°53.20'W
63	Les Héaux de Brehat - *3M N*	48°57.60'N	03°05.10'W
102	Dartmouth - *2M 150° from ent*	50°18.25'N	03°31.60'W
108	Plymouth - *0.9M S of W end of brkwtr*	50°19.13'N	04°09.50'W
130	Wolf Rk - *2MS of*	49°54.65'N	05°48.50'W
131	St Mary's, Scilly - *2M E of St Mary's Sound*	49°54.00'N	06°15.00'W
216	Treguier - *4.1M N of Pte de Chateau*	48°56.20'N	03°14.30'W
217	Perros Guirec - *2.3M NNW of Port Blanc*	48°52.30'N	03°20.20'W
218	Ile Bono Light - *4M NW*	48°55.50'N	03°33.90'W
219	Ploumanach - *2.7M E of Les Triagoz Light*	48°52.30'N	03°34.60'W
220	Roscoff - *6M NNE of ent*	48°49.10'N	03°54.30'W
221	Morlaix & Primel -*2.2M NW Pte de Primel*	48°45.00'N	03°51.20'W
222	Trebeurden - *1.5M S of Le Crapaud WCM*	48°45.20'N	03°40.50'W
223	Pte de Beg-Pol Lt - *4M N*	48°44.70'N	04°20.80'W
224	L'Aber Wrach, L'Aber Benoit - *1M W of Libenter WCM*	48°37.60'N	04°39.90'W
225	Gr Basse de Portsall WCM - *1.6M N of*	48°38.30'N	04°45.90'W
226	Chenal du Four - *3.9M W of L'Aber Ildut ent*	48°28.30'N	04°51.30'W
227	Ushant Creach Lt - *3.5M NW*	48°30.00'N	05°11.30'W
228	Ushant - *4.9M WSW Lampaul*	48°25.30'N	05°12.30'W
229	Vandrée WCM - *4.8M W*	48°15.30'N	04°55.00'W
230	Chenal du Four, *S Ent - 3.5M WSW ent Rade de Brest*	48°17.20'N	04°48.20'W
231	Douarnenez - *1.5M SW Basse Vieille IDM*	48°07.30'N	04°37.20'W
232	Chaussée de Sein WCM - *1.6M SW*	48°02.90'N	05°09.60'W
502	Guilvinec-*5.5M SW hbr ent*	47°44.30'N	04°23.50'W
503	Concarneau appr ch - *2.3M SW l. aux moutons Lt*	47°44.80'N	04°03.90'W
504	Concarneau appr ch -*2.1M ENE l. aux moutons*	47°47.50'N	03°58.80'W
505	Benodet - *3.0M S by E river mouth*	47°48.90'N	04°05.40'W
506	Concarneau - *2.0M SSW hbr ent*	47°50.40'N	03°56.50'W
507	Iles de Glenan -*3M S Jument de Glénan SCM*	47°38.50'N	04°01.30'W
508	Lorient appr - *3.0M NW by W Pen Men Lt (I .Groix)*	47°40.50'N	03°34.20'W
509	Lorient Passe de L'Ouest-*2.5M SW ent*	47°40.50'N	03°25.70'W
510	Lorient S.Chan - *1.5M S by W ent*	47°40.40'N	03°22.50'W
511	R.Etel - *3M SW river mouth*	47°36.60'N	03°15.70'W
512	Quiberon Peninsula Lt - *3.0M W*	47°28.90'N	03°11.80'W
513	Belle Ile - Le Palais - *1.3M NE hbr ent*	47°21.60'N	03°07.50'W
514	Passage de la Teignouse SW ent - *0.7M SW*	47°25.20'N	03°05.20'W
515	Passage de la Teignouse NE ent - *0.7M E*	47°26.90'N	03°00.50'W
516	La Trinite-sur-mer - *1.5M S by E ent*	47°32.70'N	02°59.80'W
517	Golfe du Morbihan -*2.2M S Ent ch*	47°31.00'N	02°55.20'W
518	Chimère SCM - *0.5M SW*	47°28.60'N	02°54.60'W
519	Pointe de Kerdonis Lt -*2M NE*	47°20.20'N	03°01.50'W
520	Pointe de S.Jacques Lt - *1.8M S*	47°27.40'N	02°47.40'W
521	R.Vilaine - *0.7M S Les Mâts SCM*	47°28.50'N	02°34.80'W
522	Ile Dumet Lt - *1.5M W*	47°24.80'N	02°39.30'W
523	La Turballe/Le Croisic-*2M N Pointe du Croisic*	47°19.80'N	02°32.90'W
524	Plateau du Four - *1.6M ESE Le Four Lt*	47°17.40'N	02°35.80'W
525	Plateau du Four - *0.4M S Goué-Vas SCM*	47°14.60'N	02°38.10'W
526	Le Pouliguen/La Baule/Pornichet - *2M W by S of Pt de Penchâteau*	47°15.00'N	02°27.90'W
527	St. Nazaire - *3.5M Pte Aiguillon Lt*	47°11.40'N	02°17.60'W
528	St. Nazaire - *6.1M Pte Aiguillon Lt*	47°09.00'N	02°19.30'W
529	Pornic - *2.1M WSW Pornic hbr ent*	47°05.70'N	02°10.00'W
530	L'Herbaudière -*1.5M N by E harbour ent*	47°03.10'N	02°17.50'W
531	Ile du Pilier Lt - *1.8M W*	47°02.60'N	02°24.10'W
532	Chaussée des Boeufs - *SW ent.*	46°56.70'N	02°24.10'W
533	Ile Noirmoutier -*SW ent. Chenal de la Grise*	47°01.10'N	02°20.80'W

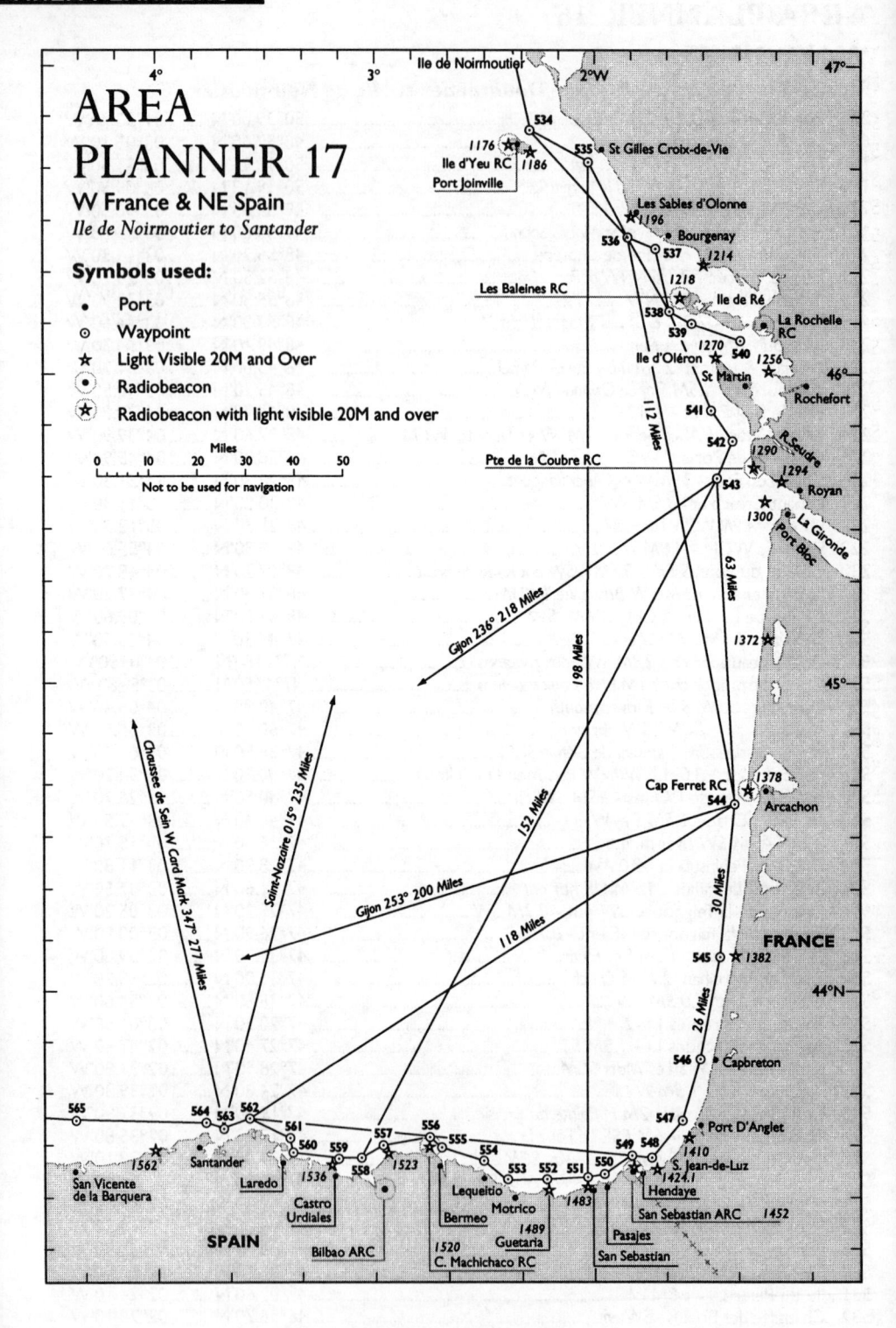

AREA PLANNER 17
W France & NE Spain
Ile de Noirmoutier to Santander

Symbols used:

- • Port
- ⊙ Waypoint
- ★ Light Visible 20M and Over
- ⦿ Radiobeacon
- ⊛ Radiobeacon with light visible 20M and over

Miles: 0 10 20 30 40 50
Not to be used for navigation

AREA PLANNER 17
WAYPOINTS
France-Biscay & NE Spain - Ile de Nourmontier to Santander

534	Ile d'Yeu, Port Joinville - 2.4M N by E harbour ent	46°46.00'N	02°19.60'W
535	St. Gilles-Croix-da-Vie - 3M SW ent	46°39.70'N	01°59.60'W
536	Les Sables-d'Olonne - 3.7M SW ent	46°26.30'N	01°49.60'W
537	Bourgenay - 1.4M SW SWM	46°24.40'N	01°43.20'W
538	Ile de Ré - 3.0M SW Les Baleines Lt	46°12.70'N	01°37.10'W
539	La Rochelle appr. chan. - 6.5M NW Pte Chassiron	46°07.40'N	01°31.60'W
540	La Rochelle Ldg Lts - 6M SW by W harbour ent	46°06.00'N	01°17.30'W
541	Ile d'Oleron - 3.7M SW Pte Chardonnière	45°54.60'N	01°26.70'W
542	R.Seudre - 3.0M W Pointe de Gatseau	45°47.80'N	01°18.80'W
543	R.Gironde-ent. chan. - 7M SW Pte de la Coubre	45°38.20'N	01°22.60'W
544	Bassin d'Arcachon - N ent-5M SW Cap Ferret Lt	44°35.00'N	01°19.80'W
545	Contis Lt - 3.5M W	44°05.70'N	01°23.80'W
546	Capbreton - 1.9M W by N harbour ent	43°39.80'N	01°29.50'W
547	Port d'Anglet - 1.7M WNW hbr brkwtr	43°32.80'N	01°33.70'W
548	St Jean-de-Luz - 1.5M NNW harbour ent	43°25.50'N	01°40.80'W
549	Hendaye - 1.8M N Cabo Higuer Lt.	43°25.40'N	01°47.70'W
550	Pasajes - 2.0M N harbour entrance	43°22.30'N	01°55.80'W
551	San Sebastian - 2.2M N entrance to bay	43°21.80'N	01°59.70'W
552	Guetaria - 1.8 M N I. de San Antón	43°20.50'N	02°11.80'W
553	Motrico - 1.8M NE hbr ent	43°20.10'N	02°21.00'W
554	Lequeitio-1.8M NNE hbr ent	43°23.60'N	02°28.60'W
555	Bermeo - 2.2M NNE	43°27.40'N	02°41.40'W
556	Cabo Machichaco Lt - 1.9M N	43°29.20'N	02°45.10'W
557	Cabo Villano Lt-2.3M N	43°28.30'N	02°56.60'W
558	Abra de Bilbao - 2.0M N of ent	43°24.80'N	03°04.80'W
559	Castro Urdiales - 1.9M NW of harbour ent	43°24.40'N	03°11.00'W
560	Laredo - 2M NW Canto de Laredo	43°26.80'N	03°22.50'W
561	Punta del Pescador - 1.9M NW	43°29.10'N	03°24.20'W
562	Cabo Ajo Lt - 2.2M N	43°32.90'N	03°35.30'W
563	Santander - 1.7M N I. de S. Marina	43°30.20'N	03°43.70'W
564	Cabo Major Lt - 1.7M N	43°31.10'N	03°47.40'W
565	S Vicente de la Barquera Lt - 9.3M N	43°33.00'N	04°23.50'W

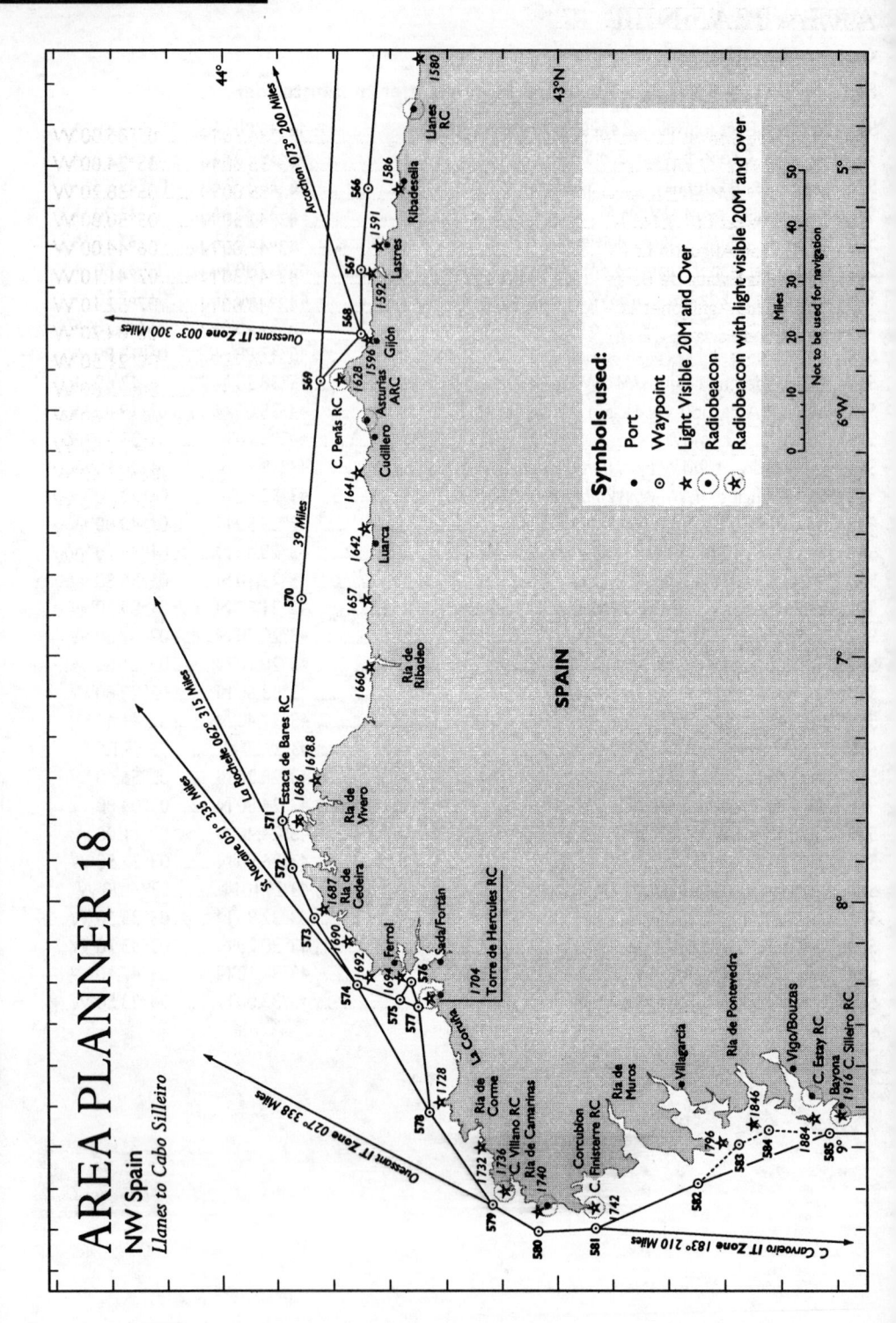

AREA PLANNER 18
NW Spain
Llanes to Cabo Silleiro

AREA PLANNER 18
WAYPOINTS
NW Spain - *Llanes to Cabo Silleiro*

566	Punta de Somos Lt - 6.3M N	43°34.70'N	05°05.00'W
567	Tazones Lt - 2.7M N	43°35.60'N	05°24.00'W
568	Gijon - 1.9M ENE breakwater lt.	43°35.00'N	05°38.20'W
569	Cabo Peñas Lt - 3.1M N	43°42.50'N	05°50.80'W
570	Cabo San Augustin Lt - 11.8M N	43°45.80'N	06°44.00'W
571	Pta de la Estaca de Bares Lt - 2.0M N	43°49.30'N	07°41.10'W
572	Pta de los Aguillones Lt - 2.5M N	43°48.80'N	07°52.10'W
573	Pta Candelaria Lt - 2.1M NW	43°44.30'N	08°04.70'W
574	Cabo Prior Lt - 3.4M NW	43°36.70'N	08°21.50'W
575	Cabo Prioriño Chico Lt - 4.4M WNW	43°29.40'N	08°25.80'W
576	El Ferrol appro. - 1.4M SW C. Prioriño Chico Lt.	43°26.70'N	08°21.80'W
577	La Coruña - 3.3M NW Torre de Hercules Lt.	43°25.10'N	08°28.00'W
578	Sisargas Is. Lt -2.9M NW	43°23.70'N	08°53.50'W
579	Cabo Villano Lt - 3.6M NW	43°11.50'N	09°16.60'W
580	Cabo Toriñano Lt - 2.7M W	43°03.30'N	09°21.50'W
581	Cabo Finisterre Lt - 4M W	42°52.80'N	09°21.60'W
582	Cabo Corrubedo Lt - 4.2M WSW	42°33.40'N	09°10.60'W
583	Villagarcia - 2.5M S Isla Salvora Lt.	42°25.50'N	09°00.70'W
584	Vigo - NW appr - 5.0M W Pta Couso Lt.	42°18.60'N	08°58.00'W
585	Vigo/Bayona - SW appr - 3.8M NW C Silleiro Lt	42°08.70'N	08°57.50'W

AREA PLANNERS

AREA PLANNER 19
Portugal
Cabo Silleiro to Setúbal

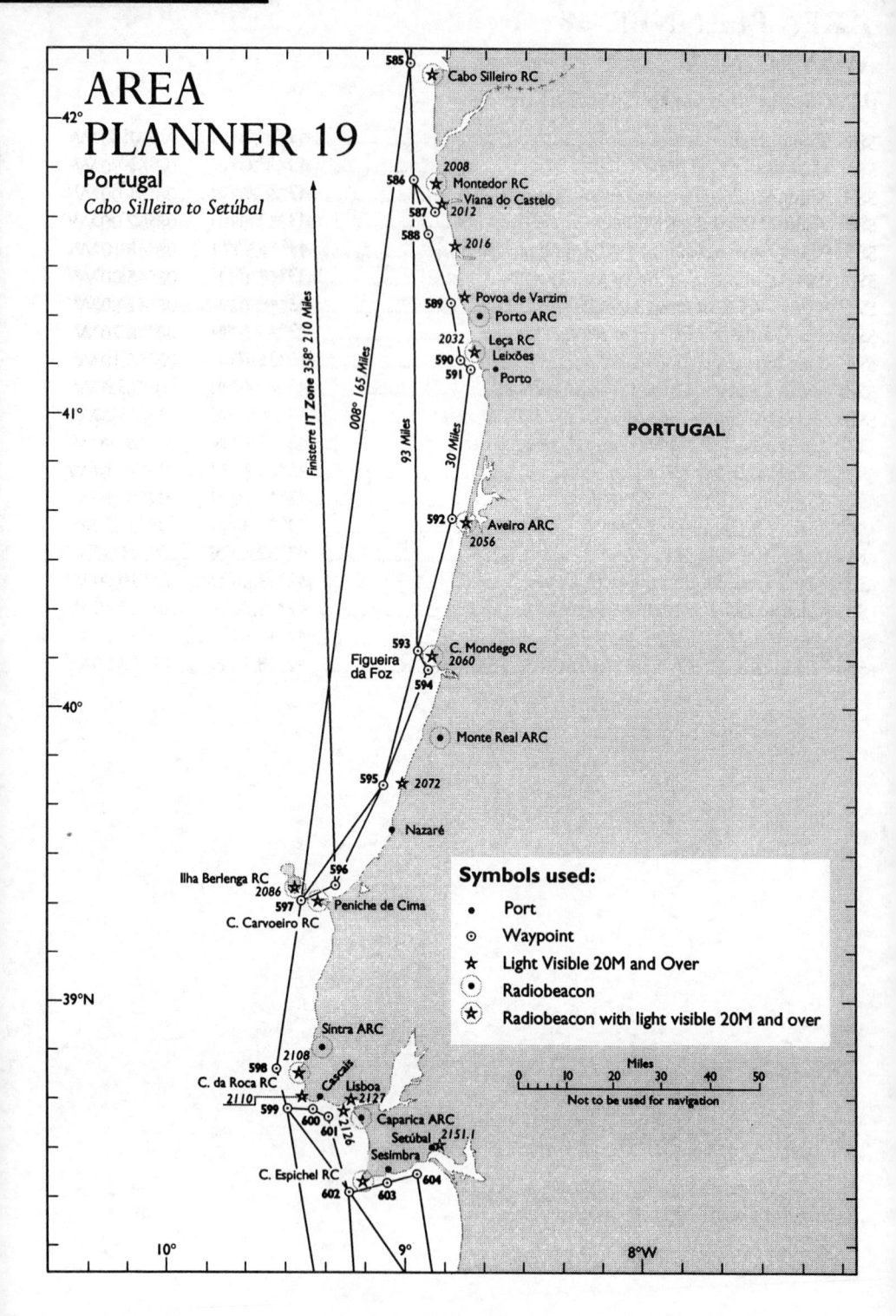

AREA PLANNER 19
WAYPOINTS
Portugal - *Cabo Silleiro to Setubal*

585	Vigo/Bayona - SW appro - *3.8M NW C Silleiro Lt*	42°08.70'N	08°57.50'W
586	Montedor Lt - *3.8M W*	41°44.90'N	08°57.50'W
587	Viano do Castelo (Ldg Lts) - *1.2M from breakwater*	41°39.20'N	08°51.00'W
588	Viano do Castelo (Ldg Lts) - *5.5M from breakwater*	41°35.00'N	08°52.00'W
589	Póvoa de Varzim - *1.6M WSW harbour entrance*	41°21.50'N	08°48.10'W
590	Porto de Leixões - *2M W breakwater*	41°10.20'N	08°45.00'W
591	Porto - *1.5M W river mouth*	41°08.50'N	08°42.80'W
592	Aveiro - *2.0M W breakwater*	40°38.60'N	08°48.20'W
593	Cabo Mondego Lt - *3.2M W*	40°11.30'N	08°58.10'W
594	Figueira da Foz - *2.1M W breakwater*	40°08.60'N	08°55.00'W
595	Nazaré - *2.8M W of harbour entrance*	39°35.40'N	09°08.40'W
596	Peniche de Cima (Ldg Lts) - *3.2M NE by N of entrance*	39°24.50'N	09°20.00'W
597	Cabo Carvoeiro Lt - *3.0M W by N*	39°22.50'N	09°28.30'W
598	Cabo da Roca Lt - *3.5M W*	38°47.00'N	09°34.20'W
599	Cabo Raso Lt - *3.3M SW*	38°40.40'N	09°32.10'W
600	Cascais - *1.5M S S. Marta Lt*	38°40.00'N	09°25.20'W
601	Lisboa (Ldg Lts) - *5.0M SW Gibalta Lt*	38°38.60'N	09°20.50'W
602	Cabo Espichel Lt - *3.2M SW*	38°22.50'N	09°15.40'W
603	Sesimbra (Ldg Lts) - *1.5M S harbour entrance*	38°24.80'N	09°06.10'W
604	Sétubal (Ldg Lts) - *3.5M SW Outão Lt*	38°26.80'N	08°58.60'W

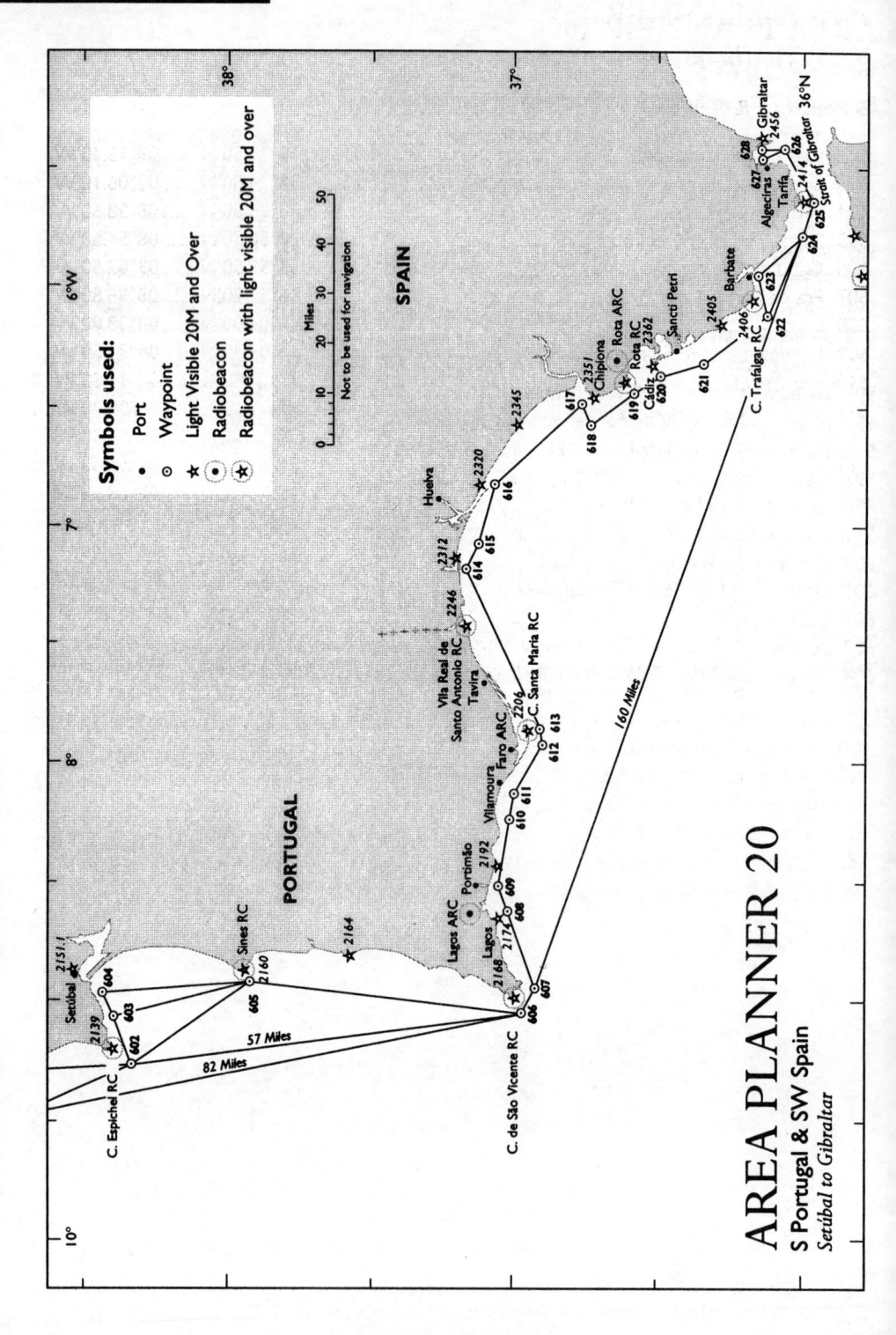

AREA PLANNER 20
S Portugal & SW Spain
Setúbal to Gibraltar

AREA PLANNER 20
WAYPOINTS

S Portugal & SW Spain - *Setubal to Gibraltar*

602	Cabo Espichel - *3.2M SW*	38°22.50'N	09°15.40'W
603	Sesimbra (Ldg Lts) - *1.5M S harbour entrance*	38°24.80'N	09°06.10'W
604	Sétubal (Ldg Lts) - *3.5M SW Outão Lt*	38°26.80'N	08°58.60'W
605	Sines - *1M W of breakwater*	37°56.30'N	08°54.60'W
606	Cabo de São Vicente Lt - *3.0M SW*	36°59.50'N	09°02.50'W
607	Pta de Sagres Lt - *2.5M S*	36°57.20'N	08°56.80'W
608	Lagos - *1.4M SE Punta da Piedade Lt*	37°04.00'N	08°38.80'W
609	Portimão - *2.0M S harbour entrance*	37°04.40'N	08°31.50'W
610	Albufeira Lt - *2.6M S*	37°02.60'N	08°14.80'W
611	Vilamoura - *1.6M SSW harbour entrance*	37°02.60'N	08°08.20'W
612	I. da Barreta - *2.0M SW*	36°56.50'N	07°57.30'W
613	Faro/Olhào - *1.0M SSW entrance channel*	36°56.70'N	07°52.60'W
614	Santo António - *2.0M S river mouth*	37°08.50'N	07°23.60'W
615	Fish Haven off Ria Higuerita - *1.2M S*	37°05.80'N	07°20.00'W
616	Huelva - *1M S river mouth*	37°05.60'N	06°49.60'W
617	Chipiona/Sanlúcar (Ldg Lts)- *0.5M WSW By*	36°45.70'N	06°27.50'W
618	Punta del Perro Lt - *3.2M W*	36°44.80'N	06°30.40'W
619	Bahia de Cádiz - *2.2M SSW Punta Candor*	36°36.10'N	06°24.80'W
620	Cadiz - *1.6M W by S Castillo de San Sebastián*	36°31.40'N	06°20.80'W
621	Sancti Petri - *3M SW chan. entrance*	36°21.00'N	06°15.30'W
622	Cabo Trafalgar Lt - *3.6M SW*	36°08.50'N	06°05.20'W
623	Barbate - *1.1M S end of breakwater*	36°09.70'N	05°55.40'W
624	Punta Paloma Lt - *4.7M SSW*	35°59.50'N	05°45.00'W
625	Tarifa - *1.3M S I. de Tarifa Lt.*	35°58.80'N	05°36.40'W
626	Punta Carnero Lt - *1.8M SE*	36°03.40'N	05°24.00'W
627	Algeciras - *1.2M SE end of breakwater*	36°08.20'N	05°24.40'W
628	Gibraltar - *0.8M SW E Head pier*	36°08.60'N	05°22.80'W

SUNRISE/SET

1998 SUNRISE & SUNSET LAT 40°N LONG 00°

The times are GMT. Adjustment for Daylight Saving Time should be made as appropriate. Data is based on Greenwich Meridian. Add 4 min for every degree West and subtract 4 min for every degree East

	JANUARY	FEBRUARY	MARCH	APRIL	MAY	JUNE
	Rise Set	Rise Set	Rise Set	Rise Set	Rise Set	Rise Set
1	0722 1645	0709 1719	0634 1752	0545 1824	0500 1854	0433 1923
2	0722 1646	0708 1720	0632 1753	0543 1825	0459 1855	0433 1923
3	0722 1647	0707 1721	0631 1754	0541 1826	0458 1856	0433 1924
4	0722 1648	0706 1722	0629 1755	0540 1827	0457 1857	0432 1925
5	0722 1649	0705 1724	0628 1756	0538 1828	0456 1858	0432 1925
6	0722 1650	0704 1725	0626 1757	0537 1829	0454 1859	0432 1926
7	0722 1651	0703 1726	0625 1758	0535 1830	0453 1900	0431 1926
8	0722 1652	0702 1727	0623 1759	0533 1831	0452 1901	0431 1927
9	0722 1653	0701 1728	0622 1800	0532 1832	0451 1902	0431 1928
10	0722 1654	0659 1730	0620 1801	0530 1833	0450 1903	0431 1928
11	0721 1655	0658 1731	0618 1802	0529 1834	0449 1904	0431 1929
12	0721 1656	0657 1732	0617 1803	0527 1835	0448 1905	0431 1929
13	0721 1657	0656 1733	0615 1804	0526 1836	0447 1906	0431 1930
14	0720 1658	0655 1734	0614 1805	0524 1837	0446 1907	0431 1930
15	0720 1659	0653 1736	0612 1807	0523 1838	0445 1908	0431 1930
16	0720 1700	0652 1737	0610 1808	0521 1839	0444 1909	0431 1931
17	0719 1701	0651 1738	0609 1809	0520 1840	0443 1910	0431 1931
18	0719 1702	0649 1739	0607 1810	0518 1841	0442 1911	0431 1931
19	0718 1703	0648 1740	0606 1811	0517 1842	0442 1912	0431 1932
20	0718 1705	0647 1741	0604 1812	0515 1843	0441 1913	0431 1932
21	0717 1706	0645 1742	0602 1813	0514 1844	0440 1914	0431 1932
22	0717 1707	0644 1744	0601 1814	0513 1845	0439 1915	0431 1932
23	0716 1708	0643 1745	0559 1815	0511 1846	0438 1915	0432 1933
24	0715 1709	0641 1746	0558 1816	0510 1847	0438 1916	0432 1933
25	0715 1710	0640 1747	0556 1817	0508 1848	0437 1917	0432 1933
26	0714 1712	0638 1748	0554 1818	0507 1849	0437 1918	0433 1933
27	0713 1713	0637 1749	0553 1819	0506 1850	0436 1919	0433 1933
28	0712 1714	0635 1750	0551 1820	0504 1851	0435 1920	0433 1933
29	0711 1715		0549 1821	0503 1852	0435 1920	0434 1933
30	0711 1716		0548 1822	0502 1853	0434 1921	0434 1933
31	0710 1718		0546 1823		0434 1922	

1998 SUNRISE & SUNSET LAT 40°N LONG 00°

The times are GMT. Adjustment for Daylight Saving Time should be made as appropriate. Data is based on Greenwich Meridian. Add 4 min for every degree West and subtract 4 min for every degree East

	JULY Rise Set	AUGUST Rise Set	SEPTEMBER Rise Set	OCTOBER Rise Set	NOVEMBER Rise Set	DECEMBER Rise Set
1	0435 1933	0458 1914	0527 1832	0556 1743	0629 1658	0702 1635
2	0435 1933	0459 1913	0528 1830	0557 1741	0630 1657	0703 1635
3	0436 1932	0500 1912	0529 1829	0558 1740	0631 1656	0704 1635
4	0436 1932	0501 1911	0530 1827	0559 1738	0632 1655	0705 1635
5	0437 1932	0502 1910	0531 1826	0600 1736	0633 1653	0706 1635
6	0437 1932	0503 1908	0532 1824	0601 1735	0634 1652	0707 1635
7	0438 1931	0504 1907	0533 1822	0602 1733	0636 1651	0708 1635
8	0439 1931	0505 1906	0534 1821	0603 1732	0637 1650	0709 1635
9	0439 1931	0506 1905	0535 1819	0604 1730	0638 1649	0710 1635
10	0440 1930	0506 1904	0536 1817	0605 1729	0639 1648	0711 1635
11	0441 1930	0507 1902	0537 1816	0606 1727	0640 1647	0711 1635
12	0441 1930	0508 1901	0538 1814	0607 1725	0641 1646	0712 1635
13	0442 1929	0509 1900	0539 1813	0608 1724	0642 1646	0713 1635
14	0443 1929	0510 1858	0540 1811	0609 1722	0644 1645	0714 1635
15	0443 1928	0511 1857	0541 1809	0610 1721	0645 1644	0714 1636
16	0444 1927	0512 1856	0542 1808	0611 1719	0646 1643	0715 1636
17	0445 1927	0513 1854	0542 1806	0612 1718	0647 1642	0716 1636
18	0446 1926	0514 1853	0543 1804	0613 1717	0648 1642	0716 1637
19	0447 1925	0515 1852	0544 1803	0614 1715	0649 1641	0717 1637
20	0447 1925	0516 1850	0545 1801	0615 1714	0650 1640	0718 1637
21	0448 1924	0517 1849	0546 1759	0616 1712	0652 1640	0718 1638
22	0449 1923	0518 1847	0547 1758	0618 1711	0653 1639	0719 1638
23	0450 1922	0519 1846	0548 1756	0619 1709	0654 1639	0719 1639
24	0451 1922	0520 1844	0549 1754	0620 1708	0655 1638	0720 1639
25	0452 1921	0521 1843	0550 1753	0621 1707	0656 1638	0720 1640
26	0453 1920	0522 1841	0551 1751	0622 1705	0657 1637	0720 1641
27	0453 1919	0523 1840	0552 1749	0623 1704	0658 1637	0721 1641
28	0454 1918	0524 1838	0553 1748	0624 1703	0659 1636	0721 1642
29	0455 1917	0525 1837	0554 1746	0625 1702	0700 1636	0721 1643
30	0456 1916	0526 1835	0555 1745	0626 1700	0701 1636	0721 1643
31	0457 1915	0526 1834		0628 1659		0722 1644

SUNRISE/SET
1998 SUNRISE & SUNSET LAT 45°N LONG 00°

The times are GMT. Adjustment for Daylight Saving Time should be made as appropriate. Data is based on Greenwich Meridian. Add 4 min for every degree West and subtract 4 min for every degree East

	JANUARY Rise Set	FEBRUARY Rise Set	MARCH Rise Set	APRIL Rise Set	MAY Rise Set	JUNE Rise Set
1	0738 1629	0720 1707	0638 1747	0541 1827	0450 1905	0417 1939
2	0738 1630	0719 1709	0637 1748	0539 1829	0448 1906	0416 1940
3	0738 1631	0718 1710	0635 1750	0538 1830	0447 1908	0416 1941
4	0738 1632	0717 1712	0633 1751	0536 1831	0445 1909	0415 1942
5	0738 1633	0715 1713	0631 1752	0534 1832	0444 1910	0415 1942
6	0738 1634	0714 1715	0630 1754	0532 1834	0443 1911	0414 1943
7	0738 1635	0713 1716	0628 1755	0530 1835	0441 1913	0414 1944
8	0738 1636	0711 1718	0626 1756	0528 1836	0440 1914	0414 1945
9	0737 1637	0710 1719	0624 1758	0527 1837	0439 1915	0413 1945
10	0737 1638	0709 1720	0622 1759	0525 1839	0437 1916	0413 1946
11	0737 1639	0707 1722	0621 1800	0523 1840	0436 1917	0413 1946
12	0736 1641	0706 1723	0619 1802	0521 1841	0435 1919	0413 1947
13	0736 1642	0704 1725	0617 1803	0519 1843	0434 1920	0413 1947
14	0735 1643	0703 1726	0615 1804	0518 1844	0432 1921	0413 1948
15	0735 1644	0701 1728	0613 1806	0516 1845	0431 1922	0413 1948
16	0734 1646	0700 1729	0611 1807	0514 1846	0430 1923	0413 1949
17	0734 1647	0658 1730	0609 1808	0512 1848	0429 1924	0413 1949
18	0733 1648	0657 1732	0608 1809	0511 1849	0428 1925	0413 1949
19	0732 1649	0655 1733	0606 1811	0509 1850	0427 1926	0413 1950
20	0732 1651	0654 1735	0604 1812	0507 1851	0426 1928	0413 1950
21	0731 1652	0652 1736	0602 1813	0506 1853	0425 1929	0413 1950
22	0730 1653	0650 1737	0600 1815	0504 1854	0424 1930	0413 1950
23	0729 1655	0649 1739	0558 1816	0502 1855	0423 1931	0414 1951
24	0728 1656	0647 1740	0556 1817	0501 1856	0422 1932	0414 1951
25	0727 1658	0645 1742	0554 1818	0459 1858	0422 1933	0414 1951
26	0727 1659	0644 1743	0553 1820	0458 1859	0421 1934	0415 1951
27	0726 1700	0642 1744	0551 1821	0456 1900	0420 1935	0415 1951
28	0725 1702	0640 1746	0549 1822	0454 1901	0419 1936	0415 1951
29	0724 1703		0547 1824	0453 1903	0419 1937	0416 1951
30	0722 1705		0545 1825	0451 1904	0418 1938	0416 1951
31	0721 1706		0543 1826		0417 1938	

1998 SUNRISE & SUNSET LAT 45°N LONG 00°

The times are GMT. Adjustment for Daylight Saving Time should be made as appropriate. Data is based on Greenwich Meridian. Add 4 min for every degree West and subtract 4 min for every degree East

	JULY Rise Set	AUGUST Rise Set	SEPTEMBER Rise Set	OCTOBER Rise Set	NOVEMBER Rise Set	DECEMBER Rise Set
1	0417 1950	0445 1927	0522 1838	0558 1741	0638 1649	0718 1620
2	0418 1950	0446 1926	0523 1836	0559 1739	0639 1647	0719 1620
3	0418 1950	0447 1924	0524 1834	0600 1737	0641 1646	0720 1619
4	0419 1950	0448 1923	0525 1832	0601 1736	0642 1644	0721 1619
5	0419 1949	0449 1922	0526 1830	0603 1734	0643 1643	0722 1619
6	0420 1949	0451 1920	0527 1828	0604 1732	0645 1642	0723 1619
7	0421 1949	0452 1919	0529 1827	0605 1730	0646 1641	0724 1618
8	0421 1948	0453 1918	0530 1825	0606 1728	0648 1639	0725 1618
9	0422 1948	0454 1916	0531 1823	0608 1726	0649 1638	0726 1618
10	0423 1947	0455 1915	0532 1821	0609 1725	0650 1637	0727 1618
11	0424 1947	0457 1913	0533 1819	0610 1723	0652 1636	0728 1618
12	0425 1946	0458 1912	0535 1817	0611 1721	0653 1635	0729 1618
13	0425 1945	0459 1910	0536 1815	0613 1719	0654 1634	0730 1618
14	0426 1945	0500 1908	0537 1813	0614 1717	0656 1632	0730 1619
15	0427 1944	0501 1907	0538 1811	0615 1716	0657 1631	0731 1619
16	0428 1943	0502 1905	0539 1810	0617 1714	0659 1630	0732 1619
17	0429 1943	0504 1904	0541 1808	0618 1712	0700 1629	0733 1619
18	0430 1942	0505 1902	0542 1806	0619 1711	0701 1629	0733 1620
19	0431 1941	0506 1900	0543 1804	0620 1709	0703 1628	0734 1620
20	0432 1940	0507 1859	0544 1802	0622 1707	0704 1627	0734 1621
21	0433 1939	0508 1857	0545 1800	0623 1706	0705 1626	0735 1621
22	0434 1938	0510 1855	0547 1758	0624 1704	0707 1625	0735 1621
23	0435 1937	0511 1854	0548 1756	0626 1702	0708 1625	0736 1622
24	0436 1936	0512 1852	0549 1754	0627 1701	0709 1624	0736 1623
25	0437 1935	0513 1850	0550 1752	0628 1659	0710 1623	0737 1623
26	0438 1934	0514 1848	0551 1751	0630 1658	0712 1623	0737 1624
27	0439 1933	0516 1847	0553 1749	0631 1656	0713 1622	0737 1625
28	0440 1932	0517 1845	0554 1747	0633 1654	0714 1621	0738 1625
29	0442 1931	0518 1843	0555 1745	0634 1653	0715 1621	0738 1626
30	0443 1929	0519 1841	0556 1743	0635 1651	0716 1620	0738 1627
31	0444 1928	0520 1840		0637 1650		0738 1628

1998 SUNRISE & SUNSET LAT 50°N LONG 00°

The times are GMT. Adjustment for Daylight Saving Time should be made as appropriate. Data is based on Greenwich Meridian. Add 4 min for every degree West and subtract 4 min for every degree East

	JANUARY		FEBRUARY		MARCH		APRIL		MAY		JUNE	
	Rise	Set	Rise	Set	Rise	Set	Rise	Set	Rise	Set	Rise	Set
1	0759	1609	0734	1654	0644	1742	0537	1831	0437	1918	0356	2000
2	0758	1610	0732	1656	0642	1743	0535	1833	0435	1920	0355	2001
3	0758	1611	0731	1657	0640	1745	0533	1835	0433	1921	0355	2002
4	0758	1612	0729	1659	0638	1747	0531	1836	0432	1923	0354	2003
5	0758	1613	0728	1701	0636	1748	0529	1838	0430	1924	0353	2004
6	0758	1614	0726	1702	0634	1750	0527	1839	0428	1926	0353	2005
7	0757	1615	0725	1704	0631	1752	0525	1841	0427	1927	0352	2006
8	0757	1617	0723	1706	0629	1753	0522	1842	0425	1929	0352	2006
9	0757	1618	0721	1708	0627	1755	0520	1844	0423	1930	0352	2007
10	0756	1619	0720	1709	0625	1756	0518	1846	0422	1932	0351	2008
11	0755	1621	0718	1711	0623	1758	0516	1847	0420	1933	0351	2009
12	0755	1622	0716	1713	0621	1800	0514	1849	0419	1935	0351	2009
13	0754	1623	0715	1715	0619	1801	0512	1850	0417	1936	0350	2010
14	0754	1625	0713	1716	0617	1803	0510	1852	0416	1938	0350	2010
15	0753	1626	0711	1718	0614	1805	0508	1853	0415	1939	0350	2011
16	0752	1628	0709	1720	0612	1806	0506	1855	0413	1940	0350	2011
17	0751	1629	0707	1721	0610	1808	0504	1857	0412	1942	0350	2012
18	0750	1631	0706	1723	0608	1809	0502	1858	0410	1943	0350	2012
19	0749	1632	0704	1725	0606	1811	0500	1900	0409	1945	0350	2012
20	0748	1634	0702	1727	0603	1813	0458	1901	0408	1946	0350	2013
21	0747	1636	0700	1728	0601	1814	0456	1903	0407	1947	0351	2013
22	0746	1637	0658	1730	0559	1816	0454	1904	0406	1948	0351	2013
23	0745	1639	0656	1732	0557	1817	0452	1906	0404	1950	0351	2013
24	0744	1640	0654	1733	0555	1819	0450	1907	0403	1951	0351	2013
25	0743	1642	0652	1735	0553	1820	0448	1909	0402	1952	0352	2013
26	0742	1644	0650	1737	0550	1822	0446	1911	0401	1953	0352	2013
27	0741	1645	0648	1738	0548	1824	0444	1912	0400	1955	0353	2013
28	0739	1647	0646	1740	0546	1825	0442	1914	0359	1956	0353	2013
29	0738	1649			0544	1827	0441	1915	0358	1957	0354	2013
30	0737	1650			0542	1828	0439	1917	0358	1958	0354	2013
31	0735	1652			0540	1830			0357	1959		

SUNRISE/SET

1998 SUNRISE & SUNSET LAT 50°N LONG 00°

The times are GMT. Adjustment for Daylight Saving Time should be made as appropriate. Data is based on Greenwich Meridian. Add 4 min for every degree West and subtract 4 min for every degree East

	JULY Rise Set	AUGUST Rise Set	SEPTEMBER Rise Set	OCTOBER Rise Set	NOVEMBER Rise Set	DECEMBER Rise Set
1	0355 2013	0429 1943	0514 1845	0559 1739	0649 1637	0736 1601
2	0355 2012	0430 1941	0516 1842	0601 1737	0651 1636	0738 1601
3	0356 2012	0432 1940	0517 1840	0603 1735	0652 1634	0739 1600
4	0357 2011	0433 1938	0519 1838	0604 1733	0654 1632	0740 1600
5	0358 2011	0435 1937	0520 1836	0606 1730	0656 1631	0741 1559
6	0358 2011	0436 1935	0522 1834	0607 1728	0657 1629	0743 1559
7	0359 2010	0437 1933	0523 1832	0609 1726	0659 1628	0744 1559
8	0400 2009	0439 1931	0525 1830	0610 1724	0701 1626	0745 1558
9	0401 2009	0440 1930	0526 1827	0612 1722	0702 1625	0746 1558
10	0402 2008	0442 1928	0528 1825	0613 1720	0704 1623	0747 1558
11	0403 2007	0443 1926	0529 1823	0615 1718	0706 1622	0748 1558
12	0404 2007	0445 1924	0531 1821	0617 1716	0707 1620	0749 1558
13	0405 2006	0446 1923	0532 1819	0618 1714	0709 1619	0750 1558
14	0406 2005	0448 1921	0534 1816	0620 1711	0711 1618	0751 1558
15	0407 2004	0449 1919	0535 1814	0621 1709	0712 1616	0752 1558
16	0408 2003	0451 1917	0537 1812	0623 1707	0714 1615	0752 1558
17	0409 2002	0452 1915	0538 1810	0625 1705	0716 1614	0753 1559
18	0411 2001	0454 1913	0540 1808	0626 1703	0717 1613	0754 1559
19	0412 2000	0455 1911	0541 1805	0628 1701	0719 1611	0755 1559
20	0413 1959	0457 1909	0543 1803	0629 1659	0720 1610	0755 1600
21	0414 1958	0458 1907	0544 1801	0631 1657	0722 1609	0756 1600
22	0415 1957	0500 1905	0546 1759	0633 1656	0723 1608	0756 1601
23	0417 1955	0501 1903	0547 1757	0634 1654	0725 1607	0757 1601
24	0418 1954	0503 1901	0549 1754	0636 1652	0726 1606	0757 1602
25	0419 1953	0504 1859	0550 1752	0638 1650	0728 1606	0758 1603
26	0421 1952	0506 1857	0552 1750	0639 1648	0729 1605	0758 1603
27	0422 1950	0507 1855	0553 1748	0641 1646	0731 1604	0758 1604
28	0423 1949	0509 1853	0555 1746	0643 1644	0732 1603	0758 1605
29	0425 1947	0510 1851	0556 1743	0644 1643	0734 1602	0758 1606
30	0426 1946	0512 1849	0558 1741	0646 1641	0735 1602	0759 1606
31	0427 1944	0513 1847		0648 1639		0759 1607

SUNRISE/SET

1998 SUNRISE & SUNSET LAT 55°N LONG 00°

The times are GMT. Adjustment for Daylight Saving Time should be made as appropriate. Data is based on Greenwich Meridian. Add 4 min for every degree West and subtract 4 min for every degree East

	JANUARY Rise Set	FEBRUARY Rise Set	MARCH Rise Set	APRIL Rise Set	MAY Rise Set	JUNE Rise Set
1	0825 1542	0751 1637	0651 1735	0533 1837	0421 1935	0329 2027
2	0825 1544	0749 1639	0648 1737	0530 1839	0418 1937	0328 2029
3	0824 1545	0748 1641	0646 1739	0527 1840	0416 1939	0327 2030
4	0824 1546	0746 1643	0643 1741	0525 1842	0414 1941	0326 2031
5	0824 1547	0744 1645	0641 1743	0522 1844	0412 1943	0325 2032
6	0823 1549	0742 1647	0638 1745	0520 1846	0410 1944	0325 2033
7	0823 1550	0740 1649	0636 1747	0517 1848	0408 1946	0324 2034
8	0822 1552	0738 1651	0633 1749	0515 1850	0406 1948	0323 2035
9	0821 1553	0736 1653	0631 1751	0512 1852	0404 1950	0323 2036
10	0821 1555	0734 1656	0628 1753	0510 1854	0402 1952	0322 2037
11	0820 1556	0732 1658	0626 1755	0507 1856	0400 1954	0322 2038
12	0819 1558	0730 1700	0623 1757	0505 1858	0358 1956	0321 2039
13	0818 1600	0727 1702	0621 1759	0502 1900	0356 1957	0321 2039
14	0817 1602	0725 1704	0618 1801	0500 1902	0355 1959	0321 2040
15	0816 1603	0723 1706	0616 1803	0458 1904	0353 2001	0320 2041
16	0815 1605	0721 1708	0613 1805	0455 1906	0351 2003	0320 2041
17	0814 1607	0719 1710	0611 1807	0453 1908	0349 2004	0320 2042
18	0813 1609	0716 1712	0608 1809	0450 1910	0348 2006	0320 2042
19	0811 1611	0714 1714	0606 1811	0448 1912	0346 2008	0320 2042
20	0810 1612	0712 1717	0603 1813	0446 1914	0344 2010	0320 2043
21	0809 1614	0710 1719	0601 1815	0443 1916	0343 2011	0320 2043
22	0807 1616	0707 1721	0558 1817	0441 1917	0341 2013	0321 2043
23	0806 1618	0705 1723	0555 1819	0439 1919	0340 2014	0321 2043
24	0804 1620	0703 1725	0553 1821	0436 1921	0339 2016	0321 2043
25	0803 1622	0700 1727	0550 1823	0434 1923	0337 2018	0322 2043
26	0801 1624	0658 1729	0548 1825	0432 1925	0336 2019	0322 2043
27	0800 1626	0655 1731	0545 1827	0429 1927	0335 2021	0323 2043
28	0758 1628	0653 1733	0543 1829	0427 1929	0333 2022	0323 2043
29	0756 1630		0540 1831	0425 1931	0332 2023	0324 2043
30	0755 1632		0538 1833	0423 1933	0331 2025	0325 2042
31	0753 1635		0535 1835		0330 2026	

SUNRISE/SET

1998 SUNRISE & SUNSET LAT 55°N LONG 00°

The times are GMT. Adjustment for Daylight Saving Time should be made as appropriate. Data is based on Greenwich Meridian. Add 4 min for every degree West and subtract 4 min for every degree East.

	JULY Rise Set	AUGUST Rise Set	SEPTEMBER Rise Set	OCTOBER Rise Set	NOVEMBER Rise Set	DECEMBER Rise Set
1	0325 2042	0408 2003	0506 1853	0602 1737	0703 1623	0801 1537
2	0326 2041	0410 2001	0508 1851	0604 1734	0705 1621	0802 1536
3	0327 2041	0412 1959	0509 1848	0606 1731	0707 1619	0804 1535
4	0328 2040	0414 1957	0511 1846	0608 1729	0709 1617	0805 1535
5	0329 2040	0415 1955	0513 1843	0609 1726	0711 1615	0807 1534
6	0330 2039	0417 1953	0515 1841	0611 1724	0713 1613	0808 1534
7	0331 2038	0419 1951	0517 1838	0613 1721	0715 1611	0809 1533
8	0332 2037	0421 1949	0519 1835	0615 1719	0717 1609	0811 1533
9	0333 2037	0423 1947	0521 1833	0617 1716	0719 1607	0812 1532
10	0334 2036	0425 1945	0522 1830	0619 1714	0721 1606	0813 1532
11	0336 2035	0426 1943	0524 1828	0621 1711	0723 1604	0814 1532
12	0337 2034	0428 1941	0526 1825	0623 1709	0725 1602	0816 1532
13	0338 2032	0430 1938	0528 1823	0625 1707	0727 1600	0817 1531
14	0339 2031	0432 1936	0530 1820	0627 1704	0729 1559	0818 1531
15	0341 2030	0434 1934	0532 1818	0629 1702	0731 1557	0819 1531
16	0342 2029	0436 1932	0534 1815	0631 1659	0733 1555	0819 1532
17	0344 2028	0438 1929	0535 1812	0633 1657	0735 1554	0820 1532
18	0345 2026	0439 1927	0537 1810	0635 1655	0737 1552	0821 1532
19	0347 2025	0441 1925	0539 1807	0637 1652	0739 1551	0822 1532
20	0348 2023	0443 1922	0541 1805	0639 1650	0741 1549	0822 1533
21	0350 2022	0445 1920	0543 1802	0641 1648	0743 1548	0823 1533
22	0351 2020	0447 1918	0545 1800	0643 1645	0745 1547	0823 1534
23	0353 2019	0449 1915	0547 1757	0645 1643	0747 1545	0824 1534
24	0355 2017	0451 1913	0549 1754	0647 1641	0749 1544	0824 1535
25	0356 2016	0453 1910	0550 1752	0649 1638	0750 1543	0825 1535
26	0358 2014	0454 1908	0552 1749	0651 1636	0752 1542	0825 1536
27	0400 2012	0456 1906	0554 1747	0653 1634	0754 1541	0825 1537
28	0401 2011	0458 1903	0556 1744	0655 1632	0756 1540	0825 1538
29	0403 2009	0500 1901	0558 1742	0657 1630	0757 1539	0825 1539
30	0405 2007	0502 1858	0600 1739	0659 1627	0759 1538	0825 1540
31	0406 2005	0504 1856		0701 1625		0825 1541

PAGE 285

SUNRISE/SET

1998 SUNRISE & SUNSET LAT 60°N LONG 00°

The times are GMT. Adjustment for Daylight Saving Time should be made as appropriate. Data is based on Greenwich Meridian. Add 4 min for every degree West and subtract 4 min for every degree East

	JANUARY Rise Set	FEBRUARY Rise Set	MARCH Rise Set	APRIL Rise Set	MAY Rise Set	JUNE Rise Set
1	0902 1505	0814 1614	0659 1727	0526 1843	0359 1957	0250 2107
2	0902 1506	0812 1616	0656 1729	0523 1846	0356 2000	0248 2109
3	0901 1508	0810 1619	0653 1732	0520 1848	0353 2002	0247 2111
4	0901 1510	0807 1622	0650 1734	0517 1851	0351 2005	0246 2112
5	0900 1511	0805 1624	0647 1737	0514 1853	0348 2007	0244 2114
6	0859 1513	0802 1627	0645 1739	0511 1855	0345 2010	0243 2115
7	0858 1515	0800 1629	0642 1742	0508 1858	0343 2012	0242 2117
8	0857 1517	0757 1632	0639 1744	0505 1900	0340 2015	0241 2118
9	0856 1519	0755 1635	0636 1747	0502 1903	0338 2017	0240 2119
10	0855 1521	0752 1637	0633 1749	0459 1905	0335 2019	0239 2120
11	0854 1523	0749 1640	0630 1752	0456 1908	0333 2022	0238 2121
12	0852 1525	0747 1643	0627 1754	0453 1910	0330 2024	0238 2122
13	0851 1527	0744 1645	0624 1757	0450 1913	0328 2027	0237 2123
14	0849 1529	0741 1648	0621 1759	0447 1915	0325 2029	0237 2124
15	0848 1531	0739 1651	0618 1802	0444 1918	0323 2031	0236 2125
16	0846 1534	0736 1653	0615 1804	0441 1920	0321 2034	0236 2126
17	0845 1536	0733 1656	0612 1807	0438 1922	0318 2036	0236 2126
18	0843 1538	0731 1658	0609 1809	0435 1925	0316 2038	0236 2127
19	0841 1541	0728 1701	0606 1811	0433 1927	0314 2041	0235 2127
20	0840 1543	0725 1704	0603 1814	0430 1930	0312 2043	0236 2128
21	0838 1545	0722 1706	0559 1816	0427 1932	0310 2045	0236 2128
22	0836 1548	0719 1709	0556 1819	0424 1935	0308 2047	0236 2128
23	0834 1550	0717 1711	0553 1821	0421 1937	0305 2049	0236 2128
24	0832 1553	0714 1714	0550 1824	0418 1940	0304 2052	0237 2128
25	0830 1555	0711 1717	0547 1826	0415 1942	0302 2054	0237 2128
26	0828 1558	0708 1719	0544 1829	0413 1945	0300 2056	0238 2128
27	0826 1601	0705 1722	0541 1831	0410 1947	0258 2058	0238 2127
28	0823 1603	0702 1724	0538 1833	0407 1950	0256 2100	0239 2127
29	0821 1606		0535 1836	0404 1952	0254 2102	0240 2126
30	0819 1608		0532 1838	0401 1955	0253 2104	0241 2126
31	0817 1611		0529 1841		0251 2105	

SUNRISE/SET

1998 SUNRISE & SUNSET LAT 60°N LONG 00°

The times are GMT. Adjustment for Daylight Saving Time should be made as appropriate. Data is based on Greenwich Meridian. Add 4 min for every degree West and subtract 4 min for every degree East

	JULY		AUGUST		SEPTEMBER		OCTOBER		NOVEMBER		DECEMBER	
	Rise	Set	Rise	Set	Rise	Set	Rise	Set	Rise	Set	Rise	Set
1	0242	2125	0340	2031	0454	1904	0605	1733	0722	1605	0834	1503
2	0243	2124	0342	2028	0457	1901	0607	1730	0724	1602	0836	1502
3	0244	2123	0345	2026	0459	1858	0610	1727	0727	1600	0838	1501
4	0245	2123	0347	2023	0501	1855	0612	1724	0729	1557	0840	1500
5	0247	2122	0349	2021	0504	1852	0614	1721	0732	1555	0842	1459
6	0248	2120	0352	2018	0506	1849	0617	1718	0734	1552	0844	1458
7	0249	2119	0354	2016	0508	1846	0619	1715	0737	1550	0846	1457
8	0251	2118	0357	2013	0511	1843	0622	1712	0739	1547	0847	1456
9	0252	2117	0359	2010	0513	1840	0624	1709	0742	1545	0849	1455
10	0254	2115	0401	2008	0515	1837	0626	1706	0745	1542	0850	1455
11	0256	2114	0404	2005	0518	1834	0629	1704	0747	1540	0852	1454
12	0258	2112	0406	2002	0520	1831	0631	1701	0750	1538	0853	1454
13	0259	2111	0409	1959	0522	1828	0634	1658	0752	1535	0855	1453
14	0301	2109	0411	1957	0525	1825	0636	1655	0755	1533	0856	1453
15	0303	2107	0413	1954	0527	1822	0639	1652	0757	1531	0857	1453
16	0305	2106	0416	1951	0529	1819	0641	1649	0800	1529	0858	1453
17	0307	2104	0418	1948	0532	1816	0644	1646	0802	1527	0859	1453
18	0309	2102	0421	1945	0534	1813	0646	1643	0805	1525	0900	1453
19	0311	2100	0423	1942	0536	1810	0649	1640	0807	1523	0901	1453
20	0313	2058	0426	1940	0539	1807	0651	1638	0810	1521	0901	1454
21	0315	2056	0428	1937	0541	1804	0654	1635	0812	1519	0902	1454
22	0317	2054	0430	1934	0544	1801	0656	1632	0814	1517	0902	1455
23	0319	2052	0433	1931	0546	1758	0659	1629	0817	1515	0903	1455
24	0322	2050	0435	1928	0548	1755	0701	1626	0819	1514	0903	1456
25	0324	2047	0438	1925	0551	1752	0704	1624	0821	1512	0903	1457
26	0326	2045	0440	1922	0553	1749	0706	1621	0824	1510	0904	1458
27	0328	2043	0442	1919	0555	1745	0709	1618	0826	1509	0904	1459
28	0331	2041	0445	1916	0558	1742	0711	1615	0828	1507	0904	1500
29	0333	2038	0447	1913	0600	1739	0714	1613	0830	1506	0903	1501
30	0335	2036	0449	1910	0602	1736	0716	1610	0832	1504	0903	1502
31	0338	2033			0452	1907			0719	1607	0903	1503

MOONRISE/SET

1998 MOONRISE & MOONSET LAT 40°N LONG 00°

The times are GMT. Adjustment for Daylight Saving Time should be made as appropriate. Data is based on Greenwich Meridian. Add 4 min for every degree West and subtract 4 min for every degree East

	JANUARY Rise Set	FEBRUARY Rise Set	MARCH Rise Set	APRIL Rise Set	MAY Rise Set	JUNE Rise Set
1	0915 2005	0947 2229	0821 2122	0902 2335	0930 ****	1111 0003
2	0956 2114	1024 2337	0859 2232	0952 ****	1028 0007	1209 0035
3	1034 2222	1101 ****	0940 2340	1045 0033	1126 0050	1305 0105
4	1110 2330	1141 0044	1023 ****	1141 0125	1224 0128	1401 0134
5	1146 ****	1224 0149	1109 0044	1238 0210	1321 0202	1457 0202
6	1222 0038	1311 0251	1159 0144	1335 0251	1417 0233	1553 0232
7	1259 0145	1401 0349	1251 0239	1431 0327	1513 0302	1650 0303
8	1340 0252	1455 0442	1347 0327	1528 0359	1609 0331	1747 0337
9	1425 0356	1552 0529	1443 0411	1624 0430	1705 0400	1844 0415
10	1514 0458	1649 0611	1540 0450	1719 0459	1801 0430	1940 0458
11	1607 0555	1747 0649	1637 0524	1815 0528	1858 0502	2033 0546
12	1703 0647	1844 0723	1733 0556	1911 0557	1955 0538	2122 0639
13	1801 0733	1941 0755	1830 0627	2007 0628	2051 0617	2207 0738
14	1859 0814	2037 0825	1925 0656	2104 0701	2144 0701	2249 0840
15	1957 0850	2132 0854	2021 0725	2159 0738	2235 0751	2327 0945
16	2054 0923	2228 0923	2117 0755	2254 0818	2323 0845	**** 1051
17	2151 0954	2324 0953	2213 0826	2347 0904	**** 0944	0003 1158
18	2246 1023	**** 1026	2309 0900	**** 0955	0007 1047	0039 1306
19	2342 1052	0020 1101	**** 0938	0037 1051	0047 1152	0114 1416
20	**** 1122	0117 1142	0004 1021	0124 1152	0125 1300	0151 1525
21	0038 1153	0214 1227	0059 1109	0207 1258	0201 1409	0231 1635
22	0135 1227	0309 1320	0152 1203	0248 1406	0237 1520	0315 1743
23	0233 1306	0403 1418	0242 1303	0326 1517	0315 1632	0404 1846
24	0331 1349	0453 1523	0329 1408	0404 1629	0354 1743	0458 1945
25	0429 1440	0540 1632	0413 1517	0442 1742	0438 1854	0556 2036
26	0525 1537	0623 1744	0454 1629	0522 1856	0525 2001	0657 2121
27	0618 1640	0704 1857	0534 1743	0604 2008	0618 2103	0757 2200
28	0707 1747	0743 2010	0612 1856	0650 2117	0714 2157	0858 2235
29	0751 1857		0651 2010	0740 2220	0813 2245	0957 2306
30	0832 2008		0732 2122	0833 2317	0913 2326	1054 2336
31	0910 2119		0815 2231		1013 ****	

MOONRISE/SET

1998 MOONRISE & MOONSET LAT 40°N LONG 00°

The times are GMT. Adjustment for Daylight Saving Time should be made as appropriate. Data is based on Greenwich Meridian. Add 4 min for every degree West and subtract 4 min for every degree East

	JULY		AUGUST		SEPTEMBER		OCTOBER		NOVEMBER		DECEMBER	
	Rise	Set	Rise	Set	Rise	Set	Rise	Set	Rise	Set	Rise	Set
1	1151	****	1324	****	1453	0008	1508	0041	1537	0249	1524	0401
2	1247	0004	1420	0009	1545	0100	1550	0145	1614	0400	1608	0514
3	1343	0033	1517	0047	1633	0157	1629	0252	1653	0514	1656	0627
4	1439	0104	1612	0130	1717	0300	1707	0403	1735	0629	1750	0737
5	1536	0136	1706	0219	1759	0407	1745	0515	1822	0743	1849	0842
6	1633	0212	1756	0314	1838	0517	1823	0629	1913	0854	1952	0938
7	1730	0253	1843	0415	1915	0628	1904	0743	2009	1000	2055	1027
8	1825	0339	1926	0520	1952	0741	1947	0856	2108	1058	2157	1109
9	1917	0431	2005	0628	2030	0853	2035	1006	2209	1149	2258	1146
10	2005	0528	2042	0738	2111	1004	2127	1112	2310	1233	2357	1218
11	2049	0630	2118	0848	2154	1113	2222	1213	****	1311	****	1248
12	2129	0735	2155	0957	2242	1219	2320	1306	0010	1345	0054	1316
13	2206	0842	2232	1107	2333	1321	****	1352	0108	1415	0150	1345
14	2242	0950	2312	1215	****	1418	0019	1433	0205	1444	0246	1414
15	2317	1058	2356	1322	0028	1508	0118	1509	0302	1513	0343	1444
16	2353	1207	****	1426	0126	1552	0217	1541	0358	1541	0439	1518
17	****	1315	0044	1526	0225	1631	0314	1612	0454	1611	0535	1556
18	0031	1423	0137	1621	0324	1706	0411	1640	0550	1643	0630	1638
19	0112	1530	0233	1710	0422	1738	0508	1709	0646	1718	0724	1725
20	0158	1634	0332	1753	0520	1808	0604	1738	0742	1757	0815	1817
21	0248	1733	0432	1831	0617	1837	0700	1809	0836	1841	0902	1914
22	0343	1827	0532	1905	0714	1906	0756	1842	0928	1929	0946	2014
23	0442	1914	0631	1937	0810	1936	0851	1918	1017	2022	1025	2117
24	0543	1956	0729	2007	0906	2007	0946	1958	1102	2120	1102	2222
25	0643	2033	0826	2036	1001	2041	1039	2043	1144	2221	1136	2327
26	0743	2106	0922	2105	1057	2119	1130	2133	1223	2325	1210	****
27	0842	2137	1018	2135	1151	2201	1218	2229	1259	****	1244	0035
28	0939	2206	1113	2207	1244	2249	1303	2328	1334	0031	1320	0143
29	1036	2235	1209	2243	1335	2342	1344	****	1409	0139	1400	0253
30	1132	2304	1305	2323	1423	****	1423	0032	1445	0249	1444	0404
31	1228	2335	1400	****			1500	0139			1533	0514

MOONRISE/SET

1998 MOONRISE & MOONSET LAT 45°N LONG 00°

The times are GMT. Adjustment for Daylight Saving Time should be made as appropriate. Data is based on Greenwich Meridian. Add 4 min for every degree West and subtract 4 min for every degree East

	JANUARY Rise Set	FEBRUARY Rise Set	MARCH Rise Set	APRIL Rise Set	MAY Rise Set	JUNE Rise Set
1	0924 1957	0946 2231	0818 2126	0850 2348	0917 ****	1104 0010
2	1003 2108	1020 2343	0854 2239	0939 ****	1016 0019	1204 0040
3	1038 2219	1055 ****	0931 2350	1032 0046	1116 0101	1303 0108
4	1111 2331	1132 0053	1012 ****	1128 0138	1216 0137	1402 0134
5	1144 ****	1213 0200	1057 0056	1226 0222	1316 0209	1500 0200
6	1217 0042	1258 0303	1145 0157	1325 0301	1414 0237	1559 0227
7	1252 0152	1348 0402	1238 0252	1424 0335	1513 0304	1659 0256
8	1330 0301	1442 0455	1334 0340	1523 0405	1611 0330	1758 0327
9	1413 0408	1540 0541	1432 0422	1622 0433	1710 0356	1857 0403
10	1501 0511	1639 0622	1531 0459	1720 0500	1809 0424	1953 0445
11	1554 0609	1739 0658	1631 0532	1818 0526	1908 0454	2046 0532
12	1650 0700	1839 0730	1730 0601	1917 0553	2006 0527	2135 0626
13	1750 0745	1938 0759	1828 0629	2016 0621	2104 0605	2219 0725
14	1850 0824	2037 0826	1927 0656	2114 0652	2158 0648	2258 0829
15	1950 0858	2135 0853	2025 0722	2212 0727	2249 0737	2334 0936
16	2050 0929	2233 0919	2123 0750	2307 0806	2335 0832	**** 1046
17	2149 0957	2331 0947	2222 0819	**** 0850	**** 0932	0007 1156
18	2247 1024	**** 1017	2320 0851	0001 0941	0017 1037	0039 1308
19	2345 1050	0030 1051	**** 0927	0050 1038	0055 1145	0111 1420
20	**** 1117	0129 1130	0017 1008	0135 1141	0130 1256	0145 1533
21	0044 1146	0227 1214	0112 1055	0217 1249	0204 1408	0222 1645
22	0143 1218	0323 1306	0205 1150	0255 1400	0237 1522	0304 1755
23	0243 1254	0416 1406	0255 1251	0330 1514	0311 1637	0351 1900
24	0343 1337	0505 1512	0340 1358	0405 1630	0347 1752	0444 1958
25	0442 1426	0550 1623	0421 1510	0440 1747	0428 1906	0543 2049
26	0539 1523	0630 1738	0500 1625	0516 1903	0513 2014	0644 2132
27	0631 1627	0708 1855	0536 1742	0555 2018	0604 2117	0747 2209
28	0718 1737	0743 2011	0611 1859	0639 2129	0700 2211	0850 2241
29	0800 1850		0647 2016	0727 2234	0800 2257	0951 2310
30	0838 2004		0725 2131	0820 2331	0902 2336	1051 2337
31	0913 2118		0806 2242		1003 ****	

MOONRISE/SET

1998 MOONRISE & MOONSET LAT 45°N LONG 00°

The times are GMT. Adjustment for Daylight Saving Time should be made as appropriate. Data is based on Greenwich Meridian. Add 4 min for every degree West and subtract 4 min for every degree East.

	JULY Rise Set	AUGUST Rise Set	SEPTEMBER Rise Set	OCTOBER Rise Set	NOVEMBER Rise Set	DECEMBER Rise Set
1	1151 ****	1333 2359	1507 ****	1519 0029	1538 0246	1517 0407
2	1249 0003	1432 ****	1558 0046	1558 0134	1612 0401	1558 0523
3	1348 0030	1530 0035	1645 0144	1635 0245	1648 0518	1644 0639
4	1447 0057	1626 0117	1727 0248	1710 0358	1727 0636	1736 0751
5	1546 0127	1720 0205	1806 0358	1744 0514	1810 0753	1835 0856
6	1645 0201	1809 0301	1842 0511	1819 0631	1900 0907	1938 0952
7	1743 0240	1854 0403	1916 0626	1857 0749	1955 1014	2043 1039
8	1839 0325	1934 0510	1950 0741	1937 0905	2054 1112	2148 1119
9	1930 0417	2011 0621	2025 0857	2023 1018	2157 1202	2251 1153
10	2017 0515	2045 0733	2102 1011	2113 1126	2259 1244	2353 1223
11	2059 0619	2118 0846	2143 1123	2208 1227	**** 1320	**** 1250
12	2136 0726	2151 1000	2229 1232	2307 1319	0002 1351	0053 1316
13	2211 0836	2225 1112	2319 1335	**** 1404	0103 1419	0152 1341
14	2243 0947	2303 1224	**** 1431	0007 1443	0203 1445	0251 1408
15	2315 1058	2344 1333	0014 1521	0109 1517	0302 1511	0350 1436
16	2348 1210	**** 1439	0113 1604	0210 1547	0401 1537	0448 1508
17	**** 1321	0031 1540	0214 1641	0310 1614	0500 1604	0547 1543
18	0023 1432	0123 1634	0315 1713	0410 1641	0558 1634	0644 1624
19	0102 1541	0220 1722	0416 1743	0509 1706	0657 1707	0738 1711
20	0145 1647	0320 1804	0517 1810	0608 1733	0754 1744	0829 1803
21	0235 1747	0422 1840	0617 1837	0706 1801	0850 1827	0916 1901
22	0330 1840	0524 1912	0716 1903	0805 1832	0942 1915	0957 2003
23	0429 1926	0626 1940	0815 1930	0902 1906	1031 2009	1035 2109
24	0531 2006	0726 2008	0913 1959	0959 1945	1115 2108	1108 2216
25	0634 2041	0826 2034	1011 2031	1053 2029	1155 2211	1140 2325
26	0737 2111	0925 2101	1108 2107	1144 2119	1231 2317	1211 ****
27	0838 2139	1023 2128	1204 2148	1232 2215	1305 ****	1242 0035
28	0938 2206	1122 2158	1258 2235	1315 2317	1337 0026	1315 0147
29	1037 2232	1220 2232	1349 2329	1354 ****	1408 0138	1351 0301
30	1136 2259	1317 2310	1436 ****	1431 0023	1442 0251	1432 0414
31	1234 2328	1413 2355		1505 0133		1520 0527

MOONRISE/SET

1998 MOONRISE & MOONSET LAT 50°N LONG 00°

The times are GMT. Adjustment for Daylight Saving Time should be made as appropriate. Data is based on Greenwich Meridian. Add 4 min for every degree West and subtract 4 min for every degree East

	JANUARY		FEBRUARY		MARCH		APRIL		MAY		JUNE	
	Rise	*Set*	*Rise*	*Set*	*Rise*	*Set*	*Rise*	*Set*	*Rise*	*Set*	*Rise*	*Set*
1	0936	1946	0946	2234	0815	2131	0836	****	0900	****	1056	0019
2	1012	2101	1016	2349	0847	2248	0923	0003	1001	0035	1159	0047
3	1043	2216	1047	****	0921	****	1016	0103	1103	0114	1302	0111
4	1113	2331	1121	0103	0959	0002	1112	0154	1206	0148	1403	0134
5	1142	****	1159	0213	1041	0111	1212	0237	1309	0216	1505	0157
6	1211	0046	1243	0319	1129	0213	1314	0313	1411	0242	1607	0221
7	1243	0200	1332	0418	1222	0308	1416	0344	1512	0306	1709	0247
8	1318	0312	1426	0511	1319	0356	1518	0412	1614	0329	1811	0316
9	1358	0422	1525	0556	1419	0436	1619	0437	1716	0352	1912	0349
10	1445	0526	1627	0635	1521	0510	1721	0500	1818	0417	2010	0429
11	1537	0625	1729	0708	1623	0540	1822	0524	1920	0444	2103	0515
12	1635	0716	1832	0738	1725	0607	1924	0548	2021	0514	2151	0609
13	1736	0759	1934	0804	1827	0632	2025	0613	2120	0550	2233	0710
14	1839	0836	2036	0828	1928	0656	2126	0641	2215	0631	2309	0816
15	1942	0908	2138	0851	2030	0719	2226	0713	2306	0720	2342	0926
16	2045	0935	2239	0915	2131	0743	2324	0750	2351	0815	****	1039
17	2147	1000	2340	0940	2232	0810	****	0834	****	0918	0011	1153
18	2248	1024	****	1007	2333	0839	0017	0925	0030	1025	0040	1309
19	2349	1047	0042	1039	****	0913	0106	1023	0105	1137	0108	1425
20	****	1112	0143	1115	0032	0952	0150	1128	0137	1251	0139	1542
21	0051	1138	0243	1158	0129	1039	0228	1238	0207	1407	0212	1658
22	0154	1207	0340	1250	0222	1133	0303	1353	0236	1525	0251	1810
23	0256	1241	0432	1350	0310	1236	0335	1511	0306	1644	0336	1917
24	0359	1321	0520	1458	0353	1346	0406	1631	0339	1803	0428	2015
25	0459	1410	0602	1613	0432	1501	0437	1751	0416	1919	0526	2105
26	0555	1507	0639	1731	0507	1620	0510	1912	0458	2030	0629	2146
27	0646	1613	0713	1852	0539	1740	0545	2031	0548	2133	0734	2220
28	0731	1725	0744	2012	0611	1902	0625	2144	0643	2227	0840	2249
29	0810	1841			0643	2023	0711	2250	0744	2312	0945	2315
30	0844	1959			0717	2141	0803	2347	0848	2348	1048	2339
31	0916	2117			0754	2256			0952	****		

PAGE 292

MOONRISE/SET

1998 MOONRISE & MOONSET LAT 50°N LONG 00°

The times are GMT. Adjustment for Daylight Saving Time should be made as appropriate. Data is based on Greenwich Meridian. Add 4 min for every degree West and subtract 4 min for every degree East

	JULY Rise Set	AUGUST Rise Set	SEPTEMBER Rise Set	OCTOBER Rise Set	NOVEMBER Rise Set	DECEMBER Rise Set
1	1151 ****	1344 2347	1524 ****	1532 0013	1539 0242	1509 0414
2	1252 0002	1445 ****	1614 0029	1609 0122	1609 0402	1546 0534
3	1354 0025	1545 0021	1659 0128	1642 0235	1641 0523	1629 0653
4	1456 0050	1643 0101	1739 0235	1713 0353	1716 0645	1719 0807
5	1558 0117	1737 0148	1814 0347	1743 0513	1757 0806	1818 0913
6	1700 0148	1825 0244	1847 0504	1815 0634	1844 0922	1922 1009
7	1800 0225	1907 0347	1917 0623	1848 0756	1938 1031	2029 1054
8	1856 0308	1945 0457	1947 0742	1925 0916	2038 1129	2137 1131
9	1947 0359	2018 0612	2018 0902	2008 1032	2142 1218	2244 1202
10	2032 0459	2048 0728	2052 1020	2056 1142	2247 1257	2349 1229
11	2111 0605	2117 0845	2130 1136	2151 1244	2352 1330	**** 1253
12	2145 0715	2147 1002	2213 1247	2251 1336	**** 1359	0052 1315
13	2216 0828	2218 1119	2303 1351	2353 1419	0057 1424	0155 1338
14	2245 0943	2252 1234	2358 1448	**** 1455	0200 1447	0257 1401
15	2313 1058	2330 1346	**** 1537	0057 1526	0302 1509	0358 1426
16	2342 1214	**** 1454	0058 1617	0201 1553	0404 1532	0500 1455
17	**** 1329	0015 1557	0201 1652	0305 1618	0506 1556	0601 1528
18	0014 1443	0106 1651	0305 1722	0408 1641	0608 1623	0700 1607
19	0049 1556	0203 1737	0409 1748	0510 1703	0709 1653	0756 1653
20	0130 1703	0305 1817	0513 1812	0612 1727	0809 1728	0847 1746
21	0218 1804	0410 1850	0616 1836	0714 1752	0907 1809	0932 1845
22	0313 1856	0515 1919	0719 1859	0815 1820	1000 1857	1011 1950
23	0413 1941	0620 1945	0820 1923	0916 1852	1048 1952	1046 2058
24	0517 2018	0724 2009	0922 1949	1014 1929	1131 2053	1117 2209
25	0623 2050	0826 2032	1023 2019	1110 2012	1208 2158	1145 2322
26	0729 2117	0929 2056	1122 2052	1201 2102	1241 2308	1212 ****
27	0833 2142	1030 2120	1220 2132	1248 2159	1311 ****	1239 0036
28	0937 2205	1131 2148	1315 2218	1329 2303	1340 0021	1308 0152
29	1039 2229	1232 2219	1406 2312	1406 ****	1408 0136	1341 0310
30	1141 2253	1332 2255	1451 ****	1439 0012	1437 0254	1419 0427
31	1242 2318	1430 2338		1510 0125		1504 0542

MOONRISE/SET

1998 MOONRISE & MOONSET LAT 55°N LONG 00°

The times are GMT. Adjustment for Daylight Saving Time should be made as appropriate. Data is based on Greenwich Meridian. Add 4 min for every degree West and subtract 4 min for every degree East

	JANUARY		FEBRUARY		MARCH		APRIL		MAY		JUNE	
	Rise	Set	Rise	Set	Rise	Set	Rise	Set	Rise	Set	Rise	Set
1	0951	1932	0945	2237	0812	2137	0818	****	0840	0008	1046	0031
2	1022	2052	1010	2358	0839	2259	0903	0023	0942	0054	1153	0054
3	1050	2212	1037	****	0909	****	0955	0124	1048	0131	1259	0115
4	1115	2332	1107	0115	0943	0017	1053	0214	1154	0201	1405	0134
5	1139	****	1142	0229	1022	0129	1155	0255	1300	0226	1511	0154
6	1204	0051	1223	0338	1109	0234	1259	0329	1406	0248	1617	0214
7	1232	0209	1311	0439	1201	0329	1405	0356	1512	0308	1723	0236
8	1303	0326	1406	0532	1300	0415	1511	0420	1617	0328	1828	0301
9	1340	0439	1507	0615	1403	0453	1616	0441	1723	0347	1932	0331
10	1424	0547	1611	0652	1508	0525	1722	0501	1829	0408	2032	0408
11	1516	0646	1717	0722	1614	0551	1827	0521	1934	0431	2125	0453
12	1615	0736	1824	0747	1719	0614	1932	0541	2039	0459	2211	0547
13	1719	0818	1930	0810	1825	0635	2038	0603	2140	0531	2250	0650
14	1825	0851	2036	0830	1931	0655	2142	0628	2237	0611	2323	0800
15	1932	0919	2141	0850	2036	0715	2245	0657	2327	0658	2351	0914
16	2038	0943	2246	0910	2141	0736	2344	0731	****	0755	****	1031
17	2144	1005	2351	0931	2246	0759	****	0813	0010	0859	0016	1150
18	2249	1025	****	0955	2350	0825	0039	0903	0046	1010	0040	1311
19	2355	1044	0056	1023	****	0855	0127	1003	0117	1126	0104	1432
20	****	1105	0201	1056	0051	0932	0208	1110	0145	1244	0130	1553
21	0100	1127	0303	1138	0150	1018	0243	1225	0210	1406	0159	1713
22	0206	1153	0401	1228	0243	1113	0314	1344	0235	1529	0234	1829
23	0313	1224	0453	1330	0330	1217	0342	1507	0300	1653	0316	1938
24	0418	1301	0538	1441	0410	1330	0408	1632	0329	1816	0406	2037
25	0520	1348	0616	1559	0444	1449	0434	1758	0401	1937	0505	2124
26	0616	1446	0649	1723	0515	1613	0502	1923	0440	2051	0610	2202
27	0706	1554	0718	1848	0543	1739	0533	2046	0527	2155	0719	2233
28	0747	1709	0745	2013	0609	1906	0609	2203	0622	2248	0828	2259
29	0822	1830			0637	2032	0652	2311	0724	2330	0937	2321
30	0852	1953			0706	2155	0742	****	0830	****	1044	2341
31	0919	2116			0739	2313			0938	0003		

PAGE 294

MOONRISE/SET

1998 MOONRISE & MOONSET LAT 55°N LONG 00°

The times are GMT. Adjustment for Daylight Saving Time should be made as appropriate. Data is based on Greenwich Meridian. Add 4 min for every degree West and subtract 4 min for every degree East

	JULY Rise Set	AUGUST Rise Set	SEPTEMBER Rise Set	OCTOBER Rise Set	NOVEMBER Rise Set	DECEMBER Rise Set
1	1151 ****	1358 2333	1546 ****	1549 ****	1541 0238	1459 0422
2	1256 0000	1503 ****	1635 0007	1622 0106	1606 0403	1530 0548
3	1402 0019	1605 0003	1718 0107	1651 0224	1633 0529	1609 0711
4	1508 0040	1705 0040	1754 0217	1717 0346	1703 0657	1658 0829
5	1614 0104	1758 0126	1825 0333	1742 0511	1739 0822	1755 0936
6	1719 0132	1845 0222	1853 0455	1809 0638	1823 0942	1901 1030
7	1821 0205	1924 0328	1918 0619	1837 0805	1916 1053	2012 1113
8	1918 0247	1958 0442	1944 0743	1910 0930	2016 1151	2123 1146
9	2008 0338	2026 0600	2010 0908	1949 1050	2122 1238	2234 1213
10	2051 0438	2052 0721	2039 1031	2035 1203	2231 1314	2343 1236
11	2126 0547	2117 0843	2113 1151	2129 1305	2340 1344	**** 1256
12	2157 0701	2141 1005	2154 1306	2230 1357	**** 1408	0051 1314
13	2223 0819	2208 1127	2241 1413	2336 1438	0049 1429	0157 1333
14	2247 0938	2238 1246	2337 1510	**** 1511	0156 1448	0304 1353
15	2311 1058	2313 1403	**** 1557	0043 1538	0303 1507	0409 1414
16	2336 1219	2355 1514	0038 1635	0151 1601	0409 1526	0515 1439
17	**** 1339	**** 1618	0144 1706	0259 1622	0515 1546	0619 1509
18	0003 1458	0045 1712	0252 1732	0406 1641	0620 1609	0721 1546
19	0034 1613	0142 1757	0400 1755	0512 1700	0725 1636	0818 1630
20	0112 1724	0246 1833	0508 1815	0618 1720	0828 1708	0909 1724
21	0157 1825	0354 1903	0615 1835	0724 1741	0928 1748	0953 1825
22	0251 1917	0503 1928	0722 1854	0829 1805	1022 1835	1029 1933
23	0353 1959	0612 1950	0827 1915	0933 1834	1110 1930	1100 2046
24	0500 2033	0720 2010	0933 1937	1034 1909	1151 2034	1127 2201
25	0609 2101	0827 2030	1037 2003	1132 1950	1225 2143	1150 2318
26	0719 2125	0933 2049	1140 2034	1224 2040	1254 2257	1213 ****
27	0827 2146	1039 2111	1240 2111	1309 2139	1320 ****	1235 0038
28	0935 2205	1144 2134	1337 2156	1348 2245	1344 0014	1300 0159
29	1041 2225	1248 2202	1427 2250	1421 2358	1407 0134	1328 0321
30	1147 2245	1351 2236	1511 2354	1450 ****	1431 0257	1402 0443
31	1252 2307	1451 2317		1516 0116		1443 0602

PAGE 295

MOONRISE/SET

1998 MOONRISE & MOONSET LAT 60°N LONG 00°

The times are GMT. Adjustment for Daylight Saving Time should be made as appropriate. Data is based on Greenwich Meridian. Add 4 min for every degree West and subtract 4 min for every degree East

	JANUARY		FEBRUARY		MARCH		APRIL		MAY		JUNE	
	Rise	*Set*	*Rise*	*Set*	*Rise*	*Set*	*Rise*	*Set*	*Rise*	*Set*	*Rise*	*Set*
1	1010	1915	0943	2242	0807	2146	0753	****	0811	0037	1033	0046
2	1036	2040	1003	****	0829	2314	0835	0050	0917	0120	1145	0104
3	1058	2206	1024	0008	0853	****	0926	0152	1027	0153	1257	0120
4	1117	2332	1049	0132	0921	0037	1026	0241	1138	0219	1407	0135
5	1136	****	1119	0251	0957	0154	1131	0319	1249	0239	1518	0149
6	1155	0058	1156	0404	1041	0301	1240	0349	1400	0256	1629	0204
7	1217	0222	1243	0507	1133	0357	1351	0412	1511	0311	1741	0221
8	1243	0345	1338	0600	1234	0442	1502	0431	1622	0326	1851	0242
9	1315	0503	1442	0641	1341	0516	1612	0447	1732	0341	1959	0308
10	1357	0614	1551	0713	1450	0543	1723	0503	1843	0357	2101	0341
11	1448	0715	1702	0739	1601	0605	1833	0518	1954	0415	2155	0423
12	1548	0804	1813	0759	1712	0624	1944	0533	2103	0438	2239	0518
13	1655	0842	1925	0817	1823	0640	2054	0550	2208	0506	2314	0623
14	1806	0911	2035	0833	1933	0655	2204	0610	2306	0542	2341	0737
15	1918	0935	2146	0848	2044	0710	2311	0634	2356	0628	****	0858
16	2030	0954	2256	0903	2154	0726	****	0705	****	0726	0004	1021
17	2140	1010	****	0920	2303	0744	0013	0744	0036	0834	0023	1146
18	2251	1026	0006	0939	****	0806	0108	0834	0108	0950	0041	1313
19	****	1041	0116	1002	0012	0832	0154	0936	0134	1111	0100	1440
20	0001	1056	0225	1032	0118	0906	0232	1047	0155	1236	0119	1608
21	0112	1114	0330	1110	0218	0949	0302	1207	0215	1404	0143	1734
22	0223	1135	0430	1200	0311	1044	0328	1332	0234	1533	0211	1856
23	0334	1201	0521	1302	0356	1151	0349	1501	0253	1704	0249	2007
24	0444	1235	0602	1417	0432	1309	0409	1633	0315	1834	0337	2106
25	0548	1320	0636	1542	0501	1435	0430	1806	0342	2001	0436	2151
26	0645	1417	0703	1711	0526	1605	0451	1938	0415	2119	0544	2225
27	0732	1528	0726	1843	0547	1737	0516	2107	0458	2224	0657	2251
28	0809	1649	0747	2015	0608	1911	0547	2229	0553	2316	0812	2311
29	0839	1815			0629	2043	0625	2340	0656	2354	0926	2328
30	0903	1945			0652	2213	0713	****	0807	****	1039	2343
31	0924	2114			0720	2336			0920	0023		

PAGE 296

MOONRISE/SET

1998 MOONRISE & MOONSET LAT 60°N LONG 00°

The times are GMT. Adjustment for Daylight Saving Time should be made as appropriate. Data is based on Greenwich Meridian. Add 4 min for every degree West and subtract 4 min for every degree East

	JULY Rise Set	AUGUST Rise Set	SEPTEMBER Rise Set	OCTOBER Rise Set	NOVEMBER Rise Set	DECEMBER Rise Set
1	1151 2357	1416 2313	1616 2337	1612 ****	1543 0232	1445 0433
2	1302 ****	1526 2339	1704 ****	1639 0045	1602 0404	1511 0606
3	1412 0012	1633 ****	1743 0040	1701 0209	1622 0537	1544 0736
4	1524 0028	1734 0013	1814 0153	1722 0338	1646 0712	1628 0858
5	1634 0047	1828 0057	1839 0315	1741 0509	1716 0844	1725 1006
6	1744 0110	1912 0153	1900 0443	1801 0643	1755 1009	1833 1059
7	1849 0139	1947 0302	1920 0613	1823 0817	1845 1123	1948 1138
8	1948 0218	2014 0420	1939 0745	1850 0948	1947 1221	2105 1206
9	2037 0308	2037 0545	2000 0916	1924 1114	2056 1304	2221 1227
10	2116 0410	2057 0712	2023 1046	2006 1231	2210 1336	2336 1245
11	2146 0522	2116 0841	2051 1212	2100 1335	2325 1401	**** 1300
12	2211 0642	2135 1009	2127 1332	2202 1425	**** 1420	0049 1313
13	2232 0806	2155 1137	2212 1441	2312 1502	0039 1436	0201 1327
14	2250 0932	2219 1303	2308 1539	**** 1531	0152 1450	0313 1342
15	2308 1058	2249 1425	**** 1624	0024 1553	0303 1504	0424 1358
16	2327 1225	2327 1541	0012 1658	0138 1611	0415 1518	0534 1418
17	2348 1351	**** 1647	0122 1724	0251 1627	0526 1534	0644 1444
18	**** 1516	0015 1741	0235 1746	0403 1641	0637 1552	0750 1516
19	0014 1638	0114 1823	0349 1803	0515 1655	0747 1614	0849 1559
20	0047 1752	0221 1855	0502 1819	0626 1710	0855 1642	0940 1653
21	0129 1855	0334 1920	0614 1833	0737 1727	0958 1718	1021 1757
22	0222 1945	0448 1940	0726 1848	0847 1746	1053 1804	1053 1910
23	0325 2024	0602 1957	0837 1903	0956 1810	1140 1901	1119 2028
24	0436 2053	0716 2012	0947 1921	1101 1841	1217 2008	1140 2150
25	0551 2116	0828 2026	1057 1942	1202 1920	1247 2122	1158 2314
26	0706 2134	0939 2041	1204 2009	1254 2010	1311 2242	1214 ****
27	0820 2150	1050 2058	1308 2042	1338 2111	1331 ****	1231 0039
28	0932 2205	1200 2117	1406 2126	1413 2222	1349 0006	1249 0207
29	1044 2220	1309 2140	1457 2221	1441 2340	1406 0132	1311 0335
30	1155 2235	1416 2209	1538 2328	1504 ****	1424 0302	1339 0504
31	1306 2252	1519 2248		1524 0104		1416 0629

PAGE 297

MARINAS
S CENTRAL AND SE OF ENGLAND

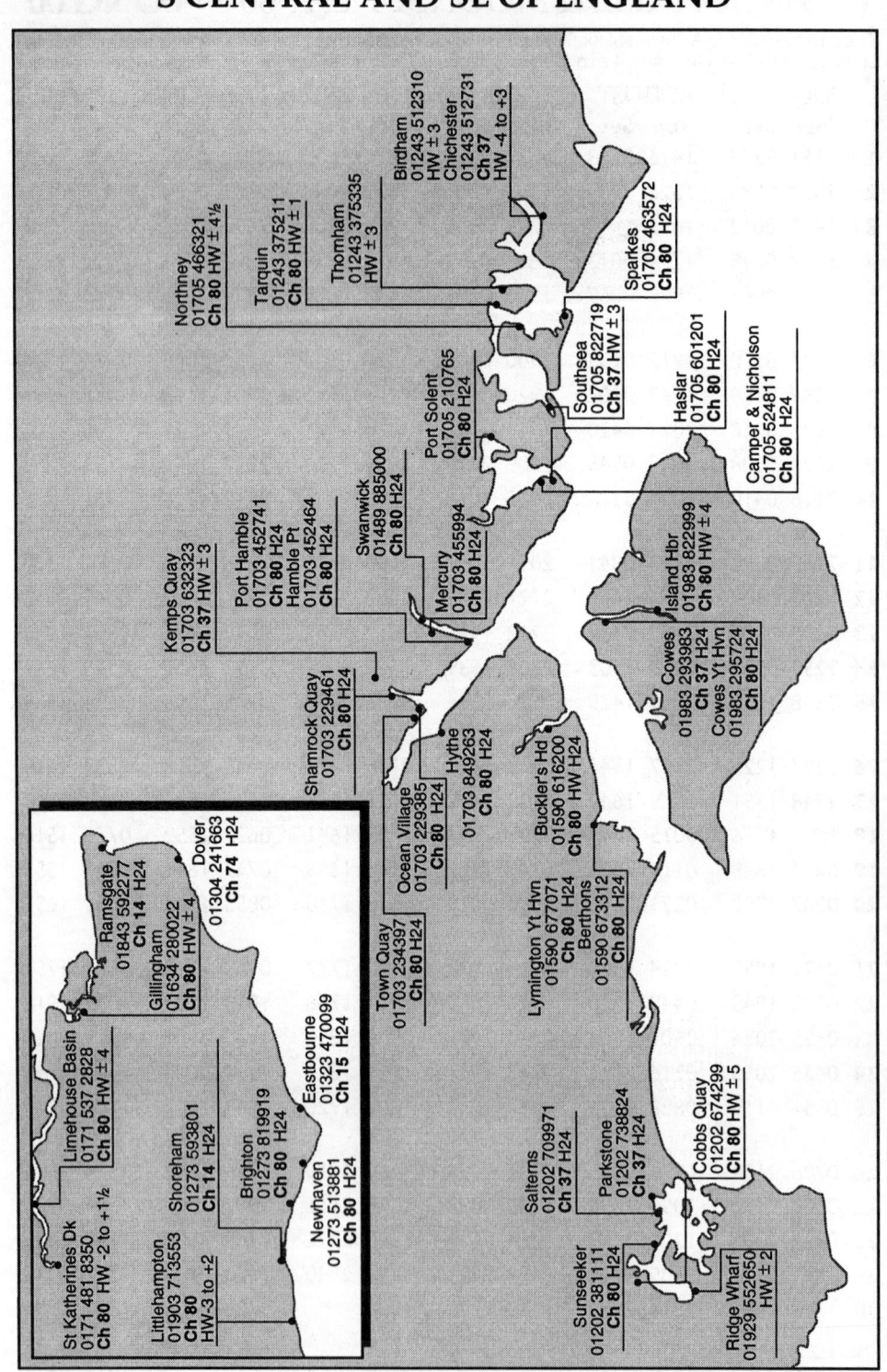

Northney 01705 466321 Ch 80 HW ± 4½
Tarquin 01243 375211 Ch 80 HW ± 1
Thornham 01243 375335 HW ± 3
Birdham 01243 512310 HW ± 3
Chichester 01243 512731 Ch 37 HW -4 to +3
Sparkes 01705 463572 Ch 80 H24
Southsea 01705 822719 Ch 37 HW ± 3
Port Solent 01705 210765 Ch 80 H24
Haslar 01705 601201 Ch 80 H24
Camper & Nicholson 01705 524811 Ch 80 H24
Kemps Quay 01703 632323 Ch 37 HW ± 3
Port Hamble 01703 452741 Ch 80 H24
Hamble Pt 01703 452464 Ch 80 H24
Swanwick 01489 885000 Ch 80 H24
Mercury 01703 455994 Ch 80 H24
Island Hbr 01983 822999 Ch 80 HW ± 4
Cowes 01983 293983 Ch 37 H24
Cowes Yt Hvn 01983 295724 Ch 80 H24
Shamrock Quay 01703 229461 Ch 80 H24
Ocean Village 01703 229385 Ch 80 H24
Hythe 01703 849263 Ch 80 H24
Buckler's Hd 01590 616200 Ch 80 HW ± 4
Town Quay 01703 234397 Ch 80 H24
Lymington Yt Hvn 01590 677071 Ch 80 H24
Berthons 01590 673312 Ch 80 H24
Saltems 01202 709971 Ch 37 H24
Parkstone 01202 738824 Ch 37 H24
Cobbs Quay 01202 674299 Ch 80 HW ± 5
Sunseeker 01202 381111 Ch 80 H24
Ridge Wharf 01929 552650 HW ± 2

St Katherines Dk 0171 481 8350 Ch 80 HW -2 to +1½
Limehouse Basin 0171 537 2828 Ch 80 HW ± 4
Ramsgate 01843 592277 Ch 14 H24
Gillingham 01634 280022 Ch 80 HW ± 4
Dover 01304 241663 Ch 74 H24
Littlehampton 01903 713553 Ch 80 HW -3 to +2
Shoreham 01273 593801 Ch 14 H24
Brighton 01273 819919 Ch 80 H24
Eastbourne 01323 470099 Ch 15 H24
Newhaven 01273 513881 Ch 80 H24

PAGE 298

MARINAS
E OF ENGLAND AND SCOTLAND

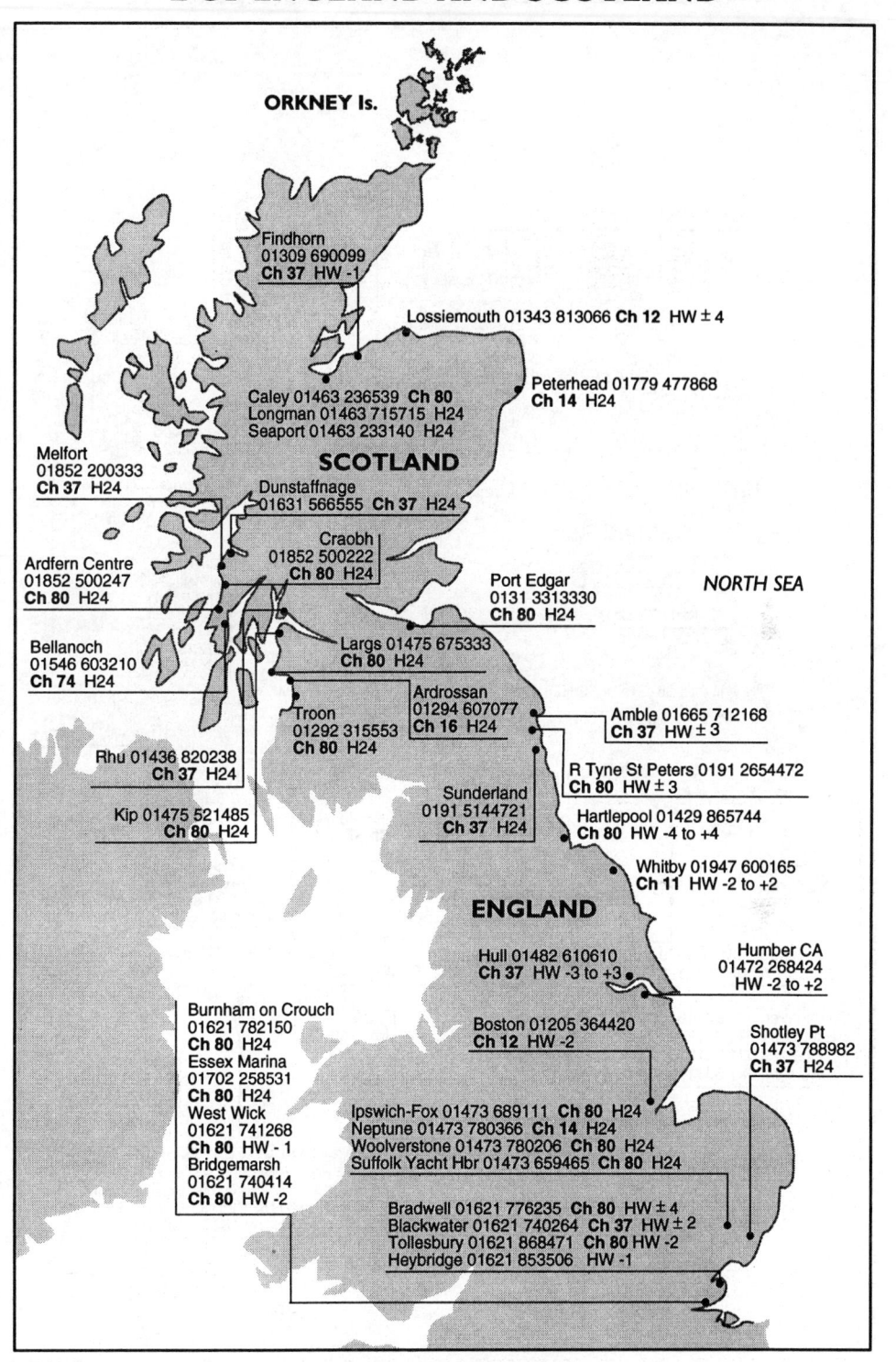

ORKNEY Is.

Findhorn 01309 690099 **Ch 37** HW -1

Lossiemouth 01343 813066 **Ch 12** HW ± 4

Caley 01463 236539 **Ch 80**
Longman 01463 715715 H24
Seaport 01463 233140 H24

Peterhead 01779 477868 **Ch 14** H24

SCOTLAND

Melfort 01852 200333 **Ch 37** H24

Dunstaffnage 01631 566555 **Ch 37** H24

Craobh 01852 500222 **Ch 80** H24

Port Edgar 0131 3313330 **Ch 80** H24

NORTH SEA

Ardfern Centre 01852 500247 **Ch 80** H24

Bellanoch 01546 603210 **Ch 74** H24

Largs 01475 675333 **Ch 80** H24

Ardrossan 01294 607077 **Ch 16** H24

Amble 01665 712168 **Ch 37** HW ± 3

Rhu 01436 820238 **Ch 37** H24

Troon 01292 315553 **Ch 80** H24

R Tyne St Peters 0191 2654472 **Ch 80** HW ± 3

Kip 01475 521485 **Ch 80** H24

Sunderland 0191 5144721 **Ch 37** H24

Hartlepool 01429 865744 **Ch 80** HW -4 to +4

Whitby 01947 600165 **Ch 11** HW -2 to +2

ENGLAND

Hull 01482 610610 **Ch 37** HW -3 to +3

Humber CA 01472 268424 HW -2 to +2

Boston 01205 364420 **Ch 12** HW -2

Shotley Pt 01473 788982 **Ch 37** H24

Burnham on Crouch 01621 782150 **Ch 80** H24
Essex Marina 01702 258531 **Ch 80** H24
West Wick 01621 741268 **Ch 80** HW -1
Bridgemarsh 01621 740414 **Ch 80** HW -2

Ipswich-Fox 01473 689111 **Ch 80** H24
Neptune 01473 780366 **Ch 14** H24
Woolverstone 01473 780206 **Ch 80** H24
Suffolk Yacht Hbr 01473 659465 **Ch 80** H24

Bradwell 01621 776235 **Ch 80** HW ± 4
Blackwater 01621 740264 **Ch 37** HW ± 2
Tollesbury 01621 868471 **Ch 80** HW -2
Heybridge 01621 853506 HW -1

MARINAS
W OF ENGLAND, WALES AND IRELAND

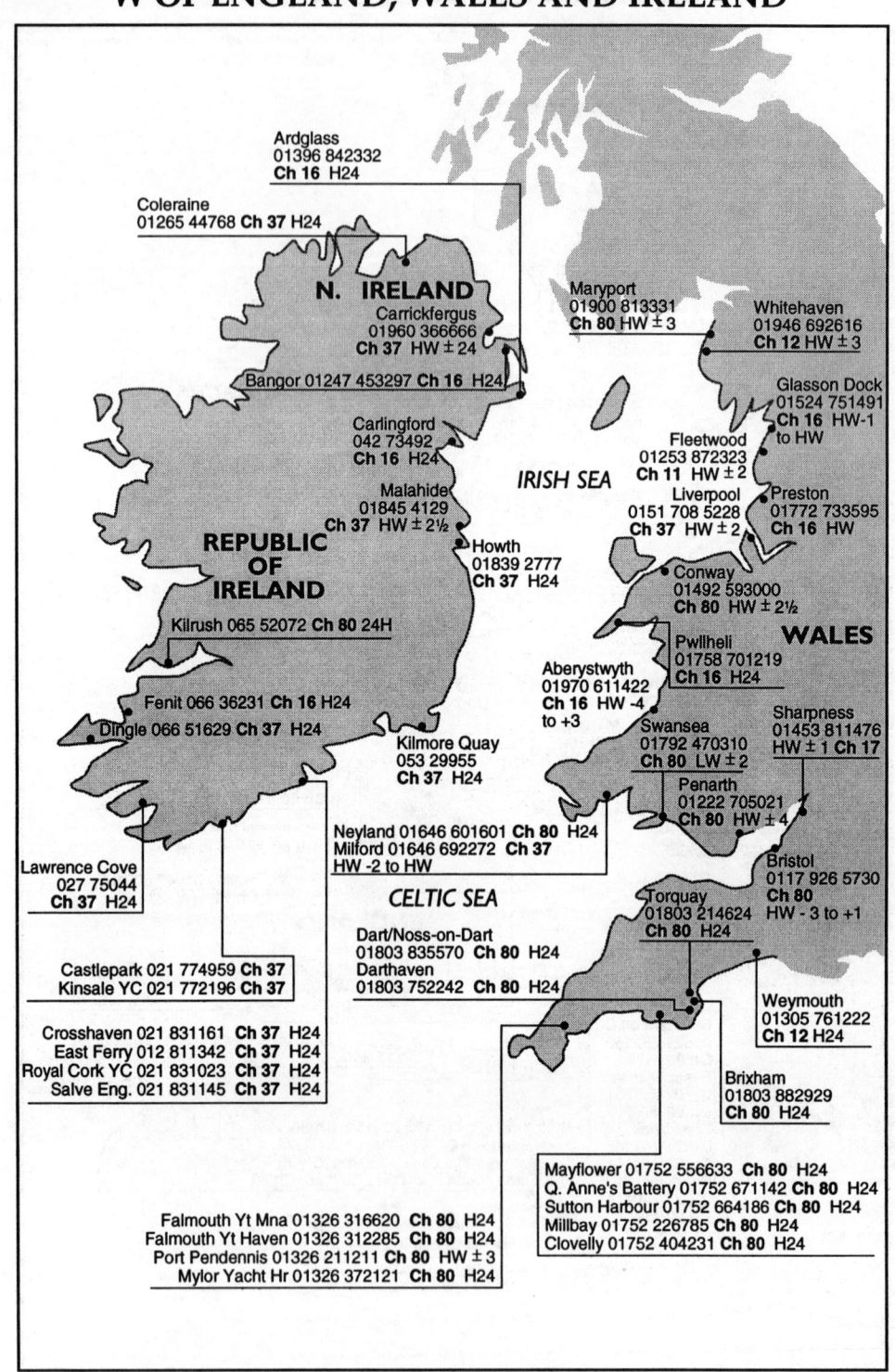

Ardglass 01396 842332 **Ch 16** H24

Coleraine 01265 44768 **Ch 37** H24

N. IRELAND

Carrickfergus 01960 366666 **Ch 37** HW ± 24

Bangor 01247 453297 **Ch 16** H24

Maryport 01900 813331 **Ch 80** HW ± 3

Whitehaven 01946 692616 **Ch 12** HW ± 3

Glasson Dock 01524 751491 **Ch 16** HW-1 to HW

Carlingford 042 73492 **Ch 16** H24

Fleetwood 01253 872323 **Ch 11** HW ± 2

Malahide 01845 4129 **Ch 37** HW ± 2½

IRISH SEA

Liverpool 0151 708 5228 **Ch 37** HW ± 2

Preston 01772 733595 **Ch 16** HW

REPUBLIC OF IRELAND

Howth 01839 2777 **Ch 37** H24

Conway 01492 593000 **Ch 80** HW ± 2½

Kilrush 065 52072 **Ch 80** 24H

Pwllheli 01758 701219 **Ch 16** H24

WALES

Aberystwyth 01970 611422 **Ch 16** HW -4 to +3

Fenit 066 36231 **Ch 16** H24
Dingle 066 51629 **Ch 37** H24

Swansea 01792 470310 **Ch 80** LW ± 2

Sharpness 01453 811476 HW ± 1 **Ch 17**

Kilmore Quay 053 29955 **Ch 37** H24

Penarth 01222 705021 **Ch 80** HW ± 4

Neyland 01646 601601 **Ch 80** H24
Milford 01646 692272 **Ch 37** HW -2 to HW

Bristol 0117 926 5730 **Ch 80** HW -3 to +1

CELTIC SEA

Lawrence Cove 027 75044 **Ch 37** H24

Torquay 01803 214624 **Ch 80** H24

Castlepark 021 774959 **Ch 37**
Kinsale YC 021 772196 **Ch 37**

Dart/Noss-on-Dart 01803 835570 **Ch 80** H24
Darthaven 01803 752242 **Ch 80** H24

Weymouth 01305 761222 **Ch 12** H24

Crosshaven 021 831161 **Ch 37** H24
East Ferry 012 811342 **Ch 37** H24
Royal Cork YC 021 831023 **Ch 37** H24
Salve Eng. 021 831145 **Ch 37** H24

Brixham 01803 882929 **Ch 80** H24

Mayflower 01752 556633 **Ch 80** H24
Q. Anne's Battery 01752 671142 **Ch 80** H24
Sutton Harbour 01752 664186 **Ch 80** H24
Millbay 01752 226785 **Ch 80** H24
Clovelly 01752 404231 **Ch 80** H24

Falmouth Yt Mna 01326 316620 **Ch 80** H24
Falmouth Yt Haven 01326 312285 **Ch 80** H24
Port Pendennis 01326 211211 **Ch 80** HW ± 3
Mylor Yacht Hr 01326 372121 **Ch 80** H24

PAGE 300

MARINAS
GERMANY, HOLLAND AND BELGIUM

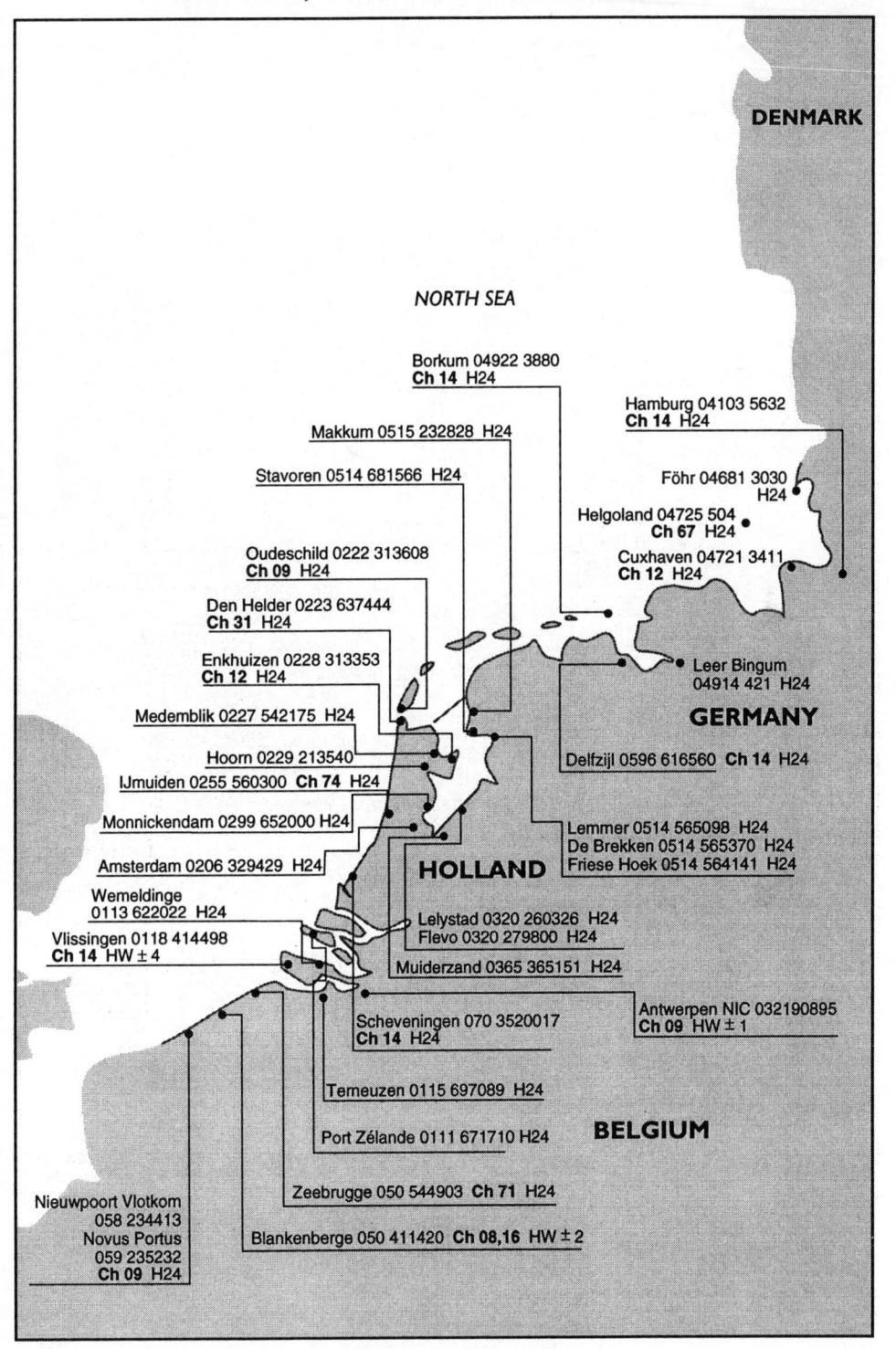

NORTH SEA

DENMARK

Borkum 04922 3880 **Ch 14** H24

Hamburg 04103 5632 **Ch 14** H24

Makkum 0515 232828 H24

Stavoren 0514 681566 H24

Föhr 04681 3030 H24

Helgoland 04725 504 **Ch 67** H24

Oudeschild 0222 313608 **Ch 09** H24

Cuxhaven 04721 3411 **Ch 12** H24

Den Helder 0223 637444 **Ch 31** H24

Enkhuizen 0228 313353 **Ch 12** H24

Leer Bingum 04914 421 H24

GERMANY

Medemblik 0227 542175 H24

Hoorn 0229 213540

Delfzijl 0596 616560 **Ch 14** H24

IJmuiden 0255 560300 **Ch 74** H24

Monnickendam 0299 652000 H24

Lemmer 0514 565098 H24
De Brekken 0514 565370 H24
Friese Hoek 0514 564141 H24

Amsterdam 0206 329429 H24

HOLLAND

Wemeldinge 0113 622022 H24

Lelystad 0320 260326 H24
Flevo 0320 279800 H24

Vlissingen 0118 414498 **Ch 14** HW ± 4

Muiderzand 0365 365151 H24

Scheveningen 070 3520017 **Ch 14** H24

Antwerpen NIC 032190895 **Ch 09** HW ± 1

Terneuzen 0115 697089 H24

Port Zélande 0111 671710 H24

BELGIUM

Zeebrugge 050 544903 **Ch 71** H24

Nieuwpoort Vlotkom 058 234413
Novus Portus 059 235232 **Ch 09** H24

Blankenberge 050 411420 **Ch 08,16** HW ± 2

PAGE 301

MARINAS

FRANCE

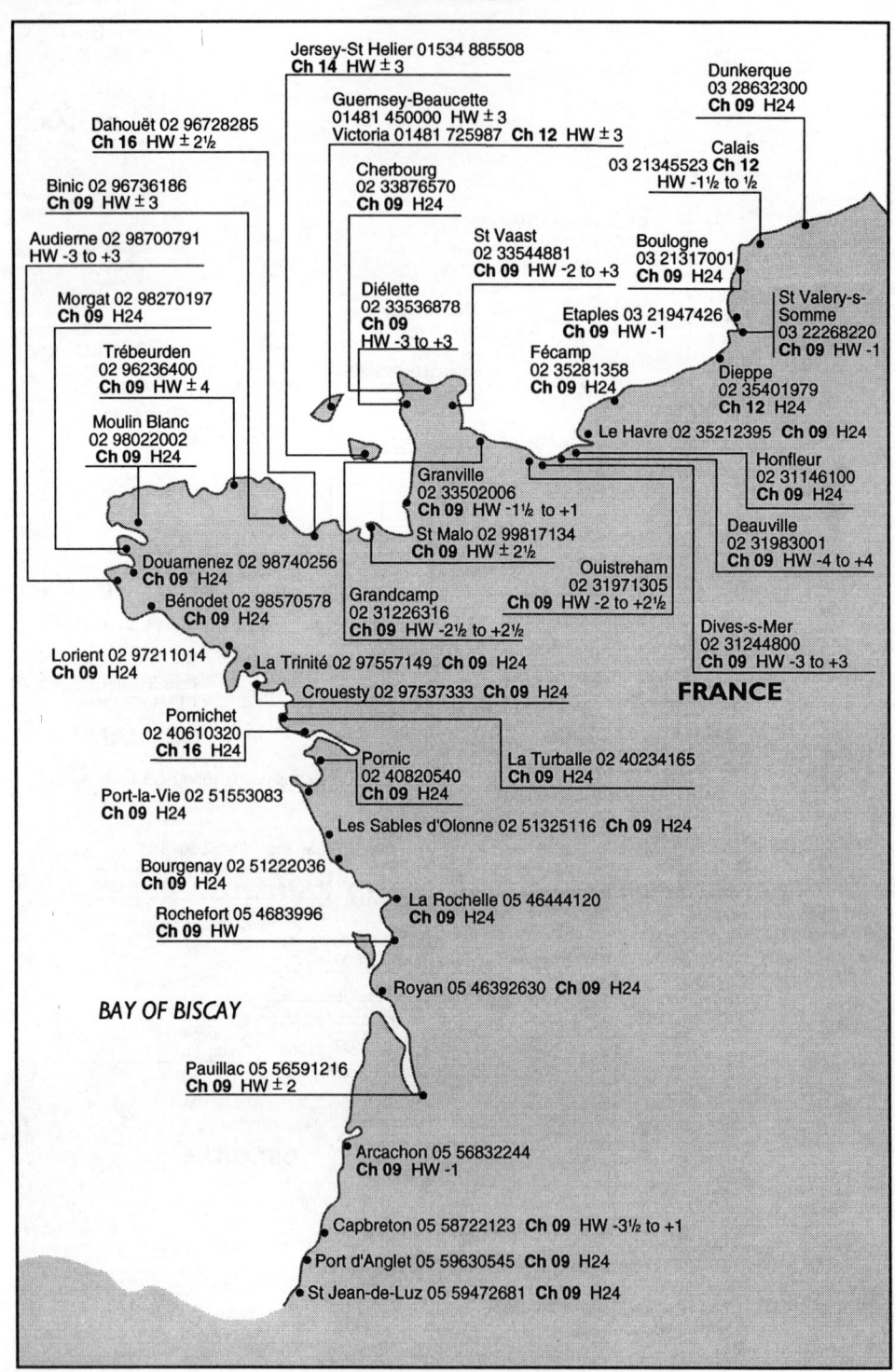

- Jersey-St Helier 01534 885508 **Ch 14** HW ± 3
- Guernsey-Beaucette 01481 450000 HW ± 3
- Victoria 01481 725987 **Ch 12** HW ± 3
- Dunkerque 03 28632300 **Ch 09** H24
- Calais 03 21345523 **Ch 12** HW -1½ to ½
- Cherbourg 02 33876570 **Ch 09** H24
- Dahouët 02 96728285 **Ch 16** HW ± 2½
- Binic 02 96736186 **Ch 09** HW ± 3
- Audierne 02 98700791 HW -3 to +3
- Morgat 02 98270197 **Ch 09** H24
- Trébeurden 02 96236400 **Ch 09** HW ± 4
- Moulin Blanc 02 98022002 **Ch 09** H24
- St Vaast 02 33544881 **Ch 09** HW -2 to +3
- Diélette 02 33536878 **Ch 09** HW -3 to +3
- Etaples 03 21947426 **Ch 09** HW -1
- Boulogne 03 21317001 **Ch 09** H24
- St Valery-s-Somme 03 22268220 **Ch 09** HW -1
- Fécamp 02 35281358 **Ch 09** H24
- Dieppe 02 35401979 **Ch 12** H24
- Le Havre 02 35212395 **Ch 09** H24
- Honfleur 02 31146100 **Ch 09** H24
- Granville 02 33502006 **Ch 09** HW -1½ to +1
- St Malo 02 99817134 **Ch 09** HW ± 2½
- Grandcamp 02 31226316 **Ch 09** HW -2½ to +2½
- Ouistreham 02 31971305 **Ch 09** HW -2 to +2½
- Deauville 02 31983001 **Ch 09** HW -4 to +4
- Douarnenez 02 98740256 **Ch 09** H24
- Bénodet 02 98570578 **Ch 09** H24
- Dives-s-Mer 02 31244800 **Ch 09** HW -3 to +3
- Lorient 02 97211014 **Ch 09** H24
- La Trinité 02 97557149 **Ch 09** H24
- Crouesty 02 97537333 **Ch 09** H24
- Pornichet 02 40610320 **Ch 16** H24
- Pornic 02 40820540 **Ch 09** H24
- La Turballe 02 40234165 **Ch 09** H24
- Port-la-Vie 02 51553083 **Ch 09** H24
- Les Sables d'Olonne 02 51325116 **Ch 09** H24
- Bourgenay 02 51222036 **Ch 09** H24
- Rochefort 05 4683996 **Ch 09** HW
- La Rochelle 05 46444120 **Ch 09** H24
- Royan 05 46392630 **Ch 09** H24

BAY OF BISCAY

- Pauillac 05 56591216 **Ch 09** HW ± 2
- Arcachon 05 56832244 **Ch 09** HW -1
- Capbreton 05 58722123 **Ch 09** HW -3½ to +1
- Port d'Anglet 05 59630545 **Ch 09** H24
- St Jean-de-Luz 05 59472681 **Ch 09** H24

PAGE 302

MARINAS

SPAIN AND PORTUGAL

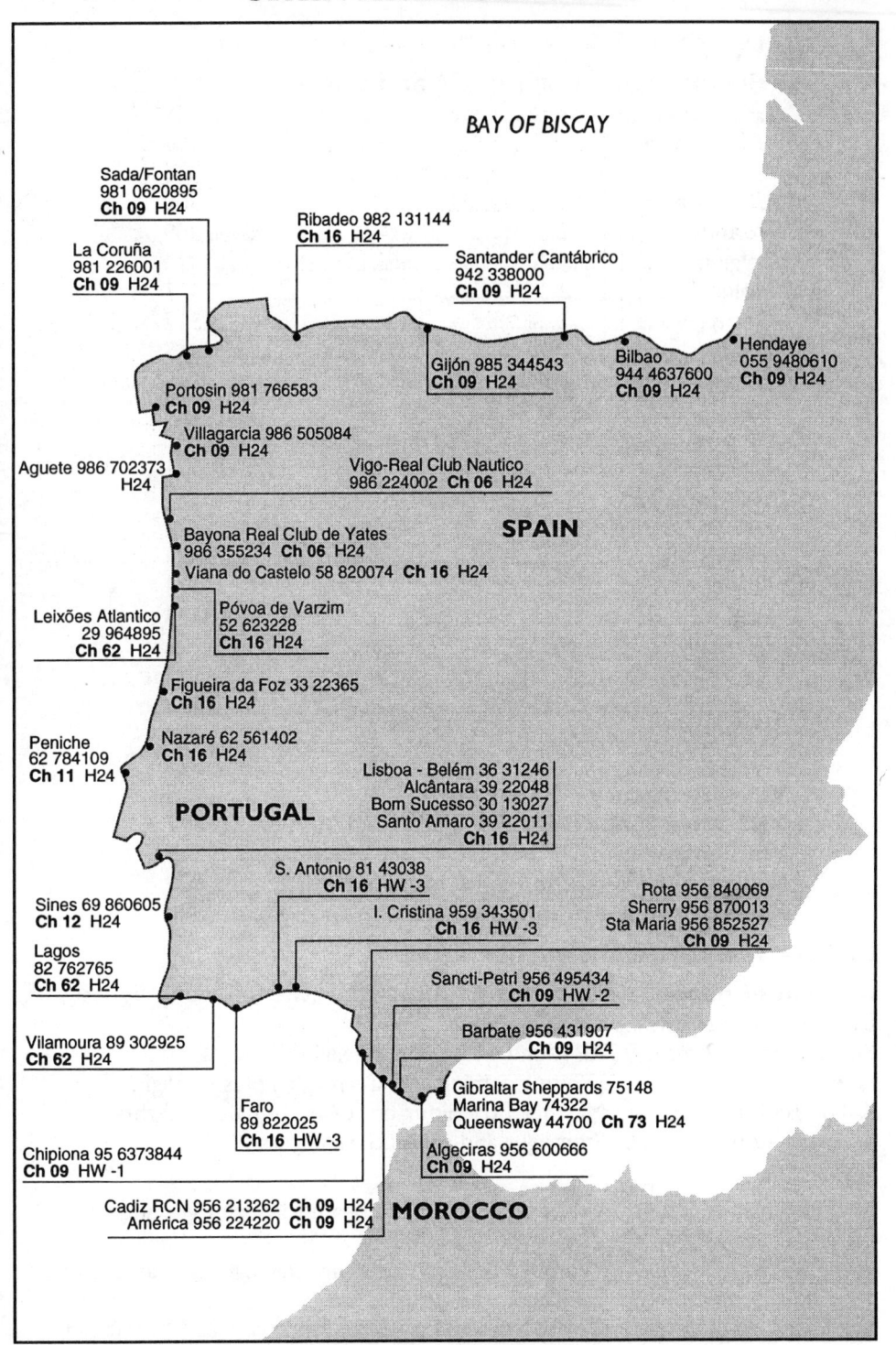

BAY OF BISCAY

Sada/Fontan 981 0620895 **Ch 09** H24

Ribadeo 982 131144 **Ch 16** H24

La Coruña 981 226001 **Ch 09** H24

Santander Cantábrico 942 338000 **Ch 09** H24

Gijón 985 344543 **Ch 09** H24

Bilbao 944 4637600 **Ch 09** H24

Hendaye 055 9480610 **Ch 09** H24

Portosin 981 766583 **Ch 09** H24

Villagarcia 986 505084 **Ch 09** H24

Aguete 986 702373 H24

Vigo-Real Club Nautico 986 224002 **Ch 06** H24

SPAIN

Bayona Real Club de Yates 986 355234 **Ch 06** H24

Viana do Castelo 58 820074 **Ch 16** H24

Leixões Atlantico 29 964895 **Ch 62** H24

Póvoa de Varzim 52 623228 **Ch 16** H24

Figueira da Foz 33 22365 **Ch 16** H24

Peniche 62 784109 **Ch 11** H24

Nazaré 62 561402 **Ch 16** H24

Lisboa - Belém 36 31246
Alcântara 39 22048
Bom Sucesso 30 13027
Santo Amaro 39 22011 **Ch 16** H24

PORTUGAL

S. Antonio 81 43038 **Ch 16** HW -3

Sines 69 860605 **Ch 12** H24

I. Cristina 959 343501 **Ch 16** HW -3

Rota 956 840069
Sherry 956 870013
Sta Maria 956 852527 **Ch 09** H24

Lagos 82 762765 **Ch 62** H24

Sancti-Petri 956 495434 **Ch 09** HW -2

Barbate 956 431907 **Ch 09** H24

Vilamoura 89 302925 **Ch 62** H24

Faro 89 822025 **Ch 16** HW -3

Gibraltar Sheppards 75148
Marina Bay 74322
Queensway 44700 **Ch 73** H24

Algeciras 956 600666 **Ch 09** H24

Chipiona 95 6373844 **Ch 09** HW -1

Cadiz RCN 956 213262 **Ch 09** H24
América 956 224220 **Ch 09** H24

MOROCCO

PAGE 303

POSITION SECTION

CONTENTS

Principal lights visible 15M and over -
UK South coast 305
UK East coast 306
UK Scotland 306
UK West coast 308
Ireland 309
Belgium 310
Holland 311
Germany 312
Denmark 315
France & Channel Islands 315
Spain 320
Portugal 321
Gibraltar 321

Radiobeacons
UK 322
Ireland 322
Belgium 323
Holland 323
Germany 323
Denmark 323
France & Channel Islands 323
Spain 324
Portugal 324

VHF emergency DF service 325
VHF emergency DF service chart - UK 327
VHF emergency DF service chart - France 328
Distance from dipping light table 329
Speed, time & distance table 330

Lights to be carried by yachts

At night or in poor visibilty, yachts must show the following lights:

Sail/power, under 7m ...... All round white
Power under 12m .... All round white plus sidelights
Power over 12m .... White steaming and stern lights plus sidelights
Sail up to 20m .... Masthead tricolour or sternlight plus sidelights
Sail over 12m .... Sternlight and separate sidelights

Arcs

Steaming beam .... White 22·5° abaft the beam through right ahead to 22·5°abaft the other
Stern beam .... White 22·5° abaft the beam through right astern to 22·5°abaft the other
Sidelights .... Red to port and green to starboard 22·5° abaft the beam to right ahead

PRINCIPAL LIGHTS
Range 15M and over
Abbreviations used in List of Lights:
- **Al** Alternating
- **Bu** Blue
- **Dir** Direction light
- **F** Fixed
- **Fl** Flashing
- **Fl( )** Group flashing
- **G** Green
- **(hor)** Horizontal
- **intens** Intensified sector
- **Iso** Isophase
- **Lanby** Large Automatic Navigational Buoy
- **Ldg Lts** Leading lights
- **LFl** Long flash
- **Lt F** Light-float
- **Lt V** Light-vessel
- **M** Sea miles
- **m** Metres
- **Mo** Morse code ligth or fog signal
- **Oc** Occulting
- **Occas** Occasional
- **(P)** Provisional, preliminary
- **Q** Quick flashing
- **R** Red
- **Ra** Coast radar station
- **Racon** Radar responder beacon
- **Radio** Coast radio station
- **RC** Circular radiobeacon
- **RG** Radio direction finding station
- **s** Seconds
- **(T)** Temporary
- **TE** Light temporarily extinguished
- **unintens** Unintensified sector
- **(vert)** Vertical
- **Vi** Violet
- **Vis** Visible
- **VQ** Very quick flashing
- **W** White
- **Y** Yellow, amber or orange

SOUTH COAST OF ENGLAND

A0002 **Bishop Rock** 0°52.30'N 6°26.70'W **Fl(2)W** 15s 44m 24M *Partially obscured 204°-211°(7°), obscured 211°-233°(22°), 236°-259°(23°). Racon*

A0006 **St Mary's** Peninnis Head 49°54.20'N 6°18.20'W **FlW 20s 36m** 17M *Vis 231°-117°(246°), partially obscured 048°-083°(35°) within 5M*

A0018 **Round Island** N side of group 49°58.70'N 6°19.30'W **FlW 10s 55m** 24M *Vis 021°-288°(267°) RC*

A0020 **Seven Stones Light Float** 50°03.60'N 6°04.30'W **Fl(3)W 30s 12m** 25M *Racon*

A0028 **Longships** 50°04.00'N 5°44.80'W **IsoWR 10s 35m** 19/18/15M *R189°-208°(19°), R(unintens) 208°-307°(99°), R307°-327°(20°), W327°-189°(222°)*

A0030 **Wolf Rock** 49°56.70'N 5°48.50'W **FlW 15s 34m** 23M *Racon*

A0032 **Tater-du** 50°03.10'N 5°34.60'W **Fl(3)W 15s 34m** 23M *Vis 241°-074°(193°)*

A0046 **Penzance Harbour** South Pier. Head 50°07.00'N 5°31.60'W **FlWR 5s 11m** 17/12 M *R(unintens)159°-224°(65°), R224°-268°(44°), W268°-344.5°(76.5°), R344.5°- shore.*

A0060 **Lizard** 49°57.60'N 5°12.10'W **FlW 3s 70m** 25M *Vis 250°-120°(230°), partly vis 235°-250°(15°). RC*

A0062 **St Anthony Head** 50°08.40'N 5°00.90'W **OcWR 15s 22m** 22/20/20M *W295°-004°(69°), R004°-022°(18°) over Manacle rocks, W(unintens) 022°-100°(78°)W100°-172°(72°)*

A0094 **Looe Harbour** Banjo Pier. Head 50°21.00'N 4°27.00'W **OcWR 3s 8m** 15/12M *W013°-207°(194°), R207°-267°(60°), W267°-313°(46°), R313°-332°(19°)*

A0098 **Eddystone** 50°10.80'N 4°15.90'W **Fl(2)W 10s 41m** 22M *Racon*

A0228 **Start Point** 50°13.30'N 3°38.50'W **Fl(3)W 10s 62m** 25M *Vis 184°-068°(244°)*

A0294 **Portland Bill** 50°30.80'N 2°27.30'W **Fl(4)W 20s 43m** 25M *Gradually changes from 1fl to 4fl 221°-244°(23°), 4fl 244°-117°(233°), gradually changes from 4fl to 1fl 117°-141°(24°). RC*

A0314 **Portland Harbour** NE Breakwater SE end, A head 50°35.10'N 2°25.00'W **FlW 10s 22m** 20M

A0496 **Anvil Pt** 50°35.50'N 1°57.50'W **FlW 10s 45m** 24M *Vis 237°-076°(199°)*

A0528 **Needles** Outer Needle Rock 50°39.70'N 1°35.40'W **Oc(2)WRG 20s 24m** 17/14/13M *R shore-300°, W300°-083°(143°), R(unintens) 083°-212°(129°), W212°-217°(5°), G217°-224°(7°)*

A0538.1 **Hurst Point** 50°42.50'N 1°32.90'W **IsoWRG 4s 19m** 21/18/17M *G038.6°-040.6°(2°), W040.6°-041.6°(1°), R041.6°-043.6°(2°)*

A0774 **St Catherine's Point** 50°34.50'N 1°17.80'W **FlW 5s 41m** 27M *Vis 257°-117°(220°). RC,* **FR 35m** 17M *Vis 099°-116°(17°)*

A0780 **Nab** 50°40.00'N 0°57.10'W **FlW 10s 27m** 16M *Vis 300°-120°(180°). Racon*

A0814.1 **Shoreham Harbour** Leading light 355° Rear 192m from front 50°49.80'N 0°14.80'W **FlW 10s 13m** 15M *Vis 283°-103°(180°)*

A0839 **Greenwich Light Float** 50°24.50'N 0°00.00'E **FlW 5s 12m** 21M *Racon*

A0840 **Beachy Head** 50°44.00'N 0°14.60'E **Fl(2)W 20s 31m** 25M *Vis 248°-101°(213°)*

A0876 **Dungeness** 50°54.80'N 0°58.70'E **FlW 10s 40m** 27M *Partially obscured 078°-shore. RC*

A0892 **Folkestone** Breakwater. Head 51°04.50'N 1°11.80'E **Fl(2)W 10s 14m** 22M

A0900 **Dover Harbour** Admiralty pier 51°06.60'N 1°19.80'E **FlW 8s 21m** 20M *Vis 096°-090°(354°), Obscured in The Downs by S Foreland inshore of 226°*

A0924 **Dover Harbour - South Breakwater** West head 51°06.80'N 1°19.90'E **OcR 30s 21m** 18M

A0926 **Dover Harbour - Knuckle** 51°07.00'N 1°20.60'E **Fl(4)WR 10s 15m** 15/13M *R059°-239°(180°), W239°-059°(180°)*

LIGHTS

A0966	**North Foreland** 51°22.50'N 1°26.80'E **Fl(5)WR 20s 57m** 19/16/15M *W shore - 150°, R 150°-181° (31°), R181°-200°(19°), W200°-011°(171°). RC*		A2703	**North Shields - Fish Quay** Leading Lights 258°. Front 55°00.50'N 1°26.00'W **FW 25m** 20M
A0970	**Varne Light Float** 51°01.20'N 1°24.00'E **FlR 20s 12m** 19M *Racon*		A2703-1	**North Shields - Rear** 220m from front 55°00.50'N 1°26.20'W **FW 39m** 20M
A0980	**South Goodwin Light Float** 51°07.90'N 1°28.60'E **Fl(2)W 20s 12m** 15M		A2754	**Blyth Harbour East Pier** East Pier-head 55°07.00'N 1°29.10'W **Fl(4)W 10s 19m** 21M
A0984	**East Goodwin Light Float** 51°13.00'N 1°36.30'E **FlW 15s 12m** 21M *Racon*		A2780	**Coquet** 55°20.00'N 1°32.20'W **Fl(3)WR 30s 25m** 21/16M *R330°-140°(170°),W140°-163°(23°), R163°-180°(17°),W180°- 330°(150°). Sector boundaries are indeterminate and may appear as AlWR*
A0992	**F3 Light Float** 51°23.80'N 2°00.60'E **FlW 10s 12m** 22M *Racon*			
			A2810	**Bamburgh** Black Rocks Point 55°37.00'N 1°43.30'W **Oc(2)WRG 15s 12m** 17/13/13M *G122°-165°(43°),W165°- 175° (10°), R175°-191°(16°),W191°-238°(47°), R238°- 275°(37°), W275-289°(14°), G289°-300°(11°)*
EAST COAST OF ENGLAND				
A2096	**Shornmead** 51°27.00'N 0°26.60'E **Fl(2)WRG 10s 12m** 17/13/13M *G054°-081.5°(27.5°), R081.5°-086.2° (4.7°),W086.2°-088.7°(2.5°), G088.7°- 141°(52.3°),W141°-205°(64°), R205°-213°(8°)*		A2814	**Farne Island** Longstone.West Side 55°38.60'N 1°36.50'W **FlW 20s 23m** 24M
			SCOTLAND	
A2118	**Tilbury - Northfleet Lower** 51°26.90'N 0°20.40'E **OcWR 5s 15m** 17/14M *W164°-271°(107°), R271°-S shore in Gravesend reach*		A2850	**St Abb's Head** 55°55.00'N 2°08.30'W **FlW 10s 68m** 26M *Racon*
A2119	**Tilbury - Northfleet Upper** 51°26.90'N 0°20.20'E **OcWRG 10s 30m** 16/12/12M *R126°-149°(23°),W149°-159°(10°), G159°-268°(109°),W268°- 279°(11°)*		A2868	**Fidra** 56°04.40'N 2°47.00'W **Fl(4)W 30s 34m** 24M *RC. Obscured by Bass Rock, Craig Leith & Lamb Island*
A2170	**Sunk Light Float** 51°51.00'N 1°35.00'E **Fl(2)W 20s 12m** 24M *Racon*		A2912	**Inchkeith** Summit 56°02.00'N 3°08.10'W **FlW 15s 67m** 22M *RC*
A2258	**Orford Ness** 52°05.00'N 1°34.60'E **FlW 5s 28m** 25M *Racon also F RG 14m 15/14M. R shore-210°, R038°-047°(9°), G047°-shore*		A2915-4	**Braefoot Bay Terminal** West Jetty. Leading Lights 247°15'. Front 56°02.20'N 3°18.60'W **FlW 3s 6m** 15M *Vis 237.2°-257.2°(20°)*
A2272	**Southwold** 52°19.60'N 1°41.00'E **Fl(4)WR 20s 37m** 17/15/14M *R(intens)204°-220°(16°), W220°- 001°(141°), R001°-032.3°(31.3°)*		A2915-41	**Braefoot Bay Terminal - Rear** 88m from front 56°02.20'N 3°18.70'W **FlW 3s 12m** 15M *Vis 237.2°-257.2°(20°). Synchronised with front*
A2280	**Lowestoft** 52°29.20'N 1°45.50'E **FlW 15s 37m** 28M *Partially obsc 347°-shore*		A3060	**Elie Ness** 56°11.00'N 2°48.60'W **FlW 6s 15m** 18M
A2332	**Newarp Light Float** 52°48.30'N 1°55.80'E **FlW 10s 12m** 21M *Racon*		A3090	**Isle of May** Summit 56°11.20'N 2°33.30'W **Fl(2)W 15s 73m** 22M
A2342	**Cromer** 52°55.50'N 1°19.10'E **FlW 5s 84m** 23M *Vis 102°-307°(205°). RC. Racon*		A3102	**Fife Ness** 56°16.70'N 2°35.10'W **IsoWR 10s 12m** 21/20M *W143°-197°(54°). R197°-217°(20°).W217°-023°(166°). RC*
A2351	**Inner Dowsing Light Float** 53°19.50'N 0°34.00'E **FlW 10s 12m** 15M *Racon*		A3108	**Bell Rock** 56°26.10'N 2°23.10'W **FlW 5s 28m** 18M *Racon*
A2420	**B ID Dowsing** 53°33.70'N 0°52.70'E **Fl(2)W 10s 28m** 22M *Racon*		A3142	**Tayport** High Lighthouse. Dir Lt 269° 56°27.20'N 2°53.80'W **Dir IsoWRG 3s 24m** 22/17/16M *G267°- 268°(1°),W268°-270°(2°), R270°-271°(1°)*
A2582	**Flamborough Head** 54°07.00'N 0°04.80'W **Fl(4)W 15s 65m** 24M *RC*			
A2596	**Whitby High** 54°28.60'N 0°34.00'W **IsoWR 10s 73m** 18/16M *R128°-143°(15°), W143°-319°(176°)*		A3220	**Scurdie Ness** 56°42.10'N 2°26.10'W **Fl(3)W 20s 38m** 23M *Racon*
			A3234	**Todhead** 56°53.00'N 2°12.80'W **Fl(4)W 30s 41m** 18M
A2626	**South Gare** 54°38.80'N 1°08.10'W **FlWR 12s 16m** 20/17M *W020°-274°(254°). R274°-357°(83°). Shown from a structure 84m S, obscured on a bearing 197.5°(T) 1993*		A3246	**Girdle Ness** 57°08.30'N 2°02.80'W **Fl(2)W 20s 56m** 22M *Obscured by Greg Ness when brg more than about 020°. RC. Racon*
A2627.1	**River Tees.** Ldg Lts. 210°04'. Rear. 560m from front 54°37.00'N 1°10.30'E **FR 20m** 16M		A3280	**Buchan Ness** 57°28.20'N 1°46.40'W **FlW 5s 40m** 28M *Racon*
A2663	**Hartlepool** The Heugh 54°41.80'N 1°10.50'W **Fl(2) 10s 19m** 19M *RG*		A3304	**Rattray Head** Ron Rock 57°36.60'N 1°48.90'W **Fl(3)W 30s 28m** 24M *Racon*
A2681	**Sunderland** Roker Pier head 54°55.30'N 1°21.00'W **FlW 5s 25m** 23M *Vis 211°-357°(146°)*		A3332	**Kinnaird Head** 57°41.90'N 2°00.10'W **FlW 5s 25m** 22M *Vis 092°-297°(205°). RC*
A2700	**Tynemouth** Entrance. N pier-head 55°00.90'N 1°24.10'W **Fl(3)W 10s 26m** 26M		A3394	**Buckie Harbour** 60m from NW pier head 57°40.90'N 2°57.50'W **OcR 10s 15m** 15M

PAGE 306

LIGHTS

A3394.1 **Buckie Harbour - Cliff Terrace** 57°40.70'N 2°57.20'W **IsoWG 2s 20m** 16/12M *G090°-110°(20°), W110°-225° (115°)*

A3414 **Covesea Skerries** 57°43.50'N 3°20.20'W **FlWR 20s 49m** 24/20M *W076°-267°(191°). R267°-282°(15°)*

A3440 **Chanonry** 57°34.50'N 4°05.40'W **OcW 6s 12m** 15M *Vis 148°-073°(285°)*

A3490 **Cromarty** The Ness 57°41.00'N 4°02.10'W **OcWR 10s 18m** 15/11M *R079°-088°(9°), W088°-0275°(187°). Obscured by North Sutor when bearing less than 253°.*

A3506 **Tarbat Ness** 57°51.90'N 3°46.50'W **Fl(4)W 30s 53m** 24M *Racon*

A3524 **Clythness** 58°18.70'N 3°12.60'W **Fl(2)W 30s 45m** 16M

A3544 **Noss Head** 58°28.80'N 3°03.00'W **FlWR 20s 53m** 25/21M *R shore-191°, W191°-shore*

A3558 **Duncansby Head** 58°38.60'N 3°01.40'W **FlW 12s 67m** 24M *Racon. RC*

A3562 **Pentland Skerries** 58°41.40'N 2°55.40'W **Fl(3)W 30s 52m** 23M

A3568 **Swilkie Point** Stroma 58°41.80'N 3°07.00'W **Fl(2)W 20s 32m** 26M

A3574 **Dunnet Head** 58°40.30'N 3°22.40'W **Fl(4)W 30s 105m** 23M *RG*

A3578 **Holborn Head** Little Head. Thurso Bay 58°36.90'N 3°32.40'W **FlWR 10s 23m** 15/11M *W198°-358°(160°), R358°-shore*

A3590 **Strathy Point** Thurso Bay 58°36.10'N 4°00.90'W **FlW 20s 45m** 26M

A3602 **Cantick Head** 58°47.20'N 3°07.80'W **FlW 20s 35m** 18M

A3644 **Graemsay Island** Hoy Sound. Front Leading Light. 104° 58°56.50'N 3°18.40'W **IsoW 3s 17m** 15M *Vis 070°-255°(185°)*

A3644-1 **Graemsay Island Rear** Hoy Sound. Rear Leading Light. 1.2M from front 58°56.20'N 3°16.30'W **OcWR 8s 35m** 20/16M *R097°-112°(15°), W112°- 163° (51°), R163°-178°(15°), W178°-332°(154°). Obscured on leading line within 0.5M*

A3676 **Copinsay** 58°53.80'N 2°40.20'W **Fl(5)W 30s 79m** 21M

A3680 **Auskerry** 59°01.60'N 2°34.20'W **FlW 20s 34m** 18M

A3688 **Kirkwall** Pier. North end 58°59.30'N 2°57.60'W **IsoWRG 5s 13m** 15/13/13M *G153°-183°(30°), W183°-192°(9°), R192°-210°(18°)*

A3700 **Brough of Birsay** 59°08.20'N 3°20.30'W **Fl(3)W 25s 52m** 18M

A3718 **Sanday Island** Start Point 59°16.70'N 2°22.50'W **Fl(2)W 20s 24m** 19M

A3722 **North Ronaldsay** Near NE end 59°23.40'N 2°22.80'W **FlW 10s 43m** 19M *Racon. Range 11M (T) 1997*

A3736 **Westray** Noup Head 59°19.90'N 3°04.00'W **FlW 30s 79m** 22M *Vis about 335°-242°(267°), 248-282°(34°). Obscured by cliffs on easterly bearings within 0.8M, partially obscured 240°-275°(35°)*

A3750 **Skadan** Fair Isle - South 59°30.90'N 1°39.00'W **Fl(4)W 30s 32m** 24M *Vis 260°-146°(246°), but obscured close inshore from 260°- 282°(22°). Reduced range (T) 1997*

A3756 **Skroo** Fair Isle - North. 59°33.20'N 1°36.50'W **Fl(2)W 30s 80m** 22M *Vis 086.7°-358°(271.3°)*

A3766 **Sumburgh Head** 59°51.30'N 1°16.30'W **Fl(3)W 30s 91m** 23M *RC*

A3776 **Kirkabister Ness** Bressay 60°07.20'N 1°07.20'W **Fl(2)W 20s 32m** 23M

A3807 **Bound Skerry** Bound Skerry 60°25.50'N 0°43.50'W **FlW 20s 44m** 20M

A3812 **Yell Sound** Firths Voe. North shore 60°27.20'N 1°10.60'W **OcWRG 8s 9m** 15/10/10M *W189°-194°(5°), G194°-257°(63°), W257°-261° (4°), R261°-339°(78°), W339°-066°(87°)*

A3817-5 **Yell Sound - Point of Fethaland** 60°38.10'N 1°18.60'W **Fl(3)WR 15s 65m** 24/20M *R080°-103°(23°), W103°-160°(57°), R160°-206°(46°), W206°-340°(134°)*

A3822 **Sullom Voe** Gluss Isle Leading Lights 194°44'. Front 60°29.80'N 1°19.30'W **FW 39m** 19M

A3822-1 **Sullom Voe - Rear** 0.75M from front 60°29.10'N 1°19.50'W **FW 69m** 19M

A3832 **Muckle Flugga** Muckle Flugga 60°51.30'N 0°53.00'W **Fl(2)W 20s 66m** 22M

A3838 **Esha Ness** 60°29.30'N 1°37.60'W **FlW 12s 61m** 25M

A3845-5 **West Burra Firth** Inner Lt 60°17.80'N 1°32.00'W **FWRG 9m** 15/9/9M *G095°-098°(3°), W098°-102°(4°), R102°- 105°(3°)*

A3860 **Foula** 60°06.80'N 2°03.70'W **Fl(3)W 15s 36m** 18M *Obscured 123°-221°(98°)*

A3868 **Sule Skerry** 59°05.00'N 4°24.30'W **Fl(2)W 15s 34m** 21M *Racon*

A3869 **Rona - North Rona** 59°07.30'N 5°48.80'W **Fl(3)W 20s 114m** 24M

A3880 **Cape Wrath** 58°37.50'N 5°00.00'W **Fl(4)W 30s 122m** 24M

A3882 **Stoer Head** Cluas Deas 58°14.40'N 5°24.00'W **FlW 15s 59m** 24M

A3900 **Rubha Reidh** 57°51.40'N 5°48.60'W **Fl(4)W 15s 37m** 24M

A3904 **Rona - South Rona.** NE point 57°34.70'N 5°57.50'W **FlW 12s 69m** 19M *Vis 050°-358°(308°)*

A3944 **Sound of Sleat** Ornsay. South East End. Islet 57°08.60'N 5°46.40'W **OcW 8s 18m** 15M *Vis 157°-030°(233°)*

A3968 **Butt of Lewis** 58°31.00'N 6°15.70'W **FlW 5s 52m** 25M *Vis 056°-320°(264°). RC*

A3972 **Tiumpan Head** 58°15.60'N 6°08.30'W **Fl(2)W 15s 55m** 25M

A3976 **Stornoway Harbour** Arnish Point 58°11.50'N 6°22.20'W **FlWR 10s 17m** 19/15M *W088°- 198° (110°), R198°-302°(104°), W302°-013°(71°)*

A3990 **Eilean Glas** Scalpay. Eilean Glas 57°51.40'N 6°38.50'W **Fl(3)W 20s 43m** 23M *Racon*

A4004 **South Uist** Ushenish 57°17.90'N 7°11.50'W **FlWR 20s 54m** 19/15M *W193°-356°(163°). R356°-013°(17°)*

A4020 **Berneray** West side. Barra Head 56°47.10'N 7°39.20'W **FlW 15s 208m** 18M *Obscured by the islands to NE*

PAGE 307

LIGHTS

A4028	**Flannan Isles** Eilean Mór 58°17.30'N 7°35.40'W **Fl(2)W 30s 101m** 20M *Obscured in places by islands W of Eilean Mór*	
A4064	**Skye** Neist Point 57°25.40'N 6°47.20'W **FlW 5s 43m** 16M	
A4076	**"igh Sgeir** Near South end. Hyskeir 56°58.20'N 6°40.90'W **Fl(3)W 30s 41m** 24M *Racon*	
A4082	**Ardnamurchan** 56°43.60'N 6°13.40'W **Fl(2)W 20s 55m** 24M *Vis 002°-217°(215°)*	
A4092	**Scarinish** South side of entrance 56°30.00'N 6°48.20'W **FlW 3s 11m** 16M *Vis 210°-030°(180°)*	
A4096	**Skerryvore** 56°19.40'N 7°06.90'W **FlW 10s 46m** 23M *Racon*	
A4098	**Dubh Artach** 56°08.00'N 6°37.90'W **Fl(2)W 30s 44m** 20M *Range 10M (T) 1996*	
A4112	**Rubha nan Gall** Rubha nan Gall 56°38.30'N 6°03.90'W **FlW 3s 17m** 15M	
A4170	**Lismore** Eilean Musdile. SW end 56°27.40'N 5°36.40'W **FlW 10s 31m** 19M *Vis 237°-208°(331°)*	
A4236	**Ruvaal** Rubh'a' Mháil. Ruvaal 55°56.20'N 6°07.30'W **Fl(3)WR 15s 45m** 24/21M *R075°-180°(105°),W180°-075°(255°)*	
A4256	**Orsay Island** Rhinns of Islay 55°40.40'N 6°30.80'W **FlW 5s 46m** 24M *Vis 256°-184°(288°). RC*	
A4272	**Mull of Kintyre** 55°18.60'N 5°48.10'W **Fl(2)W 20s 91m** 24M *Vis 347°-178°(191°)*	
A4274	**Sanda Island** South side 55°16.50'N 5°34.90'W **FlW 10s 50m** 15M *Racon*	
A4276	**Island Davaar** Island Davaar. N Point 55°25.70'N 5°32.40'W **Fl(2)W 10s 37m** 23M *Vis 073°-330°(257°)*	
A4293	**Skipness** Calibration range 55°46.70'N 5°19.00'W **Oc(2)Y 10s** 24M *Shown when range in use*	
A4326	**Pladda** Pladda 55°25.50'N 5°07.30'W **Fl(3)W 30s 40m** 17M	
A4330	**Pillar Rock Point** Pillar Rock Point 55°31.00'N 5°03.60'W **Fl(2)W 20s 38m** 25M	
A4346	**Little Cumbrae** Cumbrae Elbow 55°43.30'N 4°57.90'W **FlW 3s 31m** 23M *Vis 334°-210°(236°)*	
A4362	**Toward Point** 55°51.70'N 4°58.70'W **FlW 10s 21m** 22M	
A4421	**Gareloch** Beacon No 8N. Dir Lt 138° 55°59.10'N 4°44.10'W **DirWRG 4m** 16/13/13M *FG132°-134°(2°),AlWG134°-137°(3°), FW137°-139°(2°),AlWR139°-142°(3°)*	
A4421	**Beacon No 8 N** Gareloch. Dir Lt 080° 55°59.10'N 4°44.10'W **DirWRG 4m** 16/13/13M *FG075°-077.5°(2.5°),AlWG077.5°-079.5°(2°), FW079.5°-080.5°(1°),AlWR080.5°-082.5°(2°), FR082.5°-085°(2.5°)*	
A4422	**Beacon No 7N** Gareloch. 356°. Front. 56°00.10'N 4°45.20'W **DirWRG 5m** 16/13/13M *AlWG353°-355°(2°),FW355°-357°(2°),AlWR357°-000°(3°),FR000°-002°(2°)*	
A4422.5	**Rhu Point** Dir Lt 318° 56°00.90'N 4°47.10'W **DirWRG** 16/13/13M *AlWG315°-317°(2°),FW317°-319°(2°),AlWR319°-321°(2°),FR321°-325°(4°)*	
A4423	**Beacon No 2N** Rhu Narrows - Limekiln Pt. Bn No 2N. Dir Lt 295° 56°00.70'N 4°47.60'W **DirWRG 5m** 16/13/13M *AlWG291°-294°(3°), FW294°-296°(2°),AlWR296°-299°(3°), FR299°-301°(2°). Unreliable (T) 1997*	
A4423-5	**Roseneath Bay** Beacon No 3N Dir Lt 149° 56°00.10'N 4°46.60'W **DirWRG 9m** 16/13/13M *FG144°-145°(1°),AlWG145°-148°(3°), FW148°-150°(2°),AlWR150°-153°(3°), FR153°-154°(1°)*	
A4580	**Turnberry Point** Near castle ruins 55°19.60'N 4°50.60'W **FlW 15s 29m** 24M	
A4582	**Ailsa Craig** 55°15.10'N 5°06.40'W **FlW 4s 18m** 17M *Vis 145°-028°(243°)*	
A4604	**Corsewall Point** 55°00.50'N 5°09.50'W **Fl(5)W 30s 34m** 22M *Vis 027°-257°(230°)*	
A4606	**Killantringan** Black Head 54°51.70'N 5°08.70'W **Fl(2)W 15s 49m** 25M	
A4608	**Crammag Head** 54°39.90'N 4°57.80'W **FlW 10s 35m** 18M	
A4610	**Mull of Galloway** South East end 54°38.10'N 4°51.40'W **FlW 20s 99m** 28M *Vis 182°-105°(283°)*	

WEST COAST OF ENGLAND

A4710	**Saint Bees Head** 54°30.80'N 3°38.10'W **Fl(2)W 20s 102m** 21M *Obscured shore-340°*

ISLE OF MAN

A4720	**Point of Ayre** 54°24.90'N 4°22.10'W **Fl(4)W 20s 32m** 19M *Racon*
A4746	**Calf of Man** West Point 54°03.20'N 4°49.60'W **FlW 15s 93m** 26M *Vis 274°-190°(276°)*
A4770	**Douglas Head** 54°08.60'N 4°27.90'W **FlW 10s 32m** 24M *Reduced range shore-220°. Obscured when bearing more than 037°*
A4786	**Maughold Head** 54°17.70'N 4°18.40'W **Fl(3)W 30s 65m** 21M

WEST COAST OF ENGLAND

A4820	**Isle of Walney** 54°02.90'N 3°10.50'W **FlW 15s 21m** 23M *Obscured 122°-127°(5°) when within 3M of the shore. RC*

WALES

A5160	**Point Lynas** 53°25.00'N 4°17.30'W **OcW 10s 39m** 20M *Vis 109°-315°(206°). RC*
A5168	**The Skerries** 53°25.30'N 4°36.40'W **Fl(2)W 10s 36m** 22M *Racon. Also FR 26m 16M Vis 231°-254°(23°)*
A5204	**South Stack** 53°18.40'N 4°41.90'W **FlW 10s 60m** 27M *Obscured to the northward by North Stack, and may also be obscured in Penrhos Bay by the high land of Penrhyn Mawr, but is visible over the land from the southward when in line with Rhoscolyn Beacon*
A5234	**Bardsey Island** 52°45.00'N 4°47.90'W **Fl(5)W 15s 39m** 26M *Obscured by Bardsey Island 198°-250°(52°) and in Tremadoc Bay when bearing less than 260°*
A5274	**Strumble Head** Ynysmeicel 52°01.80'N 5°04.30'W **Fl(4)W 15s 45m** 26M *Vis 038°-257°(219°)*

LIGHTS

A5276	**South Bishop** 51°51.10'N 5°24.60'W **FlW 5s 44m** 19M *RC*	A5618	**Lundy - SE point** 51°09.70'N 4°39.30'W **FlW 5s 53m** 15M *Vis 170°-073°(263°)*
A5278	**The Smalls** 51°43.20'N 5°40.10'W **Fl(3)W 15s 36m** 25M *Racon*	A5622	**Hartland Point** 51°01.30'N 4°31.40'W **Fl(6)W 15s 37m** 25M
A5282	**Skokholm Island** 51°41.60'N 5°17.10'W **FlW 10s 54m** 20M *Partially obscured 226°- 258°(32°)*	A5638	**Trevose Head** NW end 50°32.90'N 5°02.10'W **FlW 8s 62m** 21M
A5284	**St Ann's Head** 51°40.90'N 5°10.40'W **FlWR 5s 48m** 18/17/14M *W233°-247°(14°), R247°-285°(38°), R(intens) 285°-314°(29°), R314°- 332°(18°), W332°-131°(159°), partially obscured between 124°-129°(5°).* Ra	A5670	**Pendeen** Near Watch House 50°09.80'N 5°40.20'W **Fl(4)W 15s 59m** 16M *Vis 042°-240°(198°); in the bay between Gurnard Head and Pendeen, it shows to the coast*

SOUTH COAST OF IRELAND

A5286-3	**Watwick Point** Leading light . Common rear. 0.5M from front 51°41.80'N 5°09.20'W **FW 80m** 15M *Vis 013.5°-031.5°(18°)*	A5702	**Fastnet** W end 51°23.30'N 9°36.10'W **FlW 5s 49m** 27M *Racon*
A5287	**Great Castle Head** Leading Lights 039°45'. Front 51°42.60'N 5°07.00'W **OcW 4s 27m** 15M *Vis 031.2°-048.2°(17°) On request through Milford Haven Port radio.*	A5708	**Galley Head** Summit 51°31.70'N 8°57.10'W **Fl(5)W 20s 53m** 23M *Vis 256°-065°(169°)*
		A5710	**Old Head of Kinsale** S point 51°36.30'N 8°31.90'W **Fl(2)W 10s 72m** 25M *RC*
A5287-1	**Great Castle Head - Little Castle Head** Rear. 890m from front 51°43.00'N 5°06.60'W **OcW 8s 53m** 15M *Vis 031.2°-048.2°(17°)*	A5718	**Roche's Point** 51°47.60'N 8°15.30'W **FlWR 3s 30m** 20/16M *R shore-292°, W292°-016°(84°), R016°-033°(17°), W(unintens) 033°-159°(126°). R159°-shore*
A5356	**Burry Port** 51°40.60'N 4°15.00'W **FlW 5s 7m** 15M	A5774	**Ballycotton** 51°49.50'N 7°59.10'W **FlWR 10s 59m** 21/17M *W238°-048°(170°), R048°-238°(190°)*
A5358	**Mumbles** 51°34.00'N 3°58.20'W **Fl(4)W 20s 35m** 16M	A5776	**Youghal** West side of entrance 51°56.50'N 7°50.50'W **FlWR 2s 24m** 17/13M *W183°-273°(90°), R273°- 295°(22°), W295°-307°(12°), R307°-351°(44°), W351°-003°(12°)*
A5406	**Nash** 51°24.00'N 3°33.10'W **Fl(2)WR 10s 56m** 21/20/17M *R280°-290°(10°), W290°097°(167°), R097°- 100°(3°), R(intens) 100°-104°(4°), R104°- 120°(16°), W120°-128°(8°). RC*	A5778	**Mine Head** 51°59.60'N 7°35.20'W **Fl(4)W 20s 87m** 28M *Vis 228°-052°(184°)*
A5426	**Flat Holm** SE point 51°22.50'N 3°07.00'W **Fl(3)WR 10s 50m** 16/13M *R106°-140°(34°), W140°- 151°(11°) R 151°-203°(52°), W 203°-106°(263°)*	A5798	**Hook Head** 52°07.30'N 6°55.70'W **FlW 3s 46m** 23M *Racon*
		A5800	**Dunmore East** East Pier. Head 52°08.90'N 6°59.30'W **FlWR 8s 13m** 17/13M *W225°-310°(85°), R310°-004°(54°)*
A5433	**Cardiff** Leading Lights 349°. Front 51°27.70'N 3°09.90'W **FW 4m** 17M	A5832	**Coningbeg Light Float** 52°02.40'N 6°39.40'W **Fl(3)W 30s 12m** 24M *Racon*
A5433.1	**Cardiff - Rear** 520m from front 51°27.90'N 3°10.00'W **FW 24m** 17M		
A5454	**River Usk** East Usk 51°32.40'N 2°57.90'W **Fl(2)WRG 10s 11m** 15/11/11M *W284°-290°(6°), R290°-017°(87°), W017°-037°(20°), G037°-115°(78°), W115°-120°(5°)*		

EAST COAST OF IRELAND

A5838	**Tuskar** 52°12.2'N 6°12.4'W
A5838	**TUSKAR** 52°12.20'N 6°12.40'W **Q(2)W 8S 33M** 24M *RC. RACON*

WEST COAST OF ENGLAND

A5482	**Black Nore Point** 51°29.10'N 2°48.00'W **Fl(2)W 10s 11m** 15M *Vis 044°-243°(199°), Obscured by Sand Pt when bearing less than 049°*	A5845	**Arklow Lanby** 52°39.50'N 5°58.10'W **Fl(2)W 12s 12m** 15M *Racon*
A5484	**Portishead Point** 51°29.60'N 2°46.40'W **Q(3)W 10s 9m** 16M *Vis 060°-262°(202°)*	A5850	**Wicklow Head** 52°57.90'N 5°59.80'W **Fl(3)W 15s 37m** 23M
A5590	**Lynmouth Foreland** 51°14.70'N 3°47.10'W **Fl(4)W 15s 67m** 18M *Vis 083°-275°(192°)*	A5861	**Codling Lanby** 53°03.00'N 5°40.70'W **FlW 4s 12m** 15M *Racon*
A5600	**Bull Point** 51°12.00'N 4°12.00'W **Fl(3)W 10s 54m** 24M *Obscured by high ground from shore -056°*	A5865	**Kish Bank** 53°18.70'N 5°55.30'W **Fl(2)W 20s 29m** 22M *Racon*
A5610	**Bideford** Instow. Leading Lights 118°. Front 51°03.60'N 4°10.60'W **OcW 6s 22m** 15M *Vis 104.5°-131.5°(27°)*	A5872	**Dun Laoghaire - East Breakwater** East Breakwater. Head 53°18.10'N 6°07.60'W **Fl(2)R 10s 16m** 17M
A5610.1	**Bideford - Rear** 427m from front 51°03.50'N 4°10.30'W **OcW 10s 38m** 15M *Vis 103°-133°(30°)*	A5882	**Port of Dublin - Poolbeg** Great S Wall. Head. Poolbeg 53°20.50'N 6°09.00'W **Oc(2)R 20s 20m** 15M
A5616	**Lundy - Near N Point** Near N point 51°12.10'N 4°40.60'W **FlW 15s 48m** 17M *Vis 009°-285°(276°)*	A5884	**Port of Dublin - North Bull Wall** 53°20.70'N 6°08.90'W **Fl(3)G 10s 15m** 15M
		A5886	**Port of Dublin - N Bank** 53°20.70'N 6°10.50'W **OcG 8s 10m** 16M
		A5898	**Ben of Howth** Baily 53°21.70'N 6°03.10'W **FlW 15s 41m** 26M *RC*

LIGHTS

A5904	Rockabill 53°35.80'N 6°00.30'W **FlWR 12s 45m** 22/18M W178°-329°(151°), R329°-178°(209°)		A6224	Rotten Island 54°36.90'N 8°26.30'W **FlWR 4s 20m** 15/11M W255°-008°(113°), R008°-039°(31°), W039°-208°(169°)
A5910	Drogheda Harbour Entrance Lights in line about 248°. Front 53°43.10'N 6°14.90'W **OcW 12s 8m** 15M Vis 203°-293°(90°)		A6268	Eagle Island W end 54°17.00'N 10°05.50'W **Fl(3)W 10s 67m** 23M RC
A5910.1	Drogheda Harbour - Rear 85m from front 53°43.10'N 6°14.90'W **OcW 12s 12m** 17M Vis 246°-252°(6°)		A6270	Black Rk 54°04.00'N 10°19.20'W **FlWR 12s 86m** 22/16M W276°-212°(296°), R212°-276°(64°)
A5911	Drogheda Harbour - North Light 53°43.40'N 6°15.20'W **FlR 4s 7m** 15M Vis 282°-288°(6°)		A6276	Achillbeg Island S point 53°51.50'N 9°56.80'W **FlWR 5s 56m** 18/18/15M R262°-281°(19°), W281°- 342°(61°), R342°-060°(78°), W060°- 092°(32°), R(intens) 092°-099°(7°), W099°-118°(19°)
A5920	Dundalk Harbour North training wall. Head 53°58.50'N 6°17.60'W **FlWR 15s 10m** 21/18M W124°- 151°(27°), R151°-284°(133°), W284°-313°(29°), R313°-124°(171°)		A6288	Slyne Head N tower 53°24.00'N 10°14.00'W **Fl(2)W 15s 35m** 24M
A5928	Haulbowline 54°01.20'N 6°04.70'W **Fl(3)W 10s 32m** 17M		A6296	Galway Bay - Eeragh Eeragh. Rock Island 53°08.90'N 9°51.40'W **FlW 15s 35m** 23M Vis 297°-262°(325°)
A5958	St John's Point 54°13.60'N 5°39.50'W **Q(2)W 8s 37m** 25M FlWR 3s 14m 15/11M W064°-078°(14°), R078°-shore		A6298	Galway Bay - Straw Island 53°07.00'N 9°37.90'W **Fl(2)W 5s 11m** 17M
A5966	Strangford Lough South Rock. Light Float 54°24.50'N 5°21.90'W **Fl(3)R 30s 12m** 20M RC. Racon		A6334	Galway Bay - Inisheer 53°02.80'N 9°31.50'W **IsoWR 12s 34m** 20/16M W (partially vis beyond 7M) 225°- 231°(6°), W231°-245°(14°), R245°-269°(24°), W269°-115°(206°). Racon
A5974	Donaghadee South pier. Head 54°38.70'N 5°31.80'W **IsoWR 4s 17m** 18/14M W shore-326°, R326°-shore		A6338	Loop Head 52°33.70'N 9°55.90'W **Fl(4)W 20s 84m** 23M Vis 280°-218°(298°). RC
A5976	Mew Island North East end 54°41.90'N 5°30.70'W **Fl(4)W 30s 37m** 24M Racon		A6392	Little Samphire Island 52°16.20'N 9°52.90'W **FlWRG 5s 17m** 16/13/13M R262°-275°(13°). R280°-090°(170°), G090°-140°(50°), W140°- 152°(12°), R152°-172°(20°)
A6028	Black Head 54°46.00'N 5°41.30'W **FlW 3s 45m** 27M			
A6031	Chaine Tower 54°51.30'N 5°47.80'W **IsoWR 5s 23m** 16M W230°-240°(10°), R240°-shore		A6408	Inishtearaght Westernmost of The Blasket Islands 52°04.50'N 10°39.70'W **Fl(2)W 20s 84m** 27M Vis 318°-221°(263°). Racon
A6042	Maidens 54°55.70'N 5°43.60'W **Fl(3)W 20s 29m** 24M Racon		A6416	Valencia Harbour - Fort (Cromwell) Point Fort (Cromwell) Pt 51°56.00'N 10°19.30'W **FlWR 2s 16m** 17/15M R304°-351°(47°), W104°-304°(200°). Obscured from seaward by Doulus Hd when bearing over 180°
A6062	Rathlin Island Altacarry Hd. Rathlin East 55°18.10'N 6°10.20'W **Fl(4)W 20s 74m** 26M Vis 110°-006°(256°) and 036°-058°(22°). Racon			
A6064	Rathlin Island - Rathlin West 0.5M North East of Bull Point 55°18.10'N 6°16.70'W **FlR 5s 62m** 22M Vis 015°-225°(210°)		A6422	Skelligs Rock 51°46.20'N 10°32.50'W **Fl(3)W 10s 53m** 27M Vis 262°-115°(213°). Partially obscured by land within 6M 110°-115°(5°)

NORTH COAST OF IRELAND

A6084	Inishowen W tower 55°13.60'N 6°55.70'W **Fl(2)WRG 10s 28m** 18/14/14M G197°-211°(14°), W211°- 249°(38°), R249°-000°(111°)		A6430	Bull Rock 51°35.50'N 10°18.10'W **FlW 15s 83m** 21M Vis 220°-186°(326°)
			A6432	Sheep's Hd 51°32.50'N 9°50.80'W **Fl(3)WR 15s 83m** 18/15M R007°-017°(10°), W017°-212°(195°)
A6164	Inishtrahull 55°25.80'N 7°14.60'W **Fl(3)W 15s 59m** 25M Racon		A6434	Bearhaven. W entrance Ardnakinna Point 51°37.10'N 9°55.00'W **Fl(2)WR 10s 62m** 17/14M R319°-348°(29°), W348°-066°(78°), R066°-shore
A6168	Fanad Head 55°16.60'N 7°37.90'W **Fl(5)WR 20s 39m** 18/14M R100°-110°(10°), W 110°-313°(203°), R313°-345°(32°), W 345°-100°(115°)			
			A6442	Roancarrigmore 51°39.10'N 9°44.80'W **FlWR 3s 18m** 18/14M W312°-050°(98°), R050°-122°(72°), R(unintens) 122°-242°(120°), R242°-312°(70°)

WEST COAST OF IRELAND

A6200	Tory Island NW point 55°16.40'N 8°14.90'W **Fl(4)W 30s 40m** 27M Obscured by land about 277°-302°(25°). RC. Racon		A6448	Mizen Head 51°26.90'N 9°49.20'W **IsoW 4s 55m** 15M Vis 313°-133°(180°). Racon
A6208	Aranmore Rinrawros Point 55°00.90'N 8°33.60'W **Fl(2)W 20s 71m** 29M Obscured by land about 234°- 007°(133°) and when bearing about 013°			

BELGIUM

			B0074	Nieuwpoort - E Pier East Pier 51°09.30'N 2°43.80'E **Fl(2)R 14s 28m** 16M
A6216	Rathlin O'Birne W side 54°39.80'N 8°49.90'W **FlWR 15s 35m** 18/14M R195°-307°(112°) W307°-195°(248°). Racon		B0092	Oostende 51°14.20'N 2°55.90'E **Fl(3)W 10s 65m** 27M Obscured 069.5°-071°(1.5°)

LIGHTS

B0112 **Comte Jean Jetty** Comte Jean Jetty 51°18.80'N 3°06.90'E **Fl(2)W 8s 30m** 20M Vis 065°-245°(80°)

B0122 **Zeebrugge** Heist. Mole. Head 51°20.90'N 3°12.10'E **OcWR 15s 22m** 20/18M W068°-145°(77°), R145°-201°(56°), W201°-296°(95°)

HOLLAND

B0174 **Walcheren - Westkapelle** Westkapelle. Common rear. 51°31.80'N 3°26.90'E **FlW 3s 50m** 28M Obscured by the land on certain bearings

B0500 **West Schouwen** West Schouwen 51°42.60'N 3°41.60'E **Fl(2+1)W 15s 58m** 30M

B0518 **Westhoofd** 51°48.80'N 3°51.90'E **Fl(3)W 15s 56m** 30M

B0593-39 **Dordsche Kil - DeWacht - Ldg Lts - Rear** 164° 190m from front 51°44.60'N 4°38.20'E **IsoW 2s 18m** 15M Synchronised with front

B0593-4 **Dordsche Kil - Common front** 51°44.70'N 4°38.10'E **IsoW 2s 14m** 15M

B0593-41 **Dordsche Kil - Ldg Lts - Rear** 015°. 500m from front 51°45.00'N 4°38.20'E **IsoW 4s 20m** 16M Synchronised with front

B0593-5 **Dordsche Kil - S-Gravendeel - Ldg Lts - Front** 344°. 51°46.10'N 4°37.50'E **IsoW 2s 12m** 15M

B0593-51 **Dordsche Kil - Rear** 125m from front 51°46.10'N 4°37.50'E **IsoW 2s 15m** 15M Synchronised with front

B0593-7 **Dordsche Kil - DeWacht - Ldg Lts - Front** 183°. 51°45.40'N 4°37.60'E **IsoW 8s 12m** 15M

B0593-71 **Dordsche Kil - Rear** 490m from front 51°45.10'N 4°37.60'E **IsoW 8s 19m** 15M Synchronised with front

B0593-8 **Dordsche Kil - N entrance - Ldg Lts - Front** 346°30'. 51°48.20'N 4°37.30'E **IsoW 4s 14m** 15M

B0593-81 **Dordsche Kil - Rear** 217m from front 51°48.30'N 4°37.20'E **IsoW 4s 16m** 15M Synchronised with front

B0593-9 **Dordsche Kil - Wieldrecht - Ldg Lts - Front** 166°30'. 51°46.60'N 4°37.90'E **IsoW 4s 12m** 15M

B0593-91 **Dordsche Kil - Rear** 225m from front 51°46.50'N 4°37.90'E **IsoW 4s 16m** 15M Synchronised with front

B0630 **Dordsche Kil - Goeree** 51°55.50'N 3°40.20'E **Fl(4)W 20s 32m** 28M RC. Racon

B0633 **Maasvlakte** Hook of Holland 51°58.20'N 4°00.90'E **Fl(5)W 20s 67m** 28M Vis 340°-267°(287°)

B0637 **Hook of Holland - Maasmond Ldg Lts - Front** 112°. 51°58.90'N 4°04.90'E **IsoW 4s 30m** 21M Vis 101°-123°(22°), for use of very deep draught vessels

B0637-1 **Hook of Holland - Maasmond Ldg Lts - Rear** 0.6M from front 51°58.70'N 4°05.90'E **IsoW 4s 47m** 21M Synchronised with front. Vis 101°-123°(22°)

B0638 **Hook of Holland - Ldg Lts - Front** 107°. 51°58.60'N 4°07.60'E **IsoR 6s 29m** 18M Vis 099.5°-114.5°(15°). For vessels other than those of very deep draught

B0638-1 **Hook of Holland - Rear** 450m from front 51°58.50'N 4°08.00'E **IsoR 6s 43m** 18M Synchronised with front. Vis 099.5°-114.5°(15°)

B0642 **Europoort - Calandkanal Ldg Lts - Front** Calandkanaal entrance. 116°. 51°57.60'N 4°08.80'E **OcG 6s 29m** 16M Vis 108.5°-123.5°(15°)

B0642-1 **Europoort - Calandkanal Rear** 550m from front 51°57.50'N 4°09.20'E **OcG 6s 43m** 16M Vis 108.5°-123.5°(15°). Synchronised with front.

B0648-31 **Europoort - Mississippihaven Ldg Lts - Rear** E side Ldg Lts 249°30'. 584m frm frt 51°56.00'N 4°02.30'E **IsoW 3s 23m** 15M Vis 242°-257°(15°). Synchronised with front

B0712 **Oude Maas - HuisTe Engeland Ldg Lts - Front** 157°30'. 51°52.90'N 4°19.80'E **IsoW 8s 12m** 15M Vis 150°-165°(15°)

B0712-1 **Oude Maas - Rear** 115m from front 51°52.80'N 4°19.80'E **IsoW 8s 14m** 15M Vis 150°-165°(15°). Synchronised with front

B0713-5 **Oude Maas - Botlekbrug - Ldg Lts - Front** 161°30'. 51°51.70'N 4°20.30'E **IsoW 2s 13m** 15M Vis 154°-169°(15°)

B0713-51 **Oude Maas - Rear** 232m from front 51°51.50'N 4°20.30'E **IsoW 2s 16m** 15M Vis 154°-169°(15°). Synchronised with front

B0717-1 **Oude Maas - Allemanshaven Ldg Lts Front No6** 143°. No 6 51°50.80'N 4°21.50'E **IsoW 4s 12m** 15M Vis 135.5°-150.5°(15°)

B0717-11 **Oude Maas - Allemanshaven - Rear** 186m from front 51°50.70'N 4°21.60'E **IsoW 4s 15m** 15M Vis 135.5°-150.5°(15°). Synchronised with front

B0719-2 **Oude Maas - Johannapolder- Oost Ldg Lts - Front** 082°30'. 51°50.70'N 4°24.90'E **IsoW 2s 12m** 15M Vis 075°-090°(15°)

B0719-21 **Oude Maas - Johannapolder - Rear** 190m from front 51°50.70'N 4°25.00'E **IsoW 2s 15m** 15M Vis 075°-090°(15°). Synchronised with front

B0721-5 **Oude Maas - Johannapolder - West Ldg Lts - Front** 300°30'. 51°50.70'N 4°24.80'E **IsoW 8s 12m** 15M Vis 293°-308°(15°)

B0721-51 **Oude Maas - Johannapolder - West Rear** 534m from front 51°50.90'N 4°24.40'E **IsoW 8s 17m** 15M Vis 293°-308°(15°). Synchronised with front

B0721-6 **Oude Maas - Goidschalxpolder-Oost Ldg Lts - Front** 120°30'. 51°49.80'N 4°27.10'E **IsoW 4s 12m** 15M Vis 113°-128°(15°)

B0721-61 **Oude Maas - Rear** 389m from front 51°49.70'N 4°27.40'E **IsoW 4s 16m** 15M Vis 113°-128°(15°). Synchronised with front

B0722-4 **Oude Maas - Goidschalxpolder-West Ldg Lts - Front** 257°. 51°49.90'N 4°26.90'E **IsoW 4s 12m** 15M Vis 249.5°-264.5°(15°)

B0722-41 **Oude Maas - Rear** 484m from front 51°49.80'N 4°26.50'E **IsoW 4s 17m** 15M Vis 249.5°-264.5°(15°). Synchronised with front

B0722-8 **Oude Maas - Koedood-Oost Ldg Lts - Front** 077°. 51°50.40'N 4°30.50'E **IsoW 4s 12m** 15M Vis 069.5°-084.5°(15°)

B0722-81 **Oude Maas - Rear** 510m from front 51°50.40'N 4°30.90'E **IsoW 4s 17m** 15M Vis 069.5°-084.5°(15°). Synchronised with front

B0723 **Oude Maas - Ldg Lts - Front** 291°. No 12 51°50.30'N 4°29.80'E **IsoW 6s** 15M Vis 283.5°-298.5°(15°)

LIGHTS

B0723-1 **Oude Maas - Rear** 130m from front 51°50.30'N 4°29.70'E **IsoW 6s** 15M Vis 283.5°-298.5°(15°). Synchronised with front

B0726 **Oude Maas - Ldg Lts - Front** 347°. Front 51°49.80'N 4°33.50'E **IsoW 6s** 15M Vis 339.5°-354.5°(15°)

B0726-1 **Oude Maas - Rear** 50m from front 51°49.90'N 4°33.50'E **FW** 15M Vis 339.5°-354.5°(15°).

B0728-3 **Oude Maas - Puttershoek-West Ldg Lts - Front** 275°30'. 51°48.50'N 4°34.50'E **IsoW 4s** 12m 15M Vis 267.5°-282.5°(15°)

B0728-31 **Oude Maas - Rear** 120m from front 51°48.50'N 4°34.40'E **IsoW 4s** 14m 15M Vis 267.5°-282.5°(15°). Synchronised with front

B0730 **Oude Maas - Krabbepolder Ldg Lts - Front** 112°. 51°48.00'N 4°37.70'E **IsoW 6s** 15M

B0730-1 **Oude Maas - Rear** 190m from front 51°47.90'N 4°37.90'E **IsoW 6s** 15M Synchronised with front

B0750 **Scheveningen** 52°06.30'N 4°16.20'E **Fl(2)W 10s** 49m 29M Vis 014°-244°(230°)

B0760 **Noordwijk-aan-Zee** 52°14.90'N 4°26.10'E **Oc(3)W 20s** 32m 18M

B0766 **Haven Van Ijmuiden Ldg Lts - Front** 100°30'. 52°27.80'N 4°34.50'E **FWR 30m** 16/13M W050°- 122°(72°), R122°-145°(23°), W145°-160°(15°). RC

B0766-1 **Haven Van Ijmuiden - Rear** 570m from front 52°27.70'N 4°35.00'E **FIW 5s** 52m 29M Vis 019°-199°(180°)

B0842 **Egmond-aan-Zee** 52°37.20'N 4°37.60'E **IsoWR 10s** 36m 18/14M W010°-175°(165°), R175°-188°(13°)

B0852 **Zeegat van Texel** Schulpengat. Ldg Lts 026°30'. Front 53°00.90'N 4°44.50'E **IsoW 4s** 18M Vis 024.5°-028.5°(4°)

B0852-1 **Zeegat van Texel - Den Hoorn** Rear. 0.83M from front 53°01.60'N 4°45.10'E **OcW 8s** 18M Vis 024°-028.5°(4°)

B0858 **Zeegat van Texel - Kijkduin** Rear 52°57.40'N 4°43.70'E **Fl(4)W 20s** 56m 30M Vis except where obscured by dunes on Texel. Ldg Lt 253°30' with B0865

B0859 **Zeegat van Texel - Schilbolsnol** 53°00.60'N 4°45.80'E **FWRG 27m** 15/12/11M W338°-002°(24°), G002°- 035°(33°), W035°-038°(3°) Ldg sector for Schulpengat, R038°- 051°(13°), W051°-68.5°(17.5°)

B0886 **Texel** N Point. Eierland 53°11.00'N 4°51.40'E **Fl(2)W 10s** 52m 29M RC

B0894 **Zeegat van Terschelling** Vlieland. 53°17.80'N 5°03.60'E **IsoW 4s** 53m 20M RC

B0904 **Zeegat van Terschelling - Terschelling** Brandaris Tower 53°21.70'N 5°12.90'E **FIW 5s** 55m 29M Visible except when obscured by dunes on Vlieland & Terschelling

B0910 **W Terschelling** Ldg Lts 053°30'. On dyke. Rear. 1.1M from front 53°22.00'N 5°14.70'E **IsoW 5s** 14m 19M Vis 045°-061°(16°)

B0920 **Zeegat van Ameland** W end 53°27.00'N 5°37.60'E **Fl(3)W 15s** 57m 30M RC

B0938 **Friesche Zeegat** Schiermonnikoog. 53°29.20'N 6°09.00'E **Fl(4)W 20s** 43m 28M

GERMANY

B0970 **Borkum Grosser** Borkum 53°35.40'N 6°39.80'E **Fl(2)W 12s** 63m 24M

B0970 **Borkum Grosser** Borkum 53°35.40'N 6°39.80'E **F WRG 46m** 19/15/15M G107.4°-109° (1.6°), W109°-111.2°(2.2°), R111.2°-112.6°(1.4°)

B0972 **Borkum Kleiner** Borkum 53°34.80'N 6°40.10'E **FW 32m** 30M Vis 089.9°-090.9°(1°) Ldg sector for Hubertgat. Ra. RC.

B0976 **Fischerbalje** Borkum 53°33.20'N 6°43.00'E **Oc(2)WRG 16s** 15m 16/12/11M R260°-313° (53°), G313°-014° (61°), W014°-068°(54°) Ldg sector for Fischerbalje, R068°-123°(55°)

B0983 **Campen** Borkum 53°24.40'N 7°01.00'E **FW 62m** 30M Vis 126.8°-127.1°(0.3°)

B1051 **GW/EMS Light Float** 54°10.00'N 6°20.80'E **IsoW 8s** 12m 17M Racon

B1052 **German Bight Light Float** 54°10.80'N 7°27.60'E **IsoW 8s** 12m 17M RC. Racon

B1054 **Norderney** 53°42.60'N 7°13.80'E **Fl(3)W 12s** 59m 23M Unintens 067°-077°(10°) and 270°-280°(10°)

B1112 **Wangerooge** W end 53°47.40'N 7°51.50'E **FlR 5s** 60m 23M

B1112 **Wangerooge** W end 53°47.40'N 7°51.50'E **FWRG 24m** 22/17/18M R358.5°-008°(9.5°), W008° 018.5° (10.5°), G018.5°-055°(36.5°), W055°-060.5° (5.5°), R060.5°-065.5°(5°), W065.5°-071°(5.5°), G(18M)119.4°-138.8°(19.4°), W(22M) 138.8°-152.2°(13.4°) Ldg Sector, R(17M)152.2°- 159.9°(7.7°). RC

B1122 **Mellumplate** 53°46.30'N 8°05.60'E **FW 27m** 24M Vis 116.1°-116.4°(0.3°) Ldg sector for outer part of Wangerooger Fahrwasser

B1132 **Schillig** 53°41.80'N 8°01.70'E **OcWR 6s** 15m 15/12M W195.8°-221°(25.2°), R221°-254.5°(33.5°), W254.5°-278.3°(23.8°)

B1134 **Tossens** Ldg Lts 146°. Front 53°34.50'N 8°12.40'E **OcW 6s** 15m 20M

B1134-1 **Tossens - Rear** 2M from front 53°32.80'N 8°14.40'E **OcW 6s** 51m 20M

B1138 **Voslapp** Ldg Lts 164°30'. Front 53°37.30'N 8°06.80'E **IsoW 6s** 15m 24M Intens on leading line

B1138-1 **Voslapp - Rear** 2.35M from front 53°34.90'N 8°07.90'E **IsoW 6s** 60m 27M Synchronised with front. Intens on leading line

B1138.1 **Voslapp - Rear - Cross Light** 53°34.90'N 8°07.90'E **FWRG 20m** 9/6/5

B1141 **Eckwarden - Front** Ldg Lts 154°. Solthörner Watt. Front 53°32.50'N 8°13.10'E **IsoWRG 3s** 15m 19/12/9/8M R346°-348°(2°), W348°-028°(40°), R028°-052°(24°), W(intens)052°-054°(2°) Ldg sector. G054°- 067.5° (13.5°), W067.5°- 110°(42.5°), G110°- 152.6°(42.6°), W(intens) 152.6°-across fairway, with undefined limit on E side of Ldg line

B1141-1 **Eckwarden - Rear** 1.27M from front 53°31.30'N 8°14.00'E **IsoW 3s** 41m 21M Synchronised with front

B1152 **Arngast** 53°28.90'N 8°11.00'E **FWRG 30m**

LIGHTS

	21/16/17M W135°-142°(7°), G142°- 150°(8°), W150°-152°(2°), G152°- 174.6°(22.6°), R180.5°- 191°(10.5°),W191°- 213°(22°), R213°-225°(12°),W(10M)286°- 303°(17°), G(7M)303°-314°(11°), OcW 6s 20M Vis 176.4°-177.4°(1°) Ldg sector	B1288	**Grosserpater - Front** Ldg Lts 175°54'. Front 53°19.80'N 8°30.40'E **IsoW 4s 15m** 19M *Intens on leading line*
B1188	**Alte Weser** 53°51.90'N 8°07.60'E **FWRG 33m** 22/19/17M W288°-352°(64°), R352°-003°(11°),W003°-017°(14°) Ldg sector for Alte Weser, G017°- 045°(28°),W045°-074°(29°),G074°- 118°(44°),W118°-123°(5°) Ldg sector for Alter Weser, R123°-140°(17°),G140°-175°(35°),W175°- 183°(8°), R183°- 196°(13°),W196°-238°(42°). RC	B1288-1	**Grosserpater - Rear** 0.71M from front 53°19.10'N 8°30.40'E **IsoW 4s 34m** 22M *Synchronised with front.Intens on leading line*
		B1294	**Reiherplate - Front** Ldg Lts 185°18'. Front 53°25.60'N 8°29.20'E **OcW 6s 14m** 15M
		B1294-1	**Reiherplate - Rear** 850m from front 53°25.10'N 8°29.20'E **OcW 6s 27m** 16M *Synchronised with front*
B1196	**Tegeler Plate** N end 53°47.90'N 8°11.50'E **Oc(3)WRG 12s 21m** 21/17/16M W329°-340°(11°), R340°-014°(34°),W014°-100°(86°), G100°- 116° (16°),W116°-119°(3°) Ldg sector for Neue Weser, R119°-123°(4°), G123°-144°(21°),W144°- 147°(3°) Ldg sector for Alte Weser, R147°-264°(117°).	B1297	**Sandstedt - Front** Ldg Lts 021°. Front 53°21.70'N 8°30.70'E **OcW 6s 15m** 15M *Intens on leading line*
		B1297-1	**Sandstedt - Rear** 420m from front 53°21.90'N 8°30.80'E **OcW 6s 23m** 15M *Intens on leading line. Synchronised with front*
		B1299-21	**Osterpater - Rear** Ldg Lts 173°42'. Rear. 250m from front 53°17.20'N 8°29.80'E **IsoW 4s 21m** 15M *Intens on leading line. Synchronised with front*
B1198	**Hohe Weg** NE part 53°42.90'N 8°14.70'E **FWRG 29m** 19/16/15M W102°-138.5°(36.5°), G138.5°-142.5°(4°),W142.5°-145.5°(3°), R145.5°-184°(38.5°),W184°-278.5°(94.5°).	B1299-41	**Harriersand - Rear** Ldg Lts 007°36'. Rear. 0.5M from front 53°19.50'N 8°29.90'E **OcW 6s 22m** 15M *Intens on leading line*
B1214	**Robbenplate** Ldg Lts 122°18'. Front 53°40.90'N 8°23.00'E **OcW 6s 15m** 17M *Intens on leading line*	B1302-39	**Berne - Rear** Ldg Lts 147°54'. Rear. 220m from front 53°11.70'N 8°31.20'E **OcW 6s 22m** 15M *Intens on leading line*
B1214-1	**Robbenplate - Rear** 0.54M from front 53°40.60'N 8°23.80'E **OcW 6s 37m** 18M *Vis 116°-125.5°(9.5°). Synchronised with front*	B1302-4	**Berne - Common front** 53°11.80'N 8°31.10'E **OcW 6s 15m** 15M *Synchronised with rear lights. Intens on leading line*
B1225	**Dwarsgat - Front** Ldg Lts 320°06'. Front 53°43.20'N 8°18.50'E **IsoW 6s 16m** 15M	B1302-41	**Juliusplate - Rear** Ldg Lts 299°36'. Rear. 490m from front 53°11.90'N 8°30.70'E **IsoW 4s 29m** 15M *Intens on leading line*
B1225-1	**Dwarsgat - Rear** 0.75M from front 53°43.70'N 8°17.80'E **IsoW 6s 35m** 17M *Synchronised with front*	B1303	**Lemwerder - Front** Ldg Lts 119°36'. Front 53°10.30'N 8°35.40'E **IsoW 4s 15m** 15M
B1230-1	**Imsum - Front** Ldg Lts 125°12'. Rear. 1.02M from front 53°35.80'N 8°32.00'E **OcW 6s 39m** 16M *Synchronised with front*	B1303-1	**Lemwerder - Rear** 430m from front 53°10.20'N 8°35.70'E **IsoW 4s 26m** 15M *Synchronised with front*
B1239-1	**Solthorn - Rear** Ldg Lts 320°36'. - Rear. 700m from front 53°38.60'N 8°27.00'E **IsoW 4s 31m** 17M *Synchronised with front*	B1312	**Helgoland** 54°11.00'N 7°53.00'E **FIW 5s 82m** 28M
		B1332	**Elbe Light Float** 54°00.00'N 8°06.60'E **IsoW 10s 12m** 17M *RC. Racon*
B1240	**Hofe - Front** Ldg Lts 330°48'. Front 53°37.10'N 8°29.80'E **OcW 6s 15m** 18M	B1340	**Grosser Vogelsand** 53°59.80'N 8°28.70'E **Fl(3)W 12s 39m** 25M *Vis 085.1°-087.1°(2°).*
B1240-1	**Hofe - Rear** 0.7M from front 53°37.70'N 8°29.20'E **OcW 6s 35m** 18M *Synchronised with front*	B1344	**Neuwerk** S side 53°55.00'N 8°29.80'E **LFI(3)WRG 20s 38m** 16/12/11M G165.3°-215.3°(50°),W215.3°- 238.8° (23.5°), R238.8°-321°(82.2°), R343°- 100°(117°)
B1256-9	**Fischeriehafen - Front** Ldg Lts 150°48'. Rear. 0.68M from front 53°31.30'N 8°35.20'E **OcW 6s 45m** 18M *Synchronised with front*	B1360-9	**Baumronne - Front** Ldg Lts 151°12'. Baumrönne. Front. 1.55M from rear 53°51.20'N 8°44.20'E **FIW 3s 25m** 17M *Vis 143.8°-149.2°(5.4°) IsoW 4s 17MVis 149.2°-154.2°(5°) Fl(2)W 9s 17MVis 154.2°-156.7°(2.5°)*
B1257	**Fischeriehafen - Common front** 53°31.90'N 8°34.60'E **OcW 6s 17m** 18/11M
B1279-9	**Reitsand - Front** Ldg Lts 233°54'. Front. 480m from rear 53°30.00'N 8°30.30'E **OcW 6s 18m** 15M
B1280	**Reitsand - Common Rear** 53°29.90'N 8°29.90'E **OcW 6s 36m** 17M	B1361	**Altenbruch - Common Rear** 53°49.90'N 8°45.50'E **IsoW 4s 58m** 21M *Intens on leading line. Synchronised with front*
B1280-1	**Flagbalgersiel - Ldg Lt 005°18'. Front** 580m from rear 53°29.60'N 8°29.90'E **OcW 6s 18m** 15M	B1361	**Cuxhaven -Altenbruch** 53°49.90'N 8°45.50'E **IsoW 8s 51m** 22M *Synchronised with front*
B1286	**Nordenham - Front** Ldg Lts 355°54'. Front 53°27.90'N 8°29.40'E **IsoW 4s 15m** 16M	B1361-1	**Cuxhaven - Ldg Lts - Common Front** 53°50.10'N 8°47.80'E **IsoW 8s 19m** 19M
B1286-1	**Nordenham - Rear** 1M from front		

LIGHTS

B1395-9	**Belum - Rear** Ldg Lts 092°48'. Rear 53°50.10'N 8°57.40'E **IsoW 4s 45m** 18M *Vis on leading line only. Synchronised with front*	B1568-1	**Wittenbergen. Ldg Lts** 286°42'.Tinsdal. Rear. 800m from front 53°34.00'N 9°44.50'E **IsoW 8s 55m** 16M *Synchronised with front. Intens on leading line*
B1396	**Belum - Common front** 53°50.20'N 8°56.20'E **IsoW 4s 23m** 18M *Vis on leading line only*	B1568-7	**Blankenese Ldg Lts** 098°18'. Front 53°33.50'N 9°47.80'E **IsoW 4s 41m** 16M
B1396-1	**Otterndorf** Ldg Lts 245°30'. Rear 53°49.60'N 8°54.10'E **IsoW 4s 52m** 21M *Vis on leading line only.Synchronised with front*	B1568-71	**Blankenese - Rear** 0.8M from front 53°33.40'N 9°49.00'E **IsoW 4s 84m** 20M
B1412	**Balje** Ldg Lts 081°. Front 53°51.40'N 9°02.70'E **IsoW 8s 24m** 17M *Intens on leading line*	B1581-7	**Hamburg** Budendey-Ufer. Ldg Lts 106°42'. Front 53°32.40'N 9°53.20'E **IsoW 8s 20m** 16M
B1412-1	**Balje - Rear** 1.35M from front 53°51.50'N 9°04.90'E **IsoW 8s 54m** 21M *Intens on leading line. Synchronised with front*	B1581-71	**Hamburg - Rear** 0.6M from front 53°32.30'N 9°54.10'E **IsoW 8s 38m** 18M
B1416	**Brunsbüttel der Nord Ostee Kanal** Ldg Lts 065°30'. Schleuseninsel. Front 53°53.40'N 9°08.50'E **IsoW 3s 24m** 16M *Vis N of 063.3°*	B1606	**Büsum** W side of fishing harbour 54°07.70'N 8°51.60'E **IsoWRG 6s 22m** 17/14/13M W248°-317°(69°), R 317°-024°(67°),W024°-084°(60°), G084°-092.5°(8.5°), W092.5°-094.5°(2°) Ldg sector for Süder Piep, R094.5°-097°(2.5°), W097°-148°(51°)
B1416-1	**Brunsbüttel - Industriegebiet** Rear. 0.9M from front 53°53.70'N 9°09.90'E **IsoW 3s 46m** 21M *Synchronised with front*	B1624	**St Peter** 54°17.30'N 8°39.20'E **LFI(2)WR 15s 23m** 15/13M R271°-294°(23°),W294°-325°(31°), R325°-344°(19°),W344°-035°(51°), R035°-055°(20°), W055°-068°(13°), R068°-091°(23°),W091°-120°(29°)
B1453-9	**St Margarethen** Ldg Lts 311°48'. Rear. 0.58M from front 53°53.30'N 9°15.00'E **IsoW 8s 36m** 19M *Intens on leading line. Synchronised with front*	B1652	**Westerheversand** 54°22.50'N 8°38.50'E **Oc(3)WRG 15s 41m** 21/17/16M W012.2°-069°(56.8°), G069°-079.5°(10.5°), W079.5°-080.5°(1°) Ldg sector for Hever. R080.5°-107°(26.5°),W107°-157°(50°), R157°-169°(12°),W169°- 206.5°(37.5°), R206.5°-218.5° (12°),W218.5°- 233°(14.5°), R233°-248°(15°)
B1454	**Scheelenkuhlen** Common front 53°52.90'N 9°15.70'E **IsoW 8s 20m** 18M *Intens on leading line*
B1454-1	**Scheelenkuhlen - Ldg Lts** 089°12'. Rear. 1M from front 53°52.90'N 9°17.40'E **IsoW 8s 44m** 22M *Synchronised with front*	B1672	**Süderoogsand** Cross light 54°25.50'N 8°28.70'E **IsoWRG 6s 18m** 15/12/11M R240°-244°(4),W244°- 246°(2°), G246°-263°(17°),W263°- 320°(57°), R320°-338°(18°), W338°-013°(35°), R013°-048°(35°), W048°-082.5°(34.5°), R082.5°-122.5°(40°), W122.5°-150°(27.5°)
B1456	**Glückstadt** Leading Lights 131°48'. Front 53°48.40'N 9°24.30'E **IsoW 8s 15m** 19M *Intens on leading line*
B1456-1	**Glückstadt - Rear** 0.68M from front 53°47.90'N 9°25.20'E **IsoW 8s 30m** 21M *Intens on leading line*	B1676	**Pellworm** S side. Ldg Lts 041°. Front 54°29.30'N 8°39.10'E **OcWR 5s 14m** 20/11/8M W(intens) on leading line.W303.5°-313.5°(10°), R313.5°-316.5°(3°)
B1457-51	**Osterende** Ldg Lts 115°48'. Rear. 0.6M from front 53°50.80'N 9°21.30'E **IsoW 4s 36m** 15M *Synchronised with front*
B1458	**Hollerwttern** Ldg Lts 340°30'. Front 53°50.50'N 9°21.20'E **IsoW 4s 21m** 19M *Intens on leading line*	B1676-1	**Pellworm - Rear** 0.8M from front 54°29.80'N 8°40.00'E **OcW 5s 38m** 20M *Synchronised with front*
B1460	**Brokdorf** Ldg Lts Rear. 0.9M from front 53°51.20'N 9°20.90'E **IsoW 4s 44m** 22M *Synchronised with front. Intens on leading line*	B1685.1	**Amrum Hafen. Ldg Lts** 272° Rear. 0.9M from front 54°37.90'N 8°21.30'E **IsoR 4s 33m** 15M TE 1997
B1474	**Ruthensand** Ldg Lts 161°36'. Front 53°43.30'N 9°25.50'E **OcWRG 6s 15m** 15/12/11M G170°- 176.1°(6.1°),W176.1°-177.6°(1.5°), R177.6°- 182°(4.4°)	B1686	**Amrum** 54°37.90'N 8°21.30'E **FIW 8s 63m** 23M
B1691	**Nebel** 54°38.80'N 8°21.70'E **OcWRG 5s 16m** 20/15/15M R255.5°-258.5°(3°),W258.5°-260.5°(2°), G260.5°-263.5°(3°)
B1501	**Pagensand** Ldg Lts 345°18'. Front 53°43.00'N 9°29.40'E **IsoW 4s 20m** 15M *Intens on leading line*	B1702	**Nieblum** 54°41.10'N 8°29.20'E **Oc(2)WRG 10s 11m** 19/15/15M G028°-031°(3°),W031°-032.5°(1.5°), R032.5°-035.5°(3°)
B1501-1	**Pagensand - Kollmar** Rear. 0.7M from front 53°43.60'N 9°29.10'E **IsoW 4s 40m** 16M *Synchronised with front*
B1522-1	**Stadersand** Ldg Lts 165°18'. Rear. 785m from front 53°37.30'N 9°31.90'E **IsoW 8s 40m** 16M	B1718	**Dagebüll** 54°43.80'N 8°41.40'E **IsoWRG 8s 23m** 18/15/15M G042°-043°(1°),W043°-044.5°(1.5°), R044.5°-047°(2.5°)
B1540	**Lühe** Ldg Lts 278°18'. Front 53°34.30'N 9°38.00'E **IsoW 4s 16m** 17M	B1728	**Amrum** W side. Norddorf 54°40.30'N 8°18.60'E **OcWRG 6s 22m** 15/12/11M W009°-032°(23°), G032°-034°(2°),W034°-036.8°(2.8°) Ldg sector R036.8°-099°(62.2°),
B1540-1	**Ldg Lts - Grünendeich** Rear. 0.82M from front 53°34.50'N 9°36.60'E **IsoW 4s 36m** 21M *Synchronised with front*

	W099°-146°(47°), R146°- 176.5°(30.5°), W176.5°-178.5°(2°),G178,5°-188°(9.5°), G(unintens) 188°- 202°(14°).W (partially obscured) 202°-230°(28°)
B1735	**Sylt - Hörnum** 54°45.30'N 8°17.50'E **Fl(2)W 9s 48m** 20M
B1740	**Sylt - Kampen** Rote Kliff 54°56.80'N 8°20.50'E **LFlWR 10s 62m** 20/16M *W193°-260°(67°),W(unintens) 260°-339°(79°),W339°-165°(186°), R165°-193°(28°)*

DENMARK

B1772	**Sædding Strand Ldg lt. Front** 053°48' 55°29.80'N 8°24.00'E **IsoW 2s 12m** 21M *Vis 051.8°-055.8° (4°)*
B1772.1	**Middle** 630m from front 55°30.00'N 8°24.40'E **IsoW 4s 26m** 21M *Vis 051°-057°(6°)*
B1772.2	**Rear** 0.75M from front 55°30.20'N 8°25.00'E **FW 36m** 18M *Vis 052°-056° (4°)*
B1778	**- South Ldg Lt 067°. Front** 55°28.70'N 8°24.70'E **FG 10m** 16M
B1778.1	**- Rear** 55°29.10'N 8°26.10'E **FG 25m** 16M
B1779	**- North Ldg Lt 049°. Front** 55°29.90'N 8°23.80'E **FR 16m** 16M
B1779.1	**- Rear** 550m from front 55°30.10'N 8°24.10'E **FR 27m** 16M
B1848	**Blåvandshuk** 55°33.50'N 8°05.10'E **Fl(3)W 20s 54m** 23M *RC*
B1849	**Oksbøl Firing Range** 55°33.60'N 8°04.70'E **AlFlWR 4s 35m** 16/13M *By day Q W 10M. Shown when firing in progress*
B1849.4	**Oksbøl Firing Range** 55°37.30'N 8°07.10'E **AlFlWR 4s 35m** 16/13M *By day Q W 10M. Shown when firing in progress*
B1868	**Lyngvig** Holmlands Klit 56°03.00'N 8°06.30'E **FlW 5s 53m** 22M
B1890	**Thyborøn Kanal** Approach 56°42.50'N 8°13.00'E **Fl (3)W 10s 24m** 16M *Intens 023.5°-203.5°(180°). RC*
B2050.1	**Løgstør Grundge Ldg Lt** 079°. Rear. 1.25M from front. 56°58.40'N 9°17.40'E **IsoW 4s 38m** 18M *Vis 077.25°-080.75°(3.5°). FW (T) 1996*
B2070	**Lodbjerg** 56°49.40'N 8°15.80'E **Fl (2)W 20s 48m** 23M
B2084	**Hanstholm** 57°06.80'N 8°36.00'E **Fl (3)W 20s 65m** 26M
B2101	**Tranum** Signal mast. No 1 57°10.80'N 9°26.70'E **AlWR 4s 20m** 16/13M *Shown when firing in progress*
B2106	**Hirtshals** 57°35.10'N 9°56.60'E **FFlW 30s 57m** Fl18/Fl25M *Works in Progress (T) 1996*

FRANCE

A0994	**Sandettié Light Float** 51°09.40'N 1°47.20'E **FlW 5s 12m** 24M *Racon*
A1000	**Dunkerque Lanby** 51°03.10'N 1°51.80'E **FlW 3s 10m** 25M *Racon*
A1114	**Dunkerque** 51°03.00'N 2°21.90'E **Fl(2)W 10s 59m** 26M
A1116	**Dunkerque - Jetée Est** Head 51°03.60'N 2°21.20'E **Fl(2)R 10s 12m** 16M
A1118	**Dunkerque - Jetée Ouest** Head 51°03.70'N 2°21.20'E **Oc(2+1)WG 12s 35m** 15/12M *G252°-310°(58°),W310°-252°(302°)*
A1126	**Dunkerque - Port Ouest** Leading Lights 120°. Front 51°01.70'N 2°12.00'E **Dir FG 16m** 19M *Intens 119°-121°(2°) Irregular characteristics (T) 1997*
A1126-1	**Dunkerque - Rear** 600m from front 51°01.60'N 2°12.50'E **Dir FG 30m** 19M *Intens 119°-121°(2°).Irregular characteristics (T) 1997*
A1144	**Calais** Main Light. 50°57.70'N 1°51.20'E **Fl(4)W 15s 59m** 22M *Vis 073°-260°(187°). RC*
A1146	**Calais - Jetée Est** Head 50°58.40'N 1°50.50'E **Fl(2)R 6s 12m** 17M
A1166	**Cap Gris-Nez** 50°52.20'N 1°35.00'E **FlW 5s 72m** 29M *Vis 005°-232°(227°). RG*
A1170	**Boulogne - Digue Carnot** Digue Carnot. 50°44.50'N 1°34.10'E **Fl(2+1)W 15s 25m** 19M
A1190	**Cap d'Alprech** 50°42.00'N 1°33.80'E **Fl(3)W 15s 62m** 23M *RC*
A1196	**Le Touquet** (La Canche) 50°31.40'N 1°35.60'E **Fl(2)W 10s 54m** 25M
A1202	**Pointe du Haut-Blanc** Berck-Plage 50°23.90'N 1°33.70'E **FlW 5s 44m** 23M
A1208	**Baie du Somme - Cayeux sur Mer** Cayeux-sur-Mer 50°11.70'N 1°30.70'E **FlR 5s 32m** 22M
A1220	**Ault** 50°06.30'N 1°27.20'E **Oc(3)WR 12s 95m** 18/14M *W040°-175°(135°), R175°-220°(45°)*
A1222	**Le Tréport** Jetée Ouest. Head 50°03.90'N 1°22.20'E **Fl(2)G 10s 15m** 20M
A1234	**Pointe d'Ailly** 49°55.00'N 0°57.60'E **Fl(3)W 20s 95m** 31M *RC*
A1244	**Fécamp Jetée Nord** 49°46.00'N 0°21.90'E **Fl(2)W 10s 15m** 16M
A1250	**Cap d'Antifer** 49°41.10'N 0°10.00'E **FlW 20s 128m** 29M *Vis 021°-222°(201°)*
A1250.2	**Port d'Antifer** Entrance Leading Lights 127°30'. Front 49°38.30'N 0°09.20'E **Dir OcW 4s 105m** 22M *Vis 127°-128°(1°)*
A1250.21	**Port d'Antifer - Rear** 430m from front 49°38.20'N 0°09.40'E **Dir OcW 4s 124m** 22M *Vis 127°-128°(1°)*
A1250.8	**Port d'Antifer - 49°39'.5N 0°09'.2E** 49°39.50'N 0°09.20'E **Dir OcWRG 4s 24m** 15/13/13M *G068.5°- 078.5°(10°),W078.5°-088.5°(10°), R088.5°- 098.5°(10°)*
A1251.2	**Port d'Antifer - Bassin de Caux** Mole Ouest - Elbow Dir Lt 018°30' 49°39.30'N 0°09.00'E **Dir OcWRG 4s 11m** 15/11/11M *G006.5°-017.5°(11°),W017.5°- 019.5°(2°), R019.5°-036.5°(17°)*
A1251.7	**Port d'Antifer - Digue M Thieullent** Post 2 49°40.30'N 0°08.10'E **Dir Oc(2)WRG 6s 24m** 15/13/13M *G334.5°- 346.5°(12°), W346.5°-358.5°(12°), R358.5°-004.5°(6.5°)*
A1251.8	**Port d'Antifer - Digue M Thieullent** Post 3 49°40.30'N 0°07.70'E **Dir OcWRG 4s 21m** 15/13/13M *R352.5°-358°.5(6°),W358.5°-010.5°(12°),G010.5°-022.5°(12°)*

LIGHTS

A1256	**Cap de la Hève** 49°30.80'N 0°04.20'E **FIW 5s 123m** 24M *Vis 225°-196°(331°)*	
A1260	**Le Havre** Leading Lights 106°48'. Quai Roger Meunier, Front 49°29.00'N 0°06.50'E **Dir FW 36m** 25M *Intens 106°-108°(2°)*	
A1260.1	**Le Havre - Quai J Couvert** Rear 0.73M from front 49°28.80'N 0°07.60'E **Dir FW 78m** 25M *Intens 106°-108°(2°)*	
A1261	**Le Havre - Leading Lights 090°** Front 49°29.60'N 0°05.90'E **Dir FR 21m** 19M *Intens 089°-091°(2°). Occas*	
A1261.1	**Le Havre - Rear** 680m from front 49°29.60'N 0°06.40'E **Dir FR 43m** 19M *Intens 089°-091°(2°). Occas*	
A1262	**Le Havre - Digue Nord** Head 49°29.20'N 0°05.50'E **FIR 5s 15m** 21M	
A1269	**Le Havre - Quai R Meunier** W corner 49°29.00'N 0°06.40'E **Fl(3)W 15s 4m** 23M *Occas*	
A1290	**Honfleur - Falaise des Fonds** Falaise des Fonds 49°25.50'N 0°12.90'E **Fl(3)WRG 12s 15m** 17/13/13M *G040°-080°(40°), R080°-084°(4°), G084°-100°(16°), W100°-109°(9°), R109°-162°(53°), G162°-260°(98°)*	
A1377	**Ouistreham - Mian Light** Main Light 49°16.80'N 0°14.90'W **OcWR 4s 37m** 17/13M *R115°-151°(36°),W151°- 115°(324°)*	
A1381	**Ouistreham - Leading Lights 185°** Jetée Est. Head. Front 49°17.20'N 0°14.70'W **Dir Oc(3+1)R 12s 10m** 17M *Intens 183.5°-186.5°(3°)*	
A1381.1	**Ouistreham - Rear** 610m from front 49°16.90'N 0°14.80'W **Dir Oc(3+1)R 12s 30m** 17M *Synchronised with front. Intens 183.5°-186.5°(3°)*	
A1396	**Ver** 49°20.50'N 0°31.10'W **Fl(3)W 15s 42m** 26M *Obscured by St Aubin cliffs when more than 275°. RC*	
A1411	**La Maresquerie** Leading Lights 146°. Front 49°23.40'N 1°02.80'W **Dir QW 9m** 15M *Vis 144.5°-147.5°(3°)*	
A1411.1	**La Maresquerie - Rear** 102m from front 49°23.40'N 1°02.80'W **Dir QW 12m** 15M *Vis 144.5°-147.5°(3°)*	
A1412	**Isigny-Sur-Mer** Leading Lights 172°30' Front 49°19.60'N 1°06.70'W **Dir Oc(2+1)W 12s 7m** 18M *Intens 170.5°-174.5°(4°)*	
A1412.1	**Isigny-Sur-Mer - Rear** 625m from front 49°19.30'N 1°06.80'W **Dir Oc(2+1)W 12s 19m** 18M *Synchronised with front. Intens 170.5°-174.5°(4°)*	
A1418	**Carentan** Leading Lights 209°30' Front 49°20.50'N 1°11.10'W **Dir Oc(3)R 12s 6m** 18M *Intens 208.2°-210.7°(2.5°)*	
A1454	**Pointe de Barfleur-Gatteville** 49°41.80'N 1°15.90'W **Fl(2)W 10s 72m** 29M *Obscured when bearing less than 088°. RC.*	
A1462	**Cap Lévi** 49°41.60'N 1°28.40'W **FIR 5s 36m** 22M	
A1480	**Cherbourg** - Fort de L'Ouest 49°40.50'N 1°38.80'W **Fl(3)WR 15s 19m** 24/20M *W122°-355°(233°), R355°-122°(127°). RC*	
A1484.1	**Cherbourg - Gare Maritime** Rear. 0.99M from front 49°38.80'N 1°37.00'W **Dir QW 35m** 19M *Intens 140°-142.5°(2.5°)*	

A1488.1	**Cherbourg - Leading Lights** 192° Rear. 652m from front 49°39.30'N 1°38.60'W **Dir QG 26m** 15M *Intens 189°-195°(6°)*	
A1512	**Cap de la Hague** 49°43.40'N 1°57.30'W **FIW 5s 48m** 23M	

ENGLISH CHANNEL

A1518	**Lanby** South West 48°31.70'N 5°49.10'W **FIW 4s 10m** 20M *RC*	
A1520	**Channel Light Float** 49°54.40'N 2°53.70'W **FIW 15s 12m** 25M *Racon*	

CHANNEL ISLANDS

A1532	**Casquets** 49°43.40'N 2°22.70'W **Fl(5)W 30s 37m** 24M *Racon*	
A1536	**Alderney** 49°43.80'N 2°09.80'W **Fl(4)W 15s 37m** 28M *Vis 085°-027°(302°)*	
A1538	**Alderney - Alderney Harbour** Leading Lights 215°. Front 49°43.40'N 2°11.80'W **QW 8m** 17M *Vis 210°-220°(10°)*	
A1538.1	**Alderney - Rear** 335m from front 49°43.20'N 2°12.00'W **QW 17m** 18M *Vis 210°-220°(10°)*	
A1544	**Sark** Pt Robert 49°26.20'N 2°20.70'W **FIW 15s 65m** 20M *Vis 138°-353°(215°)*	
A1548	**Guernsey** Platte Fougère 49°30.90'N 2°29.00'W **FIWR 10s 15m** 16M *W155°-085°(290°), R085°-155°(70°). Racon*	
A1560	**Guernsey - St Peter Port** Leading Lights 220°. Front 49°27.40'N 2°31.40'W **AIWR 10s 14m** 16M *Vis 187°-007°(180°). RC.*	
A1580	**Guernsey - Les Hanois** 49°26.20'N 2°42.10'W **Fl(2)W 13s 33m** 20M *Vis 294°-237°(303°)*	
A1584	**Jersey** Sorel Point 49°15.70'N 2°09.40'W **LFIWR 8s 50m** 15M *W095°-112°(17°), R112°-173° (61°), W173°-230°(57°) R230°-269°(39°), W269°-273°(4°)*	
A1620	**Jersey - La Corbière** 49°10.80'N 2°14.90'W **IsoWR 10s 36m** 18/16M *W shore-294°, R294°-328° (34°), W328°-148°(180°), R148°-shore. RC*	
A1622	**Jersey - Grosnez Point** 49°15.50'N 2°14.70'W **Fl(2)WR 15s 50m** 19/17M *W081°-188°(107°), R188°-241°(53°)*	

FRANCE

A1638	**Cap de Carteret** 49°22.40'N 1°48.40'W **Fl(2+1)W 15s 81m** 26M	
A1654	**Îles Chausey** 48°52.20'N 1°49.30'W **FIW 5s 39m** 23M	
A1660	**Port de Granville** Pte du Roc 48°50.10'N 1°36.80'W **Fl(4)W 15s 49m** 23M	
A1670	**La Pierre-de-Herpin** 48°43.80'N 1°48.90'W **Oc(2)W 6s 20m** 17M	
A1676	**Saint Malo** Leading Lights 089°06'. Le Grand Jardin, Front 48°40.20'N 2°05.00'W **Fl(2)R 10s 24m** 15M *In line 129.7° with A 1686.1 leads through the channel of Petite Port. Obscured by Cap Fréhel when bearing less than 097°, by Île de Cézembre 220°-233°(13°), by Grande Conchée*	

PAGE 316

LIGHTS

		241°- 243°(2°) by Grande Chevreun & Pointe de Meinga when bearing more than 251°.RC	A1800.1	**Baie de Morlaix - Leading Lights** 176°24'. Île Louet. Front 48°40.50'N 3°53.40'W **Oc(3)WG 12s 17m** 15/10M *W305°-244°(299°), G244°-305°(61°),Vis 139°-223°(84°) from offshore, except where obscured by islands*
A1676.1	**Saint Malo - Rochebonne** Rear. 4.2M from front 48°40.30'N 1°58.70'W **Dir FR 40m** 24M *Intens 088.2°-089.7°(1.5°)*			
A1686	**Saint Malo - Leading Lights** 128°42'. Les Bas-Sablons. Front 48°38.20'N 2°01.20'W **Dir FG 20m** 22M *Intens 127.5°-130.5°(3°)*	A1812.1	**Roscoff Leading Lights** 209°. Rear 430m from front 48°43.40'N 3°58.70'W **Oc(2+1)W 12s 24m** 15M *Vis 062°-242°(180°)*
A1686.1	**Saint Malo - La Balue** Rear. 0.9M from front 48°37.70'N 2°00.20'W **Dir FG 69m** 25M *Intens 128.2°-129.7 (1.5°)*	A1816	**Île de Batz** 48°44.80'N 4°01.60'W **Fl(4)W 25s 69m** 23M
A1698	**Cap Fréhel** 48°41.10'N 2°19.20'W **Fl(2)W 10s 85m** 29M	A1822	**Île-Vierge** 48°38.40'N 4°34.10'W **FlW 5s 77m** 27M *Vis 337°-325°(348°). RC*
A1713.55	**Portrieux** NE Môle. Elbow 48°39.00'N 2°49.10'W **Dir IsoWRG 4s 16m** 15/11/11M *W159°-179° (20°), G179°-316°(137°), W316°-320.5°(4.5°), R320.5°-159°(198.5°)*	A1842	**Ouessant (Ushant)** Le Stiff 48°28.50'N 5°03.40'W **Fl(2)R 20s 85m** 24M
		A1844	**Ouessant - Créac'h** 48°27.60'N 5°07.80'W **Fl(2)W 10s 70m** 32M *Obscured 247°-255°(8°). Racon*
A1716	**Le Grand-Léjon** 48°44.90'N 2°39.90'W **Fl(5)WR 20s 17m** 18/14M *R015°-058°(43°), W058°-283°(225°), R283°-350°(67°), W350°-015°(25°)*	A1848	**Ouessant - La Jument** 48°25.40'N 5°08.10'W **Fl(3)R 15s 36m** 22M *Vis 241°-199°(318°)*
A1722	**Paimpol** Pointe de Porz-Don 48°47.50'N 3°01.60'W **Oc(2)WR 6s 13m** 15/11M *W269°-272°(3°), R272°-279°(7°)*	A1850	**Ouessant - Kéréon (Men-Tensel)** 48°26.30'N 5°01.60'W **Oc(2+1)WR 24s 38m** 17/7M *W019°-248°(229°), R248°-019°(131°)*
A1734	**Roches Douvres** 49°06.50'N 2°48.80'W **FlW 5s 60m** 28M *RG*	A1854	**Chenal du Four (North Part)** Le Four 48°31.40'N 4°48.30'W **Fl(5)W 15s 28m** 18M
A1738	**Les Héaux de Bréhat** 48°54.50'N 3°05.20'W **Oc(3)WRG 12s 48m** 15/11/11M *R227°-247°(20°), W247°-270°(23°), G270°-302°(32°), W302°-227°(285°)*	A1856	**Chenal du Four - L'Aber-Ildut** 48°28.30'N 4°45.60'W **Dir Oc(2)WR 6s 12m** 25/20M *W081°-085°(4°), R085°-087°(2°)*
A1742	**Île de Bréhat** Rosédo 48°51.50'N 3°00.30'W **FlW 5s 29m** 20M *RC*	A1873.9	**Chenal du Four (South Part)** Leading Lights 007°. Trézien. Rear 48°25.40'N 4°46.80'W **Dir Oc(2)W 6s 84m** 20M *Intens 003°-011°(8°)*
A1748	**Le Trieux** Leading Lights 224°42'. La Croix. Front 48°50.30'N 3°03.30'W **Dir OcW 4s 15m** 19M *Intens 215°-235°(20°)*	A1874	**Chenal du Four - Kermorvan** Front Leading Light 137.9° for Chenal de la Helle with A1880 48°21.70'N 4°47.40'W **FlW 5s 20m** 22M *Obscured by Pointe de Saint Mathieu when bearing less than 341°. Front Leading light 137.9° for Chenal de la Helle with 1880*
A1748.1	**Le Trieux - Bodic** Rear. 2.1M from front 48°48.80'N 3°05.40'W **Dir QW 55m** 22M *Intens 221°-229°(8°)*		
A1762.1	**Rivière de Tréguier** Sainte Antoine. Leading light 137°.Rear. 0.75M from front 48°51.10'N 3°07.00'W **Dir OcR 4s 34m** 15M *Intens 134°-140°(6°)*	A1874.1	**Chenal du Four - Leading Lights** 158°30'. St Mathieu. Rear 48°19.80'N 4°46.30'W **FlW 15s 56m** 29M *RC*
A1770	**Perros-Guirec** Passe de l'Ouest. Dir Lt 143°36' 48°47.80'N 3°23.40'W **Dir Oc(2+1)WRG 12s 78m** 15/12/12M *G133.7°-143.2°(9.5°),W143.2°- 144.8°(1.6°), R144. 8°-154.3°(9.5°)*	A1874.1	**Chenal du Four - Leading Lights** 158°30'. St Mathieu. Rear 48°19.80'N 4°46.30'W **Dir FW 54m** 28M *Intens FW 157.5°-159.5°(2°)*
		A1880	**Lochrist** 48°20.60'N 4°45.70'W **Dir Oc(3)W 12s 49m** 22M *Intens 135°-140.°(5°) Rear Leading light 137.9° for Chenal de la Helle with 1874*
A1774	**Perros-Guirec - Passe de l'Est.** Leading Lights 224°30'. Le Colombier. Front 48°47.90'N 3°26.70'W **Dir Oc(4)W 12s 28m** 15M *Intens 214.5°-234.5°(20°)*		
A1774.1	**Perros-Guirec -Kerprigent** Rear 1.5M from front 48°46.90'N 3°28.20'W **Dir QW 79m** 21M *Intens 221°-228°(7°)*	D0790	**Pointe du Petit-Minou** 48°20.20'N 4°36.90'W **Fl(2)WR 6s 32m** 19/15M *R Shore- 252°, W252°- 260°(8°), R260°-307°(47°) W(unintens) 307°-015°(68°),W015°-065°(50.5°),W070.5° - shore. - Leading Lights 068°. Front Dir QW 30m 23M Intens 067.3°-068.8°(1.5°)*
A1786	**Les Sept-Îles** Île-aux-Moines 48°52.80'N 3°29.50'W **Fl(3)W 15s 59m** 24M *Obscured by Îliot Rouzic and E end of Île Bono 237°-241°(4°) and in Baie de Lannion when bearing less than 039°*		
		D0790.1	**Pointe du Petit-Minou - Pointe due Portzic** 48°21.60'N 4°32.00'W **Oc(2)WR 12s 56m** 19/15M *R219-259°(40°),W259°-338°(79°), R338°-000°(22°), W000°-065.5°(65.5°),W070.5°-219°(148.5°).Vis 041°-*
A1800	**Baie de Morlaix** La Lande. Common rear Leading light 190°30' & 176° 24' 48°38.20'N 3°53.10'W **FlW 5s 85m** 23M *Obscured by PointeAnnelouesten when bearing more than 204°*		

PAGE 317

LIGHTS

	069 (28°) when W of Goulet. - Rear Dir QW 54m 22M Intens 065°-071°(6°)
D0790.2	**Pointe du Petit-Minou - 48°21'.6N 4°32'.0W** 48°21.60'N 4°32.00'W **DirQ(6) + LFlW 15s 54m** 24M Intens 045°-050(5°)
D0818	**Pointe du Toulinguet** 48°16.80'N 4°37.80'W **Oc(3)WR 12s 49m** 15/11M W shore-028°, R028°- 090°(62°), W090°-shore.
D0826	**Pointe de Morgat** 48°13.20'N 4°29.90'W **Oc(4)WRG 12s 77m** 15/11/10M W shore-281°. G281°-301°(20°).W301°-021°(80°), R021°- 043°(22°)
D0836	**Douarnenez** Pointe du Millier 48°05.90'N 4°27.90'W **Oc(2)WRG 6s 34m** 16/12/11M G080°- 087°(7°), W087°-113°(26°), R113°-120°(7°), W120°-129°(9°), G129°-148°(19°), W148°-251° (103°), R251°-258°(7°)
D0852	**Chaussée de Sein** Ar-men 48°03.00'N 4°59.90'W **Fl(3)W 20s 29m** 23M
D0856	**Chaussée de Sein - Main light.** Île de Sein 48°02.60'N 4°52.10'W **Fl(4)W 25s 49m** 29M RC
D0870	**Raz de Sein - La Vieille** 48°02.50'N 4°45.40'W **Oc(2+1)WRG 12s 33m** 17/14/13M W290°- 298°(8°), R298°-325°(27°), W325°-355°(30°), G355°-017°(22°), W017°-035°(18°), G035°- 105°(70°), W105°-123°(18°), R123°-158°(35°), W158°-205°(47°).
D0890	**Pointe de Penmarc'h** Eckmühl 47°47.90'N 4°22.40'W **FlW 5s 60m** 23M RC
D0906	**Loctudy** Point de Langoz 47°49.90'N 4°09.60'W **Fl(4)WRG 12s 12m** 15/11/11M W115°-257°(142°), G257°-284°(27°), W284°-295°(11°), R295°-318°(23°), W318°-328°(10°), R238°-025°(57°)
D0913.9	**Bénodet** Rivière Odet Ldg Lts 345°30'. Pointe du Coq. Front. 47°52.40'N 4°06.60'W **Dir Oc(2+1)G 12s 11m** 17M Intens 345°-347°(2°)
D0918	**Îles de Glénan** Île-aux-Moutons 47°46.50'N 4°01.70'W **Oc(2)WRG 6s 18m** 15/11/11M W035°-050°(15°), G050°-063°(13°), W063°-081°(18°), R081°-141°(60°), W141°-292°(151°), R292°- 035°(103°)
D0918	**Îles de Glénan** Auxiliary Light 47°46.50'N 4°01.70'W **Dir Oc(2)W 6s 17m** 24M Sychronised with main light. Intens 278.5°-283.5°(5°)
D0922	**Îles de Glénan** Penfret 47°43.30'N 3°57.20'W **FlR 5s 36m** 21M
D0930	**Concarneau** Beuzec. Rear. 1.34M from front 47°53.40'N 3°54.00'W **Dir QW 87m** 23M Intens 026.5°-030.5°(4°)
D0962	**Île de Groix** Pen-Men 47°38.90'N 3°30.50'W **Fl(4)W 25s 59m** 29M Vis 309°-275°(326°). RC close NE
D0970	**Tudy** Pointe des Chats 47°37.30'N 3°25.30'W **FlR 5s 16m** 19M
D0971-1	**Lorient** Port Louis. Ldg Lt 057° Rear 740m from front 47°42.40'N 3°21.30'W **Dir QW 22m** 18M
D0976	**Lorient - Passe Sud** Ldg Lts 008°30'. Fish Market. Front 47°43.80'N 3°21.70'W **Dir QR 16m** 17M Intens 006°-011°(5°)
D0976-1	**Lorient - Kergroise-La Perrière** Rear. 515m from front 47°44.10'N 3°21.60'W **Dir QR 34m** 17M Synchronised with front. Intens 006°-011°(5°)
D0978	**Lorient - Île Saint-Michel** Ldg Lts 016°30'. Front 47°43.50'N 3°21.60'W **Dir Oc(3)G 12s 8m** 16M Intens 014.5°-017.5°(3°)
D0978-1	**Lorient - Rear** 306m from front 47°43.70'N 3°21.50'W **Dir Oc(3)G 12s 14m** 16M Synchronised with front. Intens 014.5°-017.5°(3°)
D0990	**Lorient - Kéroman** Submarine Base. Ldg Lts 350°. Front 47°43.70'N 3°21.90'W **Dir Oc(2)R 6s 25m** 15M Intens 349°-351°(2°)
D0990-1	**Lorient - Kéroman** Ldg Lts Rear 91m from front 47°43.70'N 3°21.90'W **Dir Oc(2)R 6s 31m** 15M Synchronised with front. Intens 349°-351°(2°)
D0996	**Kernével** Ldg Lts 217° Front 47°43.10'N 3°22.30'W **Dir QR 10m** 15M Intens 215°-219°(4°)
D0996-1	**Rear** 290m from front 47°42.90'N 3°22.40'W **Dir QR 18m** 15M Intens 215°-219°(4°)
D1022	**Passage de la Teignouse** La Teignouse 47°27.50'N 3°02.80'W **FlWR 4s 20m** 15/11M W033°-039°(6°), R039°-033°(354°)
D1030	**Belle Île** Pointe des Poulains 47°23.30'N 3°15.10'W **FlW 5s 34m** 23M Vis 023°-291°(268°)
D1032	**Belle Île - Goulphar** 47°18.70'N 3°13.60'W **Fl(2)W 10s 87m** 26M
D1036	**Belle Île - Pointe de Kerdonis** 47°18.60'N 3°03.60'W **Fl(3)R 15s 35m** 15M Obscured by Pointes d'Arzic and de Taillefer 025°-129°(104°)
D1050-1	**Rivière de Crac'h** Ldg Lt 347° Rear. 560m from front 47°34.40'N 3°00.40'W **Dir QW 21m** 15M Synchronised with front. Intens 337°-357°(20°)
D1054	**Port-Navalo** 47°32.90'N 2°55.10'W **Oc(3)WRG 12s 32m** 15/11/11M W155°-220°(65°) G317°- 359°(42°) W359°-015°(16°), R015°- 105°(90°)
D1055	**Port du Crouesty** Ldg Lts 058°. Front 47°32.60'N 2°53.80'W **Dir QW 10m** 19M Intens 056.5°-059.5°(3°)
D1055-1	**Port du Crouesty - Rear** 315m from front 47°32.70'N 2°53.60'W **Dir QW 27m** 19M Intens 056.5°-059.5°(3°)
D1064	**La Vilaine Entrance** Penlan 47°31.00'N 2°30.20'W **Oc(2)WRG 6s 26m** 15/11/11M R292.5°-025°(92.5°), G025°-052°(27°), W052°-060°(8°), R060°-138°(78°), G138°-180°(42°)
D1080	**Le Four** 47°17.90'N 2°38.10'W **FlW 5s 23m** 19M
D1090	**Le Croisic** Ldg Lts 156°. Front 47°18.00'N 2°31.00'W **Dir Oc(2+1)W 12s 10m** 19M Intens 154°-158°(4°)
D1090-1	**Le Croisic - Rear** 116m from front 47°18.00'N 2°30.90'W **Dir Oc(2+1)W 12s 14m** 19M Intens 154°-158°(4°). Synchronised with front
D1096	**Estuaire de la Loire** La Banche 47°10.60'N 2°28.10'W **Fl(2+1)WR 15s 22m** 15/11M R266°-280°(14°), W280°-266°(346°)

LIGHTS

D1106 **Estuaire de la Loire - Portcé** Ldg Lts 025°30'. Front 47°14.60'N 2°15.40'W **Dir QW 6m** 22M *Intens 024°-7°- 026.2°(1.5°)*

D1106-1 **Estuaire de la Loire - Rear** 0.75M from front 47°15.30'N 2°14.90'W **Dir QW 36m** 24M *Intens 024°-027°(3°)*. *Snchronised with front*

D1152 **Baie de Bourgneuf** Île du Pilier 47°02.60'N 2°21.60'W **Fl(3)W 20s 33m** 29M

D1162 **Île de Noirmoutier - Pointe des Dames** Pointe des Dames 47°00.70'N 2°13.30'W **Oc(3)WRG 12s 34m** 19/15/15M *G016.5°-057°(40.5°), R057°-124°(67°), G124°-165°(41°), W165°-191°(26°), R191°-267°(76°), W267°-357°(90°), R357°-016.5°(19.5°)*

D1174 **Fromentine Bridge** 46°53.50'N 2°09.00'W **IsoW 4s 32m** 18M

D1176 **Île d'Yeu** Petite Foule 46°43.10'N 2°22.90'W **FIW 5s 56m** 24M *RC*

D1186 **Île d'Yeu** Pointe des Corbeaux 46°41.40'N 2°17.10'W **Fl(2+1)R 15s 25m** 20M *Obscured by the high land of Île d'Yeu 083°-143°(60°)*

D1189.6 **Saint Gilles-Sur-Vie** Pointe de Grosse Terre 46°41.60'N 1°57.80'W **Fl(4)WR 12s 25m** 17/13M *W290°-125°(195°), R125°-145°(20°)*

D1196 **Les Sables d'Olonne** L'Armandèche 46°29.40'N 1°48.30'W **Fl(2+1)W 15s 42m** 24M *Vis 295°-130°(195°)*

D1207 **Les Sables d'Olonne - Passe du SW** Ldg Lts 033°. Front 46°29.50'N 1°46.30'W **IsoR 4s 14m** 16M *IsoW 4s(T) 1994*

D1207-1 **Les Sables d'Olonne - Rear** La Potence. 330m from front 46°29.60'N 1°46.10'W **IsoR 4s 33m** 16M *IsoW 4s (T) 1994*

D1214 **Pointe du Grouin-du-Cou** 46°20.70'N 1°27.80'W **FIWRG 5s 29m** 20/16/16M *R034°-061°(27°), W061°- 117°(56°), G117°-138°(21°), W138°- 034°(256°)*

D1218 **Île de Ré** Les Baleines 46°14.70'N 1°33.70'W **Fl(4)W 15s 53m** 27M *RC*

D1220-1 **Île de Ré - Le Fier d'Ars** Ldg Lts 265°. Rear. 370m from front 46°14.10'N 1°28.80'W **Dir IsoG 4s 13m** 15M *Synchronised with front. Intens 264°-266°(2°)*

D1238 **Île de Ré - Chauveau** 46°08.10'N 1°16.30'W **Oc(2+1)WR 12s 27m** 15/11M *W057°-094°(37°), R094°- 104°(10°), W104°-342°(238°), R342°-057°(75°)*

D1256 **La Charente - Ile d'Aix** 46°00.60'N 1°10.70'W **FIWR 5s 24m** 24/20M *R103°-118°(15°), W118°-103°(345°)*

D1257 **La Charente - Ldg Lts** 115°. Fort de la Pointe. Front 45°58.00'N 1°04.30'W **Dir QR 8m** 19M *Intens 113°-117°(4°)*

D1257-1 **La Charente - Rear** 600m from front 45°57.90'N 1°03.80'W **Dir QR 21m** 20M *Intens 113°-117°(4°)*

D1270 **Île D'Oléron** Chassiron 46°02.90'N 1°24.50'W **FIW 10s 50m** 28M *Part obscured 297°- 351°(54°)*

D1290 **La Gironde - La Coubre** 45°41.80'N 1°14.00'W **Fl(2)W 10s 64m** 28M *RC*

D1293-9 **La Gironde - Ldg Lts** 081°30'. La Palmyre. Front. 1.1M from rear 45°39.60'N 1°08.70'W **Dir IsoW 4s 21m** 20M *Intens 080.5°-082.5°(2°)*

D1294 **La Gironde - Common rear** 45°39.80'N 1°07.20'W **Dir QW 57m** 27M *Intens 080.5°-082.5°(2°).Ra. Dir FR 57m 17M intens 325.5°-328.5°(3°)*

D1294-1 **La Gironde - Ldg Lts** 327°. Terre-Nègre. Front. 1.1M from rear 45°38.80'N 1°06.30'W **Oc(3)WRG 12s 39m** 18/14/14M *R304°-319°(15°), W319°-327°(8°), G327°-000°(33°), W000°-004°(4°), G004°- 097°(93°), W097°-104°(7°), R104°-116°(12°)*

D1300 **La Gironde - Cordouan** 45°35.20'N 1°10.40'W **Oc(2+1)WRG 12s 60m** 22/18/18M *W014°-126°(112°), G126°-178.5°(52.5°), W178.5°-250°(71.5°), W(unintens) 250°-267°(17°), R(unintens) 267°- 294.5°(27.5°), R294.5°-014°(79.5°). Obscured in estuary when bearing more than 285°*

D1310 **La Gironde - 1st Ldg Lts** 063°. St Nicolas. Front 45°33.80'N 1°04.90'W **Dir QG 22m** 16M *Intens 061.5°-064.5°(3°)*

D1310-1 **La Gironde - Pointe de Grave** Rear. 0.84M from front 45°34.20'N 1°03.90'W **OcWRG 4s 26m** 19/15/15M *W(unintens) 033°-054°(21°), W054°233.5°(179.5°), R233.5°-303°(69.5°), W303°-312°(9°), G312°-330°(18°), W330°-341°(11°), W(unintens) 341°-025°(44°)*

D1312 **La Gironde - Ldg Lts** 041°. Le Chay. Front 45°37.30'N 1°02.40'W **Dir QR 33m** 18M *Intens 039.5°-042.5°(3°)*

D1312-1 **La Gironde - Saint-Pierre** Rear. 0.97M from front 45°38.10'N 1°01.40'W **Dir QR 61m** 18M *Intens 039°-043°(4°)*

D1372 **Hourtin** 45°08.50'N 1°09.70'W **FIW 5s 55m** 23M

D1378 **Cap Ferret** 44°38.70'N 1°15.00'W **FIR 5s 53m** 27M *RC*

D1382 **Contis** 44°05.70'N 1°19.20'W **Fl(4)W 25s 50m** 23M

D1387-2 **L'Adour** Boucau. Ldg Lts 090°. Front 43°31.90'N 1°31.20'W **Dir QW 9m** 19M *Intens 086.5°-093.5°(7°)*

D1387-21 **L'Adour - Rear** 250m from front 43°31.90'N 1°31.00'W **Dir QW 15m** 19M *Intens 086.5°-093.5°(7°)*

D1396 **L'Adour - La Forme de Radoub** Ldg Lts 205°. Front 43°30.60'N 1°29.70'W **Dir FG 17m** 16M *Intens 203.5°-206.5°(3°)*

D1396-1 **L'Adour - Rear** 147m from front 43°30.50'N 1°29.80'W **Dir FG 24m** 16M *Intens 203.5°-206.5°(3°)*

D1410 **Pointe Saint-Martin** 43°29.60'N 1°33.30'W **Fl(2)W 10s 73m** 29M

D1414 **Baie de Saint-Jean-de-Luz** Sainte-Barbe. Ldg Lts 101°. Front 43°24.00'N 1°39.80'W **Oc(4)R 12s 30m** 18M *Intens 095°-107°(12°)*

D1416 **Baie de Saint-Jean-de-Luz - Rear** 340m from front 43°24.00'N 1°39.50'W **Oc(4)R 12s 47m** 18M *Synchronised with front. Intens 095°-107°(12°)*

D1418 **Baie de Saint-Jean-de-Luz - Entrance** Ldg Lts 150°42'. Front. Jetée Est 43°23.30'N

LIGHTS

1°40.10'W **Dir QG 18m** 16M *Intens 149.5°-152°(2.5°)*

D1420 **Baie de Saint-Jean-de-Luz - Rear** 410m from front 43°23.10'N 1°39.90'W **Dir QG 27m** 16M *Intens 149.7°-152.2°(2.5°)*

D1424-1 **Baie de Saint-Jean-de-Luz - Passe D'illarguita** Ldg Lts 138°30' Bordagain. Rear. 0.77M from front 43°23.20'N 1°40.40'W **Dir QW 67m** 20M *Intens 134.5°141.5°(7°)*

SPAIN

D1452 **Cabo Higuer** 43°23.60'N 1°47.40'W **Fl(2)W 10s 63m** 23M *Vis 072°-340°(268°) Aero marine*

D1459 **Puerto de Pasajes. Senocozulúa** Ldg Lts 154°49'. Front 43°20.00'N 1°55.50'W **QW 67m** 18M

D1459-1 **Puerto de Pasajes - Rear** 45m from front 43°20.00'N 1°55.50'W **OcW 3s 86m** 18M

D1483 **Igueldo or San Sebastian** 43°19.30'N 2°00.70'W **Fl (2+1)W 15s 132m** 26M

D1489 **Puerto de Guertaria**, Isla de San Antón, 43°18.60'N 2°12.10'W **Fl (4)W 15s 91m** 21M

D1502 **Cabo de Santa Catalina** 43°22.60'N 2°30.60'W **Fl (1+3)W 20s 44m** 17M

D1520 **Cabo Machichaco** 43°27.20'N 2°45.20'W **FlW 7s 120m** 24M *RC*

D1523 **Gorliz** 46°26.00'N 2°56.60'W **Fl (1+2)W 16s 163m** 22M

D1524 **Puerto de Bilbao** Punta Galea 43°22.40'N 3°02.00'W **Fl (3)W 8s 82m** 19M *Vis 011°-227°(216°)*

D1536 **Puerto de Castro - Urdiales** Castillo de Santa Ana 43°23.10'N 3°12.90'W **Fl (4)W 24s 46m** 20M

D1552 **Cabo Ajo** 43°30.80'N 3°35.30'W **Oc (3)W 16s 69m** 17M

D1561 **Cabo Mayor** 43°29.50'N 3°47.60'W **Fl (2)W 10s 89m** 21M *RC*

D1562 **Ría de Suances** Punta del Torco de Fuera 43°26.50'N 4°02.60'W **Fl (1+2)W 24s 33m** 22M *Obscured close inshore by higher land 091°-113°(22°)*

D1580 **Punta San Emeterio** 43°23.90'N 4°32.10'W **FlW 5s 66m** 20M

D1582 **Llanes, Punta de San Antón** 43°25.20'N 4°44.90'W **Oc (4)W 15s 16m** 15M *RC*

D1586 **Puerto de Ribadesella** Somos 43°28.40'N 5°05.00'W **Fl(1+2)W 12s 113m** 25M

D1591 **Cabo Lastres** 43°32.10'N 5°18.00'W **FlW 12s 116m** 23M

D1592 **Tazones** 43°32.90'N 5°24.00'W **Oc (3)W 15s 125m** 20M

D1596 **Puerto de Gijon** Cabo de Torres 43°34.40'N 5°41.90'W **Fl(2)W 10s 80m** 20M

D1614 **Puerto de Candás** Punta del Cuerno 43°35.70'N 5°45.70'W **Oc(2)W 10s 38m** 15M

D1628 **Cabo Peñas** 43°39.30'N 5°50.90'W **Fl(3)W 15s 115m** 35M *RC*

D1630 **Ría de Avilés** Punta del Castillo. Avilés 43°35.80'N 5°56.60'W **OcWR 5s 38m** 20/17M *R091.5°-113°(21.5°) over Bajo El Petón. W113°- 091.5°(338.5°)*

D1634 **Puerto de San Esteban de Pravia** W Breakwater. Elbow 43°34.00'N 6°04.70'W **Fl(2)W 12s 19m** 15M

D1640 **Puerto de Cudillero** Punta Rebollera 43°33.90'N 6°08.70'W **Oc(4)W 16s 42m** 16M

D1641 **Cabo Vidio** 43°35.60'N 6°14.70'W **FlW 5s 99m** 25M *Aeromarine*

D1642 **Cabo Busto** 43°34.10'N 6°28.20'W **Fl(4)W 20s 84m** 25M *Aeromarine*

D1657 **Ría de Navía** Cabo de San Augustín 43°33.80'N 6°44.10'W **Oc(2)W 12s 70m** 25M

D1658 **Isla Tapia** Summit 43°34.40'N 6°56.80'W **Fl(1+2)W 19s 22m** 18M

D1660 **Ría de Ribadeo** Isla Pancha 43°33.40'N 7°02.50'W **Fl(3+1)W 20s 26m** 21M

D1676 **Puerto de San Ciprián** Punta Atalaya 43°42.10'N 7°26.10'W **Fl(4)W 11s 39m** 15M

D1678.8 **Punta Roncadoira** 43°44.10'N 7°31.50'W **FlW 8s 92m** 21M

D1686 **Punta Estaca de Bares** 43°47.20'N 7°41.10'W **Fl (2)W 8s 99m** 25M *Aeromarine Obscured when bearing more than 291°. RC*

D1686.3 **Cabo Ortegal** 43°46.30'N 7°52.20'W **OcW 8s 122m** 18M *FW (T) 1997*

D1687 **Punta Candelaria** 43°42.70'N 8°02.80'W **Fl(3+1)W 24s 87m** 21M

D1690 **Punta de la Frouxeira** 43°37.10'N 8°11.30'W **Fl(5)W 15s 73m** 20M

D1692 **Cabo Prior** 43°34.10'N 8°18.90'W **Fl(1+2)W 15s 105m** 22M *Vis 055.5°-310° (254.5°)*

D1694 **Cabo Prioriño Chico** 43°27.50'N 8°20.30'W **FlW 5s 34m** 23M

D1704 **Torre de Hércules** 43°23.20'N 8°24.30'W **Fl(4)W 20s 104m** 23M *RC. Obscured in entrance to Ensenada del Orzán*

D1728 **Islas Sisargas** 43°21.60'N 8°50.70'W **Fl(3)W 15s 108m** 23M

D1732 **Punta Lage** 43°13.90'N 9°00.70'W **Fl(5)W 20s 64m** 20M

D1736 **Cabo Villano** 43°09.70'N 9°12.60'W **Fl(2)W 15s 102m** 28M *Vis 031.5°-228.5°(197°). RC. Racon*

D1740 **Cabo Toriñana** 43°03.20'N 9°17.90'W **Fl(2+1)W 15s 63m** 24M *Vis 340.5°-235.5°(255°)*

D1742 **Cabo Finisterre** 42°52.90'N 9°16.30'W **FlW 5s 141m** 23M *Obscured when bearing more than 149°. Racon. RC*

D1782 **Punta Insúa** 42°46.30'N 9°07.60'W **FW 26m** 15M

D1794 **Cabo Corrubedo** 42°34.60'N 9°05.40'W **Fl(3+2)R 20s 30m** 15M *Clear sector Fl (3+2) 089.4°- about 200°(110.6°).Fl(3)R 20s Dangerous sector Fl(3) about 332°- (325° within Ensenada de Corrubedo)- 089.4°(117.4°)*

D1796 **Isla Sálvora** 42°27.90'N 9°00.80'W **Fl(3+1)W 20s 38m** 21M *Clear sector Fl(3+1)217°- 126° (269°), dangerous sector Fl(3) 126°- 160°(34°)*

D1846 **Isla Ons** 42°22.90'N 8°56.20'W **Fl(4)W 24s 126m** 25M

LIGHTS

D1884	**Monte Faro** 42°12.80'N 8°54.90'W **Fl(2)W 8s 185m** 22M *Obscured 315°-016.5°(61.5°) over Bajos de Los Castros and Forcados*	D2139	**Cabo Espichel** 38°24.80'N 9°12.90'W **FlW 4s 167m** 26M *Aeromarine. RC*
D1890	**Cabo Estay** Ldg Lts 069°20'. Front 42°11.10'N 8°48.90'W **IsoW 2s 16m** 18M *Vis 066.3°-072.3(6°). Racon*	D2151-1	**Porto de Setúbal** Ldg Lts 039°48'. Azêda. Rear 1.7M from front 38°32.40'N 8°52.60'W **IsoR 6s 61m** 20M *Vis 038.3°-041.3° (3°)*
D1890-1	**Cabo Estay - Rear** 660m from front 42°11.30'N 8°48.30'W **OcW 4s 48m** 18M *Vis 066.3°-072.3°(6°)*	D2160	**Cabo de Sines** 37°57.50'N 8°52.70'W **Fl(2)W 15s 50m** 26M *RC. Obscured 001°-003°(2°), 004°-007°(3°) within 17M.*
D1904	**Punta Areiño** La Guia 42°15.60'N 8°42.10'W **Oc(2+1)W 20s 35m** 15M	D2164	**Cabo Sardão** Ponto do Cavaleiro 37°35.80'N 8°48.90'W **Fl(3)W 15s 66m** 23M
D1916	**Cabo Silleiro** 42°06.20'N 8°53.80'W **Fl(2+1)W 15s 83m** 24M *Aeromarine. RC*	D2168	**Cabo de São Vicente** 37°01.30'N 8°59.70'W **FlW 5s 84m** 32M *Aeromarine RC*
		D2174	**Ponta da Piedade** 37°04.80'N 8°40.10'W **FlW 7s 49m** 20M

PORTUGAL

		D2192	**Alfanzina** 37°05.10'N 8°26.50'W **Fl(2)W 15s 61m** 29M
D2008	**Promontório de Montedor** 41°44.90'N 8°52.40'W **Fl(2)W 10s 102m** 22M *RC*	D2197.2	**Vilamoura** 37°04.40'N 8°07.30'W **FlW 10s 17m** 19M
D2012	**Viana do Castelo** Rio Llma. Barra Sul Ldg Lts 012°30'. Castelo de Santiago. SW battery. Front 41°41.40'N 8°50.30'W **IsoR 4s 14m** 23M *Vis 241°-151°(270°)*	D2206	**Cabo de Santa Maria** 36°58.40'N 7°51.80'W **Fl (4)W 17s 49m** 25M *Aeromarine. RC.*
D2012-1	**Viana do Castelo - Senhora da Agonia** Rear. 500m from front 41°41.70'N 8°50.20'W **OcR 6s 32m** 23M *Vis 005°-020°(15°)*	D2246	**Vila Real de Santo António** 37°11.10'N 7°24.90'W **FlW 6s 51m** 26M *RC*
D2016	**Forte da Barra do Rio Cávado** 41°32.50'N 8°47.40'W **FlW 5s 20m** 21M		

SPAIN

D2020	**Póvoa de Varzim** Regufe 41°22.40'N 8°45.20'W **IsoW 6s 29m** 15M	D2312	**Rompido de Cartaya** 37°12.90'N 7°07.60'W **FL(2)W 10S 41M** 24M
D2032	**Leça** 41°12.10'N 8°42.60'W **Fl(3)W 14s 57m** 28M *RC*	D2320	**Picacho** 37°08.20'N 6°49.50'W **Fl(2+4)W 30s 51m** 25M
D2056	**Aveiro** 40°38.60'N 8°44.80'W **Fl(4)W 13s 65m** 23M *Aeromarine. RC*	D2345	**Higuera** 37°00.60'N 6°34.10'W **Fl(3)W 20s 46m** 20M
D2060	**Cabo Mondego** 40°11.40'N 8°54.20'W **FlW 5s 101m** 28M *RC*	D2351	**Chipiona** Punta del Perro 36°44.30'N 6°26.40'W **FlW 10s 68m** 25M *Racon*
D2072	**Penedo da Saudade** 39°45.80'N 9°01.80'W **Fl(2)W 15s 54m** 30M *Aeromarine*	D2355	**Rota** 36°38.20'N 6°20.80'W **Aero AlFlWG 9s 79m** 17M *Unreliable (T) 1997*
D2086	**Ilha Berlenga** 39°24.80'N 9°30.50'W **Fl(3)W 20s 120m** 27M *RC*	D2362	**Puerto de Cádiz** Castilla de San Sebastián 36°31.80'N 6°18.90'W **Fl(2)W 10s 38m** 25M *Unintens 085°-121°(36°) Obscured over the port by the houses in the town.*
D2088	**Cabo Carvoeiro** 39°21.50'N 9°24.40'W **Fl(3)R 15s 57m** 15M *RC*		
D2108	**Cabo da Roca** 38°46.80'N 9°29.80'W **Fl(4)W 18s 164m** 26M *RC Aeromarine*	D2405	**Cabo Roche** 36°17.80'N 6°08.30'W **Fl(4)W 24s 44m** 20M
D2110	**Forte de São Brás** 38°42.50'N 9°29.10'W **Fl(3)W 15s 22m** 20M *Vis 324°-189°(225°)*	D2406	**Cabo Trafalgar** 36°11.00'N 6°02.00'W **Fl(2+1)W 15s 50m** 22M *Aeromarine. RC*
D2114	**Cascais** Barra do Norte. Ldg Lts 285°. Nossa Senhora de Guia. Rear 38°41.60'N 9°26.70'W **IsoWR 2s 57m** 19/16M *W326°-092°(126°), R278°-292°(14°)*	D2414	**Tarifa** S end of peninsula 36°00.10'N 5°36.50'W **Fl(3)WR 10s 40m** 26/18M *W113°-089°(336°) R089°-113°(24°). RC. Racon*
D2118	**Cascais - Forte de Santa Marta** Front 38°41.30'N 9°25.20'W **OcWR 6s 24m** 18/14M *R223°-334°(101°), W334°-098°(124°)*	D2420	**Punta Carnero** 36°04.70'N 5°25.50'W **Fl(4)WR 20s 42m** 18/9M *W018°-325°(307°), R 325°- 018°(53°)*
D2126	**Forte Bugio** 38°39.50'N 9°17.90'W **FlG 5s 27m** 21M		

GIBRALTAR

D2127	**Barra do Sul** Ldg Lts 047°. Gibalta. Front 38°41.80'N 9°15.90'W **OcR 3s 30m** 21M *Vis 039.5°-054.5°(15°)*	D2438	**Gibraltar. Europa Point** Victoria Tower 36°06.70'N 5°20.60'W **IsoW 10s 49m** 19M *Vis 197°-042°(205°), intens 067°- 125°(58°). Oc R 10s and F R both 44m 15M. Vis 042°-067°(25°)*
D2127-1	**Barra do Sul - Esteiro** Rear. 760m from front 38°42.10'N 9°15.60'W **OcR 6s 81m** 21M *Vis 039.5°-054.5°(15°). Racon*	D2442	**- South Mole** A head 36°08.10'N 5°21.80'W **FlW 2s 18m** 15M
D2127-15	**Mama Sul** 38°43.70'N 9°13.60'W **IsoW 6s 154m** 21M	D2456	**- Aero light** 36°08.70'N 5°20.50'W **Aero Mo (GB)R 10s 405m** 30M *Obscured on westerly bearings within 2M*
D2138	**Chibata** 38°38.50'N 9°13.00'W **FR 15M** *Occas*		

PAGE 321

RADIO BEACONS

DIRECTION FINDING RADIOBEACONS

MODE OF EMISSION		
Mode designator	During DF period	During identification
A1A	BFO ON	BFO ON
A2A	BFO ON	BFO OFF or **OFF** – see handbook
NON A2A	BFO ON	BFO OFF

ENGLAND SOUTH COAST

Dungeness Lt RC 50°54.77'N 0°58.67'E
DU ••• •••   300.5 NONA2A 50 nm H24
Brighton Marina RC 50°48.67'N 0°05.95'W
BM •••• ••   294.5 A1A 10 nm H24
S. Catherine's Point Lt RC 50°34.52'N 1°17.80'W
CP •-•• •-•   293 A1A 50 nm H24
Bournemouth Aero RC 50°46.63'N 1°50.47'W
BIA •••• •• ••   339 NONA2A 20 nm H24
Bill of Portland Lt RC 50°30.82'N 2°27.30'W
PB •--• ••••   309.5 A1A 50 nm H24
Exeter Aero RC 50°45.12'N 3°17.62'W
EX • ••••   337 NONA2A 15 nm HJ
Lizard Lt RC 49°57.58'N 5°12.07'W
LZ •-•• -•••   284.5 A1A 70 nm H24
Penzance Heliport Aero RC
    50°07.67'N 5°31.00'W
PH •--• ••••   333 NONA2A 15 nm HJ
S. Marys, Scilly Is Aero RC 49°54.82'N 6°17.43'W
STM ••• - --   321 NONA2A 15 nm HJ
Round I Lt, Scilly Is RC 49°58.70'N 6°19.33'W
RR •-• •-•   298.5 A1A 150 nm H24
S. Mawgan Aero RC 50°26.51'N 4°59.36'W
SM ••• --   356.5 NONA2A 20 nm H24

ENGLAND EAST COAST

Souter Lt RC 54°58.23'N 1°21.80'W
SJ ••• •---   292 A1A 50 nm H24
Flamborough Hd Lt RC 54°06.95'N 0°04.87'W
FB •••• ••••   303 A1A 70 nm H24
Cromer Lt RC 52°55.45'N 1°19.10'E
CM -•-• --   313.5 A1A 50 nm H24
Gt Yarmouth Aero RC 52°38.10'N 1°43.73'E
ND -• ---   417 NONA2A 10 nm H24
Southend Aero RC 51°34.55'N 0°42.12'E
SND ••• -• ---   362.5 NONA2A 20 nm H24
North Foreland RC 51°22.49'N 1°26.85'E
NF -• ••-•   311 A1A 50 nm H24

UK WEST COAST

Cardiff Aero RC 51°23.57'N 3°20.23'W
CDF -•-• -•• ••-•   388.5 NONA2A 20 nm H24
Nash Point Lt RC 51°24.03'N 3°33.06'W
NP -• •--•   299.5 A1A 50 nm H24
Swansea Aero RC 51°36.10'N 4°03.88'W
SWN ••• •-- --   320.5 NONA2A 15 nm HJ
South Bishop Lt RC 51°51.15'N 5°24.65'W
SB ••• -•••   290.5 A1A 70 nm H24
Aberporth Aero RC 52°06.92'N 4°33.57'W
AP •- •--•   370.5 NONA2A 20 nm H24
Point Lynas Lt RC 53°24.97'N 4°17.30'W
PS •--• •••   304 A1A 50 nm H24
Blackpool Aero RC 53°46.36'N 3°01.59'W
BPL -••• •--• •-••   420 NONA2A 15 nm HJ
Walney Island Lt RC 54°02.92'N 3°10.55'W
FN ••-• -•   306 A1A 70 nm H24
Ronaldsway, Isle of Man Aero RC
    54°05.15'N 4°36.45'W
RWY •-• •-- -•--   359 NONA2A 20 nm HJ

IRELAND

Mizen Head RC 51°27.05'N 9°48.80'W
MZ -- ••--   300 A1A 100 nm H24
Old Head of Kinsale Lt RC
    51°36.27'N 8°31.97'W
OH --- ••••   288 A1A 50 nm H24
Waterford Aero RC 52°11.83'N 7°05.33'W
WTD •-- - -••   368 NONA2A 25 nm H24
Tuskar Rock Lt RC 52°12.15'N 6°12.38'W
TR - •-•   286 A1A 50 nm H24
Killiney Aero RC 53°16.17'N 6°06.33'W
KLY -•- •-•• -•--   378 NONA2A 50 nm H24
Baily Lt RC 53°21.68'N 6°03.09'W
BY -••• -•--   289 A1A 50 nm H24
Dublin, Rush Aero RC 53°30.73'N 6°06.60'W
RSH •-• ••• ••••   326 NONA2A 30 nm H24
South Rock Lt Float RC 54°24.47'N 5°21.92'W
SU ••• ••-   291.5 A1A 50 nm H24
Tory Island Lt RC 55°16.35'N 8°14.92'W
TY - -•--   313 A1A 100 nm H24
Eagle Island Lt RC 54°16.98'N 10°05.52'W
GL --• •-••   307 A1A 100 nm H24
Loop Head RC 52°33.65'N 9°55.90'W
LP •-•• •--•   311.5 A1A 50 nm H24

SCOTLAND

Rhinns of Islay Lt RC 55°40.38'N 6°30.70'W
RN •-• -•   293 A1A 70 nm H24
Stornoway Aero RC 58°12.86'N 6°19.49'W
SAY ••• •- -•--   669.5 NONA2A 60 nm HJ
Butt of Lewis Lt RC 58°30.93'N 6°15.72'W
BL -••• •-••   289 A1A 70 nm H24
Dounreay Aero RC 58°34.90'N 3°43.58'W
DO -•• ---   364.5 NONA2A 15 nm H24
Scatsta, Shetland Is Aero RC
    60°27.68'N 1°12.78'E
SS ••• •••   315.5 NONA2A 25 nm HJ
Sumburgh, Shetland Is Aero RC
    59°52.08'N 1°16.35'W
SBH ••• -••• ••••   351 NONA2A 25 nm HJ
Sumburgh Head Light, Shetland Is RC
    59°51.30'N 1°16.37'W
SB ••• -•••   304 A1A 70 nm H24
Duncansby Head Lt RC 58°38.67'N 3°01.42'W
DY -•• -•--   290.5 A1A 50 nm H24

PAGE 322

RADIO BEACONS

Wick Aero RC 58°26.83'N 3°03.70'W
WIK •-- •• --•   344   NONA2A   30 nm   HJ
Kinnairds Hd Lt RC   57°41.87'N 2°00.13'W
KD -•- •-•   301.5   A1A   50 nm   H24
Scotstown Head Aero RC   57°33.56'N 1°48.94'W
SHD ••• •••• -••   383   NONA2A   80 nm   H24
Girdle Ness Lt RC   57°08.32'N 2°02.83'W
GD -•- •-•   311   A1A   50 nm   H24
Fife Ness Lt RC   56°16.73'N 2°35.10'W
FP ••-• •-••   305   A1A   50 nm   H24
Inchkeith Lt RC   56°02.02'N 3°08.08'W
NK -• -•-   286.5   A1A   10 nm   H24
Fidra Lt RC   56°04.40'N 2°47.02'W
FD ••-• -••   290   A1A   10 nm   H24

BELGIUM
Nieuwpoort, W Pier Lt RC
51°09.40'N   2°43.08'E
NP -• •--•   285   A1A   6 nm   H24
Oostende RC   51°14.36'N   2°55.94'E
OE --- •   312   A1A   40 nm   H24
Zeebrugge, N Westdam RC
51°21.66'N   3°11.33'E
ZB --•• -•••   289   A1A   6 nm   H24

HOLLAND
Goeree Lt RC   51°55.53'N   3°40.18'E
GR --• •-•   296   A1A   48 nm   H24
Hoek van Holland RC   51°58.90'N   4°06.83'E
HH •••• ••••   288   A1A   50 nm   H24
IJmuiden Front Lt RC   52°27.75'N   4°34.55'E
YM -•-- --   288.5   A1A   20 nm   H24
Eierland Lt RC   53°10.97'N   4°51.40'E
ER • -•-   301   A1A   20 nm   H24
Vlieland Lt RC   53°17.80'N   5°03.57'E
VL ••-• •-••   303.5   A1A   20 nm   H24
Ameland Lt RC   53°27.02'N   5°37.60'E
AD -• -••   299   A1A   50 nm   H24

GERMANY
Borkum, Kleiner Lt RC   53°34.78'N   6°40.09'E
BE -••• •   302   A1A   20 nm   H24
Wangerooge Lt RC   53°47.45'N   7°51.52'E
WE --- •   309.5   A1A   20 nm   H24
Alte Weser Lt RC   53°51.85'N   8°07.72'E
AR •- •-•   309   A1A   20 nm   H24
Nordholz Aero RC   53°47.18'N   8°48.47'E
NDO -• -•• ---   372   NONA2A   30 nm   H24
Elbe Lt F RC   54°00.00'N   8°06.58'E
EL • •-••   298   A1A   10 nm   H24
German Bight LtV RC   54°10.80'N   7°27.60'E
GB --• -•••   312   A1A   10 nm   H24
Westerland/Sylt Aero RC   54°51.45'N   8°24.67'E
SLT ••• •-•• -   387   NONA2A   25 nm   H24

DENMARK
Dan Oil Field Platform DUC-OF-C Aero RC
55°28.73'N   5°06.43'E
DNF -•• -• ••-•   349   NONA2A   25 nm   H24

Blåvanshuk Lt RC   55°33.52'N   8°05.07'E
BH -••• ••••   296   A1A   50 nm   H24
Thyborøn Lt RC   56°42.53'N   8°13.00'E
TN - -•   306   A1A   100 nm   H24
Skagen W Lt RC   57°44.98'N   10°35.78'E
SW ••• •--   298.5   A1A   50 nm   H24

CHANNEL ISLANDS
Alderney Aero RC   49°42.58'N   2°11.90'W
ALD •- •-•• -••   383   NONA2A   50 nm   H24
Castle Brkwr Lt, St. Peter Port, Guernsey RC
49°27.37'N   2°31.37'W
GY --• -•--   304.5   A1A   10 nm   H24
Guernsey Aero RC   49°26.12'N   2°38.30'W
GRB --• •-• -•••   361   NONA2A   30 nm   H24
La Corbière Lt, Jersey RC   49°10.85'N   2°14.90'W
CB -•-• -•••   295.5   A1A   20 nm   H24
Jersey West Aero RC   49°12.37'N   2°13.30'W
JW •--- •--   329   NONA2A   25 nm   H24

FRANCE
Calais, Dunkerque Aero RC
50°59.88'N   2°03.36'E
MK -- -•-   418   A1A   15 nm   H24
Calais Main Lt RC   50°57.73'N   1°51.30'E
CS -•-• •••   312.5   A1A   20 nm   H24
Cap d'Alprech Lt RC   50°41.95'N   1°33.83'E
PH •--• ••••   294   A1A   20 nm   H24
Le Touquet Aero RC   50°32.13'N   1°35.37'E
LT •-•• -   358   A2A   20 nm   H24
Pointe d'Ailly Lt RC   49°55.00'N   0°57.55'E
AL •- •-••   305.5   A1A   50 nm   H24
Le Havre, Octeville Aero RC
49°35.75'N   0°11.00'E
LHO •-•• •••• ---   346   A1A   15 nm   H24
Pointe de Ver Lt RC   49°20.47'N   0°31.05'E
ER • -•-   310   A1A   20 nm   H24
Port en Bessin Rear Lt RC   49°20.98'N   0°45.48'W
BS -••• •••   290   A1A   5 nm   H24
Pointe de Barfleur Lt RC   49°41.87'N   1°15.87'W
FG ••-• --•   297   A1A   70 nm   H24
Cherbourg, Fort de l'Ouest Lt RC
49°40.50'N   1°38.87'W
RB -•- -•••   302   A1A   20 nm   H24
Granville Aero RC   48°55.10'N   1°28.87'W
GV --• •••-   321   A1A   25 nm   H24
Le Grand Jardin Lt RC   48°40.27'N   2°04.90'W
GJ --• •---   306.5   A1A   10 nm   H24
Saint Brieuc Aero RC   48°34.10'N   2°46.90'W
SB ••• -•••   353   A1A   25 nm   H24
Rosédo Lt, Île Bréhat RC   48°51.51'N   3°00.21'W
DO -•• ---   287.5   A1A   10 nm   H24
Lannion Aero RC   48°43.25'N   3°18.45'W
LN •-•• -•   345   A1A   50 nm   H24
Roches Douvres Lt RC   49°06.47'N   2°48.65'W
RD -•- -••   308   A1A   70 nm   H24
Ile Vierge Lt RC   48°38.38'N   4°33.97'W
VG •••- --•   314   A1A   70 nm   H24
Pointe de Créac'h Lt, Île de Ouessant RC
48°27.62'N   5°07.65'W
CA -•-• •-   301   A1A   100 nm   H24

RADIO BEACONS

Ouessant SW, Lanby RC 48°31.20'N 5°49.10'W
SW ••• •••   305.5 A1A   10 nm   H24
Pointe S Mathieu Lt RC 48°19.85'N 4°46.17'W
SM ••• ••   292.5 A1A   50 nm   H24
Lanvéoc, Poulmic Aero RC 48°17.07'N 4°26.00'W
BST ---- ••• -   428   A1A   80 nm   H24
Île de Sein NW Lt RC 48°02.70'N 4°51.95'W
SN ••• ••   289.5 A1A   70 nm   H24
Eckmühl Lt, Pointe de Penmarc'h RC
                 47°47.95'N 4°22.35'W
UH ••• ••••   312   A1A   50 nm   H24
Pointe de Combrit Lt RC 47°51.92'N 4°06.70'W
CT ---- -   288.5 A1A   20 nm   H24
Lorient Aero RC 47°45.75'N 3°26.43'W
LOR •••• --- ••• 359   A1A   80 nm   H24
Pen Men, Île de Groix RC 47°38.97'N 3°30.36'W
GX --- ----   298   A1A   50 nm   H24
S Nazaire, Montoir Aero RC
                 47°20.02'N 2°02.57'W
MT -- -   398   A1A   50 nm   H24
S Nazaire, Pointe de St Gildas Lt RC
                 47°08.10'N 2°14.67'W
NZ -• ----•   308.5 A1A   40 nm   H24
Île d'Yeu Main Lt RC 46°43.10'N 2°22.90'W
YE ---- •   303   A1A   100 nm   H24
Les Baleines Lt, Île de Ré RC
                 46°14.70'N 1°33.60'W
BN ---- ••   299   A1A   50 nm   H24
La Rochelle, Tour Richelieu Lt RC
                 46°08.97'N 1°10.27'W
RE ••• •   295.5 A1A   40 nm   H24
Pointe de la Coubre Lt RC
                 45°41.87'N 1°13.93'W
LK •••• ---   292   A1A   100 nm   H24
Cap Ferret Lt RC 44°38.77'N 1°14.81'W
FT •••• -   286.5 A1A   100 nm   H24

SPAIN

San Sebastián Aero RC 43°23.25'N 1°47.65'W
HIG •••• •• --- 328   NONA2A   50 nm   H24
Cabo Machichaco Lt RC 43°27.45'N 2°45.08'W
MA -- •-   284.5 A1A   100 nm   H24
Bilbao Aero RC 43°19.43'N 2°58.43'W
BLO ---- •••• --- 370   NONA2A   70 nm   H24
Cabo Mayor Lt RC 43°29.48'N 3°47.37'W
MY -- ---   304.5 A1A   100 nm   H24
Llanes Lt RC 43°25.20'N 4°44.90'W
IA •• •-   303.5 A1A   50 nm   H24
Cabo Peñas Lt RC 43°39.42'N 5°50.80'W
PS ---- •••   297.5 A1A   50 nm   H24
Asturias Aero RC 43°33.57'N 6°01.50'W
AVS •- •••• ••• 325   NONA2A   60 nm   H24
Punta Estaca de Bares Lt RC
                 43°47.17'N 7°41.07'W
BA ---- •-   309.5 A1A   100 nm   H24
Torre de Hercules Lt RC
                 43°23.23'N 8°24.30'W
L ••••   301.5 A1A   50 nm   H24
Cabo Villano Lt RC 43°09.68'N 9°12.60'W
VI •••• ••   290.5 A1A   100 nm   H24

Cabo Finisterre Lt RC 42°53.00'N 9°16.23'W
FI •••• ••   288.5 A1A   100 nm   H24
Cabo Estay Lt, Ria de Vigo RC
                 42°11.19'N 8°48.73'W
VS •••• •••   312.5 A1A   50 nm   H24
Cabo Silleiro Lt RC 42°06.33'N 8°53.70'W
RO ••• ---   293.5 A1A   100 nm   H24

PORTUGAL

Montedor Lt RC 41°44.95'N 8°52.30'W
MR -- •••   291.9 A1A   150 nm   H24
Leça Lt, Pta Boa Nova RC
                 41°12.50'N 8°42.64'W
LC •••• -   291.9 A1A   100 nm   H24
Aveiro Lt RC 40°38.47'N 8°44.80'W
AV •- ••••   291.9 A1A   100 nm   H24
Cabo Mondego Lt RC 40°11.42'N 8°54.20'W
MD -- •••   287.5 A1A   150 nm   H24
Cabo Carvoeiro Lt RC 39°21.53'N 9°24.40'W
CV ---- ••••   287.5 A1A   150 nm   H24
Ilha Berlenga Lt RC 39°24.83'N 9°30.50'W
IB •• ••••   287.5 A1A   200 nm   H24
Monte Real Aero RC 39°54.54'N 8°52.92'W
MTL -- - •••   336   A2A   150 nm   H24
Sintra Aero RC 38°52.92'N 9°24.04'W
STR ••• - •••   371   A2A   50 nm   H24
Cabo Roca Lt RC 38°46.70'N 9°29.82'W
RC ••• ----   308   A1A   100 nm   H24
Caparica Aero RC 38°38.62'N 9°13.21'W
CP ---- ••••   389   NONA2A   250 nm   H24
Cabo Espichel Lt RC 38°24.83'N 9°12.90'W
PI ---- ••   308   A1A   50 nm   H24
Cabo de Sines RC 37°57.48'N 8°53.75'W
SN ••• ••   308   A1A   100 nm   H24
Cabo de Sao Vicente Lt RC
                 37°01.32'N 8°59.70'W
VC •••• ----   305.5 A1A   200 nm   H24
Lagos Aero RC 37°09.65'N 8°36.80'W
LGS •••• --- ••• 364   A2A   100 nm   H24
Faro Aero R C 37°00.43'N 7°55.48'W
FAR •••• •- ••• 332   A2A   50 nm   H24
Cabo de Santa Maria Lt RC
                 36°58.38'N 7°51.80'W
SM ••• --   305.5 A1A   50 nm   H24
Vila Real de Santo António Lt RC
                 37°11.28'N 7°24.90'W
VR •••• •••   305.5 A1A   100 nm   H24

SPAIN

Rota Aero RC 36°38.62'N 6°19.00'W
AOG •- --- ---   423   NONA2A   100 nm   H24
Rota RC 36°37.69'N 6°22.77'W
D •••   303   A1A   80 nm   H24
Cabo Trafalgar RC 36°11.06'N 6°02.06'W
B ----   297   A1A   50 nm   H24
Tarifa Lt RC 36°00.13'N 5°36.47'W
O ---   299   A1A   50 nm   H24
Porto Aero RC 41°19.08'N 8°41.98'W
POR •--- --- •-• 299   NONA2A   250 nm   H24

RADIO BEACONS

VHF - EMERGENCY
DIRECTION FINDING SERVICE

This service is for emergency use only. Each direction-finding station is remotely controlled by an HM Coastguard Maritime Rescue Co-ordination Centre or Sub-Centre. Watch is kept on Ch 16. Ship transmits on Ch 16 (distress only) or Ch 67 in order that the station can determine its bearing. Ship's bearing from the station is transmitted on Ch 16 (distress only) or Ch 67.

ENGLAND SOUTH COAST
St Mary's, Scilly Isles 49°55'.70N 6°18'.17W
Controlled by MRCC Falmouth
Land's End 50°08'.13N 5°38'.19W
Controlled by MRCC Falmouth
Falmouth 50°08'.68N 5°02'.69W
Controlled by MRCC Falmouth
Rame Head 50°18'.99N 4°13'.10W
Controlled by MRSC Brixham
Prawle 50°13'.10N 3°42'.48W
Controlled from MRSC Brixham
Berry Head 50°23'.94N 3°28'.97W
Controlled by MRSC Brixham
Grove Point 50°32'.90N 2°25'.13W
Controlled from MRSC Portland
Hengistbury Head 50°42'.92N 1°45'.56W
Controlled by MRSC Portland
Boniface 50°36'.20N 1°11'.95W
Controlled by MRSC Solent
Selsey 50°43'.80N 0°48'.15W
Controlled by MRSC Solent
Newhaven 50°46'.90N 0°03'.13E
Controlled by MRSC Newhaven
Fairlight 50°52'.19N 0°38'.83E
Controlled from MRCC Dover
Langdon Battery 51°07'.91N 1°20'.21E
Controlled by MRCC Dover

ENGLAND EAST COAST
North Foreland 51°22'.50N 1°26'.82E
Controlled by MRCC Dover
Shoeburyness 51°31'.34N 0°46'.69E
Controlled by MRSC Thames
Bawdsey 51°59'.55N 1°24'.59E
Controlled by MRSC Thames
Caister 52°39'.59N 1°43'.00E
Controlled by MRCC Yarmouth
Trimingham 52°54'.55N 1°20'.73E
Controlled by MRCC Yarmouth
Hunstanton 52°56'.93N 0°29'.70E
Controlled by MRCC Yarmouth
Easington 53°39'.13N 0°05'.95E
Controlled by MRSC Humber

Flamborough 54°07'.08N 0°05'.12W
Controlled by MRSC Humber
Whitby 54°29'.40N 0°36'.25W
Controlled by MRSC Humber
Hartlepool 54°41'.79N 1°10'.47W
Controlled by MRSC Tyne/Tees
Tynemouth 55°01'.08N 1°24'.90W
Controlled by MRSC Tyne/Tees
Newton 55°31'.01N 1°37'.10W
Controlled by MRSC Tyne/Tees
Crosslaw 55°54'.50N 2°12'.20W
Controlled by MRSC Forth

SCOTLAND
Fife Ness 56°16'.78N 2°35'.25W
Controlled by MRSC Forth
Inverbervie 56°51'.10N 2°15'.65W
Controlled by MRSC Aberdeen
Windyhead 57°38'.90N 2°14'.50W
Controlled by MRSC Aberdeen
Thrumster 58°23'.55N 3°07'.25W
Controlled by MRSC Pentland
Wideford Hill 58°59'.29N 3°01'.40W
Controlled by MRSC Pentland
Compass Head 59°52'.05N 1°16'.30W
Controlled by MRSC Shetland
Dunnet Head 58°40'.31N 3°22'.52W
Controlled by MRSC Pentland
Sandwick 58°12'.65N 6°21'.27W
Controlled by MRSC Stornoway
Rodel 57°44'.90N 6°57'.41W
Controlled by MRSC Stornoway
Barra 57°00'.81N 7°30'.42W
Controlled by MRSC Stornoway
Tiree 56°30'.62N 6°57'.68W
Controlled by MRSC Oban
Kilchiaran 55°45'.90N 6°27'.19W
Controlled by MRCC Clyde
Law Hill 55°41'.76N 4°50'.46W
Controlled by MRCC Clyde

UK WEST COAST
West Torr 55°11'.91N 6°05'.60W
Controlled by MRSC Belfast
Orlock Head 54°40'.41N 5°34'.97W
Controlled by MRSC Belfast
Snaefell 54°15'.82N 4°27'.59W
Controlled by MRSC Liverpool
Walney Island 54°06'.59N 3°15'.88W
Controlled by MRSC Liverpool
Great Ormes Head 53°19'.98N 3°51'.11W
Controlled by MRSC Holyhead
Rhiw 52°49'.98N 4°37'.69W
Controlled by MRSC Holyhead
St. Ann's Head 51°40'.97N 5°10'.52W
Controlled by MRSC Milford Haven

RADIO BEACONS

Hartland 51°01'.20N 4°31'.32W
Controlled by MRCC Swansea
Trevose Head 50°32'.91N 5°01'.89W
Controlled by MRCC Falmouth

CHANNEL ISLANDS
Guernsey 49°26'.27N 2°35'.77W
Jersey 49°10'.85N 2°14'.30W

FRANCE
Emergency use only Each station is remotely controlled either by CROSS or a Naval Lookout Station. Stations watch on Ch 16,11; 67. Ship transmits on Ch 16 (distress only) or Ch 11 in order that the station can determine its bearing. Ship's bearing from the station is transmitted on Ch 16 (distress only) or Ch 11

Dunkerque H24 51°03'.40N 2°20'.40E
Controlled by Signal Station
Gris-Nez H24 50°52'.20N 1°35'.00E
Controlled by CROSS
Boulogne HJ 50°44'.00N 1°36'.00E
Controlled by Signal Station
Ault HJ 50°06'.50N 1°27'.50E
Controlled by Signal Station
Dieppe HJ 49°56'.00N 1°05'.20E
Controlled by Signal Stn
Fécamp H24 49°46'.10N 0°22'.20E
Controlled by Signal Station
La Hève H24 49°30'.60N 0°04'.20E
Controlled by Signal Station
Villerville HJ 49°23'.20N 0°06'.50E
Controlled by Signal Station
Port-en-Bessin H24 49°21'.10N 0°46'.30W
Controlled by Signal Station
Saint-Vaast HJ 49°34'.50N 1°16'.50W
Controlled by Signal Station
Barfleur H24 49°41'.90N 1°15'.90W
Controlled by Signal Station
Levy HJ 49°41'.70N 1°28'.20W
Controlled by Signal Station
Homet H24 49°39'.50N 1°37'.90W
Controlled by Lookout Station
Jobourg H24 49°41'.10N 1°54'.60W
Controlled by CROSS
La Hague HJ 49°43'.60N 1°56'.30W
Controlled by Signal Station
Carteret HJ 49°22'.40N 1°48'.30W
Controlled by Signal Station
Le Roc HJ 48°50'.10N 1°36'.90W
Controlled by Signal Station
Grouin *Cancale* HJ 48°42'.60N 1°50'.60W
Controlled by Signal Station
Saint-Cast HJ 48°38'.60N 2°14'.70W
Controlled by Signal Station
S.-Quay-Portrieux H24 48°39'.30N 2°49'.50W
Controlled by Signal Station
Roches-Douvres H24 49°06'.50N 2°48'.80W
Controlled by CROSS-Jobourg

Bréhat HJ 48°51'.30N 3°00'.10W
Controlled by Signal Station
Ploumanach H24 48°49'.50N 3°28'.20W
Controlled by Signal Station
Batz HJ 48°44'.80N 4°00'.60W
Controlled by Signal Station
Brignogan H24 48°40'.60N 4°19'.70W
Controlled by Signal Station
Créach *Ouessant* H24 48°27'.60N 5°07'.80W
Controlled by CROSS Corsen
Créach *Ouessant* HJ 48°27'.60N 5°07'.70W
Controlled by Signal Station
Saint-Mathieu H24 48°19'.80N 4°46'.20W
Controlled by Lookout Station
Toulinguet *Camaret* HJ 48°16'.80N 4°37'.50W
Controlled by Signal Station
Cap de La Chèvre HJ 48°10'.20N 4°33'.00W
Controlled by Signal Station
Pointe du Raz H24 48°02'.30N 4°43'.80W
Controlled by Signal Station
Penmarc'h H24 47°47'.90N 4°22'.40W
Controlled by Signal Station
Beg-Meil HJ 47°51'.30N 3°58'.40W
Controlled by Signal Station
Étel RG H24 47°39'.80N 3°12'.00W
Controlled by CROSS
Beg Melen HJ 47°39'.20N 3°30'.10W
Controlled by Signal Stn
Port-Louis H24 47°42'.60N 3°21'.80W
Controlled by Lookout Station
Saint-Julien HJ 47°29'.70N 3°07'.50W
Controlled by Signal Station
Taillefer HJ 47°21'.80N 3°09'.00W
Controlled by Signal Station
Le Talut HJ 47°17'.70N 3°13'.00W
Controlled by Signal Station
Piriac HJ 47°22'.50N 2°33'.40W
Controlled by Signal Station
Chemoulin H24 47°14'.10N 2°17'.80W
Controlled by Signal Station
Saint-Sauveur HJ 46°41'.70N 2°18'.80W
Controlled by Signal Station
Les Baleines HJ 46°14'.60N 1°33'.70W
Controlled by Signal Station
Chassiron HJ 46°02'.80N 1°24'.50W
Controlled by Signal Station
La Coubre H24 45°41'.90N 1°13'.40W
Controlled by Signal Station
Pointe de Grave HJ 45°34'.30N 1°03'.90W
Controlled by Signal Station
Cap Ferret HJ 44°37'.50N 1°15'.00W
Controlled by Signal Station
Messanges HJ 43°48'.80N 1°23'.90W
Controlled by Signal Station
Socoa H24 43°23'.30N 1°41'.10W
Controlled by Signal Station

VHF EMERGENCY CHARTS
VHF EMERGENCY DIRECTION FINDING SERVICE

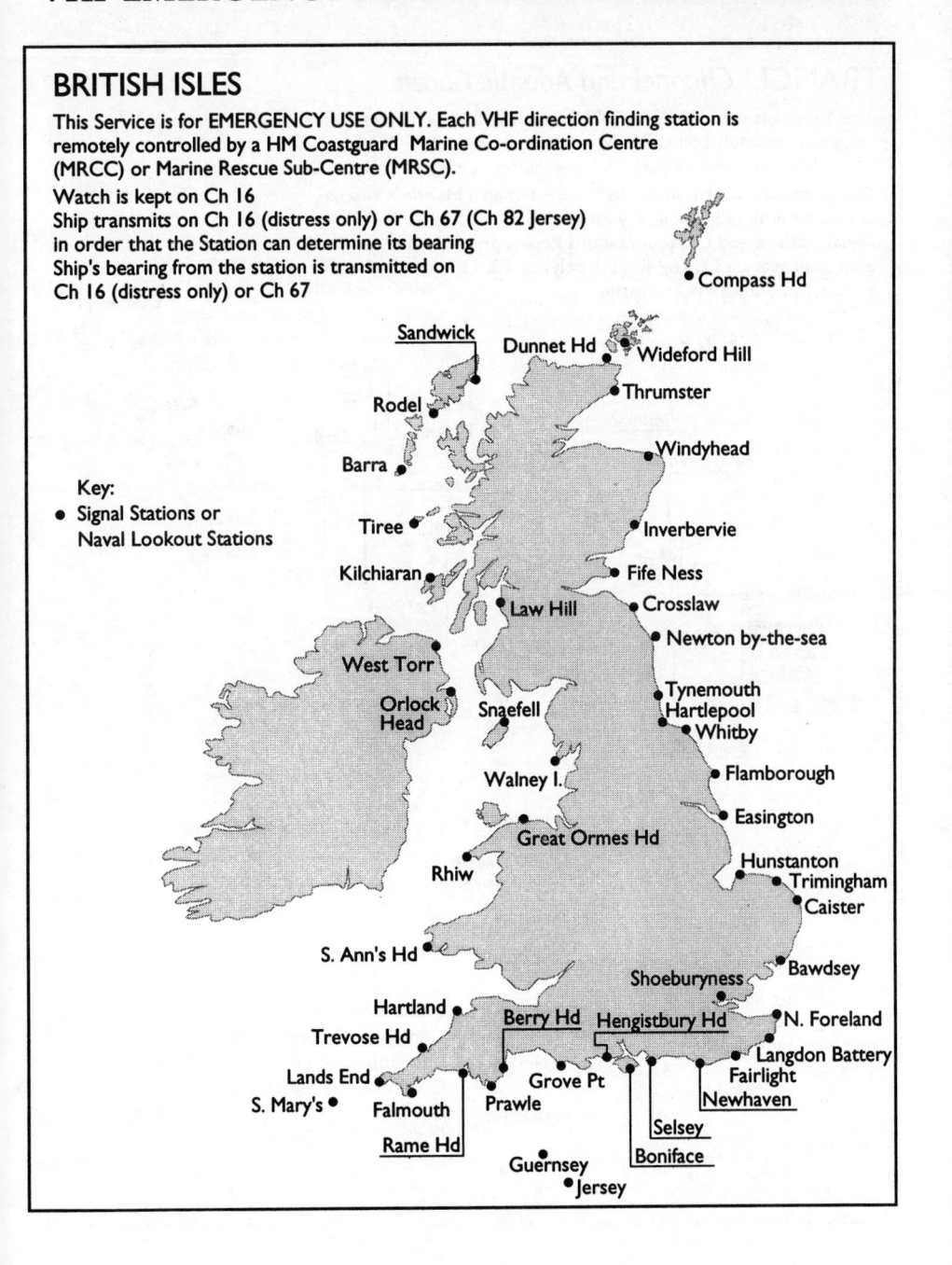

BRITISH ISLES

This Service is for EMERGENCY USE ONLY. Each VHF direction finding station is remotely controlled by a HM Coastguard Marine Co-ordination Centre (MRCC) or Marine Rescue Sub-Centre (MRSC).

Watch is kept on Ch 16
Ship transmits on Ch 16 (distress only) or Ch 67 (Ch 82 Jersey) in order that the Station can determine its bearing
Ship's bearing from the station is transmitted on Ch 16 (distress only) or Ch 67

Key:
- Signal Stations or Naval Lookout Stations

Stations shown on map:
- Compass Hd
- Sandwick
- Dunnet Hd
- Wideford Hill
- Rodel
- Thrumster
- Barra
- Windyhead
- Tiree
- Inverbervie
- Kilchiaran
- Fife Ness
- Law Hill
- Crosslaw
- Newton by-the-sea
- West Torr
- Tynemouth
- Orlock Head
- Hartlepool
- Snaefell
- Whitby
- Walney I.
- Flamborough
- Easington
- Great Ormes Hd
- Rhiw
- Hunstanton
- Trimingham
- Caister
- S. Ann's Hd
- Shoeburyness
- Bawdsey
- Hartland
- Berry Hd
- Hengistbury Hd
- N. Foreland
- Trevose Hd
- Langdon Battery
- Lands End
- Grove Pt
- Fairlight
- S. Mary's
- Falmouth
- Prawle
- Newhaven
- Rame Hd
- Selsey
- Guernsey
- Boniface
- Jersey

PAGE 327

VHF EMERGENCY CHARTS
VHF EMERGENCY DIRECTION FINDING SERVICE

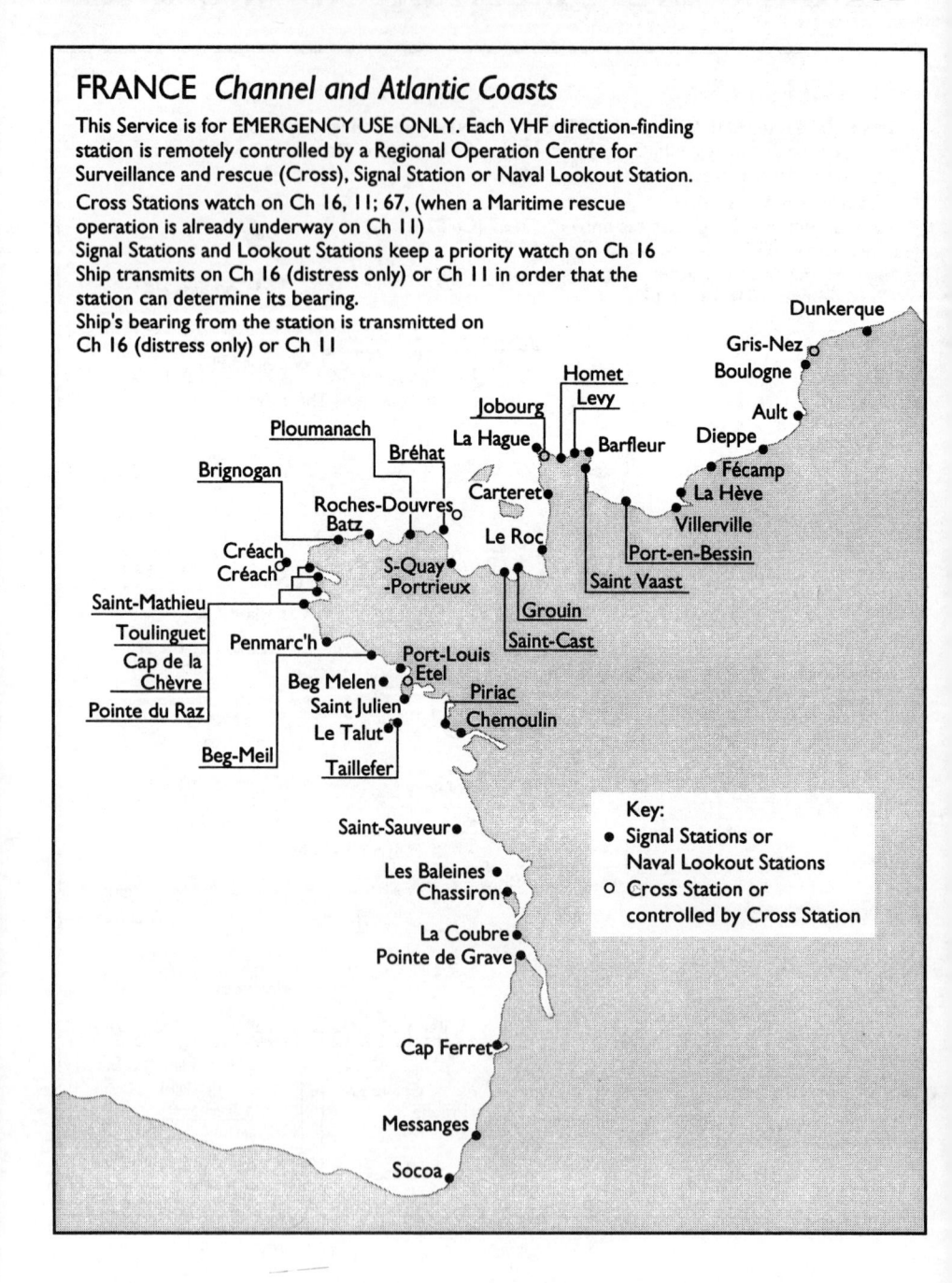

FRANCE Channel and Atlantic Coasts

This Service is for EMERGENCY USE ONLY. Each VHF direction-finding station is remotely controlled by a Regional Operation Centre for Surveillance and rescue (Cross), Signal Station or Naval Lookout Station.

Cross Stations watch on Ch 16, 11; 67, (when a Maritime rescue operation is already underway on Ch 11)

Signal Stations and Lookout Stations keep a priority watch on Ch 16

Ship transmits on Ch 16 (distress only) or Ch 11 in order that the station can determine its bearing.

Ship's bearing from the station is transmitted on Ch 16 (distress only) or Ch 11

Key:
- ● Signal Stations or Naval Lookout Stations
- ○ Cross Station or controlled by Cross Station

Locations shown on map:
Dunkerque, Gris-Nez, Boulogne, Ault, Dieppe, Fécamp, La Hève, Villerville, Port-en-Bessin, Saint Vaast, Barfleur, Levy, Homet, Jobourg, La Hague, Carteret, Le Roc, Grouin, Saint-Cast, Ploumanach, Bréhat, Roches-Douvres, Batz, S-Quay-Portrieux, Brignogan, Créach, Créach, Saint-Mathieu, Toulinguet, Cap de la Chèvre, Pointe du Raz, Penmarc'h, Beg Melen, Saint Julien, Le Talut, Beg-Meil, Port-Louis, Etel, Piriac, Chemoulin, Taillefer, Saint-Sauveur, Les Baleines, Chassiron, La Coubre, Pointe de Grave, Cap Ferret, Messanges, Socoa

PAGE 328

DISTANCE FROM DIPPING LIGHT IN NAUTICAL MILES

TABLES

Height of eye in feet

Height of light in metres	2	3	4	5	6	7	8	9	10	20	30	40	50
2	4.6	4.9	5.2	5.5	5.7	6.0	6.2	6.4	6.6	8.1	9.2	10.2	11.0
3	5.2	5.6	5.9	6.2	6.4	6.6	6.8	7.0	7.2	8.7	9.9	10.8	11.7
4	5.8	6.1	6.4	6.7	6.9	7.2	7.4	7.6	7.8	9.3	10.4	11.4	12.2
5	6.3	6.6	6.9	7.2	7.4	7.7	7.9	8.1	8.3	9.8	10.9	11.9	12.7
6	6.7	7.1	7.4	7.6	7.9	8.1	8.3	8.5	8.7	10.2	11.3	12.3	13.2
7	7.1	7.5	7.8	8.0	8.3	8.5	8.7	8.9	9.1	10.6	11.8	12.7	13.6
8	7.5	7.8	8.2	8.4	8.7	8.9	9.1	9.3	9.5	11.0	12.1	13.1	14.0
9	7.8	8.2	8.5	8.8	9.0	9.2	9.5	9.7	9.8	11.3	12.5	13.5	14.3
10	8.2	8.5	8.8	9.1	9.4	9.6	9.8	10.0	10.2	11.7	12.8	13.8	14.6
11	8.5	8.9	9.2	9.4	9.7	9.9	10.1	10.3	10.5	12.0	13.1	14.1	15.0
12	8.8	9.2	9.5	9.7	10.0	10.2	10.4	10.6	10.8	12.3	13.4	14.4	15.3
13	9.1	9.5	9.8	10.0	10.3	10.5	10.7	10.9	11.1	12.6	13.7	14.7	15.6
14	9.4	9.7	10.0	10.3	10.6	10.8	11.0	11.2	11.4	12.9	14.0	15.0	15.8
15	9.6	10.0	10.3	10.6	10.8	11.1	11.3	11.5	11.6	13.1	14.3	15.3	16.1
16	9.9	10.3	10.6	10.8	11.1	11.3	11.5	11.7	11.9	13.4	14.6	15.5	16.4
17	10.2	10.5	10.8	11.1	11.3	11.6	11.8	12.0	12.2	13.7	14.8	15.8	16.6
18	10.4	10.8	11.1	11.4	11.6	11.8	12.0	12.2	12.4	13.9	15.1	16.0	16.9
19	10.7	11.0	11.3	11.6	11.8	12.1	12.3	12.5	12.7	14.2	15.3	16.3	17.1
20	10.9	11.3	11.6	11.8	12.1	12.3	12.5	12.7	12.9	14.4	15.5	16.5	17.3
25	12.0	12.3	12.6	12.9	13.2	13.4	13.6	13.8	14.0	15.5	16.6	17.6	18.4
30	13.0	13.3	13.6	13.9	14.1	14.4	14.6	14.8	15.0	16.5	17.6	18.6	19.4
40	14.7	15.1	15.4	15.7	15.9	16.1	16.3	16.5	16.7	18.2	19.4	20.3	21.2
50	16.3	16.6	16.9	17.2	17.4	17.7	17.9	18.1	18.3	19.8	20.9	21.9	22.7
60	17.7	18.0	18.3	18.6	18.8	19.1	19.3	19.5	19.7	21.2	22.3	23.3	24.1

SPEED, TIME AND DISTANCE IN NAUTICAL MILES

Time in minutes	Speed in knots											
		1	2	3	4	5	6	7	8	9	10	15	20
1	0.0	0.0	0.1	0.1	0.1	0.1	0.1	0.1	0.2	0.2	0.3	0.3
2	0.0	0.1	0.1	0.1	0.2	0.2	0.2	0.3	0.3	0.3	0.5	0.7
3	0.1	0.1	0.2	0.2	0.3	0.3	0.4	0.4	0.5	0.5	0.8	1.0
4	0.1	0.1	0.2	0.3	0.3	0.4	0.5	0.5	0.6	0.7	1.0	1.3
5	0.1	0.2	0.3	0.3	0.4	0.5	0.6	0.7	0.8	0.8	1.3	1.7
6	0.1	0.2	0.3	0.4	0.5	0.6	0.7	0.8	0.9	1.0	1.5	2.0
7	0.1	0.2	0.4	0.5	0.6	0.7	0.8	0.9	1.1	1.2	1.8	2.3
8	0.1	0.3	0.4	0.5	0.7	0.8	0.9	1.1	1.2	1.3	2.0	2.7
9	0.2	0.3	0.5	0.6	0.8	0.9	1.1	1.2	1.4	1.5	2.3	3.0
10	0.2	0.3	0.5	0.7	0.8	1.0	1.2	1.3	1.5	1.7	2.5	3.3
11	0.2	0.4	0.6	0.7	0.9	1.1	1.3	1.5	1.7	1.8	2.8	3.7
12	0.2	0.4	0.6	0.8	1.0	1.2	1.4	1.6	1.8	2.0	3.0	4.0
13	0.2	0.4	0.7	0.9	1.1	1.3	1.5	1.7	2.0	2.2	3.3	4.3
14	0.2	0.5	0.7	0.9	1.2	1.4	1.6	1.9	2.1	2.3	3.5	4.7
15	0.3	0.5	0.8	1.0	1.3	1.5	1.8	2.0	2.3	2.5	3.8	5.0
16	0.3	0.5	0.8	1.1	1.3	1.6	1.9	2.1	2.4	2.7	4.0	5.3
17	0.3	0.6	0.9	1.1	1.4	1.7	2.0	2.3	2.6	2.8	4.3	5.7
18	0.3	0.6	0.9	1.2	1.5	1.8	2.1	2.4	2.7	3.0	4.5	6.0
19	0.3	0.6	1.0	1.3	1.6	1.9	2.2	2.5	2.9	3.2	4.8	6.3
20	0.3	0.7	1.0	1.3	1.7	2.0	2.3	2.7	3.0	3.3	5.0	6.7
21	0.4	0.7	1.1	1.4	1.8	2.1	2.5	2.8	3.2	3.5	5.3	7.0
22	0.4	0.7	1.1	1.5	1.8	2.2	2.6	2.9	3.3	3.7	5.5	7.3
23	0.4	0.8	1.2	1.5	1.9	2.3	2.7	3.1	3.5	3.8	5.8	7.7
24	0.4	0.8	1.2	1.6	2.0	2.4	2.8	3.2	3.6	4.0	6.0	8.0
25	0.4	0.8	1.3	1.7	2.1	2.5	2.9	3.3	3.8	4.2	6.3	8.3
30	0.5	1.0	1.5	2.0	2.5	3.0	3.5	4.0	4.5	5.0	7.5	10.0
35	0.6	1.2	1.8	2.3	2.9	3.5	4.1	4.7	5.3	5.8	8.8	11.7
40	0.7	1.3	2.0	2.7	3.3	4.0	4.7	5.3	6.0	6.7	10.0	13.3
45	0.8	1.5	2.3	3.0	3.8	4.5	5.3	6.0	6.8	7.5	11.3	15.0
50	0.8	1.7	2.5	3.3	4.2	5.0	5.8	6.7	7.5	8.3	12.5	16.7

COMMUNICATIONS SECTION

CONTENTS
- HM Coastguard chart 332
- Radio operation 333
- Port and coastal radio stations -
  - UK South coast 335
  - UK East coast 337
  - Scotland 339
  - UK West coast 340
  - Ireland 342
  - Belgium 343
  - Holland 344
  - Germany 346
  - Denmark 347
  - France & Channel Islands 347
  - Spain 351
  - Portugal 351
  - Gibraltar 352

EMERGENCY
MAYDAY distress messages - see inside front cover
MAYDAY RELAY - used as a prefix to pass **MAYDAY** messages
SEE LONCE MAYDAY - used to impose radio silence
PAN PAN - used as a prefix for very urgent messages concerning safety eg man overboard or medical emergency
SÉCURITÉ - used to prefix an important navigational or weather warning

THE PHONETIC ALPHABET

A	•—	Alfa	AL-fah	N	—•	November	no-VEM-ber
B	—•••	Bravo	BRAH-voh	O	———	Oscar	OSS-car
C	—•—•	Charlie	CHAR-lee	P	•——•	Papa	pa-PAH
D	—••	Delta	DELL-tah	Q	——•—	Quebec	keh-BECK
E	•	Echo	ECK-oh	R	•—•	Romeo	ROW-me-oh
F	••—•	Foxtrot	FOKS-trot	S	•••	Sierra	see-AIR-rah
G	——•	Golf	GOLF	T	—	Tango	TANG-go
H	••••	Hotel	hoh-TELL	U	••—	Uniform	YOU-nee-form or OO-nee-form
I	••	India	IN-dee-ah	V	•••—	Victor	VIK-tah
J	•———	Juliett	JEW-lee-ett	W	•——	Whiskey	WISS-key
K	—•—	Kilo	KEY-loh	X	—••—	X-Ray	ECKS-ray
L	•—••	Lima	LEE-mah	Y	—•——	Yankee	YANG-key
M	——	Mike	MIKE	Z	——••	Zulu	ZOO-loo

HM COASTGUARD CHART

SHETLAND MRSC
The Knab, Knab Road,
Lerwick, Shetland ZE1 0AX
Tel: 01595 692976

PENTLAND MRSC
Cromwell Road, Kirkwall, Orkney
KW15 1LN. Tel: 01856 873268

NORTH & EAST SCOTLAND REGION

STORNOWAY MRSC
Battery Point, Stornoway
Isle of Lewis HS1 2RT
Tel: 01851 702013

WEST OF SCOTLAND & NORTHERN IRELAND REGION

ABERDEEN MRCC
Marine House, Blaikies Quay
Aberdeen AB1 2PB.
Tel: 01224 592334

OBAN MRSC
Boswell House, Argyll Square
Oban PA34 4BD.
Tel: 01631 563720

STIRLING

FORTH MRSC
Fifeness, Crail, Fife, KY10 3XN
Tel: 01333 450666

CLYDE MRCC
Navy Buildings
Eldon Street
Greenock PA16 7QY.
Tel: 01475 729988

TYNE TEES MRSC
Priory Grounds, Tynemouth, Tyne & Wear
NE30 4DA. Tel: 0191 2572691

EASTERN REGION

BELFAST MRSC
Bregenz House
Quay Street, Bangor
Co Down BT20 5ED
Tel: 01247 463933

HUMBER MRSC
Lime Kiln Lane,
Bridlington
North Humberside
YO15 2LX
Tel: 01262 672317

HOLYHEAD MRSC
Prince of Wales Road
Holyhead
Anglesey
Gwynedd
LL65 1ET
Tel: 01407 762051

LIVERPOOL MRSC
Hall Road West
Crosby, Liverpool L23 8SY
Tel: 0151 931 3341

YARMOUTH MRCC
Havenbridge House, 5th Floor
Great Yarmouth NR30 1HA
Tel: 01493 851338

WESTERN REGION

MILFORD HAVEN MRSC
Gorsewood Drive, Hakin
Milford Haven, Dyfed SA73 3ER
Tel: 01646 690909

THAMES MRSC
East terrace
Walton-on-Naze
Essex CO14 8PY
Tel: 01255 675518

SWANSEA MRCC
Tutt Head, Mumbles
Swansea SA3 4EX
Tel: 01792 366534

SOUTHAMPTON COASTGUARD HEADQUARTERS

SOUTH WESTERN REGION

DOVER MRCC
Langdon Battery
Swingate, Dover
Kent CT15 5NA
Tel: 01304 210008

PORTLAND MRSC
Custom House Quay
Weymouth
Dorset, DT4 8BE
Tel: 01305 760439

SOLENT MRSC
44a Marine Parade West
Lee on Solent, Hants PO13 9NR
Tel: 01705 552100

FALMOUTH MRCC
Pendennis Point, Castle Drive
Falmouth, Cornwall TR11 4WZ
Tel: 01326 317575

BRIXHAM MRSC
Kings Quay,
Brixham
Devon TQ5 9TW
Tel: 01803 882704

SOUTH EASTERN REGION

■ MARITIME RESCUE COORDINATION CENTRE (REGIONAL) MRCC　▲ MARITIME RESCUE SUB CENTRE (DISTRICT) MRSC
—— REGIONAL BOUNDARY　---- DISTRICT BOUNDARY　□ MPCU EQUIPMENT STOCKPILE

PAGE 332

RADIO

RADIO OPERATION

Avoiding interference
Before transmitting, first listen on the VHF channel. If occupied, wait for a break before transmitting, or choose another. If you cause interference you must comply immediately with any request from a Coastal Radio Station (CRS) to stop transmitting. The request will indicate how long to desist.

Control of communications
Ship-to-Shore: Except in the case of distress, urgency or safety, communications between ship and CRS are controlled by the latter.

Intership: The ship *called* controls communication. If you call another ship, then it has control. If you are called by a ship, you assume control. If a CRS breaks in, both ships must comply with instructions given. A CRS has better aerials and equipment and thus its transmission and reception areas are greater.

Radio confidentiality
Inevitably you will overhear people's private conversations on VHF. These must not be reproduced, passed on or used for any purpose.

Voice technique
There are two considerations when operating:
What to say – ie voice procedure
How to say it – ie voice technique
Clear R/T speech is vital. If a message cannot be understood by the receiving operator it is useless. Anyone can become a good operator by following a few rules: The voice should be pitched at a higher level than for normal conversation. Avoid dropping the voice pitch at the end of a word or phrase. Hold the microphone a few inches in front of the mouth and speak directly into it at a normal level. Speak clearly so that there can be no confusion. Emphasise words with weak syllables; 'Tower', if badly pronounced, could sound like 'tar'. People with strong accents must try to use as understandable a pronunciation as possible. Messages which have to be written down at the receiving station should be sent slowly. This gives time for it to be written down by the receiving operator. Remember, the average reading speed is 250 words a minute, whilst average writing speed is only 20. If the transmitting operator himself writes it down all should be well.

The phonetic alphabet
The syllables to emphasise are underlined

letter	morse	phonetic	spoken as
A	•−	Alfa	AL-fah
B	−•••	Bravo	BRAH-voh
C	−•−•	Charlie	CHAR-lee
D	−••	Delta	DELL-tah
E	•	Echo	ECK-oh
F	••−•	Foxtrot	FOKS-trot
G	−−•	Golf	GOLF
H	••••	Hotel	hoh-TELL
I	••	India	IN-dee-ah
J	•−−−	Juliett	JEW-lee-ett
K	−•−	Kilo	KEY-loh
L	•−••	Lima	LEE-mah
M	−−	Mike	MIKE
N	−•	November	no-VEM-ber
O	−−−	Oscar	OSS-car
P	•−−•	Papa	pa-PAH
Q	−−•−	Quebec	keh-BECK
R	•−•	Romeo	ROW-me-oh
S	•••	Sierra	see-AIR-rah
T	−	Tango	TANG-go
U	••−	Uniform	YOU-nee-form or OO-nee-form
V	•••−	Victor	VIK-tah
W	•−−	Whiskey	WISS-key
X	−••−	X-Ray	ECKS-ray
Y	−•−−	Yankee	YANG-key
Z	−−••	Zulu	ZOO-loo

Difficult words may be spelled phonetically. Operators precede this with 'I spell'. If the word is pronounceable include it before and after it has been spelt. If an operator sends the message 'I will moor alongside the yacht Coila' he would transmit: 'I will moor alongside the yacht Coila – I spell – Charlie Oscar India Lima Alfa – Coila'. When asked for your international callsign – say it is MGLA4 – transmit: 'My callsign is Mike Golf Lima Alfa Four.'

Phonetic numerals
When numerals are transmitted, the following pronunciations make them easier to understand.

no morse		spoken as	no morse		spoken as
1	•−−−−	WUN	2	••−−−	TOO
3	•••−−	TREE	4	••••−	FOW-ER
5	•••••	FIFE	6	−••••	SIX
7	−−•••	SEV-EN	8	−−−••	AIT
9	−−−−•	NIN-ER	0	−−−−−	ZERO

Numerals are transmitted digit by digit except that multiples of thousands may be spoken as follows.

numeral	spoken as
44	FOW-ER FOW-ER
90	NIN-ER ZERO
136	WUN TREE SIX
500	FIFE ZERO ZERO
1478	WUN FOW-ER SEV-EN AIT
7000	SEV-EN THOU-SAND

Punctuation
Punctuation marks should be used only where their omission would cause confusion.

mark	word	spoken as
.	Decimal	DAY-SEE-MAL
,	Comma	COMMA
.	Stop	STOP

Procedure words or 'prowords'
These are used to shorten transmissions
All after: Used after proword *say again* to request repetition of a portion of a message

PAGE 333

RADIO

All before: Used after proword *say again'* to request repetition of a portion of message

Correct: Reply to repetition of message that was preceded by prowords *'read back for check"* when it has been correctly repeated. Often said twice

Correction: Spoken during the transmission of a message means an error has been made in this transmission. Cancel the last word or group of words. The correct word or group follows.

In figures: Following numeral or group of numerals to be written as figures

In letters: Following numeral or group of numerals to be written as figures as spoken

I say again: I am repeating transmission or portion indicated

I spell: I shall spell the next word or group of letters phonetically

Out: This is the end of working to you

Over: Invitation to reply

Read back: If receiving station is doubtful about accuracy of whole or part of message it may repeat it back to the sending station, preceding the repetition with prowords *'I read back'*.

Say again: Repeat your message or portion referred to ie *'Say again all after' 'Say again address'* etc

Station calling: Used when a station is uncertain of the calling station's identification

This is: This transmission is from the station whose callsign or name immediately follows

Wait: If a called station is unable to accept traffic immediately, it will reply 'WAIT.......MINUTES'. If probable delay exceeds 10 minutes the reason will be given

Word after or Word before: Used after the proword *'say again'* to request repetition

Wrong: Reply to repetition of message preceded by prowords *'read back'* when it has been incorrectly repeated.

Calls, calling & callsigns

CRSs normally identify themselves by using their geographical name followed by the word Radio, eg Niton Radio, Humber Radio, etc. Vessels normally identify themselves by the name on their licence but the International callsign assigned to the ship may be used in certain cases. If two yachts bear the same name or where some confusion may result, you should give your International callsign when starting communications, and thereafter use your ship's name as callsign.

'All ships' broadcast

Information to be received or used by all who intercept it, eg Gale warnings, navigational warnings, weather forecasts etc, is generally broadcast by CRSs and addressed 'All stations'. No reply is needed.

Establishing communication with CRS

The initial call is always made on a working channel.
- Switch to one of CRS's working channels, pause to ensure no station is transmitting
- Are you are close enough to try low power *(1 watt)* first? Possible at ranges up to 10 miles. Otherwise use high power *(25 watts)* with more battery drain. Then give the callsign of the station called *(up to three times only)* and prowords 'This is'
- The callsign of calling station up to three times only
- Indication of number of R/T calls you have to make
- Proword 'Over.'

If yacht *Vasco* wishes to ring a telephone number in the UK this is the procedure
- 'Niton radio, this is Vasco, Vasco. One link call please. Over.'

If your call is loud enough to register at Niton, you will hear a regular 'pip' signal which will continue until operator has time to talk. Then he will say
- 'Station calling Niton radio, this is Niton radio. Repeat your call. Over. '

Vasco replies
- 'Niton radio, this is Vasco, Vasco. Callsign MIKE GOLF HOTEL VICTOR FOUR. One link call please. Over.'

Niton radio will reply when ready
- 'Vasco, this is Niton radio. What number do you want? Over.'

Vasco would reply with the number, preceded by arrangements for payment, either by quoting accounting code *'Golf Bravo One Four'*, which together with the callsign allows a British or foreign CRS to send the bill to the owner of the boat's radio licence. Alternatively boat's operator could use phrase *'Yankee Tango Delta'* which stands for *'Yacht Telephone Debit.'* In this case the charge is made to the number called.

- 'Niton, this is Vasco, YANKEE TANGO DELTA ZERO ONE TWO FOUR THREE THREE SEVEN THREE SEVEN EIGHT FIVE THREE NINE. Over.'

Niton radio would reply
- 'Vasco, This is Niton radio. Roger, Stand by.'

Niton radio will then establish connection with the telephone network and call *Vasco* when ready. Beginners repeat callsigns and names unnecessarily. Once communication is established there is no need for repetition.

If you don't hear the pips

Even if before calling, you could hear Niton clearly you might still be out of transmission range, or your VHF might not be transmitting well.

The battery/ies may need charging or the aerial cable has a poor connection. Small faults can drastically reduce your transmitting range. Possibly the aerial for the channel chosen has been optimised for areas east of the CRS and you are to the west. If approaching the CRS wait 15 minutes and call again. If the range is opening, either try again in hope, or try another CRS within range.

Every time you call at high power, you are decreasing battery state and the range your VHF will achieve.

RADIO

UK SOUTH COAST
COASTAL STATIONS

Hours of watch are continuous **H24** unless otherwise shown, **HJ** shows day service only, **HX** no specific hours. Times given are local time except where marked **UT** ie **GMT**. **ALRS** means Admiralty List of Radio Signals. Calling channels precede a semi colon ;, preferred channels are marked *. *Call on a working channel if possible.*

0111 Dover (Coastguard MRCC) Ch 16 10 11 67 73 80 69(a)
(a) Channel Navigation Information Service Telephone: +44 (0)1304 210008 Fax: +44 (0)1304 202137
0113 Hastings Ch 07* 16
Remotely controlled. Traffic lists: **Ch 07** 0133 0303 0533 0733 0903 0933 1333 1503 1733 1933 2103 2133
0038 Solent (Coastguard MRSC) Ch 16 67(a) 10 73
(a) Calling channel for safety traffic only Distress, urgent and safety traffic only. Telephone: +44 (0)1705 552100 Fax +44 (0)1705 551763
0040 Niton (GNI) Ch 28* 64* 16 04(a)
(a) For vessels in the Brighton area For telephone see Land's End
Traffic lists: **Ch 28** 0233 0303 0633 0733 0903 1033 1433 1503 1833 1933 2103 2233
0041 Weymouth Bay Ch 05* 16
Remotely controlled. Traffic lists: **Ch 05** 0233 0303 0633 0733 0903 1033 1433 1503 1833 1933 2103 2233
0041.1 Portland (Coastguard MRSC) Ch 16 69 10 67 73
Distress, urgent and safety traffic only. Telephone: +44 (0)1305 760439 Fax: +44 (0)1305 760452
0042 Brixham (Coastguard MRSC) Ch 16* 10 67 73
Distress, urgent and safety traffic only. Telephone: +44 (0)1803 882704 Fax +44 (0)1803 882780
0043 Start Point Ch 26* 60* 16
Remotely controlled. Traffic lists: **Ch 26** 0233 0303 0633 0733 0903 1033 1433 1503 1833 1933 2103 2233
0044 Pendennis Ch 62* 16
Remotely controlled. Traffic lists: **Ch 62** 0233 0303 0633 0733 0903 1033 1433 1503 1833 1933 2103 2233
0045 Falmouth (Coastguard MRCC) Ch 16 10 67 73
Distress, urgent and safety traffic only. Telephone: +44 (0)1326 317575 Fax +44 (0)1326 318242
0046 Land's End (GLD) Ch 27* 16 64*(a)
(a) For vessels in the Scilly Isles area Telephone: +44(0)1276 871363 or Freephone: 0800 378378 Fax: +44(0)1276 871684 Traffic lists: **Ch 27 64** 0233 0303 0633 0733 0903 1033 1433 1503 1833 1933 2103 2233

PORT STATIONS

RAMSGATE
VTS: Call Ramsgate Port Control **Ch 14 16** ;
Marina: Ch 14 Contact Hr Mr. Access 2h-HW-2h
DOVER STRAIT
Channel Navigation Information Service CNIS: Ch 69 16 ; 69 80 For (1) Dover Coastguard H+40 .Additional broadcast H+55 when vis less than 2M and (2) Gris Nez Traffic H+10.Additional broadcast at H+25 when visibility is less than 2M
Dover Coastguard Information: Ch 11 (1) Every H+40 plus additional bcst when visibility less than 2 miles and (2) Gris Nez Traffic every H+10 plus additional bcst every H+25 when visibility less than 2 miles
DOVER VTS: Call Dover Port Control **Ch 74 ; 12 16**
Marina: Call Dover Port Control **Ch 74 80** Access: 1.30h-HW-1.30h

Diesel Fuel: Call Dover Boat Co **Ch 74**
Water Taxi: Ch 74
FOLKESTONE: Call Folkestone Port Control **Ch 16 ; 15** Contact Port Control before entering. Access 2.30h-HW-2.30h
RYE: Ch 16 ; 14 0900-1700 and when vessel expected
SOVEREIGN YACHT HARBOUR
Harbour Office: Ch 15* 16
Lock and Bridges: Ch 17
NEWHAVEN
Harbour Office: Ch 16 ; 12
Swing bridge: Ch 12
Marina: Ch M 80 0800-1700. Access 4h-HW-4h
BRIGHTON
Marina: Call Brighton Control **Ch 16 M 80 ; 11 M 68 80** Access 0800-1800 through the lock
SHOREHAM
Harbour Office: Ch 14 16 ; 14
Lady Bee Marina: Call Shoreham Harbour Radio **Ch 14** Mon-Sat 0800-1830, Sun 0900-1300
LITTLEHAMPTON
Harbour Office: Ch 16 ; 71 When vessel expected
Marina: Ch M 80 0800-1700
Arun Yacht Club: Call Lisboa **Ch M** Access 3h-HW-3h
CHICHESTER
Harbour Office: Ch 14* 16 ; 14 Apr-Sep 0900-1300 1400-1730, Oct-Mar Mon-Fri 0900-1300 1400-1730, Sat 0900-1300. Visiting yachts requiring moorings are advised to make arrangements in advance.
Chichester Marina: Ch M Apr-Sep Mon-Thu 0700-2100, Fri-Sun 0700-0000, Oct-Mar 0800-1700. Access 5h-HW-5h
Tarquin Yacht Harbour: Ch M 80 0800-1700. Access 2.30h-HW-2.30h
Northney Marina: Ch M 80 0800-1800
Sparkes Yacht Harbour: Ch M 80 0900-1800
LANGSTONE
Harbour Office: Ch 12 16 ; 12 Apr-Sep 0730-1700, Oct-Mar Mon-Fri 0730-1700 Sat Sun 0730-1300
Southsea Marina: Ch M* 80 Access 3h-HW-3h
PORTSMOUTH NAVAL BASE
Harbour: Call QHM **Ch 11**
Naval: Ch 13
Dockyard Craft: Ch 73
PORTSMOUTH COMMERCIAL PORT
Call Portsmouth Hbr Radio **Ch 11 14**
PORTSMOUTH HARBOUR
Listening Watch: Ch 11 13
Gosport Marina: Call Camper Base **Ch M 80**
Haslar Marina: Ch M 80 11
Port Solent Marina: Ch M 80 At the entrance the lock should only be approached if 3 green lights show.
Fareham Marina: Ch M 0900-1730
Wicor Marina: Ch 80 Mon-Sat 0900-1730
SOUTHAMPTON VTS
Port Operations : Ch 12* 14
Distress, Safety and Calling: Ch 16
Harbour Radar and Selected Operations: Ch 18 20 22
Berthing: Ch 71 74
Pollution: Ch 10
Information: Ch 14 Every hour 0600-2200 Fri-Sun and Bank Holiday Mondays, Easter - 30 Sep
Listening Watch: Ch 12
Southampton Patrol: Ch 12 16 ; 01-28 60-88

RADIO

SOUTHAMPTON WATER
Hythe Marina Village: Ch M 80
Ocean Village Marina: Ch M 80
Ocean Village Marina - fuel: Call Wyefuel or Mr Diesel Ch 08
Town Quay Marina: Ch 80 Apr-Oct H24
Shamrock Quay: Ch M 80 0830-2130
Itchen Marina: Ch 12 When vessel expected
FAWLEY, ESSO MARINE TERMINAL: Ch 16; 12 19
HAMBLE, BP TERMINAL
Harbour Master: Ch 16; 68
Pilots and Tugs: Ch 16; 71 74
BP Hamble: Ch 46
Pollution: Ch 10
HAMBLE RIVER
Harbour Office: Ch 68 Mon-Fri 0830-1700, Sat Sun 0830-1930
Water Taxi: Call Blue Star Boats Ch 77
Hamble Point Marina: Ch M 80
Port Hamble Marina: Ch M 80 33
Mercury Yacht Harbour: Ch M 80
Swanwick Marina: Ch M 80
Hamble Yacht Services: Call HYS Ch 80 0900-1700
Universal Shipyards, Sarisbury Green: Ch M 80 0900-1700
Foulkes & Son Riverside Boatyard: Ch 08 Launch
BEAULIEU RIVER, BUCKLER'S HARD
Ch M 80 Report to the Hr Mr within 24h of arrival
BEMBRIDGE
Harbour: Call Harbour Office BHL Ch 16; 80
Bembridge Marina: Ch M 80 Access 3h-HW-2.30h
RYDE LEISURE HARBOUR: Ch 80 Summer 0900-2000 Winter HX. Access 2h-HW-2h
COWES
Harbour Office: Ch 69 Mon-Fri 0830-1700 and by arrangement
Chain Ferry: Ch 69
Water Taxi: Ch 08
Water Taxi: Call 'Thumper' Ch 77
Yacht Haven - West Cowes: Ch 80
Marina - East Cowes: Ch M 80 0800-1600
Island Harbour: Ch 80 0830-1730. Access 4h-HW-4h
NEWPORT
Port and Yacht Harbour: Ch 16; 69 0800-1600
Marina: Ch M 80
LYMINGTON
Yacht Haven: Ch M 80 Summer 0800-2100, Winter 0800-1800
Marina: Ch M 80 Summer 0800-2200, Winter 0800-2000
RIBS Marina, Little Avon Marina: Ch M 80 0800-1700. Access 2h-HW-2h
YARMOUTH, HARBOUR: Ch 68
POOLE
Harbour: Call Poole Harbour Control Ch 14 16; 14
Bridge: Ch 14
Poole Bay Fuels: Ch M Mon-Fri 0900-1730, weekends in season 0830-1800
Cobbs Quay Marina: Ch M 80 0730-1930. Access 4h-HW-4h
Dorset Yacht Co Ltd: Ch M 0900-1730
Salterns Marina: Ch M 80 0800-2400
Poole Yacht Club Haven: Ch M 80 May-Sep 0800-2200
Sandbanks Yacht Co Ltd: Call SYC Ch M 0900-1700. Access not LW
WEYMOUTH
Harbour: Ch 16; 12 Mon-Thurs 0800-1700 Fri 0800-1630
Fuel: Ch 06
Town Bridge: Ch 12

PORTLAND: Call Portland Harbour Control Ch 13 Mon-Fri 0800-1600
BRIDPORT: Ch 16; 11 Summer 0730-1700
LYME REGIS: Ch 16; 14 Summer 0800-2000, Winter 1000-1500. Access 2.30h-HW-2.30h
EXETER
Harbour Office: Ch 16; 06 12 Mon-Fri 0730-1630 and when vessel expected
Retreat Boatyard: Ch M 3.30-HW-3.30
TEIGNMOUTH
Ch 12 16; 12 Mon-Fri 0800-1700, Sat 0900-1200 and when vessel expected
TORBAY HARBOURS
Control: Call Brixham Port or Torquay Port Ch 16; 14 May-Sep 0800-1700, Oct-Apr Mon-Fri 0900-1800
Torquay Marina: Ch M 80
Brixham Marina: Ch M 80
DARTMOUTH
Harbour: Ch 11 16 Mon-Fri 0900-1700, Sat 0900-1200
Britannia Royal Naval College: Ch 71
Dart Marina, Sandquay: Ch M 80 0730-2000
Dartside Quay: Ch M 80 Access 3h-HW-3h
Noss Marina: Ch M 0730-1800
Darthaven Marina, Kingswear: Ch M 80 0830-1730
SALCOMBE
Harbour Office: Ch 14; 14 Mon-Thu 0900-1645 Fri 0900-1615, May-Sep Sat Sun 0900-1300 1400-1615
Harbour Master Launches: Ch 14 Summer 0600-2200
Water Taxi: Call Salcombe Harbour Taxi Ch 12
Fuel Barge: Ch 06
Winters Marine Ltd: Call Lincolme Yard Ch 72 Access 5h-HW-5h
HMS CAMBRIDGE: Call Wembury Range Ch 16; 11* 10 When range operating
PORT OF PLYMOUTH
Naval: Call Longroom Port Control Ch 16; 08 11 12 13
Commercial: Call Longroom Port Control Ch 16; 14
DEVONPORT DOCKYARD AND HAMOAZE Ch 13 73
MILLBAY DOCKS: Ch 16; 12 13 14 Ferry hours only
SUTTON HARBOUR
Marina: Ch M 80
Lock: Ch 16; 12
CATTEWATER HARBOUR: Ch 16; 14 Mon-Fri 0900-1700
PLYMOUTH HARBOUR
Mayflower International Marina: Ch M 80
Millbay Marina Village: Ch M 80 0800-1700
Queen Anne's Battery Marina: Ch M 80
Clovelly Bay Marina: Ch M 80
Southdown Marina: Ch M 80 0900-1700. Access 6h-HW-6h
LOOE: Ch 16 HX
FOWEY
Harbour Office: Ch 16; 12* 09 11 0900-1700
Harbour Launch: Call Port Radio Ch 09 Apr-Oct
Refueller: Ch 16 10 Summer 0900-1800, Winter Mon-Fri 0900-1800
PAR: Ch 16; 12 2h-HW-2h
CHARLESTOWN: Ch 16; 14 2h-HW-1h only when vessel expected
MEVAGISSEY: Ch 16; 14 Summer 0900-2100, Winter 0900-1700
FALMOUTH DOCKS
Calling, Safety and Distress: Ch 16;
Harbour Working: Ch 12
Port Operations Working: Ch 11

RADIO

Alternative Working: Ch 14
Pollution: Ch 10
Harbour Launch 'Killigrew': Ch 12 Mon-Fri 0800-1700
FALMOUTH HARBOUR
Falmouth Yacht Marina: Ch M 80
Port Pendennis Marina: Ch M 80 No visitors. Lock gate opens 3h-HW-3h. Traffic Lights
Mylor Yacht Harbour: Ch M 80 0830-1730
Malpas Marine: Ch M Mon-Sat 0900-1700. Access 3h-HW-3h
PENZANCE: Ch 16 ; 09 12 Mon-Fri 0800-1630 Sat 0830-1230. Access 2h-HW-1h
NEWLYN: Ch 16 ; 09 12 Mon-Fri 0800-1700, Sat 0800-1200
OFF LAND'S END TSS: Call Falmouth Coastguard Ch 16 ; 67
ST MARY'S, ISLES OF SCILLY: Ch 16 ; 14 Summer 0800-1700, Winter Mon-Fri 0800-1700 Sat 0800-1200

UK EAST COAST
COASTAL STATIONS

0089 Tyne Tees (Coastguard MRSC) Ch 16 10 67 73
Distress, urgent and safety traffic only. Telephone: +44 (0)191 257 2691 Fax: +44 (0)191 258 0373
0093 Whitby Ch 25* 16
Remotely controlled. Traffic lists: Ch 25 0233 0303 0633 0703 0903 1033 1433 1503 1833 1903 2103 2233
0093.1 Humber (Coastguard) Ch 16 10 67 73
Distress, urgent and safety traffic only. Telephone: +44 (0)1262 672317 Fax: +44 (0)1262 606915
0094 Grimsby Ch 27* 16
Remotely controlled. Traffic lists: Ch 27 0133 0303 0533 0703 0903 0933 1333 1503 1733 1933 2103 2133
0095 Humber (GKZ) Ch 26* 85*(a) 16
(a) For vessels in the Wash For telephone: see Land's End Traffic lists: Ch 26 0133 0303 0533 0733 0903 0933 1333 1503 1733 1933 2103 2133
0098 Bacton Ch 07* 16
Remotely controlled. Traffic lists: Ch 07 0133 0303 0533 0733 0903 0933 1333 1503 1733 1933 2103 2133
0099 Yarmouth (Coastguard MRSC) Ch 16 10 67 73
Distress, urgent and safety traffic only. Telephone: +44 (0)1493 851338 Fax: +44 (0)1493 852307
0100 Orfordness Ch 62* 16
Remotely controlled. Traffic lists: Ch 62 0133 0303 0533 0733 0903 0933 1333 1503 1733 1933 2103 2133
0105 Thames Ch 02* 16
Remotely controlled. Traffic lists: Ch 02 0133 0303 0533 0733 0903 0933 1333 1503 1733 1933 2103 2133
0107 Thames (Coastguard MRSC) Ch 16 10 67 73
Distress, urgent and safety traffic only. Telephone: +44 (0)1255 675518 Fax: +44 (0)1255 675249
0110 North Foreland (GNF) Ch 26* 16
Remotely controlled. Traffic lists: Ch 26 0133 0303 0533 0733 0903 0933 1333 1503 1733 1933 2103 2133

PORT STATIONS

BERWICK-UPON-TWEED: Ch 16 ; 12 Mon-Fri 0800-1700
WARKWORTH HARBOUR: Ch 16 ; 14
BLYTH: Ch 12 16 ; 11 12
PORT OF TYNE
Port Office: Ch 12 16 ; 12* 11 14
Harbour Launch: Ch 16 ; 06 08 11 12 14
St Peter's Marina: Ch M 80* 0800-0000. Access 5h-HW-4h

SUNDERLAND
Harbour Office: Ch 16 ; 14
Marina: Ch M
SEAHAM: Ch 16 ; 12* 06 Hr Mr Office 2.30h-HW-1.30h, Operations Office Mon-Fri Office hours
TEES
Harbour Office: Call Tees Ports Control Ch 16 ; 14* 22* 08 11 12
River Tees Barrage:: Ch M
HARTLEPOOL
Docks: Call Tees Ports Control Ch 16 ; 14* 22* 08 11 12
Marina: Ch M 80 Access 4.30h-HW-4.30h
Yacht Club: Ch M HX
WHITBY
Harbour Office: Ch 11 16 ; 11* 12
Bridge: Ch 16 ; 11* 06 Access 2h-HW-2h
SCARBOROUGH: Call Scarborough Lighthouse Ch 16 ; 12 16
BRIDLINGTON: Ch 16 ; 12* 14 HX. Access 3h-HW-3h
HUMBER VTS
Calling and Safety: Ch 16 ;
Navigation and Safety Information: Ch 12
Intership navigation only - Lower Humber: Ch 13
Intership navigation only - Middle Humber: Ch 10
Intership navigation only - Upper Humber: Ch 15
Information - Weather, tides and navigation: Ch 12 Every odd H+03
Listening watch - R Humber & approaches: Ch 12
Listening watch - R Ouse: Ch 14
Listening watch - R Trent (Ouse to Keadby Br): Ch 08
Listening watch - R Trent (Keadby Br to Gainsborough): Ch 06
HULL MARINA: Ch M* 80 0900-1700. Access 3h-HW-3h
SOUTH FERRIBY MARINA: Ch 74 80 Mon-Fri 0930-1700, Sat Sun & Holidays 1030-1700. Access 3h-HW-3h
RIVER HUMBER, TETNEY OIL TERMINAL
Ch 73 ; 21 73 74
GRIMSBY
Docks: Ch 74 ; 18 74 79
Docks Marina: Call Fish Dock Island Ch 74 Access 2h-HW-2h
Marina: Ch 16 ; 09 18 Access 3.30h-HW-2.30h
IMMINGHAM
Docks: Ch 19 68 ; 17 19 68 69 71 73 74 69 71 73 74
Gas Terminal: Ch 19 69 71
Oil Terminal: Ch 69 ; 17 19 69 71 73 Berthing
Bulk Terminal: Ch 17 19
SOUTH KILLINGHOLME OIL JETTY Ch 19 69 71
NORTH KILLINGHOLME JETTY Ch 19 74
RIVER HUMBER
Saltend Jetties: Ch 22 ; 09 11 22
King George Dock: Ch 11 ; 09 11 22
Alexandra Dock: Ch 11 ; 09 11 22
RIVER HULL
Port Operations Service: Ch 22 ; 11 22 Mon-Fri 2h-HW Hull-1h. Sat 0900-1100 (irrespective of tide)
Albert Dock: Ch 09 ; 09 11 22
NEW HOLLAN : Ch 11 22
SOUTH FERRIBY SLUICE: Ch 74
BLACKTOFT JETTY
Ch 14 ; 09 14 19 2.30h-HW Goole-1.30h
GOOLE
Docks: Ch 14 ; 09 14 19
Railway Bridge: Ch 09
Viking Commercial Services: Ch 16 ; 09 19 4h-HW-1h

PAGE 337

RADIO

HOWDENDYKE: Ch 09
BOOTHFERRY BRIDGE: Ch 09
SELBY
Railway Bridge: Ch 09 Inward bound vessels should make contact 10 min in advance
Toll Bridge: Ch 09 Outward bound vessels should make contact 10 min in advance.
Lock: Ch 16 74 HJ
NABURN LOCK: Ch 16 74
BURTON-UPON-STATHER: Ch 20
FLIXBOROUGH: Ch 20
GROVE: Ch 20
KEADBY: Ch 20
Lock: Ch 16 74
GUNNESS: Ch 20
WEST STOCKWITH, TORKSEY AND CROMWELL
Locks: Ch 16 74
GAINSBOROUGH: Ch 20
BOSTON
Harbour Office: Ch 16 ; 11 12 Mon-Fri 0700-1730 and 2.30h-HW-1.30h
Marina: Ch 06 M ; M 0900-1700. Access 2h-HW-2h
Grand Sluice: Ch 16 74 Only when lock is operating
Denver Sluice: Ch 73 When vessel expected
WISBECH: Ch 16 ; 14* 09 3h-HW when vessel expected
PORT SUTTON BRIDGE: Ch 16 ; 09
KING'S LYNN
Harbour Office: Call KLCB Ch 16 ; 14* 11 12 Mon-Fri 0800-1730 and 4h-HW-1h
Docks: Call Docks Radio ABP Ch 14* 16 ; 11 2.30h-HW-1h
WELLS HARBOUR: Ch 12 16 2h before HW and when vessel expected
GREAT YARMOUTH
VTS: Ch 16 ; 12
Port: Ch 12 16 ; 09 11 12
Haven Bridge: Ch 12
NORWICH BRIDGES: Ch 12
LOWESTOFT
Harbour Office: Ch 14* 16 ; 11 Yachts may use a bridge opening for commercial shipping provided that prior arrangement has been made with Harbour Control on Ch 14
Royal Norfolk & Suffolk YC: Ch 14 M Access 4h-HW-4h
Mutford Lock and Road Bridge: Ch 09 14
SOUTHWOLD: Ch 12* 16 ; 12 0800-1800
RIVER DEBEN
Felixstowe Ferry: Ch 08
Felixstowe Ferry Boatyard: Ch 08 16 ; 08 Access 4h-HW-4h
Tide Mill Harbour: Ch M 80 Access 2h-HW-3h
HARWICH HARBOUR
Calling and Safety: Ch 16
Harbour operations and listening watch: Ch 71* 14
Harbour Services: Ch 11
Pollution: Ch 10
Harbour radar: Ch 20
Listening Watch: Ch 71
PARKSTONE QUAY: Ch 16 ; 18
RIVER ORWELL
Shotley Marina: Ch M* 16 71 80 ; M 80
Suffolk Yacht Harbour: Ch M* 80 0730-2130
Woolverstone Marina: Ch M 80 Mon-Fri 0800-1900, Sat-Sun 0800-2100

IPSWICH
Orwell Nav Service: Ch 14* 16 ; 14* 12
Fox's Marina: Ch M 80 0800-1700
Neptune Marina: Call Ipswich Port Radio Ch 14 M 80 0730-2230. Access 2h-HW-0.45h
TITCHMARSH MARINA: Ch M 80 Summer only 0800-1700. Access 5h-HW-5h
COLCHESTER
Harbour Office: Ch 68* 16 ; 68* 11 14 Mon-Fri 0900-1700 and 3h-HW-1h
Listening Watch: Ch 68
BRIGHTLINGSEA: Ch 68 0800-2000. Access not LWS
RIVER BLACKWATER
River Bailiff: Ch 16 0900-1700. Access 2h-HW-2h
Bradwell Marina: Ch M 80 Mon-Fri 0830-1700 Sat/Sun 0830-2000. Access NOT 1.30h-LW-1.30h
West Mersea Marine: Ch M
Tollesbury Saltings Ltd: Ch M 80 Mon-Sat 0800-1800. Access 3h-HW-3h
Tollesbury Marina: Ch M 80 Mon-Fri 0900-1700 Sat 0930-1230 1430-1600 Sun 1000-1230 1430-1600. Access 2h-HW-2h
Blackwater Marina: Ch M 0900-1700. Access 2.30h-HW-2.30h
RIVER CROUCH
Burnham Yacht Harbour: Ch M 80 0700-1800
North Fambridge Yacht Centre: Ch M 80 0900-1730
West Wick Marina: Ch M 80 Access NOT 2h-LW-2h
Rice & Cole, Burnham on Crouch: Ch M
Essex Marina: Ch M 80 Season H24, out of season 0900-1800
Halcon Marine Ltd: Ch M 0800-1700. Access 2h-HW-2h
Holehaven Marine: Ch 12 ; 12 M Mon-Fri 0800-1600
HAVENGORE BRIDGE: Ch 16 ; 72 Office hours
PORT OF LONDON
Control: Ch 12 Thames seaward approaches to Sea Reach No 4 Lt buoy;
Control: Ch 13 Sea Reach No 4 Lt buoy to Crayford Ness
Woolwich Radio: Ch 14* 16 22 Above Crayford Ness
Patrol Launches: Call Thames Patrol Ch 06 12 13 14 16
Secondary Channels: Ch 16 18 20
RIVER THAMES
Shellhaven: Ch 19
Tilbury Docks Lock: Ch 04
Thames Barrier: Ch 14* 16 22 All vessels equipped with VHF intending to navigate in the Thames Barrier Control Zone must report to Woolwich Radio on Ch 14
King George V Dock Lock: Call KG Control Ch 68
West India Dock Lock: Ch 68
Gallions Point Marina: Ch 68 Access 5h-HW-5h
Bow Lock: Ch 16 74 0500-2200
Greenwich Yacht Club: Ch M
South Dock Marina: Ch M 80 Access 2h-HW-2h
Limehouse Marina: Ch 80 ; Summer 0800-1800, Winter 0800-1630. Access 1h-HW-1h
Thames Lock (Brentford): Ch 74 Summer 0800-1800 Winter 0800-1630
S Katharine Haven: Ch M 80 Access Summer 2h-HW-1.30h between 0600 and 2030, Winter 2h-HW-1.30h between 0800 and 1800
Chelsea Harbour Ltd: Ch 80 0900-1700. Access 1.30h-HW-1.30h
Cadogan Pier: Ch 14 0900-1700
Brentford Dock Marina: Ch M 1000-1800. Access 2.30h-HW-2.30h
Chiswick Quay Marina: Ch 14 Access 2h-HW-2h

PAGE 338

RIVER MEDWAY
Navigation Service: Ch 16 74 ; 74* 11 22 23
BP Kent, Isle of Grain: Ch 16 ; 73 While vessels are berthing
Kingsferry Bridge: Ch 10
Gillingham Marina: Ch M 80 0830-1700. Access W Basin 2h-HW-2h, E Basin 4.30h-HW-4.30h
Medway Pier Marina: Ch M 80 0700-2230. Access 2h-HW-2h
Medway Bridge Marina: Ch M 80 0900-1800. Access NOT 2h-LWS-2h
Port Medway Marina: Ch M 80 0800-1800
Hoo Marina: Ch M 80 Access 3.30h-HW-3.30h
Elmhaven Marina: Ch M Access 4h-HW-4h
Conyer Marina: Ch 16 M 80 Access 1.30h-HW-1.30h
WHITSTABLE: Ch 16 ; 09* 12 Mon-Fri 0800-1700 & 3h-HW-1h

SCOTLAND
COASTAL STATIONS
0065 Portpatrick (GPK) Ch 27* 16
For telephone, see Stonehaven
Traffic lists: **Ch 27** 0203 0303 0603 0703 0903 1003 1403 1503 1803 1903 2103 2203
0072 Clyde (Coastguard MRSC) Ch 16 10 67 73
Distress, urgent and safety traffic only. Telephone: +44 (0)1475 729988 Fax +44 (0)1475 786955
0073 Islay Ch 25* 16
Remotely controlled. Traffic lists: **Ch 25** 0203 0303 0603 0703 0903 1003 1403 1503 1803 1903 2103 2203
0074 Oban Ch 07* 16
Remotely controlled. Traffic lists: **Ch 07** 0203 0303 0603 0703 0903 1003 1403 1503 1803 1903 2103 2203
0075 Oban (Coastguard MRSC) Ch 16 10 67 73
Distress, urgent and safety traffic only. Telephone: +44 (0)1631 583720 Fax +44 (0)1631 564917
0076 Skye Ch 24* 16
Remotely controlled. Traffic lists: **Ch 24** 0203 0303 0603 0703 0903 1003 1403 1503 1803 1903 2103 2203
0077 Hebrides (GHD) Ch
Remotely controlled. 0203 0303 0603 0703 0903 1003 1403 1503 1803 1903 2103 2203
0078 Lewis Ch 05* 16
Remotely controlled. Traffic lists: **Ch 05** 0203 0303 0603 0703 0903 1003 1403 1503 1803 1903 2103 2203
0079 Stornoway (Coastguard MRSC) Ch 16 10 67 73
Distress, urgent and safety traffic only. Telephone: +44 (0)1851 702013 Fax: +44 (0)1851 704387
0080 Wick Ch 28* 16
For telephone: see Stonehaven
Wick T/Ls are on RT(MF) only
0081 Pentland (Coastguard MRSC) Ch 16 10 67 73
Distress, urgent and safety traffic only. Telephone: +44 (0)1856 873268 Fax +44 (0)1856 874202
0083 Shetland (Coastguard MRSC) Ch 16 10 67 73
Distress, urgent and safety traffic only. Telephone: +44 (0) 1595 692976 Fax: +44 (0)1595 694810
0085 Buchan Ch 25* 16
Remotely controlled. Traffic lists: **Ch 25** 0233 0303 0633 0703 0903 1033 1433 1503 1833 1903 2103 2233
0086 Stonehaven Ch 26* 16
Telephone: +44 (0)1569 762918 Fax: +44 (0)1569 765611 Traffic lists: **Ch 26** 0233 0303 0633 0703 0903 1033 1433 1503 1833 1903 2103 2233
0086.1 Aberdeen (Coastguard MRSC) Ch 16 06 10 67 73
Distress, urgent and safety traffic only. Telephone: +44 (0)1224 592334 Fax: +44 (0)1224 575920
0086.2 Forth (Coastguard MRSC) Ch 16 10 67 73
Distress, urgent and safety traffic only. Telephone: +44 (0)1333 450666 Fax: +44 (0)1333 450725
0087 Forth Ch 62* 16
Remotely controlled Traffic lists: **Ch 62** 0233 0303 0633 0703 0903 1033 1433 1503 1833 1903 2103 2233
0088 Cullercoats (GCC) Ch 26* 16
For telephone: see Stonehaven
Traffic lists: **Ch 26** 0233 0303 0633 0703 0903 1033 1433 1503 1833 1903 2103 2233

PORT STATIONS
KIRKCUDBRIGHT: Ch 16 ; 12 2.30h-HW-2.30h
STRANREAR: Ch 16 ; 14
GIRVAN: Ch 16 ; 12 Mon-Fri 0900-1700
AYR: Ch 16 ; 14
TROON
Harbour Office: **Ch 16 ; 14** Mon-Thu 0800-2400, Fri 0800-2300, other times by request
Marina: **Ch 80* M**
IRVINE: Ch 16 ; 12 Mon-Fri 0800-1600
CLYDEPORT
Clyde Estuary Port Control: **Ch 16 ; 12**
QHM Faslane: **Ch 13**
Greenock Control: **Ch 73**
Conservancy vessels: **Ch 16 ; 11**
ARDROSSAN: Ch 16 ; 12 14
ROTHESAY, BUTE: Ch 16 ; 12 May-Sep 0600-2100, Oct-Apr 0600-1900
DUNOON: Ch 31 ; 31* 12 16 Mon-Sat 0700-2035, Sun 0900-2015
LOCH LONG
Finnart Ocean Terminal: **Ch 16 ; 10 12 19**
FIRTH OF CLYDE
Largs Yacht Haven: **Ch M 80**
Rhu Marina: **Ch M** 0800-0000
Silvers Marine: **Ch M** 0800-1630
Kip Marina: **Ch M 80**
Ardfern Yacht Centre: **Ch M 80** 0830-1730
Craobh Marina - Loch Shona: **Ch M 80** Oct-Apr 0830-1700, May Jun Sep 0830-1800, Jul Aug 0830-1900
CRINAN
Crinan Canal, Ardrishaig: **Ch 16 74** May-Sep 0800-1200 1230-1600 1620-1800, Oct Mon-Sat 0800-1200 1230-1600, Nov-Apr Mon-Fri 0900-1530. Access summer 0800-1800 Spring/Autumn Mon-Sat 0800-1630 Winter Mon-Fri 0900-1530
Crinan Boats: **Ch 16 ; 12**
LOCH MELFORT
Pier & Harbour: **Ch 16 ; 12**
Kilmelford Yacht Haven: **Ch M* 80** Mon-Sat 0830-1700
CAMPBELTOWN: Ch 16 ; 12 14 Mon-Thu 0845-1645, Fri 0845-1600
TARBERT: Ch 16 14 0900-1700
GLENSANDA HARBOUR: Ch 14 ; 14 When vessel expected
OBAN
North Pier: **Ch 16 ; 12** 0900-1700. No visitors' moorings or alongside berths
Railway Pier: **Ch 16 ; 12** 0700-0100. No visitors' moorings or alongside berths
Information - HMCG Oban: **Ch 67** Submarine exercise warning
Ardoran Marine: **Ch 16** Access NOT 2h-LW-2h
Oban Yachts & Marine Services: **Ch 16 80 ; 80** 0800-1700

RADIO

TOBERMORY: Ch 16 ; 12 Office Hours, listens only
DUNSTAFFNAGE YACHT HAVEN
Ch M 0900-1700
CRAIGNURE PIER, ISLAND OF MULL: Ch 31 HX
GOTT BAY PIER, TIREE: Ch 31
ARINAGOUR PIER, ISLE OF COLL: Ch 31
CORPACH: Ch 16 ; 74 Summer 0800-1800, Spring/Autumn 0800-1700, Winter 0945-1600
SALEN JETTY: Ch 16 ; M 0900-1900. Access 3h-HW-2h
MALLAIG: Ch 16 ; 09 Office hours. No visitors' moorings
KYLE
Harbour Office: **Ch 11 16**
Skye Bridge Crossing: **Ch 12**
UIG: Ch 16 HX
PORTREE HARBOUR, ISLE OF SKYE: Ch 16 ; 12 HX
GAIRLOCH HARBOUR: Ch 16 HX
ULLAPOOL: Ch 14 16 ; 12 H24 during fishing season, else office hours
LOCHINVER: Ch 09 16 HX
KINLOCHBERVIE: Ch 06 16 HX
LITTLE MINCH & NORTH MINCH: Call Stornaway Coastguard **Ch 16**
STORNOWAY: Ch 16 ; 12
LOCH MADDY, N UIST: Ch 16 ; 12
S KILDA: Ch 16 ; 08 HJ
SCRABSTER, THURSO: Ch 16 ; 12 0800-2200
PENTLAND FIRTH, REPORTING: Call Pentland Coastguard **Ch 16**
ORKNEY HARBOURS
Call Orkney Harbour Radio **Ch 16 20 ; 09 11 20**
SCAPA FLOW, FLOTTA OIL TERMINAL: Ch 16 ; 69
KIRKWALL: Ch 16 ; 12 Mon-Fri 0800-1700 and when vessel expected
STROMNESS HARBOUR: Ch 16 ; 12 Mon-Fri 0900-1700
ORKNEY. PIEROWALL MARINA: Ch 16 ; 14 When vessel expected
Call Shetland Coastguard **Ch 16**
Ch 16 ; 12* 11
WESTRAY PIER: Ch 16 14 When vessel expected
FAIR ISLE: Ch 16 Call Shetland Coastguard
LERWICK: Ch 16 12* 11
SCALLOWAY, SHETLAND: Ch 16 ; 12* 09 Mon-Fri 0600-1800, Sat 0600-1230
SULLOM VOE HARBOUR, SHETLAND
Distress, Safety and Calling: **Ch 16**
Pilots: **Ch 14 16**
Tanker Pilot and Tugs: **Ch 09**
Port Emergency and Pollution: **Ch 10**
Port Control: **Ch 14* 12 20**
Terminal: **Ch 16 ; 19**
Traffic information on request: **Ch 14 16**
BALTASOUND HARBOUR: Ch 16 20 Office hours or as required
WICK: Ch 16 ; 14 When vessel expected
CROMARTY FIRTH: Ch 11* 16 13
INVERNESS
Harbour Office: **Ch 16 ; 06 12** Mon-Fri 0900-1700 and when vessel expected
Clachnaharry Lock: call Clachnaharry Sea Lock **Ch 74 ; 74** 4h-HW-4h
BURGHEAD: Ch 16 ; 12 14 Working Hours and when vessel expected

LOSSIEMOUTH: Ch 12 16 ; 12 0700-1700 and 1h before vessel expected
BUCKIE: Ch 12 16 ; 12 H24 on Ch 16
WHITEHILLS: Ch 16 ; 09
MACDUFF: Ch 16 ; 12
FRASERBURGH: Call Pilots MCUW4 **Ch 16 ; 12**
PETERHEAD
Harbour Office: **Ch 14 ; 14** Use only in emergency
Asco North Base: **Ch 11** HJ
Asco South Base: **Ch 11**
ABERDEEN
Call Aberdeen Port Control **Ch 16 ; 12* 06 11 13**
MONTROSE: Ch 16 ; 12
DUNDEE
Harbour Office: **Ch 16 ; 12**
Royal Tay Yacht Club: **Ch M**
PERTH: Ch 16 ; 09
FORTH PORTS: Call Forth Navigation **Ch 71 ; 71* 12 20**
METHIL DOCKS: Ch 16 ; 14 3h-HW-1h
LEITH DOCKS: Ch 16 ; 12
BRAEFOOT TERMINAL: Ch 16 ; 69 2h before vessel expected
HOUND POINT TERMINAL: Ch 09
N QUEENSFERRY NAVAL SIGNAL STATION
Ch 16 71 ; 74
ROSYTH: Call QHM **Ch 16 74 ; 13 73** Mon-Fri 0730-1700
GRANGEMOUTH
Docks: **Ch 16 ; 14**
BP Grangemouth: **Ch 16 ; 14 19**
FIRTH OF FORTH
Port Edgar Marina: **Ch 80* M** Apr-Sep 0900-1930, Oct-Mar 0900-1630
Royal Forth Yacht Club: Call Boswall **Ch M 80** Access 4h-HW-4h
Amble Marina: **Ch M* 80** Access 4h-HW-4h
EYEMOUTH: Ch 16 ; 12 office hours

UK WEST COAST
COASTAL STATIONS

0050 Ilfracombe (GIL) Ch 05*(a) 16
(a) For vessels in the Severn area Remotely controlled.
Traffic lists: **Ch 05** 0233 0303 0633 0733 0903 1033 1433 1503 1833 1933 2103 2233
0053 Burnham Ch 25
Remotely controlled.
0056 Swansea (Coastguard MRCC) Ch 16 10 67 73
Distress, urgent and safety traffic only. Telephone: +44 (0)1792 366534 Fax: +44 (0)1792 369005
0057 Milford Haven (Coastguard MRSC) Ch 16 10 67 73
Distress, urgent and safety traffic only. Telephone: +44 (0)1646 690909 Fax: +44 (0)1646 692176
0058 Celtic Ch 24* 16
Traffic lists: **Ch 24** 0233 0303 0633 0733 0903 1033 1433 1503 1833 1933 2103 2233
0059 Cardigan Bay Ch 03* 16
Remotely controlled. Traffic lists: **Ch 03** 0203 0303 0603 0703 0903 1003 1403 1503 1803 1903 2103 2203
0059.1 Holyhead (Coastguard MRSC) Ch 16 10 67 73
Distress, urgent and safety traffic only. Telephone: +44 (0)1407 762051 Fax +44 (0)1407 764373
0060 Anglesey (GLV) Ch 26* 28*(a) 16
(a) For vessels in the Mersey Remotely controlled.

RADIO

Traffic lists: **Ch 26** 0203 0303 0603 0703 0903 1003 1403 1503 1803 1903 2103 2203
0061 Liverpool (Coastguard MRSC) Ch 16 10 67 73
Distress, urgent and safety traffic only. Telephone: +44 (0)151 931 3341 Fax: +44 (0)151 931 3347

PORT STATIONS

ST IVES: Ch 14 HX
HAYLE HARBOUR: Ch 16 ; 18* 14 0900-1700
PADSTOW: Ch 16 ; 12 Mon-Fri 0800-1700 and 3h-HW-3h
BUDE: Ch 16 ; 12 When vessel expected
APPLEDORE-BIDEFORD: Call PV 'Two Rivers' **Ch 16 ; 12** 2h-HW
ILFRACOMBE
Harbour Office: Ch 16 ; 12 Apr-Oct 0815-1700, when manned, Nov-Mar HX. Access 2h-HW-2h
Watermouth Harbour: Ch 08 16 ; 08 12 3h-HW-3h
MINEHEAD: Ch 16 ; 12 14 HX
WATCHET: Ch 16 ; 09 12 14 2h-HW
BRIDGEWATER: Ch 16 ; 08 3h-HW when vessel expected
WESTON SUPER MARE, UPHILL BOATS
Ch 16 Mon-Sat 0930-1730. 2 h-HW-2h
AVONMOUTH SIGNAL STATION
Safety and distress: Call Avonmouth Radio **Ch 16**
VTS: Ch 12
Port operations: Ch 14
Alternative working: Ch 09 11
Pollution: Ch 10
BRISTOL
Royal Portbury Dock:: Ch 16 ; 14* 12 4.15h-HW-3.30h
Portishead Dock:: Ch 16 ; 14* 12 2.30h-HW-1h
Royal Edward Dock: Ch 16 ; 14* 12
City Docks: Ch 14 ; 14* 11 3h-HW-1h
Prince Street Bridge: Ch 73
Floating Harbour: Ch 16 73 ; 73 Mon-Thu 0800- 1700, Fri 0800-1630, other times 0800-sunset. Access 3h-HW-1h
Netham Lock: Ch 73
Marina: Ch M 80 Office Hours. Access 3h-HW
SHARPNESS
Calling and working: Call Sharpness Pierhead **Ch 17**
Distress & safety: Ch 16
Pilots & berthing: Ch 09
Canal operations: Ch 74 6h-HW-2h
NEWPORT
VTS: Call Newport Radio **Ch 16 ; 71* 09 69** 4h-HW-4h
Harbour Office: Ch 16 ; 09 11 4h-HW-4h
CARDIFF
Harbour Office: Ch 14* 16 ; 14* 11 4h-HW-3h
Barrage control: Ch 72
Penarth Marina: Ch 80 Access 4h-HW-4h
BARRY DOCKS: Ch 11* 16 ; 10 4h-HW-3h
PORTHCAWL: Ch 80 0900-2100. Access 3h-HW-3h
PORT TALBOT: Ch 12 16 ; 12
NEATH: Ch 16 ; 77
SWANSEA
Harbour Office: Ch 14 ; 14 HJ
Lock: Ch 18
Yacht Haven: Ch 18 80 Barrage Summer 0700-2200 Winter Mon-Fri 0700-1900 Sat Sun 0700-22. Access 0700-2200. Access NOT 1h- LW-1h Springs
Barrage: Ch 80 See Yacht Haven
SAUNDERSFOOT: Ch 16 ; 11 Summer 0800-2100 Winter Mon-Fri 0800-1800. Access 2.30h-HW-2.30h

MONKSTONE CRUISING & SAILING CLUB Ch M Access 2.30h-HW-2.30h
TENBY: Ch 16 80 Access 2.30h-HW-2.30h
MILFORD HAVEN
Signal Station: Ch 12* 09 10 11 14 15 16 Addl working Ch 67
Information: Ch 12 14 At 0300 0900 1500 2100 approx. Shipping movements during next 24h on Ch 12 at 0800-0830 and 2000-2030 and on request
Patrol Launches: Call Milford Haven Patrol **Ch 06 08 11 12 14 16 67** Ch 11 12 - H24
Milford Docks: Call Pierhead **Ch 09 12 14 16** Locking approx 3h before and 3h after HW
Milford Marina: Ch 12 M ; M Access 2h-HW
Texaco Terminal: Ch 14 16 21 HX
Elf Marine Terminal: Ch 18* 14 16 HX
Gulf Terminal: Ch 18* 14 16 HX
Pembroke Dock: Ch 13
Port of Pembroke: Call Port of Pembroke **Ch 12 ; 68** H24
Neyland Yacht Haven: Ch M 80
Lawrenny Yacht Station: Ch M 0800-2000
FISHGUARD: Ch 16 ; 14
NEW QUAY: Ch 14 16 0900-1700. Access 3h-HW-3h
ABERAERON: Ch 16 ; 14 Served by New Quay Harbourmaster. 0900-1700. Access 3h-HW-3h
ABERYSTWYTH: Ch 16 ; 14 Access 3h-HW-3h
ABERDOVEY: Ch 12 16 ; 12 0900-1700 or as required by tides. Access 3h-HW-3h
BARMOUTH: Ch 12* 16 ; 12 Apr-Sep 0900-2200, Oct-Mar 0900-1600
PWLLHELI
Marina: Call Hafen Pwllheli **Ch 16 ;** Access 5h-HW-5h
Cyngor Dosbarth Dwytor: call Pwllheli Harbour Master **Ch 16 ; 08** 0900-1715. Access 2h-HW-1.45h
Abersoch Land & Sea: Ch M 0800-1700
PORTHMADOG: Ch 16 ; 12 14 0900-1700, and when vessel expected. Access 1.30h-HW-1.30h
CAERNARVON
Harbour Office: Ch 14 16 ; 14 Mon-Fri 0900-1700 Sat 0900-1200. Access 3h-HW-3h
Marina: Ch 80 Summer 0700-2300, winter HJ. Access 3h-HW-3h
Port Dinorwic Yacht Harbour: Ch M Office Hours. Access 2h-HW-3.30h
HOLYHEAD
Harbour Office: Ch 16 ; 14
Holyhead Sailing Club: Ch M
BEAUMARIS & MENAI BRIDGE
Ch 16 ; 69 Mon-Fri 0800-1700
CONWY
Harbour Office: Ch 14 16 ; 12* 06 08 14 71 80 Apr-Sep 0900-1700, Oct-Mar Mon-Fri 0900-1700. Access 3h-HW-2h.
Marina: Ch 80 Access 3h-HW-4h
RAYNES JETTY: Ch 16 ; 14 4h-HW only when vessel expected
LLANDDULAS: Ch 16 ; 14 Access 4h-HW only when vessel expected
MOSTYN DOCK & RIVER DEE PILOTS
Ch 14* 16 ; 14 2h-HW or by arrangement
LIVERPOOL PORT OPERATIONS AND INFORMATION
Calling and Safety: Call Mersey Radio **Ch 16**
Navigation: Ch 12
Routine Broadcasts: Ch 09

RADIO

Radar: Ch 18
Information: Ch 09 At 3h before and 2h before HW
Listening Watch: Ch 12

LIVERPOOL
Garston Dock: Ch 20
Liverpool Marina: Ch M Access 2.30h-HW-2.30h
Fiddlers Ferry Yacht Haven: Ch M 0900-1700. Access 1h-HW-1h
Tranmere Oil Stage: Ch 19
Canning Dock: Ch M 0900-1700. Access 2h-HW
Alfred Dock: Ch 22
Langton Dock: Ch 21
Gladstone Dock: Ch 05

MANCHESTER SHIP CANAL
VTS: Ch 14
Eastham Locks: Ch 07
Listening Watch: Ch 14
Stanlow Oil Docks: Ch 14 20
Weaver Navigation: Ch 14 ; 73* 71 H24 except 1800-1900
Latchford Locks: Ch 14 20
Irlam Locks: Ch 14 18 Emergency use only
Barton Locks: Ch 14 18 Emergency use only
Modewheel Locks: Ch 14 18 Emergency use only

BLUNDELLSANDS
Sailing Club: Ch M Access 2h-HW-2h

PRESTON
Marina: Call Riversway Control Ch 16 ; 14 0900-1700. Access 1.30h-HW Liverpool-1.30h
Douglas Boatyard: Ch 16 Mon-Fri 0830-1800 Sat & Sun 1400-1800. Access 2h-HW Liverpool-2h

FLEETWOOD
Harbour Control: Ch 11 0400-1100 1600-2300 and when vessel expected
Docks: Ch 12 Access 2h-HW-2h
Harbour Village: Ch 11 12 16 ; 11 12 0900-1700. Access 2h-HW-2h

GLASSON DOCK
Harbour Office: Ch 16 ; 69 Access 2h-HW-1h
Glasson Basin Yacht Ltd: Ch 16 ; 08 Access 1h-HW

HEYSHAM: Ch 16 ; 14 74
BARROW DOCKS: Ch 16 ; 12
RAMSDEN DOCK: Ch 16 Access 2.30h-HW

DOUGLAS, ISLE OF MAN
Calling and Safety: Ch 12* 16
Calling and Port Ops: Ch 12
Tugs, PV and Hr Mr: Ch 12

CASTLETOWN, ISLE OF MAN: Ch 16 ; 12 0830-1700 and when vessel expected. At other times contact Douglas
PORT ST MARY, ISLE OF MAN: Ch 16 ; 12 HJ and when vessel expected. At other times contact Douglas
PEEL, ISLE OF MAN: Ch 16 ; 12 HJ and when vessel expected. At other times contact Doulglas
RAMSEY, ISLE OF MAN: Ch 16 ; 12 0830-1700 and when vessel expected. At other times contact Douglas
WHITEHAVEN: Call PV 'JT Pears' MZVA Ch 16 ; 12 Access 3h-HW-3h
WORKINGTON: Ch 16 ; 11 14 Access 2.30h-HW-2h
MARYPORT MARINA: Ch 16 M 80 Access 3.30h-HW-3.30h
SILLOTH DOCKS: Ch 16 ; 12 Access 2.30h-HW-1h

IRELAND
COASTAL STATIONS

0121 Belfast (Coastguard MRSC) Ch 16 10 67 73
Distress, urgent and safety traffic only. Telephone: +44 (0)1247 463933 Fax: +44 (0)1247 465886

0124 Dublin Ch 83* 16 67(a)
(a) For safety messages only Traffic lists: **Ch 83** 0103 0503 0903 1103 1303 1503 1703 1903 2103 2303

0125 Wicklow Head Ch 16 87 67(a)
(a) For safety messages only Remotely controlled from Dublin. Traffic lists: **Ch 87** 0103 0503 0903 1103 1303 1503 1703 1903 2103 2303

0126 Rosslare Ch 23* 16 67(a)
(a) For safety messages only Remotely controlled from Dublin. Traffic lists: **Ch 23** 0103 0503 0903 1103 1303 1503 1703 1903 2103 2303

0127 Mine Head Ch 83 16 67(a)
(a) For safety messages only Remotely controlled from Dublin. Traffic lists: **Ch 83** 0103 0503 0903 1103 1303 1503 1703 1903 2103 2303

0128 Bantry Ch 23* 16 85 67(a)
(a) Safety messages only. Remotely controlled from Valentia. Traffic lists: **Ch 23** 0333 0733 0933 1133 1333 1533 1733 1933 2133 2333

0129 Cork Ch 26 16 67(a)
(a) Safety messages only. Remotely controlled from Valentia. Traffic lists: **Ch 26** 0333 0733 0933 1133 1333 1533 1733 1933 2133 2333

0130 Valentia (EJK) Ch 16 24 28 67(a)
(a) Safety information for small craft. Telephone: +353 (0)667 6109 Fax: +353 (0)667 6289. Traffic lists: **Ch 24** 0333 0733 0933 1133 1333 1533 1733 1933 2133 2333

0134 Shannon Ch 28* 16 24 67(a)
(a) Safety messages only Remotely controlled from Valentia. Traffic lists: **Ch 28** 0333 0733 0933 1133 1333 1533 1733 1933 2133 2333

0135 Clifden Ch 26* 16 67(a)
(a) For safety messages only Remotely controlled from Malin Head.

0136 Belmullet Ch 83* 16 67(a)
(a) Safety messages only Remotely controlled from Malin Head. Traffic lists: **Ch 83** 0103 0503 0903 1103 1303 1503 1703 1903 2103 2303

0137 Glen Head Ch 16 24 67(a)
(a) For safety messages only Remotely controlled from Malin Head.
Traffic lists: **Ch 24** 0103 0503 0903 1103 1303 1503 1703

0140 Malin Head (EJM) Ch 16 23 85 67(a)
(a) For safety messages only Telephone +353 (0)77 70103 Fax: +353 (0)77 70221 Traffic lists: **Ch 23** 0103 0503 0903 1103 1303 1503 1703 1903 2103 2303 1903 2103 2303

PORT STATIONS
LONDONDERRY: Ch 14* 12
COLERAINE
Harbour Office: Ch 16 ; 12 Mon-Fri 0900-1700 and when vessel expected
Coleraine Marina: Ch M Office hours
Seatons Marina: Ch M HJ
Kinnego Marina: Ch 10
PORTRUSH: Ch 16 ; 12 Mon-Fri 0900-1700, extended Jun-Sep, Sat Sun 0900-1700, Jun-Sep only
LARNE: Ch 16 ; 14
CLOGHAN POINT
Terminal: Ch 16 ; 10
Pollution: Ch 14
KILROOT
Salt Jetty: Ch 14* 16 Mon-Fri 0800-1700
Coal Jetty: Call PV 'Sarah McLoughlin' **Ch 14* 16**

CARRICKFERGUS
Harbour Office: Ch 16 ; 12 14 Access 3h-HW-1h
Marina: Ch M
BELFAST
Port Office: Ch 12* 16
BP Belfast: Ch 16 ; 10 19
BANGOR
Harbour Office: Ch 16 ; 11 80 M When vessel expected
Marina: Ch 16 ; 11 80 M
PORTAVOGIE: Ch 16 ; 12 14 Mon-Fri 0900-1700
STRANGFORD HARBOUR
Harbour Office: Ch 16 ; 12 14 M Mon-Fri 0900-1700
Ardglass Harbour: Ch 16 ; 14 12
Carlingford Marina: Ch 16
Malahide Marina: Ch M
KILLYLEAGH: Ch 16 ; 12 HX
KILKEEL: Ch 16 ; 12* 14 Mon-Fri 0900-2000
WARRENPOINT: Ch 16 ; 12
GREENORE: Ch 16 HJ
DUNDALK: Ch 14 Mon-Fri 0900-1700
DROGHEDA: Ch 11 Mon-Fri 0900-1700. HX
HOWTH HARBOUR
Harbour Office: Ch 16 ; 08 Mon-Fri 0700-2300, Sat Sun HX
Marina: Ch M 16
DUBLIN
Port Radio: Ch 12
Distress and Safety: Ch 16
Lifting Bridge: Call Eastlink Ch 12 13
DUN LAOGHAIRE: Ch 14 16 ; 14
WICKLOW: Ch 16 ; 14* 12
ARKLOW: Ch 16 HJ
ROSSLARE
Harbour Office: Ch 06 ; 12* 14 16
Kilmore Quay Marina: Ch 09 16 M
WATERFORD: Ch 16 ; 12 14 HJ and when vessel expected
NEW ROSS: Ch 16 ; 12 14
YOUGHAL: Ch 16 ; 14 Access 3h-HW-3h
CORK HARBOUR
Harbour Office: Ch 12 14 16 ; 12 14
Whitegate Marine Terminal, Cobh: Ch 16 ; 14
East Ferry Marina: Ch M
Crosshaven Boatyard Marina: Ch M Mon-Fri 0830-1700
Salve Marina: Ch M
Royal Cork Yacht Club Marina: Ch M 0900-2300
KINSALE
Harbour Office: Ch 16 ; 06 14 Office hours and when vessel expected
Kinsale YC Marina: Ch M
Castle Park Marina: Ch M 06 16
BALTIMORE HARBOUR: Ch 16 ; 09
BANTRY: Ch 16 ; 10 11 14
CASTLETOWN BEARHAVEN: Ch 14 16 ; 14
DINGLE: Ch M 11
FENIT: Ch 16 ; 14 HX
LIMERICK
Harbour Office: Ch 16 ; 12 13 Office hours & when vessel expected
Tarbert Oil Jetty: Ch 16 ; 12 13
Foynes Harbour: Ch 16 ; 12 13 Office Hours and when vessel expected
Aughinish Marine Terminal: Ch 16 ; 12 13
Dernish Oil Jetty: Ch 16 ; 12 13

Kilrush Creek Marina: Ch 80
GALWAY: Ch 16 ; 12 2.30h-HW-1h
ROSSAVEEL: Ch 16 ; 12 14 Office Hours
SLIGO: Ch 16 ; 12 14 0900-1700 and when vessel expected
KILLYBEGS: Ch 16
BURTON PORT: Ch 16 ; 14* 06 12

BELGIUM
COASTAL STATIONS
0155 Oostende Ch 28 27 63 78 85 87(a) 16
(a) For vessels in vicinity of Zeebrugge Ch 27 for vessels in vicinity of Zeebrugge and Oostende Chs 28 and 78 for vessels in vicinity of La Panne Telephone: +32 59 706565
Fax: +32 59 701339
Traffic lists: **Ch 27** 0020 0120 0220 0320 0420 0520 0620 0720 0820 0920 1020 1120 1220 1320 1420 1520 1620 1720 1820 1920 2020 2120 2220 2320
0160 Antwerpen Ch 24* 07 16' 27 87
Traffic lists: **Ch 24** 0005 0105 0205 0305 0405 0505 0605 0705 0805 0905 1005 1105 1205 1305 1405 1505 1605 1705 1805 1905 2005 2105 2205 2305
0160-01 Antwerpen-Konrijk Ch 24'
Call Antwerpen Radio.
0160-02 Antwerpen-Gent Ch 24' 16 81
Call Antwerpen Radio
0160-03 Antwerpen-Vilvoorde Ch 24'
Call Antwerpen Radio
0160-04 Antwerpen-Ronquieres Ch 24'
Call Antwerpen Radio
0160-05 Antwerpen-Mol Ch 24'
Call Antwerpen Radio
0160-06 Antwerpen-Liége Ch 24'
Call Antwerpen Radio.
' Distress and safety calls only

BELGIUM & HOLLAND
PORT STATIONS
NIEUWPOORT
Harbour Office: Ch 09 16
KYCN Marina: Ch 08
WSKLuM Marina: Ch 72
VVW Marina: Ch 09 77
OOSTENDE
Harbour Office: Ch 10
Lock and Mercator Marina: Ch 14
Canal moorings: Ch 10
BLANKENBERGE MARINAS: Ch 08
ZEEBRUGGE
Port Entrance and Port Control: Ch 71
Emergencies: Ch 67
Locks: Ch 68
Marina: Ch 71
WESTERSCHELDE VTS See VTS Chart No 1. Reporting, in Englis h or Dutch, is compulsory within the VTS Schelde and Estuaries area for all Inward-Bound and Outward-Bound vessels. Vessels must maintain a continuous listening watch on the VHF channel for the appropriate Traffic Area including vessels at anchor. Each Traffic Area is marked by buoys and the appropriate Traffic Centre must be called on the relevant channel when a vessel enters the area

RADIO

WANDELAAR TRAFFIC AREA
Traffic Centre: **Ch 65** Outward bound vessels report when between buoys A1 bis and Scheur 2.
Radar: **Ch 04**
Emergency: **Ch 67**
ZEEBRUGGE TRAFFIC AREA
Traffic Centre: **Ch 69** Report when inward/outward bound and within Zeebrugge Hr.
Radar: **Ch 04**
Harbour: **Ch 19**
Emergency: **Ch 67**
Radar Control Zeebrugge: **Ch 19**
STEENBANK TRAFFIC AREA
Traffic Centre: **Ch 64**
Emergency: **Ch 67**
VLISSINGEN TRAFFIC AREA
Traffic Centre: **Ch 14**
Radar: **Ch 21**
Emergency: **Ch 67**
TERNEUZEN TRAFFIC AREA
Traffic Centre and Radar: **Ch 03**
Emergency: **Ch 67**
GENT/TERNEUZEN TRAFFIC AREA
Traffic Centre: **Ch 11**
Emergency: **Ch 67**
HANSWEERT TRAFFIC AREA
Traffic Centre: **Ch 65**
Emergency Reporting In and Out: **Ch 67**
Centrale Hansweert, In: **Ch 65**
Centrale Zandvliet, Out: **Ch 12**
Centrale Vlissingen: **Ch 14**
ANTWERPEN TRAFFIC AREA
Traffic Centre Centrale Zandvliet: **Ch 12**
Radar Waarde: **Ch 19**
Radar Saeftinge: **Ch 21**
Radar Zandvliet: **Ch 04**
Radar Kruischans: **Ch 66**
Emergency Reporting: In and Out: **Ch 67**
Centrale Zandvliet: **Ch 12**
Information by Vlissingen: **Ch 14** In Dutch and English every H+50
Information by Terneuzen: **Ch 03 11** In Dutch and English every H+05 on Ch 03 and every H+55 on Ch 11
Information by Zandvliet: **Ch 12** In Dutch and English every H+00
Information by Antwerpen: **Ch 16** Traffic lists and navigation warnings between H+05 and H+10
VLISSINGEN
Harbour Office: Call Flushing Port Control **Ch 09**
Locks: **Ch 22**
Bridge: **Ch 22**
BRESKENS MARINA: Ch 31
BRAAKMANHAVEN
Call DOW Chemical Terneuzen **Ch 06 13 34 ; 06 08 11 13 34** Ch 06 13 - H24
TERNEUZEN
Harbour Office: **Ch 11**
Locks: **Ch 69**
Westsluis and Middensuis: **Ch 06**
Oostsluis: **Ch 18**
Information: **Ch 11** Every H+00
GENT: Ch 05 11
HANSWEERT LOCKS: Ch 22
ANTWERPEN
Calling and Safety: **Ch 74**

VTS Centre: **Ch 18**
Bridges: **Ch 13**
Dock Mr: **Ch 63**
Radar: **Ch 02 60**
Boudewijnsluis & Van Cauwelaertsluis: **Ch 08 11**
Royerssluis & Kattendijksluis: **Ch 22**
Kallosluis: **Ch 03 08**
Zandvlietsluis and Barendrechtsluis: **Ch 06 79**
Winthamsluis: **Ch 68**
Marina: Call MIC Marina **Ch 09** Harbour gates normally open 1h-HW-1h

HOLLAND
COASTAL STATIONS

0165-01 Scheveningen (PCG) (PCH) Ch 83 16
Coastal area. Traffic lists: **Ch 83** 0005 0105 0205 0305 0405 0505 0605 0705 0805 0905 1005 1105 1205 1305 1405 1505 1605 1705 1805 1905 2005 2105 2205 2305
0165-02 Scheveningen-Goes Ch 23* 16
Coastal area. Call Scheveningen Radio. Remotely controlled by Scheveningen Radio. Traffic lists: **Ch 23**
0165-03 Scheveningen-Rotterdam Ch 87* 16
Coastal area. Call Scheveningen. Radio Remotely controlled by Scheveningen Radio. Traffic lists: **Ch 87**
0165-04 Scheveningen-Haarlem Ch 25* 16
Coastal area. Call Scheveningen Radio. Remotely controlled by Scheveningen Radio. Traffic lists: **Ch 25**
0165-05 Scheveningen-Tjerkgaast Ch 16
Coastal area. Call Scheveningen Radio. Remotely controlled by Scheveningen Radio
0165-06 Scheveningen-Wieringermeer Ch 27* 16
Coastal area. Call Scheveningen Radio. Remotely controlled by Scheveningen Radio. Traffic lists: **Ch 27**
0165-07 Scheveningen-Platform L7 Ch 84* 16
Coastal area. Call Scheveningen Radio. Remotely controlled by Scheveningen Radio. Traffic lists: **Ch 84**
0165-08 Scheveningen-Terschelling Ch 78* 16
Coastal area. Call Scheveningen Radio. Remotely controlled by Scheveningen Radio. Traffic lists: **Ch 78**
0165-09 Scheveningen-Nes Ch 23* 16
Coastal area. Call Scheveningen Radio. Remotely controlled by Scheveningen Radio. Traffic lists: **Ch 23**
0165-10 Scheveningen-Appingedam Ch 27* 16
Coastal area. Call Scheveningen Radio. Remotely controlled by Scheveningen Radio. Traffic lists: **Ch 27**
0165-11 Scheveningen-Maastricht Ch 25*
Inland waters. Call Scheveningen Radio. Remotely controlled by Scheveningen Radio. Traffic lists: **Ch 25**
0165-12 Scheveningen-Roermond Ch 26*
Inland waters. Call Scheveningen Radio. Remotely controlled by Scheveningen Radio. Traffic lists: **Ch 26**
0165-13 Scheveningen-Arcen Ch 28*
Inland waters. Call Scheveningen Radio. Remotely controlled by Scheveningen Radio. Traffic lists: **Ch 28**
0165-14 Scheveningen-Goes Ch 25*
Inland waters. Call Scheveningen Radio. Remotely controlled by Scheveningen Radio. Traffic lists: **Ch 25**
0165-15 Scheveningen-Rotterdam Ch 24* 28
Inland waters. Call Scheveningen Radio. Remotely controlled by Scheveningen Radio. Traffic lists: **Ch 24 28**
0165-16 Scheveningen-Lopic Ch 86* 16
Inland waters. Call Scheveningen Radio. Remotely controlled by Scheveningen Radio. Traffic lists: **Ch 86**

RADIO

0165-17 Scheveningen Ch 26*
Inland waters. Traffic lists: **Ch 26**
0165-18 Scheveningen-Markelo Ch 23*
Inland waters. Call Scheveningen Radio. Remotely controlled by Scheveningen Radio. Traffic lists: **Ch 23**
0165-19 Scheveningen-Haarlem Ch 23*
Inland waters. Call Scheveningen Radio. Remotely controlled by Scheveningen Radio. Traffic lists: **Ch 23**
0165-20 Scheveningen-Lelystad Ch 83* 16
Inland waters. Call Scheveningen Radio. Remotely controlled by Scheveningen Radio. Traffic lists: **Ch 83**
0165-21 Scheveningen-Smilde Ch 24*
Inland waters. Call Scheveningen Radio. Remotely controlled by Scheveningen Radio. Traffic lists: **Ch 24**
0165-22 Scheveningen-Tjerkgaast Ch 28*
Inland waters. Call Scheveningen Radio. Remotely controlled by Scheveningen Radio. Traffic lists: **Ch 28**
0165-23 Scheveningen-Megen Ch 07*
Inland waters. Call Scheveningen Radio. Remotely controlled by Scheveningen Radio. Traffic lists: **Ch 07**
0166 Netherlands Coastguard (IJmuiden) (PBK) Ch 16
Telephone: +31 (0)255 534344 Fax: +31 (0)255 523496

PORT STATIONS
OOSTERSCHELDE LOCK
Call Roompotsluis **Ch 18** Lock operating times: Mon and Thu 0000-2200, Tue and Sun 0600-0000, Wed H24, Fri and Sat 0600-2200. Vessels should report to the locks as follows: S bound: after passing Tholen Hr: N bound: after passing Bath Br.
ROOMPOT
Harbour: **Ch 31**
Ouddorp Coastguard: **Ch 74**
WEMELDINGE BRIDGES AND LOCKS: Ch 68
ZEELANDBRUG: Ch 18
KRAMMER LOCKS: Ch 22
KREEKRAKSLUIZEN, SCHELDE-RIJNKANAAL
Ch 20 Vessels should report to the locks as follows: S bound: after passing Tholen Hr; N bound: after passing Bath bridge
HARINGVLIET-SLUIZEN LOCK AND LIFT BRIDGE
Ch 20 Operating times Mon/Thu H24 Fri 0000-2200 Sat/Sun & hols 0800-2000
HOEK VAN HOLLAND ROADSTEAD
Call Maasmond Entrance **Ch 03** See VTS chart No 2. Yachts should follow a track close W of a line joining buoys MV, MVN and Indusbank N. Before crossing, report vessel's name, position and course. Whilst crossing, maintain continuous listening watch
NIEUWE WATERWEG
Haven Coördinatie Centre: HCC Central Traffic Control **Ch 11 14** See VTS Charts Nos 2 and 3. Report to and keep a continuous listening watch on the appropriate Traffic Centres
Maasaanloop/Maas Approach: **Ch 01**
Pilot Maas: **Ch 02**
Maasmond/Maas Entrance: **Ch 03**
Rozenburg: **Ch 65**
Beerkanaal: **Ch 66**
Maassluis: **Ch 80**
Botlek: **Ch 61**
Oude Maas: **Ch 62**
Hartel: **Ch 05**
Eemhaven: **Ch 63**

Waalhaven: **Ch 60**
Maasbruggen: **Ch 81**
Brienenoord: **Ch 21**
OUDE MAAS: Ch 13 19
OUDE MAAS BRIDGES AND LOCKS
Botlekbrug and Spijkenisserbrug: **Ch 18**
Brienenoordbrug: **Ch 20**
Sluis W eurt: **Ch 18**
Prins Bernhardsluis: **Ch 18**
Sluis S. Andries: **Ch 20**
DORDRECHT
Traffic Centre: **Ch 19** Keep a continuous listening watch
Sector Heerjansdam: **Ch 04**
Information: Call Post Dordrecht **Ch 71**
Brugen: **Ch 19**
Alblasserdamse brug: **Ch 22**
Papendrechtse brug: **Ch 19**
Merwedesluis en Verkeersbrug: **Ch 18**
Algera sluis en Stuw: **Ch 22**
Julianasluis: **Ch 18**
Grote Sluis Vianen and Andel Wilhelminasluis: **Ch 22**
VOLKERAKSLUIZEN: Ch 18 69
SCHEVENINGEN TRAFFIC CENTRE (HARBOUR): Ch 14
IJMUIDEN
Traffic Centre: **Ch 88** West of IJmuiden Light buoy
Port Control: **Ch 61** From IJmuiden Light buoy to the North Sea Locks
Seaport Marina: Call SPM **Ch 74**
NORDZEEKANAAL
VTS IJmuiden: **Ch 61** See VTS Chart No 4. From IJmuiden Lt buoy to the IJmuiden Sluices
IJmuiden Sluices: **Ch 22**
Noordzeekanaal: **Ch 03** From IJmuiden Sluices to km 11.2
Zijkanaal C Sluice: **Ch 68**
Amsterdam Port Control: **Ch 14**
Amsterdam Port Information: **Ch 04**
Beverwijk: **Ch 71** HX
Wilhelminasluis: **Ch 71** HX
Westerkeersluis: **Ch 22**
Haarlem: **Ch 18**
Oranjesluisen: **Ch 18**
ENKHUIZEN OR KRABBERSGAT LOCK
Ch 22 Lock operates weekdays 0300-2300, Sun and holidays 0800-2000
DEN HELDER
VTS: **Ch 12** See VTS chart No 5. All vessels equipped with VHF to report when entering/leaving the area, berthing/unberthing, anchoring/weighing or entering/leaving Koopvaardersschutsluis stating vessel's name, type, position, destination and special details
Port Control: **Ch 14**
Moormanbrug Bridge: **Ch 18**
Koopvaarders Lock: **Ch 22**
DEN OEVER LOCK: Ch 20
KORNWERDERZAND LOCKS: Ch 18
EIERLAND TRAFFIC CENTRE Ch 05 0830-1700 **Ch 11** Mon 0000-Sat 2200
TERSCHELLING
VTS: Call Brandaris VTS **Ch 02** See VTS Chart No 6. All vessels must report when entering/leaving the area and thereafter keep a continuous listening watch

PAGE 345

RADIO

Waddenzee Central Reporting - Incidents: Ch 04
Waddenzee Central Reporting - Search and Rescue: Ch 16

LAUWERSOOG
Harbour Office: Ch 09 Mon 0000-1700, Tue-Wed 0800-1700, Thur-Sat 0700-1500
Locks: Ch 22 May-Sep Mon-Fri 0700-2000 Sat 0700-1900 Sun 0900-1200 1400-1830, Oct-Apr Mon-Fri 0700-1800 Sat 0700-1700
Lauwersmeer Firing Range: Ch 71 Keep listening watch for information on firing times

EEMSHAVEN
Harbour Office: Ch 14
Radar: Ch 19

DELFZIJL
Harbour Office: Ch 14 Special Regulations apply when visibility falls below 500m
Information: Ch 14 Every H+10
Locks: Ch 11 Mon-Sat H24, Sun & holidays on request
Weiwerder Bridge: Ch 11
Heemskes and Handelshaven Bridges: Ch 14 Mon 0600-Sat 1400
Farmsumerhaven: Ch 14

GERMANY
COASTAL STATIONS
0190 Norddeich Ch 28 61 16
Traffic lists: **Ch 28** 0045 0145 0245 0345 0445 0545 0645 0745 0845 0945 1045 1145 1245 1345 1445 1545 1645 1745 1845 1945 2045 2145 2245 2345
0200 Bremen Ch 28* 16 25
Remotely controlled from Nordeich. Traffic lists: **Ch 27**
0205 Helgoland Ch 27* 16 88
Remotely controlled from Nordeich. Traffic lists: **Ch 27**
0210 Elbe-Weser (DAC) Ch 24* 01 16
Remotely controlled from Nordeich. Traffic lists: **Ch 24**
0225 Hamburg Ch 27* 16 83
Remotely controlled from Nordeich. Traffic lists: **Ch 27**
0230 Eiderstedt Ch 25* 16
Remotely controlled from Nordeich. Traffic lists: **Ch 25**
0235 Nordfriesland Ch 26* 16
Remotely controlled from Nordeich. Traffic lists: **Ch 26**

PORT STATIONS
IMPORTANT: *Before navigating German waterways, all vessels must report to waterway authorities.*

DIE EMS
Call Ems Traffic **Ch 18* 15 16 20 21** See VTS Chart No 7. Ems Traffic broadcasts every H+50 on Ch 15 18 20 and 21 in German. Before navigating German waterways, all vessels must report to waterway authorities, and keep a continuous watch on the appropriate channel
EMDEN LOCKS: Ch 13 16
OLDERSUM LOCK: Ch 13 May-Sep Mon-Fri 0700-2000 Sat & Sun 0800-2000, Oct-Apr Mon-Thur 0700-1530 Fri 0700-1400
LEER
Bridge: Ch 15
Lock: Ch 13 16
WEENER
Bridge: Ch 15
Lock: Ch 13 16 Apr-Oct only Mon-Thu 0700-1600 Fri 0700-sunset Sat and Sun sunrise-sunset
PAPENBURG LOCK: Ch 13 16
LEYSIEL LOCK: Ch 17
Ch 14 16 All year Mon-Fri 0700-2200, Sep-Apr Sat & Sun 0700-1700, May-Aug Sat 0800-1200 1500-2100 Sun 0700-1100 1400-2000. All vessels report arrival/departure.

NORDDEICH
Harbour Office: Ch 28* 16 61 Mon 0730-1900, Tue-Fri 0700-1300 1330-1900, Sat & Sun 0800-1200 1230-1730
Traffic lists: Ch 28 every H+45
Traffic Lists: Ch 28 Every H+45
NORDENEY: Ch 14 Mon 0700-1200 1230-1730, Tues 0900-1200 1230-1900, Wed-Sun 0700-1200 1230-1900
BENSERSIEL: Ch 14 Oct-Mar Mon-Fri 0700-1230 1330-1700, Apr-Sep Mon-Fri 0700-1900 Sat & Sun 0700-1100 1300-1700
LANGEOOG: Ch 17 0700-1700
Ch 14 Oct-Mar Mon-Fri 0700-1230 1330-1700, Apr-Sep Mon-Fri 0700-1900 Sat & Sun 0700-1100 1300-1700
HARLESIEL: Ch 17 0700-2100
WANGEROOGE: Ch 17 0700-1700
INNER DEUTSCHE BUCHT (GERMAN BIGHT)
Information in English and German: Ch 79 80 See VTS Chart No 8. Every H+00
DIE JADE INFORMATION: Ch 20 63 See VTS Chart No 9. Every H+10

WILHELMSHAVEN
Port: Ch 11 16
Naval Port: Ch 11 16
Lock: Ch 13 16
Bridges: Ch 11
VAREL LOCK
Ch 13 2h-HW-2h

DIE WESER AND DIE HUNTE
Bremerhaven Weser Traffic: Ch 02 04 05 07 16 21 222 See VTS Charts nos 10 and 11.
Bremen Weser Traffic: Ch 16 19; 16 119 78 81
Hunte Traffic: Ch 16 63
Information in German: Ch 02 04 05 07 21 22 82 Every H+20 by Bremerhaven Weser Traffic
Information in German: Ch 19 78 81 H+30 by Bremen Weser Traffic
Information in German: Ch 63 H+30 by Hunte Traffic

BREMERHAVEN
Port Office: Ch 12 16
Locks: Ch 12
Weser: Ch 14 16
BRAKE LOCK: Ch 10
ELSFLETH-OHRT RAILWAY BRIDGE
Ch 73
HUNTE
Lifting Bridge: Ch 73
OLDENBERG
Railway Bridge: Ch 69 H24 except Sun and public holidays 0030-0630
Lock: Ch 20 Mon-Sat 0500-2100 Sun 0900-1200
CÄCILIEN BRIDGE: Ch 73
Ch 12
BREMEN
Port Office: Ch 03 14 16
Lock: Ch 20 Mon-Sat 0600-2200, Sun Oct-Apr 0800-1100 May-Sep 0800-1100 1730-1930

PAGE 346

RADIO

DIE ELBE
Cuxhaven Elbe Traffic: Ch 71* 16 See VTS charts Nos 12, 13 and 14
Brunsbüttel Elbe Traffic: Ch 68* 16
CUXHAVEN
Elbe Port: Ch 12* 16
CUXHAVEN
Port and Lock: Ch 69
BRUNSBÜTTEL ELBE PORT: Ch 12* 16
OSTE BRIDGE
Flood Barrage: Ch 16 69 03 21 Apr-Sep the bridge is opened on request Ch 69. Oct-Mar request through Ch 03 or 16 Belum Radar or Ch 21 Cuxhaven Radar
Geversdorf: Ch 69 ; The bridge opens on request for small craft Apr-Sep 1930-0730 and every H+00 and H+30
OBENDORF BRIDGE Ch 69 Oct-Mar H24, Apr-Sep 1930-0730. The bridge is opened on request by telephone 04752 5 21
STÖR LOCK
Ch 09 16 The bridge is opened on request
GLUCKSTADT LOCK
Ch 11 0700-1600 and during HW
STADERSAND: Ch 12* 16
ESTE
Lock: Ch 10 16
Bridge: Ch 11 Opened on request
HAMBURG
Port Office: Ch 74* 13 14 16
Port Traffic: Ch 73* 13 14 16
Elbe Port: Ch 12* 16
Rethe Bridge: Ch 13* 16
Kattwyk Bridge: Ch 13* 16
Harburg Lock: Ch 13* 16
Tiefstack Lock: Ch 11
NORD-OSTSEE KANAL, KIEL KANAL
See VTS Charts 15 & 16
Information by Kiel Kanal 2: Ch 02 Every H+15 and H+45. See VTS Charts nos 15 and 16
Information by Kiel Kanal 3: Ch 03 Every H+20 and H+50
Brieholz: Ch 73
Ostermoor: Ch 73
FRIEDRICHSKOOG: Ch 10 2h-HW-2h
BÜSUM: Ch 11 16
EIDER LOCK: Ch 14 16
HUSUM
Harbour Office: Ch 11 16
Information: Ch 11 every H+00, 4h-HW-2h
PELLWORM: Ch 11 0700-1700
WYK, FÖHR: Ch 11 16
LIST: Ch 11 0800-1200 1600-1800
HELGOLAND
Ch 16 67 1 May-31 Aug Mon-Thu: 0700-1200 1300-2000 Fri Sat: 0700-2000 Sun: 0700-1200
1 Sep-30 Apr: Mom-Thurs: 0700-1200 1300-1600 Fri: 0700-1200

DENMARK
COASTAL STATIONS
0280 Blåvand *Call* **Blåvand Radio Ch 16 23* (Blåvand) Ch 02* 16 (Bovbjerg) Ch 04* 16 (Skagen) Ch 01* 16 (Hantsholm) Ch 16 66* (Hirtshals).** *Traffic Lists* **Ch 01 02 04 23 66** *every odd H+05*

PORT STATIONS
RØMØ HAVN: Ch 16 ; 10 12 13 HX
ESBJERG: Ch 16 ; 12 13 14
HVIDE SANDE: Ch 16 ; 12 13 HX
THORSMINDE: Ch 16 ; 12 13 0300-1300, 1400-2400
NYKØBING: Ch 16 ; 12 HX
HANTSHOLM HAVN: Ch 16 ; 12 13 HX
TORUP STRAND: Ch 16 ; 12 13 HX
HIRTSHALS HAVN: Ch 16 ; 14 HX
SKAGEN (THE SKAW): Ch 16 ; 12 13

FRANCE
COASTAL STATIONS
0830 Dunkerque Ch 24* 61* 16
Remotely controlled from Boulogne
0835 Calais Ch 01* 87* 16
Remotely controlled from Boulogne
0840 Boulogne-sur-Mer (FFB) Ch 23* 25* 16
Telephone +33 (0)3 21 33 25 26 Fax +33 (0)3 21 91 99 71 T/Ls on RT(MF) only
0842 Gris-Nez (CROSS) (MRCC) Ch 16 15 67 68 73
Distress, urgent and safety traffic only. Telephone: +33 (0)3 21 87 21 87 Fax: +33 (0)3 21 87 78 55
0845 Dieppe Ch 02* 24* 16
Remotely controlled from Boulogne
0848 Fécamp Ch 16
Remotely controlled from Boulogne. Telephone: +33 (0)3 21 33 25 26
0850 Le Havre Ch 26* 28* 16 23
Remotely controlled from Boulogne. Call Le Havre-Antifer
0855 Rouen Ch 25* 16 27
Remotely controlled from Boulogne
0856 Port-en-Bessin Ch 03* 16
Remotely controlled from Boulogne
0857 Cherbourg Ch 27* 16
Remotely controlled from Boulogne

PORT STATIONS
DUNKERQUE
Port Office: Ch 16 ; 73* 12
Marina (Private): Ch 09 Season: Mon-Sat: 0800-1200 1400-2000. Out of season: Mon-Sat 0900-1200 1400-1830. Sun: 1000-1200 1600-1800
Marina (Public): Ch 09 H24
GRAVELINES
Marina: Ch 09 Mon-Fri: 0800-1200 1330-1730
CALAIS
Port Office: Call Calais Port Traffic **Ch 16 ; 12**
Marina: Ch 12 0800-1200 1400-1800
Hoverport: Ch 20 HX
Ecluse Carnot: Ch 12 16 HX
GRIS NEZ
VTS: Ch 16
Distress and Safety: Ch 13 79 Calling and working
Information: Call Gris Nez Traffic **Ch 13 79** H+10. Occasional when visibility less than 2M H+25
CROSS GRIZ NEZ
Distress and Safety: Ch 16
SAR Coordination: Call CROSS Gris Nez **Ch 68* 15 67 73**
Calling and Information: Call Gris Nez Traffic **Ch 13 79**

PAGE 347

RADIO

BOULOGNE
Port Office: Call Control Tower, Boulogne Port **Ch 12**
Marina: Ch 09 3h-HW-3h
Hoverport: Ch 20 HX
LE TOUQUET: Ch 09 ; 77 2h-HW-1h
ÉTAPLES-SUR-MER: Ch 09 2h-HW-2h
LE TREPORT
Ch 16 ; 12 72 3h-HW-3h
DIEPPE
Ch 12 16 ; 12* Ch 12 Office Hours, Ch 16 H24
ST VALERY EN CAUX, MARINA
Ch 09 Lock operates: Day: 2h-HW-2h, Night: 30m-HW-30m
FÉCAMP
Harbour Office: Ch 16 ; 10 12 3h-HW-1h
Gayant Lock , Bassin Freycinet: Call Bureau du Port **Ch 16**
Bérigny Lock: Call Ecluse Bérigny **Ch 09**
Marina: Ch 09 Season: 0800-1200 1400-2000, Out of season: Mon-Sat 0830-1200
ANTIFER PORT
Port Office: Ch 22* 14
Oil Terminal : Ch 22* 16 ; 22* 14 67
LE HAVRE
Port Office: Ch 12 20
Marina: Ch 09 Season 0800-1200 1400-1800, Out of season Mon-Fri as season, Sat 0800-1200, Sun & holidays closed
LA SEINE, REPORTING: Ch 73 Call Honfleur when entering and then Rouen control Centre while on passage
HONFLEUR
Harbour Office: Ch 16 ; 11 12 73 2h-HW Le Havre-4h
Locks and Basins: Ch 73 H24. 2h-HW Le Havre-4h
TANCARVILLE
Port Office: Ch 16 HX
Lock: Ch 18 HX
PORT JÉROME: Call PR **Ch 16 ; 73**
ROUEN: Ch 16 ; 73* 68
ROUEN TO PARIS LOCKS
Poses-Amfreville: Ch 18 Send ETA by VHF to next lock 30 mins in advance throughout the passage
Notre-Dame-de-la-Garenne: Ch 22
Mericourt: Ch 18
Andrésy: Ch 22
Bougival: Ch 22
Chatou: Ch 18
Suresnes: Ch 22
Paris-Arsenal: Ch 09
DEAUVILLE-TROUVILLE
Harbour Office: Ch 09 0800-1730
Marina Bassin Morny: Ch 09 0900-1200 1400-1800
Marina Port-Deauville: Ch 09 Mon-Fri except closed Wed 0900-1200 1400-1800, Sat 0900-1200 1500-1800, Sun & holidays 1000-1200 1500-1800
PORT GUILLAUME, DIVES-SUR-MER, MARINA
Ch 09 24 Neaps 2h-HW-2h, Springs 2.30h-HW-2.30h
CAEN-OUISTREHAM
Ouistreham Port: Ch 16 68 ; 68
Ouistreham Lock: Ch 12 68 2h-HW-3h
Marina: Ch 09 0815-1200 1400-1800
Canal de Caen: Ch 68 Keep listening watch
Caen Marina: Ch 68 HX

COURSEULLES-SUR-MER, MARINA
Ch 09 0900-1200 and 3h-HW-3h
PORT-EN-BESSIN, LOCK AND BRIDGE
Ch 18 2h-HW-2h
GRANDCAMP-MAISY
Ch 09 Season 0600-2200, out of season office hours
ISIGNY-SUR-MER, MARINA
Ch 09 0900-1200 1400-1800
CARENTAN, MARINA: Ch 09 0800-1800
ST VAAST-LA HOUGUE: Ch 09 Season: 2.15h-HW-3h, Out of season: as season 0800-1800 only
CHERBOURG
Homet Coastguard: Call Le Homet **Ch 16 ; 12** H24.
Advise ETA on entering the Grande Rade
Lock: Ch 06 45m-HW-45m
Marina: Call Chantereyne **Ch 09** 0800-2300

CHANNEL ISLANDS COASTAL STATIONS

0115 St Peter Port Ch 16 20* 62*(a) 67
(a) Available for link calls Tel: +44 (0)1481 720672 or 710287 (Shore-Ship Link Call) Fax +44 (0)1481 714177 (HM) Traffic lists: **Ch 20** 0133 0533 0933 1333 1733 2133
0120 Jersey Ch 25*(b) 16 67(a) 82
(a) Small craft distress and safety - call on Ch 16 (b) Link calls Tel +44 (0)1534 41121 Fax: +44 (0)1534 499089 Traffic lists: **Ch 25 82** 0645 0745 1245 1845 2245

PORT STATIONS

BRAYE, ALDERNEY: Ch 16 ; 12 74 Apr-Sep 0800-1800 Oct 0800-1700 Nov-Mar Mon-Fri 0800-1700. Outside these hours, call St Peter Port
GUERNSEY
St Peter Port: Ch 12
St Sampson: Ch 12 Via St Peter Port Port Control
Beaucette Marina: Ch M 80 0830-2030. Access 3h-HW-3h
JERSEY
St Helier: Ch 14 Access 3h-HW-3h
Gorey: Ch 74 3h-HW-3h

FRANCE COASTAL STATIONS

0858 Jobourg Ch 21* 16
Remotely controlled from Boulogne. Telephone +33 (0)3 21 33 25 26
0859 Carteret Ch 64* 16
Remotely controlled from Boulogne
0860 Jobourg (CROSS) (MRCC) Ch 16 67 68
Distress, safety and urgent traffic only. Call CROSS Jobourg. Telephone: +33 (0)2 33 52 72 13, Fax: +33 (0)2 33 52 71 72
0861 Saint-Malo Ch 01* 02* 16
Remotely controlled from St Nazaire
0862 Paimpol Ch 84* 16
Remotely controlled from Brest-LE Conquet
0863 Plougasnou Ch 81* 16
Remotely controlled from Brest-Le Conquet
0864 Ouessant Ch 24* 82* 16
Remotely controlled from Brest-Le Conquet
0865 Brest-Le Conquet (FFU) Ch 26* 28* 16
Telephone +33 (0)2 98 43 63 63 Fax: +33 (0)2 98 89 06 11

RADIO

0866 Corsen (CROSS) (MRCC) Ch 15 16 67 68 73
Distress, safety and urgent traffic only. Call CROSS Corsen. Telephone: +33 (0)2 98 89 31 31 Fax: +33 (0)2 98 89 65 75
0867 Pont l'Abbe Ch 86* 16
Remotely controlled from Brest-Le Conquet
0869 Belle-Île Ch 05* 25* 16
Remotely controlled from Saint-Nazaire
0870 Étel (CROSS) (MRCC) Ch 11 15 16 67 73
Distress safety and urgent traffic only. Telephone: +33 (0)2 97 55 35 35 Fax: +33 (0)2 97 55 49 34
0871 St-Nazaire (FFO) Ch 23* 24* 16
Remotely controlled from Brest-le-Conquet. Telephone: +33 (0)2 98 43 63 63 Fax +33 (0)2 98 89 06 11
0872 Saint-Herblain Ch 28* 16
Remotely controlled from Saint-Nazaire
0874 Saint-Hilaire-de-Riez Ch 27* 16
Remotely controlled from Saint-Nazaire
0876 Île de Ré Ch 21* 26* 16
Remotely controlled from Bordeaux-Arcachon. Telephone +33 (0)5 56 83 40 50
0877 Royan Ch 23* 25* 16
Remotely controlled from Bordeaux-Arcachon
0878 Bordeaux Ch 27* 16
0879 Soulac (Sous-CROSS) (MRSC) Ch 16 11 15 67 68 73
Distress, safety and urgent traffic only. Call Sous CROSS Soulac. Telephone: +33 (0)5 56 73 31 31 Fax: +33 (0)5 56 09 79 73
0880 Bordeaux-Arcachon (FFC) Ch 28* 82* 16
Remotely controlled from Brest-Le Conquet
0885 Bayonne Ch 24* 16
Remotely controlled from Bordeaux-Arcachon

PORT STATIONS

JOBOURG TRAFFIC SERVICE, CALLING/WORKING
Ch 13* 16 80 Information in French and English on Ch 80 at H+20 and H+50
CROSS JOBOURG
Distress and Safety: Call CROSS Jobourg **Ch 16 70**
SAR Coordination: Ch 68* 15 67 73
Calling: Ch 13 80
GRANVILLE
Harbour Office: Ch 12 1.30h-HW-1.30h
Marina: Ch 09 Season H24, Out of season & public holidays 0800-1200 1400-1800
ST MALO
Harbour Office: Ch 12 16 ; 12
Bassin Vauban Marina: Ch 09 Season 0700-2400 depending on tide, out of season 0800-1200 1400-1800
Les Bas Sablons Marina: Ch 09 Season 0700-2100, out of season 0800-1200 1400-1700
DINARD MARINA (PUBLIC): Ch 09 Season 0800-2000, out of season 0900-1200
LA RANCE
Lock: Ch 13
Plouer-sur-Rance Marina: Ch 13
DAHOUÉT PORT AND MARINA Ch 16 Season 0830-1215 and 2h-HW-1h, out of season 0830-1215 1400-1715 (except Sat afternoon and Sun)
LE LÉGUÉ, S BRIEUC
Call Légué Port **Ch 16 ; 12** 2h-HW-1.30h and 1h-HW-1.30h depending on height of tide

BINIC PORT AND MARINA
Ch 09 Office hours
ST-QUAY PORTRIEUX MARINA (PRIVATE)
Ch 09
LÉZARDRIEUX MARINA: Ch 09 2h-HW-2h
PAIMPOL
Ch 09
PONTRIEUX LOCK: Ch 12 2h-HW-1h
TRÉGUIER MARINA (PUBLIC)
Ch 09 Season Mon-Sat 0800-1200 1330-2100, Sun 0800-1000 1600-1800, out of season Tue-Sat 0800-1200 1330-1700, Sun and Mon closed
PERROS-GUIREC
Port & Marina: Ch 16 ; 09 Season 0730-2100, out of season 0730-1730
TRÉBEURDEN PORT AND MARINA: Ch 09 0600-2400
ROSCOFF-BLOSCON
Harbour Office: Ch 16 ; 12 0830-1200 1330-1800
Marina: Ch 09 0800-1200 1330-1730
MORLAIX MARINA: Ch 16 ; 09 2h-HW-2h, lock 1.30h-HW-1h
CORSEN-OUESSANT
Traffic Control Centre: Ch 13* 79 Yachts must report 2h before entry within channels and passages and keep listening watch on Ch 16
Vigie d'Ouessant: Call Le Stitt **Ch 16**
Vigie de Saint-Mathieu: Ch 16
Cap de la Chevre: Ch 16 HJ
Vigie du Raz: Ch 16
Information: Ch 79 Every H+10 and H+40
CORSEN CROSS
Distress and Safety: Call CROSS Corsen **Ch 16 70**
Calling and Working: Ch 13* 79
Information: Ch 79
SAR
Call CROSS Corsen or Ouessant **Ch 68* 15 67 73 Ch 16** (Distress and safety)
LE CONQUET: Ch 16 ; 08 Season 0830-1200 1330-1800, out of season HX
BREST
Port de Commerce: Ch 16 ; 12 A compulsory reporting system exists for vessels over 25m LOA - see ALRS Vol 6 Part 1
Marina: Ch 09 Season 0800-2000, Out of season 0830-1800, holidays 0900-1200 1400-1900
CAMARET-SUR-MER Ch 09 Season 0730-2200, out of season 0830-1200 1330-1730
DOUARNENEZ
Harbour Office: Ch 16 ; 12 0800-1200 1330-1730
Marina (Public): Ch 09 Season 0700-1200 1330-2100, out of season 0800-1200 1300-1700
MORGAT: Ch 09 Season 0800-1200 1400-2000, out of season 0800-1200 1400-1800
SAINT GUÉNOLE: Ch 12 HJ
LE GUILVINEC: Ch 12 HX
LOCTUDY
Harbour Office: Ch 12 Portable VHF Mon-Fri 0630-1200 1400-1900 Sat 0800-1200
Marina (Public): Ch 09 Season 0730-2100, out of season Mon-Sat 0830-1200 1330-1800, Sun and holidays closed

RADIO

PORT-LA-FORÊT MARINA (PUBLIC)
Ch 09 Season 0800-2000, out of season Mon-Sat 0830-1200 1330-1830 Sun and holidays 0900-1200 1330-1830

CONCARNEAU
Harbour Office: Ch 16 ; 12
Marina: Ch 09 Season 0700-2100, out of season 0900-1200 1330-1730

BÉNODET MARINA
Ch 09 Season 0800-2000, out of season 0800-1200 1400-1800

SAINTE-MARINE MARINA
Ch 09 Season 0800-1200 1500-2000, out of season 0800-1200 1400-1800

LORIENT
Harbour Office: Call Vigie Port Louis Ch 16 ; 12
Marina (Private): Ch 09 Hours as Kernevel

KERNEVEL
Marina (Private): Ch 09 Season 0800-1230 1330-2000, out of season Mon-Sat 0830-1230 1400-1800, Sun and holidays 0900-1230
Marina (Public): Ch 09 Season 0830-1900, out of season 0830-1230 1400-1800

ÉTEL CROSS
Distress and Safety: Ch 11 15 16 68 73
Information: Ch 16 ; 80 Urgent navigational messages bcst on receipt and then every 2h. Non-urgent navigational messages bcst 0433 and 2133 after weather forecasts.

ÉTEL MARINA (PUBLIC)
Ch 16 ; 13 Season Mon-Sat 0800-1200 1400-1800, Sun 1000-1200

LE PALAIS, BELLE ÎLE Ch 09 Season 0800-1200 1500-2000, out of season 0830-1200 1400-1800, closed Sun

PORT-HALIGUEN MARINA (PUBLIC)
Ch 09 Season 0800-1230 1400-2000, out of season 0900-1200 1400-1800

LA TRINITÉ-SUR-MER MARINA (PUBLIC)
Ch 09 Season 0830-1900, out of season 0830-1230 1400-1800

LE CROUESTY MARINA (PUBLIC)
Ch 09 Season 0800-2000, out of season 0900-1230 1330-1800

VANNES MARINA (PUBLIC)
Ch 09 Season 0830-2100, out of season 2.30h-HW-2.30h, morning 0900-1230

ARZAL-CAMOËL
Marina: Ch 09 Season 0830-1230 1400-2000, out of season 0830-1230 1330-1730
Lock: Ch 18 HX

LA TURBALLE PORT AND MARINA
Ch 09 Season 0700-1100 1500-2100, out of season 0800-1000 1600-1800

LE CROISIC PORT AND MARINA
Ch 09 Season 0800-2000, out of season 0800-1700 except holidays

PORNICHET MARINA (PUBLIC)
Ch 09 Season 0800-2100, out of season 0800-2000

LA LOIRE
Signal Station: Call Chemoulin Ch 16
Reporting System: Ch 12* 16 ; 12* 06 14 67 69 Compulsory for all commercial vessels

SAINT-NAZAIRE
Ch 12* 16 ; 12* 06 14 67 69

Tidal Information: Ch 73 Tidal information between Saint-Nazaire and Nantes is automatically broadcast at H+00, H+15, H+30 and H+45

DONGES: Ch 12 16

NANTES: Ch 12* 16 ; 12* 06 14 67 69

PORNIC MARINA (PRIVATE): Ch 09

L'HERBAUDIÈRE, ÎLE DE NOIRMOUTIER: Ch 09 Season 0830-1200 1530-2000 except July-Aug 0730-2230, out of season 0830-1200 1400-1800

PORT-JOINVILLE MARINA, ÎLE D'YEU
Ch 09 Contact the Harbour Master before arrival. Entry to wet basin possible 2h-HW-2h, mooring by arrangement with Harbour Master

SAINT-GILLES-CROIX-DE-VIE: Ch 09 Season 0600-2200, out of season 0800-1200 1400-1800

LES SABLES D'OLONNE
Harbour Office: Ch 12 Harbour Master Mon-Fri 0800-1800, lock 2h-HW-2h or 1.30h-HW-1.30h depending on tide
Marina: Ch 09

PORT DE BOURGENAY MARINA: Ch 09 16

LA ROCHELLE-PALLICE
Harbour Office: Ch 12* 16 ; 12
Marina (Public): Ch 09

ROCHEFORT
Harbour Office: Ch 16 ; 12 00800-1200 1400-1800
Marina: Ch 09 1h-HW-1h

TONNAY-CHARENTE: Ch 16 ; 12 HX

BORDEAUX RIVER
Reporting: Ch 12 Compulsory for all vessels in the area from BXA Lt buoy to Bordeaux
Radar: Ch 12 ; 16
Tidal Information: Ch 17 Height of water between Le Verdon and Bordeaux bcst automatically every 5 min

ROYAN: Ch 16 ; 09 Season 0800-2000, out of season 0900-1800 except Sat afternoons and Sun

LE VERDON: Ch 16 ; 11 12 14

PAULLAC
Harbour Office: Ch 12
Marina: Ch 09

BLAYE: Ch 12

AMBÈS: Ch 12

BORDEAUX
Harbour Office: Ch 16 ; 12
Marina: Ch 09 Office hours during season

SOULAC CROSS
Distress and Safety: Ch 16 70
SAR Coordination: Ch 68* 15 67 73
Calling and Working: Ch 13 79
Information: Ch 16 79 Urgent navigational information is bcst on receipt and then every 2h. Non-urgent navigational information is bcst at 0433 and 2133 after the weather forecast.

ARCACHON MARINA: Ch 09

CAPBRETON: Ch 09

ANGLET MARINA: Ch 12 Office hours

BAYONNE: Ch 12

SAINT-JEAN-DE-LUZ PORT AND MARINA
Ch 16 ; 09 Season 0630-1300 1330-2000, out of season 0730-1230 1330-1830

HENDAYE MARINA (PUBLIC): Ch 09 1330-2000, out of season 0730-1230 1330-1830

RADIO

SPAIN
COASTAL STATIONS
0901 Pasajes Ch 27* 16
Remotely controlled from CCR Bilbao
0905 Bilbao Ch 26* 16
Remotely controlled from CCR Bilbao
0906 Bilbao (MRCC) Ch 10 16
Distress, safety and urgent traffic only. Telephone: +34 (9) 4 483 9411 (Emergency) +34 (9) 4 483 9286 / 483 7053 Fax: +33 (9) 4 483 9161
0910 Santander Ch 24* 16
Remotely controlled from CCR Bilbao
0911 Santander (MRSC) Ch 16 11
Distress, safety and urgent traffic only
0914 Gijón (MRCC) Ch 16 10 15 17
Distress, safety and urgent traffic only. Call Gijón Traffic. Telephone: +34 (9)85 326 050/373 Fax: +34 (9)85 320 908
0916 Cabo Peñas (EAS) Ch 26* 16
Remotely controlled from CCR Bilbao
0918 Navia Ch 27* 16
Remotely controlled from CCR Bilbao
0919 Cabo Ortegal Ch 02* 16
Remotely controlled from CCR Coruña Traffic lists: Ch 21
0924 Coruña (MRSC) Ch 12 13 14 16
Distress, safety and urgent traffic only. Call La Coruña Port Control. Telephone: +34 81 209 548 Fax: +34 81 209 518
0925 Coruña Ch 26* 16
Remotely controlled from CCR Coruña
0927 Finisterre (EAF) Ch 01* 22* 16
Remotely controlled from CCR Coruña
0928 Finisterre (MRCC) Ch 11 16
Distress, safety and urgent traffic only. Call Finisterre Traffic. Telephone: +34 (9)81 767 320/738/500 Fax +34 (9)81 767 740
0929 Vigo Ch 20* 16
Remotely controlled from CCR Coruña
0929.1 Vigo (MRSC) Ch 10 16
Distress, safety and urgent traffic only. Call Vigo Traffic
0930 La Guardia Ch 21* 16 82
Remotely controlled from CCR Coruña

PORT STATIONS
PASAJES PILOTS
Call Pasajes Prácticos Ch 16; 14* 11 12 13
BILBAO
Port Office: Ch 12* 16; 06 12
Signal Station: Ch 16; 12 13 HX
Petronor Refinery: Ch 16; 11 12 14
SANTANDER
Pilot Vessel: Ch 16; 06 12 14
Pilot Office: Ch 16; 12* 09 14
REQUEJADA, SUANCES - PILOTS: Ch 12 16 When vessel expected
GIJÓN PILOTS: Ch 16; 14* 11 12
AVILÉS
Pilot Vessel: Ch 12; 06 09 14 16
Pilot Office: Ch 16; 14* 11 12
RIBADEO PILOTS: Ch 16
PUERTO DE SAN CIPRIÁN: Ch 12 14 16
EL FERROL DEL CAUDILLO PILOTS AND PORT Ch 14* 16; 10 11 12 13 14 Ch 14 H24
LA CORUÑA: Ch 16; 12 HX

CORCUBIÓN PILOTS: Ch 16; 14 When vessel expected
FINISTERRE MARITIMETRAFFIC SERVICE
Ch 11 16 Voluntary reporting for non-Spanish vessels
VILLAGARCIA DE AROSA: Ch 16; 12
MARIN PILOTS: Call Marin Pilots Ch 16; 12 When vessel expected
VIGO: Call Vigo Prácticos Ch 16; 14 HX

PORTUGAL
COASTAL STATIONS
0935 Arga Ch 16 25 28 83
Remotely controlled from Lisboa
0949 Arestal Ch 16 24 26 85
Remotely controlled from Lisboa
0950 Montejunto Ch 16 23 27 87
Remotely controlled from Lisboa
0952 Lisboa (CUL) Ch 16 23 25 26 27 28
0955 Commandante Nunes Ribeiro (CTV) Ch 11 16
Does not accept public correspondence
0958 Atalaia Ch 16 24 26 85
Remotely controlled from Lisboa
0959 Picos Ch 16 23 27 85
Remotely controlled from Lisboa
0960 Sagres (Radionaval) (CTS) Ch 11 16
Does not accept public correspondence
0963 Estoi Ch 16 24 28 86
Remotely controlled from Lisboa

PORT STATIONS
CAMINHA
Call Postradcaminha Ch 16; 11 Mon-Fri 0900-1200 1400-1700
VIANA DO CASTELO
Call Postradviana Ch 16; 11 Mon-Fri 0900-1200 1400-1700
PÓVOA DE VARZIM
Call Postradvarzim Ch 16; 11 Mon-Fri 0900-1200 1400-1700
VILA DO CONDE
Call Postradviconde Ch 16; 11 Mon-Fri 0900-1200 1400-1700
LEIXÕES
Harbour Office: Call Postradleixões Ch 16; 11 13 19 60
Distress and Safety: Ch 16
Intership: Ch 06 08
Oil Terminal: Ch 74
Marinas: Ch 62
Radar Station: Ch 12 16; 01 04 09 10 11 14 18 20 61 63 67 68 609 10 11 14 18 Additional working channels 20 61 63 67 68 69 71 79 80 84. Controls all radar, navigational, tidal and berthing information for Leixoes
Posto Central: Ch 12; 18 67 68 0730-1900
Serviços Maritimos: Ch 12; 18 67 68 0700-2400
Bascule Bridge: Call Pónte Movel Ch 12; 18 67 68
DOURO: Call Postraddouro Ch 16; 11 Mon-Fri 0900-1200 1400-1700
AVEIRO: Call Postradaveiro Ch 16; 11 Mon-Fri 0900-1200 1400-1700
FIGUEIRA DA FOZ: Call Postradfoz Ch 16; 11 Mon-Fri 0900-1200 1400-1700

RADIO

NAZARÉ: Call Postradnazare **Ch 16 ; 11** Mon-Fri 0900-1200 1400-1700
BERLENGA: Call Postradberlenga **Ch 16 ; 11**
PENICHE: Call Postradpeniche **Ch 16 ; 11**
LISBOA
Calling and Safety: Call Contrololisboa **Ch 12 16 ; 12**
Intership Safety: **Ch 13**
Ship to Shore: **Ch 11 63**
Control: **Ch 12 16 ; 11**
Rescue: **Ch 67**
Reporting: **Ch 12 16 ; 11** Listening watch When near to Forte de S Julao, on entering or leaving, vessels should report on Ch 12 or 16. When navigating between the hr approach and the hr, maintain continuous listening watch on Ch 13
Information: **Ch 11** In Portugese at 1030 and 1630
LISBOA DOCKS
Doca de Pedrouzos: Call Docopesca **Ch 03 12 0100** Mon-0100 Sat
Doca de Alcântara Lock:: **Ch 12 ; 05** 0700 0815 0915 1015 1115 1315 1500 1630 1800
Rocha Drydocks: **Ch 14 74**
Lisnave Drydocks: **Ch 14**
ALFEITE SIGNAL STATION: Call Radiosinaisfaleite **Ch 16 ; 11**
SESIMBRA: Call Postradsesimbra **Ch 16 ; 11** Mon-Fri 0900-1200 1400-1700
SETÚBAL: Call Postradsetúbal **Ch 16 ; 11 13**
SINES
Harbour Office: Call Postradsines **Ch 16 ; 11 13**
Serviços Maritimos: **Ch 12 16 ; 01 04 09 10 11 18 20** Additional working channels 63 67 68 69 81 84
LAGOS
Harbour Office: Call Postradlagos **Ch 16 ; 11** Mon-Fri 0900-1200 1400-1700
Marina: **Ch 16 ; 62** 1 June-15 Sep 0900-2200, else 0900-1230 1400-1900
PORTIMÃO
Harbour Office: Call Postradportimão **Ch 16 ; 11** Mon-Fri 0900-1200 1400-1700
Fishery Radio Station: **Ch 03** Mon-Fri 0630-2130
VILAMOURA MARINA
Call Vilamouraradio **Ch 16 20 62** 0830-1830 (2130 in summer)
FARO: Call Postradfaro **Ch 16 ; 11**
OLHÃO: Call Postradiolhão **Ch 16 ; 11**
Fishery Radio Station: **Ch 03 ; 16** Mon-Fri 0900-1200 Sat 0700-1200
VILA REAL DE SANTO ANTÓNIO: Call Postradvilareal **Ch 16 ; 11** Mon-Fri 0900-1200 1400-1700

SPAIN
COASTAL STATIONS

1027 Chipiona Ch
Remotely controlled from CCR Málaga.
1034 Cádiz Ch 26* 16
Remotely controlled from CCR Málaga
1043 Tarifa (MRCC) Ch 16
Distress, safety and urgent traffic only. Telephone +34 56 681 452 Fax +34 56 680 606
1044 Tarifa (EAC) Ch 01* 81* 16
Remotely controlled from CCR Málaga.
1045 Algeciras (MRSC) Ch 15 74 16
Call Algeciras Traffic. Distress, safety and urgent traffic only

PORT STATIONS

EL ROMPIDO MARINA: Ch 09 16 HX
PUNTA UMBRIA
Marina: **Ch 09 16** HX
Bridge: Call Huelva Pilots **Ch 16 ; 14* 06 11 12**
HUELVA
Harbour Office: Call Huelva Barra Prácticos for Bar or Huelva Puerto Prácticos for Harbour **Ch 16 ; 14* 06 11 12**
Marina: **Ch 09 16** HX
La Rábida Refinery: **Ch 16 ; 09** HX
RIO GUADALQUIVIR
Harbour Office: Call Obras Puerto Sevilla **Ch 12**
Marina: **Ch 09 16** HX
PUERTO SHERRY MARINA: Ch 09 16 HX
REAL CLUB NAUTICO DE SANTA MARIA: Ch 09 16 HX
CÁDIZ
Harbour Office: Call Cádiz Prácticos **Ch 16 ; 14* 11 12**
Real Club Nautico de Cadiz: **Ch 09 16** HX
Cadiz Terminal: **Ch 16 ; 09** HX
STRAIT OF GIBRALTAR
VTS: Call Tarifa Traffic **Ch 16 ; 10**
Information: **Ch 10 16** Urgent messages will be bcst at any time on Ch 10 and Ch 16. Routine messages will be bcst every even H+15 on Ch 10
ALGECIRAS
Harbour Office: Call Algeciros Prácticos **Ch 16 ; 09 12 13** HX
Marina: **Ch 09 16** HX
Real Club Nautico de Algeciras: **Ch 09 16** HX
Algeciros Iberia: Call Sea Land Iberia **Ch 16 ; 09** HX
Refineria Gibralta CEPSA: **Ch 13* 16 ; 09 11 13**

GIBRALTAR
COASTAL STATIONS

1047 Gibraltar Ch 01 02 03 04(a) 16 2523 25 27 86 87 (a) Is exclusively used for Autolink RT. Telephone: +350 77464/74767 Fax +350 78851
1047 Gibraltar Ch 01 02 03 04¹ 16 23 24¹25 27 28¹ 86 87 1) **Ch 04** is exclusively used for Autolink RT. **Ch 24 & 28** can be used as 2nd & 3rd choices respectively for Autolink RT services on a shared basis with the operaror during hours of service only.

PORT STATIONS

GIBRALTAR: Ch 16 ; 06* 12* 13 14 Ch 12 is the Gibraltar Bay Working Channel
Information: **Ch 10 16** Urgent messages will be broadcast at any time on Ch 10 & Ch 16. Routine messages will be broadcast every even H+15 on Ch 10.
Lloyds Gibraltar Radio: **Ch 08 16 ; 12* 14**
Queen's Harbour Master: **Ch 08** Mon-Thu 0800-1630 Fri 0800-1600
Queensway Quay Marina: **Ch 73** Summer 0830-2145, Winter 0830-2015
Shepherds Marina: **Ch 71** Mon-Fri 0900-1300, 1430-1800, Sat 0900-1430. Duty staff until 1900
Marina Bay: **Ch 73** Summer 0830-2230, Winter 0830-2030

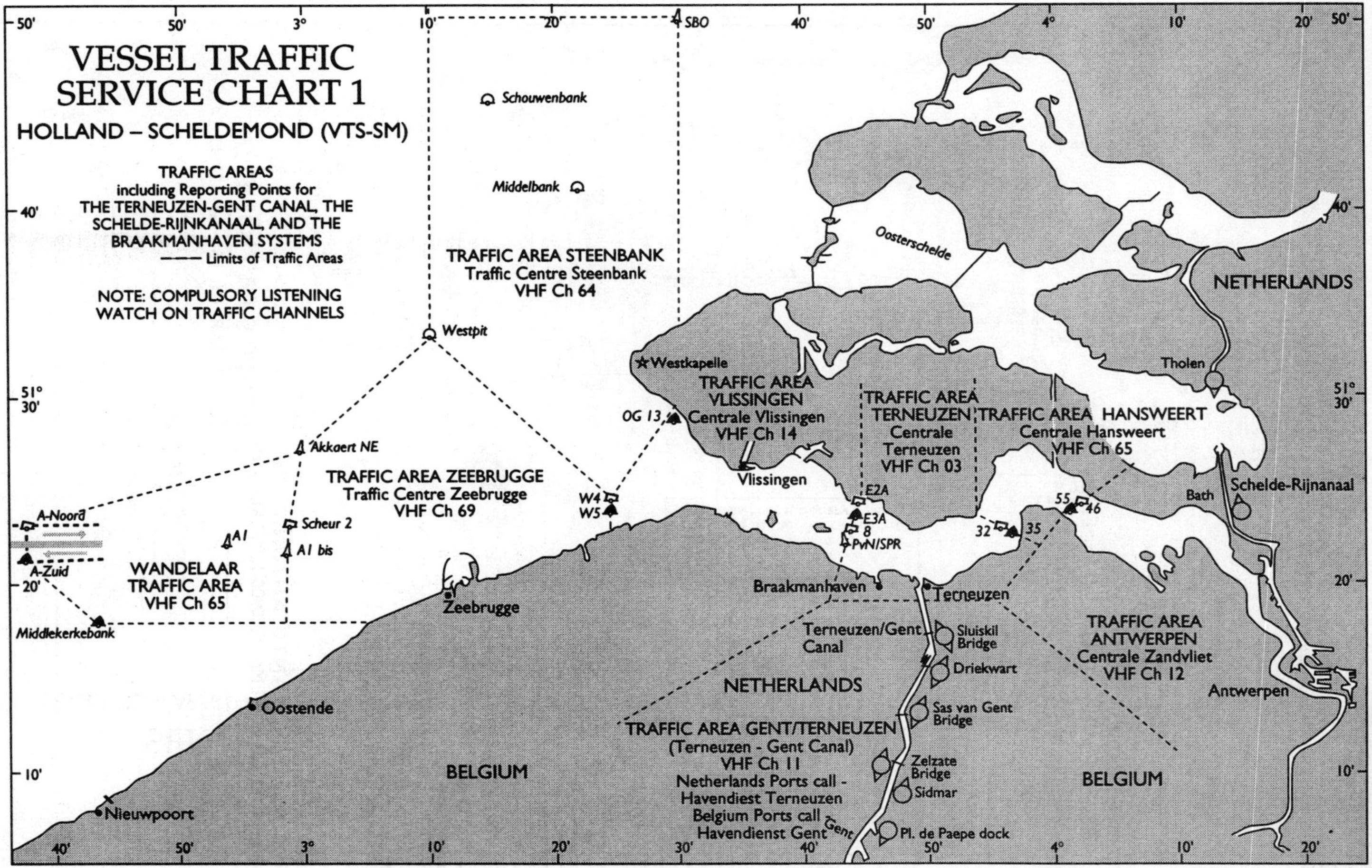
VESSEL TRAFFIC
SERVICE CHART 1
HOLLAND – SCHELDEMOND (VTS-SM)
TRAFFIC AREAS
including Reporting Points for
THE TERNEUZEN-GENT CANAL, THE
SCHELDE-RIJNKANAAL, AND THE
BRAAKMANHAVEN SYSTEMS
---- Limits of Traffic Areas
NOTE: COMPULSORY LISTENING
WATCH ON TRAFFIC CHANNELS
Schouwenbank
Middelbank
SBO
TRAFFIC AREA STEENBANK
Traffic Centre Steenbank
VHF Ch 64
Westpit
Oosterschelde
NETHERLANDS
Westkapelle
Tholen
TRAFFIC AREA
VLISSINGEN
Centrale Vlissingen
VHF Ch 14
OG 13
TRAFFIC AREA
TERNEUZEN
Centrale
Terneuzen
VHF Ch 03
TRAFFIC AREA HANSWEERT
Centrale Hansweert
VHF Ch 65
Akkaert NE
TRAFFIC AREA ZEEBRUGGE
Traffic Centre Zeebrugge
VHF Ch 69
Vlissingen
Bath
Schelde-Rijnanaal
W4
W5
E2A
E3A
8
PvN/SPR
55
46
32
35
A-Noord
Scheur 2
A1
A1 bis
A-Zuid
WANDELAAR
TRAFFIC AREA
VHF Ch 65
Zeebrugge
Middlekerkebank
Braakmanhaven
Terneuzen
Terneuzen/Gent
Canal
Sluiskil
Bridge
Driekwart
TRAFFIC AREA
ANTWERPEN
Centrale Zandvliet
VHF Ch 12
Antwerpen
NETHERLANDS
Oostende
Sas van Gent
Bridge
TRAFFIC AREA GENT/TERNEUZEN
(Terneuzen - Gent Canal)
VHF Ch 11
Netherlands Ports call -
Havendiest Terneuzen
Belgium Ports call
Havendienst Gent
Gent
Zelzate
Bridge
Sidmar
Pl. de Paepe dock
BELGIUM
BELGIUM
Nieuwpoort

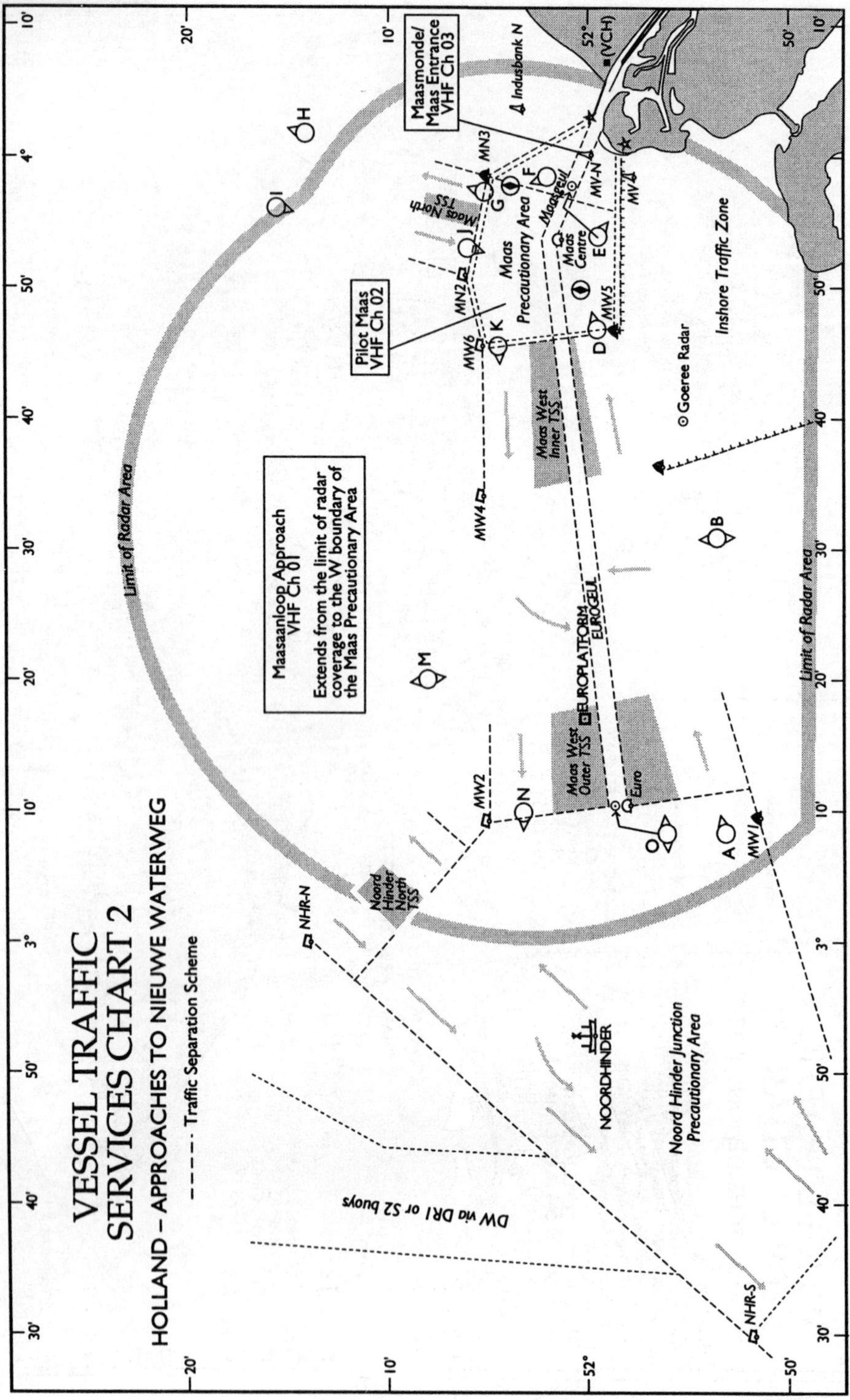
VESSEL TRAFFIC SERVICES CHART 2
HOLLAND – APPROACHES TO NIEUWE WATERWEG
- - - - Traffic Separation Scheme
Limit of Radar Area
Maasaanloop Approach VHF Ch 01
Extends from the limit of radar coverage to the W boundary of the Maas Precautionary Area
Pilot Maas VHF Ch 02
Maasmonde/ Maas Entrance VHF Ch 03
Indusbank N
(VCH)
Maas North TSS
Maas Precautionary Area
Maasgeul
Maas Centre
MV-N
MV4
MN3
MN2
MW6
MW5
MW4
MW2
MW1
Maas West Inner TSS
Maas West Outer TSS
EUROPLATFORM
EUROGEUL
Euro
Goeree Radar
Inshore Traffic Zone
Noord Hinder North TSS
NHR-N
NHR-S
NOORDHINDER
Noord Hinder Junction Precautionary Area
DW via DR1 or S2 buoys
A
B
D
E
F
G
H
I
J
K
M
N
O
52°
50'
10'
20'
30'
40'
3°
4°

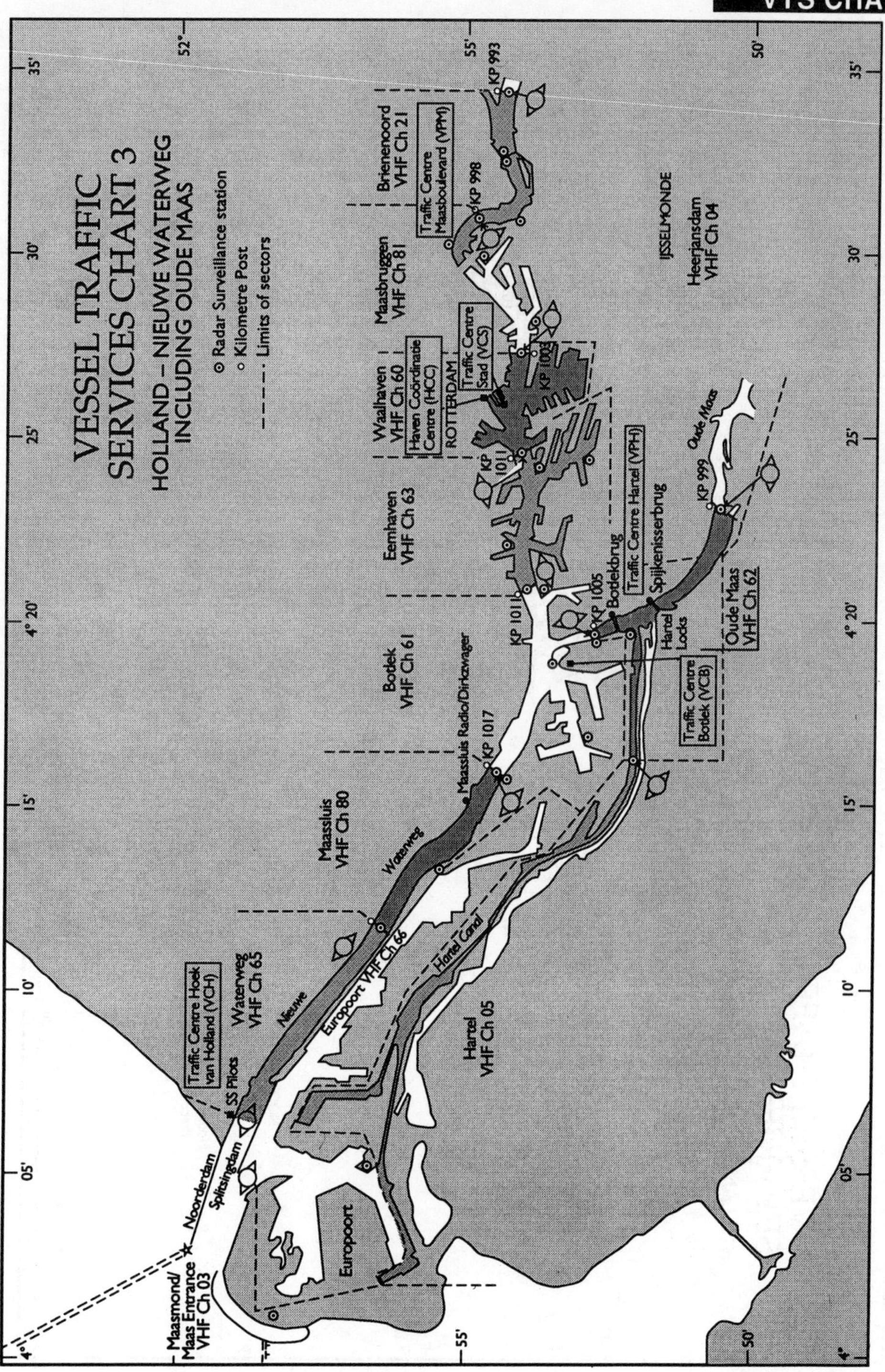
VESSEL TRAFFIC SERVICES CHART 3
HOLLAND – NIEUWE WATERWEG INCLUDING OUDE MAAS
Radar Surveillance station
Kilometre Post
Limits of sectors
Maasmond/ Maas Entrance VHF Ch 03
Noorderdam
Splitsingdam
Europoort
SS Pilots
Traffic Centre Hoek van Holland (VCH)
Waterweg VHF Ch 65
Nieuwe
Waterweg
Europoort VHF Ch 66
Hartel Canal
Hartel VHF Ch 05
Maassluis VHF Ch 80
Maassluis Radio/Dirkzwager
KP 1017
Botlek VHF Ch 61
KP 1011
Traffic Centre Botlek (VCB)
Hartel Locks
KP 1005
Botlekbrug
Traffic Centre Hartel (VPH)
Spijkenisserbrug
Oude Maas VHF Ch 62
KP 999
Oude Maas
Eemhaven VHF Ch 63
Waalhaven VHF Ch 60
Haven Coördinatie Centre (HCC)
ROTTERDAM
Traffic Centre Stad (VCS)
Maasbruggen VHF Ch 81
Traffic Centre Maasboulevard (VPM)
Brienenoord VHF Ch 21
KP 998
KP 993
IJSSELMONDE
Heerjansdam VHF Ch 04

VTS CHARTS

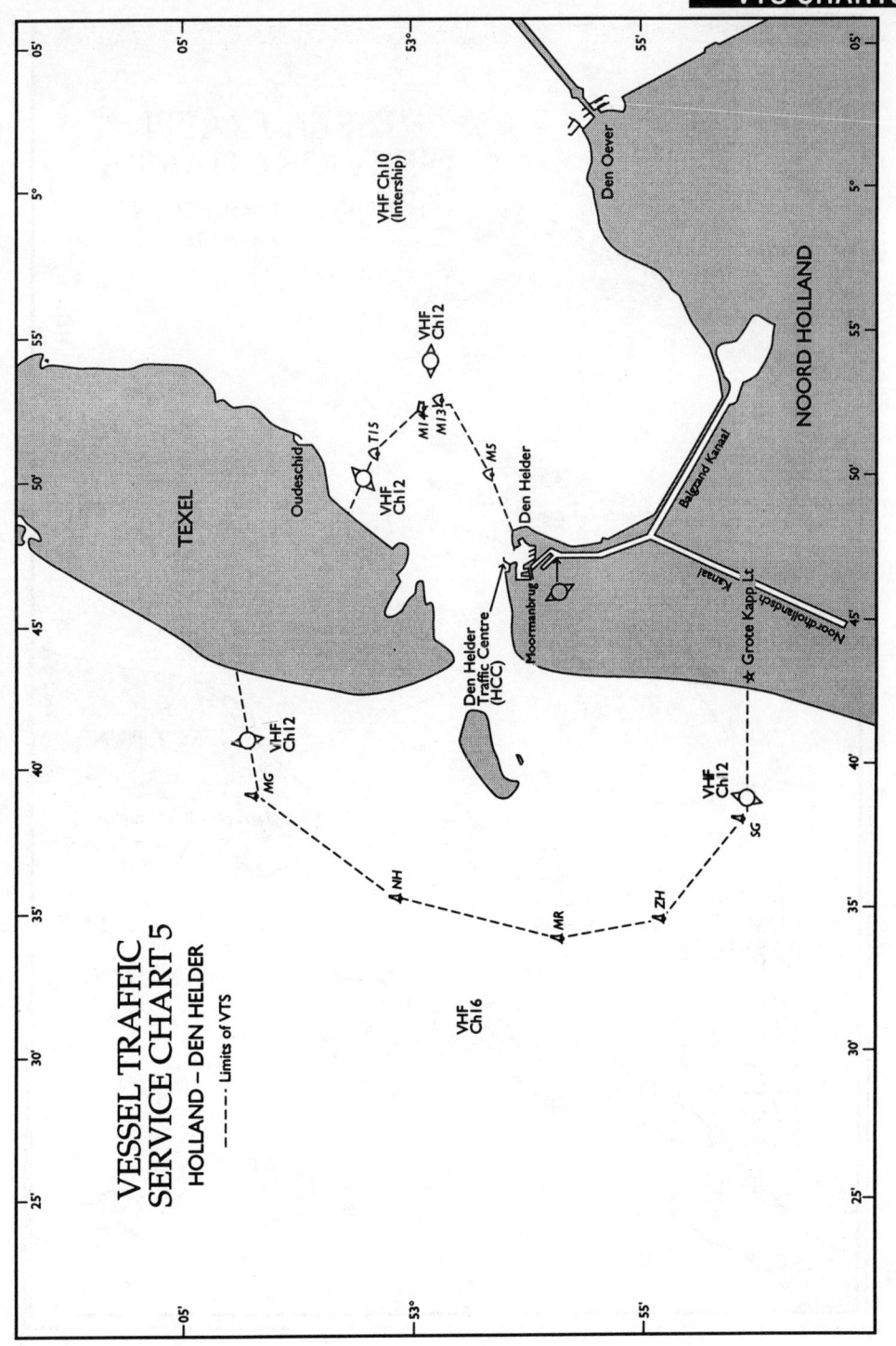

VESSEL TRAFFIC SERVICE CHART 5
HOLLAND – DEN HELDER

----- Limits of VTS

VTS CHARTS

VESSEL TRAFFIC SERVICE CHART 6
HOLLAND – TERSCHELLING
– – – – – Limits of VTS

TERSCHELLING BANK

OFF VLIELAND TSS

Inshore Traffic Zone

VHF Ch 02 E

TG

TERSCHELLING

Brandaris Lt Terschelling
West Terschelling
E Hr Lt

VHF Ch 02 SM

ZS15 VL1
VS4A/VB1
Oost Vlieland VS6
Vuurduin Lt VS10
Vlieland W Hr Lt

NOM4/SS5 NOM1
VHF Ch 02
ZM1

VL17 VHF Ch 02
BS1/N2 BS2
Griend

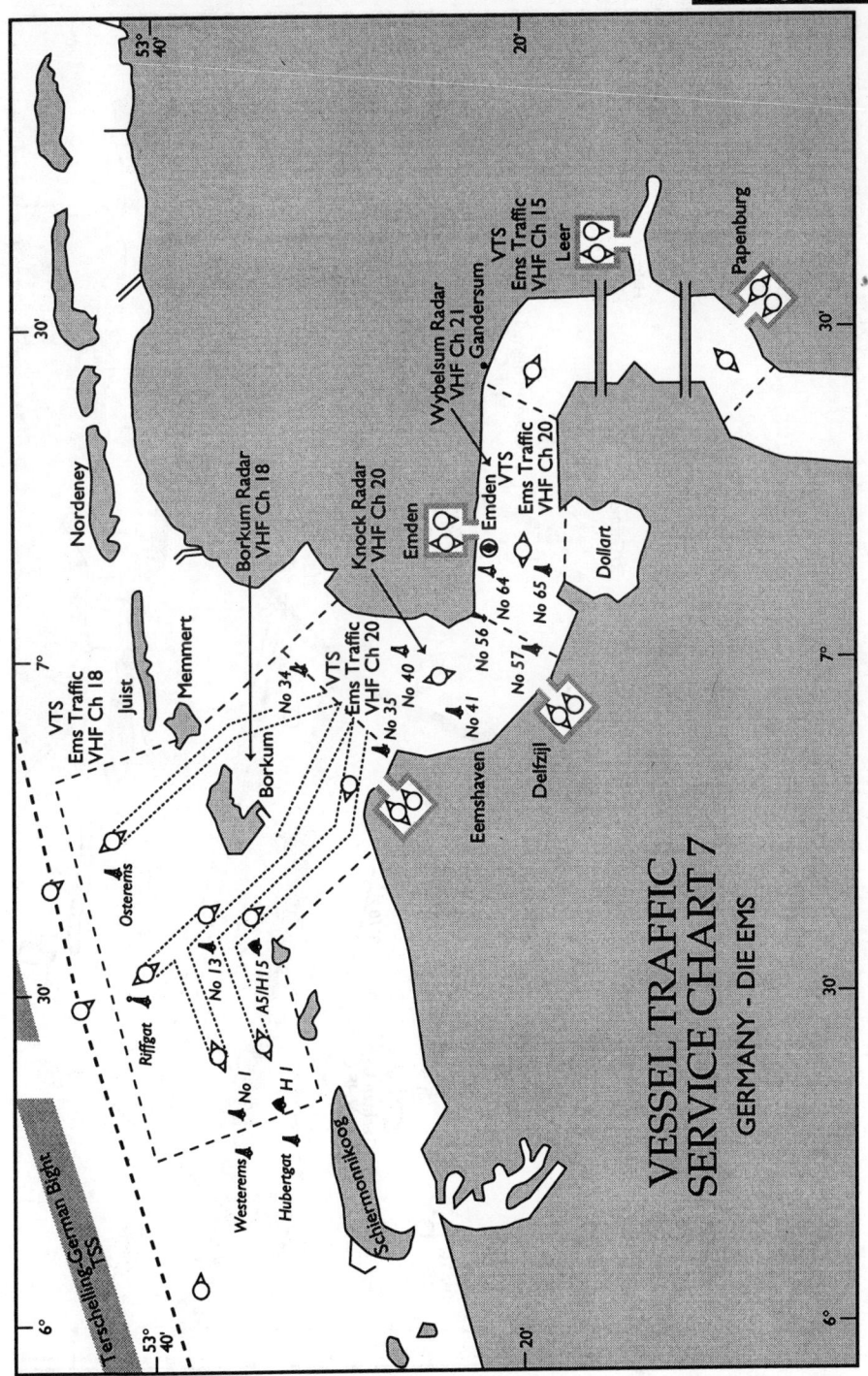

VTS CHARTS

VESSEL TRAFFIC SERVICE CHART 7
GERMANY - DIE EMS

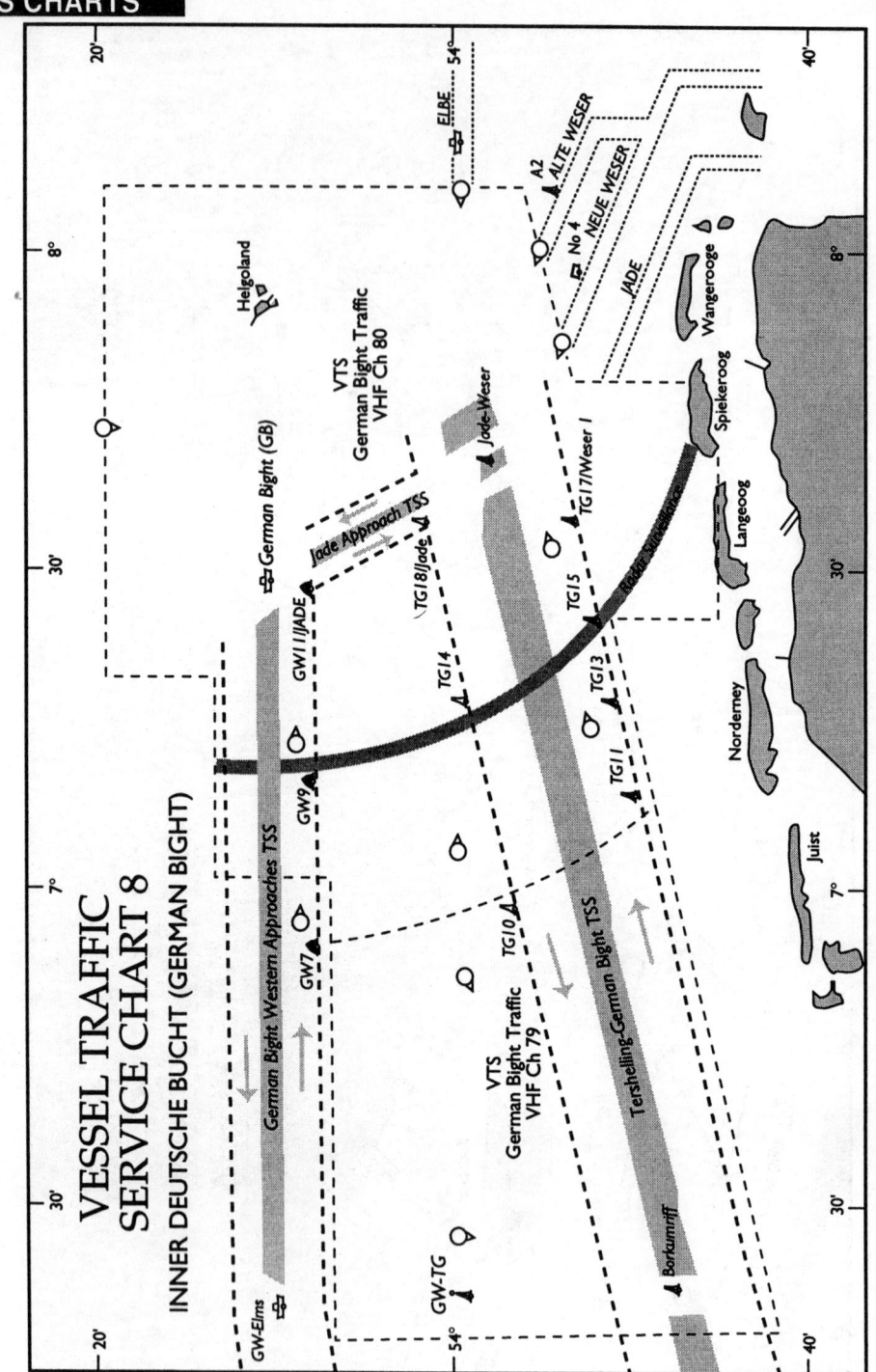

VTS CHARTS

VESSEL TRAFFIC SERVICE CHART 8
INNER DEUTSCHE BUCHT (GERMAN BIGHT)

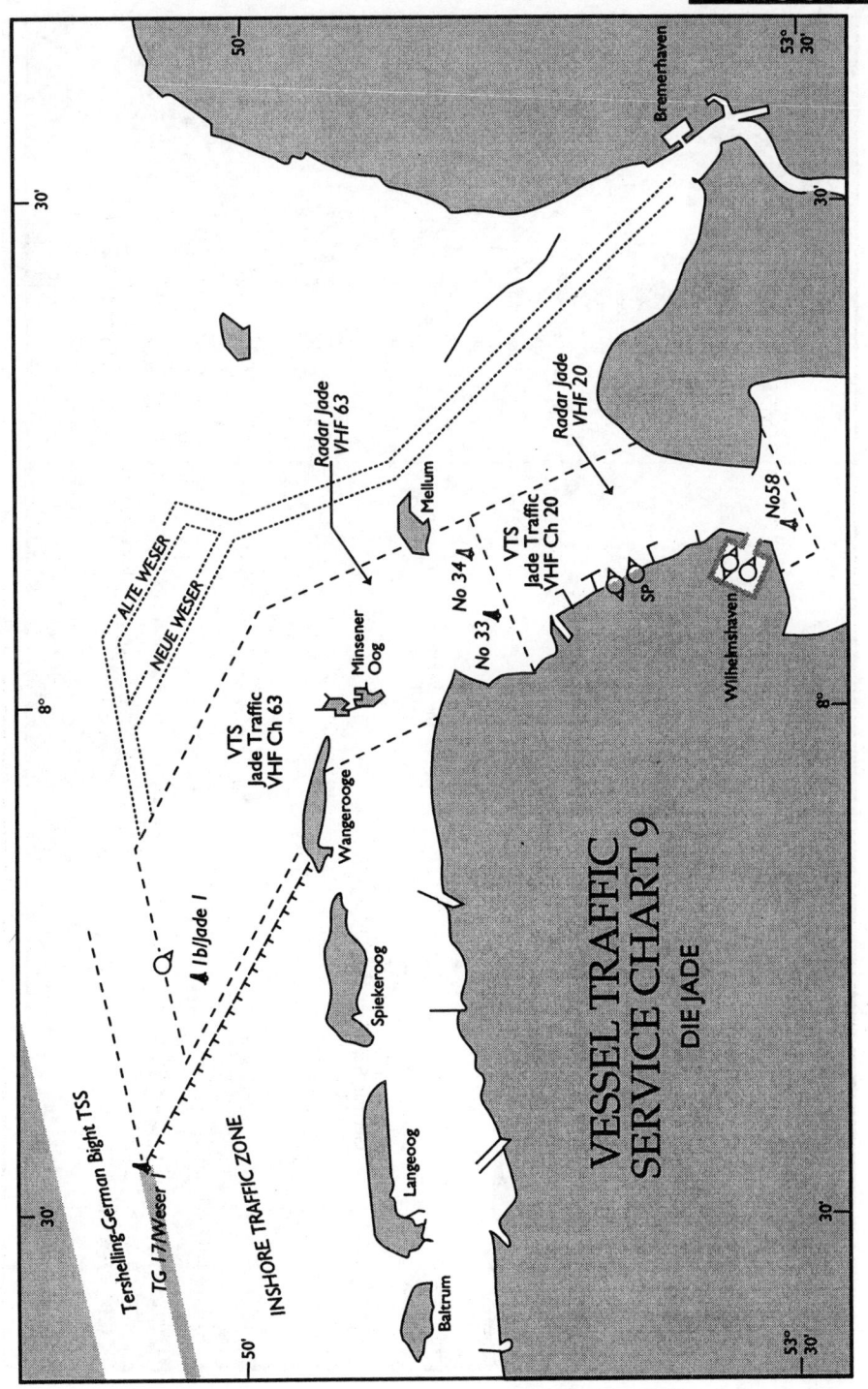

VESSEL TRAFFIC SERVICE CHART 9
DIE JADE

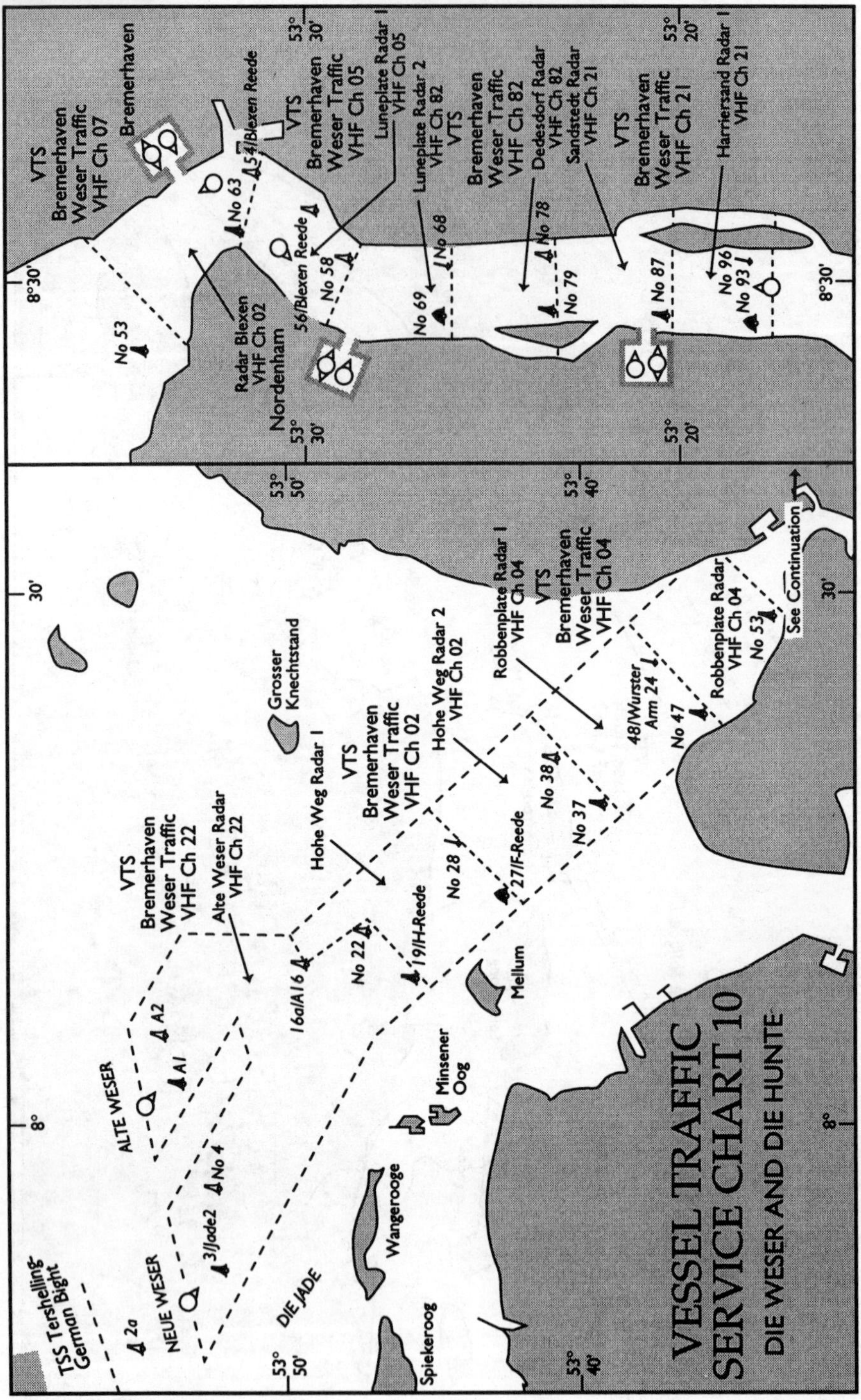
VESSEL TRAFFIC SERVICE CHART 10
DIE WESER AND DIE HUNTE
TSS Terschelling-German Bight
2a
NEUE WESER
3/Jade2
No 4
ALTE WESER
A1
A2
DIE JADE
Spiekeroog
Wangerooge
Minsener Oog
Mellum
VTS
Bremerhaven
Weser Traffic
VHF Ch 22
Alte Weser Radar
VHF Ch 22
16a/A16
No 22
19/H-Reede
Hohe Weg Radar 1
VTS
Bremerhaven
Weser Traffic
VHF Ch 02
Grosser Knechtstand
Hohe Weg Radar 2
VHF Ch 02
No 28
27/F-Reede
No 37
No 38
Robbenplate Radar 1
VHF Ch 04
VTS
Bremerhaven
Weser Traffic
VHF Ch 04
48/Wurster Arm 24
No 47
Robbenplate Radar
VHF Ch 04
No 53
See Continuation
53° 50'
53° 40'
8°
30'
No 53
VTS
Bremerhaven
Weser Traffic
VHF Ch 07
Bremerhaven
Radar Blexen
VHF Ch 02
Nordenham
No 63
54/Blexen Reede
56/Blexen Reede
No 58
VTS
Bremerhaven
Weser Traffic
VHF Ch 05
Luneplate Radar 1
VHF Ch 05
Luneplate Radar 2
VHF Ch 82
No 68
No 69
VTS
Bremerhaven
Weser Traffic
VHF Ch 82
Dedesdorf Radar
VHF Ch 82
Sandstedt Radar
VHF Ch 21
No 78
No 79
No 87
VTS
Bremerhaven
Weser Traffic
VHF Ch 21
Harriersand Radar 1
VHF Ch 21
No 96
No 93
8°30'
53° 30'
53° 20'

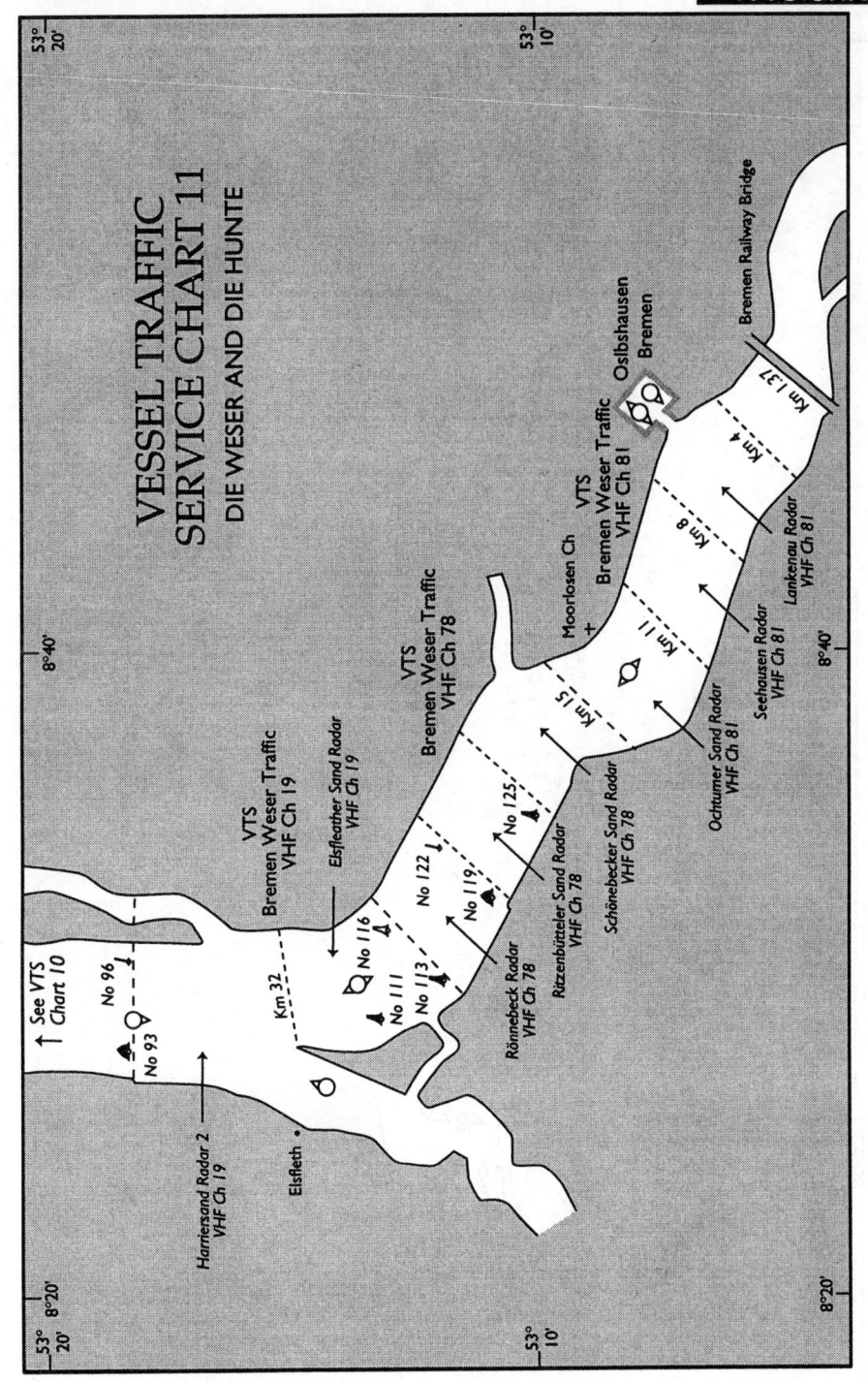

VESSEL TRAFFIC SERVICE CHART 11
DIE WESER AND DIE HUNTE

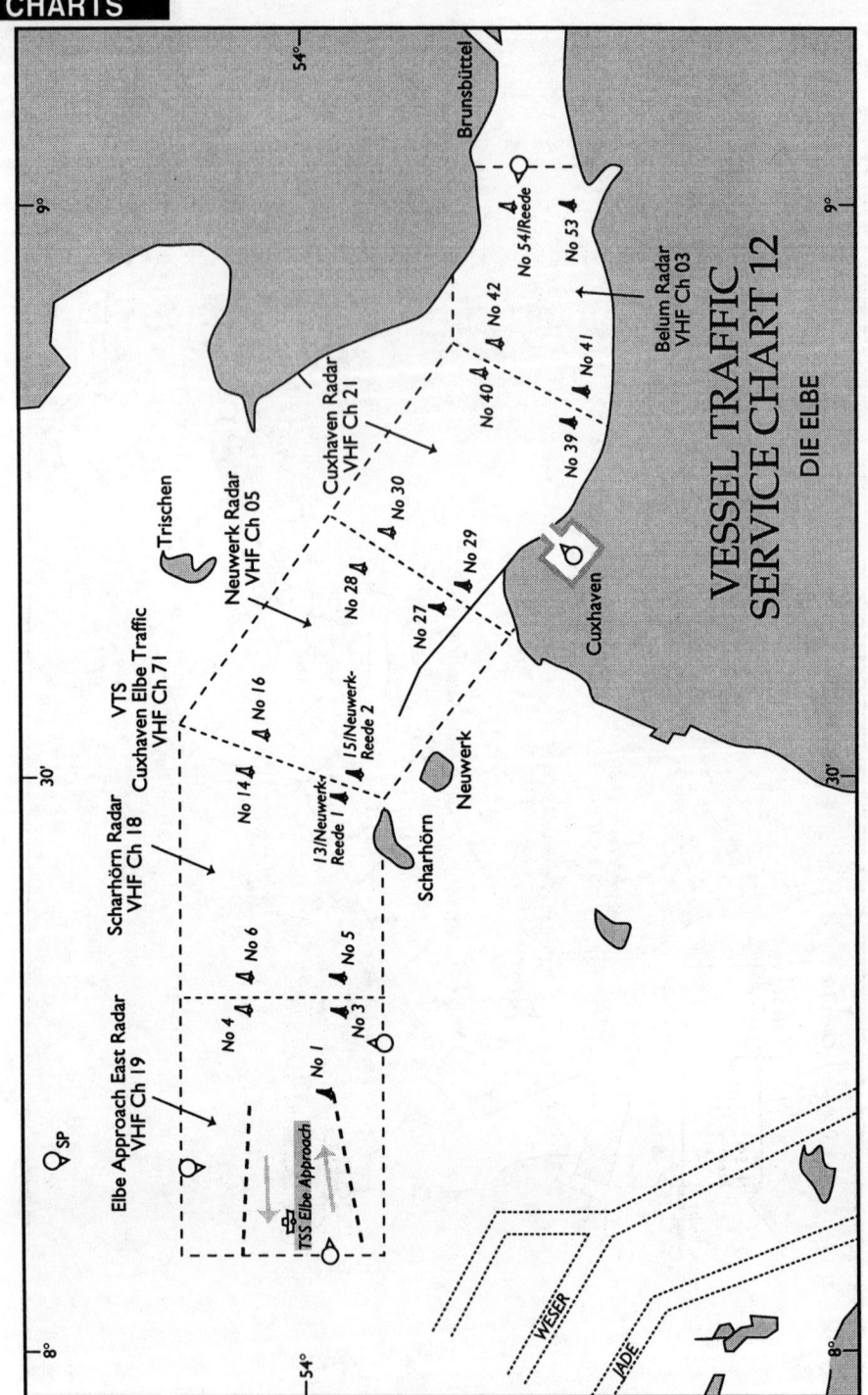

VTS CHARTS

PAGE 364

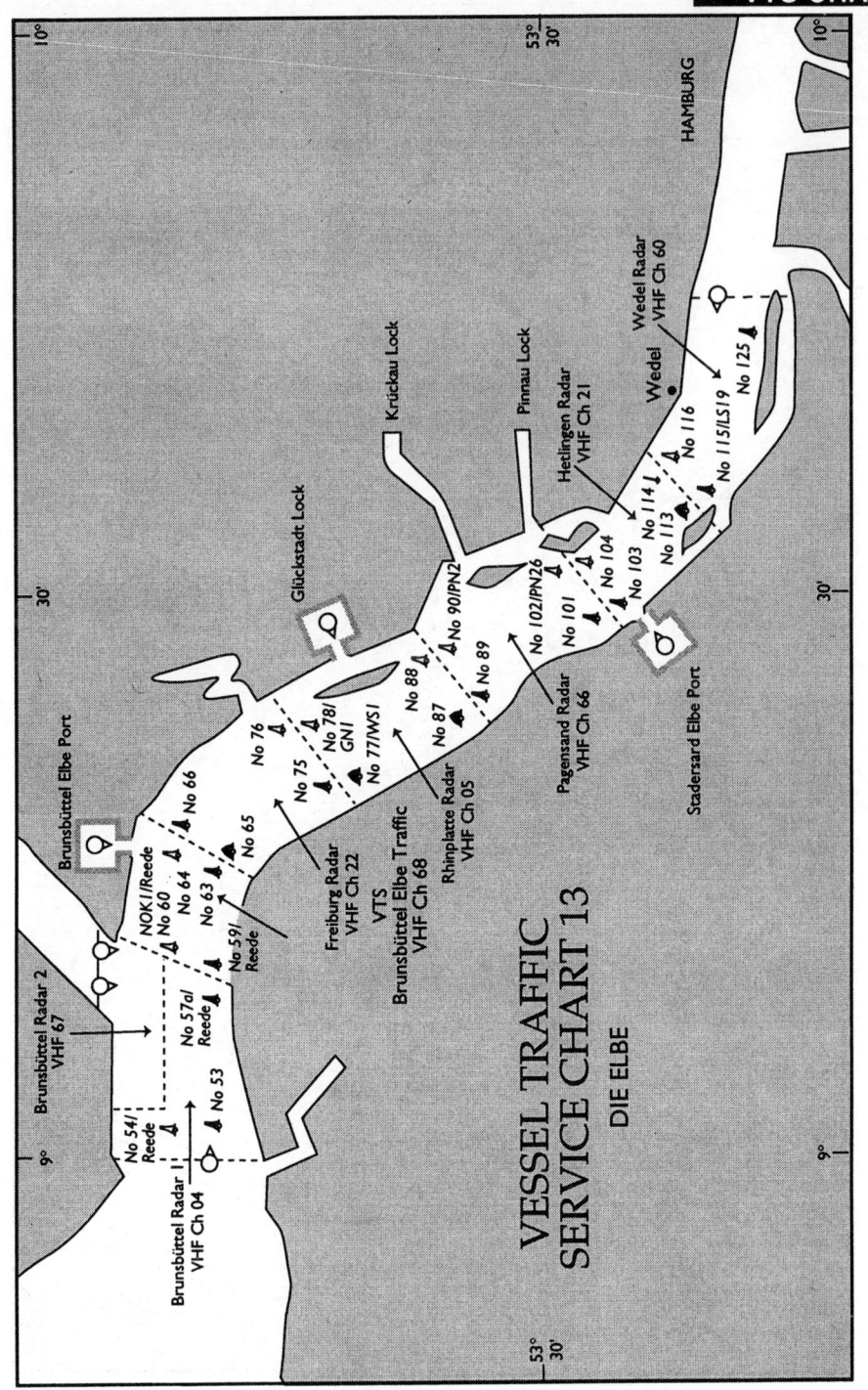

VESSEL TRAFFIC SERVICE CHART 13
DIE ELBE

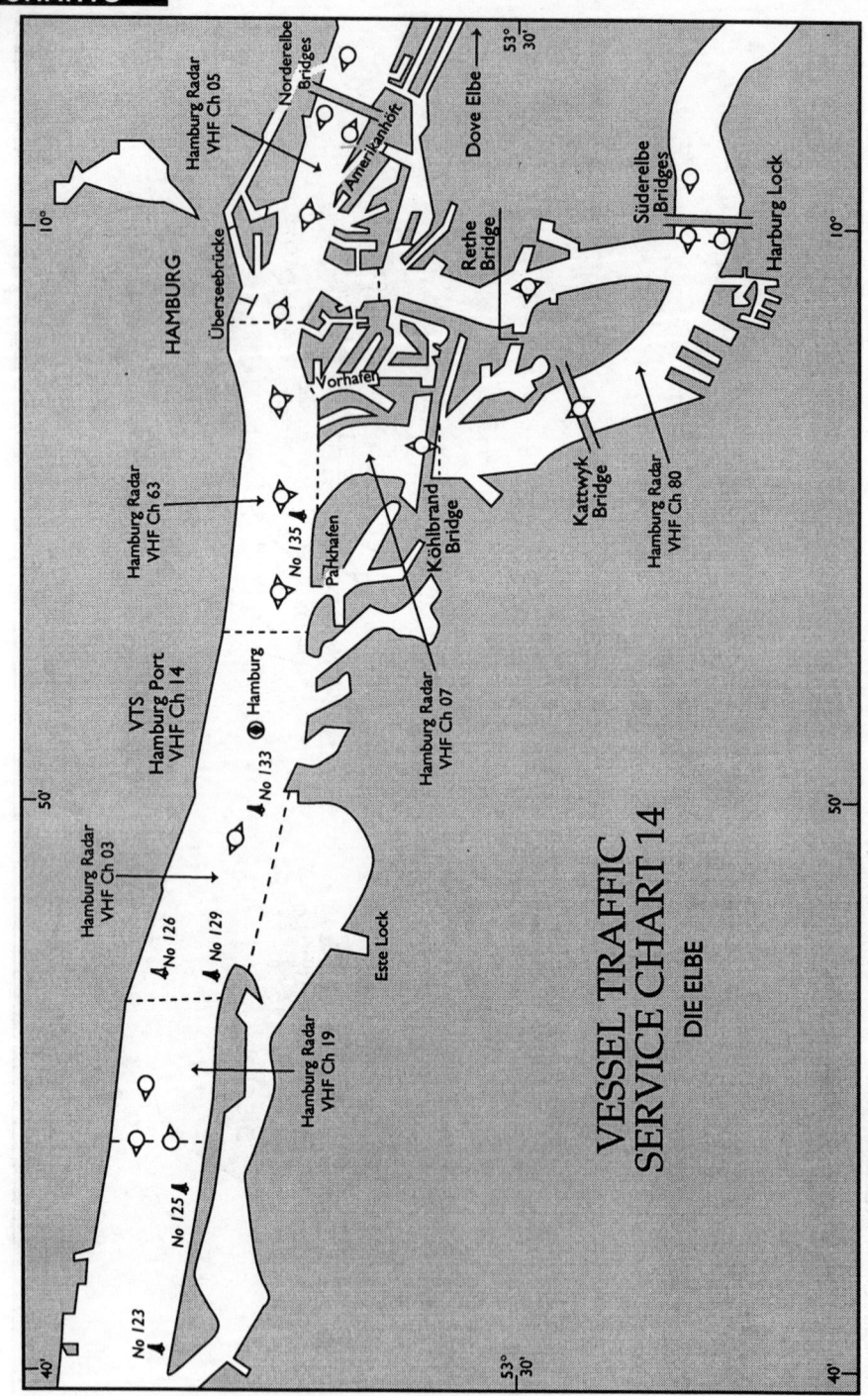

VTS CHARTS

VESSEL TRAFFIC SERVICE CHART 14
DIE ELBE

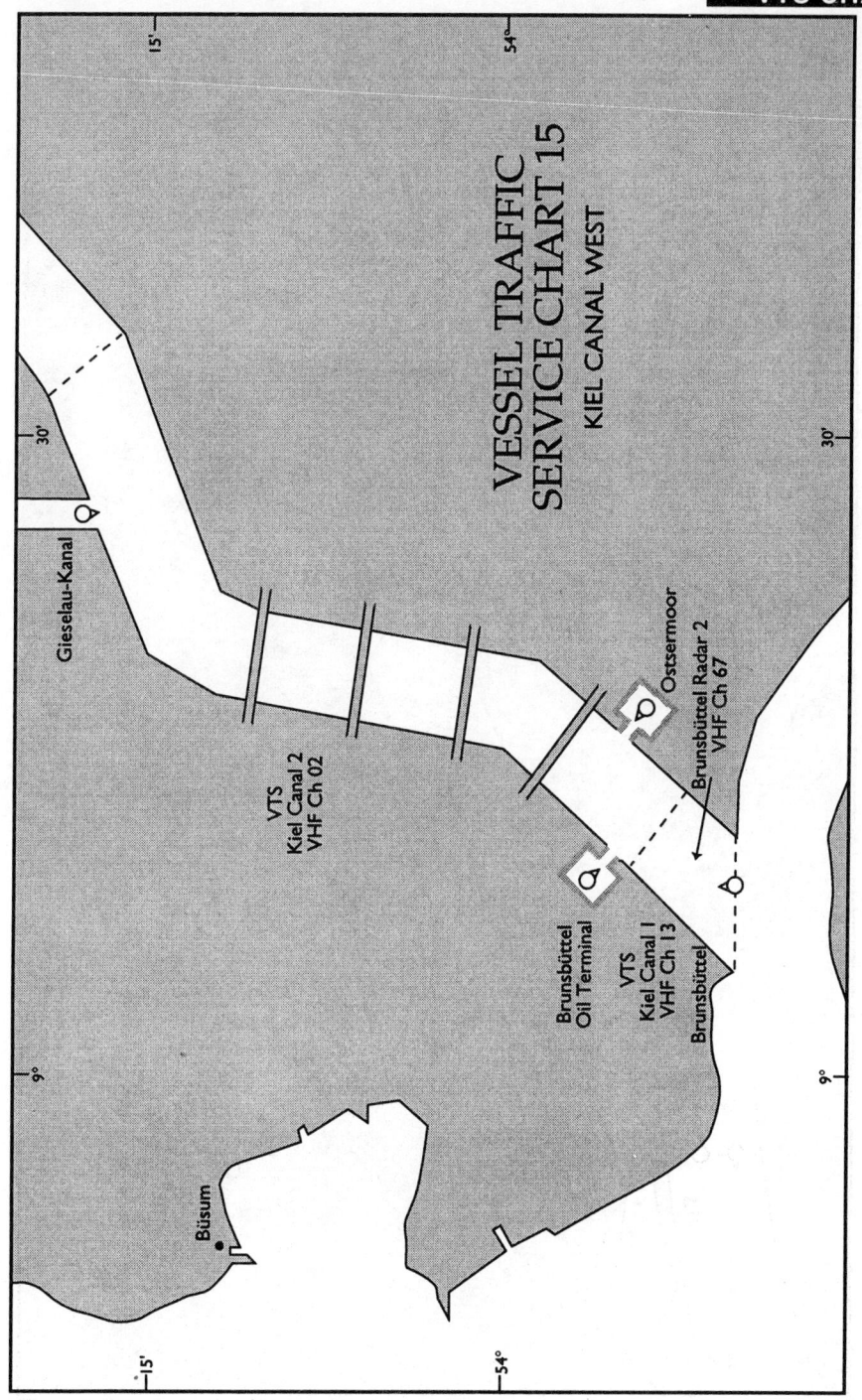

VESSEL TRAFFIC SERVICE CHART 15
KIEL CANAL WEST

VTS CHARTS

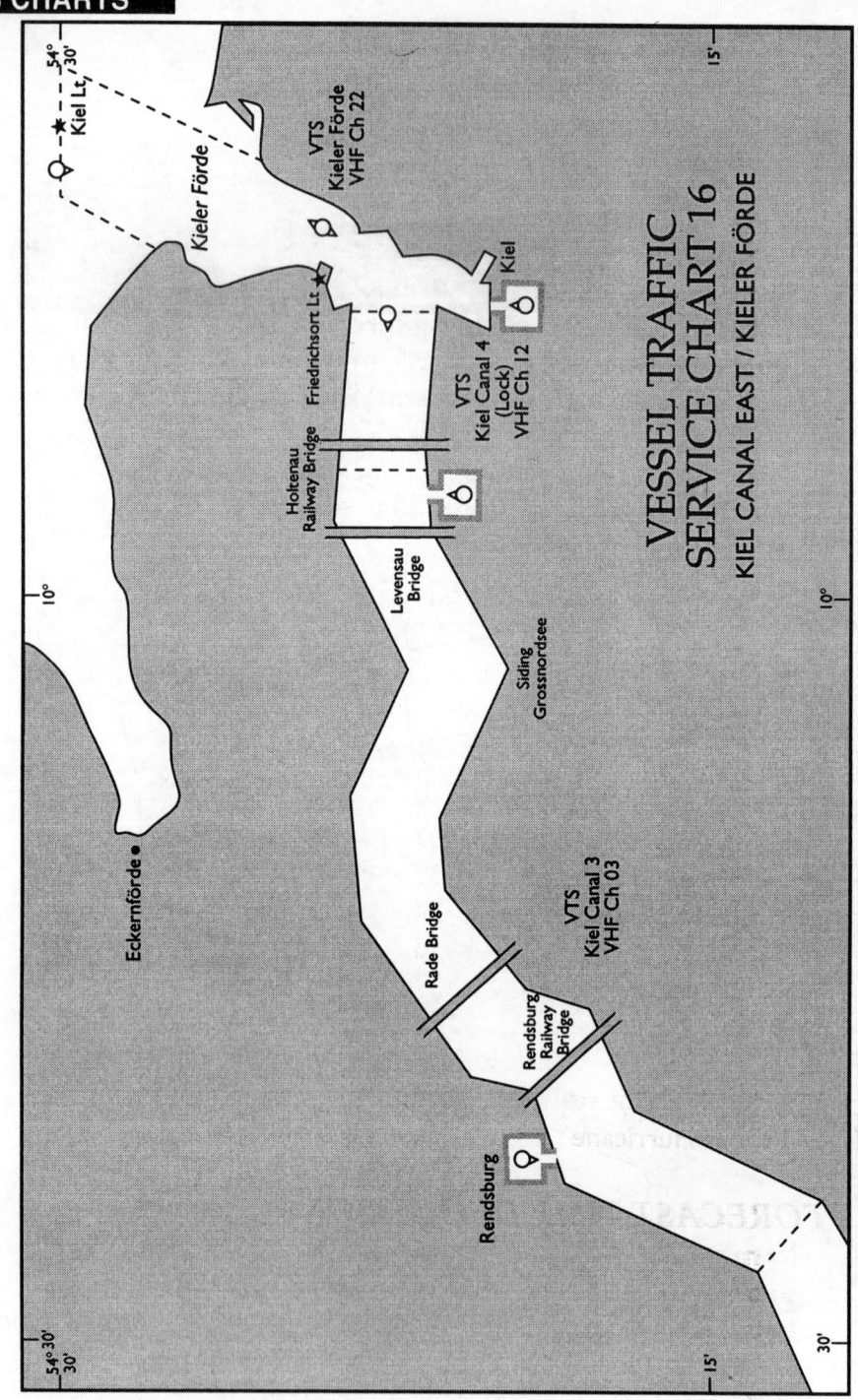

VESSEL TRAFFIC SERVICE CHART 16
KIEL CANAL EAST / KIELER FÖRDE

WEATHER SECTION

CONTENTS
UK shipping forecast areas 370
French shipping forecast areas 371
German shipping forecast areas 372
Spanish shipping forecast areas 373
Portugese & Italian shipping forecast areas . 374
Broadcast weather forecasts - marine 375
Weather forecasting radio station IDs 386
Broadcast weather forecasts
- main UK radio stations 387
Weather forecast terms in 5 languages 401

THE BEAUFORT SCALE

Force	Description	Speed in knots
0	Calm	0
1	Light air	2
2	Light breeze	5
3	Gentle breeze	9
4	Moderate breeze	13
5	Fresh breeze	19
6	Strong breeze	24
7	Near gale	30
8	Gale	37
9	Strong gale	44
10	Storm	52
11	Violent storm	60
12	Hurricane	64

FORECAST TIME DEFINITIONS
Imminent: Expected within 6 hours of time of issue
Soon: Expected within 6 to 12 hours of time of issue
Later: Expected more than 12 hours from of time of issue

TELEPHONE & FAX WEATHER FORECASTS
Please see *page 400* for details of Marinecall telephone and fax weather forecasts

FORECAST CHARTS
UK SHIPPING FORECAST AREAS

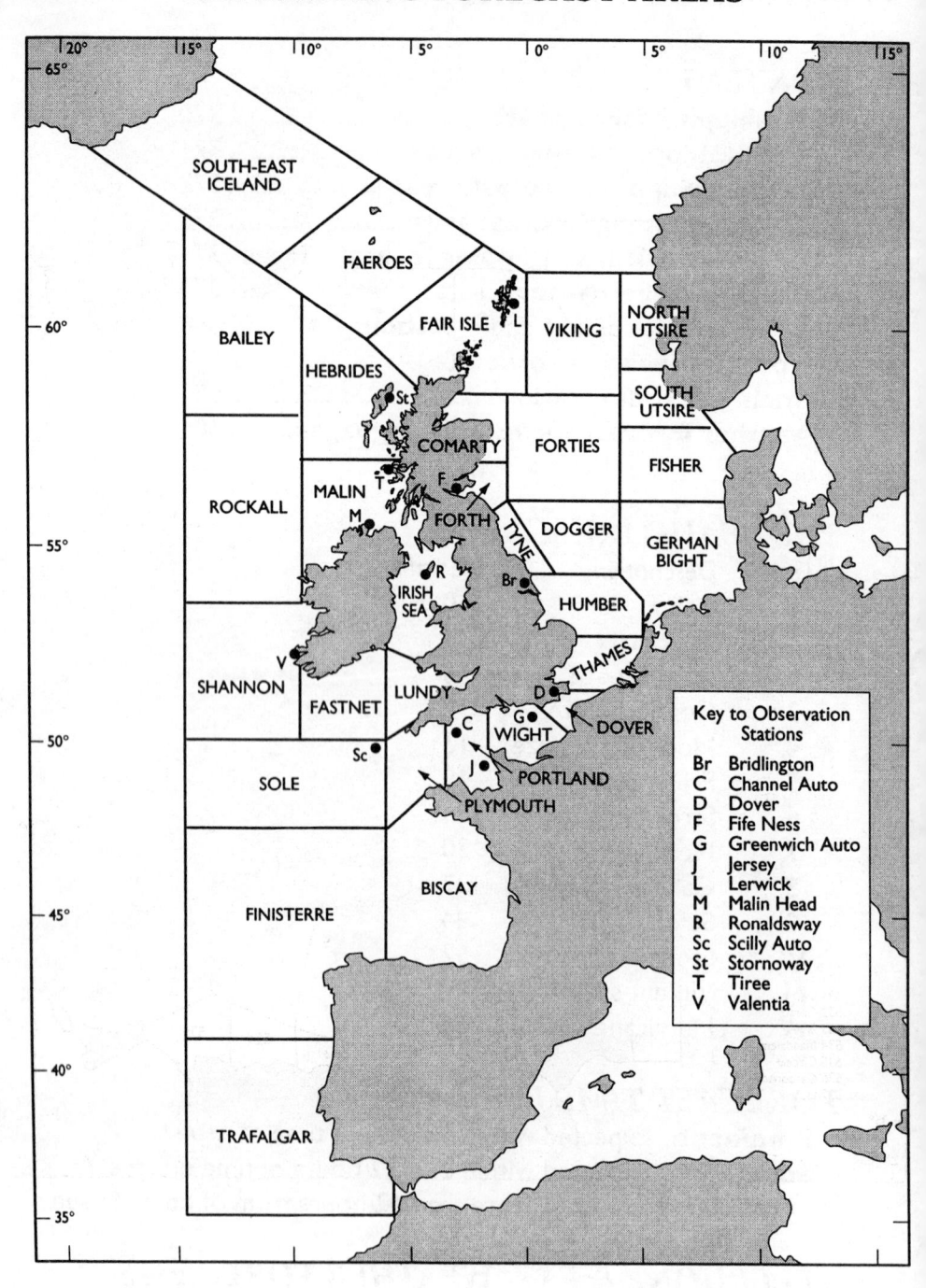

PAGE 370

FORECAST CHARTS
FRENCH SHIPPING FORECAST AREAS

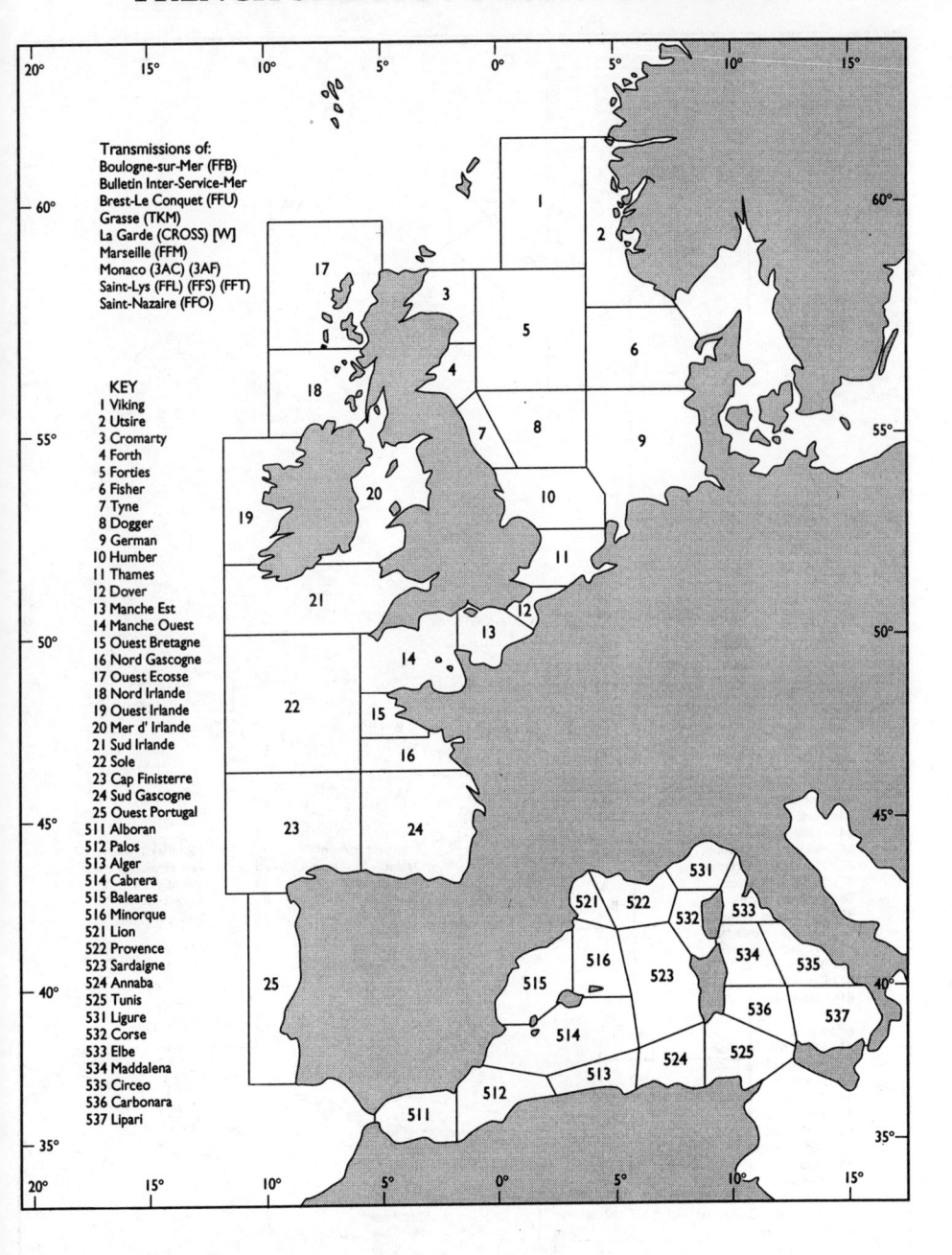

Transmissions of:
Boulogne-sur-Mer (FFB)
Bulletin Inter-Service-Mer
Brest-Le Conquet (FFU)
Grasse (TKM)
La Garde (CROSS) [W]
Marseille (FFM)
Monaco (3AC) (3AF)
Saint-Lys (FFL) (FFS) (FFT)
Saint-Nazaire (FFO)

KEY
1 Viking
2 Utsire
3 Cromarty
4 Forth
5 Forties
6 Fisher
7 Tyne
8 Dogger
9 German
10 Humber
11 Thames
12 Dover
13 Manche Est
14 Manche Ouest
15 Ouest Bretagne
16 Nord Gascogne
17 Ouest Ecosse
18 Nord Irlande
19 Ouest Irlande
20 Mer d' Irlande
21 Sud Irlande
22 Sole
23 Cap Finisterre
24 Sud Gascogne
25 Ouest Portugal
511 Alboran
512 Palos
513 Alger
514 Cabrera
515 Baleares
516 Minorque
521 Lion
522 Provence
523 Sardaigne
524 Annaba
525 Tunis
531 Ligure
532 Corse
533 Elbe
534 Maddalena
535 Circeo
536 Carbonara
537 Lipari

FORECAST CHARTS
GERMAN SHIPPING FORECAST AREAS

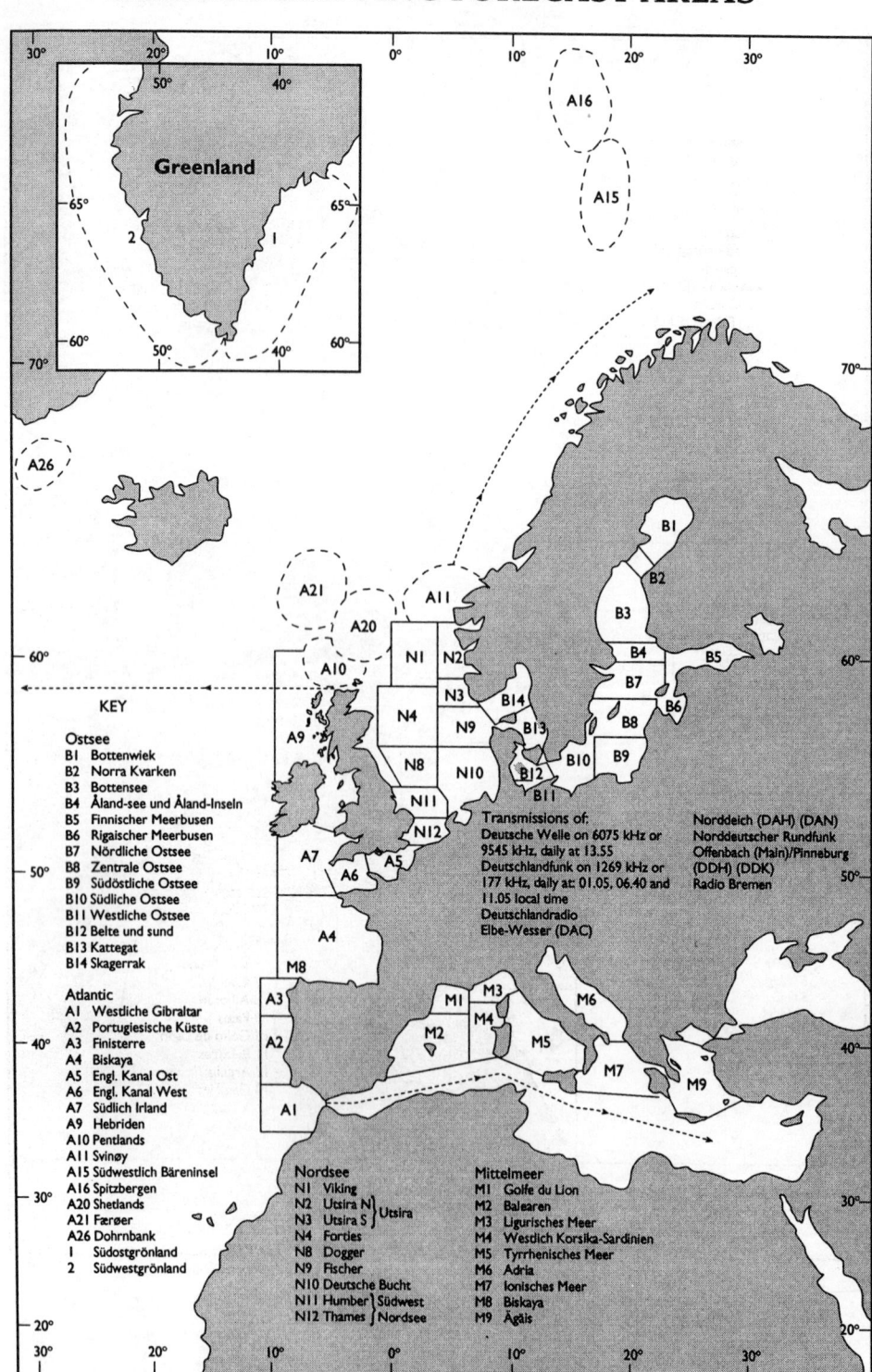

KEY

Ostsee
- B1 Bottenwiek
- B2 Norra Kvarken
- B3 Bottensee
- B4 Åland-see und Åland-Inseln
- B5 Finnischer Meerbusen
- B6 Rigaischer Meerbusen
- B7 Nördliche Ostsee
- B8 Zentrale Ostsee
- B9 Südöstliche Ostsee
- B10 Südliche Ostsee
- B11 Westliche Ostsee
- B12 Belte und sund
- B13 Kattegat
- B14 Skagerrak

Atlantic
- A1 Westliche Gibraltar
- A2 Portugiesische Küste
- A3 Finisterre
- A4 Biskaya
- A5 Engl. Kanal Ost
- A6 Engl. Kanal West
- A7 Südlich Irland
- A9 Hebriden
- A10 Pentlands
- A11 Svinøy
- A15 Südwestlich Bäreninsel
- A16 Spitzbergen
- A20 Shetlands
- A21 Færøer
- A26 Dohrnbank
- 1 Südostgrönland
- 2 Südwestgrönland

Nordsee
- N1 Viking
- N2 Utsira N ⎫ Utsira
- N3 Utsira S ⎭
- N4 Forties
- N8 Dogger
- N9 Fischer
- N10 Deutsche Bucht
- N11 Humber ⎫ Südwest
- N12 Thames ⎭ Nordsee

Mittelmeer
- M1 Golfe du Lion
- M2 Balearen
- M3 Ligurisches Meer
- M4 Westlich Korsika-Sardinien
- M5 Tyrrhenisches Meer
- M6 Adria
- M7 Ionisches Meer
- M8 Biskaya
- M9 Ägäis

Transmissions of:
Deutsche Welle on 6075 kHz or 9545 kHz, daily at 13.55
Deutschlandfunk on 1269 kHz or 177 kHz, daily at: 01.05, 06.40 and 11.05 local time
Deutschlandradio
Elbe-Wesser (DAC)

Norddeich (DAH) (DAN)
Norddeutscher Rundfunk
Offenbach (Main)/Pinneburg (DDH) (DDK)
Radio Bremen

PAGE 372

SPANISH SHIPPING FORECAST AREAS

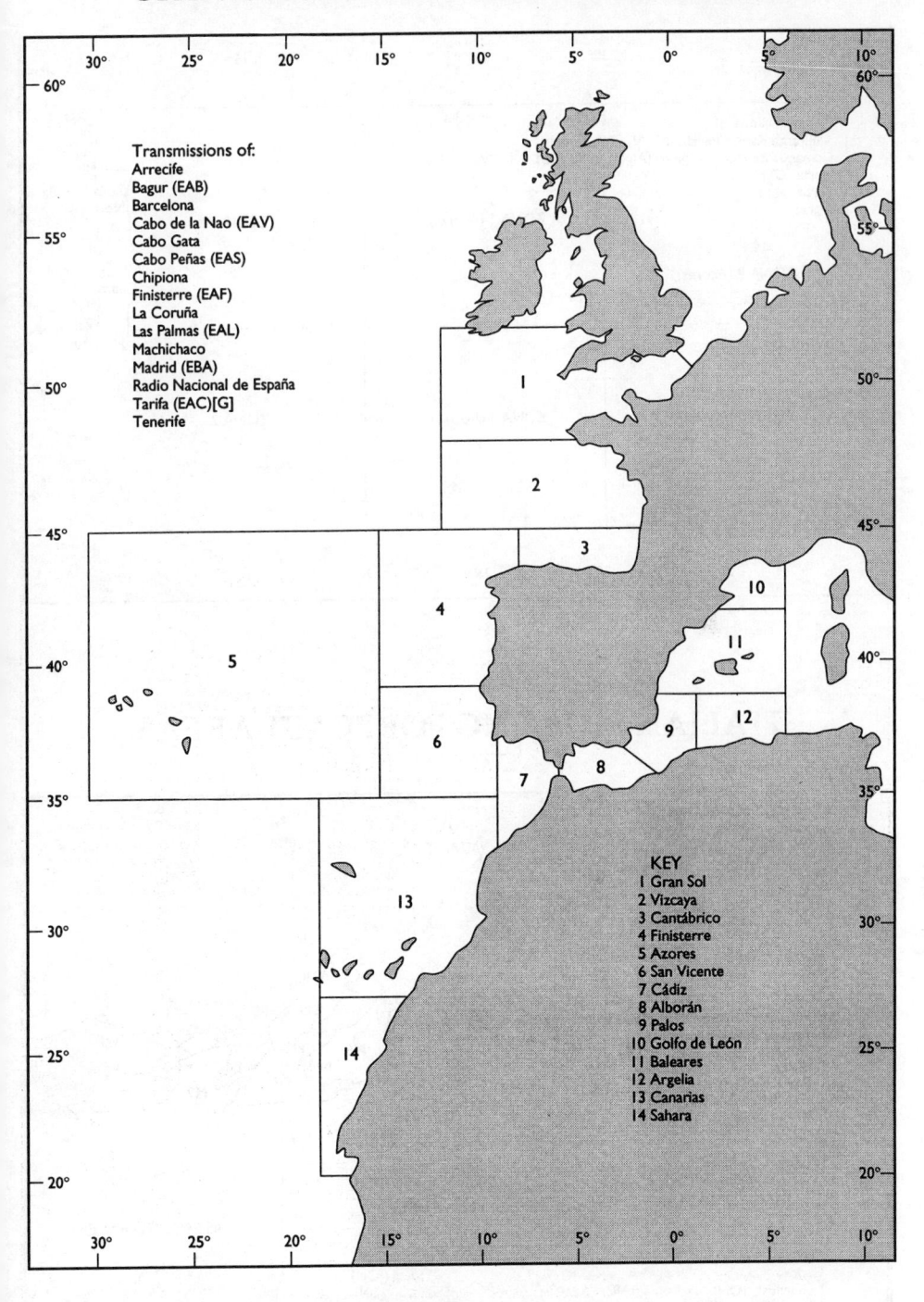

Transmissions of:
Arrecife
Bagur (EAB)
Barcelona
Cabo de la Nao (EAV)
Cabo Gata
Cabo Peñas (EAS)
Chipiona
Finisterre (EAF)
La Coruña
Las Palmas (EAL)
Machichaco
Madrid (EBA)
Radio Nacional de España
Tarifa (EAC)[G]
Tenerife

KEY
1 Gran Sol
2 Vizcaya
3 Cantábrico
4 Finisterre
5 Azores
6 San Vicente
7 Cádiz
8 Alborán
9 Palos
10 Golfo de León
11 Baleares
12 Argelia
13 Canarias
14 Sahara

FORECAST CHARTS

PORTUGUESE SHIPPING FORECAST AREAS

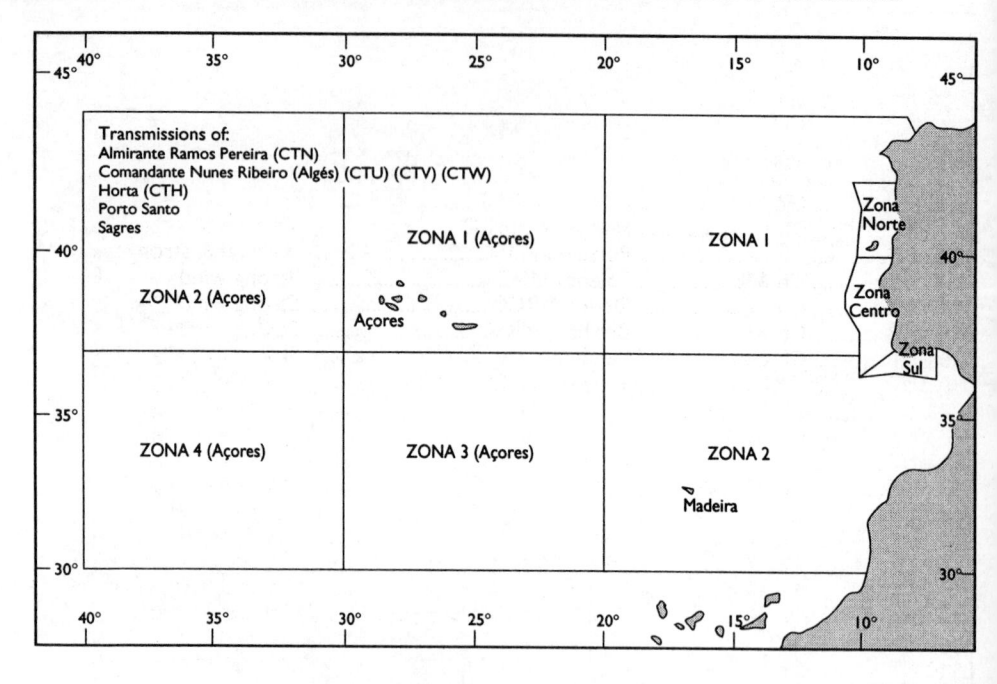

Transmissions of:
Almirante Ramos Pereira (CTN)
Comandante Nunes Ribeiro (Algés) (CTU) (CTV) (CTW)
Horta (CTH)
Porto Santo
Sagres

- ZONA 1 (Açores)
- ZONA 2 (Açores)
- ZONA 3 (Açores)
- ZONA 4 (Açores)
- ZONA 1
- ZONA 2
- Zona Norte
- Zona Centro
- Zona Sul
- Açores
- Madeira

ITALIAN SHIPPING FORECAST AREAS

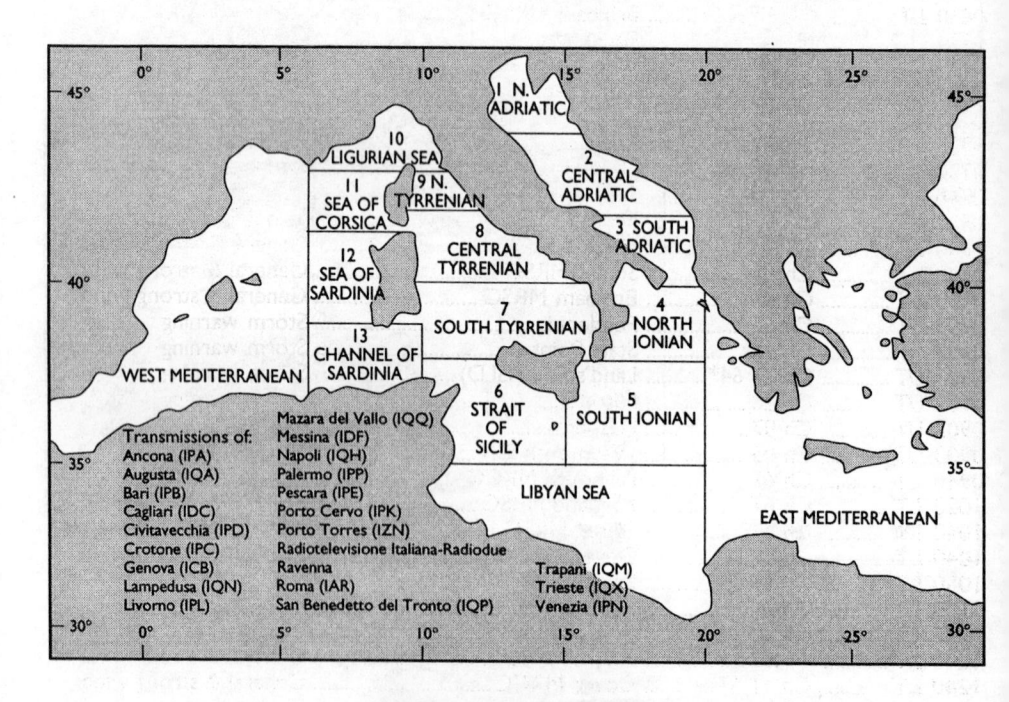

- 1 N. ADRIATIC
- 2 CENTRAL ADRIATIC
- 3 SOUTH ADRIATIC
- 4 NORTH IONIAN
- 5 SOUTH IONIAN
- 6 STRAIT OF SICILY
- 7 SOUTH TYRRENIAN
- 8 CENTRAL TYRRENIAN
- 9 N. TYRRENIAN
- 10 LIGURIAN SEA
- 11 SEA OF CORSICA
- 12 SEA OF SARDINIA
- 13 CHANNEL OF SARDINIA

WEST MEDITERRANEAN
LIBYAN SEA
EAST MEDITERRANEAN

Transmissions of:
Ancona (IPA)
Augusta (IQA)
Bari (IPB)
Cagliari (IDC)
Civitavecchia (IPD)
Crotone (IPC)
Genova (ICB)
Lampedusa (IQN)
Livorno (IPL)
Mazara del Vallo (IQQ)
Messina (IDF)
Napoli (IQH)
Palermo (IPP)
Pescara (IPE)
Porto Cervo (IPK)
Porto Torres (IZN)
Radiotelevisione Italiana-Radiodue
Ravenna
Roma (IAR)
San Benedetto del Tronto (IQP)
Trapani (IQM)
Trieste (IQX)
Venezia (IPN)

WEATHER FORECASTS

ROUND THE CLOCK WEATHER FORECASTS
UK SOUTH & SOUTH WEST COAST

Time	Ch/Freq	Source	Forecast
0020 LT	Ch 67	Portland MRSC	Strong wind
0040 LT	Ch 11 67	Dover MRCC	General & strong wind
0040 LT	Ch 67	Solent MRSC	General & strong wind
0048 LT	198	BBC Radio 4	General
0050 LT	Ch 67	Brixham MRSC	General & strong wind
0140 LT	Ch 67	Falmouth MRCC	General & strong wind
0220 LT	Ch 67	Portland MRSC	General & strong wind
0240 LT	Ch 67	Solent MRSC	Strong wind
0240 LT	Ch 11 67	Dover MRCC	Strong wind
0250 LT	Ch 67	Brixham MRSC	Strong wind
0303 UT	Ch 62	Pendennis	Storm warning
0303 UT	Ch 05	Weymouth Bay	Storm warning
0303 UT	Ch 28	Niton	Storm warning
0303 UT	Ch 26	Start Point	Storm warning
0303 UT	Ch 27 64*	Land's End (GLD)	Storm warning
0303 UT	Ch 07	Hastings	Storm warning
0340 LT	Ch 67	Falmouth MRCC	Strong wind
0420 LT	Ch 67	Portland MRSC	Strong wind
0440 LT	Ch 67	Solent MRSC	General & strong wind
0440 LT	Ch 11 67	Dover MRCC	General & strong wind
0450 LT	Ch 67	Brixham MRSC	General & strong wind
0500 LT	198	BBC Radio 4	General
0540 LT	Ch 67	Falmouth MRCC	General & strong wind
0550 LT	198	BBC Radio 4	Coastal waters
0555 LT	198	BBC Radio 4	General
0620 LT	Ch 67	Portland MRSC	General & strong wind
0640 LT	Ch 67	Solent MRSC	Strong wind
0640 LT	Ch 11 67	Dover MRCC	Strong wind
0650 LT	Ch 67	Brixham MRSC	Strong wind
0733 UT	Ch 62	Pendennis	General
0733 UT	Ch 05	Weymouth Bay	General
0733 UT	Ch 26	Start Point	General
0733 UT	Ch 27 64*	Land's End (GLD)	General
0733 UT	Ch 28	Niton	General
0733 UT	Ch 07	Hastings	General
0740 LT	Ch 67	Falmouth MRCC	Strong wind
0820 LT	Ch 67	Portland MRSC	Strong wind
0840 LT	Ch 11 67	Dover MRCC	General & strong wind
0840 LT	Ch 67	Solent MRSC	General & strong wind
0850 LT	Ch 67	Brixham MRSC	General & strong wind
0903 UT	Ch 62	Pendennis	Storm warning
0903 UT	Ch 26	Start Point	Storm warning
0903 UT	Ch 27 64*	Land's End (GLD)	Storm warning
0903 UT	Ch 28	Niton	Storm warning
0903 UT	Ch 07	Hastings	Storm warning
0903 UT	Ch 05	Weymouth Bay	Storm warning
0940 LT	Ch 67	Falmouth MRCC	General & strong wind
1020 LT	Ch 67	Portland MRSC	General & strong wind
1040 LT	Ch 67	Solent MRSC	Strong wind
1040 LT	Ch 11 67	Dover MRCC	Strong wind
1050 LT	Ch 67	Brixham MRSC	Strong wind
1140 LT	Ch 67	Falmouth MRCC	Strong wind
1220 LT	Ch 67	Portland MRSC	Strong wind
1240 LT	Ch 67	Solent MRSC	General & strong wind
1240 LT	Ch 11 67	Dover MRCC	General & strong wind

PAGE 375

WEATHER FORECASTS

UK SOUTH & SOUTH WEST COAST

Time	Ch/Freq	Source	Forecast
1250 **LT**	Ch 67	Brixham MRSC	General & strong wind
1340 **LT**	Ch 67	Falmouth MRCC	General & strong wind
1355 **LT**	198	BBC Radio 4	General
1420 **LT**	Ch 67	Portland MRSC	General & strong wind
1440 **LT**	Ch 67	Solent MRSC	Strong wind
1440 **LT**	Ch 11 67	Dover MRCC	Strong wind
1450 **LT**	Ch 67	Brixham MRSC	Strong wind
1503 **UT**	Ch 62	Pendennis	Storm warning
1503 **UT**	Ch 28	Niton	Storm warning
1503 **UT**	Ch 27 64*	Land's End (GLD)	Storm warning
1503 **UT**	Ch 05	Weymouth Bay	Storm warning
1503 **UT**	Ch 07	Hastings	Storm warning
1503 **UT**	Ch 26	Start Point	Storm warning
1540 **LT**	Ch 67	Falmouth MRCC	Strong wind
1620 **LT**	Ch 67	Portland MRSC	Strong wind
1640 **LT**	Ch 67	Solent MRSC	General & strong wind
1640 **LT**	Ch 11 67	Dover MRCC	General & strong wind
1650 **LT**	Ch 67	Brixham MRSC	General & strong wind
1740 **LT**	Ch 67	Falmouth MRCC	General & strong wind
1750 **LT**	198	BBC Radio 4	General
1820 **LT**	Ch 67	Portland MRSC	General & strong wind
1840 **LT**	Ch 67	Solent MRSC	Strong wind
1840 **LT**	Ch 11 67	Dover MRCC	Strong wind
1850 **LT**	Ch 67	Brixham MRSC	Strong wind
1933 **UT**	Ch 62	Pendennis	General
1933 **UT**	Ch 05	Weymouth Bay	General
1933 **UT**	Ch 28	Niton	General
1933 **UT**	Ch 26	Start Point	General
1933 **UT**	Ch 27 64*	Land's End (GLD)	General
1933 **UT**	Ch 07	Hastings	General
1940 **LT**	Ch 67	Falmouth MRCC	Strong wind
2020 **LT**	Ch 67	Portland MRSC	Strong wind
2040 **LT**	Ch 11 67	Dover MRCC	General & strong wind
2040 **LT**	Ch 67	Solent MRSC	General & strong wind
2050 **LT**	Ch 67	Brixham MRSC	General & strong wind
2103 **UT**	Ch 62	Pendennis	Storm warning
2103 **UT**	Ch 05	Weymouth Bay	Storm warning
2103 **UT**	Ch 07	Hastings	Storm warning
2103 **UT**	Ch 26	Start Point	Storm warning
2103 **UT**	Ch 27 64*	Land's End (GLD)	Storm warning
2103 **UT**	Ch 28	Niton	Storm warning
2140 **LT**	Ch 67	Falmouth MRCC	General & strong wind
2220 **LT**	Ch 67	Portland MRSC	General & strong wind
2240 **LT**	Ch 67	Solent MRSC	Strong wind
2240 **LT**	Ch 11 67	Dover MRCC	Strong wind
2250 **LT**	Ch 67	Brixham MRSC	Strong wind
2340 **LT**	Ch 67	Falmouth MRCC	Strong wind

EAST COAST OF ENGLAND

Time	Ch/Freq	Source	Forecast
0010 **LT**	Ch 67	Thames MRSC	Local & strong wind
0040 **LT**	Ch 67	Yarmouth MRCC	General & strong wind
0048 **LT**	198	BBC Radio 4	General
0140 **LT**	Ch 67	Humber MRSC	Strong wind
0150 **LT**	Ch 67	Tyne Tees MRSC	Local & strong wind
0210 **LT**	Ch 67	Thames MRSC	Strong wind
0240 **LT**	Ch 67	Yarmouth MRCC	Strong wind

WEATHER FORECASTS

EAST COAST OF ENGLAND

Time	Ch/Freq	Source	Forecast
0303 UT	Ch 26	North Foreland	Storm warning
0303 UT	Ch 62	Orfordness	Storm warning
0303 UT	Ch 02	Thames	Storm warning
0303 UT	Ch 25	Whitby	Storm warning
0303 UT	Ch 26	Cullercoats (GCC)	Storm warning
0303 UT	Ch 27	Grimsby	Storm warning
0303 UT	Ch 26	Humber	Storm warning
0303 UT	Ch 07	Bacton	Storm warning
0340 LT	Ch 67	Humber MRSC	Local & strong wind
0350 LT	Ch 67	Tyne Tees MRSC	Strong wind
0410 LT	Ch 67	Thames MRSC	Local & strong wind
0440 LT	Ch 67	Yarmouth MRCC	General & strong wind
0500 LT	198	BBC Radio 4	General
0540 LT	Ch 67	Humber MRSC	Strong wind
0550 LT	198	BBC Radio 4	General
0550 LT	Ch 67	Tyne Tees MRSC	Local & strong wind
0555 LT	198	BBC Radio 4	General
0610 LT	Ch 67	Thames MRSC	Strong wind
0640 LT	Ch 67	Yarmouth MRCC	Strong wind
0703 UT	Ch 26	Cullercoats (GCC)	General
0703 UT	Ch 25	Whitby	General
0733 UT	Ch 26	North Foreland	General
0733 UT	Ch 02	Thames	General
0733 UT	Ch 62	Orfordness	General
0733 UT	Ch 07	Bacton	General
0733 UT	Ch 26	Humber	General
0733 UT	Ch 27	Grimsby	General
0740 LT	Ch 67	Humber MRSC	Local & strong wind
0750 LT	Ch 67	Tyne Tees MRSC	Strong wind
0810 LT	Ch 67	Thames MRSC	Local & strong wind
0840 LT	Ch 67	Yarmouth MRCC	General & strong wind
0903 UT	Ch 26	North Foreland	Storm warning
0903 UT	Ch 02	Thames	Storm warning
0903 UT	Ch 62	Orfordness	Storm warning
0903 UT	Ch 07	Bacton	Storm warning
0903 UT	Ch 26	Humber	Storm warning
0903 UT	Ch 27	Grimsby	Storm warning
0903 UT	Ch 25	Whitby	Storm warning
0903 UT	Ch 26	Cullercoats (GCC)	Storm warning
0940 LT	Ch 67	Humber MRSC	Strong wind
0950 LT	Ch 67	Tyne Tees MRSC	Local & strong wind
1010 LT	Ch 67	Thames MRSC	Strong wind
1040 LT	Ch 67	Yarmouth MRCC	Strong wind
1140 LT	Ch 67	Humber MRSC	Local & strong wind
1150 LT	Ch 67	Tyne Tees MRSC	Strong wind
1210 LT	Ch 67	Thames MRSC	Local & strong wind
1240 LT	Ch 67	Yarmouth MRCC	General & strong wind
1340 LT	Ch 67	Humber MRSC	Strong wind
1350 LT	Ch 67	Tyne Tees MRSC	Local & strong wind
1355 LT	198	BBC Radio 4	General
1410 LT	Ch 67	Thames MRSC	Strong wind
1440 LT	Ch 67	Yarmouth MRCC	Strong wind
1503 UT	Ch 26	North Foreland	Storm warning
1503 UT	Ch 25	Whitby	Storm warning
1503 UT	Ch 27	Grimsby	Storm warning
1503 UT	Ch 26	Humber	Storm warning

WEATHER FORECASTS
EAST COAST OF ENGLAND

Time	Ch/Freq	Source	Forecast
1503 UT	Ch 02	Thames	Storm warning
1503 UT	Ch 07	Bacton	Storm warning
1503 UT	Ch 26	Cullercoats (GCC)	Storm warning
1503 UT	Ch 62	Orfordness	Storm warning
1540 LT	Ch 67	Humber MRSC	Local & strong wind
1550 LT	Ch 67	Tyne Tees MRSC	Strong wind
1610 LT	Ch 67	Thames MRSC	Local & strong wind
1640 LT	Ch 67	Yarmouth MRCC	General & strong wind
1740 LT	Ch 67	Humber MRSC	Strong wind
1750 LT	198	BBC Radio 4	General
1750 LT	Ch 67	Tyne Tees MRSC	Local & strong wind
1810 LT	Ch 67	Thames MRSC	Strong wind
1840 LT	Ch 67	Yarmouth MRCC	Strong wind
1903 UT	Ch 26	Cullercoats (GCC)	General
1903 UT	Ch 25	Whitby	General
1933 UT	Ch 26	North Foreland	General
1933 UT	Ch 02	Thames	General
1933 UT	Ch 07	Bacton	General
1933 UT	Ch 26	Humber	General
1933 UT	Ch 27	Grimsby	General
1933 UT	Ch 62	Orfordness	General
1940 LT	Ch 67	Humber MRSC	Local & strong wind
1950 LT	Ch 67	Tyne Tees MRSC	Strong wind
2010 LT	Ch 67	Thames MRSC	Local & strong wind
2040 LT	Ch 67	Yarmouth MRCC	General & strong wind
2103 UT	Ch 26	North Foreland	Storm warning
2103 UT	Ch 62	Orfordness	Storm warning
2103 UT	Ch 26	Cullercoats (GCC)	Storm warning
2103 UT	Ch 07	Bacton	Storm warning
2103 UT	Ch 26	Humber	Storm warning
2103 UT	Ch 02	Thames	Storm warning
2103 UT	Ch 25	Whitby	Storm warning
2103 UT	Ch 27	Grimsby	Storm warning
2140 LT	Ch 67	Humber MRSC	Strong wind
2150 LT	Ch 67	Tyne Tees MRSC	Local & strong wind
2210 LT	Ch 67	Thames MRSC	Strong wind
2240 LT	Ch 67	Yarmouth MRCC	Strong wind
2340 LT	Ch 67	Humber MRSC	Local & strong wind
2350 LT	Ch 67	Tyne Tees MRSC	Strong wind

WEST COAST OF ENGLAND AND WALES

Time	Ch/Freq	Source	Forecast
0005 LT	Ch 67	Swansea MRCC	General & strong wind
0010 LT	Ch 67	Liverpool MRSC	Strong wind
0033 LT	Ch 83	Mine Head	Storm warning
0035 LT	Ch 67	Holyhead MRSC	Strong wind
0048 LT	198	BBC Radio 4	General
0103 LT	Ch 83	Mine Head	General
0135 LT	Ch 67	Milford Haven MRSC	Strong wind
0205 LT	Ch 67	Swansea MRCC	Strong wind
0210 LT	Ch 67	Liverpool MRSC	Local & strong wind
0235 LT	Ch 67	Holyhead MRSC	General & strong wind
0303 UT	Ch 03	Cardigan Bay	Storm warning
0303 UT	Ch 24	Celtic	Storm warning
0303 UT	Ch 26	Anglesey	Storm warning
0303 UT	Ch 05	Ilfracombe	Storm warning

WEATHER FORECASTS
WEST COAST OF ENGLAND AND WALES

Time	Ch/Freq	Source	Forecast
0335 LT	Ch 67	Milford Haven MRSC	Local & strong wind
0403 LT	Ch 83	Mine Head	General
0405 LT	Ch 67	Swansea MRCC	General & strong wind
0410 LT	Ch 67	Liverpool MRSC	Strong wind
0435 LT	Ch 67	Holyhead MRSC	Strong wind
0500 LT	198	BBC Radio 4	General
0535 LT	Ch 67	Milford Haven MRSC	Strong wind
0555 LT	198	BBC Radio 4	General
0605 LT	Ch 67	Swansea MRCC	Strong wind
0610 LT	Ch 67	Liverpool MRSC	Local & strong wind
0633 LT	Ch 83	Mine Head	Storm warning
0635 LT	Ch 67	Holyhead MRSC	General & strong wind
0703 UT	Ch 03	Cardigan Bay	General
0733 UT	Ch 24	Celtic	General
0703 UT	Ch 26	Anglesey	General
0703 LT	Ch 83	Mine Head	General
0733 UT	Ch 05	Ilfracombe	General
0735 LT	Ch 67	Milford Haven MRSC	Local & strong wind
0805 LT	Ch 67	Swansea MRCC	General & strong wind
0810 LT	Ch 67	Liverpool MRSC	Strong wind
0835 LT	Ch 67	Holyhead MRSC	Strong wind
0903 UT	Ch 03	Cardigan Bay	Storm warning
0903 UT	Ch 24	Celtic	Storm warning
0903 UT	Ch 26	Anglesey	Storm warning
0903 UT	Ch 05	Ilfracombe	Storm warning
0935 LT	Ch 67	Milford Haven MRSC	Strong wind
1003 LT	Ch 83	Mine Head	General
1005 LT	Ch 67	Swansea MRCC	Strong wind
1010 LT	Ch 67	Liverpool MRSC	Local & strong wind
1035 LT	Ch 67	Holyhead MRSC	General & strong wind
1135 LT	Ch 67	Milford Haven MRSC	Local & strong wind
1205 LT	Ch 67	Swansea MRCC	General & strong wind
1210 LT	Ch 67	Liverpool MRSC	Strong wind
1233 LT	Ch 83	Mine Head	Storm warning
1235 LT	Ch 67	Holyhead MRSC	Strong wind
1303 LT	Ch 83	Mine Head	General
1335 LT	Ch 67	Milford Haven MRSC	Strong wind
1355 LT	198	BBC Radio 4	General
1405 LT	Ch 67	Swansea MRCC	Strong wind
1410 LT	Ch 67	Liverpool MRSC	Strong wind
1435 LT	Ch 67	Holyhead MRSC	General & strong wind
1503 UT	Ch 24	Celtic	Storm warning
1503 UT	Ch 26	Anglesey	Storm warning
1503 UT	Ch 05	Ilfracombe	Storm warning
1503 UT	Ch 03	Cardigan Bay	Storm warning
1535 LT	Ch 67	Holyhead MRSC	Strong wind
1535 LT	Ch 67	Milford Haven MRSC	Local & strong wind
1603 LT	Ch 83	Mine Head	General
1605 LT	Ch 67	Swansea MRCC	General & strong wind
1610 LT	Ch 67	Liverpool MRSC	Strong wind
1735 LT	Ch 67	Milford Haven MRSC	Strong wind
1750 LT	198	BBC Radio 4	General
1805 LT	Ch 67	Swansea MRCC	Strong wind
1810 LT	Ch 67	Liverpool MRSC	Local & strong wind
1833 LT	Ch 83	Mine Head	Storm warning

WEATHER FORECASTS

WEST COAST OF ENGLAND AND WALES

Time	Ch/Freq	Source	Forecast
1835 LT	Ch 67	Holyhead MRSC	General & strong wind
1903 UT	Ch 03	Cardigan Bay	General
1903 LT	Ch 83	Mine Head	General
1903 UT	Ch 26	Anglesey	General
1933 UT	Ch 05	Ilfracombe	General
1933 UT	Ch 24	Celtic	General
1935 LT	Ch 67	Milford Haven MRSC	Local & strong wind
2005 LT	Ch 67	Swansea MRCC	General & strong wind
2010 LT	Ch 67	Liverpool MRSC	Strong wind
2035 LT	Ch 67	Holyhead MRSC	Strong wind
2103 UT	Ch 03	Cardigan Bay	Storm warning
2103 UT	Ch 24	Celtic	Storm warning
2103 UT	Ch 26	Anglesey	Storm warning
2103 UT	Ch 05	Ilfracombe	Storm warning
2135 LT	Ch 67	Milford Haven MRSC	Strong wind
2203 LT	Ch 83	Mine Head	General
2205 LT	Ch 67	Swansea MRCC	Strong wind
2210 LT	Ch 67	Liverpool MRSC	Local & strong wind
2235 LT	Ch 67	Holyhead MRSC	General & strong wind
2335 LT	Ch 67	Milford Haven MRSC	General & strong wind

SCOTLAND

Time	Ch/Freq	Source	Forecast
0005 LT	Ch 67	Forth MRSC	Strong wind
0020 LT	Ch 67	Clyde MRCC	Local
0040 LT	Ch 67	Oban MRSC	Strong wind
0048 LT	198	BBC Radio 4	General
0105 LT	Ch 67	Shetland MRSC	Local & strong wind
0110 LT	Ch 67	Stornoway MRSC	Local
0120 LT	Ch 67	Aberdeen MRCC	Strong wind
0135 LT	Ch 67	Pentland MRSC	Local & strong wind
0205 LT	Ch 67	Forth MRSC	Local & strong wind
0240 LT	Ch 67	Oban MRSC	Local & strong wind
0303 UT	Ch 25	Buchan	Storm warning
0303 UT	Ch 26	Stonehaven (GND)	Storm warning
0303 UT	Ch 25	Islay	Storm warning
0303 UT	Ch 24	Forth	Storm warning
0303 UT	Ch 07	Oban	Storm warning
0303 UT	Ch 05	Lewis	Storm warning
0303 UT	Ch 24	Skye	Storm warning
0303 UT	Ch 27	Portpatrick (GPK)	Storm warning
0305 LT	Ch 67	Shetland MRSC	Strong wind
0320 LT	Ch 67	Aberdeen MRCC	Local & strong wind
0335 LT	Ch 67	Pentland MRSC	Strong wind
0405 LT	Ch 67	Forth MRSC	Strong wind
0420 LT	Ch 67	Clyde MRCC	Local
0440 LT	Ch 67	Oban MRSC	Strong wind
0500 LT	198	BBC Radio 4	General
0505 LT	Ch 67	Shetland MRSC	Local & strong wind
0510 LT	Ch 67	Stornoway MRSC	General
0520 LT	Ch 67	Aberdeen MRCC	Strong wind
0535 LT	Ch 67	Pentland MRSC	Local & strong wind
0550 LT	198	BBC Radio 4	General
0555 LT	198	BBC Radio 4	General
0605 LT	Ch 67	Forth MRSC	Local & strong wind

WEATHER FORECASTS

SCOTLAND

Time	Ch/Freq	Source	Forecast
0640 LT	Ch 67	Oban MRSC	Local & strong wind
0703 UT	Ch 07	Oban	General
0703 UT	Ch 26	Stonehaven (GND)	General
0703 UT	Ch 05	Lewis	General
0703 UT	Ch 24	Forth	General
0703 UT	Ch 25	Islay	General
0703 UT	Ch 27	Portpatrick (GPK)	General
0703 UT	Ch 25	Buchan	General
0703 UT	Ch 24	Skye	General
0703 UT	Ch 28	Wick	General
0705 LT	Ch 67	Shetland MRSC	Strong wind
0720 LT	Ch 67	Aberdeen MRCC	Local & strong wind
0735 LT	Ch 67	Pentland MRSC	Strong wind
0805 LT	Ch 67	Forth MRSC	Strong wind
0820 LT	Ch 67	Clyde MRCC	Local
0840 LT	Ch 67	Oban MRSC	Strong wind
0903 UT	Ch 05	Lewis	Storm warning
0903 UT	Ch 24	Skye	Storm warning
0903 UT	Ch 07	Oban	Storm warning
0903 UT	Ch 25	Islay	Storm warning
0903 UT	Ch 25	Buchan	Storm warning
0903 UT	Ch 26	Stonehaven (GND)	Storm warning
0903 UT	Ch 24	Forth	Storm warning
0903 UT	Ch 27	Portpatrick (GPK)	Storm warning
0905 LT	Ch 67	Shetland MRSC	Local & strong wind
0910 LT	Ch 67	Stornoway MRSC	Local
0920 LT	Ch 67	Aberdeen MRCC	Strong wind
0935 LT	Ch 67	Pentland MRSC	Local & strong wind
1005 LT	Ch 67	Forth MRSC	Local & strong wind
1040 LT	Ch 67	Oban MRSC	Local & strong wind
1105 LT	Ch 67	Shetland MRSC	Strong wind
1120 LT	Ch 67	Aberdeen MRCC	Local & strong wind
1135 LT	Ch 67	Pentland MRSC	Strong wind
1205 LT	Ch 67	Forth MRSC	Strong wind
1220 LT	Ch 67	Clyde MRCC	Local
1240 LT	Ch 67	Oban MRSC	Strong wind
1305 LT	Ch 67	Shetland MRSC	Local & strong wind
1310 LT	Ch 67	Stornoway MRSC	Local
1320 LT	Ch 67	Aberdeen MRCC	Strong wind
1335 LT	Ch 67	Pentland MRSC	Local & strong wind
1355 LT	198	BBC Radio 4	General
1405 LT	Ch 67	Forth MRSC	Local & strong wind
1440 LT	Ch 67	Oban MRSC	Local & strong wind
1503 UT	Ch 05	Lewis	Storm warning
1503 UT	Ch 07	Oban	Storm warning
1503 UT	Ch 25	Buchan	Storm warning
1503 UT	Ch 27	Portpatrick (GPK)	Storm warning
1503 UT	Ch 24	Forth	Storm warning
1503 UT	Ch 26	Stonehaven (GND)	Storm warning
1503 UT	Ch 24	Skye	Storm warning
1503 UT	Ch 25	Islay	Storm warning
1505 LT	Ch 67	Shetland MRSC	Strong wind
1520 LT	Ch 67	Aberdeen MRCC	Local & strong wind
1535 LT	Ch 67	Pentland MRSC	Strong wind
1605 LT	Ch 67	Forth MRSC	Strong wind

WEATHER FORECASTS
SCOTLAND

Time	Ch/Freq	Source	Forecast
1620 LT	Ch 67	Clyde MRCC	Local
1640 LT	Ch 67	Oban MRSC	Strong wind
1705 LT	Ch 67	Shetland MRSC	Local & strong wind
1710 LT	Ch 67	Stornoway MRSC	Local
1720 LT	Ch 67	Aberdeen MRCC	Strong wind
1735 LT	Ch 67	Pentland MRSC	Local & strong wind
1750 LT	198	BBC Radio 4	General
1805 LT	Ch 67	Forth MRSC	Local & strong wind
1840 LT	Ch 67	Oban MRSC	Local & strong wind
1903 UT	Ch 24	Forth	General
1903 UT	Ch 26	Stonehaven (GND)	General
1903 UT	Ch 25	Buchan	General
1903 UT	Ch 24	Skye	General
1903 UT	Ch 27	Portpatrick (GPK)	General
1903 UT	Ch 05	Lewis	General
1903 UT	Ch 25	Islay	General
1903 UT	Ch 07	Oban	General
1903 UT	Ch 28	Wick	General
1905 LT	Ch 67	Shetland MRSC	Strong wind
1920 LT	Ch 67	Aberdeen MRCC	Local & strong wind
1935 LT	Ch 67	Pentland MRSC	Strong wind
2005 LT	Ch 67	Forth MRSC	Strong wind
2020 LT	Ch 67	Clyde MRCC	Local
2040 LT	Ch 67	Oban MRSC	Strong wind
2103 UT	Ch 24	Skye	Storm warning
2103 UT	Ch 07	Oban	Storm warning
2103 UT	Ch 05	Lewis	Storm warning
2103 UT	Ch 25	Islay	Storm warning
2103 UT	Ch 26	Stonehaven (GND)	Storm warning
2103 UT	Ch 27	Portpatrick (GPK)	Storm warning
2103 UT	Ch 25	Buchan	Storm warning
2103 UT	Ch 24	Forth	Storm warning
2105 LT	Ch 67	Shetland MRSC	Local & strong wind
2110 LT	Ch 67	Stornoway MRSC	Local
2120 LT	Ch 67	Aberdeen MRCC	Strong wind
2135 LT	Ch 67	Pentland MRSC	Local & strong wind
2205 LT	Ch 67	Forth MRSC	Local & strong wind
2240 LT	Ch 67	Oban MRSC	Local & strong wind
2305 LT	Ch 67	Shetland MRSC	Strong wind
2320 LT	Ch 67	Aberdeen MRCC	Local & strong wind
2335 LT	Ch 67	Pentland MRSC	Strong wind

IRELAND

Time	Ch/Freq	Source	Forecast
0033 LT	Ch 83	Belmullet	Storm warning
0033 LT	Ch 24	Valentia (EJK)	Storm warning
0033 LT	Ch 28	Shannon	Storm warning
0033 LT	Ch 26	Clifden	Storm warning
0033 LT	Ch 83	Dublin	Storm warning
0033 LT	Ch 87	Wicklow Head	Storm warning
0033 LT	Ch 23	Bantry	Storm warning
0033 LT	Ch 23	Rosslare	Storm warning
0033 LT	Ch 23	Malin Head (EJM)	Storm warning
0033 LT	Ch 26	Cork	Storm warning
0033 LT	Ch 24	Glen Head	Storm warning
0103 LT	Ch 23	Malin Head (EJM)	General
0103 LT	Ch 28	Shannon	General

WEATHER FORECASTS

IRELAND

Time	Ch/Freq	Source	Forecast
0103 LT	Ch 24	Valentia (EJK)	Local
0103 LT	Ch 83	Belmullet	General
0103 LT	Ch 23	Rosslare	General
0103 LT	Ch 83	Dublin	General
0103 LT	Ch 26	Cork	General
0103 LT	Ch 26	Clifden	General
0103 LT	Ch 24	Glen Head	General
0103 LT	Ch 23	Bantry	General
0103 LT	Ch 87	Wicklow Head	General
0305 LT	Ch 67	Belfast MRSC	Local
0403 LT	Ch 23	Rosslare	General
0403 LT	Ch 23	Bantry	General
0403 LT	Ch 24	Valentia (EJK)	Local
0403 LT	Ch 26	Cork	General
0403 LT	Ch 24	Glen Head	General
0403 LT	Ch 28	Shannon	General
0403 LT	Ch 23	Malin Head (EJM)	General
0403 LT	Ch 87	Wicklow Head	General
0403 LT	Ch 26	Clifden	General
0403 LT	Ch 83	Belmullet	General
0403 LT	Ch 83	Dublin	General
0602 LT	88.5/89.3 MHz	Radio Telefís Éireann-Radio 1	General
0633 LT	Ch 24	Glen Head	Storm warning
0633 LT	Ch 28	Shannon	Storm warning
0633 LT	Ch 83	Belmullet	Storm warning
0633 LT	Ch 24	Valentia (EJK)	Storm warning
0633 LT	Ch 23	Bantry	Storm warning
0633 LT	Ch 26	Clifden	Storm warning
0633 LT	Ch 23	Malin Head (EJM)	Storm warning
0633 LT	Ch 26	Cork	Storm warning
0633 LT	Ch 83	Dublin	Storm warning
0633 LT	Ch 87	Wicklow Head	Storm warning
0633 LT	Ch 23	Rosslare	Storm warning
0703 LT	Ch 23	Rosslare	General
0703 LT	Ch 28	Shannon	General
0703 LT	Ch 87	Wicklow Head	General
0703 LT	Ch 23	Bantry	General
0703 LT	Ch 24	Valentia (EJK)	Local
0703 LT	Ch 83	Belmullet	General
0703 LT	Ch 26	Clifden	General
0703 LT	Ch 83	Dublin	General
0703 LT	Ch 24	Glen Head	General
0703 LT	Ch 23	Malin Head (EJM)	Forecast
0703 LT	Ch 26	Cork	General
0705 LT	Ch 67	Belfast MRSC	Local
1003 LT	Ch 83	Belmullet	General
1003 LT	Ch 83	Dublin	General
1003 LT	Ch 24	Glen Head	General
1003 LT	Ch 87	Wicklow Head	General
1003 LT	Ch 28	Shannon	General
1003 LT	Ch 23	Malin Head (EJM)	General
1003 LT	Ch 24	Valentia (EJK)	Local
1003 LT	Ch 26	Clifden	General
1003 LT	Ch 26	Cork	General
1003 LT	Ch 23	Bantry	General

WEATHER FORECASTS
IRELAND

Time	Ch/Freq	Source	Forecast
1003 LT	Ch 23	Rosslare	General
1105 LT	Ch 67	Belfast MRSC	Local
1233 LT	Ch 24	Valentia (EJK)	Storm warning
1233 LT	Ch 28	Shannon	Storm warning
1233 LT	Ch 83	Dublin	Storm warning
1233 LT	Ch 26	Clifden	Storm warning
1233 LT	Ch 26	Cork	Storm warning
1233 LT	Ch 23	Rosslare	Storm warning
1233 LT	Ch 23	Malin Head (EJM)	Storm warning
1233 LT	Ch 83	Belmullet	Storm warning
1233 LT	Ch 23	Bantry	Storm warning
1233 LT	Ch 87	Wicklow Head	Storm warning
1233 LT	Ch 24	Glen Head	Storm warning
1253 LT	88.5/89.3 MHz	Radio Telefís Éireann-Radio 1	General
1303 LT	Ch 83	Belmullet	General
1303 LT	Ch 23	Bantry	General
1303 LT	Ch 83	Dublin	General
1303 LT	Ch 26	Clifden	General
1303 LT	Ch 23	Rosslare	General
1303 LT	Ch 24	Glen Head	General
1303 LT	Ch 23	Malin Head (EJM)	General
1303 LT	Ch 26	Cork	General
1303 LT	Ch 24	Valentia (EJK)	Local
1303 LT	Ch 28	Shannon	General
1303 LT	Ch 87	Wicklow Head	General
1505 LT	Ch 67	Belfast MRSC	Local
1603 LT	Ch 83	Dublin	General
1603 LT	Ch 24	Valentia (EJK)	Local
1603 LT	Ch 87	Wicklow Head	General
1603 LT	Ch 83	Belmullet	General
1603 LT	Ch 23	Rosslare	General
1603 LT	Ch 23	Malin Head (EJM)	General
1603 LT	Ch 26	Clifden	General
1603 LT	Ch 23	Bantry	General
1603 LT	Ch 26	Cork	General
1603 LT	Ch 24	Glen Head	General
1603 LT	Ch 28	Shannon	General
1823 LT	88.5/89.3 MHz	Radio Telefís Éireann-Radio 1	General
1833 LT	Ch 83	Belmullet	Storm warning
1833 LT	Ch 87	Wicklow Head	Storm warning
1833 LT	Ch 23	Malin Head (EJM)	Storm warning
1833 LT	Ch 24	Valentia (EJK)	Storm warning
1833 LT	Ch 23	Rosslare	Storm warning
1833 LT	Ch 23	Bantry	Storm warning
1833 LT	Ch 26	Clifden	Storm warning
1833 LT	Ch 24	Glen Head	Storm warning
1833 LT	Ch 26	Cork	Storm warning
1833 LT	Ch 28	Shannon	Storm warning
1833 LT	Ch 83	Dublin	Storm warning
1903 LT	Ch 24	Glen Head	General
1903 LT	Ch 23	Malin Head (EJM)	General
1903 LT	Ch 28	Shannon	General
1903 LT	Ch 24	Valentia (EJK)	Local
1903 LT	Ch 23	Rosslare	General
1903 LT	Ch 83	Belmullet	General
1903 LT	Ch 83	Dublin	General
1903 LT	Ch 26	Clifden	General

WEATHER FORECASTS

IRELAND

Time	Ch/Freq	Source	Forecast
1903 LT	Ch 26	Cork	General
1903 LT	Ch 87	Wicklow Head	General
1903 LT	Ch 23	Bantry	General
1905 LT	Ch 67	Belfast MRSC	Local
2203 LT	Ch 24	Valentia (EJK)	Local
2203 LT	Ch 23	Bantry	General
2203 LT	Ch 23	Malin Head (EJM)	General
2203 LT	Ch 87	Wicklow Head	General
2203 LT	Ch 83	Dublin	General
2203 LT	Ch 23	Rosslare	General
2203 LT	Ch 26	Clifden	General
2203 LT	Ch 24	Glen Head	General
2203 LT	Ch 83	Belmullet	General
2203 LT	Ch 26	Cork	General
2203 LT	Ch 28	Shannon	General
2305 LT	Ch 67	Belfast MRSC	Local
2355 LT	88.5 MHz	Radio Telefís Éireann-Radio 1	General

CHANNEL ISLANDS

Time	Ch/Freq	Source	Forecast
0030 LT	93.7/104.7MHz	Island FM	Local
0130 LT	93.7/104.7MHz	Island FM	Local
0230 LT	93.7/104.7MHz	Island FM	Local
0307 UT	Ch 25	Jersey	Storm warning
0330 LT	93.7/104.7MHz	Island FM	Local
0430 LT	93.7/104.7MHz	Island FM	Local
0530 LT	93.7/104.7MHz	Island FM	Local
0630 LT	93.7/104.7MHz	Island FM	Local
0645 UT	Ch 25	Jersey	General
0730 LT	93.7/104.7MHz	Island FM	Local
0745 UT	Ch 25	Jersey	General
0812 LT	93.2MHz	BBC Radio Guernsey	General
0830 LT	93.7/104.7MHz	Island FM	Local
0845 UT	Ch 25	Jersey	General
0907 UT	Ch 25	Jersey	Storm warning
0930 LT	93.7/104.7MHz	Island FM	Local
1030 LT	93.7/104.7MHz	Island FM	Local
1130 LT	93.7/104.7MHz	Island FM	Local
1230 LT	93.7/104.7MHz	Island FM	Local
1235 LT	93.2MHz	BBC Radio Guernsey	General
1245 UT	Ch 25	Jersey	General
1330 LT	93.7/104.7MHz	Island FM	Local
1430 LT	93.7/104.7MHz	Island FM	Local
1507 UT	Ch 25	Jersey	Storm warning
1530 LT	93.7/104.7MHz	Island FM	Local
1630 LT	93.7/104.7MHz	Island FM	Local
1730 LT	93.7/104.7MHz	Island FM	Local
1830 LT	93.7/104.7MHz	Island FM	Local
1845 UT	Ch 25	Jersey	General
1930 LT	93.7/104.7MHz	Island FM	Local
2030 LT	93.7/104.7MHz	Island FM	Local
2107 UT	Ch 25	Jersey	Storm warning
2130 LT	93.7/104.7MHz	Island FM	Local
2230 LT	93.7/104.7MHz	Island FM	Local
2245 UT	Ch 25	Jersey	General
2330 LT	93.7/104.7MHz	Island FM	Local

WEATHER FORECAST
WEATHER FORECASTING RADIO STATIONS

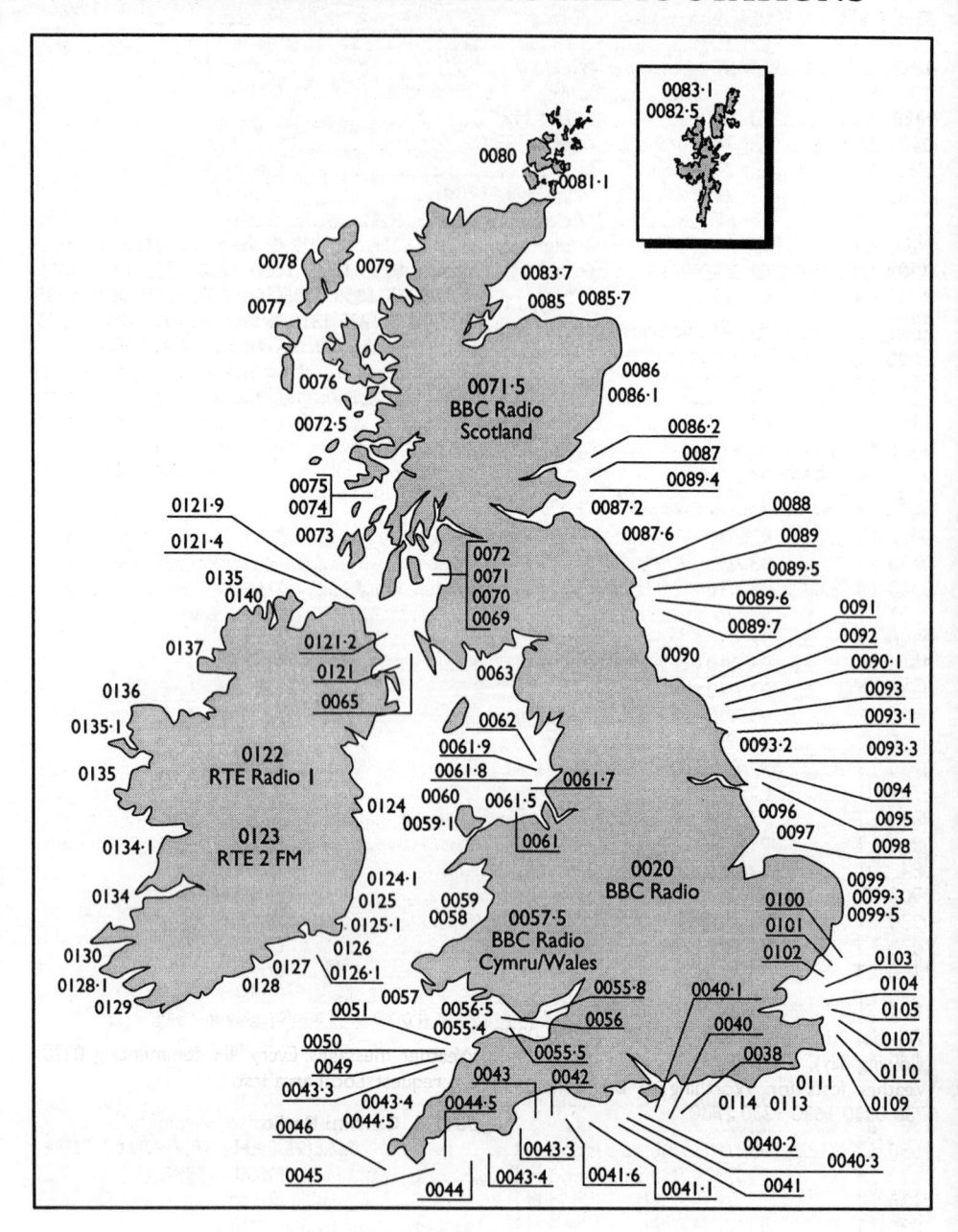

PAGE 386

WEATHER FORECASTS

WEATHER FORECASTING RADIO STATIONS

All times are Local except where marked UT

0020 BBC Radio 4   **198 kHz**
Daily Shipping Bulletins 0048 approx, 0555 1355 1750.
Inshore Waters 0053 approx.

0111 Dover (Coastguard MRSC)   **Ch 67**
Strong wind warnings on receipt.

         Ch 11
Strong wind warnings. At the following bcsts until cancelled. Every 2H commencing 0040. On request. Local area strong wind (Force 6/7) and/or gale warnings.

Weather messages. Every 4H commencing 0040. On request. Local area fcst.

Fog (visibility) Warnings. Every H+40 H+55. On request. Visibilty bcsts are made when visibility in the Dover Strait falls below 2M. Griz-Nez (CROSS) bcst similar warnings at every H+25 on Ch 11.

0113 Hastings   **Ch 07**
Storm warnings: At the end of the first silence period after receipt. 0303 0903 1503 2103 UT. Gale warnings for Humber, Thames, Dover, Wight.

Weather messages: 0733 1933 UT. On request. Gale warnings, synopsis, 24H fcst, for Tyne, Dogger, German Bight, Humber, Thames, Dover, Wight, Portland, Plymouth, Biscay, Finisterre, Sole, Lundy, Fastnet, Irish Sea and Shannon.

Fog (visibility) warnings: On receipt. At the end of the next silence period. Summary of conditions when visibility on the Thames, seaward of London, falls below 0.5M.

0114 Spirit FM   **96.6/102.3 MHz**
Weather messages every H+00 (0600-0200 following day).
Weather fcsts for Worthing to Brighton: 0630 0730 0830 1630 1730 1830.

0038 Solent (Coastguard MRSC)   **Ch 67**
Srong wind warnings: On receipt and at the following bcsts until cancelled: Every 2H commencing 0040. On request. Local area fcst.

Weather messages every 4H commencing 0040. On request. Local area fcst.

0040 Niton   **Ch 28**
Storm warnings: At the end of the first silence period after receipt. 0303 0903 1503 2103 UT.
Gale warnings for Dover, Wight, Portland.

Weather messages: 0733 1933 UT. On request. Gale warnings, synopsis, 24H fcst for Tyne, Dogger, German Bight, Humber, Thames, Dover, Wight, Portland, Plymouth, Biscay, Finisterre, Sole, Lundy, Fastnet, Irish Sea and Shannon.

0040.1 Isle of Wight Radio   **1242 kHz**
Weather reports every H+00.
Coastal reports 0630 0730 0830 1630 1730 1830

0040.2 Radio Solent
       1359/999 kHz   96.1/103.8 MHz
Mon-Fri: 0735 0835 1130 1230 1325 1425 1525 1625 1735 1835 2305. *Sat:* 0635 0735 0835 0935 1035 1135 1235 1310 1757. *Sun:* 0735 0905 1505 2305 Bcst direct from the local Met Office
Shipping forecast, reports from southern coastal stations, Portland and Solent Coastguard reports, shipping movements (additional bcst *Mon-Fri* at 0850), & tide times. Additional sailing (small craft) information is also bcst *Mon-Fri*: 0535 0635 0745, *Sat & Sun*: 0633 0745

0040.3 Wessex FM   **97.2/96.0 MHz**
General every H+00 (0600-2400) after news bulletin.
Coastal *Mon-Fri* 0630 0730 0830 1320 1630, 1730. *Sat, Sun* 0730 0830 1320.

0041 Weymouth Bay   **Ch 05**
Storm warnings. At the end of the first silence period after receipt. 0303 0903 1503 2103 UT. Gale warnings for Dover, Wight, Portland.

Weather messages: 0733 1933 UT. On request. Gale warnings, synopsis, 24H fcst for Tyne, Dogger, German Bight, Humber, Thames, Dover, Wight, Portland, Plymouth, Biscay, Finisterre, Sole, Lundy, Fastnet, Irish Sea and Shannon.

0041.1 Portland (Coastguard MRSC) Ch 67
Strong wind warnings. On receipt and at the following bcsts until cancelled. Every 2H commencing 0220. On request. Local area strong wind (Force 6/7) and/or gale warnings.

Weather messages: Every 4H commencing 0220. On request. Local area fcst.

0041.6 Gemini Radio
      666/954 kHz   96.4/97/103 MHz
Every H +00 & H+30 (0600-2400) & *Mon-Sat* 0725 & 0825, also small craft information *Sat, Sun* 0920 for Lyme Regis to Start Point.

0042 Brixham (Coastguard MRSC)   **Ch 67**
Strong wind warnings. On receipt and at the following bcsts until cancelled. Every 2H commencing 0050. On request. Local area strong wind (Force 6/7) and/or gale warnings.

Weather messages: Every 4H commencing 0050. On request. Local area fcst.

PAGE 387

WEATHER FORECASTS

0043 Start Point   **Ch 26**
Storm warnings. At the end of the first silence period after receipt. 0303 0903 1503 2103 UT. Gale warnings for Shannon, Fastnet, Lundy, Sole, Plymouth, Portland, Wight, Biscay, Finisterre.

Weather messages. 0733 1933 UT. On request. Gale warnings, synopsis, 24H fcst for Tyne, Dogger, German Bight, Humber, Thames, Dover, Wight, Portland, Plymouth, Biscay, Finisterre, Sole, Lundy, Fastnet, Irish Sea and Shannon.

0043.3 BBC Radio Devon
             801/855 /990 /1458 kHz
             94.8 /95.8/96.0 /103.4 MHz
kHz Mon-Fri 0635 0758 0858 1312 1735 1835 2215 2315.
MHz Mon-Fri 0655 0732 0755 0832 0855 1312 1735 1835 2215 2315.
All frequencies Sat 0633 0758 0858 1312 2302.
All frequencies Sun 0634 0835 0930 1205 1305 2300

0043.4 BBC Radio Cornwall
             657/630 kHz 95.2/96/103.9 MHz
Storm warnings on receipt. Severe weather fcst and Gale Warnings for Cornish coastal waters from Hartland Point (N Devon) to Brixton (S Devon).

Weather messages: Full fcst including severe weather fcst and Gale Warnings when in force for Cornish coastal waters from Hartland Point (N Devon) to Brixton (S Devon). Mon-Fri: 0608 0725 0825 1225 1325 1725 1825 1925 2210. Sat: 0725 0825 1315. Sun: 0710 0925 1310.
Full shipping fcst. Mon-Fri: 0525 0655 0755. Sat: 0855. Sun: 0955.
Coastal conditions report direct from Falmouth MRCC, wind strength, visibility and coastal fcst. Small Craft warnings when in force, tide times for Padstow to Plymouth. Mon-Fri: 0725 1225. Sat: 0725 1325. Sun: 0825 1310.
Weather fcst summaries bcst after each news bulletin. Mon-Fri: 0510 0535 0637 0704 0733 0804 0833 0904 the every H+05 (1005-2105). Sat: 0637 0709 0733 0809 0833 0904 then every H+05 (1005-1405) 1700 1800. Sun: 0608 0709 0809 0833 0904 0933 1004 then every H+05 (1105-1405) 1600 1800.

0044 Pendennis   **Ch 62**
Storm warnings: At the end of the first silence period after receipt. 0303 0903 1503 2103 UT. Gale warnings for Shannon, Fastnet, Lundy, Sole, Plymouth, Portland, Wight, Biscay, Finisterre.

Weather messages. 0733 1933 UT. On request. Gale warnings, synopsis, 24H fcst for Tyne, Dogger, German Bight, Humber, Thames, Dover, Wight, Portland, Plymouth, Biscay, Finisterre, Sole, Lundy, Fastnet, Irish Sea and Shannon.

0044.5 Pirate FM   **102.2/102.8 MHz**
Every H+00 (0600-2400) after news bulletin. For Cornwall, W Devon and Scillies.

0045 Falmouth (Coastguard MRCC)   **Ch 67**
Strong wind warnings: On receipt and at the following bcsts until cancelled. Every 2H commencing 0140. On request. Local area strong wind (Force 6/7) and/or gale warnings.

Weather messages. Every 4H commencing 0140. On request. Local area fcst.

0046 Land's End   **Ch 27**
Scilly Isles   **Ch 64**
Storm warnings: At the end of the first silence period after receipt. 0303 0903 1503 2103 UT. Gale warnings, synopsis, 24H fcst for Tyne, Dogger, German Bight, Humber, Thames, Dover, Wight, Portland, Plymouth, Biscay, Finisterre, Sole, Lundy, Fastnet, Irish Sea and Shannon.

0049 Lantern Radio   **96.2 MHz**
Every H+03 (0600-2300) for N Devon. 0650 0950 1150 1859 29th May–30th Sep inshore fcst and small craft information.

0050 Ifracombe   **Ch 05**
Storm warnings at the end of the first silence period after receipt. 0303 0903 1503 2103 UT. Gale warnings for Lundy, Fastnet

Weather messages. 0733 1933 UT. On request. Gale warnings, synopsis, 24H fcst for Tyne, Dogger, German Bight, Humber, Thames, Dover, Wight, Portland, Plymouth, Biscay, Finisterre, Sole, Lundy, Fastnet, Irish Sea and Shannon.

0051 Orchard FM   **102.6 MHz**
Every H+00 (0600-0100 following day) after news bulletin for Lyme Bay to Avon.

0055.4 Galaxy 101   **97.2/101 MHz**
Weather messages every H+50 (0550-1750) for Ilfracombe to the Gower Peninsula.

0055.5 GWR & Brunel Classic Gold
             96.3MHz 1260 kHz
Every H+00 and H+30 (H24) for Bristol Channel.

0055.8 Cardiff Broadcasting
             1305/1359 kHz 97.4/103.2 MHz
Every H+00 (H24).

0056 Swansea (Coastguard MRCC)   **Ch 67**
Strong wind warnings: On receipt and at the following bcsts until cancelled. Every 2H commencing 0005. On request. Local area strong wind (Force 6/7) and/or gale warnings.

Weather messages every 4H commencing 0005. On request. Local area fcst.

WEATHER FORECASTS

0056.5 Sound Wave & Swansea Sound
1170 kHz   96.4 MHz
Weather messages every H+30 and *Mon-Fri*: 1170 kHz only 0725 0825 0925. *Sat & Sun*: 1170 kHz only 0825 1005.

0057 Milford Haven (Coastguard MRCC)
Ch 67
Strong wind warnings: On receipt and at the following bcsts until cancelled. Every 2H commencing 0335. On request. Local area strong wind (Force 6/7) and/or gale warnings.

Weather messages: Every 4H commencing 0335. On request. Local area fcst.

0057.5 BBC Radio Cymru/Wales
Radio Wales-English
657 kHz 882 kHz 1125 kHz
Radio Cymru-Welsh
92.4-94.6/96.8 /103.5-105 MHz
BBC Radio Wales: *Mon-Fri* 0658 0758 0903 1000 1100 1200 1259 1400 1500 1600 1700 1734 1800 1900 2000 2100 2200. *Sat* 0600 0700 0800 0903 1003 1100 1200 1259 1700 1759. *Sun* 0700 0800 0859 1000 1259 1400 1500 1700 1759 1900 2000.
BBC Radio Cymru: *Mon-Fri* 0601 0728 0758 0824 0900 1000 1100. 1200 1300-1315 1400 1500 1600 1759 2200. *Sat* 0700 0800 0900 1700 1800. *Sun* 0700 0800 0900 1100 1300 1600 1700 1800 2200

0058 Celtic   Ch 24
Storm warnings: At the end of the first silence period after receipt. 0303 0903 1503 2103 UT. Gale warnings for Lundy, Fastnet.

Weather messages. 0733 1933 UT. On request. Gale warnings, synopsis, 24H fcst for Tyne, Dogger, German Bight, Humber, Thames, Dover, Wight, Portland, Plymouth, Biscay, Finisterre, Sole, Lundy, Fastnet, Irish Sea and Shannon.

0059 Cardigan Bay   Ch 03
Storm warnings. At the end of the first silence period after receipt. 0303 0903 1503 2103 UT. Gale warnings for Irish Sea

Weather messages. 0703 1903 UT. On request. Gale warnings, synopsis, 24H fcst for Viking, N Utsire, S Utsire, Forties, Cromarty, Forth, Tyne, Dogger, Fisher, German Bight, Humber, Thames, Lundy, Irish Sea, Rockall, Malin, Hebrides, Bailey, Fair Isle, Faeroes, and SE Iceland.

0059.1 Holyhead (Coastguard MRSC) Ch 67
Strong wind warnings: On receipt and at the following bcsts until cancelled. Every 2H commencing 0235. On request. Local area strong wind (Force 6/7) and/or gale warnings.

Weather messages. Every 4H commencing 0235. On request. Local area fcst.

0060 Anglesey   Ch 26
Storm warnings: At the end of the first silence period after receipt. 0303 0903 1503 2103 UT. Gale warnings.

Weather messages. 0703 1903 UT. On request. Gale warnings, synopsis, 24H fcst for Viking, N Utsire, S Utsire, Forties, Cromarty, Forth, Tyne, Dogger, Fisher, German Bight, Humber, Thames, Lundy, Irish Sea, Rockall, Malin, Hebrides, Bailey, Fair Isle, Faeroes, and SE Iceland.

0061 Liverpool (Coastguard MRSC) Ch 67
Strong wind warnings: On receipt and at the following bcsts until cancelled. Every 2H commencing 0210. On request. Local area strong wind (Force 6/7) and/or gale warnings.

Weather messages: Every 4H commencing 0210. On request. Local area fcst.

0061.5 BBC Radio Merseyside
1485 kHz 95.8 MHz
Mon-Fri 0705 0805 1208 1310 1716 1746. *Sat* 0742

0061.7 Radio City Liverpool
including **City FM**   96.7 MHz 1548 kHz
Every H+00 (H24) and every H+30 (kHz only).

0061.8 BBC Radio Lancashire
855/1557 kHz   95.5/103.9 /104.5 MHz
Mon-Fri 0615 0645 0715 0745 0815 0845 1245 1645 1745.
Sat 0615 0645 0715 0745 0815 0845. *Sun* 0630 0805 1255.

0061.9 Radio Wave   96.5 MHz
Weather messages every H+00 (H24) after news bulletin for the Lancashire coast.

0062 The Bay 96.9 FM
96.9/102.3/103.2 MHz
Every H+00 (0500-2400) for Fleetwood to Ravenglass.

0063 BBC Radio Cumbria 756/837/1458kHz
95.6M/96.1/95.2/104.2 MHz
Mon-Fri 0632 0732 0832 1632 1732. *Sat-Sun* 0732 0832 1132.

0065 Portpatrick   Ch 27
Storm warnings: At the end of the first silence period after receipt. 0303 0903 1503 2103 UT. Gale warnings for Lundy, Irish Sea, Malin.

Weather messages: 0703 1903 UT. On request. Gale warnings, synopsis, 24H fcst for Viking, N Utsire, S Utsire, Forties, Cromarty, Forth, Tyne, Dogger, Fisher, German Bight, Humber, Thames, Lundy, Irish Sea, Rockall, Malin, Hebrides, Bailey, Fair Isle, Faeroes, and SE Iceland.

0069 **Radio Clyde**
1152 kHz 97.0/102.5/103.3 MHz
Mon-Fri every H+00 except 0300 0800 0900 1100. *Sat* every H+00 (0000-0200 0400-0900 1200-1400 1800 2200 2300). *Sun* every H+00 (0000-0200 0400-1000 1200-1400 1600 1900 2200 2300).

0071 **West Sound**
1035 kHz 96.5/96.7/97.0 /97.5/103.0 MHz
Every H+03 (0603-1803) After news. For the Clyde to the Solway.

0071.5 **BBC Radio Scotland**
810 kHz 94.3/93.1/92.8/92.7/93.6/92.9/ 93.7/93.0/93.5/93.9/93.3/93.6/94.0 MHz
Detailed forecast *Sat*: 0700. Summary forecast *Mon-Fri* 0604 0658 0758 then every H+00 (0900-1200 1400-1600) then 1658 1758 2157 2357. *Sat, Sun* 0658 then every H+00 (0900-1300) then 1758 2158.

0072 **Clyde (Coatsguard MRCC) Ch 67**
Weather messages: Every 4H commencing 0020. On request. Local area fcst.

0072.5 **Nevis Radio 96.6/102.3 MHz**
0710 0730 0810 0830 0910 0930 then every H+06 (1000-2400) after news bulletin. For the NW Scottish Coast 0835 1750 local shipping fcst.

0073 **Islay Ch 25**
Storm warnings: At the end of the first silence period after receipt. 0303 0903 1503 2103 *UT*. Gale warnings for Lundy, Irish Sea, Malin.

Weather messages: 0703 1903 *UT*. On request. Gale warnings, synopsis, 24H fcst for Viking, N Utsire, S Utsire, Forties, Cromarty, Forth, Tyne, Dogger, Fisher, German Bight, Humber, Thames, Lundy, Irish Sea, Rockall, Malin, Hebrides, Bailey, Fair Isle, Faeroes, and SE Iceland.

0074 **Oban Ch 07**
Storm warnings: At the end of the first silence period after receipt. 0303 0903 1503 2103 *UT*. Gale warnings for Lundy, Irish Sea, Malin, Hebrides, Rockall, Bailey.

Weather messages: 0703 1903 *UT*. On request. Gale warnings, synopsis, 24H fcst for Viking, N Utsire, S Utsire, Forties, Cromarty, Forth, Tyne, Dogger, Fisher, German Bight, Humber, Thames, Lundy, Irish Sea, Rockall, Malin, Hebrides, Bailey, Fair Isle, Faeroes, and SE Iceland.

0075 **Oban (Coastguard MRSC) Ch 67**
Strong wind warnings: On receipt and at the following bcsts until cancelled. Every 2H commencing 0240. On request. Local area strong wind (Force 6/7) and/or gale warnings.

Weather messages: Every 4H commencing 0240. On request. Local area fcst.

0076 **Skye Ch 24**
Storm warning: At the end of the first silence period after receipt. 0303 0903 1503 2103 *UT*. Gale warnings for Malin, Hebrides, Bailey, Rockall.

Weather messages: 0703 1903 *UT*. On request. Gale warnings, synopsis, 24H fcst for Viking, N Utsire, S Utsire, Forties, Cromarty, Forth, Tyne, Dogger, Fisher, German Bight, Humber, Thames, Lundy, Irish Sea, Rockall, Malin, Hebrides, Bailey, Fair Isle, Faeroes, and SE Iceland.

0078 **Lewis Ch 05**
Storm warnings: At the end of the first silence period after receipt. 0303 0903 1503 2103 *UT*. Gale warnings for Malin, Hebrides, Bailey, Rockall.

Weather messages: 0703 1903 *UT*. On request. Gale warnings, synopsis, 24H fcst for Viking, N Utsire, S Utsire, Forties, Cromarty, Forth, Tyne, Dogger, Fisher, German Bight, Humber, Thames, Lundy, Irish Sea, Rockall, Malin, Hebrides, Bailey, Fair Isle, Faeroes, and SE Iceland.

0078 **Stornaway (Coastguard MRSC) Ch 67**
Weather messages: Every 4H commencing 0110. On request. Local area fcst.

0080 **Wick Ch 28**
Storm warnings: At the end of the first silence period after receipt. 0303 0903 1503 2103 *UT*. Gale warnings forViking, N Utsire, S Utsire Forties, Cromarty.

Weather messages: 0703 1903 *UT*. On request. Gale warnings, synopsis, 24H fcst for Viking, N Utsire, S Utsire, Forties, Cromarty, Forth, Tyne, Dogger, Fisher, German Bight, Humber, Thames, Lundy, Irish Sea, Rockall, Malin, Hebrides, Bailey, Fair Isle, Faeroes, and SE Iceland.

0081.1 **Pentland (Coastguard MRSC) Ch 67**
Strong wind warnings: On receipt and at the following bcsts until cancelled. Every 2H commencing 0135. On request. Local area strong wind (Force 6/7) and/or gale warnings.

Weather messages: Every 4H commencing 0135. On request. Local area fcst.

0082.5 **Shetland Islands Broadcasting**
96.2 MHz
Full Forecast: 0730. General forecast every H+00

0083.1 **Shetland (Coastguard MRSC) Ch 67**
Strong wind warnings: On receipt and at the following bcsts until cancelled. Every 2H commencing 0105. On request. Local area strong wind (Force 6/7) and/or gale warnings.

WEATHER FORECASTS

Weather messages: Every 4H commencing 0105. On request. Local area fcst.

0083.7 Moray Firth Radio
1107 kHz 97.4/96.7/102.8/102.5/96.6 MHz
Every H+00 (0600-1800) after news bulletin. 0715 small craft fcst.

0085 Buchan   **Ch 25**
Storm warnings: At the end of the first silence period after receipt. 0303 0903 1503 2103 UT. Gale warnings for S Utsire, Forth, Cromarty, Fisher Forties.
Weather messages: 0703 1903 UT. On request. Gale warnings, synopsis, 24H fcst for Viking, N Utsire, S Utsire, Forties, Cromarty, Forth, Tyne, Dogger, Fisher, German Bight, Humber, Thames, Lundy, Irish Sea, Rockall, Malin, Hebrides, Bailey, Fair Isle, Faeroes, and SE Iceland.

0085.7 NECR 102.1 FM   **102.1MHz**
0605 1150 1750 2350 and every H+50 (0700-2400) before news bulletin. For North East Scotland.

0086 Stonehaven   **Ch 26**
Storm warnings: At the end of the first silence period after receipt. 0303 0903 1503 2103 UT. Gale warnings for S Utsire, Forties, Cromarty, Forth, Fisher.
Weather messages: 0703 1903 UT. On request. Gale warnings, synopsis, 24H fcst for Viking, N Utsire, S Utsire, Forties, Cromarty, Forth, Tyne, Dogger, Fisher, German Bight, Humber, Thames, Lundy, Irish Sea, Rockall, Malin, Hebrides, Bailey, Fair Isle, Faeroes, and SE Iceland.

0086.1 Aberdeen (Coastguard MRCC)Ch 67
Strong wind warnings: On receipt and at the following bcst until cancelled. Every 2H commencing 0320. On request. Local area strong wind (force 6/7) and/or gale warnings.
Weather messages: Every 4H commencing 0320. On request. Local area fcst

0086.2 Forth (Coastguard MRSC)   **Ch 67**
Strong wind warnings: On receipt and at the following bcst until cancelled. Every 2H commencing 0205. On request. Local area strong wind (force 6/7) and/or gale warnings.
Weather messages: Every 4H commencing 0205. On request. Local area fcst

0080 Forth   **Ch 24**
Storm warnings: At the end of the first silence period after receipt. 0303 0903 1503 2103 UT. Gale warnings for S Utsire Forties, Forth, Cromarty, Fisher, Forties.
Weather messages: 0703 1903 UT. On request.

Gale warnings, synopsis, 24H fcst for Viking, N Utsire, S Utsire, Forties, Cromarty, Forth, Tyne, Dogger, Fisher, German Bight, Humber, Thames, Lundy, Irish Sea, Rockall, Malin, Hebrides, Bailey, Fair Isle, Faeroes, and SE Iceland.

0088 Cullercoats   **Ch 26**
Storm warnings: At the end of the first silence period after receipt. 0303 0903 1503 2103 UT. Gale warnings for Tyne, Dogger, Fisher, German Bight, Humber.
Weather messages: 0703 1903 UT. On request. Gale warnings, synopsis, 24H fcst for Viking, N Utsire, S Utsire, Forties, Cromarty, Forth, Tyne, Dogger, Fisher, German Bight, Humber, Thames, Lundy, Irish Sea, Rockall, Malin, Hebrides, Bailey, Fair Isle, Faeroes, and SE Iceland.

0087.2 Forth FM Radio 1548 kHz 97.3 MHz
Every H+00 Mon-Fri 0600-1900 Sat, Sun 0600-1400

0087.6 Radio Borders   **95.7/103.4 MHz**
Every H+00 (H24). Fcst and synopsis from Holy Island to St Abb's Head.

0089 Tyne Tees (Coastguard MRSC) Ch 67
Strong wind warnings: On receipt and at the following bcst until cancelled. Every 2H commencing 0150. On request. Local area strong wind (force 6/7) and/or gale warnings.
Weather messages: Every 4H commencing 0150. On request. Local area fcst

0089.4 Radio Tay FM   **96.4/102.8 MHz**
Weather messages 0610 0710. Coast report including strong wind and weather warnings, if any in force, for the area from Montrose on the Angus coast Kirkcaldy on the Firth of Forth.

0089.5 Century FM
     96.2/96.4/100.7/101.8 MHz
Weather messages every H+00 and H+30. For Whitby to Berwick-upon-Tweed.

0089.6 BBC Radio Newcastle
     1450 kHz 95.4/96.0/103.7/104.4 MHz
Mon-Fri 0655 0755 0855 1155 1255 1655 1755. Sat, Sun 0755 0855 0955. Fcst and synopsis for inshore waters Skelton to Berwick-on-Tweed.

0089.7 Sun City   **103.4 MHz**
0630 Coastal fcst
General fcsts every H+05 and H+40 (0600-2200). For Hartlepool to Whitley Bay.

0090 BBC Radio Cleveland 95.0/95.8 MHz
Coastal fcsts: Mon-Fri 0645 0745 0845 1345 1645 1715 1815. Sat 0645 0745 0945 1245 1345. Sun 0745 0845 0945. Coast fcst and small craft information for Hartlepool to Flamborough Head.

WEATHER FORECASTS

0090.1 Yorkshire Coast Radio
96.2/103.1 MHz
Every H + 30 (0630- 1830)

0091 TFM 96.6 96.6 MHz
Mon-Fri every H+00 and H+30 (0600-1000) then H+00 (1000-1800 2200-0100) after news bulletin. Sat, Sun every H+00 (0700-1300) after news bulletin. For N Yorks, Cleveland and Co Durham.

0092 BBC Radio York
666/1260 kHz 95.5/103.7/104.3 MHz
Mon-Fri 0600 0700 0800 1230 1330 1730 1830. Sat 0710 1810. Sun 0710 0810 1145. Fcst and sysnopsis for sea areas Tyne and Humber.

0093 Whitby Ch 25
Storm warnings: At the end of the first silence period after receipt. 0303 0903 1503 2103 UT. Gale warnings for Dogger, Tyne, Fisher, Humber, German Bight.

Weather messages: 0703 1903 UT. On request. Gale warnings, synopsis, 24H fcst for Viking, N Utsire, S Utsire, Forties, Cromarty, Forth, Tyne, Dogger, Fisher, German Bight, Humber, Thames, Lundy, Irish Sea, Rockall, Malin, Hebrides, Bailey, Fair Isle, Faeroes, and SE Iceland.

0093.1 Humber (Coastguard MRSC) Ch 67
Strong wind warnings: On receipt and at the following bcst until cancelled. Every 2H commencing 0340. On request. Local area strong wind (force 6/7) and/or gale warnings.

Weather messages: Every 4H commencing 0340. On request. Local area fcst

0093.2 BBC Radio Humberside 95.9MHz
Weather messages: Coastal fcst, synopsis, small craft information for Bridlington to Grimsby including Humber and N Lincolnshire coast. Mon-Fri: 0632 0732 0832 1332 1632 1732 1832 after general fcst. Sat, Sun: 0732 0832 1309 after general fcst.

0093.3 Viking FM 96.9 FM
Up to the hour before news every H+00 Mon-Fri 0600-2300
Sat, Sun 0700-2300
For River Humber & Central Yorkshire Coast.

0094 Grimsby Ch 27
Storm warnings: At the end of the first silence period after receipt. 0303 0903 1503 2103 UT. Gale warnings for Dogger, Tyne, Thames, Humber, German Bight.

Weather messages: 0733 1933 UT. On request. Gale warnings, synopsis, 24H fcst for Tyne, Dogger, Fisher, German Bight, Humber, Thames, Dover, Wight, Portland, Plymouth, Biscay, Finisterre, Sole, Lundy, Fastnet, Irish Sea, Shannon.

0095 Humber Ch 26
Storm warnings: At the end of the first silence period after receipt. 0303 0903 1503 2103 UT. Gale warnings for Dogger, Tyne, Thames, Humber, German Bight.

Weather messages: 0733 1933 UT. On request. Gale warnings, synopsis, 24H fcst for Tyne, Dogger, German Bight, Humber, Thames, Dover, Wight, Portland, Plymouth, Biscay, Finisterre, Sole, Lundy, Fastnet, Irish Sea, Shannon.

0096 BBC Radio Lincolnshire
1368 kHz 94.9 /104.7 MHz
Mon-Fri 0615 0745 1145 1650 1803. Sat 0720 0845 1145 1445. Sun 0650 0850 1145. 24H fcst and synopsis live from weather centre after news bulletin Mon-Fri every H+00 (0600-1900) 2100 2200 2300 and 0630 0730 0830 1230 1730. Sat 0700 0800 0900 1000 1100 1200 1300 1400 and 0730 0830. Sun 0700 0800 0900 1000 1200. 24H fcst and synopsis.

0097 KL FM 96.7 Radio 96.7 MHz
Every H+00 and Mon-Fri every H+30 (0600-0900) for the Wash.

0098 Bacton Ch 07
Storm warnings: At the end of the first silence period after receipt. 0303 0903 1503 2103 UT. Gale warnings for Humber, German Bight, Thames, Tyne, Dogger.

Weather messages: 0733 1933 UT. On request. Gale warnings, synopsis, 24H fcst, for Tyne, Dogger, German Bight, Humber, Thames, Dover, Wight, Portland, Plymouth, Biscay, Finisterre, Sole, Lundy, Fastnet, Irish Sea and Shannon.

0099 Yarmouth (Coastguard MRCC) Ch 67
Strong wind warnings: On receipt and at the following bcsts until cancelled. Every 2H commencing 0040. On request. Local area strong wind (Force 6/7) and/or gale warnings.

Weather messages: Every 4H commencing 0040. On request. Local area fcst.

0099.3 BBC Radio Suffolk 95.5/103.9 MHz
Sailing fcst Mon-Fri: 0617 0717 0817 1330 1717 1805. Sat, Sun: 0707 0805 1305. General fcst Mon-Fri every H+00 (0600-2300) plus 0530 0630 0650 0730 0750 0830 1230 1250 1630 1730 1750. Sat: every H+00 (0700-1400) then 1800 2200 2300 plus 0750 1250. Sun: every H+00 (0700-1500) then 1800 2200 2300 plus 0750 1250.

0099.5 Amber Radio including **Broadlands 102.4 & SGR FM Radio**
1152/1170/1251 kHz at 0704 0805 1305 1704 1805. Live from Norwich weather centre.

WEATHER FORECASTS

102.4/96.4/97.1 MHz at 0603 0703 0804 0903 1002 1102 1203 1304 1402 1502 1603 1703 1804. Then every H+02 (1900-0500) and Shipping fcst Humber, Thames at 0905 on kHz transmissions and 0903 and 0645 (*Sat*) on MHz transmissions.

0100 Orfordness   Ch 62
Storm warnings: At the end of the first silence period after receipt. 0303 0903 1503 2103 *UT*. Gale warnings for Humber, Thames, Dover, Wight

Weather messages: 0733 1933 *UT*. On request. Gale warnings, synopsis, 24H fcst, for Tyne, Dogger, German Bight, Humber, Thames, Dover, Wight, Portland, Plymouth, Biscay, Finisterre, Sole, Lundy, Fastnet, Irish Sea and Shannon.

Fog (visibility) warnings: On receipt. At the end of the next silence period. Summary of conditions when visibility on the Thames, seaward of London, falls below 0.5M.

0101 Mellow Radio   1557kHz
Weather messages: *Mon-Sat*: 0905 after news bulletin. Live report from local coastguard on sea conditions from Harwich to Brightlingsea.
Mon-Fri: 1305 1705 after news bulletin. Coastal report including sea conditions, wind force and direction, storm warnings if any in force, visibilty, HW times at Harwich and Brightlingsea.

0102 Essex FM *including* **Breeze Radio**
  1359 /1431 kHz
Every H+00.   96.3/102.6 MHz

0103 BBC Radio Essex
  729/765/1530 kHz 95.3/103.5 MHz
0640 0740 1740 1840.

0104 Invicta Supergold   603/1242 kHz
Weather messages every H+00 (0600-2300) with summary every H+30 (0630-0930, 1630-1930). For Lowestoft to Dungeness

0105 Thames   Ch 02
Storm warnings: At the end of the first silence period after receipt. 0303 0903 1503 2103 *UT*. Gale warnings for Humber, Thames, Dover, Wight

Weather messages: 0733 1933 *UT*. On request. Gale warnings, synopsis, 24H fcst, for Tyne, Dogger, German Bight, Humber, Thames, Dover, Wight, Portland, Plymouth, Biscay, Finisterre, Sole, Lundy, Fastnet, Irish Sea and Shannon.

0107 Thames (Coastguard MRSC)   Ch 67
Strong wind warnings: On receipt and at the following bcsts until cancelled. Every 2H commencing 0010. On request. Local area strong wind (Force 6/7) and/or gale warnings.

Weather messages: Every 4H commencing 0010. On request. Local area fcst.

0109 BBC Radio Kent   **Wrotham 96.7 MHz**
  Folkestone 97.6 MHz
  Swingate 104.2 MHz
Weather messages *Mon-Fri* 0732 0832 1232 1328 1732 1832. *Sat, Sun* 0735 0835 1310. General fcst every H+00 (0600-0000) after news.

0110 North Foreland   Ch 26
Storm warnings: At the end of the first silence period after receipt. 0303 0903 1503 2103 *UT*. Gale warnings for Humber, Thames, Dover, Wight, Portland, Plymouth, Sole, Lundy, Biscay Finisterre and Fasnet.

Weather messages: 0733 1933 *UT*. On request. Gale warnings, synopsis, 24H fcst, for Tyne, Dogger, German Bight, Humber, Thames, Dover, Wight, Portland, Plymouth, Biscay, Finisterre, Sole, Lundy, Fastnet, Irish Sea and Shannon.

Fog (visibility) warnings: On receipt. Repeated at the end of the first silence period after receipt. Summary of conditions when visibility on the Thames, seaward of London, falls below 0.5M.

0115.5 BBC Radio Guernsey
  1116 kHz 93.2 MHz
Mon-Fri 0807 1235 1710. *Sat & Sun* 0810

0116 Island FM   93.7/104.7 MHz
Every H+30.

0120 Jersey   Ch 25, 82
Bcsts announced on Ch 16
Storm warnings On receipt at the end of the next silence period. 0707 0907 1507 2107 *UT* near gale warnings for Channel Islands; S of 50°N, E of 3°W.

Weather messages 0645[1] 0745[1] 0845[1,2] 1245 1845 2245 *UT*.
On request. Near gale warnings, synopsis, 24H fcst and outlook for a further 24H for Channel Islands; S of 50°N, E of 3°W.
Reports from met observation stations [1] Bcsts given 1H earlier when DST is in force
[2] 1 May to 31 August only

0120.5 BBC Radio Jersey
  1026kHz 88.8MHz
Storm warnings at first available opportunity after receipt.
Wind information *Mon-Fri*: 0635 0710 0735 0810 0835 1710 1735 1835. Wind direction and force for local waters.

Weather messages *Mon-Fri*: 0635 0810[1] 1835. *Sat, Sun*: 0735. Shipping fcst: including fcst, synopsis,

WEATHER FORECASTS

visibility, reports from selected observation stations, wind direction and force, for local waters.
¹ Summer only (no observation reports bcst)

0121 Belfast (Coastguard MRSC)   Ch 67
Weather messages: Every 4H commencing 0305. On request. Local area fcst.

0121.2 Downtown Radio
1026kHz   96.4/96.6/97.4¹/102.4/103.1MHz
¹ Bcsts as Cool FM
Weather messages every H+00 (after the news bulletin). Fcst and synopsis, small craft warnings when in force for coastal waters of the NE coast N Ireland incl N Channel

0121.4 BBC Radio Foyle   792kHz 93.1MHz
Weather messages every H+00 (0900-1200) then 1330 1400 1500 1600 1730. Fcst, synopsis, storm warnings, wind strength for inland and coastal areas, any small craft warnings in force in force.

0121.5 Q102.9FM   102.9MHz
Storm warnings on receipt (or as soon as possible). Severe storm warnings, gale force wind alerts for coastal waters from Tory Island to Ballycastle.

Weather messages every H+00 (0600-2400). Bcst after hourly news bulletin: fcst and synopsis for coastal waters from Tory Island to Ballycastle.

0122 RTE Radio 1
567kHz & many FM stations
Weather fcsts for Irish waters 0602 1253 1823 2355.

0124 Dublin   Ch 83
Storm warnings: On receipt. Repeated at next time in the following schedule 0033 0633 1233 1833 after announcement on Ch 16.

Weather messages: 0103 0403 0703 1003 1303 1603 1903 2203. On request. Gale warnings, synopsis, 24H fcst, for Irish coastal waters up to 30M offshore and the Irish Sea.

0124.1 East Coast Radio Kippure 94.9MHz
Bray Head 96.2MHz
Arklow 104.4MHz
Wicklow Head 102.9MHz
Weather messages every H+06 (0700-1800) after news bulletin. General fcst for coastal and inland areas storm warnings and wind strength, for area from Dublin Bay to Arklow Head

0125 Wicklow Head   Ch 87
Storm warnings: On receipt. Repeated at next time in the following schedule 0033 0633 1233 1833 after announcement on Ch 16. Gale warnings for Irish coastal waters up to 30M offshore and the Irish Sea.

Weather messages: 0103 0403 0703 1003 1303 1603 1903 2203. Gale warnings, synopsis, 24H fcst, for Irish coastal waters up to 30M offshore and the Irish Sea.

0125.1 South East Radio
Mt Leinster 95.6MHz
Gorey 96.2MHz
Wexford 96.4MHz
Weather messages Mon-Fri: 0712. Coastal fcst, storm warnings and wind strength for the Wexford coast.
Every H+30 (H24) after commercial break. Scheduled bcsts may be suspended 0130-0630. Detailed general fcst for inland and coastal areas, including storm warnings if adverse weather conditions are fcst.

0126 Rosslare   Ch 23
Storm warnings: On receipt 0033 0633 1233 1833 after announcement on Ch 16. Gale warnings for Irish coastal waters up to 30M offshore and the Irish Sea.

Weather messages: 0103 0403 0703 1003 1303 1603 1903 2203. Gale warnings, synopsis, 24H fcst, for Irish coastal waters up to 30M offshore and the Irish Sea.

0126.1 WLR FM   Faha Ring 95.1MHz
Carrick Pherish 97.5MHz
Weather messages every H+03 and 1315 1815. General fcst, gale warnings, wind strength for area Youghal to Kilmore Quay

0127 Mine Head   Ch 83
Storm warnings: On receipt. Repeated at next time in the following schedule 0033 0633 1233 1833 after announcement on Ch 16. Gale warnings for Irish coastal waters up to 30M offshore and the Irish Sea.

Weather messages: 0103 0403 0703 1003 1303 1603 1903 2203. Gale warnings, synopsis, 24H fcst, for Irish coastal waters up to 30M offshore and the Irish Sea.

0128 Cork   Ch 26
Storm warnings: On receipt. Repeated at next time in the following schedule 0033 0633 1233 1833 after announcement on Ch 16. Gale warnings for Irish coastal waters up to 30M offshore and the Irish Sea.

Weather messages: 0103 0403 0703 1003 1303 1603 1903 2203. Gale warnings, synopsis, 24H fcst, for Irish coastal waters up to 30M offshore and the Irish Sea.

WEATHER FORECASTS

0128.1 Radio Kerry   Mullaganish 97.0MHz
Knockanure 97.6MHz
Tralee and Kilkieveragh 96.2MHz
Fcst and synopsis for Cork to Shannon 0004 0104 0704 0755 0804 0910 1004 1107 1155 1204 1330 1404 1507 1607 1704 1740 1904 2004 2104 2204 2304.

0129 Bantry   Ch 23
Storm warnings: On receipt. Repeated at next time in the following schedule 0033 0633 1233 1833 after announcement on Ch 16. Gale warnings for Irish coastal waters up to 30M offshore and the Irish Sea.

Weather messages: 0103 0403 0703 1003 1303 1603 1903 2203. Gale warnings, synopsis, 24H fcst, for Irish coastal waters up to 30M offshore and the Irish Sea.

0130 Valentia   Ch 24
Storm warnings: At the end of the first silence period after receipt 0033 0633 1233 1833 after announcement on Ch 16. Gale warnings for Shannon and Fastnet.

Weather messages: 0103 0403 0703 1003 1303 1603 1903 2203. On request. Gale warnings, synopsis, 24H fcst, for Shannon and Fastnet.

0134 Shannon   Ch 28
Storm warnings: At the end of the first silence period after receipt 0033 0633 1233 1833 after announcement on Ch 16. On receipt. Repeated at next time in the following schedule 0033 0633 1233 1833 after announcement on Ch 16. Gale warnings for Irish coastal waters up to 30M offshore and the Irish Sea.

Weather messages: 0103 0403 0703 1003 1303 1603 1903 2203. Gale warnings, synopsis, 24H fcst, for Irish coastal waters up to 30M offshore and the Irish Sea.

0134.1 Galway Bay FM
95.8/96.0/96.8/97.4MHz
Weather messages every H+10 and H+31 (0900-1800) then every H+04 and H+31 (1900-0300 following day). Coastal fcst including storm warnings for Galway Bay.

0135 Clifden   Ch 26
Storm warnings: On receipt. Repeated at next time in the following schedule 0033 0633 1233 1833 after announcement on Ch 16. Gale warnings for Irish coastal waters up to 30M offshore and the Irish Sea.

Weather messages: 0103 0403 0703 1003 1303 1603 1903 2203. Gale warnings, synopsis, 24H fcst, for Irish coastal waters up to 30M offshore and the Irish Sea.

0135.1 MWR FM   Kiltimagh 96.1MHz
Achill 97.1MHz
Note - reception area:
  NW coast, Malin Head - Downpatrick Head
  W coast, Malin Head–Achill Head–Sline Head
Storm warnings 0000 0704 0903 1004 1104 1203 1345 1503 1604 1740 2000 2200 2300. When in force

Weather messages 0800 2000. Coastal fcst, synopsis, storm warnings, 24H fcst for W and NW Irish coastal waters from Sline Head to Fair Head. Visibility for all Irish coastal waters and Irish Sea. Heavy swell warnings for SW and N Irish coastal waters.

0136 Belmullet   Ch 83
Storm warnings: On receipt. Repeated at next time in the following schedule 0033 0633 1233 1833 after announcement on Ch 16. Gale warnings for Irish coastal waters up to 30M offshore and the Irish Sea.

Weather messages: 0103 0403 0703 1003 1303 1603 1903 2203. Gale warnings, synopsis, 24H fcst, for Irish coastal waters up to 30M offshore and the Irish Sea.

0137 Glen Head   Ch 24
Storm warnings: On receipt. Repeated at next time in the following schedule 0033 0633 1233 1833 after announcement on Ch 16. Gale warnings for Irish coastal waters up to 30M offshore and the Irish Sea.

Weather messages: 0103 0403 0703 1003 1303 1603 1903 2203. Gale warnings, synopsis, 24H fcst, for Irish coastal waters up to 30M offshore and the Irish Sea.

0140 Malin Head   Ch 23
Storm warnings: On receipt. Repeated at next time in the following schedule 0033 0633 1233 1833 after announcement on Ch 16. Gale warnings for Irish coastal waters up to 30M offshore and the Irish Sea.

Weather messages: 0103 0403 0703 1003 1303 1603 1903 2203. Gale warnings, synopsis, 24H fcst, for Irish coastal waters up to 30M offshore and the Irish Sea.

0150 Belgische Radio en Televisie (Radio 1)
91.7/94.2/95.7/98.5MHz
Weather messages: after the news: 0600 0700 0800 0900 1700 2200. Present situation, fcst for the next day and the next few days, wind speed, in Dutch for Dover, Thames, Humber, Wight, Portland.

WEATHER FORECASTS

On receipt. 0445 0530 0630 0730 0830 1130 1545 1645 1845 2245. Winter only: special weather warnings for storm, wind speed, severe weather in Dutch.

0155 Oostende   Ch 27
Storm warnings on receipt at the end of the next two silence periods. Strong breeze warnings in English and Dutch for Dover, Thames.

Weather messages: 0820 1720. Strong breeze warnings in English and Dutch for Dover, Thames.

0160 Antwerpen   Ch 24
Storm warnings on receipt at the end of the next two silence periods. Every odd H+05 in English and Dutch for the Schelde. Every H+03, H+48, strong wind warnings for small craft in English and Dutch, when wind speed is expected to reach Beaufort Force 6 for the Schelde

0165 Scheveningen
Goes	Ch 23
Rotterdam	Ch 87
Scheveningen	Ch 83
Haarlem	Ch 25
Lelystad	Ch 83
Wieringermeer	Ch 27
Plafform L7	Ch 84
Terschelling	Ch 78
Nes	Ch 23
Appingedam	Ch 27

Weather messages 0705 1205 1805 2305 UT. Strong breeze warnings, synopsis, 12H wind fcst in Dutch for Netherlands coastal waters up to 30 n miles offshore (including IJsselmeer).

Near gale warnings in English and Dutch for Netherlands coastal waters up to 30 n miles offshore (including IJsselmeer) and areas Dover, Thames, Humber, German Bight, Dogger, Fisher, Forties, Viking

Storm warnings on receipt. Every H+05. Strong breeze warnings in Dutch for Netherlands coastal waters up to 30 n miles offshore (including IJsselmeer)

0168 Omroep Zeelande
Philippine	97.8MHz
Goes	101.9MHz

Weather messages: *Mon-Fri* (summer) 0715 0915 1215 1715. *Mon-Fri* (winter) 0715 1215 1715. *Sat, Sun* 1015. Coastal fcst, synopsis, storm warnings, wind strength, in Dutch.

0169 Radio Noorde-Holland
Wieringermeer	93.9MHz
Harlem	97.6MHz

Weather messages: *Mon-Fri* 0730 0838 1005 1230 1705. *Sat, Sun* 1005. Coastal fcst, storm warnings, wind strength, in Dutch.

0190 Norddeich   Ch 28
Weather messages 0700 1200 1800. Synopsis, 12H fcst and outlook for a further 12H in German for areas N9-N12.

0210 Elbe-Weser
Helgoland	Ch 27
Elbe-Weser	Ch 24
Eiderstedt	Ch 25
Nordfriesland	Ch 26

Weather messages 0700*LT* 1200*UT* 1800*LT*. Synopsis, 12H fcst and outlook for a further 12H in German for areas N9-N12. Station reports from List, Helgoland, Norderney and Den Helder

0240 Norddeutscher Rundfunk
Many FM stations bcst weather messages on receipt. Wind fcst for the next 12 - 30H in German for areas B11 and N10

0255 Radio Bremen
Bremerhaven	89.3MHz
Bremen	93.8MHz
RB2 Bremen	88.3MHz
Bremerhaven	92.1MHz
RB3 Bremerhaven	95.4MHz
Bremen	99.7MHz
RB4 Bremerhaven	100.8MHz
Bremen	101.2MHz

Weather messages: On receipt. Wind fcst for the next 12H in German for areas B11 and N10. On 89.3/93.8MHz only: about 0930 2300 fcst, synopsis and outlook.

0260 Deutschland Funk
Hamburg	88.7MHz
Helgoland	89.8MHz
Aurich	101.8MHz
Eutin	101.9MHz
Lingen	102MHz
Höhbeck	102.2MHz
Flensburg	103.3MHz
Bremerhaven	104.3MHz
Bremen	107.1MHz

Storm warnings: On receipt in German for areas B10-B12 and N10

0262 Deutschland Radio
Hamburg	89.1MHz
Bremerhaven	106.2MHz
Cuxhaven	107.7MHz

Storm warnings: On receipt in German for areas B10-B12 and N10

WEATHER FORECASTS

Weather messages: 0105 0640 1105 UT. Synopsis, 12H fcst and outlook for a further 12H in German for areas N9-N12, B10-B14.

0260 Deutschland Funk
Hamburg	88.7MHz
Helgoland	89.8MHz
Aurich	101.8MHz
Eutin	101.9MHz
Lingen	102MHz
Höhbeck	102.2MHz
Flensburg	103.3MHz
Bremerhaven	104.3MHz
Bremen	107.1MHz

Storm warnings: On receipt in German for areas B10-B12 and N10

0840 Boulogne-sur-Mer
Dunkerque	Ch 61
Boulogne	Ch 23
Calais	Ch 87

Weather messages 0633 1433. Strong wind warnings, gale warnings or storm warnings, synopsis and development, 12H fcst, probabilities for the next 12H, coastal observations from Signal Stations, in French for coastal waters from Belgian border to Baie de Somme

Dieppe	Ch 02
Le Havre	Ch 26

Weather messages 0633 1433. Strong wind warnings, gale warnings or storm warnings, synopsis and development, 12H fcst, probabilities for the next 12H, coastal observations from Signal Stations, in French for the coastal waters from Baie de Somme to La Hague

Port-en-Bessin	Ch 03
Cherbourg	Ch 27

Weather messages 0633 1433. Strong wind warnings, gale warnings or storm warnings, synopsis and development, 12H fcst, probabilities for the next 12H, coastal observations from Signal Stations, in French for coastal waters from La Hague to Penmarc'h

0842 Gris-Nez (CROSS)
Dunkerque	Ch 79
Gris-Nez	Ch 79
L'Ailly	Ch 79
Saint-Frieux	Ch 79

Storm warnings on receipt. Every H+03 H+10. On request. Gale warnings and BMS (Special Met Bulletin) in French and English for coastal waters from the French/Belgium border to Cap d'Antifer

L'Ailly	Ch 79	0703 1903

Weather messages: Gale warnings, situation, 24H fcst and outlook for a further 48H, in French and English, for coastal waters for Baie de Somme to Cap de la Hague

Dunkerque	Ch 79	0720 1920
Gris-Nez	Ch 79	0710 1910

Weather messages: Storm warnings, situation, 24H fcst and outlook for a further 48H, in French and English, from the French/Belgium border to Baie de Somme

Fog visibility warnings every H+25, when visibility in the Pas de Calais (Dover Strait) falls below 2M, in French and English. Supplementary bulletins are bcst when required in addition to the scheduled bcst times above. Dover Coastguard bcst a similar bulletin every H+40 H+55 on Ch 11

0857.1 Radio France Cherbourg
St Vaast la Hougue	85.0MHz
La Hague	99.8MHz
Barneville Carteret	99.9MHz
Cherbourg	100.7MHz

Weather messages 0829. Coastal fcst, storm warnings, visibility, wind strength, tidal information, small craft warnings and shipping movements. In French for the area of the Cherbourg peninsula

0860 Jobourg (CROSS)
Antifer	Ch 80
Port-en-Bessin	Ch 80
Gatteville	Ch 80
Joburg	Ch 80
Granville	Ch 80
Roche-Douvres	Ch 80

Storm warnings On request: Every H+03. BMS (Special Met Bulletin), in French, for coastal waters

Joburg	Ch 80

Storm warnings on receipt. Every H+20 H+50. On request. Storm and gale warnings for areas 13 and 14, in French and English

Joburg	Ch 80	0715 1915
Granville	Ch 80	0703 1903

Weather messages: Situation, 24H fcst and observations from signal stations, in French, for Cap de la Hague to la Pointe de Penmarc'h

Antifer	Ch 80	0803 2003
Port-en-Bessin	Ch 80	0745 1945
Joburg	Ch 80	0733 1933

Weather messages: Storm warnings, situation, 24H fcst and observations from signal stations, in French, for Cap de la Hague to Baie de Somme

0860.5 Radio France Armorique
101.3/103.1MHz

Storm warnings on receipt, for the whole of Brittany (excluding extreme western side), including

WEATHER FORECASTS

southwards from Noirmoutier to the Glénans and the Channel Islands, in French

Weather messages: General fcst in French - 0600 0605 0700 0710 0800 0810 0830 0900 1200 1300 1800 1900.
Marine fcst, including advance storm warnings, wind speed (direction and strength), tidal levels and advice to small craft users. Additional during summer months are beach meteo. In French for the whole of Brittany (excluding extreme western side), including southwards from Noirmoutier to the Glénans and the Channel Islands - 0829 1229 1829

0865 Brest-Le Conquet

Paimpol	Ch 84
Pont L'Abbé	Ch 86, 26
Plougasnou	Ch 81
Ouessant	Ch 82

Weather messages 0733 1533. Strong wind warnings, Gale warnings or Storm warnings, synopsis and development, 24H fcst and outlook for a further 24H, coastal observations from Ouessant Signal Station, in French for coastal waters from La Hague to Penmarc'h and Penmarc'h to the south of Vendée.

Arcachon	Ch 82
Île de Ré	Ch 21
Royan	Ch 23
Bayonne	Ch 24

Weather messages 0733 1533. Strong wind warnings, Gale warnings or Storm warnings, synopsis and development, 12H fcst and outlook for a further 12H, observations from Signal Stations, in French, for the coastal waters of Charente-Maritime to the Spanish border.

0866 Corsen (CROSS)

Le Stiff	Ch 79

Storm warnings on receipt. Every H+10 H+40. Gale warnings in English for areas 14, 15, 16

Cap Fréhel	Ch 79
Bodic	Ch 79
Île de Batz	Ch 79
Corsen	Ch 79
Pointe du Raz	Ch 79

Storm warnings on receipt. Every H+03. Gale warnings in French and for coastal waters from La Hague to Pointe de Penmarc'h. Storm warnings, BMS (Special Meteorological Bulletin) and Fog (Visibility) warnings, bcst in French and English in the summer and French in the winter.

Le Stiff	Ch 79	0150 0450 0750 1050 1350 1650 1950 2250 UT

Weather messages on request. Gale warnings, synopsis, 12H fcst, probabilities for the next 24H and outlook for a further 48H, in English for areas 14, 15, 16

Pointe du Raz	Ch 79	0433 0703 1903
Île de Batz	Ch 79	0445 0715 1915
Cap Fréhel	Ch 79	0450 0733 1933

Weather messages on request. Gale warnings, synopsis, 12H fcst, probabilities for the next 12H and outlook for a further 48H, in French for coastal waters from La Hague to Pointe de Penmarc'h

0870 Étel (CROSS)

Penmarc'h (Eckmühl)	Ch 80
Étel	Ch 80
Saint-Nazaire (Kerrouault)	Ch 80
Les Sable d'Olonne (L'Armandeche)	Ch 80

Storm warnings on receipt. Every H+03. Storm warnings and BMS (Special Met Bulletin), in French and English in the summer and in French in the winter

Penmarc'h (Eckmühl)	Ch 80	0703 1903
Étel	Ch 80	0715 1915
Saint-Nazaire (Kerrouault)	Ch 80	0733 1933
Les Sable d'Olonne (L'Armandeche)	Ch 80	0745 1945

Weather messages: Storm warnings, situation, 24H fcst and outlook for a further 24H, in French, for area Penmarc'h to l'Anse de l'Aiguillon

0871 Saint-Nazaire

Saint-Malo	Ch 02

Weather messages 0733 1533. Strong wind warnings, gale warnings or storm warnings, synopsis and development, 24H fcst and outlook for a further 24H, coastal observations from Ouessant Signal Station, in French, for coastal waters from La Hague to Penmarc'h

Belle-Île	Ch 25
Saint Nazaire	Ch 23
Saint-Herblain	Ch 28
S. Hilaire de Riez	Ch 27

Weather messages 0733 1533. Strong wind warnings, gale warnings or storm warnings, synopsis and development, 24H fcst and outlook for a further 24H, coastal observations from Ouessant Signal Station, in French, for coastal waters between Penmarc'h and Sud de la Vendée

0879 Soulac (Sous-CROSS) (MRSC)

Chassiron	Ch 80
Soulac	Ch 80
Cap Ferret	Ch 80

WEATHER FORECASTS

Contis Ch 80
Biarritz Ch 80
Storm warnings on receipt. Every H+03. Storm warnings and BMS (Special Met Bulletin), in French and English in the summer and French in the winter

Chassiron	Ch 79	0703 1903
Soulac	Ch 79	0715 1915
Cap Ferret	Ch 79	0733 1933
Contis	Ch 79	0745 1945
Biarritz	Ch 79	0803 2003

Weather messages: Storm warnings, situation, 24H fcst and outlook for a further 24H, in French, for area l'Anse de l'Aiguillon to French Spanish border

0906 Bilbao (MRCC) Ch 10
Weather messages 0033 0433 0833 1233 1633 2033 UT.
Storm warnings: On receipt. Every even H+33 UT

0911 Santander (MRSC) Ch 11
Weather messages 0245 0645 1045 1445 1825 2245 UT

0914 Gijón (MRCC) Ch 10
Weather messages every even H+15 (0215–2215) UT

0924 Coruña (MRSC) Ch 12, 13, 14
Weather messages 0005 0405 0805 1205 1605 2005 UT. For areas 1–6

0928 Finisterre (MRCC) Ch 11
Weather messages 0233 0633 1033 1433 1833 2233 UT

0929.1 Vigo (MRSC) Ch 10
Weather messages 0015 0415 0815 1215 1815 2015 UT

0947 Leixões Ch 11
Weather messages 1030 1630 UT. Gale warnings, fcst, in Portuguese for Porto de Leixões

0955 Monsanto (Radionaval) Ch 11
Weather messages 1000 1630 UT. Gale warnings, fcst, in Portuguese for Algés

0956 Lisboa Ch 11
Weather messages 1030 1700 UT. Gale warnings, fcst, in Portuguese for Porto de Lisboa

0957 Setúbal Ch 11
Weather messages 1030 1630 UT. Gale warnings, fcst, in Portuguese for Porto de Setúbal

0960 Sagres (Radionaval) Ch 11
Weather messages 1030 1630 UT. Gale warnings, fcst, in Portuguese for Porto de Sagres

0965 Radifusão Portuguesa
Bragança	96.4MHz	1100 UT
Faro	97.6MHz	1100 UT
Guarda Portugal	94.7MHz	Sun/Hol 1100 UT
Portalegre	97.9MHz	Sun/Hol 1100 UT

Weather messages: weather fcst bulletin, in Portuguese for the coastal waters of Portugal

1043 Tarifa [G] (MRCC) Ch 10
Weather messages Every even H+15 UT. Actual wind and visibility at Tarifa, followed by fcst for Strait of Gibraltar, Cádiz Bay and Alborán in English and Spanish

Fog (visibility) warnings every even H+15. Bcsts are more frequent when visibility falls below 2M

1045 Algeciras (MRSC) Ch 15, 74
Weather messages 0315 0515 0715 1115 1515 1915 2315 UT

1046 Gibraltar Broadcasting Corporation
1458kHz 91.3/92.6/100.5MHz
Weather messages *Mon-Fri* 0610 0930 1030 1230 1300 1530 1715. *Sat* 0930 1030 1230 1300. *Sun* 1030 1230 UT. General synopsis, situation, wind direction and strength, sea state, visibility, for area up to 50M from Gibraltar in English (1300 bcsts in Spanish)

Mon-Fri 0630 0730 0830 1130 1740–1755. *Sat* 0630 0730 0830 1130. *Sun* 0730 0830 1130 UT. General synopsis, situation, wind direction and strength, sea state, visibility, and Sailing Forecast, for area up 50M from Gibraltar in English.

1046.5 BFBS Gibraltar 93.5/97.8MHz
Storm warnings on receipt. Storm and gale warnings for the Gibraltar area.

Weather messages *Mon-Fri* 0745 0845 1130 1715 2345. *Sat, Sun* 0845 0945 1230. Shipping fcst; general synopsis, situation, wind direction and strength, sea state, visibility together with HW/LW times.
Mon-Fri every H+06 (0700–2400). *Sat, Sun* every H+06 (0700–1000 1200–1400). Fcst for Gibraltar area; general synopsis, situation, wind direction and strength, sea state, visibility together with HW/LW times.

1047 Gibraltar Ch 01, 04, 23, 25, 27, 86, 87
Weather messages on request. Gale warnings, 12H fcst and outlook for a further 12H from 0000, 0600, 1200 or 1800 UT for area up to 50M from Gibraltar.

WEATHER SECTION
NAVTEX

Navtex is an international system for receiving, in printed form, weather and navigational information at sea. The information is transmitted from shore-based stations on a single narrow-band frequency. It is received by any vessel carrying a Navtex receiver and is printed onto a paper roll to tear off and read so providing data that can be studied and evaluated easily. Information is transmitted routinely at set times - *see table* - but vital information is transmitted straightaway and is repeated with scheduled transmissions. Information can be pre-selected for non-printing, thereby keeping print output to a minimum. Transmissions have a four digit prefix - the first denotes transmitting station, the second, subject matter. The two subsequent are message serial numbers.

Message Categories:
A	Navigational warnings
B	Meteorological warnings
C	Ice reports
D	Search and rescue
E	Meteorological forecasts
F	Pilot service messages
G	DECCA messages
H	LORAN messages
I	OMEGA messages
J	SATNAV messages
K	Other electronic Navaid messages
L	Navigational warnings for drilling rig movements
V	Amplified Navigational Warnings given under A
WXY	Special Service - trial only
Z	No message on hand

Navarea 1

Station		Range NM	Routine Transmission Times					
L	Rogaland	450	0148	0548	0948	1348	1748	2148
P	Netherlands CG	110	0348	0748	1148	1548	1948	2348
M	Oostende	150	0200	0600	1000	1400	1800	2200
T	Oostende	55	0248	0648	1048	1448	1848	2248
G	Cullercoats	270	0048	0448	0848	1248	1648	2048
K	Niton	270	0140	0540	0940	1340	1740	2140
S	Niton	270	0018	0418	0818	1218	1618	2018
O	Portpatrick	270	0130	0530	0930	1330	1730	2130
W	Valentia	400	0340	0740	1140	1540	1940	2340

Navarea 2

Station		Range NM	Routine Transmission Times					
A	Cross Corsen	320	0000	0400	0800	1200	1600	2000
D	La Coruña	400	0030	0430	0830	1230	1630	2030
R	Monsanto Radio	530	0250	0650	1050	1450	1850	2250
G	Tarifa	400	0100	0500	0900	1300	1700	2100

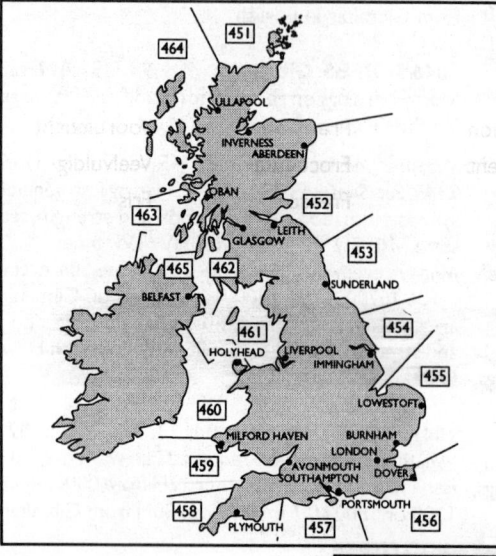

Navtex stations Western Europe

MET OFFICE SERVICES

Marinecall provides telephone weather forecasts. Calls cost 50p per minute at all times.

For a spoken 2 day local forecast phone 0891-500 + the area number shown on the accompanying map.

For current weather conditions updated hourly phone 0891-226 + the area number shown on the map.

Metcall Direct provides a live weather consultation with a forecaster for UK and overseas. Calls cost £15, payments by credit card.

Metfax provides a fax weather forecast. Calls cost 50p per minute at all times.

For a printed fax 2 day local forecast fax 0336-400 + the area number shown on the accompanying map.

For a printed fax 2-5 day area planning forecasts use the following numbers:

North West Scotland	0336-400468
North Sea	0336-400469
Biscay	0336-400470
Channel	0336-400471
Southern North Sea	0336-400472
Irish Sea	0336-400473
Channel Islands	0336-400466
National	0336-400450

FOREIGN WEATHER TERMS

English	German	French	Spanish	Dutch
Air mass	Luftmasse	Masse d'air	Massa de aire	Luchtmassa
Anticyclone	Antizyklonisch	Anticyclone	Anticiclón	Hogedrukgebied
Area	Gebiet	Zone	Zona	Gebied
Backing wind	Rückdrehender Wind	Vent reculant	Rolar el viento	Krimpende wind
Barometer	Barometer	Baromètre	Barómetro	Barometer
Breeze	Brise	Brise	Brisa	Bries
Calm	Flaute	Calme	Calma	Kalmte
Centre	Zentrum	Centre	Centro	Centum
Clouds	Wolken	Nuages	Nube	Wolken
Cold	Kalt	Froid	Frio	Koud
Cold front	Kaltfront	Front froid	Frente frio	Kou front
Cyclonic	Zyklonisch	Cyclonique	Ciclonica	Cycloonachtig
Decrease	Abnahme	Affaiblissement	Disminución	Afnemen
Deep	Tief	Profond	Profundo	Diep
Deepening	Vertiefend	Approfondissant	Ahondamiento	Verdiepend
Depression	Sturmtief	Dépression	Depresión	Depressie
Direction	Richtung	Direction	Direción	Richting
Dispersing	Auflösend	Se dispersant	Disipación	Oplossend
Disturbance	Störung	Perturbation	Perturbación	Verstoving
Drizzle	Niesel	Bruine	Liovierna	Motregen
East	Ost	Est	Este	Oosten
Extending	Ausdehnung	S'étendant	Extension	Uitstrekkend
Extensive	Ausgedehnt	Etendu	General	Uitgebreid
Falling	Fallend	Descendant	Bajando	Dalen
Filling	Auffüllend	Secomblant	Relleno	Vullend
Fog	Nebel	Brouillard	Niebla	Nevel
Fog bank	Nebelbank	Ligne de brouillard	Banco de niebla	Mist bank
Forecast	Vorhersage	Prévision	Previsión	Vooruitzicht
Frequent	Häufig	Fréquent	Frecuenta	Veelvuldig
Fresh	Frisch	Frais	Fresco	Fris
Front	Front	Front	Frente	Front
Gale	Sturm	Coup de vent	Temporal	Storm
Gale warning	Sturmwarnung	Avis de coup de vent	Aviso de temporal	Stormwaarschuwing
Good	Gut	Bon	Bueno	Goed
Gradient	Druckunterschied	Gradient	Gradiente	Gradiatie
Gust, squall	Bö	Rafalle	Ráfaga	Windvlaag
Hail	Hagel	Grêle	Granizo	Hagel
Haze	Diesig	Brume	Calina	Nevel
Heavy	Schwer	Abondant	Abunante	Zwaar

FOREIGN WEATHER TERMS

English	German	French	Spanish	Dutch
High	Hoch	Anticyclone	Alta presión	Hoog
Increasing	Zunehmend	Augmentant	Aumentar	Toenemend
Isobar	Isobar	Isobare	Isobara	Isobar
Isolated	Vereinzelt	Isolé	Aislado	Verspreid
Lightning	Blitze	Eclair de foudre	Relampago	Bliksem
Local	Örtlich	Locale	Local	Plaatselijk
Low	Tief	Dépression	Baja presión	Laag
Mist	Dunst	Brume légere	Nablina	Mist
Moderate	Mäßig	Modéré	Moderado	Matig
Moderating	Abnehmend	Se modérant	Medianente	Matigend
Moving	Bewegend	Se déplacant	Movimiento	Bewegend
North	Nord	Nord	Septentrional	Noorden
Occluded	Okklusion	Couvert	Okklusie	Bewolkt
Poor	Schlecht	Mauvais	Mal	Slecht
Precipitation	Niederschlag	Précipitation	Precipitación	Neerslag
Pressure	Druck	Pression	Presión	Druk
Rain	Regen	Pluie	lluvia	Regen
Ridge	Hochdruckbrücke	Crête	Cresta	Rug
Rising	Ansteigend	Montant	Subiendo	Stijgen
Rough	Rauh	Agitée	Bravo o alborotado	Ruw
Sea	See	Mer	Mar	Zee
Seaway	Seegang	Haute mer	Alta mar	Zee
Scattered	Vereinzelt	Sporadiques	Difuso	Verspreid
Shower	Schauer	Averse	Aguacero	Bui
Slight	Leicht	Un peu	Leicht	Licht
Slow	Langsam	Lent	Lent	Langzaam
Snow	Schnee	Neige	Nieve	Sneeuw
South	Süd	Sud	Sur	Zuiden
Storm	Sturm	Tempête	Temporal	Storm
Sun	Sonne	Soleil	Sol	Zon
Swell	Schwell	Houle	Mar de fondo	Deining
Thunder	Donner	Tonnerre	Tormenta	Donder
Thunderstorm	Gewitter	Orage	Tronada	Onweer
Trough	Trog, Tiefausläufer	Creux	Seno	Trog
Variable	Umlaufend	Variable	Variable	Veranderlijk
Veering	Rechtdrehend	Virement de vent	Dextrogiro	Ruimende wind
Warm front	Warmfront	Front chaud	Frente calido	Warm front
Weather	Wetter	Temps	Tiempo	Weer
Wind	Wind	Vent	Viento	Wind
Weather report	Wetterbericht	Météo	Prevísion meteorologica	Weer bericht

REFERENCE SECTION

CONTENTS

Foreign glossary of general terms 404
Conversion tables 411
Commonly used abbreviations 412
Index 414
Shapes and sound signals 416

Nautical miles to Kilometres
multiply by 1.8520

Nt Miles	km
0.25	0.46
0.5	0.93
0.75	1.39
1	1.85
2	3.70
3	5.56
4	7.41
5	9.26
10	18.52
15	27.78
20	37.04
30	55.56
40	74.08
50	92.60
100	185.20

Kilometres to Nautical miles
multiply by 0.5400

km	Nt Miles
0.25	0.14
0.5	0.27
0.75	0.41
1	0.54
2	1.08
3	1.62
4	2.16
5	2.70
10	5.40
15	8.10
20	10.80
30	16.20
40	21.60
50	27.00
100	54.00

Feet to Metres
multiply by 0.3048

feet	metres
0.25	0.08
0.5	0.15
0.75	0.23
1	0.30
2	0.61
3	0.91
4	1.22
5	1.52
10	3.05
15	4.57
20	6.10
30	9.14
40	12.19
50	15.24
100	30.48

Metres to Feet
multiply by 3.2810

metres	feet
0.25	0.82
0.5	1.64
0.75	2.46
1	3.28
2	6.56
3	9.84
4	13.12
5	16.41
10	32.81
15	49.22
20	65.62
30	98.43
40	131.24
50	164.05
100	328.10

GLOSSARY OF FOREIGN TERMS

English	German	French	Spanish	Dutch
Ashore				
Ashore	An Land	A terre	A tierra	Aan land
Airport	Flughafen	Aéroport	Aeropuerto	Vliegveld
Bank	Bank	Banque	Banco	Bank
Boathoist	Bootskran	Travelift	Travelift	Botenlift
Boatyard	Bootswerft	Chantier naval	Astilleros	Jachtwerf
Bureau de change	Wechselstelle	Bureau de change	Cambio	Geldwisselkantoor
Bus	Bus	Autobus	Autobús	Bus
Chandlery	Yachtausrüster	Shipchandler	Efectos navales	Scheepswinkel
Chemist	Apotheke	Pharmacie	Farmacia	Apotheek
Dentist	Zahnarzt	Dentiste	Dentista	Tandarts
Doctor	Arzt	Médecin	Médico	Dokter
Engineer	Motorenservice	Ingénieur/mécanique	Mecánico	Ingenieur
Ferry	Fähre	Ferry/transbordeur	Ferry	Veer/Pont
Garage	Autowerkstatt	Station service	Garage	Garage
Harbour	Hafen	Port	Puerto	Haven
Hospital	Krankenhaus	Hôpital	Hospital	Ziekenhuis
Mast crane	Mastenkran	Grue	Grúa	Masten kraan
Post office	Postamt	Bureau de poste/PTT	Correos	Postkantoor
Railway station	Bahnhof	Gare de chemin de fer	Estación de ferrocanil	Station
Sailmaker	Segelmacher	Voilier	Velero	Zeilmaker
Shops	Geschäfte	Boutiques	Tiendas	Winkels
Slip	Slip	Cale	Varadero	Helling
Supermarket	Supermarkt	Supermarché	Supermercado	Supermarkt
Taxi	Taxi	Taxi	Taxis	Taxi
Village	Ort	Village	Pueblo	Dorp
Yacht club	Yachtclub	Club nautique	Club náutico	Jacht club

English	German	French	Spanish	Dutch
Engine and machinery				
Air filter	Luftfilter	Filtre à air	Filtro a aire	Lucht filter
Battery	Batterie	Batterie/accumulateur	Baterías	Accu
Bilge pump	Bilgepumpe	Pompe de cale	Bomba de achique	Bilge pomp
Carburettor	Vergaser	Carburateur	Carburador	Carburateur
Charging	Laden	Charger	Cargador	Opladen
Compression	Kompression	Compression	Compresión	Compressie
Cooling water	Kühlwasser	Eau de refroidissement	Agua refrigerado	Koelwater
Diesel	Diesel	Diésel/gas-oil	Gas-oil	Dieselolie
Diesel engine	Dieselmotor	Moteur diésel	Motor a gas-oil	Dieselmotor
Dynamo	Lichtmaschine	Alternateur	Alternador	Dynamo
Electrical wiring	Elektrik	Réseau électrique	Circuito eléctrico	Elektrische bedrading
Engine mount	Motorenfundament	Support moteur	Bancada del motor	Motorsteun
Engine oil	Maschinenöl	Huile de moteur	Aceite motor	Motorolie
Exhaust pipe	Auspuff	Tuyau d'échappement	Tubos de escape	Uitlaat
Fuel filter	Kraftstoffilter	Filtre de fuel	Filtro de combustible	Brandstoffilter
Fuel tank	Tank, Kraftstofftank	Réservoir à fuel	Tanque de Combustible	Brandstof tank
Fuse	Sicherung	Fusible	Fusible	Zekering
Gearbox	Getriebe	Transmission	Transmisión	Keerkoppeling

FOREIGN GLOSSARY

English	German	French	Spanish	Dutch
Generator	Generator	Groupe électrogène	Generador	Generator
Grease	Fett	Graisse	Grasa	Vet
Head gasket	Zylinderkopfdichtung	Joint de culasse	Junta de culata	Koppakking
Holding tank	Schmutzwassertank	Réservoir à eaux usées	Tanque aguas negras	Vuil-watertank
Inboard engine	Einbaumotor	Moteur in-bord	Motor intraborda	Binnen boord motor
Injectors	Einspritzdüsen	Injecteurs	Inyectores	Injectoren
Main engine	Hauptmaschine	Moteur principal	Motor	Hoofdmotor
Outboard engine	Außenborder	Moteur hors-bord	Motor fuera borda	Buitenboord motor
Petrol	Benzin	Essence	Gasolina	Benzine
Petrol engine	Benzinmotor	Moteur à essence	Motor a gasolina	Benzine motor
Propeller	Propeller	Hélice	Hélice	Schroef
Propeller bracket	Propeller-Halterung	Chaise	Arbotante	Schroefsteun
Regulator	Regler	Régulateur de charge	Regulador	Regulateur
Shaft	Welle	Arbre d'hélice	Eje	As
Spark plug	Zündkerze	Bougie	Bujia	Bougie
Starter	Starter	Démarreur	Arranque	Start motor
Stern gland	Stopfbuchse	Presse étoupe	Bocina	Schroefasdoorvoer
Throttle	Gas	Accélérateur	Acelerador	Gashendel
Water tank	Wassertank	Réservoir à eau	Tanque de agua	Water tank
Water pump	Wasserpumpe	Pompe à eau	Bomba de agua	Water pomp

General yachting terms

English	German	French	Spanish	Dutch
One	Eins	Un	Uno	Een
Two	Zwei	Deux	Duo	Twee
Three	Drei	Trois	Tres	Drie
Four	Vier	Quatre	Cuatro	Vier
Five	Fünf	Cinq	Cinco	Vijf
Six	Sechs	Six	Seis	Zes
Seven	Sieben	Sept	Siete	Zeven
Eight	Acht	Huit	Ocho	Acht
Nine	Neun	Neuf	Nueve	Negen
Ten	Zehn	Dix	Diez	Tien
Aft	Achtern, achteraus	En arriere	Atrás	Achter
Ahead	Voraus	En avant	Avante	Vooruit
Anchor	Anker	Ancre	Ancia	Anker
Anchor chain	Ankerkette	Chaîne d'ancre	Cadena	Ankerketting
Anchor warp	Ankerleine	Orin	Cabo	Ankerlijn
Anchor winch	Ankerwinsch	Guindeau	Molinete	Anker lier
Babystay	Babystag	Babystay	Babystay	Baby stag
Backstay	Achterstag	Pataras	Estay de popa	Achterstag
Beating	Kreuzen	Au près	Ciñendo a rabier	Kruisen
Bilge	Bilge	Galbord	Sentina	Bilge
Bilge keel	Kimmkiel	Bi-quilles	Quillas de balance	Door lopende kiel
Block	Block	Poulie	Motón	Blok
Boat	Boot	Bateau	Barco	Boot
Boom	Baum	Bôme	Botavara	Giek
Bow	Bug	Etrave	Proa	Boeg
Bridgedeck	Brückendeck	Bridgedeck	Bridgedeck	Brug dek
Cabin	Kajüte	Cabine	Cabina	Kajuit

FOREIGN GLOSSARY

English	German	French	Spanish	Dutch
Cap shrouds	Oberwanten	Gal haubans	Obenques altos	Zalingkap
Centreboard	Schwert	Dérive	Orza	Midzwaard
Cockpit	Cockpit	Cockpit	Bañera	Cockpit
Companionway	Niedergang	Descente	Entrada cámera	Gangboord
Cruising chute	Cruising chute	Spi asymétrique	MPS	Cruising chute
Cutter stay	Kutterstag	Etai intermédiaire	Estay de tringqueta	Kotter stag
Deck	Deck	Pont	Cubierta	Dek
Dinghy	Jolle	You-you	Chinchorro	Bijboot
Fender	Fender	Défense	Defensa	Stootwil
Ferry	Fähre	Ferry	Ferry	Veerboot
Fin keel	Kurzkiel	Quille courte	Quilla de aleta	Fin kiel
Foresail	Vorsegel	Voile avant/foc	Foque	Fok
Forestay	Vorstag	Etai	Estay	Voorstag
Genoa	Genua	Génois	Génova	Genua
Halyard	Fall	Drisse	Driza	Val
Hull	Rumpf	Carène	Carena	Romp
Inflatable	Schlauchboot	Gonflable	Bote Hinchable	Opblaasbare boot
Jumper	Jumpstag	Guignol	Violín	Trui
Keel	Kiel	Quille	Quilla	Kiel
Long keel	Langkiel	Quille longue	Quilla corrida	Doorlopende kiel
Lower shrouds	Unterwanten	Bas haubans	Obenques bajos	Beneden zaling
Mainsail	Großsegel	Grand' voile	Mayor	Grootzeil
Mast	Mast	Mât	Mast	Mast
Mizzen	Besan	Artimon	Mesana	Bezaan
Motoring	Motoren	Naviguer au moteur	Navegar a motor	Met motor aan
Navigate	Navigieren	Naviguer	Navegar	Navigeren
Port	Backbord	Bâbord	Babor	Bakboord
Pulpit	Bugkorb	Balcon arrière	Púlpito	Preekstoel
Pushpit	Heckkorb	Balcon avant	Balcón de popa	Hekrailing
Railing	Reling	Rambarde	Guardamencebos	Railing
Reaching	Raumschodts	Au portant	Viento a través	Ruime wind
Rigging	Rigg	Gréement	Jarcia	Verstaging
Rope	Tauwerk	Cordage	Cabo	Touw
Rudder	Ruder	Safran/gouvernail	Pala de Timón	Roer
Running	Vorm Wind	Vent arrière	Viento a favor	Voor de wind
Running backstay	Backstag	Bastaque	Burde volanto	Bakstag
Sail batten	Segellatte	Latte	Sables	Zeillat
Sailing	Segeln	Naviguer à la voile	Navegar a velas	Zeilen
Shackle	Schäkel	Manille	Grillete	Harp
Sheet	Schoot	Ecoute	Escota	Schoot
Ship	Schiff	Navire	Buque	Schip
Shrouds	Wanten	Haubans	Obenques	Zaling
Spinnaker	Spinnaker	Spi	Spi	Spinnaker
Spinnaker boom	Spinnakerbaum	Tangon de spi	Tangon	Spinnaker boom
Stanchion	Seerelingsstütze	Chandelier	Candelero	Scepter
Starboard	Steuerbord	Tribord	Estribor	Stuurboord
Staysail	Stagsegel	Trinquette	Trinquete	Stagzeil
Steamer	Dampfer	Vapeur	Buque de vapor	Vrachtschip
Stern	Heck	Arrière	Popa	Spiegel

FOREIGN GLOSSARY

English	German	French	Spanish	Dutch
Storm jib	Sturmfock	Tourmentin	Tormentin	Storm fok
Storm trysail	Trysegel	Voile de cap	Vela de capa	Trysail
Superstructure	Aufbau	Superstructure	Superestructura	Bovenbouw
Tender	Beiboot	Annexe	Anexo (bote)	Bijboot
Tiller	Pinne	Barre franche	Caña	Helmstok
Toe rail	Fußleiste	Rail de fargue	Regala	Voetrail
Topsides	Rumpfseiten	Oeuvres mortes	Obra muerta	Romp
Underwater hull	Unterwasserschiff	Oeuvres vives	Obra viva	Onderwaterschip
Upwind	Am Wind	Au vent	Vienta en contra	Aan de wind
Wheel	Rad	Barre à roue	Rueda	Stuurwiel
Winch	Winsch	Winch	Winche	Lier
Working jib	Arbeitsfock	Foc de route	Foque	Werk fok
Yacht	Yacht	Yacht	Yate	Jacht

Navigation

English	German	French	Spanish	Dutch
Abeam	Querab	A côté	Por el través	Naast
Ahead	Voraus	Avant	Avante	Voor
Astern	Achteraus	Arrière	Atrás	Achter
Bearing	Peilung	Cap	Maración	Peiling
Buoy	Tonne	Bouée	Boya	Boei
Binoculars	Fernglas	Jumelles	Prismáticos	Verrekijker
Channel	Kanal	Chenal	Canal	Kanaal
Chart	Seekarte	Carte	Carta náutica	Zeekaart
Compass	Kompass	Compas	Compás	Kompas
Compass course	Kompass Kurs	Cap du compas	Rumbo de aguja	Kompas koers
Current	Strömung	Courant	Coriente	Stroom
Dead reckoning	Koppelnavigation	Estime	Estimación	Gegist bestek
Degree	Grad	Degré	Grado	Graden
Deviation	Deviation	Déviation	Desvio	Deviatie
Distance	Entfernung	Distance	Distancia	Afstand
Downstream	Flußabwärts	En aval	Río abajo	Stroom afwaards
East	Ost	Est	Este	Oost
Ebb	Ebbe	Jusant	Marea menguante	Eb
Echosounder	Echolot	Sondeur	Sonda	Dieptemeter
Estimated position	Gegißte Position	Point estimé	Posición estimado	Gegiste positie
Fathom	Faden	Une brasse	Braza	Vadem
Feet	Fuß	Pieds	Pie	Voet
Flood	Flut	Flot	Flujo de marea	Vloed
GPS	GPS	GPS	GPS	GPS
Handbearing compass	Handpeilkompass	Compas de relèvement	Compás de marcaciones	Handpeil kompas
Harbour guide	Hafenhandbuch	Guide du port	Guia del Puerto	Havengids
High water	Hochwasser	Peine mer	Altamer	Hoog water
Latitude	Geographische Breite	Latitude	Latitud	Breedte
Leading lights	Feuer in Linie	Alignement	Luz de enfilación	Geleide lichten
Leeway	Abdrift	Dérive	Hacia sotavento	Drift
Lighthouse	Leuchtturm	Phare	Faro	Vuurtoren
List of lights	Leuchtfeuer Verzeichnis	Liste des feux	Listude de Luces	Lichtenlijst
Log	Logge	Loch	Corredera	Log

FOREIGN GLOSSARY

English	German	French	Spanish	Dutch
Longitude	Geographische Länge	Longitude	Longitud	Lengte
Low water	Niedrigwasser	Basse mer	Bajamar	Laag water
Metre	Meter	Mètre	Metro	Meter
Minute	Minute	Minute	Minuto	Minuut
Nautical almanac	Nautischer Almanach	Almanach nautique	Almanaque náutico	Almanak
Nautical mile	Seemeile	Mille nautique	Milla marina	Zeemijl
Neap tide	Nipptide	Morte-eau	Marea muerta	Dood tij
North	Nord	Nord	Norte	Noord
Pilot	Lotse	Pilote	Práctico	Loods/Gids
Pilotage book	Handbuch	Instructions nautiques	Derrotero	Vaarwijzer
RDF	Funkpeiler	Radio gonio	Radio-gonió	Radio richtingzoeker
Radar	Radar	Radar	Radar	Radar
Radio receiver	Radio, Empfänger	Réceptor radio	Receptor de radio	Radio ontvanger
Radio transmitter	Sender	Emetteur radio	Radio-transmisor	Radio zender
River outlet	Flußmündung	Embouchure	Embocadura	Riviermond
South	Süd	Sud	Sud, Sur	Zuid
Spring tide	Springtide	Vive-eau	Marea viva	Springtij/springvloed
Tide	Tide, Gezeit	Marée	Marea	Getijde
Tide tables	Tidenkalender	Annuaire des marées	Anuario de mareas	Getijdetafel
True course	Wahrer Kurs	Vrai cap	Rumbo	Ware Koers
Upstream	Flußaufwärts	En amont	Río arriba	Stroom opwaarts
VHF	UKW	VHF	VHF	Marifoon
Variation	Mißweisung	Variation	Variación	Variatie
Waypoint	Wegpunkt	Point de rapport	Waypoint	Waypoint/Route punt
West	West	Ouest	Oeste	West

Officialdom

English	German	French	Spanish	Dutch
Certificate of registry	Schiffszertifikat	Acte de franchisation	Documentos de matrícuia	Zeebrief
Check in	Einklarieren	Enregistrement	Registrar	Check-in
Customs	Zoll	Douanes	Aduana	Douane
Declare	Verzollen	Déclarer	Declarar	Aangeven
Harbour master	Hafenmeister	Capitaine du port	Capitán del puerto	Havenmeester
Insurance	Versicherung	Assurance	Seguro	Verzekering
Insurance certificate	Versicherungspolice	Certificat d'assurance	Certificado deseguro	Verzekeringsbewijs
Passport	Paß	Passeport	Pasaporte	Paspoort
Police	Polizei	Police	Policía	Politie
Pratique	Verkehrserlaubnis	Pratique	Prático	Verlof tot ontscheping
Register	Register	Liste de passagers	Lista de tripulantes/rol	Register
Ship's log	Logbuch	Livre de bord	Cuaderno de bitácora	Logboek
Ship's papers	Schiffspapiere	Papiers de bateau	Documentos del barco	Scheepspapieren
Surveyor	Gutachter	Expert maritime	Inspector	Opzichter

Safety/Distress

English	German	French	Spanish	Dutch
Assistance	Hilfeleistung	Assistance	Asistencia	Assistentie
Bandage	Verband	Pansement	Vendas	Verband
Burns	Verbrennung	Brûlures	Quemadura	Brand wond
Capsize	Kentern	Chavirage	Volcó	Omslaan
Coastguard	Küstenwache	Garde de côte	Guarda costas	Kust wacht
Dismasted	Mastbruch	Démâté	Desarbolar	Mastbreuk
Distress	Seenot	Détresse	Pena	Nood

FOREIGN GLOSSARY

English	German	French	Spanish	Dutch
Distress flares	Signalraketen	Fusées de détresse	Bengalas	Nood signaal
Doctor	Doktor	Médecin	Médico	Doktor/Arts
EPIRB	EPIRB	Balise	Baliza	EPIRB
Emergency	Notfall	Urgence	Emergencias	Noodgeval
Exhaustion	Erschöpfung	Epuisement	Agotamiento	Uitputting
Fever	Fieber	Fièvre	Fiebre	Koorts
Fire extinguisher	Feuerlöscher	Extincteur	Extintor	Brand blusser
First aid	Erste Hilfe	Premier secours	Primeros auxillos	Eerste hulp
Fracture	Fraktur	Cassure	Fractura	Breuk
Grounded	Aufgelaufen	Echoué	Encallado	Vastgelopen
Harness	Lifebelt	Harnais	Arnés de seguridad	Harnas/Tuig
Headache	Kopfschmerz	Mal à la tête	Dolor de cabeza	Hoofdpijn
Heart attack	Herzanfall	Crise cardiaque	Ataque corazón	Hartaanval
Helicopter	Hubschrauber	Hélicoptère	Helicóptero	Helikopter
Hospital	Krankenhaus	Hôpital	Hospital	Ziekenhuis
Illness	Krankheit, Übelkeit	Maladie	Enfermo	Ziekte
Injury	Verletzung	Blessure	Lesión	Verwonding
Jackstay	Strecktau	Contre-étai	Violín	Veiligheidstag
Lifeboat	Rettungsboot	Canot de sauvetage	Lancha de salvamento	Reddingsboot
Liferaft	Rettungsinsel	Radeau de sauvetage	Balsa salvavidas	Reddingsvlot
Lifejacket	Schwimmweste	Gilet de sauvetage	Chaleco salvavidas	Reddingsvest
Man overboard	Mann über Bord	Homme à la mer	Hombre al agua	Man over boord
Pulse	Puls	Poux	Pulso	Hartslag
Rest	Ruhen	Repos	Reposo	Rust
Seacock	Seeventil	Vanne	Grifos de fondo	Afsluiter
Seasickness	Seekrankheit	Mal de mer	Mareo	Zeeziekte
Seaworthy	Seetüchtig	Marin	Marinero	Zeewaardig
Shock	Schock	Choc	Choque	Shock
Sinking	Sinken	En train de couler	Hundiendo	Zinken
Sleep	Schlaf	Sommeil	Sueño	Slaap
Tow line	Schleppleine	Filin de remorque	Cabo	Sleeplijn
Unconscious	Bewußtlos	Inconscient	Inconsciente	Buiten bewustzijn
Wound	Wunde	Blessure	Herida	Wond

Signs and warnings

English	German	French	Spanish	Dutch
Anchoring	Ankern	Mouiller l'ancre	Fondear	Ankeren
Breakwater	Außenmole	Brise-lame	Escolera	Pier
Cable	Kabel	Encablure	Cadena	Kabel
Catwalk	Schlengel	Passerelle	Pasarela	Loopplank
Commercial port	Handelshafen	Port de commerce	Puerto comercial	Commerciele haven
Customs office	Zollamt	Bureau de douane	Aduanas	Douanekantoor
Depth	Wassertiefe	Profondeur	Profundidad	Diepte
Dries	Trockenfallend	Découvrant	Descubierto	Droogvallen
Drying port	Trockenfallender Hafen	Port d'échouage	Puerto secarse	Droogvallende haven
Ferry terminal	Fährterminal	Gare maritime	Terminal marítmo	Veerboot steiger
Firing range	Schießgebiet	Zone de tir	Zona de tiro	Schietbaan
Fishing harbour	Fischereihafen	Port de pêche	Puerto de pesca	Vissershaven
Foul ground	unreiner Grund	Fond maisain	Fondo sucio	Slechte grond
Guest berths	Gastliegeplätze	Place visiteurs	Amarradero visitantes	Gasten plaatsen
Harbour entrance	Hafeneinfahrt	Entrée du port	Entradas	Haveningang

FOREIGN GLOSSARY

English	German	French	Spanish	Dutch
Harbourmaster's office	Hafenmeisterei	Capitainerie	Capitania	Havenmeesters Kantoor
Hazard	Hindernis	Danger	Peligro	Gevaar
Height	Höhe	Hauteur	Alturas	Hoogte
Jetty	Steg	Jetée	Malecón	Steiger
Landing place	Anlegeplatz	Point d'accostage	Embarcadero	Plaats om aan l and te gaan
Lock	Schleuse	Ecluse	Esclusa	Sluis
Marina	Marina	Marina	Marina	Marina
Mooring	Anlegen	Mouillage	Fondeadero	Meerplaats
Permitted	Erlaubt	Permis	Permitido	Toegestaan
Pier	Pier, Mole	Appontement/quai	Muelle	Pier
Prohibited	Verboten	Interdit	Prohibido	Verboden
Prohibited area	Sperrgebiet	Zone interdite	Zona de phrohibida	Verboden gebied
Swell	Schwell	Houle	Mar de fondo	Golfslag
Swing bridge	Klappbrücke	Pont tournant	Puente giratorio	Klapbrug
Underwater	Unterwasser	Sous-marin	Debajo del agua	Onderwater
Wreck	Wrack	Epave	Naufrago	Wrak
Yacht club	Yachtclub	Club nautique	Club náutico	Jachtclub
Yacht harbour	Yachthafen	Port de plaisance	Puerto deportive	Jachthaven

Useful phrases

English	German	French
Can I moor here please	Kann ich hier festmachen?	Puis-je accoster ici s'il vous plait?
How far is it to….?	Wie weit ist es nach ….. ?	Est -ce loin jusqu'à…?
How much does that cost?	Was kostet es?	Combien est-il?
Is there enough water?	Ist dort genug Wassertiefe?	Y a-t-il du fond?
Let go aft	Achtern loswerfen.	Larguer à l'arrière
Let go foreward	Vorne loswerfen.	Larguer à l'avant
Make fast aft	Können Sie bitte achtern festmachen?	Amarrer à l'arrière
Make fast foreward	Können Sie bitte vorne festmachen?	Amarrer à l'avant
Please direct me to…….?	Bitte zeigen Sie mir den Weg nach ….	S'il vous plait, vevillez m'indiquer le chemin à…?
Please take my line	Können Sie bitte die Leine annehmen?	Prenez mon amarre, s'il vous plait
Where can I get…?	Wo kann ich ….. bekommen?	Où puis-je obtenir…?
Where can I moor?	Wo kann ich festmachen?	Où puis-je accoster?

English	Spanish	Dutch
Can I moor here please	Puedo atracar aqui por favor?	Mag ik hier aanleggen?
How far is it to….?	A que distancia esta …?	Hoe ver is het naar…?
How much does that cost?	Cudnto cuesta …?	Hoeveel kost het?
Is there enough water?	Hay bastante agua?	Is er genoeg water?
Let go aft	Suelta los cabos del amarre de popa	Achter losgooien
Let go foreward	Suelta los cabos del amarre de proa	Voor losgooien
Make fast aft	Asegurar los amarres de popa	Achter vastleggen
Make fast foreward	Asegurar los amarres de proa	Voor vastleggen
Please direct me to…….?	Por favor, digame a …?	Kunt u my de weg naar .. wÿzen
Please take my line	Por favor cojan mi cabo	Kunt u mijn landvast aanpakken?
Where can I get…?	Donde puedo conseguir …?	Waar kan ik…verkrijgen?
Where can I moor?	Dondo puedo atracar?	Waar kan ik vastmaken?

CONVERSIONS

CONVERSION TABLES

Sq inches to sq millimetres *multiply by* **645.20**	645.2	0.002	**Sq millimetres to sq inches** *multiply by* **0.0016**
Inches to millimetres *multiply by* **25.40**	25.40	0.04	**Millimetres to inches** *multiply by* **0.0394**
Sq feet to square metres *multiply by* **0.093**	0.09	10.76	**Sq metres to sq feet** *multiply by* **10.7640**
Inches to centimetres *multiply by* **2.54**	2.54	0.39	**Centimetres to inches** *multiply by* **0.3937**
Feet to metres *multiply by* **0.305**	0.31	3.28	**Metres to feet** *multiply by* **3.2810**
Nautical miles to kilometres *multiply by* **1.852**	1.85	0.54	**Kilometres to nautical miles** *multiply by* **0.5400**
Miles to kilometres *multiply by* **1.609**	1.61	0.62	**Kilometres to miles** *multiply by* **0.6214**
Miles to nautical miles *multiply by* **0.8684**	0.87	1.15	**Nautical miles to miles** *multiply by* **1.1515**
HP to metric HP *multiply by* **1.014**	1.01	0.99	**Metric HP to HP** *multiply by* **0.9862**
Pounds per sq inch to kg per sq centimetre *multiply by* **0.0703**	0.07	4.22	**Kg per sq centimetre to pounds per sq inch** *multiply by* **14.2200**
HP to kilowatts *multiply by* **0.746**	0.75	1.34	**Kilowatts to HP** *multiply by* **1.341**
Cu inches to cu centimetres *multiply by* **16.39**	16.39	0.06	**Cu centimetres to cu inches** *multiply by* **0.0610**
Gallons to litres *multiply by* **4.540**	4.54	0.22	**Litres to gallons** *multiply by* **0.2200**
Pints to litres *multiply by* **0.5680**	0.57	1.76	**Litres to pints** *multiply by* **1.7600**
Pounds to kilogrammes *multiply by* **0.4536**	0.45	2.21	**Kilogrammes to pounds** *multiply by* **2.2050**

ABBREVIATIONS

AAAAAAAA
A1A .... Continuous wave telegraphy, morse code
A2A .... Telegraphy by the on-off keying of a tone modulated carrier, morse code: double sideband
A3E .... Telephony using amplitude modulation: double sideband
ALRS .... Admiralty list of radio signals
approx .... Approximate

BBBBBBBBB
BBC .... British Broadcasting Corporation
Bcst .... Broadcast
Bn(s) .... Beacon(s)
brg .... Bearing

CCCCCCCC
CG .... Coastguard
Ch .... Channel
CNIS .... Channel navigation information service
COLREGS .... Convention on the international regulations for preventing collisions at sea
Conspic .... Conspicuos
Cont .... Continuous
CROSS .... Centres regionaux operationnels de surveillance et de sauvetage
CRS .... Coast radio station

DDDDDDDD
DF .... Direction-finding
DGPS .... Differential global positioning system
DGNSS .... Differential global navigation satellite systems
DSB .... Double sideband
DSC .... Digital selective calling
DST .... Daylight saving time

EEEEEEEEE
EPIRB .... Emergency position-indicating radio beacon
ETA .... Estimated time of arrival
ETD .... Estimated time of departure

FFFFFFFFFF
Fcst .... Forecast
FM .... Frequency modulation
Fri .... Friday
Fx .... Frequency

GGGGGGGG
GMT .... Greenwich mean time
GPS .... Global positioning system

HHHHHH
H .... Hours
H+ .... Commencing at...minutes past the hour
H24 .... Continuous
HF .... High frequency (3-30 MHz)
HJ .... Day service only
Hr .... Harbour
Hr Mr .... Harbour master
HW .... High water
HX .... No specific hours or fixed intermittent hours
Hz .... Hertz

IIIIIIIIIII
IMO .... International maritime organisation
INMARSAT .... International mobile satellite organisation
Inop .... Inoperative

PAGE 412

ABBREVIATIONS

KKKKKKKKKK
kHz .... Kilohertz
km .... Kilometre(s)
kW .... Kilowatt(s)

LLLLLLLLLLLL
Lanby .... Large navigational buoy
Ldg .... Leading
Lt(s) .... Light(s)
Lt F .... Lt F
Lt Ho .... Light house
Lt V .... Light vessel
LT .... Local time
LW .... Low water

M M M M M
M(s) .... Mile(s)
m .... Metre(s); Minute(s)
MF .... Medium frequency (300-3000 kHz)
MHz .... Megahertz
MRCC .... Maritime rescue co-ordination centre
MRSC .... Maritime rescue co-ordination sub-centre
ms .... Millisecond(s)

NNNNNNN
NM .... Notice to mariners
n mile .... International nautical mile

OOOOOOO
Occas .... Occasional

PPPPPPPPPP
PA .... Position approximate
Pt .... Point
PV .... Pilot vessel

RRRRRRRRR
RC .... Non-directional radiobeacon
RD .... Directional radiobeacon
Rep .... Reported
RCC .... Rescue co-ordinatlon centre
RG .... Radio direction-finding station
RT .... Radio telephony
Rt .... Radio transmitter
Rx .... Receiver

SSSSSSSSSS
SAR .... Search and rescue
Sept .... September
Seq .... Sequence
Sous-CROSS .... Sous-centres regionaux operationnels de surveillance et de sauvetage
SSB .... Single side band

TTTTTTTTT
Tel .... Telephone
temp .... Temporarily
Tx .... Transmitter; transmission

UUUUUUUUU
UHF .... Ultra high frequency (300-3000MHz)
UT .... Universal time

VVVVVVVVVV
VHF .... Very high frequency (30-300 MHz)
VTS .... Vessel traffic service

WWWWWW
WT .... Wireless telegraphy
Wx .... Weather

INDEX

Abbreviations	412
Area Planners	
Planner key	237
1 SW England	238
2 S Central England	240
3 SE England	242
4 East England	244
5 East Scotland	246
6 NW Scotland	248
7 SW Scotland	250
8 NE England, Wales & E Ireland	252
9 SW England, Wales & S Ireland	254
10 Ireland	256
11 Denmark	258
12 Germany & NE Holland	260
13 Belgium & Holland	262
14 NE France	264
15 N Central France & Channel Isles	266
16 NW France	268
17 W France & NE Spain	270
18 NW Spain	272
19 Portugal	274
20 S Portugal & SW Spain	276
Communication Section	331
Contents	3
Conversion Tables	403 & 411
Distance to Horizon Table	6
Distance from Dipping Lights Table	329
Distress	front cover
Ephemera	
Sunrise & sunset	278
Moonrise & moonset	288
Flags - International Code	front cover
Forecast Definitions	369
Foreign Glossary	404
GMDSS	4
HM Coastguard Chart	332
IALA Buoyage	back cover
Lights Recognition	back cover
Lights	
UK South coast	305
UK East coast	306
UK Scotland	306
UK West coast	308
Man, Isle of	308
Wales	308
Ireland	309
Belgium	310
Holland	311
Germany	312
Denmark	315
France	315
Channel Islands	316
Spain	320
Portugal	321
Gibraltar	321

Lights to be carried on yachts	front cover & 304
Marinas	
S Central and SE of England	298
E of England and Scotland	299
W of England, Wales and Ireland	300
Germany, Holland and Belgium	301
France	302
Spain and Portugal	303
Met Office Services - Marinecall, etc	400
Navtex	400
Phonetic Alphabet	331
Position Section	304
Radio	
Radiobeacons	322
Emergency D/F Service	325
Emergency D/F Service chart - UK	327
Emergency D/F Service chart - France	328
Radio operation	333
Port & coastal radio	
UK South coast	335
UK East coast	337
UK Scotland	339
UK West coast	340
Ireland	342
Belgium	343
Holland	344
Germany	346
Denmark	347
France	347
Channel Islands	348
Spain	351
Portugal	351
Gibraltar	352
Reference Section	403
Secondary Port Tidal Data	178
Sounds & Shapes Signals	416
Speed, Time & Distance Table	330
Standard Port Positions	6
Tidal streams	
English Channel & S. Brittany	199
Portland	205
Isle of Wight	207
Channel Islands	213
North Sea	219
Scotland	225
Celtic Sea, Irish Sea & W. Ireland	231
Tide Tables - Standard Ports	
Aberdeen predictions	55
Aberdeen curves	162
Antwerpen predictions	103
Antwerpen curves	172
Avonmouth predictions	79
Avonmouth curves	167
Belfast predictions	79
Belfast curves	168
Bremerhaven predictions	103

PAGE 414

INDEX

Brest predictions	127
Brest curves	176
Calais predictions	127
Calais curves	173
Cherbourg predictions	127
Cherbourg curves	175
Cobh predictions	79
Cobh curves	169
Cuxhaven predictions	103
Cuxhaven curves	171
Dieppe predictions	127
Dieppe curves	174
Dover predictions	7
Dover curves	156
Dublin predictions	79
Dublin curves	167
Dunkerque predictions	103
Dunkerque curves	173
Esbjerg predictions	103
Esbjerg curves	170
Galway predictions	79
Galway curves	169
Gibraltar predictions	127
Gibraltar curves	177
Greenock predictions	55
Greenock curves	164
Harwich predictions	31
Harwich curves	158
Helgoland predictions	103
Helgoland curves	170
Holyhead predictions	79
Holyhead curves	165
Hoek van Holland predictions	103
Hoek van Holland curves	171
Immingham predictions	31
Immingham curves	159
Le Havre predictions	127
Le Havre curves	174
Leith predictions	55
Leith curves	161
Lerwick predictions	55
Lerwick curves	163
Lisboa predictions	127
Lisboa curves	177
Liverpool predictions	55
Liverpool curves	165
London Bridge predictions	31
London Bridge curves	157
Londonderry predictions	79
Londonderry curves	168
Lowestoft predictions	31
Lowestoft curves	159
Margate predictions	31
Margate curves	156
Milford Haven predictions	79
Milford Haven curves	166
Oban predictions	55
Oban curves	164
Plymouth predictions	7

Plymouth curves	153
Pointe de Grave predictions	127
Pointe de Grave curves	176
Poole predictions	7
Poole curves	154
Portland predictions	7
Portland curves	153
Portsmouth predictions	7
Portsmouth curves	155
River Tees predictions	31
River Tees curves	160
River Tyne predictions	31
River Tyne curves	160
Rosyth predictions	55
Rosyth curves	161
Rotterdam predictions	103
Rotterdam curves	172
St Helier predictions	7
St Helier curves	152
St Malo predictions	127
St Malo curves	175
St Mary's, Scilly Isles predictions	7
St Mary's, Scilly Isles curves	152
Sheerness predictions	31
Sheerness curves	157
Shoreham predictions	7
Shoreham curves	155
Southampton predictions	7
Southampton curves	154
Swansea predictions	79
Swansea curves	166
Ullapool predictions	55
Ullapool curves	163
Vlissingen predictions	103
Vlissingen curves	172
Walton-the-Naze predictions	31
Walton-the-Naze curves	158
Wick predictions	55
Wick curves	162
Tidal Calculations	151
Vessel Traffic Service Charts	353
VHF Frequencies	4
Waypoints	239
Weather Section	369
Weather	
Beaufort scale	369
UK shipping forecast areas	370
French shipping forecast areas	371
German shipping forecast areas	372
Spanish shipping forecast areas	373
Portuguese shipping forecast areas	374
Italian shipping forecast areas	374
Broadcast weather forecasts - *marine*	375
Broadcast weather forecasts map	
- *main radio stations IDs*	386
Broadcast weather forecasts	
- *main radio stations*	387
Weather terms in 5 languages	401

PAGE 415

SOUNDS & SHAPES

SOUNDS

VESSELS IN SIGHT OF ONE ANOTHER

Short blast ◄ - about 1 second, Long blast ◄━ - about 5 seconds

◄	I am turning to **Starboard**
◄ ◄	I am turning to **Port**
◄ ◄ ◄	My engines are going **Astern**
◄ ◄ ◄ ◄ ◄ - at least	**Look Out**

In a narrow channel

━ ━ ◄	I intend to overtake you on your **Starboard** side
━ ━ ◄ ◄	I intend to overtake you on your **Port** side
━ ◄ ━ ◄	In response to the above two signals - **Agreed** (Morse C - affirmative)

Approaching a bend in the channel or a harbour wall which restricts visibility

━	Look out - I am coming
━	Reply to above - so am I

VESSELS IN FOG

━	Power vessel under way (every 2 mins)
━ ━	Power vessel stopped (every 2 mins)
━ ◄ ◄	All the lame ducks - not under command, restricted, sailing, fishing or towing - (every 2 mins)(Morse D - I am manoeuvring with difficulty)
━ ◄ ◄ ◄	Last vessel in tow (immediately after tug signal)
🔔 5 seconds	At anchor (bell, every minute)
🔔 5 seconds +	At anchor over 100m
🔕 5 seconds	(bell forward, gong aft, every minute)
◄ ━ ◄	At anchor, in addition to above, to warn approaching vessel

Yachts under 12m are not obliged to sound the fog signals listed above, but if they do not, they *must* make some efficient noise every two minutes

SHAPES

Shape	Meaning	Shape	Meaning
◆	Towing vessel - length of tow over 200m	▼	Sailing vessel under sail *and* power
● ◆ ●	Restricted vessel	●	Vessel at anchor
● ●	Vessel not under command	▼▲	Fishing vessel
▮ (cylinder)	Vessel constrained by her draught	◇ (basket)	Fishing vessel below 20m